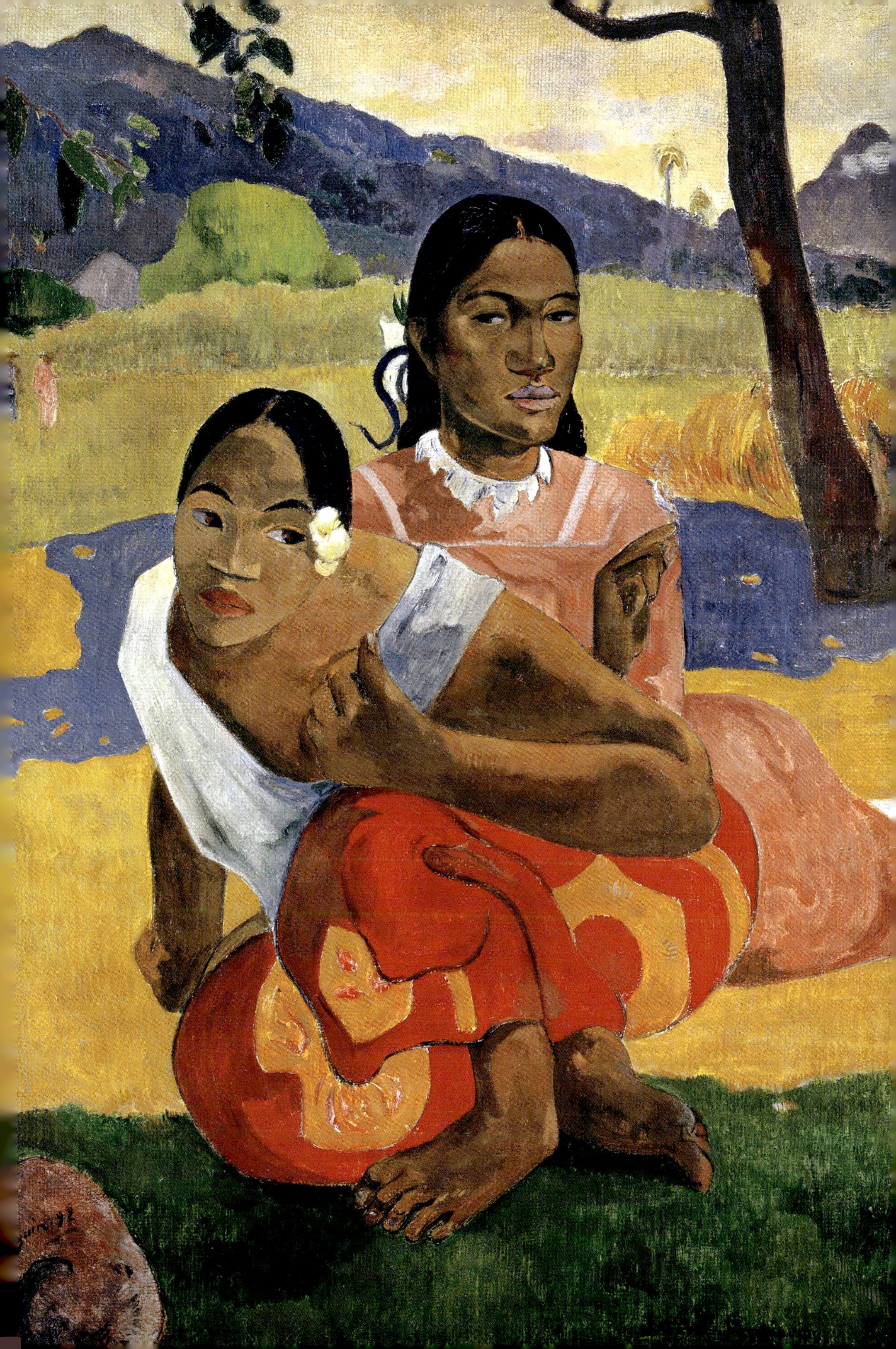

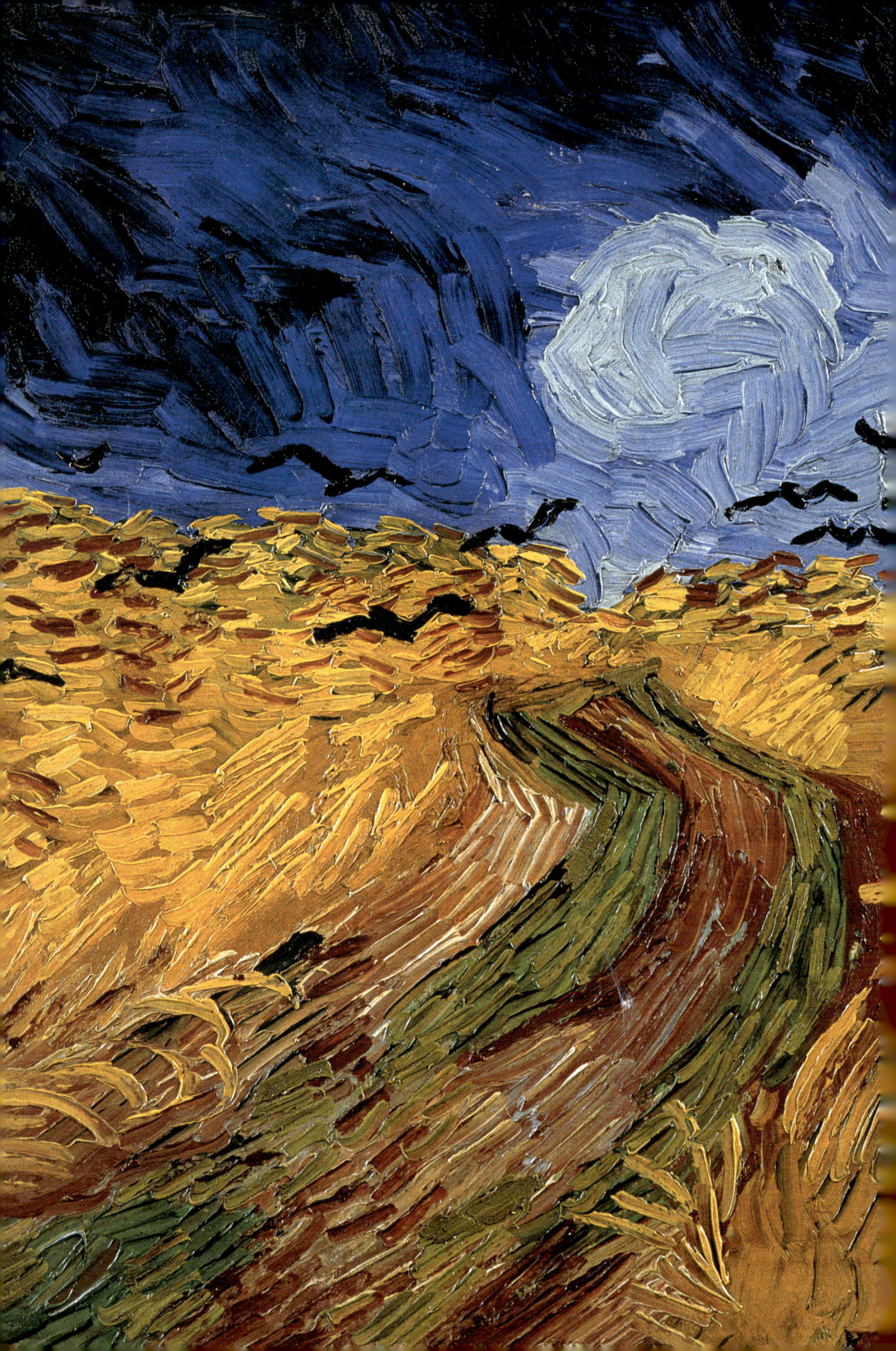

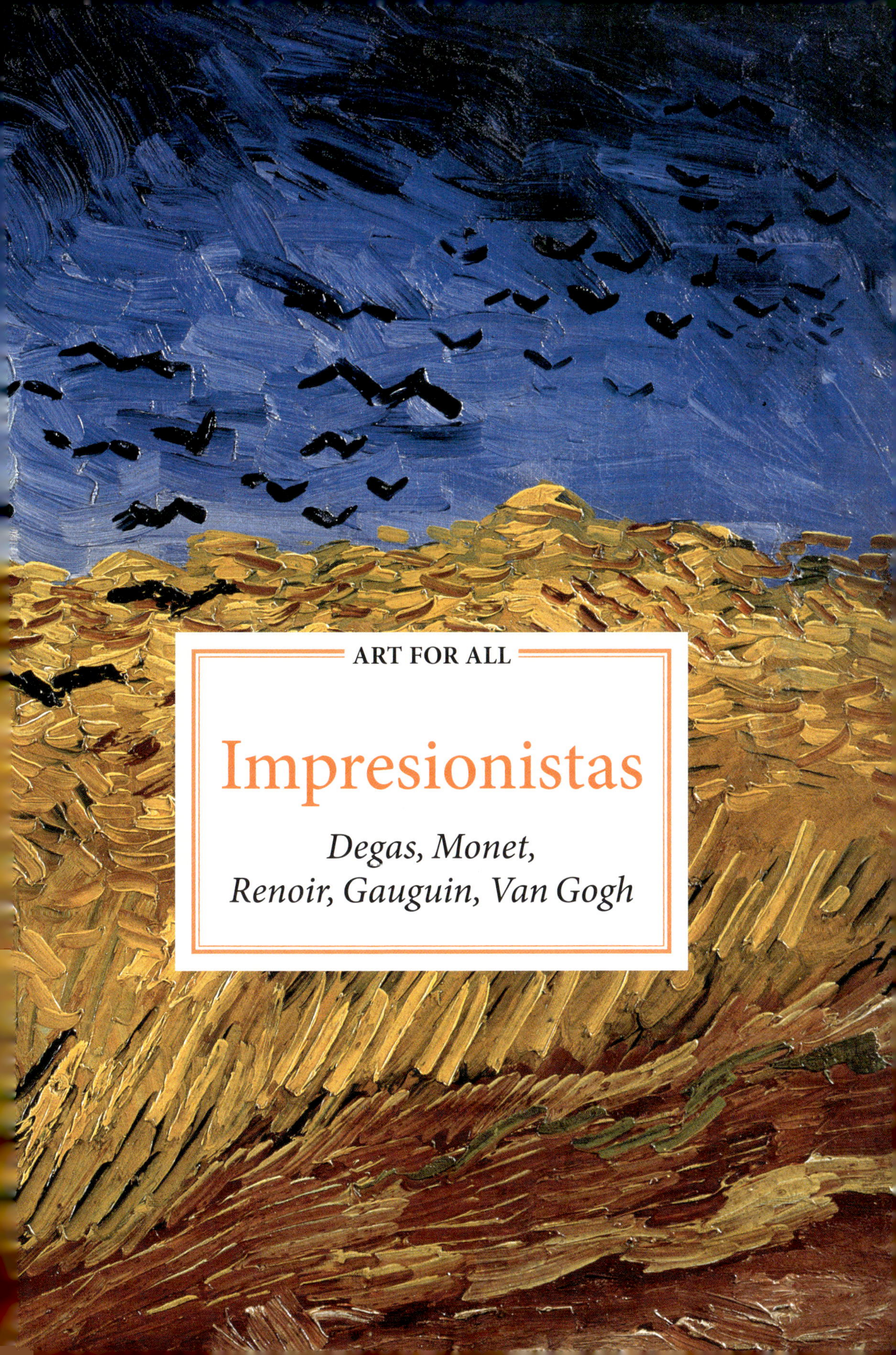

ART FOR ALL

Impresionistas

Degas, Monet,
Renoir, Gauguin, Van Gogh

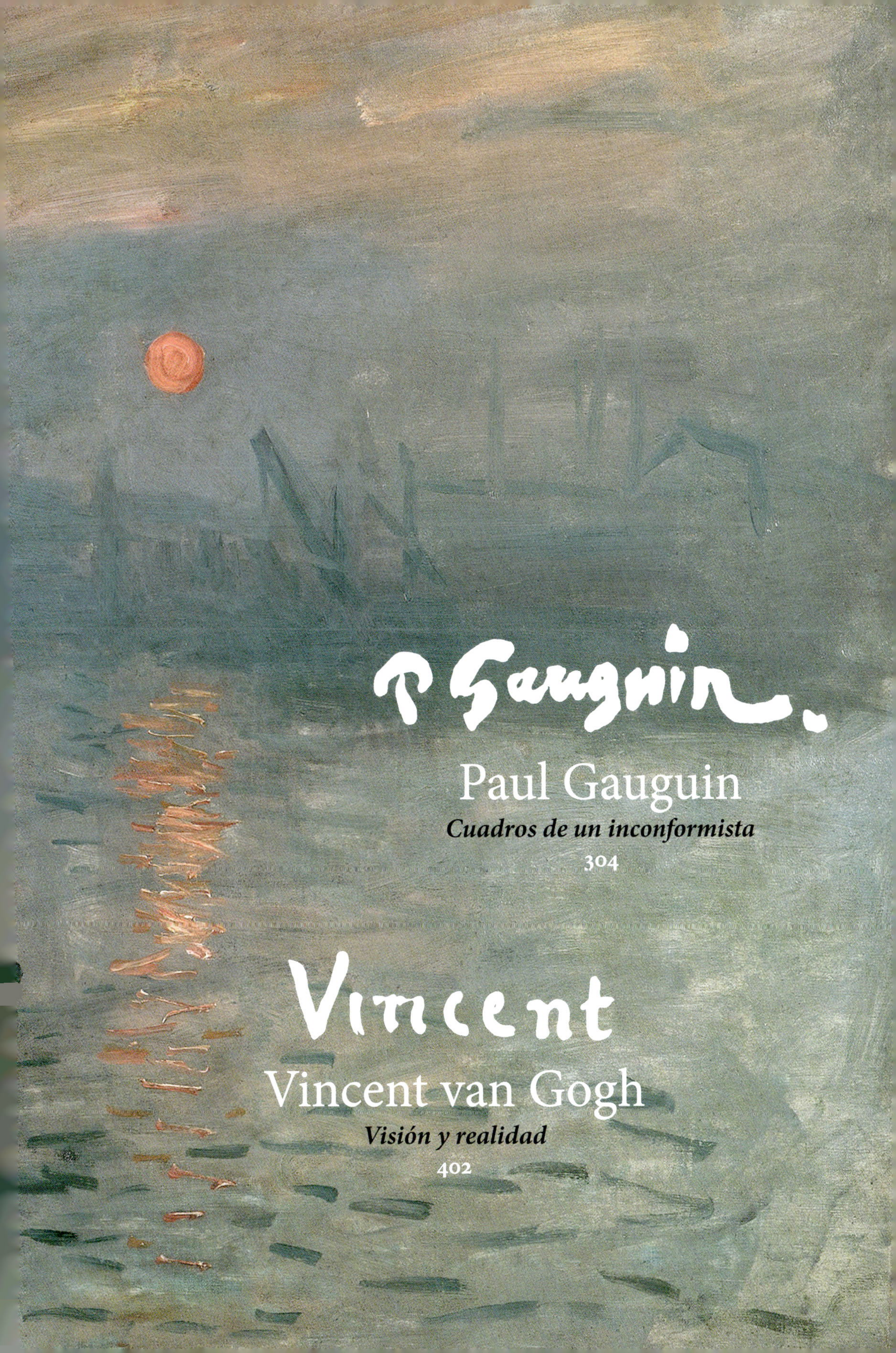
P Gauguin
Paul Gauguin
Cuadros de un inconformista
304
Vincent
Vincent van Gogh
Visión y realidad
402

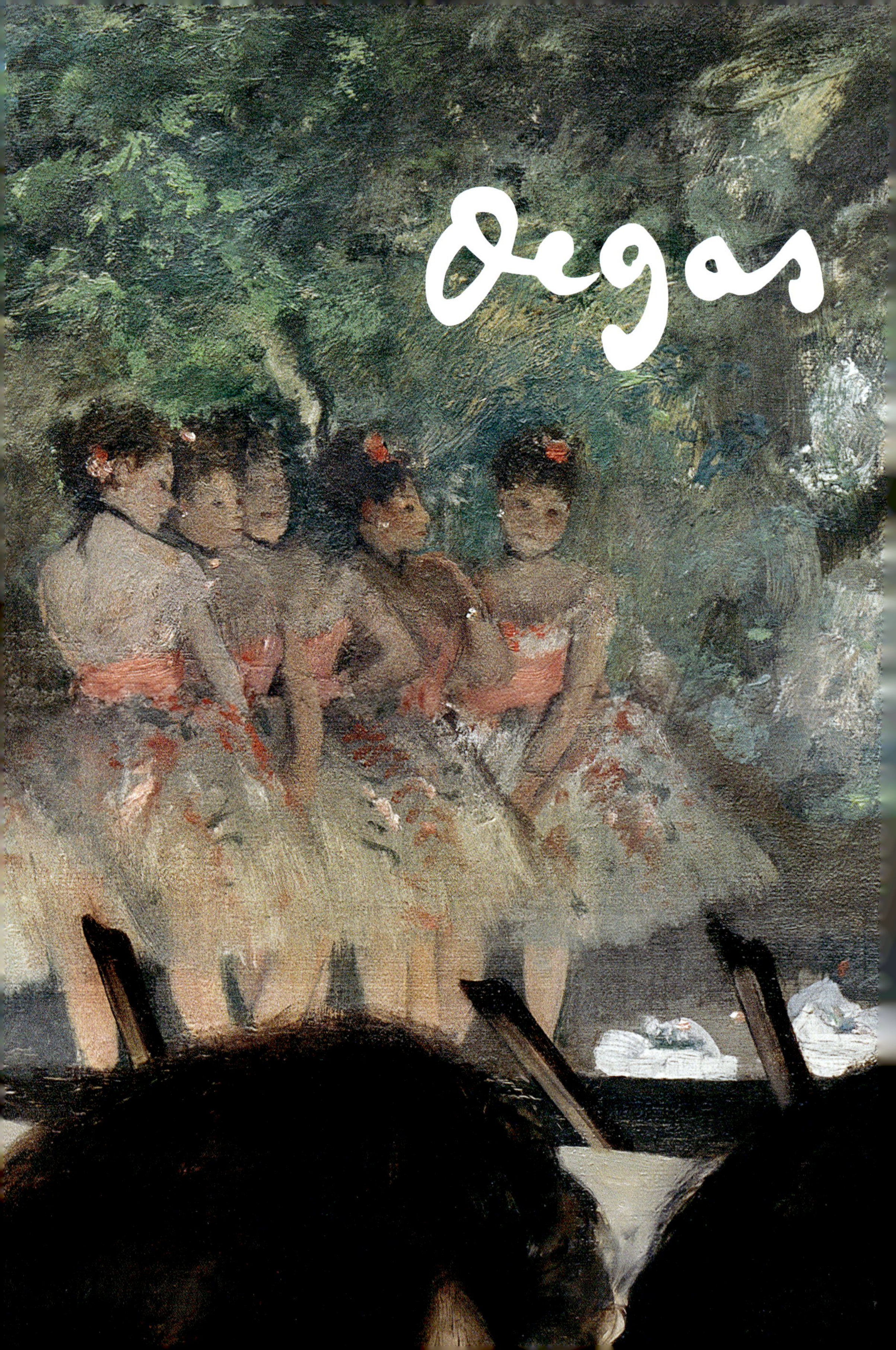
Degas

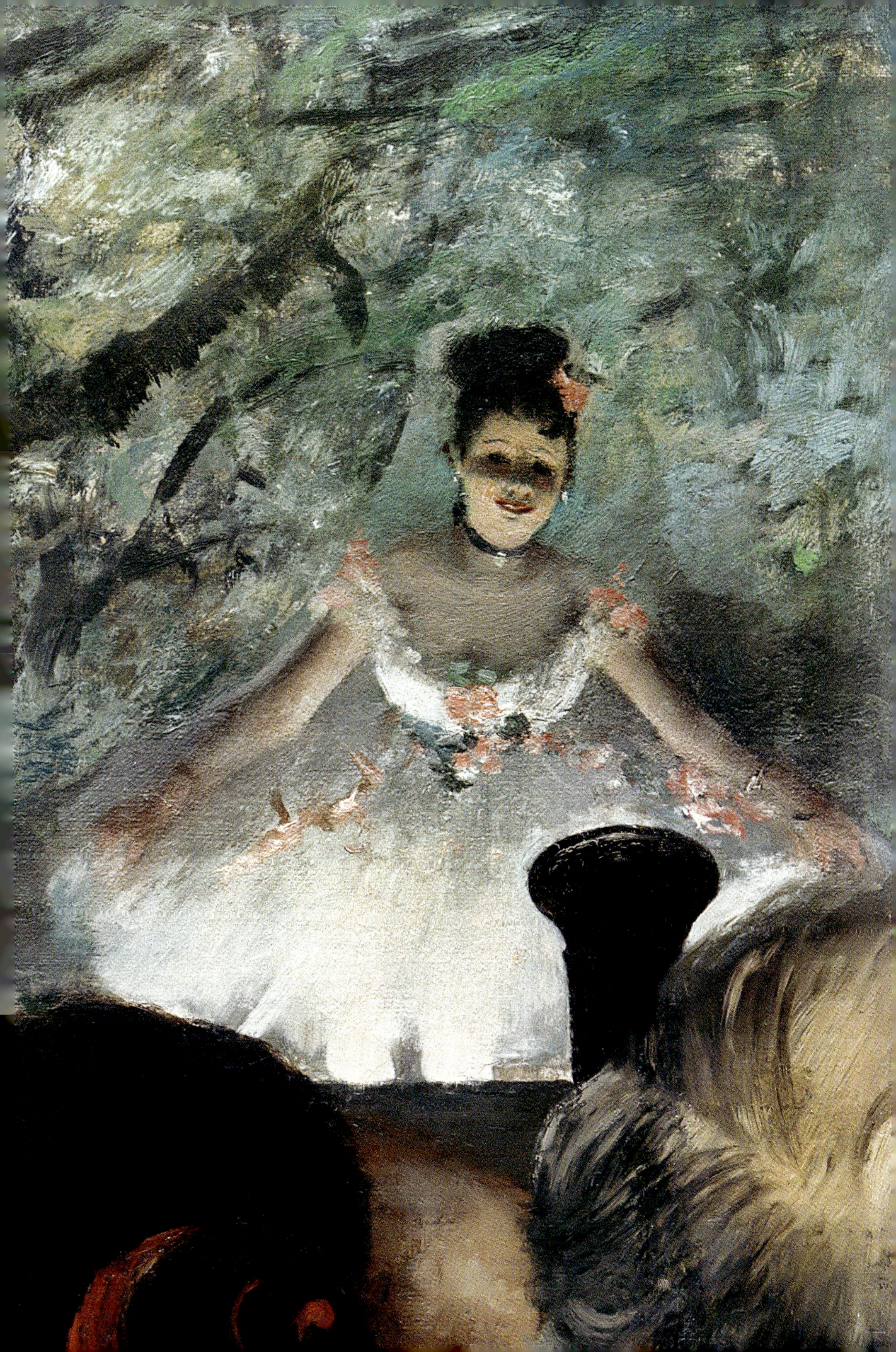

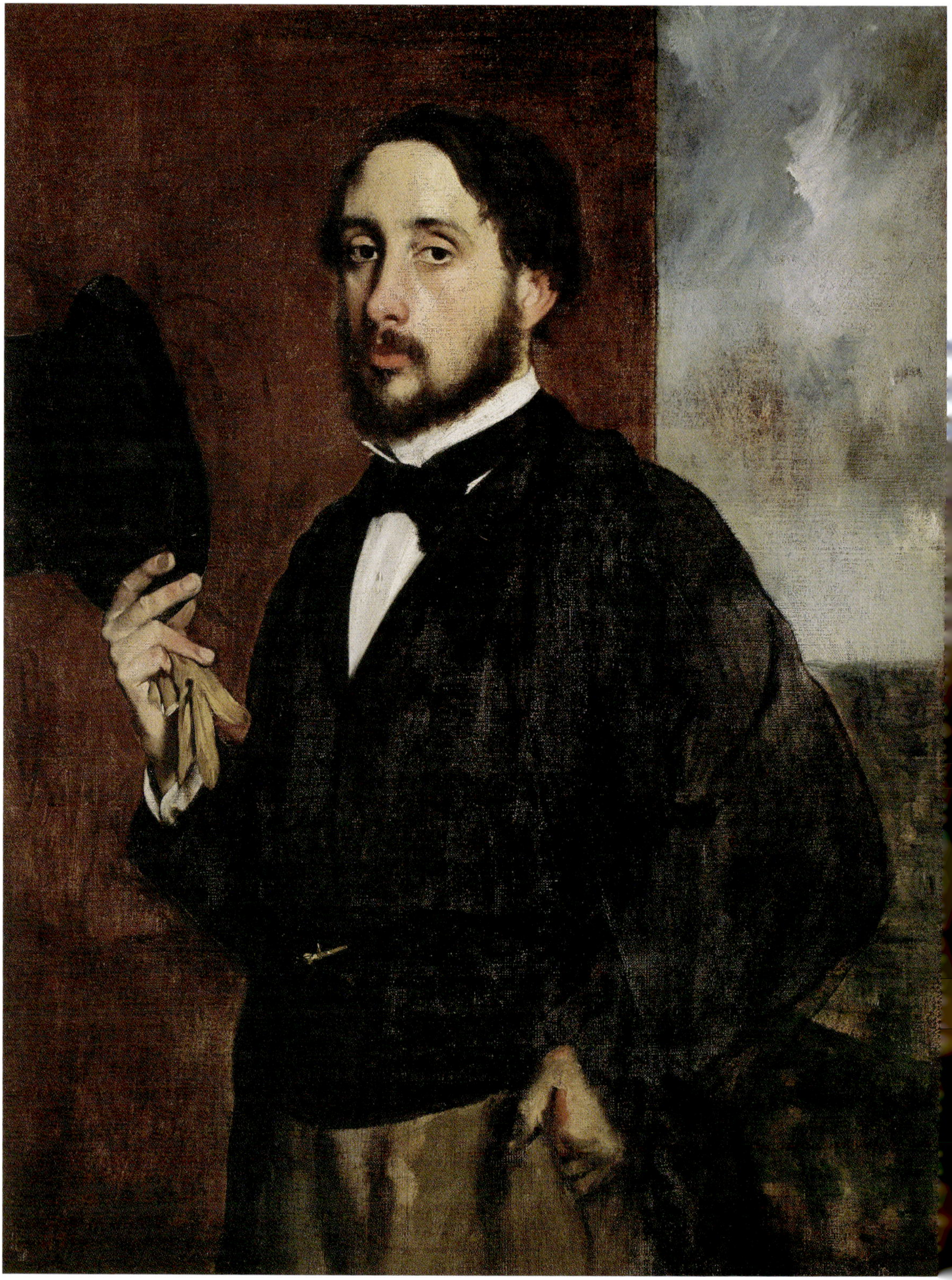

Bernd Growe

Edgar Degas

En la escena de la modernidad

«En el arte, nada debe parecerse al azar,
ni siquiera el movimiento».

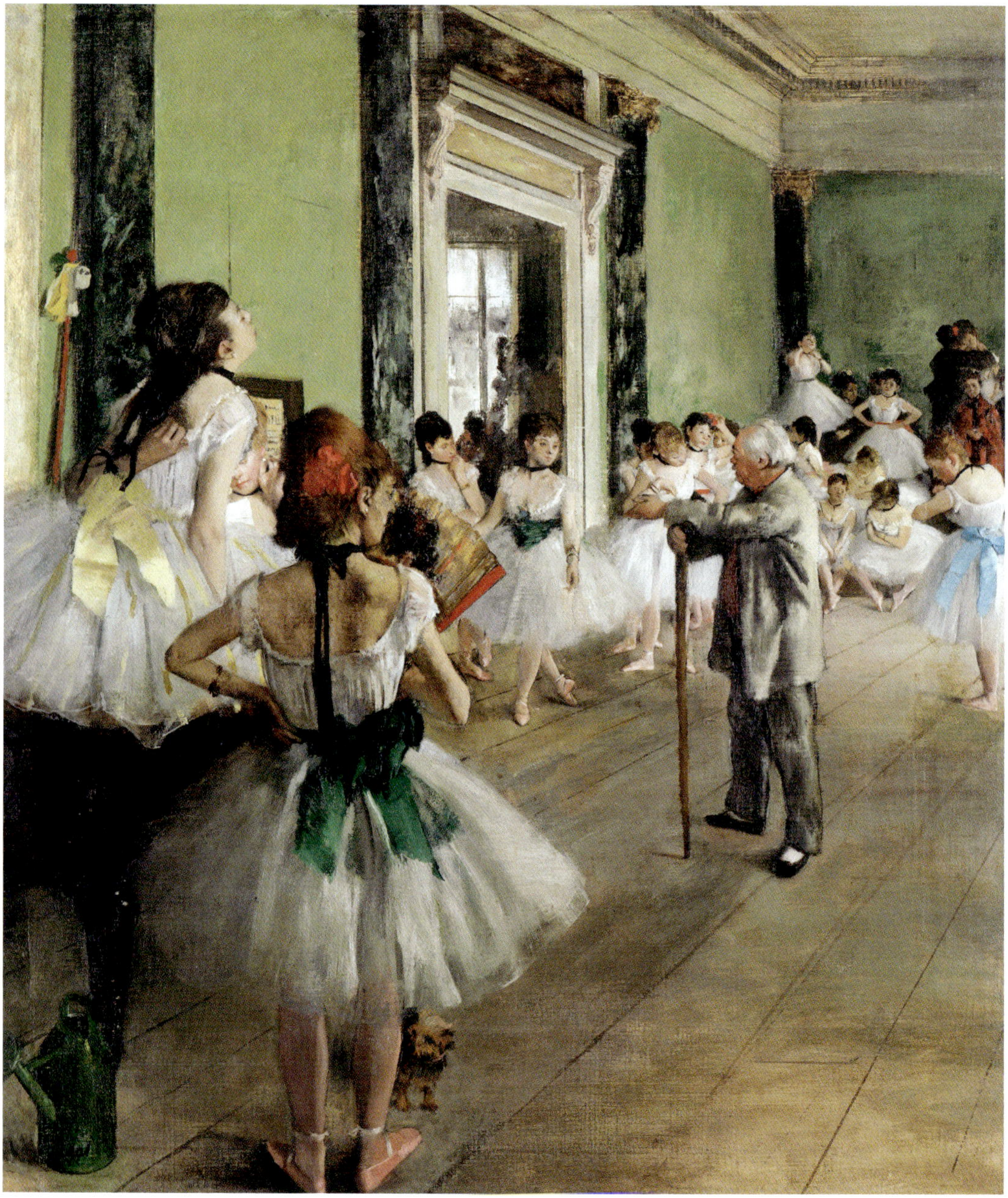

PÁGINAS 6/7
Músicos en la orquesta (detalle), 1872
Óleo sobre lienzo, 63,6 x 49 cm
Fráncfort del Meno, Städel Museum

PÁGINA 8
Autorretrato, hacia 1863
Óleo sobre lienzo, 92,1 x 69 cm
Lisboa, Museu Calouste Gulbenkian

ARRIBA
La clase de danza, 1873-1876
Óleo sobre lienzo, 85 x 75 cm
París, Musée d'Orsay

Contenido

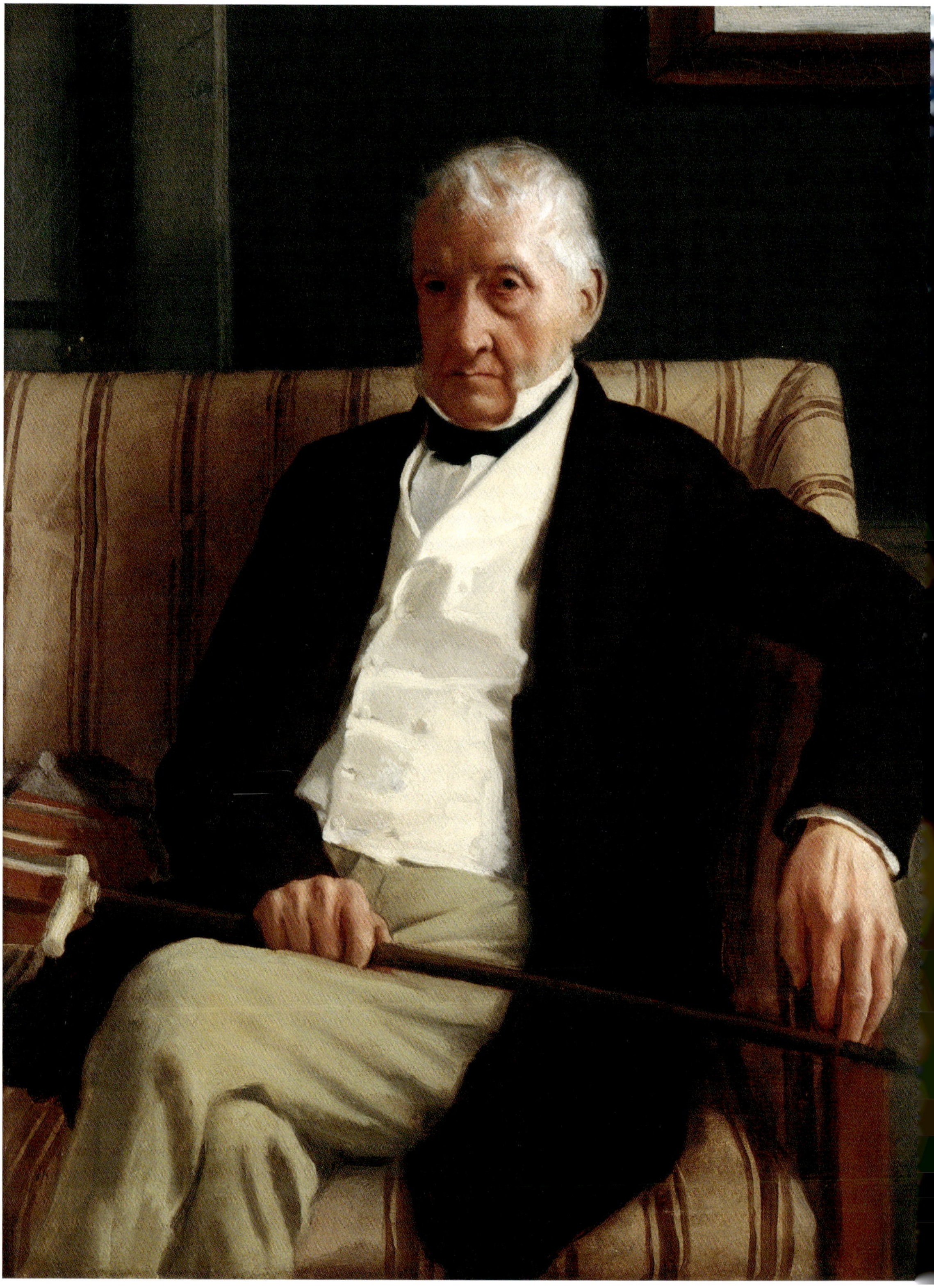

Años maravillosos

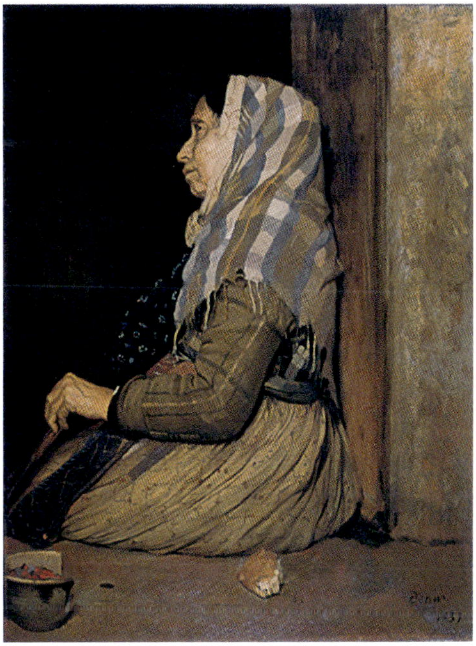

El origen y los primeros años de Degas, que ciertamente no le predestinaron para ser revolucionario, no permiten vislumbrar en qué medida contribuiría un día a modificar las ideas sobre la pintura.

Edgar Degas nació el 19 de julio de 1834 en París, en la Rue Saint-Georges. Su padre, Auguste de Gas, era banquero y dirigía la filial de un banco napolitano propiedad de la familia. Degas nunca pudo negar su origen mediterráneo, temperamental como era. Como su madre falleció temprano, en 1847, su padre y su abuelo serían los más importantes puntos de orientación para él. Aun en tiempos difíciles, su origen social le permitiría ser independiente, sin sufrir las graves preocupaciones materiales que, muchas veces, se convertirían en un serio problema para algunos de sus compañeros de singladura.

En este libro no se intenta relatar ni una historia de la vida de Degas ni una historia de su arte, ni tampoco una explicación de lo uno por lo otro. Voy a intentar describir aquella unidad a la que nos referimos cuando hablamos de Degas, pero no quiero seguir sus raíces en la historia y la biografía. El esquema literario de la monografía de artistas, acuñado por Vasari en el siglo XVI, sigue conservando hoy, en muchos aspectos, su carácter ejemplar. Lo que se escribe sobre el origen y la juventud del artista precede a una enumeración descriptiva de sus obras que, finalmente, desemboca en una valoración de la personalidad del artista. En una época en que las relaciones entre el individuo y la obra han dejado de tener el carácter de una unidad en sí misma, estando abiertas a numerosos factores contradictorios, no podemos aferrarnos inquebrantablemente a ese esquema. La alternancia entre boceto biográfico y análisis detenido de las obras corresponde a este principio.

Se trata, ante todo, de presentar la plenitud de posibilidades de expresión del arte de Edgar Degas, que superan de modo

PÁGINA ANTERIOR
Hilaire de Gas, 1857
Óleo sobre lienzo, 53 x 41 cm
París, Musée d'Orsay

ARRIBA
Mendiga romana, 1857
Óleo sobre lienzo, 100,3 x 75,2 cm
Birmingham, Museum and Art Gallery

«Para viajar solo hay que recorrer países en los que la vida palpita y donde hay muchas obras de arte...».

EDGAR DEGAS

experimental una gigantesca tarea. Quien se adentra en lo específico de su creación pictórica y su contexto, ya sea por su concentración en determinados temas, ya sea por su método artístico, pronto reconocerá que el espectro de su obra es muy superior al de los motivos que se han hecho populares. Ninguna observación unilateral está en condiciones de aprehender adecuadamente la complejidad de un pintor afectado por igual por los grandes movimientos artísticos de su tiempo, como Realismo e Impresionismo, pero que se mantuvo alejado de ellos. Degas fue siempre, siguiendo su propio camino, un *partisano* del arte. Su rechazo de todo compromiso, tanto en lo artístico como en lo personal, contribuyó a que fuera apostillado como excéntrico de la vanguardia histórica.

Entre 1845 y 1853, Degas acude al prestigioso Lycée Louis-le-Grand, donde pronto se da a conocer como excelente dibujante, fraguando amistades que durarían toda la vida con Paul Valpinçon, Henri Rouart y Ludovic Halévy. En contra de su deseo de ser pintor, comienza primeramente los estudios de Leyes, que interrumpe en 1853. Acude al estudio del pintor Félix-Joseph Barrias, donde tiene que dibujar principalmente grabados de obras del Renacimiento. Ahora redundan en su provecho las numerosas visitas hechas al Louvre los domingos con su padre y los conocimientos obtenidos de las colecciones de conocidos de la familia. Uno de esos coleccionistas y entendidos del arte, el príncipe Grégoire Soutzo, lo animará decisivamente a elegir la profesión. También la comprensión, digna de atención, de su padre por las preferencias artísticas de su primogénito, a quien también le dará en el futuro consejos por carta, crea un entorno favorable para las ambiciones artísticas de Degas. Pero Barrias pronto remite a Degas a Louis Lamothe, en cuyo estudio ingresará Degas un año después y donde recibirá una sólida formación técnica.

Cuando, en 1855, conoce a Ingres y, tímido, confiesa que pretende comenzar la carrera artística, este le insiste: «Dibuje líneas... muchas líneas, de memoria o del natural». Para el joven Degas, estas palabras serán su evangelio. La Exposición Mundial de París de 1855 le permite estudiar a su admirado modelo, presentando retrospectivas de las obras de Delacroix e Ingres. La exposición se convierte en un triunfo de la pintura francesa.

En esa época, Degas escribe libros de notas en los que, junto a anotaciones sobre el teatro y observaciones propias, empieza a formular sus principios artísticos. La elección de sus modelos tempranos ya refiere la combinación, característica de Degas, del papel del tradicionalista con el del innovador. Aquí se produce una tensión que impregnará aún su participación en el impresionismo y que será decisiva en su orientación a los temas contemporáneos: «¡Ah! ¡Giotto! Déjame ver París, y tú, París, ¡déjame ver a Giotto!».

Degas viaja en 1856 a Italia, donde tiene ocasión de ver las obras de Giotto. Primeramente se dirige a Nápoles, donde se aloja en el Palazzo Pignatelli di Monteleone, con su abuelo René Hilaire de Gas, sus tíos Henri Édouard y Achille y sus tías Rosa Adelaide Morbilli y Stefanina. Nápoles impresiona a Degas no tanto por su ambiente pintoresco sino como centro cultural, que le ofrece la oportunidad de ir a la ópera y de estudiar el arte de los viejos maestros.

Allí llegará a ver incluso dibujos de paisajes de Claude Lorrain. Pinta retratos, recordando las incesantes amonestaciones de su padre de concentrarse en la pintura de retratos. A estos estudios de retratos recurrirá más tarde al pintar el retrato de su abuelo, a sus 87 años (il. pág. 12): está sentado, distendido, sobre un sofá con el bastón de puño de marfil sobre el regazo. Degas nunca silenciará la severidad del cabeza de familia: el bastón es el símbolo, discreto pero perceptible, de una autoridad sin afectación.

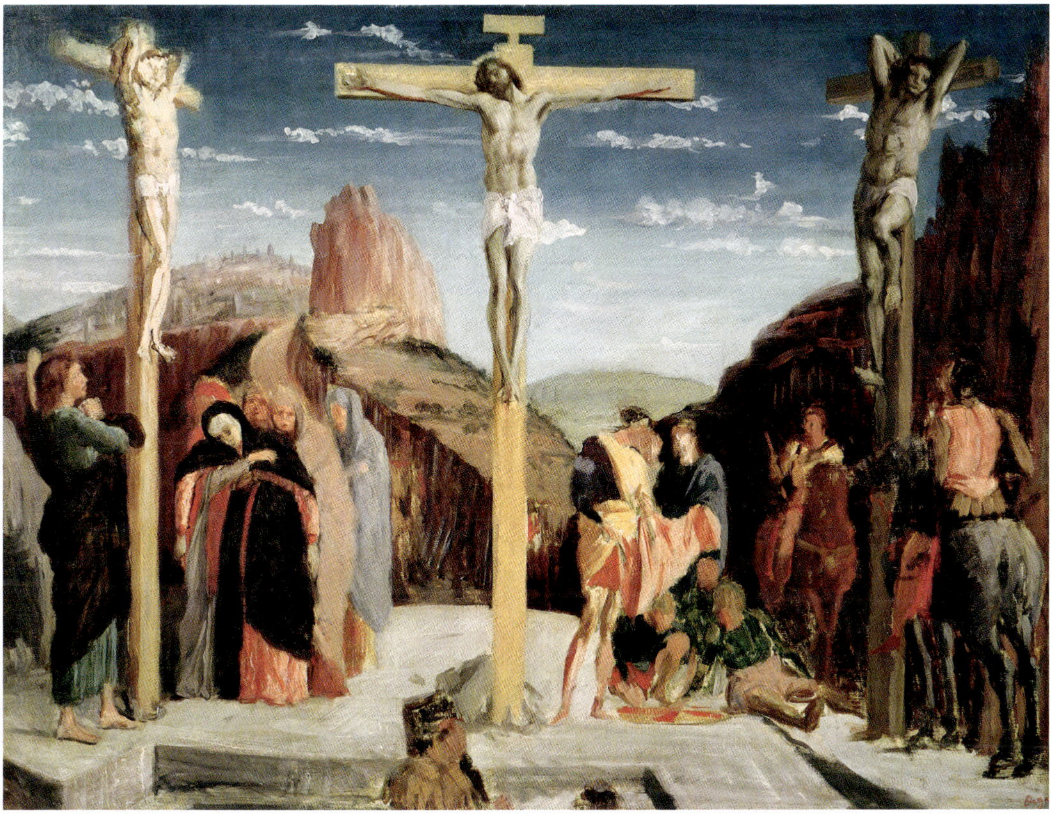

Copia de la Crucifixión de Mantegna, hacia 1861
Óleo sobre lienzo, 69 x 92,5 cm
Tours, Musée des Beaux-Arts

Un año más tarde continúa el viaje a Roma, donde se encuentra a conocidos como el antiguo compañero de la academia de Lamothe, Léon Bonnat. Hizo nuevas amistades con Georges Bizet y, en especial, con Gustave Moreau, que, en los círculos franceses, se reunían en la Villa Medici, la sede de la Académie Française, que dirigía Victor Schnetz. También a los no becarios, como Degas, se les permitía trabajar allí. La *Mendiga romana* (il. pág. 13), que Degas fecharía mucho después en 1857, corresponde a un tipo de retrato como había propagado durante mucho tiempo Victor Schnetz. Este, en los cuadros de la vida diaria de Italia, veía la posibilidad de filtrar el peligro de un realismo demasiado crudo. El cuadro de Degas muestra a la mendiga de perfil, sentada a la puerta de una casa, donde toma un mísero condumio al calor de un pequeño brasero de carbón. Degas encauza la mirada del observador, a través de los pliegues del vestido y de la bufanda a cuadros, hacia la fisonomía de la mendiga, que se recorta sobre la oscuridad de la puerta.

Junto con su nuevo amigo Gustave Moreau visita, durante su estancia en Roma, galerías de pintura. La riquísima oferta de arte proporciona al diligente estudiante un gran botín: llena con bocetos 28 cuadernos. En el verano de 1858, viaja por Viterbo, Orvieto, Perugia, Asís y Arezzo hasta Florencia. Aun cuando le cautive lo peculiar del paisaje italiano y de su luz, ya se distancia claramente de la naturaleza como posible objeto de su arte. Degas manifiesta a la naturaleza una desconfianza y desinterés que, más tarde, llegará a convertirse en una verdadera aversión. Por contra, se entusiasma con los frescos de Giotto en Asís. ¡Hasta se niega a dibujarlos porque quiere conservar para siempre esa impresión que ha recibido!

Hasta 1860 realiza más de 700 dibujos de obras de arte, particularmente siguiendo obras del renacimiento cuatrocentista italiano y del neoclasicismo francés. La mirada de Degas se dirige a los movimientos y los arabescos que le llaman la atención. Por ello, saca figuras de sus correspondientes contextos pictóricos, según puntos de vista propios y no de la historia del arte, creando, a la búsqueda de actitudes corporales y expresiones, un archivo de formas visuales al que recurrir siempre que lo necesite.

Ya en 1853 se matricula en París como copista en el Louvre. Sigue su formación artística como una elección propia según la divisa: «Hay que copiar a los maestros y volver a copiarlos...». Los cuadros son, para él, más que un mero objeto de investigación: «¡El aire que se ve en los cuadros de los viejos maestros no es aire para respirar!». Se enorgullece de haber copiado a todos los «Viejos Maestros» del Louvre, entre ellos también la *Crucifixión* de Mantegna, la tabla central del retablo de San Zenón en Verona, realizado hacia 1458, y que Napoleón había requisado y llevado a París con ocasión de su campaña italiana. La copia de la *Crucifixión* (il. pág. 15) no se realizó, posiblemente, hasta 1861. No se trata de una reproducción exacta del cuadro, sino de un intento —poco usual entre las copias de Degas— de recoger el especial ambiente de este cuadro en su superficialidad de siluetas de fuertes colores, más allá de la seca linealidad de Mantegna. Este se convirtió para él en una especie de parámetro con el que habrían de medirse también las nuevas creaciones de la pintura. «El marco de un cuadro de Mantegna contiene el mundo, mientras que los modernos solo están en condiciones de recoger un ángulo de él, un mero momento, una sección».

A invitación del barón Gennaro Bellelli y su esposa Laura, una tía suya italiana, Degas llega en agosto de 1858 a Florencia. Realiza numerosos dibujos de la familia. Hasta marzo de 1859 no emprendería el viaje de regreso a París. Allí, en el estudio de la Rue Madame, termina definitivamente el gran retrato *La familia Bellelli* (il. pág. 17), ya planificado en todos sus detalles en Florencia y modificado varias veces en su planteamiento. Su origen era un doble retrato de sus primas Laura y Giulia en noviembre de 1857, en el que se integraría a la madre y, más tarde, también a Gennaro Bellelli.

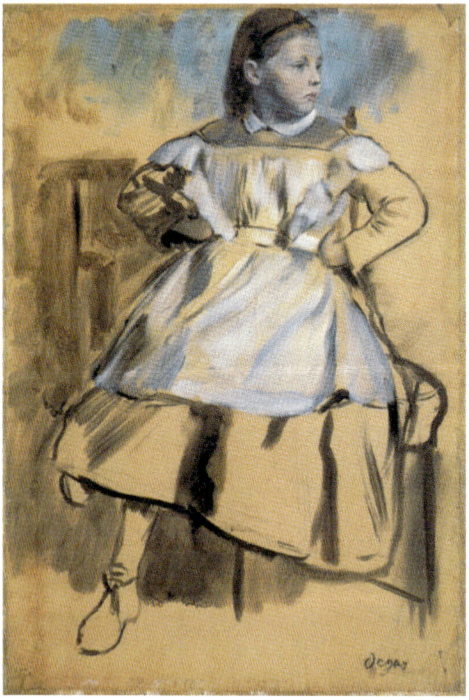

La familia Bellelli es una obra representativa, extraordinariamente ambiciosa, en la que se recogen psicológicamente, con suma precisión, tensiones que se deslizan bajo la superficialidad burguesa de la representación. Evidentemente, Degas combina lo representativo con una vida hogareña prosaica. En este cuadro se ha querido ver una representación de las edades: en él no solo están visiblemente representadas diferentes generaciones, sino que incluso los no nacidos y los ya fallecidos completan el círculo de la vida. La baronesa estaba en aquel entonces embarazada; en la pared del fondo vemos un dibujo al ocre de su padre, René Hilaire de Gas, fallecido en 1858. Pero lo representativo y lo familiar no son el auténtico tema de la obra: una segunda mirada descubre algo más, superando la impresión de una plácida vida de familia. La integración del barón permitió a Degas elaborar un contraste psicológico.

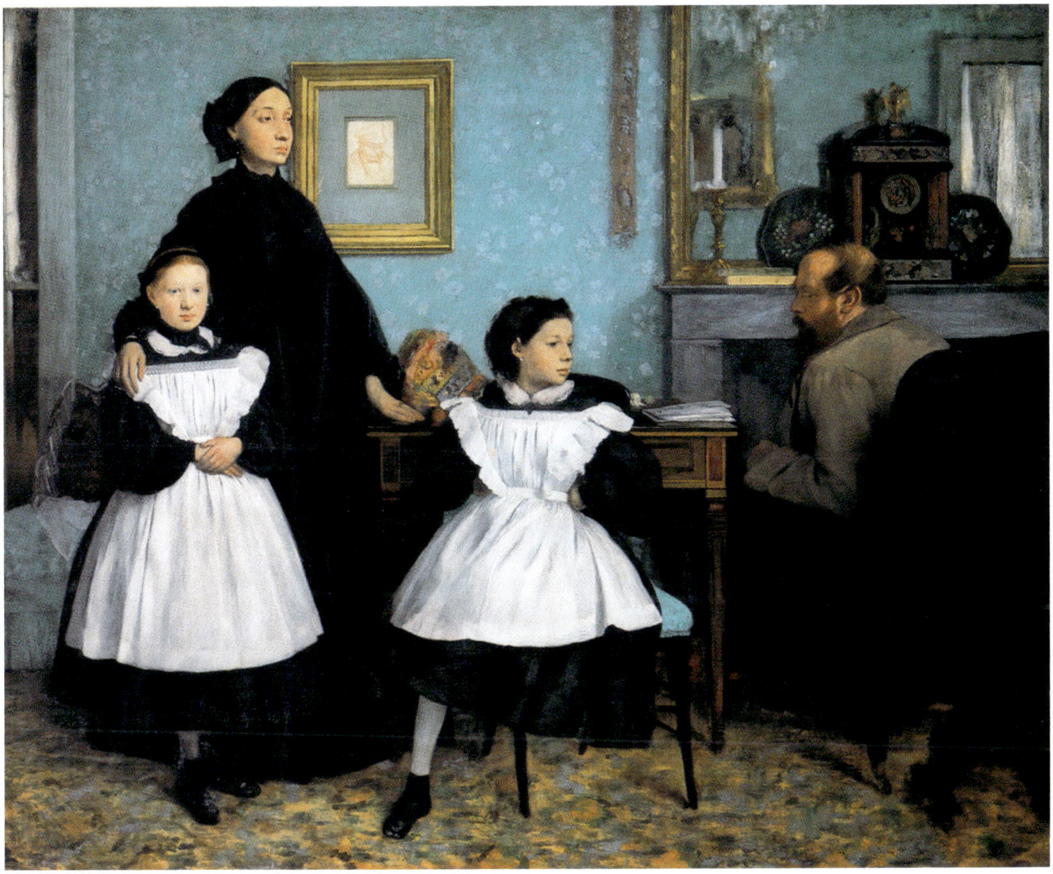

El barón, de espaldas al observador, ha sido desplazado al margen del cuadro, sin suponer un contrapeso respecto al grupo de la madre con las hijas. Como se desprende de un boceto, Degas colocó originariamente al padre de frente a la cabecera de la mesa. Pero, ahora, se ha convertido en el centro relegado de la familia. La destacada posición de la madre y esposa atrae todas las miradas. Se casó a los 28 años de edad con Gennaro Bellelli, abogado y periodista liberal; es de suponer que fuera un matrimonio de conveniencia. El cuadro revela las frustraciones de ese matrimonio, haciendo visible la distancia entre los miembros femeninos de la familia y el padre.

La familia Bellelli, 1858-1869
Óleo sobre lienzo, 200 x 250 cm
París, Musée d'Orsay

PÁGINA ANTERIOR
Giulia Bellelli, 1858/59
Óleo sobre papel sobre lienzo, 36,2 x 24,7 cm
Washington, D.C., Dumbarton Oaks Research Library and Collection

Degas dedica una especial atención a la figura de Giulia. Si, por la posición del cuerpo, se vuelve hacia la madre, su mirada va hacia la parte en que se encuentra el padre. Sentada de modo desenfadado sobre la pierna izquierda, con las manos en la cintura, forma un centro despreocupado entre los dos polos llenos de tensión. Pero la incursión de lo momentáneo eleva también la rememorización de la escena. Solo la espontaneidad de su postura —para conseguirla precisó Degas una serie de estudios— sería suficiente para situar el retrato familiar fuera de las convenciones de su época. Más tarde, Degas seguiría el proceso de transformación de poses en posturas transitorias en sus retratos. Sin rigor caricaturista, pero también sin tapujos, *La familia Bellelli* muestra, no solo en las miradas

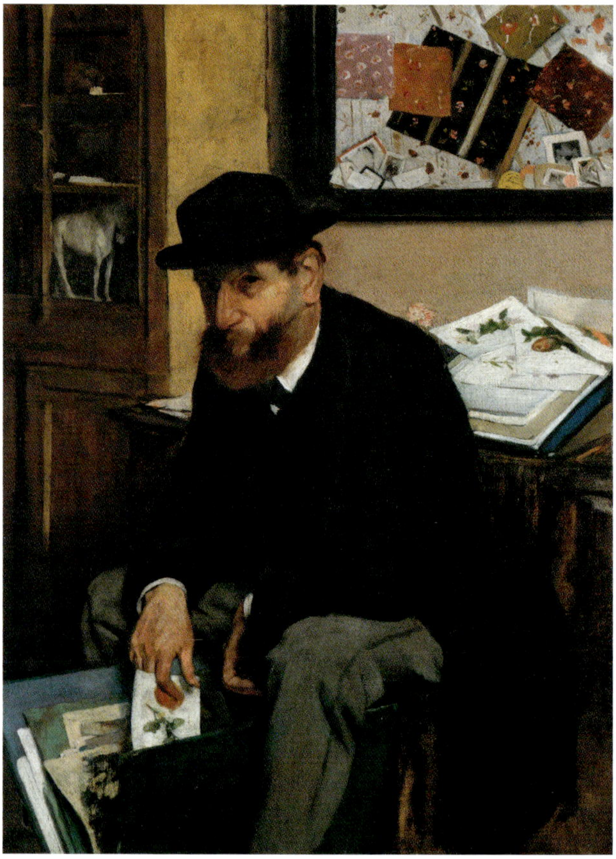

El coleccionista, 1866
Óleo sobre lienzo, 53 x 40 cm
Nueva York, The Metropolitan Museum of Art, legado de Mrs. H. O. Havemeyer, 1929, Colección H. O. Havemeyer

PÁGINA SIGUIENTE
El señor y la señora Morbilli, hacia 1865
Óleo sobre lienzo, 116,5 x 88,3 cm
Boston, Museum of Fine Arts, donación de Robert Treat Paine II, 1931

PÁGINAS 20/21
Hortense Valpinçon, 1871
Óleo sobre lienzo, 75,6 x 113,7 cm
The Minneapolis Institute of Arts, Fondo John R. Van Derlip

distanciadas y no correspondidas, la contradictoria vida interior del matrimonio y el contraste de las generaciones, que ya no podía unir ningún ideal formal. En el rechazo al contacto se anuncia una confrontación con el observador, dejando a su arbitrio el comentar los centros que se alejan entre sí. Degas ha concebido este retrato, en cierta manera, como un manifiesto en el que no solo se acerca a su propósito de «crear un retrato familiar... con el espíritu de las atrevidas opiniones de la "Ronde de nuit"», sino en el que ya se anuncian perspectivas de su futuro trabajo. Encontramos por primera vez aquellas representaciones del aislamiento de individuos que Degas rastrearía en todos los campos de la vida social.

El viaje a Italia despertó su ambición, volviendo a París con muchos planes y una mayor confianza en sí mismo. Su autoconfianza se ha acrecentado. Frente a su amigo Valernes reconocerá más tarde que esa época fue la más maravillosa de su vida. El autorretrato inacabado de 1863 (il. pág. 8) muestra a una persona de apenas 30 años, un elegante burgués con guantes y sombrero de copa, mirando esperanzado hacia el futuro.

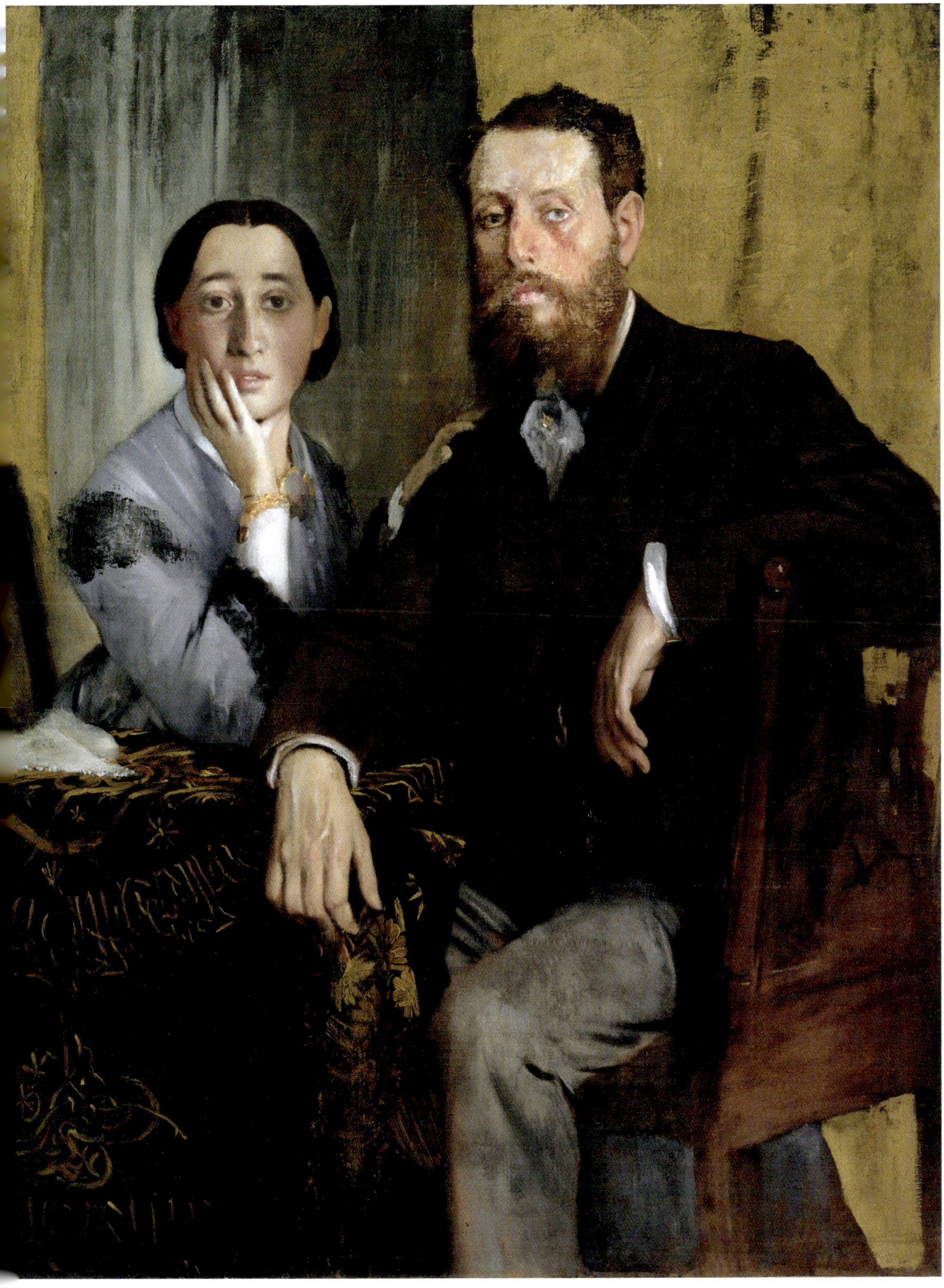

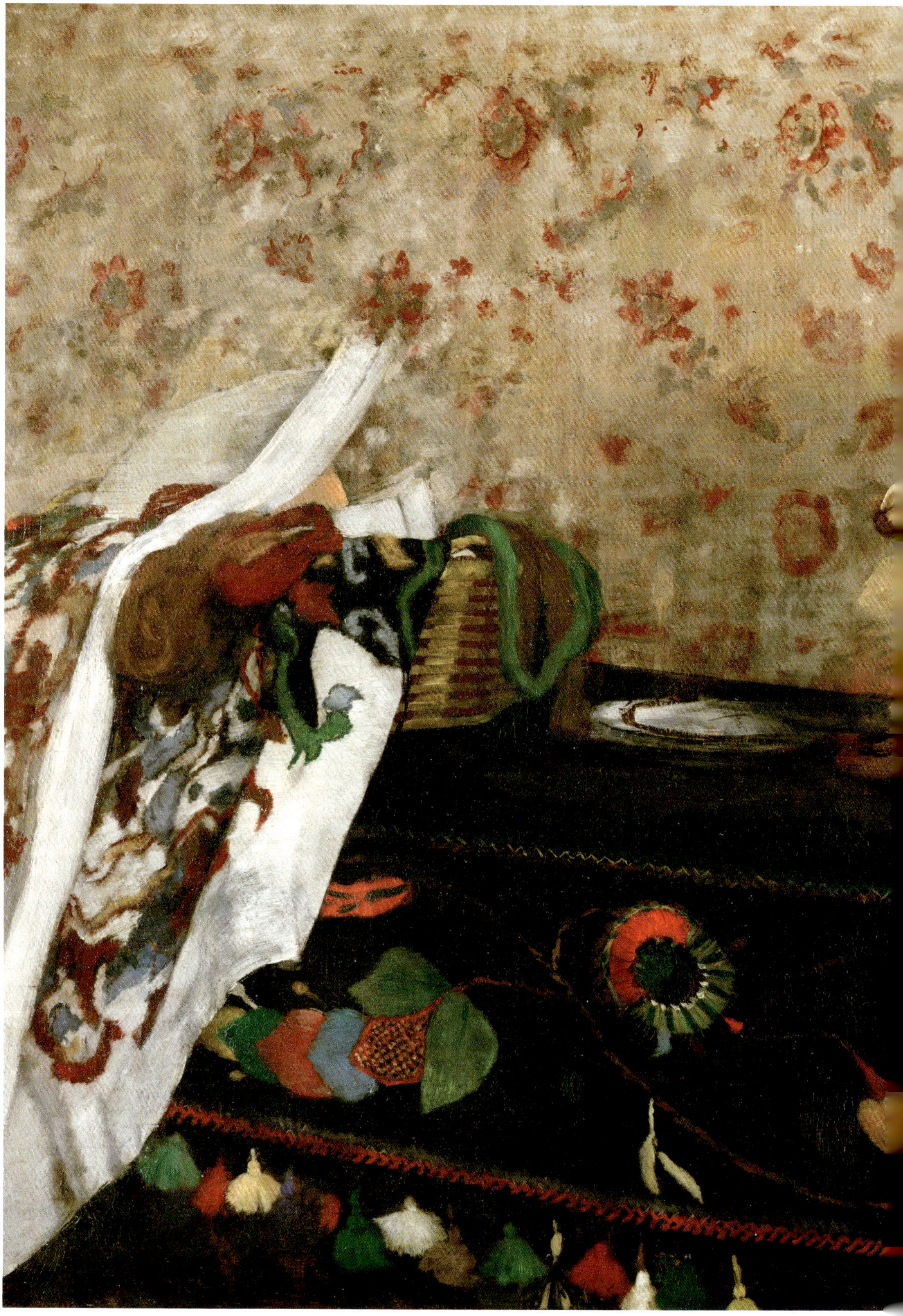

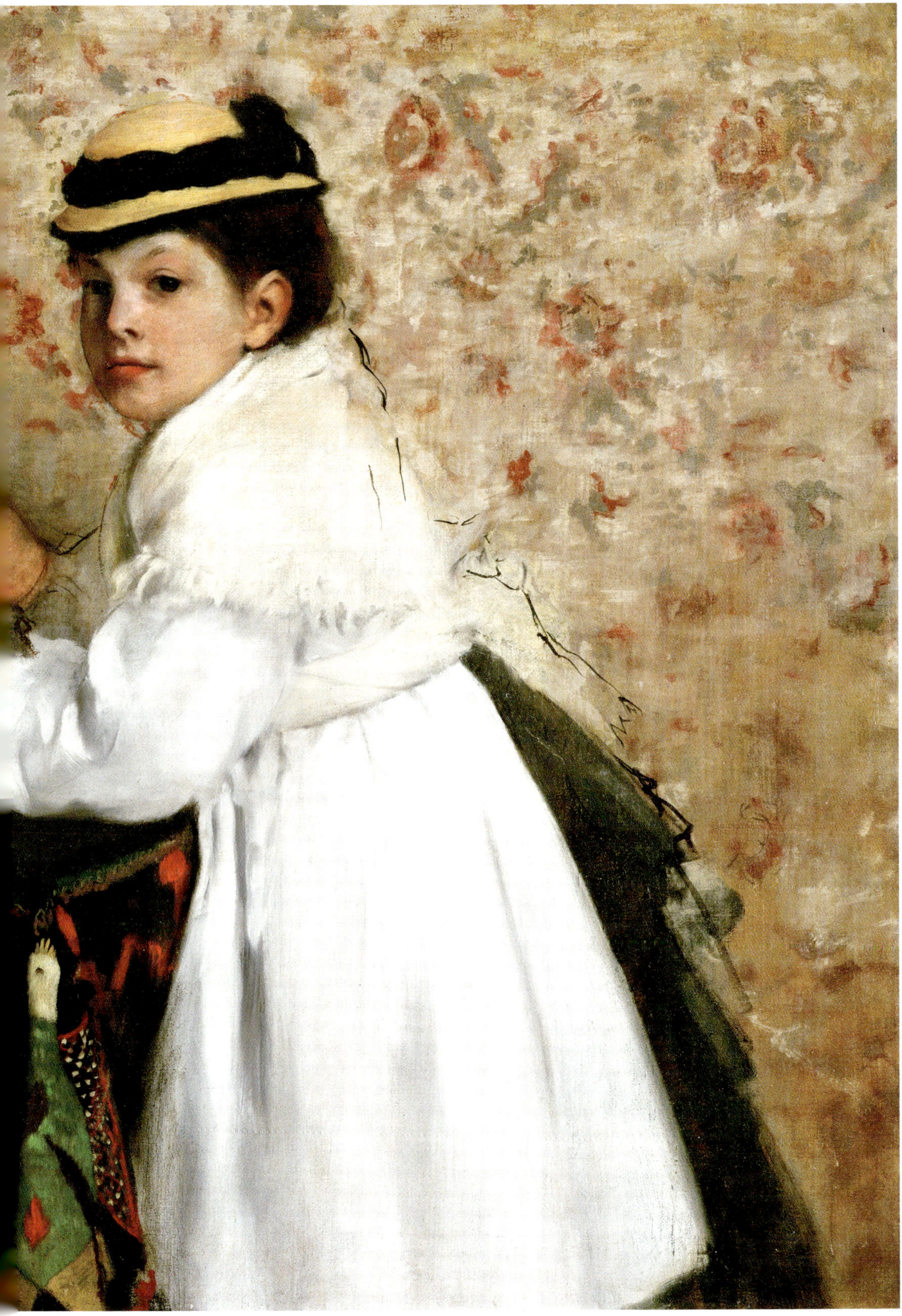

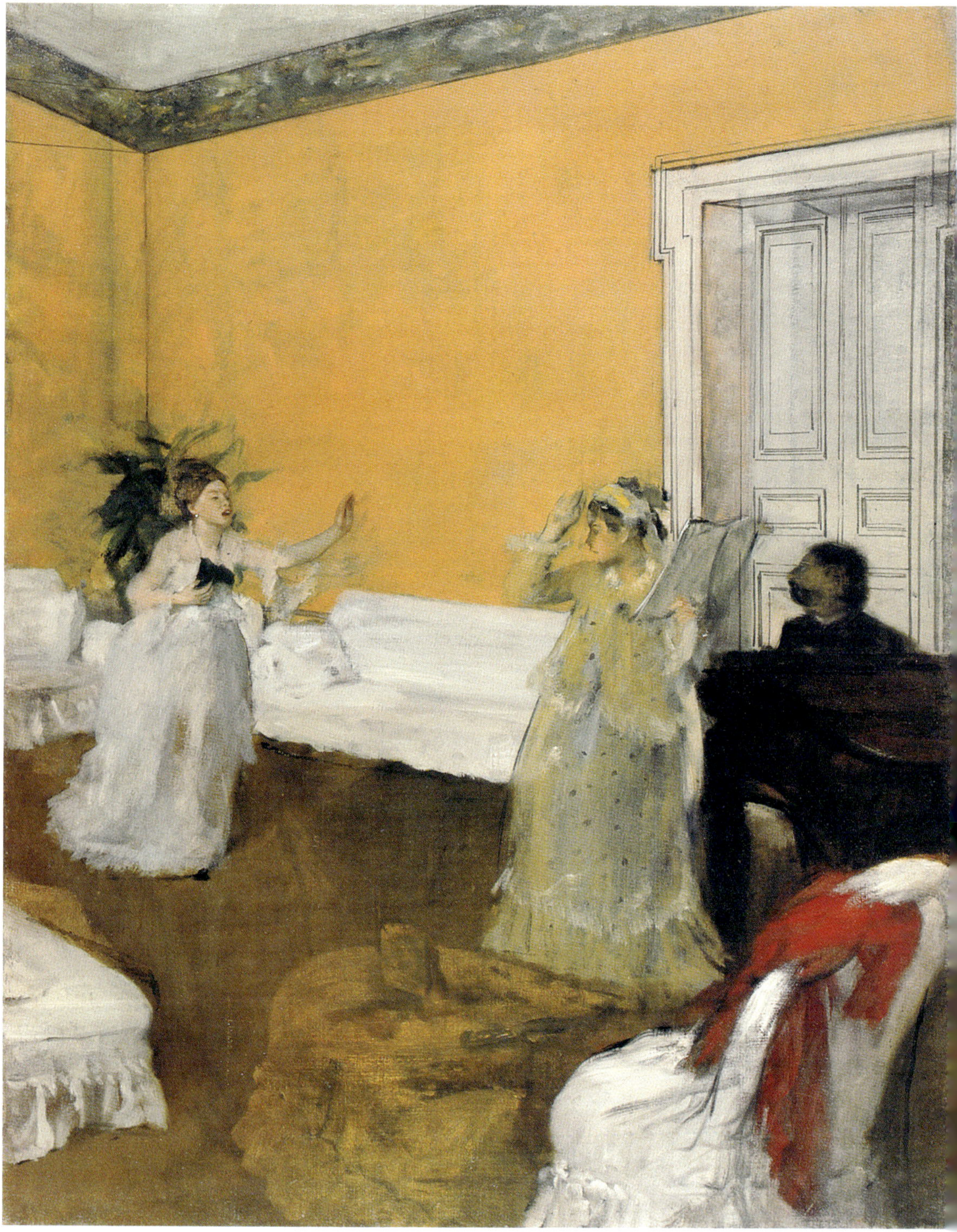

Historias y cuadros

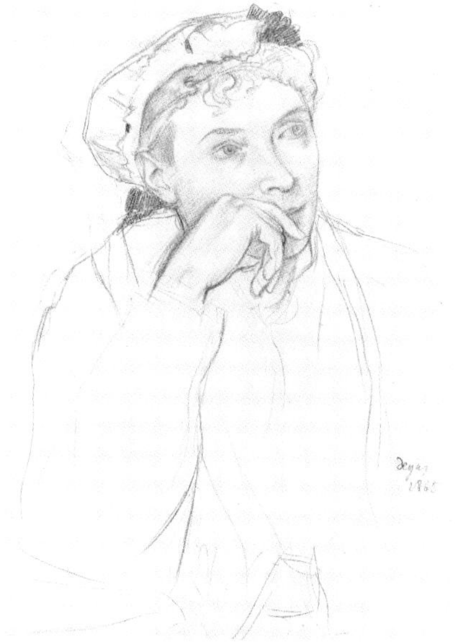

Desde que dejó de considerarse la pintura francesa del siglo XIX según el esquema simplificante de arte de salón y arte de vanguardia, se ha conseguido una nueva valoración de la pintura de historia. Este hecho modifica también nuestra visión del joven Degas, pues a pesar de la pérdida de importancia que experimentó la pintura de historia después del Neoclasicismo, su ambición lo llevó a querer crear algo nuevo en este género de pintura que, para la doctrina artística y el gusto oficial de aquellos años, seguía imponiendo pautas.

Entre 1855 y 1865, Degas se dedica a una serie de escenas históricas, en parte de gran tamaño. Sus modelos para ello son Jean-Auguste-Dominique Ingres, quien había subrayado aún más la importancia de la historia, y Eugène Delacroix, así como —entre los contemporáneos— Puvis de Chavannes. No obstante, muchos de los proyectos no pasan de ser planes o no llegan a ser terminados. Ya ahora comienza a notarse la desgana de Degas por el acabado. En esos cuadros se percibe también una huella de la duda por la actualidad de la historia. Se convierten en campo de conflicto entre los objetivos fijados por el género y los intereses, completamente contradictorios, del joven artista. Este conflicto puede calificarse como la contraposición entre la historia y la autenticidad.

PÁGINA ANTERIOR
Ensayo de canto, 1872/73
Óleo sobre lienzo, 81 x 65 cm
Washington, D.C., Dumbarton Oaks Research Library and Collection

ARRIBA
Estudio de ***Madame Valpinçon***, 1865
Grafito sobre papel verjurado blanco, 35,5 x 23,3 cm
Cambridge, Massachusetts, Harvard Art Museums/Fogg Museum, legado de Meta y Paul J. Sachs

El cuadro más importante de esta época es la representación *Jóvenes espartanas provocan a los muchachos*, de hacia 1860-1862 (il. pág. 28). Como preparación realizó no menos de 16 dibujos y dos bocetos al óleo. Para Degas, la invención del sujeto y el modo de su realización forman ya parte de la historia. Característico de sus cuadros históricos, y de su método artístico en general, es que no los formula de un solo golpe, sino que los construye; hasta se puede decir que los recopila. La fuente del tema podría ser una historia que cuenta Plutarco sobre los ritos de cortejo en la antigua Esparta. En la presentación del cortejo por parte de los muchachos y en la reacción de las muchachas podría verse con razón una representación de los deseos y temores del artista. Así es comprensible que lo presente aún en 1879, en la quinta Exposición de los Impresionistas, y que lo conserve durante toda su vida en su estudio.

El cuadro representa a jóvenes en una actuación más bien parisina que espartana, en grupos que rivalizan. Muestra la provocación agresiva de las muchachas y la aceptación de la provocación por parte de los muchachos. El grupo cerrado de las muchachas domina la formación escalonada de los muchachos, que actúan individualmente. Cómo al movimiento de las muchachas responde la reacción de los muchachos lo testimonia la cuidada coreografía de la acción hasta en el juego armónico de gestos dobles y opuestos de elección y asentimiento. La escena se detiene en el momento en que lo que era juego pudo volverse serio.

A través de una estupenda planificación de la escena —la mano extendida se encuentra en el centro exacto de la imagen—, Degas busca ensamblar los movimientos bruscos y momentáneos con el espacio del cuadro.

Aun cuando la representación de las espartanas impresione precisamente por su realismo, sigue siendo una actualización de la pintura histórica con medios inapropiados. La arcaizante temática y el naturalismo de la escena no pueden reconciliarse entre sí. La diferencia aparece como ruptura de lo figurativo, que la crítica coetánea registra sarcásticamente: en lugar de las figuras ideales y arcaizantes que cabría esperar en este tema, aparece el feo realismo de «chavalas flacas de suburbio».

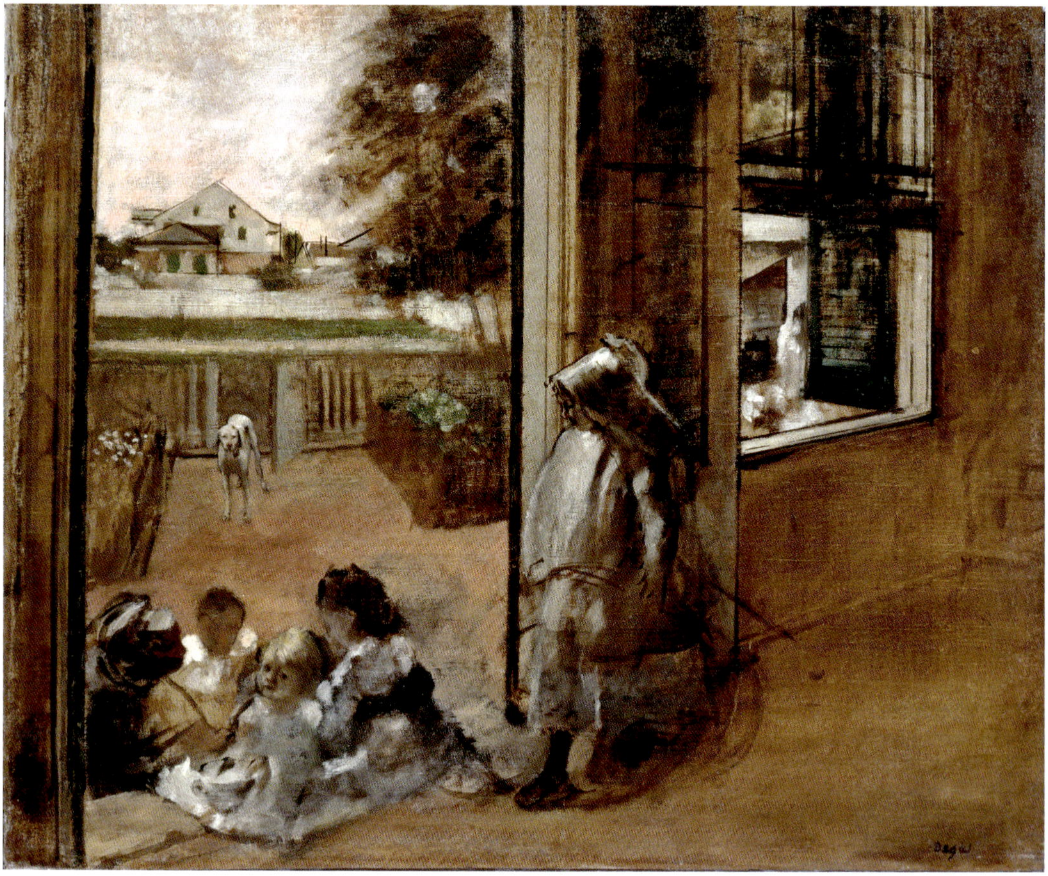

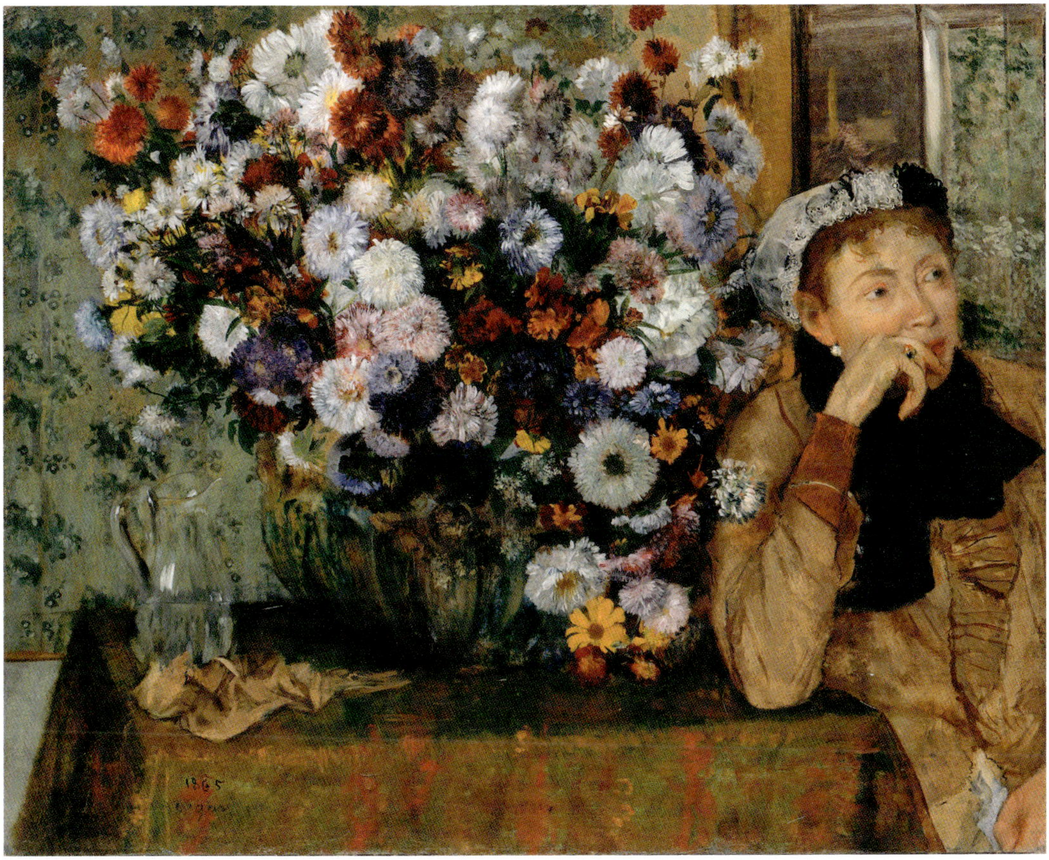

Con un cuadro histórico debuta Degas en el Salón de 1865. La *Escena de guerra medieval: los sufrimientos de la ciudad de Nueva Orleans* (il. pág. 29) despierta poca atención, para desilusión del artista. Quizá se deba a que Manet, admitido por un jurado liberal, atrajo toda la atención crítica con su *Olympia*. Frente a este tema, el de Degas causa una impresión anacrónica y artificiosa, por elegir un escenario medieval como símbolo de los sufrimientos de la ciudad de Nueva Orleans, que en 1862 se encontraba ocupada por las tropas de la Unión durante la Guerra Civil. Pese a la ciudad en llamas del fondo y la oposición de guerreros y víctimas, la escena —en formato apaisado— adolece ostensiblemente de tensión dramática. Las figuras aparecen sobre la superficie del cuadro extrañamente diseminadas y desperdigadas. Esto puede decirse especialmente de los desnudos femeninos tumbados a los que Degas, como revelan sus notables estudios preparativos, dedicó la máxima atención. Pretende subrayar la tortura de las mujeres con poses extremas. Pero en la medida en que incrementa la fuerza de expresión de sus cuerpos, los desnudos adquieren vida propia, con lo que se consume la ruptura entre los cuerpos y la historia. Degas traslada también los sucesos a la periferia del cuadro, de modo que el centro se vacía; así, el jinete con el desnudo sobre la silla es completamente fragmentario. Degas renuncia, en favor de efectos visuales, a una narración concluyente. El cuadro se pone en primer plano, en contraposición a la historia. *Escena*

Mujer con crisantemos, 1865
Óleo sobre lienzo, 73,7 x 92,7 cm
Nueva York, The Metropolitan Museum of Art, legado de Mrs. H. O. Havemeyer, 1929, Colección H. O. Havemeyer

PÁGINA ANTERIOR
Patio de una casa en Nueva Orleans, 1872
Óleo sobre lienzo, 60 x 75 cm
Copenhague, Designmuseum Danmark

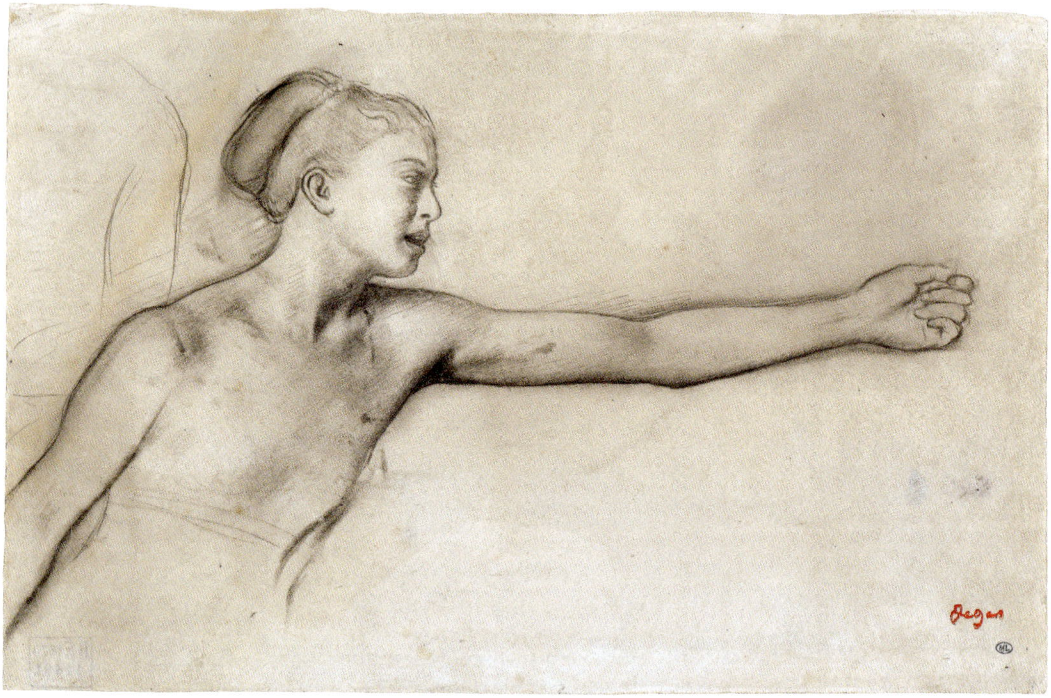

Joven espartana, hacia 1860
Lápiz sobre papel, 28 x 38 cm
París, Musée d'Orsay

de guerra medieval: los sufrimientos de la ciudad de Nueva Orleans sería el último cuadro de escenas históricas del artista.

La época de 1852 a 1865 es decisiva para la evolución de Degas. Desde 1862 comienza paulatinamente una reorientación que lo lleva más allá de la pintura de historia y los retratos. Se halla ante el problema de seguir aplicando esquemas tradicionales a nuevos temas o desarrollar opciones propias. Una percepción formada en las convenciones de la historia solo permitía que la reivindicación de autenticidad fuera sentida como una contradicción. Así, los cuadros de temas históricos de Degas testimonian el carácter vacío de apelación de un género con la consecuencia de ese «teatralismo» que describiera con exactitud Michael Fried. Las pinturas de historias se convierten en meras piezas de exhibición que nada tienen que ver con la verdadera historia.

Jóvenes espartanas provocan a los muchachos (il. pág. 28) es el intento de encontrar, en la historia, la vida moderna; pero ya no puede asegurar como *grande peinture* la «gran tradición» de la historia, que ya en 1846 Baudelaire daba por perdida. Queda abolido el límite entre historia y género. Hacia mediados de siglo se hace notar un desinterés por las historias porque los nuevos clientes, coleccionistas privados, tienen otras preferencias muy distintas. El crítico Castagnary constata: «La pintura religiosa e histórica o heroica ha desaparecido, paso a paso, al mismo nivel que la teocracia y la monarquía. Las estructuras sociales que la apoyaban se extinguieron». Allí donde la historia se entiende, cada vez más, como un fenómeno reconstruible, como un proceso, lo histórico se puede imponer al tiempo presente cada vez menos como norma. Lo irreconciliable de la experiencia contemporánea con la historia es también causa de un cambio en la percepción: a partir de ahora lo decisivo no es el tratamiento de los héroes y sus hechos, sino la posición del observador.

Degas duplica ahora sus esfuerzos en el sector del retrato. El cuadro de hacia 1865 *El señor y la señora Morbilli* (il. pág. 19) forma parte de una serie de retratos dobles; para realizarlos, el artista

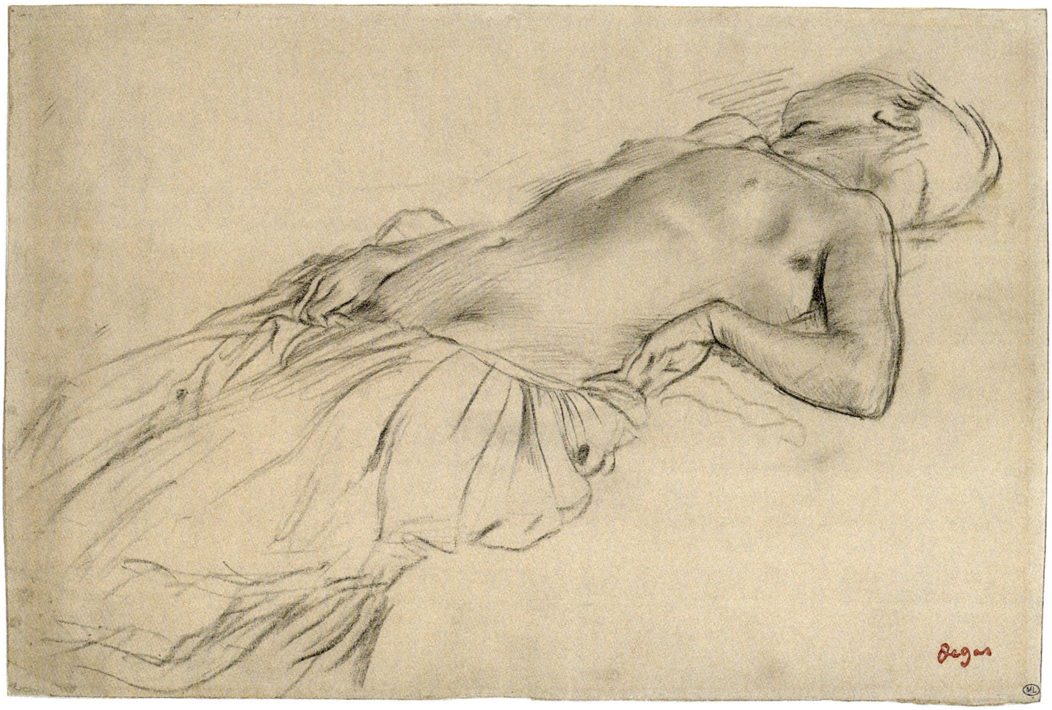

quizá se inspiró en daguerrotipos. Precisamente en esos cuadros, que al parecer obedecían a fórmulas pictóricas tradicionales, Degas podía destacar su distancia para con el género.

Mujer semidesnuda tendida de espaldas, 1865
Lápiz, 22,8 x 35,6 cm
París, Musée d'Orsay

En la pareja, sentada ante un fondo neutro, se despliega el brío psicológico del artista. Situando al duque, que es quien en realidad domina la escena, ligeramente fuera del centro del cuadro, consigue una tensión espacial entre los cónyuges. Con la diferente coloración de fondo y el desplazamiento de las encarnaciones, hace contrastar los caracteres de su hermana y su cuñado. A la clara reserva aristocrática del duque, que queda de manifiesto pese al desenfado de su postura, opone una tenue melancolía de la duquesa. La diferencia psíquica no se pone de manifiesto en una acción o en un enfrentamiento en el cuadro, sino solo a través del observador, al que ambos contemplan. Los suaves gestos de Thérèse contrastan con las manos pasivas de Edmondo. Mientras que la mano izquierda de ella descansa confiada en el hombro del marido, lleva los dedos de la diestra a la mejilla, al levantar momentáneamente la vista, como si se apartara de su marido para dirigirse al observador. La sombra del marido oscurece su rostro serio.

En la *Mujer con crisantemos* (il. pág. 25), del mismo año, el ramo de crisantemos en plena flor y la mujer que este desplaza al margen del cuadro compiten mutuamente. La mujer es, posiblemente, Madame Valpinçon. La convención exige que el observador considere la figura humana como el verdadero centro del cuadro, pero la posición de la mujer en él lo contradice. Degas subraya el desplazamiento irritante del sujeto, que acentúa aún más al ocultar el gesto de la mujer parte de su rostro. La asimetría del cuadro y la posición excéntrica de la retratada hacen aumentar el realismo de la escena. Pero la impresión de presencia desfavorece a la representada. Degas ofrece al observador, en la igualdad de tratamiento del ramo de flores y de la mujer, la comparación entre la presencia sensual de los crisantemos y la ausencia psíquica de la mujer, ensimismada. Todo es vida diaria, un momento

«No se puede hacer, sin diferenciar, arte parisino y arte de Louisiana; degeneraría en monde illustré».
EDGAR DEGAS

de tranquilidad entre dos actividades, casualmente captado. Por ello, Théodore Duret, en su crítica del Salón de 1870, toca el punto decisivo cuando expone que Degas siempre estaba interesado, ante todo, por «un tipo característico» y que lo parisino, por ejemplo, siempre tenía más importancia para él que lo individual. Degas, como Duranty profetiza en aquellos años, está en el mejor camino de convertirse en «un pintor de la flor y nata de la sociedad». Sus retratos son testigos de que la posibilidad de mostrar auténticamente la individualidad en condiciones modernas se ha perdido.

En la guerra franco-prusiana de 1870, Degas se presenta voluntario a la infantería; los ejercicios de tiro revelan por primera vez su dolencia visual. Se encuentra bajo las órdenes de su viejo compañero de clase, Henri Rouart, a quien desde entonces le unirá una estrecha amistad. Durante la Comuna abandona París, trasladándose a Ménil-Hubert con los Valpinçon. Allí pinta el retrato, casi impresionista, de Hortense Valpinçon, de nueve años de edad (il. págs. 20/21), con quien seguirá teniendo un estrecho contacto en años posteriores. Con una composición asimétrica comparable a la *Mujer con crisantemos* y la mirada oblicua, la mesa con los objetos de costura desplaza del centro del cuadro a la muchacha, que, en ese momento, levanta la mirada de la manzana que sostiene en la mano y se dirige al pintor. Todo ello da al cuadro un dinamismo interior, acrecentado aún más por el libre modo de pintar la pared, y que se comunica al observador como la inquietud natural de la niña.

El viaje más largo lo emprende Degas durante la difícil posguerra. En 1872, junto con su hermano menor René, se pone en camino, pasando por Londres, hacia Nueva York y Nueva Orleans, donde su tío Michel Musson tiene una empresa de algodón. Degas permanecerá cinco meses en Louisiana, no volviendo a París hasta febrero de 1873.

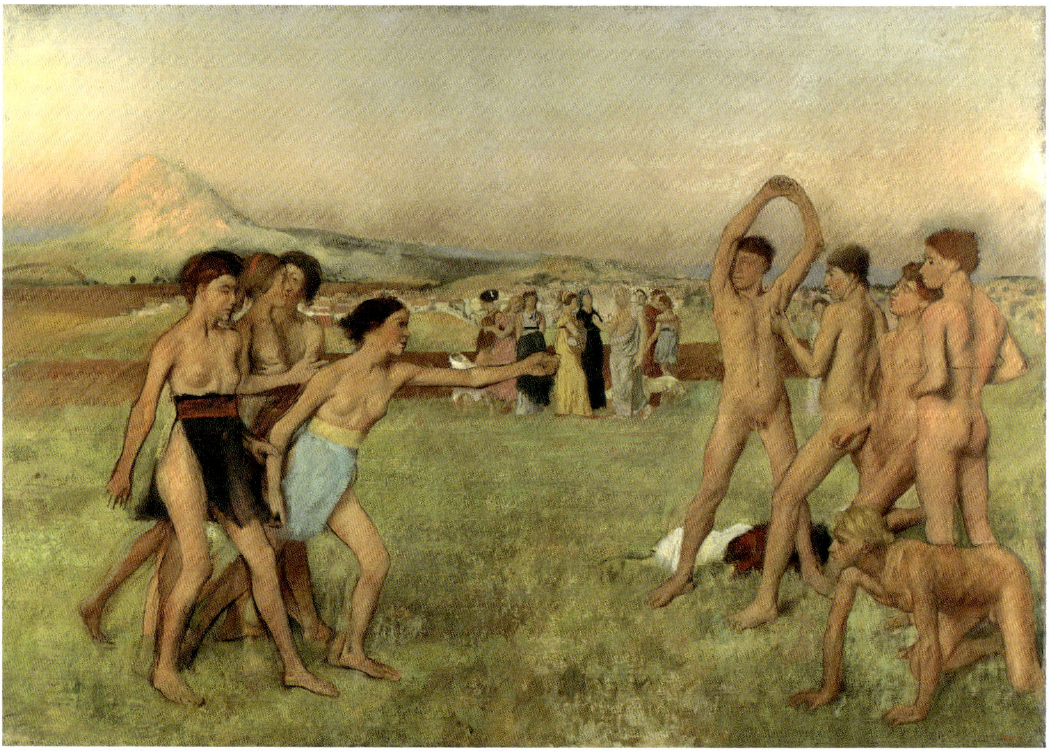

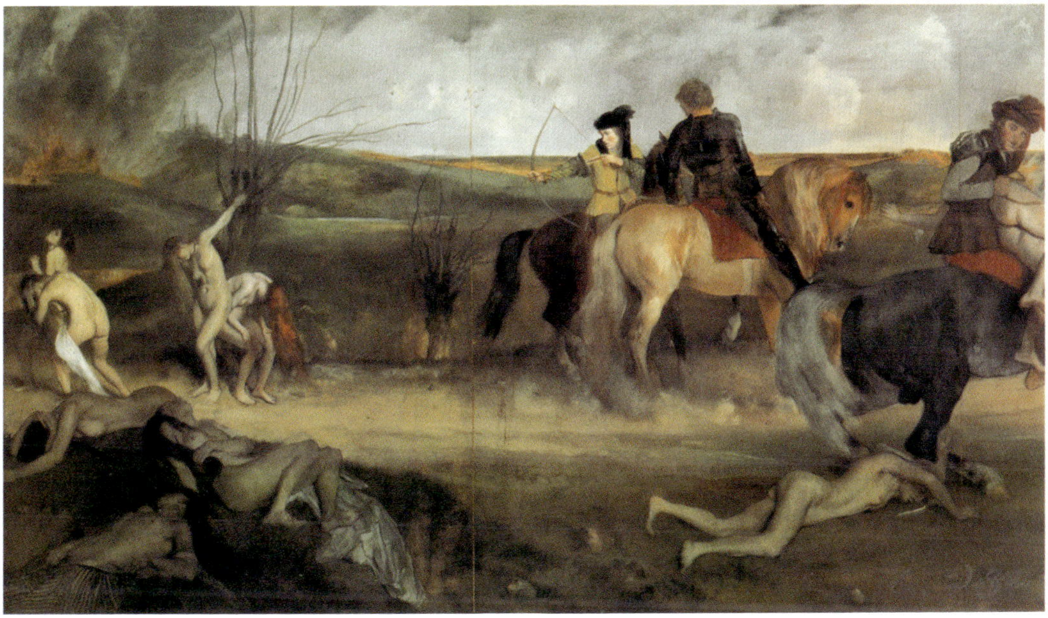

Aun cuando le entusiasme el progreso técnico de América, por ejemplo, los coches-cama en los ferrocarriles, echa de menos la vida cultural y social de los salones parisinos: «La falta de ópera es un verdadero tormento». Las representaciones en familia, como aquella que le inspira el *Ensayo de canto* de 1872/73 (il. pág. 22), no consiguen sustituirla. El tema de este cuadro no es la interpretación musical, sino la acción en el ensayo. La perspectiva del espacio y el gesto de la mano vigorizan el dúo de las cantantes. Incluso el pianista es presentado en el momento en que se vuelve, y Degas se apresura a subrayar este movimiento de la cabeza haciéndolo contrastar con las marcadas líneas geométricas de la puerta.

Escena de guerra medieval: los sufrimientos de la ciudad de Nueva Orleans, 1865
Óleo en papel sobre lienzo, 83,5 x 148,5 cm
París, Musée d'Orsay

PÁGINA ANTERIOR
Jóvenes espartanas provocan a los muchachos, hacia 1860-1862
Óleo sobre lienzo, 109 x 155 cm
Londres, The National Gallery

El *Patio de una casa en Nueva Orleans* (il. pág. 24) de 1872 muestra una parte de la casa de los Musson en la Esplanade Avenue, reproduciendo quizá el panorama desde la habitación de trabajo que sirvió a Degas como estudio durante su estancia. La pequeña Carrie Bell se encuentra, con su aro, en la puerta; otros niños aparecen sentados, con su niñera, en el umbral. De todos los cuadros pintados en América, es este donde más se nota lo específico de la vida y de la luz en Nueva Orleans.

También *El podólogo* (il. pág. 33) se ajusta al estudio incesante de la situación por parte de Degas. De forma casi demostrativa, juega con los efectos de la luz en las toallas y en la calva del hombre, que culminan en la transparencia llena de luz de la toalla sobre el respaldo de la silla.

Entre sus retratos, uno de los más pictóricos es, sin duda, el de *Estelle Musson* (il. pág. 32), de 1872/73. En el raudal de matices blancos, grises y rosas en el vestido y en el fondo, solo el cinturón y el peinado ofrecen un asidero firme a la mirada. Como perdida, Estelle se encuentra sentada en el canapé, con las manos cruzadas sobre el regazo en actitud sumisa. Poco después de su matrimonio con René de Gas, Estelle había perdido la vista; Degas hace que su mirada se pierda en la lejanía, dejando de lado al observador. Con medios sencillos y cautelosos,

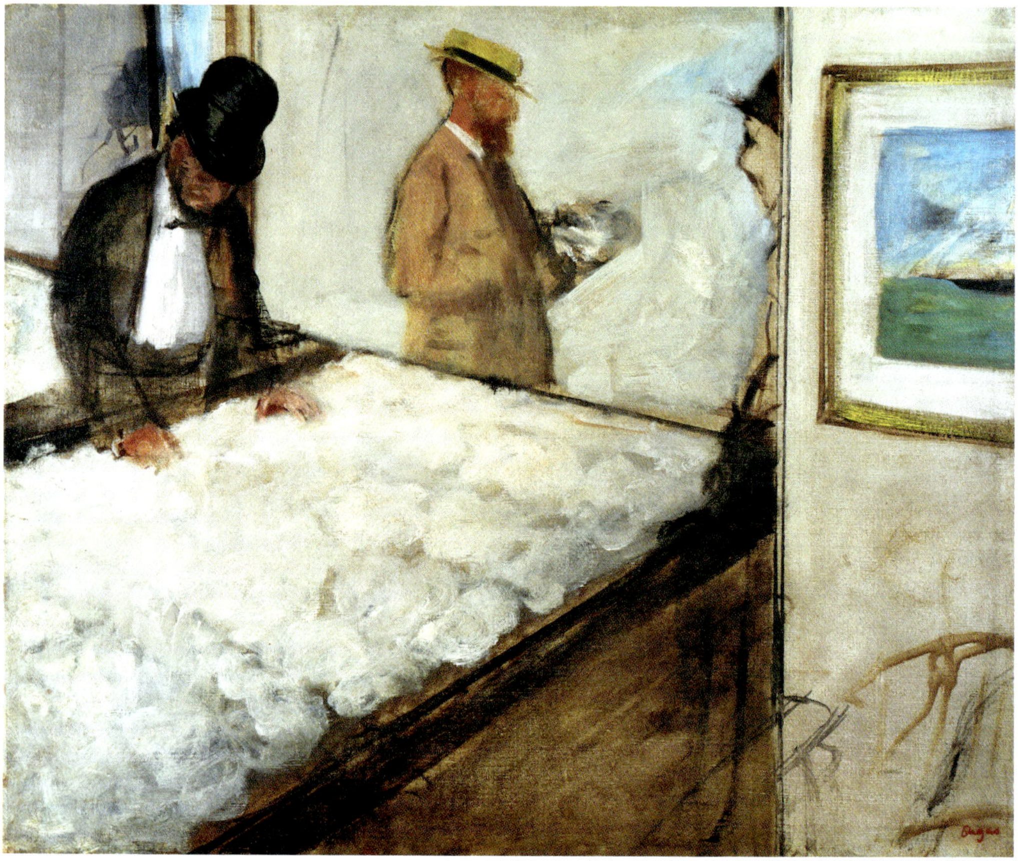

Comerciantes de algodón en Nueva Orleans, 1873
Óleo sobre lienzo, 58,7 x 71,8 cm
Cambridge, Massachusetts, Harvard Art Museums/ Fogg Museum, legado de Herbert N. Straus

representa la introversión, el aislamiento irreversible de esta mujer ciega hacia la que, entre todos sus familiares americanos, se sentía especialmente atraído.

La obra más importante que realizó durante ese viaje es, sin embargo, *La oficina de algodón en Nueva Orleans,* de 1873 (il. pág. 31). Por desgracia, no existen dibujos preparativos que pudieran informar sobre la génesis del pequeño cuadro. Muestra a 14 personas realizando diferentes actividades en el despacho de algodón de su tío. Michel Musson está sentado en un sillón y examina el algodón; René de Gas lee el periódico y Achille de Gas se apoya en una ventana. El socio de Musson, James Prestridge, negocia, sentado en un taburete de oficina, con un cliente. El cajero estudia las facturas y el yerno de Musson, William Bell, entrega en la mesa una muestra a un cliente, para que este la estudie.

En el cuadro, cada persona está ocupada consigo misma y con su momentánea actividad, lo que despierta una impresión de extraña falta de contacto. Si bien las personas se encuentran concentradas en un espacio mínimo, al parecer nada une unas a otras. Esta arbitrariedad de sus posiciones es expresión de la objetividad del mundo de los negocios. Degas había previsto pintar una segunda versión, que sería menos complicada. El boceto al óleo *Comerciantes de algodón en Nueva Orleans* (il. pág. 30) da una idea de la orientación de este cuadro. Con menos personas, pero con una fragmentación más radical, obtiene un efecto similar.

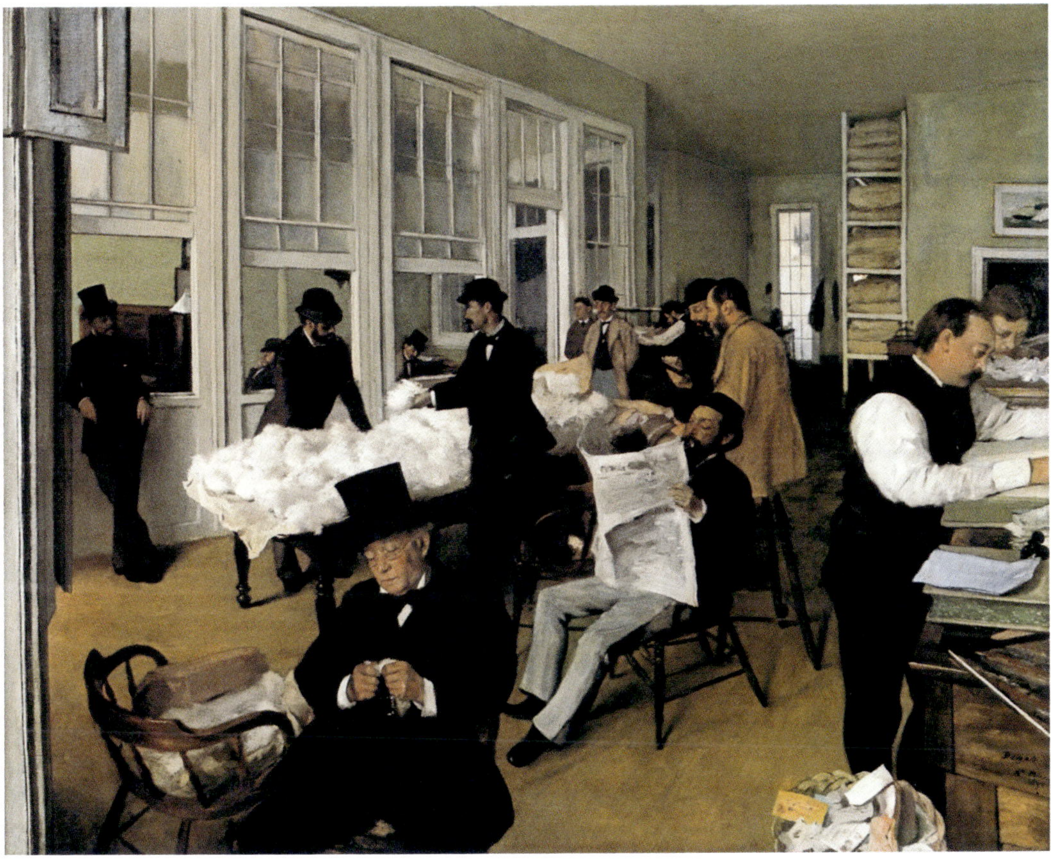

La oficina de algodón en Nueva Orleans (Retratos en una oficina), 1873
Óleo sobre lienzo, 73 x 92 cm
Pau, Musée des Beaux-Arts

La oficina de algodón en Nueva Orleans no es tampoco, de ninguna manera, un cuadro de recuerdo, en el que Degas hubiera reunido a sus anfitriones, sino pura especulación comercial. Esperaba que el comerciante en arte inglés Agnews le pudiera poner en contacto con un fabricante de algodón en Manchester. Seguro de sí mismo, Degas escribió a Tissot: «Si, alguna vez, un fabricante de algodón ha deseado a un pintor, tendrá que recurrir a mí». Pero el trato no se llega a realizar. Así, el cuadro, con un efecto de pintura antigua, desconcierta a los visitantes de la segunda Exposición de los Impresionistas en 1876, siendo la primera obra del pintor que compra un museo, en 1878. Al parecer, los familiares en América no quedaron tan complacidos con los cuadros de su visita, pues Degas se los llevó todos a París.

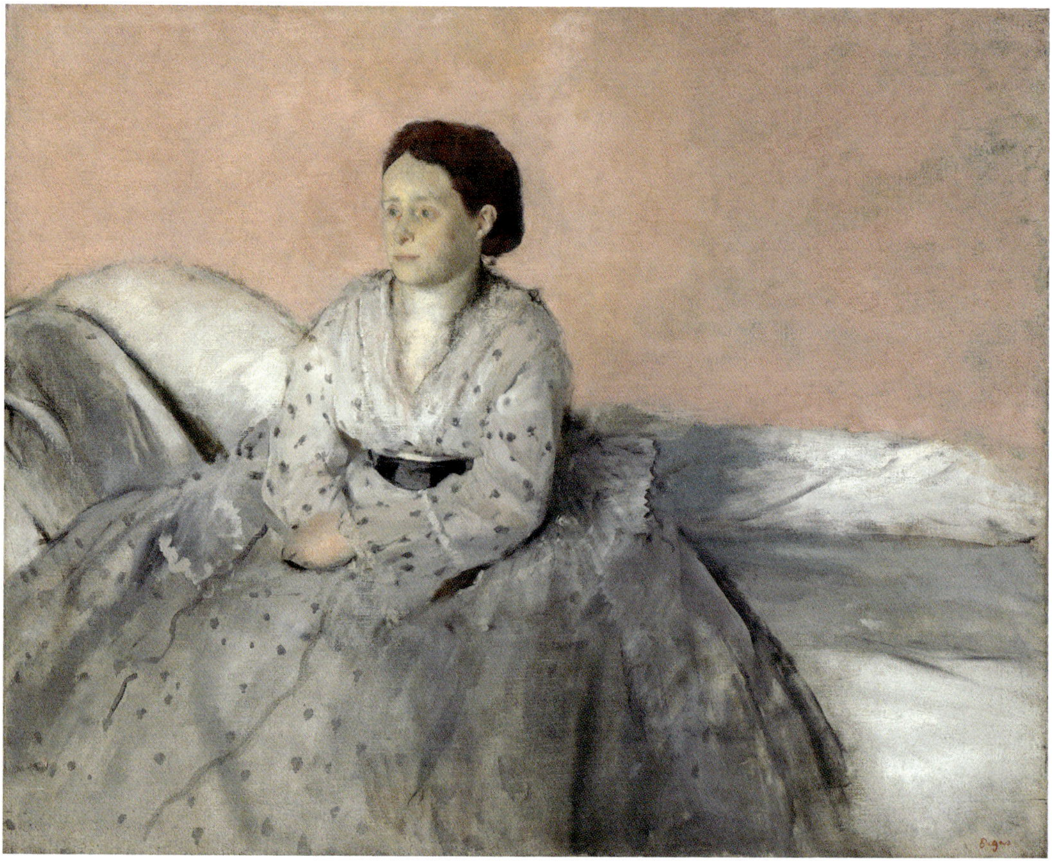

Estelle Musson, 1872/73
Óleo sobre lienzo, 72,9 x 92 cm
Washington, D.C., National Gallery of Art,
Chester Dale Collection

PÁGINA SIGUIENTE
El podólogo, 1873
Óleo en papel sobre lienzo, 61 x 46 cm
París, Musée d'Orsay

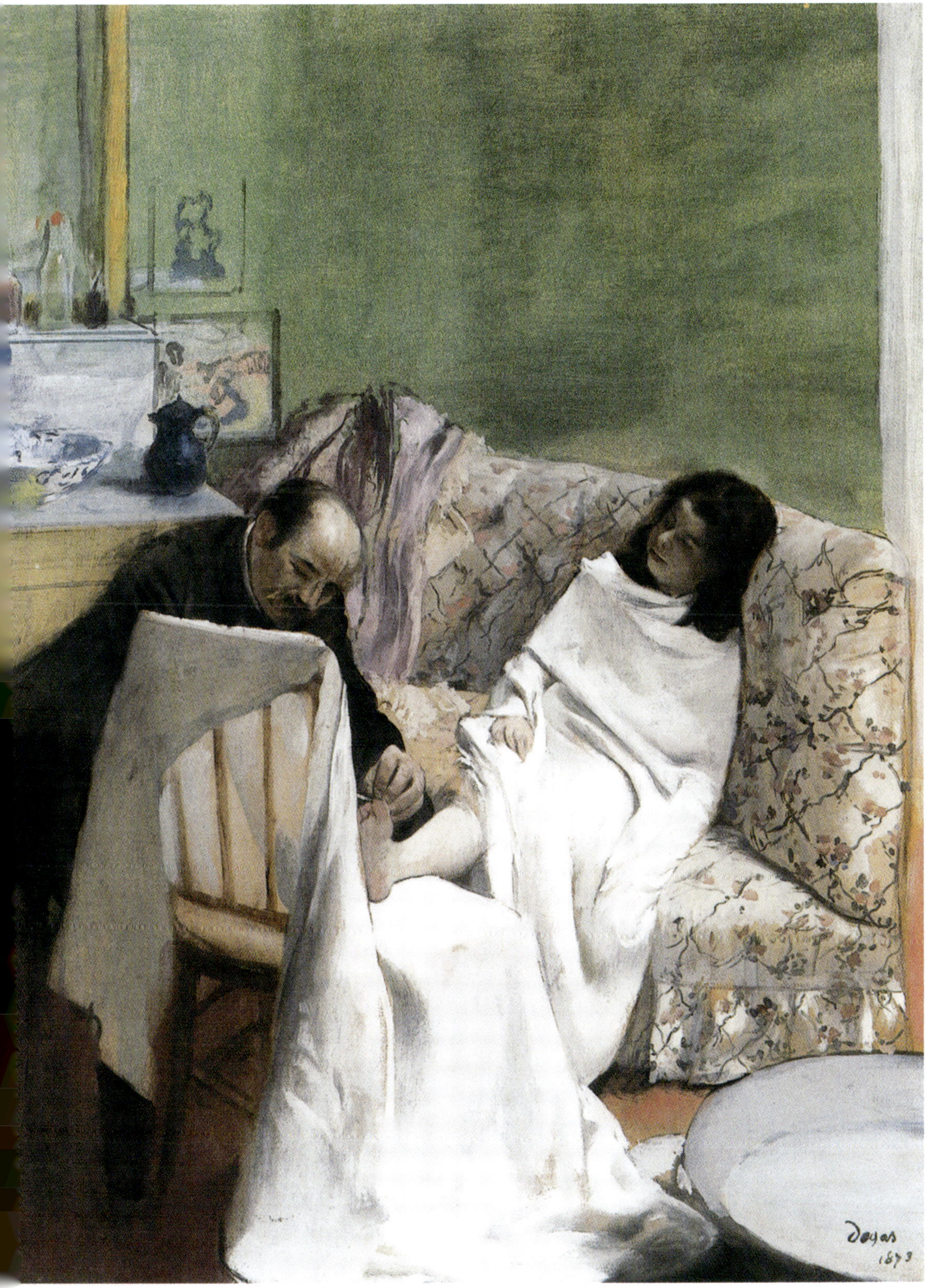
Degas
1873

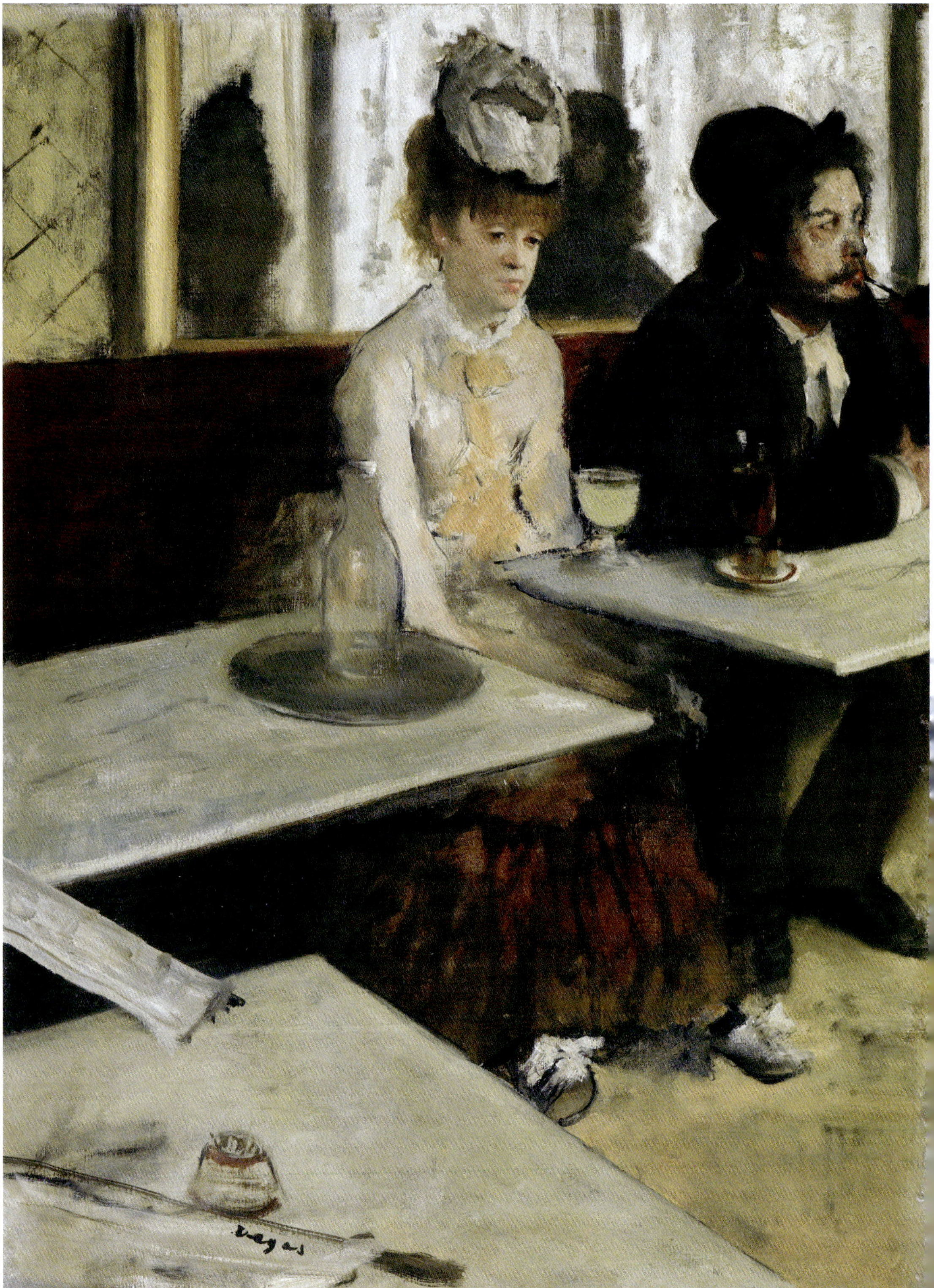
Degas

El descubrimiento del presente

Después de volver de América y gracias a contactos más intensos con comerciantes de arte como Durand-Ruel, Degas se propone hallar un público para su arte, independientemente del Salón. Para ello precisa una mayor dedicación a temas contemporáneos. No obstante, su camino hacia la modernidad no es directo, pues sigue aferrándose a la compatibilidad entre tradición y presente. Aquí coinciden Manet y Degas: es una casualidad significativa que lleguen a conocerse en 1862 en el Louvre, cuando Degas estaba copiando a Velázquez. Manet, en la década de 1860 centro de un círculo de artistas en el Café Guerbois, se convierte para Degas, en esta época clave, en el catalizador de una reorientación. Lo introduce en el círculo de jóvenes artistas en el que la lengua mordaz del recién llegado pronto lo ayudará a ser famoso. Degas retrató varias veces a su nuevo amigo como una persona fría y elegante.

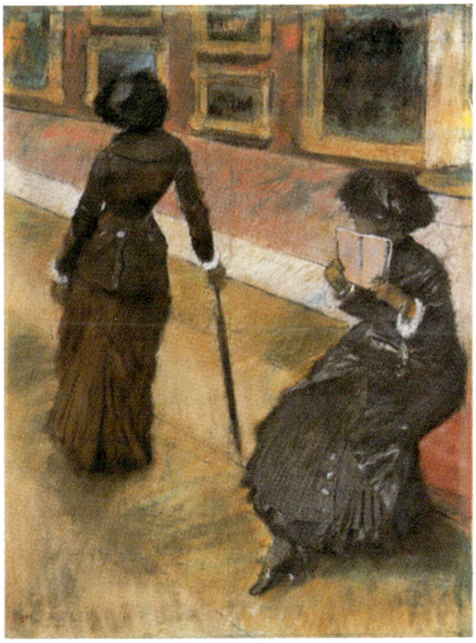

Al grupo que se reúne en el Café Guerbois pertenecen el escritor Zacharie Astruc, los pintores Antoine Guillemet y Philippe Burty —también Alphonse Legros—, J. M. Whistler, Camille Pissarro y Edmond Duranty. En los acalorados debates, en los que colisionan posturas estéticas contradictorias, Degas entra en contacto con un mundo de ideas completamente nuevo para él: «No había nada más interesante que esos enfrentamientos verbales. Agudizaban el espíritu, nos llenaban de un entusiasmo que duraba semanas hasta que una idea tomaba forma definitiva», observa entusiasmado Monet aun después de pasar años. Con Edmond Duranty, periodista y crítico de arte de la *Gazette des beaux-arts*, casi de su misma edad, le une a Degas una simpatía especial. En 1856 había editado la revista combativa de estética *Le Réalisme*, que, sin embargo, poco después debe dejar de publicarse. En 1876, con ocasión de la segunda Exposición de los Impresionistas en la Galería Durand-Ruel, publica su escrito *La Nouvelle Peinture*, esbozando la teoría de un impresionismo entendido de modo naturalista. Duranty exige que la pintura fije su atención en el presente, que «recoja la fisonomía moderna al vuelo».

PÁGINA ANTERIOR
El ajenjo, 1875/76
Óleo sobre lienzo, 92 x 68 cm
París, Musée d'Orsay

ARRIBA
En el Museo del Louvre, hacia 1879
Pastel, 71 x 54 cm
Colección particular

Parece como si Degas, en su retrato de Duranty de 1879 (il. pág. 37), se hubiera atenido demostrativamente a sus indicaciones. Presenta al autor en su biblioteca, donde casi desaparece tras una mesa sobrecargada de manuscritos y donde casi es aplastado por una inmensa estantería de libros que se encuentra a sus espaldas. Siguiendo las ideas estéticas del crítico, el entorno del retratado es, para el observador, la clave para la persona. Pero Degas, en el contraste entre un rostro sereno, que ha captado con toda precisión, y los elocuentes gestos, por un lado, y el modo de pintar el ambiente, muy libre y con fuertes colores, va mucho más allá de una mera caracterización social. Con todo, para Duranty seguirá siendo «el inventor del claroscuro social».

Pero, con esto, Duranty acierta a caracterizar una representación como el *Interior* de hacia 1868/69, que más tarde también será llamada *La violación* (il. pág. 39). Degas nunca aceptó este título, sino que siempre habló de su *tableau de genre*. Para él, el cuadro —como se desprende de sus apuntes— es en primer lugar la pugna con las influencias luminosas nocturnas; pretendía «destacar especialmente los efectos vespertinos, la lámpara, la vela, etc.».

A la tenue luz de una lámpara de petróleo se ve una habitación donde se hallan dos personas. A un lado una mujer en enaguas se deja caer en una silla, hundida en sí misma; al otro, un hombre se apoya, abierto de piernas, contra la puerta. Ya la postura de las figuras expresa un conflicto. «Las manos en los bolsillos pueden ser muy elocuentes», dice Duranty. A ello hay que añadir la polaridad del claroscuro entre los hombros desnudos, iluminados, de la mujer y la sombra del hombre. Degas hace que el observador se convierta en testigo de una escena que no estaba destinada a personas ajenas —frente a *El podólogo* (il. pág. 33), un claro aumento de lo indiscreto. Degas muestra en su cuadro cosas que, para el observador, quedan en suspenso: la cama intacta entre las dos personas, delante de la cual hay un corsé en el suelo, las tijeras abiertas junto a las joyas que acaba de dejar sobre la mesa, y en el centro un maletín con un forro color salmón, que destella a la luz.

Hay muchos puntos en el cuadro que despiertan mayor atención, como el ojo del hombre, que brilla en la oscuridad. Así, esta escena predecesora de un Edvard Munch no solo deja fijada la humillación de la mujer; el contraste latente entre el estar a la merced de una persona y la agresión muestra, en la tensión entre sexos, una situación sin salida para ambos. De modo terrible, Degas transforma un tema erótico del siglo XVIII, tal como se ve en la obra *El cerrojo* de Fragonard, de 1785: la lucha por el cerrojo, a modo de juego y en el fondo de común acuerdo, supone el comienzo de la cita amorosa. Por contra, Degas muestra a la pareja en un aislamiento total: aquí, los dos están encerrados.

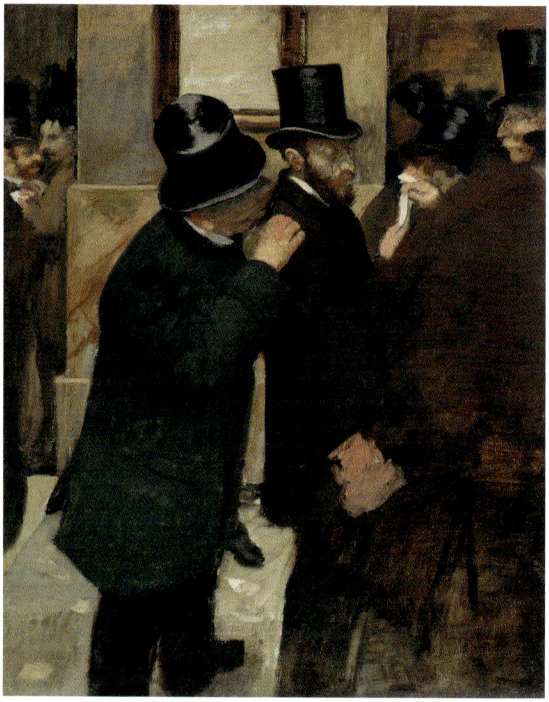

En *Malhumor* (il. pág. 34), de hacia 1869-1871, Degas se fija no tanto en la narración de una historia como en una cualidad artística. La mujer está levantando la vista, con un escrito en la mano, después de haberse acercado al lugar de trabajo del hombre. El

Retrato de Edmond Duranty, 1879
Pastel y témpera, 100,9 x 100,3 cm
Glasgow Museums & Art Galleries,
The Burrell Collection

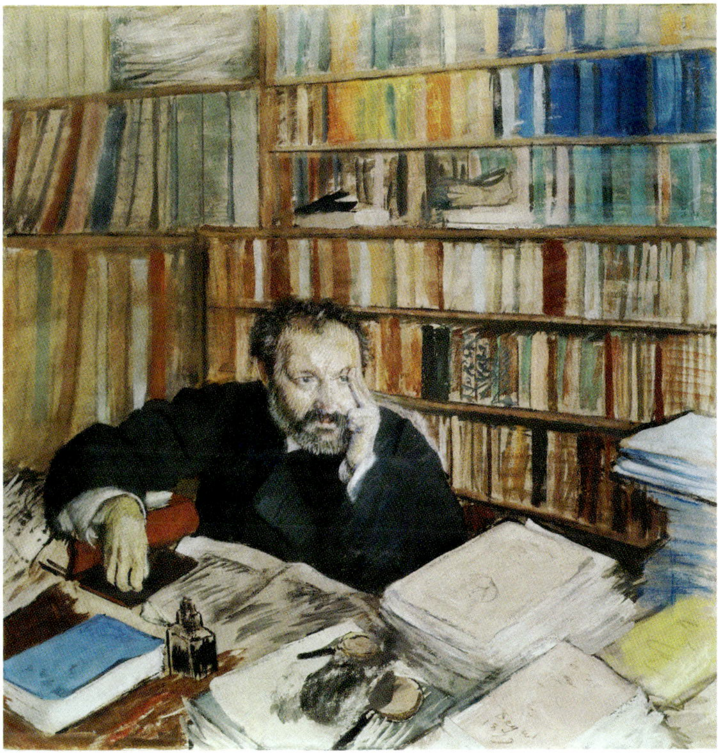

PÁGINA ANTERIOR
Retratos en la Bolsa, hacia 1878/79
Óleo sobre lienzo, 100 x 82 cm
París, Musée d'Orsay

cuadro se presenta así como la interrupción de una conversación que revela la tensión entre las personas. El hecho de que, demostrativamente, se encuentren alejados uno de otro y aparten la mirada malhumoradamente, hace referencia a una alienación más sutil que en el caso de *Interior*. Pero aquí la distancia psíquica aparece precisamente en la cercanía física. De esta circunstancia Degas extrae el efecto visual, enmarcando las cabezas de la pareja con el cuadro en la pared, relacionando en el movimiento de los caballos de este cuadro a ambas personas malhumoradas.

En cuadros como este pensaría Degas cuando, frente a Paul Poujaud, decía que también él había pasado por «la calle holandesa». Tiene gran estima por Vermeer y, al contrario que sus amigos del Café Guerbois, le gusta la fina pintura holandesa. Admira los cuadros de la vida diaria, también de los hermanos Le Nain, sobre los que Jules Champfleury, partidario del Realismo, publica un libro en 1862. Pero el descubrimiento del presente, en Degas, no significa sencillamente el género contemporáneo.

El ajenjo de 1876 (il. pág. 34) es el cuadro de café más famoso de Degas y uno de los más conocidos en general. El subtítulo es una invención posterior; Degas lo llama, simplemente, *En un café*. Cuando lo muestra en 1876 en Brighton, es adquirido a pesar de sufrir drásticas críticas. Aun en 1892 es abucheado en una exposición, tanto que el coleccionista lo revende.

Dos amigos, el calcógrafo Marcellin Desboutin y la actriz Ellen Andrée, hacen de modelos en un café como pareja de enamorados. La absenta era una bebida muy controvertida entonces, a la que se achacaba el alcoholismo de la clase trabajadora. Zola lo describe en su novela *L'Assommoir*, aparecida igualmente en 1876. La irritante mirada hacia arriba, la posición excéntrica de la pareja y la colocación de las mesas hacen que el cuadro parezca como parte de un todo más amplio. El hecho de que la escena del cuadro esté en relación ajena con las personas hace que estas parezcan desorientadas

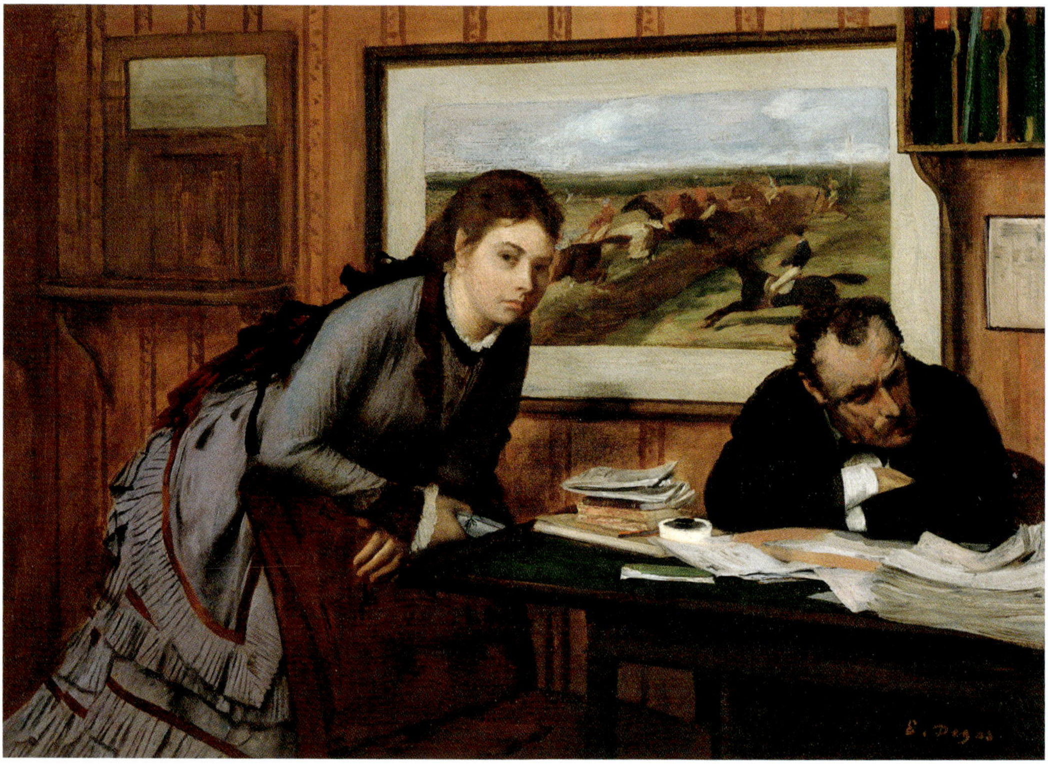

Malhumor, hacia 1869-1871
Óleo sobre lienzo, 32,4 x 46,4 cm
Nueva York, The Metropolitan Museum of Art, legado de Mrs. H. O. Havemeyer, 1929, Colección H. O. Havemeyer

y subraya su falta de relación, a pesar de estar sentadas muy cerca una de la otra. Vemos aquí qué es lo que piensa Degas cuando dice que quiere «hacer retratos de personas en su postura usual y típica, escogiendo sobre todo para el semblante la misma expresión que para el cuerpo». Subraya las tristes expresiones mediante el hecho de que, a su alrededor, la representación pierde rápidamente nitidez de tintas. Los oscuros reflejos en el espejo son expresión de la incomunicación e incrementan el aislamiento mutuo. Desde su punto de vista lateral, el observador pierde rápidamente toda seguridad en las relaciones, enturbiadas de modo desconcertante, entre figuras, espacio y reflejos.

Un retrato doble, rasgado por Manet (il. pág. 41), supuso una ruptura transitoria de su amistad. Degas había pintado a Édouard Manet oyendo tocar el piano a su mujer, una excelente intérprete sobre todo de compositores alemanes. A Manet, a quien Degas regaló el cuadro, no le gustó la cara de Suzanne, por lo que cortó el lienzo por ahí. Irritado, Degas devolvió a Manet su *Naturaleza muerta con ciruela*, aunque pronto se arrepentiría de ello.

Los dos tienen una afinidad por determinados sujetos, descubiertos a veces por Degas, a veces por Manet: las carreras de caballos, la casual animación en los bulevares o la soledad de las personas en «la capital del siglo XIX». Pero Manet tematiza estos problemas de manera diferente a Degas: donde este acelera la mirada, parece que Manet detiene el tiempo. Ambos recogen en su pintura la alienación como fenómeno de la vida en las grandes ciudades; no inventan historias, sino que saben dar presencia plástica a esa experiencia.

Degas y Manet se refieren a ese «heroísmo de la vida moderna», que Charles Baudelaire había definido como tema del arte moderno. Para Baudelaire, el Modernismo es una calidad

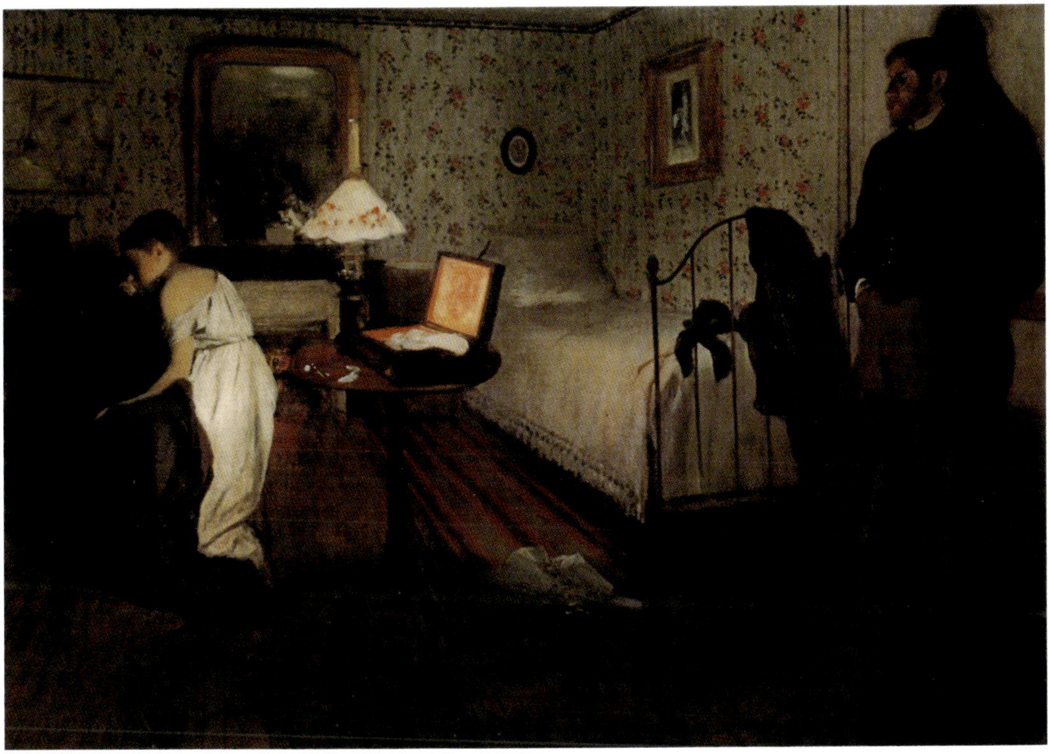

La violación, hacia 1868/69
Óleo sobre lienzo, 81,3 x 114,3 cm
Filadelfia, Philadelphia Museum of Art, Colección Henry P. McIlhenny en recuerdo de Frances P. McIlhenny

completamente nueva desde el punto de vista histórico, en la que —precisamente en el campo del arte— reconoce una diferencia fundamental de su época frente a toda la tradición. «El pintor, el verdadero pintor, será aquel que extraiga de la vida contemporánea un aspecto épico, quien nos haga ver y entender, con pintura o dibujos, lo grande y poético que somos, con nuestros lazos al cuello y nuestras botas de charol». Degas no solo lee los artículos que de cuando en cuando publica Baudelaire, sino que también los estudia profundamente. En julio de 1869, Manet apremia a Degas para que le devuelva los volúmenes de las *Obras completas* que le ha prestado. Y quizá llegara Degas a conocer personalmente a Baudelaire en las veladas que organizaba la madre de Manet.

También un cuadro como *La orquesta de la Ópera* (il. pág. 42) corrobora la convicción de Baudelaire: «La vida parisina es rica en sujetos poéticos y maravillosos. Lo maravilloso nos rodea e impregna como el aire, pero no lo vemos». Partiendo de un retrato de su amigo Désiré Dihau, que toca el fagot en la ópera, realiza un cuadro de un grupo de amigos; algunos de ellos no eran músicos. Degas no apunta hacia la representación, sino a la caracterización en un marco social. La postura del cuerpo y la mímica no tienen como fin presentar a la persona, sino formar parte de ella. La balaustrada del foso de la orquesta y la rampa del escenario rodean a los músicos, con los que las piernas y faldas de las bailarinas, iluminadas, forman un contraste luminoso y de color: la luz del escenario frente a la oscuridad del auditorio. Con este cuadro de orquesta, dividido en tres zonas horizontales autónomas, Degas inventa un tipo de cuadros al que recurrirá, por ejemplo, Toulouse-Lautrec.

Sus modelos proceden de las caricaturas de Daumier. Pero Degas no emplea lo fragmentario para desenmascarar, sino que quiere subrayar lo auténtico de su punto de vista. Una cabeza sin cuerpo en el palco de la izquierda acentúa la fragmentación, que Degas utiliza cada vez más consecuentemente. Una segunda versión del tema, *Músicos en la orquesta* de 1872 (il. pág. 43), enfrenta en dos mitades completamente contrapuestas el escenario y la orquesta. El observador se ha acercado aún más, de modo que la mirada en una sala se ha convertido en una vista superficial.

En su decidida orientación al presente, es decir, al París moderno con sus cafés, hipódromos, teatros y bulevares, Degas —frente a Manet— apuesta por el cuadro rápido: «Se representa solo aquello que le afecta a uno, es decir, lo imprescindible». Lo momentáneo de las representaciones y el aislamiento del individuo van unidos. La «percepción en forma de *shock*» no solo significa un modo de ver y de pintar: fragmentando el flujo del acontecer, condiciona en gran medida la naturaleza misma del contenido del cuadro.

Cuando el grupo de artistas, tras acabar la guerra franco-prusiana, vuelve a reunirse en el Café Guerbois, las expectativas en el Salón y respecto a la crítica son peores que nunca. Así se lleva a cabo la idea de Claude Monet de organizar una exposición colectiva propia, financiada por ellos mismos, que se inaugurará en abril de 1874 en el Boulevard des Capucines. Degas participa con diez cuadros. El grupo se da el burocrático nombre de «Sociedad anónima de los artistas, pintores, escultores y grabadores», que hace pensar más en una cooperativa económica que en un grupo de artistas vanguardistas. Con ocasión de esta exposición, el crítico Louis Leroy caricaturiza, en la revista satírica *Le Charivari*, a Claude Monet como «impresionista»; este mote se convierte rápidamente en la denominación semioficial del grupo. Al parecer, Manet hizo hincapié, ya en 1867, en que en sus cuadros solo le importaba «reproducir su impresión». Para Degas, ese nombre es inaceptable. Su rechazo se explica por las diferencias con los impresionistas, principalmente interesados en el paisaje y el color. Él no quiere reducirse a un determinado modo de pintar. No obstante, Degas participará en las ocho exposiciones del grupo, con excepción de la de 1882, organizando él mismo incluso algunas. Su independencia económica lo lleva a la intolerancia frente a los otros miembros del grupo, lo que dificulta la convivencia con él. Protege, sin tapujos, a pintores italianos como De Nittis o Raffaelli, que lleva a las exposiciones para disgusto de sus amigos. Gustave Caillebotte se ve obligado a criticar a Degas: «Es inaguantable, pero debemos reconocer que tiene mucho talento».

Esa crítica tiene, seguramente, mucho de cierto. Degas aprovecha su colaboración en el grupo y las exposiciones, de modo realmente autoritario, para figurar. Mientras que, dentro del grupo, reclama su autonomía, deja que los críticos de arte le celebren como cabeza de la nueva pintura. Parece que su estrategia era resaltar en las exposiciones colectivas la variedad de sus posibilidades pictóricas, pues siempre presenta obras contradictorias desde el punto de vista temático y técnico: en 1874, junto a *Carreras en provincias (Coche en las carreras)*, de gran colorido (il. pág. 47), se encuentra el grisáceo *Ensayo del ballet en escena* (il. pág. 56); en 1876 se presentan juntos el meticuloso *La oficina de algodón en Nueva Orleans* (il. pág. 31) y el excéntrico *El ajenjo* (il. pág. 34); en 1879, junto al extraordinario *Mademoiselle Lala en el Circo Fernando* (il. pág. 72) pueden verse también abanicos coloreados. Suele presentar cuadros al pastel y dibujos, como ya en 1870 había sugerido en sus propuestas de reformas del Salón. La variedad temática y técnica de su arte tenía que llamar la atención, máxime cuando los expositores pronto pasaron, de colgar sus cuadros mezclados, a una presentación en salas separadas. Así, Degas, a través del grupo de los impresionistas, los éxitos en París y Londres, las actividades de Durand-Ruel, el círculo —que crece lentamente— de coleccionistas como Jean-Baptiste Faure, Henri Rouart o el capitán Henry Hill, se ha convertido en una de las grandes figuras del arte de esos tiempos.

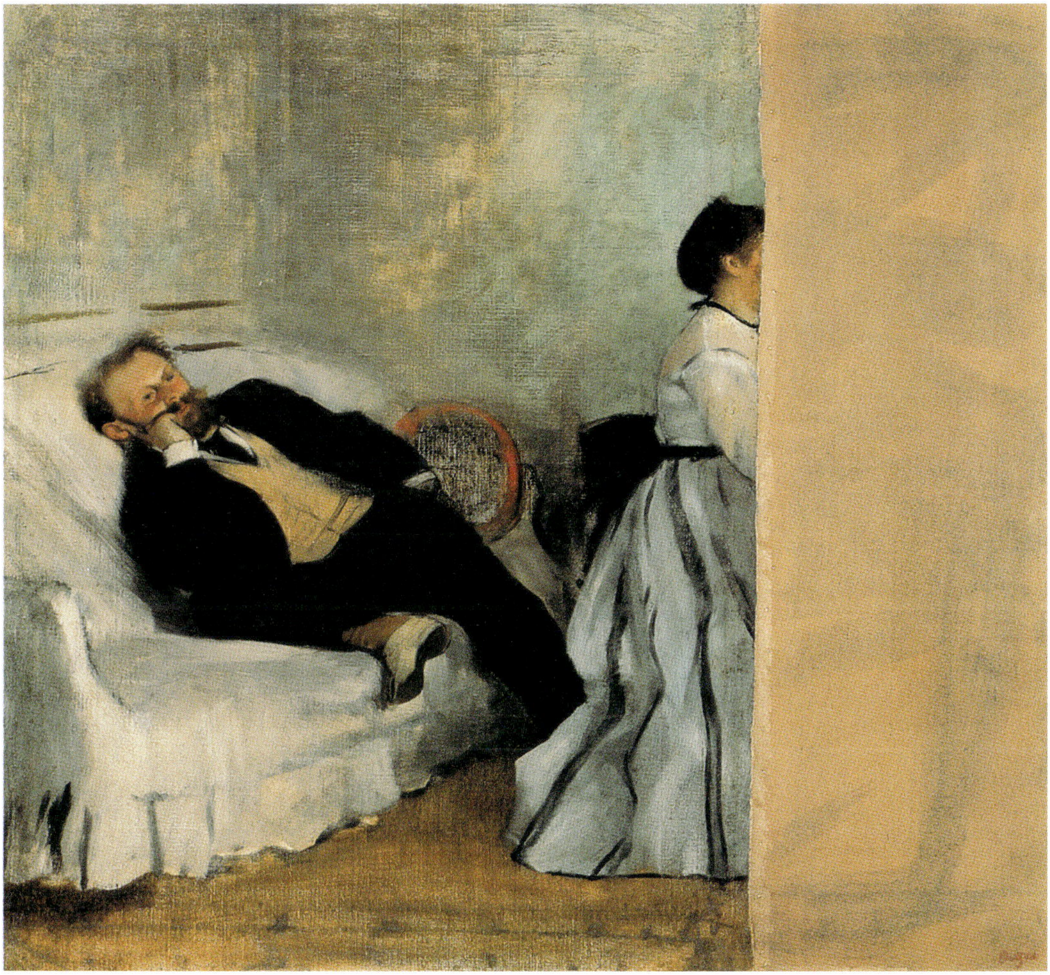

El señor y la señora Manet, hacia 1868/69
Óleo sobre lienzo, 65,2 x 71,1 cm
Kitakyushu, Japón, Municipal Museum of Art

PÁGINA 42
La orquesta de la Ópera, hacia 1870
Óleo sobre lienzo, 56,5 x 46,2 cm
París, Musée d'Orsay

PÁGINA 43
Músicos en la orquesta, 1872
Óleo sobre lienzo, 63,6 x 49 cm
Fráncfort del Meno, Städel Museum

«¿Por qué no me he casado? Bueno, siempre he temido que mi mujer pudiera mirar uno de mis cuadros y decir: "Hum, es bonito…". Aquí, el amor; allí, la pintura. Y solo tenemos un corazón».

EDGAR DEGAS

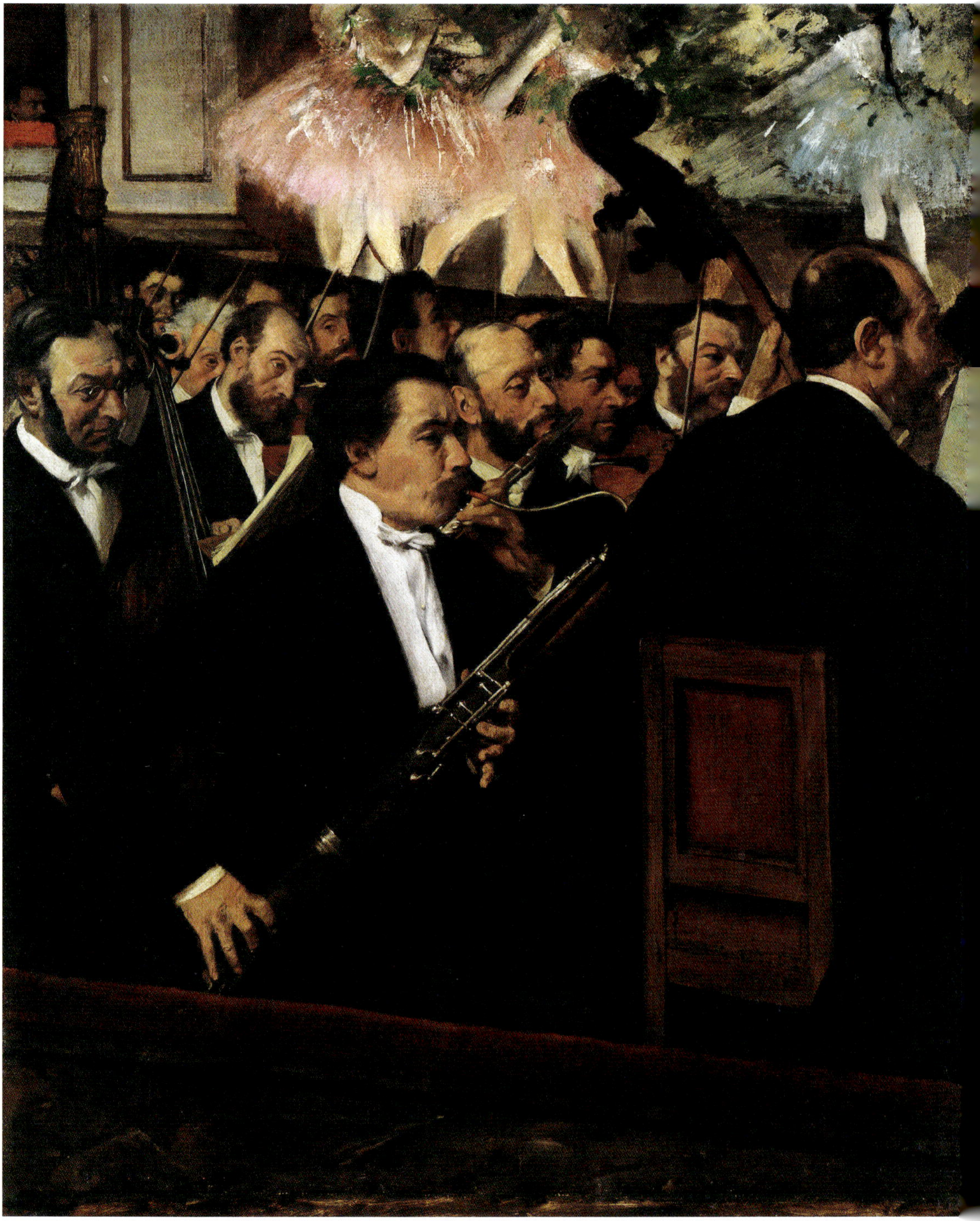

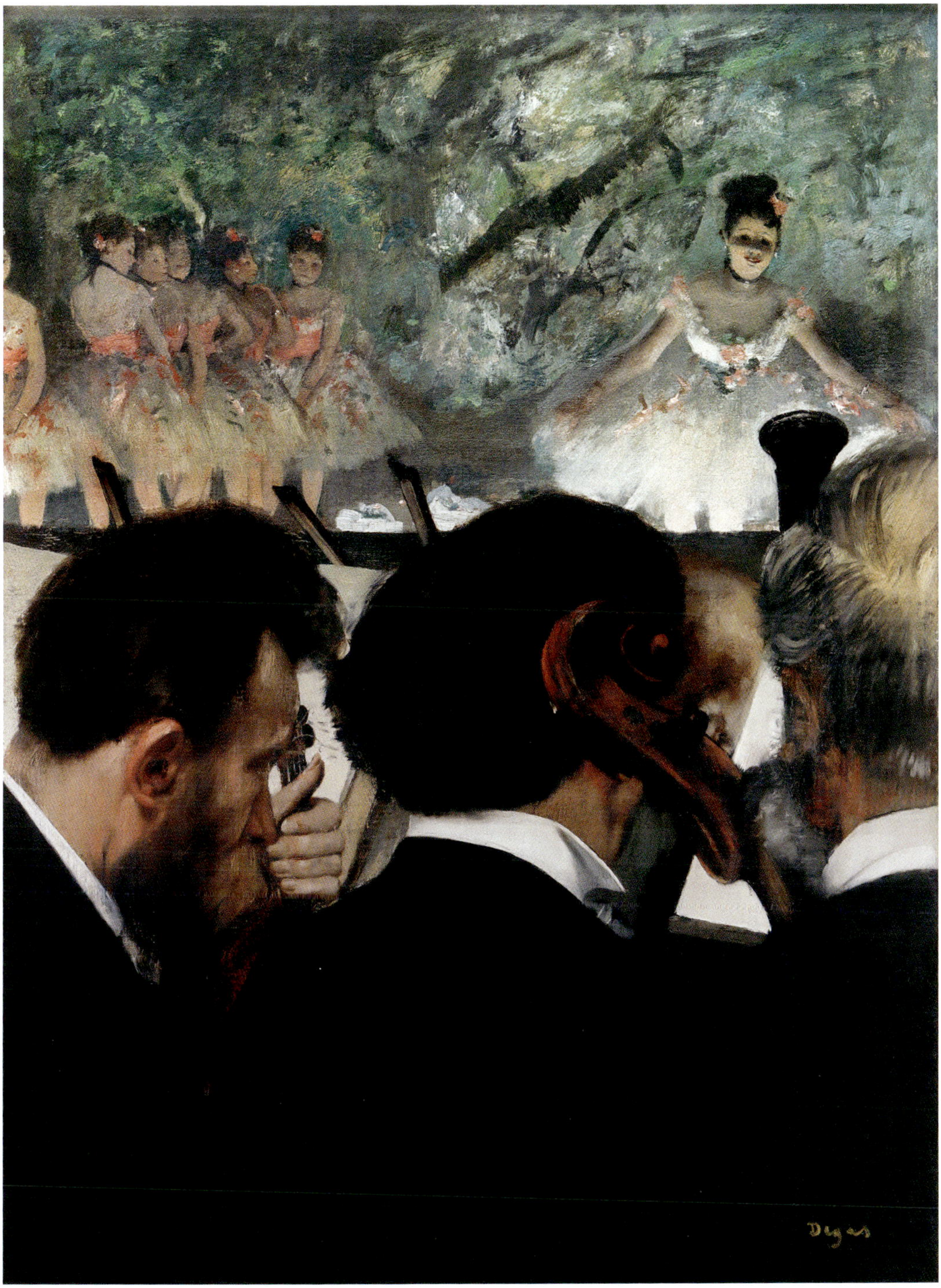
Degas

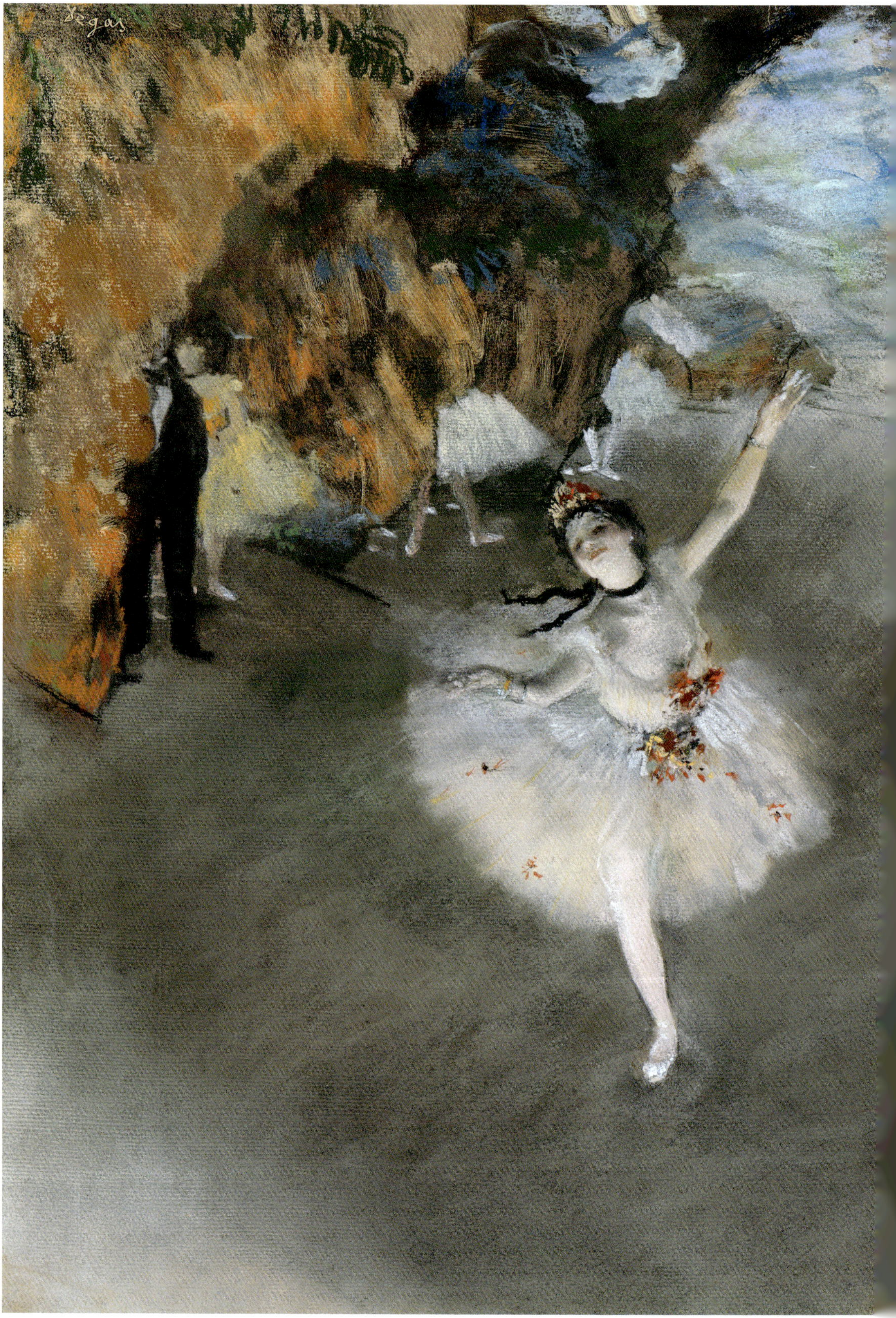
Degas

Jockeys y bailarinas

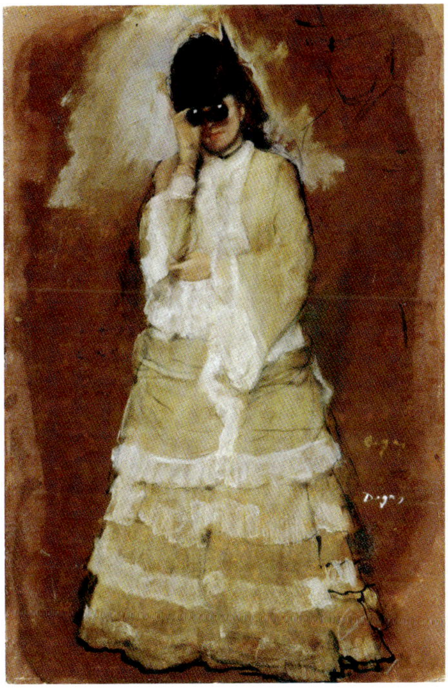

El nombre de Degas está principalmente unido a determinados sujetos: las representaciones de jockeys o del ballet se identifican inmediatamente con él, al igual que las rosas de mar con Monet o la Montagne Sainte-Victoire con Cézanne. Degas descubre el tema de las carreras de caballos a comienzos de la década de 1870, pero su interés por este tema ya lo había articulado en otros contextos, ganando ahora un nuevo valor.

En París, las carreras organizadas eran una novedad. El hipódromo de Longchamp fue inaugurado con nuevas tribunas en 1857 en el Bois de Boulogne, que había sido remodelado por iniciativa de Napoleón III. El emperador fomentó también activamente las carreras de caballos, participando incluso en la redacción de las reglas. Este deporte, importado de Inglaterra, consiguió gran popularidad cuando caballos franceses ganaron en ese país, en 1865, varias carreras importantes. Pronto, las carreras con sus miles de espectadores en la metrópoli de rápido crecimiento se convirtieron en uno de los primeros acontecimientos sociales, en los que el Jockey Club, una mezcla de política, finanzas y deporte, marcaba el tono. Émile Zola, en su novela *Nana*, describió desde esta perspectiva el Grand Prix de Longchamp.

Pocas veces mostraría Degas, en esos cuadros, los hipódromos mismos, como en *El desfile (Caballos de carrera delante de las tribunas)* de 1866-1868 (il. pág. 46) o en *La salida nula* de 1869-1871. El lugar es equívoco, pues las chimeneas de las fábricas que imponen ritmo al fondo no se podían ver desde Longchamp. Degas, en *El desfile*, capta lo momentáneo en la interrelación de luz centelleante y movimiento. A la derecha va creciendo la intranquilidad de los jinetes, ordenados hacia el fondo, hasta el caballo que se sale de la fila en la cabecera. A la izquierda, la mirada sigue el cambio

PÁGINA ANTERIOR
La estrella o Bailarina en escena, 1876/77
Pastel sobre monotipo, 58 x 42 cm
París, Musée d'Orsay

ARRIBA
Dama de los anteojos, hacia 1877
Óleo sobre lienzo, 48 x 32 cm
Dresde, Galerie Neue Meister, Staatliche Kunstsammlungen

de luz desde la tribuna en sombra, a través de las sombrillas luminosas del público, hasta la deslumbrante claridad de la pista. El juego de sombras sobre el brillante ocre del fondo entrecruza la luz, el movimiento y la superficie del cuadro. En *Caballos en la pista de Longchamp* de 1871, la poesía del bailoteo contenido de los caballos está compuesta espacialmente de modo similar a en *El desfile*, pero los espectadores están más lejos; por contra, es significativo el acorde de las contradictorias escalas de color del paisaje y los maillots.

De un colorido moderado es el gris plata brillante de *Carreras en provincias (Coche en las carreras)* de 1869 (il. pág. 47), con el que Degas se presentó en la primera Exposición de los Impresionistas. La carrera en sí ha quedado degradada al fondo de una escena familiar llevada al primer plano del cuadro. Todo gira en torno al niño pequeño: la nodriza, la madre, el padre e incluso —una circunstancia irónica muy característica del espíritu de Degas— el perro sobre el pescante prestan al niño toda su atención. Se trata de la familia Valpinçon. El cuadro está caracterizado por la oposición entre la amplia dispersión en el nivel central y el fondo del cuadro y la introversión familiar y concentración en el primer plano; aquí Degas subraya la arbitrariedad y casualidad de la escena y los detalles. La calesa está cortada a la izquierda por el margen del cuadro, los espectadores no se fijan unos en otros. Sin embargo, los diversos fragmentos, al parecer arbitrarios, están compuestos con precisión: por ejemplo, la línea de los caballos forma la mitad exacta de la altura del cuadro, y un detalle al parecer arbitrario como la punta de la sombrilla de la madre es el centro exacto de la anchura. Degas refuerza, con la relación entre casualidades

El desfile (Caballos de carrera delante de las tribunas), hacia 1866-1868
Óleo sobre lienzo, 46 x 61 cm
París, Musée d'Orsay

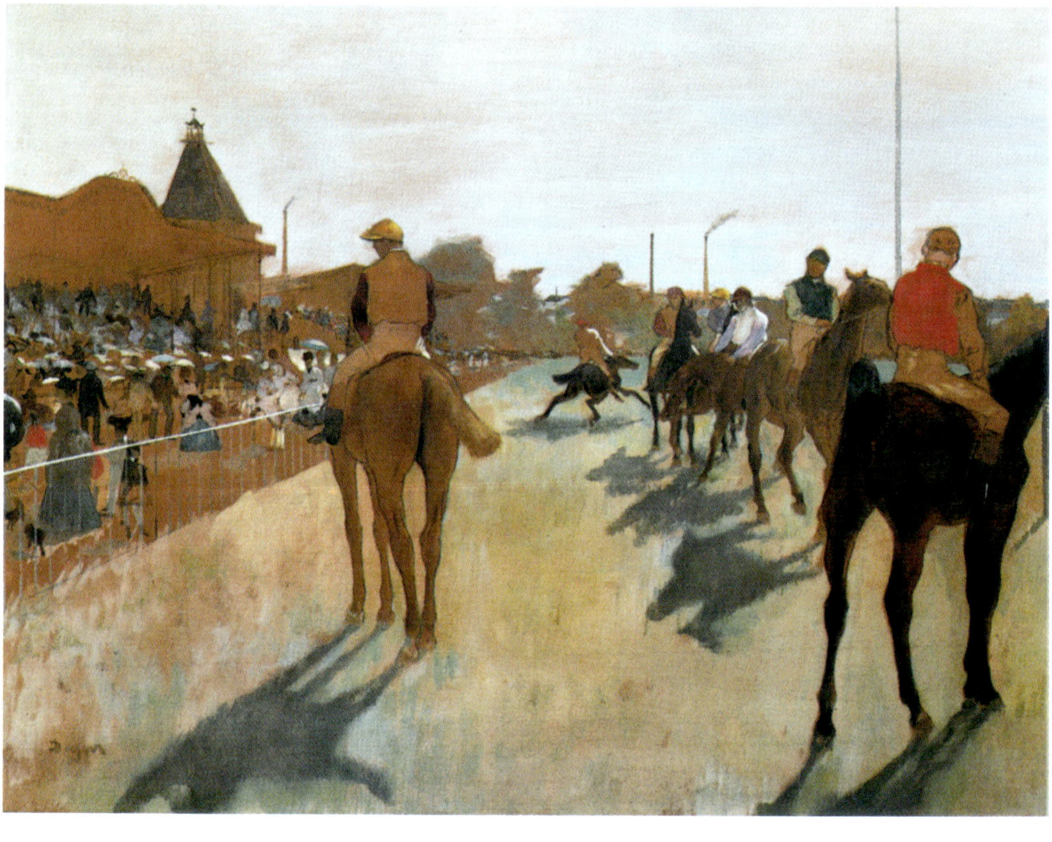

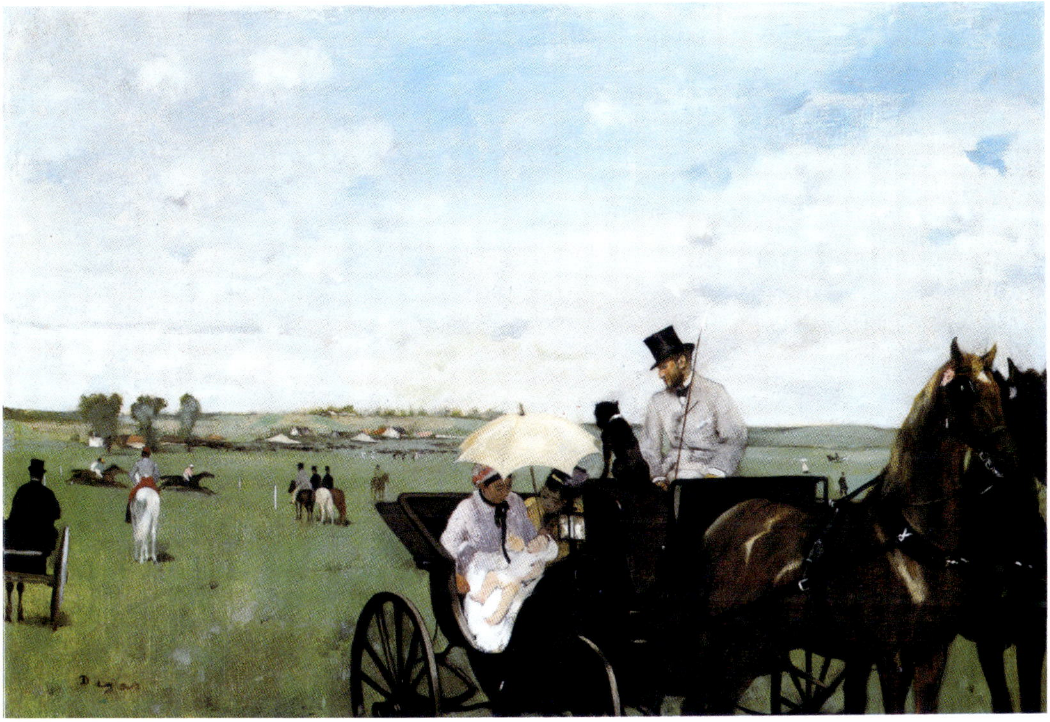

Carreras en provincias (Coche en las carreras), 1869
Óleo sobre lienzo, 36,5 x 55,9 cm
Boston, Museum of Fine Arts,
1931, adquisición del fondo

de los motivos y organizaciones de composición de la superficie, no solo el contraste entre lejanía y proximidad, entre espacio vacío y espacio lleno, sino que también presenta al espectador una impresión viva, totalmente nueva. Sin embargo, la gran mayoría de los cuadros de carreras se centran en los jockeys y no en los espectadores, a pesar de que el caleidoscopio social de los hipódromos está captado con suma exactitud en sus detalles. La *Dama de los anteojos*, de hacia 1877 (il. pág. 45), mira de frente al observador; este devolver la mirada satiriza ese ver y ser visto típico de la vida mundana de la breve temporada de carreras.

A veces, Degas acude a las carreras junto con Manet, a quien ha perpetuado en un dibujo como espectador. A su vez, Manet había hecho una serie de cuadros del mismo tema, pero que se diferencian considerablemente de los de su amigo. Su *Carrera en Longchamp* de 1867 muestra la llegada a la meta de una carrera: los caballos corren de frente hacia el observador en el centro del cuadro. En un contragolpe de perspectiva y una disolución de la forma que afecta a todas las partes del cuadro se ilustra la velocidad de los jinetes. *El desfile (Caballos de carrera delante de las tribunas)* de Degas opera, desde el punto de vista de la perspectiva, de manera similar, pero no pretende ilustrar la velocidad. Degas detiene el movimiento en su ejecución y elige un modo de pintar más preciso. En lugar de ser una masa tosca, el público de Degas está formado por muchas figuras individuales.

En *Las carreras, jockeys aficionados* (il. pág. 49), el observador está más cerca de los acontecimientos; el espacio, más reducido. No se puede reconocer ninguna interrelación de las figuras; la constelación parece haber sido escogida arbitrariamente. La masificación excéntrica de las figuras en la mitad derecha del cuadro rehúsa el centro del mismo y vigoriza, en la superposición de los caballos y del carro, la impresión de lo fragmentario y lo casual. Que Degas, una vez más, obtiene

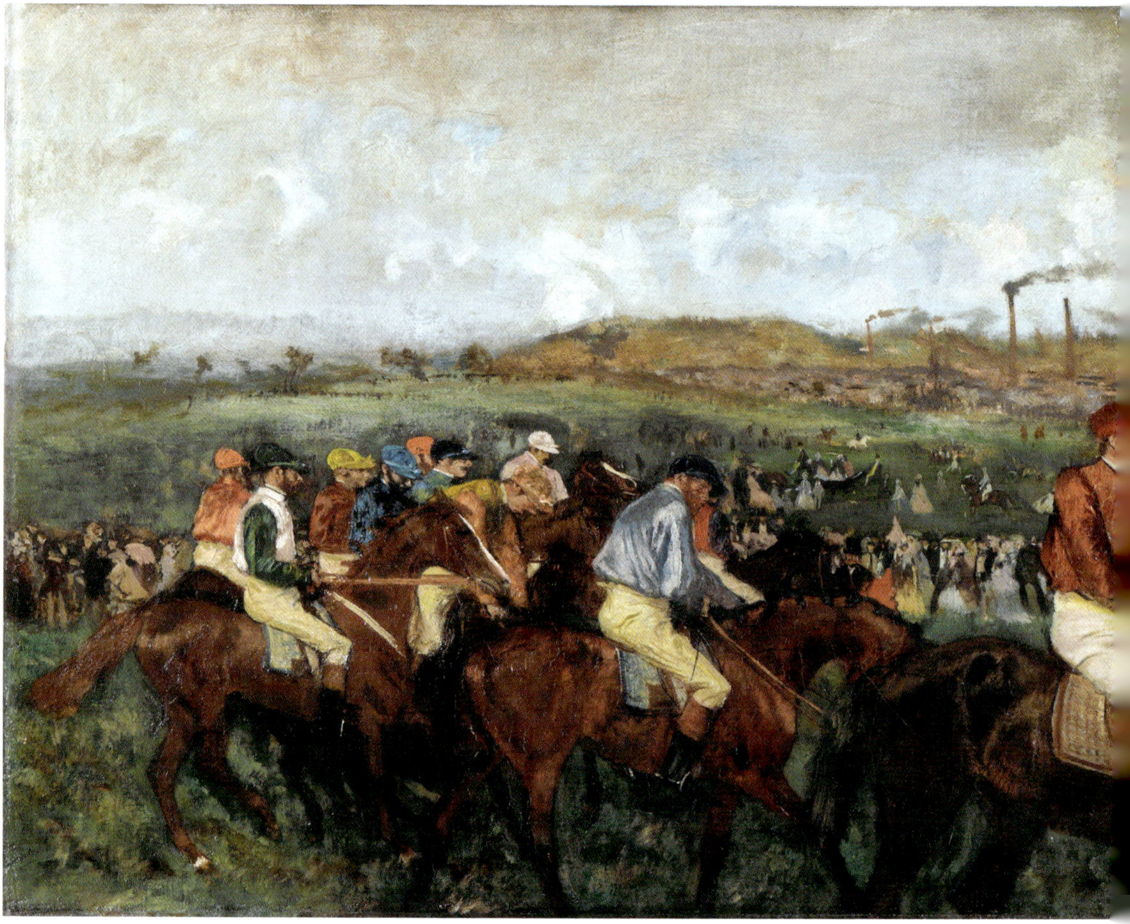

Carrera de los caballeros.
Antes de la partida, 1862
Óleo sobre lienzo, 48,5 x 61,5 cm
París, Musée d'Orsay

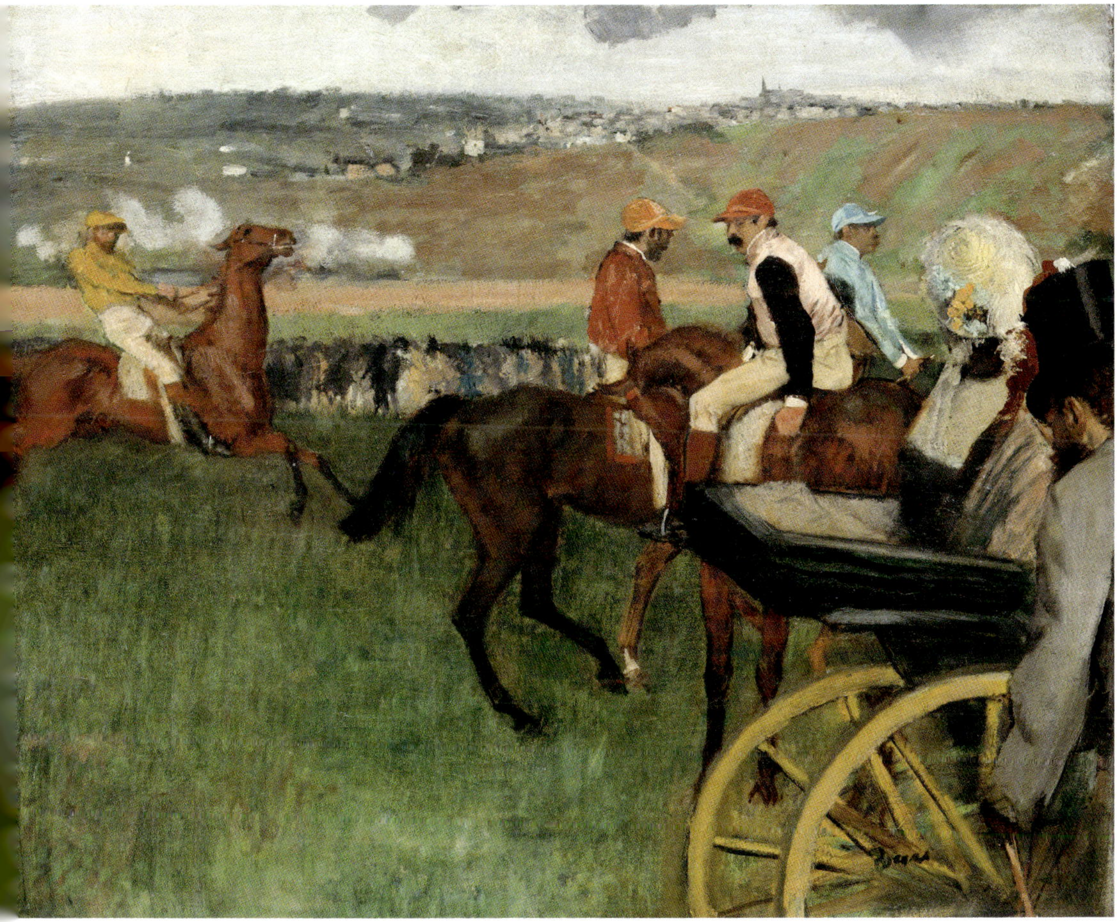

Las carreras, jockeys aficionados, 1876-1887
Óleo sobre lienzo, 65,2 x 81,2 cm
París, Musée d'Orsay

un efecto, no solo visual, del azar calculado de sus composiciones, lo muestra el paralelismo del caballo al galope con el ferrocarril en el fondo. El movimiento del caballo se convierte en eco del movimiento del tren, quedando en suspenso si Degas, de esta manera, hace alusión a la competencia entre ferrocarril y caballo o si solo da rienda suelta a su ironía.

A mediados de la década de 1870 disminuye su interés por este tema: las carreras como tales pasan a un segundo plano, detrás del colorido brillante y los efectos puramente visuales en sus trabajos. Las apreturas de *Jockeys* de 1882/83 (il. pág. 51) dan al observador la impresión de encontrarse en medio de los jinetes. A Degas le bastan insinuaciones para despertar la impresión de una escena contingente y construir una superficie dinámica del cuadro. La intranquilidad y el movimiento no necesitan ser representados realmente; el observador puede deducirlo de los fragmentos que aparecen en el cuadro. El movimiento no tiene lugar en el espacio atrapado en la superficie, sino que se articula a través de la aceleración de la composición de la cercanía extrema y de los contrastes brillantes de los maillots.

Llama la atención que Degas en muy raras ocasiones muestre las carreras en sí, optando por dirigir la mirada un poco al margen. Prefiere los preparativos para la carrera, una salida nula o los momentos de espera a la salida, de tensión: momentos, por tanto, pobres en acontecimientos. Por ello es impreciso querer encontrar el arte de Degas en sus sujetos. Para él, las pistas de carreras son principalmente escenarios de movimientos. La fotografía acababa de mostrar nuevas posibilidades de captarlo. Nadar publica en 1862 instantáneas de carreras de caballos y Degas quizás conoció en 1878, en el estudio de Meissonier, a Eadweard Muybridge, cuyos experimentos revolucionaron la fotografía en movimiento. En el alineamiento horizontal o diagonal de los caballos, que además en la mayoría de los casos están llegando o saliendo del campo visual, Degas desarrolla secuencias completas de movimientos, preparadas con todo detalle en dibujos y bocetos al óleo. Aun el movimiento más fugaz goza de una construcción precisa, fiel al convencimiento del artista: «La idea de lo verdadero se transmite a través de lo falso». Las pistas de carreras son solo los bastidores de este movimiento; los jockeys, figuras imaginarias que solo obedecen al cálculo del pintor.

Pero, más aún que con los jockeys, el arte de Degas se identifica con sus bailarinas. A partir de 1870 se suceden los cuadros de estos temas, también porque eran más fáciles de vender que otros cuadros y Degas, debido a la bancarrota de la familia, necesitaba dinero. El comerciante de arte Durand-Ruel explica que los coleccionistas, ya en aquellos años, «solo querían bailarinas». Degas las llama, medio en broma, «mis artículos». Primeramente pinta una serie de ensayos de ballet. *El foyer de la Ópera, Rue Le Peletier* de 1872 (il. págs. 60/61) presenta, en una gran sala, a diez bailarinas en el momento de pasar el examen. El profesor, y más tarde *maître de ballet* de la Ópera, Louis François Mérante, da —con su traje blanco— indicaciones que han de obedecer las bailarinas. Las que no están ocupándose de sus movimientos se concentran en la que se está examinando. El enfrentamiento entre figura individual y grupo organiza el cuadro, en el que predominan los tonos ocres-grises, a los que dan vida los lazos de colores. La escena, compuesta a fondo, posee en la silla un centro de energías formales.

En el *Ensayo del ballet en escena* (il. pág. 56) de 1874, por el contrario, Degas se centra en la atmósfera de la escena. La deslumbrante iluminación de la rampa contrasta fuertemente con las variadas sombras de la oscura escena en el fondo, pues Degas cree que «el encanto está en no mostrar la fuente de luz sino el efecto de la luz». Quizá el claroscuro hace aquí conscientemente alusión a la nueva forma de la fotografía. El galán sentado como un jinete sobre la silla se convierte en frente lejano del observador de un cuadro en el que, junto a una luz singular, el vacío inusual del teatro produce un estado de ánimo lúgubre.

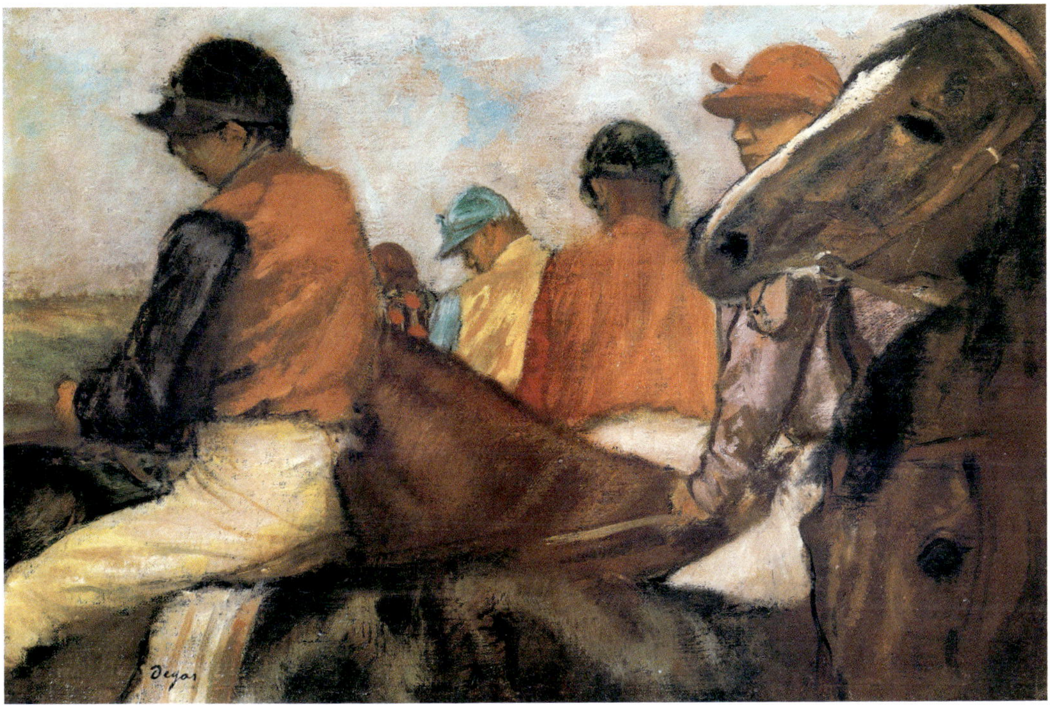

Jockeys, 1882/83
Óleo sobre lienzo, 26,4 x 39,9 cm
New Haven (Connecticut), Yale University Art Gallery, donación de J. Watson Webb B. A., 1907, y Electra Havemeyer Webb

PÁGINAS 52/53
La clase de danza, hacia 1870
Óleo sobre madera, 19,7 x 27 cm
Nueva York, The Metropolitan Museum of Art, legado de Mrs. H. O. Havemeyer, 1929, Colección H. O. Havemeyer

Como en los cuadros de orquestas de finales de la década de 1860, también en sus cuadros de ballet Degas experimenta con las diferentes posibilidades de tratar un tema en distintas variaciones. En *La clase de danza* (il. pág. 10), de 1873, Degas agrupa a más de veinte bailarinas con sus madres, que las observan o consuelan, alrededor de Jules Perrot con su inmenso bastón, a quien introdujo posteriormente. Los ensayos ante el famoso profesor de danza tienen lugar en las salas de la vieja Ópera de la Rue Peletier, hace tiempo ya desaparecida víctima de un incendio. Pese al contexto escénico, las danzarinas pueden captarse individualmente. Mientras que unas se arreglan la cinta que llevan al cuello o el peinado, otra está sentada sobre el clave y se rasca la espalda. Lo específico de cada uno de los gestos se funde en una impresión total de la clase de danza. Degas sabe incluso integrar pequeñas evocaciones como un movimiento rápido de la mano al pendiente, mostrado en un atrevido fragmento dentro del cuadro.

En 1874 Degas pinta *Examen de danza* (il. pág. 58), a primera vista muy similar, pero que resulta más duro y dispar que la primera versión. Degas renuncia a las pilastras de mármol; el espacio se torna más sobrio mediante el sencillo marco negro del espejo de la pared y un cartel. El fondo se acerca al observador; al mismo tiempo, el suelo de madera no lleva diagonalmente a la profundidad sino que, en su orientación horizontal, se traga el espacio. Combinando de un modo ligeramente diferente elementos similares, aparece un cuadro completamente distinto.

Desde la segunda mitad de la década de 1870, Degas comienza a extraer al tema de las bailarinas perspectivas sorprendentes en excéntricos estudios de movimientos. Por el contrario, decae su interés por la reproducción de personas y situaciones concretas; su método artístico traslada el

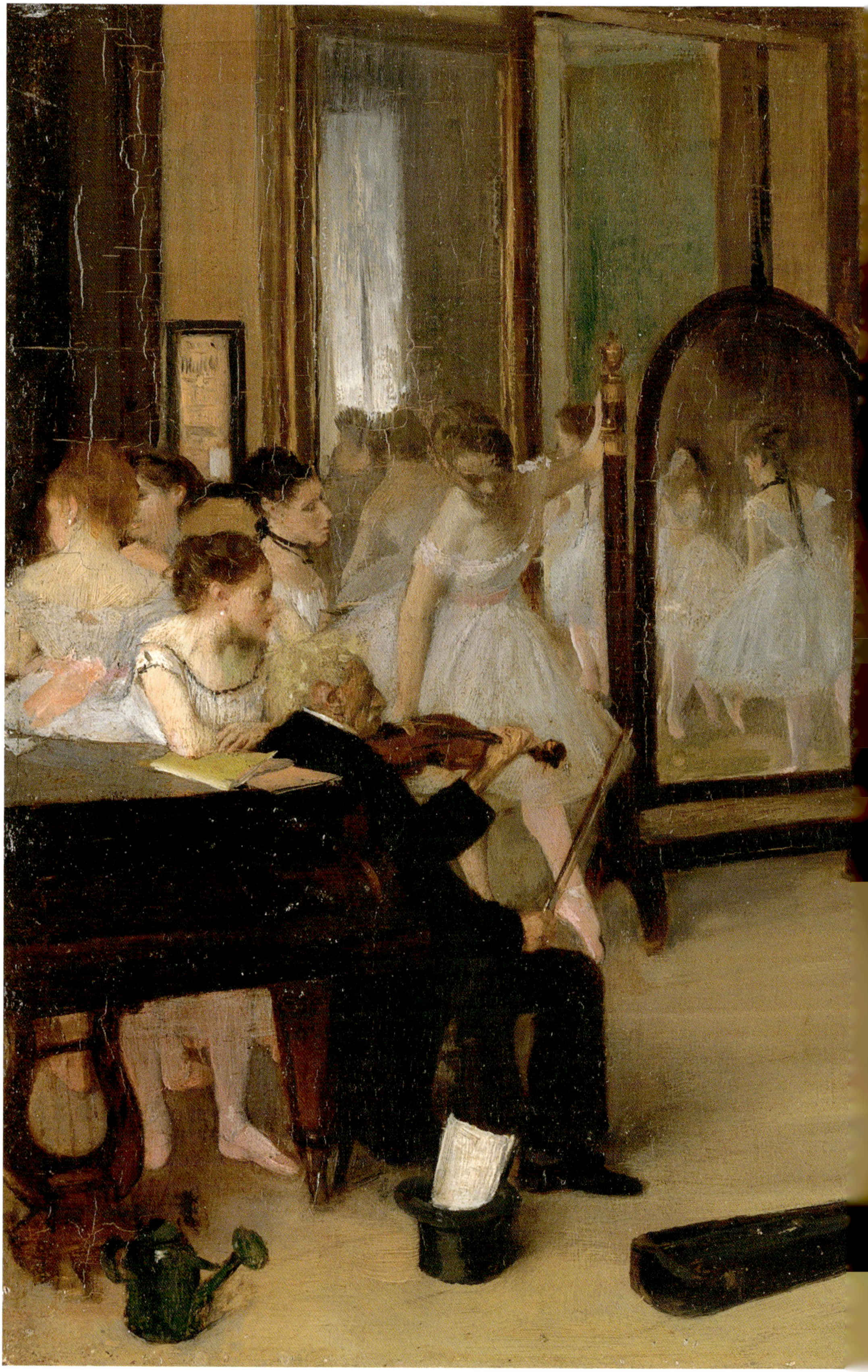

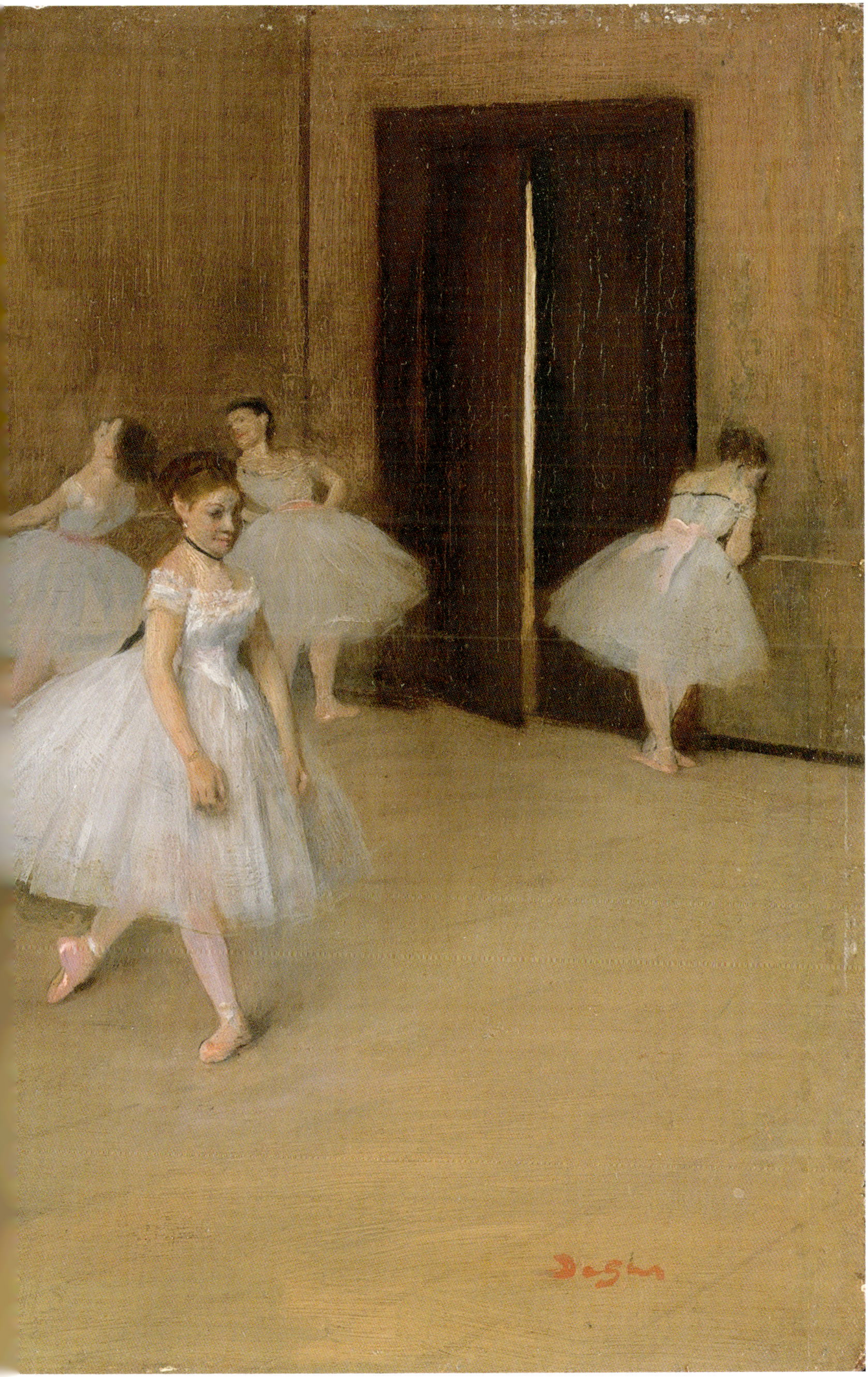

Para Mademoiselle Salanville

Todo lo que la bella palabra
pantomima expresa y todo aquello
que el lenguaje veloz y mentiroso
del ballet dice a aquellos que penetran
en el misterio de los movimientos
del cuerpo, elocuente y silencioso,
a quienes se le mete en la cabeza,
sobre la mujer que huye sin cesar,
maquillada como un arlequín, dura,
ver pasar la huella de su alma fugaz,
más viva que una página en un libro
que se lee; todo esto y el dibujo de
gracia artística tiene una bailarina,
mate como Atalanta, origen risueño,
impenetrable para los necios.
Bajo una madera ignorada duerme
tu arte infinito: ya al titubear, al
olvidar un paso pienso en ti, pero tú
vienes solo a burlarte del viejo Fauno.
EDGAR DEGAS

centro de la observación a la invención. Emplea las mismas figuras, por ejemplo, la bailarina que se rasca la espalda, en contextos pictóricos siempre nuevos. Al mismo tiempo, los cuadros cobran más color y las miradas se tornan más fragmentarias. De modo parecido que en los cuadros de jockeys, la observación de la forma del movimiento se transforma cada vez más en una construcción de formas en movimiento.

La estrella o *Bailarina en escena* de 1876-1878 (il. pág. 44) muestra a la *prima ballerina* (primera bailarina) en un «solo» sobre un escenario vacío. Entre bastidores hay otras bailarinas y un hombre, pero estos solo pueden verse parcialmente. El cuadro sorprende a la bailarina en el momento de un movimiento complicado, en un arabesco recién ejecutado, caracterizado con suma precisión mediante la pierna de apoyo alargada, el gesto de los brazos graciosamente extendidos, el movimiento del tronco y la inclinación simultánea de la cabeza. La impresión de fugacidad del movimiento del baile queda adicionalmente subrayada por el tutú bañado en luz y flores y por los extremos ondeantes de la cinta negra de terciopelo que lleva al cuello. Vemos el escenario desde una perspectiva muy oblicua, como si estuviésemos sentados en un palco del proscenio. El margen anterior del escenario no se ve; el motivo central, la bailarina, está fuertemente desplazado a la derecha, de modo que el suelo vacío del escenario ocupa la mayor parte de la superficie del cuadro. La disposición asimétrica y descentrada del cuadro, sobre todo la posición de la bailarina sobre la superficie del cuadro, reafirman la impresión de lo casual y transitorio.

Pero el movimiento se convierte repentinamente en una extraña inmovilidad. Precisamente la sublimación del movimiento figurado en un motivo de momentaneidad absoluta produce, para el observador, la interrupción de la experiencia del movimiento. La posición de la bailarina no conoce ni avance ni retroceso; en cierto modo está suspendida de hilos invisibles y, si se cortaran estos, caería al suelo, pues la bailarina no tiene ningún punto de apoyo sobre el suelo del escenario, que, por su parte, tiene algo de abismal por la perspectiva inclinada. Degas muestra el movimiento no como un fenómeno continuado, sino que lo recoge en un momento extraído de él y acentuado. La bailarina es la única figura del cuadro que se puede ver completamente, pero por el movimiento da una sensación igualmente fragmentaria. La vista oblicua del cuadro hace invisible la pierna izquierda de la bailarina, balanceándose extendida en el arabesco, y hace que tiemble sobre la pierna de apoyo como una flor sobre el tallo. En ella se muestra el movimiento sostenido, lo fugaz, acentuando y anulando al mismo tiempo la impresión del movimiento. En la contemplación, esta descripción real de una escena de ballet aparece como una experiencia abismal muy ambivalente.

Degas no pasa de ningún modo por alto el trabajo al que se debe la ingravidez del baile. En sus cuadros presenta sin tapujos la dureza de los exámenes de danza, con los que las aspirantes buscan una pequeña ascensión social de las capas bajas, puesto que se les pagaba según el grado de su formación. Degas muestra el desgaste de ese trabajo asalariado, que al final parece no costar esfuerzo; presenta

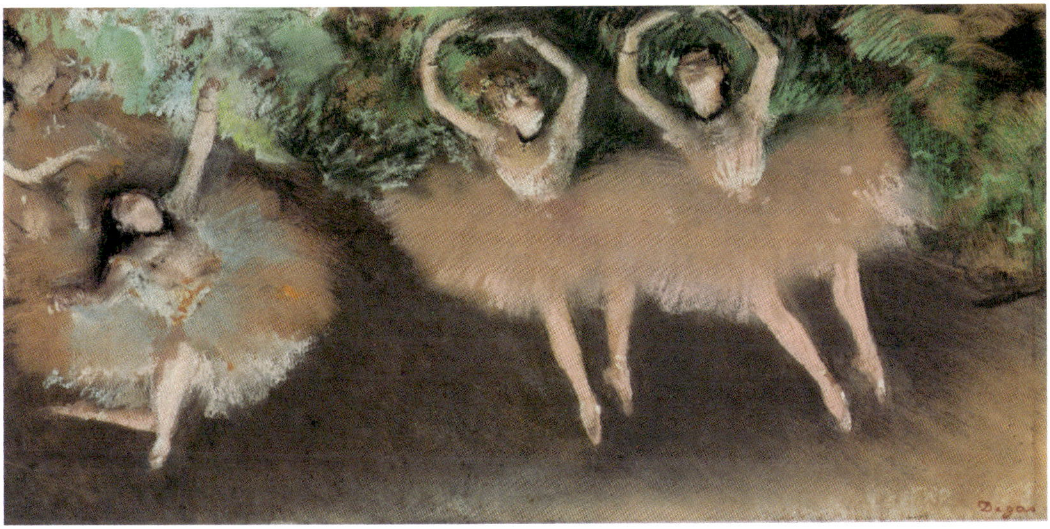

Escena de ballet, hacia 1878-1880
Pastel sobre monotipo, 40,8 x 200,4 cm
Paradero desconocido

Danzarinas subiendo una escalera, hacia 1886-1890
Óleo sobre lienzo, 39 x 89,5 cm
París, Musée d'Orsay

los ensayos, el aburrimiento y el hastío de las bailarinas, extenuadas y cansadas, en las pausas. La mirada desde los bastidores, donde los espectadores charlan y cortejan a las bailarinas, muestra la otra cara del ballet. Hippolyte Taine hablaba del «mercado de muchachas» de la clase de danza y Degas ha representado algunas escenas celestinescas en el camerino. Gusta de reducir a las bailarinas a sus piernas como símbolo del deseo.

El telón que baja, en el cuadro del mismo nombre de 1880, amenaza con sustraer completamente a las bailarinas de nuestra vista. Las horizontales del foso de la orquesta y del telón cortan el cuadro de tal manera, que se pone en juego el contexto escénico de las diversas partes del cuadro. Las personas ya no son normativas para el cuadro: esto es, al mismo tiempo, consecuencia y legitimación de su aparición fragmentaria. Sin embargo, Degas busca fijar lo fugaz del momento como algo valioso, pues el ballet era, para él, «todo lo que ha quedado del movimiento de los griegos que formaba

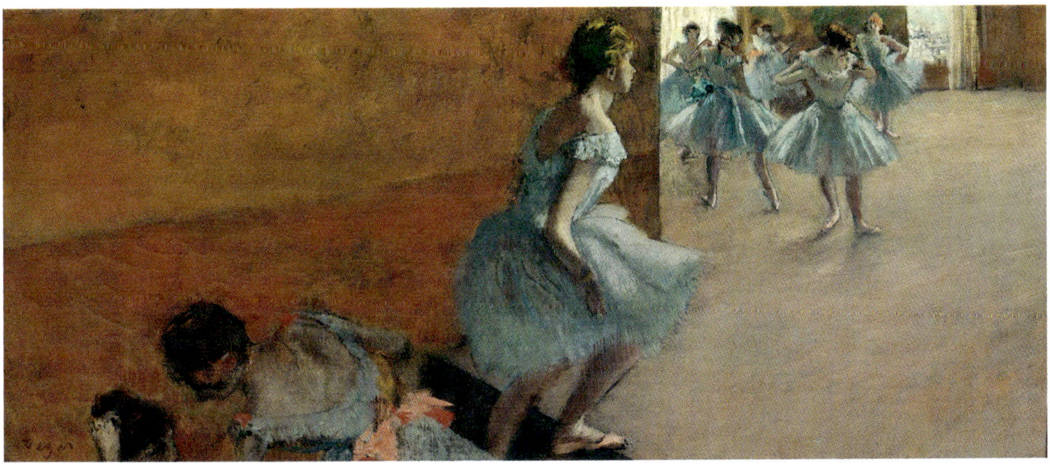

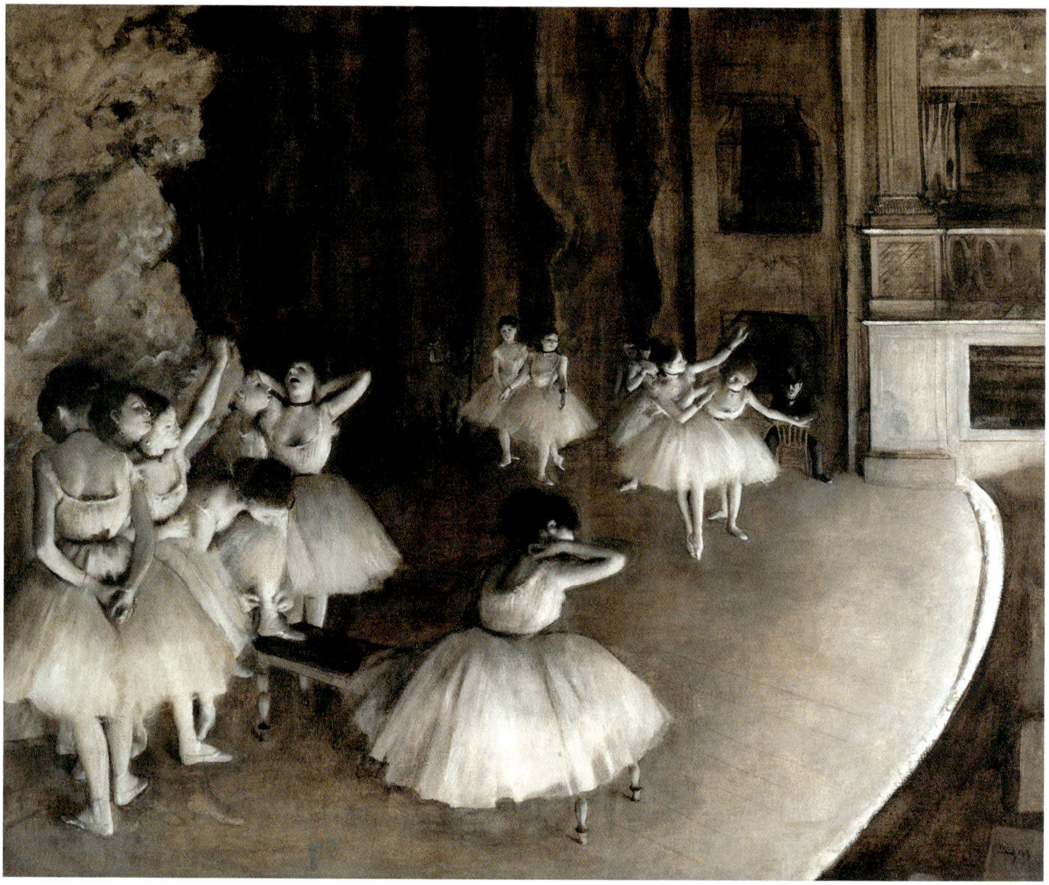

Ensayo del ballet en escena, 1874
Óleo sobre lienzo, 65 x 81 cm
París, Musée d'Orsay

una unidad». La estructura cronológica del momento en los cuadros de Degas tiene doble lectura, entraña ambas cosas: «el movimiento más movido» y su paralización, lo más transitorio y la rigidez absoluta.

Las bailarinas se convierten en partes de una construcción que no determinan. Como en los cuadros de las carreras de caballos, también aquí la pintura de Degas evoluciona desde escenas topográficamente precisas a estudios de movimientos y, por último, a constelaciones de libre invención. El enorme efecto de presencia de sus cuadros resulta precisamente de una construcción variable por un cambio permanente de la situación de los modelos. «La bailarina es solo un pretexto para el cuadro», dice Degas. Su arte manifiesta un mundo en el que dejan de diferenciarse la fugacidad y la construcción, lo aparente y lo real, la ficción y la desilusión.

El extraordinario cuadro que lleva por título *La lección de ballet*, realizado hacia 1880 (il. pág. 59), resume lo que caracteriza al arte de Degas: el movimiento y su duplicación abismal, el vacío y el corte fragmentario de las figuras, y todo ello en una constelación dirigida por un extraordinario cálculo de composición. Se trata, ante todo, de la clara división diagonal del cuadro, mediante la cual el profesor Jules Perrot, las bailarinas que descansan y la madre se contraponen a las tres bailarinas. La madre, con su vestido de flores y el sombrero de paja, no se interesa por la clase; está leyendo *Le Petit Journal*.

Pero no se trata de una sencilla contraposición de lo cotidiano y la danza, pues en la pared del fondo no hay ninguna ventana que abra la vista a París, sino un espejo que recoge la mirada. Y

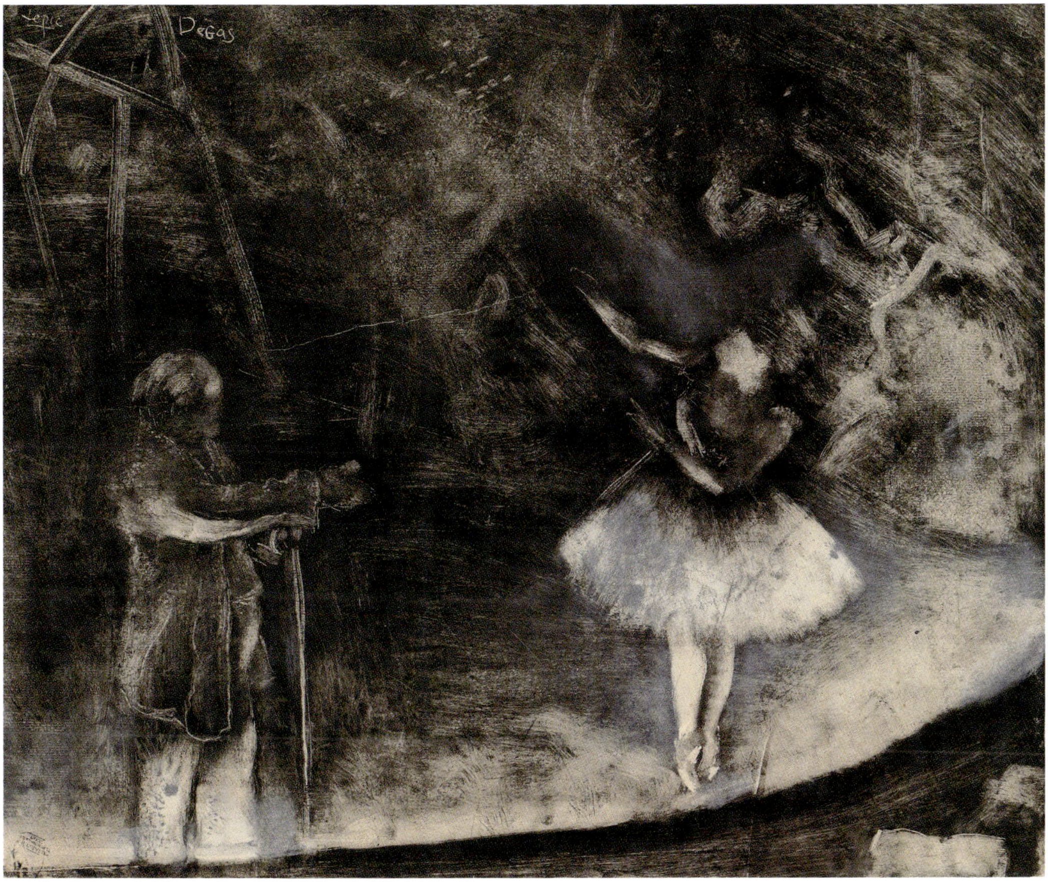

El profesor de ballet, hacia 1874
Monotipo retocado, 56,5 x 70 cm
Washington, D.C., National Gallery of Art, Rosenwald Collection, 1964

solamente si se observa con detenimiento, reconocemos otra pierna detrás de la pierna de apoyo de la bailarina del primer plano, y se pone de manifiesto que la bailarina del fondo en el *pas de trois* no solo está reflejada en el espejo. Pero el espejo refleja una ventana invisible para nosotros, a cuya derecha se encuentran las bailarinas del primer plano. De este modo, la mirada que se dirige a las danzarinas del fondo supera primeramente el vacío del espacio, para retornar a través del espejo a un París que se encuentra fuera de los límites del cuadro. El maravilloso cuadro opera abiertamente con el contraste entre ver y no ver; es una ironía típica de Degas el que a una vista que es capaz de superar los límites del cuadro oponga la limitación de la mirada por la lectura (la madre que lee).

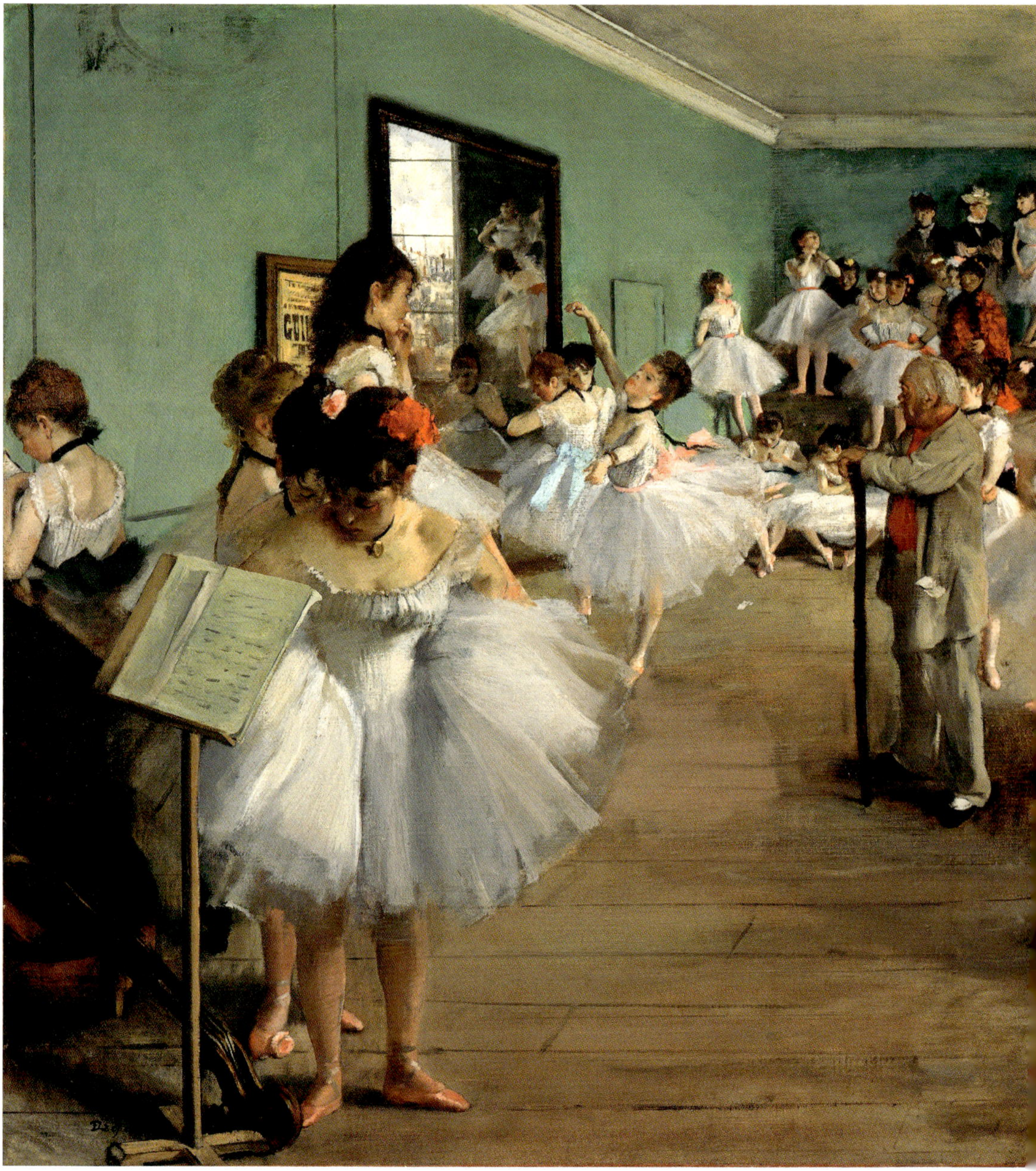

Examen de danza, 1874
Óleo sobre lienzo, 83,5 x 77,2 cm
Nueva York, The Metropolitan Museum of Art,
legado de Mrs. Harry Payne Bingham, 1986

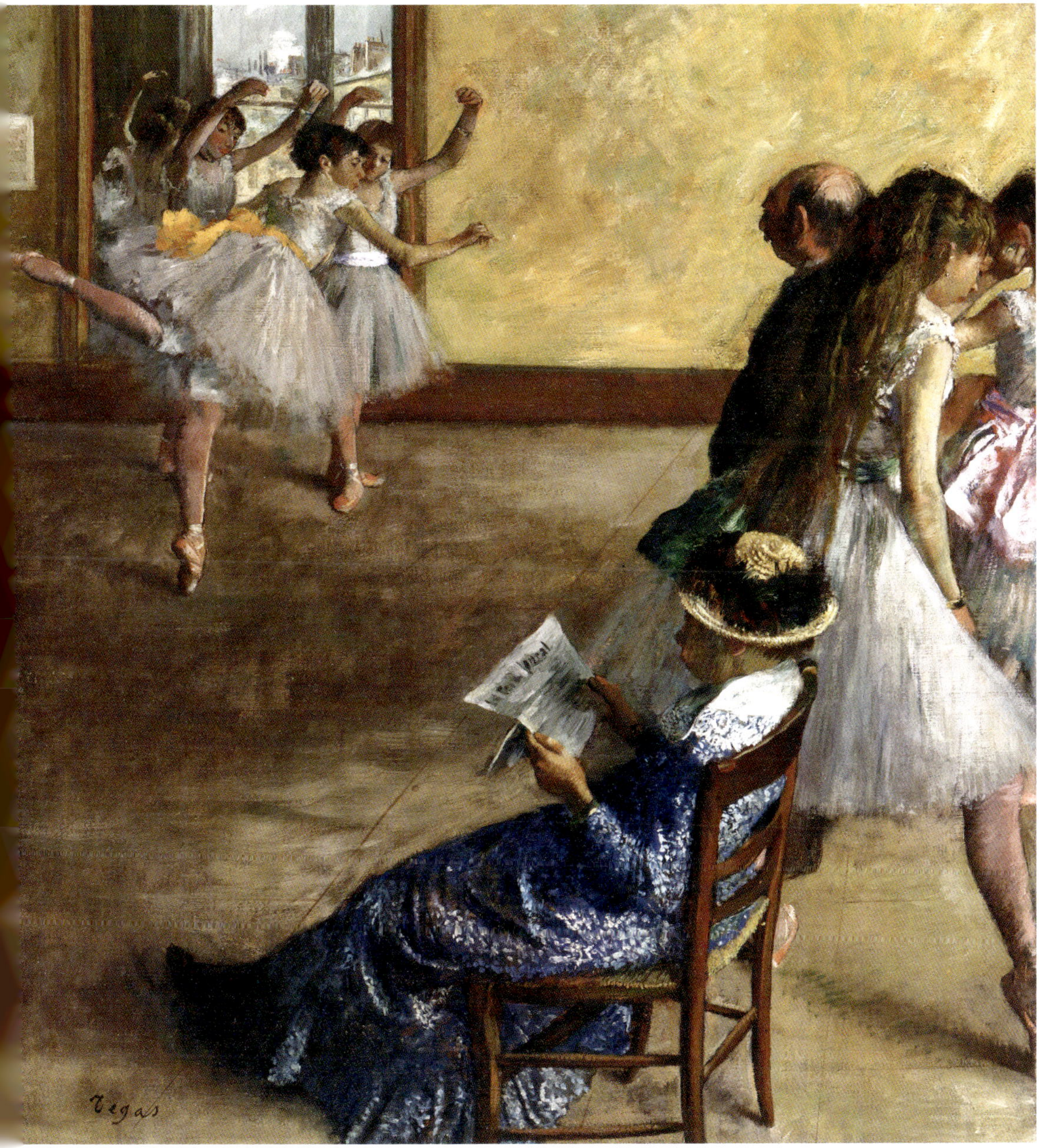

La lección de ballet, hacia 1880
Óleo sobre lienzo, 82,2 x 76,8 cm
Filadelfia, Philadelphia Museum of Art,
Colección W. P. Wilstach

PÁGINAS 60/61
El foyer de la Ópera, Rue Le Peletier, 1872
Óleo sobre lienzo, 32,7 x 46,3 cm
París, Musée d'Orsay

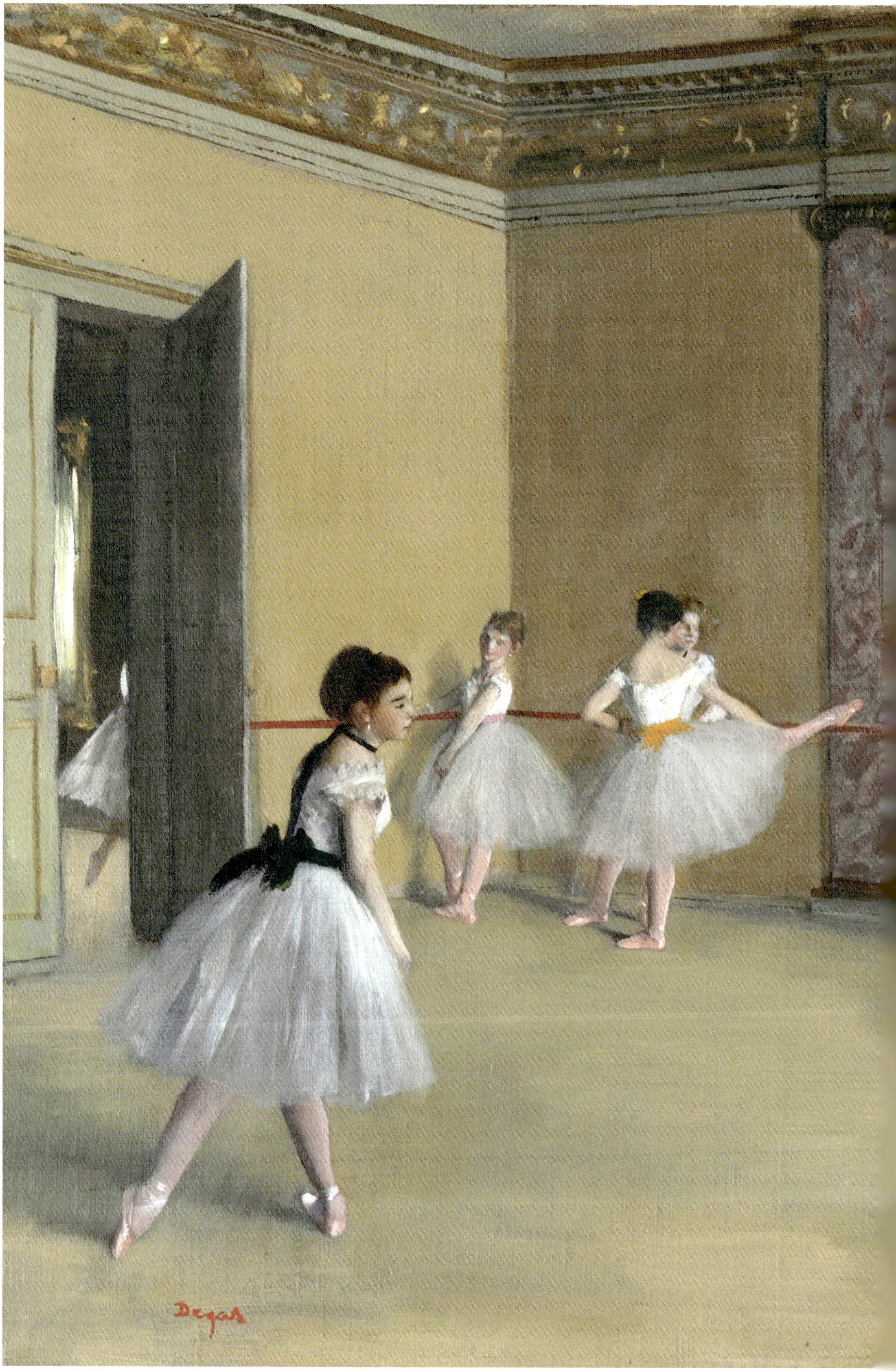
Degas

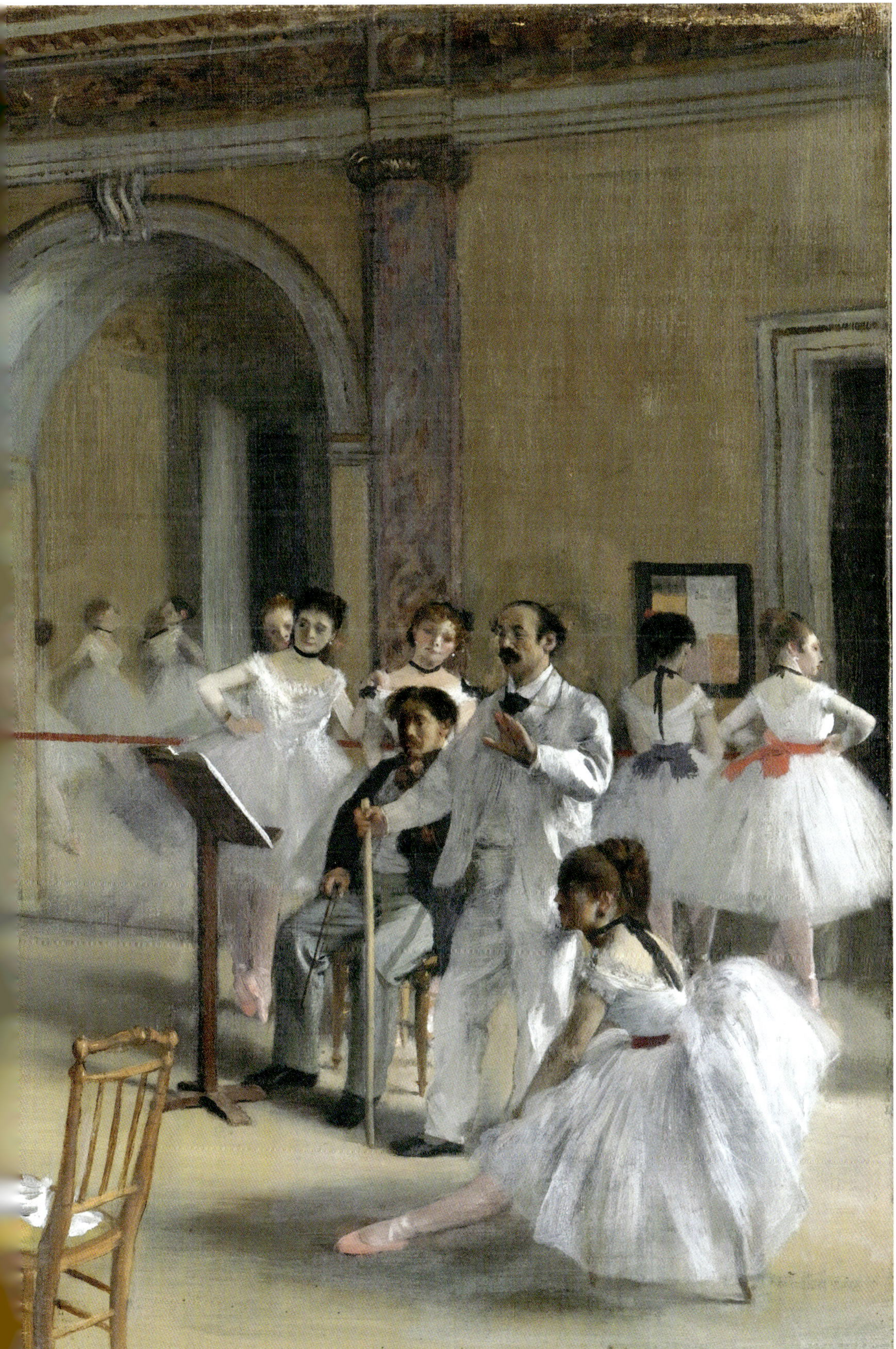

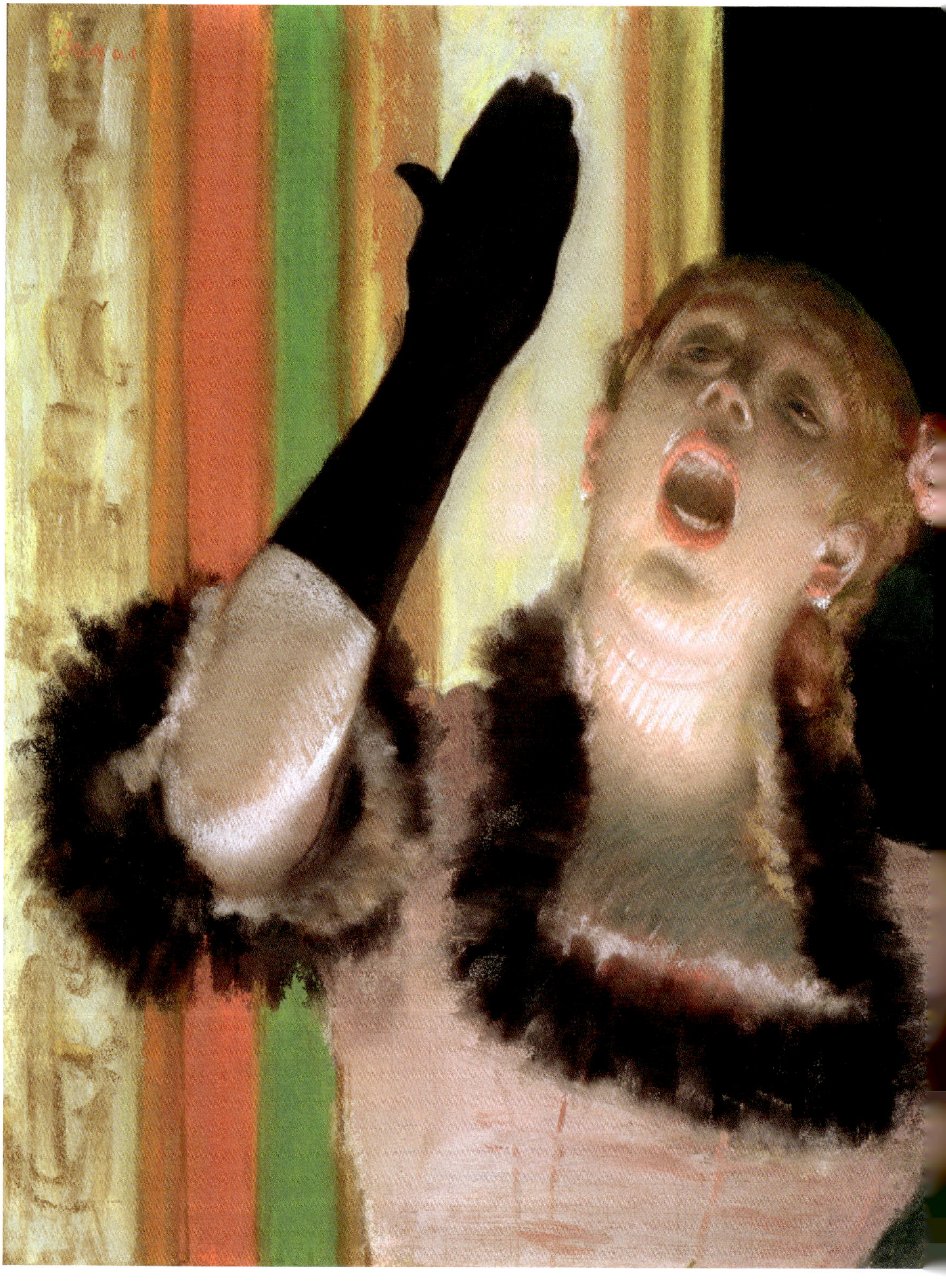

Paseando por París

«Después de haber pintado cuadros desde arriba voy a hacer algunos desde abajo… sentado muy cerca de una mujer y, desde un lugar bajo, mirando hacia arriba».

EDGAR DEGAS

A mediados del siglo XIX, el *flaneur*, como lo personifican los hermanos de Goncourt, Edmond Duranty o Charles Baudelaire, se convierte en el fenotipo de la vida cultural parisina. El *artiste-flaneur* no solo se caracteriza por una determinada forma de vestir y por unos determinados modales, sino ante todo por su observación omnipresente, por fijarse con precisión en lo cotidiano: según Bazin, es el único soberano de París auténtico.

Degas se identifica con la ideología urbana-aristocrática del *flaneur*, con la dejadez e indiferencia que exhibe por igual en los clubs de caballeros y en la calle. Se convierte, a su vez, en paseante en un París que está sufriendo cambios dramáticos. La metrópoli está en plena expansión durante el Segundo Imperio y la Tercera República; a finales de siglo cuenta con casi 2,5 millones de habitantes. La completa reconfiguración que bajo Luis Napoleón realiza el Barón Haussmann acarrea la destrucción de barrios completos, produciendo la muerte del viejo París. En sus paseos de ocio sin rumbo fijo, Degas reúne escenas arbitrarias, fragmentos de vida urbana, que lo estimulan a nuevos temas. No solo Degas percibe la vida diaria como una película que se va desarrollando permanentemente ante sus ojos. Manet muestra, en su cuadro *Concierto en las Tullerías* de 1862, el espacio público de la ciudad como espectáculo para el *flaneur*. Algo similar piensa captar Degas en sus cuadros con lo que casualmente le ofrece la ciudad: «Para dar buenos frutos hay que convertirse en árbol de espaldar. Así se queda uno durante toda la vida en pie, con los brazos extendidos, con la boca abierta, para absorber y alimentarse de lo que viene por el camino y de lo que se encuentra a su alrededor».

Los cuadros se convierten en reflejo de las experiencias en la gran ciudad, lo que, como comenta rápidamente Degas, condiciona ante todo importantes cambios de la forma de ver: «Nadie ha reproducido nunca monumentos o casas desde el punto de vista de las capas bajas, de un modo tan cercano como se ven cuando se va por la calle». Al *flaneur* no se le presenta el modelo en una pose con reflexión; lo descubre callejeando por los bulevares, «en un estado de completa agitación», como puede verse en el retrato del barón Lepic con sus hijas, *La Place de la Concorde* de 1876 (il. págs. 66/67).

Degas presenta al amigo de artistas y criador de perros, siempre elegantemente vestido, cómo pasa a la vera de la Plaza de la Concordia con el cigarro en la boca, una mano sobre la espalda y con el paraguas bajo el brazo, sin preocuparse de sus hijas ni de su perro. La afectación despreocupada del *flaneur* contrasta con otro ciudadano que se fija en el grupo. Sobre todo mediante el vacío acentuado de la plaza, Degas caracteriza ese vacío sin relación que cruza con prisa el paseante.

Cantante de café (Cantante con guante), 1878
Pastel y témpera sobre papel, 53,2 x 41 cm
Cambridge, Massachusetts,
Harvard Art Museums/Fogg Museum,
legado de la colección de Maurice Wertheim

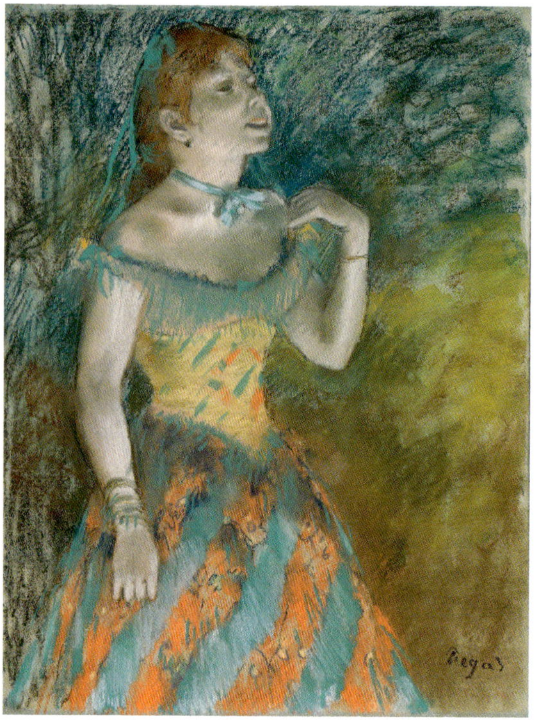

Con razón ha calificado Max Imdahl este cuadro como expresión de lo contingente en su máxima posibilidad. Prueba hasta qué punto la mirada de Degas siempre se dirige al *qui-vive*, a aquel «momento imprevisto» (Baudelaire) que, en último término, busca el *flaneur*. En su composición, Degas hace coincidir lo transitorio y lo artificial.

Desde la década de 1830 aumentaron, en un París que crecía rápidamente, el número y la importancia de óperas, teatros y vodeviles. Según Walter Benjamin, para el *flaneur* la calle se vuelve hábitat, donde «se encuentra en casa entre las fachadas de las casas al igual que el burgués entre sus cuatro paredes»; igualmente, «las terrazas de los cafés son miradores desde los que, después de trabajar, mira a su casa». Los famosos cafés de baile como Ambassadeurs o L'Alcazar atraían a los artistas. René de Gas habla en 1872, hasta cierto punto indignado, de dichos paseos en los que su hermano lo obligaba a escuchar «canciones estúpidas como la del albañil y otras tonterías». El café no solo es bolsa de noticias, también es un microcosmos social al que dedica su atención Degas en la segunda mitad de la década de 1870.

Entre los más antiguos cafés-concierto de la ciudad se encontraba el Café des Ambassadeurs, ampliado con un quiosco y con lámparas de gas en el jardín del café, que iluminan la noche. En el monotipo, corregido con gouache y pastel, *La «Canción del Perro»* de hacia 1875 (il. pág. 71), y más allá de la cantante que actúa sobre el escenario del quiosco, vemos el oscuro auditorio y el jardín iluminado. La cantante es Emma Valadon, por la que Degas estaba fascinado: «... abre su boca grande y sale la voz más sensual, más fina, más incorpórea y suave que pueda haber». En su concentración irónica en el acompañamiento mímico de la canción del perro por parte de la cantante, Degas lleva a su culminación para el observador la tensa relación entre la viva actuación y el público que la escucha en suspenso. La ocurrencia de presentar a la cantante cuando esta imita, en postura y gestos, a un perro, pretende sin lugar a dudas subrayar la vulgaridad de la canción.

Pero Degas no solo ha observado sencillamente la postura, sino que ha escenificado con soberanía desde el colorido contrapunto de la cara, violentamente iluminada y maquillada de rojo ante un fondo verdinegro, hasta las afectadas puntas de los dedos. El duro corte de la viga del quiosco separa las esferas del escenario y del auditorio, en cuyo límite se eleva la cantante. Para dar la recta medida a la proporción de la superficie, Degas añadió piezas al monotipo en tres lados. El punto de intersección de la lámpara de gas, la viga del quiosco y la nariz de la cantante marca la boca abierta como centro del cuadro. Y la imitación irónica del animal en el escenario se convierte en un juego visual, no menos exento de doble fondo, para los observadores, cuando las resplandecientes esferas de las lámparas de gas, como si fueran pompas de jabón, suben despacio sobre el gentío turbulento hacia el cielo nocturno, comentando plásticamente la representación de la cantante. Cuadros como este desarrollan un nuevo modo de ver, obtenido de los mismos cafés.

Degas pinta una vista similar, del interior de un café a la calle, en el cuadro, realizado en 1877, *Mujeres en la terraza de un café al atardecer*. Como los pilares de la terraza segmentan la vista, en uno de los cuadros se separan y subrayan numerosos fragmentos de percepción, como la silueta del paseante o el pequeño gesto del dedo en la boca que, al contemplarlos, vuelven a dar la imagen de una escena característica de café.

En el dibujo al carbón, retocado con pintura al pastel, *Dos estudios de una cantante* de 1878-1880 (il. pág. 65) se reproduce a una cantante dos veces en la misma postura desde dos puntos de vista. Toda su postura es un ademán que interpreta la canción: con la cabeza ajustada al hombro y las manos hacia fuera en tono suplicante proporciona una imagen de desesperación, para la que el dibujo busca la mejor posición.

En *Cantante de café (Cantante con guante)* de 1878 (il. pág. 62), cuya confrontación del guante y la cara sería modelo para el retrato de Yvette Guilbert de Toulouse-Lautrec, el gesto ha tomado personalidad propia. Degas no retrata a una cantante, sino que le sirve de modelo Alice Desgranges, una conocida pianista. Tampoco le interesa la reproducción de una actuación musical; la sensación que supone su fórmula pictórica produce un *shock* visual que

PÁGINA ANTERIOR
La cantante verde, hacia 1884
Pastel sobre papel azul, 60,3 x 46,4 cm
Nueva York, The Metropolitan Museum of Art, legado de Stephen C. Clark, 1960

ABAJO
Dos estudios de una cantante, 1878-1880
Pastel y carbón sobre papel gris, 45,5 x 58,1 cm
Colección particular

PÁGINAS 66/67
La Place de la Concorde (El vizconde Lepic y sus hijas), 1875
Óleo sobre lienzo, 78,4 x 117,5 cm
San Petersburgo, Hermitage

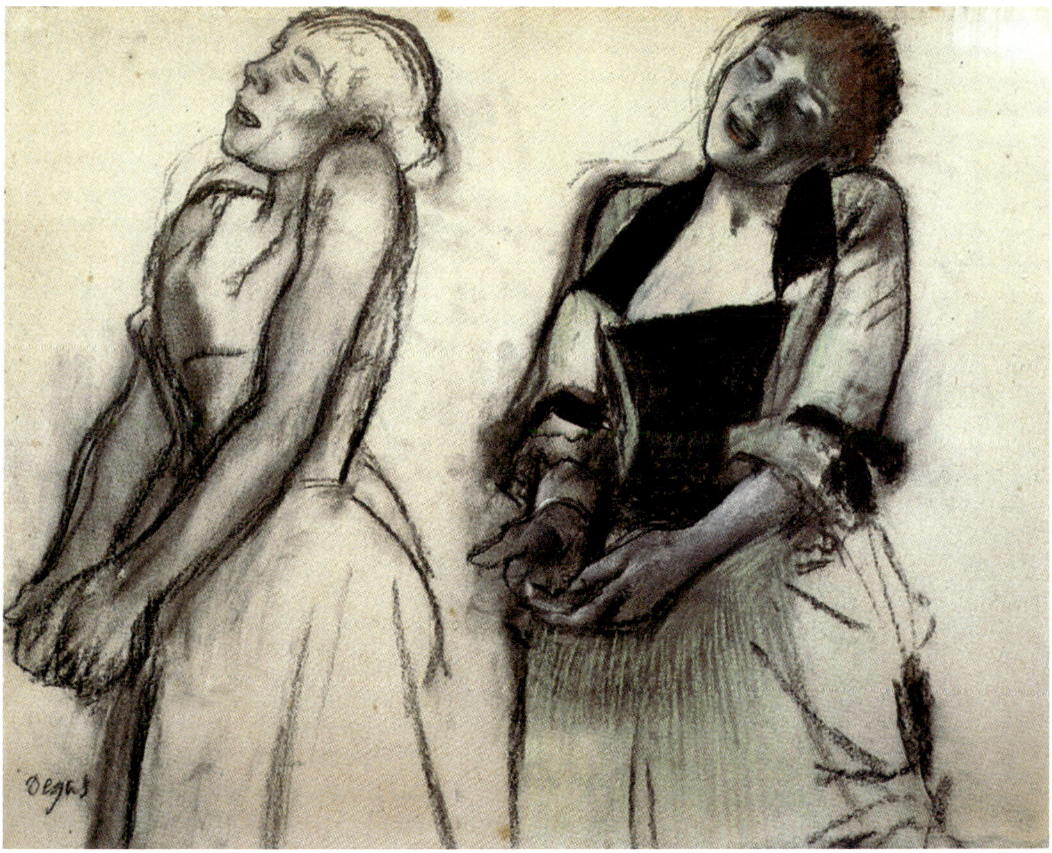

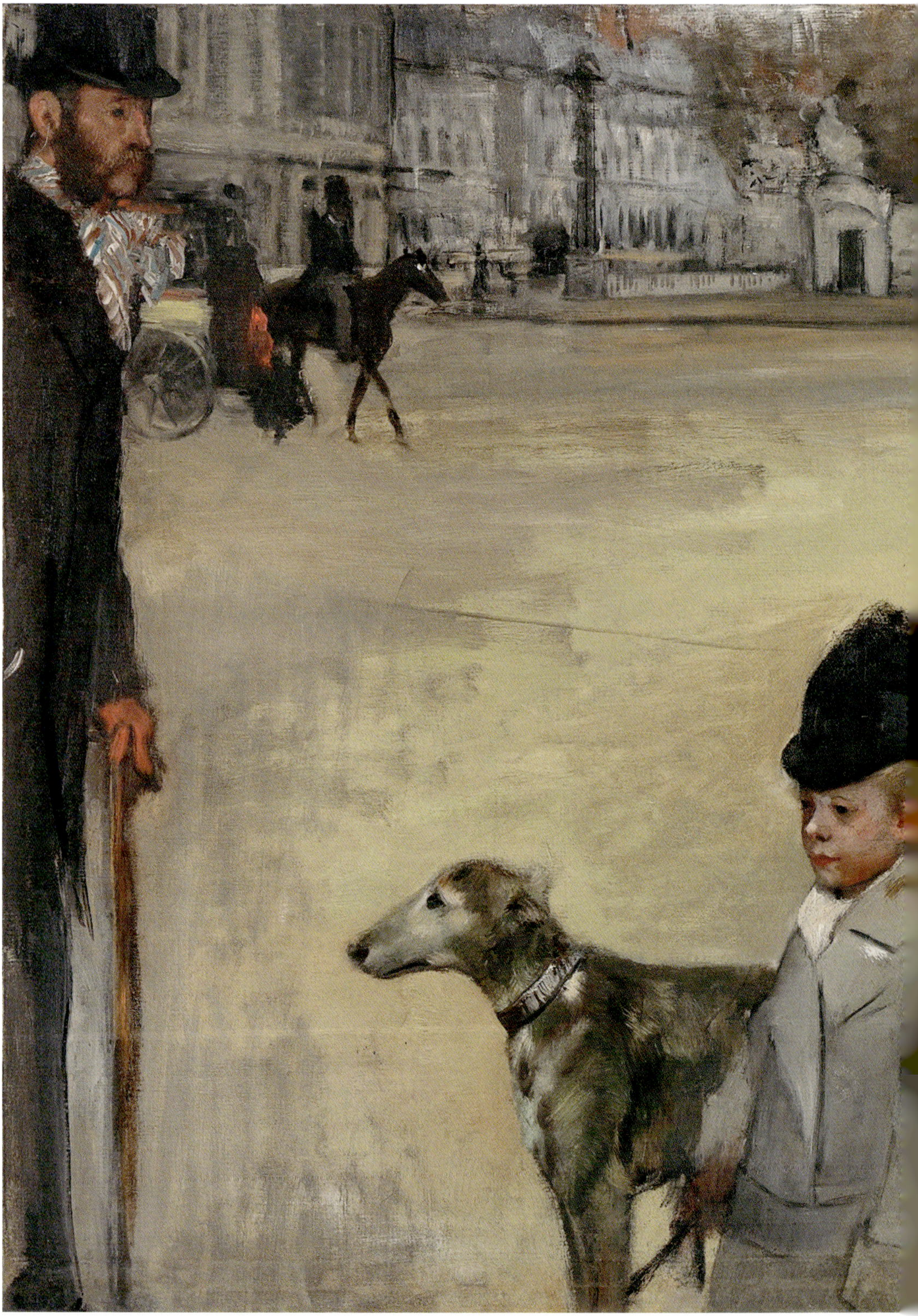

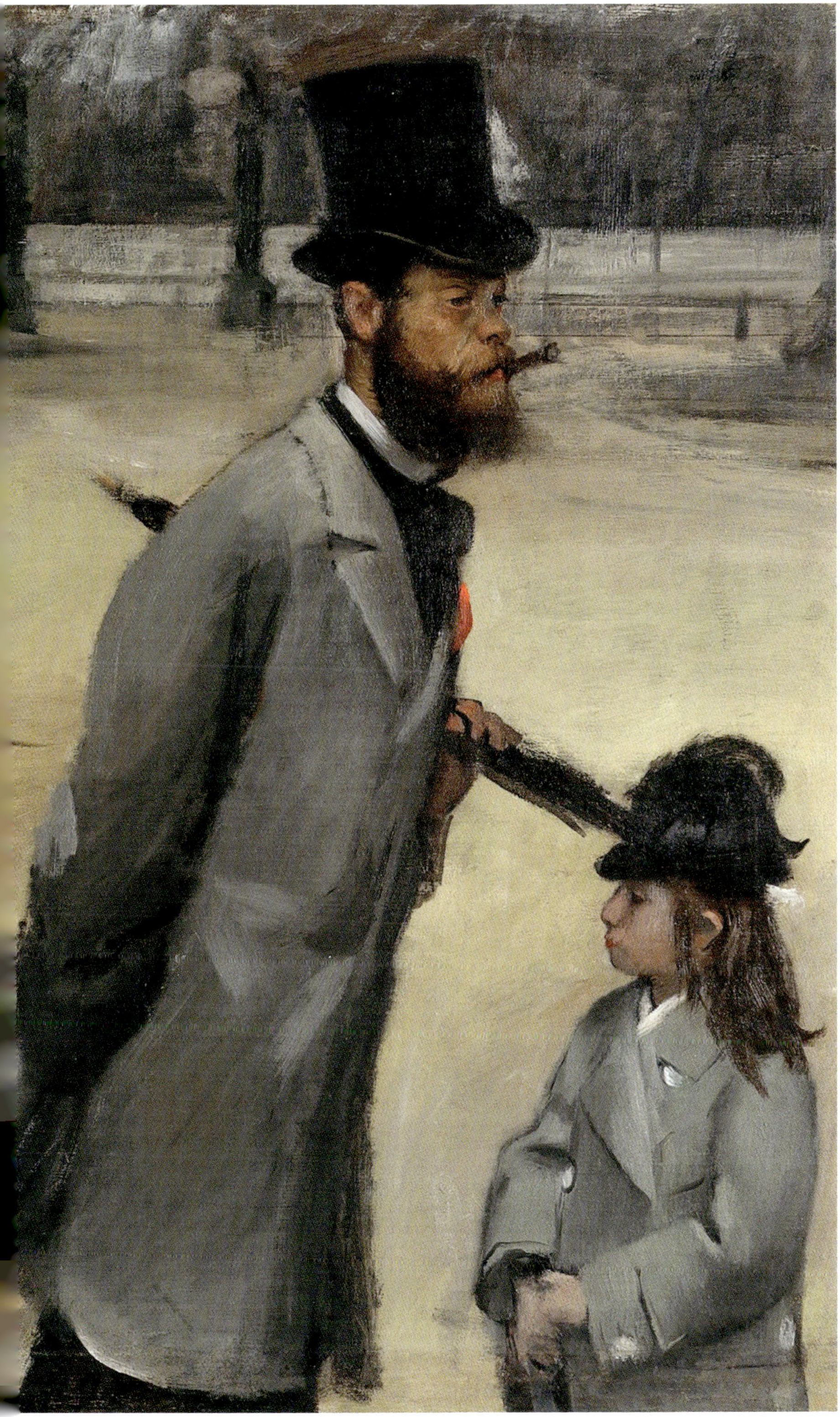

sondea en diferentes variaciones. A pesar de que la reproducción de la fisonomía corresponde correctamente al ángulo de vista dado, las proporciones de la cara de la cantante parecen deformadas. Las deslumbrantes candilejas producen, con su iluminación desde abajo, un efecto casi de caricatura.

A Degas le ha interesado siempre, en sus cuadros de ballet, cómo las cosas pierden sustancia al ser iluminadas artificialmente, cómo los colores toman un tono deslumbrante o palidecen y las sombras centellean de modo fosforescente. Precisamente en un sujeto de esas características se pone de manifiesto que el aumento de claridad gracias a sistemas perfeccionados de iluminación, como ha mostrado Wolfgang Schivelbusch, va unido a una decadencia de lo aureolar. «En la luz de gas y el cielo del atardecer», para Degas, al igual que para Baudelaire, están cifradas una belleza extravagante, que trae a la vista, y una claridad artificial, recogiendo por igual los aspectos de ensueño y de pesadilla. Una luz como la desilusionante de las candilejas, que cae sobre la cantante, no alumbra la escena, sino que la engendra.

«El artista tiene que saber cortar mucho».
EDGAR DEGAS

La cantante se encuentra en una terrible cercanía ante nosotros, de modo que podemos mirarle directamente la boca abierta. Los libros de bocetos de esa época proporcionan informaciones de cómo Degas,

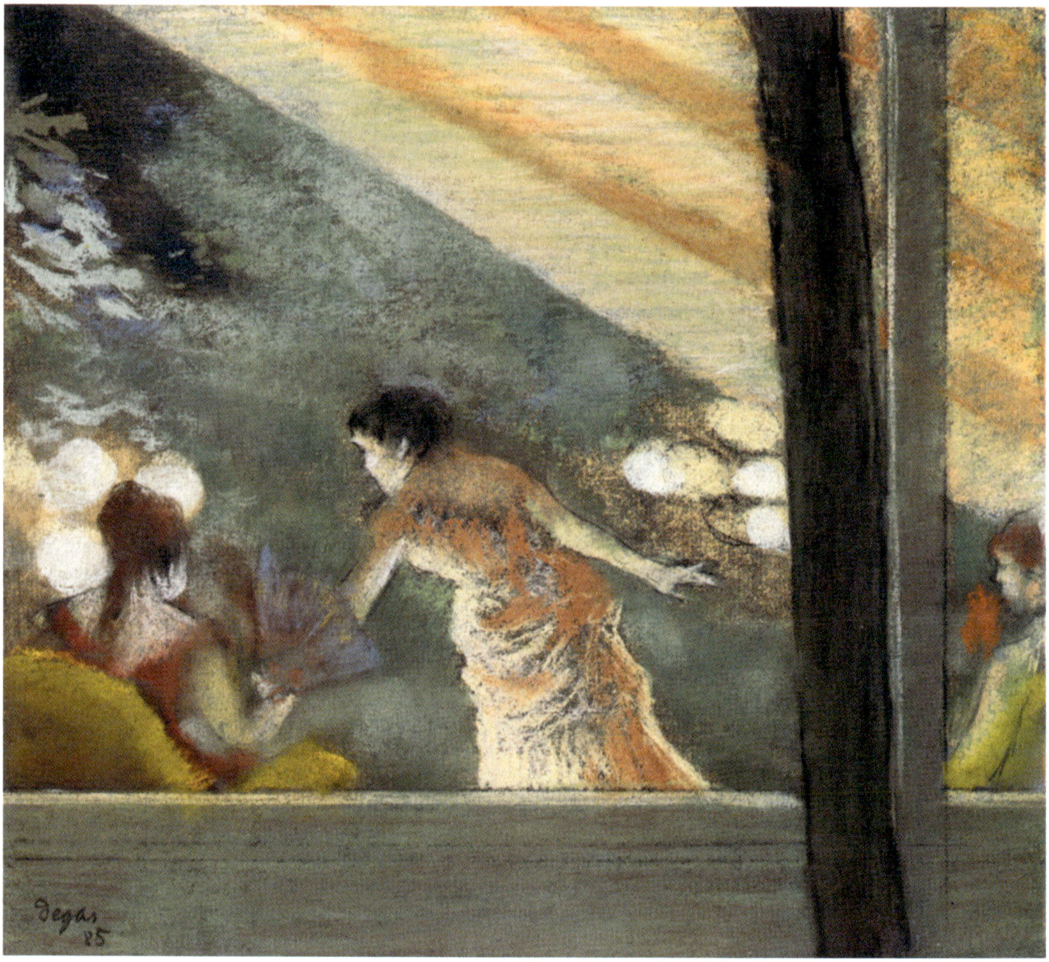

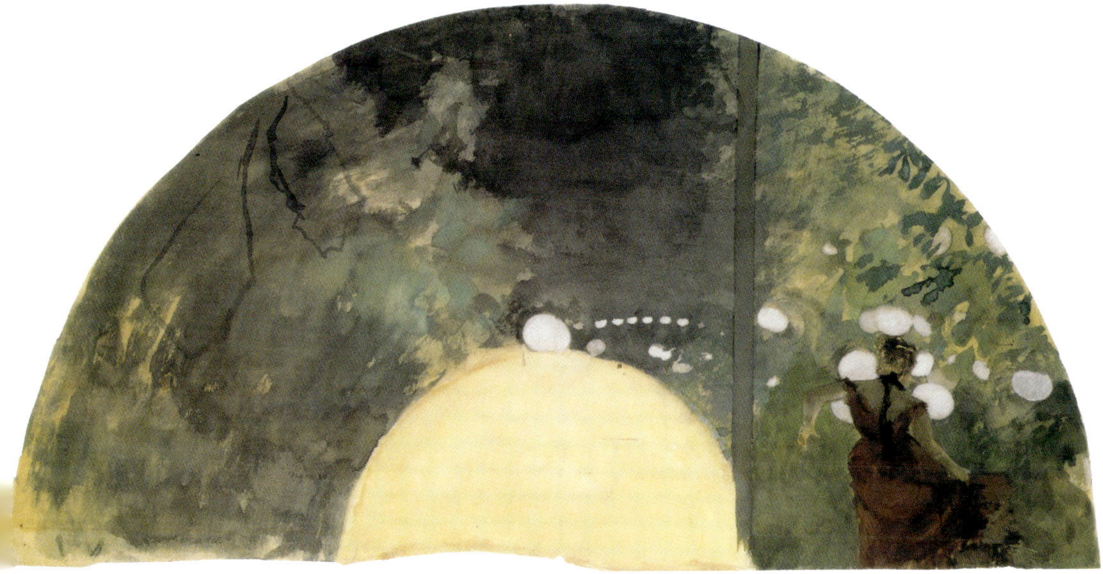

Cantante de café-concierto, 1880
Acuarela y gouache sobre seda, fijado sobre cartón, 30,7 x 60,7 cm
Karlsruhe, Staatliche Kunsthalle

PÁGINA ANTERIOR
En el Café des Ambassadeurs, 1885
Pastel sobre grabado, 26,5 x 29,5 cm
París, Musée d'Orsay

en una variedad de estudios de bocas haciendo una mueca y gestos exagerados, también pensaba en lo caricaturesco de dichas exageraciones. Pero aquí el efecto del cuadro es más bien resultado de una densificación, de un estrechamiento del segmento del cuadro. El *shock* visual provoca un desconcierto del observador y testimonia al mismo tiempo la autenticidad del punto de vista. El negro absoluto, como si estuviera recortado, del guante hace del movimiento algo vacío de un gesto de expresión. El gesto de la cantante no personifica el sentimiento de la persona, sino que esta más bien se convierte en un apéndice de este gesto aislado y expuesto. La *Cantante de café (Cantante con guante)* es un hito en el trabajo de Degas sobre el tema de las cantantes que, desde la entrega al canto y pasando por las relaciones entre el auditorio y la intérprete, le lleva por último a la cantante que se pone completamente a merced de su público.

De modo inconfundible, Degas aprovecha un fragmento dinamizado del cuadro para activar la contemplación. Su mirar desde un punto de vista rompe con las convenciones de la composición. La desviación, frecuentemente extrema, del punto de vista se debe también a las nuevas experiencias visuales de la fotografía y a las alineaciones de la mirada a través de los grabados japoneses sobre madera, recién descubiertos. Desde hacía tiempo, la imitación del arte japonés estaba considerada, entre los artistas jóvenes, un procedimiento útil para escapar a las exigencias naturalistas de la fotografía y de las trampas que impone el arte de salón. El interés llega a su culminación en la Exposición Mundial de 1878, cuando incluso la artesanía, el interiorismo y la moda están influidos por el «Japonismo». Samuel Bing publica incluso una revista de arte, *Japon Artistique*, que se dedica exclusivamente al arte japonés y a su influencia sobre el arte joven de Europa. Bing organizará en 1890 una notable exposición de Ukiyo-e con más de 700 láminas.

También Degas se inspira en ejemplos del Ukiyo-e; posee una serie de grabados de Utamaro y Hokusai. El concepto japonés de Ukiyo-e designa un determinado modo popular de pintura, significando tanto como «cuadros de la vida que fluye contingente». Los temas de Ukiyo-e eran representaciones de la vida de actores, cortesanos, músicos y geishas en todas las situaciones posibles: en

«No me gustan los coches de caballos. No se ve a nadie. Por ello me gusta el ómnibus. Se puede observar a la gente. Estamos creados para observarnos unos a otros...».

EDGAR DEGAS

el baño, haciendo el aseo, paseando o durante la ceremonia del té. A pesar de que estos son ya los temas característicos de la pintura de Degas, no es la recepción de motivos la que define su relación con el «Japonismo». Más bien forma su mirada en las perspectivas y posturas inusitadas y estudia en especial la forma asimétrica de composición, la característica más llamativa del arte japonés. Estimula su interés por las composiciones inusuales como el formato semirredondo del abanico de la *Cantante de café-concierto* del año 1880 (il. pág. 69).

El arco circular del abanico está ocupado fundamentalmente por el cielo oscuro y el jardín del café. En el margen derecho se encuentra situada la cantante, que acompaña su canción con un amplio gesto. El abanico la presenta de espaldas cuando, en medio de un paso, levanta coqueta el vestido, para conseguir libertad de movimientos. Quizá pensaba Degas en la cantante Mademoiselle Bécat y su modo de actuar conocido como «estilo epiléptico». Degas pinta más de veinte de esos abanicos con diversas técnicas. Le interesa el intento de realizar sus temas a modo de composición. En la *Cantante de café-concierto* convergen inconfundiblemente el arco del abanico y el gesto de la cantante: el formato aparece como su ampliación y refuerzo virtuales. Y la disposición a modo de composición del abanico hace que cada vez que se abra se desarrolle literalmente ese movimiento virtual.

Sustancialmente se trata de los elementos del fragmento, del punto de vista, de la imagen cercana y de los valores horizontales y verticales del cuadro los que Degas recibe del arte Ukiyo-e. El modelo de la disposición axonométrica de la gráfica japonesa, es decir, el ensamblaje de planos en lugar de una construcción con una perspectiva central, lleva a que las crecientes composiciones de planos desplacen la experiencia del espacio. No se trata solamente de que la parte trasera se convierta en la parte de arriba; el espacio mismo del cuadro se torna móvil.

También en la pintura a pastel *La cantante verde,* de hacia 1884 (il. pág. 64), el espacio se ha transformado en una textura superficial. La cantante, vista oblicuamente desde la parte superior, vuelve la mirada hacia sí con su gesto. Degas había ensayado con toda precisión, en un dibujo previo, el gesto y el efecto de la luz. La iluminación desde abajo hace que se inflamen el turquesa y el rojo del vestido y del pelo. Degas subraya el ser vista de la cantante, creando nuevamente el ver bajo las condiciones de cada localización. Frecuentemente, el azar de las miradas y gestos se fuerza por la perspectiva. Los cuadros, de un modo frío y distanciado, hacen que los observadores se conviertan cada vez más en observadores de la vida en la gran ciudad, de modo que Joris-Karl Huysmans, en 1880, puede citar con razón a Degas junto con Baudelaire y Flaubert, denominándolo «el pintor de la vida moderna».

La «Canción del Perro», hacia 1876/77
Gouache y pastel sobre monotipo, 57,5 x 45,4 cm
Los Angeles County Museum of Art

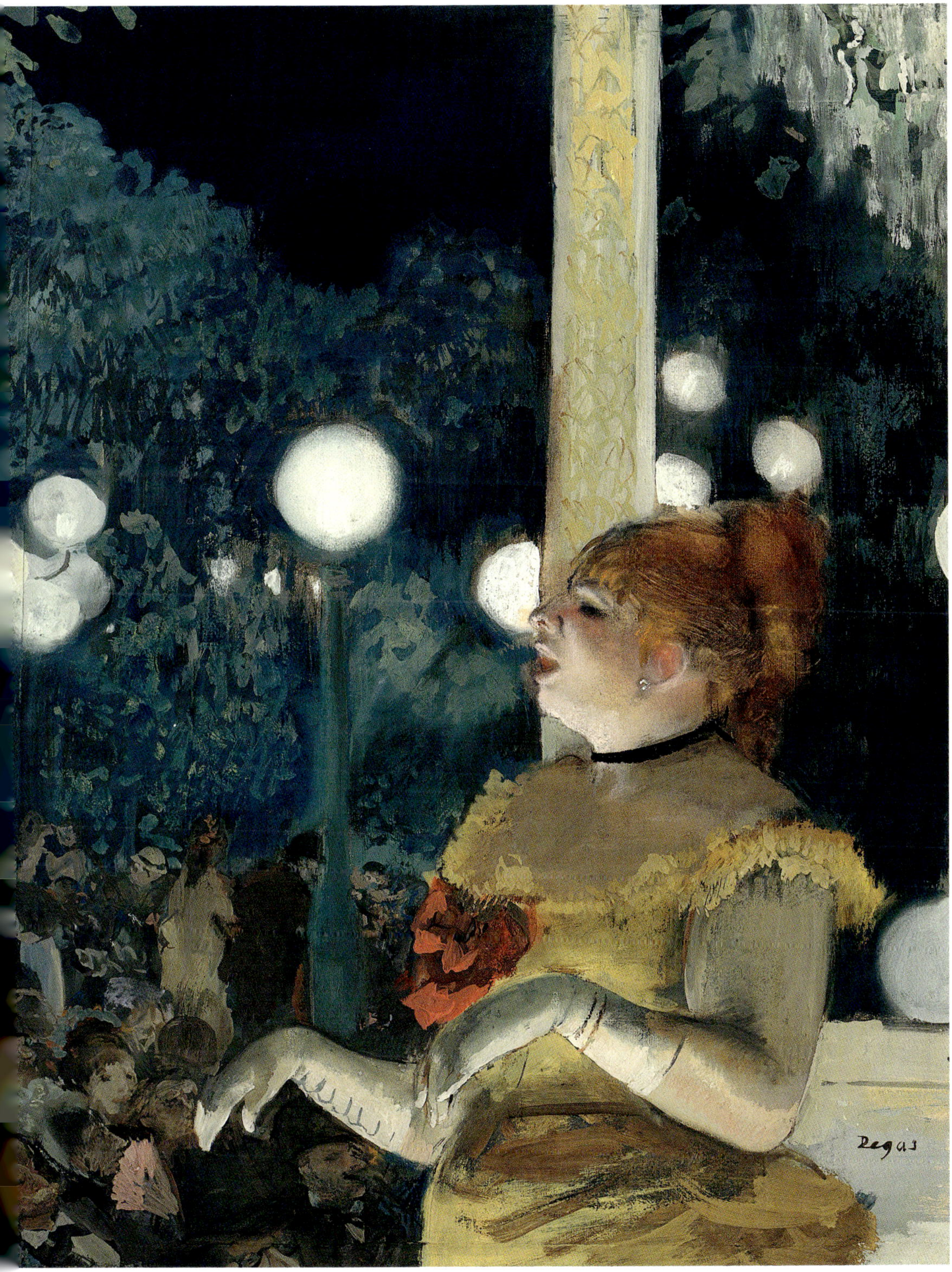
Degas

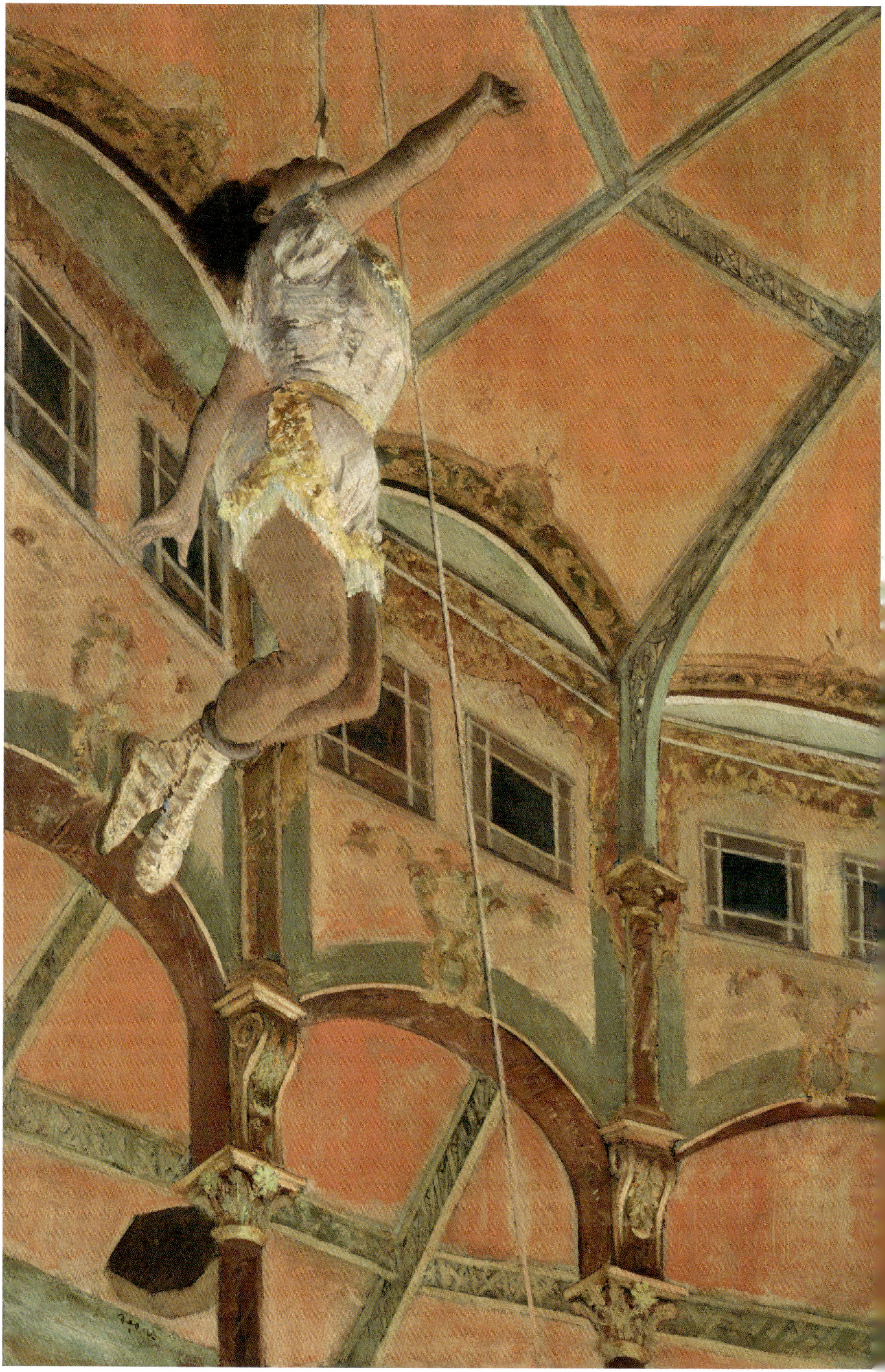

Operaciones matemáticas

«Un cuadro es una combinación original de líneas y tonos que se subliman mutuamente».

EDGAR DEGAS

La capacidad de Degas de traducir lo efímero y casual de un movimiento fugaz en el medio inmóvil y rígido del cuadro ha asombrado siempre a quienes observan sus obras. Max Liebermann, quien en 1899 escribió uno de los primeros estudios sobre el arte de Degas, arropó esta experiencia con una comparación de gran efecto: «Los cuadros de Degas... dan primeramente la impresión de una instantánea». Con toda seguridad, Degas debe mucho a la fotografía de instantáneas, que acababa de inventarse entonces. Pero lo momentáneo e incidental de los cuadros de Degas es, paradójicamente, el resultado de una composición calculada con toda precisión.

También Liebermann lo vio, pues sigue diciendo sobre Degas: «Sabe componer de tal manera que no parece una composición». Una vez que se ha llamado la atención sobre ello, lo efímero y casual de las escenas resulta ser absolutamente organizado. Una de las creaciones más bellas y profundas de Degas en este contexto es *Mademoiselle Lala en el Circo Fernando* de 1879 (il. pág. 72), en la que la metáfora de los hilos de composición de los que cuelgan las figuras de Degas ha encontrado en cierto modo su símbolo.

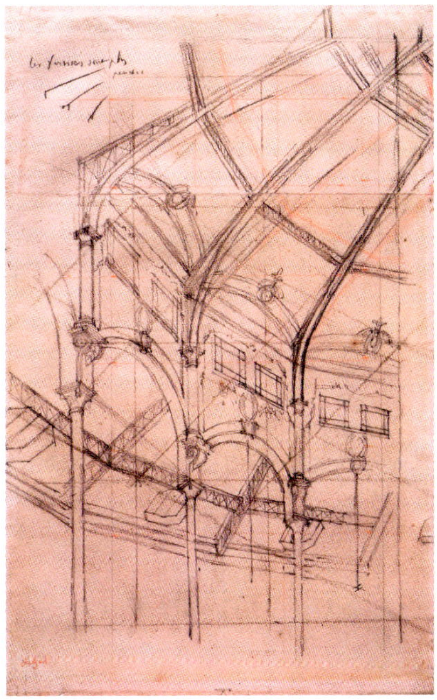

Construcción del techo del Circo Fernando, 1879
Lápiz, tiza negra y roja sobre papel, 48 x 31,3 cm
University of Birmingham, The Barber Institute of Fine Arts, The Henry Barber Trust

PÁGINA ANTERIOR
Mademoiselle Lala en el Circo Fernando, 1879
Óleo sobre lienzo, 117 x 77 cm
Londres, The National Gallery

El Circo Fernando, fundado en 1875 en la Place Frodot y que en 1890 cambió su nombre por el de Cirque Medrano, era uno de los principales puntos de atracción para los artistas que vivían en Montmartre. Entre el 19 y el 25 de enero de 1879, Degas fue al Circo al menos cuatro veces, para ver a una mulata, Mademoiselle Lala, que trabajaba como trapecista. Tenía como mote «La femme canon» pues su número principal consistía en, colgando de las rodillas en el trapecio, disparar un cañón fijado a unas cadenas que Mademoiselle Lala sostenía solo con sus dientes. Pero el cuadro de Degas la muestra en otro número: con un aparato se deja elevar a la cúpula del Circo. No podría encontrarse ningún sujeto de mayor momentaneidad; nada hay menos disponible que ese movimiento de libre rotación del cuerpo en la

«No hay ningún arte menos espontáneo que el mío. Inspiración, espontaneidad y temperamento me son desconocidos. Hay que repetir el mismo tema diez, incluso cien veces. En el arte, nada debe parecerse al azar, ni siquiera el movimiento».

EDGAR DEGAS

cúpula que en el cuadro no tiene más asidero que una cuerda apenas visible.

Degas no pretende mostrar ninguna representación de osadía artística llena de colorido local y ambiente auténticamente circense. Deja soberanamente de lado el contexto circense para concentrarse completamente en la relación de la artista suspendida en el aire y la arquitectura de la cúpula. Todo lo demás es invisible: no vemos ni el trapecio ni a los espectadores ni el círculo completo de la carpa del circo. Preparó el cuadro en numerosos bocetos y estudios dedicados a la artista, pero también a los detalles de la construcción. Así, la momentaneidad y casualidad en la representación de Mademoiselle Lala no es la documentación de algo existente, sino que ha sido plásticamente creado de forma consciente. Lo momentáneo y casual desde el punto de vista escénico y la composición calculada han sido llevados a una unidad, de forma radical.

El extremo ángulo desde abajo es una variante moderna de la perspectiva *sotto-su* barroca; por ello *Mademoiselle Lala en el Circo Fernando* fue festejada como «Asunta a la cúpula del circo». Degas, en este modo de ver, se centra en el enriquecimiento de perspectiva y la ganancia de autenticidad, pero no en el pasado religioso. Ha expresado la suspensión de la mulata de un modo sublimado casi hasta lo insoportable, sobre todo por negar a la contemplación todos los momentos que pudieran oponerse a la caída libre de la artista. Tanto el anclaje como el punto de giro de la cuerda se encuentran fuera de nuestra visión, fuera de los límites del cuadro. Únicamente la diagonal de la cuerda, que cruza el cuadro en toda su altura, sirve como contrapeso para el cuerpo de la suspendida. Pero aun cuando la cuerda rompa arbitrariamente las formas arquitectónicas, se encuentra definida por las proporciones de la superficie, una vez elegidas estas, pues la prolongación del corto trozo vertical de cuerda, del que Mademoiselle Lala cuelga con los dientes, toca en el margen inferior del cuadro en el lugar donde le corta un puntal del techo más exterior de la arquitectura del circo. Análogamente, el estar suspendido hacia abajo y el ser izado hacia arriba se tocan como movimientos que compiten. El cuerpo de la artista, en sus doblamientos y torsiones, se convierte en objeto de las fuerzas contradictorias. La posición de la artista en el cuadro, aparentemente aleatoria, tiene su fundamento. Las perspectivas más complejas del espacio se presentan bajo las condiciones de necesidad formal. Las energías espaciales de la arquitectura circense se concentran por el retículo de las vigas de hierro hacia la parte superior derecha, de modo que las formas de arco y los puntales capturan y anulan la torsión del cuerpo de la artista.

Desde la perspectiva del cuadro, parece que los pies de la artista se apoyan en el vértice del arco y que las puntas de los dedos de su mano izquierda descansan sobre una ventana. El enorme contenido de espacio de la representación se transforma en una combinación de superficies, en la que las partes del cuadro, heterogéneas y reproducidas en una perspectiva aleatoria, forman una unidad que se apoya mutuamente. El tema de la artista suspendida en la cúpula es, literalmente, sin fondo. En todo el cuadro, rico en diagonales y dinamismo, no hay una sola horizontal, ningún fondo seguro. Degas sabe traducir el estar suspendido de la artista, mediante medios puramente plásticos, en una metáfora radical del abandono humano.

Mademoiselle Lala en el Circo Fernando es, una vez más, buena prueba de que la iconografía de Degas es única dentro de los impresionistas, relacionada —en el mejor de los casos— únicamente con el mundo pictórico de Manet. Ambos poseen una idea mucho más compleja de la nueva pintura que los otros

La planchadora, hacia 1869
Óleo sobre lienzo, 92,5 x 74 cm
Múnich, Neue Pinakothek

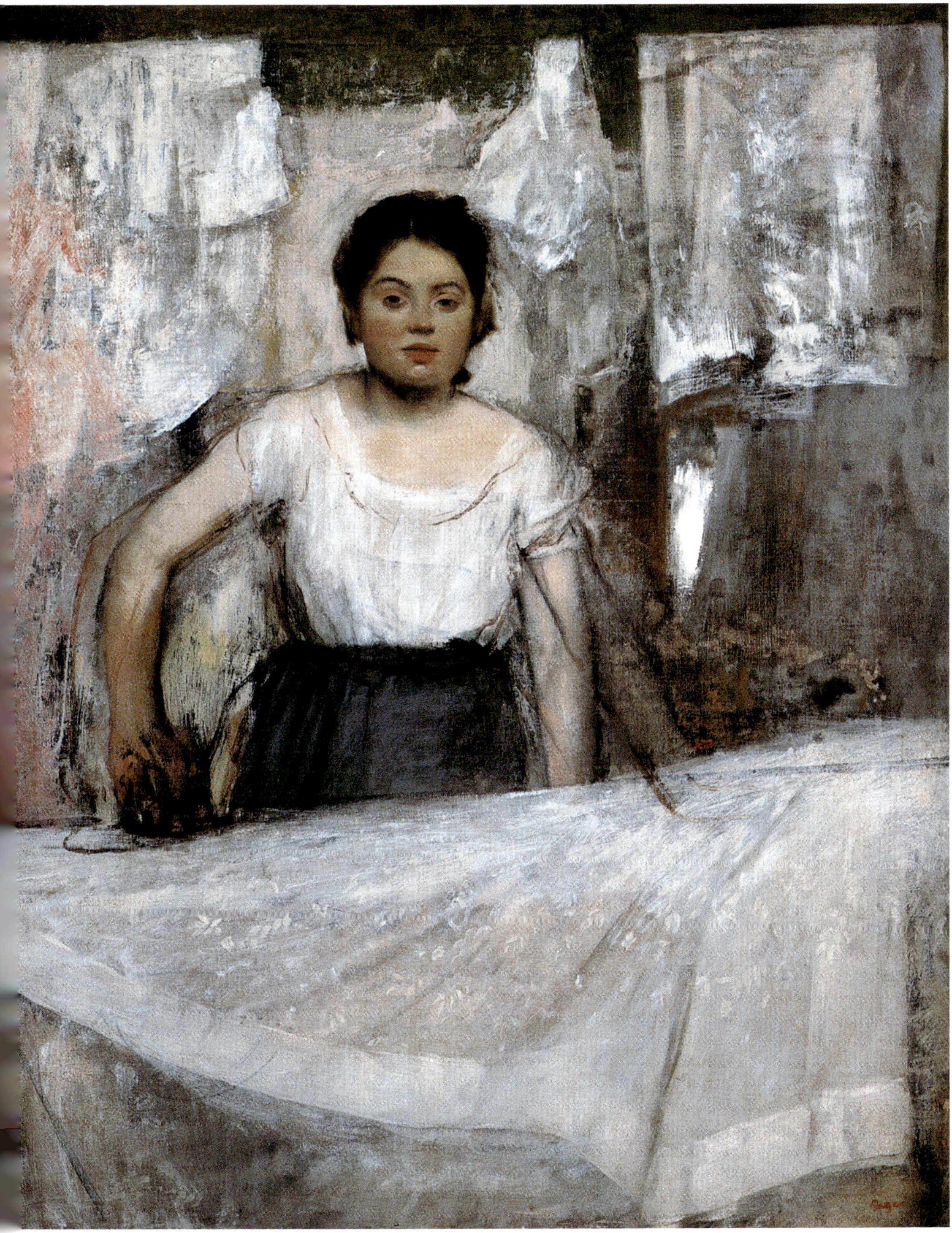

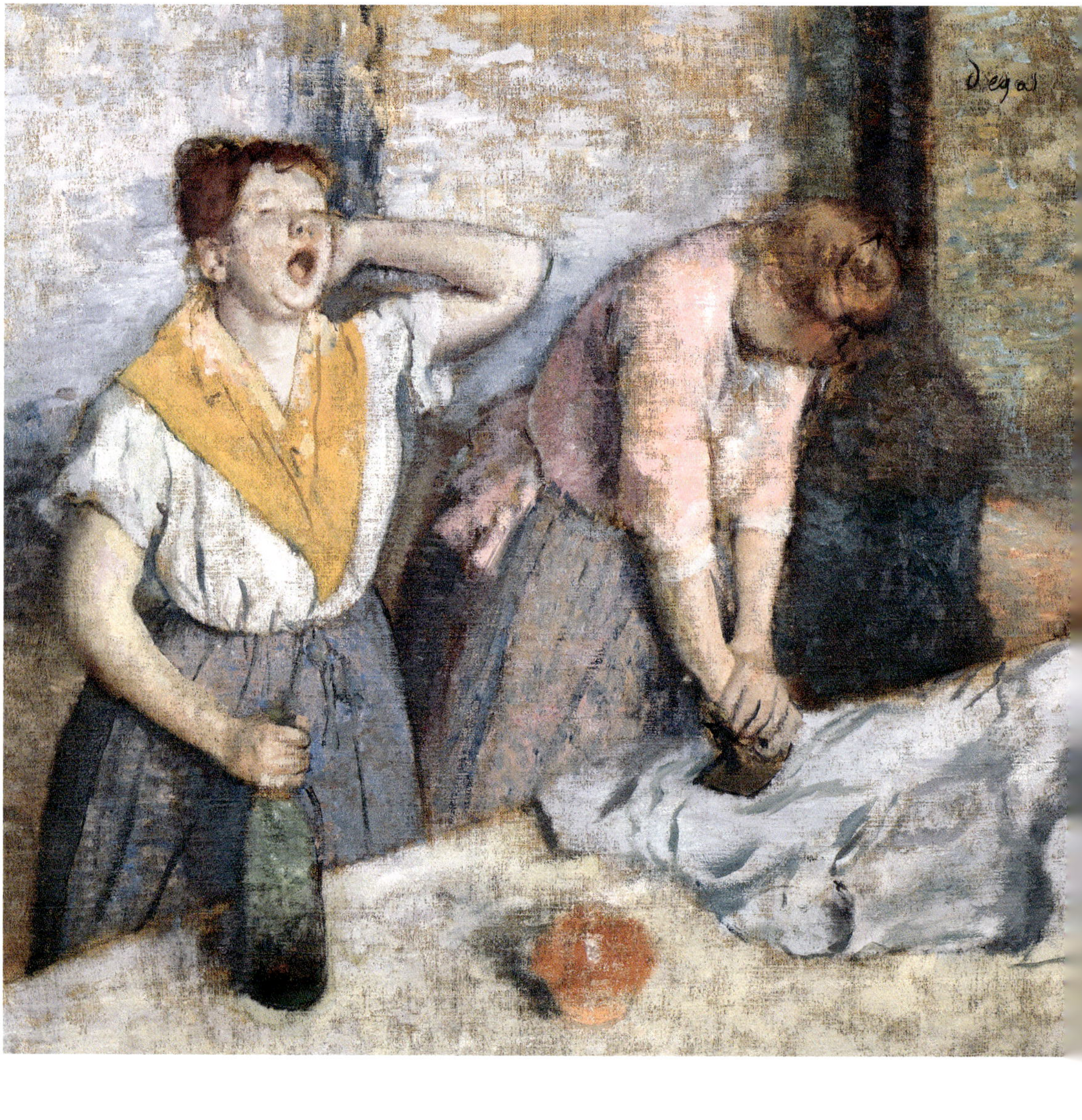

Las planchadoras, hacia 1884-1886
Óleo sobre lienzo, 76 x 81,4 cm
París, Musée d'Orsay

impresionistas, que se entregan principalmente a la pintura de paisajes. Degas se dedica, por ejemplo, muy pronto al mundo de las planchadoras que, en el Realismo, era muy popular entre pintores y escritores como Daumier, Pissarro o Zola. Su primer cuadro de este tema lo realiza ya hacia 1869 (il. pág. 75). La joven, que en medio del movimiento levanta la mirada, no es una planchadora que hubiera observado in situ, sino la modelo profesional Emma Dobigny. Degas capta, con esta mirada vacía y distanciada en la que se concentra la pintura, la postura y el cansancio de una planchadora.

«El pintor tiende cada vez más a pintar no lo que sueña, sino lo que ve».
CHARLES BAUDELAIRE

Hasta finales de siglo el pintor realiza 14 cuadros sobre este tema, que muestran a las planchadoras desde toda perspectiva posible, como figuras individuales o parejas, en silueta a contraluz o escondidas detrás de la ropa colgada. De la composición de las dos planchadoras de hacia 1884-1886 (il. pág. 76), Degas pinta cuatro versiones. El cuadro reproduce el interior de una pobre lavandería con su estufa y la ropa colgada a secar. No está claro si inventó la escena con modelos o si la estudió in situ. Detrás de la mesa de planchar con el pequeño recipiente de agua se encuentran las dos planchadoras de pie: la de la izquierda se estira bostezando, con una mano detrás de la cabeza, echada hacia atrás, y con la otra sujetando el cuello de una botella. La otra mujer presiona, con los brazos extendidos con todas sus fuerzas, la plancha contra la ropa. Mediante la plástica concentración sobre el contraste de las posturas de los cuerpos distendidas-tensas, el cuadro es más que un mero estudio de ambientes. En esas visiones de la cara oscura de la civilización de grandes ciudades, Degas se interesa por el estudio visual de la alienación. Sus cuadros son modelo para las planchadoras del Picasso del Período Azul.

Degas pinta unas veinte variaciones de modistas, un tema que ya había tratado la pintora Eva Gonzales. París era, ya entonces, un centro de la moda; Degas gustaba acompañar a Mary Cassatt a los talleres de las sombrereras y modistas. Pero, como era de esperar, no realiza después estudios psicológicos del mundo de la moda, sino visiones profundas de una vida diaria extraña.

En la pintura a pastel sobre papel *En casa de la modista* de 1882 (il. pág. 80), la clienta se mira en un espejo de pie, examinando el sombrero. El espejo no solo parte la composición sino que separa a la modista de tal modo que el sombrero que sostiene parece estar suspendido en el aire. Su cara está tapada por el espejo: toda la figura está partida. Cualquier relación que pudiera existir entre las mujeres por la situación ha sido destruida plásticamente.

El mismo año, pinta a dos jóvenes elegantes ante un espejo, no visible en realidad, si bien la luz que refleja ilumina el semblante de una de las mujeres, mientras que examina cómo le sienta el nuevo sombrero (il. pág. 81). El segmento asimétrico del cuadro, unido a una visión extremadamente cercana, sugiere la impresión de lo casual, de estar sacado arbitrariamente de un contexto que niega el cuadro. La mitad de la composición diagonal está formada por los sombreros dispuestos sobre la mesa. Aquí no solo se muestra la capacidad de Degas de sugerir una situación, sino también su talento, frecuentemente puesto en duda, como colorista. Los sombreros se convierten en tonos cromáticos, y las líneas verticales del sombrerero y del bastón, los ángulos de los brazos y los círculos o figuras ovales de sombreros y cabezas forman una rítmica forma autónoma de la superficie del cuadro. También en el cuadro al pastel *Mujer en traje de ciudad* de hacia 1882 (il. pág. 79) no se trata de representar a una mujer vestida a la moda, sino de reflejar la tensión entre figura y superficie.

Los cuadros de las modistas presentan a estas y a sus clientas anónimas como en escaparates, formando en cierto modo parte de ellos. Las personas y las situaciones parecen haber sido instrumentalizadas como parte de la configuración del cuadro; en un cuadro, Degas va tan lejos que hace desaparecer a la modista entre todos los sombreros. Cuando apunta que va a elaborar otras series sobre

«Se ve como se quiere ver. Esto es falso, y esa falsedad es la base del arte».

EDGAR DEGAS

la vida diaria en París, se pone de manifiesto esa permanente plasmación de la búsqueda de lo diario en formas de ver, tonos cromáticos; en resumidas cuentas: en un contexto pictórico con sus propias leyes. «Serie sobre el panadero, visto en el horno o incluso desde la calle, por las ventanas del sótano; harina rosada, bonitos bollos, naturaleza muerta con distintos panes, grandes, ovales, alargados, etc. Estudios de colores con panes amarillos, rosados, grises o blancos. Hileras de panes reducidos por la perspectiva...». Degas se aleja aquí del bello mundo de apariencias de la ópera y del ballet; ¡y qué distintas resultan las bailarinas desde el punto de vista de la obra completa! Las danzarinas, a primera vista elegantes y graciosas, son también el producto de un trabajo; la ópera y el teatro se presentan como lugares de trabajo de una naturalidad artificiosa.

Pero solo la invención del artista hace que la materia prima de lo visto se convierta en un modo del conocimiento. Degas dice a un conocido que practica la pintura al aire libre, por él mal vista: «Usted necesita la vida natural, yo la artificial». Las afirmaciones autobiográficas del pintor son buena prueba de lo orgulloso que de ello estaba: «Mis cuadros son el resultado de una serie de operaciones matemáticas y de un número ilimitado de estudios». Degas describe su método artístico como un proceso de traducción, en el que las impresiones momentáneas se someten a la conciencia e imaginación artísticas: «Pintar lo que se queda en la memoria. Es esa una transformación en la que la fantasía colabora con la memoria. Solo se reproduce lo que realmente ha impresionado a uno, es decir, lo sustancial. Recuerdo y fantasía se liberan de la coacción que impone la naturaleza». Degas demuestra gustosamente que un pañuelo arrugado le es suficiente como modelo para nubes. Pero el *flaneur* también da vida a lo que ve solamente en su imaginación. Debió de satisfacer mucho a Degas encontrar en Baudelaire la teoría de la preferencia del arte frente a la impresión natural, de lo artificial frente a lo natural.

Donde los impresionistas, sobre todo Monet, trasponen lo efímero de una situación luminosa en un sistema cromático pictórico y autónomo, Degas traduce las contingentes situaciones de movimientos en un sistema autónomo de formas. Esto, desde el punto de vista actual, no debe ni perderse de vista ni malentenderse. Degas no es, de ninguna manera, un pintor de «el arte por el arte» ni un profeta de la abstracción. Más bien se encuentra siempre impregnado por la unidad de contemplación del azar de los motivos y de la ley de composición.

Degas enfrenta la fuga del presente y de la realidad a la pintura de salón, las apoteosis del historismo con una mirada ilimitada al propio presente. Para él, la artista en la cúpula del circo, como las planchadoras en sus sótanos, caracterizan experiencias límites de la vida diaria: aun cuando sus mundos parezcan lo más distintos posibles, ambos son, a los ojos del pintor, personas depravadas y abandonadas. La pintura de Degas presenta las situaciones artificiales como lo normal, haciendo referencia así a fisuras en la parte exterior de lo cotidiano, que de otra manera apenas se perciben. Visto así, en la obra de Degas nos encontramos con un análisis artístico de la modernidad que resulta aniquilador. El *flaneur* como «experto de lo cotidiano» ha visto, en el testigo plástico de la identidad profunda de un trabajo alienante y un espectáculo alienante, con mucha más agudeza que la mayoría de los sociólogos de su tiempo.

Mujer en traje de ciudad, hacia 1882
Pastel sobre papel gris, 48,5 x 42 cm
Zúrich, Colección Walter Feilchenfeldt

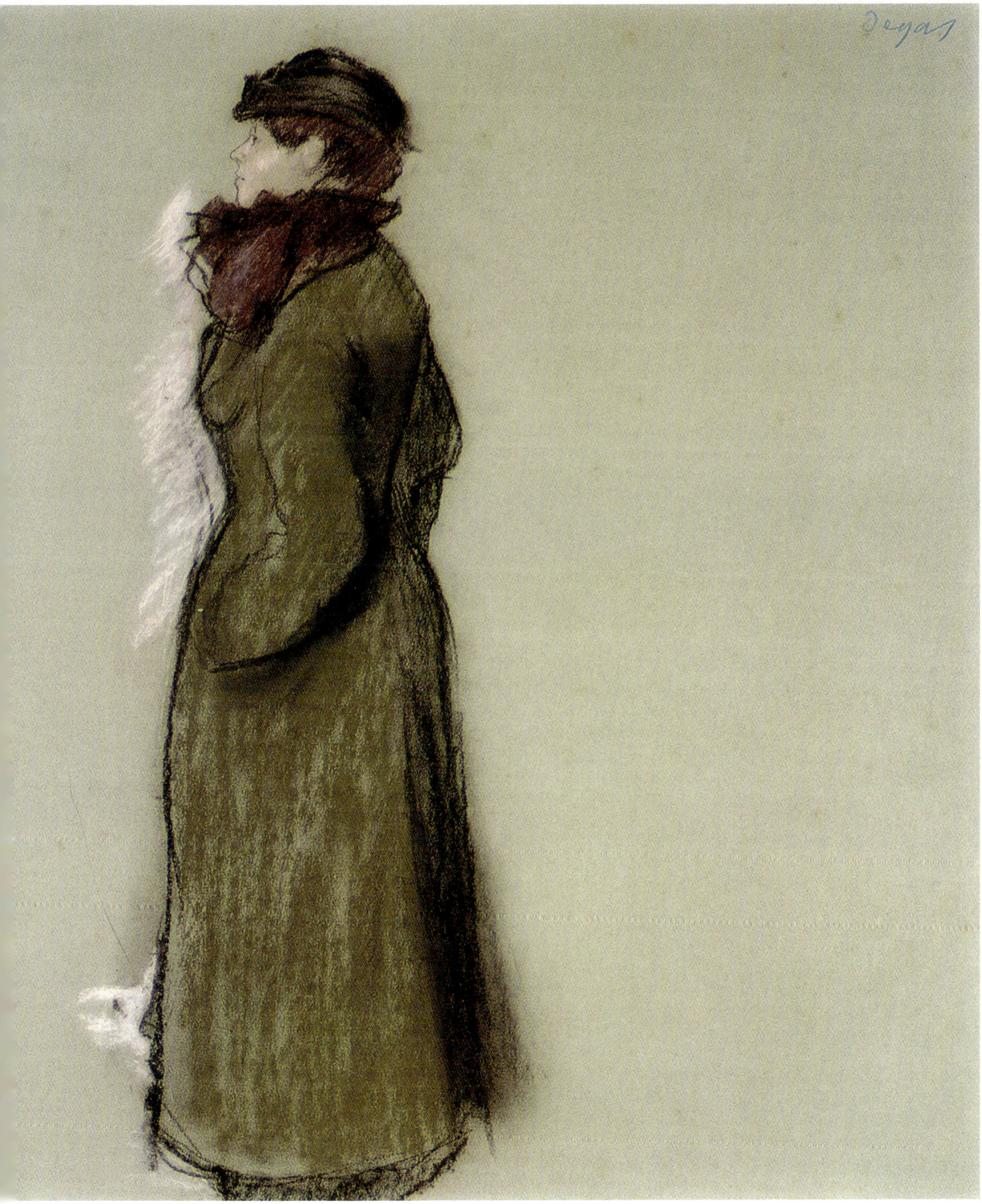
Degas

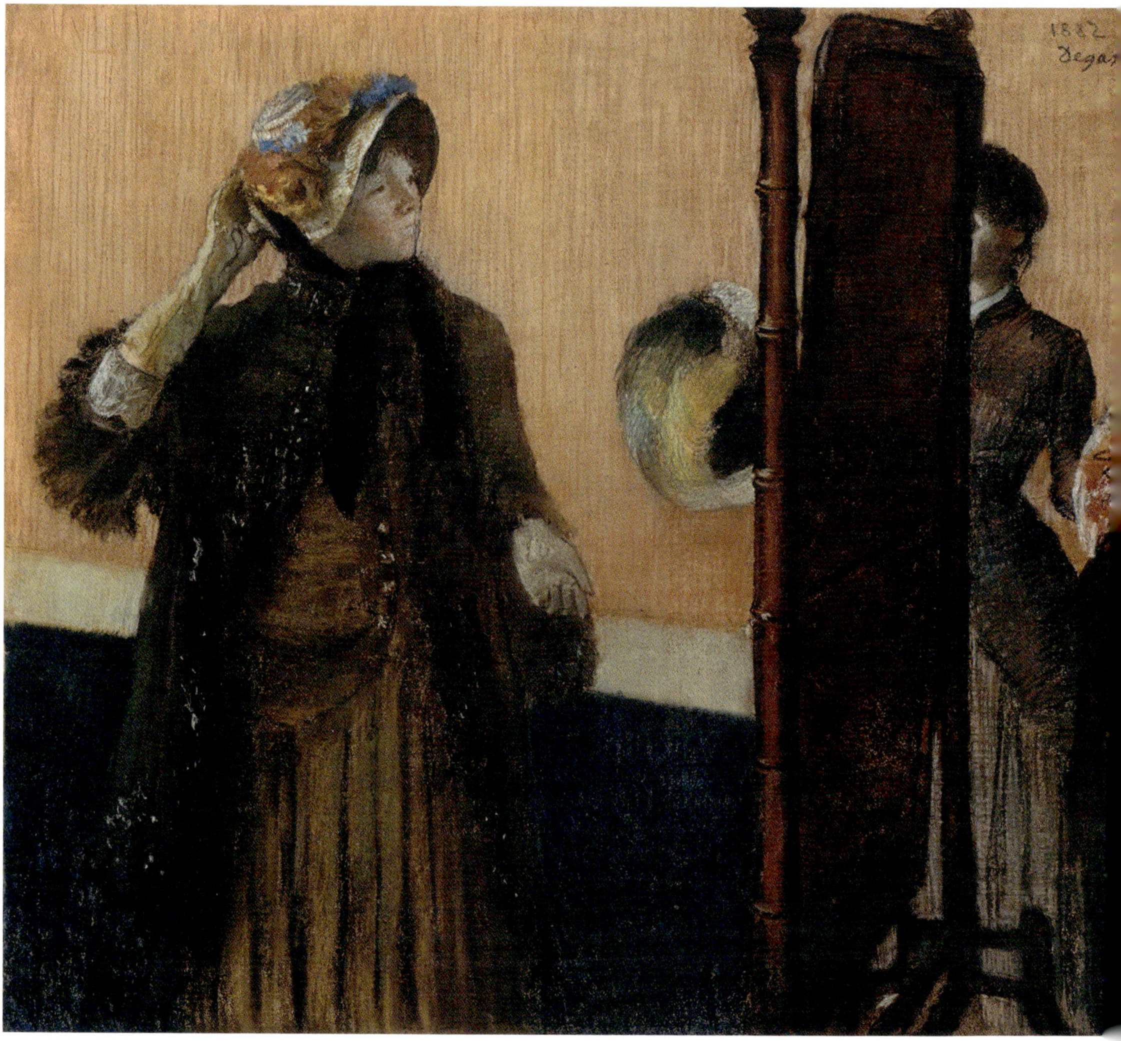

En casa de la modista, 1882
Pastel sobre papel gris, 76,2 x 86,4 cm
Nueva York, The Metropolitan Museum of Art,
legado de Mrs. H. O. Havemeyer, 1929,
Colección H. O. Havemeyer

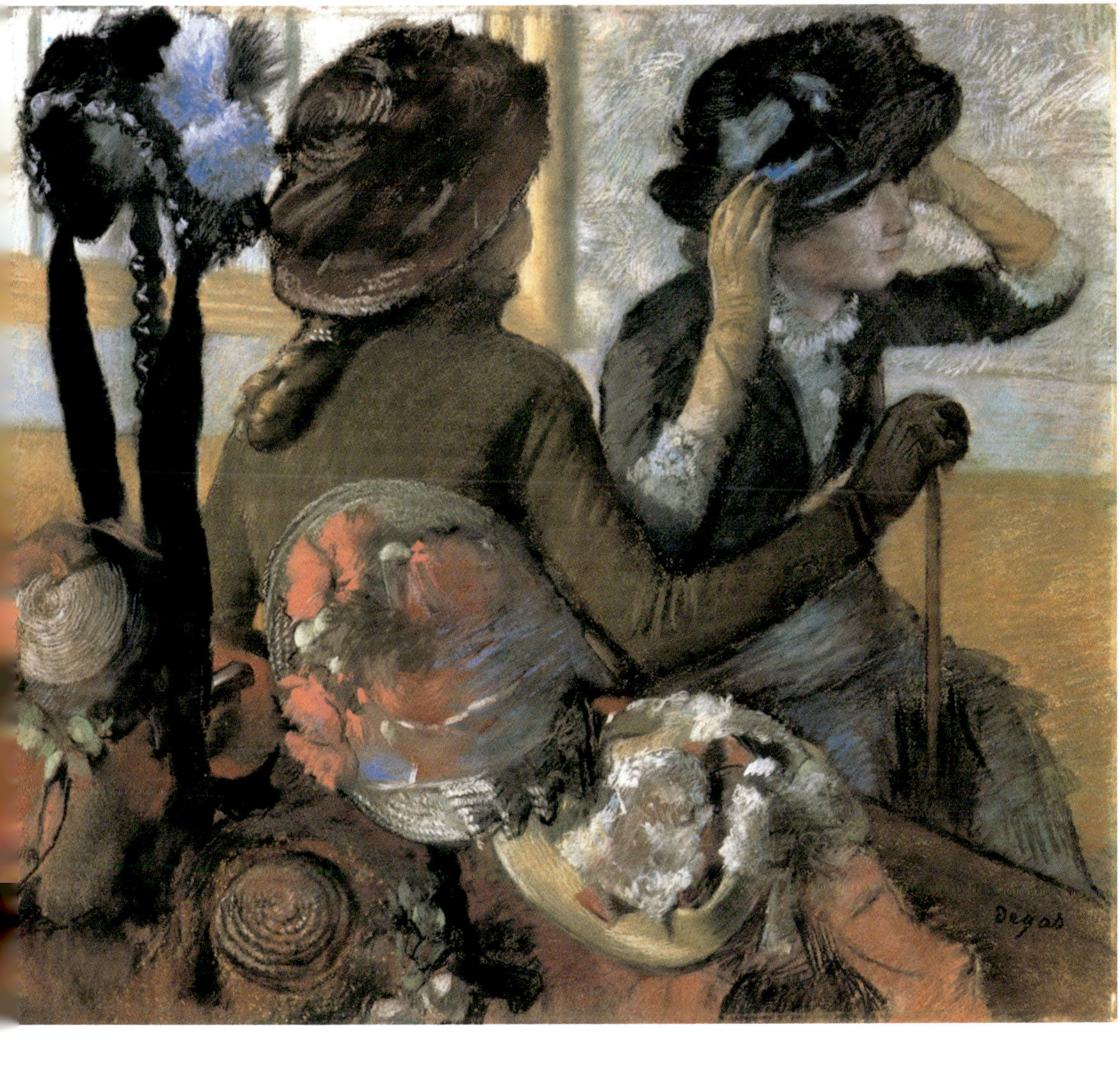

En casa de la modista, 1882
Pastel, 75,5 x 85,5 cm
Madrid, Museo Thyssen-Bornemisza

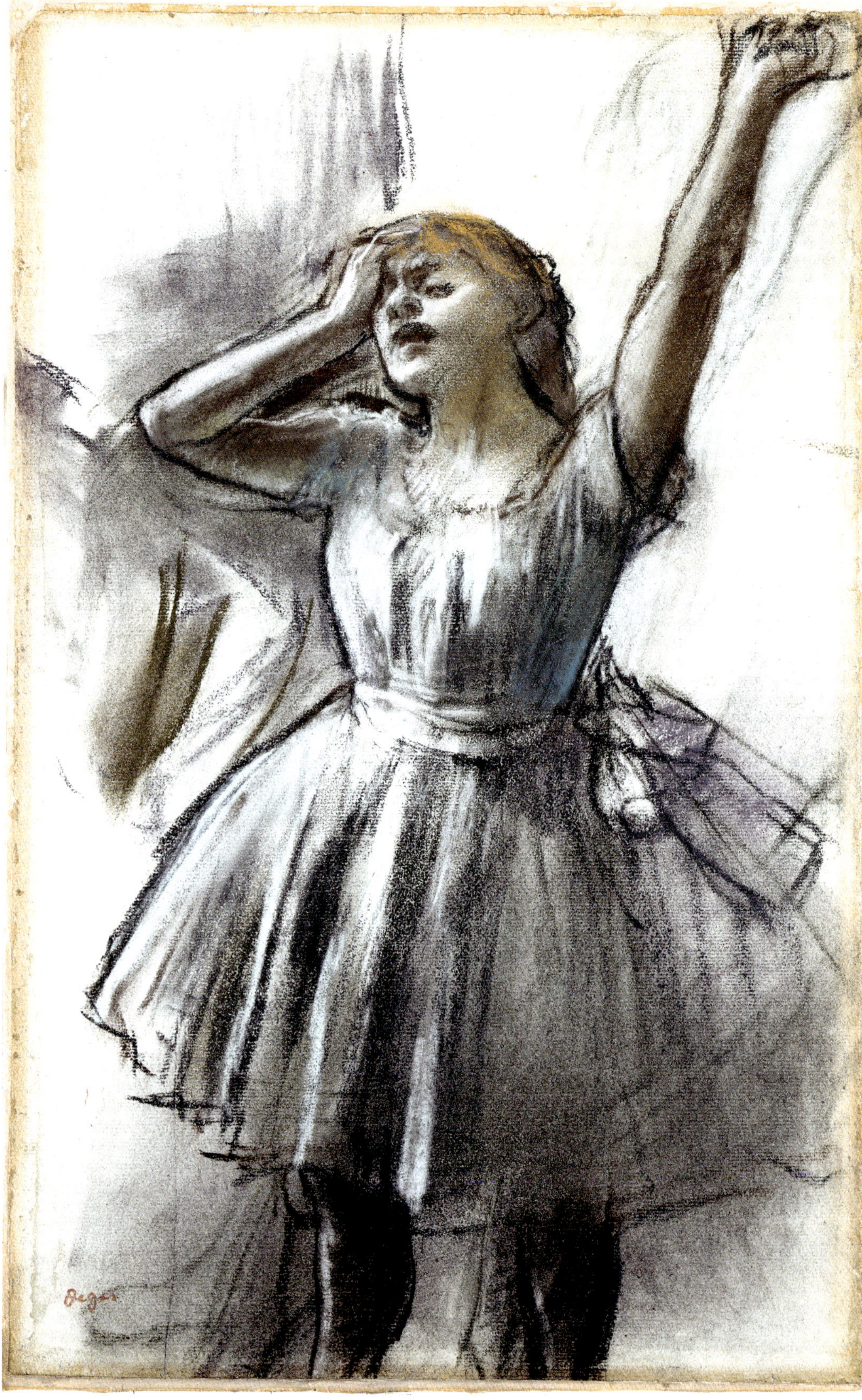
Degas

Estados de los ojos

No se ha podido esclarecer cuándo comenzó Degas a modelar en arcilla o cera, pero probablemente ya comenzó a experimentar a mediados de la década de 1860. Después de su muerte se descubren en el estudio de Degas aproximadamente 150 pequeñas esculturas. Tan solo la mitad estaba en condiciones que permitían realizar un vaciado en bronce, y en muchas ocasiones solo después de numerosas reparaciones. Degas realiza sus esculturas en tierra arcillosa, cera y plastilina; no sorprende volver a encontrar aquí, en variaciones siempre nuevas, los caballos de las pistas de carreras y las bailarinas de la ópera. Sus trabajos escultóricos los comienza con estudios de caballos. En más de una docena de esculturas estudia los más diferentes movimientos de los caballos, seguramente no sin antes haber recordado los majestuosos caballos característicos de un Donatello o de Andrea del Verrocchio en la escultura del Renacimiento.

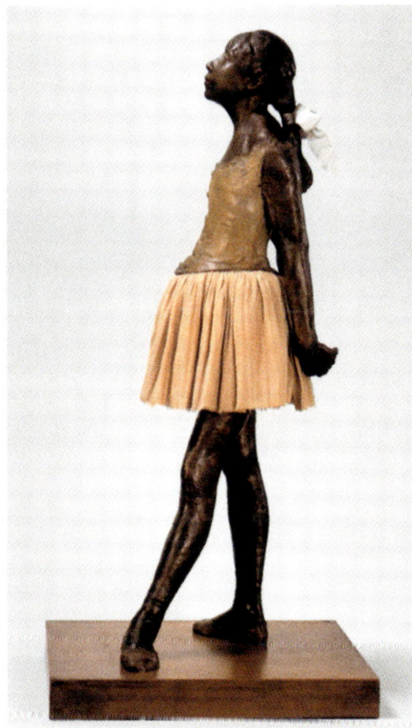

Durante la sexta Exposición de los Impresionistas, celebrada en 1881, muestra públicamente —por primera y única vez— una de sus esculturas, después de haberlo anunciado durante algún tiempo. Las reacciones que despierta la *Pequeña bailarina de catorce años* de 1880 son muy contradictorias. Mientras que unos hablan de «un ideal de fealdad», Huysmans pretende reconocer en ella «una revolución de la escultura». Lo que desconcierta doblemente a sus críticos es el hecho de que Degas atavíe a su figura de cera, con autenticidad, con un tutú de gasa gris verdosa, una cinta de pelo de seda amarillo claro y zapatos de satén. Degas preparó la realización de la *Pequeña bailarina de catorce años* con una serie de dibujos y una maqueta de cera roja. El resultado es tan verídico que, como expone Huysmans, «la bailarina, tomando vida bajo la mirada, parece disponerse a abandonar

PÁGINA ANTERIOR
Danzarina extenuada, hacia 1882-1885
Pastel, 46,7 x 29,7 cm
Fort Worth, Texas, Kimbell Art Museum

ARRIBA
Pequeña bailarina de catorce años, 1880
Bronce, parcialmente policromado, falda de tul, cima de satén, plancha de madera, altura: 104,8 cm
Nueva York, The Metropolitan Museum of Art, legado de Mrs. H. O. Havemeyer, 1929, Colección H. O. Havemeyer

«Sobre el humo. La humareda de las pipas,
de los cigarrillos y de los fumadores de cigarros
puros, humo de las locomotoras, de las chimeneas
altas de las fábricas, de los barcos de vapor, etc.,
el desplazamiento del humo debajo de los puentes».
EDGAR DEGAS

la peana». Pero, también por saber Degas reservar sus ambiciones sin exponerlas a la opinión pública, consigue crear obras únicas de la escultura del siglo XIX. Sin estar sometido a las normas de la Academia ni a los deseos limitadores de cualesquier clientes, Degas pudo romper con las reglas de la escultura. Sus «instantáneas escultóricas» dan inicio a una consciente «desolemnización de la escultura» que nada tiene que envidiar a los logros de Rodin.

Como, para Degas, la danzarina no es más que un cuerpo articulado, va a la búsqueda de un plan para sus movimientos. El *Gran arabesco* de 1892-1896 (il. pág. 84) demuestra, como una de las poses más características del ballet clásico, la importancia para la danza del centro de gravedad y del contrapeso. Degas traduce plásticamente el movimiento en el momento entre la sobreextensión tensa y el derrumbamiento latente. Frente a Georges Jeanniot, se queja de la figura: «Usted no creerá lo que me ha costado esa máquina: investigaciones e ira; sobre todo el equilibrio es difícil de conseguir». La presencia de las figuras en posturas tan extremas la califica acertadamente Hausenstein con la bella y acertada expresión de la prontitud, que define tanto lo fáctico como lo potencial de tal presencia.

Así, las danzarinas se alargan hacia el espacio; incluso parecen crecer en él. Contra la pose del academicismo, su bailarina, que se mantiene en un equilibrio lábil, parece como si estuviera obligada a hacer contorsiones irreales. La falta de formación escultórica, que puso siempre en peligro sus figuras, montadas sobre estructuras improvisadas, se convirtió aquí en una ventaja.

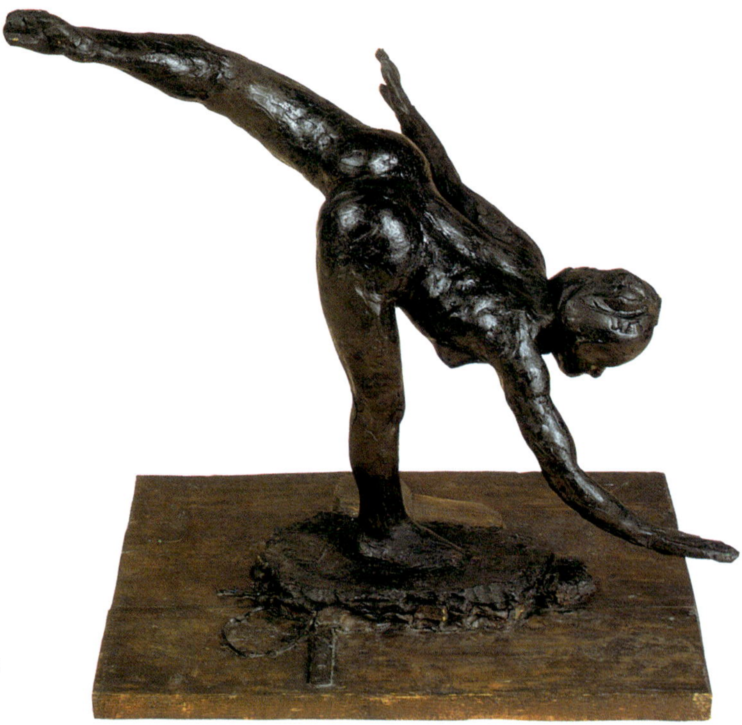

Gran arabesco, 1892-1896
Bronce, altura: 40,5 cm
París, Musée d'Orsay

PÁGINA SIGUIENTE
Danzarina contemplándose la planta del pie derecho, 1895-1910
Bronce, altura: 48,2 cm
París, Musée d'Orsay

Frecuentemente lo ayuda su amigo, el escultor Bartholomé, quien también organizará la primera exposición de las esculturas de Degas en el Petit Palais en 1918. Degas no crea sus figuras de abajo hacia arriba. Sus esculturas parecen, más bien, estar construidas en torno a un centro virtual, a partir del cual los ejes y los volúmenes se trasladan y extienden hasta conseguir un equilibrio inestable. Este es el tema de la escultura de Degas; el movimiento fugaz y la construcción de las esculturas no se pueden separar el uno de la otra.

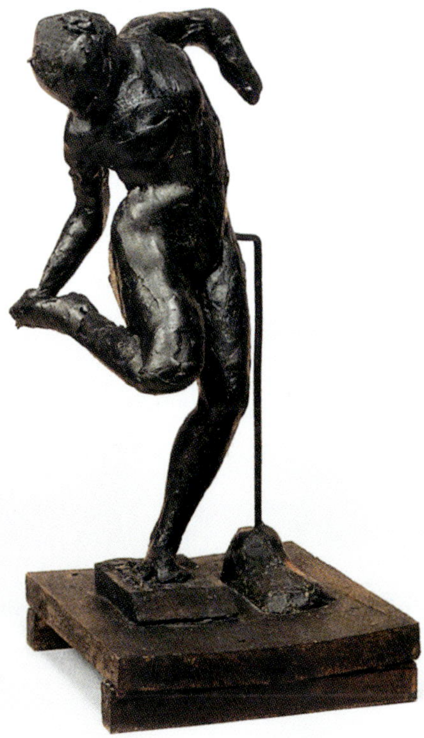

Especialmente cuando Degas se ocupa de la danza o del movimiento de lo animal, busca movimientos que no llegan a detenerse. Si el fragmento era una estrategia pictórica para negar y reivindicar simultáneamente el todo, la inestabilidad de las esculturas le permite un potencial similar. Por ello, en la pintura de Degas parece estar ya latente la escultura. Degas extiende y distiende el cuerpo humano allí donde, por faltar el marco, no puede recortarlo para conseguir aquella presencia repentina de volúmenes en equilibrio.

Esto puede observarse ejemplarmente en la *Danzarina contemplándose la planta del pie derecho* de 1895-1910 (il. pág. 85). En cierto modo, la figura no es ya una mujer sino un cuerpo de articulaciones: Degas mismo ha hablado del «pretexto» del motivo.En la bailarina que, manteniendo el equilibrio sobre un pie, toma el pie derecho con la mano derecha y lo examina, consigue Degas una relación entre representación del movimiento y estatismo escultórico, entre contingencia y rigidez. La estructura y el material han llegado a coincidir; el movimiento del cuerpo de la danzarina ha sido llevado a una construcción equilibrada de masas puestas en una relación mutua.

Desde una idea verídica de la escultura, Degas avanza, pues, hacia la libre articulación del volumen. La relajación de su vínculo con el cuerpo abre a su escultura posibilidades para la libre configuración del espacio. Aquí radica su importancia para la evolución de la escultura moderna, que el escultor inglés Paul Tucker considera superior incluso a la de Rodin. Degas denominaba el modelar caballos y bailarinas su «trabajo de ciego». Esta afirmación no debe tomarse demasiado literalmente, pues muchos de los trabajos se realizan entre los años 1870 y 1880, es decir, antes de que disminuyera significativamente su capacidad visual.

La dedicación de Degas a la escultura no es, pues, tanto la consecuencia de su pérdida de visión como parte de un esfuerzo permanente por utilizar las posibilidades de expresión de los más diferentes medios: siempre que parecía posible buscó las combinaciones de grabados y pintura al óleo, dibujo y pintura al pastel, escultura y fotografía. A la escultura concedió, expresamente, la misma importancia que al dibujo: «Dibujar es un modo de pensar; modelar, otro». Degas domina ambos: incluso puede decirse que en la escultura alcanzó un punto culminante de la realización de su método artístico.

Indudablemente, el dibujo es para Degas el centro de su investigación artística. Desde que, en sus años jóvenes, Ingres le aconsejara dibujar líneas, no ha cambiado nada en esa preferencia, como prueba la gran amplitud de las formas y de los modos de expresión. Degas, de quien Georges Rivière dijo en 1877 en la revista *L'Impressionniste* que «con un trazo muestra todo y más rápidamente lo que pudiera decirse sobre él», cuenta con un rico inventario de idiomas de dibujo. Dispone tanto de una extraordinaria precisión y finura de trazo como de decisión y rapidez para el boceto al carbón. Ya se trate de planificar con dibujos detalles de cuadros, como para *Mademoiselle Lala* (il. pág. 72), o de dibujos de retratos, como *Hortense Valpinçon* (il. págs. 20/21), o de la combinación entre carbón negro y pastel a color, como en la *Danzarina extenuada* (il. pág. 82), o gouaches de libre combinación, el dibujo no es para Degas, como para los impresionistas, una molesta convención, sino un reto para experimentar.

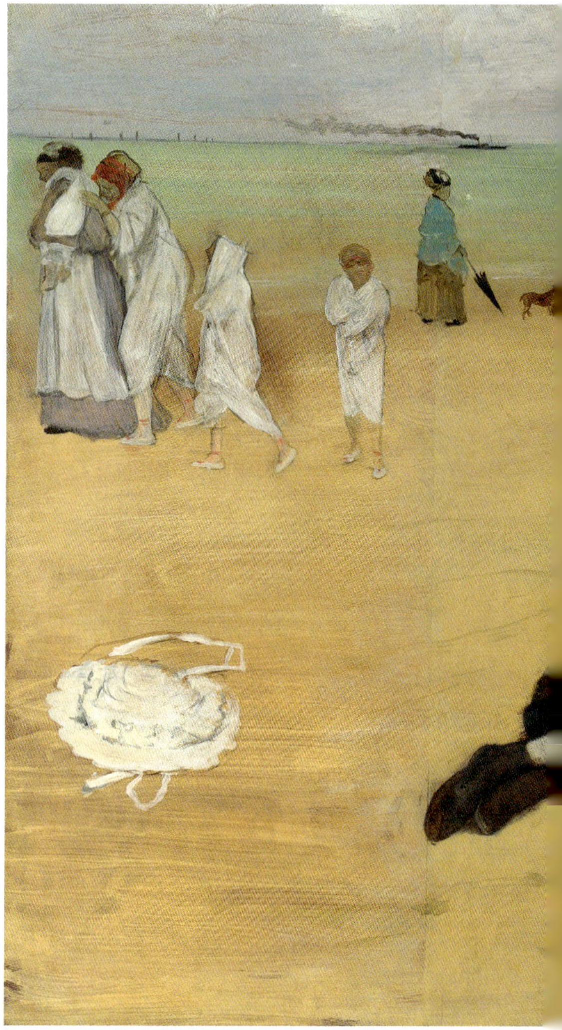

En la pintura, Degas abandonó, cada vez con mayor claridad, la determinación del contorno, y también en el dibujo se produce una descomposición de lo severamente lineal. El contorno se escinde, como más tarde en Cézanne; la línea deja de ser el límite claro del cuerpo. En la escultura, esta indeterminación se observa en la intranquilidad de sus superficies; lo sumario de los cuadros y dibujos tardíos se transforma en siluetas vibrantes. El efecto estroboscópico de numerosas líneas de contorno marca modificaciones en el proceso de la percepción. Su nuevo concepto del dibujo lo formula Degas axiomáticamente: «La línea no es la forma; es el modo como se ve la forma». Con estas palabras definió, más allá de todas las discusiones sobre diferencias de rango entre pintura y dibujo, la extraordinaria importancia de la línea en su concepción del arte. Además ilustra la ambivalencia entre lo perenne y lo cambiante de los dibujos y de la percepción sujeta a cambios permanentes.

El monotipo tiene un carácter ejemplar para el método experimental de Degas en las zonas límite del arte. Realizó mucho más de 300 monotipos, los primeros en la mitad de la década de 1870, la mayor parte entre 1878 y 1885. Para Degas, este método tiene la ventaja de que exige una realización rápida; gusta de aprovechar para sí sus contingencias y efectos sorprendentes. Por regla general se trata de copias únicas de placas de cobre o de vidrio, sobre las que se lleva el cuadro invertido por medio de tinta grasa o de pintura al óleo. Las láminas se imprimen primeramente en negro o marrón; las copias estropeadas se utilizan como base para nuevos trabajos, «coloreándolas»

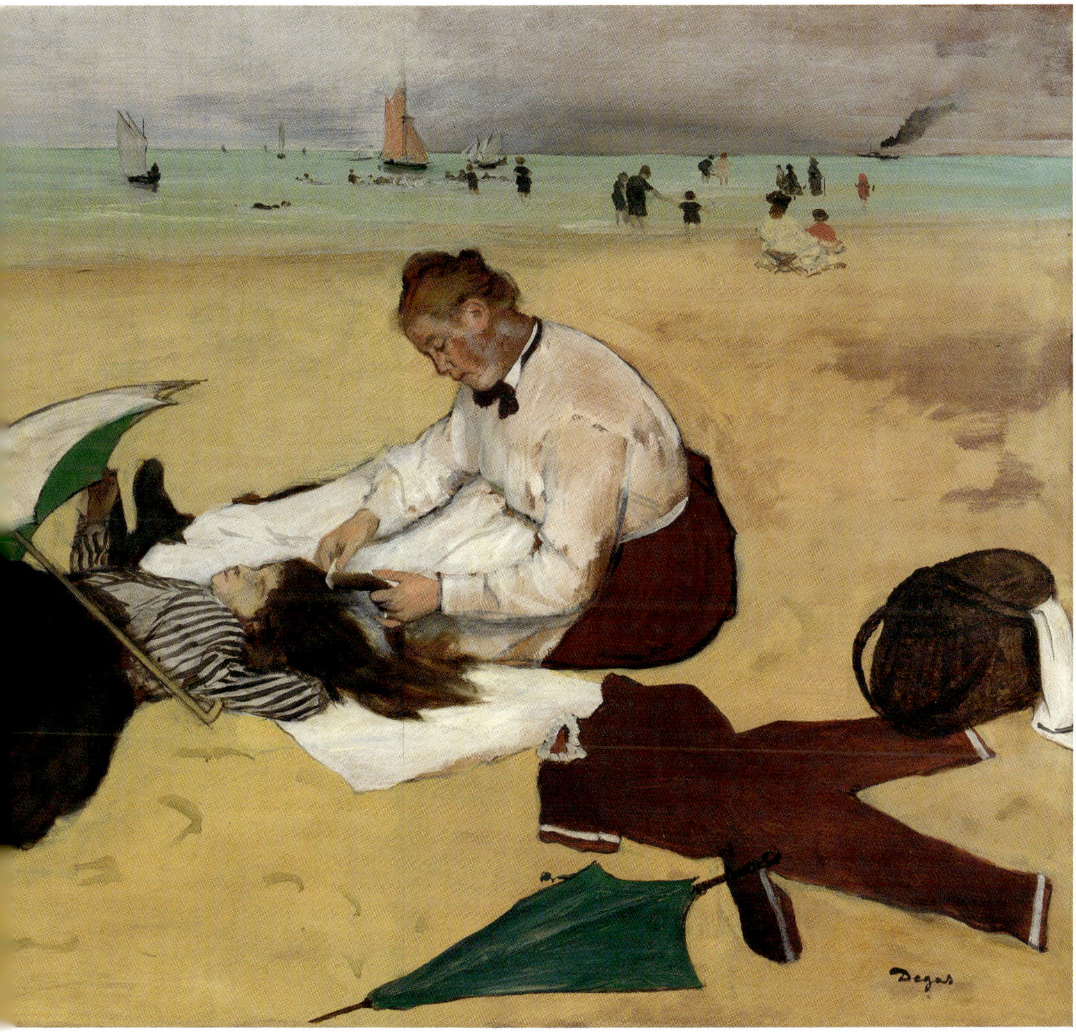

La playa, 1869/70
Óleo sobre papel, 47,5 x 82,9 cm
Londres, The National Gallery

con lápices al pastel y corrigiéndolas. Una cuarta parte de sus dibujos al pastel tienen como base segundas y terceras copias de monotipos. Los llama «dibujos realizados en tinta grasa e impresos».

Degas crea, a comienzos de la década de 1880, una serie de cuarenta monotipos, ilustraciones sobre la novela *Monsieur et Madame Cardinal* de Ludovic Halévy, que se desarrolla en el ambiente del ballet. Las láminas, con figuras trazadas rápidamente y una división del espacio de influencia japonesa, no ilustran el texto, sino que constituyen, en cierto modo, una narración paralela. Las descripciones de Halévy de escenas entre bastidores, donde los galanes esperan a las bailarinas o donde estas bajan raudas la escalera de caracol, parecen a su vez descripciones de los cuadros de Degas. Pero a Halévy no parece que le gustaran, pues no llegaron a publicarse.

Los monotipos ofrecen a Degas, en su condición de técnica mixta de dibujo a mano y grabado, un campo de experimentación que le permite extraordinarias libertades gráficas. Aprovecha todos los métodos positivos y negativos para conseguir una rica escala de semitonos: con el pincel se dibujan líneas sobre las placas o se dan toques con el trapo para crear las zonas oscuras. Difuminando concentradamente se fija una cara. En láminas como *El sueño* de 1879-1885, por el contrario, se destacan sobre el negro de la placa las claridades del canapé y de la mujer tumbada realizadas con palitos, cepillos o con la yema del dedo.

Degas encuentra aquí formulaciones de las que es difícil de imaginar que pudieran llevarse a cabo en otros géneros. Un cuadro de estas características es *Chimeneas echando humo* de 1878/79, un monotipo mínimo, casi nada. Degas tenía grandes expectativas en este cuadro, contándose entre los proyectos de finales de la década de 1870 más cuidadosamente anotados. Exponerse a las leyes del azar de este método y, no obstante, llegar a dominarlas se convierte en la arriesgada máxima de su trabajo.

Con esa técnica, Degas accede a uno de los temas principales de los demás impresionistas, y que por lo demás evita: el paisaje. *La playa* de 1869/70 (il. págs. 86/87) es uno de los pocos cuadros en los que toca escenas paisajísticas genuinamente impresionistas, quizá incluso inspirándose en una representación similar de Manet del año 1869. Con todo, el cuadro, visto con detenimiento, no es un paisaje como las escenas de playa de Manet o Monet, sino una agrupación de motivos específicos de Degas: la sirvienta que peina a la niña o la familia envuelta en toallas. Y tampoco renuncia a sus pequeños acentos irónicos, como el humo de los barcos a vapor, que asciende en diferentes direcciones, o el traje de baño de la niña secándose, como inanimado, que hacen conscientes los arreglos de una presunta observación de la naturaleza. A un visitante contará orgulloso que una chaqueta de franela extendida sobre el suelo del estudio y un modelo le bastaron para pintar ese paisaje.

Muy distintos paisajes son los que realiza tras su viaje con Bartholomé por Borgoña en octubre de 1890. Trabaja de memoria, y los resultados, sin contornos ni espacio, hacen pensar en el lamento de Víctor Hugo, quien descubrió en 1837 que viajar en ferrocarril hace imposible percibir el paisaje. Pero serán precisamente estos trabajos con los que en noviembre de 1892, en la galería de Durand-Ruel, se organice la única exposición individual de Degas en vida.

El método técnico del monotipo repintado al pastel le permitió improvisar libremente con colores sobre un fondo preestructurado de claroscuro. En ellos, Degas proyecta determinadas impresiones colorísticas, fantasmagorías cromáticas, que absorben la contingencia de la pintura en transiciones difuminadas de colores. En esos paisajes no aparece ninguna persona; son impresiones cromáticas atrapadas de paso, de extraordinario poder sensorial.

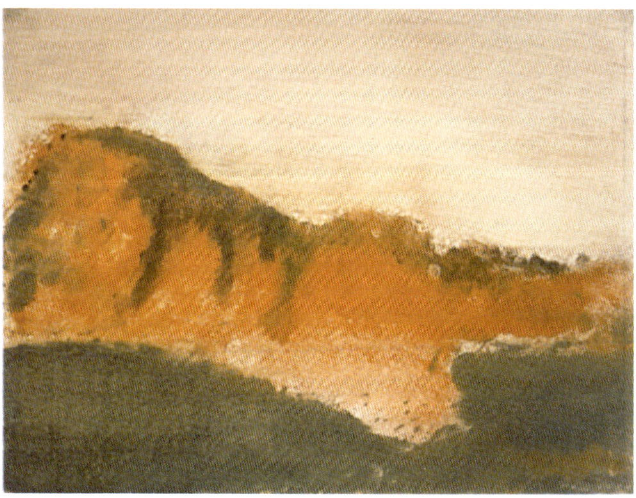

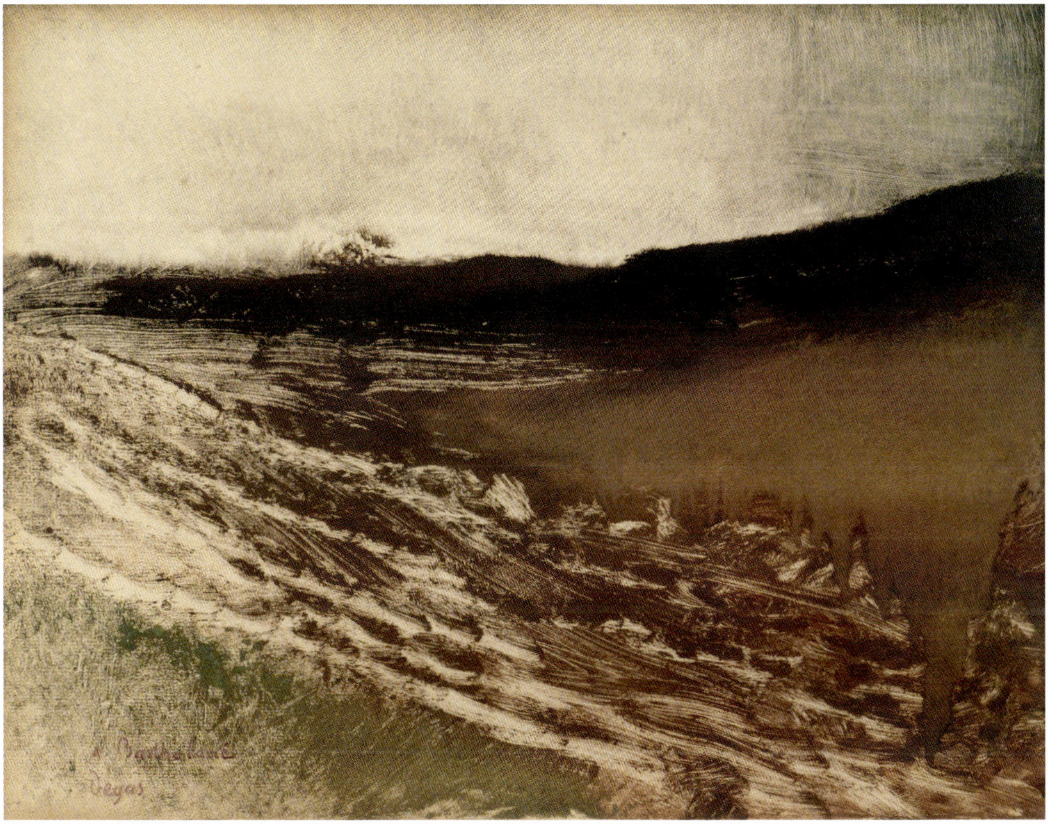

Paisaje, 1890-1892
Monotipo policromado
sobre papel, 30 x 40 cm
París, Musée d'Orsay

PÁGINA ANTERIOR
Paisaje, 1890-1892
Monotipo policromado, 30 x 40 cm
Londres, The British Museum

No le interesa tanto la reproducción de la naturaleza como la relación entre los tonos de colores que, en un colorido sin líneas, liberan calidades de lo onírico. Pero se opone a una interpretación simbólica precipitada de los colores como «estados del alma» e insiste en que se trata de «estados de los ojos». También por ello, los monotipos a color parecen pertenecer más bien a un Rothko o a un Graubner que a un artista de mediados del siglo XIX. Se trata de puras sensaciones cromáticas: con colores diáfanos de mínimos contrastes de tonos, Degas sondea las calidades luminosas del color. La determinación de la línea, que impregna gran parte de su obra, se neutraliza en el despliegue de color.

La diferencia entre esos paisajes y los de los impresionistas, sus contemporáneos, no radica tan solo en la idea de color, sino en la comprensión de lo artificial de la naturaleza en la pintura. Degas rechaza categóricamente seguir el modelo de la naturaleza: «¡Un cuadro es, primeramente, el resultado de la fantasía del artista...!». Sobre la pintura al aire libre nunca conseguirá tranquilizarse: «¡La pintura no es un deporte!».

Degas insiste en que el estudio es el lugar de creación, que le basta «con una sopa de hierbas y tres pinceles viejos, inmersos en ella, para pintar todos los paisajes del mundo». Pero Degas no está pensando en la invención de paisajes como proponía, por ejemplo, Alexander Cozens en el siglo XVIII en libros de modelos, intentando clasificar todos los elementos de composiciones de paisajes. Antes bien, practica una traducción libre del «remodelar» (Valéry), que corresponde a su procedimiento sintético, en el que las personas se pueden transformar en paisajes y las rocas en personas. Así, dice sobre un bloque de granito: «¡Qué línea, bella como un hombro! Con ella hago una orilla escarpada, vista desde mar abierto...». En este sentido, un desnudo yacente, quizá una copia invertida de *El sueño*, en *Paisaje con costa escarpada* de 1890-1892 (il. pág. 91) se convierte en una costa antropomorfa. Así, el paisaje aparece, al igual que para Proust, como «una persona misteriosa con la fisonomía amplia e indefinida del escollo, con la vista del atardecer rojo hasta las aguas profundas del mar». Ahora bien, es típico del talante sarcástico de Degas que el antropomorfismo de las formas naturales no se quede en metáfora sino que, como muestra la réplica «masculina» de *Paisaje* (il. pág. 90), se acentúe drásticamente. El rechazo de la idea errónea de los paisajes como «estados del alma» y la afirmación de que se trata de «estados de los ojos» vuelve a ponerse claramente de manifiesto aquí; significa una reflexión de la mirada, para lo que se identifican lo aprehensible plásticamente y lo inventado.

Incluso el medio de la fotografía, completamente nuevo, que se expone por primera vez en el Salón en 1859, lo adapta para sus fines. Dedica su atención a las modificaciones pictóricas que este nuevo modo de ver las cosas, introducido por la fotografía, hace posible para la pintura. Lleva la mirada, como una cámara, alrededor de sus sujetos y trabaja, del mismo modo que la instantánea fotográfica, con fragmentaciones sorprendentes, que llevan fuera de los contextos del cuadro. Su «ojo fotográfico» lo hace capaz incluso de una radicalización imprevista de la fotografía.

Una fotografía tomada a finales de 1895 en el apartamento de Julie Manet muestra a Renoir y a Mallarmé. Paul Valéry ha narrado cómo tuvieron que mantenerse sin moverse durante un cuarto de hora a la luz de nueve lámparas de petróleo. La fotografía es un retrato de los amigos caracterizados por Degas respecto a la postura y posición. Renoir, que se ha sentado del mismo modo informal que Manet en el retrato doble de 1868/69, mira fijamente al observador. Mallarmé se apoya

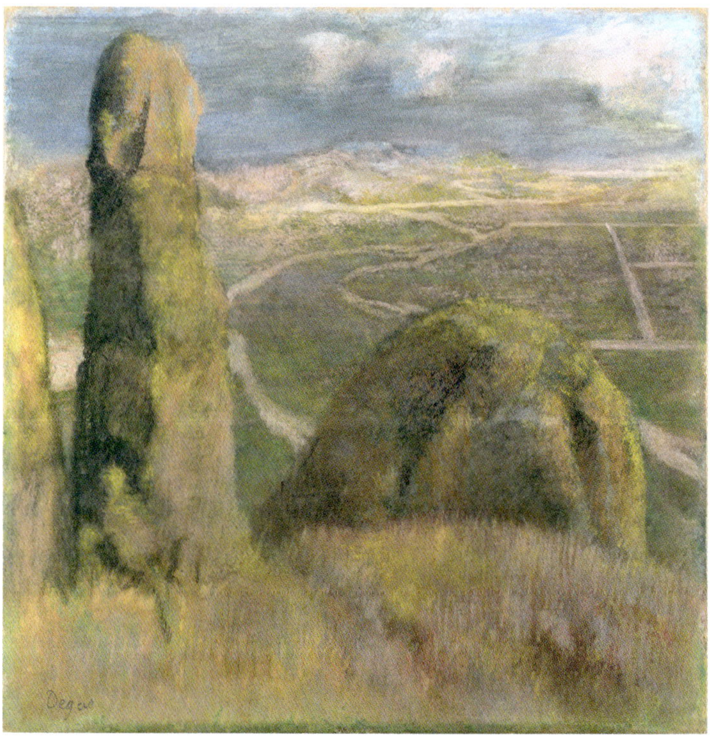

Paisaje, hacia 1892
Pastel sobre papel, 51,1 x 50,5 cm
Houston, The Museum of Fine Arts,
Compra del museo financiada por
el fondo de dotación de accesiones
de la Fundación Brown

PÁGINA SIGUIENTE
Paisaje con costa escarpada,
1890-1892
Pastel en monotipo sobre papel
policromado, 42 x 55 cm
Colección particular

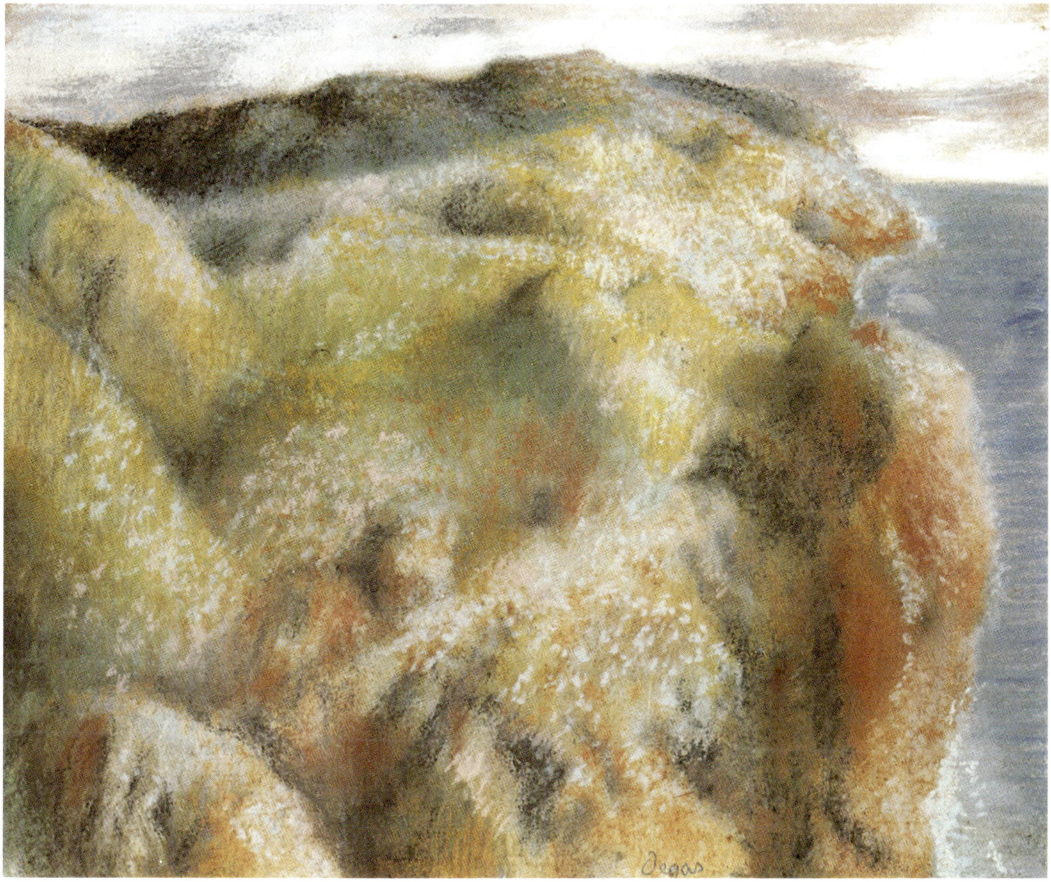

en la pared y mira de lado al pintor que está sentado delante de él. Degas pasó mucho tiempo con Mallarmé, a quien también declamó algunos de sus veinte sonetos.

En la fotografía, la zona del espejo con sus reflejos de luz se atribuye al impresionista; la pared blanca y vacía, al poeta simbolista. Pero la zona ciega en el espejo, directamente al lado de la cámara, caracteriza el lugar en el que se encuentra Degas. Su foto sitúa la imagen y el reflejo en el espejo una junto al otro. El espacio a este lado del cuadro, donde se encuentran el fotógrafo y su cámara —al igual que el observador—, se integran de un modo complejo, similar al de la *Clase de danza* de 1881. Degas aclara en esta fotografía la distancia de su propia idea de la pintura respecto al impresionismo. Siguiendo una bella frase de Valéry, Degas es «el fantasma del espejo», con lo que se escapa a la percepción de la manera más acusada posible. Se expresa así más que un paralelismo con Mallarmé: esta fórmula acierta con el espíritu del método artístico de Degas. Justo en la fotografía Degas prueba que le importa más la creación que la mera copia, pues «¡La instantánea es fotografía; nada más!».

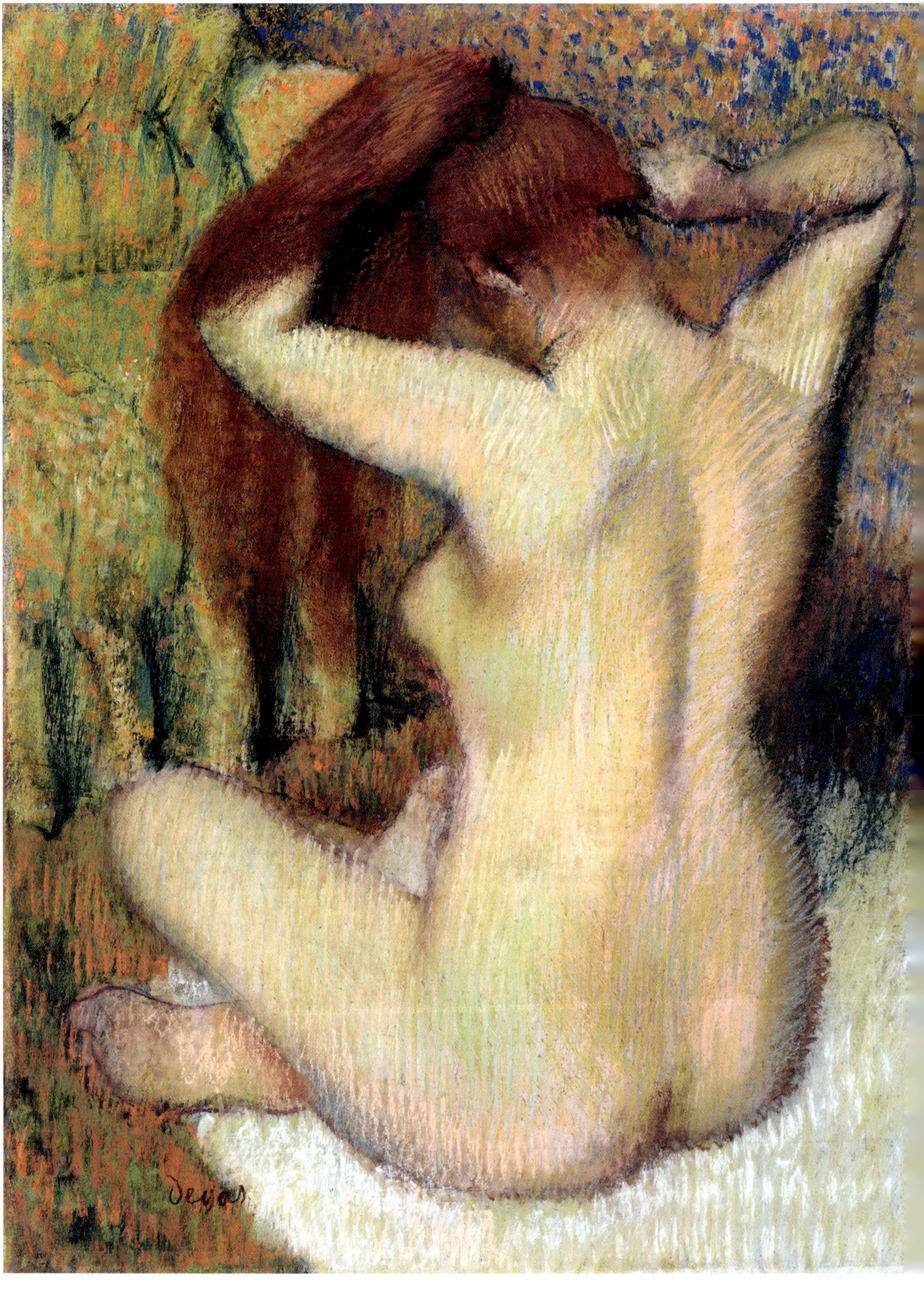
Degas

El cuadro interminable

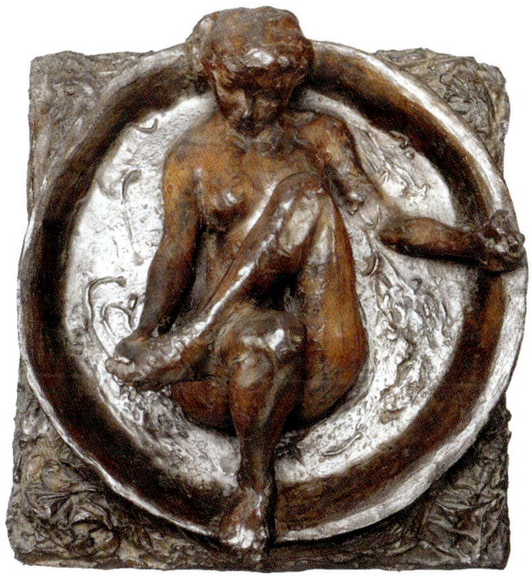

La pintura al pastel es un dominio, hacia finales del siglo XIX, de los coleccionistas privados; Degas, con su modo de exposición que equipara la pintura, el pastel y el dibujo, defiende una postura minoritaria. Incluso en el siglo XVIII, en el que la pintura al pastel experimenta un florecimiento en el arte, es menospreciada como la técnica de los aficionados. En un principio, Degas la usa para el dibujo, haciendo de ella en la década de 1880 el primer medio pictórico de su arte. Pronto no se pueden distinguir bien las técnicas. Así como Degas suele retocar el monotipo con pintura al pastel, también combina el pastel y el óleo, el pastel y el gouache. La dedicación a la pintura al pastel tiene, en un principio, razones meramente económicas, pues puede realizarse con mayor rapidez y además se vende mejor. Pero Degas aprende pronto a estimar las posibilidades que le ofrece la tiza de colores. Con el tema de las mujeres bañándose, el pastel ocupa el lugar de la pintura y de los monotipos, fomentado además por el interés creciente de los coleccionistas.

La capacidad de Degas de desarrollar un tema cambiando de estrategias quizá aparece en estos cuadros con mayor fuerza que en los jockeys y bailarinas. *La tina* de 1885/86 (il. pág. 97) reproduce la vista de una mujer en la tina cuando se agacha para humedecer la esponja. Otro cuadro (il. pág. 96) de 1886 subraya la distribución de la superficie. Nuevamente, el observador mira hacia la mujer desnuda, agachada en la tina. Con una mano se apoya para lavarse mejor la nuca. En la cómoda de la derecha hay diversos objetos de tocador. El ángulo visual ha sido escogido de tal manera que la arista de esta cómoda divide masivamente el cuadro. Si el asa de una jarra y el mango de un cepillo no sobresalieran sobre el borde, se podría pensar que se trata de dos cuadros diferentes. No obstante, las dos partes del cuadro armonizan en los colores; el tono incandescente del color rojizo del cabello y de la esponja se repite en el cobre de la jarra y en el mechón de la peluca.

PÁGINA ANTERIOR
Mujer peinándose, hacia 1888-1890
Pastel sobre papel, 61,3 x 46 cm
Nueva York, The Metropolitan Museum of Art, donación de Mr. y Mrs. Nate B. Spingold, 1956

ARRIBA
La tina, 1886-1889
Bronce, 45,8 x 43,8 x 22,5 cm
París, Musée d'Orsay

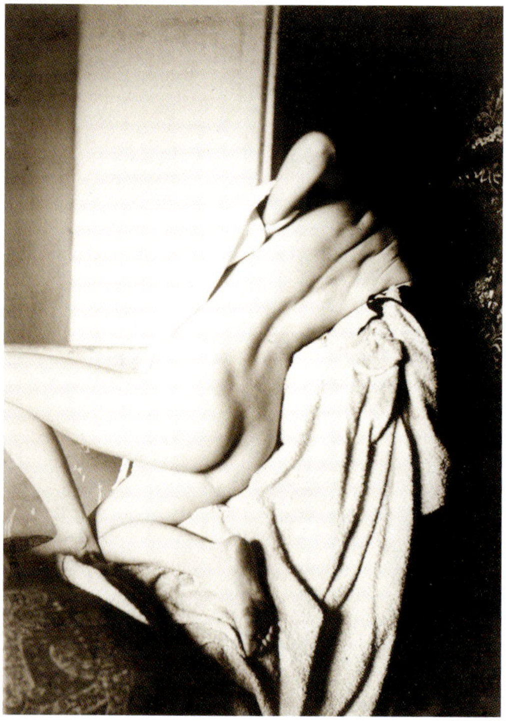

Así, Degas inventa nuevos modos de ver y de reproducir la mirada a sus modelos. Y lo hace sin preocuparse de las consecuencias que puedan tener dichos desplazamientos del ángulo visual para las costumbres visuales de sus sujetos. Hacia finales de la década de 1880 realiza una escultura de una mujer tumbada en una tina (il. pág. 93). Es una de las grandes esculturas de Degas, exigiendo que el observador levante la mirada. Pero de este modo se destruye a fondo la desde siempre normativa vista frontal de la figura. La postura acrobática de una mujer en cuadros como *Mujer secándose los pies* de 1885/86 es motivo de las palabras clarividentes de Paul Valéry: «Degas busca en el desnudo, que ha estudiado durante toda su vida en todos sus aspectos, en una cantidad increíble de posturas, e incluso en el estado del movimiento total, el sistema lineal único que formula un determinado gesto del modo más preciso y al mismo tiempo más concluyente posible».

Degas pretende liberar al desnudo de toda afectación. Se niega a la idealización, obligatoria para este género. Sus mujeres que salen de la bañera, se lavan o se secan, se oponen al enmarcamiento literario o mitológico, tan popular entre sus contemporáneos. No esperan a ningún supuesto observador, al que precisamente aspiran las representaciones de Venus de la pintura de salón. Quizá sea por ello por lo que, incluso por parte de amigos como George Moore, se le acusa de voyeurismo cuando expone un grupo de esas obras en 1886. Ya en los dibujos de desnudos para *Escena de guerra medieval: los sufrimientos de la ciudad de Nueva Orleans* (il. pág. 29) se aprecia un modo directo que molesta a quienes los contemplan, porque pretenden ver en ellos algo impúdico e indiscreto. Sin embargo, la mirada de Degas sigue siendo sobria: «Mis mujeres son personas sencillas, pero sinceras; solo se ocupan de su cuerpo. Esta de aquí se está lavando los pies. Es como si se las mirara por el agujero de la cerradura».

Como solo le interesan el movimiento y la encarnación de los desnudos, puede romper con las convenciones de ese género. La factura de la tiza se desprende de los cuerpos, hasta que sus puros pigmentos liberan una fuerza luminosa seca de colorido casi simbólico. En el sombreado de color, la línea ya no es límite de una forma ni de un volumen, sino que da vida y llena de color, en su amplitud y densidad, a superficies enteras. El dicho de Degas «soy colorista con la línea» tiene un sentido preciso, si se considera la mezcla óptica de los colores de los sombreados, que dividen el cuadro en bloques y campos de color. La luminosidad de la carne presenta la piel como puro colorido, inmersa en un entorno brillante. Para conseguirlo, Degas no escatima ningún experimento cromático. Maldice el «endiablado trabajo de quitar lo cromático a los colores pastel; los lavo una y otra vez». Así cambia completamente la técnica, hace de ella su propia invención.

Hace tiempo que comenzó a hacer de sus ideas pictóricas series que implican lo inconcluso. En parte, el trabajo en series tiene como consecuencia que Degas puede seguir la evolución de un gesto, de un determinado movimiento, en una serie de cuadros o incluso en uno solo. Dichas series de movimientos nos recuerdan hoy a secuencias fílmicas. Solo las series de cuadros permiten representar modificaciones con contenido temporal del sujeto en luz y movimiento. Por ello Degas reivindica: «Hay que hacer el mismo motivo de nuevo diez veces, cien veces».

Degas es uno de los primeros artistas que trabaja conscientemente con el concepto de serie, para subrayar la vuelta de su arte hacia lo conceptual. La realización de cuadros en series es, junto con el carácter fragmentario de los cuadros y su modo abreviado de pintar, una posibilidad más de despedirse de la idea de lo acabado como una calidad necesaria para un cuadro, o para el arte en general. La pintura es, para Degas, cada vez más una calidad de transición permanente, tanto en relación con el motivo como con el medio. Los monotipos se transforman en pinturas al pastel, las fotografías como *Después del baño* de 1896 (il. pág. 94) producen series completas de dibujos y pinturas. Al final no se distingue entre punto de partida y desarrollo: los cuadros se reproducen mutuamente. Cada cuadro de Degas es, en este sentido, potencialmente interminable. Pero los museos y las exposiciones, hoy en día, no permiten seguir de modo adecuado las ramificaciones de su pintura.

Sus desnudos, que se ocupan de sí mismos, que no esperan a ningún espectador, dieron ocasión a todo tipo de suposiciones sobre el artista, que vivía solo. Incluso para Manet, Émile Bernard, Van Gogh y Raffaelli, la vida sexual de Degas es objeto de burla y comentarios de doble sentido. Se llega a hablar de que el solterón empedernido tuvo una relación con Mary Cassatt. Pero desde los lamentos en sus primeros libros de anotaciones, su anhelo de soledad y su hastío del aislamiento no pueden separarse.

PÁGINA ANTERIOR
Después del baño, 1896
Gelatina de plata, 16,5 x 12 cm
Los Ángeles, J. Paul Getty Museum

Mujer en la tina, hacia 1884-1886
Óleo sobre lienzo, 150,8 x 213,7 cm
Nueva York, Brooklyn Museum, Carl H. De Silver Fund

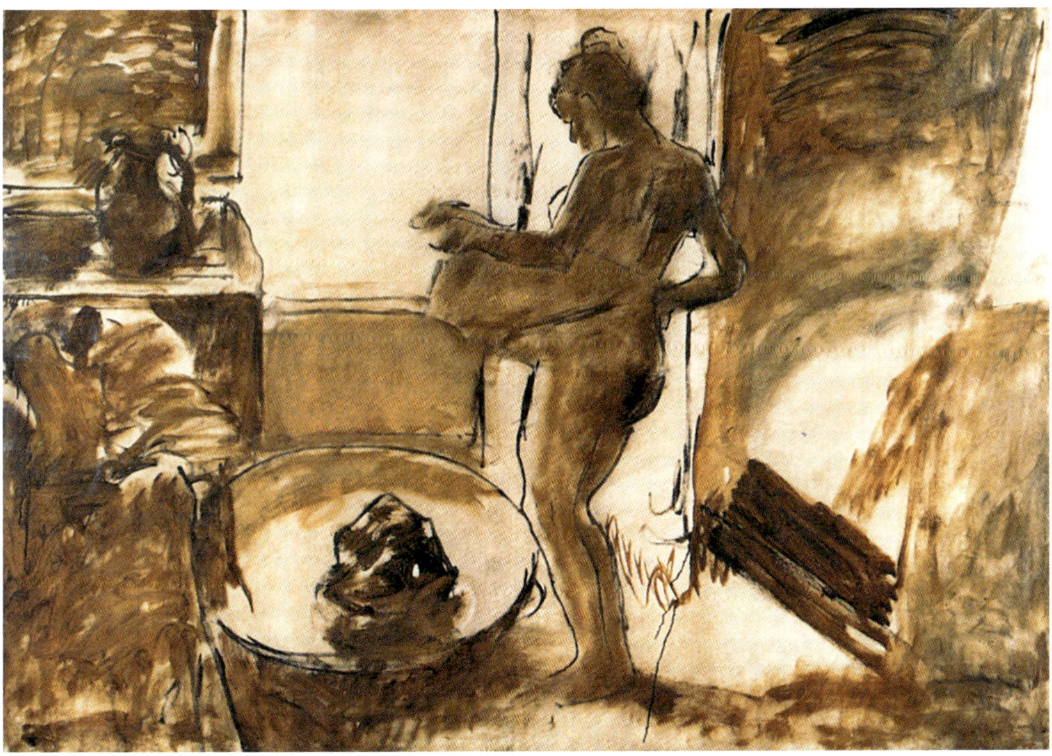

Pero Degas no pasa los últimos decenios de su vida tan solo como se dice a veces. Tiene un gran círculo de amigos y le gusta la vida social. Todos los jueves está invitado a casa de Edmond Manet, donde suelen acudir también Mallarmé y Renoir. Emprenden cosas juntos, como la visita a la exposición de Cézanne en la Galerie Vollard. Los viernes come en casa del ingeniero Henri Rouart, que también intenta pintar. En la colección de Rouart, que va desde Chardin y Goya hasta el presente, Degas es una de las figuras más destacadas. Vuelve a pintar más retratos, como el extraordinario grupo *Seis amigos del artista* de 1885. A los viejos amigos como los Valpinçon y los Halévy se añaden otros nuevos, como la pintora Suzanne Valadon, cuyos dibujos estima mucho. El envejecido Degas no puede resumirse en su brusquedad, que a veces da la impresión de maldad.

Por lo demás, todo intento de describir a Degas desembocará en ideas contradictorias de la obra y de la persona. Degas es tan burlesco, arrogante y pagado de sí mismo como vulnerable, y un amigo enternecedor. Las obligaciones y el cuidado de una familia muy ramificada han dejado su impronta en él. Y, sin embargo, su comprensión social sigue siendo estrecha, de lo cual es una triste prueba su antisemitismo feroz en el caso Dreyfuss, que lo distancia para siempre de sus más íntimos amigos. Contradictorio en su interior, pues, y sin embargo sin transigir; por ello, Mallarmé le llama «el riguroso». Al mismo tiempo frío e irascible, temeroso y de lengua afilada; es querido y atacado por diferentes partes. Conforme va envejeciendo, tampoco él deja de criticarse a sí mismo, quien a los cincuenta años piensa que ha fracasado en su vida: «En resumidas cuentas, he tenido menos coraje de lo que esperaba».

PÁGINA SIGUIENTE
La tina, 1885/86
Pastel sobre papel, 70 x 70 cm
Farmington, Connecticut, Hill-Stead Museum, Colección Alfred Atmore Pope

La tina, 1886
Pastel sobre cartón, 60 x 83 cm
París, Musée d'Orsay

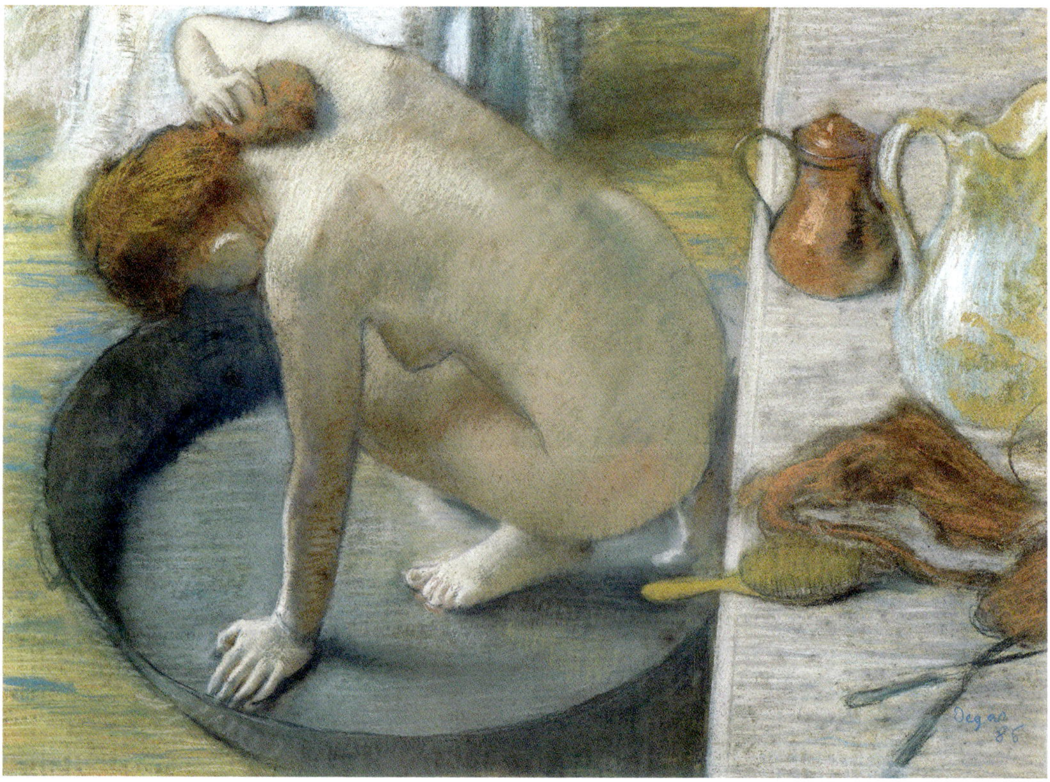

«Las muestro sin coquetería, en el estado de animales que se acicalan».

EDGAR DEGAS

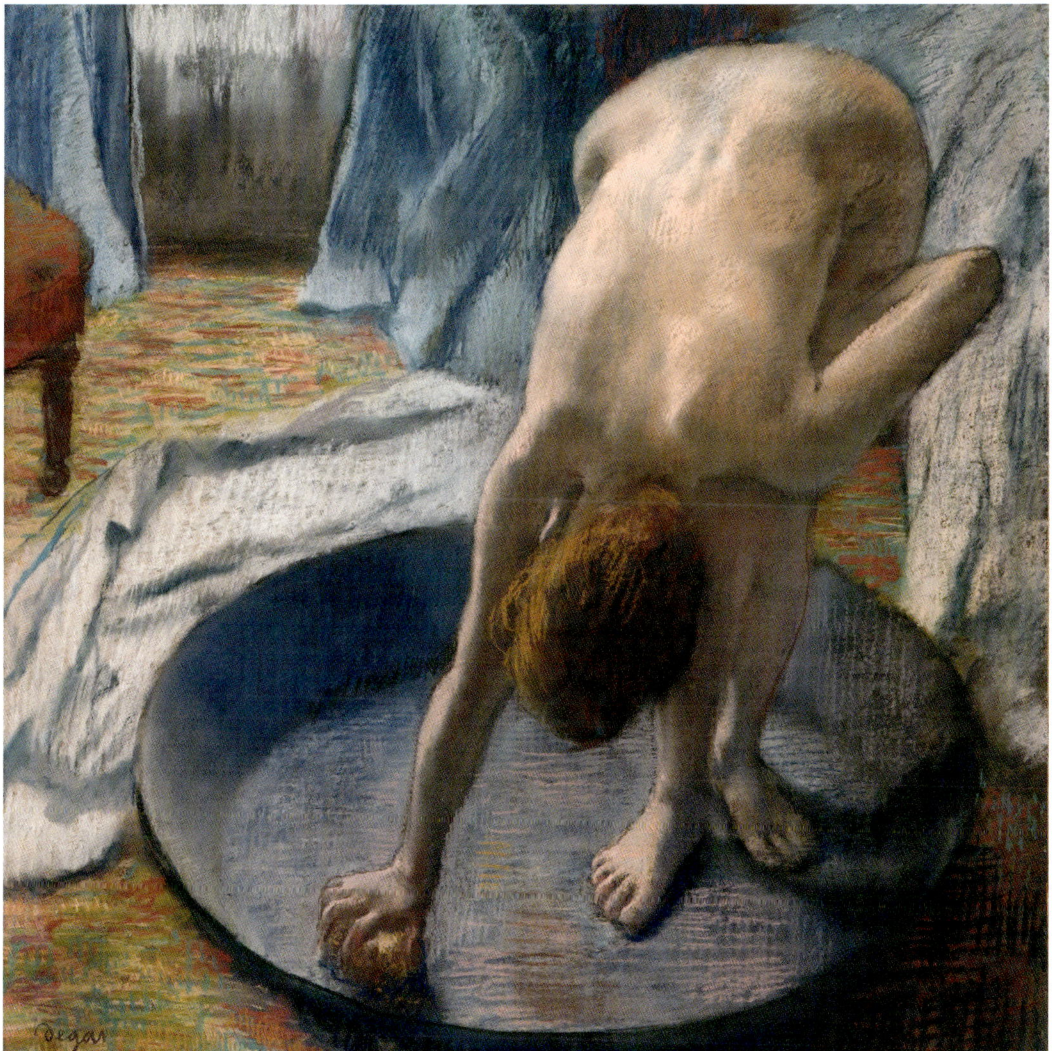

No se corresponde con la imagen romántica, muy extendida, del artista vanguardista del siglo XIX: cultivado y metódico en su actuación, de un polifacetismo enciclopedista en el arte, la música y la literatura, después de un cambio abrupto tras la temprana orientación hacia una carrera de salón, se convierte en el pintor de la vida moderna. Es adinerado, tiene una formación clásica y entiende de historia del arte y, sin embargo, sabe romper con la tradición y familiarizarse con la marginación social. Entre las pocas constantes de su vida se cuentan unas dotes eminentes de observación y de estrechamiento de la mirada, una ideología masculina que causa una impresión arcaizante y un orgullo quebradizo. Forma parte de las obligaciones de su autoconciencia el no exponerse: «El arte es el dominio del dolor por la belleza». En torno a 1908 se ha quedado tan ciego que ya no puede dibujar. Tiene que abandonar todos los intentos de trabajar artísticamente. Su ama de llaves ha hablado del miedo que tenía a la muerte, condenado a la inactividad. Aun así sigue cuidando su costumbre de callejear por los bulevares, también en su ancianidad. Degas fallece en la mañana del 27 de septiembre de 1917, y es enterrado en la tumba familiar en el cementerio de Montmartre. Había dispuesto que, en su entierro, solo se dijera una frase: «Amó el dibujo».

Entre los artistas de su tiempo, Degas es el analítico del aislamiento y la alienación y de las profundidades de los divertimientos públicos. Es un operador osado de la mirada, cuyos cuadros construyen su propia forma de ser vistos. Su abandono del modo usual de ver significa para él un retorno al arte. Su forma artificial de ver, a veces forzada, tiene tanta importancia para él como sus motivos: «La idea de lo verdadero se transmite a través de lo falso».

Así volvemos a Baudelaire y a la preferencia incondicionada del recuerdo y de lo construido ante lo percibido directamente, preferencia que comparte Degas y expresa su modernidad. «La modernidad», según la célebre definición de Baudelaire en el ensayo *Pintores de la vida moderna*, «es lo transitorio, lo que se desvanece, lo casual, la mitad del arte, cuya otra mitad es lo eterno y lo inmutable». La función del arte moderno, según Baudelaire —de la realidad de lo moderno extraer «lo que de eterno pueda haber en lo fugaz»—, describe con otras palabras la concepción de la pintura de Degas.

Degas transcribe lo fragmentario y casual en creaciones pictóricas. Para él, esto abre —como para Mallarmé y Valéry en la literatura— una posibilidad de articular lo indecible, lo inmostrable. Con la positivación de estrategias pictóricas antes negativas, tematiza la alienación no visible. La trivialidad y lo cotidiano de sus motivos se unen a una composición perfecta sin parangón. Max Imdahl lo ha calificado de «el más sutil compositor de cuadros del siglo XIX». Pero, precisamente cuando parece que el mundo pictórico de Degas se reduce a una mera función de operaciones de composición y de pintura, el artista nos exhorta para que, en la contemplación, reconozcamos la penetración de la realidad de los cuadros: «¡No hay más que mirar, yo no he inventado nada!».

Mujer secándose la nuca, 1900-1905
Carbón y pastel sobre papel, 77 x 75 cm
Lausana, Musée cantonal des Beaux-Arts

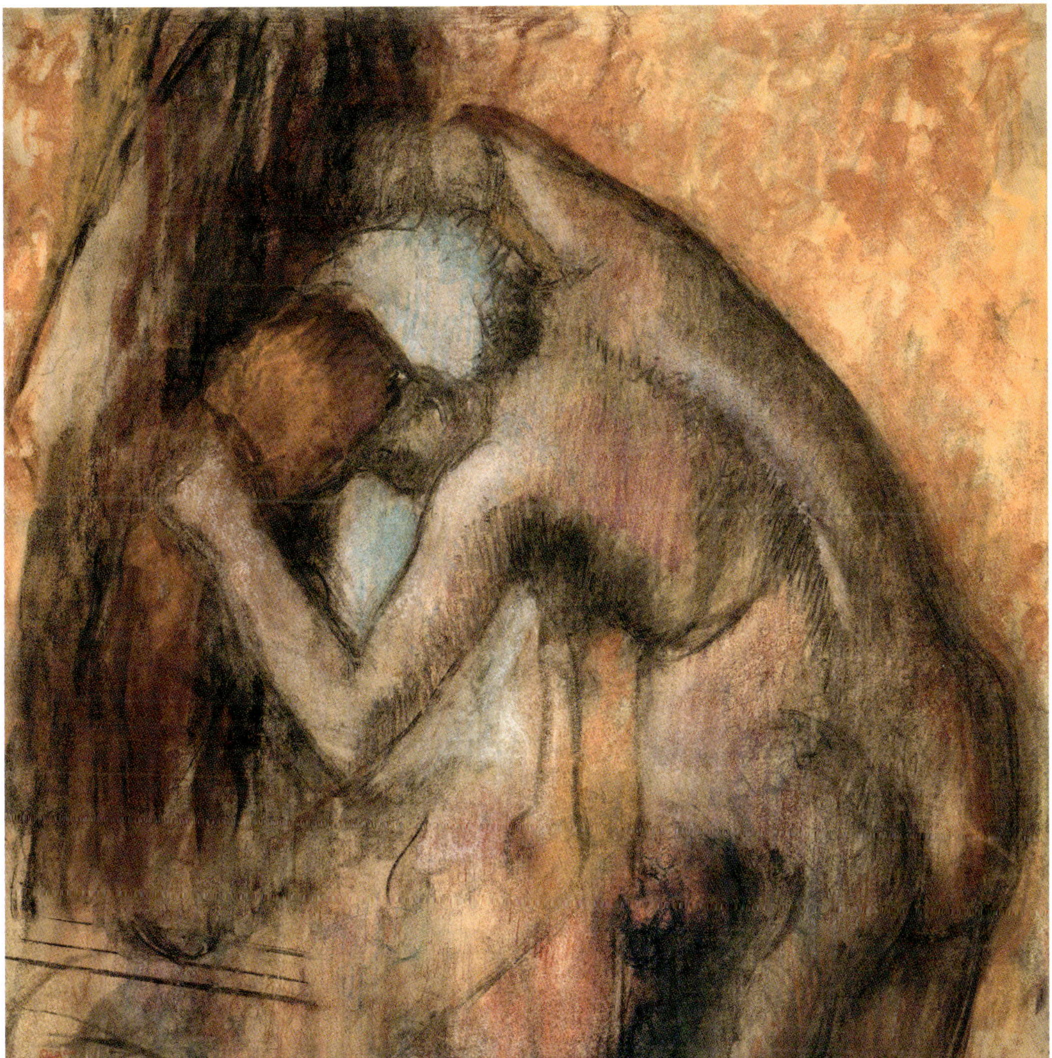

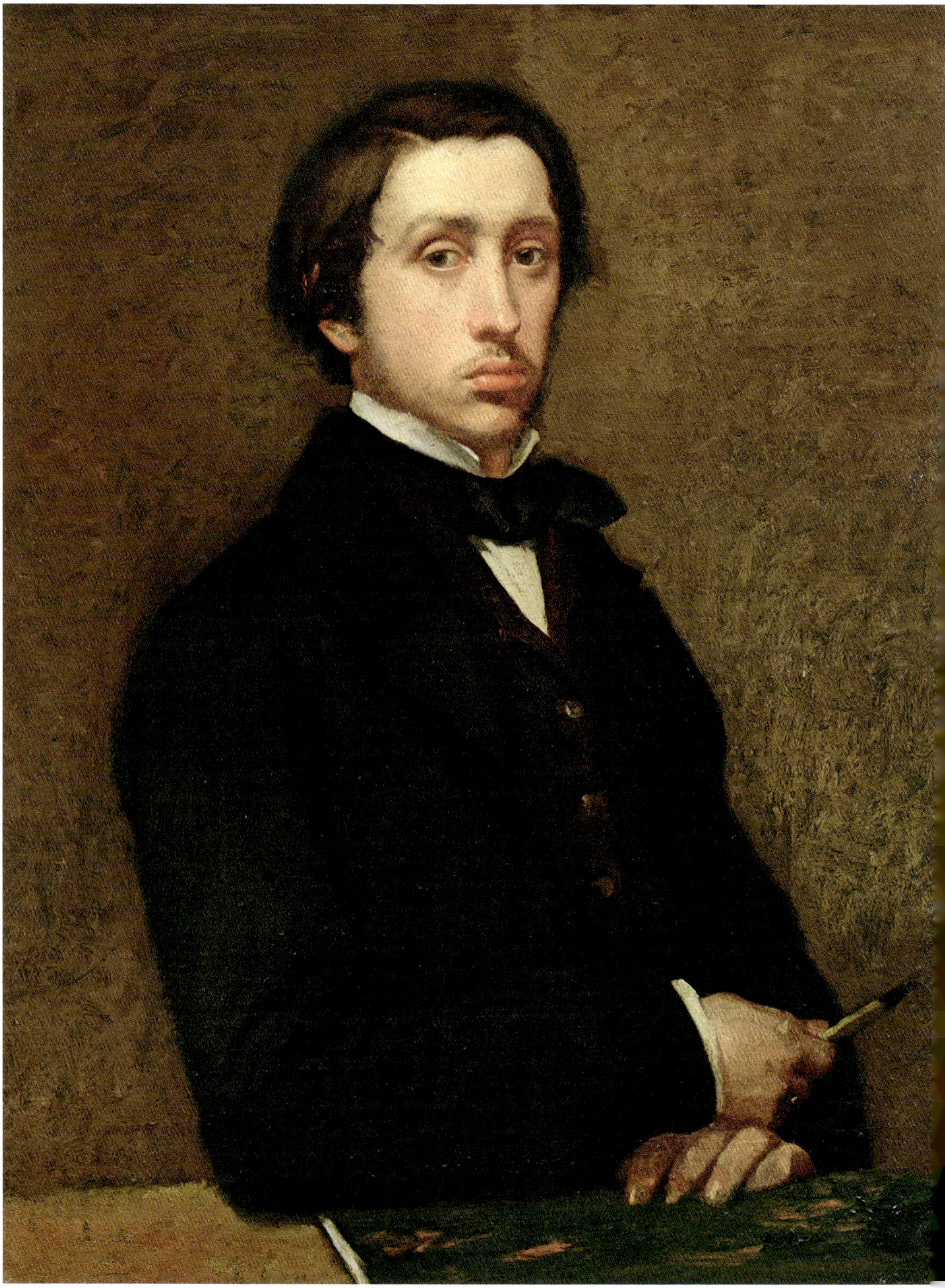

Edgar Degas 1834-1917
Vida y obra

1834 Hilaire-Germain-Edgar de Gas nace el 19 de julio en la Rue Saint Georges núm. 8 en París; es el primero de cinco hijos. Su padre, Pierre Auguste-Hyacinthe de Gas, es director de la filial de un banco privado que pertenece al abuelo de Edgar en Nápoles. Su madre, Célestine Musson, es de origen criollo, nacida en Nueva Orleans.

1845 Degas asiste al Lycée Louis-le-Grand.

1853 Aprueba el Baccalauréat y se matricula en la Facultad de Derecho de la Universidad. Acude al estudio de Félix-Joseph Barrias. Copia la *Crucifixión* de Mantegna.

1855 En abril, estudia en la Escuela de Bellas Artes (École des Beaux-Arts) en la sección de Pintura y Escultura.

1856 Viaja en julio a Nápoles, a casa de sus parientes; después sigue viaje hacia Roma.

1859 Regreso a París. Trabaja en el retrato de la familia Bellelli.

1860 Estancia en casa de los Valpinçon en la finca Ménil-Hubert en Normandía. Degas se dedica más a la pintura de historia.

PÁGINA ANTERIOR
Autorretrato, 1855
Óleo sobre lienzo, 81 x 64,5 cm
París, Musée d'Orsay

La apoteosis de Degas, 1885, una parodia fotográfica basada en el cuadro de Ingres *La apoteosis de Homero*
Fotografía: Walter Barnes

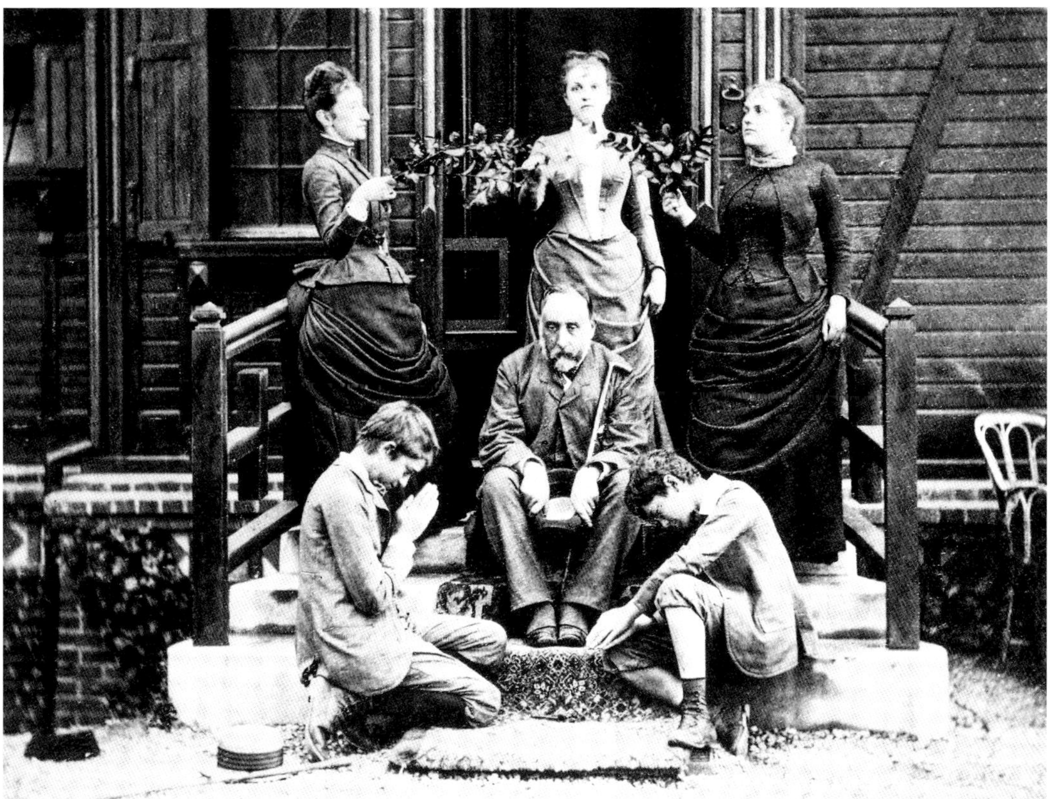

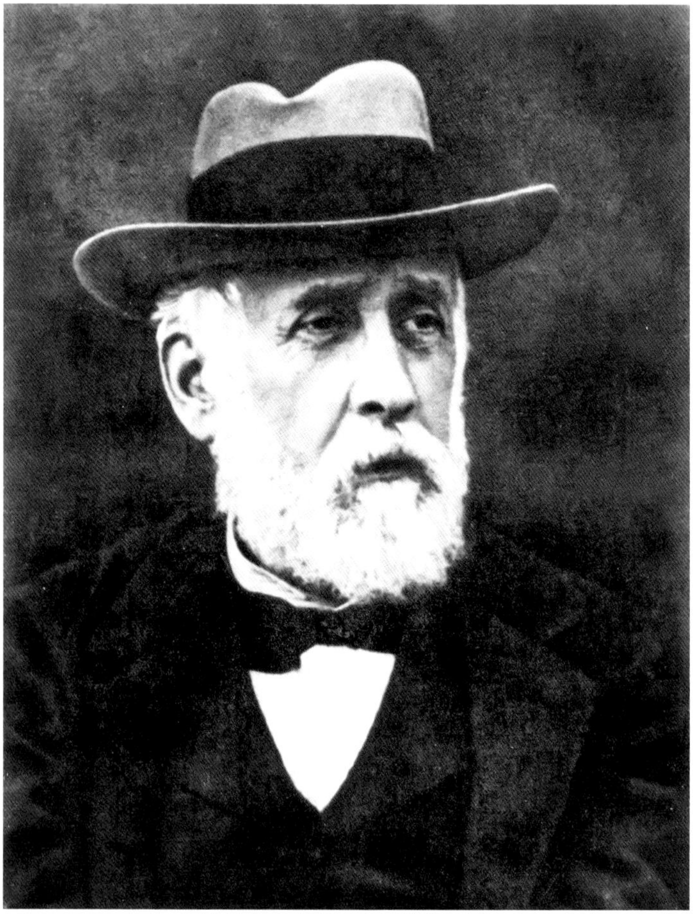

1865 Presenta en el Salón *Los sufrimientos de la ciudad de Nueva Orleans.*

1869 Pinta retratos, entre otros de músicos. Estancia con Manet en Boulogne-sur-Mer y en Saint-Valery-en-Caux. Realiza algunos paisajes de memoria y lleva a cabo intensos estudios de caballos y jockeys.

1870 Después de estallar la guerra franco-prusiana es llamado a filas en la artillería de la Garde Nationale, bajo el mando de su amigo de colegio Henri Rouart. Contrae una enfermedad de la vista.

1871 Durante la Comuna de París, estancia en la finca Ménil-Hubert.

1872 Viaja a Londres y, desde allí, a Nueva Orleans, donde sus parientes tienen un comercio de algodón. Realiza numerosos retratos de miembros de su familia, entre otros, *La oficina de algodón en Nueva Orleans.*

1873 Degas funda, junto con otros artistas, la «Société anonyme» que, sin jurado, organiza exposiciones de venta independientes.

1874 En febrero fallece su padre en Nápoles. Degas participa con diez obras en la primera Exposición de los Impresionistas, que se inaugura el 15 de abril.

1876 30 de marzo: inauguración de la segunda exposición de la «Société anonyme» con 24 cuadros de Degas. Edmond Duranty publica *La Nouvelle Peinture*, en la que se encomia extensamente a Degas. Trabaja en monotipos y grabados.

1877 En la tercera exposición del grupo, Degas está representado con 25 obras.

1878 *La oficina de algodón en Nueva Orleans* es adquirido, por 2000 francos, por el Musée des Beaux-Arts en Pau, siendo el primer cuadro del artista que se presenta en un museo. Sus cuadros se exponen por vez primera en América.

1879 Cuarta exposición de la «Société anonyme». Junto a sus óleos y cuadros al pastel, Degas expone también abanicos pintados.

1880 Inauguración de la quinta exposición de los «Independientes», el 1 de abril. Durand-Ruel compra obras de Degas.

1881 Muestra, en la sexta exposición de los «Independientes», su escultura de la pequeña bailarina.

1882 Realiza los primeros cuadros de modistas y numerosas planchadoras. Degas no participa en la séptima exposición de los «Independientes».

1883 Durand-Ruel expone a Degas y a otros artistas en Londres.

1886 En la octava exposición de los «Independientes», Degas muestra una serie de desnudos que, junto a *Grande Jatte* de Georges Seurat, se convierten en la sensación de la exposición.

1888 Escribe sonetos que recogen los temas de sus cuadros: sobre la danza, los caballos y las cantantes.

1892 Abandona prácticamente la pintura al óleo. En septiembre, exposición de paisajes en la galeria de Durand-Ruel; es la primera de solo dos exposiciones individuales del artista en vida.

1900 Degas participa en la Exposición del siglo en París con dos cuadros y cinco dibujos al pastel.

1901 Degas se ha quedado prácticamente ciego y apenas puede trabajar, excepto en grandes formatos y con anchos trazos de tiza; retoca antiguos trabajos.

1911 Segunda exposición individual del artista en el Fogg Art Museum.

1914 La colección Cammondo, en la que Degas está extraordinariamente representado, ingresa en el Louvre.

1917 Degas fallece el 27 de septiembre, y es enterrado en la tumba familiar en el cementerio de Montmartre.

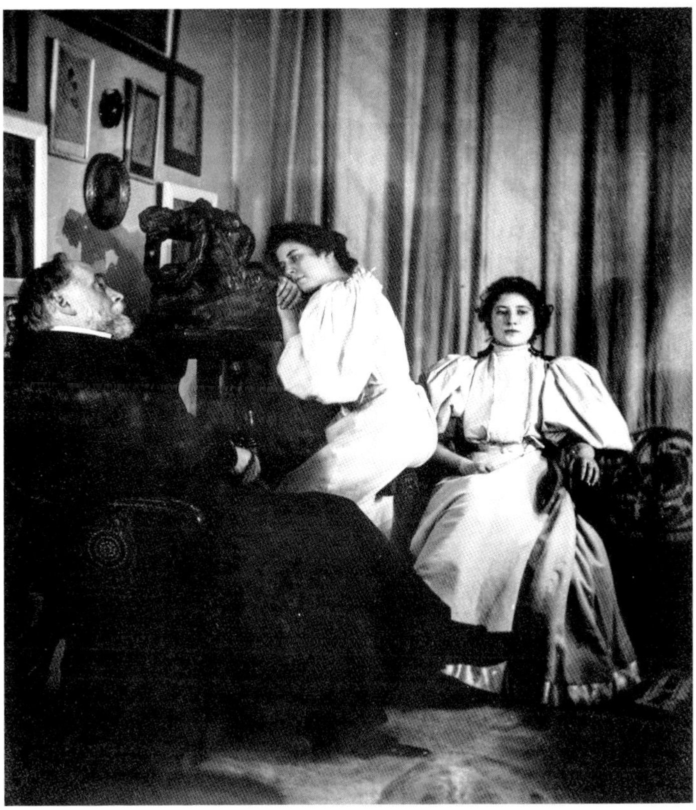

PÁGINA ANTERIOR
Edgar Degas en casa de Rouart en París, 1900
Fotografía: Ernest Rouart

Autorretrato de Edgar Degas con Christine e Yvonne Lerolle, hacia 1895/96

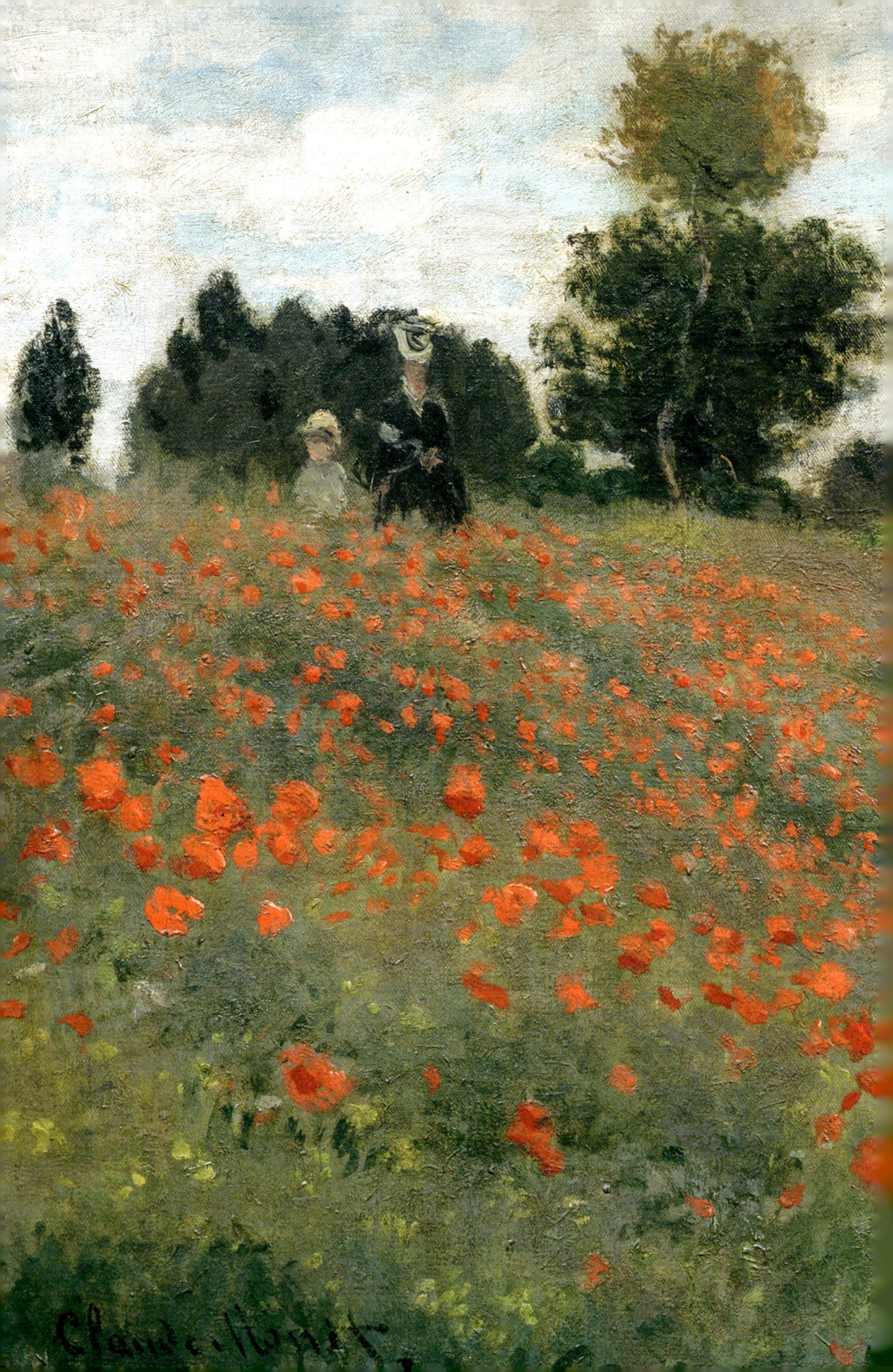
Claude Monet

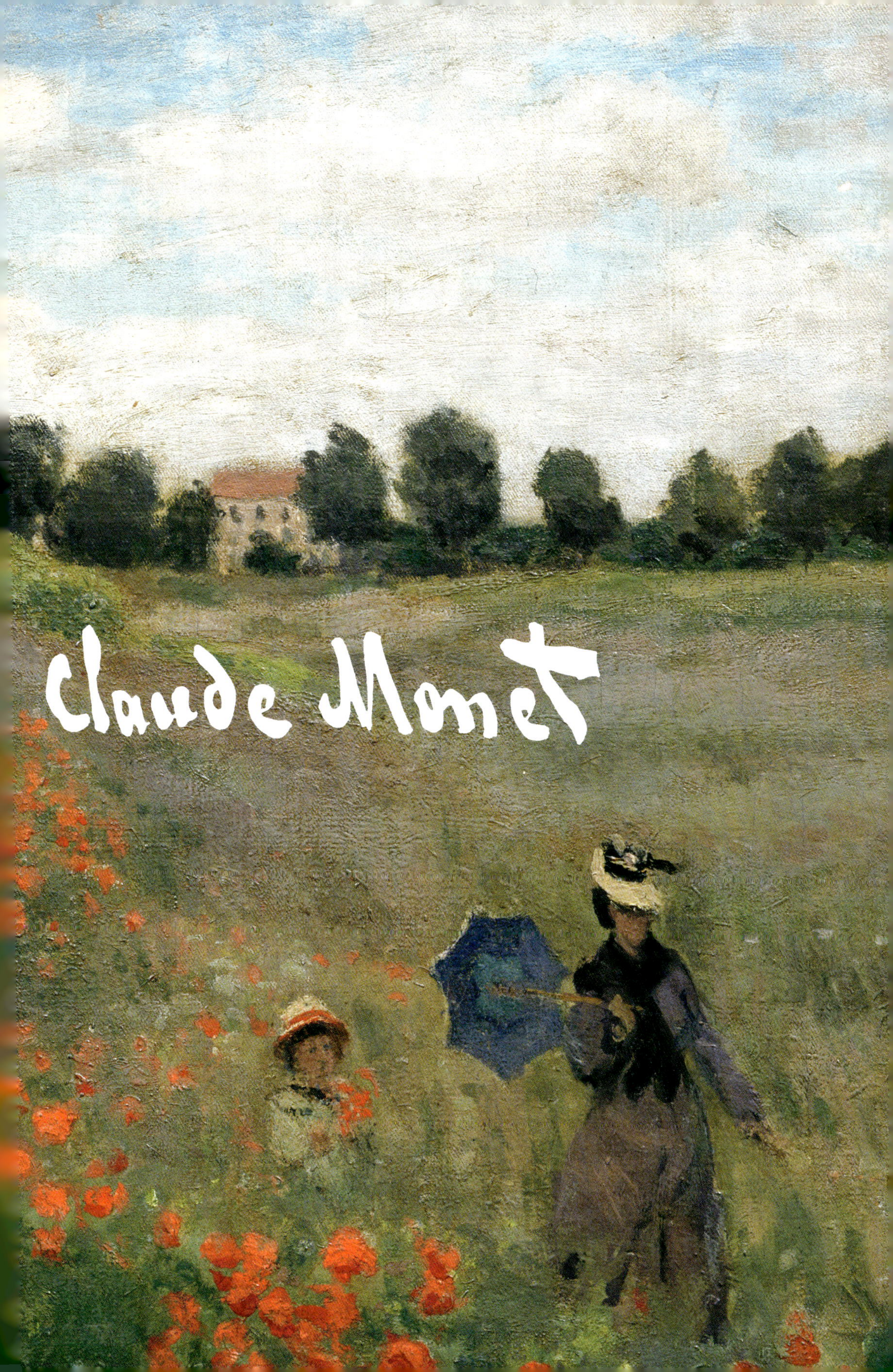
Claude Monet

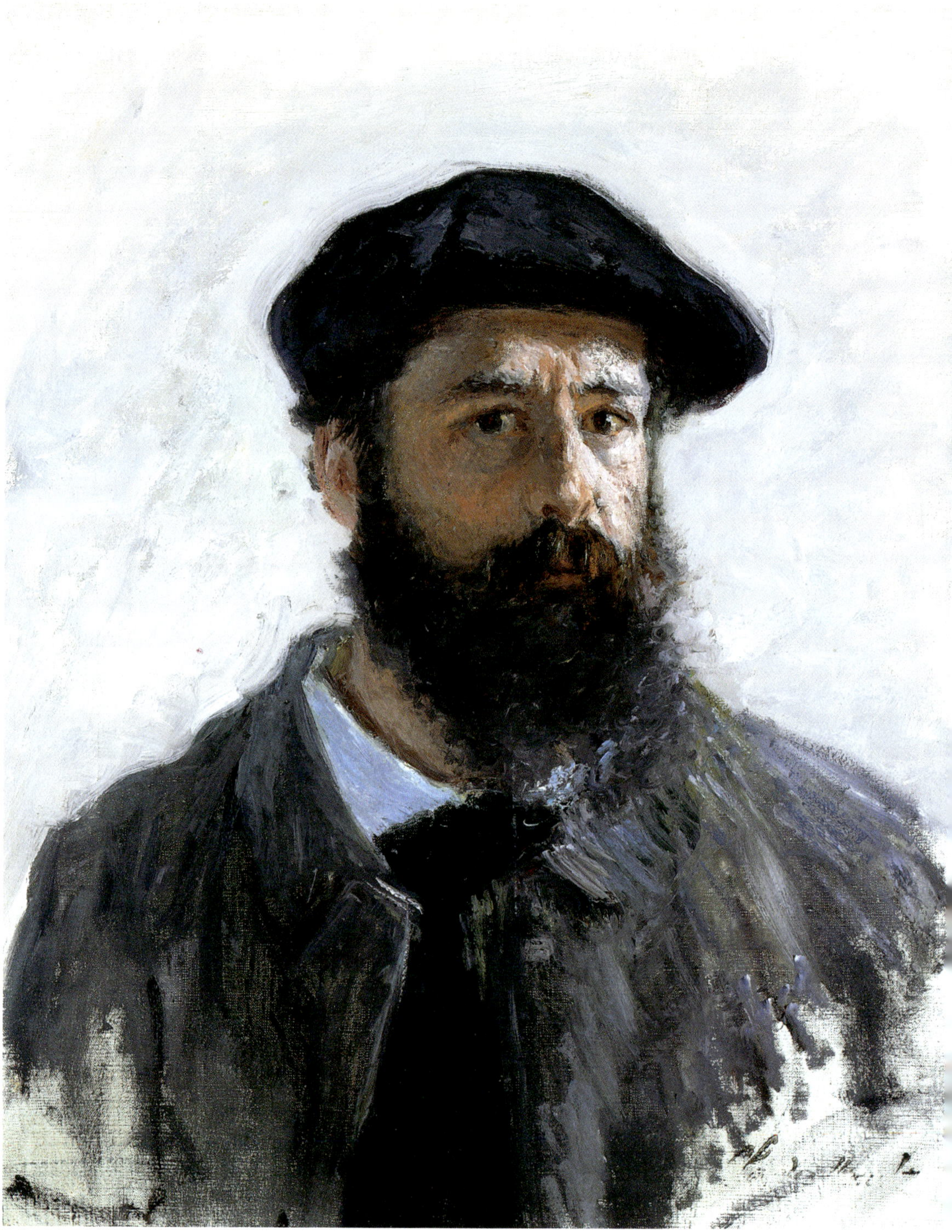

Christoph Heinrich

Claude Monet

La percepción de la cara siempre cambiante de la realidad

«El tema tiene para mí
importancia secundaria;
quiero representar lo que vive
entre el objeto y yo».

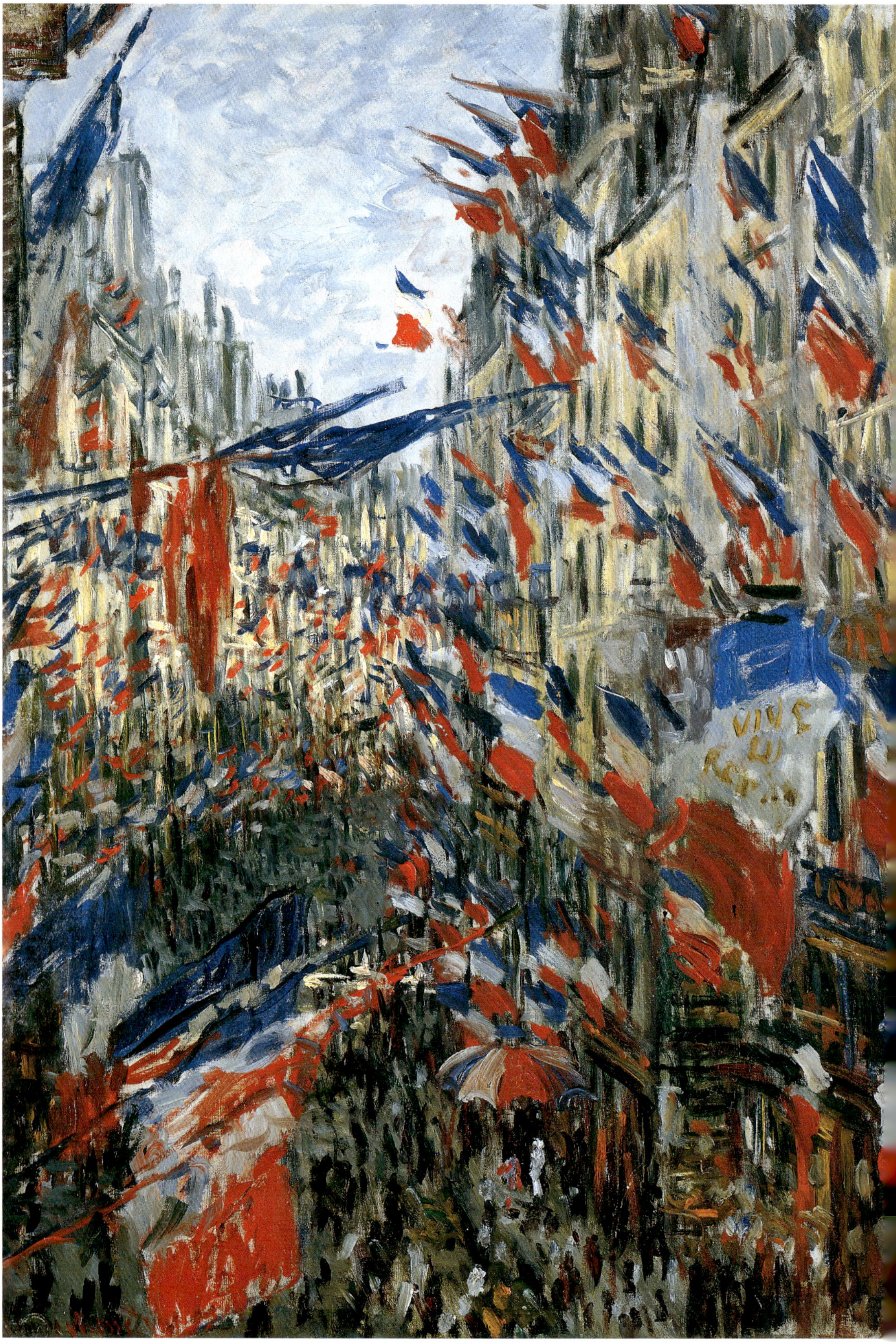

Contenido

PÁGINAS 104/105
Las amapolas (detalle), 1873
Óleo sobre lienzo, 50 x 65 cm
París, Musée d'Orsay

PÁGINA 106
Autorretrato con boina (detalle), 1886
Óleo sobre lienzo, 56 x 46 cm
Colección particular

PÁGINA ANTERIOR
Rue Saint-Denis,
Fiesta nacional francesa del 30 de junio de 1878, 1878
Óleo sobre lienzo, 76 x 52 cm
Ruán, Musée des Beaux-Arts

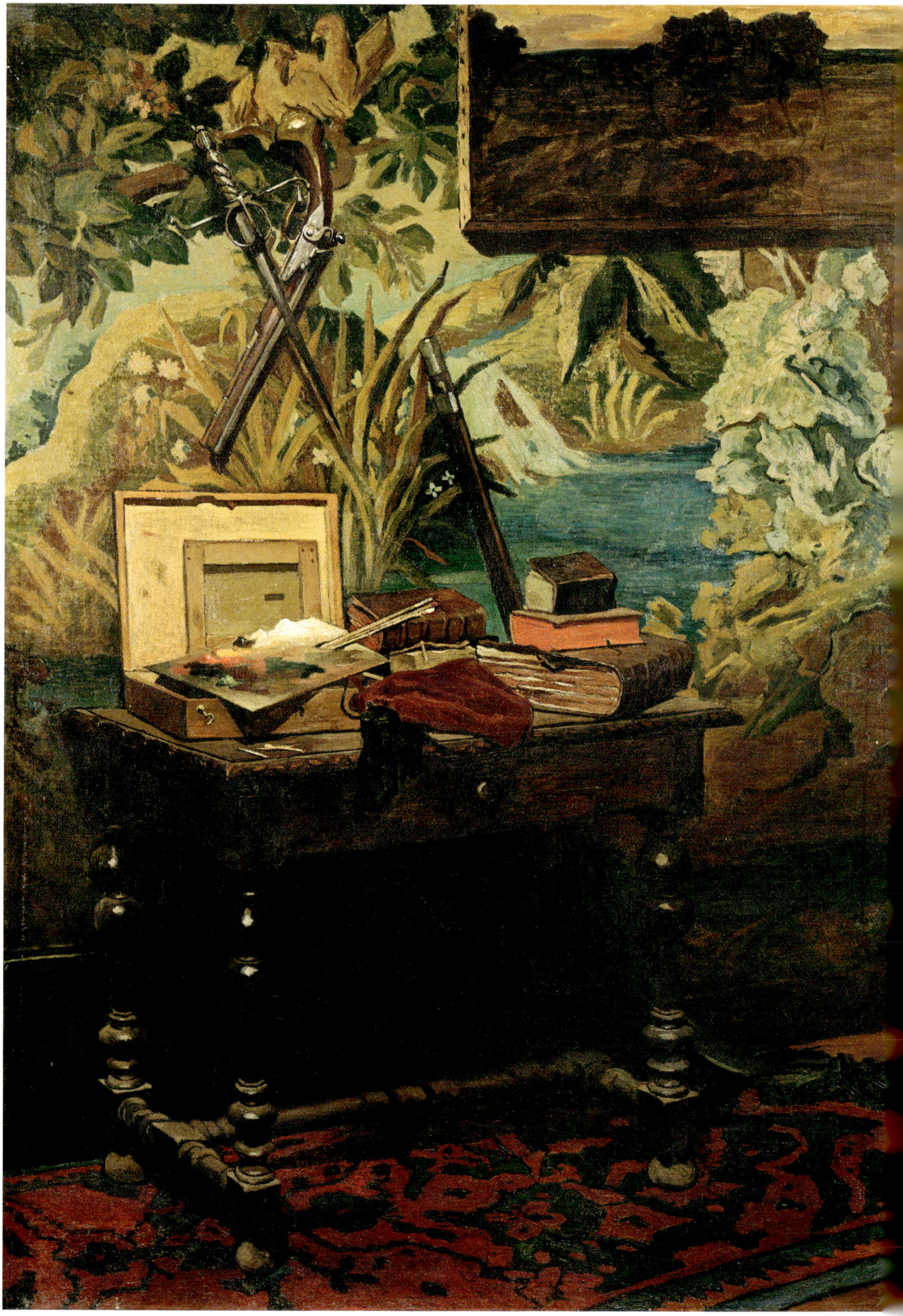

El camino hacia el Salón

Una naturaleza muerta que Claude Monet pintó en los comienzos de su carrera artística, *Esquina del estudio* (il. pág. 110), parece contener el programa de una larga y fructuosa vida como pintor. Utensilios de pintura como un pincel, una caja de pintor y una paleta han sido colocados con esmero, junto con libros y armas, sobre una mesa torneada. Un papel pintado en el que se entremezclan, como en los viejos gobelinos, plantas, agua y aves exóticas, sirve de fondo a la mesa con sus objetos. El joven artista se esfuerza por reproducir escrupulosamente el color de brillo húmedo y el terciopelo opaco de la gorra, las tapas resecas del libro y el metal de los herrajes de las armas, demostrando así su habilidad como pintor. Este cuadro se sale de lo normal ya por el contraste entre los frágiles objetos de uso y el tropical paisaje fluvial con sus formas frondosas, un contraste que prosigue entre el ambiente arcilloso del interior y el frescor húmedo del lujoso papel pintado.

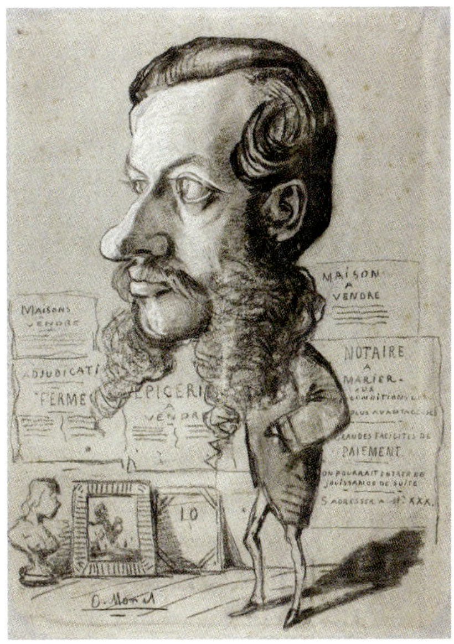

Léon Marchon, en chaqué, hacia 1858
Tiza negra sobre papel gris, 61,2 x 45,2 cm
The Art Institute of Chicago

Con caricaturas de personalidades de la vida pública, Monet se ganó en su ciudad natal, Le Havre, la fama de ser un buen dibujante y un espantaburgueses.

Este temprano cuadro resulta peculiar por su clara iluminación que embelesa al espectador. En la paleta vemos, junto a retazos de verde, rojo y negro, un montoncillo de color húmedo: carbonato básico de plomo. A partir de esta fresca masa de color blanco se dispersa la luz que ilumina toda la habitación, que ilumina una vida entera de pintor. La luz es el programa.

Monet es el pintor del día claro, el pintor del cielo, de la nieve, de las nubes reflejándose en el agua, es el primer pintor en realizar cuadros blancos casi monocromáticos. Hasta la vejez y hasta la profundidad de sus tardíos cuadros de nenúfares, Monet añadiría este blanco a los colores puros, expulsando así del mundo pictórico el tono apagado de este interior crepuscular, un tono que aquí es aún dominante. Monet es el pintor de la luz.

En una época en que las exposiciones individuales no eran todavía corrientes, el Salón bienal parisino significaba para los pintores franceses el podio y el mercado de su creación. Durante seis semanas,

PÁGINA ANTERIOR
Esquina del estudio, hacia 1861
Óleo sobre lienzo, 180 x 127 cm
París, Musée d'Orsay

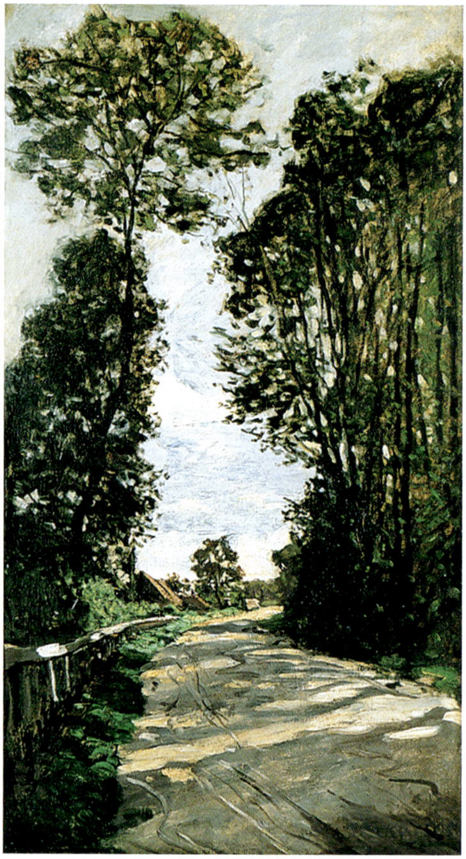

numerosos pintores artísticos y alumnos aplicados, copistas de alto vuelo y a veces también algún que otro artista dotado, exponían aquí sus trabajos más recientes a un público que no escatimaba precisamente elogios ni críticas. Mientras que del público principalmente aristocrático del siglo XVIII podía esperarse cierto conocimiento de las bellas artes, el Salón, un siglo más tarde, se había convertido en un divertido placer dominguero del que cualquiera podía disfrutar. Los ricos burgueses, convertidos en la clase dominante, y sus emuladores se paseaban con sombrero y bastón, con lujosos vestidos, manteniendo conversaciones frívolas por el Palais de l'Industrie, en el que se celebraba el Salón desde la Exposición Universal de 1855. Ante todo, lo que se buscaba era entrenimiento. Los críticos, que presentaban y juzgaban los trabajos expuestos en el Salón en los periódicos de moda, como el *Journal du Rire* o *Le Charivari*, ocupando a menudo varias páginas, se ajustaban a estas necesidades y confirmaban las expectativas de los visitantes mediante elogios eufóricos o pequeñas caricaturas maliciosas. Ya antes de haber visto los originales, el público se entusiasmaba o reía. La oportunidad de exponer en el Salón y la opinión de la crítica decidían si un artista era aceptado o si continuaba viviendo a expensas de la familia y acababa de pordiosero. Aun cuando en esta exposición oficial de cuadros eran importantes el sensacionalismo y el efecto y los pintores saqueaban cuentos y mitos en busca de asesinatos, héroes triunfantes y una buena ocasión de presentar carne desnuda, no hemos de imaginarnos el Salón exclusivamente como dominio del mal gusto. Era también el lugar donde Eugène Delacroix y Gustave Courbet, Jean-François Millet, Jean-Baptiste-Camille Corot y Édouard Manet expusieron, tras larga lucha, sus trabajos, celebrando modestos éxitos o desatando escándalos y, por lo menos, despertando la atención del público. En buenos años se podía ver aquí toda la gama de posibilidades, desde bien ejecutados ejemplares al estilo de la vieja escuela hasta los exponentes poco convencionales y pintorescos de la escuela de Barbizon, y para un artista joven se presentaba la ocasión de asistir a más de una revelación.

Uno de esos artistas que camina por el Salón asombrado y con los ojos bien abiertos es Oscar-Claude Monet. Nacido en 1840 en París, creció en el seno de una modesta familia burguesa. Dado que el negocio de mercancías coloniales de su padre funcionaba cada vez peor, la familia se trasladó a Le Havre, donde el padre podía introducirse en el negocio de venta al por mayor de su cuñado, Jacques Lecadre. Oscar, como todos lo llamaban entonces, tenía apenas seis años de edad. Allí, en el rudo, pero fructífero, norte de Francia, donde la atmósfera está determinada por una luz clara, un mar, viento y clima inestables, en ese norte que atraía al elegante público de la ciudad con sus balnearios, como Deauville, Trouville y Honfleur, pasó Monet su niñez. La familia veraneaba en la bonita casa de campo de la tía Sophie en Sainte-Adresse, mientras que en invierno vivía en la pequeña ciudad porteña de Le Havre. La playa, el mar,las rocas y las dunas: Monet caminaba días enteros por la zona, y preferentemente en las horas en las que hubiera debido estar en la escuela.

El Monet quinceañero consiguió una fama un tanto dudosa dibujando con buena mano numerosas caricaturas de las fuerzas vivas de la localidad, entre ellas su maestro y otras personas de la vida pública de la pequeña ciudad porteña (il. pág. 111). Bendecido con la destreza comercial de la familia, Monet sabía sacar provecho de sus dibujos, engrosando así de un modo considerable su asignación semanal.

Más importante que esos ejercicios de dibujo, que con frecuencia se orientan por modelos de revistas, es la amistad con el pintor Eugène Boudin, determinante en su evolución posterior. Este pintor especializado en primorosos paisajes al pastel (il. pág. 112) lleva a Monet en sus excursiones al mar y a la playa y lo inicia en la técnica, entonces novedosa, de la pintura al aire libre. «Si me he convertido en pintor, se lo debo a Boudin. Boudin, en su inmensa bondad, se encargó de mi instrucción. Poco a poco se fueron abriendo mis ojos, comprendía realmente la naturaleza y, al mismo tiempo, empecé a amarla».

Monet abandona la escuela poco antes de finalizar los estudios para convertirse en pintor. Su madre, que tal vez lo hubiera apoyado en esta decisión, había muerto en 1857. Su padre, que veía en él al sucesor del próspero negocio familiar, no se muestra demasiado entusiasmado con la idea y se niega a apoyarlo económicamente. Lo deja marchar con la esperanza de que tales tonterías no durarán mucho. Con los ahorros acumulados con sus caricaturas, Monet viaja a París, se inscribe en la Académie Suisse, una pequeña escuela privada, visita el Salón y escribe a Boudin: «Me encuentro rodeado de un pequeño grupo de paisajistas que serían muy felices de poder conocerlo a usted. Son pintores de verdad».

PÁGINA ANTERIOR
El camino a la granja Saint-Siméon, 1864
Óleo sobre lienzo, 81,6 x 46,4 cm
Tokio, The National Museum of Western Art, The Matsukata Collection

El cabo de La Hève con marea baja, 1865
Óleo sobre lienzo, 90,2 x 150,5 cm
Fort Worth, Texas, Kimbell Art Museum

Su patria normanda, el mar, la luz irrumpiendo a través de nubes grises o el sol en un pequeño camino cerca de Honfleur: estos eran los motivos de los primeros cuadros de Monet. Permaneció fiel al paisaje del norte de Francia durante toda su vida.

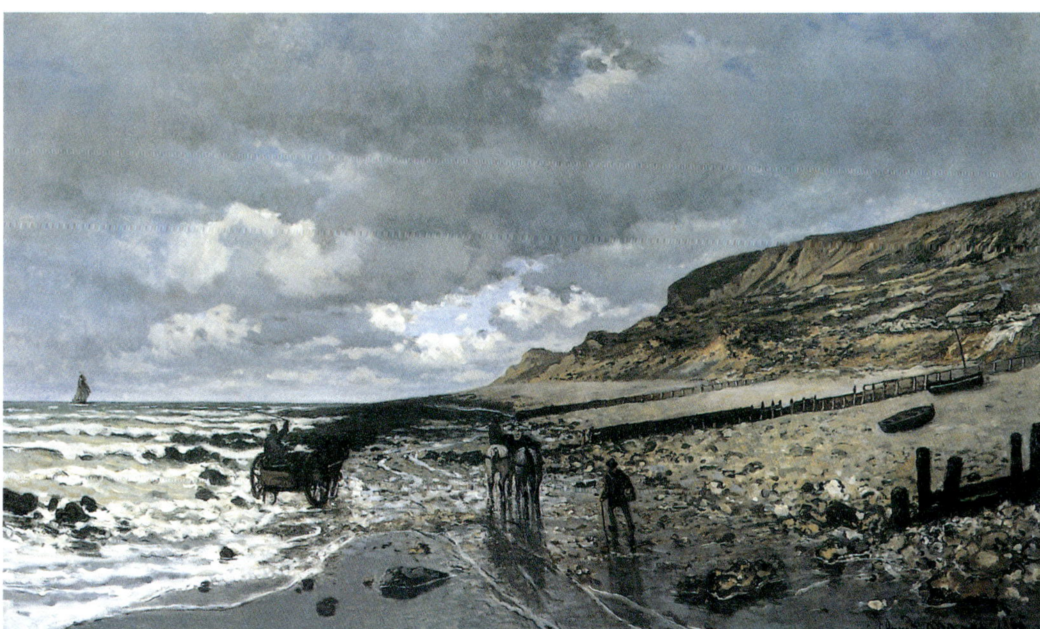

Tras un corto servicio militar en Argelia, del que regresa enfermo de tifus, conoce, durante unas vacaciones de recuperación en Le Havre, al pintor holandés Johan Barthold Jongkind, cuyos paisajes Monet ya había admirado en el Salón. Jongkind, cuyas escenas soleadas y ejecutadas con pinceladas relajadas hacían de él un precusor inmediato del impresionismo, se había convertido desde el primer momento en «el verdadero maestro» de Monet, como el artista recordaría más tarde: «A él le debo la educación definitiva de mis ojos». A los ojos de la familia Monet-Lecadre, sin embargo, este holandés loco, que además era demasiado aficionado al alcohol, no era precisamente una buena compañía para el joven Claude. Y así la familia lo envía una vez más en 1862 a París, pero con la condición de que, si quiere ser pintor, lo haga del modo generalmente reconocido: en la École des Beaux-Arts.

Pero a Monet no le interesan los pintores de moda de la academia. Entra en el taller de Charles Gleyre, un pintor que, si bien trabaja en el estilo idealizante de bellas líneas —en correspondencia con el gusto del Salón—, deja un amplio espacio de libertad a sus alumnos y los estimula a buscar su propio estilo. Monet rechaza en gran parte las directrices y estímulos del maestro bonachón, del que todos los alumnos hacían realmente lo que querían. Para él, la clase significa únicamente la posibilidad de ejercitarse en el desnudo y una buena ocasión de conocer a gente del oficio.

Monet conoce en el taller de Gleyre a los jóvenes pintores Frédéric Bazille, Alfred Sisley y Pierre-Auguste Renoir. A Camille Pissarro ya lo había conocido antes del servicio militar. Con ello se habían encontrado los representantes centrales del movimiento impresionista. Lejos de integrarse en el cliché del «bohemio», Monet se comportaba como un perfecto burgués. Renoir comunicará más tarde a su hijo que los compañeros de estudio llamaban a Monet «el dandi»: «No tenía un *sou*, pero llevaba camisas con puños de encaje. [...] A una estudiante, una chica bonita pero vulgar, que le hacía la corte, le dijo en una ocasión: "Discúlpeme, pero yo solo me acuesto con duquesas o con criadas. Lo mediano me asquea. Lo ideal sería la criada de una duquesa"».

Sin embargo, las circunstancias concretas de ambos pintores, que en parte vivían y trabajaban juntos, correspondía más bien al estilo bohemio: el poco dinero que ganaban con retratos y pequeños encargos ocasionales —Monet intenta incluso especializarse como caricaturista— se les iba en el alquiler, carbón y el sueldo de la chica que les servía de modelo. Sus comidas eran espartanas. Un comerciante de comestibles les pagaba sus encargos en especie. Durante un mes se alimentaron con un saco de habas que cocinaron en el horno de la calefacción, pues debían encender esta para que no

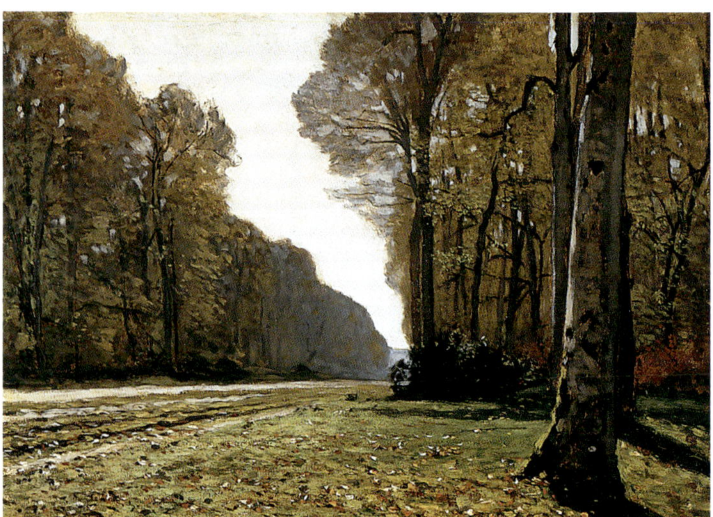

El camino de Chailly, hacia 1865
Óleo sobre lienzo, 43,5 x 59,3 cm
París, Musée d'Orsay

Durante sus primeros años en París, Monet pintaba a menudo con sus nuevos amigos —Renoir, Sisley y Bazille— en el bosque de Fontainebleau. En una de esas excursiones para pintar, Monet resultó herido y Bazille se encargó de cuidarlo.

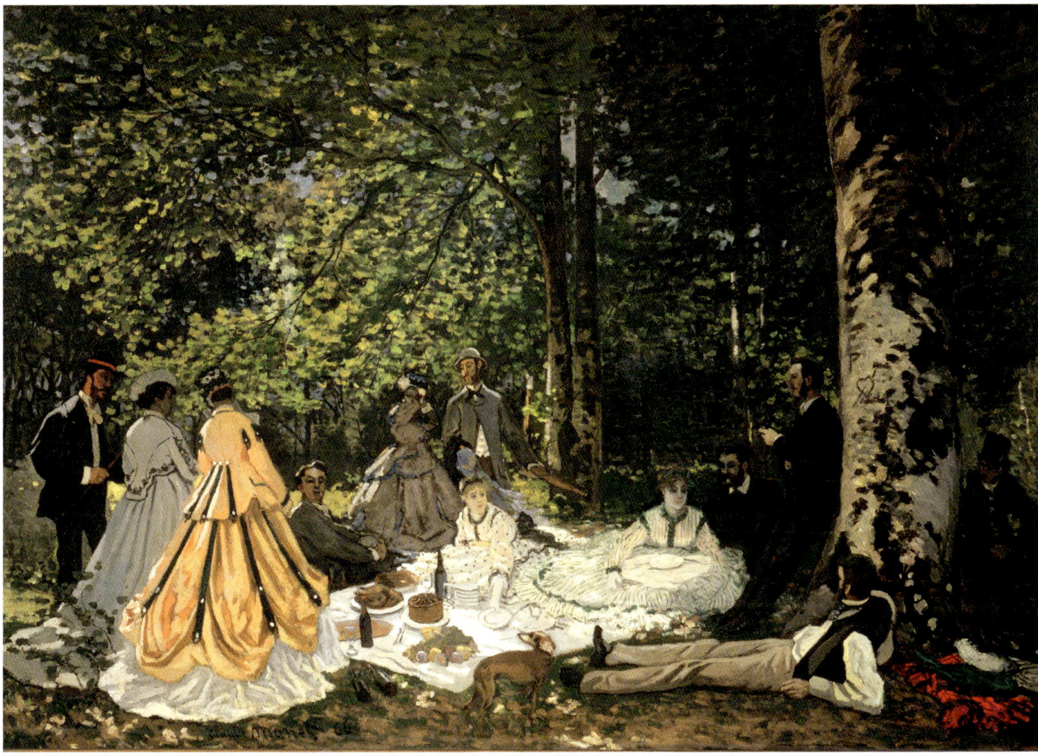

se les resfriara la modelo. Cuando el saco de habas se acabó, hubo lentejas. Ante la pregunta de su hijo de si no era un poco pesado para la digestión tomar legumbres secas en cada comida, Renoir se rio: «En toda mi vida no he sido tan feliz. Además, Monet conseguía de cuando en cuando una invitación para cenar, y ahí nos hinchábamos de pavo mechado acompañado de Chambertin».

El almuerzo sobre la hierba (estudio), 1865
Óleo sobre lienzo, 130 x 181 cm
Moscú, Puschkin Museum

Esta obra, hoy en Moscú, es una versión más pequeña del cuadro con el que Monet quería conquistar el Salón. A la vista de esta versión podemos hacernos una idea del aspecto que tendría la obra inacabada. Posiblemente se trate de un estudio preliminar realizado en el bosque de Fontainebleau, que serviría de base al lienzo del estudio.

A pesar de seguir una alimentación tan poco equilibrada y de su terca negativa a ponerse en manos de un profesor academicista, Monet no tarda en conseguir sus primeros éxitos en el Salón. «Hemos de citar un nuevo nombre. Hasta ahora nadie conocía a *monsieur* Monet, del que están expuestos *El cabo de La Hève con marea baja* (il. pág. 113) y la *Desembocadura del Sena en Honfleur*. Estos trabajos son ciertamente su estreno: les falta el refinamiento que se alcanza estudiando mucho. Pero la sensibilidad para la armonía cromática en el juego de tonos emparentados, la sensibilidad para los valores cromáticos, la notable irradiación del conjunto, una mirada inteligente, el ver las cosas y atraer la atención del observador son privilegios que *monsieur* Monet posee ya en abundancia. En el futuro seguiremos con gran interés el trabajo de este franco pintor del mar».

El crítico de la renombrada *Gazette des Beaux-Arts* encuentra, durante su visita al Salón de 1865, palabras de reconocimiento para un joven pintor del que todavía cabía esperar una buena cantidad de cuadros aceptables. Dice mucho del crítico el que se fijara en los dos paisajes de Monet, tan recatados en su colorido arcilloso y sus motivos cotidianos, pues estaban colgados en medio de innumerables cuadros colocados unos sobre otros alcanzando hasta cinco hileras. Pero también dice mucho del joven pintor que, en comparación con el grueso de la pintura del Salón, no hace precisamente una entrada triunfal.

Tal vez los cuadros de la Escuela de Barbizon le hayan abierto los ojos al crítico, que acierta a reconocer y apreciar la transposición directa de la impresión de la naturaleza. Efectivamente, en sus primeros años, Monet se encuentra muy cerca de esta corriente realista. A este grupo de pintores que trabajaba en las lindes del bosque de Fontainebleau pertenecían, entre otros, Corot, Charles François Daubigny y Constant Troyon. Buscaban en sus motivos la vida sencilla, rechazando los temas históricos y anecdóticos, tan apreciados por el público. Sus obras se distinguían por un minucioso estudio de la naturaleza, si bien los cuadros eran realizados en el taller. También Monet pinta por temporadas en el bosque de Fontainebleau (il. pág. 114), donde conoce personalmente a los pintores de esta escuela. Pero para él no es suficiente representar paisajes siguiendo a los maestros Barbizon. Monet tiene grandes planes. El cuadro de figuras de formato lo más grande posible parece garantizarle el éxito: para no ser condenados por la comisión encargada de colgar los cuadros a exponer en lo más alto de la pared y ser vistos con prismáticos, para poder triunfar sonoramente y no pasar inadvertidos, los pintores se valen de enormes formatos —*grandes machines*, como los denominan los franceses de la época; mamotretos de Salón, los llamaríamos hoy—. Y si bien Monet se muestra ya rebelde e independiente en el Salón, si bien es atrevido y nada convencional en el color y el dibujo, también es cierto que busca imperturbable el éxito en el escenario oficial del Salón.

Pocos años antes, Manet —cuyos cuadros eran por esta época muy controvertidos y eran rechazados una y otra vez por el Salón— había hecho furor con *El almuerzo en la hierba*: en un claro del bosque aparecen sentados ante un mantel con pan, frutas y vino, dos hombres vestidos de ciudad y una mujer desnuda; al fondo vemos a una segunda mujer refrescándose los pies en el río. El cuadro

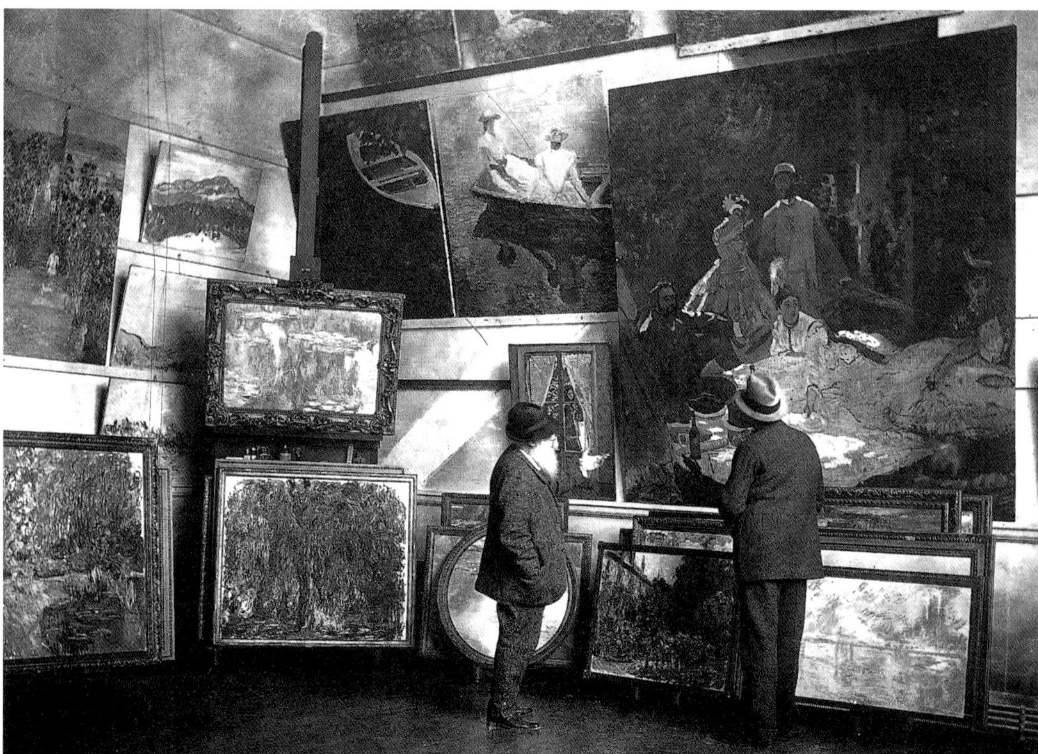

El almuerzo sobre la hierba
(sección izquierda), 1865
Óleo sobre lienzo, 418 x 150 cm
París, Musée d'Orsay

El almurzo sobre la hierba
(sección central), 1865
Óleo sobre lienzo, 248 x 217 cm
París, Musée d'Orsay

Monet había tenido que ceder el cuadro a su casero como fianza por el atraso de varios meses de alquiler. Cuando, años después, quiso recuperar el cuadro, este estaba enmohecido y grandes partes del mismo habían sido destruidas por la humedad. Solo pudo rescatar dos trozos de la monumental obra.

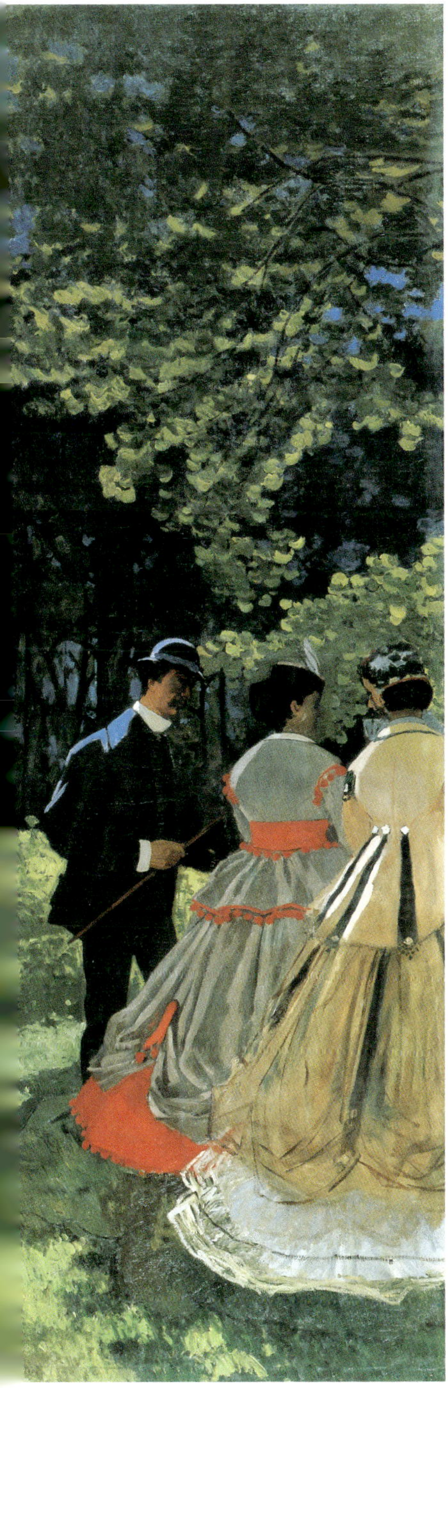

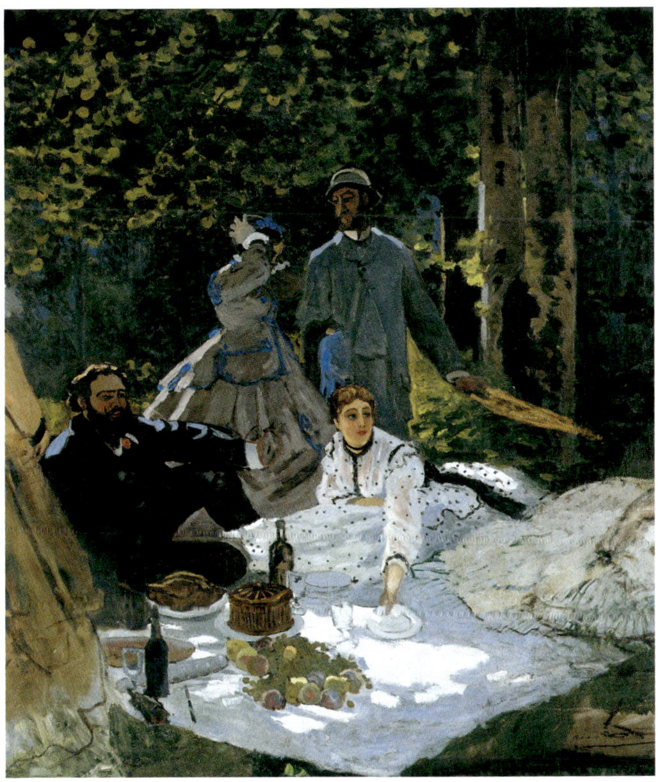

PÁGINA ANTERIOR
Claude Monet en su estudio en Giverny con el Duque de Trévise, 1920

Monet conserva la parte central de su *El almuerzo sobre la hierba* hasta una avanzada edad en su estudio, y cuenta a los visitantes la historia del cuadro no terminado.

se convirtió en un escandaloso éxito, y el mismo público que celebraba un desnudo de Venus insuperable en su lascivia dulzona, realizado por el pintor de Salón Alexandre Cabanel, apenas podía contener las ganas de escupir en el *Almuerzo* de Manet. La indignación se debe sin duda a que el hecho de la desnuda aquí representada no está justificado por un tema mitológico. Pero también la forma relajada de pintar resultaba burda a los contemporáneos.

A Monet, sin embargo, le fascina la calidad pictórica de Manet. Tras ver en 1863 los primeros cuadros, su propia paleta se hizo visiblemente más clara. Se propone superarlo en una auténtica *tour de force*: su *Almuerzo* tendrá las descomunales medidas de 4,20 x 6,50 metros y aunará unas doce figuras a tamaño natural reunidas en un bosque de abedules en torno a una comida con vino, gallina rellena y tarta (il. págs. 115 y 117).

Mientras que el cuadro de Manet fue realizado en el taller respetando todas las reglas del arte, Monet sale con su lienzo al aire libre para recoger la inmediatez de la naturaleza. Mientras que Manet escandalizaba representando a una mujer desnuda que, para colmo, mira exhortadora al espectador, colocando a su mujer desnuda sin el menor pretexto alegórico entre dos caballeros vestidos a la moda de la época, Monet representa a su grupo de picnic ataviado con el más moderno *chic* parisino. Parece como si hubiera tomado a pecho la crítica a su colega, de mayor edad, y ahora quisiera hacerse querer en el Salón a base de buena educación.

Con su amante de diecinueve años, Camille Doncieux, y su amigo Bazille, con quien comparte el taller, Monet viaja en el verano de 1865 al bosque de Fontainebleau, donde pacientemente ambos posan para él de pie, sentados y acostados, hasta completar todas las figuras del cuadro. En otoño, Monet pone manos a la obra en el taller parisino e intenta hacer un cuadro de gran formato con el material obtenido. Trabaja como un poseso todo el invierno en el cuadro y, poco antes de la apertura del Salón, debe reconocer que no va a terminarlo. Desecha el cuadro, lo pone a un lado y pinta —en cuatro días, según la leyenda— un retrato de cuerpo entero de su amiga: *Camille* o *La dama del vestido verde* (il. pág. 119).

Si los paisajes que Monet había expuesto en los Salones anteriores habían sido ya favorablemente comentados, con su *Camille* consigue ahora un verdadero éxito. La crítica elogia una y otra vez la seda de la falda, suave y fluida, pintada al estilo de los viejos maestros, y la compara con las famosas telas del pintor veneciano Veronés. «Pero observen el vestido. Es dúctil y sólido a un tiempo. Se arrastra con suavidad, vive, dice con claridad qué es esta mujer. Este no es el vestido de una muñeca, una muselina cualquiera para envolver sueños: esta seda, buena y auténtica, es seda para vestir realmente». Se admira la viveza de la figura, la forma en que se vuelve para marcharse. Tanto la postura como el estilo pictórico parecen retener lo efímero de un momento. Émile Zola, el escritor interesado especialmente por los pintores realistas, dice lleno de júbilo: «Realmente, aquí hay un temperamento, aquí hay un hombre en este rebaño de eunucos». Con su *Almuerzo*, Monet quería superar a Manet; con su *Camille* cosecha elogios y su nombre empieza a nombrarse unido al de Manet: «¿Monet o Manet? —Monet. Pero gracias a Manet existe este Monet. ¡Gracias, Manet!». Monet, motivado por este éxito, continúa concentrándose en la figura humana. No abandona su plan de crear un gran cuadro de figuras. Comienza un cuadro algo más pequeño donde solo aparecen cuatro mujeres al aire libre, pero que realizará por completo al aire libre.

Camille* o *La dama del vestido verde, 1866
Óleo sobre lienzo, 231 x 151 cm
Kunsthalle Bremen

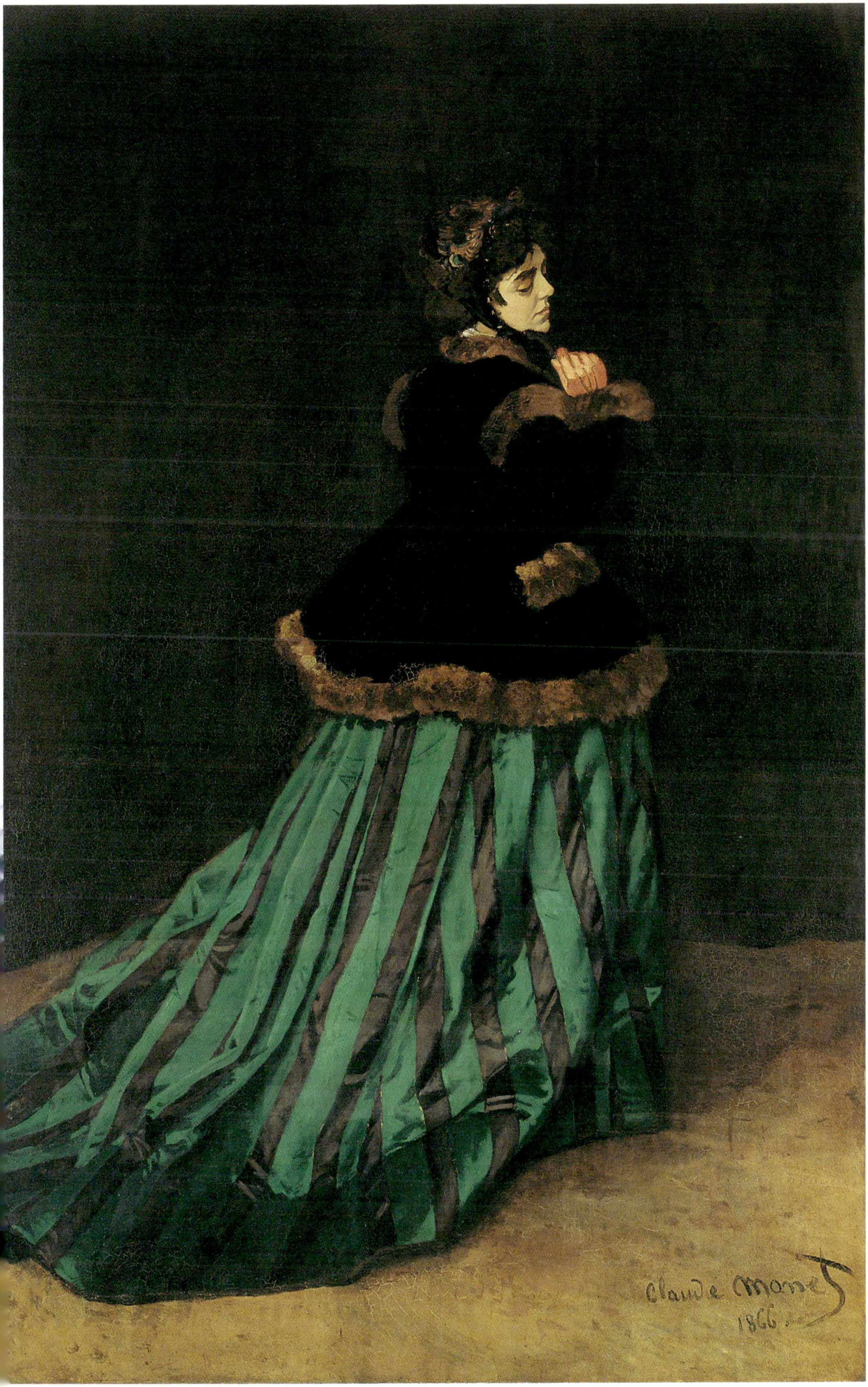
Claude Monet
1866.

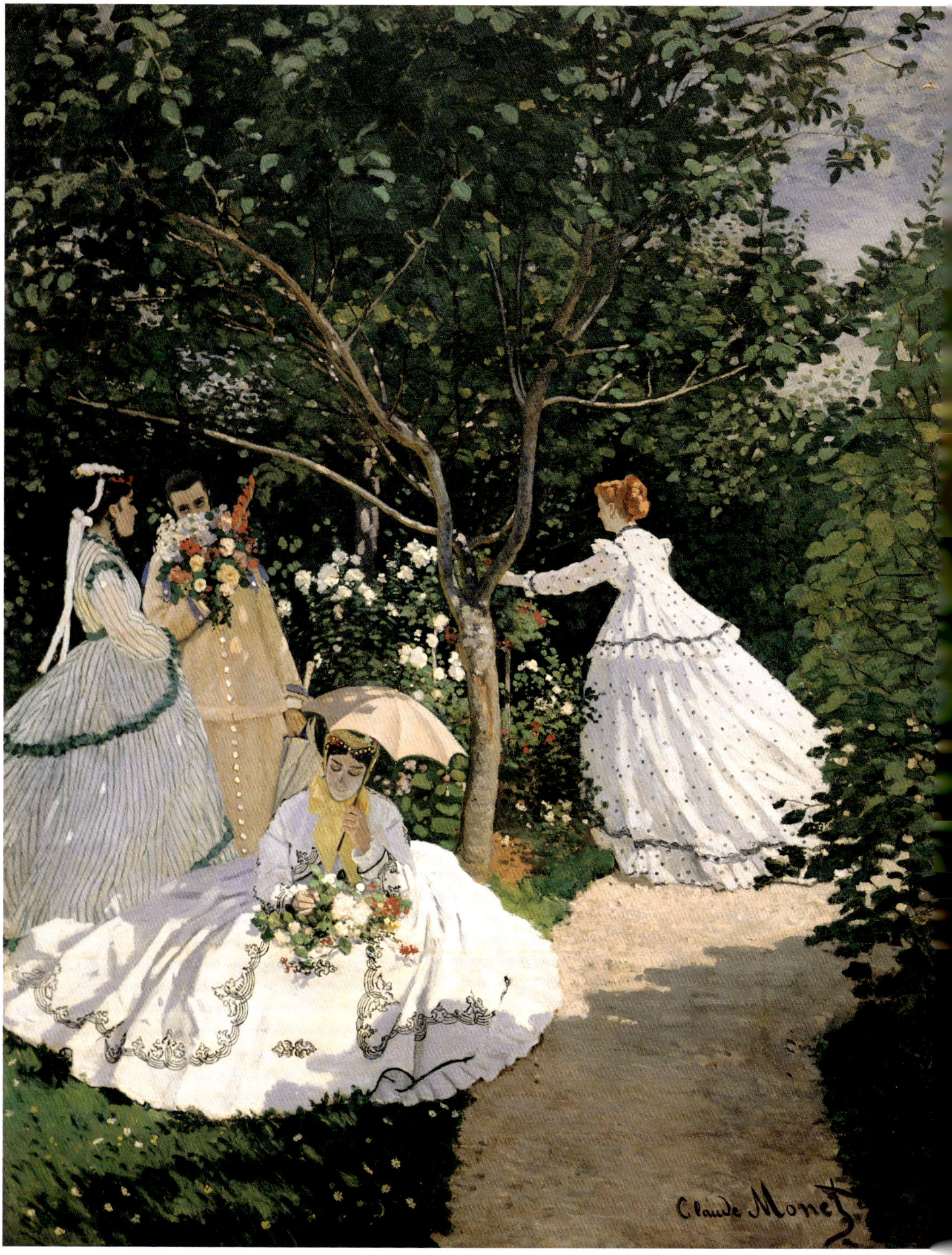
Claude Monet

Un pintor encuentra sus temas

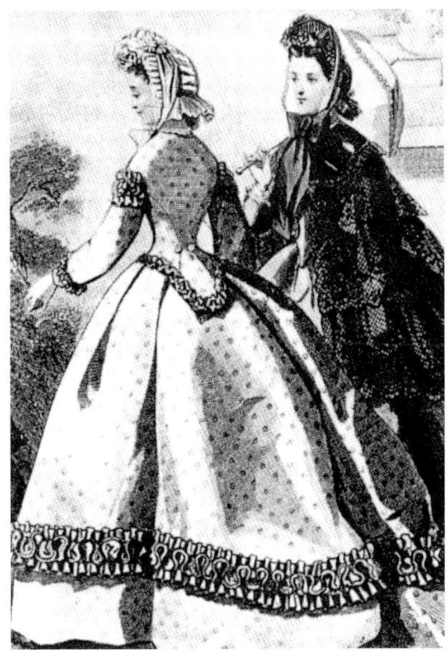

Monet está irrefrenable. Espoleado por sus primeros éxitos en el Salón, continúa trabajando en la representación de figuras humanas. Ello no ha de sorprendernos si tenemos en cuenta que tanto para el jurado como para el público y la crítica, la figura humana lo era todo, mientras que el paisaje solo paulatinamente empezaba a dejar de ser una nadería. Émile Zola opina que todo pintor sueña con representar figuras humanas a tamaño natural en un paisaje, y también Monet tiene este sueño.

El pintor cree haber aprendido algo gracias al descalabro del *Almuerzo*, y en sus *Mujeres en el jardín* (il. pág. 120) ya no traspone los estudios tomados al aire libre al gran formato en el taller, sino que se instala al aire libre con un lienzo un poco menos grande. Pero tampoco con las medidas de dos metros y medio por dos metros resulta fácil la aventura. De modo que tiene que someterse a las burlas de colegas como Courbet cuando lo visitan durante el trabajo y hacen comentarios sobre el mecanismo mediante el cual hunde en la tierra excavada por él mismo la parte inferior del lienzo, para así poder pintar la parte superior.

Monet fracasa de nuevo. Esta vez sí termina el cuadro, pero no es aceptado por el jurado del Salón, y tampoco la posteridad valora demasiado esta obra —al contrario de otros ejemplos algo más tardíos, al principio denostados—. Las figuras no están integradas en la naturaleza, sino que parecen maniquíes de escaparate colocados en un jardín. Camille posa de pie y sentada, a todas luces paciente, para todas las figuras. Está como petrificada en poses, y en la figura de la derecha, parece moverse por el jardín montada sobre ruedas. Monet no representa situación alguna que pudiera dar motivo a la reunión de estas mujeres en el jardín, y tampoco está interesado en la psicología que daría vida a las figuras individuales. Estas cuatro damas están muy lejos de poseer el carisma de *Camille* o *La dama del vestido verde*.

PÁGINA ANTERIOR
Mujeres en el jardín, 1866
Óleo sobre lienzo, 256 x 208 cm
París, Musée d'Orsay

ARRIBA
Revista de moda *Petit Courrier des Dames*, 1864

Para hacer justicia en sus cuadros a la vida de su época, Monet estudiaba con atención la moderna moda parisina. Al igual que en su *El almuerzo sobre la hierba*, también los modelos de *Mujeres en el jardín* corresponden a figurines de revistas de moda de la época.

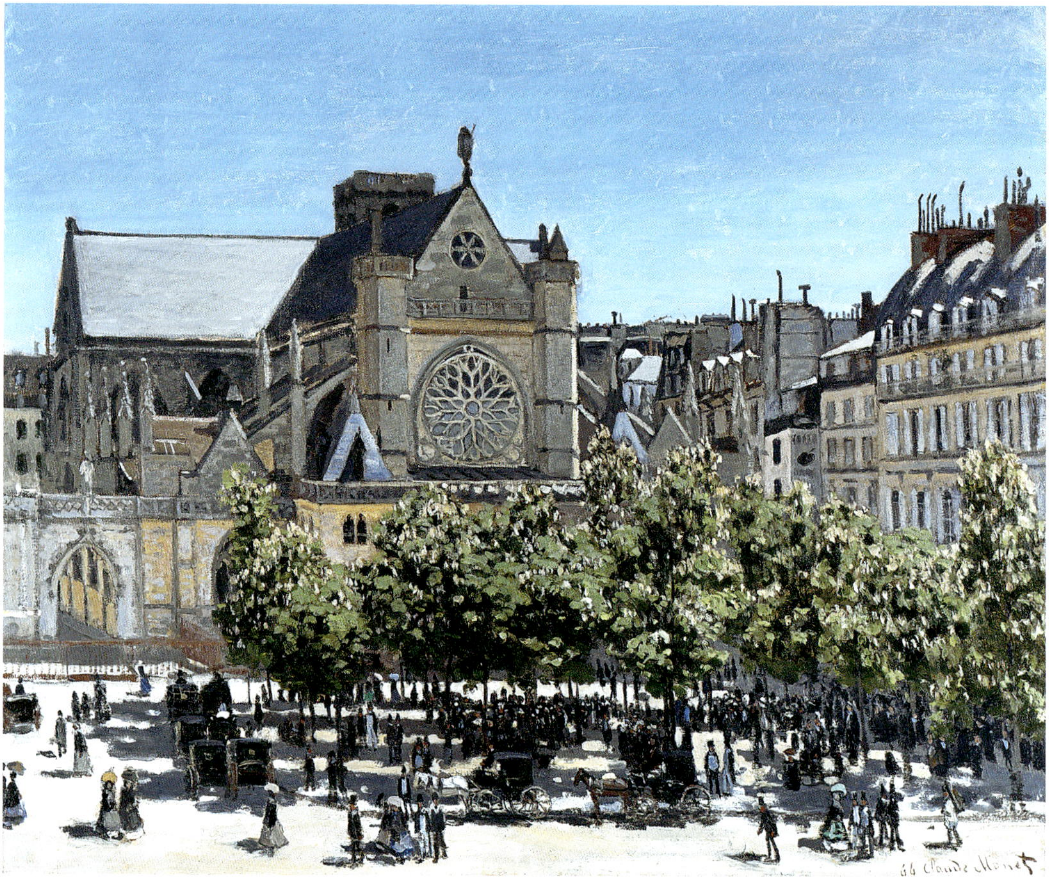

Saint-Germain-l'Auxerrois, 1867
Óleo sobre lienzo, 79 x 98 cm
Berlín, Nationalgalerie,
Staatliche Museen zu Berlin

En los cuadros que pintó en la primavera de 1867 desde un balcón del Louvre, Monet hace honores a la elegante y derrochadora metrópoli en que se había convertido París en estos años. Pero, a diferencia de Manet y Degas, la ciudad era para Monet solo un episodio.

PÁGINA SIGUIENTE
El jardín de la infanta, 1867
Óleo sobre lienzo, 91 x 62 cm
Ohio, Allen Memorial Art Museum,
Oberlin College

Sin embargo, hay algo en el cuadro que fascina y lo convierte en único en su época: es el sol, extendido por el pintor como un gran paño sobre el camino, es el fulgor de las flores blancas, son las sombras, que recortan atrevidas el vestido del primer plano, y es el brillo sedoso del rostro del primer plano, en el que se encuentran la luz del sol filtrada por el parasol y los reflejos del luminoso vestido. El cuadro posee una vida, no la vida de las figuras, sino la vida de las sombras, la vida a través de la luz. Con una frescura hasta entonces nunca vista y en medio de fuertes contrastes, las figuras aparecen colocadas en la luz y la sombra de la naturaleza al aire libre. En comparación con ellas, las personas del *Almuerzo sobre la hierba* de Manet parecen reproducidas ante el bastidor de un taller fotográfico. Tal vez en este cuadro se haya dado cuenta con todas las consecuencias; Monet ha encontrado su tema: la luz.

Durante el año siguiente pinta en París junto con Renoir. Desde un balcón del segundo piso del Louvre, retiene sobre el lienzo la iglesia gótica *Saint-Germain-l'Auxerrois* (il. pág. 122) bajo la resplandeciente luz de la mañana. Y también desde el Louvre, esta vez con cielo cubierto, mira al *Jardín de*

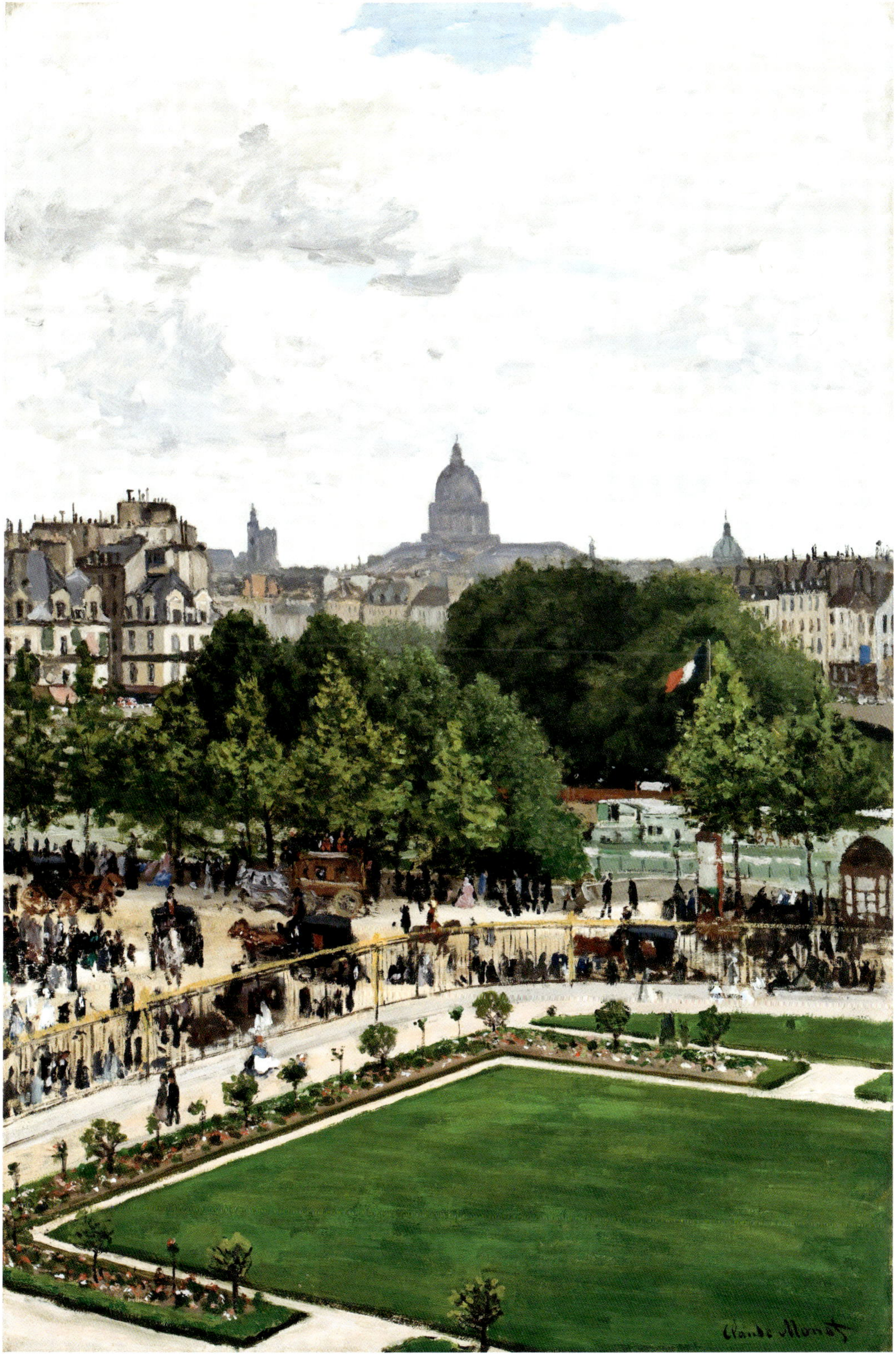
Claude Monet

la infanta (il. pág. 123). A Monet han dejado de interesarle los detalles, los torneados y los bordados. Las figuras que garabatea y puntea aquí en esquemática estenografía no cuentan ninguna historia ni presentan moda alguna, sino que simplemente articulan el espacio y sirven de soporte para la luz del día.

Ambos cuadros son reflejo del nuevo, del moderno París. Ante la iglesia gótica se extiende una plaza con castaños jóvenes, recientemente inaugurada, y las casas de ambos cuadros aluden a la urbanización creciente de la ciudad: París se convierte en estos años del segundo imperio en el centro cosmopolita que sigue siendo hoy. Las angulosas callejuelas medievales y los alojamientos mal edificados que hasta entonces determinaban la imagen de la ciudad, tuvieron que dejar paso al pomposo neobarroco de las avenidas y las hileras de casas que el barón Haussmann, el prefecto y ordenador urbano de Napoleón III, hizo construir en una reordenación de grandes dimensiones. París se vuelve más claro, más espacioso y elegante en estos años. Si bien estos cambios ocasionaron una desigualdad social que hizo inmensamente ricos a unos pocos especuladores y condenó a muchos viejos parisinos a vivir sin medios en los arrabales, los años trajeron consigo un bienestar y un esplendor que entusiasmaban a los jóvenes pintores. Y así, Monet también pinta las dimensiones de la amplia metrópoli, el movimiento de las carrozas y a una gran multitud de ciudadanos paseando por sus calles.

Monet, sin embargo, apenas participa del bienestar de aquellos años. Rechazado nuevamente por el Salón y todavía sin protectores estables, se mantenía a duras penas a flote mediante encargos ocasionales y ayudas de sus amigos. La familia le retira su apoyo, ya que no consiente la relación de Monet con Camille, proveniente de una casa pobre. Bazille, cuya situación económica es algo más saludable, da con frecuencia cobijo al artista, comparte con él su taller e incluso le compra las *Mujeres en el jardín*. El precio de 2500 francos, muy elevado para el cuadro de un pintor desconocido, lo paga en plazos semanales de 50 francos. Pero esta ayuda del mecenas no alcanza para el alquiler, alimentos y material de pintura, de modo que Monet simula una rotura de relaciones con Camille. La familia vuelve a acogerlo y le permite pasar el verano de 1867 en la casa de campo de la tía en Sainte-Adresse. Desde allí escribe preocupado a Bazille

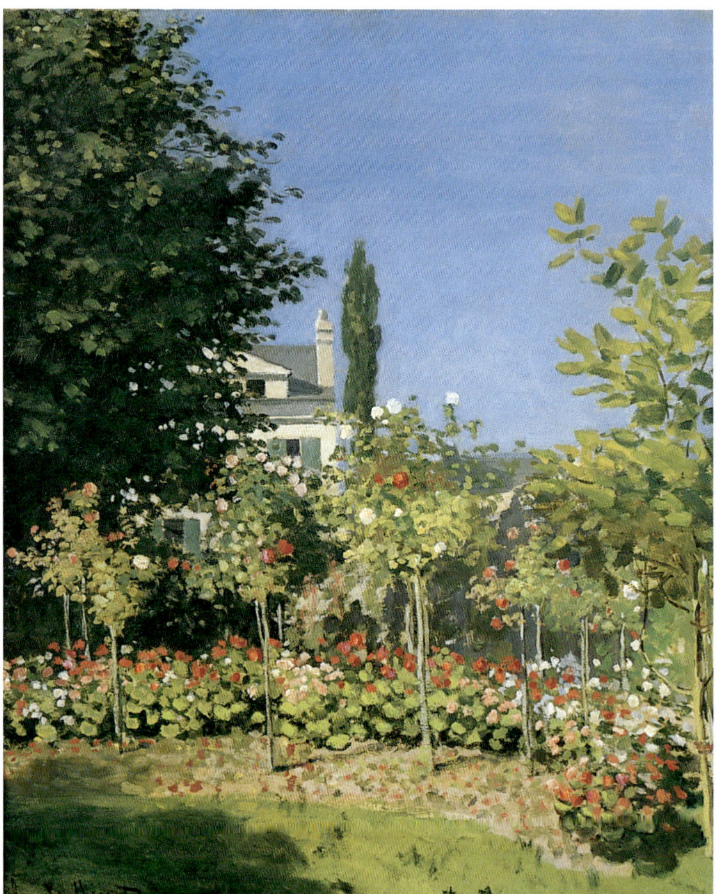

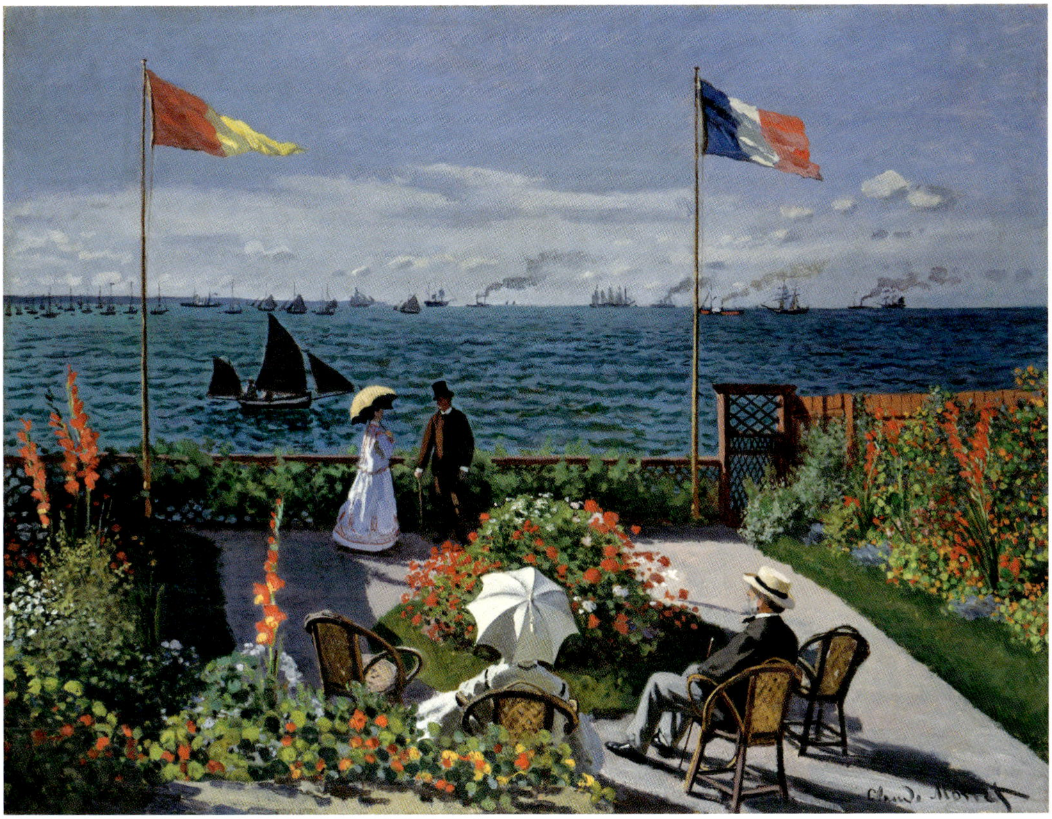

Terraza en Sainte-Adresse, 1867
Óleo sobre lienzo, 98 x 130 cm
Nueva York, The Metropolitan Museum of Art

Monet une el sol, el mar, figuras y flores en una composición que por estos años tenía que resultar muy atrevida. En su colorido, pero sobre todo en la pincelada, el cuadro está aún más cerca de su temprana obra realista que del impresionismo.

PÁGINA ANTERIOR
Jardín en flor, 1866
Óleo sobre lienzo, 65 x 54 cm
París, Musée d'Orsay

y le insiste en que se ocupe de Camille, que se ha quedado sola en París. Camille está en avanzado estado de gestación, y el 8 de agosto de 1867 trae al mundo a su primer hijo, Jean. Monet se queda en Normandía e intenta asegurarse el apoyo de los parientes exagerando su amor a la vida familiar. «Desde hace ya dos semanas me encuentro en el seno de la familia y soy feliz, tan feliz como es posible. Todos son agradables conmigo y se entusiasman con cada pincelada. Tengo mucho que hacer, unos veinte lienzos entre marinas, figuras y jardines».

Monet había descubierto el tema del jardín, que lo acompañará el resto de su vida, ya el verano anterior en Sainte-Adresse. Los jardines en flor le fascinan por su colorido y exuberancia, su proliferación vital y su iluminación; constituyen el motivo en que se puede apreciar la fuerza y el efecto de la luz con toda su magnificencia cromática. La luz del sol en el *Jardín en flor* (il. pág. 124) despierta el color del sueño arcilloso que dormía en manos de los realistas. Un rojo puro brilla intensificado por luces blancas y, sobre todo, por el verde complementario, luminoso y saturado. En el cuadro de la *Terraza en Sainte-Adresse* (il. pág. 125), las flores y la luz aparecen unidas al primer tema de Monet, el agua. En este cuadro, realizado probablemente en el mismo año que *Jardín en flor*, aparece representado el padre del artista en la figura de primer plano, como el propio Monet comunicaría más tarde. La pincelada no es aquí tan espontánea

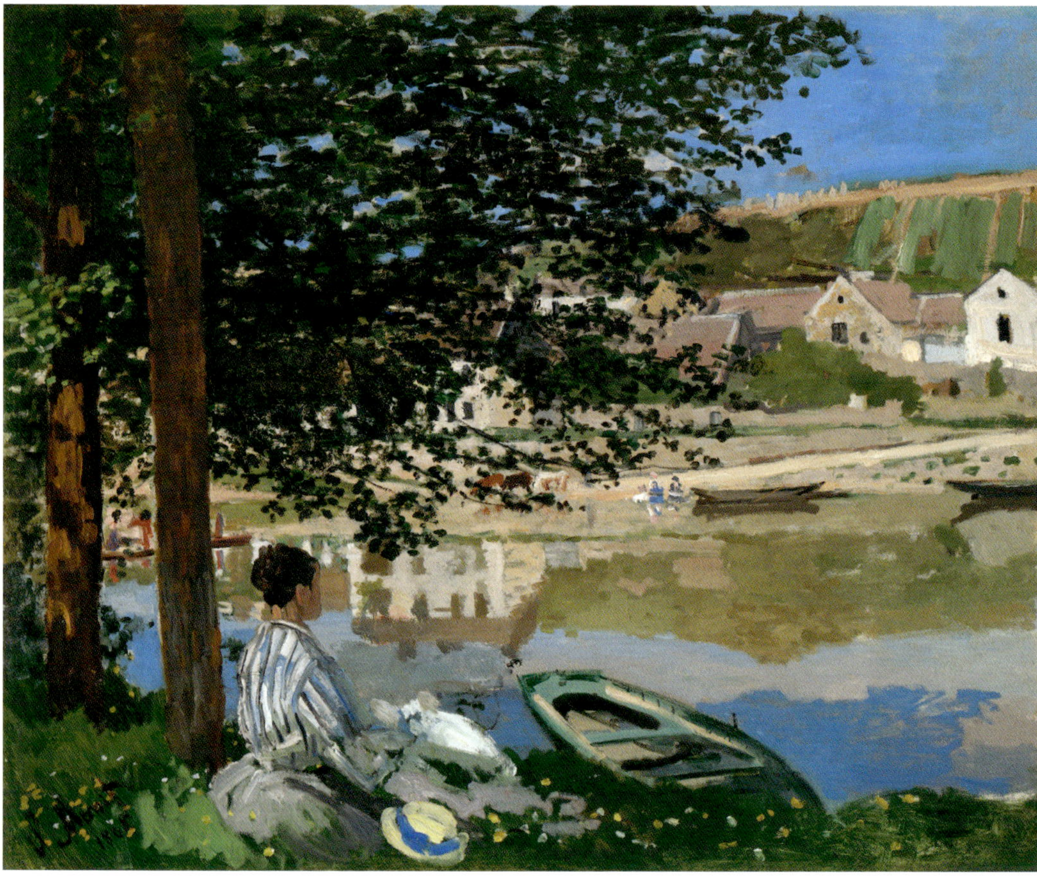

El río o ***A orillas del Sena cerca de Bennecourt***, 1868
Óleo sobre lienzo, 81 x 100 cm
The Art Institute of Chicago

El pintor aprovecha la reflectora superficie del agua para abstraerse del objeto. Así funde la naturaleza real y su reflejo en el agua en una unidad que anula la profundidad espacial, enlazando superficies.

como en los cuadros parisinos, y tanto las figuras como el mar y la terraza parecen extrañamente rígidos y esquemáticos; sin embargo, en la representación de la luz del sol, el cuadro supera a *Mujeres en el jardín*. Es la primera vez que Monet pinta sombras en color, y reproduce las flores más libremente que nunca, con motas luminosas de color puro aplicadas con espontaneidad.

Como pintor de marinas, Monet debutó en el Salón, y sus temas no se reducen únicamente a las elegantes regatas y los mundanos baños, sino que el mar le fascinaría toda su vida: la forma en que dormita en días soleados y sin viento, la forma en que brama tormentoso y turbulento o se acurruca sombrío y melancólico. Pero también representa lagos y estanques y una y otra vez su río, el Sena. Para ello, observa por una parte el agua en sus diversas manifestaciones condicionadas por el clima (il. pág. 127), por otra lo concibe como superficie de reflexión en la que se fragmenta el paisaje circundante. Cielo, nubes, casas y árboles, personas y barcas se contraen en el agua y se concentran formando una superficie en la que se diluyen las circunstancias corporales y espaciales de los objetos representados. Un cuadro como *A orillas del Sena cerca de Bennecourt* (il. pág. 126) evidencia que el agua es para Monet un medio de abstracción. A través de los objetos representados, superficies cromáticas de diferencias mínimas estructuran y dan ritmo al cuadro. El espejo de la superficie del agua difumina las referencias espaciales de la pintura de paisaje, constituyendo así un paso en el camino hacia la pintura no figurativa, la pintura abstracta. Monet seguirá desarrollando este principio, formulado ya muy temprano, en sus más tardíos paisajes acuáticos, en los cuadros de rocas y, sobre todo, en los estanques de nenúfares, hasta alcanzar una radical disolución de los objetos.

Pero aún tendrán que pasar muchos años para llegar aquí. Años en los que el artista se esfuerza incansablemente por realizar composiciones de intensa emoción en el sentido tradicional y paisajes pintorescos. Son, al mismo tiempo, duros años de necesidad y desesperación. Por supuesto que Monet no puede sostener por mucho tiempo la representación teatral ni quiere permanercer por más tiempo separado de su amada y de su hijo. Regresa a París, donde el reiterante rechazo oficial a sus cuadros alterna con la necesidad existencial, siendo Bazille a menudo el único que le echa una mano. Innumerables cartas en las que Monet pide dinero al amigo fiel y, al parecer, muy generoso, documentan la triste situación. En el otoño siguiente mejora temporalmente la situación gracias a que conoce al naviero Gaudibert, de Le Havre. Monet retrata, entre otros, a *madame* Gaudibert, lo que permite que vuelva a reinar la calma. Escribe a Bazille, en París: «Aquí estoy rodeado de todo lo que amo. Paso el tiempo al aire libre, en la playa cuando hay tormenta o cuando parten los barcos de pesca... Al anochecer, amigo mío, me esperan en mi casita un fuego caliente y una acogedora pequeña familia. ¡Si pudiera ver ahora a su ahijado, con lo encantador que es! Gracias al señor de Le Havre que me ayuda, disfruto de completa tranquilidad y estoy liberado de todos los ajetreos. Lo que más me gustaría es permanecer para siempre en un rincón de la naturaleza así de tranquilo». Pero el idilio termina bruscamente ya a finales de año. Monet se va a París, huyendo de sus acreedores, y deja numerosos cuadros en Le Havre. Al centrarse en los jardines y el agua como temas, al dedicarse al estudio de la luz, retrasa hasta un futuro lejano la posibilidad de vender cuadros, y tal vez incluso la posibilidad de cosechar reconocimiento público. La luz, las flores y el agua alejan al joven pintor cada vez más del Salón.

***Mar gruesa en Étretat*, 1868/69**
Óleo sobre lienzo, 66,2 x 130,5 cm
París, Musée d'Orsay

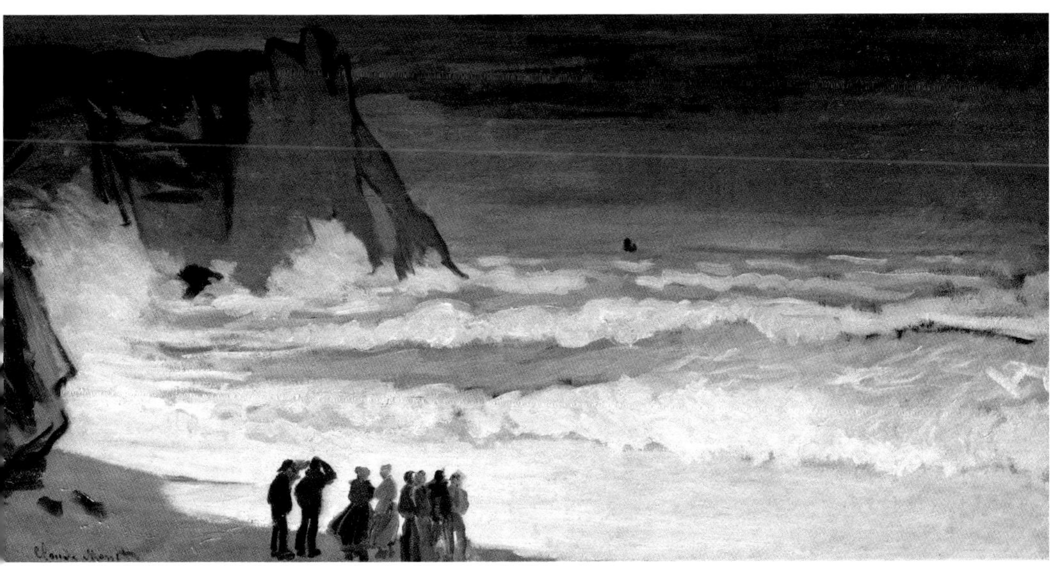

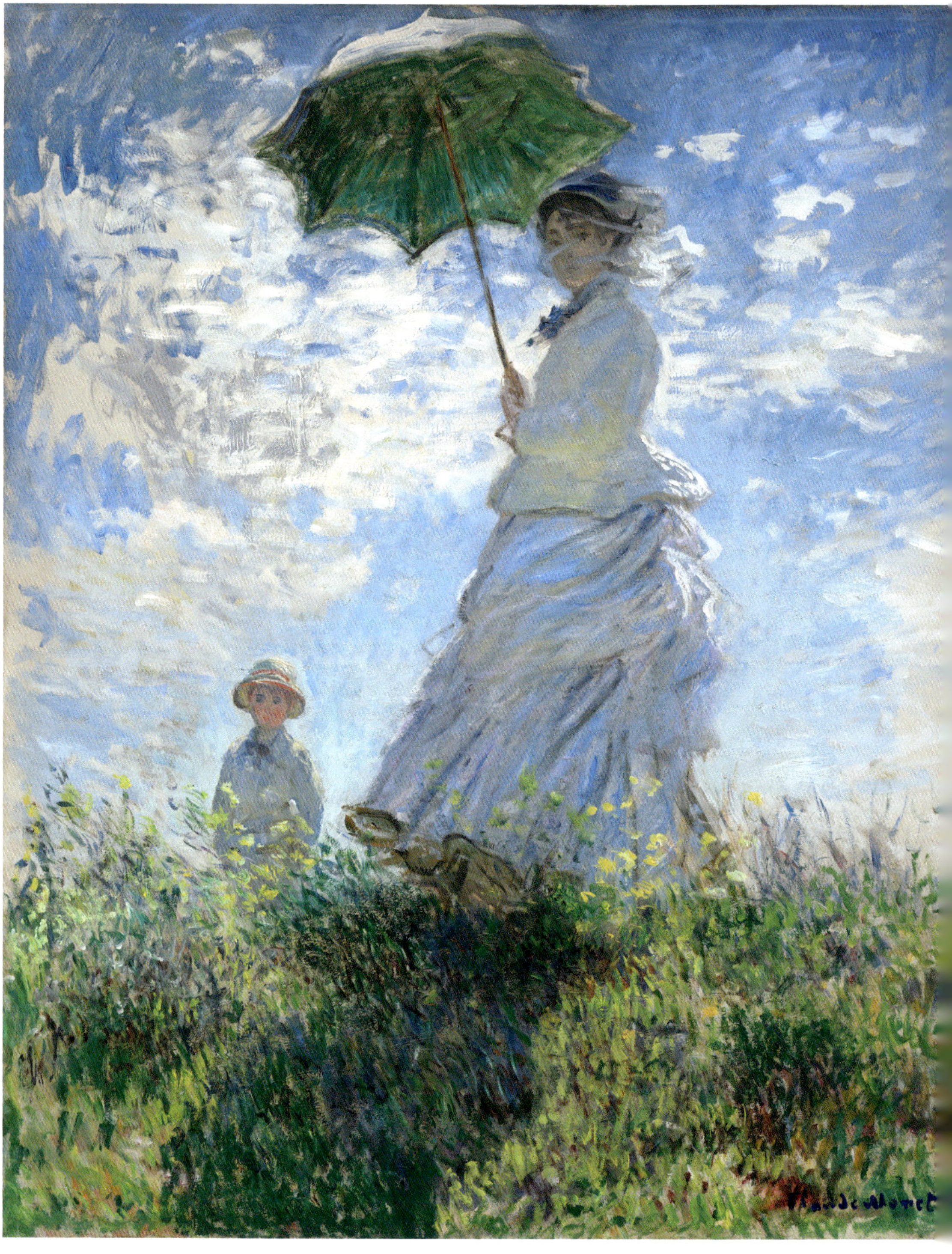

El mundo como eterno domingo

De Boudin, que lo había animado a pintar al aire libre, aprendió Monet que todo cuanto se pinta directamente ante el motivo contiene una fuerza y una viveza de pincelada inalcanzables en el estudio. Mientras que el pintor que trabaja en el estudio recurre siempre a las convenciones y a sus propios manierismos, el pintor que trabaja al aire libre se ve obligado a reaccionar ante una atmósfera sometida a un cambio constante, a la luz de variaciones infinitas. En todas las épocas los pintores han realizado bosquejos al aire libre, han retenido manifestaciones de la naturaleza primero con lápiz, tiza y acuarela, y desde finales del siglo XVIII incluso con óleo en casos aislados. Pero no eran más que bosquejos; en el estudio serían transportados al lienzo y transformados en composiciones tradicionales siguiendo las normas académicas. Es novedoso y, por sus consecuencias para la pintura, revolucionario el que los pintores se instalen al aire libre con caballete, lienzo, óleos y paleta para empezar sus cuadros en la naturaleza, para trabajar en ellos, para terminarlos incluso al aire libre.

Monet es uno de los primeros pintores que, de esta forma, trasladan su estudio al aire libre. Ello empezó a ser viable tras el descubrimiento de los colores en tubo; el mezclar los colores de polvo y óleo al aire libre hubiera resultado —por lo menos al riguroso viento de Normandía— bastante desastroso. Pintar al aire libre es siempre complicado e incómodo. Monet sale de excursión en verano cargado con los utensilios de pintura y una gran sombrilla para impedir el reflejo directo de la luz del sol sobre el lienzo. En las estaciones frías del año se le ve sentado ante su motivo ataviado con botas y ropa de lana, a menudo varios abrigos puestos unos sobre otros, y envuelto en una manta. Cuando hace viento, ata el caballete y el lienzo con cuerdas, y aun así, la naturaleza le gasta más de una broma. Por ejemplo, una vez que se había equivocado en el cálculo de la marea, le alcanza una ola de pleamar, arrastrándolo con todo el equipo, los utensilios de pintura y el lienzo. «El arte tiene sus soldados valientes», se burló un crítico contemporáneo de la situación.

Salir algo más allá del parque de la esquina, con los óleos y el lienzo, hubiera supuesto unos años antes una complicada aventura. Los pintores residentes en París hubieran necesitado para ello, como mínimo, un coche de alquiler, para lo que se presupone cierto bienestar. Pero las nuevas comunicaciones por tren, surgidas en la década de 1850, acercaban un poco las aldeas situadas en los alrededores de la metrópoli, haciendo posible a los pintores sin medios salir a la naturaleza con tanta frecuencia como quisieran. Cada hora salían trenes de Gare de l'Est hacia Argenteuil, Bougival, Asnières y hacia los demás lugares situados a lo largo del Sena, y solo pocas horas separaban a la metrópoli de los mundanos baños de Deauville, Honfleur y Trouville. Junto con los pintores, en tren viajan gentes de todas las clases en busca de reposo.

El paseo. Mujer con sombrilla, 1875
Óleo sobre lienzo, 100 x 81 cm
Washington, D.C., National Gallery of Art, Collection of Mr. and Mrs. Paul Mellon

Por primera vez pueden también los obreros y pequeñoburgueses de la ciudad hacer una excursión y dar la espalda a la ciudad al menos por un día. «Al partir, me dije a mí mismo: allá fuera voy a tener aire fresco, sol y verde. ¡Oh, sí, efectivamente, verde! En vez de centauras y amapolas, amplios campos cubiertos de harapos y cuellos postizos [...] por todas partes lavanderas, pero ni una única pastora. [...] Cocheros que se burlan de ti y camareros que te despluman [...] bosques en los que uno pierde a su hija [...] fondas en las que desaparece tu yerno. Ahí tienes la descripción de lo que normalmente se denomina los suburbios de París». Así se expresaba el honrado *monsieur* Bartaval, la figura principal de una ópera bufa del año 1875, sobre un fin de semana *à la campagne*. Sátiras y caricaturas de la época dan cuenta de cómo los pequeños pueblos a orillas del Sena son despoblados, industrializados y adaptados a las necesidades de las gentes de la gran ciudad, exactamente en esta época en que los impresionistas pintan en ellos. «Si alguien disponía de una pobre porción de campo con media docena de arbolitos raquíticos, enseguida montaba un restaurante con terraza o un local de baile».

Monet y Renoir pintan en el verano de 1869 uno de estos lugares turísticos en Bougival: *La Grenouillère*, el estanque de las ranas, es el motivo común de ambos pintores (il. págs. 133 y 224). Desde un punto de mira casi idéntico —Renoir ha debido situarse algo más a la derecha que Monet y algo más cerca del agua—, ambos pintan el ir y venir en la «Maceta», como era denominada la pequeña isla de bañistas con el árbol en el centro. Comparando los cuadros, es evidente que ambos se esforzaron por reproducir la topografía con exactitud. Pero es exactamente esta cercanía externa la que diferencia claramente los estilos de ambos pintores: Monet compone su cuadro a partir de pinceladas claras, horizontales, e incluye vehementemente luminosidades, pocas pero fuertes. Su pincelada es enérgica, mientras que Renoir aplica el color vaporosamente, diluyéndolo. Donde Monet utiliza pocos tonos, y estos fríos, la paleta de Renoir resulta más delicada y, gracias a la mezcla de tonos rojos, más cálida. A Monet ya no le interesa la moda del momento, sino que representa a sus figuras únicamente como relajadas pinceladas en movimiento. Renoir, por el contrario, reproduce la textura de los trajes rayados bajo la luz del sol y presta atención a detalles de la moda. Si Renoir comunica en su composición, concentrada en un punto central, una atmósfera acogedora, cerrada, Monet evita la concentración del cuadro mediante sombras regularmente repartidas y destacadas pinceladas blancas en los bordes, logrando así una trama espaciosa y dinámica que alcanza toda la superficie del cuadro y une lo plano y la profundidad plástica. Esta tensión que se extiende hacia los bordes será típica en las composiciones de Monet. En comparación con sus pinturas *A orillas del Sena cerca de Bennecourt* (il. pág. 126) o *Terraza en Sainte-Adresse* (il. pág. 125), en *La Grenouillère* Monet logra reproducir la superficie del agua en su calidad material, pero organizándola al mismo tiempo pictóricamente y como medio de composición de superficies. En este punto desaparece por completo de los cuadros de Monet el último halo de rigidez que daba a pinturas como *Mujeres en el jardín* (il. pág. 120) o *Terraza en Sainte-Adresse* un poco el aspecto de un escenario de opereta.

Visiones soleadas como la del estanque de las ranas tienen una larga tradición, cuya cima había sido alcanzada en la época galante de un Antoine Watteau. Los impresionistas —y Renoir más claramente que Monet— aluden a estas escenas arcádicas, pero pintan, en lugar de retirados idilios, muchedumbres turbulentas en correspondencia con las descripciones del ya citado *monsieur* Bartaval. En la visión de Monet de diversiones bañistas y regatas de vela, aparece una forma temprana de la industria del tiempo libre, con cuyos medios las gentes de la gran ciudad consumen naturaleza. Las representaciones del domingo *à la campagne*, al igual que las vistas del nuevo París,

El Hôtel des Roches Noires en Trouville, 1870
Óleo sobre lienzo, 80 x 55 cm
París, Musée d'Orsay

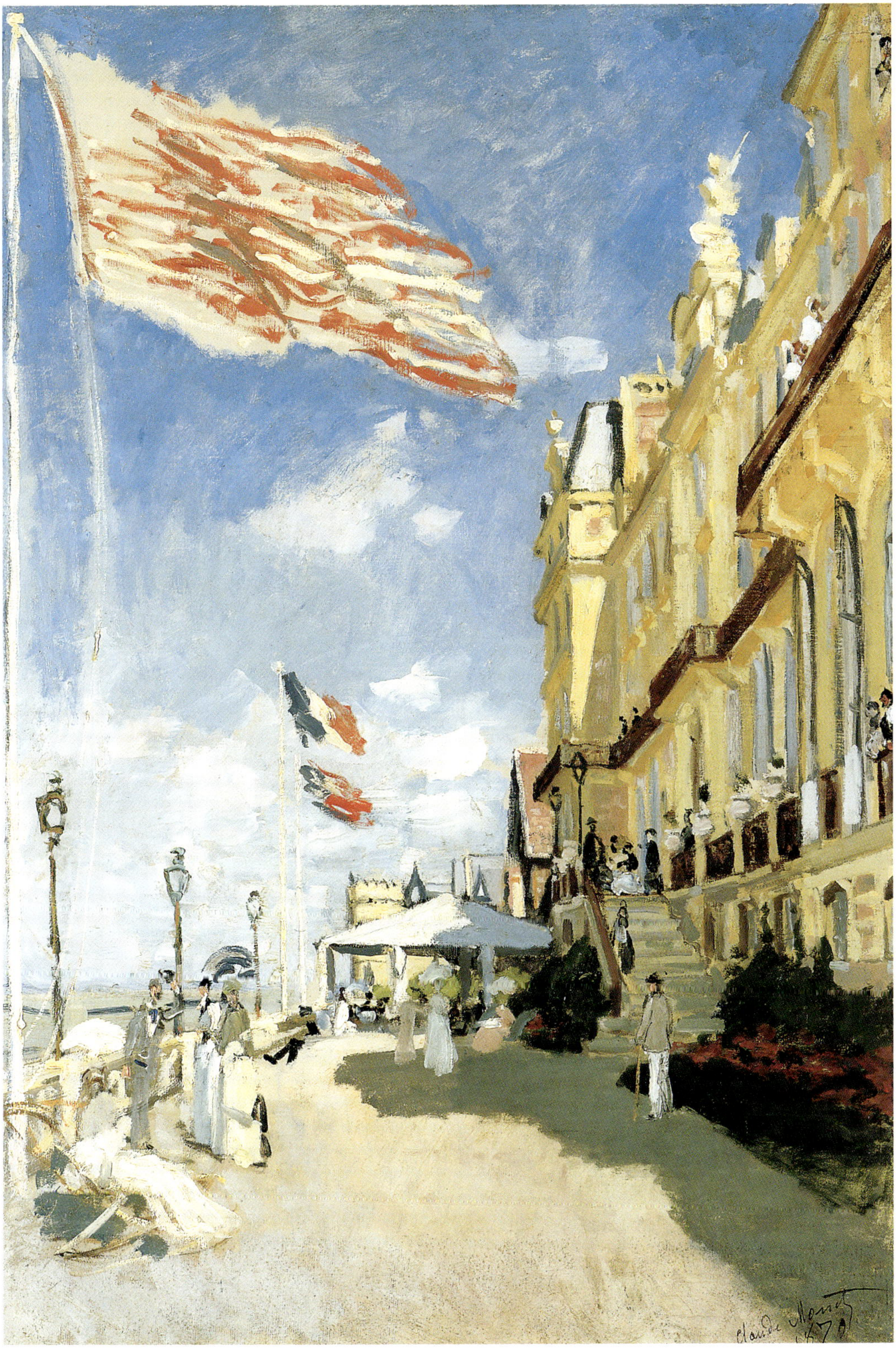

no son únicamente contemporáneas, sino que constituyen aspectos de la vida cotidiana conscientemente entendidos como modernos.

Para el público actual apenas es comprensible que estos cuadros de la vida liviana, del tiempo libre y de los placeres domingueros, pudieran despertar críticas tan duras y fueran tan empecinadamente rechazados por la academia y el público. Este rechazo se basaba esencialmente en tres factores: el estilo pictórico, el colorido y el tratamiento de la figura humana. Para reproducir las impresiones de colorido e iluminación percibidas al aire libre, los pintores desarrollaron una propia escritura de pincel. Esta se caracteriza sobre todo por las pinceladas sueltas y las manchitas en forma de coma, que permiten situar juntos valores cromáticos claros y tonos oscuros —pero con color— sin que medien valores intermedios moduladores. Para una *ébauche*, un esbozo rápido, se hubiera aceptado la utilización de esta forma de pintar; pero las exigencias de un *tableau*, una pintura elaborada con la que un pintor tenía que demostrar su habilidad, no se cumplían en absoluto con este estilo. Se consideraba especialmente arrogante el que estas chapucerías pretendieran ser, por sus dimensiones, pinturas acabadas. Además, un público acostumbrado a los valores cromáticos arcillosos de los naturalistas y a los fríos colores metálicos de un Ingres y su escuela, había de considerar la energía luminosa de los cuadros de Monet poco menos que estridente, chillona y provocante.

Ingres, que determinaba decisivamente la pintura académica de aquellos años, había dado al dibujo, como base de la pintura, un valor absoluto. Como alumno del clasicista Jacques-Louis David y ardiente admirador del arte de Rafael, entusiasmaba a la burguesía —cuyos encargos de retratos se amontonaban en su taller— con su pintura de siluetas cerradas, de suaves tonos cromáticos y ponderados contornos. El contorno de las figuras, siguiendo la escuela antigua de belleza de líneas, y su dinámica elegancia eran la medida de sus cuadros. «Dibujen líneas, muchas líneas», había inculcado Ingres metódicamente a sus alumnos. El color era solo un añadido. Ingres, y con él gran parte de los pintores académicos, luchó durante toda su vida contra Delacroix, que sobreponía el color a todo lo demás y —al igual que Courbet y Manet— tuvo que batallar mucho antes de poder exponer en el Salón. Pero incluso la dramática pintura claroscura de un Delacroix, en la que líneas y colores corren rabiosos desde la nada hacia el centro y se unen como por casualidad formando figuras, era, comparada con la «coma» con que los impresionistas componían sus luminosos espectáculos cromáticos, casi de vieja escuela.

Si tenemos en cuenta el gran valor que ordinariamente se daba a los cuadros de figuras, debió de ser especialmente la forma en que Monet y sus amigos trataban la figura humana lo que tanto enfurecía a los contemporáneos. Los pintores académicos habían representado a *monsieur* Burgués como Leónidas u Odiseo y a su *madame* como hermosa Elena o virtuosa Diana, ennobleciéndolos por medio de la clarificación antigua. Los burgueses que se pasean por los cuadros de Monet son tratados como si fueran banderas al viento. Lo mismo que una hierba o una nube de humo, el burgués es superficie de proyección de la luz: ni más ni menos. «¿Ese es mi aspecto cuando me paseo por el Boulevard de Capucines?... ¡Maldita sea! ¿Se está riendo de mí?», se indignaba el crítico Louis Leroy ante el cuadro de Monet del *Boulevard des Capucines* (il. pág. 137), mostrado en la primera exposición común de los artistas en abril de 1874.

Después de haber sido rechazados durante más de diez años de los centros oficiales, los pintores decidieron encargarse ellos mismos de organizar una exposición. En la Asociación anónima de pintores, escultores, grabadores y otros, se reunieron, junto a Monet y Renoir, los pintores Pissarro, Sisley, Degas, Cézanne y otros muchos más al objeto de exponer sus trabajos por primera vez independientemente del Salón. La exposición no fue, sin embargo, precisamente un éxito de público. Mientras

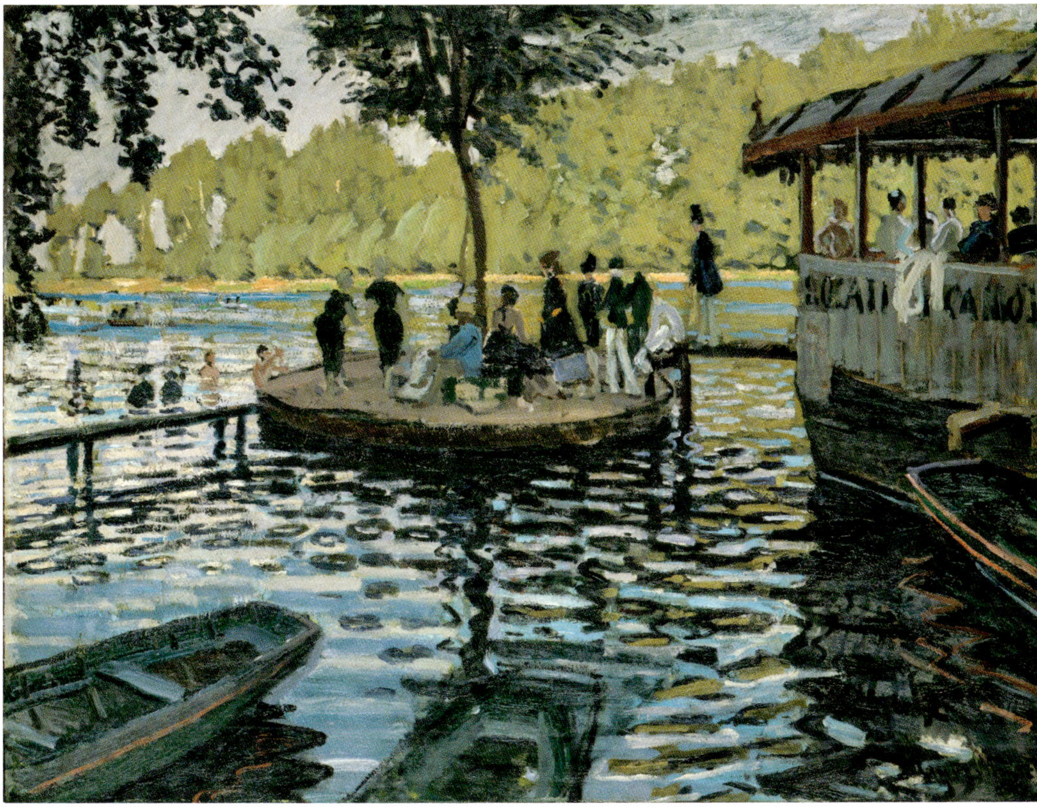

La Grenouillère, 1869
Óleo sobre lienzo, 75 x 100 cm
Nueva York, The Metropolitan Museum of Art

La «Maceta» o también «Camembert», como se denominaba a la pequeña isla de baño con el árbol en el centro, es para Monet y su colega Renoir un atractivo motivo para sus primeros cuadros «impresionistas». Con sus caballetes uno junto al otro, ambos pintan el mismo motivo. A pesar del parecido, los cuadros delatan mucho de las diferencias básicas entre ambos pintores.

que por el Salón fluían diariamente de 8 000 a 10 000 visitantes, en la exposición del grupo se encuentran el primer día 175 personas y el último día solo 54, de las que, para colmo, la mayoría solo viene para divertirse. Pero aquí obtiene el grupo el nombre bajo el que en el futuro se resumirá la dirección común de sus integrantes: «Exposición de los impresionistas» es el título bajo el que el escritor y paisajista Louis Leroy publica en su revista satírica *Le Charivari* la destructiva crítica de la exposición, valiéndose para ello del título de la pieza de Monet *Impresión, sol naciente* (il. págs. 134/135): «Impresión —¡Debí suponerlo! Acabo de decirme a mí mismo que cuando estoy impresionado, tiene que haber una impresión. ¡Y qué libertad, qué ligereza de pincel! Un tapiz en estado virgen está más elaborado que esta marina».

Monet ha representado en *Impresión*, con una fina capa de color, su impresión del puerto de Le Havre, poniendo con pocas y atrevidas pinceladas los reflejos naranja del sol sobre los tonos grises frecuentemente quebrados. Aun cuando los contornos de los mástiles y chimeneas desaparezcan en la niebla, conforman sin embargo una estructura gráfica, una composición de líneas verticales y diagonales que estructuran y avivan las superficies. La pincelada suelta, el carácter de boceto mediante el cual ha sido reproducida con tanta espontaneidad la percepción del instante, resultan escandalosos para el público, que considera el cuadro grosero y burdo.

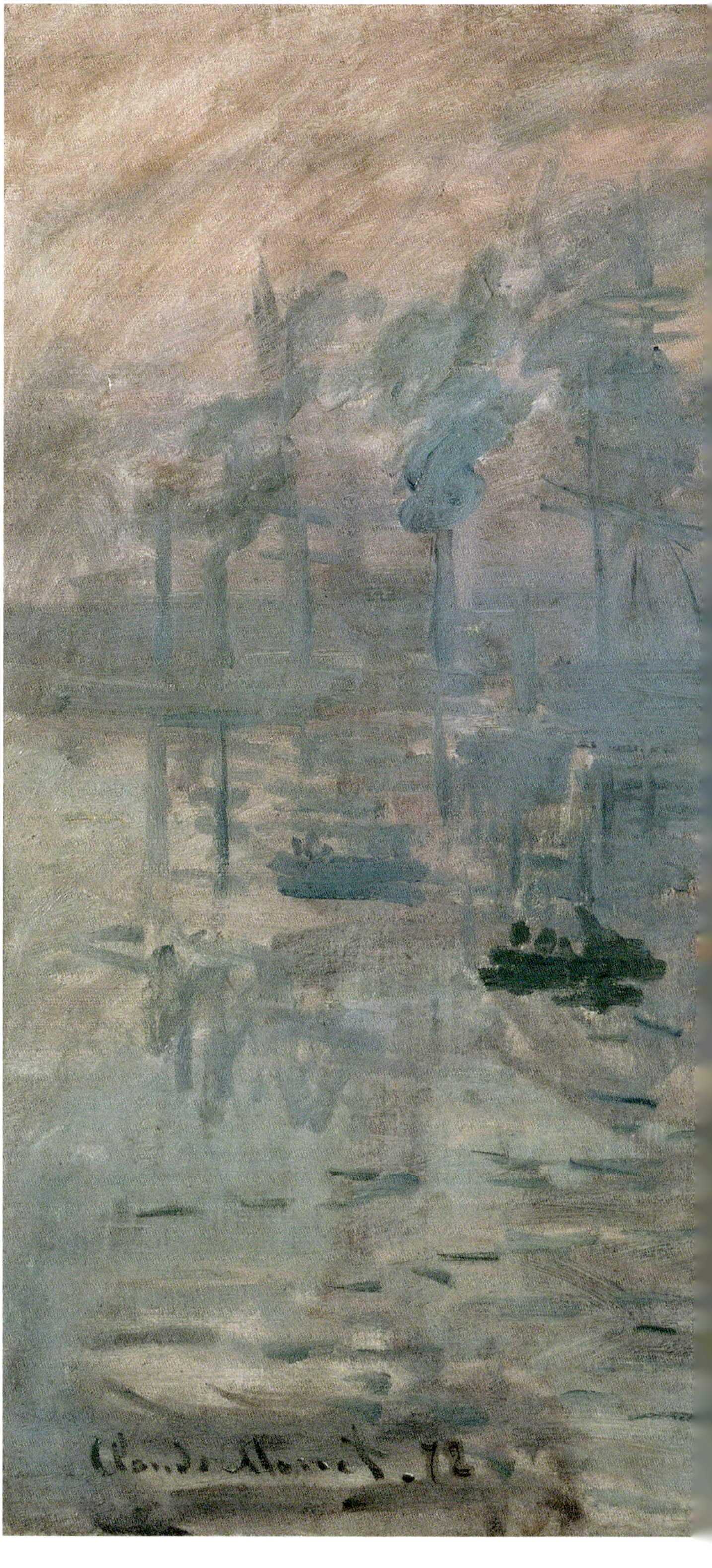

Impresión, sol naciente, 1873
Óleo sobre lienzo, 48 x 63 cm
París, Musée Marmottan Monet

El ambiente matinal pintado por Monet en el puerto de Le Havre da nombre al nuevo movimiento. El crítico Leroy hace un juego de palabras con la expresión *Impression*, añadiendo burlón: «Un tapiz en estado virgen está más elaborado que esta marina».

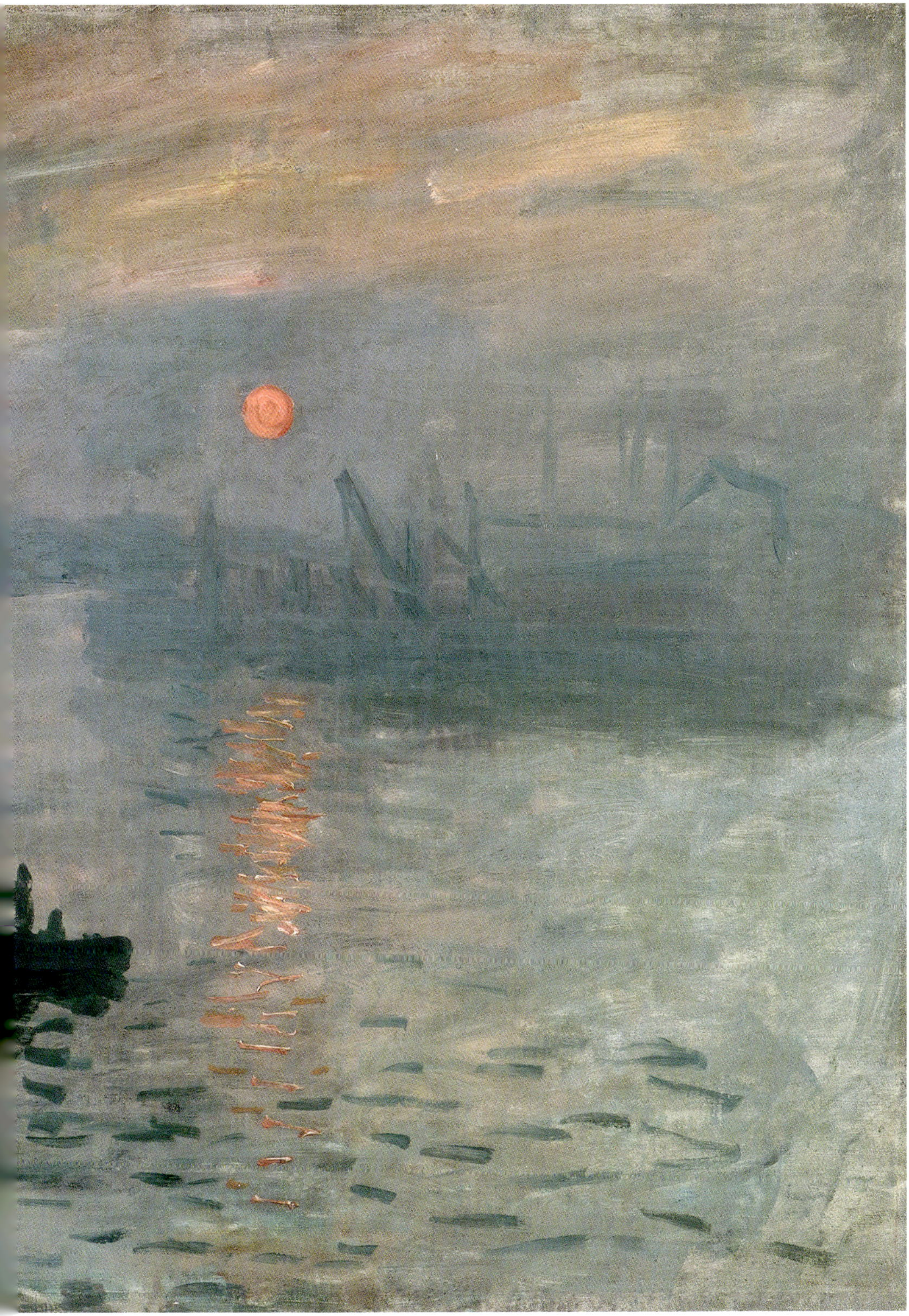

La definición del grupo, en un principio sarcástica, no tarda en ser aceptada, y ya pocos días después del artículo en *Le Charivari*, un crítico que aprecia a los jóvenes pintores escribe: «Para caracterizar sus intenciones con una palabra, hubo que crear el nuevo concepto de impresionistas. Son impresionistas en el sentido de que no reproducen un paisaje, sino la impresión que suscita».

El impresionismo no representa para nosotros, el público de hoy, una ruptura revolucionaria o el logro de un solo pintor, sino que lo concebimos como un desarrollo de ideas, técnicas y observaciones que ya aparecieron, una y otra vez, durante la primera mitad del siglo XIX, si bien no fueron formuladas de forma tan radical hasta Monet y sus amigos. *Impresión* significa percibir un paisaje o un motivo durante un momento, durante un instante. En una mirada tan breve, el ojo no logra percibir la riqueza de detalles. Solo cuando uno se toma tiempo y estudia con los ojos las casas o el trajín de los peatones, empieza a percibir, por ejemplo, ventanas concretas, adornos arquitectónicos, un sombrero de moda o un rostro digno —si bien el cerebro toma la delantera a los ojos y borra la primera impresión, sustituyéndola por experiencias, convenciones o fantasía—. Y es precisamente esta primera impresión, esta frescura del ver sin separar en categorías y propósitos tadicionales, lo que interesaba a los impresionistas, sobre todo a Monet: él abría los ojos, veía las masas cromáticas, las superficies, el aire en su transmisión de la luz, y plasmaba esta impresión en el lienzo. «Era solamente un ojo, pero qué ojo»; a este proverbio con el que Paul Cézanne caracterizaba a su colega se recurre una y otra vez para aclarar la intención de Monet. La tarea de su vida es reproducir esa instantaneidad, *l'Instantanéité*, como él mismo la denominará más tarde. Ella lo llevará muchas veces a la desesperación, pues en la retención de lo realmente pasajero hay una contradicción insuperable.

Boulevard des Capucines, 1873
Óleo sobre lienzo, 80 x 60 cm
Kansas City, The Nelson-Atkins Museum of Art

Monet reproduce la ondulante e ininterrumpida corriente de peatones y carruajes en el mundano bulevar mediante una vibrante escritura de pincel, dando lugar a una trémula impresión de neblina y luz. Con el punto de mira flotando sobre el cuadro, el espectador tiene una impresión —*Impression*— de conjunto, sin perder el tiempo en detalles de las figuras aisladas.

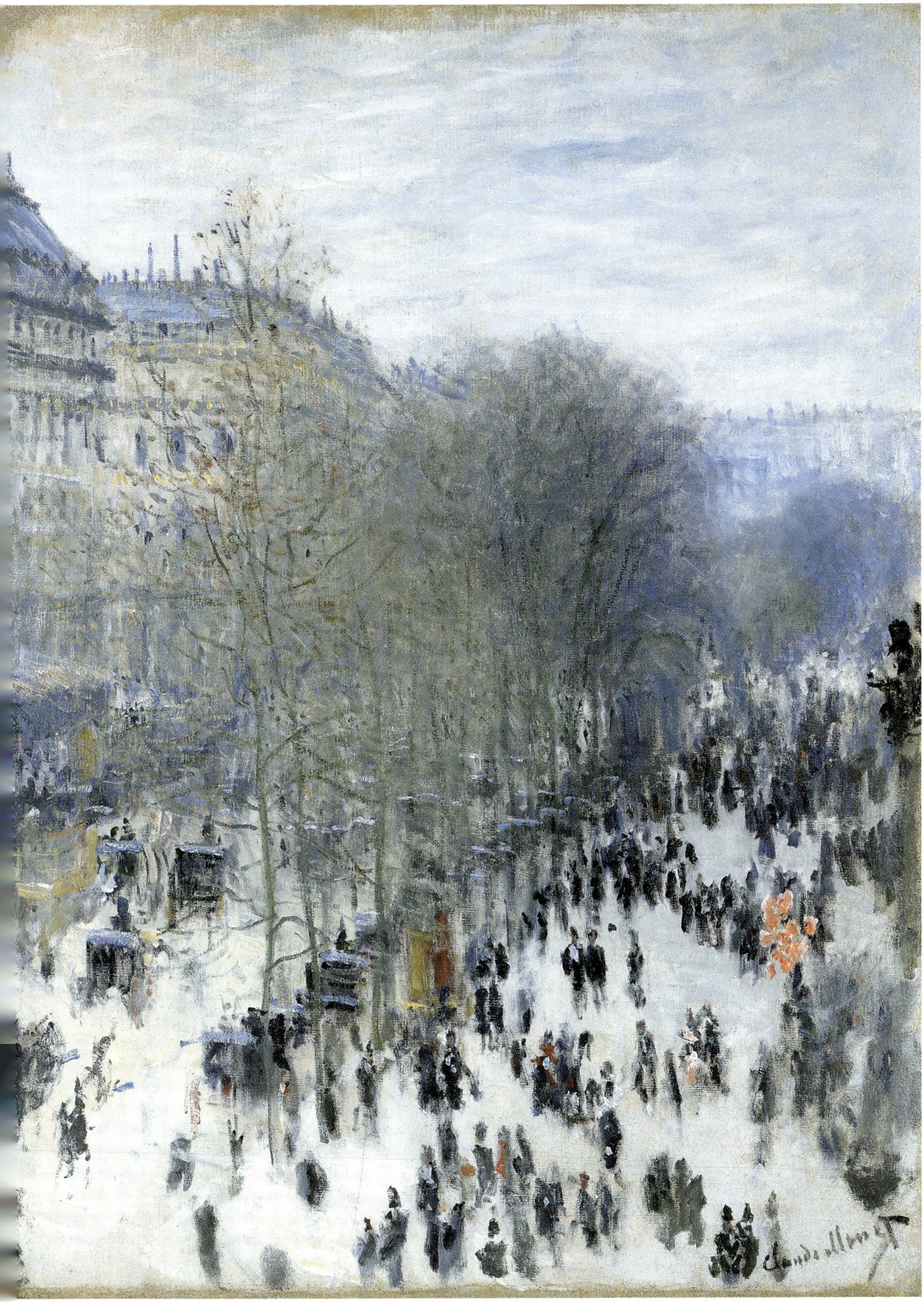

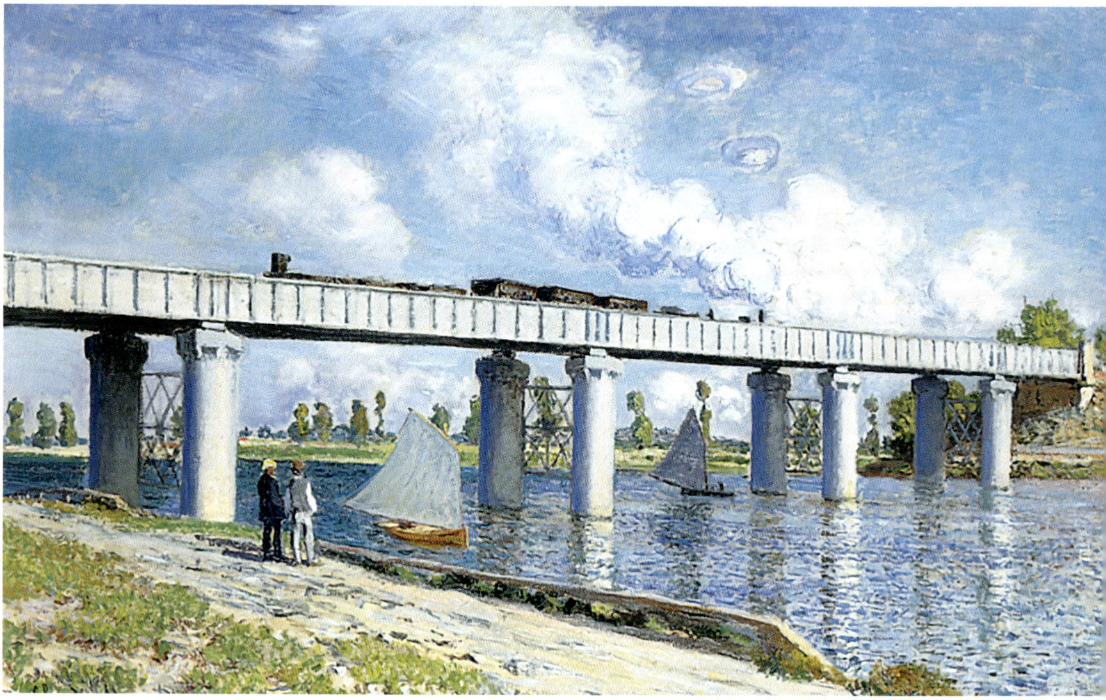

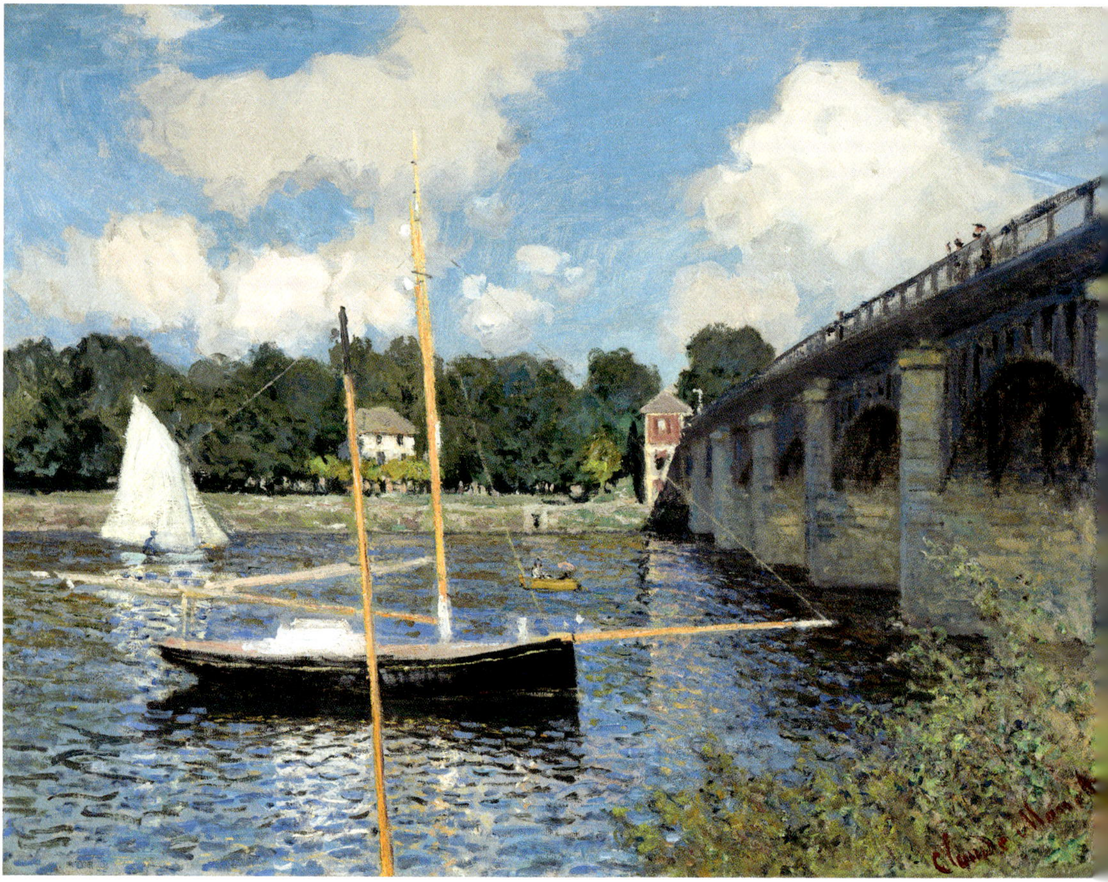

Los puentes de Argenteuil

Tan lejanas y nostálgicas como nos resultan a nosotros hoy las mujeres de vestidos crujientes y sombrillas delicadamente oscilantes, o los ociosos que se paseaban durante un desayuno en el bosque o en los baños de Bougival, a los contemporáneos de Monet les resultaban modernos. *D' être de son temps*, de acuerdo con la época, era la divisa con que toda una generación de pintores reaccionaba ante las preferencias académicas por los héroes antiguos y los romances caballerescos. Fueron pocos los pintores que tradujeron en su cuadros esta voluntad de actualidad tan consecuentemente como Monet. Este se exterioriza, en la sorprendente proximidad de sus tempranos cuadros de figuras, sobre las ilustraciones de las revistas de moda contemporáneas y sobre los homenajes a la moderna imagen urbana de París, pero también recoge en su pintura las humeantes chimeneas de Le Havre y los pasatiempos modernos.

En el otoño de 1871, finalizada ya la guerra franco-alemana, Monet se traslada a Argenteuil. Había pasado en Londres los años de guerra para esquivar el llamamiento a filas. Con Camille, con la que se había casado un año antes, y con su hijo Jean alquila una casa con jardín. Una fuente de la época describe el suburbio situado a unos 10 km al noreste de París: «Un pueblo muy bonito en una situación privilegiada, edificado sobre una pequeña colina que, cubierta de cepas de vino, se extiende hasta la orilla derecha del Sena». Al igual que Bougival y Asnières, el pueblo es inundado los fines de semana por excursionistas parisinos. Regatas de vela con elegantes ciudadanos, locales de esparcimiento y baños, pero también campos de amapolas vírgenes y barcas de remo balanceándose perezosas bajo el sol, ofrecen al pintor innumerables motivos y convierten a Argenteuil en los años siguientes en El Dorado de los impresionistas.

Interrumpido por cortas estancias de trabajo en Holanda y Normandía, y también en París, Monet vive y pinta aquí hasta su traslado a Vétheuil en 1878. El dinero que Camille aporta como dote a la unión matrimonial y la herencia que Monet recibe a la muerte de su padre, permiten a la pequeña familia por primera vez una vida en común bendecida por el bienestar burgués. Además, recibe el apoyo del marchante de arte Paul Durand-Ruel, a quien Monet había conocido en Londres. Este compra ahora regularmente cuadros de Monet, si bien aún le resulta difícil por su parte encontrar compradores para las obras.

Cartas y libros de cuentas meticulosos documentan las condiciones de vida de la familia Monet: por lo menos hasta

PÁGINA ANTERIOR ARRIBA
Puente de ferrocarril en Argenteuil, 1873
Óleo sobre lienzo, 60 x 98,4 cm
Colección particular

Este puente de ferrocarril en Argenteuil del cuadro de Monet se convierte en monumento utópico de una época en albores —el mundo moderno—. Sobre el puente llegan a los suburbios no solo los ociosos de la ciudad, sino también las nuevas industrias.

PÁGINA ANTERIOR ABAJO
El puente de la carretera, Argenteuil, 1874
Óleo sobre lienzo, 60 x 80 cm
Washington, D.C., National Gallery of Art

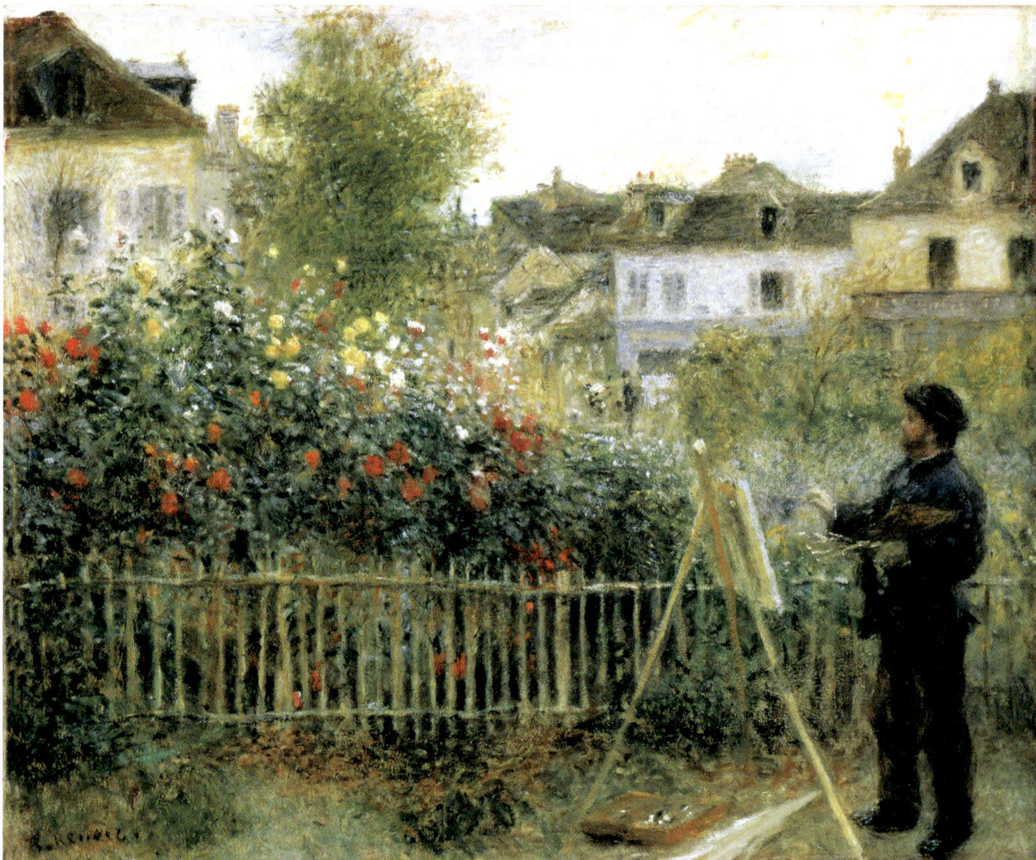

Pierre-Auguste Renoir
Monet pintando en su jardín en Argenteuil, 1873
Óleo sobre lienzo, 46 x 60 cm
Hartford, Connecticut, Wadsworth Atheneum

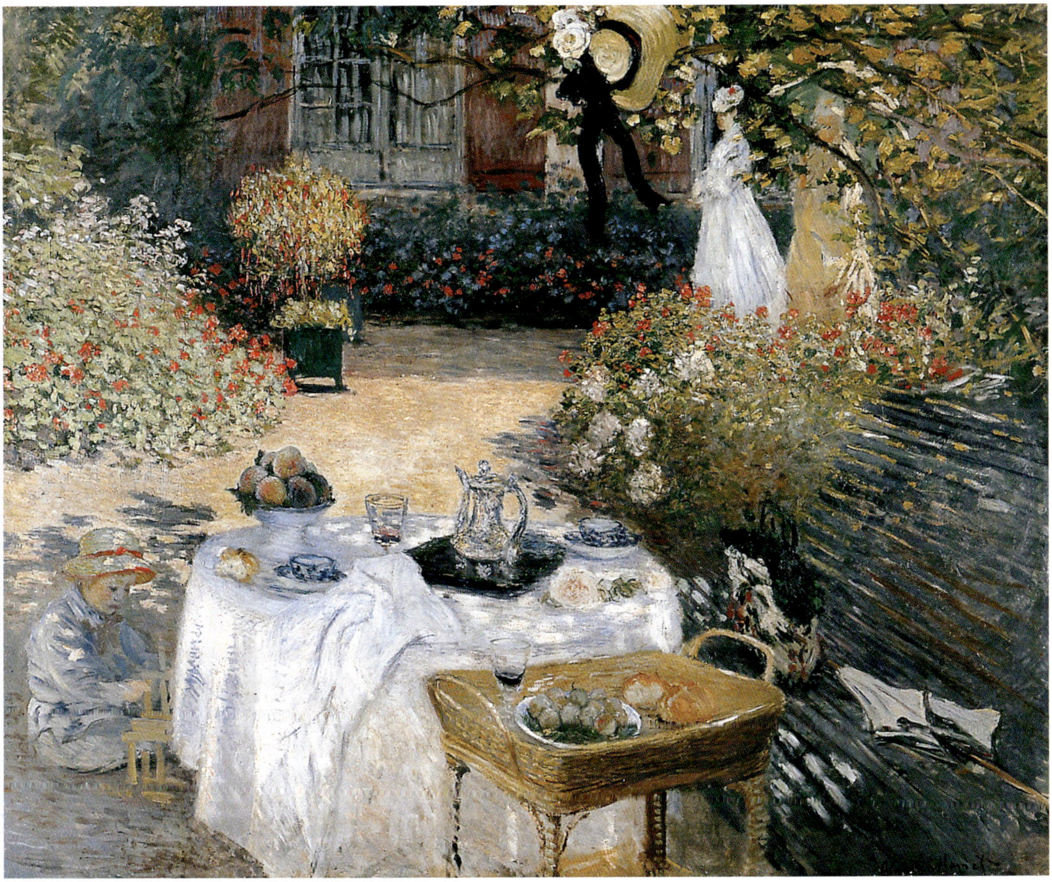

El almuerzo, hacia 1873
Óleo sobre lienzo, 160 x 201 cm
París, Musée d'Orsay

mediados de la década, los Monet gozan de bienestar económico, e incluso pueden permitirse dos sirvientes y un jardinero. Las circunstancias de vida de la *bonne bourgeoisie* se reflejan también en los íntimos lienzos de esta época: *El almuerzo* (il. pág. 141) nos muestra a Camille y al pequeño Jean en la plétora estival del cuidado jardín. Valiosas tazas de porcelana china y una jarra de plata sobre una mesa cubierta con mantel blanco, los vestidos veraniegos de las mujeres paseando y el sombrero colgado en una rama del árbol aluden a una ociosidad que no sería concebible sin cierto bienestar. En el cuadro *Una esquina en el apartamento* (il. pág. 143), que nos permite echar una ojeada en el sombrío interior de la casa, la pesada araña, el parqué perfectamente encerado y el traje de marinero del pequeño Jean nos dan cuenta del bienestar de esos años.

Monet tiene relaciones con marchantes de arte y coleccionistas, y gusta de invitar a amigos a su casa: Renoir y Pissarro lo visitan, y Manet se deja convencer aquí de las ventajas de la pintura al aire libre, que tantos años había despreciado. En Argenteuil se encuentra también con el pintor Gustave Caillebotte. Este es, gracias a una herencia, económicamente independiente y se convertirá en los años siguientes en uno de los más consumados coleccionistas de arte impresionista. Una y otra vez echa una mano a Monet y a otros colegas pintores, haciendo posible que realicen exposiciones. A su muerte en 1894, su enorme colección, en la que había 16 cuadros de Monet —entre ellos obras centrales como *La estación de Saint-Lazare, llegada de un tren* (il. pág. 149), *El almuerzo* (il. pág. 141) y *Regata en Argenteuil*—, pasa a ser del estado francés. Transcurrirá mucho tiempo hasta que los responsables oficiales se decidan por fin a exponer al menos una parte de la colección. La donación de Caillebotte constituye la base de la colección impresionista del Louvre, hoy expuesta en el Musée d'Orsay.

En Argenteuil pone Monet por primera vez su barca a flotar: ha transformado la ancha barca en un taller, en el que hay una cabina y una cubierta de tela a modo de toldo que puede ser desenrrollado para protegerse del sol. Monet se remite aquí a una idea del paisajista Daubigny, que pintaba quince años antes desde su *botin* en el Sena y en el Oise.

La barca-estudio de Monet aparece reproducida en algunos de sus propios cuadros y también la pinta Manet en 1874 (il. pág. 144). En su barca, Monet pinta el agua desde el agua, se sumerge de lleno en el motivo. Sugiere el viento soplando entre los juncos y el agua moviéndose silenciosa con una inmediatez que permite al espectador introducirse en el paisaje. Como podemos ver en *El Puente de Argenteuil* (il. pág. 146 arriba) o en el *Las amapolas* (il. pág. 147), el pintar inmerso en el motivo lleva a que los paisajes ilimitados a izquierda y derecha, a delante y a atrás, se extiendan en todas las direcciones, pudiendo ser imaginados más allá de los límites del cuadro.

Argenteuil no solo es un lugar de reposo próximo a París, sino también, desde mediados de siglo, un floreciente pueblo industrial. Esta es una atracción adicional para los impresionistas, pues la industria hace que el lugar esté a la altura de la época. Dos puentes sobre el Sena aseguran la comunicación con la gran ciudad. Monet pinta ambos. El más viejo (il. pág. 146 arriba) había sido construido con madera y piedra, y, tras haber sido destruido en la guerra en 1870/71, fue reconstruido conservando su antiguo carácter. Cierto que las vigas de madera fueron sustituidas por otras de hierro fundido, pero poniendo especial cuidado en una decoración con aspecto de trabajo artesanal. El segundo puente (il. págs. 138 arriba y 146 abajo) era un puente de ferrocarril, una construcción muy moderna por su función y los materiales de construcción —hormigón y piezas de hierro prefabricadas—. Entre los lugareños reinaba controversia con respecto a este puente:

Jean Monet en la casa del artista
o ***Una esquina en el apartamento***, 1875
Óleo sobre lienzo, 80 x 60 cm
París, Musée d'Orsay

Los primeros años en Argenteuil constituyen una época dorada para Monet y su familia. Respaldado por una seguridad económica pasajera, el pintor encuentra en una bonita casa con jardín la paz y la inspiración para pintar sus cuadros más luminosos.

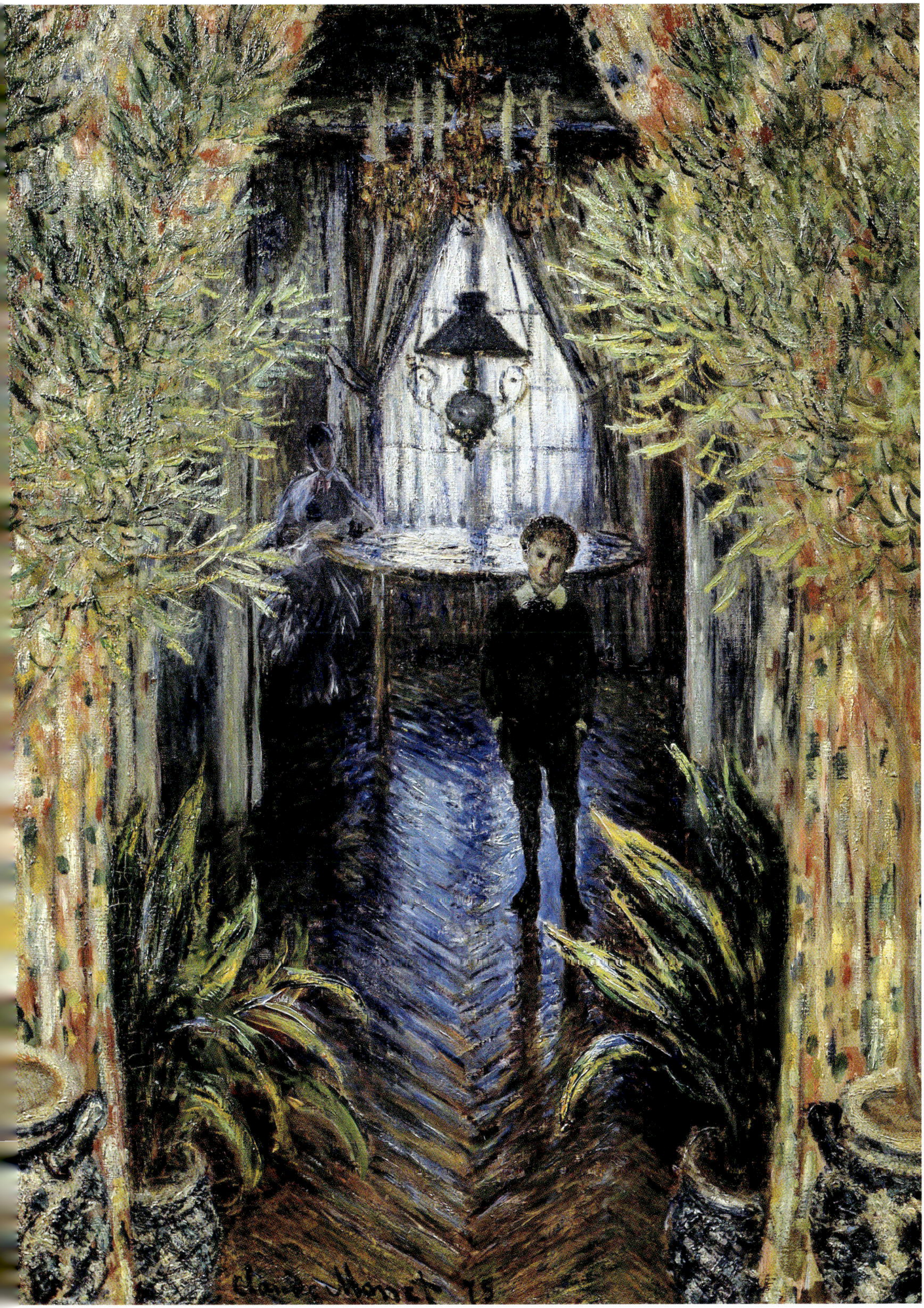

unos veían en él una obra elegante que mostraba el camino a seguir en el futuro, otros lo denominaban «un espantoso túnel sin techo».

En los cuadros de Monet se hace inmediatamente evidente el carácter diferente de los dos puentes: las representaciones de la ingeniería moderna con su perspectiva evasiva y la luz fría, casi metálica, están amparadas por una inalterable fascinación por la técnica moderna, el desarrollo industrial y la velocidad, que encuentra un símbolo en el ferrocarril. En uno de los cuadros de Monet (il. pág. 138 arriba), el ferrocarril se convierte en resplandeciente monumento de la nueva era incipiente. El carácter del viejo puente (il. pág. 146 arriba) es más sosegado. Por su forma constituye un monumento histórico de la Monarquía de Julio, la *Âge d'or* de la gran burguesía, y su función también es tradicional: peatones y coches de caballos cruzan sosegadamente el puente —tal vez en dirección hacia el próximo local de esparcimiento o hacia los baños—. Representado en la luz de la tarde, el puente tiene una sólida presencia. Pero como cualquier puente, también este significa una superación de la naturaleza y es signo de su domesticación, un signo de civilización. En los paisajes de Argenteuil no aparecen ni un carácter indómito ni una dulzura arcádica. Los paisajes que Monet pinta aquí son soleados y alegres, pacíficos y armónicos, pero sin ocultar el presente. Son civilizados.

El espectador de los cuadros de Monet tiende a partir de la inmediatez de los motivos, cree ver en ellos casi fotos instantáneas. De este modo es fácil pasar por alto que estos cuadros son en su composición a menudo muy meditados, casi construidos. Monet se vale con frecuencia de una simetría de ejes, algo que los pintores académicos evitaban en la medida de lo posible. Pues este principio de composición determina un efecto plano a costa de la ilusión espacial. Pero esto es lo que le interesa a Monet, pues precisamente busca esta superficialidad que convierte todo el cuadro en un tejido tenso. En la obra de Múnich del *Puente de Argenteuil* (il. pág. 146 arriba) podemos observar este efecto con claridad: Monet ensambla aquí líneas horizontales y verticales estrictas, uniendo así la composición en una estructura enclavada en la superficie. Pero por medio del color que rodea a esa estructura, eleva de nuevo la superficialidad a espacio: el frente del pilote se distingue significativamente por su claro tono ocre del grisverde de los flancos; lo mismo sucede con la red de las construcciones de los arcos. Y también en el agua vemos dos valores de azul uno junto a otro: el más oscuro empuja siempre al más claro, o el claro se arrincona ante la presencia del oscuro. De este modo, en la plana

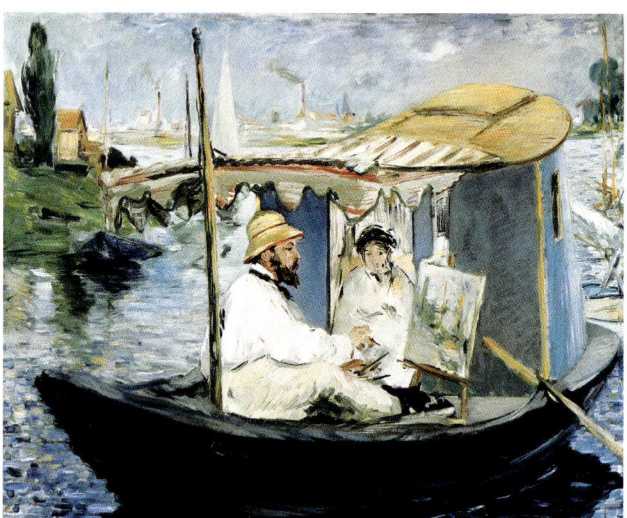

Édouard Manet
Claude Monet y su eposa en su estudio flotante, 1874
Óleo sobre lienzo, 82,7 x 105 cm
Múnich, Bayerische Staatsgemäldesammlungen

Durante una visita en Argenteuil, Manet pinta a su amigo mientras este estudia desde su bote el paisaje de la orilla. En la entrada a la cabina vemos a Camille, que, sentada y reservada, hace compañía a Monet.

PÁGINA SIGUIENTE
La barca-estudio, 1874
Óleo sobre lienzo, 50 x 64 cm
Otterlo, Kröller-Müller Museum

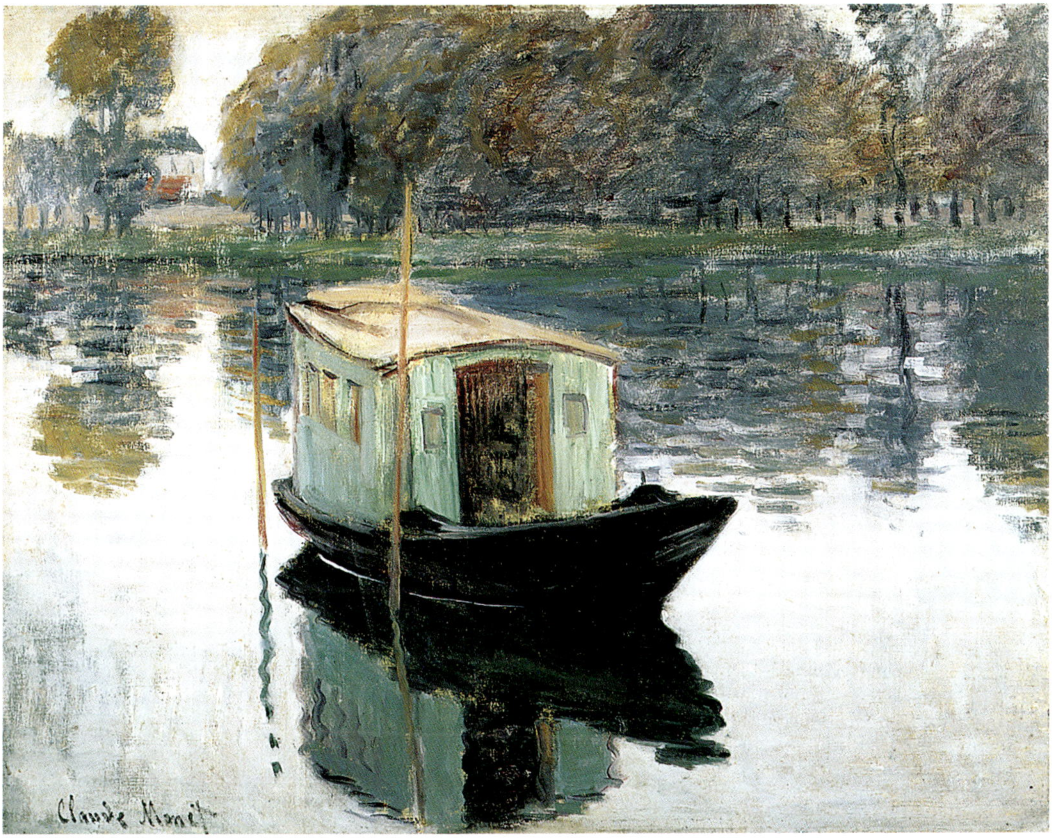

construcción lineal, surgen de forma pictórica, es decir, mediante los efectos del color, una clara plasticidad de las formas representadas y una profundidad en el espacio del cuadro.

Un principio similar puede observarse en los cuadros que Monet pinta en 1877 en la estación de ferrocarril de Saint-Lazare (il. pág. 149). Hacía ya tiempo que la estación fascinaba al pintor, y, si hemos de dar crédito a la descripción de Renoir sobre la toma de la estación por parte de Monet, este logró su propósito de pintar en la estación gracias a cierta desfachatez: «Se puso sus mejores ropas, se arregló bien los puños y entregó, balanceando indolente su bastón con empuñadura dorada, su tarjeta al director de la línea ferroviaria oeste en la estación de Saint-Lazare. El ordenanza se puso rígido y lo mandó pasar enseguida. El alto cargo invitó al visitante a tomar asiento, y este se presentó con gran sencillez. "Soy el pintor Claude Monet". El director no tenía ni idea de pintura, pero no se atrevía a confesarlo. Monet lo manturo en vilo unos instantes, antes de tener a bien comunicarle la gran novedad. "He decidido pintar su estación. He dudado largo tiempo entre pintar Gare du Nord o la suya, pero ahora pienso que la suya tiene más carácter". Monet consiguió todo cuanto se había propuesto. Se retenían trenes a petición suya, se cerraban andenes y se cargaban las locomotoras de carbón para que escupieran tanto vapor como Monet quería. Tiránicamente se instaló en la estación, pintó durante días enteros con la admiración de todos y abandonó el lugar con media docena de cuadros bajo el brazo».

Como en los cuadros de puentes, Monet también busca en los cuadros de la estación ferroviaria de Saint-Lazare las estructuras lineales dadas por la obra de ingeniería. Y también aquí las rodea de humo, vapor y la luz del sol, logrando así un efecto espacial. En los grabados en madera japoneses

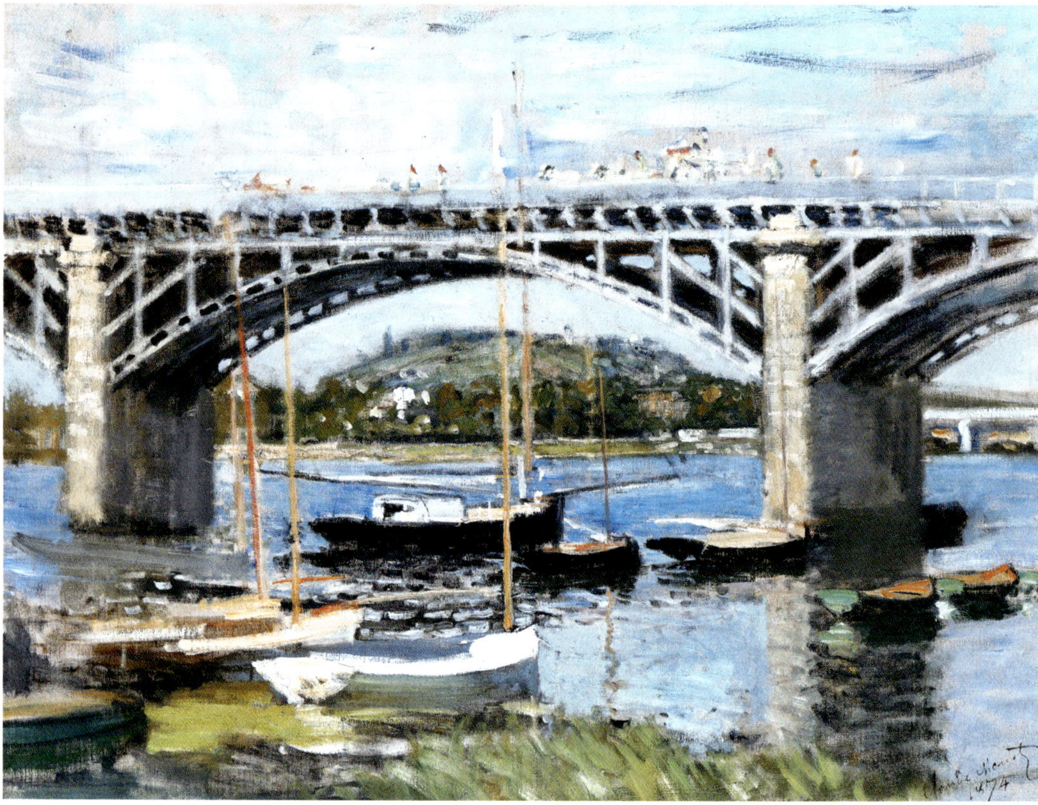

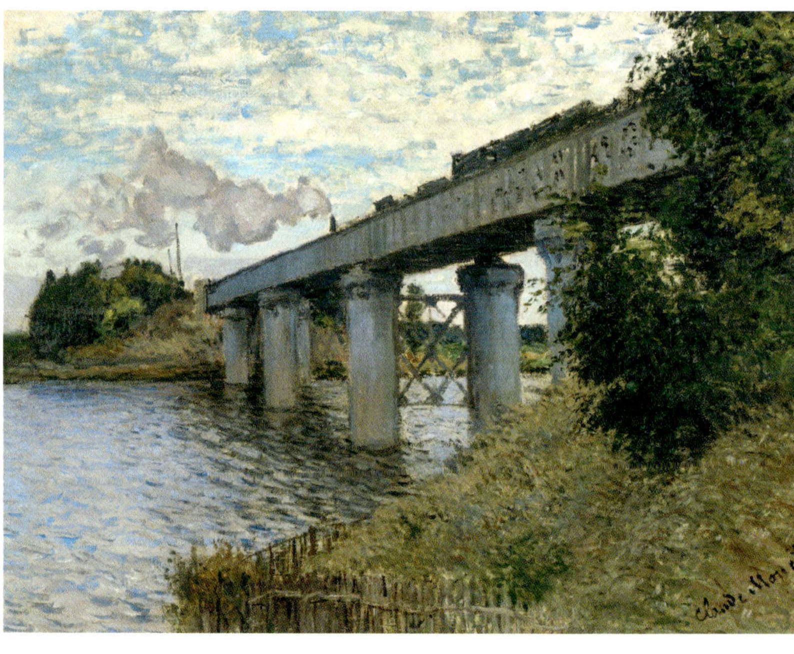

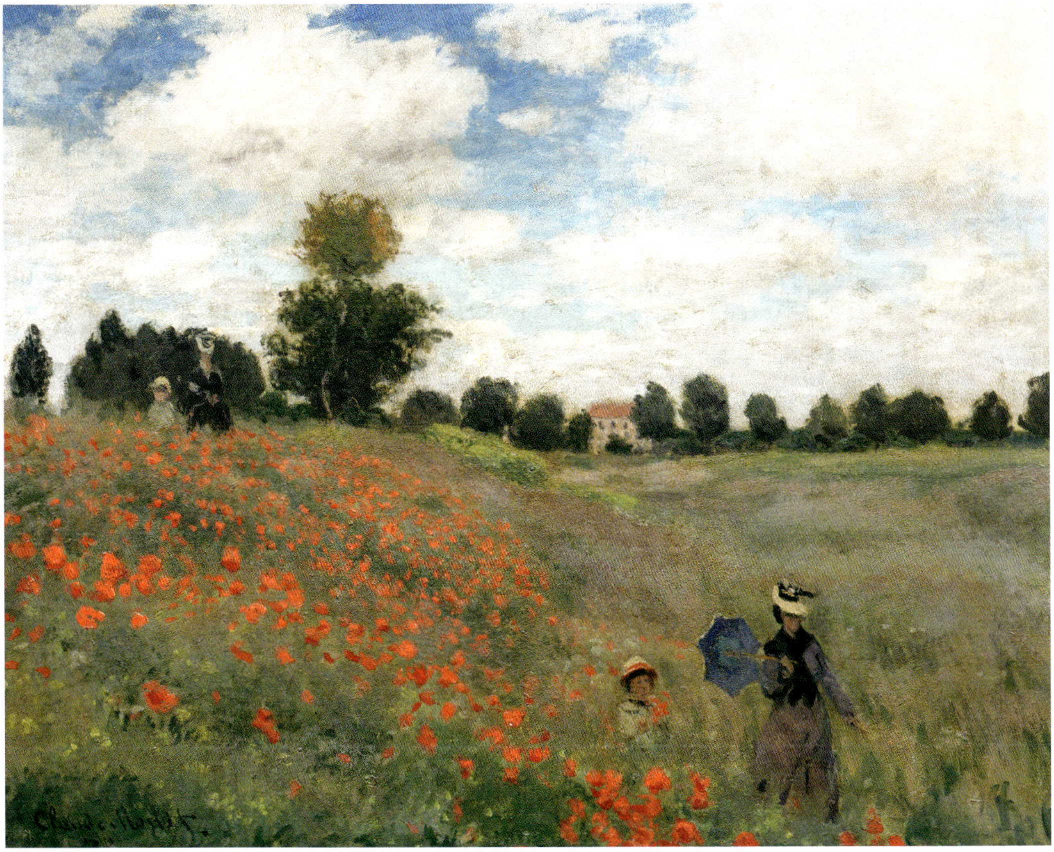

Las amapolas, 1873
Óleo sobre lienzo, 50 x 65 cm
París, Musée d'Orsay

«Como un auténtico parisién, lleva París consigo al campo», había escrito Émile Zola sobre el temprano Monet. «No puede pintar un paisaje sin meter en ellos a damas y caballeros bien vestidos. La naturaleza parece perder interés para él si no lleva el sello de nuestras costumbres vitales». Pero con los años desaparecen las figuras de sus paisajes, y los signos de la civilización dan paso a una impresión pura de la naturaleza.

PÁGINA ANTERIOR ARRIBA
El puente de Argenteuil, 1874
Óleo sobre lienzo, 60 x 81,3 cm
Múnich, Neue Pinakothek

Bajo la luz de una tarde de verano, el puente de Argenteuil se extiende ancho y corpulento. Mientras su arco central enmarca la vista de la fructuosa colina del Sena, a través del arco derecho reluce la construcción del nuevo puente del ferrocarril.

PÁGINA ANTERIOR ABAJO
Puente del ferrocarril en Argenteuil, 1873/74
Óleo sobre lienzo, 54 x 71 cm
París, Musée d'Orsay

Monet pinta el moderno puente del ferrocarril, realizado a mediados de la década de 1860, a contraluz del día que acaba de amanecer.

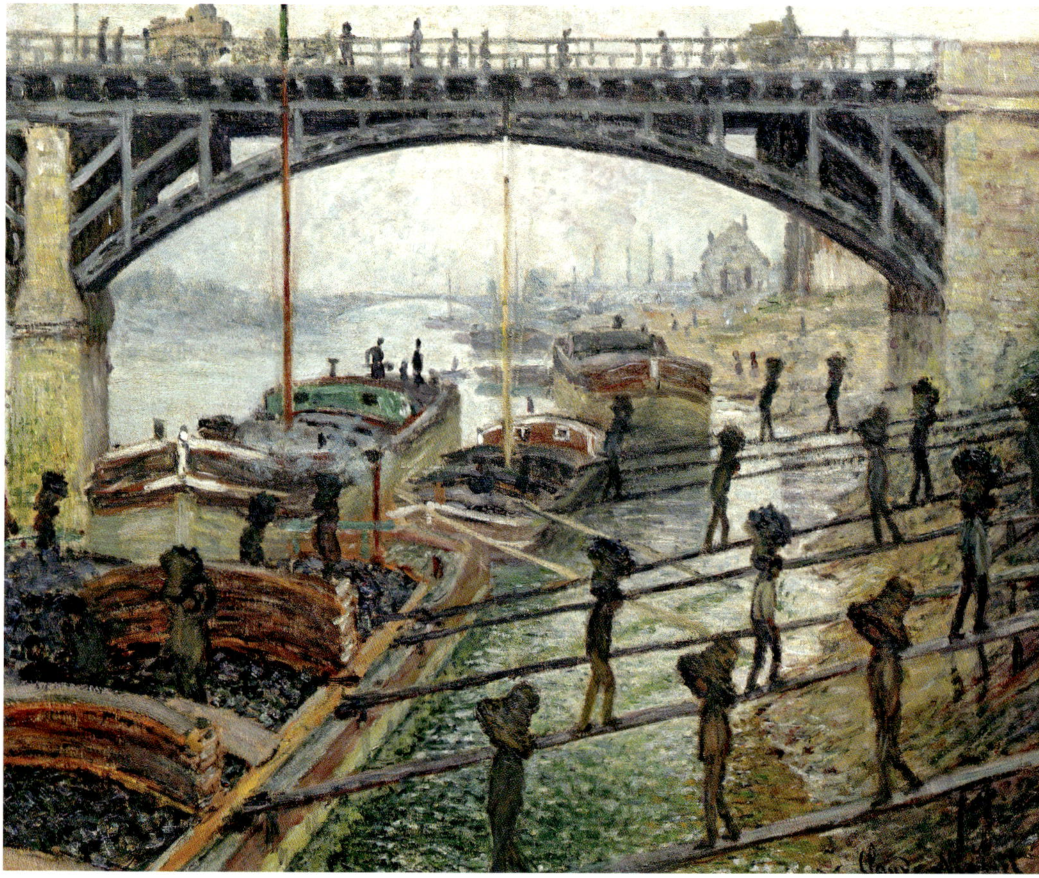

Los cargadores de carbón, hacia 1875
Óleo sobre lienzo, 54 x 65,5 cm
París, Musée d'Orsay

En el cuadro de un carguero bajo un puente vemos cómo Monet, bajo la influencia de grabados japoneses, tensa los objetos y figuras en una estructura similar a un enrejado. El motivo se extiende sobre toda la superficie del cuadro en un encadenamiento rítmico.

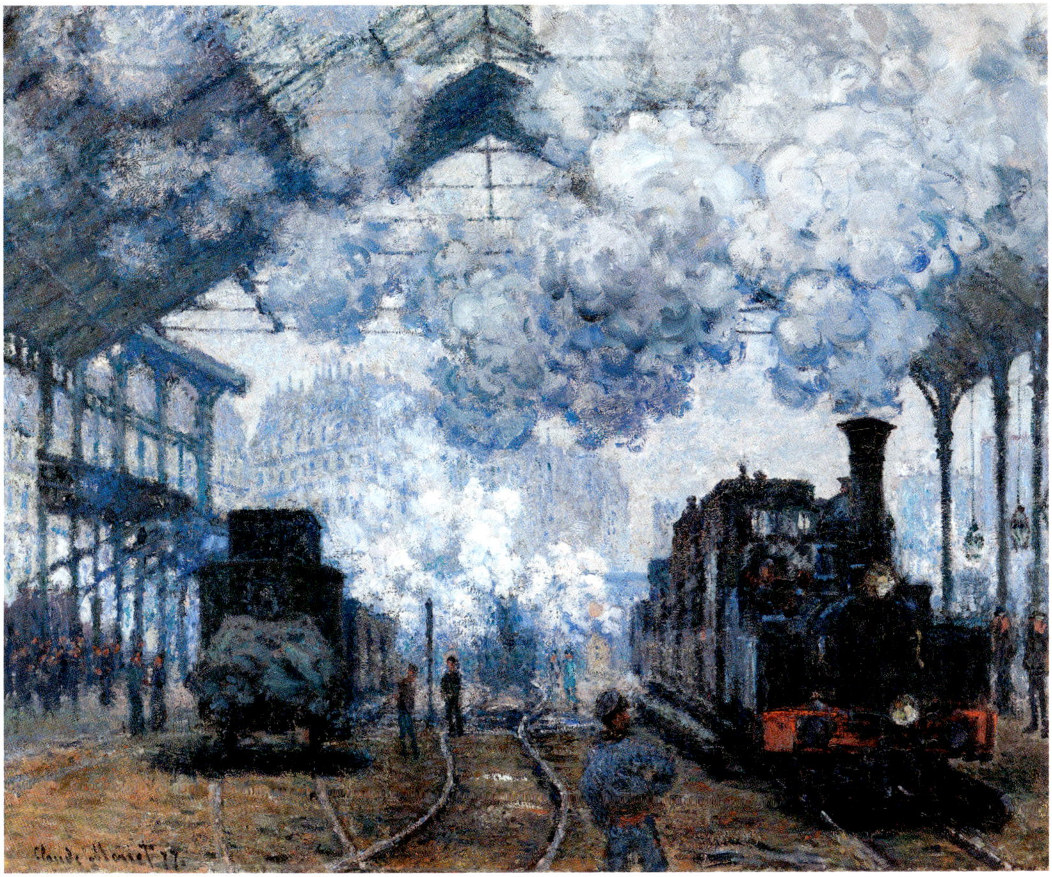

La estación de Saint-Lazare, llegada de un tren, 1877
Óleo sobre lienzo, 83 x 101,3 cm
Cambridge, Massachusetts, Harvard Art Museums/Fogg Museum, Bequest from the Collection of Maurice Wertheim, Class of 1906

Al igual que en los cuadros de puentes, Monet busca también en sus representaciones de la estación de Saint-Lazare las estructuras lineales dadas por obra de ingeniería. La estación, rodeada de humo, vapor y la incidente luz del sol, y animada por efectos espaciales, se convierte en catedral de la era técnica.

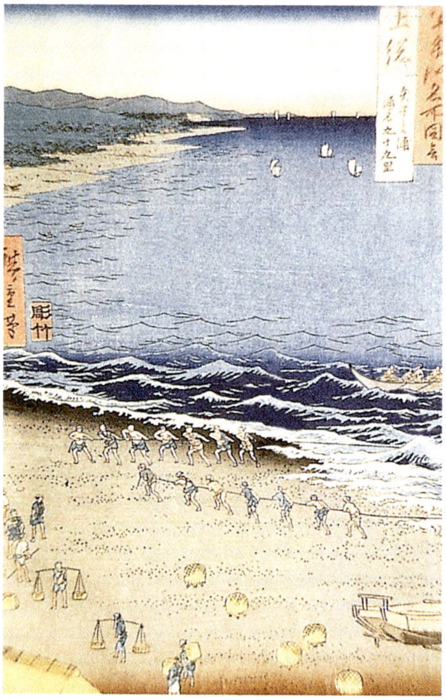

(il. pág. 150), que coleccionaba al menos desde su estancia en Holanda en 1871, obtuvo importantes incentivos para tales composiciones. De Holanda trajo una colección de grabados japoneses, y recurría una y otra vez a las composiciones empleadas en ellas. Eran las composiciones de superficies, entonces muy inusuales a los ojos occidentales, los objetos atrevidamente cortados y los motivos centrales retirados del centro del cuadro lo que fascinaba a Monet en estos grabados. En su cuadro de *Los cargadores de carbón* (il. pág. 148) se hace evidente cómo Monet tensa los objetos individuales al servicio de una estructura a modo de enrejado. En un encadenamiento rítmico, el motivo del cuadro se extiende por toda la superficie.

Solo a mediados del siglo XIX, Japón se abre a Occidente. Lo japonés no tardó en ponerse de moda en las metrópolis occidentales. Monet se abandonaba literalmente al goce de lo japonés cuando pintaba su *La japonesa (Camille en traje japonés)* (il. pág. 151). Envuelta en un espléndido kimono rojo luminoso, cuyos plásticos bordados parecen adquirir vida, Camille se vuelve hacia el pintor. La postura es parecida a la de *Camille* o *La dama del vestido verde* (il. pág. 119), pero aquí la mujer no tiene prisa, se toma tiempo para bromear coquetamente con el espectador y para abanicarse. Una docena de abanicos pintados con motivos japoneses repartidos por la pared parece estar fuera de quicio. El cuadro puede considerarse fácilmente una concesión al gusto del público y su gusto por lo japonés, y efectivamente, Monet vendió la obra en la segunda exposición impresionista por el respetable precio de 2 000 francos. Cierto que en su estilo pictórico vaporoso, pero sorprendentemente cerrado, el cuadro resulta más convencional que otros lienzos, por ejemplo, que *El paseo. Mujer con sombrilla* (il. pág. 128), realizado por la misma época. Pero Monet ha puesto a Camille, ya de por sí no muy japonesa, una peluca rubia, colocándole, además, los colores de la bandera francesa, la tricolor, en la mano. Monet no solo ha desfigurado aquí su forma de pintar: todo el cuadro es una mascarada, una parodia estridentemente chillona de la moda parisina *à la japonaise*.

ARRIBA
Utagawa Hiroshige
La costa de Kujukuri en la provincia de Kazusa, de: *Famosas vistas de las más de sesenta provincias*, 1853-1856
Grabado en madera, 66,6 x 22,4 cm
Giverny, Académie des Beaux-Arts, Fondation Claude Monet

PÁGINA SIGUIENTE
La japonesa (Camille en traje japonés), 1876
Óleo sobre lienzo, 231,5 x 142 cm
Boston, Museum of Fine Arts

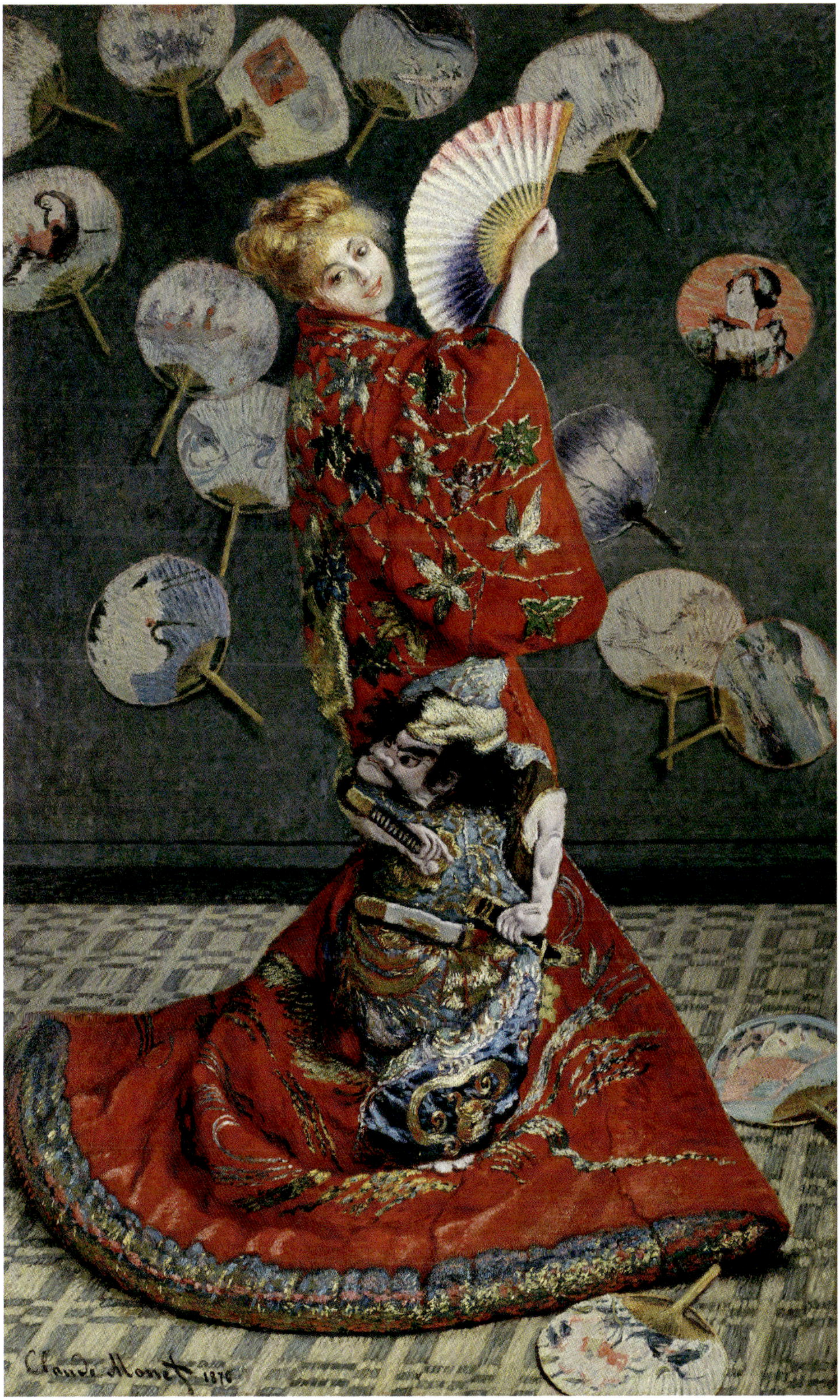
Claude Monet 1876

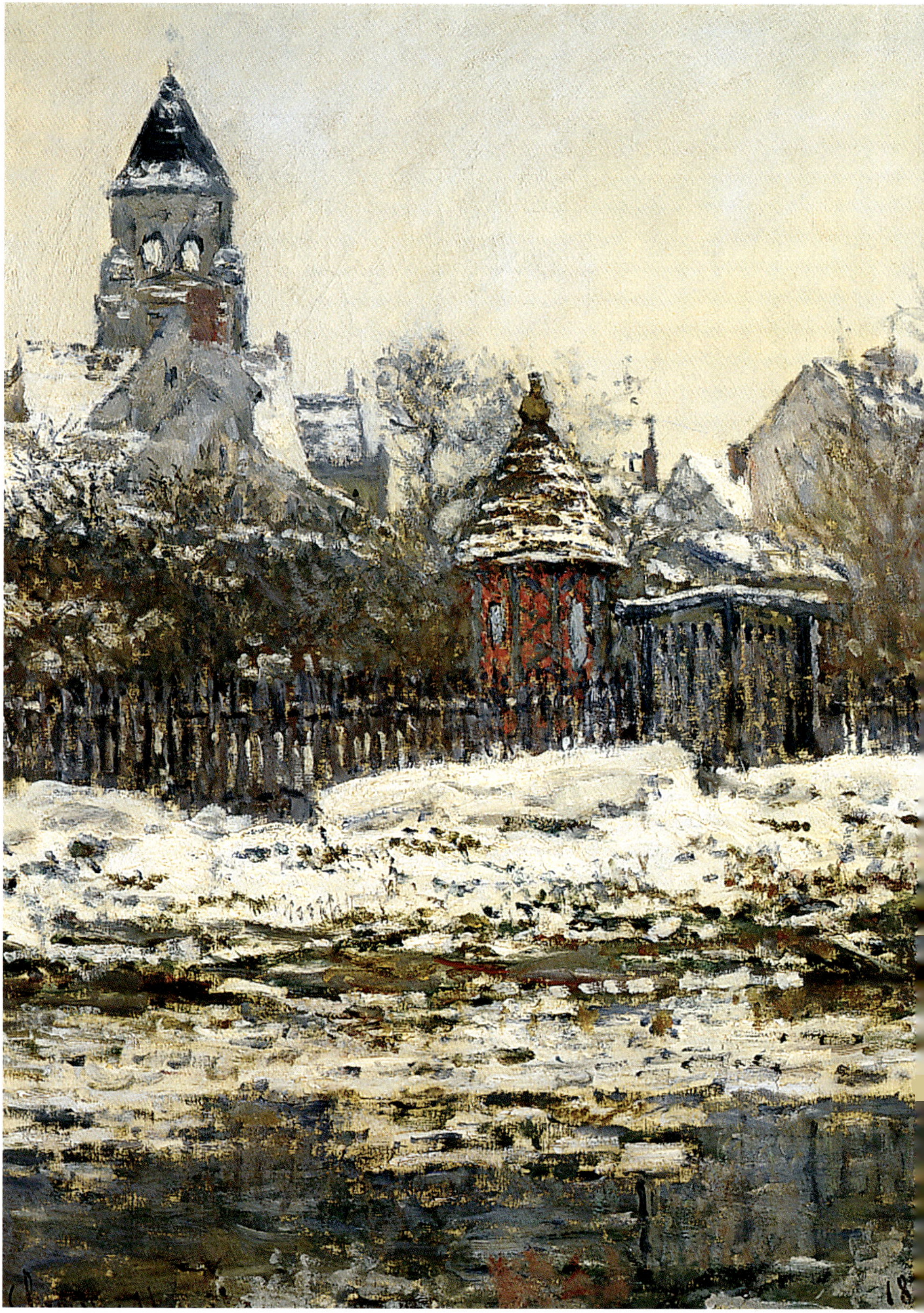

Invierno en Vétheuil

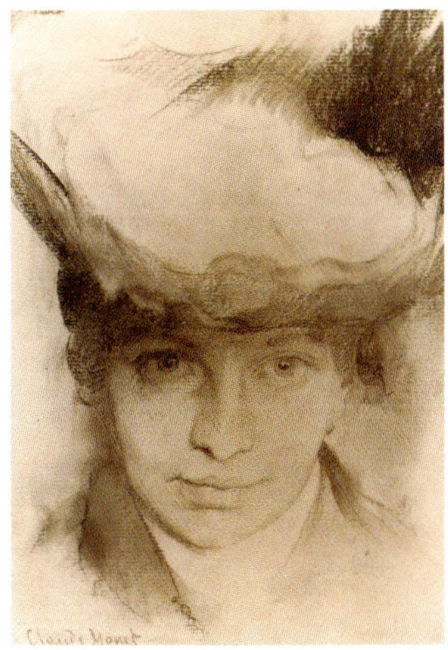

Los últimos años en Argenteuil se caracterizaron por las grandes dificultades económicas que cada vez afectaban más a la motivación de Monet. Durand-Ruel tenía su almacén de cuadros lleno y se veía obligado a reducir al mínimo sus nuevas adquisiciones, pues apenas encontraba compradores. La situación económica había empeorado en general. Tras un auge esporádico, las consecuencias de la guerra perdida se hicieron notar a mediados de la década de 1870. Las exposiciones del grupo impresionista, que se celebraban casi anualmente, contaban, como antes, con poco público, y la crítica oficial las cubría de sorna. «La *rue* Le Peletier tiene una racha de mala suerte. Primero se incendia la Ópera y ahora el destino ataca de nuevo. Una exposición de algo que se llama pintura acaba de ser inaugurada por Durand-Ruel [...] Cinco o seis locos, entre ellos una mujer, han expuesto aquí, cegados por la ambición, sus obras. Estos pintores, que se llaman a sí mismos artistas, se denominan subversivos, impresionistas; se hacen con lienzo, color y pincel, lanzan arbitrariamente color sobre el lienzo y firman el resultado».

Críticas de este tipo no tienen únicamente un interés anecdótico, sino que ponen de manifiesto una cultura de destrucción muy característica de la prensa de estos años. Los críticos escribían con pluma acerada, y el público culto los apreciaba por sus juicios sarcásticos y arrogantes. Pretendían defender los valores del arte académico, y específicamente del francés, y podían —a menudo únicamente por lograr un chiste— arruinar la vida de un pintor. Su juicio afectaba no tan solo a la fama del artista, sino que también dependía de él si los cuadros se vendían o no, como fue el caso de los impresionistas durante dos décadas, pues los pocos coleccionistas y protectores tenían que prever que se les desacreditaría como débiles mentales o, por lo menos, enfermos de la vista.

Uno de estos protectores que estaban por encima de tales juicios era Ernest Hoschedé. El acaudalado propietario de grandes almacenes y palacios había acumulado ya muy temprano,

PÁGINA ANTERIOR
La iglesia de Vétheuil con nieve, 1879
Óleo sobre lienzo, 65,5 x 50,5 cm
París, Musée d'Orsay

ARRIBA
Cabeza de mujer (Camille Monet?), 1866/67
Dibujo en tiza roja
Colección particular

Este dibujo en tiza rojo, uno de los pocos dibujos conservados del pintor, reproduce probablemente a Camille Doncieux, la amante y esposa de Monet, y la madre de sus dos hijos. La identidad de la representada y la fecha del dibujo no pueden precisarse con exactitud.

y no sin ideas especulativas, una considerable colección de lienzos impresionistas. En el verano de 1876 encargó a Monet unos cuadros sobre madera para un salón de su palacio en Montgeron. Pero Hoschedé se vio obligado a declararse en bancarrota un año más tarde. En la subasta forzosa de su colección son vendidos cuadros de Monet a precios extremadamente bajos. El cuadro *Impresión, sol naciente* (il. págs. 134/135), por ejemplo, por el que Hoschedé había pagado 800 francos en el año de la primera exposición impresionista, cambia ahora de dueño por un cuarto de su precio original. La subasta supuso una catástrofe para los impresionistas; documentaba públicamente una caída de los precios —estos acababan de empezar a consolidarse con muchos titubeos—, y Monet tiene la sensación de tener que volver a empezar desde el principio. El artista se va acercando a los cuarenta y se encuentra en el mismo punto de su carrera que diez años antes: «La cosa va cada vez peor. Desde anteayer no tengo ni un *sou* ni crédito en ninguna parte, ni en la carnicería ni en la panadería. Si bien tengo confianza en el futuro, el presente es muy trabajoso [...] ¿No podría usted enviarme veinte francos lo más pronto posible? Eso me ayudaría de momento».

Monet escribe innumerables cartas de socorro en la segunda mitad de la década de 1870 —la citada anteriormente en concreto a Manet, otras a Durand-Ruel y a otros protectores y amigos—. El pintor, normalmente tan

PÁGINA SIGUIENTE
Camille Monet en su lecho de muerte, 1879
Óleo sobre lienzo, 90 x 68 cm
París, Musée d'Orsay

Bajo los primeros rayos de sol del día que amanece, Monet pinta a su mujer muerta. Este cuadro no es un retrato funerario corriente en que se retienen los rasgos de una persona querida que ha muerto, sino un íntimo testimonio de horas difíciles.

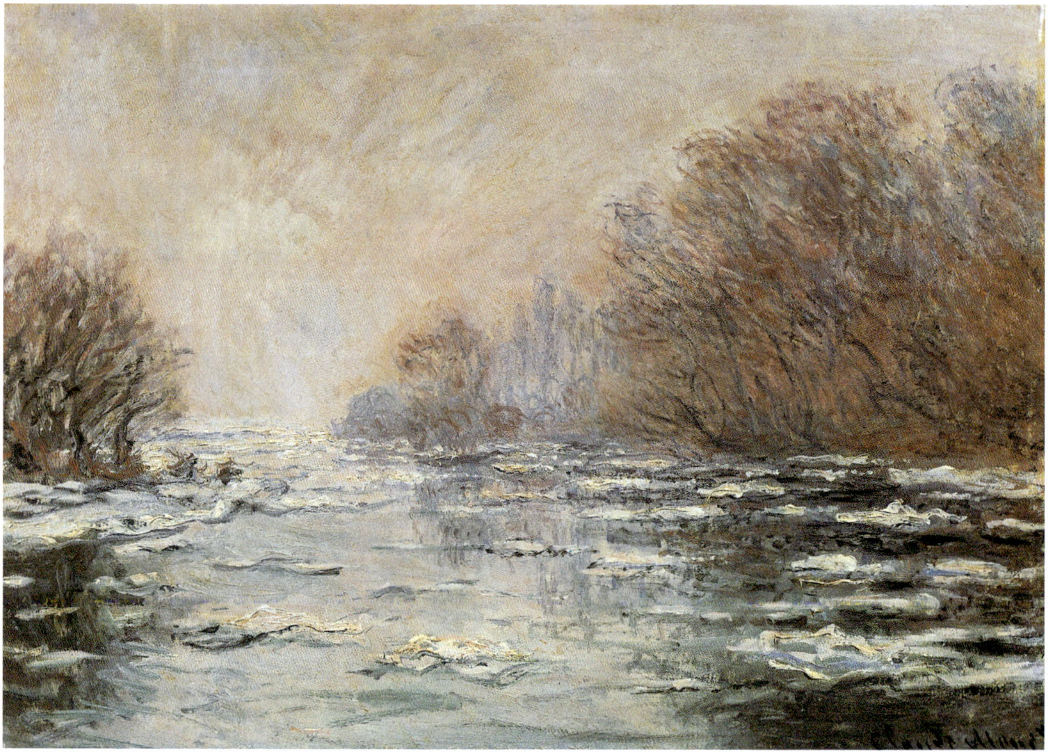

El deshielo cerca de Vétheuil, 1880
Óleo sobre lienzo, 65 x 93 cm
París, Musée du Louvre

El duro invierno de 1879/80 y un deshielo repentino transforman el sereno río: los témpanos se deslizan sobre el agua que empieza a despertar. Los sauces y arbustos de la orilla y los álamos del fondo tocan, como dedos cansados, el cielo difuso, que da la impresión de que no volverá a despejarse jamás.

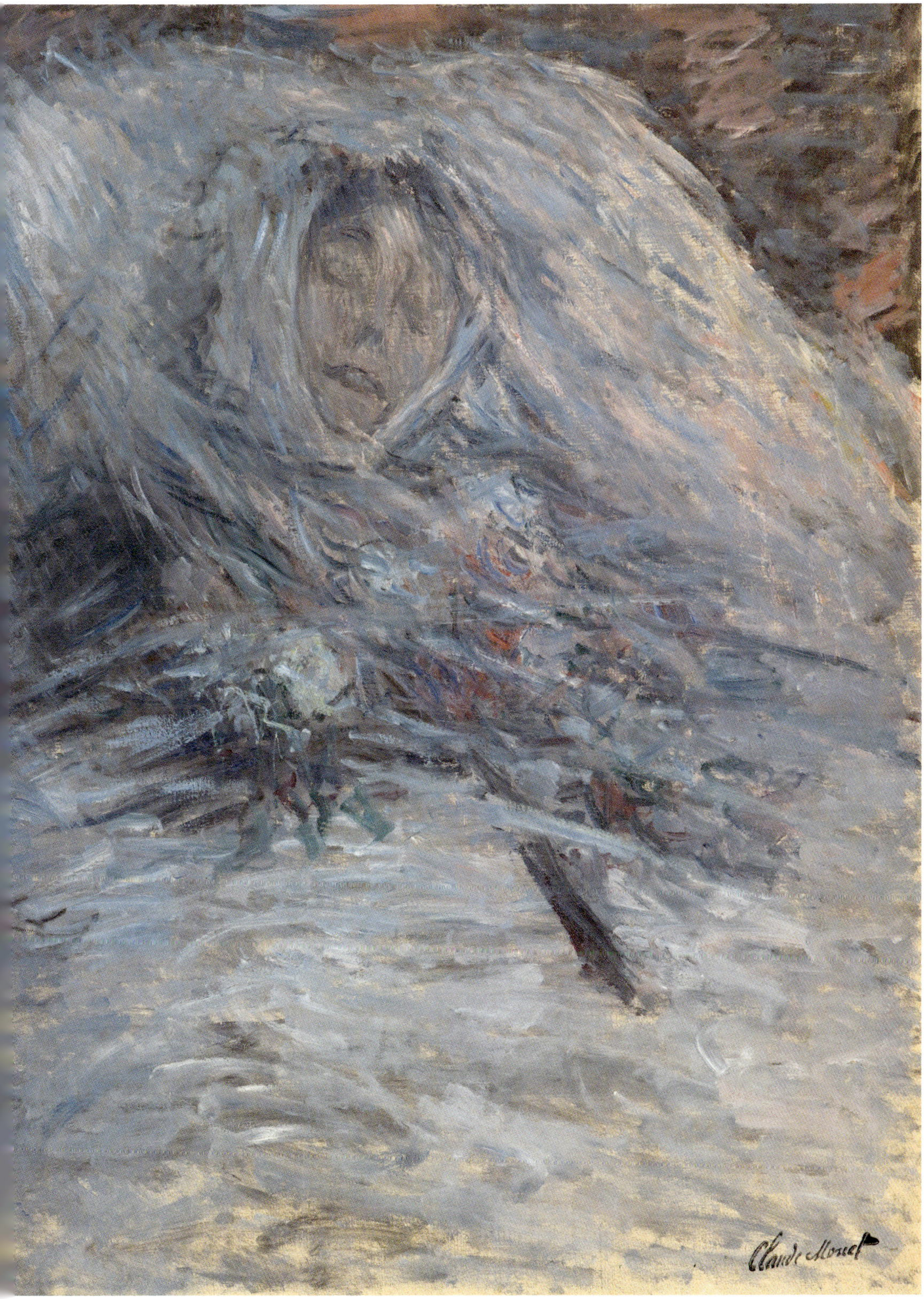
Claude Monet

orgulloso y enérgico, se lamenta y se desespera, se rebaja a sí mismo y maldice su obra. Monet crea, obligado por las circunstancias externas, algo así como una retórica de la carta limosnera, y suplica a sus pocos coleccionistas que le compren compendios enteros de pinturas por precios irrisorios. Después de haber vivido temporalmente en París, la familia, a la que desde marzo se había unido el segundo hijo, Michel, se traslada en 1878 a una casita situada en Vétheuil. Los arruinados Hoschedé se les unen con sus seis hijos.

Un par de días soleados de otoño dan de nuevo valor a Monet: «He asentado mi campamento a la orilla del Sena, cerca de Vétheuil, una zona realmente encantadora», escribe, y pinta desde su barca-estudio la orilla del Sena y el pequeño pueblo con su iglesia románica. Pero la situación económica continúa siendo deplorable, incluso deseperada. Monet escribe a fines de año: «Yo ya no soy ningún principiante, y es horroroso encontrarme a mis años en semejante situación, tener que pedir limosna e incordiar a los compradores. Con el cambio de año siento mi desgracia por partida doble, pues 1879 comienza de la misma manera que termina este año: con un completo abatimiento, especialmente a causa de mis seres queridos, a quienes no puedo hacer ni el más pequeño regalo».

Aparentemente a causa de un aborto malogrado, su mujer lleva ya bastante tiempo debilitada y no volverá a recuperarse. Camille Doncieux, la única modelo de Monet, su *Dama del vestido verde* (il. pág. 119), la mujer de la sombrilla y el vaporoso vestido veraniego que se pasea por prados y

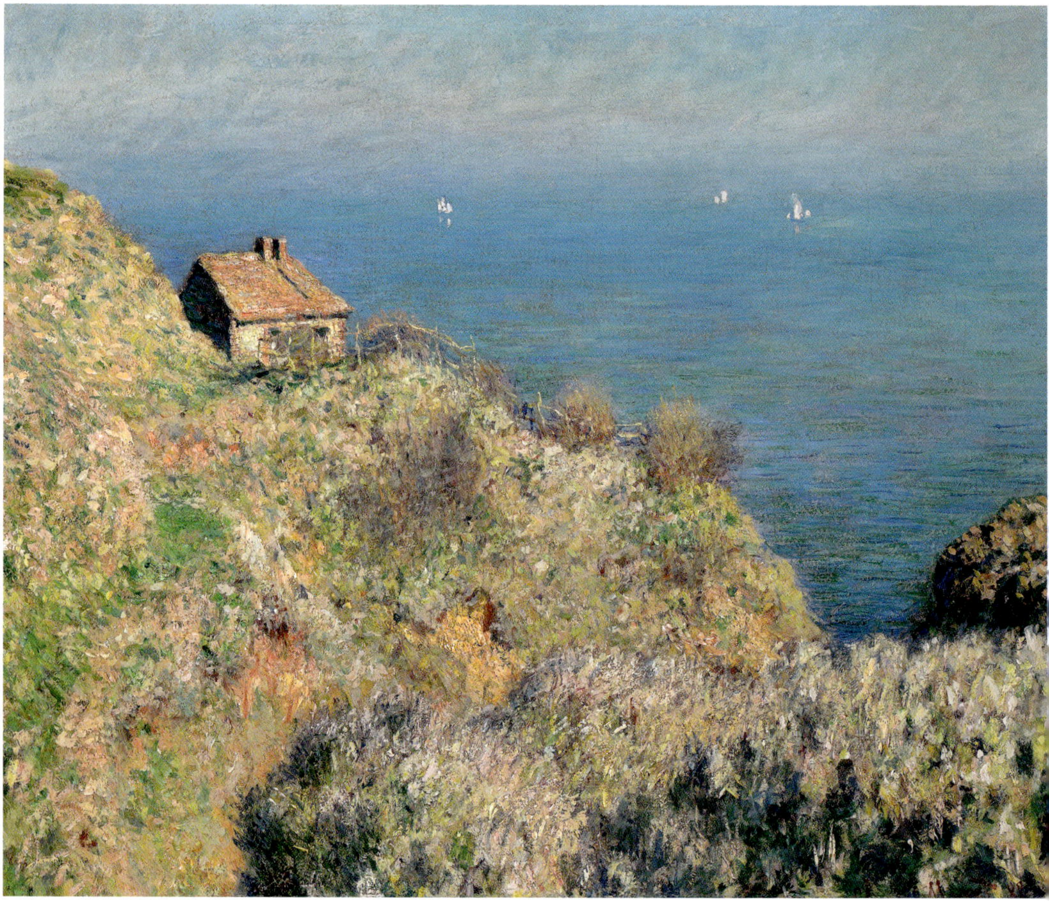

campos de amapolas (il. pág. 147), convirtiéndose así en musa al sol, en auténtica personificación del impresionismo, muere el 5 de septiembre de 1879. Solo tenía 32 años, y dejó a su muerte dos hijos pequeños y un marido desesperado, en disputa constante consigo mismo y con el mundo. «Una vez me encontré, al amanecer, a la cabecera de la cama de una muerta que me era muy querida y que siempre lo seguirá siendo. Mis ojos se prendían rígidamente en la trágica sien, y me sorprendí siguiendo la muerte en los sombreados del colorido que se depositaba sobre el rostro en escalonamientos paulatinos: tonos azules, amarillos, grises, qué sé yo. Hasta tal punto había llegado. De forma natural surgió en mí el deseo de retener la imagen de la que nos abandonaba para siempre. Pero antes de pasarme por la cabeza la idea de dibujar los rasgos tan queridos y familiares, tuvo lugar automáticamente en mí la sacudida orgánica mediante el color, y los reflejos se apoderaron de mi voluntad mientras realizaba un quehacer inconsciente, un quehacer que constituía lo cotidiano de mi vida. Lo mismo que el animal que hace girar su rueda de molino. Compadézcase de mí, amigo mío».

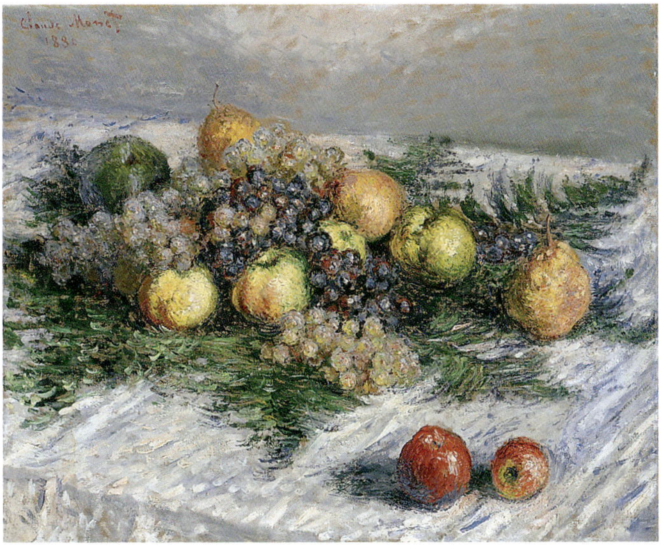

Pero el retrato de su mujer en su cama mortuoria (il. pág. 155) es más que un simple estudio de la luz. Monet retuvo los rasgos individuales de Camille Doncieux en uno de sus pocos dibujos (il. pág. 153). Sus ojos serios, vivos, y su boca sugestiva, blanda, permiten una incursión en el alma de una persona bondadosa y paciente. En el lienzo, sin embargo, sus rasgos han dejado de hablar. El rostro de la muerta yace, esquemático, sobre el cojín, y parece hundirse en un suelo de noche y de frío helado. Lateralmente incide la luz del sol sobre la cama, como si el pintor quisiera con esta luz, con estos primeros rayos de sol matinales, infundir de nuevo calor al rostro rígido y frío. Pero únicamente algunas flores del ramo que descansa sobre su pecho empiezan a arder. Revuelta, iracunda, indómita y desgarrada, y también de una dulzura conmovedora en algunos pasajes, es la pincelada de Monet en este cuadro. Es esta lucha entre el frío de la muerte y la luz del sol del día que acaba de empezar para los que siguen viviendo, lo que hace de este cuadro, pintado de forma tan personal, un documento de una despedida estremecedora.

Los cuadros que Monet pinta en el duro invierno siguiente son como un eco de esta experiencia. Ya antes había pintado Monet la nieve: nieve resplandeciente que, iluminada por un claro sol invernal, arrojaba sombras azules. Pero también pintó días tristes de febrero, pardos de lodo pisado por silenciosos campesinos cuyos pies fríos y húmedos parecen dolernos a nosotros. Pero el invierno que ve en Vétheuil es diferente:

PÁGINA ANTERIOR
La casa del pescador en Varengeville, 1882
Óleo sobre lienzo, 71,5 x 58 cm
Róterdam, Museo Boijmans Van Beuningen

ARRIBA
Peras y uvas, 1880
Óleo sobre lienzo, 65 x 81 cm
Hamburgo, Hamburger Kunsthalle

Las naturalezas muertas desempeñaron un importante papel en la carrera de Monet únicamente en los años entorno a 1880. Aun cuando sus piezas de frutas y flores encontraron muchos admiradores, Monet no pintó muchos de estos motivos.

helado y gris, pero, sobre todo, solitario y sin vida. Los cuadros no muestran ni pájaros ni escenas de figuras, únicamente trozos de hielo una y otra vez, los trozos de hielo amontonados en el río helado (il. pág. 154). El sol es una estrella fría. Es como si la dolorosa experiencia de la muerte se prolongara en estos paisajes.

Por esta época tiene también lugar la paulatina separación de los otros impresionistas, que reprochaban a Monet el que dejara de apoyar al grupo y sus actividades defendiendo sus propios intereses. Monet intenta exponer de nuevo en el Salón, y el jurado selecciona, en efecto, uno de sus cuadros, si bien lo coloca demasiado alto en la pared. En el invierno de 1881/82, Monet vuelve a mudarse, esta vez a Poissy, no una aldea, sino una pequeña ciudad situada a unos veinte kilómetros de París. A pesar de la incomodidad inicial en el nuevo domicilio, no demasiado atractivo paisajísticamente —después del traslado escribe a su galerista: «Hasta ahora, Poissy no me ha inspirado lo más mínimo»—, el trabajo empieza a ser productivo en 1882. Durante varios viajes a la costa normanda, Monet pinta, desde distintos puntos de vista y a diferentes horas del día, *La casa del pescador en Varengeville* (il. pág. 156) y la *Cabaña del aduanero en Varengeville* (il. pág. 158), así como una pequeña capilla dominante sobre el mar, y una y otra vez reproduce las rocas de los acantilados. Estos no son para él únicamente un motivo, sino que también los utiliza como pedestales que le proporcionan inusuales puntos de vista de sus motivos. Aquí en la costa se hacen evidentes los comienzos de las series de cuadros.

«Este es un auténtico Monet», dicen que exclamó Rodin la primera vez que vio el mar. En los años siguientes, el pintor del río se convierte en pintor del mar. Sostiene solitarios diálogos con el motivo. Para darnos una idea de cómo estudiaba el mar, hemos de imaginárnoslo en un día de frío helado, envuelto en mantas y abrigos, salpicado por la espuma y las olas. Sus motivos monumentales

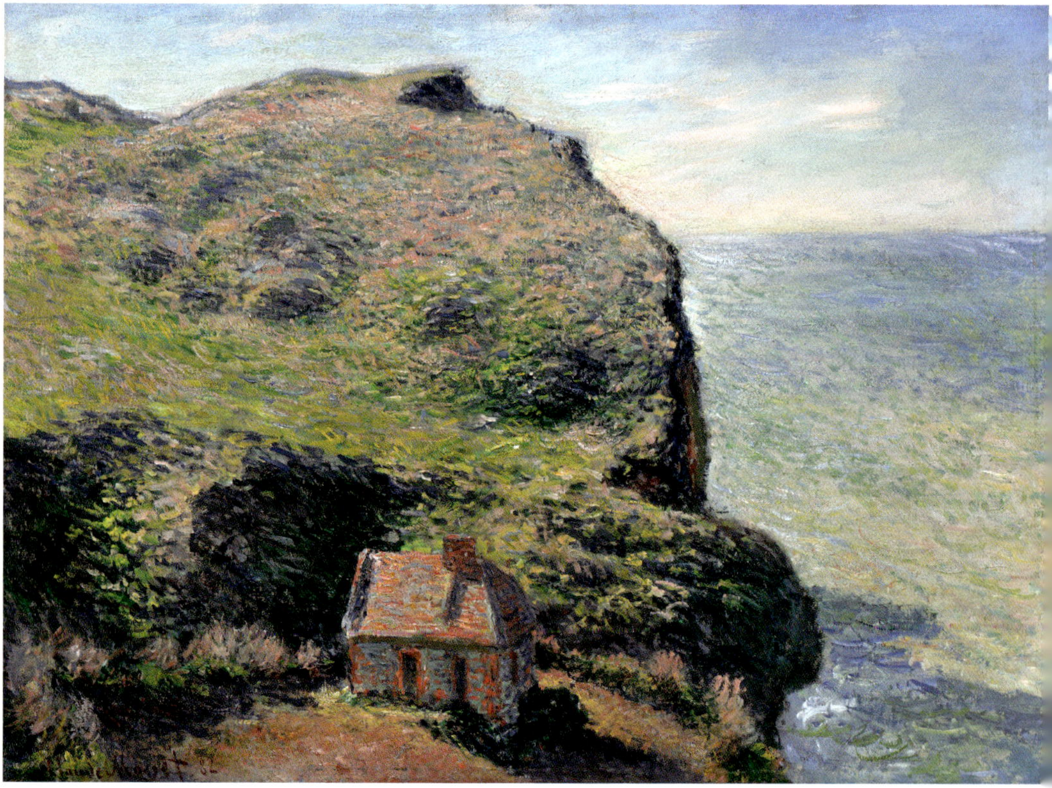

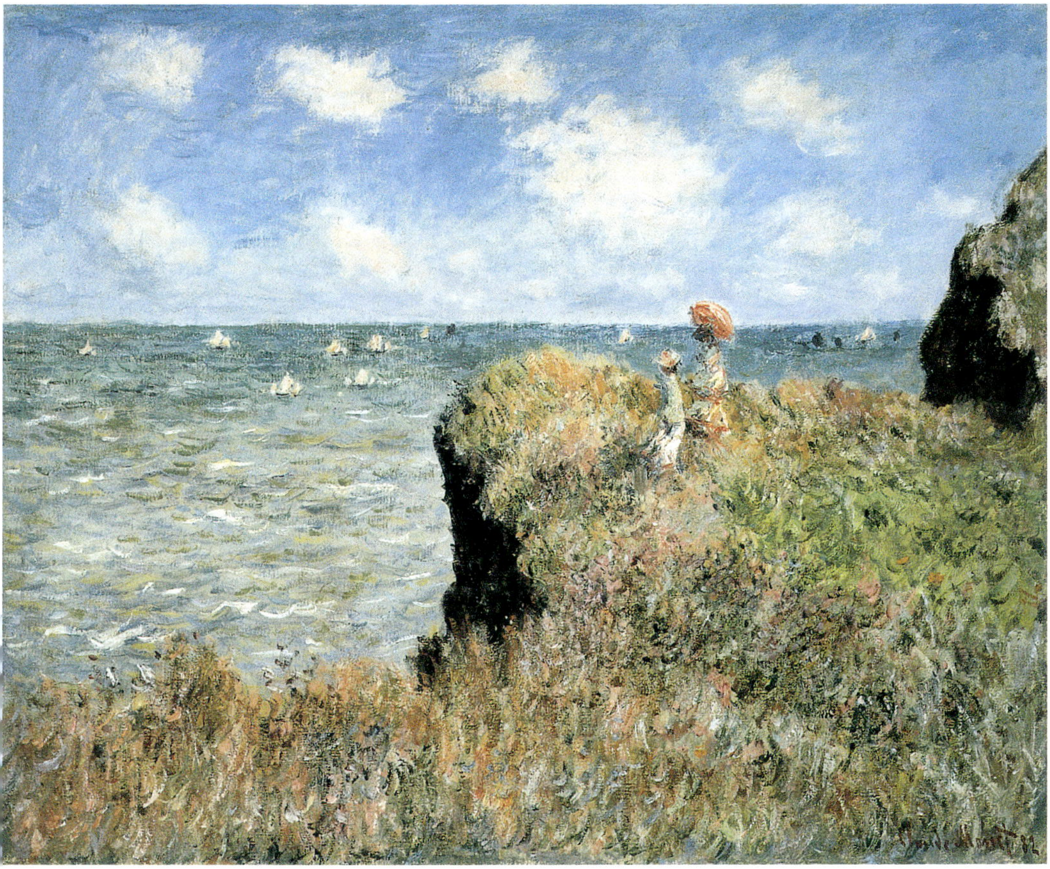

Paseo por el acantilado de Pourville, 1882
Óleo sobre lienzo, 65 x 81 cm
The Art Institute of Chicago

Los hermosos acantilados de la costa normanda entusiasmaban a Monet no solo por su superficie dinamizada a través de la luz y la sombra y enriquecida por flores y hierbas; también le permitían puntos de vista inusuales de sus motivos.

PÁGINA ANTERIOR
Cabaña del aduanero en Varengeville, 1882
Óleo sobre lienzo, 60,3 x 81,4 cm
Filadelfia, Philadelphia Museum of Art,
The William L. Elkins Collection, 1924

se van acercando más y más al primer plano. Las elevadas paredes del acantilado se convierten en superficies de proyección de la luz en las que los reflejos del agua luchan con la luz del sol. La *Manneporte* (il. pág. 161), un enorme arco de piedra cerca de Étretat, se mide en su prominencia elemental con el agua y la anchura del océano. Monet disputa cualquier motivo al clima y no se rinde—. Como en los años tempranos, como en la lucha con el padre, con los críticos indiferentes o el público prevenido, los obstáculos son siempre lo que permite crecer a Monet. En Étretat y Belle-Île encuentra el pintor sus motivos en las desnudas rocas, en el mar revuelto y en un cielo que cambia constantemente de color y claridad. De modo incansable sigue la pista de la luz cambiante. Las personas, por cierto, han desaparecido por completo de sus cuadros.

En rigor, Monet no había sido nunca un pintor de personas —en ello se diferenciaba de Manet y de Degas—. En sus cuadros tempranos, la luz que traspasaba una sombrilla para incidir en una figura le interesaba bastante más que la figura misma. Más tarde aparecería en sus cuadros, junto a las personas, el espacio, pues a través de las personas se hacía visible la amplitud de sus paisajes. Las personas aportaban dinamismo y ritmo a sus lienzos, pero su historia era despreciada. Solamente

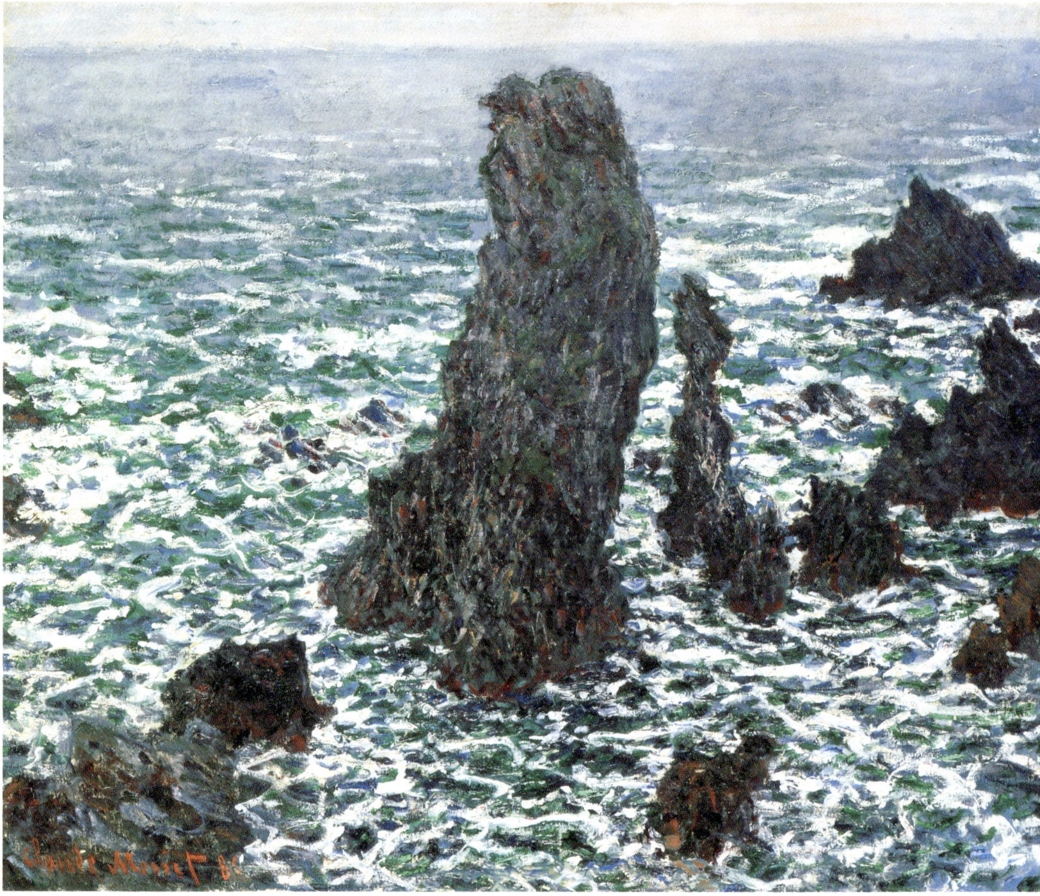

Rocas en Belle-Île, 1886
Óleo sobre lienzo, 60 x 73 cm
Copenhague, Ny Carlsberg Glyptotek

PÁGINA SIGUIENTE
El arco de piedra Manneporte, cerca de Étretat, 1885/86
Óleo sobre lienzo, 81,3 x 65,4 cm
Nueva York, The Metropolitan Museum of Art

dos cuadros de figuras de Suzanne Hoschedé enlazan con la idea, central a comienzos de su carrera, de la figura humana al aire libre; pero estas dos obras son, más que aportaciones artísticas autónomas, reminiscencias ensoñadoras de los días felices pasados en Argenteuil (il. pág. 164).

Había huido de Vétheuil y en Poissy no encontraba calma, así que en 1883 alquila una casa en Giverny, adonde se traslada con su gran familia. Las pocas posesiones son transportadas sin problema con la barca a lo largo del Sena, y el pintor, sus dos hijos y Alice Hoschedé con sus seis niños dan vida a la amplia y sencilla casa de campo. Ahora comienza una época tranquila y feliz para la familia. Es el último traslado de Monet. En Giverny pasa la segunda mitad de su vida y encuentra la calma y la energía para completar su obra.

A principios de la década de 1880 se anima el mercado para con los cuadros de los impresionistas. Durand-Ruel respalda de nuevo a los pintores comprometidamente, y una exposición individual en su galería en la primavera de 1883 produce, si bien pocas ventas, sí al menos buenas críticas. Unos años más tarde abrirá una galería en Nueva York, donde los cuadros de Monet, sobre todo las vistas desde la Belle-Île y los trabajos que el pintor trae de sus viajes a la Riviera y la Côte d'Azur, tienen un gran éxito.

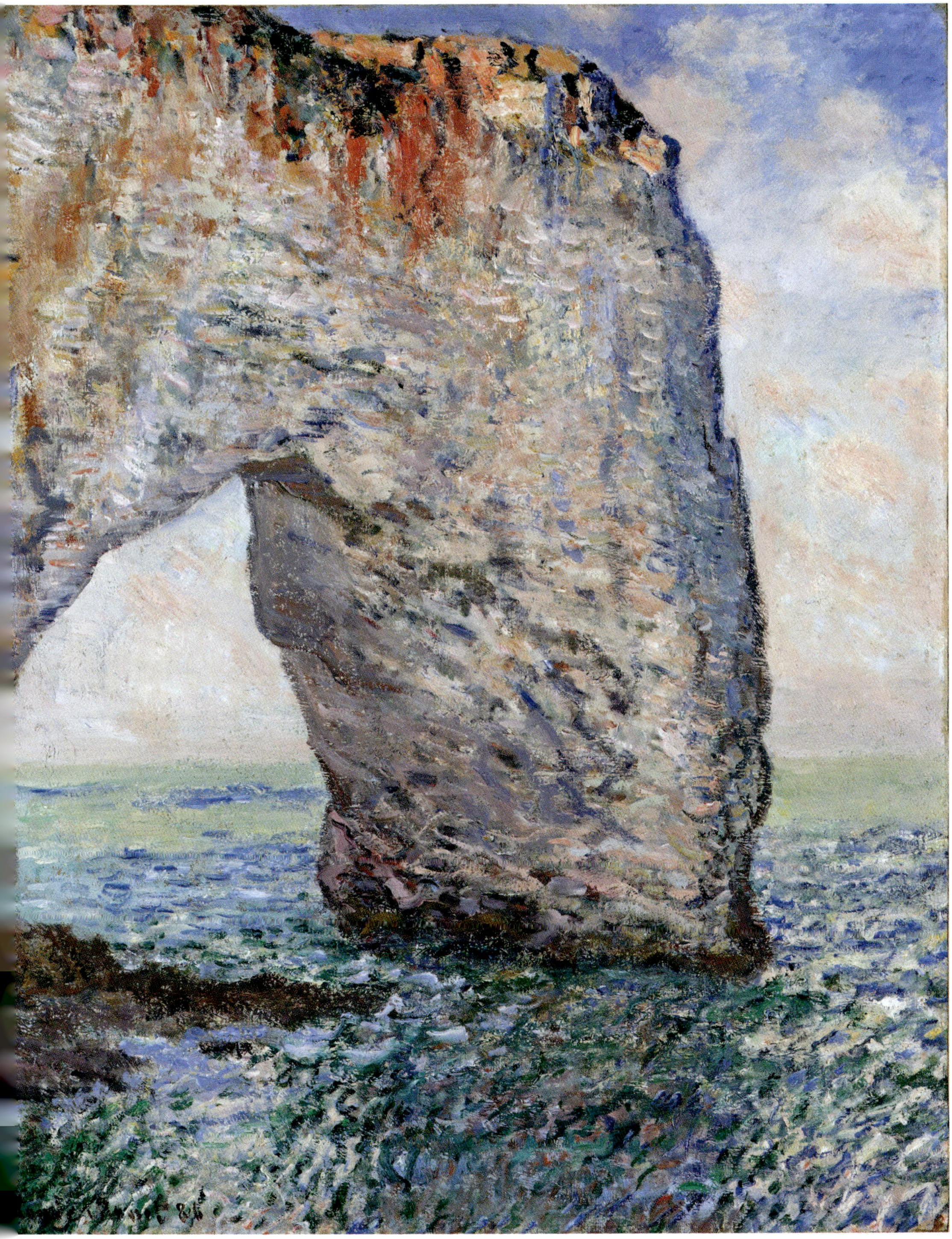

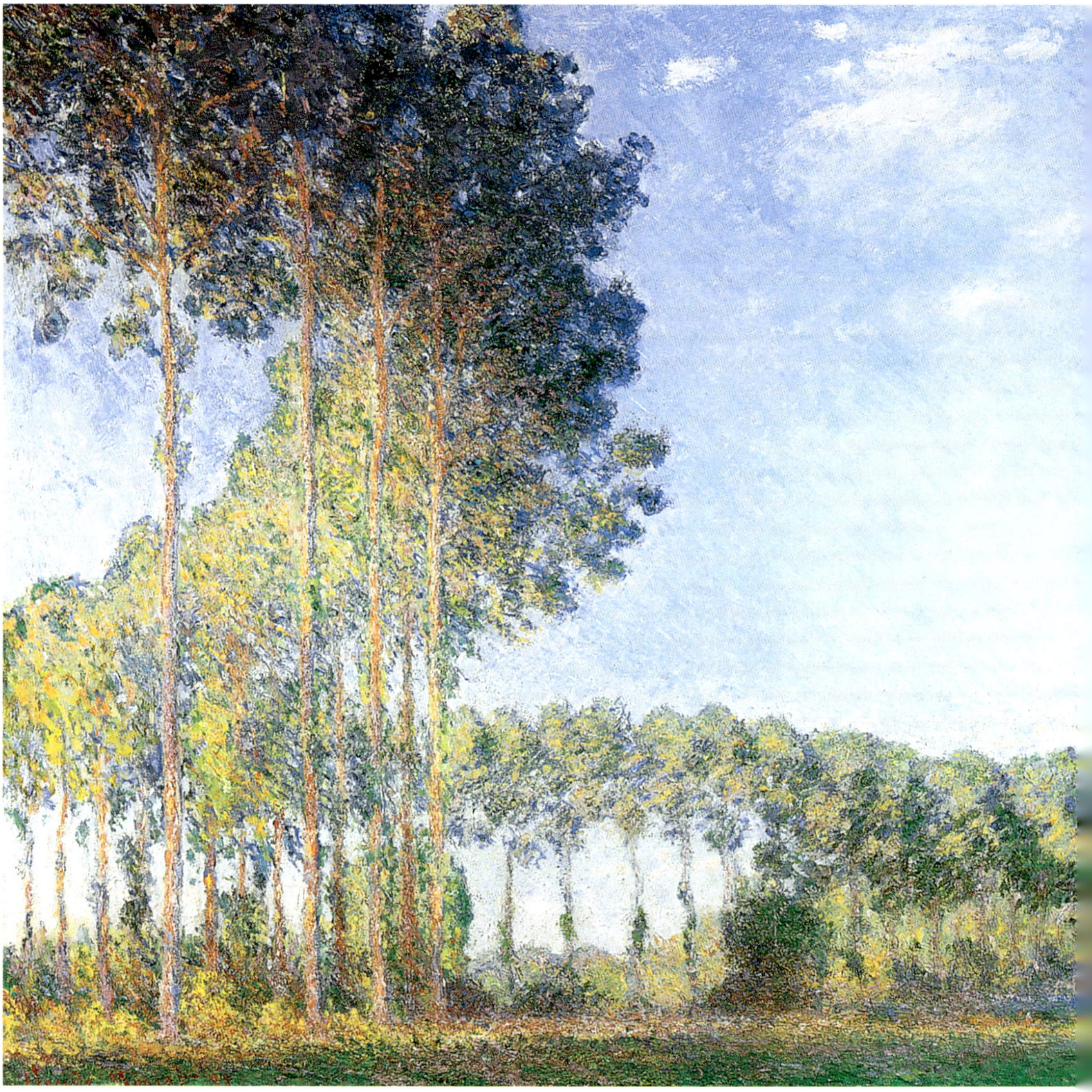

Concentración y repetición: los cuadros de serie

Monet se imaginaba a veces haber nacido como un ciego que de repente, de un momento a otro, puede ver y empieza a pintar sin saber qué es en realidad el objeto ante sus ojos. Consideraba que la primera impresión de un motivo era la más honrada, la menos enturbiada por la imaginación y los prejuicios. El interés por esta forma de mirar no ajustada a convenciones permitía a Monet estudiar minuciosamente los efectos luminosos. El motivo no es lo que es, sino lo que la luz hace de él. Siguiendo esta observación, Monet ya había empezado temprano a retener vistas y efectos anímicos completamente diferentes de un mismo motivo. Así pintaba los puentes de Argenteuil en días de sol y en días de lluvia, los pintaba como vista general o acercaba partes de su estructura al primer plano. Pintaba Vétheuil, con su pequeña iglesia románica, desde el mismo punto de vista con neblina y bajo el azul cielo estival. Estos estudios atmosféricos se van haciendo más sistemáticos con los años. Monet analiza ahora sus motivos con minuciosidad casi científica: a partir de los estudios impresionistas se desarrollan las series de los almiares, de los álamos y, finalmente, las vistas de la catedral de Ruán. El artista seguirá desarrollando este principio hasta el final de su vida, en forma de los cuadros de nenúfares.

Monet trabaja hacia el año 1890 en una serie centrada en el sencillo —y para el gusto de la época, casi ingenuo— motivo del almiar (il. págs. 166 y 167). A veces lo sitúa en primer plano, otras lo pinta acompañado de un segundo almiar, pero siempre se centra en la misma forma sencilla y compacta. Esta, sin embargo, se despliega cada vez de forma diferente, cada vez nueva: bajo los rayos de lenguas rojizas del sol poniente, se descompone en vibraciones, mientras que sobre la nieve enlodada parece acampar insensible como un tronco silencioso.

Más o menos por la misma época pinta Monet una avenida de álamos a la orilla del Epte (il. págs. 162 y 165). También reproduce este motivo bajo diversas condiciones luminosas en diferentes estaciones del año. Pero, a diferencia de los compactos almiares, estos cuadros se caracterizan por una fuerte voluntad de composición lineal. De forma muy parecida a como sucedía en los puentes y en las estaciones de ferrocarril, Monet traza los árboles elevándose derechos hacia el cielo, la horizontal de la orilla y la vertical del reflejo de los árboles en el agua, concentrándolos en una disposición lineal similar a un enrejado. Esta reja está rodeada del velo atmosférico de los rayos de sol filtrándose entre el vaho matinal del otoño. En otros cuadros del mismo motivo, la resplandeciente luz de un caluroso día estival reflejada en las hojas transforma el motivo en un tejido centelleante.

Otros artistas anteriores han pintado varias veces el mismo motivo con diferentes variaciones. Pero lo que convierte en serie los cuadros

***Álamos a la orilla del Epte*, 1891**
Óleo sobre lienzo, 88 x 93 cm
Colección particular

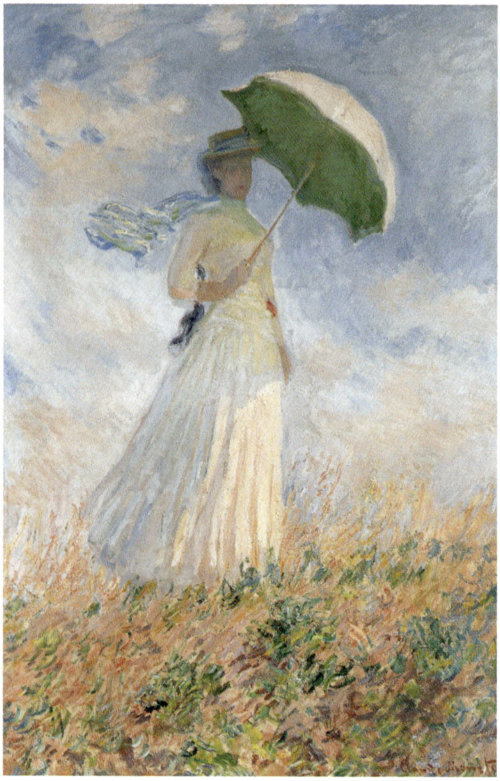

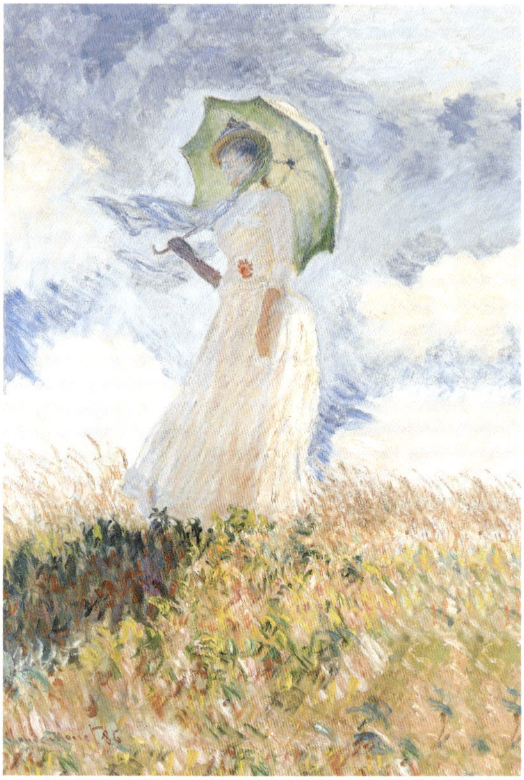

ARRIBA IZQUIERDA
Estudio de figura al aire libre (hacia la derecha) 1886
Óleo sobre lienzo, 131 x 88 cm
París, Musée d'Orsay

ARRIBA DERECHA
Estudio de figura al aire libre (hacia la izquierda), 1886
Óleo sobre lienzo, 131 x 88 cm
París, Musée d'Orsay

En lugar de Camille, ahora es su hijastra Suzanne Hoschedé la que posa para él al aire libre. En esta pareja de lienzos —no podemos hablar de serie, pues no son más que dos— pinta por última vez a personas en la naturaleza que llenan el formato del cuadro.

de Monet es el esfuerzo de acompañar la misma disposición del cuadro por los estados más diversos. Donde más consecuentemente aplica Monet este principio es en los cuadros de la catedral de Ruán (il. págs. 168 y 169), pintados entre 1892 y 1894. La poderosa construcción, cuya historia se remonta al siglo XII, constituye, con su fachada oeste del gótico tardío decorada con rica tracería y suntuosa escultura, uno de los grandes logros del medievo francés. Monet alquila por primera vez en febrero de 1892 una pequeña habitación enfrente de la fachada oeste de la catedral. A principios de esta primavera y de la siguiente, pinta la catedral desde tres ángulos visuales que se diferencian solo mínimamente. Los treinta cuadros que surgieron ante la catedral serían probablemente casi idénticos en sus coordenadas exteriores si Monet hubiera podido conservar por más tiempo la habitación que había alquilado.

Nunca antes se había acercado tanto un pintor a su motivo. La superficie del cuadro no solo está llena con el portal central y las torres capadas, sino que el cuadro es prácticamente la fachada. Lo que Monet observaba aquí en las horas entre el momento en que la neblina matutina se eleva y el último rayo de sol del ocaso, eran fugaces efectos luminosos. La construcción emerge en ocasiones enigmáticamente de entre la neblina, en otras florece su fachada en la cálida luz del mediodía, otras veces los últimos rayos del sol poniente avivan chispeantes la filigrana de la fachada.

Monet pinta dos años consecutivos ante el motivo en diferentes condiciones lumínicas entre febrero y finales de abril, y confiesa que algunos de los efectos luminosos por él observados no duraban más de unos minutos. En marzo de 1893 escribe a Durand-Ruel: «Trabajo con todas mis fuerzas y ni siquiera sueño con pintar alguna otra cosa que no sea la catedral. Es un trabajo colosal». Al tercer año retoca Monet todas las vistas empezadas de la catedral en su estudio. Pinta al mismo tiempo en los diversos efectos luminosos no quiere separarse de ningún cuadro antes de haberlos terminado todos. Mediante este trabajo progresivo surge una aplicación de color pastosa, granulada, que permite al espectador de los cuadros comparar la superficie con argamasa. Aun cuando el esporádico efecto luminoso de un instante fuera el desencadenante de cada uno de los cuadros, el retoque progresivo en el estudio es tan responsable de la forma final de los cuadros como el comienzo ante el motivo. Contrastando los cuadros independientes entre sí, surgen armonías logradas a partir de relativamente pocos tonos cromáticos, a menudo complementarios. La filigrana de la fachada se convierte en motivo de una composición de superficies de un dinamismo rítmico.

En sus tempranos estudios de la luz en Argenteuil y Vétheuil, Monet había intentado transformar su ojo en un aparato neutral de registro que toma impresiones casi fotográficas. También se ha afirmado lo mismo respecto a sus cuadros de la década de 1890, si bien aquí el pintor aporta conscientemente su sensibilidad subjetiva ante la experiencia. Los efectos cromáticos aquí pintados son más inventados, en analogía a sus observaciones, que realmente vistos. Los fantásticos efectos cromáticos están en correspondencia con una utilización libre de los medios pictóricos. Aun cuando la experiencia visual subjetiva de un instante en la consecución temporal del día sienta la base para un cuadro determinado, los lienzos acabados van más allá del aspecto del momento

ABAJO IZQUIERDA
Los tres árboles en otoño, 1891
Óleo sobre lienzo, 93 x 74,1 cm
Filadelfia, Philadelphia Museum of Art, The Chester Dale Collection

ABAJO DERECHA
Los tres árboles en verano, 1891
Óleo sobre lienzo, 93 x 73,5 cm
Tokio, The National Museum of Western Art, The Matsukata Collection

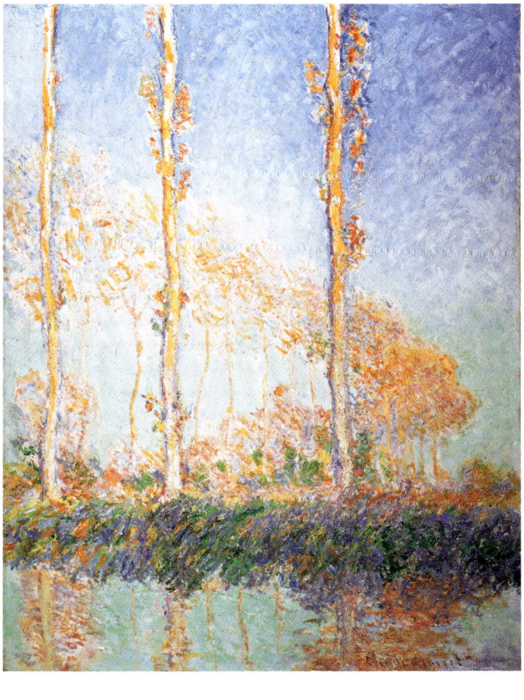

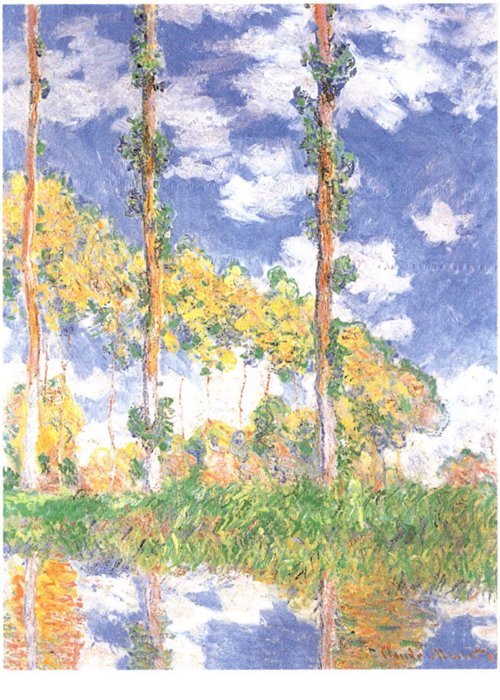

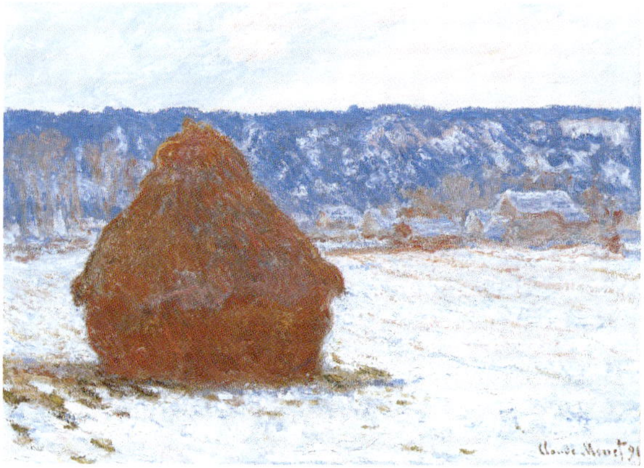

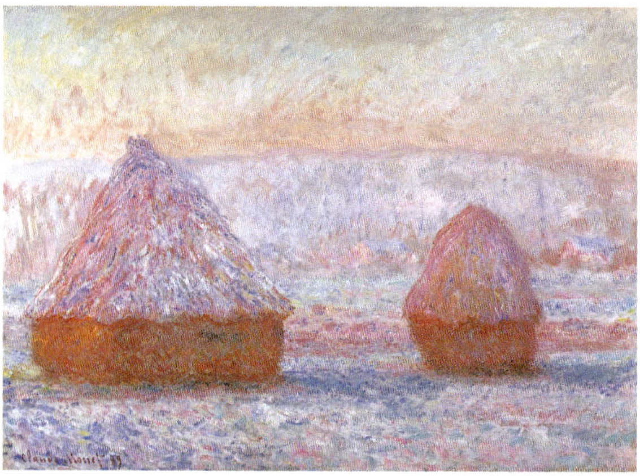

efímero. El motivo no solo pierde sus detalles, sino también su naturaleza y su singularidad material. Sin ningún tipo de reminiscencia anecdótica o situacional, los lienzos dan la impresión de ser atemporales y, por ello, monumentales.

Su actitud consecuente con los principios de los cuadros de serie coincide con una época en que el interés por los cuadros del artista es cada vez más creciente, de modo que sus amigos artistas no reparan en reprocharle que pinta series solo para cubrir la demanda. Los cuadros de serie tienen, en efecto, aceptación entre el público. Todos los cuadros de una exposición en 1891 de los *Almiares*, por ejemplo, son vendidos en pocos días. Pero Monet era tan crítico consigo mismo y con el resultado, que con frecuencia destruía series completas de cuadros. Los diversos cuadros de una serie son también claramente un análisis intenso de las circunstancias y transformaciones del objeto, de modo que no se puede reprochar al pintor el «haber producido en serie» solo para satisfacer la demanda de los compradores.

Pero finalmente, tras largos años de las mayores privaciones, después de tener que rebajarse una y otra vez a pedir un par de billetes para lo más imprescindible, Monet tiene éxito; es reconocido y pronto será considerado como uno de los pintores más destacados de su época. La serie de las catedrales no solo es la cúspide en la creación del pintor maduro, sino que marca también el momento en que se impone definitivamente. También una exposición de veinte de los treinta cuadros de la catedral que había pintado Monet, realizada en mayo de 1895 en la galería de Durand-Ruel, se convierte en un gran éxito. El político y más tarde primer ministro Georges Clemenceau, amigo de Monet, hace gestiones para que el Estado compre estos cuadros. Pero los reparos de las instituciones oficiales ante el otrora «salvaje» eran aún demasiado grandes como para poder adquirir sus cuadros. La serie, creada y expuesta por el pintor como trabajo conjunto, se dispersa por el mundo entero.

SUPERIOR
Almiar con nieve, cielo cubierto, 1890/91
Óleo sobre lienzo, 65 x 92 cm
The Art Institute of Chicago,
Mr and Mrs Martin A. Ryerson Collection

ARRIBA
Almiares en Giverny por la mañana, 1889
Óleo sobre lienzo, 64,9 x 92,3 cm
Colección particular

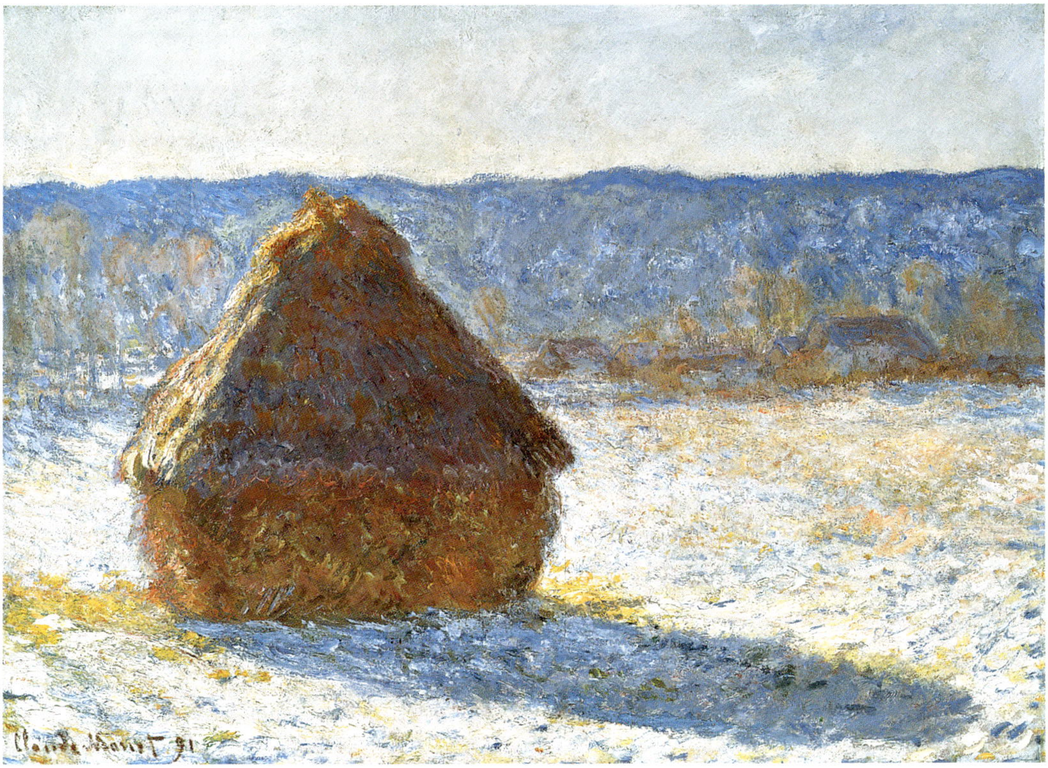

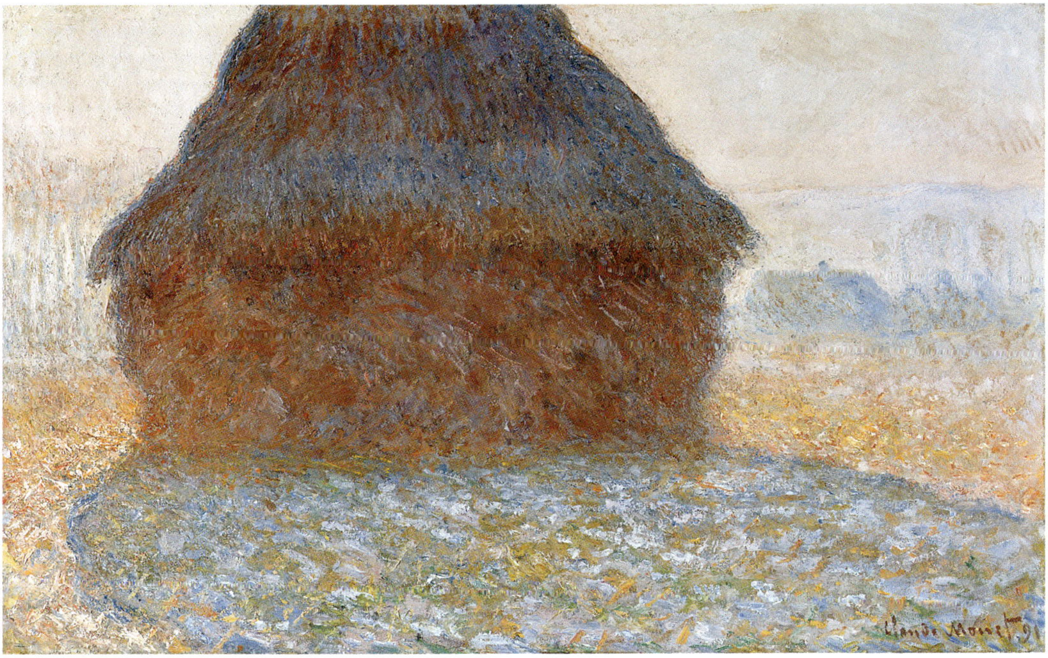

SUPERIOR
Almiar con nieve, por la mañana, 1890/91
Óleo sobre lienzo, 65 x 92 cm
Boston, Museum of Fine Arts

ARRIBA
Almiar bajo la luz del sol, 1891
Óleo sobre lienzo, 60 x 100 cm
Zúrich, Kunsthaus Zürich

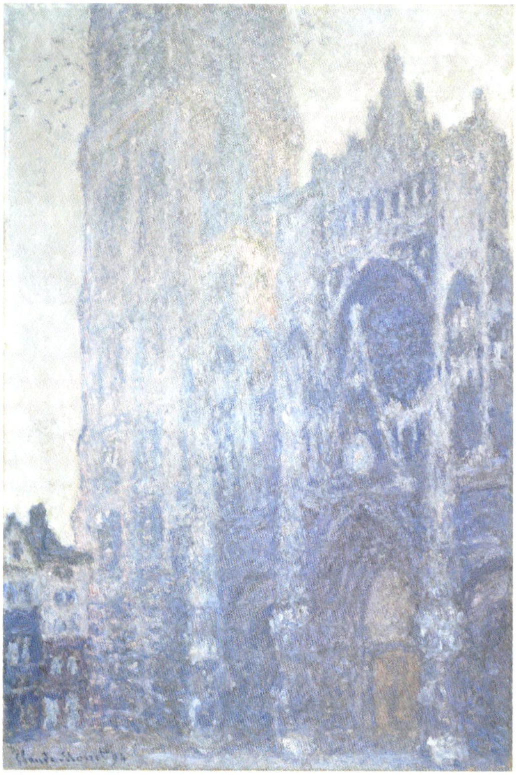

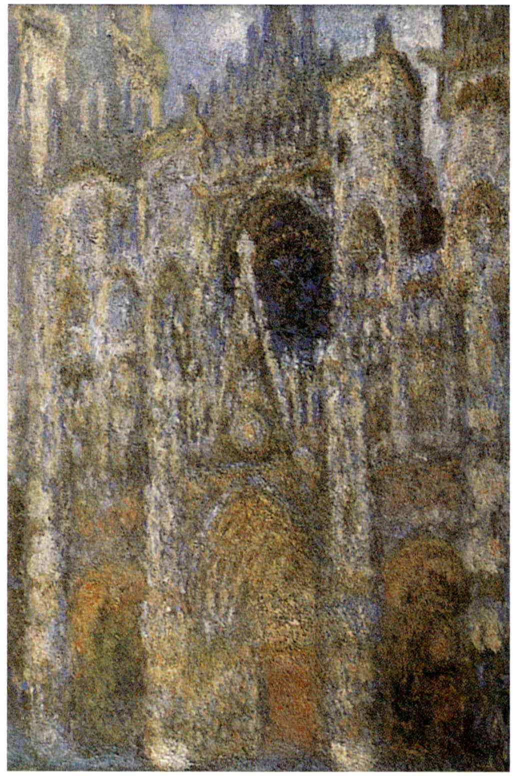

ARRIBA IZQUIERDA
La catedral de Ruán. El portal y la torre de Albán por la mañana; armonía en blanco, 1894
Óleo sobre lienzo, 106 x 73 cm
París, Musée d'Orsay

ARRIBA DERECHA
La catedral de Ruán. El portal, sol de la mañana; armonía en azul, 1893
Óleo sobre lienzo, 92,2 x 63 cm
París, Musée d'Orsay

PÁGINA SIGUIENTE
La catedral de Ruán. El portal por la mañana, 1894
Óleo sobre lienzo, 106 x 74 cm
Boston, Museum of Fine Arts, Tompkins Collection – Arthur Gordon Tompkins Fund

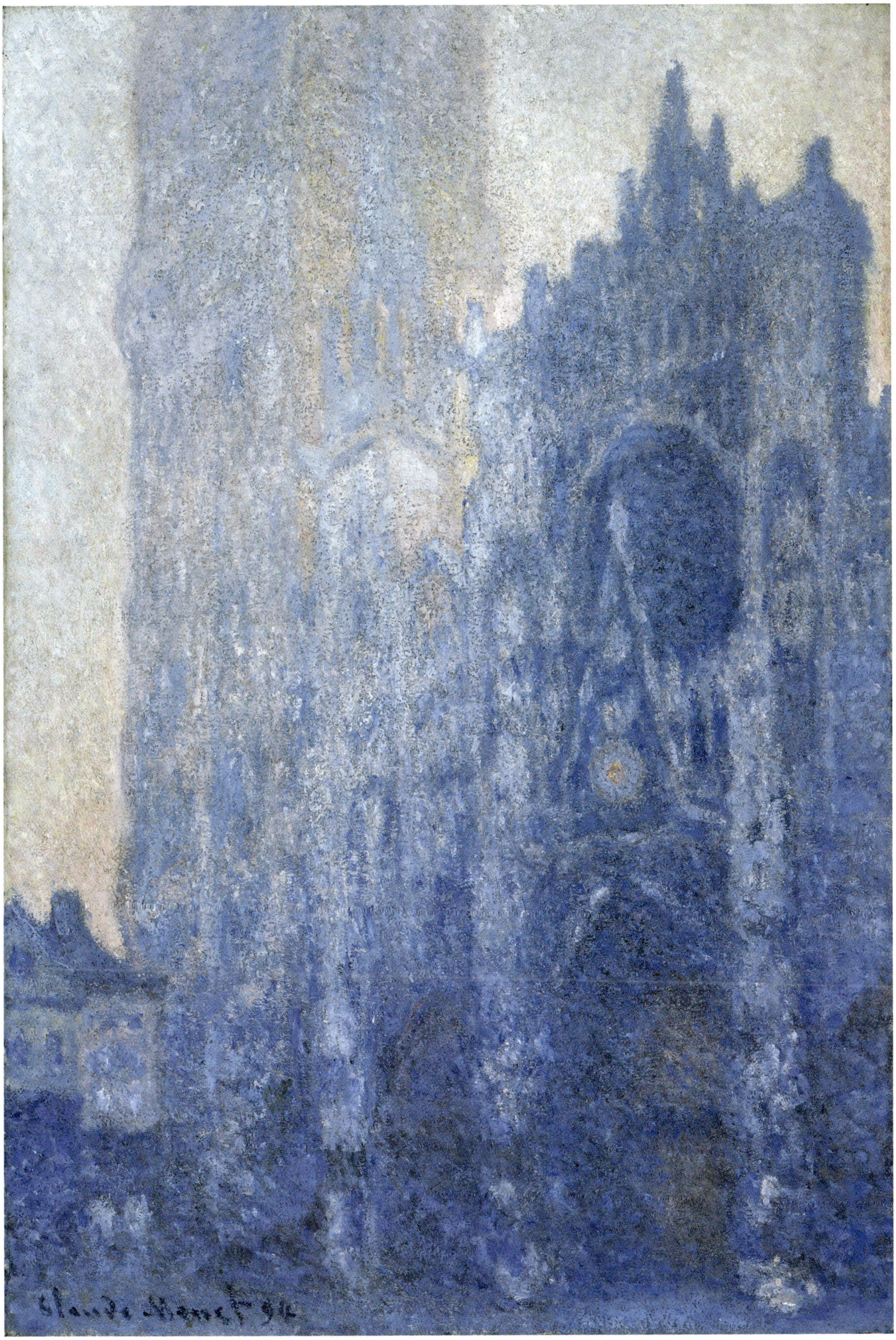

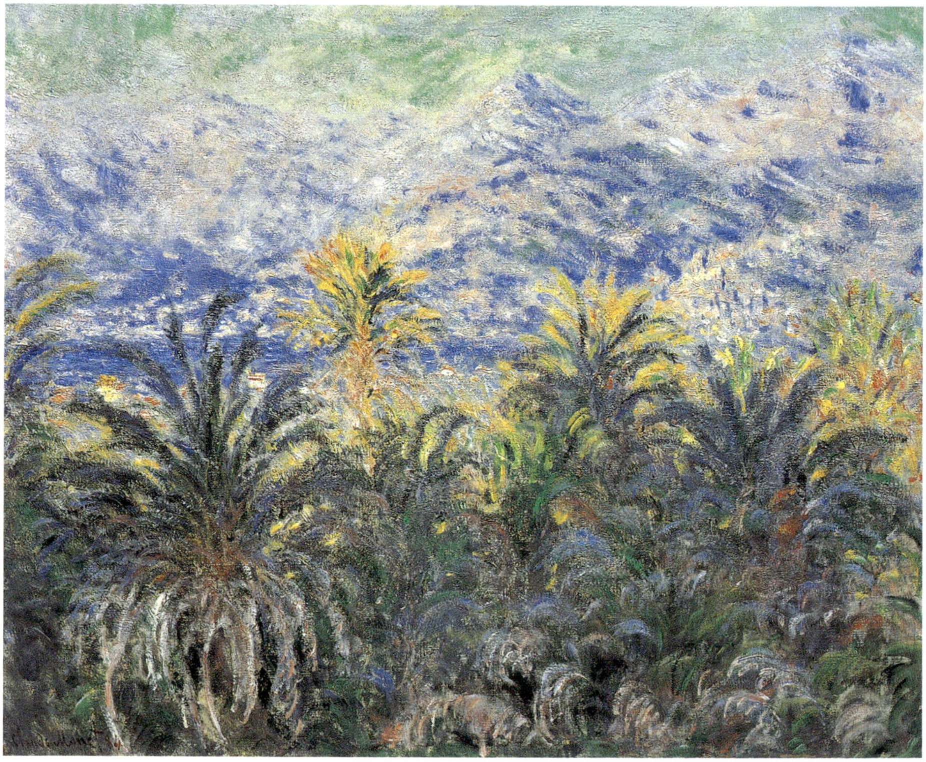

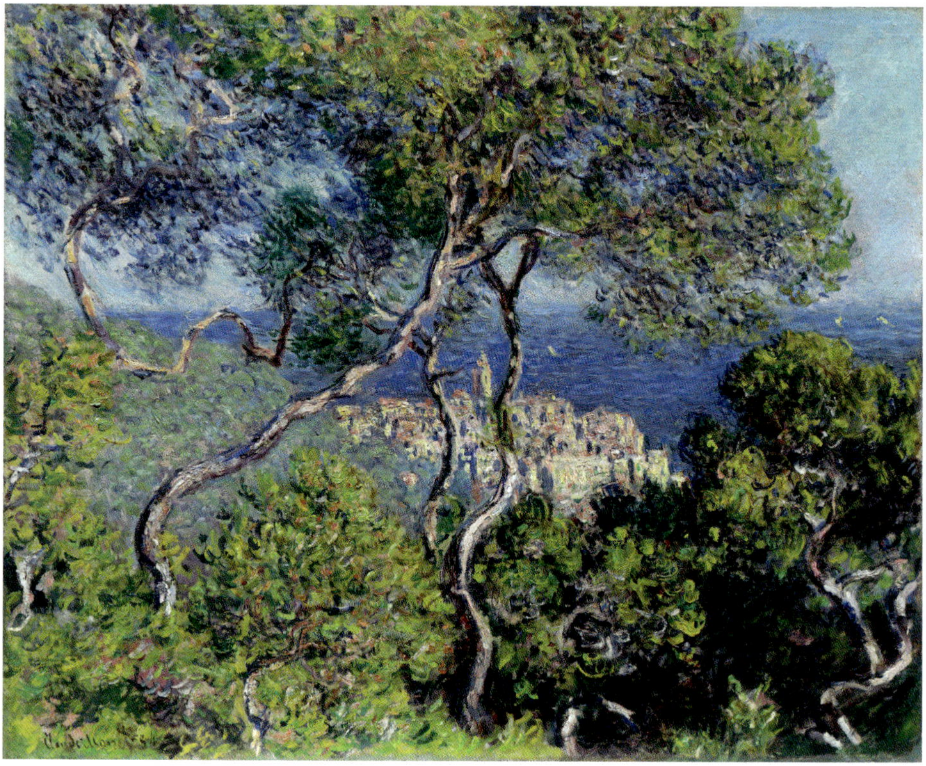

Otra luz en otros países

El norte de Francia, los escarpados acantilados y los extensos prados verdes de Normandía y la costa de Bretaña eran la patria de Monet y la meta de incontables excursiones con paleta y caballete. Pero una y otra vez le entra el deseo de alejarse de este paisaje tan íntimo para adentrarse en regiones desconocidas, en una vegetación desconocida. En busca de una luz diferente, parte hacia otros países. Los pinos y las palmeras de la Riviera y la Côte Fleurie, de brillo invernal, la solitaria calma de los días de nieve noruegos, los luminosos campos de tulipanes holandeses, Londres en niebla y el iridiscente tornasol de la perla Venecia cautivan al pintor. Alerta, más alerta aún que en el conocido terruño, experimenta nuevos motivos y atmósferas y da expresión a su entusiasmo en cartas a los amigos.

Poco después de instalarse en Giverny, Monet se lanza al siguiente viaje. En diciembre de 1883 viaja con Renoir al sur de Francia; no lleva consigo el cuaderno de apuntes, el lápiz y las acuarelas, como hicieron y harán numerosos pintores antes y después de él en sus años de aprendizaje itinerante; Monet viaja con caballete y paleta, cargado con docenas de lienzos y una maleta de ropa de abrigo. Un viaje así era sin duda una trabajosa empresa que, sin duda, llamaría la atención de los compañeros de viaje. Renoir relataba a su hijo uno de estos viajes con el objetivo de pintar: mientras que los pasajeros de primera clase se esforzaban por parecer aburridos y pensativos, y un pintor que se acomodaba entre ellos con paraguas y caja de pinturas debía sentirse «como un carbonero que se ha colado por descuido en un desfile de moda», un viaje en segunda resultaba todavía más incómodo: «Pues la actitud de los usuarios era todavía peor debido al hecho de que no podían permitirse viajar en primera».

Únicamente los viajeros de tercera clase, que el pintor utilizaba al principio por necesidad y después por lo incómodo que se sentía en las otras dos, son descritos por Renoir como una agradable compañía de viaje, incluso como especialmente generosos. Algunos iban equipados como para dar la vuelta al mundo, y a medida que ponían kilómetros por medio aumentaba la miscelánea alimenticia, de la que también los flacos pintores podían participar, «desde pastel de queso borgoñés hasta asado provenzal [...], desde vino joven de la Côte d'Or hasta el magnífico vino rosado de las orillas del Ródano». Los alimentos iban acompañados de comentarios sobre la cosecha, sobre problemas familiares, sobre impuestos y sobre los martirios de un corsé. «Después de los primeros bocados, una campesina regordeta no lo podía soportar por más tiempo, se disculpó, desabotonó su corpiño y pidió a su vecina que le soltara las cuerdas del corsé

PÁGINA ANTERIOR ARRIBA
***Palmeras en Bordighera*, 1884**
Óleo sobre lienzo, 64,8 x 81,3 cm
Nueva York, The Metropolitan Museum of Art, legado de Miss Adelaide Milton de Groot (1876-1967), 1967

Las plantas exóticas ante las montañas cubiertas de nieve, el aire claro y el azul del agua cautivan a Monet en su primer viaje al Mediterráneo invernal.

PÁGINA ANTERIOR ABAJO
***Bordighera*, 1884**
Óleo sobre lienzo, 65 x 81 cm
The Art Institute of Chicago

«Estas palmeras me desesperan [...] Tanto azul en el mar y en elcielo, ¡es increíble!».

CLAUDE MONET A ALICE HOSCHEDE, 1884

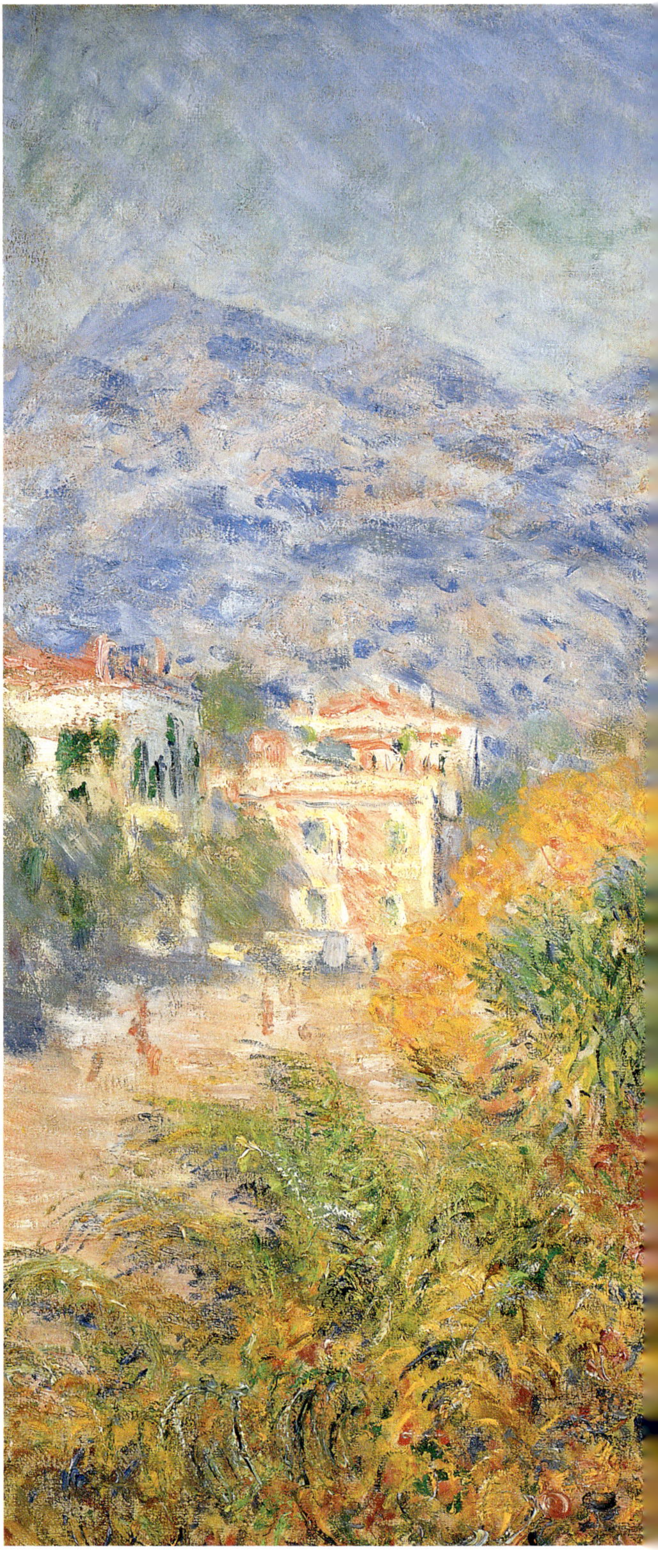

Villas en Bordighera, 1884
Óleo sobre lienzo, 73 x 92 cm
California, The Santa Barbara Museum of Art

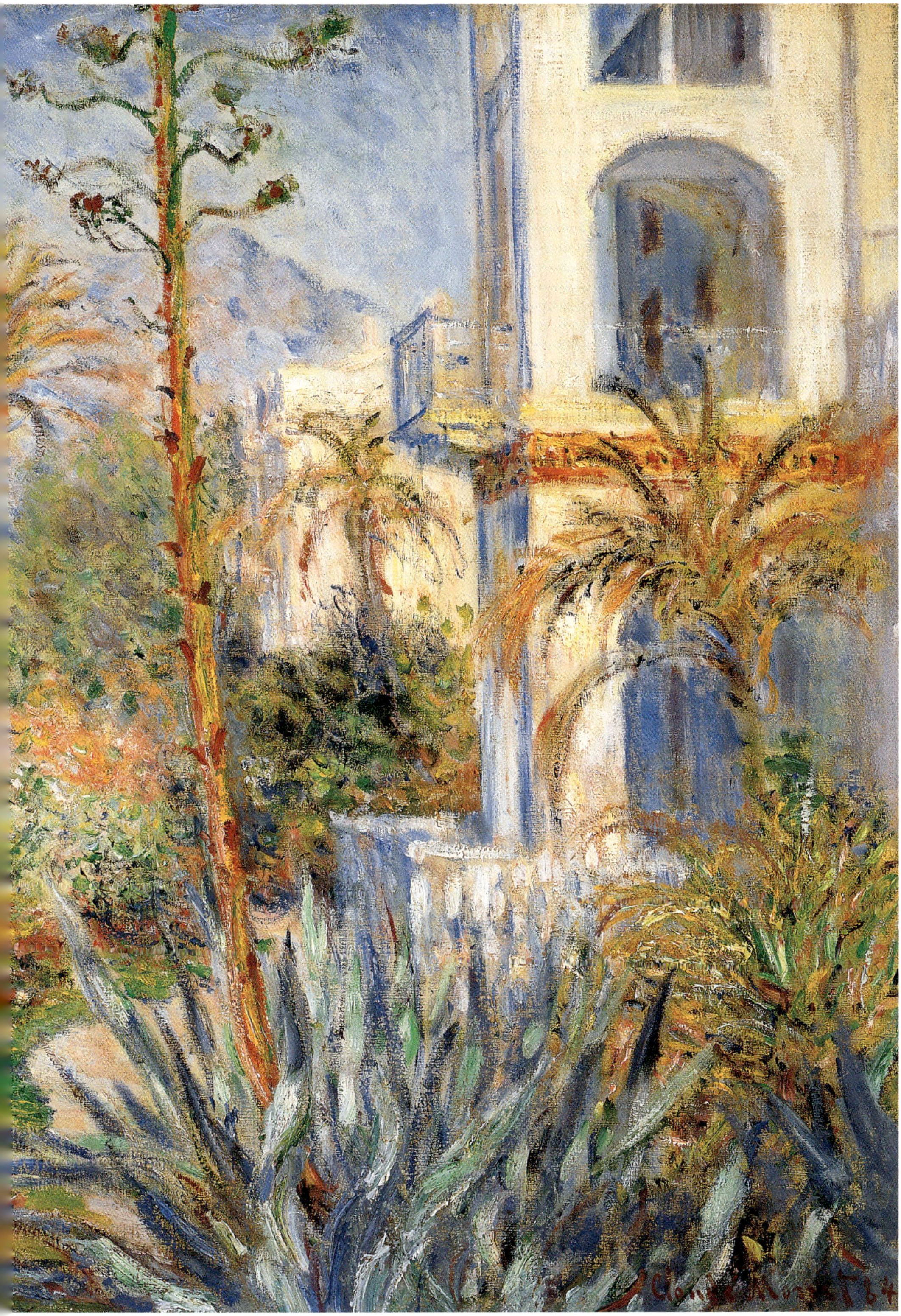

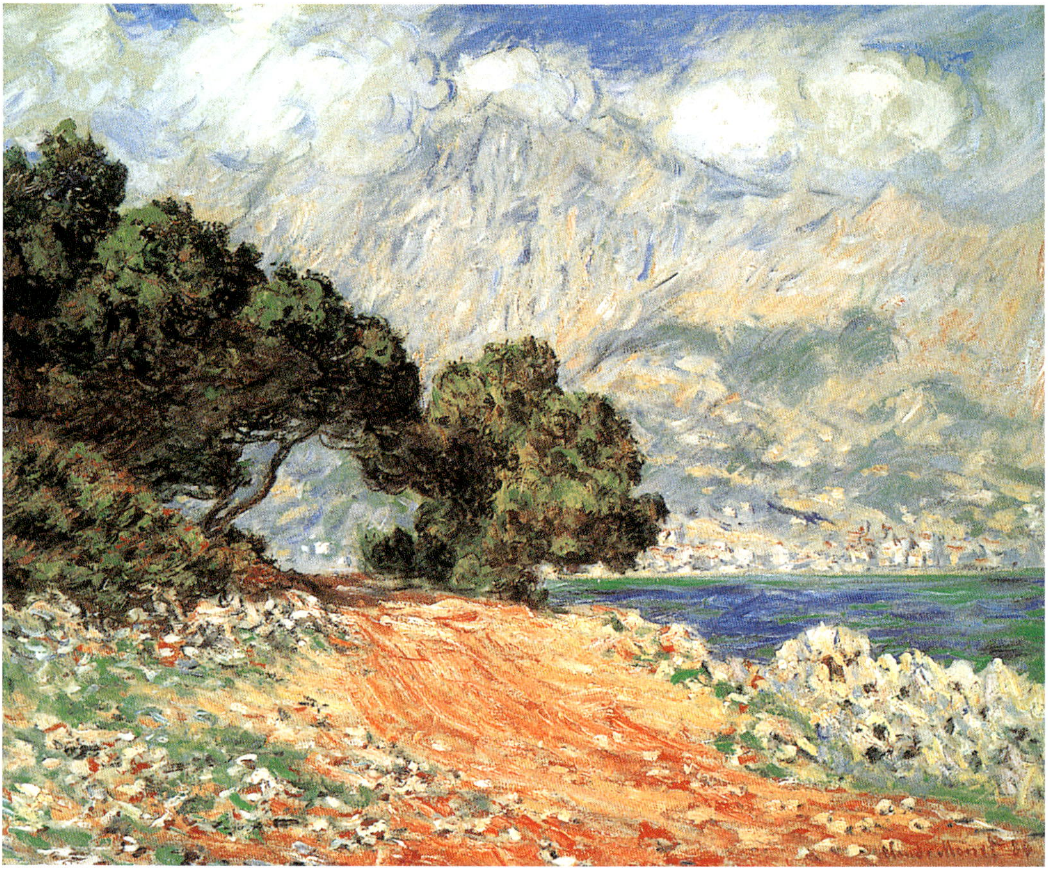

Vista de Menton desde el Cabo Martin, 1884
Óleo sobre lienzo, 67,2 x 81,6 cm
Boston, Museum of Fine Arts,
Juliana Cheney Edwards Collection

en la espalda. La carne liberada podía esparcirse a su gusto y el paté de liebre recuperó por fin su pleno sabor».

De vuelta en casa, Monet parte de nuevo tras pocas semanas hacia el sur, pero esta vez sin Renoir: «Siempre he trabajado mejor solo y según mis propias impresiones». Regresa a Bordighera, un pequeño lugar en la costa de la Riviera, entre Monte Carlo y San Remo, que había descubierto durante el primer viaje. Allí pinta el mar, el cielo y los pinos retorcidos como arabescos que bailan bajo el sol deslumbrante como seres de alma enigmática. Colores hasta entonces no empleados como el azul turquesa y el ultramarino, el rosa y un naranja mandarina, se mezclan ahora con frecuencia en sus cuadros de arboledas de limoneros, olivos y palmeras, que Monet tiene permiso de pintar en los huertos cerrados de un tal *monsieur* Moreno y que tienen fama de ser los más hermosos de toda la costa.

«Me hallo aquí en un país de leyenda, no sé adónde he de mirar en primer lugar, todo es excepcionalmente hermoso y quiero pintarlo todo [...] Este paisaje es para mí algo completamente nuevo que tengo que estudiar, tengo que conocer; y es dificilísimo saber adónde puedo ir y qué puedo hacer, necesitaría diamantes y piedras preciosas en la paleta». Regresa con cinco lienzos pintados, pero apenas uno de ellos está acabado.

Cinco años más tarde, Monet siente otra vez deseos de ir al Mediterráneo. En enero de 1888 viaja a la Côte d'Azur y pinta allí el mar ante el fondo del macizo montañoso Esterel cubierto de nieve

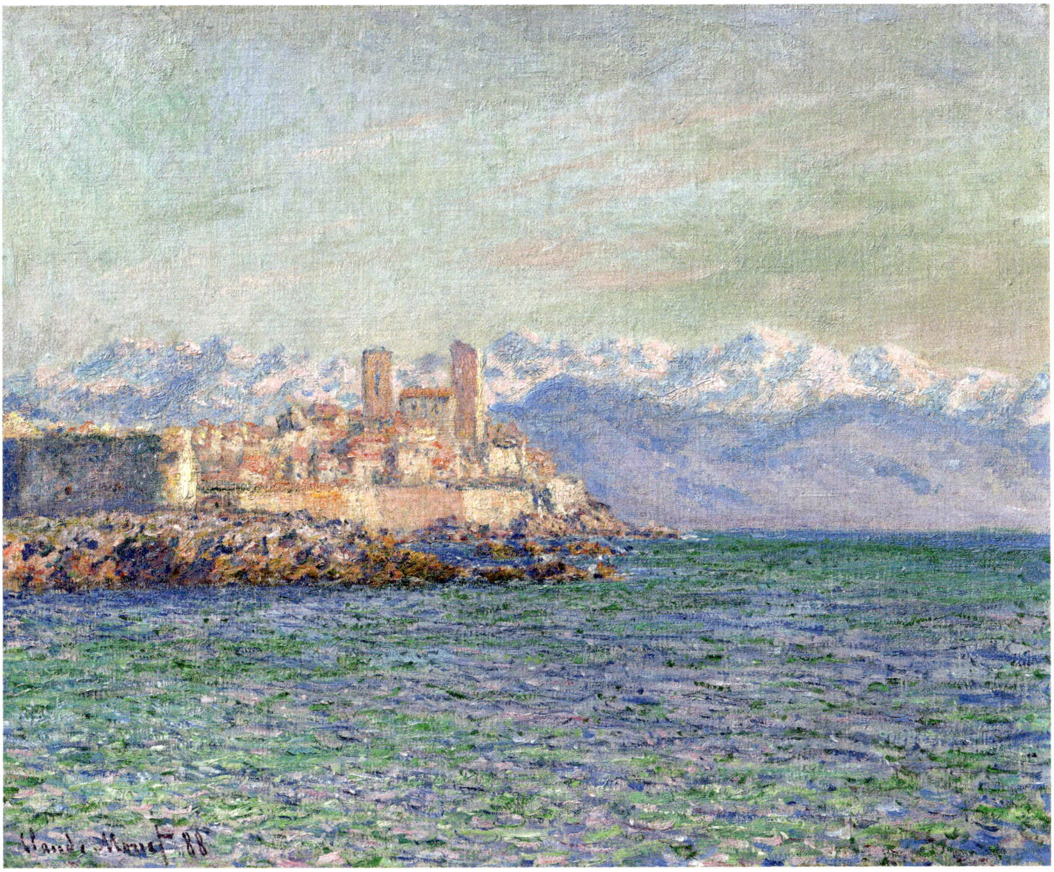

***Antibes por la tarde*, 1888**
Óleo sobre lienzo, 66 x 82,5 cm
Colección particular

(il. pág. 174). Un pino se inclina diagonalmente sobre la superficie del cuadro ante el paisaje de capas horizontales, dotando así al paisaje de suave colorido invernal de un destacado primer plano. Es este primer plano el que determina la distancia y las relaciones de volumen del paisaje, de otro modo sin profundidad, llenando además de tensión la reposada composición a base de líneas horizontales. También en este caso fueron los grabados en madera japoneses los que inspiraron a Monet esta composición poco común.

Desde Cap d'Antibes, una lengua de tierra que se adentra en el mar, pinta la antigua ciudadela Antibes (il. pág. 175), procurando captar en su lienzo la intensidad de la luz invernal mediterránea. El pintor sugiere la resplandeciente claridad por medio de un intenso contraste frío-cálido: sobre un fondo azul pálido aplica, junto a tonos fríos azules y verdes, toda una paleta de luminosos y cálidos tonos crema y rosa y rojo bermellón; todos los colores llevan bastante blanco en la mezcla. «Este lugar es tan hermoso, tan claro, tan lleno de luz. Uno se siente como nadando en aire azul, es formidable», escribe a casa.

Los cuadros de la costa sur tienen gran éxito entre el público. «Abandoné la exposición maravillado por su trabajo de este invierno. Desde hace ya mucho tiempo considero su obra la mejor, pero pienso que ahora se encuentra usted en su época más hermosa», escribe el poeta Stéphane Mallarmé tras haber visto los cuadros hechos en Antibes. Pero Monet no está satisfecho consigo mismo, sueña con un paisaje de oro y piedras preciosas, y se siente defraudado de que todo lo que su pincel consigue hechizar en su lienzo sea rosa y azul cielo. Una y otra vez escribe sobre su vano esfuerzo por reproducir la atmósfera inmediata del editerráneo, y el cuadro acabado lo decepciona. A pesar de los progresos en la realización de su jardín paradisíaco en Giverny, Monet tiene continuos raptos de inquietud. Tal vez busque en lugares lejanos no solo nuevas impresiones, sino también una soledad fructífera y distancia respecto a su prolífera familia, a la que cada vez se unen más yernos y nueras y en corto plazo los primeros nietos.

Monet huye al extranjero, visita a su hijastro en Noruega, hace varios viajes al sur de Francia y, a comienzos de siglo, va incluso en automóvil a Madrid y Venecia. También viaja con frecuencia a Londres, donde ya había quedado fascinado en 1870 por la iridiscente atmósfera con sus innumerables tonos grises en constante cambio. Hacia 1900 pinta, desde el balcón de su habitación en el hotel Savoy y desde una ventana del hospital St. Thomas, las series del Támesis *El Parlamento, traspasado de sol en la niebla* (il. pág. 177) y *El puente Waterloo en la niebla*. Monet monta una vez más innumerables lienzos entorno suyo y trabaja en unos cuando el sol penetra a través del cielo cubierto, y en otros cuando se corre una tupida cortina de niebla. Monet escribe a su marchante Durand-Ruel el 23 de marzo de 1903: «No puedo enviarle ninguno de los cuadros londinenses, pues para mí es imprescindible tenerlos todos a la vista, y, en rigor, ninguno de ellos está realmente terminado. Los realizo todos al mismo tiempo». Los cuadros aún no están terminados a su vuelta a Giverny, y durante los años siguientes continúa trabajando en ellos en su estudio.

Una comparación entre *El Parlamento, traspasado de sol en la niebla* y el *Impresión, sol naciente* (il. págs. 134/135), realizado treinta años antes, evidencia que la obra de Monet ha cambiado: el motivo de ambos cuadros es parecido; es más, en algunos de los cuadros de Londres aparecen pequeños barquitos sobre el agua

El monte Kolsaas con reflejos rosas, 1895
Óleo sobre lienzo, 65,5 x 100,5 cm
París, Musée d'Orsay

Monet no trae muchos cuadros de su viaje a Noruega en 1895, donde visitó a su hijastro. Pinta el monte Kolsaas bajo una pesada capa de nieve como una meditación misteriosa y festiva.

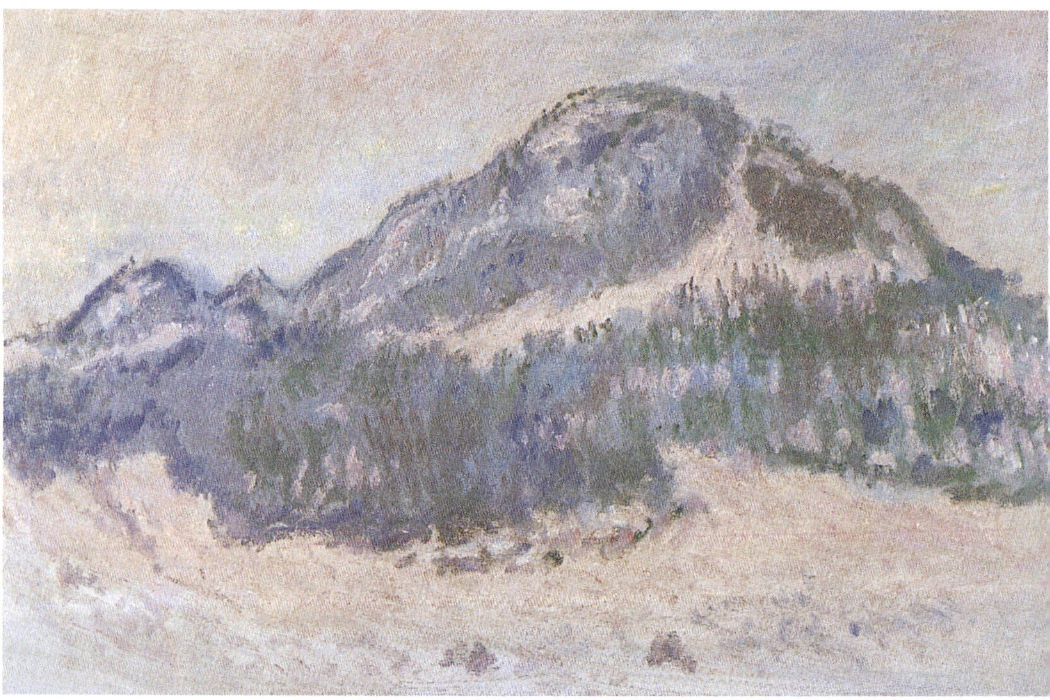

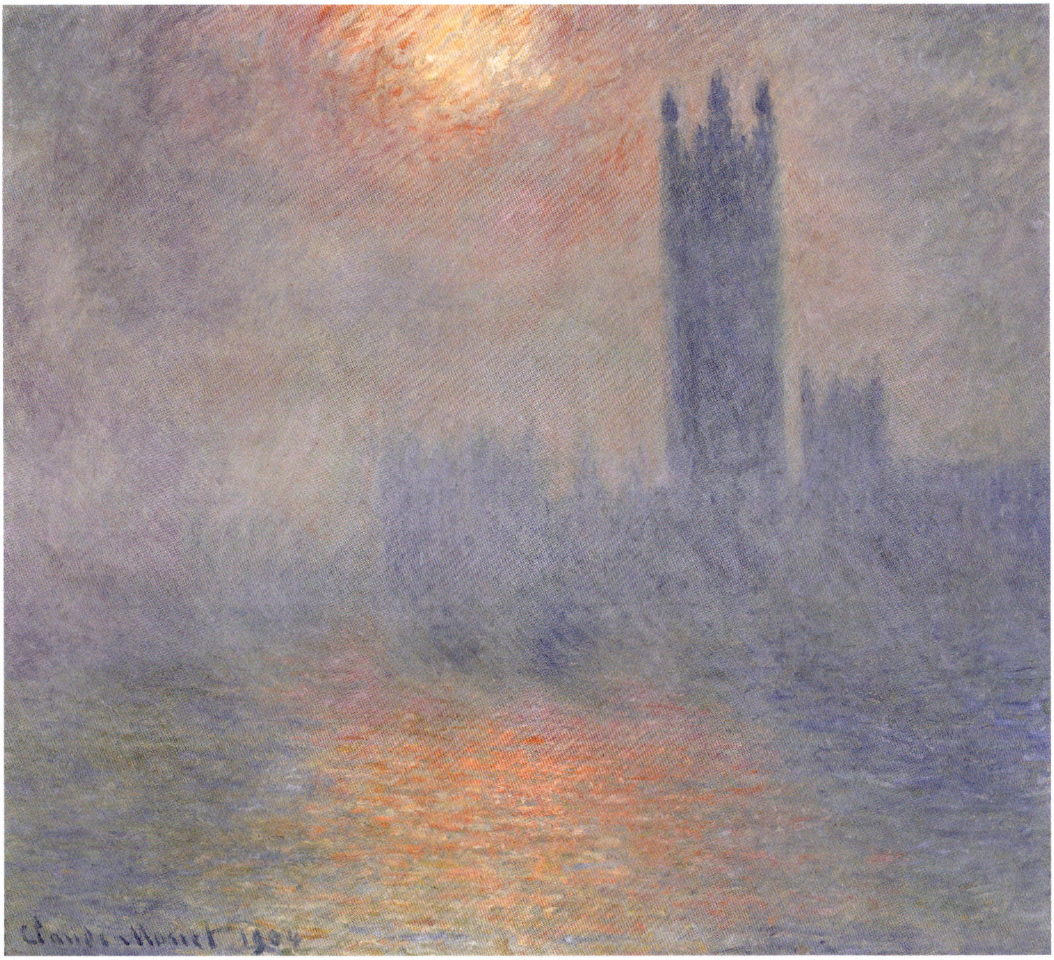

El Parlamento, traspasado de sol en la niebla, 1904
Óleo sobre lienzo, 81 x 92 cm
París, Musée d'Orsay

Monet trabaja durante años en su estudio en el motivo del Támesis con el Parlamento o el puente Waterloo al fondo. Los edificios surgen entre la espesa niebla —que unos pocos rayos de luz transforman en trémulo tejido— a modo de quimeras.

en primer plano equiparables a los botes de *Impresión*. Pero el motivo es percibido de forma básicamente distinta. Las vistas del Támesis han perdido por completo el carácter de boceto de *Impresión*, aquí nos encontramos ante elaboradas manifestaciones de un brío monumental. Aun cuando la atmósfera y la luz de un instante determinado fueran el punto de partida de cada cuadro concreto, Monet concentra estas impresiones en tejidos cromáticos abstractos. El motivo arquitectónico ya no estructura la superficie del cuadro gráficamente, como era el caso de los barcos y los puentes de sus obras tempranas, sino que la divide en pocas superficies amplias. Arquitectura, agua y cielo se convierten en superficies de proyección del oscilante velo cromático de Monet, y son tan etéreas como la niebla. Las torres neogóticas del edificio del Parlamento se deshacen extremadas, casi fantasmagóricas, en la niebla. El motivo y el entorno están recubiertos por capas de color aplicado en pequeñas pinceladas, entretejiendo todos los colores del prisma como en un tapiz.

También en el viaje de Monet a Venecia en 1908 surgen sublimes tapices cromáticos de una abstracción tal, que ya nada tiene que ver con la pintura instantánea de *Impresión*. Siguiendo la

«Es tan hermosa», escribe Monet desde Venecia sobre la iglesia de Palladio San Giorgio Maggiore, que reproduce bajo la luz del sol poniente, «me consuelo con la idea de que volveré el año próximo, pues hasta ahora solo estaba en condiciones de hacer intentos, de empezar lienzos. ¡Qué lástima no haber venido cuando era más joven y audaz!».

CLAUDE MONET A GUSTAVE GEFFROY, 1908

invitación de una amiga del pintor inglés John Singer Sargent, Monet y Alice Hoschedé, ya casados, pasan dos semanas en el Palazzo Barbaro, un palacio renacentista situado en el Gran Canal. Los primeros días pasan volando sin que Monet realice trabajo alguno. Pasea por las estrechas callejuelas y va en góndola por los pequeños canales, se imbuye en la atmósfera y medita. En museos e iglesias estudia las obras de Tiziano, Giorgone y del Veronés, de los grandes coloristas venecianos cuyas obras han sido comparadas tan a menudo con sus propios cuadros. La sublime atmósfera de la ciudad le parece intraducible. Pero de pronto lo encontramos otra vez con su caballete y su paleta en el Gran Canal y ante el palacio ducal. Pinta como un poseso, siguiendo un riguroso horario: se levanta a las seis de la mañana y pasa dos horas ante cada motivo. No se da un respiro hasta el caer de la tarde, hasta que se pone el sol. Su mujer escribe preocupada: «Ya va siendo hora de que descanse un poco, pues trabaja mucho, especialmente para un hombre de su edad...».

Los intérpretes gustan de referirse a los cuadros de Venecia como «piezas mágicas de colorido iridiscente», y las vistas de San Giorgio

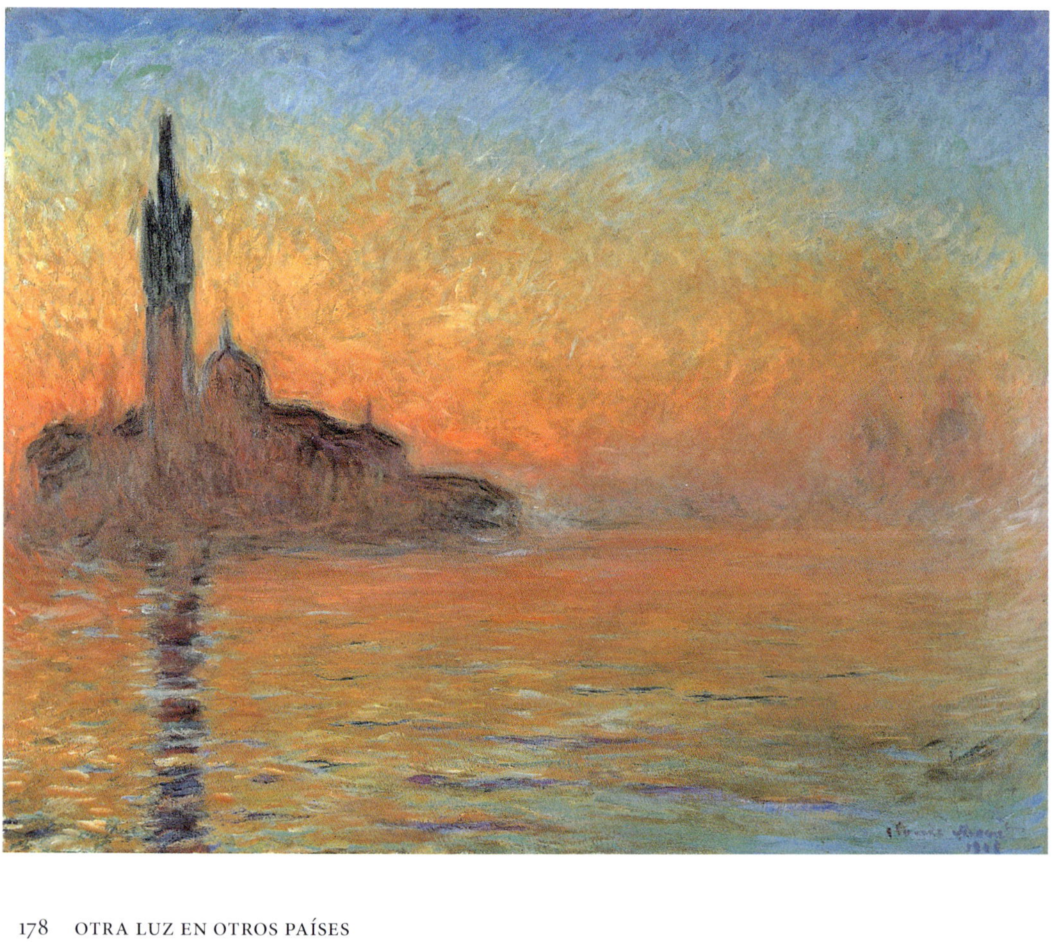

Crepúsculo en Venecia, hacia 1908
Óleo sobre lienzo, 73 x 92,5 cm
Tokio, Bridgestone Museum of Art, Ishibashi Foundation

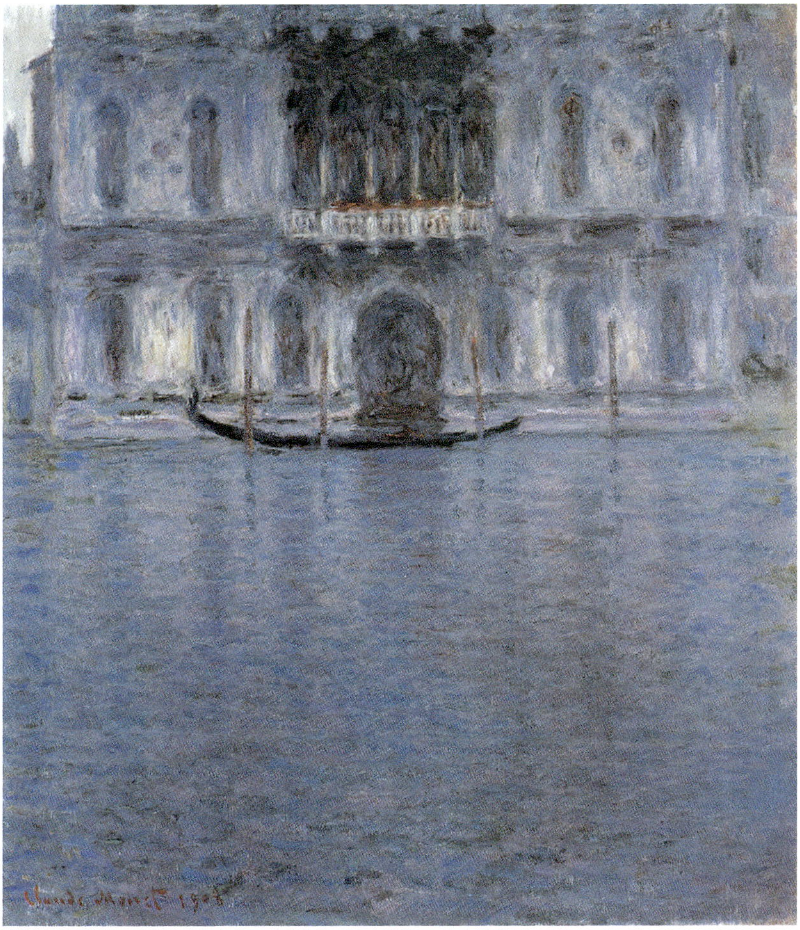

Maggiore o del Palazzo Contarini (il. pág. 179) parecen, en efecto, salidas de un romántico cuento de hadas o de un poema simbolista. Al igual que en la niebla de los cuadros invernales de Londres, en la muy comentada luz avivada por reflejos chispeantes de la ciudad de las lagunas, no había realmente momentos de una intensidad tan luminosa como los que Monet retiene en sus lienzos. En sus viajes comienza innumerables lienzos que luego perfecciona a lo largo de los años en su estudio, y que a veces incluso empieza de nuevo. Con este proceso de trabajo, en el que capas de color se extienden trémulas unas sobre otras sobre la superficie del cuadro, Monet roba a los cuadros la espontaneidad, el carácter de boceto, transformándolos en elaboradas fantasías pictóricas. Los cuadros de Venecia son composiciones de velos azules y nácar, de neblina y reflejo; son más recuerdo y visión que la experiencia visual de un motivo. Lo que ya despuntaba en las series de los almiares, de los álamos y de las catedrales, se muestra ahora con toda plenitud: el impresionista se ha convertido en simbolista que celebra aquí las nupcias entre niebla y arquitectura, entre materia y atmósfera, entre piedra y luz.

El Palazzo Contarini, 1908
Óleo sobre lienzo, 92 x 81 cm
Kunstmuseum St. Gallen, adquirido en 1950 por Ernst Schürpf Stiftung

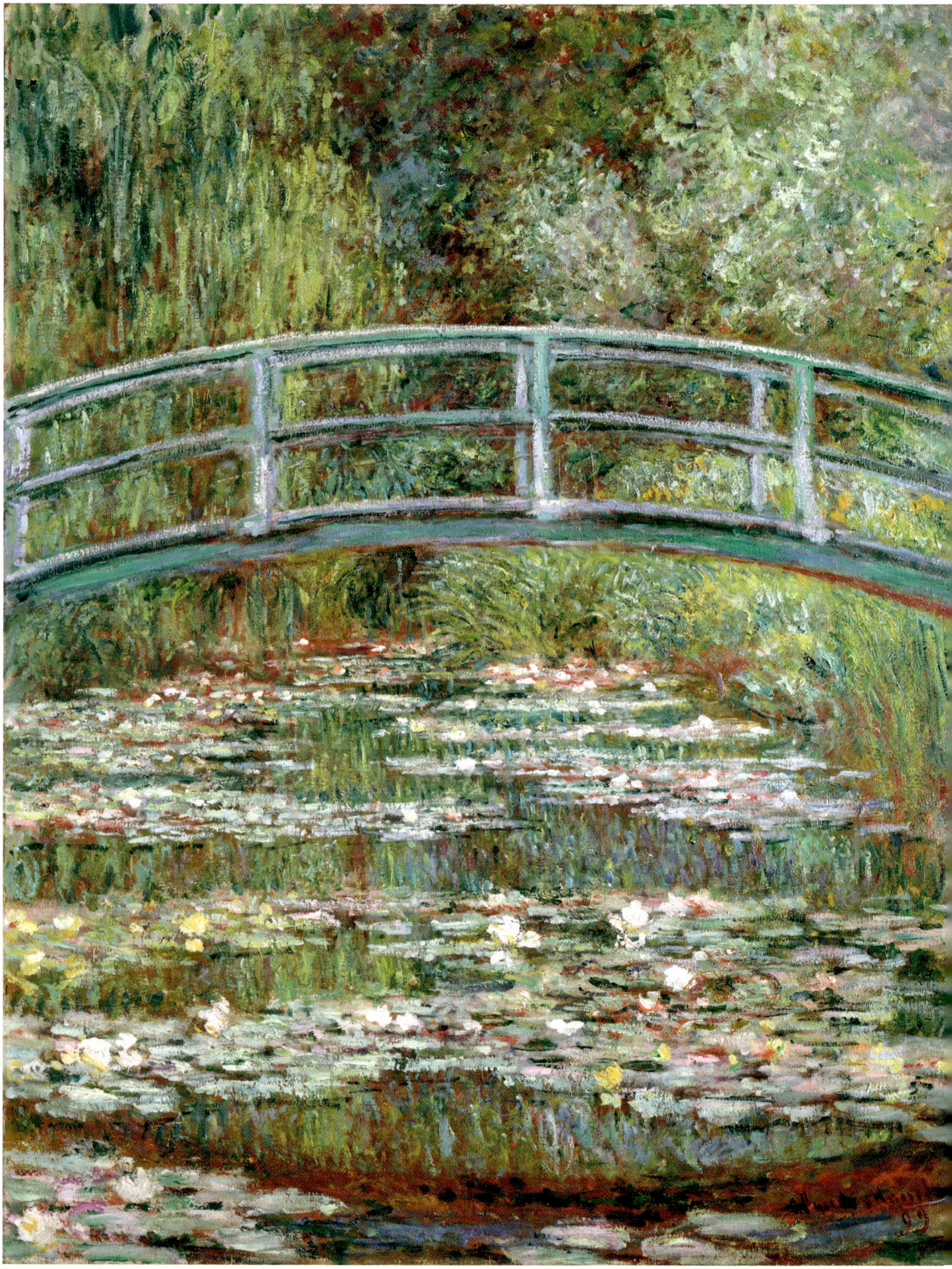

El jardín de Giverny

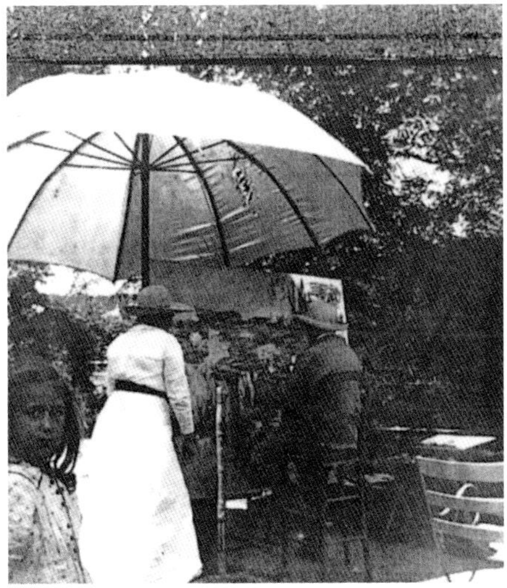

«Y finalmente aparece Giverny al término del camino; el pueblo es precioso, pero sin carácter, medio aldea, medio pequeña ciudad. Pero de pronto, justo cuando llega uno al final del pueblo y continúa por el camino a Vernon —sin que sintiera en ningún momento la necesidad de pararse en lugar alguno—, nos saluda un espectáculo nuevo y excepcional, tan inesperado como todas las grandes sorpresas. Imagínense todos los colores de una paleta, todos los tonos en una charanga: ¡eso es el jardín de Monet!».

Así describe el crítico de arte del *Figaro*, Arsène Alexandre, su primera impresión de Giverny a principios de nuestro siglo. Aquí pasa Monet la segunda mitad de su vida. Económicamente independiente desde mediados de la década de 1880 gracias a ventas regulares, en 1890 está en condiciones de comprar la casa. Ahora se dedica con pasión y mucho trabajo a la finca, que agranda en el curso de los años mediante la compra de terrenos colindantes. Monet construye un hogar para la familia y crea un paraíso para sí mismo: el jardín de Giverny.

Los comienzos no habían sido fáciles en absoluto. La pareja —cuando se instalaron aquí aún no estaban casados— con sus ocho traviesos niños tenía que resultar bastante extraña al vecindario campesino. Y para colmo, este hombre, que se supone que es un pintor moderno, sale cada mañana al amanecer, pasea por los campos seguido de niños que acarrean utensilios de pintura y lienzos en una carreta, y se instala ante almiares y árboles para traspasarlos al lienzo con salvajes pinceladas que en el momento siguiente sustituye por otras. Los sagaces campesinos no tardan en aprovecharse de esta curiosa cabeza loca. Le exigen un pago cuando, camino de un motivo, cruza sus campos, y siempre están preparados para retirar justo los almiares que acaba de empezar a pintar, o para talar los álamos en los que Monet había puesto el ojo. Cuando, más tarde, planea crear un estanque con plantas exóticas, los lugareños tocan a rebato, pues las plantas podrían estropear la ropa que

PÁGINA ANTERIOR
El estanque de nenúfares, 1899
Óleo sobre lienzo, 93 x 74 cm
Nueva York, The Metropolitan Museum of Art

ARRIBA
Monet pintando *El estanque de nenúfares* con su hijastra Blanche Hoschedé-Monet y una de sus nietas Nitia Saleron, 1915

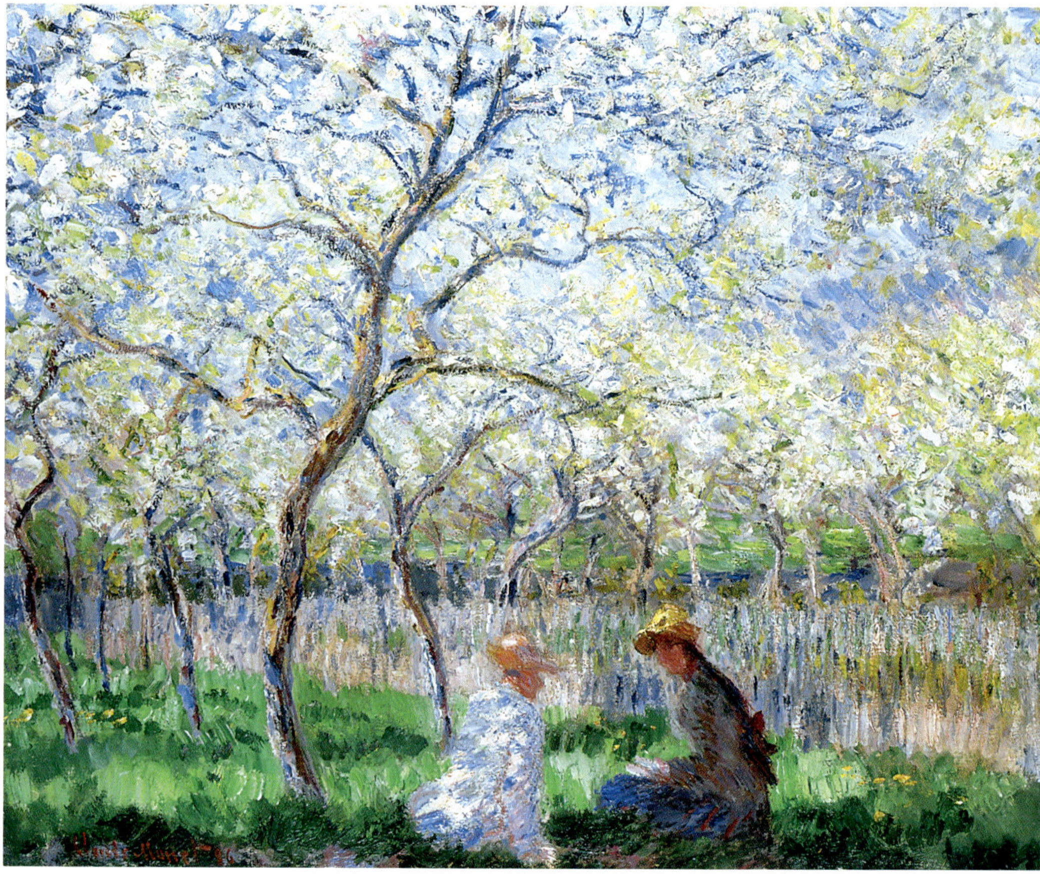

Primavera, 1886
Óleo sobre lienzo, 64,8 x 80,6 cm
Cambridge, The Fitzwilliam Museum

se lava en el río o envenenar el ganado que pacía en los campos linderos del jardín.

A pesar de todas estas dificultades, el huerto frutal normando con pocos frutales y hierba alta se convierte, con ayuda de toda la familia, en un jardín que hará historia. Más tarde dirá Monet en una ocasión que no ha hecho más que coger un catálogo y encargar lo que quería, pero ello es de seguro una de sus frecuentes expresiones modestas. Con conocimiento de causa y una paciencia infinita, surge aquí un fértil Edén surcado de corrientes de flores, que el ya citado *monsieur* Alexandre describía así: «Dondequiera que usted mire, a sus pies, sobre su cabeza, a la altura de su pecho, se encuentran estanques, guirnaldas de flores, bordillos en flor, en armonías que son a un tiempo naturales y planificadas y que cambian y se renuevan en cada estación del año». Claramente, en el jardín impera una fuerza estructuradora, como la que el pintor muestra en sus cuadros.

Con espíritu de orden, el pintor pone cada flor en su lugar, compone especies y colores en arriatas paralelas. Monet subyuga la naturaleza. Ya teniendo en mente motivos para sus cuadros, selecciona plantas y compone su cuadro no solo mediante el punto de vista que ha elegido, sino modelando enérgicamente con su propia mano: cuando en los comienzos de la primavera, un gran roble que ya había pintado tiene la osadía de sacar pequeños brotes verdes, Monet no cambia el cuadro, sino que reúne a los mejores escaladores del vecindario y se encarga de que a la mañana siguiente no haya ni una hoja verde. «Uno admira al pintor, pero el infeliz árbol inspira compasión»,

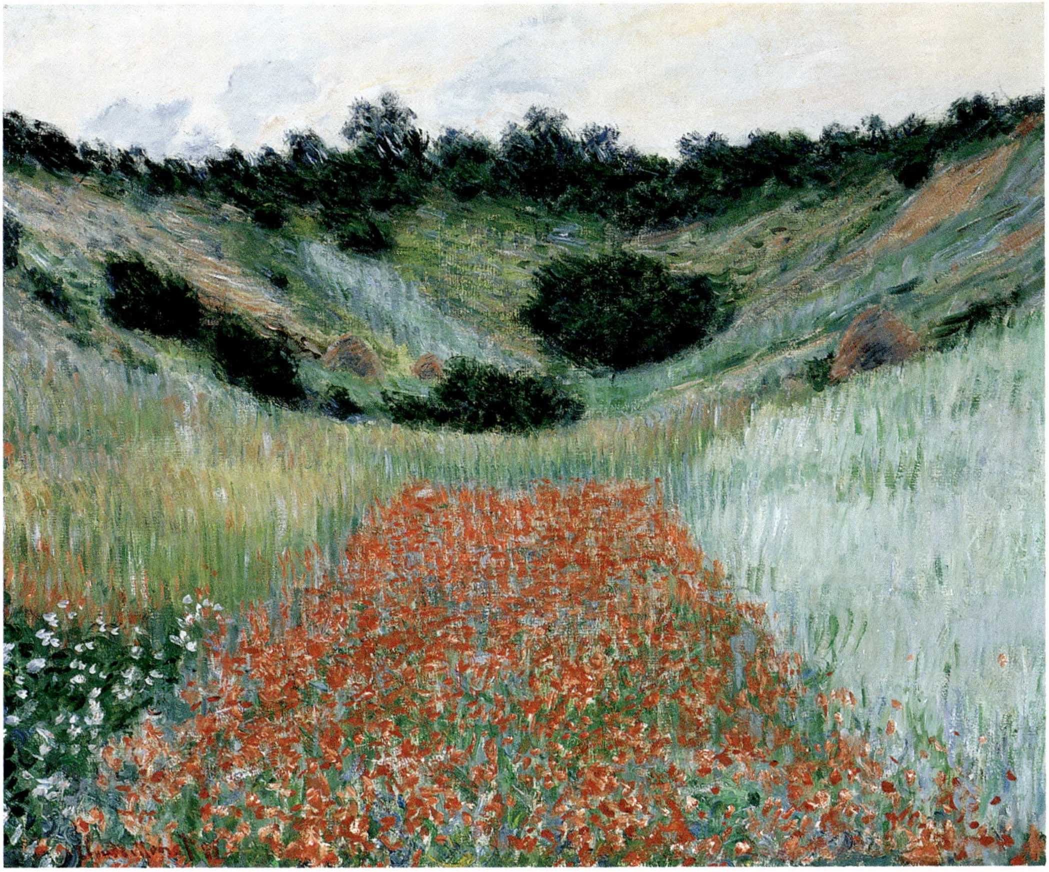

comenta el pintor inglés Wynford Dewhurst, quien ha relatado esta anécdota.

Campo de amapolas, alrededores de Giverny, 1885
Óleo sobre lienzo, 65 x 81 cm
Boston, Museum of Fine Arts

En Giverny, Monet retoma el tema del campo de amapolas en flor (il. pág. 147). Pero en lugar del alegremente animado paisaje percibido casi por casualidad, en el cuadro tardío crea una composición casi rígida, simétrica, partiendo de los colores complementarios rojo y verde.

De forma muy diferente a Emil Nolde, creador de un rebosante jardín de estilo campesino en Seebüll, en Frisia del norte, Monet muestra en Giverny una inmensa inclinación por lo llamativo, por lo exótico. Cierto que también se encuentran aquí dalias y capuchinas, pero el carácter del jardín lo determinan cada vez más las glicinias azul pálido y el iris violeta, las tuberosas venidas de México y las ninfeas reluciendo como nácar entre las matas de bambú. Muchas de estas plantas, en parte importadas de ultramar, existían en Francia desde hacía muy pocos años, y por ello apenas nos sorprende la desconfianza de los campesinos ante estas plantas desconocidas. La gente mundana de París y de ultramar, por el contrario, empieza a interesarse pronto por este jardín. Se publican los primeros artículos e, incluso después de la muerte de Monet, revistas como *Country Life* dan cuenta de las preciosidades del jardín y documentan con muchas fotografías sus exquisitas composiciones florales. Sus visitantes pueden disfrutarlo todavía hoy.

Monet va amalgamándose con su jardín, que acaba convirtiéndose en parte de su cuerpo, de su alma y —lo más importante para él— de sus ojos. En todos sus viajes escribe a casa para preguntar cómo están las flores. El jardín bajo la luz del sol es para él el elixir de la vida, y en los días de lluvia se queda en cama, muy deprimido.

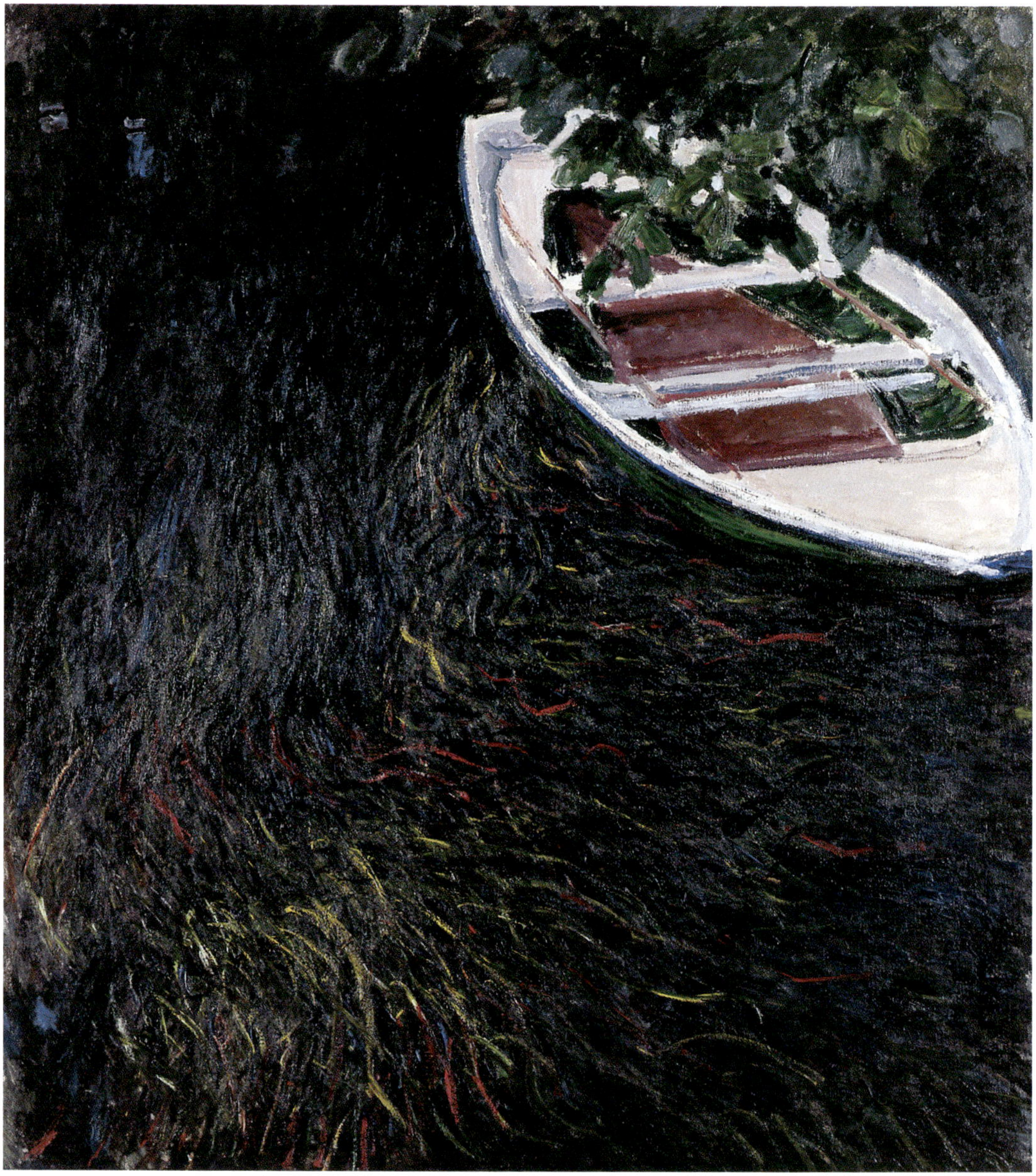

La barca, 1887
Óleo sobre lienzo, 146 x 133 cm
París, Musée Marmottan Monet

La familia gusta de hacer pequeñas excursiones en bote a la Île aux Orties, la isla de las Ortigas. La isla está unida mediante un pequeño canal a la propiedad de Monet, y se encuentra a orillas del Sena. Más tarde Monet comprará esta isla.

PÁGINA SIGUIENTE ARRIBA
Muchachas en barca, 1887
Óleo sobre lienzo, 145 x 134 cm
Tokio, The National Museum of Western Art

PÁGINA SIGUIENTE ABAJO
La barca rosa, 1890
Óleo sobre lienzo, 135 x 175 cm
Hakone, Japón, Pola Museum of Art

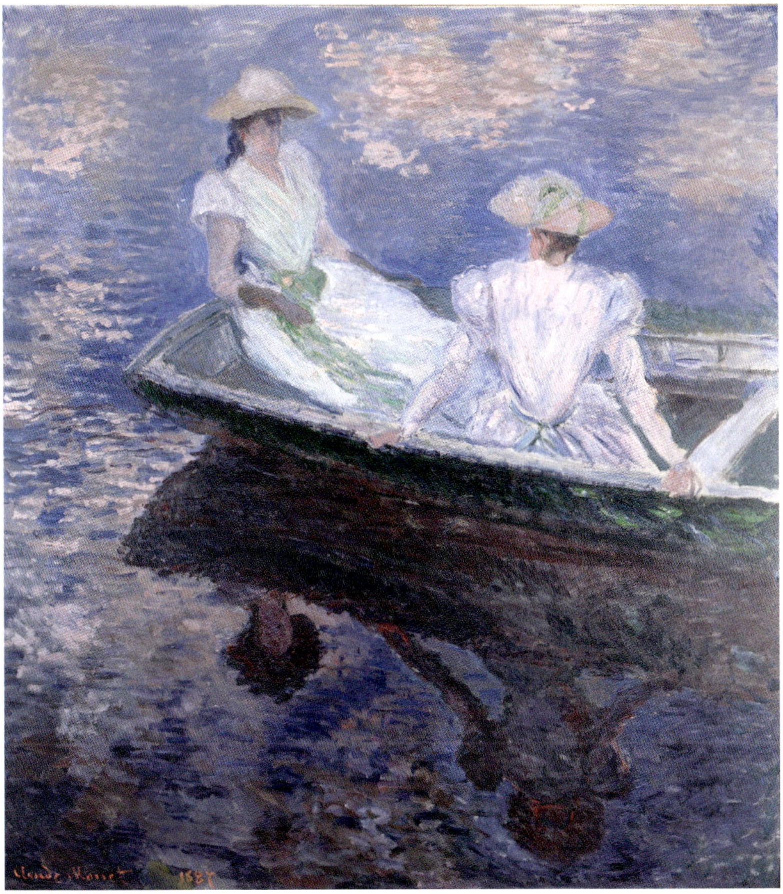

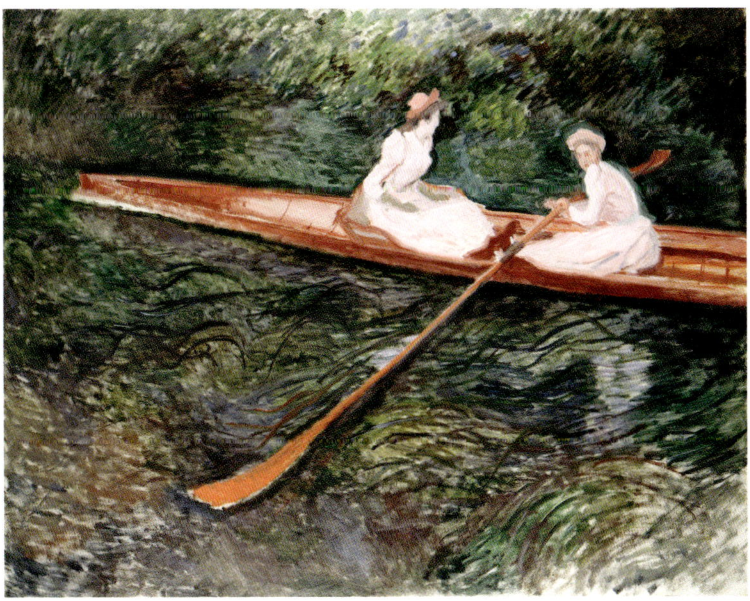

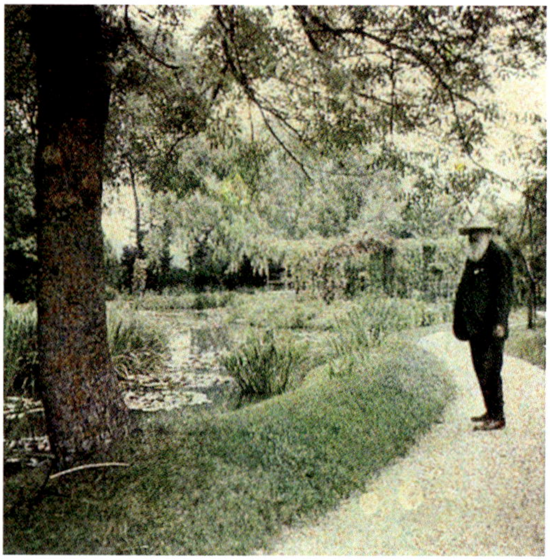 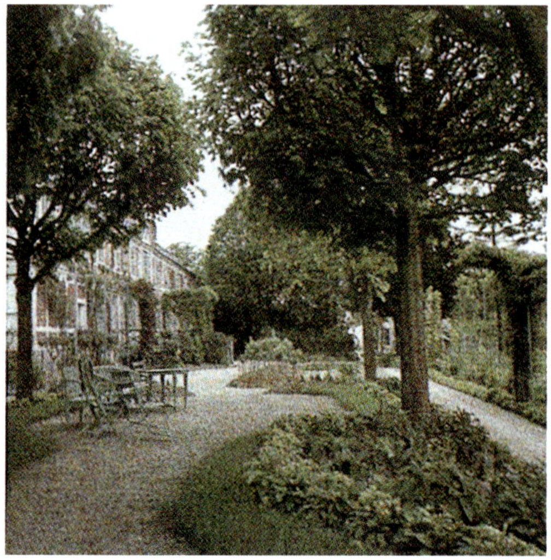

ARRIBA IZQUIERDA
Monet en su jardín de Giverny, hacia 1917
Fotografía en color: Etienne Clémentel

ARRIBA DERECHA
La casa y el jardín de Monet en Giverny, hacia 1917
Fotografía en color: Etienne Clémentel

Sin embargo, Monet no es un pintor de flores; ya en el temprano *Jardín en flor* (il. pág. 124) se puede observar que no se interesa por una familia o especie determinada de flores. Aun cuando podamos reconocer diferentes especies, como rosas, amapolas y más tarde ninfeas o los corimbos azules de glicinias, el pintor no reproduce nunca la forma de las flores o plantas concretas. Busca el efecto de conjunto, la impresión general. Las flores son para él reflectores de la luz y una fiesta para los ojos.

La casa de Giverny es amplia y, comparada con la suntuosidad del cambio de siglo, tiene un aspecto más bien sobrio. La funcional arquitectura pronto se ve cubierta de hojas de parra y rosas trepadoras. Tras la muerte de Ernest Hoschedé, que no volvió a recuperarse de su bancarrota, en 1892 se casan Monet y Alice Hoschedé. Con ello queda legitimada una relación de años, cuyos comienzos posiblemente tuvieran ya lugar en el palacio de Montgeron, en vida de Camille. Los vecinos y amigos no debieron tardar en darse cuenta de que Alice no vivía aquí como una simple ama de llaves y niñera.

En ferrocarril, en barca por el Sena, en coche de caballos y pronto también en los primeros automóviles, traqueteantes y apestosos, llegaban a Giverny políticos y diplomáticos, coleccionistas americanos y aristócratas japoneses para visitar a Monet. Pero también sus primeros amigos se dejan ver por aquí: Renoir, Cézanne, Pissarro y también Gustave Geffroy, su primer biógrafo, y sobre todo el político francés Clemenceau, que fue primer ministro entre 1906 y 1909 y de nuevo desde finales de la Primera Guerra Mundial hasta 1920. A pesar de la estrecha amistad que le une al político, Monet se niega hasta su muerte a cualquier honor oficial por parte del Estado. Como ya había hecho en 1888 con la Cruz de la Legión de Honor, en 1920 rechaza ingresar en el Institut de France.

Además de los coleccionistas y amigos, llegan también los admiradores. A finales de la década de 1880 se constituye incluso una pequeña colonia de pintores americanos, los llamados «givernistas». Monet, que nunca quiso dar clases, sino que recomendaba a los jóvenes pintores que observaran minuciosamente y estudiaran la naturaleza, no tarda en sentirse sobrecargado con fama y bulla, y adquiere entre los jóvenes norteamericanos que quieren visitarlo día tras día la fama de ser «*extremely ill-tempered*». Su cerrazón respecto a los ambiciosos jóvenes pintores no logra impedir que su hija adoptiva Suzanne se case en 1892 con el pintor norteamericano Theodore Butler. En

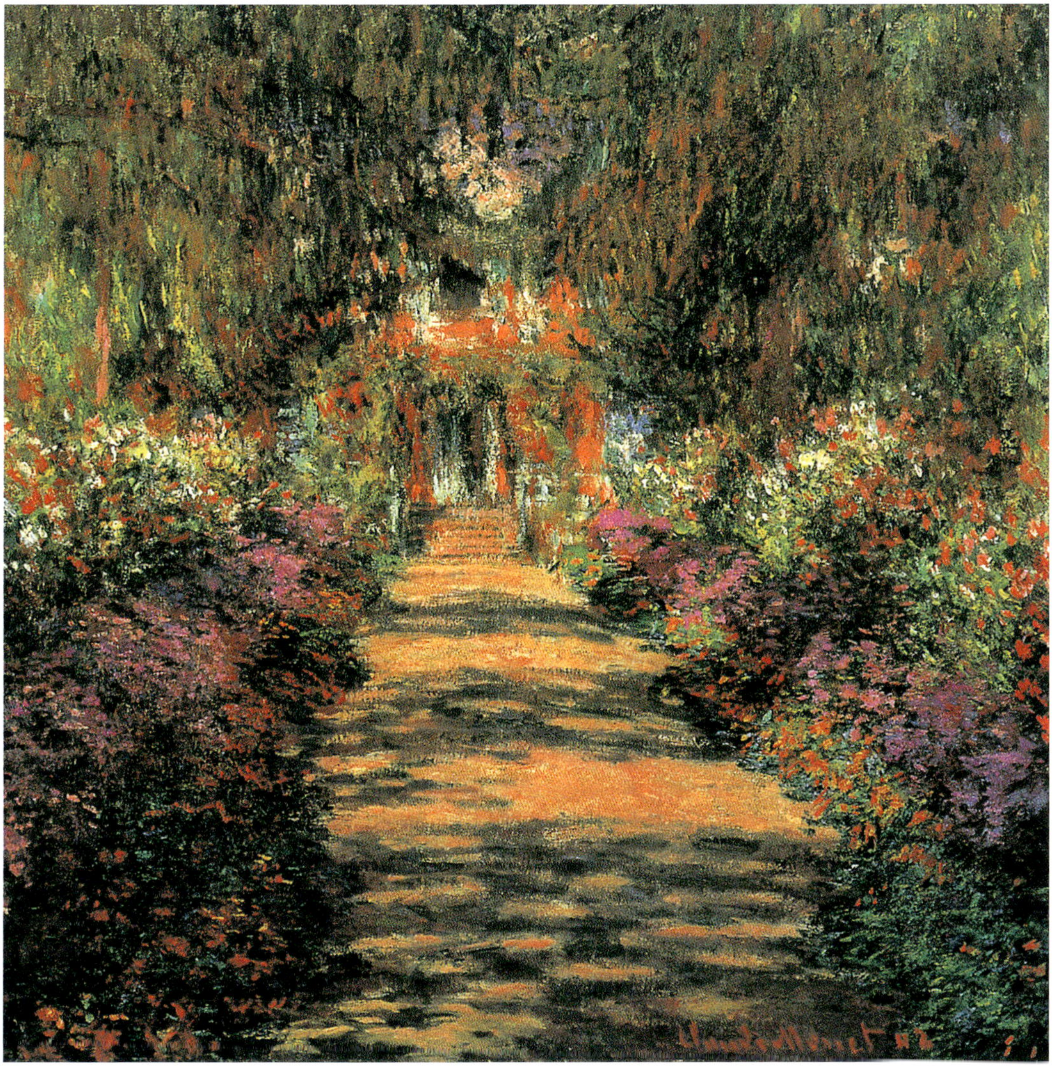

Sendero en el jardín de Monet, Giverny, 1902
Óleo sobre lienzo, 89,5 x 92,3 cm
Viena, Österreichische Galerie Belvedere

El sendero central, rodeado de rosas trepadoras a la sombra de viejos tejos, va desde la casa al portal sur del jardín. Arriates de flores cierran el conjunto en disposición simétrica a derecha e izquierda del sendero.

los años siguientes, la casa, ya animada de por sí, es invadida por más yernos, nueras y nietos. Las fiestas familiares parecen, como demuestran innumerables fotos, reuniones del pueblo entero. Monet, que ya en Argenteuil se comportaba como un *bon bourgeois*, es un gran amigo de la buena cocina y se hace servir en su legendario comedor amarillo, cuyas paredes estaban decoradas con su colección de grabados en madera japoneses, las más exquisitas viandas. Se conservan seis cuadernos de recetas escritos con letra apretada, en los que aparecen platos tan sonoros como *Truffes à la serviette, Entrecôte marchand de vin* o el enigmático pastel verde *Vert-vert*. La realización del helado de plátano navideño era, por ejemplo, una complicada tarea, pues con la entonces ultramoderna heladera había que darle media hora a la manivela. Monet colecciona recetas, planifica menús y da instrucciones —si bien él mismo nunca ha cogido la sartén por el mango—.

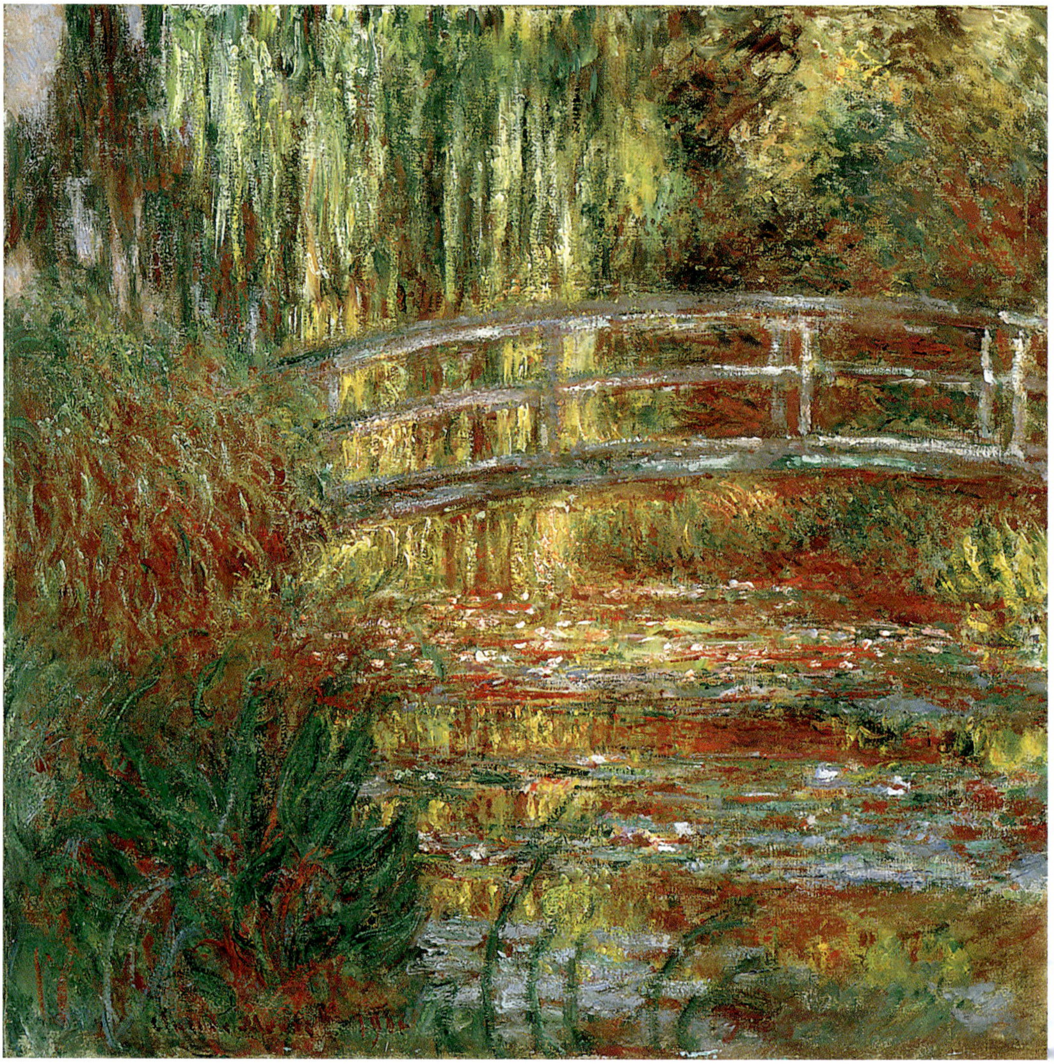

El estanque de nenúfares, 1900
Óleo sobre lienzo, 90,2 x 92,7 cm
Boston, Museum of Fine Arts, cedido en memoria del gobernador Alvan T. Fuller por la Fundación Fuller

PÁGINA SIGUIENTE
Lirios, 1914-1917
Óleo sobre lienzo, 199,4 x 150,5 cm
Richmond, Virginia Museum of Fine Arts, The Adolph D. and Wilkins C. Williams Fund

Las comidas desempeñan un papel muy importante en la vida de Monet; el día está estructurado en torno a ellas. Muy temprano por la mañana —en verano frecuentemente antes de que salga el sol— se levanta y toma un abundante desayuno, una costumbre que aprendió a apreciar en Holanda. A las once y media se reúne toda la familia, y en muchas ocasiones también invitados, para tomar el almuerzo. El pintor desea almorzar tan temprano para no perderse nada del sol de la tarde. Sigue un té tomado en el jardín y una cena no precisamente espartana. Sin embargo, no suele tener invitados a cenar, pues Monet se retira pronto a dormir, para levantarse muy temprano a la mañana siguiente. De que todo este ajetreo no perjudique el trabajo del pintor se encarga Alice con mano firme.

Rodeado de hasta doce lienzos, iniciados a diferentes horas del día y bajo distintas condiciones climáticas y lumínicas, Monet trabaja sentado bajo su enorme sombrilla blanca (il. pág. 181).

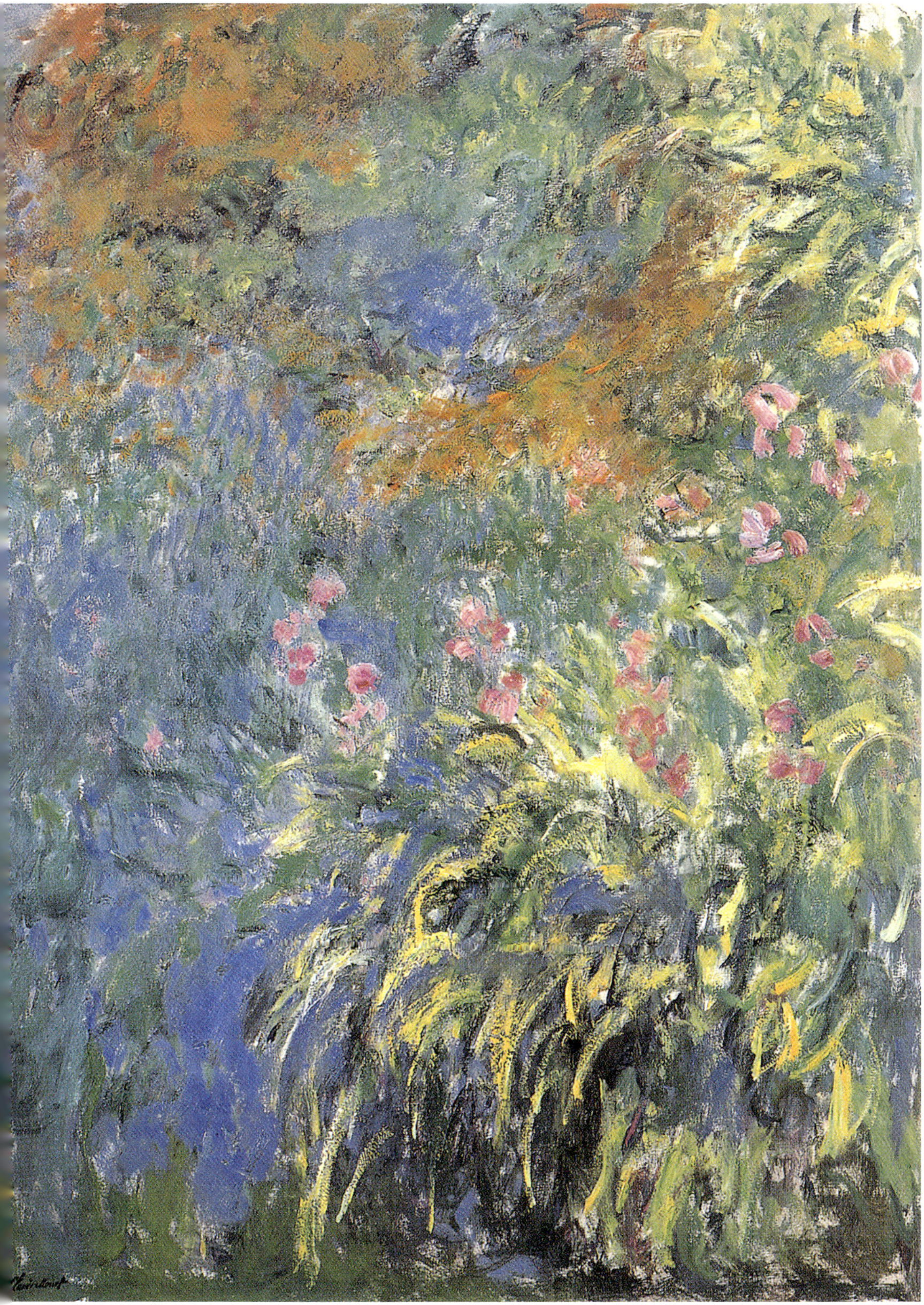

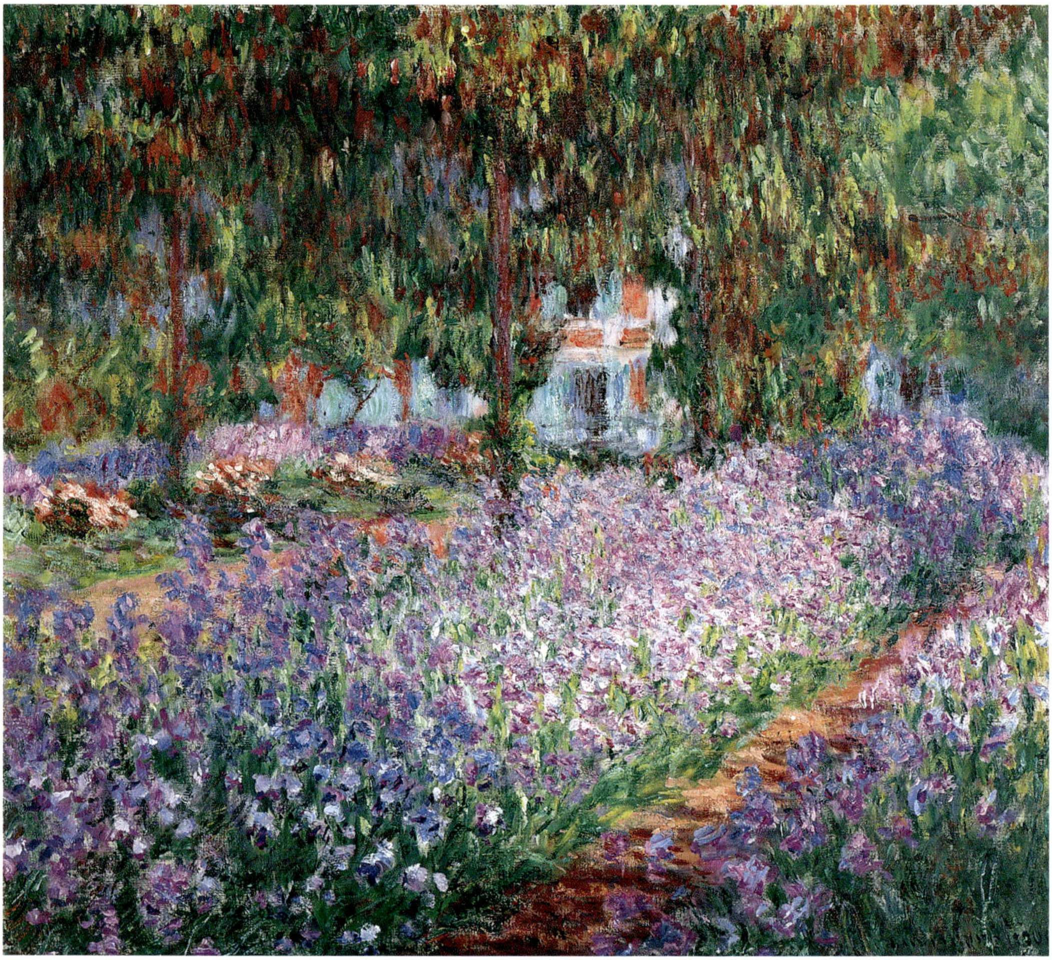

Lirios en el jardín de Monet, 1900
Óleo sobre lienzo, 81,6 x 92,6 cm
París, Musée d'Orsay

Su hijastra Blanche solía pintar junto a él y, tras la muerte de Alice, se convierte en su constante acompañante. Monet trabaja objetivo, silencioso, a menudo malhumorado, alternando etapas de gran creatividad con periodos de profundas depresiones.

Giverny no se encuentra directamente a la orilla del Sena, como los demás lugares donde vivió Monet, sino a orillas del pequeño río Epte. El Epte y sus arroyos se encargan de que el pintor no eche de menos aquí su elemento, el agua. Después de aquellas tardes en el río en Argenteuil y los severos días en la espuma de las olas de Étretat, en Giverny se entusiasma por una nueva forma del agua: el estanque. Ya a principios de la década de 1890, Monet adquiere un prado situado en las inmediaciones de su propiedad. El pintor transforma estos terrenos —unos 7 500 m^2—, separados de su casa por una línea ferrroviaria, en un jardín acuático, desviando el agua por medio de un pequeño arroyo. Más tarde tiene incluso un jardinero dedicado exclusivamente al estanque y sus nenúfares, mientras otros cinco se ocupan del resto del jardín. En 1895 manda construir un pequeño puente arqueado de madera (il. págs. 180 y 188) como los que se ven en las xilografías japonesas. Madurando tranquilamente al sol, animado por trémulas libélulas y con ranas entre los juncos que desaparecen en el agua en cuanto alguien se acerca demasiado, Monet ha encontrado aquí su reino de paz, su lugar de meditación.

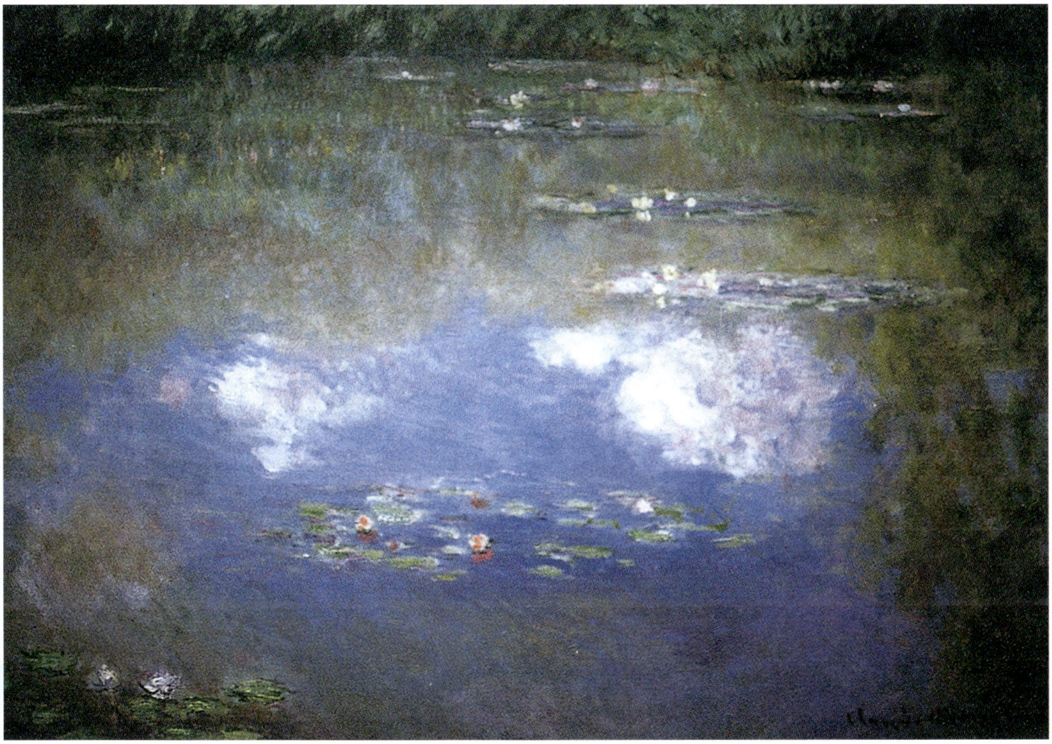

Nenúfares, paisaje acuático, nubes, 1903
Óleo sobre lienzo, 74 x 106,5 cm
Colección particular

Nenúfares, 1897-1899
Óleo sobre lienzo, 65 x 100 cm
Los Angeles County Museum of Art

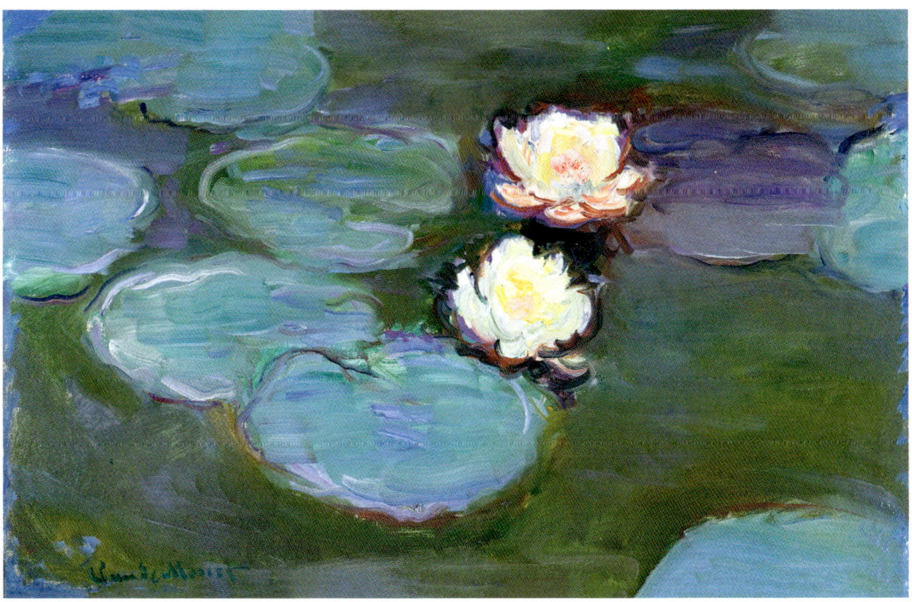

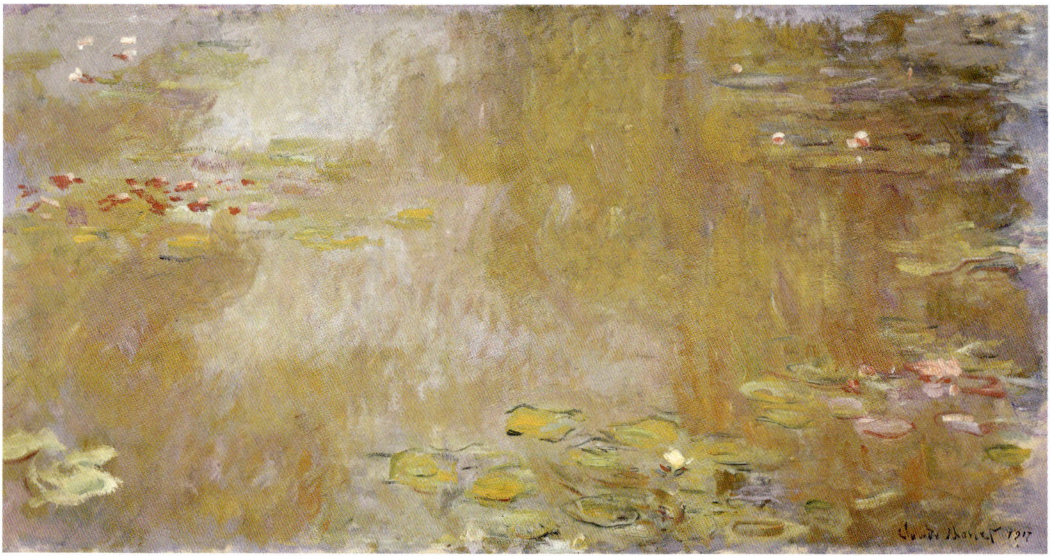

El estanque de nenúfares, 1917
Óleo sobre lienzo, 100 x 200 cm
Musée des Beaux-Arts de Nantes

El estanque, entreverado de algas y sargazo, rodeado de lirios, juncos y sauces llorones y coronado por grandes matojos de nenúfares que brillan al sol como nácar, será el motivo dominante de Monet durante sus últimos treinta años. También aquí el pintor acerca inequívocamente el motivo cada vez más al primer plano. Lo va acercando como con un *zoom*, y finalmente, en los grandes cuadros de nenúfares en los que trabajó los últimos años de su vida, uno puede introducirse literalmente en el motivo. De las grandes composiciones paisajísticas, Monet pasa a realizar vistas parciales del estanque con el puente japonés, centrándose finalmente en vistas de cerca de motivos concretos sobre la superficie del agua. El cielo ya solo forma parte del cuadro como reflejo en el agua, y desaparece de la franja superior del cuadro (il. pág. 191 arriba). Sus paisajes acuáticos son escenas sin horizonte. Pero en las pequeñas vistas, el paisaje, los árboles, las nubes y el cielo se reflejan en el agua. Estos cuadros ya no pueden ser calificados de paisajes en sentido propio; Monet los denominaba paisajes reflejo.

Aun cuando Monet asegurara a menudo que su estudio era la naturaleza, lo cierto es que terminaba o retocaba la mayoría de sus cuadros en el estudio. En Giverny llega a tener tres estudios en los que recibe visitas y habla sobre sus obras. Tampoco sus cuadros del estanque son realizados exclusivamente al aire libre bajo la sombrilla, pero, a diferencia de los puentes del Támesis y las vistas de la plaza de San Marcos, en los que había trabajado durante años en su estudio, ahora puede ir a ver su motivo cuantas veces quiera para refrescar la impresión óptica e imbuirse en el efecto lumínico. La «impresión» es avivada una y otra vez en el estanque.

En los cuadros de ninfeas tiene lugar con más intensidad que nunca una disolución del objeto representado en la superficie. Los nenúfares con sus extensas islas de hojas son para él el medio que le permite tensar la superficie del cuadro en la horizontal, mientras que las reflexiones en el agua de los juncos y mimbres agrupados en las orillas del estanque aportan estructuras verticales al cuadro. El que estos tejidos básicamente geométricos no den una impresión uniforme y monótona se debe, por una parte, a las formas irregulares de las hojas ovaladas y a las flores, pero también al colorido. En una medida no alcanzada hasta entonces, el color se halla descompuesto en miles de matices, de superficies vibrantes, ha sido aplicado como velo, como luz, como mosaico. En motas, en rayas y manchas, Monet descompone hasta el infinito los tonos, colocándolos unos junto a otros y en capas que

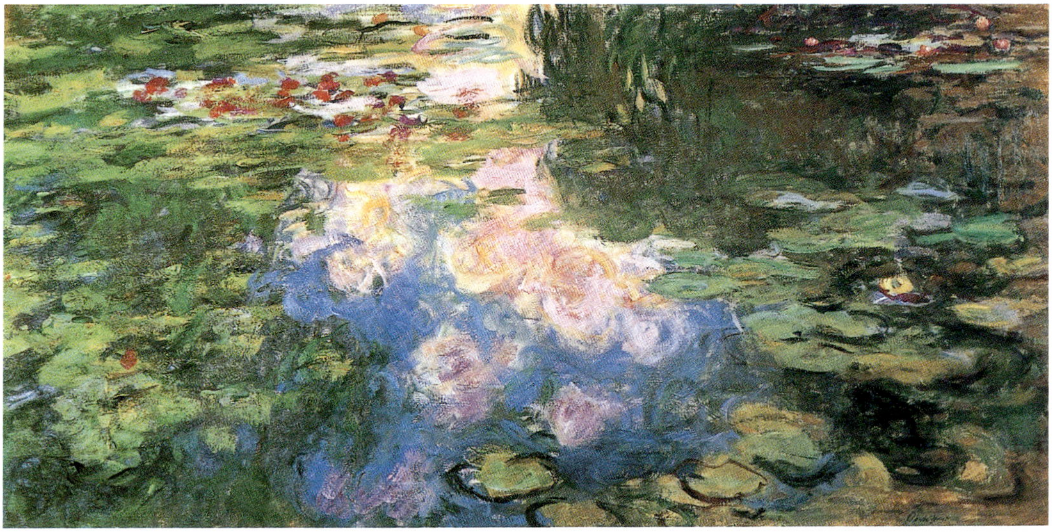

El estanque de nenúfares, 1919
Óleo sobre lienzo, 100 x 200 cm
Colección particular

se superponen sucesivamente. Las capas inferiores aparecen finamente veladas y aplicadas de forma casi transparente, y brillan entre las pinceladas superiores, cada vez más poderosas, y los difuminados pastosos. Aquí puede observarse a las mil maravillas cómo evoluciona y cambia la aplicación del color en Monet.

De los pequeños puntos y rallitas, las irisadas luces y topos de color de la primera serie del estanque (il. pág. 191), que a pesar de la transparencia todavía parecen tapices, va surgiendo cada vez con más decisión un fluido movimiento del pincel. La pincelada ancha y atizada se convierte por sí misma en alga y planta trepadora. Las pinceladas ya no se asientan vertical u horizontalmente, sino que serpentean formando misteriosos remolinos, empiezan a bailar. Es esta libertad y audacia en la aplicación del color, junto al colorido que cada vez se aleja más del objeto y el valor del tamaño y amplitud del formato, lo que convierte los cuadros de nenúfares en importante motivación para los pintores posteriores: los pintores del impresionismo abstracto de la década de 1950, por ejemplo, Sam Francis, Jackson Pollock o Mark Rothko, están fascinados por la libertad con que Monet trataba el color, y el formato de sus decoraciones de ninfeas parece anticipar el *all-over* de un Pollock. Pero mientras los pintores del impresionismo abstracto aspiran a dar autonomía al cuadro, a una pintura compuesta solo de forma y color, los cuadros más visionarios de Monet parten siempre del instante óptico, de la experiencia real, de la naturaleza.

El sumergirse en un cuadro sin fronteras que no solo se compone ante el espectador sino que lo circunda, continuando en todas direcciones, como lo había hecho Monet, interesa especialmente a estos pintores. Ya a finales de siglo, Monet acariciaba la idea de relacionar varios cuadros de ninfeas de gran formato con un espacio concreto. En correspondencia con el gusto de la época —y con sus propias preferencias—, pensaba en primer lugar en decorar un comedor con paneles de nenúfares. Su amigo Clemenceau intentaba sacar a Monet del letargo en que lo había sumido la muerte de su mujer Alice y de su hijo Jean, y le propuso crear una serie de cuadros de nenúfares para el Estado francés. Para poder realizar estos cuadros llega incluso a edificar un nuevo estudio, cuyas medidas de 24 x 12 metros dan cabida a la monumental obra. La edificación no es exactamente una empresa fácil en tiempos de guerra, y Monet logra hacerse con materiales de construcción y obreros solo gracias a la influencia de sus amigos políticos de alto rango.

¿Por qué los cuadros tardíos son denominados «decoraciones»? El concepto de lo decorativo tenía también entonces un matiz despectivo. El apelativo se aplicó ya temprano a las obras de Monet, especificando una pintura que no era ni costumbrista, ni histórica ni topográfica. La formulación más radical de este pensamiento se encuentra en la serie tardía de los nenúfares. Como puras observaciones de luz y color, tampoco pueden ser denominadas simbólicas, si bien siempre animan al espectador a interpretar los cuadros simbólicamente. Pero las decoraciones de nenúfares de Monet siguen siendo una pintura centrada en sí misma, sin por ello renunciar por completo a la representación de objetos; ello nos impide hablar de pintura abstracta.

Con motivo de las exposiciones de las series, como la de los almiares o la de las catedrales, los críticos y amigos aluden una y otra vez a la unidad de la serie completa y lamentan enormemente que estos conjuntos hubieran sido desintegrados por el comercio y se hallaran dispersos por el mundo entero. Por esta razón, Clemenceau había intentado ya antes de fin de siglo asegurarse la serie de las catedrales para el Estado francés, pero no logró el apoyo de la comisión oficial de compras. Cuando, con motivo del armisticio de 1918, Monet quiere regalar al Estado dos grandes cuadros de nenúfares, Clemenceau y Geffroy consiguen convencer al pintor de que ha llegado el momento de hacer realidad el proyecto de un gran escenario de nenúfares.

Monet llevaba ya mucho tiempo soñando con presentar los cuadros de nenúfares en una habitación de tal forma que surgiera la ilusión del todo infinito, dando así al espectador la posibilidad de una relajación meditativa. Acepta donar al Estado cierto número de cuadros con la condición de que las

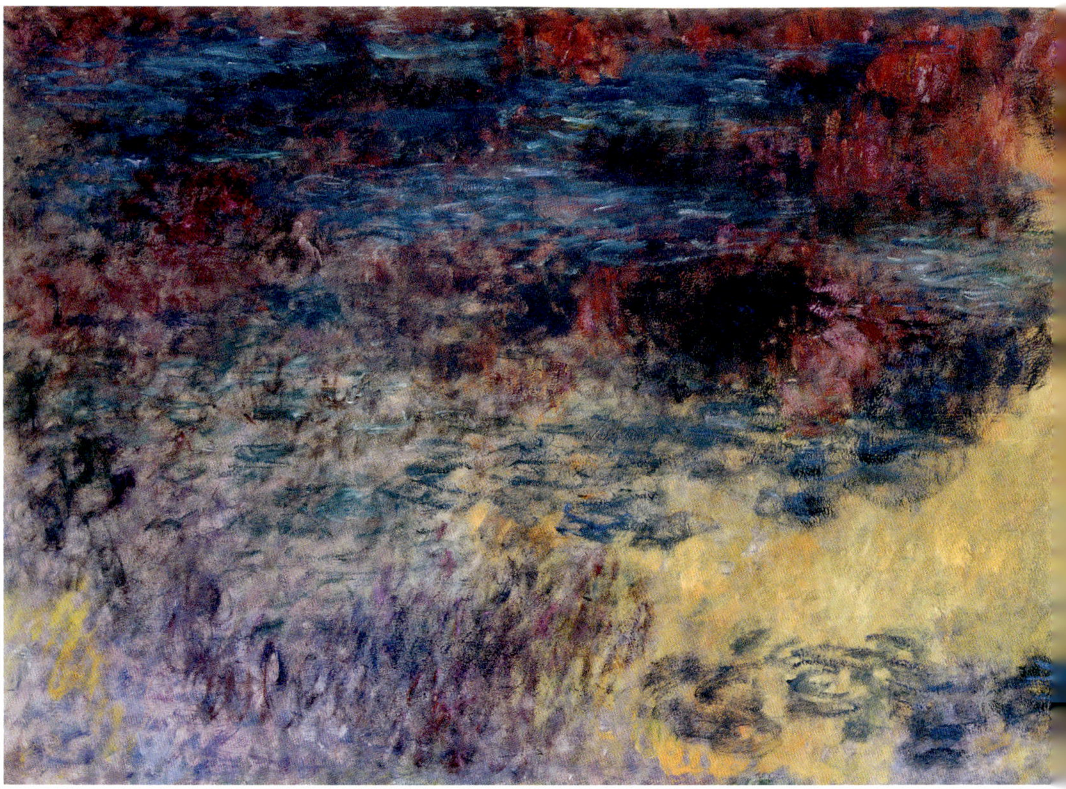

El estanque de nenúfares por la tarde (díptico), 1914/1922
Óleo sobre lienzo, dos paneles: cada uno de 200 x 600 cm
Zúrich, Kunsthaus Zürich

obras se expongan en una arquitectura realizada de nueva planta, a la medida de sus necesidades. Como lugar apropiado se escoge el jardín del Hôtel Biron, en el que desde hacía poco tiempo se encontraba el museo dedicado al escultor Rodin. Un arquitecto presenta planos para un pabellón al borde de la propiedad, cuyas medidas nada descomunales podrían dar cabida en una habitación circular a los doce paneles. Pero el Consejo General de obras públicas descarta la propuesta, al parecer para impedir hacer excesivos honores a Monet erigiendo un edificio exclusivo para sus cuadros.

En vista de ello, Monet se retracta de su oferta, y los primeros compradores potenciales llegan de Estados Unidos y Japón para adquirir la serie para sus propios museos. Únicamente su amigo Clemenceau —que sentía el proyecto de los nenúfares como «suyo» propio— logra que Monet acepte colocar sus paneles en una sala de la Orangerie perteneciente al Louvre. Allí fueron instaladas, tras la muerte de Monet, las doce decoraciones de nenúfares en dos habitaciones de planta ovalada. Hoy estas salas son muy visitadas, e incluso constituyen la meta de muchas personas que visitan París. Sin embargo, durante bastantes años apenas fueron objeto de atención. Tan solo en la década de 1950 las descubrieron pintores como Sam Francis, y solo entonces, en el marco del impresionismo abstracto, comenzó a entenderse y apreciarse la obra tardía de Monet.

Los últimos años de Monet están marcados por una agitada productividad. Lejos de trabajar tranquilamente en una obra de madurez o de pensar en retirarse, trabaja especialmente duro durante los últimos años. Por temor a obras de mediana calidad, destruye y quema numerosos cuadros. Había visto cómo, a la muerte de Manet, los marchantes de arte se lo llevaban todo, y quería protegerse contra eso, no quería que estudios sin importancia o simples intentos acabaran en el mercado.

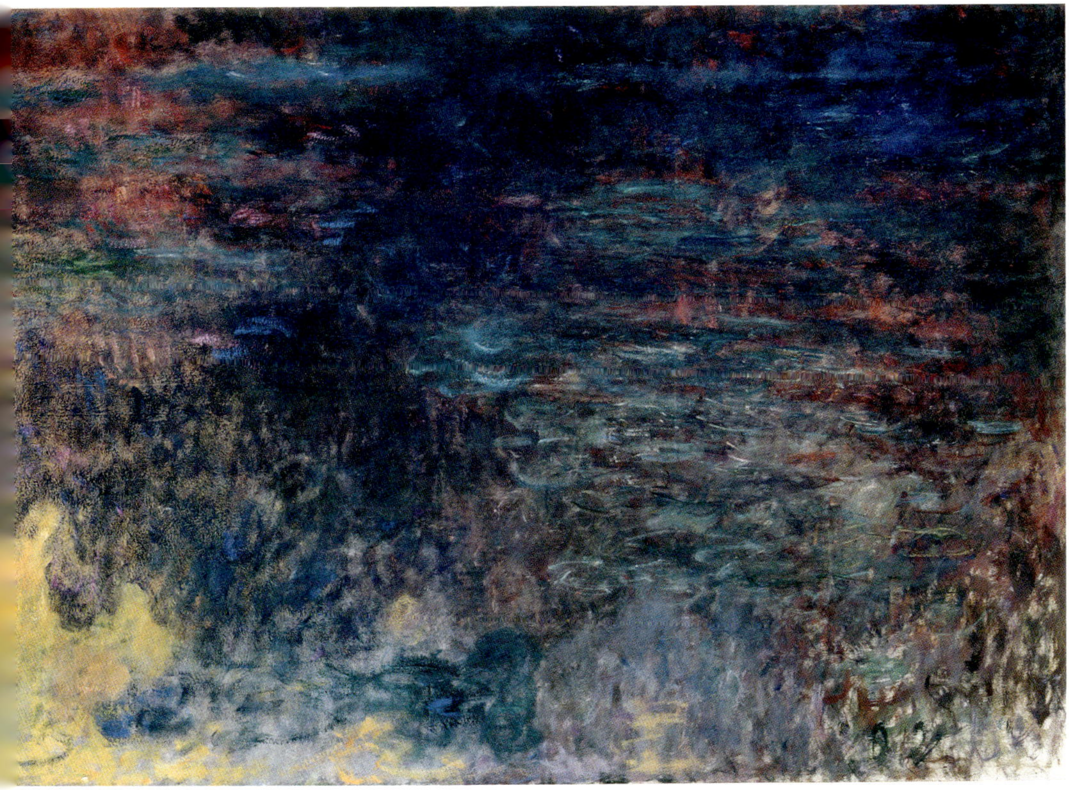

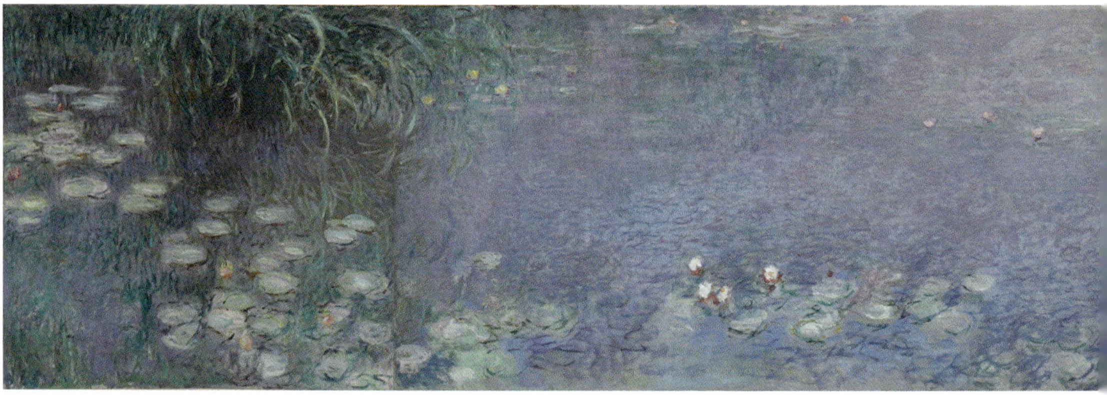

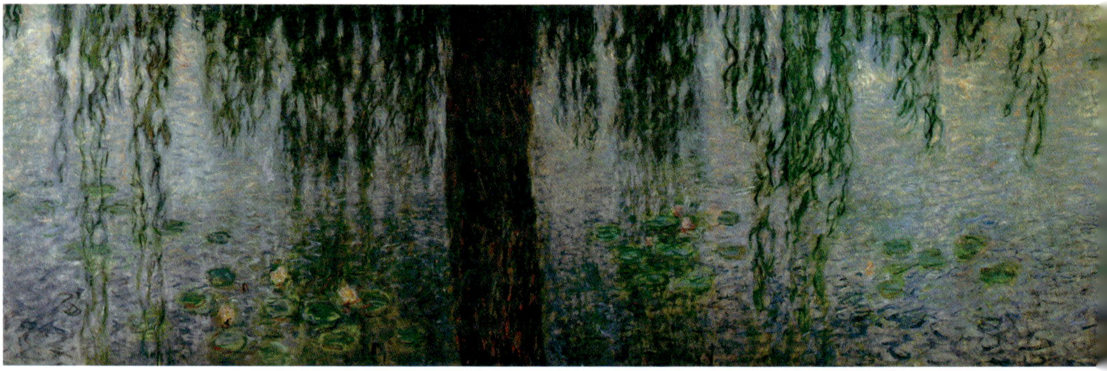

SUPERIOR
Nenúfares, Mañana (cuadríptico), 1914-1926
Sala I del Musée de l'Orangerie
Óleo sobre lienzo, 200 x 1275 cm
París, Musée de l'Orangerie

ARRIBA
El estanque de nenúfares con sauces. Mañana (tríptico), 1916-1926
Óleo sobre lienzo, tres paneles:
cada uno de 200 x 425 cm
París, Musée de l'Orangerie

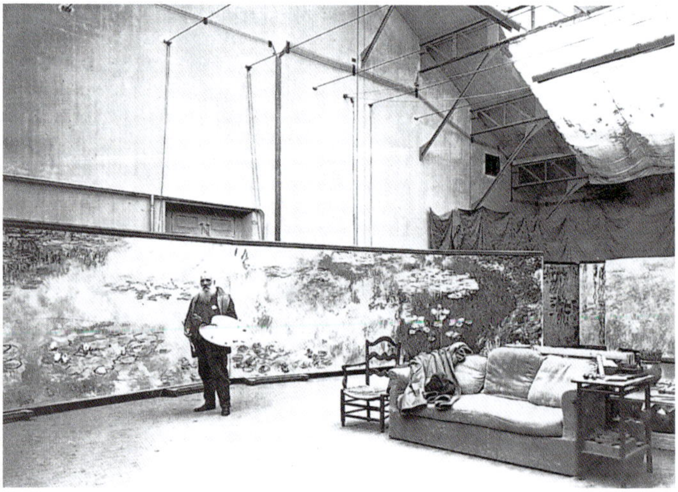

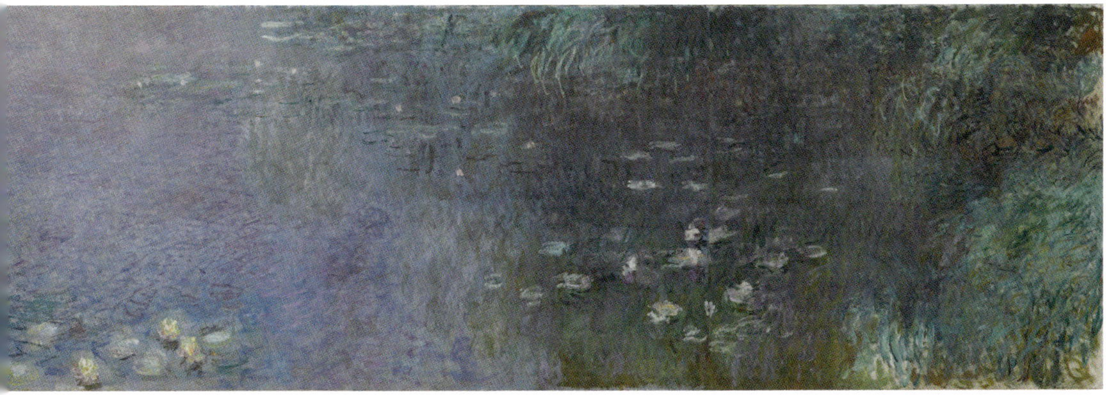

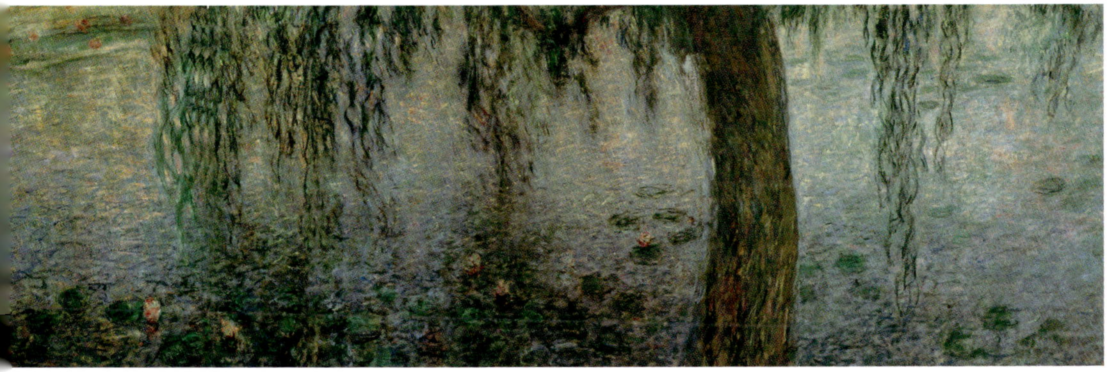

ABAJO IZQUIERDA
Monet trabajando en una decoración de nenúfares en su gran tercer estudio, hacia 1923

ABAJO DERECHA
Sala II del Musée de l'Orangerie

La «Capilla Sixtina del impresionismo»: así denominó el pintor y autor de obras gráficas André Masson al invernadero de naranjos parisino en el que, tras la muerte de Monet, se expusieron al público las decoraciones de nenúfares donadas por el artista.

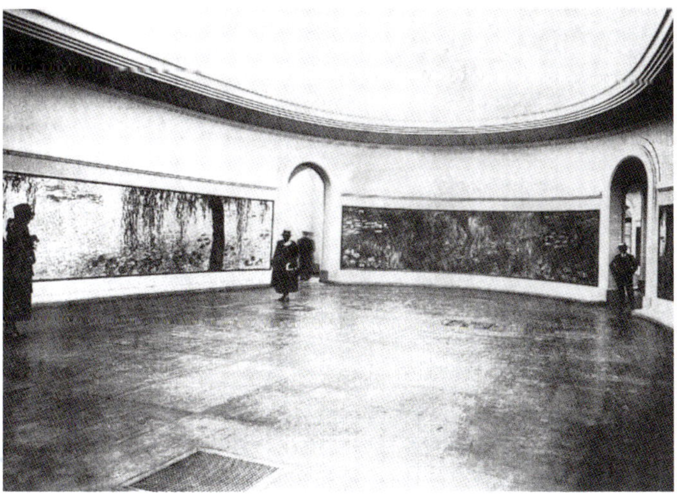

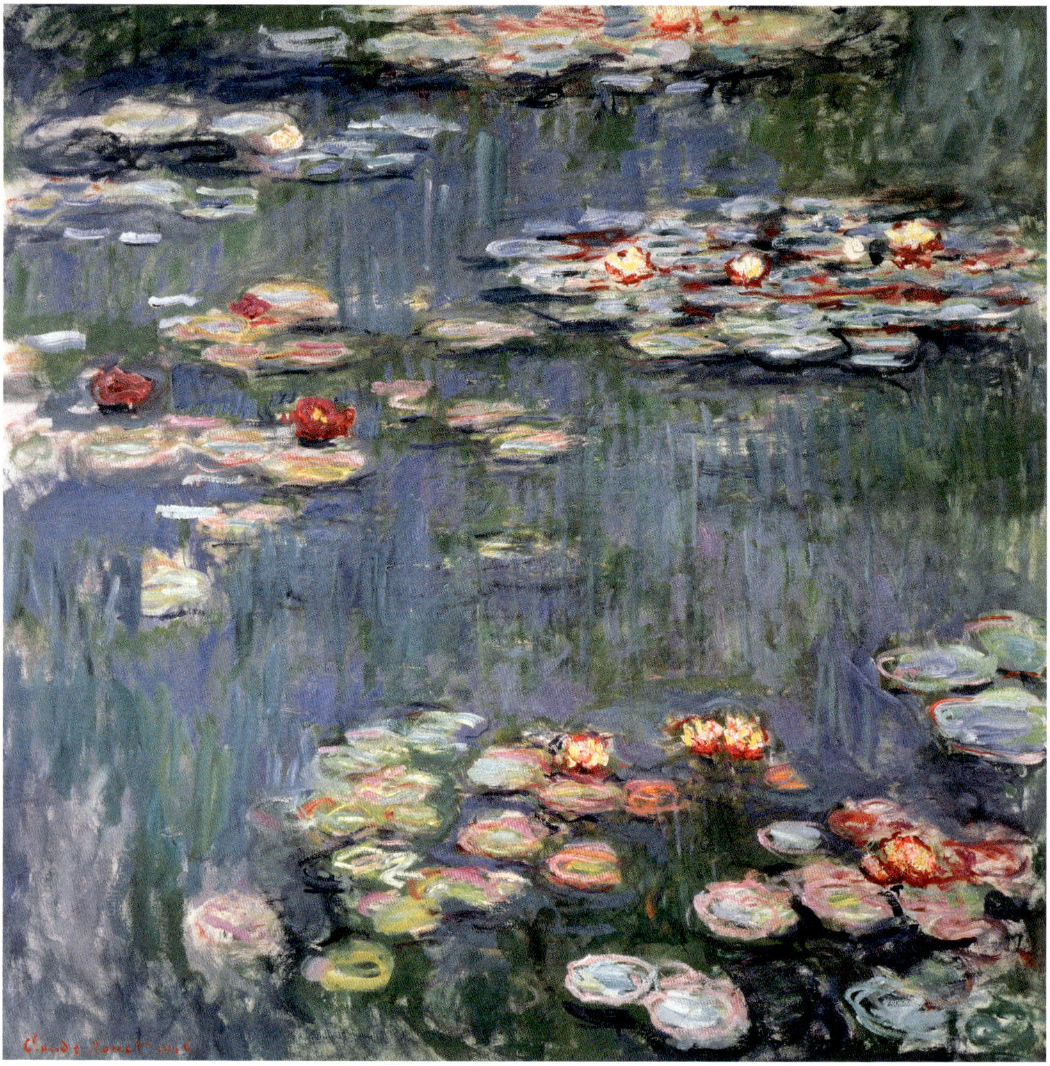

Nenúfares, 1916
Óleo sobre lienzo, 200,5 x 201 cm
Tokio, The National Museum of Western Art,
The Matsukata Collection

«En cuanto detenía el pincel, el pintor se acercaba a sus flores o se dejaba caer en su silla para meditar sobre sus cuadros. Los ojos cerrados, los brazos colgando relajados, buscaba inmóvil oscilaciones luminosas que le habían pasado inadvertidas, y a su fracaso tal vez imaginado seguía un profundo meditar sobre sus planes de trabajo».

GEORGES CLEMENCEAU

Ya desde 1908 manifestaba signos de pérdida de la vista, y más tarde, un oculista le diagnosticó cataratas en los dos ojos. Después de mucho titubear, Monet se somete a dos operaciones que le devuelven la vista. En 1919 muere Renoir, el último de los viejos camaradas de Monet, y el viejo hombre se queda solo en su estanque.

Monet no era religioso, sino de una idiosincrasia absolutamente positivista. Era un materialista de la luz —de otro modo, los intérpretes de Monet hubieran citado, ya mucho antes de los últimos cuadros, el infierno de Dante y hubieran mandado el puente japonés al purgatorio—. Pues no solo la fresca agua que atrajo a Monet durante toda su vida y en la que quería ser enterrado se encuentra al final del camino, sino que también hay un fuego: el estanque arde. Al final de esta larga vida de pintor surgen cuadros de una energía descomunal, cuadros que hablan de una vitalidad inquebrantable, inagotable: como si el pintor que ayudó a la pintura a liberarse del rígido eclecticismo de las academias, y enseñó a artistas y público a mirar; como si este Prometeo, que creó el fuego de la modernidad a partir de las chispas de la pintura al aire libre, quisiera terminar en sus cuadros la modernidad con sus propias manos. La energía que Monet tuvo en su vida y en su arte se consume con elevadas llamas en la incandescencia y calor de un momento y desaparece bruscamente. Monet muere el 6 de diciembre de 1926 a la edad de ochenta y seis años.

El puente japonés, 1923-1925
Óleo sobre lienzo, 89 x 116 cm
The Minneapolis Institute of Arts

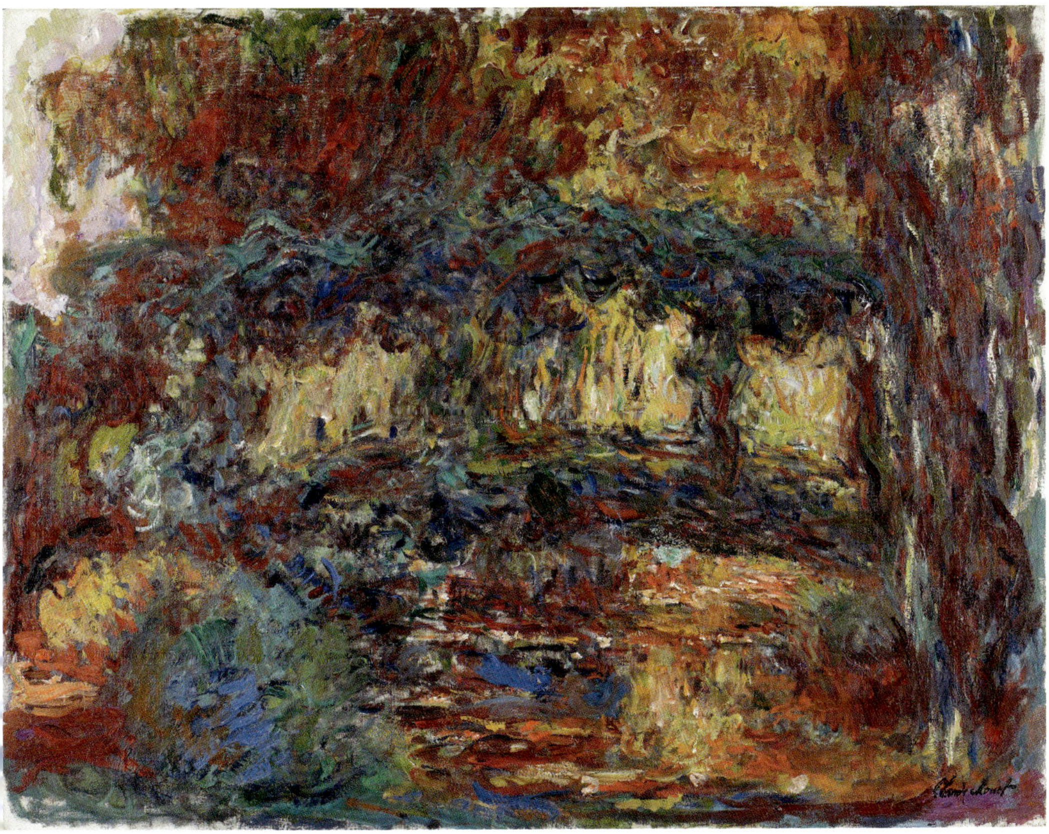

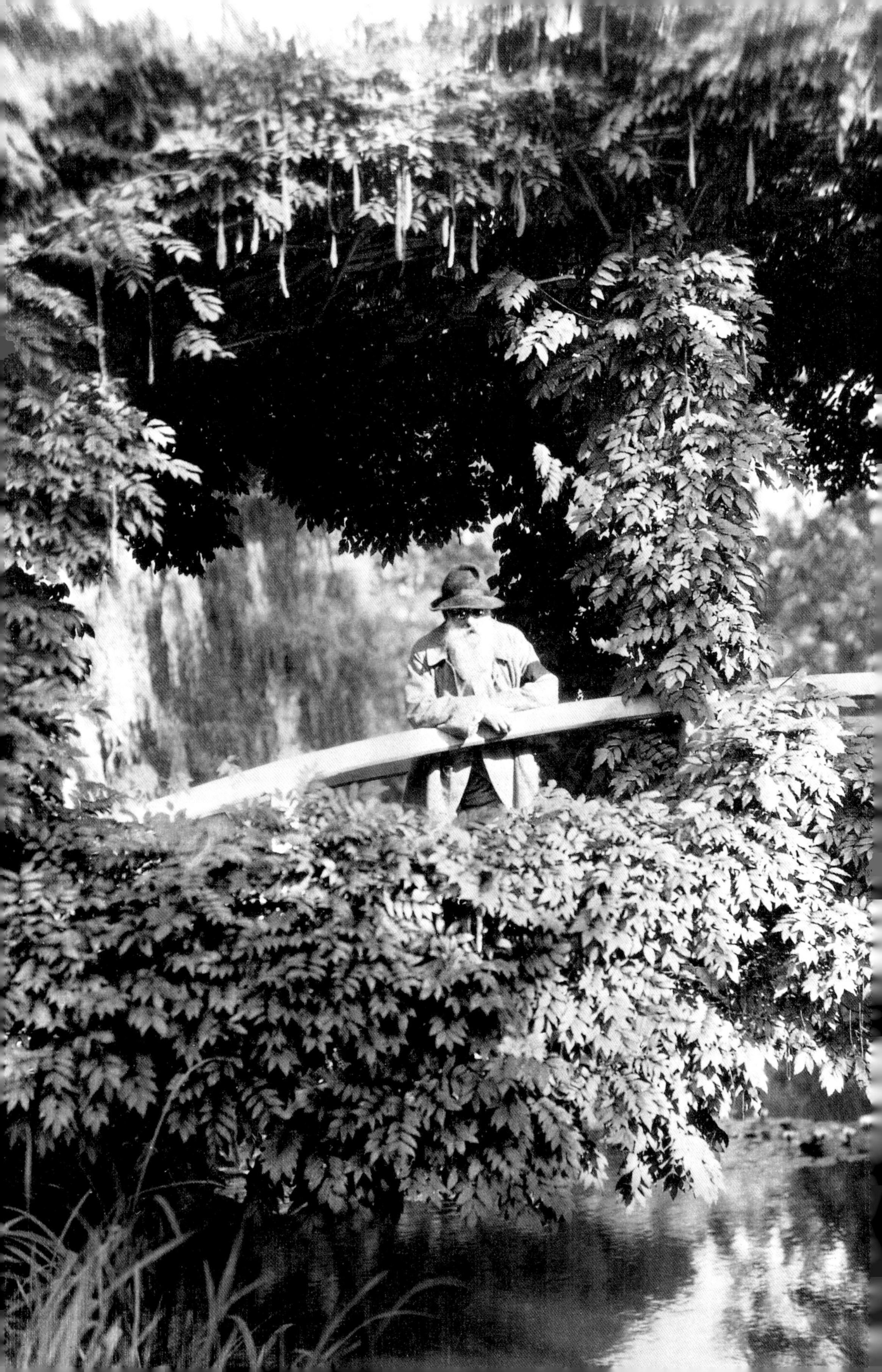

Claude Monet 1840-1926
Vida y obra

1840 Oscar-Claude Monet, el segundo hijo de un comerciante de artículos variados, nace el 14 de noviembre en París, rue Laffitte 45.

1845 Los negocios del padre van mal, lo que motiva el traslado de la familia a Le Havre, donde el padre puede trabajar en el negocio de mercancías coloniales de su cuñado, Lecadre.

hacia 1855 La habilidad de Monet como dibujante se pone de manifiesto en diestras caricaturas que realiza de sus maestros, entre otros.

1858 Conoce al paisajista Eugène Boudin (1824-1898), con quien pinta al aire libre.

1859 Monet viaja a París para estudiar pintura. Visita el Salón y trabaja en la Académie Suisse, donde conoce a Camille Pissarro (1830-1903).

1860 Llamamiento a filas; elige realizar el servicio militar con los «Chasseurs d'Afrique» en Argelia, pero es devuelto a casa ya al año siguiente por razones de salud.

PÁGINA ANTERIOR
Claude Monet en el puente japonés, 1925
París, Archives Musée Clemenceau

ARRIBA
Claude Monet a los 20 años

1862 Durante unas vacaciones de recuperación en Normandía, conoce a Johan Barthold Jongkind (1819-1891). Tras la recuperación de Monet, la familia le exonera del servicio militar y le permite regresar en noviembre a París, donde ingresa en el estudio del pintor Charles Gleyre (1806-1874). Allí conoce a Pierre-Auguste Renoir (1841-1919), a Alfred Sisley (1839-1899) y a Frédéric Bazille (1841-1870).

1863 Pinta en el bosque de Fontainebleau con sus nuevos amigos. Los cuatro abandonan el estudio de Gleyre a finales de año.

1865 El Salón acepta dos marinas de Monet. Planea realizar un monumental *Almuerzo sobre la hierba* (il. pág. 115) para el siguiente Salón, y lo comienza ya en el bosque de Fontainebleau.

1866 *Camille* o *La dama del vestido verde* (il. pág. 119) es expuesto en el Salón y obtiene una buena crítica. A finales de verano y en otoño, Monet vive con su familia en Sainte-Adresse y Honneur.

1867 Pasa de nuevo el verano con sus padres, mientras Camille trae al mundo en París a su primer hijo, Jean. De regreso en París, Bazille acoge a Monet en su estudio y le compra a plazos las *Mujeres en el jardín* (il. pág. 120), que había sido rechazado por el Salón.

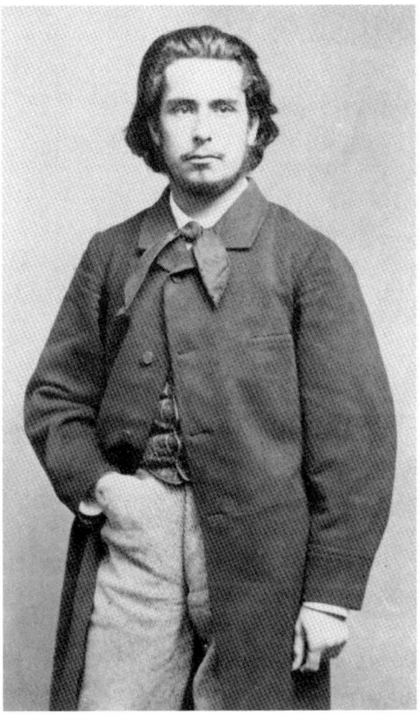

1868 Las dificultades económicas persisten, y Monet trabaja en Étretat y Fécamp. El naviero Gaudibert, que venía apoyándolo desde 1864, le hace ahora encargos y recupera cuadros embargados.

1870 Nuevo rechazo por parte del Salón; el 26 de junio se casa con Camille Doncieux. Un mes más tarde estalla la guerra franco-alemana. Monet se va a Londres, donde, en noviembre, recibe la noticia de la muerte de su amigo Bazille. En Londres conoce al marchante de arte Paul Durand-Ruel.

1871 El padre de Monet muere el 17 de enero y deja al artista una pequeña herencia. Regresa en otoño a Francia, pasando por

Holanda, y alquila una casa con jardín en Argenteuil.

1872 Durand-Ruel compra una gran cantidad de cuadros. Monet instala un estudio en una barca y pinta la orilla del Sena. Durante una estancia en Le Havre realiza el cuadro *Impresión, sol naciente* (il. págs. 134/135). Segundo viaje a Holanda.

1873 Trabaja sin interrupción en Argenteuil, donde conoce a Gustave Caillebotte (1848-1894). Al objeto de realizar exposiciones juntos, se funda la «Société Anonyme Coopérative d'Artistes-Peintres, -Sculpteurs, -Graveurs, etc.», a la que pertenecen, entre otros, los integrantes del posterior movimiento impresionista.

1874 La primera exposición del grupo tiene lugar en el estudio del fotógrafo Nadar, en el parisino Boulevard des Capucines. El título del cuadro de Monet *Impresión, sol naciente*, es atacado por el crítico Leroy, que se mofa de los pintores en un malicioso artículo titulado *La exposición de los impresionistas*: «Estos pintores no pintan cuadros acabados, sino únicamente impresiones». La exposición es un fracaso y la Société Anonyme tiene que disolverse a finales de año.

1875 Acosado de nuevo por las dificultades financieras, Monet se traslada a una casa más pequeña.

1876 En la segunda exposición de los impresionistas, que tiene lugar en la galería de Durand-Ruel, Monet expone dieciocho cuadros. Conoce al propietario de grandes almacenes Ernest Hoschedé, que le encarga pintar paneles para una sala de su palacio de Rottembourg, cerca de Montgeron. Hacia finales de año y durante el año siguiente, Monet pinta la serie de la *Estación de Saint-Lazare, llegada de un tren* (il. pág. 149).

1878 Nace su segundo hijo, Michel, en París. Los Monet alquilan en verano una pequeña casa en Vétheuil, adonde les siguen Alice Hoschedé y sus seis niños. Las dificultades materiales persisten.

1879 La cuarta exposición del grupo tiene lugar gracias al apoyo de Caillebotte. Monet pinta en Vétheuil y Lavacourt. El 5 de septiembre muere Camille a la edad de 32 años.

1881 Durand-Ruel vuelve a comprar cuadros de Monet y apoya sus viajes de trabajo. Monet se traslada en diciembre, junto con Alice Hoschedé y los niños, a Poissy.

PÁGINA SIGUIENTE
Claude Monet en su jardín junto al estanque de nenúfares, verano de 1905
Fotografía: Jacques-Ernest Bulloz

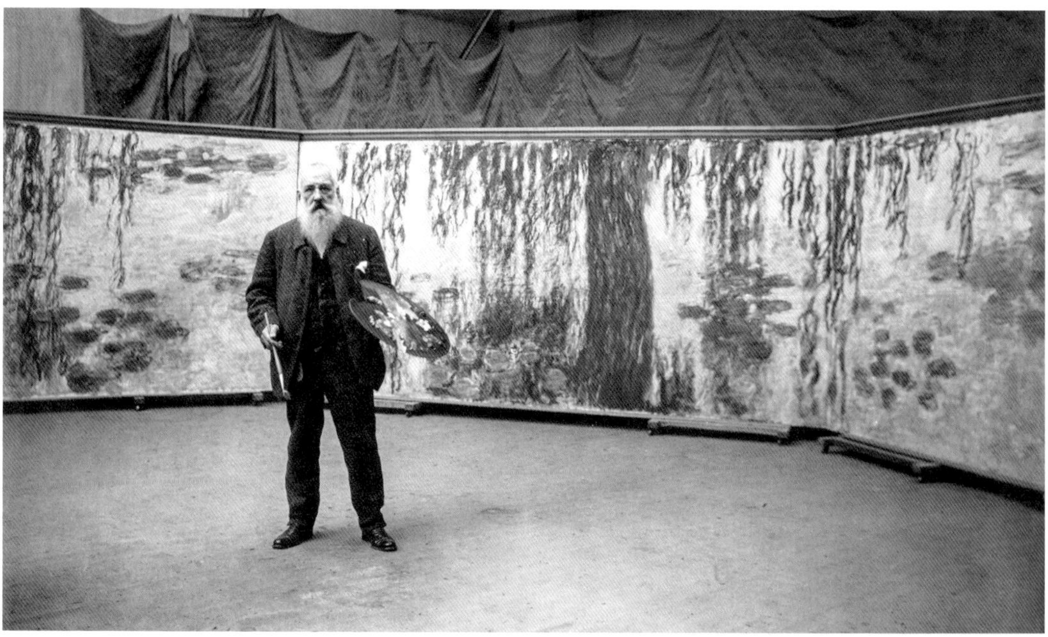

Claude Monet pintando las *Ninfeas*, hacia 1922

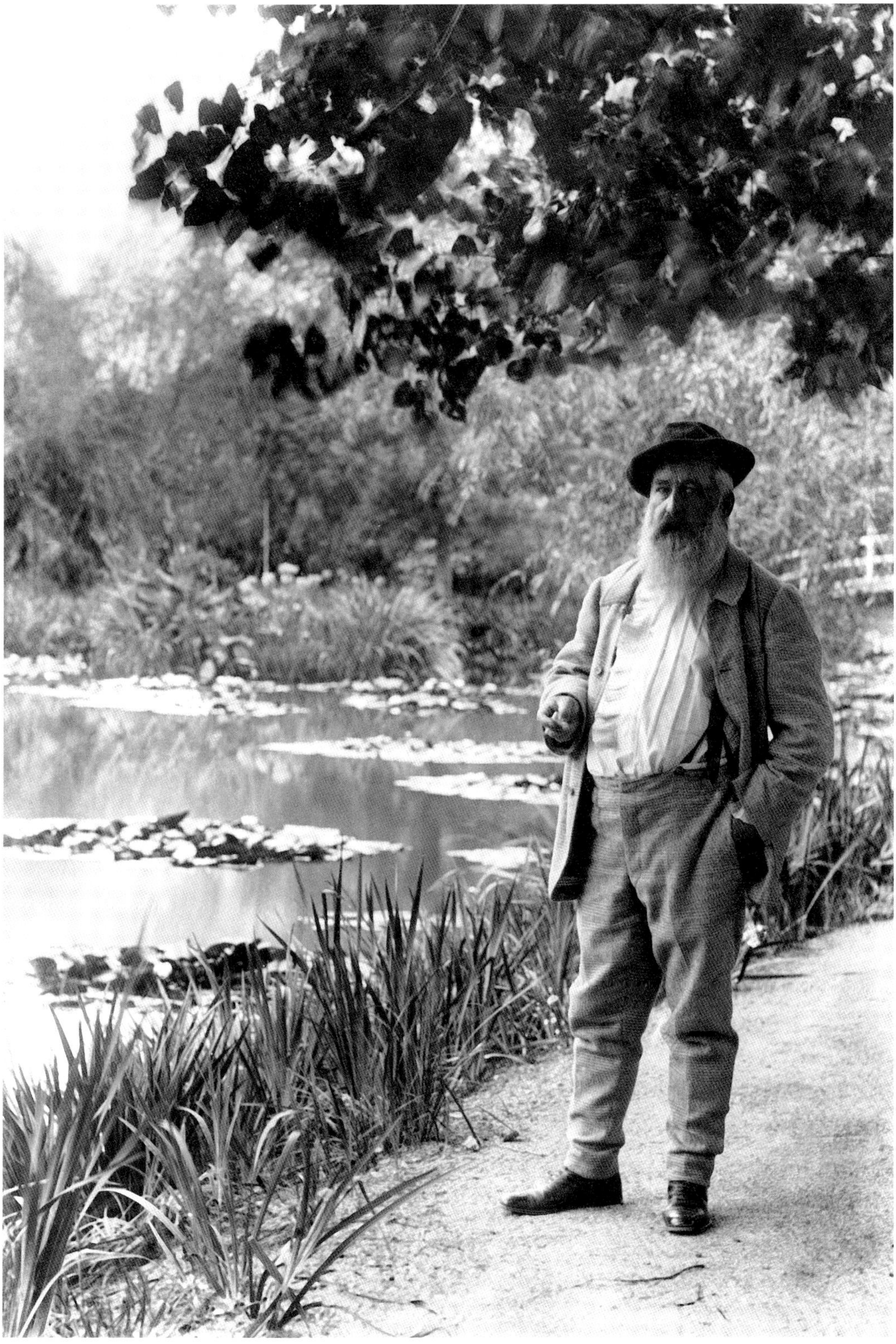

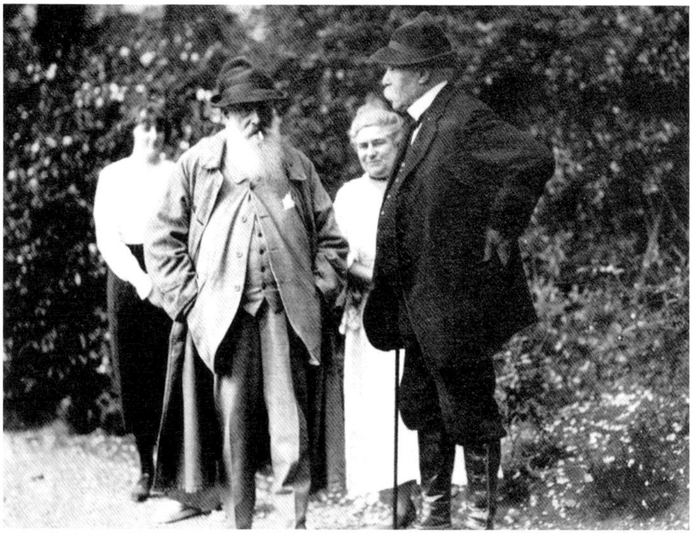

1883 Durand-Ruel organiza una exposición individual para Monet. La crítica reacciona favorablemente, pero no se llevan a cabo muchas ventas. Durand-Ruel le encarga decoraciones para su piso parisino. Monet alquila la casa de Giverny y en diciembre viaja con Renoir al sur de Francia.

1884 De enero a abril pinta en la Riviera.

1886 Viaje a Holanda. Pinta en otoño en Étretat y en Bretaña, donde conoce al que más tarde será su biógrafo, Geffroy.

1887 Durand-Ruel inaugura una galería en Nueva York y expone allí trabajos de Monet. Monet tiene de nuevo gran éxito en la galería de Georges Petit, que ya le había expuesto en 1885.

1888 Trabaja de enero a abril en la Cote d'Azur, y en verano viaja de nuevo a Londres. De regreso en Francia, se niega a aceptar la Cruz de la Legión de Honor. Comienza la serie de los *Almiares* (il. págs. 166 y 167).

1889 Georges Petit expone con gran éxito a Monet junto con Auguste Rodin (1840-1917). Monet organiza una colecta para comprar la *Olimpia* de Manet a su viuda y donarla al Louvre.

1890 Trabaja en la serie de los *Almiares* y comienza la serie de los *Álamos* (il. págs. 162 y 165). Compra la casa de Giverny, donde vive desde 1883.

1891 La exposición de los *Almiares* en la galería de Durand-Ruel constituye un gran éxito. En diciembre pinta de nuevo en Londres.

1892 Trabaja en primavera ante la *Catedral de Ruán*. Después de que Ernest Hoschedé hubiera muerto el año anterior, Monet y Alice pueden ahora legitimar su unión, y se casan en julio.

1895 Monet realiza un viaje a Noruega, donde visita a su hijastro. En marzo expone Durand-Ruel la serie de la *Catedral de Ruán* (il. págs. 168 y 169).

1896 Trabaja de nuevo en Normandía: en Varengeville, Dieppe y Pourville. Comienza la serie *Mañana en el Sena*.

1897 Pinta de enero a marzo en Pourville. Instala un segundo estudio en Giverny. En verano su hijo Jean se casa con su hermanastra Blanche Hoschedé. En la segunda Biennale de Venecia se exponen veinte lienzos de Monet.

1899 En el jardín acuático de Giverny comienza Monet la serie de los *Nenúfares*. En otoño viaja a Londres y se dedica de nuevo a las vistas del Támesis.

1900 Varios viajes a Londres. En primavera trabaja en Giverny y en verano en Vétheuil.

1903 Trabaja en el estudio en las vistas del Támesis (hasta 1905); Pissarro muere el 12 de noviembre.

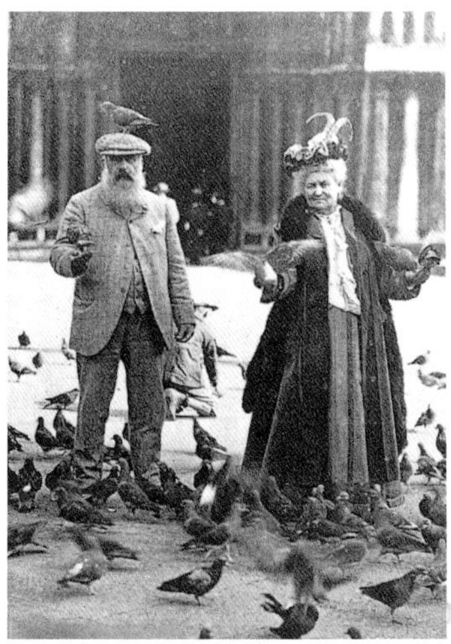

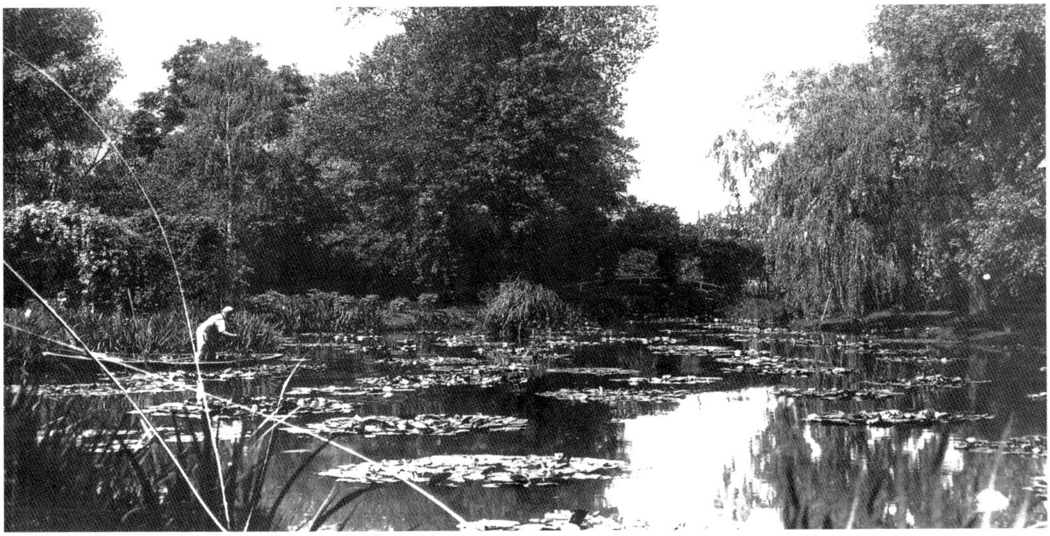

1904 En otoño viaja con Alice en automóvil a Madrid para estudiar a los maestros españoles, entre otros a Velázquez.

1906 Monet trabaja en la serie de nenúfares, pero no está satisfecho y aplaza varias veces la exposición planificada en la galería de Durand-Ruel. El 22 de octubre muere Cézanne.

1908 Primeros síntomas de su enfermedad ocular. De septiembre a diciembre pasa una temporada en Venecia con Alice.

1911 Alice Monet fallece el 19 de mayo.

1912 La galería Bernheim-Jeune expone con gran éxito los cuadros venecianos de Monet. Tras un empeoramento de la vista, un oculista le diagnostica catarata total.

1914 Clemenceau y otros amigos proponen a Monet donar al Estado una serie de cuadros de nenúfares. Tras la muerte de su hijo Jean, la viuda de este, Blanche, se hace cargo de la dirección de la casa de Giverny. El 3 de agosto, Francia entra en la Primera Guerra Mundial.

1915 Monet manda erigir un tercer estudio para la realización de las decoraciones de nenúfares.

1918 Con motivo del armisticio del 11 de noviembre, Monet dona ocho de sus cuadros de nenúfares al Estado francés.

1919 El 17 de diciembre muere Pierre-Auguste Renoir, el último de sus amigos de la etapa parisina.

1921 Gran retrospectiva en la galería de Durand-Ruel. Deprimido y desesperado a causa de la pérdida de la vista, Monet quiere retractarse de su donación al Estado francés.

1922 A instancias de Clemenceau, promotor de este proyecto desde sus comienzos, Monet firma un contrato notarial sobre la donación.

1923 Dos operaciones de cataratas devuelven la vista a Monet, que vuelve a pintar. A menudo deprimido y sin valor, trabaja en la gran decoración de nenúfares.

1926 Claude Monet muere el 5 de diciembre en Giverny.

PÁGINA ANTERIOR ARRIBA
Claude Monet y su hija Blanche Hoschedé con Georges Clemenceau en Giverny, hacia 1921

PÁGINA ANTERIOR ABAJO
Claude y Alice Monet con las palomas de la Plaza de San Marcos de Venecia, 1908

ABAJO
El estanque de nenúfares fue el centro de la vida y obra de Monet. Con los años lo fue ampliando y añadió más nenúfares. Un jardinero se ocupaba exclusivamente del cuidado del estanque y los nenúfares. Inspirado por los grabados japoneses, Monet hizo construir en 1895 un puente de madera de estilo japonés, que cubrió con glicinias y fue el motivo central de muchas de sus pinturas posteriores.

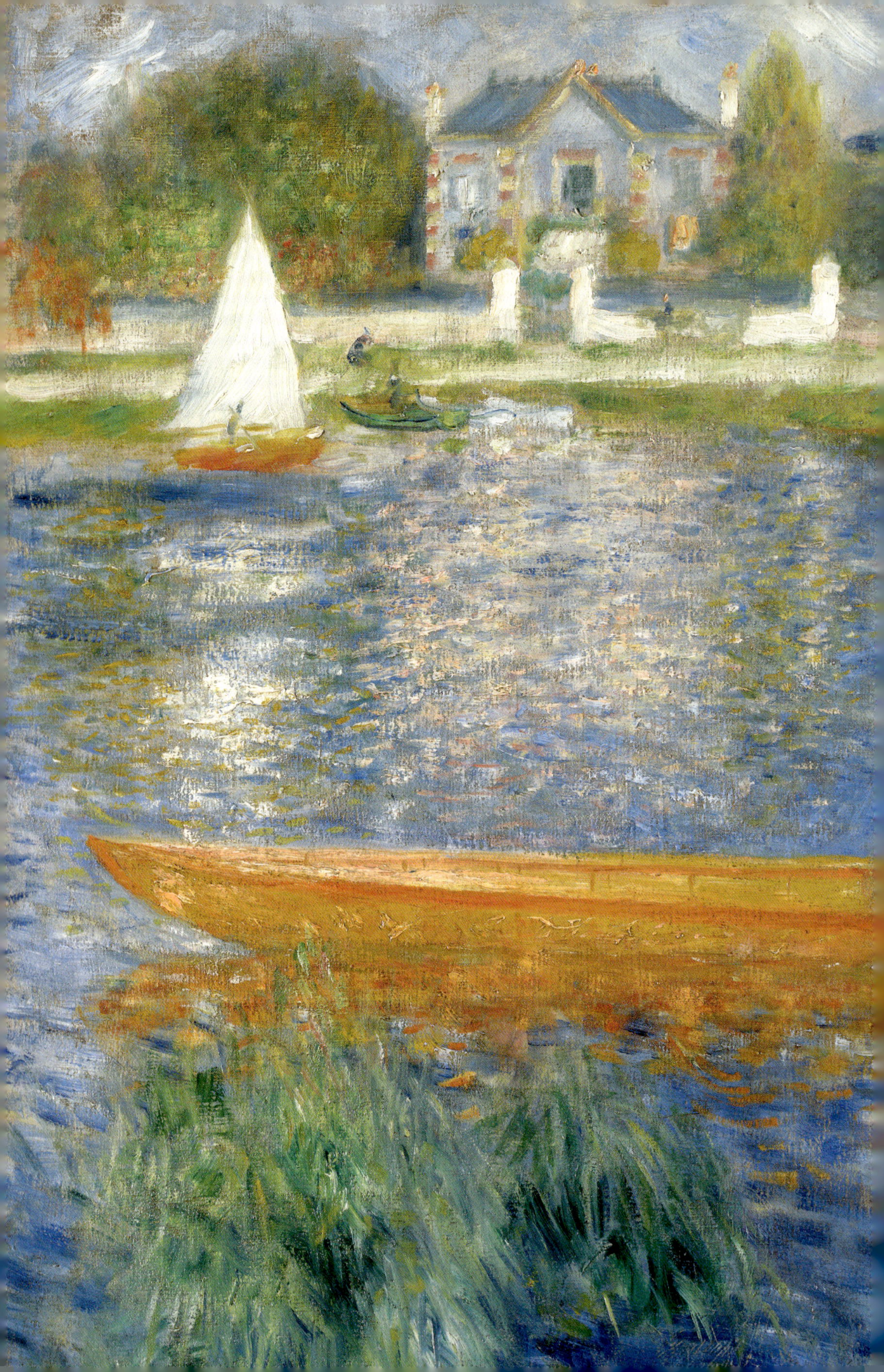

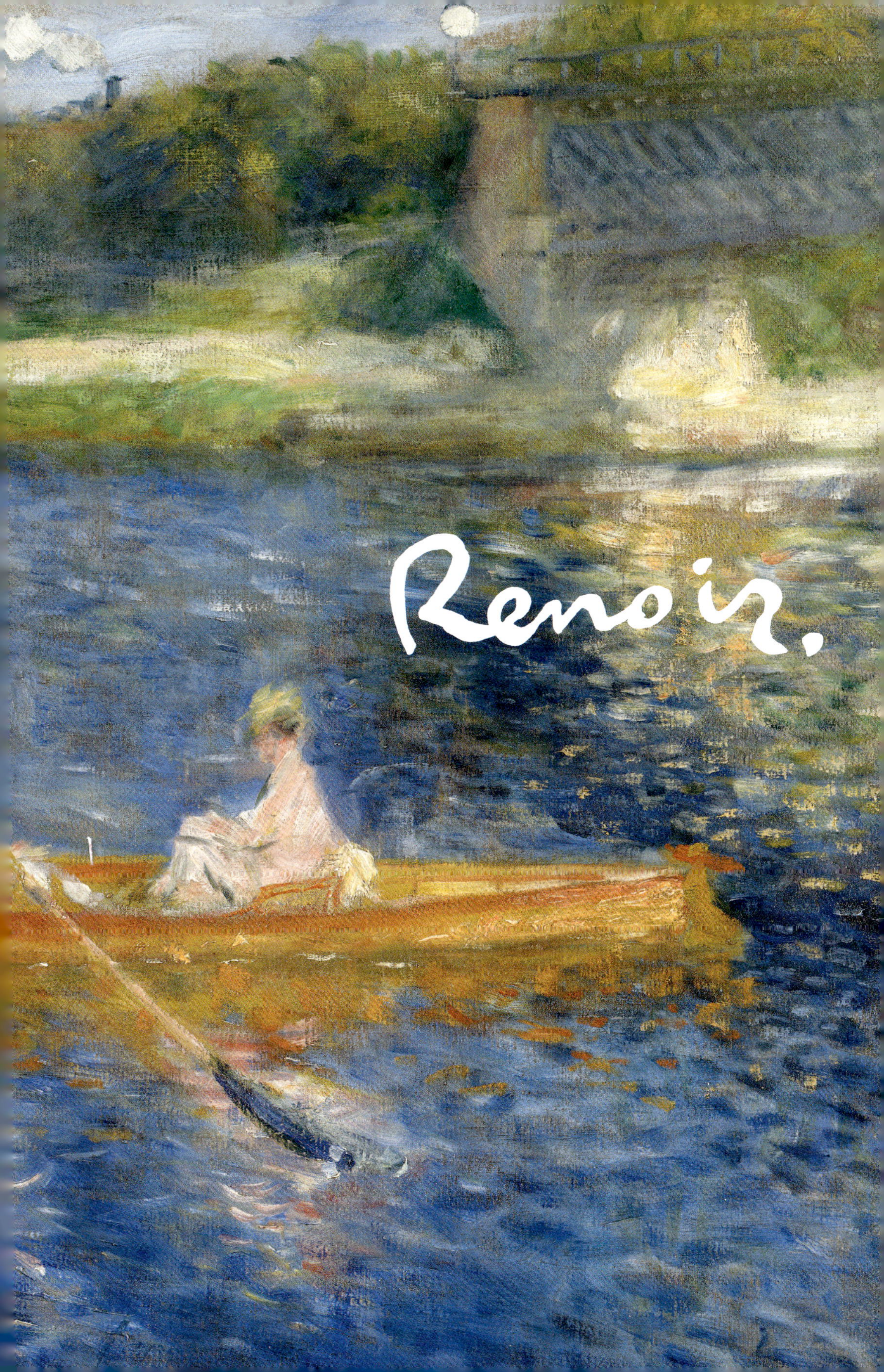
Renoir

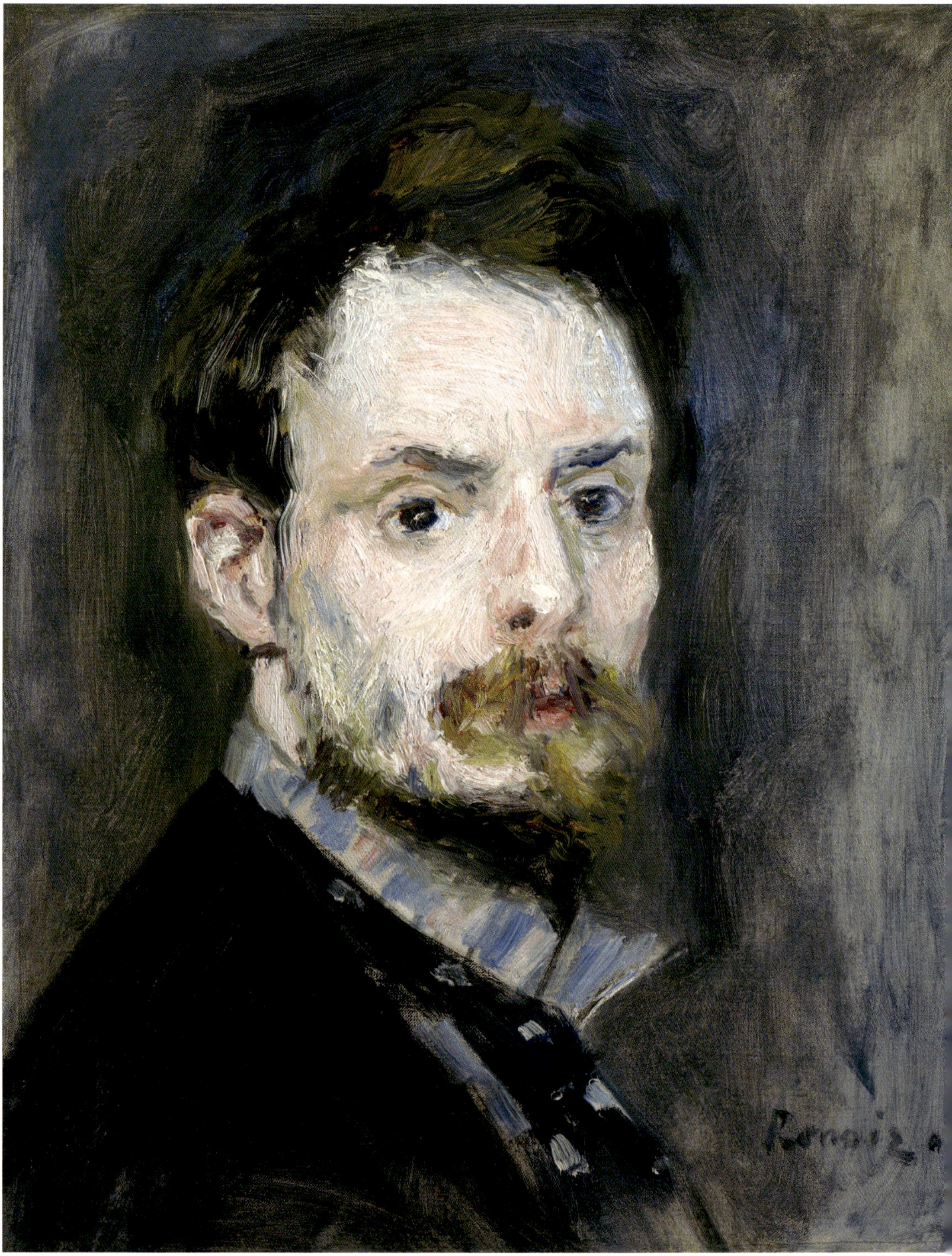
Renoir.

Peter H. Feist

Pierre-Auguste Renoir

Un sueño de armonía

«¿Por qué el arte no iba a ser bello?
Ya hay bastantes cosas desagradables en el mundo».

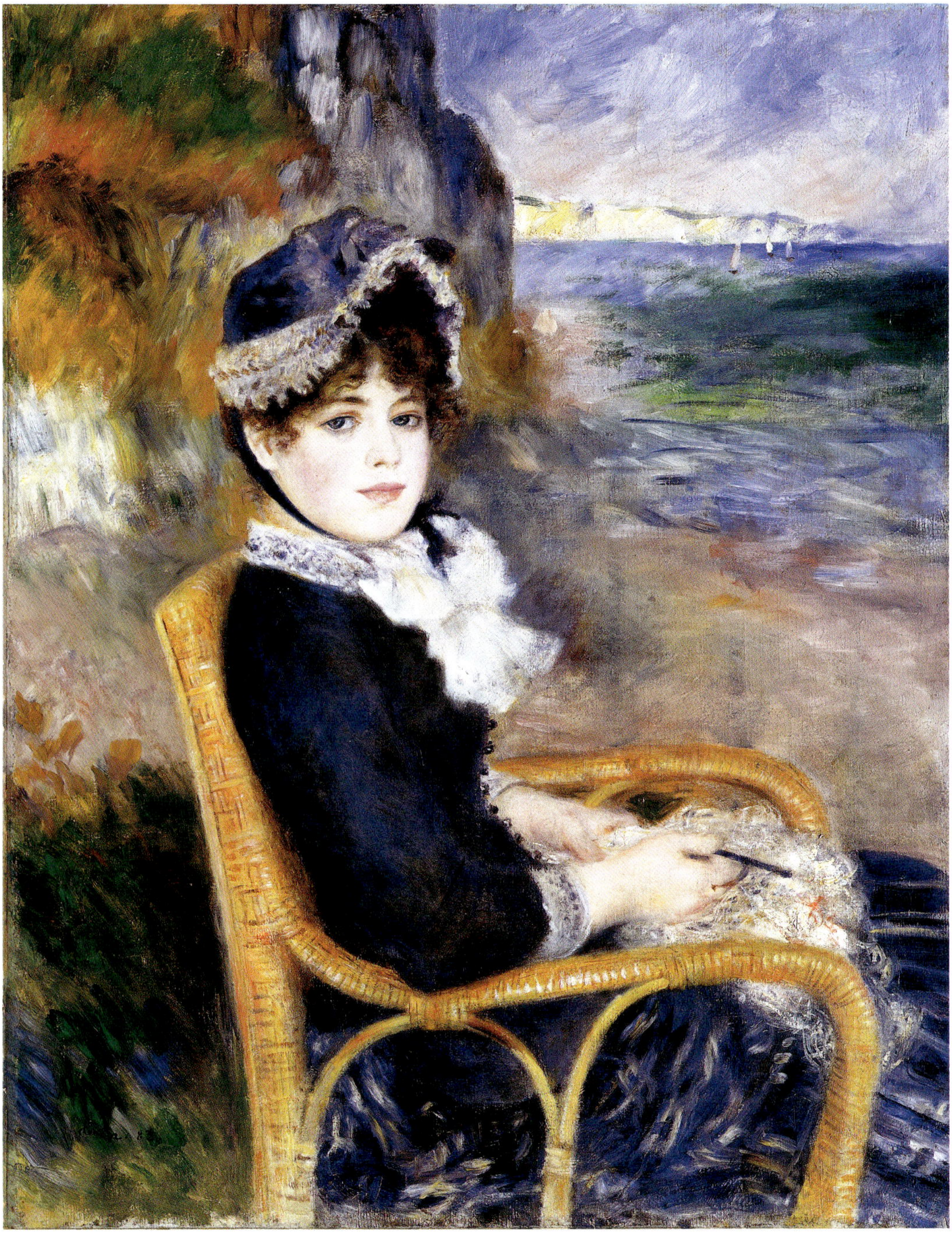

PÁGINAS 206/207
El Sena en Asnières
(La yola) (detalle), 1875
Óleo sobre lienzo, 71 x 92 cm
Londres, The National Gallery

PÁGINA 208
Autorretrato, hacia 1875
Óleo sobre lienzo, 39,1 x 31,6 cm
Williamstown, The Clark

ARRIBA
A orillas del mar, 1883
Óleo sobre lienzo, 92,1 x 72,4 cm
Nueva York, The Metropolitan Museum of Art, Colección H. O. Havemeyer

Contenido

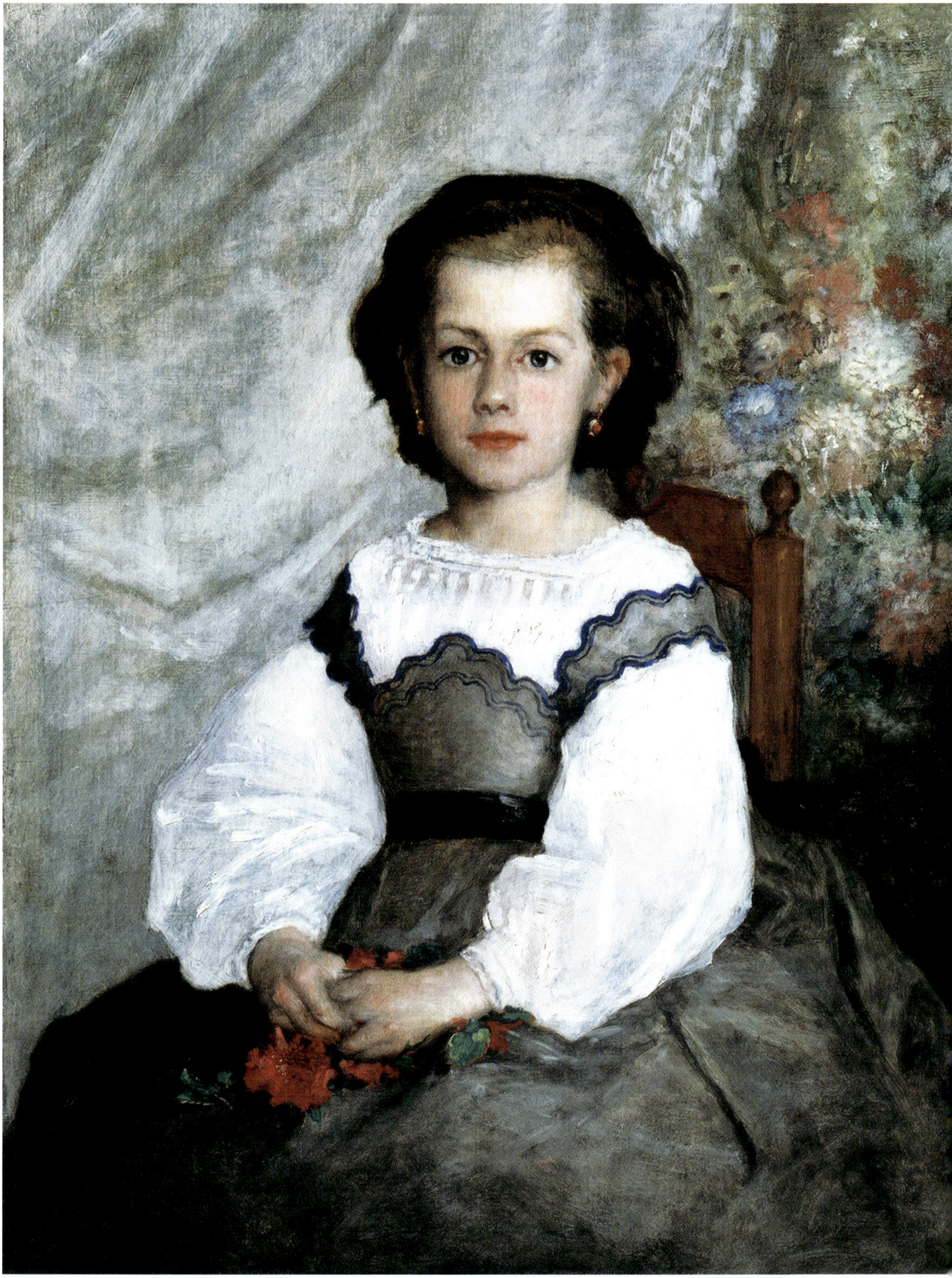

Procedencia y ambiente, maestros y amigos
1841-1867

«¡Cuando me imagino a mí mismo nacido entre intelectuales! Habría necesitado años para librarme de prejuicios y para ver las cosas como son. Y quizá habría recibido unas manos torpes».

PIERRE-AUGUSTE RENOIR

Quien al entrar en una de las grandes colecciones de pintura francesa del siglo XIX llega a los cuadros de Pierre-Auguste Renoir quizá sienta que allí le recibe lo más jovial y festivo de la larga historia de este arte. La pintura para hacer feliz, como fiesta para los ojos: con estas palabras podríamos resumir la grandeza y los límites de su creación.

Aquel hijo de un sastre de Limoges, nacido el 25 de febrero de 1841, realizó en sus casi sesenta años de creación probablemente unos seiscientos cuadros, la obra pictórica más abundante nunca hecha por un artista antes de Pablo Picasso. Sus mejores pinturas tienen hoy en el mercado un valor de varios cientos de millones de euros. Cuando Renoir se decidió por el oficio de pintor, muy problemático en su ambiente pequeño burgués, apenas podía imaginarse algo semejante.

El padre de Renoir, Léonard, no llegó a hacerse rico con su profesión, ni en Limoges ni en París, adonde se trasladó con la familia en 1845 esperando mejorar sus ingresos. París era entonces la capital de uno de los Estados más importantes del mundo. La nación francesa había comenzado a edificar su unidad ya en la Edad Media. El país estaba política y económicamente centralizado, con París como corazón y corona. Los franceses tenían tras de sí varios siglos de un pasado glorioso. La burguesía había conseguido su hegemonía en grandes luchas revolucionarias de clases. En sus hombros había aupado al pequeño oficial corso Napoleón Bonaparte hasta el puesto de dominador de Europa, y el brillo de aquella época continuaba surtiendo efecto cuando hacía tiempo que los éxitos de sus guerras de conquista habían desaparecido, quebrados en el deseo de libertad de los demás pueblos de Europa. Amparado en la fama legendaria de su tío, también Luis Bonaparte se había hecho, a consecuencia de la tercera revolución burguesa de 1848, con el título de emperador de los franceses, y se pavoneaba como Napoleón III entre los soberanos del continente.

El arte representaba en el Segundo Imperio un papel destacado y brillante. Se había desarrollado una rica literatura en la que, junto a escritores amenos de abundante producción y poetas exquisitos, figuraban también perspicaces autores realistas y críticos como Gustave Flaubert y el joven Émile Zola. Los teatros los llenaba un público ansioso de disfrutar con las piezas de Victorien Sardou y Alexandre Dumas hijo. Las operetas de Jacques Offenbach, conciertos, óperas y ballets ofrecían a la burguesía acomodada una enorme y variada producción para regocijo de la vista y el oído. En París se extendía una suntuosa arquitectura que gustaba de decorar con formas del Barroco. El prefecto barón Eugène Hausmann introdujo una profunda reforma en el aspecto de la ciudad. Se levantaron largas y magníficas calles, espléndidos edificios de viviendas y entidades públicas como la Gran Ópera, pero también la gigantesca construcción de hierro y cristal del mercado de Les Halles, «la barriga de

La Señorita Romaine Lacaux, 1864
Óleo sobre lienzo, 81,3 x 65 cm
The Cleveland Museum of Art

«¡Cuántas veces he pintado El embarque para Citerea! *Así eran los primeros pintores con los que me familiaricé, Watteau, Lancret y Boucher. Mejor dicho:* Diana saliendo del baño *fue el primer cuadro que me impresionó, y toda la vida he seguido queriéndolo como uno quiere a su primer amor».*

PIERRE-AUGUSTE RENOIR

París». Escultores como Jean-Baptiste Carpeaux creaban las esculturas apropiadas de pompa neobarroca. Una infinidad de pintores proporcionaba el reflejo colorista del bienestar burgués en forma de óleos ejecutados con ricos tonos, que provocaban agradables sensaciones, cuadros en extremo respetuosos o bien de una audacia seductora para salones y tocadores, antesalas de teatros y restaurantes en donde se reunía la mejor sociedad. La Academia de Bellas Artes organizaba todos los años una exposición, conocida como el «Salón». Un jurado, compuesto en su mayoría por prestigiosos profesores de la Academia, seleccionaba unos dos mil quinientos o incluso más productos del esfuerzo artístico, y el público deseoso de comprar confiaba en el criterio de aquel tribunal.

También Renoir poseía talento para dibujar y pintar. Ya tuvo ocasión de emplearlo desde que era simple aprendiz en un taller de manufactura: a los 13 años era decorador de porcelana y pintaba florecillas, idilios pastoriles y, por ocho sous, el perfil de María Antonieta en tazas de café. Probablemente el sentido que después mostró por la refulgente fuerza lumínica del color, por los matices delicados y a veces por la tersura algo porcelanesca procede de estos primeros hábitos e impresiones. En los descansos del mediodía, en lugar de comer, con frecuencia corría al museo del Louvre, próximo al taller, para dibujar, copiando esculturas de la Antigüedad. En una ocasión, cuando buscaba un restaurante barato, tropezó con la Fontaine des Innocents, adornada con relieves del escultor renacentista Jean Goujon. «Inmediatamente prescindí de la taberna, me compré un trozo de embutido y aproveché la hora libre para andar alrededor de esa fuente», contó más tarde, y en algunos cuadros de Renoir se puede apreciar el eco de este hallazgo de las elegantes ninfas de Goujon.

Solamente cuatro años trabajó Renoir como pintor de porcelana. El desarrollo de las fuerzas productivas afectó directamente su vida: el invento de una máquina con que se podían grabar ilustraciones en la porcelana hizo que Renoir sobrara, como muchos otros que realizaban el mismo trabajo. Posteriormente se dedicó a pintar abanicos y después telas de iglesia para misioneros de Ultramar, logrando así una pincelada rápida y diestra. En la vejez se acordaba con agradecimiento de los maestros del Rococó a los que tuvo que copiar a menudo.

Esta laboriosidad de Renoir le fue beneficiosa. A los 21 años disponía del dinero suficiente para emprender en serio los estudios de pintura. En abril de 1862 entró en la École des Beaux-Arts, el centro de enseñanza superior de arte. La escuela estaba al cuidado del director imperial de Bellas Artes, el conde Alfred de Nieuwerkerke, que rechazaba la pintura realista como «democrática y repelente». Allí se copiaba, se dibujaba según escayolas en estilo correcto y se ponía la pintura histórica por encima de cualquiera otra. Renoir asistía a las clases de varios profesores, pero su verdadero maestro fue Charles Gleyre, quien veinte años antes se había hecho famoso con un frío cuadro de carácter alegórico. Renoir iba sobre todo a las clases particulares que impartía Gleyre fuera de la escuela y en las que treinta o cuarenta alumnos dibujaban y pintaban un modelo que posaba desnudo ante ellos. Gracias a la práctica adquirida hasta entonces, Renoir poseía una mano segura y además se esforzaba seriamente en cumplir las tareas que se le asignaban. Pero por naturaleza y por sus copias del Rococó tenía una relación íntima con el color vivo y luminoso. Esto no era especialmente apreciado en aquella escuela superior. Ya en la primera semana hubo un choque entre Gleyre y su alumno. Renoir mismo lo contó mucho

***Maceta de calas en un invernadero*, 1864**
Óleo sobre lienzo, 130 x 96 cm
Winterthur, Colección Oskar Reinhart «Am Römerholz»

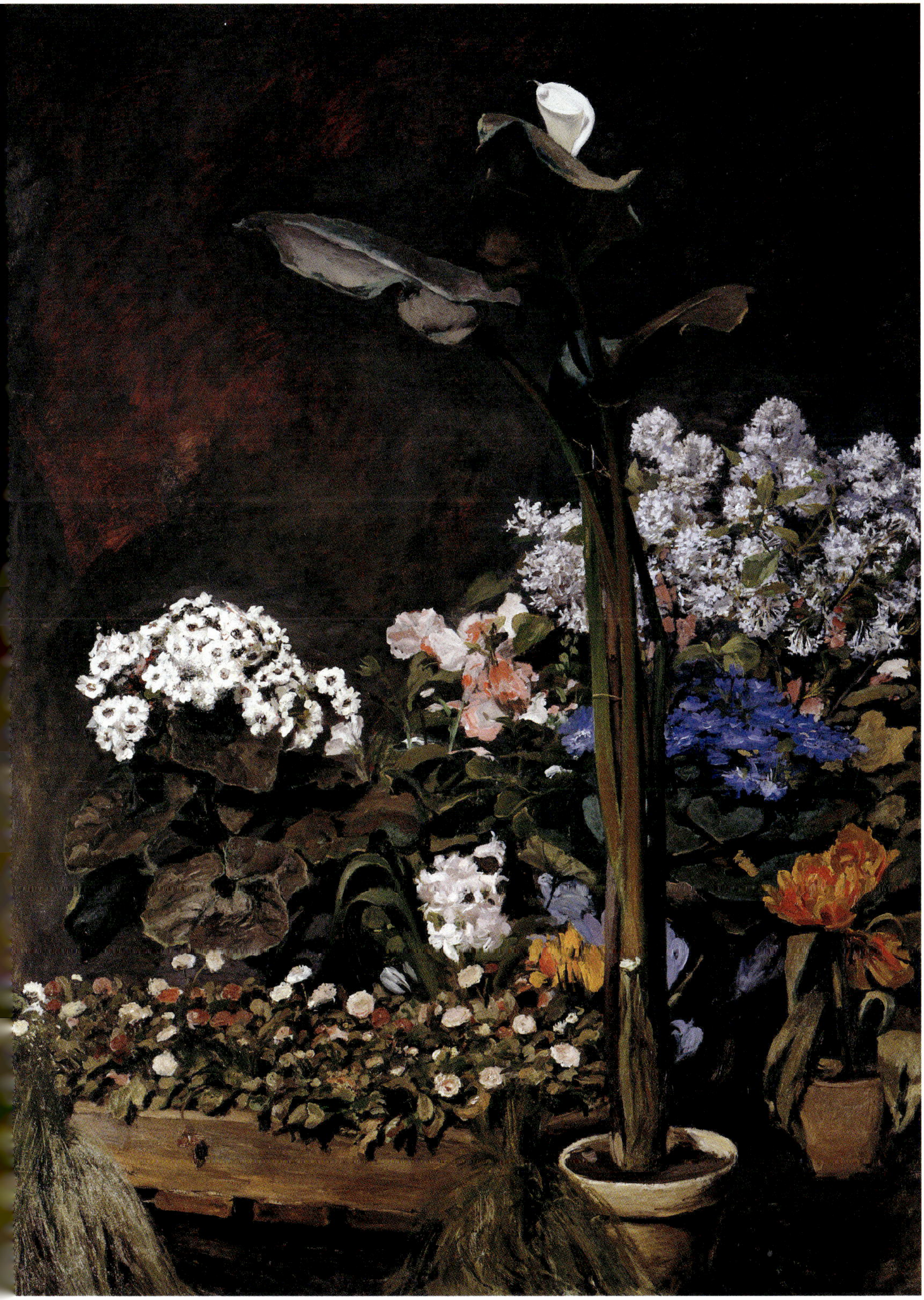

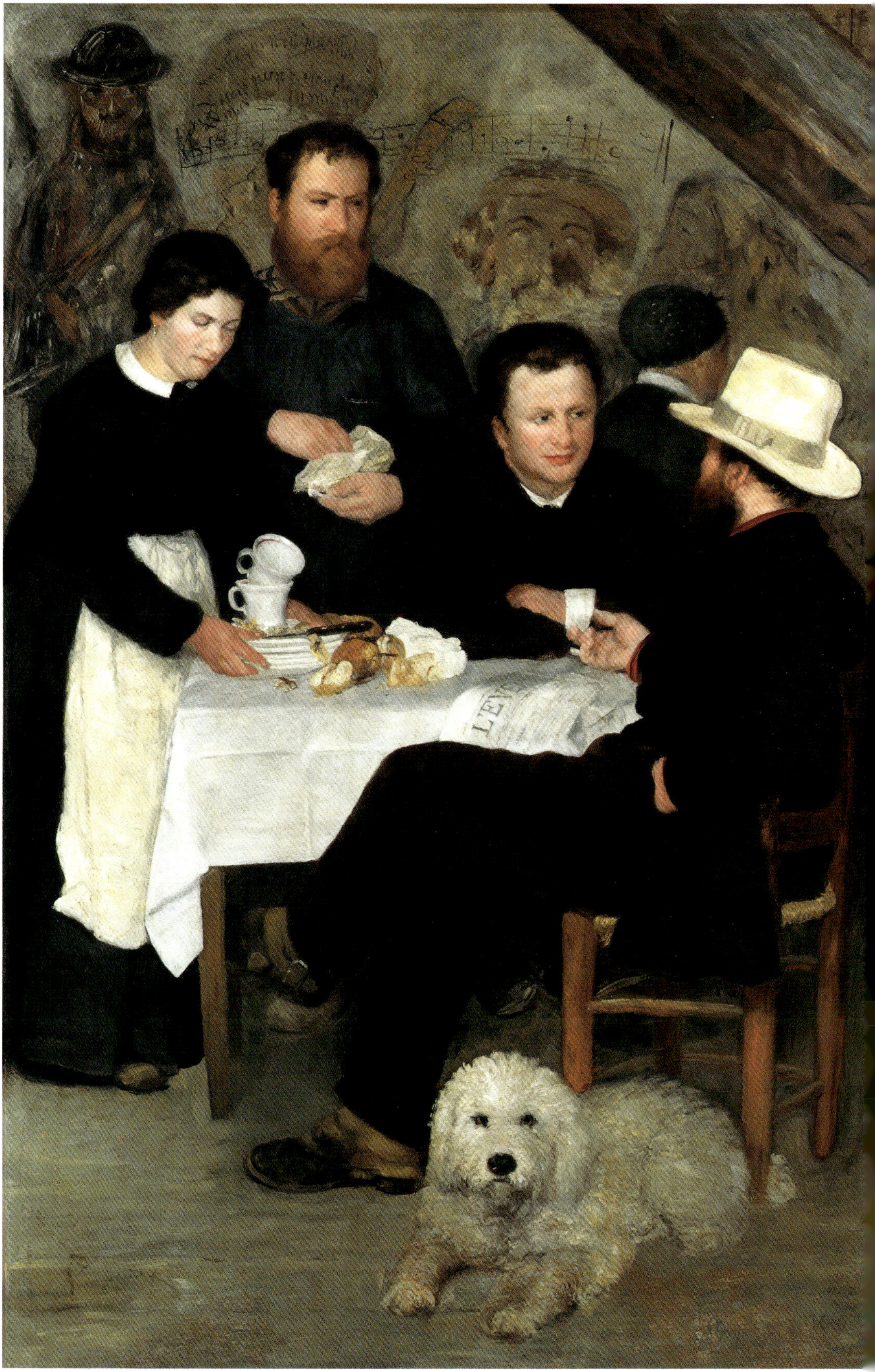

después: «Yo había intentado con todas mis fuerzas copiar el modelo. Gleyre contempla mi cuadro, toma una expresión glacial y dice: "Sin duda alguna, usted pinta por diversión". "Claro que sí —respondí yo—, puede usted estar seguro de que yo no lo haría si no me divirtiera"». La respuesta no contenía el aire provocador que pudiera parecer, pero en ella vemos ya perfilada la novedosa relación con el arte, menos seria y escrupulosa hacia el «sublime dios arte», y por ello más sensible, real y personal.

«Cuando se contemplan las obras de los antiguos, uno no tiene motivo alguno para creerse muy inteligente. ¡Qué maravillosos trabajadores eran, sobre todo, esa gente! Entendían muy bien su oficio. En eso estriba todo. La pintura no es sensiblería. Es principalmente un trabajo de la mano, y hay que ser un trabajador hábil».

PIERRE-AUGUSTE RENOIR

Había otro alumno que se sometía aún menos a las doctrinas de los profesores: Claude Monet. Renoir trabó amistad con él, lo mismo que con Alfred Sisley y Frédéric Bazille (il. pág. 218). Monet era el más enérgico de ellos. Había aprendido con Eugène Boudin a ver y pintar el paisaje con luz natural, y lo que menos le gustaba era la fría luz del estudio. En mayo de 1863 los amigos vieron en el «Salón de los rechazados» el cuadro de Édouard Manet *La comida en la hierba* (París, Musée d'Orsay), que causó el escarnio del público indignado, con un motivo desconcertante en colores desacostumbradamente claros. Reconocieron en Manet un correligionario. Cuando Gleyre dejó sus clases a causa de la edad a principios de 1864, Renoir y sus amigos siguieron trabajando sin nadie que les dirigiera. En la primavera, Monet llevó a los camaradas a la aldea de Chailly-en-Bière, en el bosque de Fontainebleau, para hacer juntos unos estudios en la naturaleza. Treinta años antes, un par de pintores entonces jóvenes habían empezado a considerar por vez primera como digna de reflejarse en la pintura la pequeña belleza de humildes rincones de bosques y meandros de los alrededores de París. Por su lugar principal de estancia junto al bosque de Fontainebleau se les llamó los pintores de Barbizon. Algunos de ellos, Charles-François Daubigny, Narcisse Diaz de la Peña y Camille Corot, todavía trabajaban allí o no lejos. Su visión realista de la naturaleza era aún cuestionada.

Renoir presentó un trabajo suyo por primera vez al Salón de 1864, y fue admitido: *Esmeralda, bailando con su cabra*, un tema de la novela de Victor Hugo *Nuestra Señora de París*. Al parecer tenía un tono oscuro de galería, entonces habitual, conseguido con la ayuda de una mezcla de betún de Judea, y decimos al parecer porque Renoir lo destruyó en un gesto de autocrítica, después de que Diaz, uno de los pintores de Barbizon, le disuadiera del empleo del betún de Judea. Ambos se hicieron amigos, y Diaz, un pintor meritorio que entonces contaba 57 de edad, proporcionaba a Renoir útiles consejos y ayuda material, algo que el artista necesitaba imperiosamente.

Otros ejemplos que Renoir quería imitar en esa época fueron Gustave Courbet y Eugène Delacroix. Courbet había llamado la atención y también provocado indignados comentarios con cuadros realistas ya desde 1849. En sus pinturas se veían picapedreros haciendo calles o paisajes con motivos sencillos, además de retratos y desnudos femeninos que eran representaciones vívidas de cuerpos rústicos y vigorosos. Pintaba con tonos de colores oscuros y de una manera inhabitualmente sólida. Su pintura contradecía la mayoría de las veces todas las reglas académicas de composición, pero poseía una belleza «surgida de la naturaleza». El realismo de Courbet se correspondía con su concepción del mundo, democrática y materialista; el pintor aparecía como seguidor del socialista burgués Pierre-Joseph Proudhon contra el criterio de que una obra de arte debía ser juzgada solo por ella misma, no por su misión social. Esta concepción había sido introducida por los románticos. A estos pertenecía también Delacroix, el otro modelo de Renoir, quien en su primera época había pintado

La hostería de «Mère» Anthony, 1866
Óleo sobre lienzo, 194 x 130 cm
Estocolmo, Museo Nacional de Suecia

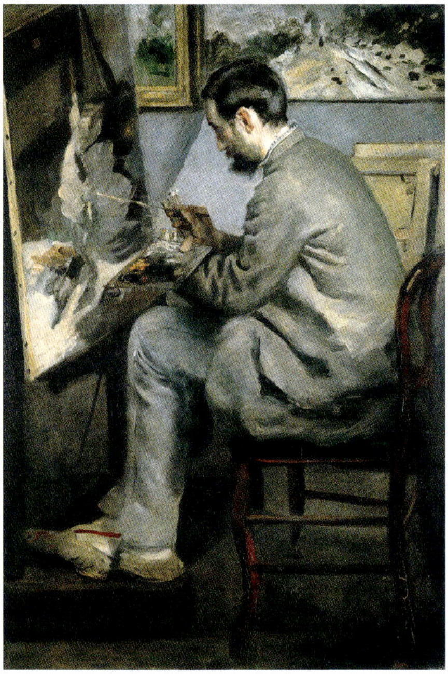

cuadros completamente relacionados con la sociedad y había contribuido así a romper el rígido esquema de las reglas del clasicismo.

Al clasicismo le correspondió en su tiempo una gran significación progresista, pero después impidió que la evolución continuara. Los clasicistas se mostraban poco sensibles hacia el mundo desde el punto de vista del color. Delacroix permitió que el color volviera por sus fueros. Además, concedió al reflejo realista de la persona, de las pasiones y de las fantasías un lugar más importante en la obra de arte. El fervor de los colores y el brillo festivo de sus cuadros atraían a Renoir. Si hubiera conocido entonces la última anotación del diario de Delacroix: «La primera tarea de un cuadro es ser una fiesta para los ojos», seguro que habría suscrito esta máxima.

En el verano de 1865, Renoir, en compañía de Sisley, tomó un bote de vela Sena abajo hasta Le Havre para contemplar allí las regatas que aquellos artistas habrían de elevar pocos años más tarde a motivo favorito de su pintura, y para pintar desde el bote el río y sus orillas, como había hecho Daubigny por vez primera. El Salón aceptó otra vez los envíos de Renoir, pero el año siguiente el jurado dio un veredicto mucho menos favorable. Empezaba la verdadera y ardua lucha por imponer las nuevas ideas artísticas.

Renoir pasaba ahora la mayor parte del tiempo con sus amigos en la aldea de Marlotte, cerca de Fontainebleau. Allí los pintó en *La hostería de «Mère» Anthony*, una alegre tertulia que discute sobre el contenido del diario *L'Événement* («El Suceso»), donde el joven Zola había publicado sus famosas críticas sobre el Salón de 1866, definiendo una obra de arte como «un trozo de naturaleza, visto por un temperamento». Una por una, las personas que aparecen en el cuadro no se pueden identificar de forma inequívoca, pero entre ellos están seguramente Sisley y el pintor Jules Lacœur. En la pared se habían garabateado notas y caricaturas, entre las cuales había una de Henri Murger, que en 1851 había escrito *Scènes de la vie de bohème*; todos estos jóvenes pintores se sentían bohemios, pobres, animados por su misión artística, apasionados pero incomprendidos artistas. El jurado del Salón de 1867 fue especialmente severo con ellos. Rechazó un envío de Renoir: *Diana cazadora* (il. pág. 219). Renoir había pintado un hermoso desnudo de mujer, fiel al modelo; no tan rudo como la bañista de Courbet, denotada 14 años antes con el calificativo de «Venus de los hotentotes», pero mucho más fresco y realista que los desnudos que, según la expresión de Zola, los pintores de modelos de entonces espolvoreaban de arroz, mimaban y hacían libidinosos.

Aquella figura femenina desnuda la cubrió Renoir posteriormente con un delantal de cuero, un arco y un venado muerto, como una diosa de la Antigüedad; pero incluso esta concesión ante las preferencias académicas por los temas mitológicos no salvó al cuadro de la exclusión. En París tuvo lugar ese año una exposición universal, y el jurado quiso presentar a los visitantes una imagen «limpia» de la pintura francesa.

ARRIBA
Frédéric Bazille, 1867
Óleo sobre lienzo, 105 x 73,5 cm
París, Musée d'Orsay

PÁGINA SIGUIENTE
Diana cazadora, 1867
Óleo sobre lienzo, 199,5 x 129,5 cm
Washington, D.C., National Gallery of Art, Chester Dale Collection

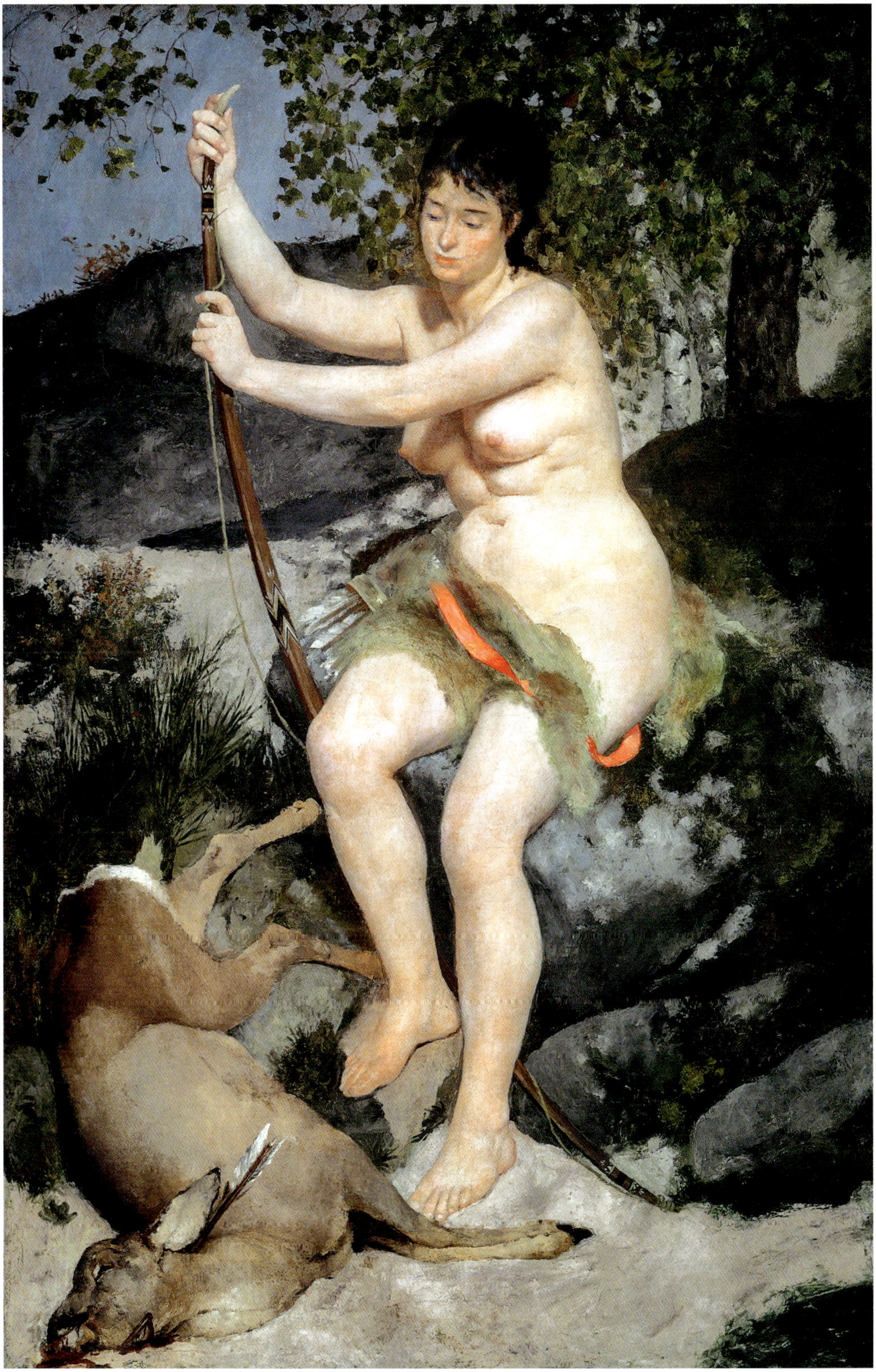

En los tres años siguientes Renoir logró colocar sus cuadros en el Salón, a pesar de que eran más modernos en la manera de pintar; un talante algo más liberal se había introducido en el jurado, en el cual Daubigny ejercía la defensa de los jóvenes realistas. El gobierno imperial (eran los últimos años de su existencia) no podía permitirse ningún motivo de insatisfacción superflua de la burguesía.

Estos pequeños éxitos no salvaron a Renoir de la escasez material. Sus ahorros estaban agotados hacía tiempo. Su amigo Bazille, que gozaba de una situación acomodada, le procuró alojamiento en su estudio, y juntos pintaron postales para ganar algo de dinero. En el verano de 1867 Renoir plantó de nuevo el caballete en el bosque de Fontainebleau. Su modelo era esta vez Lise Tréhot, una joven de 19 años (il. pág. 221). En el verano de 1869 Renoir vivió con ella en casa de sus padres en Ville-d'Avray, a las puertas de París. Algunas veces el pintor llevaba un poco de comida a Monet a Bougival, donde este vivía miserablemente. Renoir apenas estaba un poco mejor: «No comemos todos los días, pero aun así estoy de buen humor», escribía a Bazille. Sin embargo, para Renoir y Monet lo peor de todo era que no podían comprar colores por falta de dinero, pues en esos meses pintaban sin parar y a menudo ante el mismo motivo en Bougival, el establecimiento de baños La Grenouillère («Charca de ranas»), junto al Sena. Impresiona comprobar que los dos jóvenes pintores, en esa época de grandes apuros económicos, avanzaban juntos hacia un mundo cada vez más claro de imágenes y que tanto ellos dos como sus camaradas Sisley y Camille Pissarro, sometidos igualmente a duras condiciones de vida entonces y en los difíciles años que siguieron, jamás pintaron un cuadro del tedio o de la angustia vital, nunca la expresión de un talante acongojado o pesimista.

PÁGINA SIGUIENTE
Lise con sombrilla, 1867
Óleo sobre lienzo, 184 x 115,5 cm
Essen, Museum Folkwang

El puente de las Artes, París, 1867/68
Óleo sobre lienzo, 60,9 x 100,3 cm
Pasadena, The Norton Simon Foundation

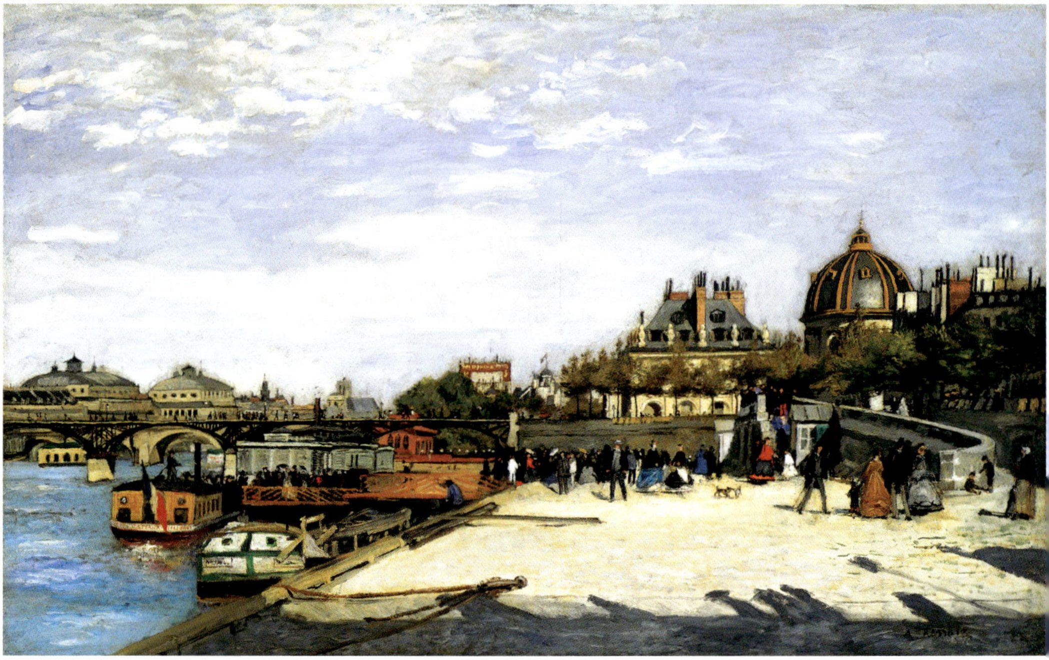

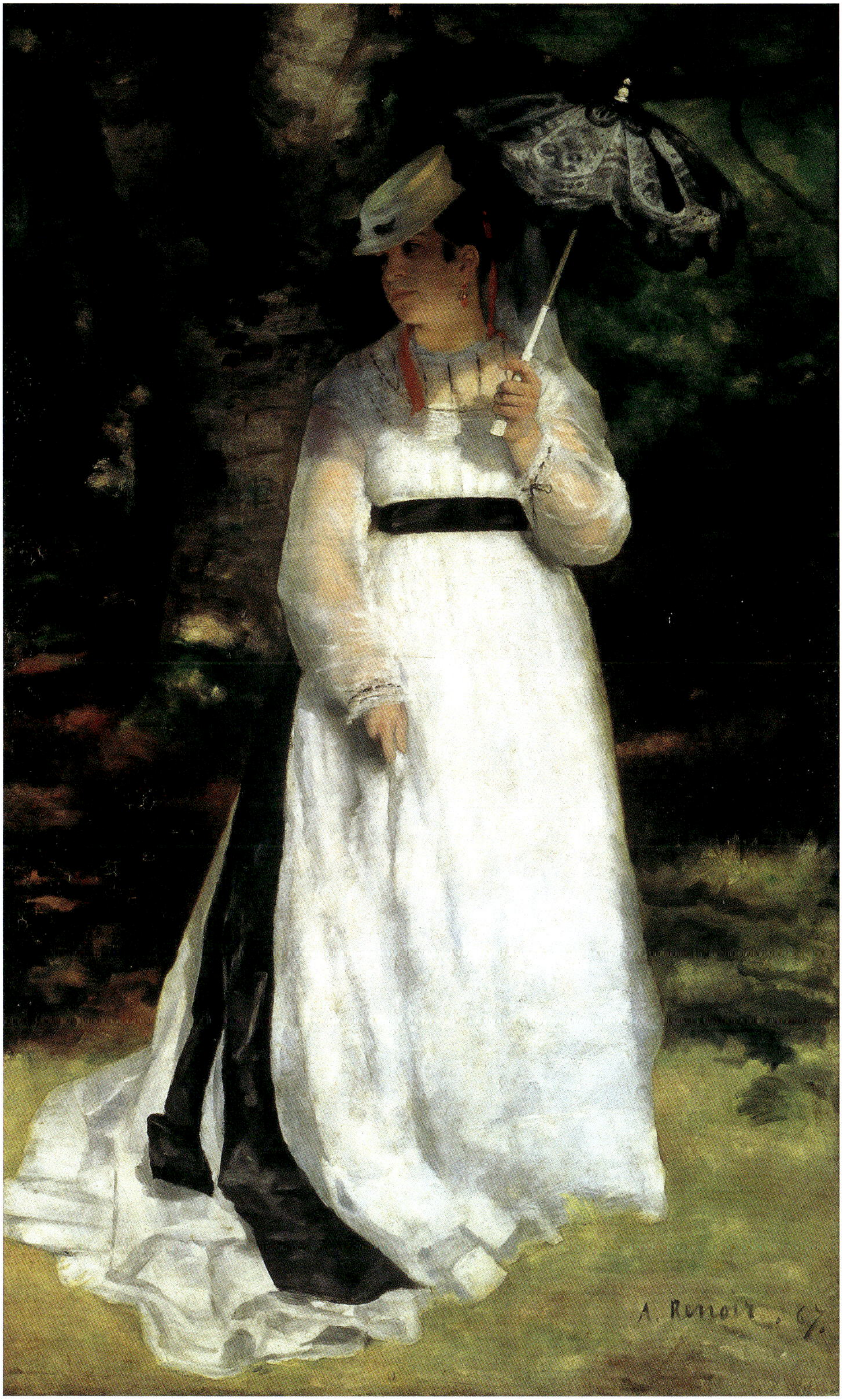
A. Renoir . 67.

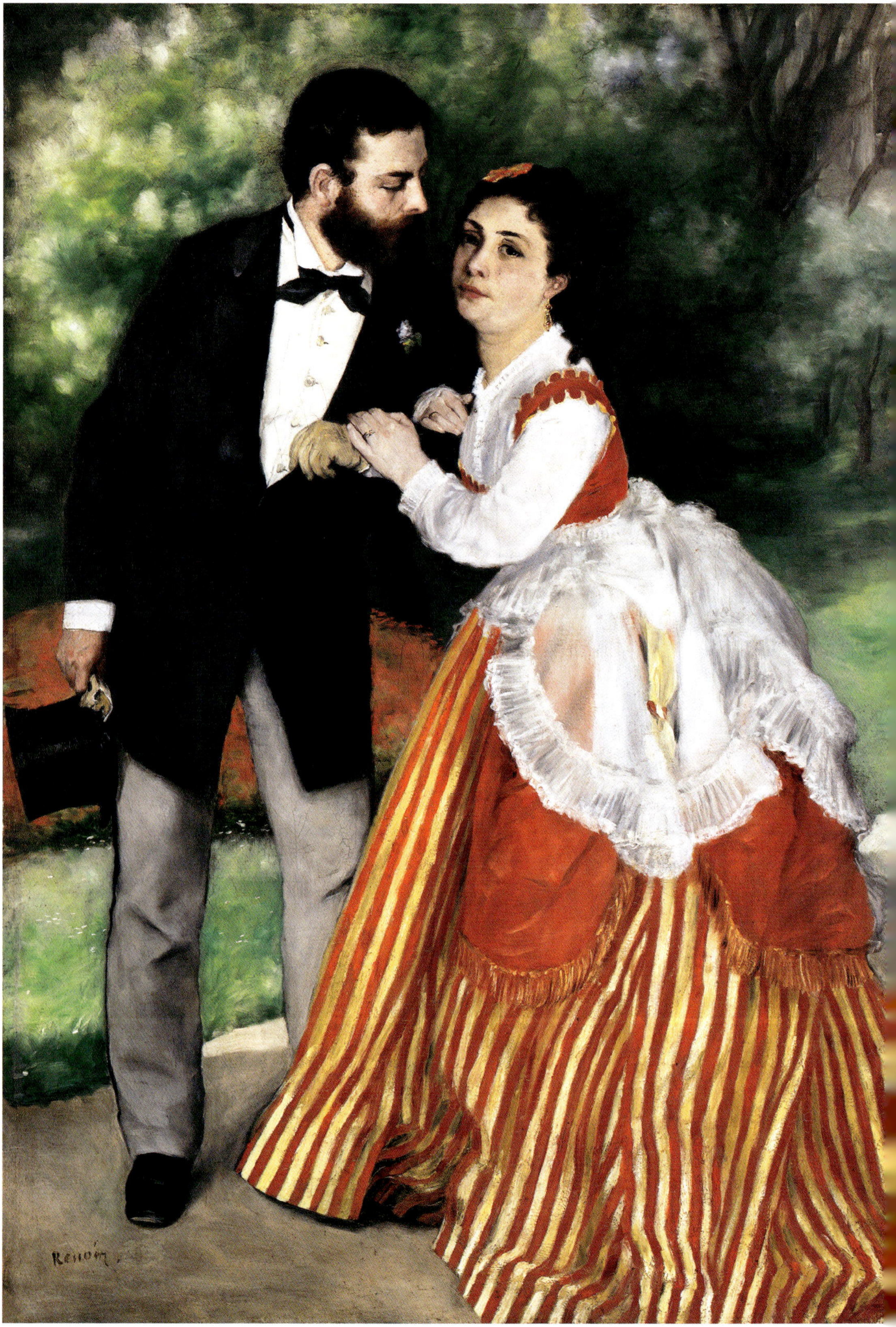
Renoir

La nueva pintura

1867-1871

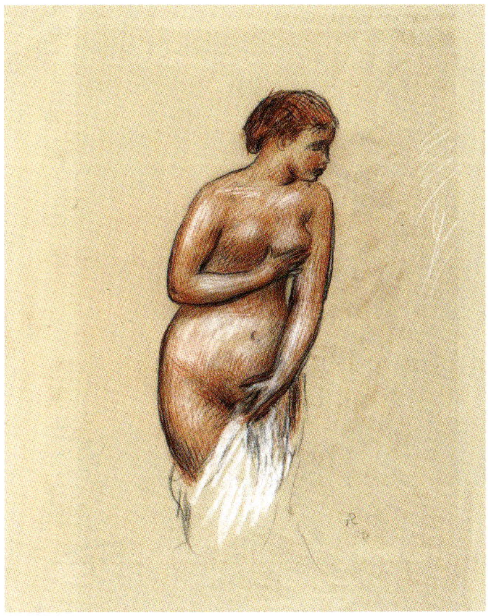

Los jóvenes pintores luchaban por nuevos principios artísticos. Cuando estaban en París, se encontraban al atardecer en el café Guerbois de la Grande Rue de Batignolles para entablar unas discusiones con demasiada frecuencia borrascosas. Se empezó a llamarles los «pintores de Batignolles». El núcleo del grupo lo constituía Manet, y la tertulia comprendía también a los escritores y críticos de arte Zola, Théodore Duret, Zacharie Astruc, Edmond Duranty y otros. El delgado y nervioso Renoir era vivaz, inteligente y tenía sentido del humor, pero no era batallador, y no se consideraba un teórico. Pintar no se le aparecía como un asunto de programas estrictos, sino un oficio hermoso, que había que ejercer con gusto y modestia. Es cierto que con sus cuadros se mostraba como uno de los más decisivos heraldos en el arte. El principio fundamental era no pintar más que lo que se veía, y reflejar lo visto de la manera más fiel posible. Los pintores de Barbizon, el pintor de campesinos Jean-François Millet y Courbet, habían empezado así. Pero a sus cuadros, pintados en su mayor parte en el estudio, les faltaba la claridad que podía admirarse en los objetos afuera, a la luz del sol. En el esfuerzo por reflejar la naturaleza cada vez más verazmente, los pintores topaban con el problema de las sombras de color. Un examen más atento descubría la riqueza de los tonos también en las sombras, donde predominaba el azul. Esto solo se podía captar exactamente ante el objeto mismo, y por ello Renoir y Monet trabajaban al aire libre. Veían cómo los objetos cambiaban de tonalidad según la luz y reflejos de color que caían sobre ellos desde el entorno. Veían cómo el centelleo del aire quitaba a los objetos sus contornos sólidos y despojaba de nitidez toda la escena.

Descubrieron esto sobre todo en objetos que se adaptaban a esta forma de contemplación: en el follaje y en las flores, en el agua, en las nubes y en el humo, en los botes, en los vaporosos vestidos femeninos y en las delicadas sombrillas con su color, en las personas moviéndose de aquí para allá libremente. Abominaban de toda norma rígida y de todo lo tradicional; buscaban la belleza en la vida

PÁGINA ANTERIOR
Los novios, 1868
Óleo sobre lienzo, 105 x 75 cm
Colonia, Wallraf-Richartz-Museum & Fondation Corboud

ARRIBA
Desnudo femenino de pie, 1919
Dibujo a lápiz, 37,3 x 29,8 cm
Ottawa, National Gallery of Canada

«Velázquez me entusiasma: esa pintura respira la alegría con que el artista la ha pintado… Cuando puedo imitar la pasión con que un pintor ha creado, comparto su propio gusto».

PIERRE-AUGUSTE RENOIR

de sus semejantes (en que esta corría con más frescor), en el círculo íntimo de la familia, en el paseo y el juego, y donde había algo nuevo que experimentar: en el deporte o en las condiciones de existencia, que cambiaban con tanta rapidez, de la gran ciudad.

La primera obra maestra de Renoir es *Lise con sombrilla*, de 1867, que pudo verse en la primavera del año siguiente en el Salón (il. pág. 221). Era una figura de pie, de tamaño natural, como si se tratara de un retrato oficial, y representaba a su joven amiga. «El conjunto es tan natural y con una observación tan exacta, que lo encontrarán mal hecho, pues están acostumbrados a imaginarse la naturaleza en colores convencionales», escribió W. Bürger-Thoré, y Astruc llamó a Lise «la hija del pueblo con todo su carácter parisino». Tres años después, Renoir tomó a Lise como modelo para *La odalisca* (il. pág. 225), un trabajo lleno de efectos de la denominada pintura oriental, entonces en boga tras *Las argelinas* de Delacroix.

Solamente a mitad de tamaño natural pintó Renoir *Los novios* (il. pág. 222). La mirada y el vestido de la mujer la convierten claramente en la figura principal. Las líneas y las superficies de color del cuadro están bien sopesadas y manifiestan una cuidadosa observancia de las leyes de la composición, que Renoir había estudiado en muchas obras maestras del Louvre. Para ello, el juego de los

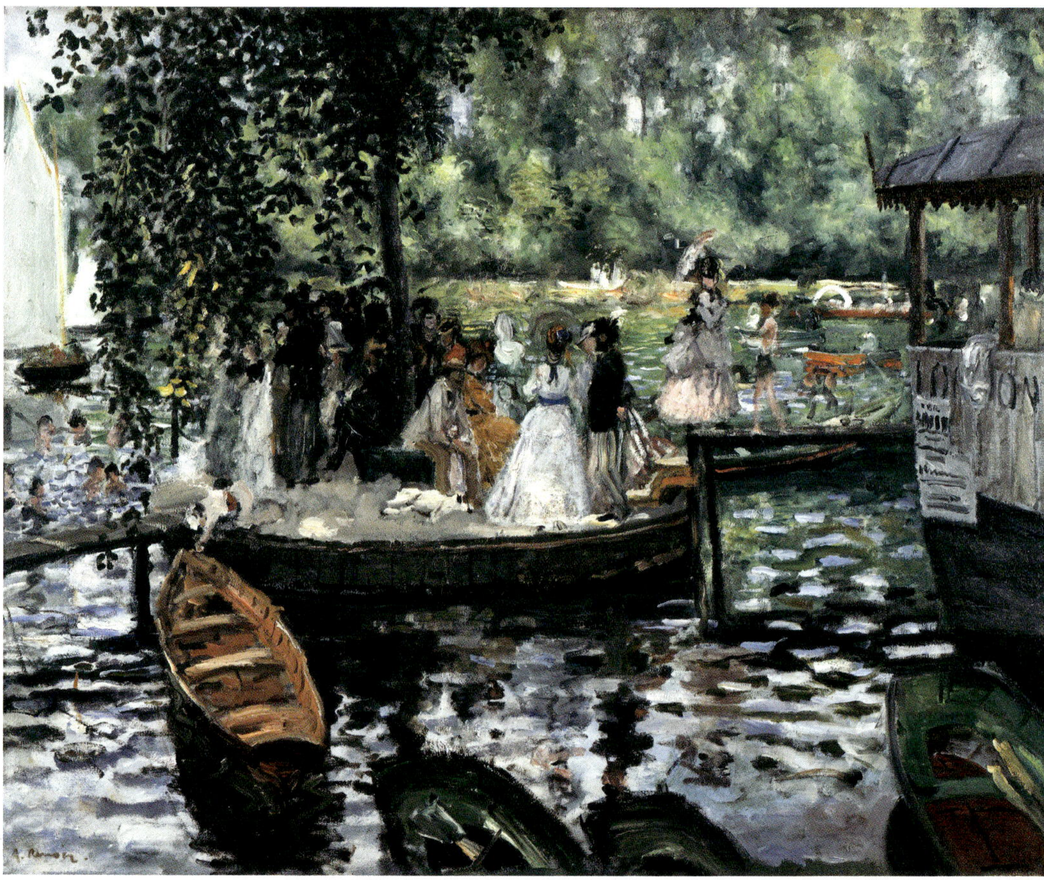

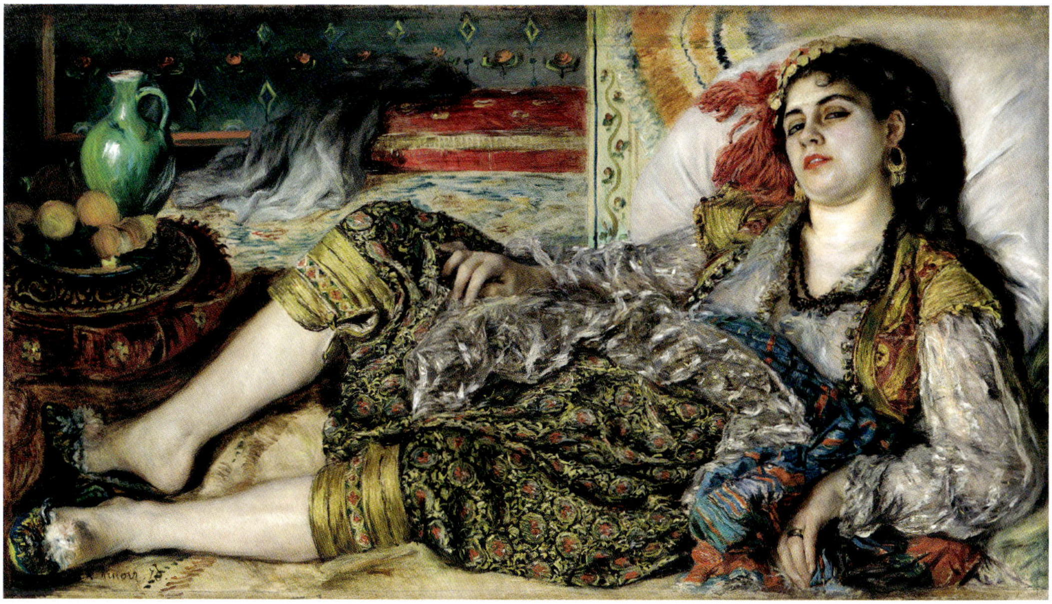

reflejos de la luz y el color es aquí más débil que en *Lise con sombrilla*, y menor la fusión de las figuras con su entorno natural. Esto era más notorio en paisajes de amplios espacios, como se observa en *El puente de las Artes, París* (il. pág. 220). A la vez pintada con cierta desenvoltura y compuesta con sólida geometría, aparece la vista de una parte del corazón de la capital francesa: la Academia de las Artes, el embarcadero de los vapores y el moderno puente de hierro Pont des Arts.

La odalisca, 1870
Óleo sobre lienzo, 69,2 x 122,6 cm
Washington, D.C., National Gallery of Art, Chester Dale Collection

PÁGINA ANTERIOR
La Grenouillère, 1869
Óleo sobre lienzo, 66 x 81 cm
Estocolmo, Museo Nacional de Suecia

El trabajo conjunto de Monet y Renoir encontró sus más bellos ejemplos en los cuadros dedicados a La Grenouillère. Tres cuadros de Monet y tres de Renoir (il. pág. 224) nos dan cuenta de ello, y no es fácil distinguir la autoría. La gente en la orilla o en el puente, las casetas de baño, los bañistas o los botes de remos, pero sobre todo el agua que riela, reflejando los muchos colores, fueron repartidos con una pincelada airosa y como en esbozo. Los cuadros carecen del tipo de composición en el sentido usual, con trazos turbulentos como una muchedumbre que se divierte.

El concepto favorito en las discusiones que tenían lugar en el café Guerbois, la impresión de la naturaleza, tiene aquí su aplicación plástica. Si uno había tomado la decisión de pintar tal escena y no el baño de Diana, entonces había que abordar el nuevo tema con medios nuevos, y la experimentación de nuevas maneras de modelar empujaba a su vez a motivos apropiados. La impresión causada por un momento cualquiera, pero que fuera atractivo, debía ser representada rápidamente y como si se hubiera encontrado al azar. Allí donde todo estuviera en movimiento y la luz cambiara continuamente, había que captar la impresión de lo fugaz, con colores cuyo poder luminoso traía algo del día veraniego a la habitación. En estos cuadros nació lo que cinco años más tarde se denominó «impresionismo».

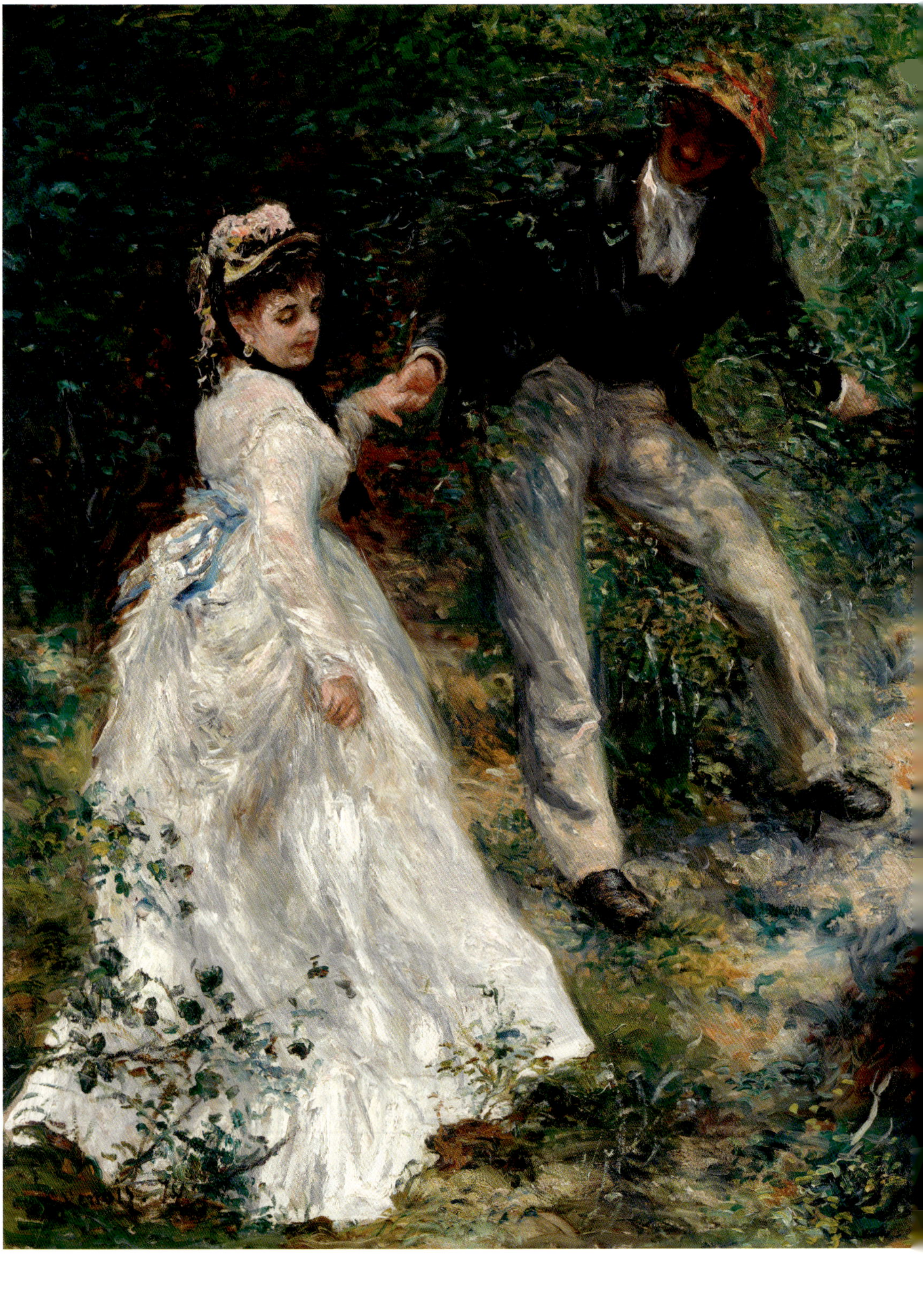

El gran decenio del impresionismo
1872-1883

«Mi preocupación fue siempre pintar seres humanos como una buena fruta. El más grande de los pintores modernos, Corot, ¿acaso pintaba mujeres pensadoras?».
PIERRE-AUGUSTE RENOIR

En el Salón de la primavera de 1870 Renoir estuvo representado, juntamente con casi todos sus amigos. Pero en julio estalló la guerra con Prusia y sus aliados, y Renoir tuvo que ir a un regimiento de artillería. Napoleón III y sus ejércitos fueron derrotados y Francia se convirtió en república. En la primavera de 1871 se levantaron en París obreros, artesanos y también muchos intelectuales y artistas, y proclamaron la Comuna como gobierno revolucionario. Este primer intento de un nuevo Estado fue ahogado en sangre. Renoir apenas si tuvo alguna noticia de los dramáticos sucesos. Pero aquella contraposición, salida a la luz con tal crudeza, entre burguesía y proletariado, cambió de forma duradera la situación y el clima espiritual. Aquello influyó directa e indirectamente también sobre la evolución posterior de Renoir y en general del nuevo arte.

Cuando en el año 1872 Renoir envía otra vez obras al Salón, su cuadro *Parisinas en traje argelino* (Museo Nacional de Arte Occidental, Tokio), que suponía una aproximación a Delacroix, fue rechazado. La gran burguesía, tras las experiencias del año revolucionario, miraba con redoblada desconfianza todo género de innovaciones. Incluso en los años que siguieron esto no cambió. Pero en esta época, en que la crítica oficial combatía, injuriaba y ridiculizaba el arte nuevo, y personas como Renoir, procedentes de familias sin recursos económicos, tenían que sufrir todavía períodos de dura necesidad, los pintores entre treinta y cuarenta años constituyeron definitivamente un grupo, una asociación artística de lucha que desarrolló completamente su estilo propio y nuevo y lo hizo expandirse en toda su riqueza. En estos años se originaron las obras más maduras del impresionismo francés, y Renoir desplegó muy en particular toda la magia de su pintura y la fructífera exuberancia de su fantasía y su capacidad de trabajo. Frente a las obras todavía algo inseguras, dependientes de pintores más viejos, que Renoir había hecho en los años sesenta, y frente a la limitación en los motivos y cierta monotonía de variaciones interminables en que caería al final de los ochenta, las obras entre 1872 y 1883 nos lo muestran en la cima de su potencia. Casi cada uno de sus cuadros hay que disfrutarlo como una obra maestra, una creación que inspira alegría.

La época inmediatamente posterior a la perdida guerra y a la Comuna fue sorprendentemente de una gran prosperidad económica en Francia. La economía floreció, incluso el valor y la cotización de los cuadros aumentaron, y en algunos casos se vendieron pinturas de impresionistas por sumas de dinero inesperadamente elevadas. El hombre por cuyas manos pasó buena parte de ese

El paseo, 1870
Óleo sobre lienzo, 81,3 x 64,8 cm
Los Ángeles, J. Paul Getty Museum

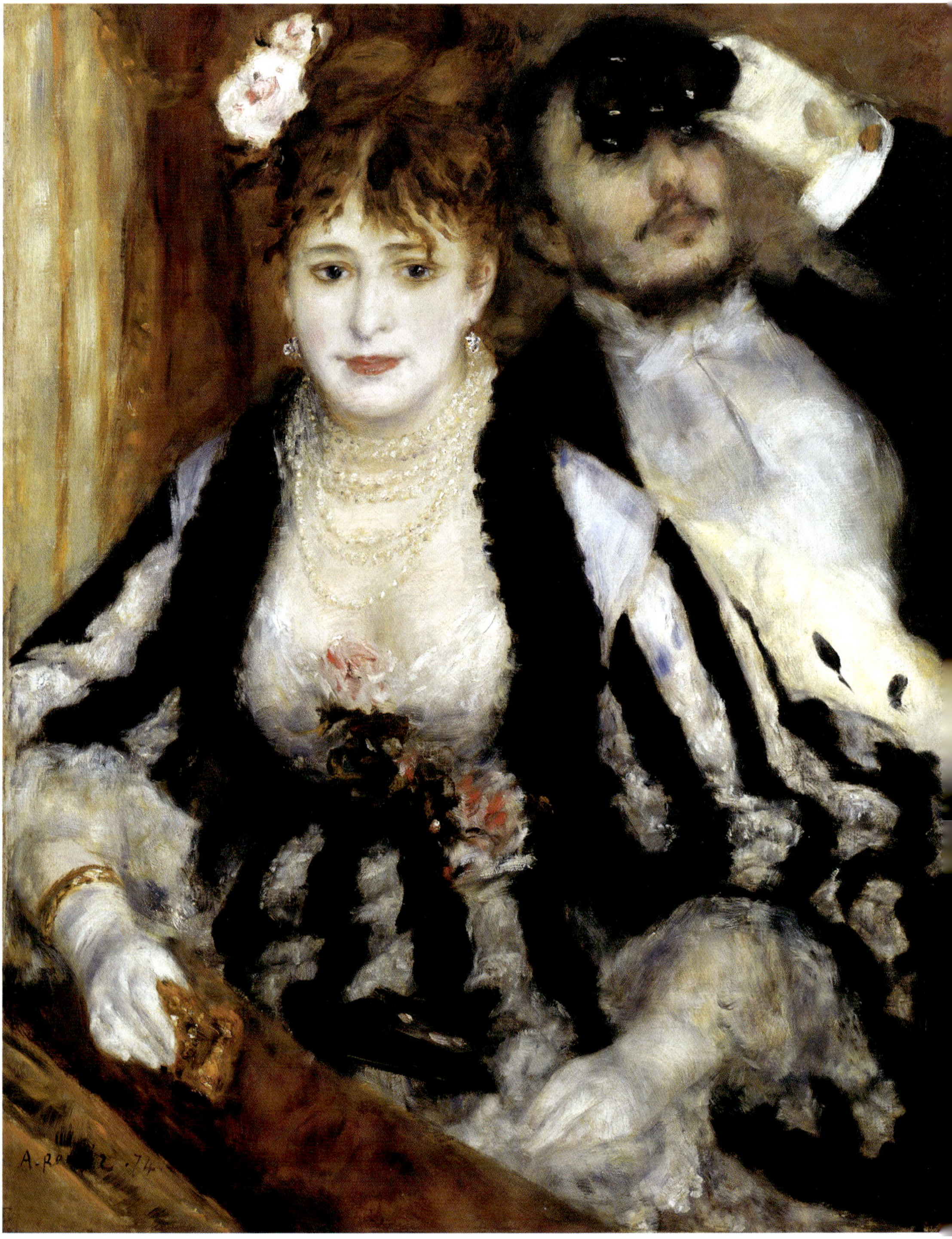

dinero y que contribuyó en gran medida a los primeros éxitos de los pintores de Batignolles fue Paul Durand-Ruel. Había sucedido a su padre en un negocio de arte en 1862, y con su olfato para el arte y su habilidad luchó por el reconocimiento público de los pintores de Barbizon. Empezó a hacer buenos negocios con la venta de sus cuadros. Demostró tener instinto para apreciar la calidad de aquella pintura, y además mucha valentía. Acogió a los pintores rechazados por la crítica oficial y durante años compró sus cuadros pacientemente, pese a que debió esperar al futuro para obtener beneficios. En 1870 había conocido en Londres a Pissarro y a Monet, que habían huido allí durante la guerra, y también había descubierto en 1873 a Renoir. Ciertamente no pagaba mucho por los casi invendibles cuadros de aquellos jóvenes rebeldes, pero para un hombre en la situación de Renoir incluso la más mínima venta era algo importante.

El año 1873, sin embargo, Durand-Ruel se vio obligado a restringir la ayuda que prestaba a Renoir y a sus amigos. Una grave crisis económica había azotado al país, llevando a su negocio de arte a una situación muy delicada. Los pintores mismos debieron hacer algo para mostrar sus cuadros y ofrecerlos a la venta. Formaron juntos una *Société anonyme coopérative*, y el 15 de abril de 1874, en los locales recién desalojados del fotógrafo Nadar, en el boulevard des Capucines, abrieron su propia exposición. Renoir estaba representado con seis pinturas y un pastel. El 25 de abril, el crítico Louis Leroy publicó en el periódico satírico *Charivari*, en el cual habían aparecido las litografías de Daumier durante cuarenta años, una crítica de la «exposición de los impresionistas». En un tono mordaz e irónico

PÁGINA ANTERIOR
El palco, 1874
Óleo sobre lienzo, 80 x 63,5 cm
Londres, The Courtauld Institute of Art

Madame Monet leyendo «Le Figaro», 1872-1874
Óleo sobre lienzo, 53 x 71,7 cm
Lisboa, Museu Calouste Gulbenkian

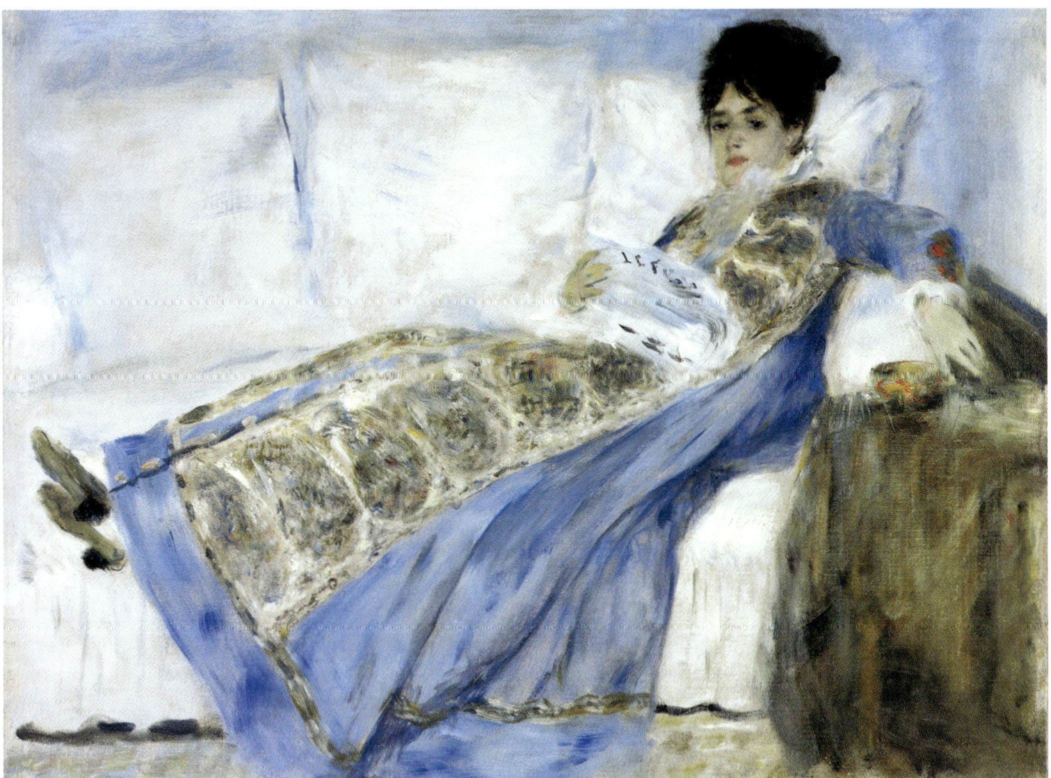

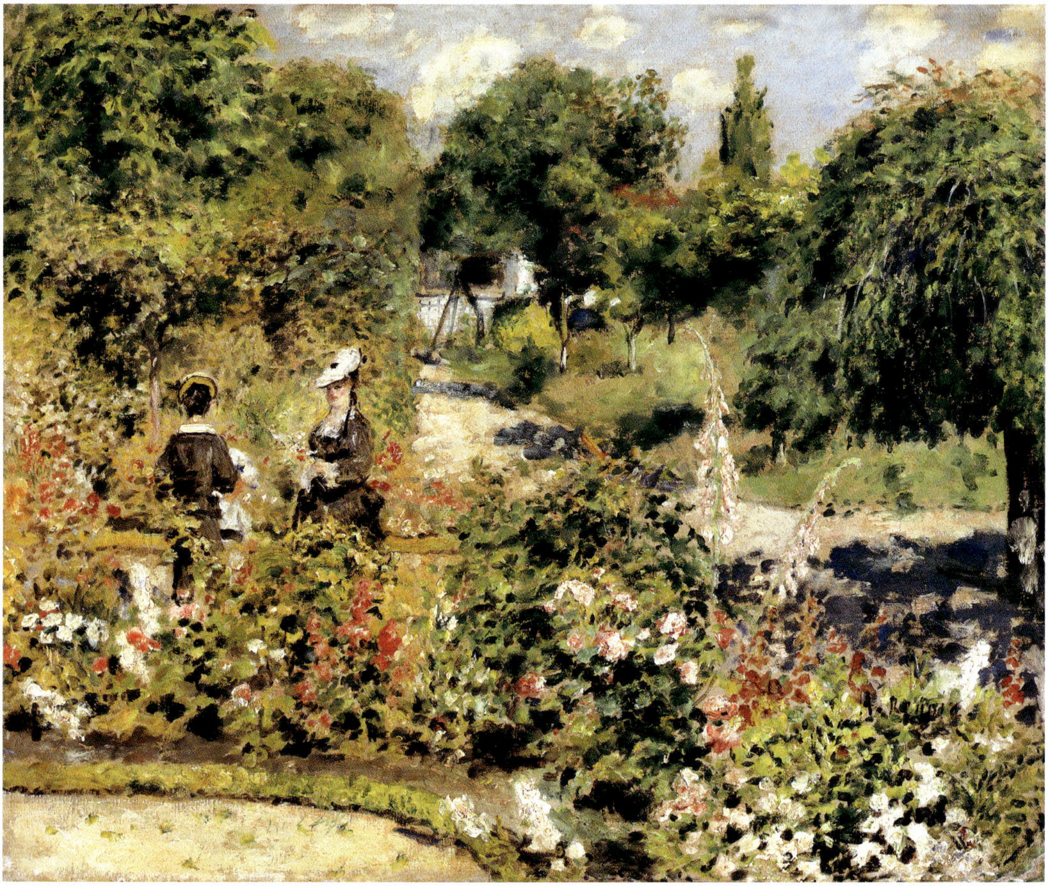

Jardín en Fontenay, 1874
Óleo sobre lienzo, 51 x 62 cm
Winterthur, Colección
Oskar Reinhart
«Am Römerholz»

se le censuraban a esta «horripilante exposición» la flojedad del dibujo, el garabateo de los colores, la omisión de muchos detalles y la ejecución descuidada de la pintura. Se añadía que el ideal de los nuevos pintores era claramente la impresión.

La «nueva escuela» ya tenía en circulación su mote. También otros críticos tomaron el concepto de «impresionistas», puesto que el intento de reflejar impresiones vivas era ya desde hacía años una tendencia comentada de los jóvenes pintores. La muestra no mejoró la situación de quienes participaron en ella. Insensatamente o de manera cómica, la gente se refería a los cuadros como absurdos emborronamientos y declaraciones de guerra a la belleza. Pero ellos se mantuvieron en sus trece. Monet encontró una nueva vivienda en Argenteuil, junto al Sena, y allí, al aire libre, también pintaron Renoir y Manet buena parte de sus cuadros más alegres. Un vecino (ingeniero y constructor de barcos) poseía varios botes de vela y también pintaba. Era rico y gustaba de invitar a Monet y Renoir a navegar, además de adquirir algunos de sus cuadros. Se llamaba Gustave Caillebotte, y al morir, en 1893, legó al Estado francés seis cuadros fundamentales de Renoir de los años 1875/76, entre ellos *Torso de mujer al sol* y *Le Moulin de la Galette*.

Poco antes Renoir había conocido al escritor Théodore Duret, que en 1878 habría de dar la primera explicación algo detallada de las intenciones y éxitos de los pintores impresionistas y que al principio había aparecido también como comprador. Adquirió, entre otros cuadros, *Lise con*

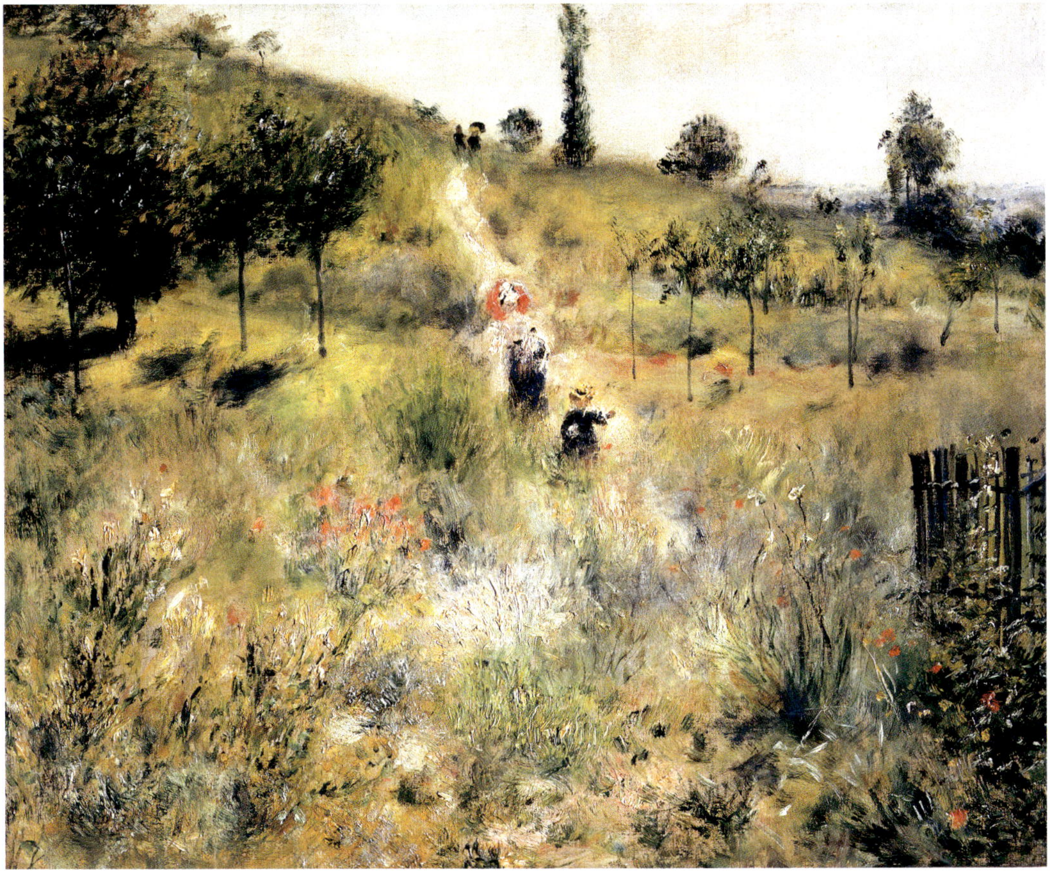

sombrilla por 1200 francos, cantidad con la que Renoir pudo mejorar sus condiciones de trabajo. Pero eran siempre alegrías poco duraderas. La sociedad de artistas se disolvió con pérdidas.

Camino en cuesta entre hierba alta, hacia 1875
Óleo sobre lienzo, 60 x 74 cm
París, Musée d'Orsay

En abril de 1876 los impresionistas expusieron juntos por segunda vez, en esta ocasión en la galería Durand-Ruel de la rue Le Peletier. Renoir estaba representado con quince cuadros, de los cuales seis pertenecían ya a Victor Chocquet, un nuevo amigo de su arte. El influyente crítico Albert Wolff escribió en *Le Figaro*: «Cinco o seis locos... se han encontrado aquí, obcecados por su aspiración de exponer sus obras. Mucha gente se destornilla de risa por estas chapuzas...». Pero también había partidarios de los impresionistas. El escritor realista Edmond Duranty publicó un folleto, *La nueva pintura*, y defendió la representación de la vida actual, cotidiana, la pintura al aire libre y la captación del momento. Renoir conoció al editor de Zola, Georges Charpentier, quien le encargó un retrato de su mujer con sus hijos, así como unos murales. Gracias a ello pudo alquilar una casa en Montmartre y utilizar como estudio al aire libre el descuidado jardín que había junto a la vivienda.

En abril del año siguiente, es decir, en 1877, los impresionistas expusieron por tercera vez, y fue la primera en la que se llamaron a sí mismos con este mote. Caillebotte les alquiló un par de salas en la rue Le Peletier; él y Renoir llevaron el peso de los preparativos. Renoir presentó más de veinte pinturas, entre ellas *El columpio* (il. pág. 243) y *Le Moulin de la Galette* (il. págs. 240/241). Chocquet discutió con los visitantes de la exposición, y un nuevo amigo de Renoir, Georges Rivière, editó una pequeña revista, *Impressionnisme, journal d'art*, en defensa de la nueva pintura. Pero una vez más los críticos de los periódicos más importantes se burlaron y nadie compró.

Al año siguiente Renoir se resignó y envió al Salón un cuadro discreto. Su *Taza de chocolate*, un atractivo retrato de mujer, fue aceptado. Aquel proceder de Renoir, como él mismo dijo, se debía meramente a un propósito comercial. La mayoría de los amantes del arte solo compraban pinturas de artistas que alguna vez hubiesen expuesto en el Salón. Con este cuadro, Renoir no traicionó por entero sus ideales, ni tampoco con el cuadro *La señora Charpentier con sus hijas* (il. págs. 248/249), que presentó en el Salón de 1879. Aquello le abrió el paso definitivo al reconocimiento público. Por medio de Charpentier tuvo la oportunidad de hacer una exposición propia con pasteles, y encontró nuevos valedores, en especial el diplomático Paul Bérard, en cuya finca Wargemont, cerca de Berneval, en Normandía, el pintor vivió y trabajó varias veces en los años siguientes. Renoir no presentó nada a las exposiciones de los impresionistas de los años 1879, 1880 y 1881. Entre él y sus viejos camaradas había desacuerdos, que en parte quizá tenían que ver también con la política. Él detestaba el «anarquismo» de algunos pintores como Jean François Raffaëlli y Armand Guillaumin, y tampoco compartía las ideas socialistas de

PÁGINA SIGUIENTE
Jovencita leyendo, 1880
Óleo sobre lienzo, 57 x 47,5 cm
Fráncfort del Meno, Städel Museum

La recolección de flores, 1875
Óleo sobre lienzo, 54,3 x 65,2 cm
Washington, D.C., National Gallery of Art, Ailsa Mellon Bruce Collection

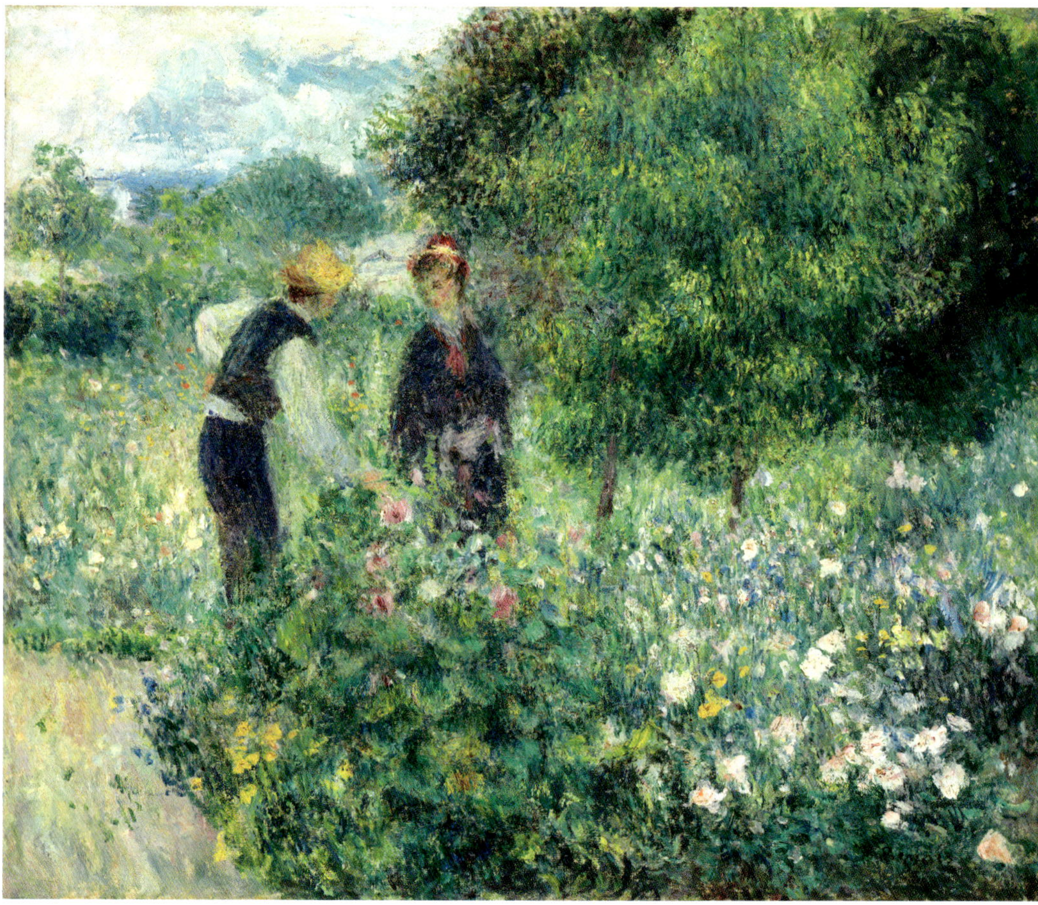

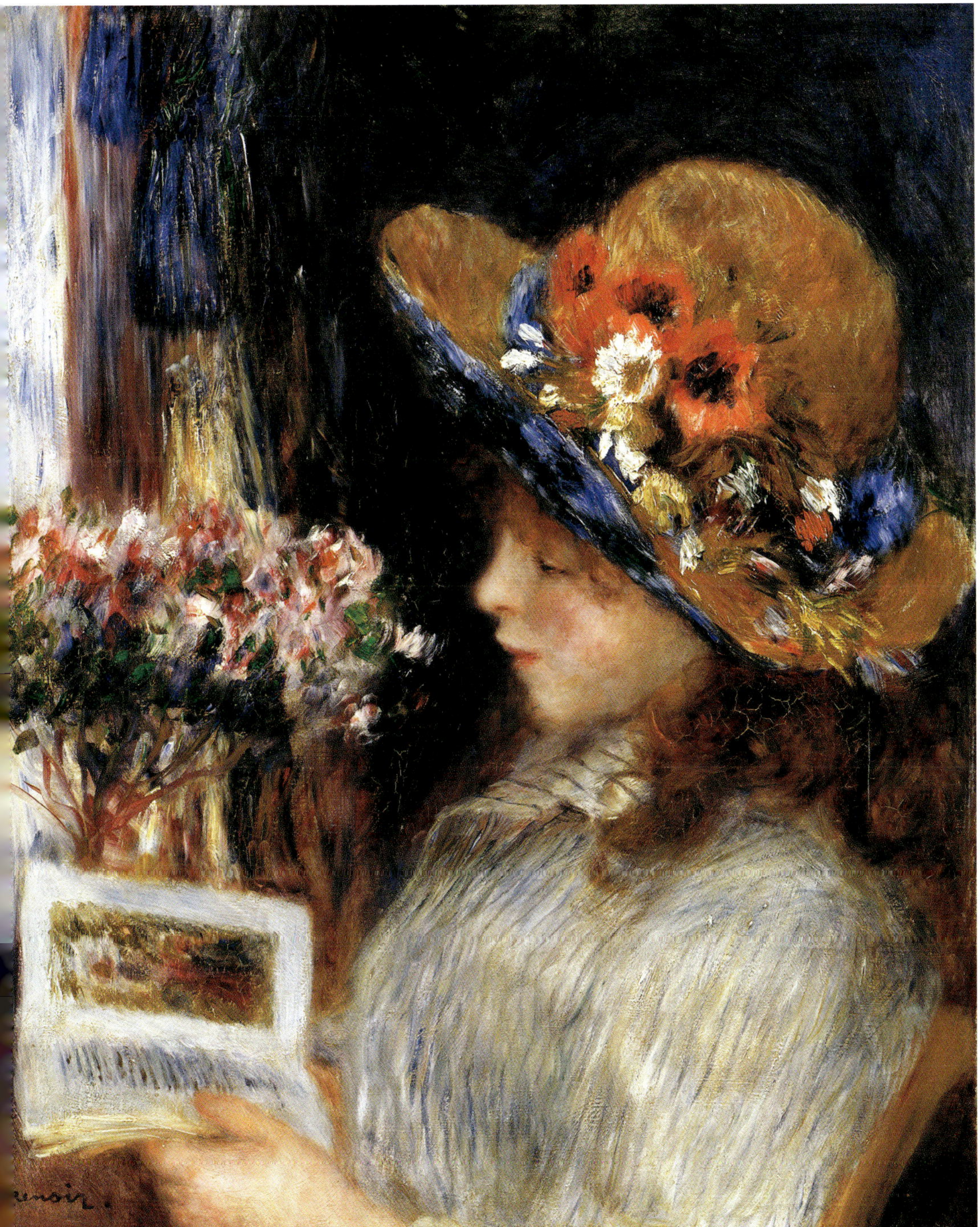
Renoir.

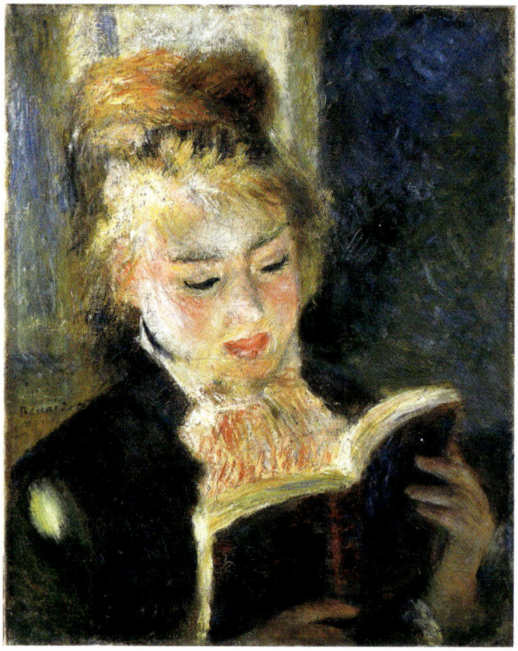

Pissarro. Asimismo, se encontraba muy distante del odio al público que manifestaba el desilusionado Edgar Degas.

En 1881 las ventas que había hecho le permitieron por primera vez viajar un poco. En marzo fue a Argel, cuyo sol ardiente y riqueza de colores le cautivaron como cincuenta años atrás lo habían hecho con su maestro Delacroix. En el otoño e invierno que siguieron visitó Venecia (il. págs. 262 y 263), cuya luz y agua le encantaron; en Roma le impresionó la fuerza del estilo en los frescos de Rafael, y durante su estancia en Nápoles las delicadas y a un tiempo enérgicas pinturas murales de las casas de Pompeya le recordaron los cuadros de Corot. Ya en Sicilia, hizo en Palermo un retrato a su admirado Richard Wagner, el cual, por supuesto, lo trató con impaciencia. Una pulmonía contraída durante una visita a su amigo Paul Cézanne en la Provenza la pudo curar con una nueva estancia en el cálido Argel.

Entretanto, en abril de 1881 pudieron verse veinticinco cuadros suyos en la séptima exposición del «Grupo de artistas independientes realistas e impresionistas». Entre estos cuadros estaban *El almuerzo de los remeros* y varias vistas de Venecia. Pero no había abandonado sus reservas hacia los «independientes»; hizo identificar sus cuadros expresamente como presentados por su agente Durand-Ruel, no por él mismo. Durand-Ruel, que tenía que combatir duro contra las consecuencias de otra crisis económica, necesitaba esa exposición, y de hecho empezaron a imponerse también en círculos más amplios las nuevas concepciones de la pintura. Renoir podía, por su parte, exponer tranquilamente en el Salón, cosa que hizo todos los años desde 1878 a 1883, y de esta manera «liberarse del tinte revolucionario» que (como él decía) le espantaba. En abril de 1883 organizó Durand-Ruel en su nueva galería del boulevard de la Madeleine una exposición monográfica de Renoir. En los últimos días de otoño de ese mismo año Renoir pintó en Guernsey, la isla inglesa del canal de la Mancha, y en invierno viajó con Monet a Génova y a la costa de la Provenza, a L'Estaque, para ver a Cézanne. Desde entonces estaba fuera de París todos los años algún tiempo, tanto en verano como en invierno; la mayor parte lo pasaba en las costas de Normandía o Bretaña y la Costa Azul, y con cierta frecuencia en Essoyes, en la Borgoña, la patria de Aline Charigot, una pequeña y encantadora modelo con la que contrajo matrimonio en 1890.

En su pintura de 1884/85 se notan nuevos elementos, que representan un corte en la evolución de su arte y que por ello han de tratarse aparte. Ante todo procede hablar de la rica y grata producción del período cuyos datos biográficos acaban de perfilarse: el período del triunfo del impresionismo.

ARRIBA
Mujer leyendo, 1874-1876
Óleo sobre lienzo, 46,5 x 38,5 cm
París, Musée d'Orsay

PÁGINA SIGUIENTE
La primera salida, 1876/77
Óleo sobre lienzo, 65 x 49,5 cm
Londres, The National Gallery

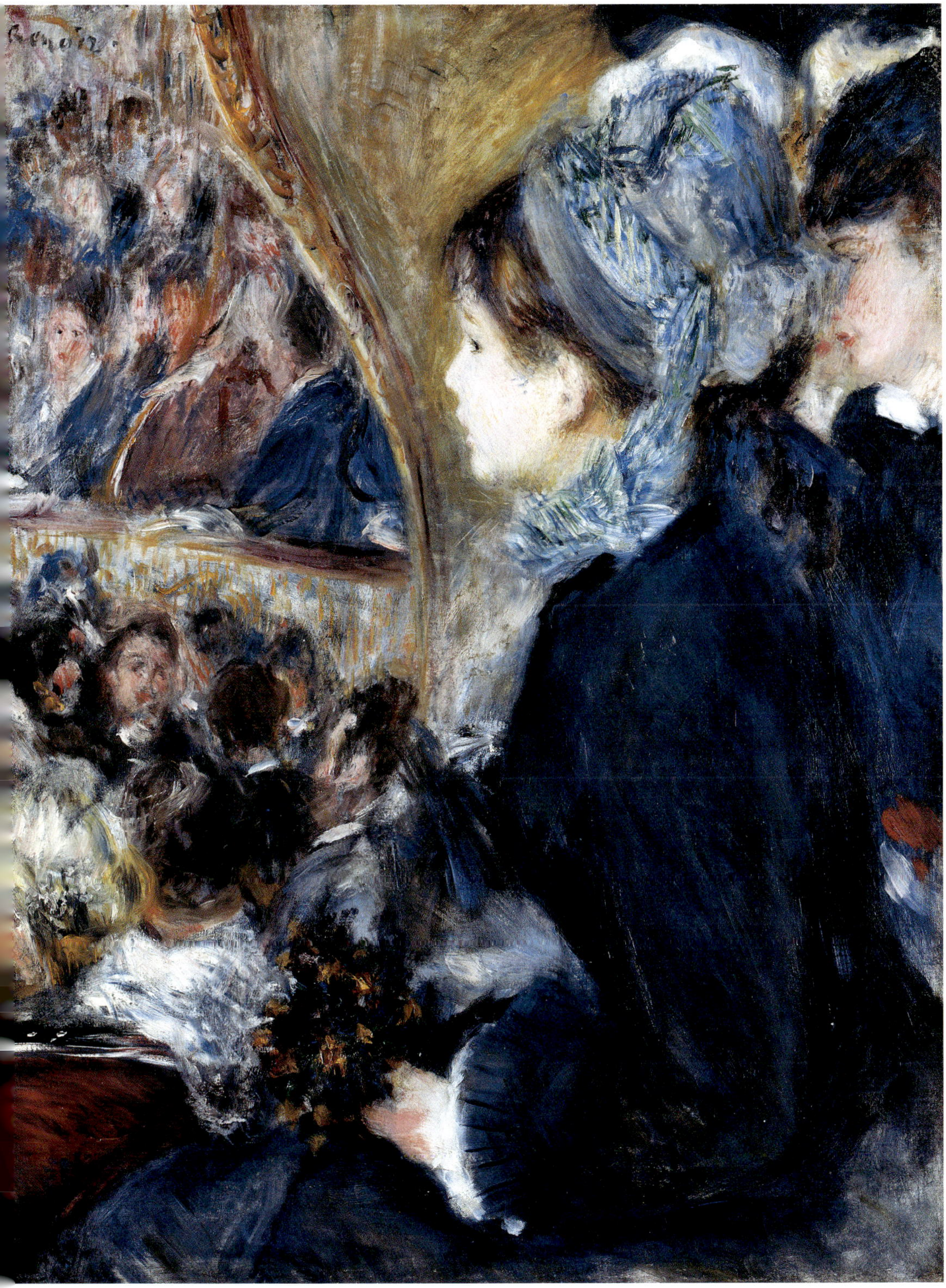

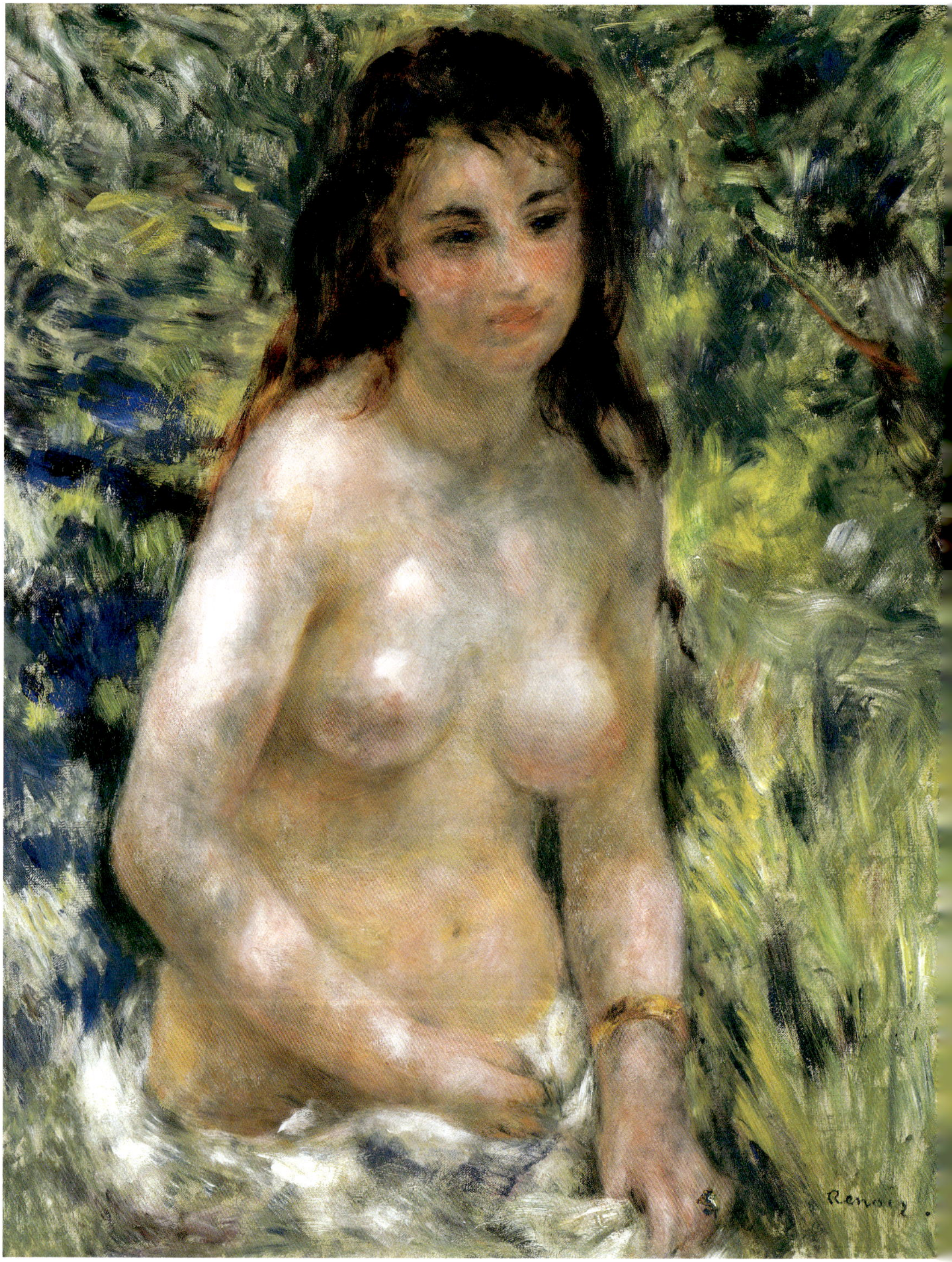
Renoir.

Obras maestras del impresionismo realista

Renoir pintaba la realidad tal como la veía y la afirmaba: el gusto por la vida de la gente acomodada, en cuyas simpatías debía confiar para poder existir como pintor, y las alegrías de la bohemia pequeño burguesa, a la que él pertenecía y que aparecía civilizada, en modo alguno revoltosa ni trágica. Su pintura no captaba toda la verdad social, y a pesar de ello la llamamos realista, porque surgió en un encuentro honesto con la realidad, iluminando en ella nuevas páginas, objetivamente existentes, y porque ayudó a los hombres a percibirse y afirmarse de una manera nueva en su existencia normal y no en último lugar en su sensibilidad. Rasgos importantes en la vida de los hombres, y no solo de aquellos años, llegaron a ser por primera vez estéticamente conocidos.

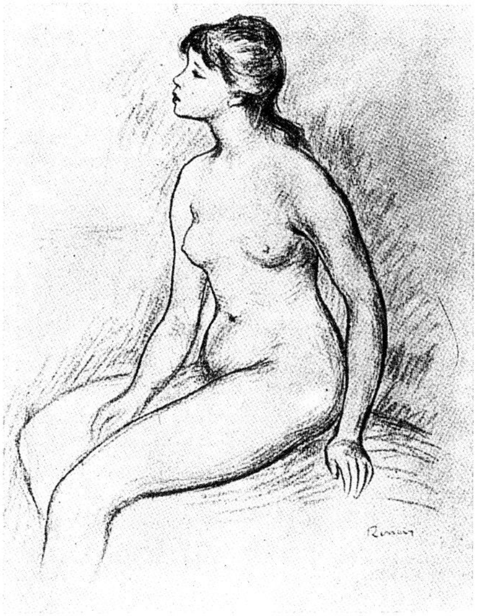

Mujer desnuda al sol
Carboncillo
Colección particular

Los cuadros de Renoir ponen de relieve especialmente varios conjuntos de temas: los retratos y las figuras individuales tomadas casi como retratos, el baile, el teatro y la sociabilidad, las excursiones al campo, el ajetreo en las calles de la gran ciudad y el paisaje natural. Las pinturas de Renoir, como sus representaciones humanas en general, le señalan como particularmente capacitado para reflejar el encanto femenino, más aún: para captar la escala polícroma de la magia sugestiva que puede emanar de una mujer. Expresó la gracia de la belleza de la mujer cada vez con mayor maestría, e hizo así posible que quien contemple sus cuadros sienta una grata vivencia semejante. Ciertamente es un campo reducido del ser humano el que Renoir captó pictóricamente, ya que no hay en él ninguna mujer encolerizada, fea o vieja; no encontramos en su producción caracteres profundos o problemáticos, y todos los varones adquieren en sus cuadros cierto aire femenino, suave. Pero la sonrisa de la felicidad, la dulzura burbujeante del enamoramiento, el gusto por la vida, despreocupado y reconfortante, eso nadie lo ha sabido reflejar en los rostros y en las actitudes de sus figuras como el Renoir formado junto a los maestros galantes del Rococó.

En su época había muchos «pintores de señoras», técnicos versados del oficio pictórico y aduladores complacientes del gusto gran burgués.

PÁGINA ANTERIOR
Torso de mujer al sol, hacia 1875/76
Óleo sobre lienzo, 81 x 65 cm
París, Musée d'Orsay

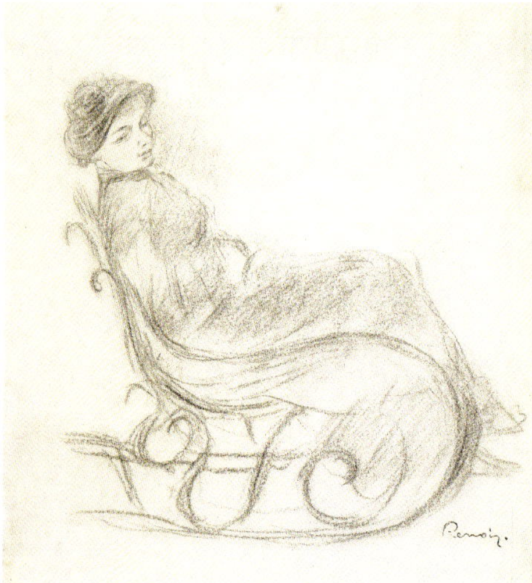

Hacían de toda esposa de banquero una princesa del Renacimiento o una seductora llena de atractivo. Pintaban costosos vestidos o aposentos y rostros de una bondad sin alma, vulgar y algo morbosa. Renoir no fue siempre del todo contrario al peligro de la superficialidad en retratos con los que tenía que ganarse el sustento. Podía, sin duda, pintar de manera brillante un tornasolado terciopelo o tafetán de seda, pero en conjunto, y sobre todo cuando actuaba con el corazón, su ingenuidad y su naturalidad le resguardaban del falso relumbrón del gusto momentáneo. Observación de la realidad en lugar de pose estudiada y alabanza de la fresca belleza de sencillas y no maleadas personas humanas: he ahí lo que caracteriza sus cuadros.

Sus mejores retratos son los que hizo de personas con quienes tenía una relación. Una y otra vez pintó a su amigo Monet y a su mujer Camille. Vaporosa y como un esbozo es la señora Monet cubierta con un vestido de casa de color azul claro, que lee *Le Figaro* tendida en un canapé tapizado en blanco (il. pág. 229). Solo los oscuros cabellos y ojos sobresalen entre la espuma de colores claros de verano. A los impresionistas les gustaba reflejar a sus modelos en una atmósfera privada, íntima, en una postura no buscada y no precisamente para mostrar a un observador ajeno. Por la proximidad vital y por la naturaleza de tales motivos, abandonaron los hábitos de la composición pictórica clásica, bien equilibrada, y acentuaron con asimetrías lo casual y lo momentáneo del instante apresado.

Tal manera de concebir la pintura es incluso evidente cuando Renoir debía tener en cuenta la necesidad de representar a la retratada. Fue el caso sobre todo del retrato de madame Charpentier, la mujer del editor, y sus hijas (il. págs. 248/249). La distinguida e inteligente dama es llevada al cuadro en trabajado descuido, junto a sus dulces hijas tan limpias que parecen muñecas, pero que tienen una postura y una expresión de rostro que no desdicen del atractivo de lo infantil y lo despreocupado. La pirámide de figuras desplazada oblicuamente en la habitación, pirámide a la que también pertenece el perro de San Bernardo, convierte en extravagante un esquema clásico de composición; la superficie vacía, sorprendentemente grande, de la parte delantera, por medio de la cual se logra una tensión de asimetría al distribuir el cuadro, revela, lo mismo que el gran biombo con corladura y pavos reales, la predilección de la estética moderna de entonces por el arte japonés con sus caprichosos efectos decorativos.

Por lo demás, Renoir no participó en el «japonismo», pero aquí, al querer reflejar la disposición de la estancia de aquella casa, no podía evitarlo. Unió el brillo del biombo con la riqueza de colores de las flores, de las cortinas, el forro del sofá y las ropitas infantiles hasta una refinada naturaleza muerta llena de gusto, en la que se incrustaron el contraste blanquinegro del vestido de la mujer y de la piel del perro como acentos predominantes. En Renoir ni el blanco ni el negro son nunca colores muertos o invariables. Al contrario, sabía proporcionar al negro, frecuente en el vestido contemporáneo, una vida maravillosa, intentando obtenerlo muchas veces con una mezcla de rojo y azul. Es más, recurriendo a un dicho de Tintoretto, llamaba al negro el rey de los colores.

ARRIBA
Mujer en mecedora, 1883
Lápiz y carbón, 36,2 x 31 cm
The Art Institute of Chicago

PÁGINA SIGUIENTE
Niña con regadera, 1876
Óleo sobre lienzo, 100 x 73 cm
Washington, D.C., National Gallery of Art, Chester Dale Collection

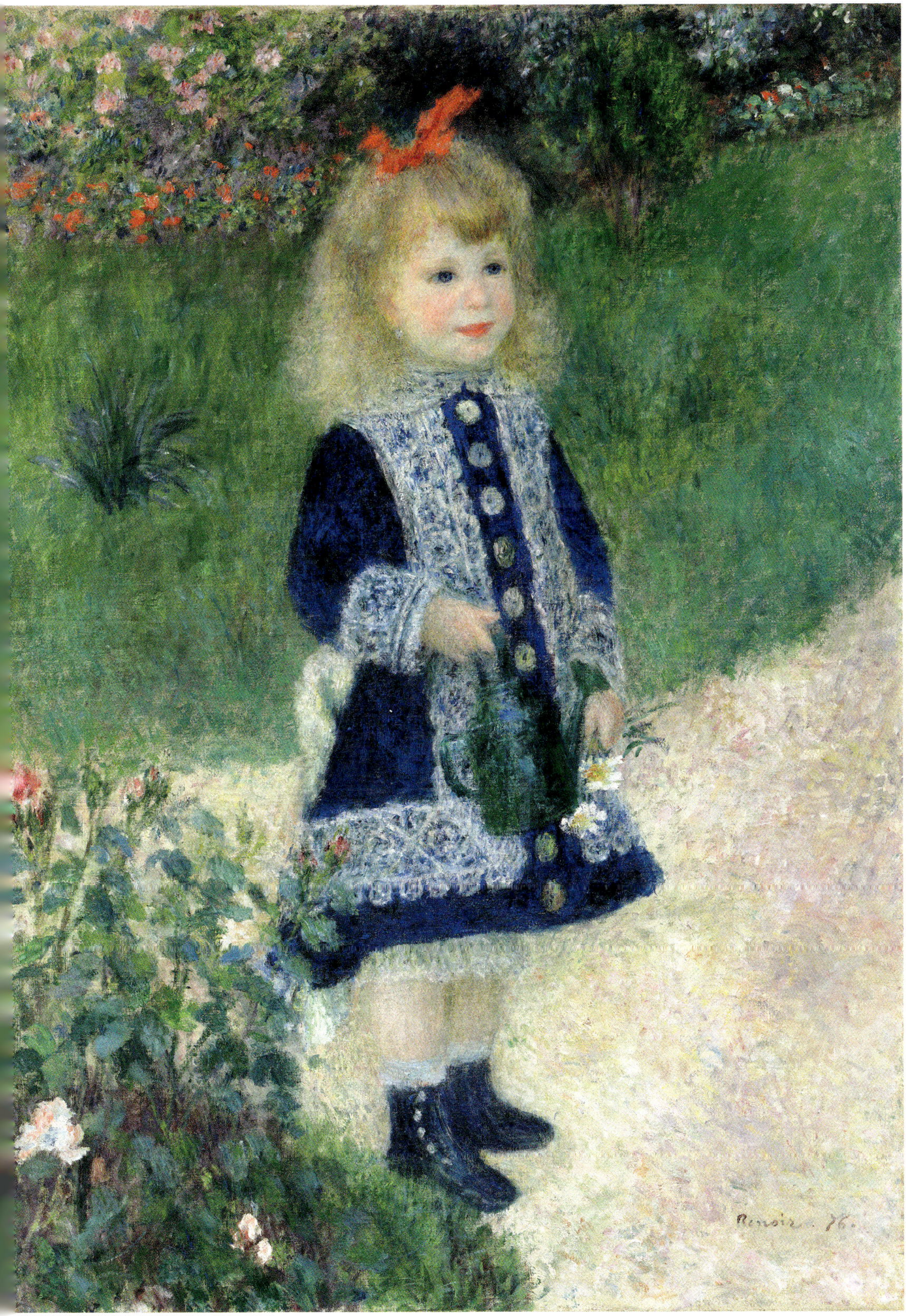
Renoir. 76.

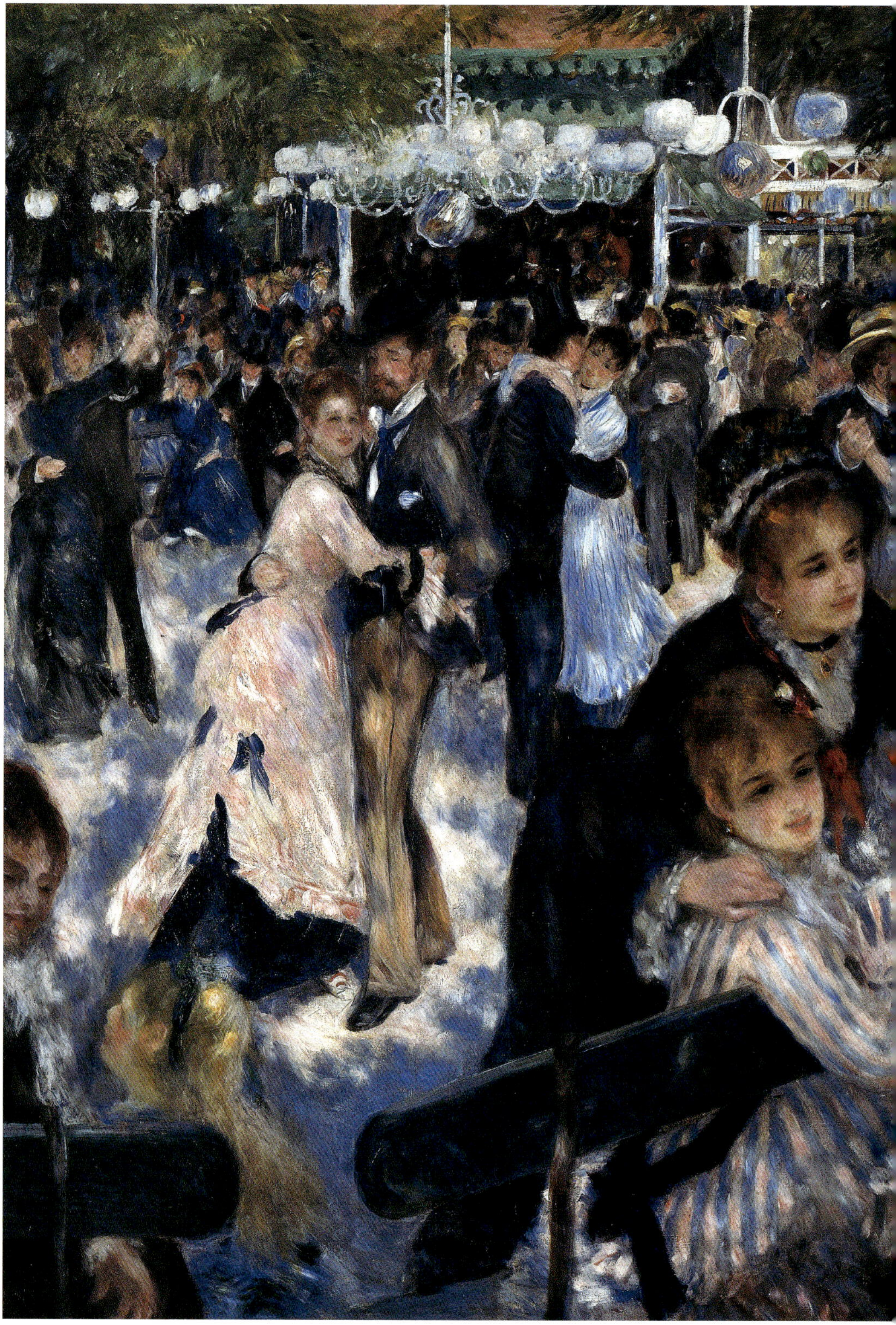

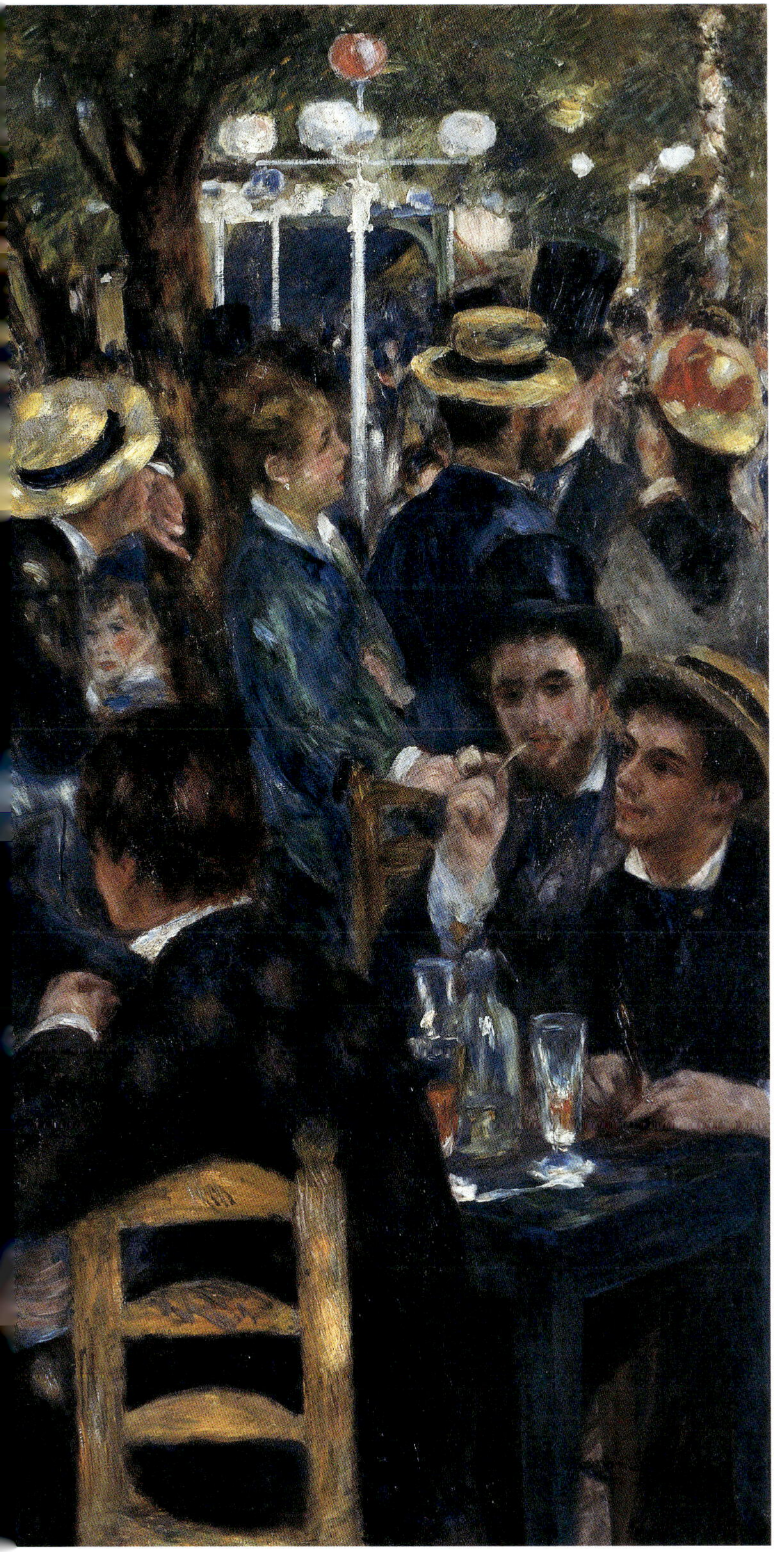

Le Moulin de la Galette, 1876
Óleo sobre lienzo,
131,5 x 176,5 cm
París, Musée d'Orsay

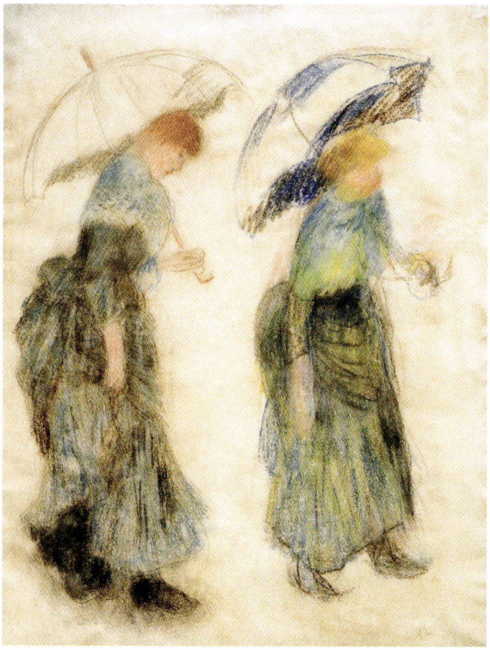

Las niñas son lo más natural en el retrato de los Charpentier. Renoir creó en aquellos años muchos cuadros de niños: poseía una fina sensibilidad para la frescura de la piel infantil (frescura como la de las flores), para la pureza y bondad soñadoras en los ojos de los niños, pero también para el caprichoso aplomo que suelen tener algunas damitas, no solo entre las hijas de los parisinos.

A los retratos que Renoir pintaba para sus amigos o según encargos hay que asociar un elevado número de cuadros y estudios que, pintados en su mayor parte ante modelos profesionales, deben ser entendidos como cuadros de género o retratos de tipos, como representaciones de contemporáneos anónimos, si bien en su concepción apenas se diferencian de los auténticos retratos. Son literalmente solo mujeres; gustaban a Renoir, y sus retratos se vendían con mayor facilidad. A estas obras pertenece la rubia *Mujer leyendo* (il. pág. 234), que lee junto a la ventana una novela encuadernada en rústica. El papel claro del libro refleja desde abajo la luz amarilla del sol en su rostro, de tal modo que se extiende una claridad casi desconcertante desde varias direcciones en la cara y en el cabello. Contra todos los procedimientos preimpresionistas se modela la plasticidad de lo corpóreo no con luz y sombras, sino que la luz se come los contornos y detalles, dejando solamente una ondulación de tonos amarillos y rojos, a los que se añade un negro fuerte.

La persona a la luz del sol: este era uno de los principales problemas pictóricos para los impresionistas. En algunos ejemplos toma Renoir en estos años también el motivo del desnudo femenino; de un modo insuperable en el semidesnudo de la modelo Anna, que empezó en el jardín de su estudio de la rue Cortot en 1875 y presentó al año siguiente en la segunda exposición de los impresionistas: la figura soberbiamente modelada de una mujer joven, en una postura muy ligeramente inclinada, identificada en algunas esculturas griegas de Afrodita saliendo del mar (il. pág. 236). Su cuerpo es inundado por el cabello castaño, que está suelto, y sobre todo por los puntos de luz y los detalles violetas y verdes de sombra, producto del ramaje que la rodea protegiéndola. Los arbustos floridos, de los que ella, como una flor, parece desprenderse, están apenas entrelazados con fuertes pinceladas de color amarillo, azul y verde. Nunca antes se había representado en cuadro alguno tan íntimamente la fusión del desnudo humano con la luz y la naturaleza. Hizo falta un nuevo sentimiento vital, una nueva relación con el sol, y también con la luz, para pintar algo así, pero el cuadro provoca el mismo efecto que un mito natural de la Antigüedad. Esa mujer, que luce en la muñeca y en un dedo unas joyas costosas, es a un tiempo criatura de la naturaleza y diosa de la naturaleza, una poesía pictórica en la que lo antiquísimo fue expresado de una manera nueva. Nada de extrañar si la crítica no lo entendió. Pero Caillebotte compró el cuadro.

Aunque Renoir se esforzaba ya en sus retratos en reflejar a sus modelos con una postura natural y una situación ciertamente característica, pero que hacía el efecto de casual y fugaz, este esfuerzo por

ARRIBA
Chicas con paraguas, hacia 1879/80
Pastel, 63 x 48 cm
Belgrado, Narodni Muzej

PÁGINA SIGUIENTE
El columpio, 1876
Óleo sobre lienzo, 92 x 73 cm
París, Musée d'Orsay

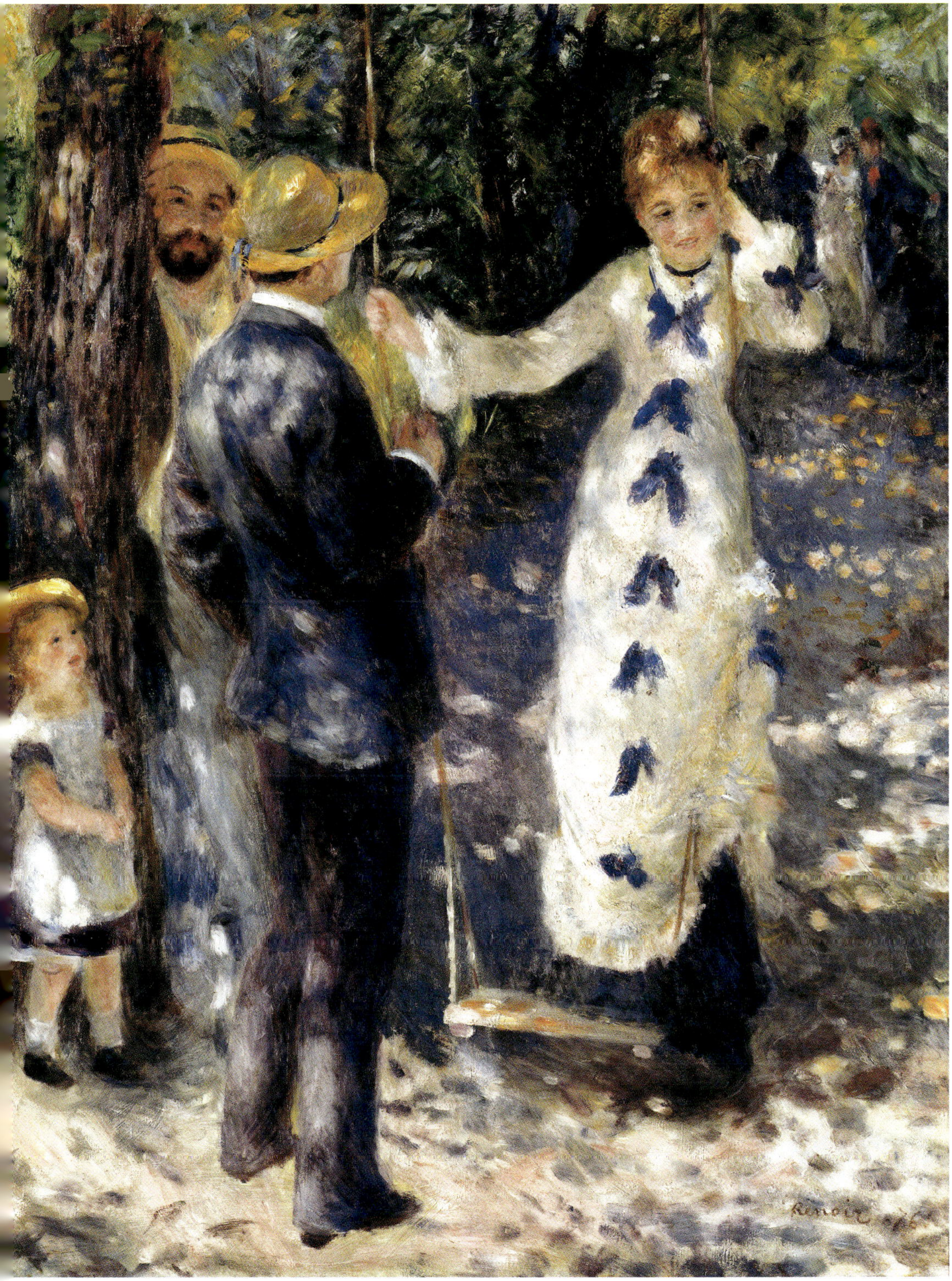

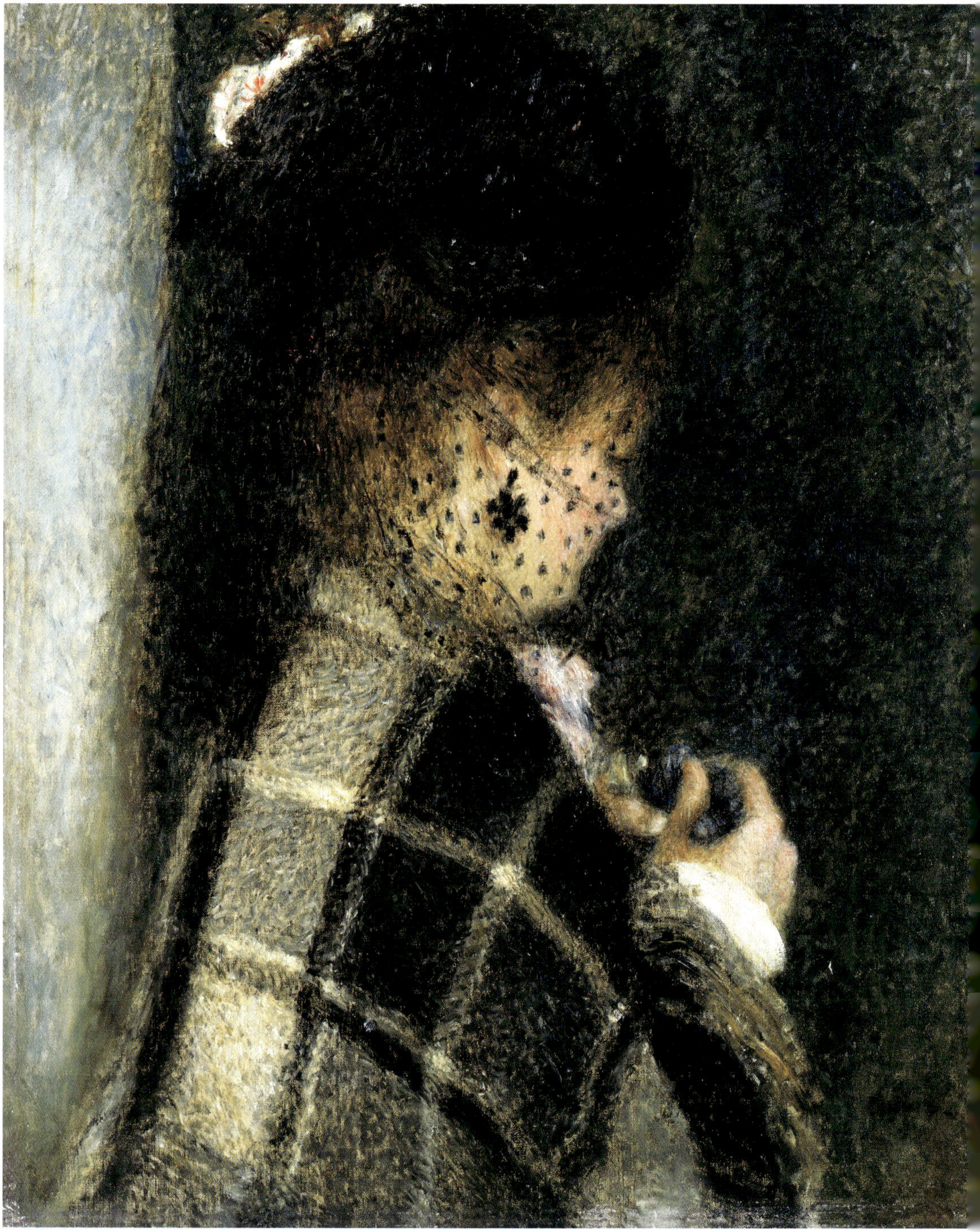

la proximidad vital constituyó la tendencia principal de sus cuadros de género procedentes de la existencia burguesa. Pinturas con tal temática aparecían como una clase de pintura apenas estimada. Los círculos del mundo del arte que imponían su opinión consideraban los temas de la mitología y la historia e igualmente las representaciones religiosas o alegóricas, como las tareas plásticas más dignas en el arte; en cuanto a los cuadros producidos fuera de esa esfera procedentes de la vida del pueblo, preferían las escenas tomadas como «pintorescas» de Italia o el Oriente. En cualquier caso, los miembros de jurados, visitantes de exposiciones y compradores exigían que en los cuadros estuviera representado un suceso interesante o imaginado de una forma divertida, de alguna manera inusual, cuyo transcurso había de ser contado por el pintor mediante una distribución acertada de las figuras y un elocuente juego fisonómico. El realismo de Courbet, Millet y sus primeros seguidores propugnó, al contrario, la belleza representable de la vida cotidiana actual, de lo corriente y sencillo, siendo por ello denotado como «culto de lo feo».

Renoir, al igual que algunos otros impresionistas, puso su punto de mira en lo que entendía como la belleza de la vida burguesa en la metrópoli parisina. Sus cuadros nos cuentan también pequeñas historias, pero estas surgen de la vida diaria, o mejor, del domingo de los parisinos de su tiempo. Son historias muy cortas: observaciones del prójimo, cogidas al vuelo, tomadas en el flujo cada vez más rápido de la vida moderna y copiadas como textos de taquigrafía de la propia vivencia. Prescinden intencionadamente de sacar punta a lo extraordinario. Renoir no pintó nunca nada que no pudiera repetir una y mil veces tal como lo veía y representaba, y que al mismo tiempo fuera en cada momento algo distinto y único. Los impresionistas descubrieron el valor individual de un instante cualquiera, y dieron expresión artística al conocimiento de que todo está en constante movimiento. Anotaron los atractivos que residen en lo fugaz y momentáneo.

Como su colega Degas, Renoir hizo observaciones en el teatro y el circo. Pintó una elegante bailarina de ballet o dos pequeñas artistas del circo Fernando (il. pág. 251) mucho más amablemente de lo que hiciera por lo común el sarcástico Degas. Pero sobre todo él miraba a los espectadores. En su cuadro *El palco* (il. pág. 228), una pareja espera el inicio de la representación. El caballero, que no es otro que Edmond, el hermano de Renoir, está en segundo plano, y su rostro queda semioculto por los prismáticos de teatro, mientras la dama se muestra en toda su belleza junto al antepecho del palco. Está retratada en una postura sencilla, se diría clásica. Las listas del vestido conducen nuestra vista a su rostro sereno y distinguido. El rosa pálido de las camelias del cabello y del escote acompaña al tono de su tez empolvada, que recibe de la fría luz de gas un color amarillo verdoso. Todo el cuadro rinde homenaje a los encantos de la joven (para la que sirvió una pequeña modelo, Nini López) y ahí se queda, a pesar de que Renoir toma nota también de la tensión de la mujer que se autopresenta, con total frescor y naturalidad.

Hoy ya no comprendemos que una representación tan trabajada y animada pudiera topar con un rechazo desdeñoso; pero cuando Renoir exhibió este cuadro en la primera exposición de los impresionistas, solo el pequeño marchante «Padre Martin» estaba dispuesto a adquirirlo por 425 francos, cantidad que Renoir necesitaba urgentemente para liquidar deudas del alquiler de la casa. Unos dos años después Renoir volvió a pintar otro palco, conocido como *La primera salida* (il. pág. 235). Una jovencita va a la ópera por primera vez. La admiración ansiosa está maravillosamente captada en la postura y la expresión de la cara, si bien del rostro elegante no vemos más que un perfil evanescente. Ante sus ojos centellea la multitud de los espectadores, cuya inquieta aglomeración llena los palcos cercanos. Un motivo seductor, una experiencia importante de esa época amante del teatro, han encontrado aquí una perfecta expresión. Otra forma de divertirse, favorita de los parisinos y de la bohemia, una

Mujer con velo, hacia 1870
Óleo sobre lienzo, 61,3 x 50,8 cm
París, Musée d'Orsay

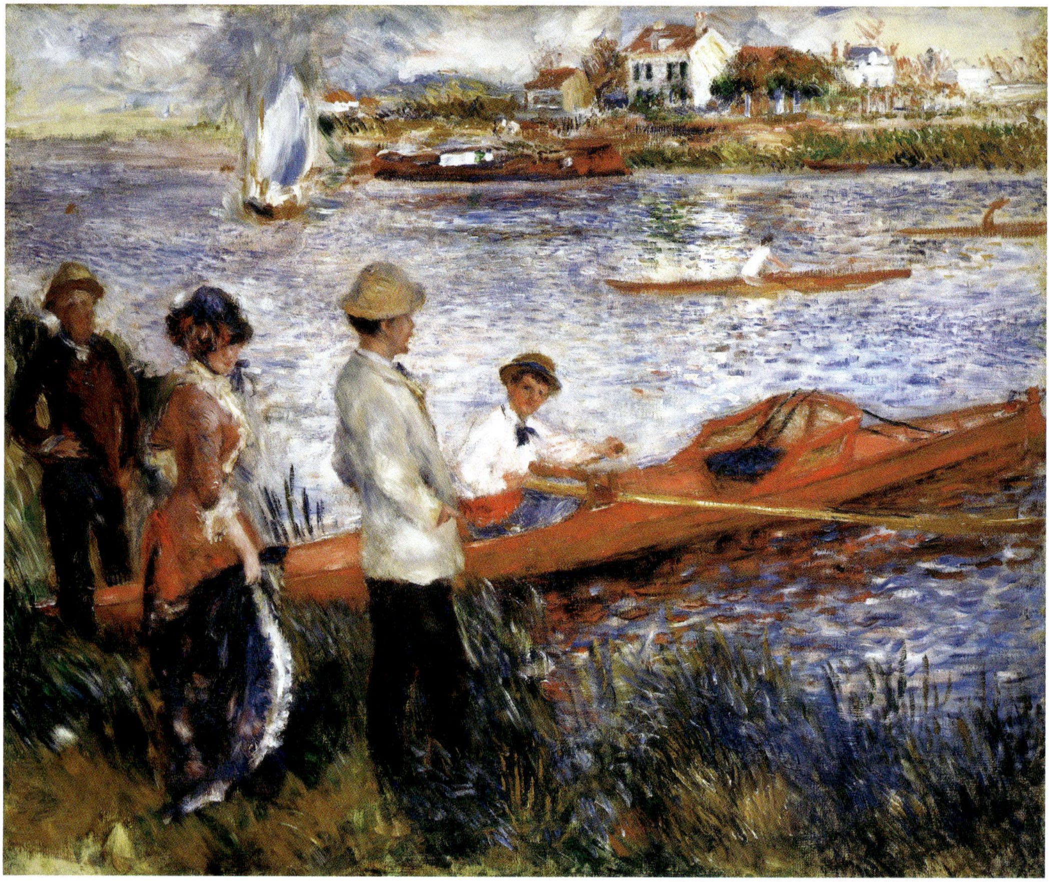

Remeros en Chatou, 1879
Óleo sobre lienzo, 81,2 x 100,2 cm
Washington, D.C., National Gallery of Art

vez cerrados los teatros por el período estival, era la excursión al campo. En la estación de baños La Grenouillère Renoir había puesto más atención en la impresión cromática del conjunto y en el juego de la luz. Ahora empezó a crear auténticos cuadros de figuras en el campo. Grupos de jóvenes a sus anchas, sonrientes, coqueteando, en animada charla, se alegran del sol y el aire fresco, que los rodean en destellos de color amarillento, azulado y rosa. Al envaramiento de las reglas de composición académica y a los esquemas de actitudes opuso Renoir la plasmación de la auténtica vida, acentuando lo alegre y lo ingenuo.

Supo expresar como ningún otro el atractivo de la suavidad en la inclinación y el giro de la cabeza de una bella muchacha, la magia de un gesto elegante, de una mirada cálida, risueña, procedente de unos ojos oscuros rasgados y la atmósfera de una feliz tertulia de amigos y amantes. *El paseo* (il. pág. 226) y *El columpio* (il. pág. 243) tienen un aire novelístico, pero ponen el acento sobre la vibración de las motas de color, sobre el juego de luces y sombras.

La pintura más significativa de aquel fructífero período en la creación de Renoir es *Le Moulin de la Galette*, de 1876 (il. págs. 240/241). Ha sido llamado alguna vez el cuadro más hermoso del siglo XIX. La colina de Montmartre es una de las alturas del nordeste de París, desde la que se puede gozar de una magnífica vista sobre la ciudad. A principios del siglo XIX el paisajista Georges Michel, redescubierto posteriormente como un precursor de los pintores de Barbizon, había pintado Montmartre

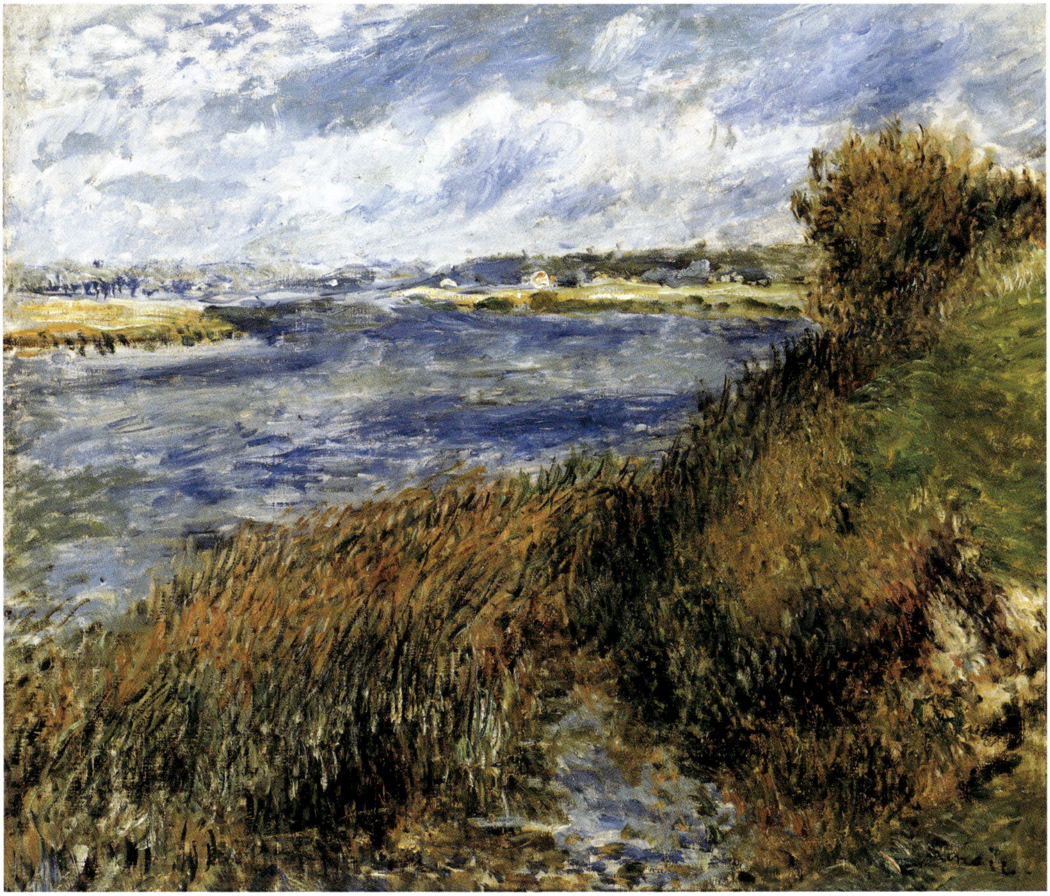

El Sena en Champrosay, 1876
Óleo sobre lienzo, 54,5 x 66 cm
París, Musée d'Orsay

como una colina con escasa vegetación, en la que unos molinos de viento hacían girar sus aspas.

Entretanto la aldea se había convertido en un arrabal, que conservaba algo de la sencillez campesina y que era destino favorito de muchas excursiones. Restaurantes con jardín y locales nocturnos abrían sus puertas a un alegre trajín, hasta que poco a poco surgió aquí el barrio de artistas y de diversión famoso en el mundo entero. En los años setenta Le Moulin de la Galette se había convertido en un espacio de baile para la pequeña burguesía sin pretensiones y para la bohemia. Habían remodelado dos de los molinos de viento en funcionamiento (uno de ellos aún prensaba ocasionalmente raíces de violeta para la fabricación de perfumes) con un despacho de bebidas que había debajo, y en el jardín habían instalado mesas y lámparas de gas.

Renoir ejecutó su gran lienzo en el jardín, entre las mesas, allí donde en las tardes de verano se bebía, se bailaba y se coqueteaba. Sus amigos lo ayudaron a transportar el caballete desde su estudio-vivienda, no lejos de allí, hasta aquel local, y le sirvieron también como modelos para las figuras principales. En la mesa se sientan los pintores Lamy, Gœneutte y Georges Rivière (el cual nos ha dejado un relato sobre esta época) con las hermanas Estelle y Jeanne y otras chicas de Montmartre. En la mitad bailan el pintor cubano Pedro Vidal, de aspecto algo cursi, con su amiga Margot, una modelo muy solicitada, y detrás pueden verse los pintores Gervex, Cordey, Lestringuez y Lhote. Ante

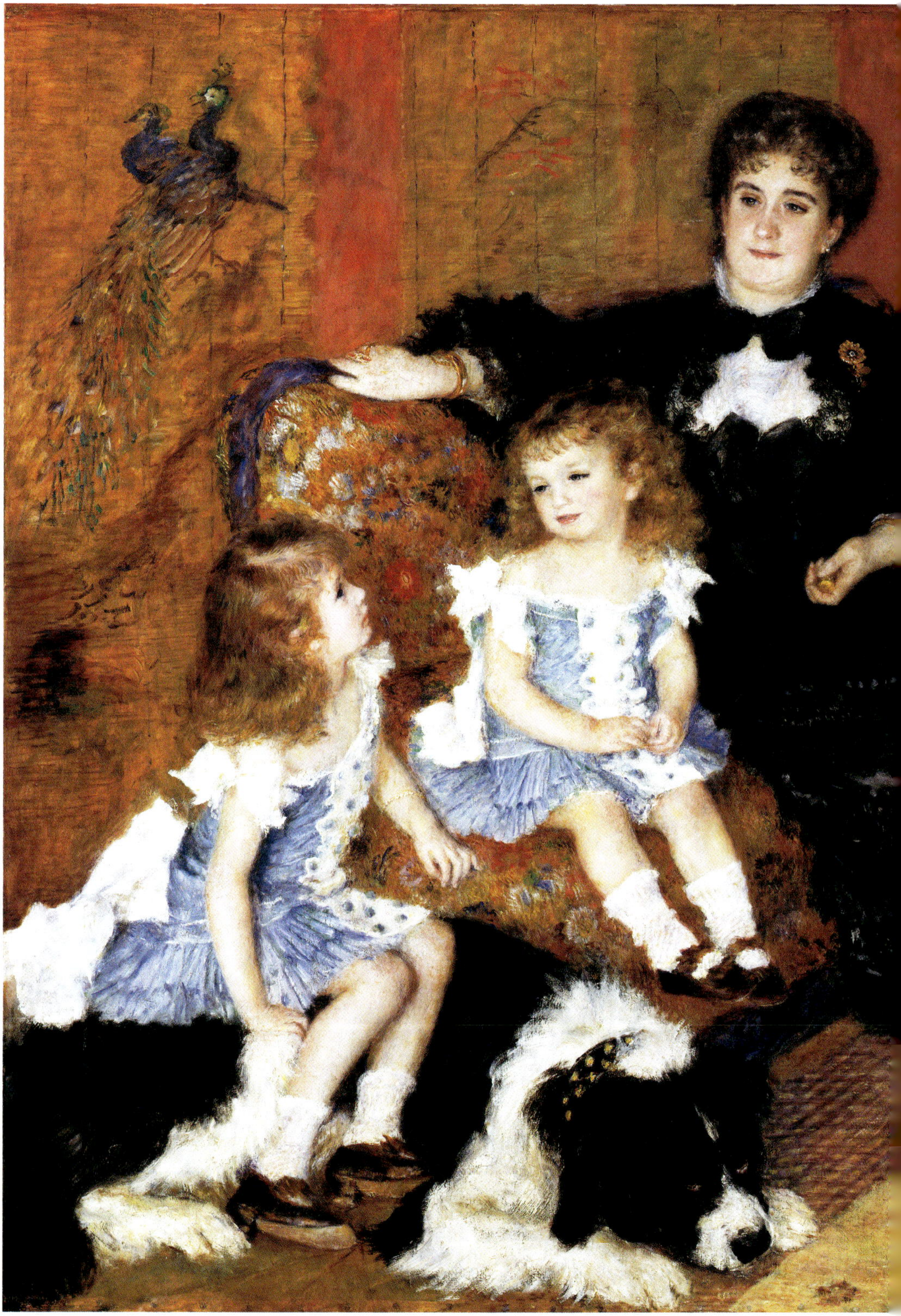

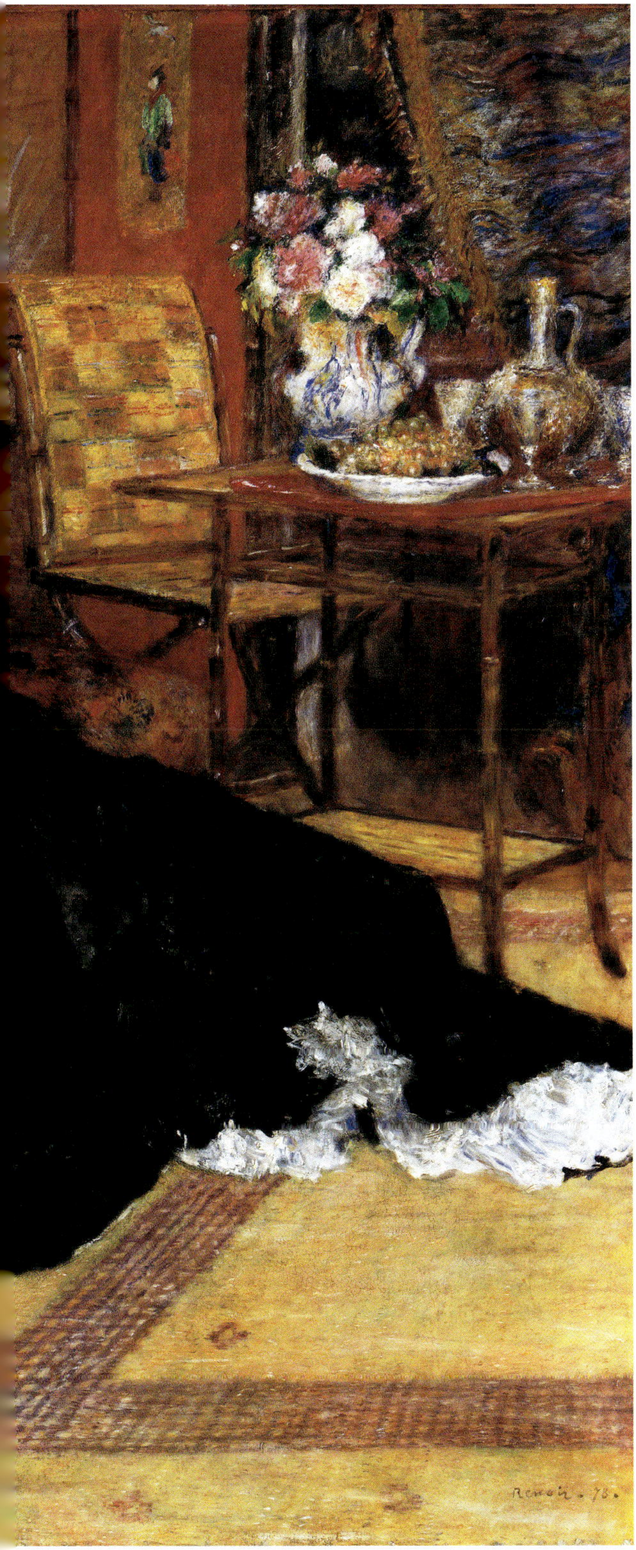

«La señora Charpentier me recuerda a mis amores de juventud, a los modelos de Fragonard. Las hijitas tenían unos hoyuelos encantadores. Recibí muchas felicitaciones. Olvidé los ataques de los periódicos. Poseía modelos gratis llenos de buena voluntad».

PIERRE-AUGUSTE RENOIR

La señora Charpentier con sus hijas, 1878
Óleo sobre lienzo, 153,7 x 190,2 cm
Nueva York, The Metropolitan Museum of Art, Catharine Lorillard Wolfe Collection, Wolfe Fund

el cuadro tenemos la sensación de que Renoir había entablado una estrecha amistad con todas las figuras de esta concurrencia en este corte de la realidad.

La primera impresión que produce el cuadro es la de un desorden tremendo. Así lo estimó también la crítica de arte entonces más reputada, cuando el cuadro fue mostrado al público en la tercera exposición de los impresionistas, en 1877. No debe extrañarnos tal efecto, que tiene su origen en los aparentes errores de una composición de figuras, por la casi igual ligereza de la pincelada para lo representado en primer término y en el fondo, y sobre todo por la disolución y ruptura de los colores del local con la ayuda de la luz del sol difuminada por el ramaje. La sombra que arrojan los árboles está repartida por el conjunto del cuadro como un tono general de azul claro, color que se une en múltiples variaciones con el verde de las hojas, el amarillo claro de los sombreros de paja, sillas y cabellos rubios y el negro de los trajes de los hombres. Los juegos de luz que hace el sol, filtrados por el techo vegetal, son como motas de rosa amarillento esparcidas aquí y allá en rostros, vestidos y suelo. Una atmósfera algo polvorienta, centelleante, extraordinariamente auténtica, cubre todas las caras y da a sus contornos y detalles aquella precisión a la que estaban acostumbrados los ojos de los observadores. Sin duda alguna, Renoir se propuso la impresión de lo turbulento (condicionada por el tema mismo). Esas personas alegres se comportaban con desenvoltura. ¿Cómo comprimir sus posturas en poses formales consideradas clásicas? La impresión del corte fortuito de la realidad, producida mediante el acoplamiento de los bordes de algunas figuras y el moteado luminoso, también es intencionada, pues ¿no tenía en principio exactamente la misma apariencia a la derecha e izquierda de este corte y antes y después?

Pero por ello un cuadro está compuesto así menos meditadamente que uno de los estimados por la crítica académica. Renoir ordenó sus figuras en dos círculos: uno más compacto, más cerrado en la parte delantera derecha alrededor de la mesa, y otro más abierto y amplio en torno a la pareja que baila, claramente marcada, a la izquierda en segundo término. No obstante, dio solidez a la composición, además, colocando delante, en la mitad, un grupo piramidal casi clásico de tres figuras e insertando en el cuadro un sistema de verticales y horizontales: la gente que baila y que está de pie, los árboles, el respaldo amarillo de las sillas y los péndulos y soportes de las lámparas subrayan la verticalidad; el «muro de figuras» al fondo y la altura uniforme de las cabezas muy individualizadas del segundo término, así como la franja clara que forman los globos de las lámparas y la arquitectura de madera pintada de blanco, crean unas inequívocas horizontales. Estas están todas en el tercio superior y también posterior del cuadro. No entran directamente en el orden menos rígido de la parte delantera, en que predominan líneas oblicuas con forma curva por los contornos de espaldas y por los brazos; sin embargo estabilizan la superficie del cuadro, que en cierto modo depende de esas franjas horizontales. Tal estructura reticulada en la disposición fundamental permitió al pintor la libertad en la superficie.

Renoir ordenó su cuadro además con la ayuda de colores que solo en apariencia se abandonan por entero al juego de la luz del sol. Un negro de un brillo azulado constituye el fondo fuerte, como un *basso ostinato* de la armonía cromática. A eso se añade un enérgico amarillo limón: desde los pronunciados acentos en el extremo inferior, totalmente en primer término, el cabello del niño y el respaldo de la silla, la vista se desliza hacia la parte inferior derecha, a la fila de acentos amarillos de los sombreros de paja. Hacia atrás, a la izquierda, llaman nuestra atención los colores rosa y el azul nomeolvides. Ambos colores están estrechamente unidos en el vestido a rayas de la figura central en primer plano. Desde ahí, por así decirlo, van por separado a los vestidos monocolores de las dos mujeres que bailan en segundo término a la izquierda y además son espolvoreados

En el circo Fernando, 1879
Óleo sobre lienzo, 131,2 x 99,2 cm
The Art Institute of Chicago,
Potter Palmer Collection

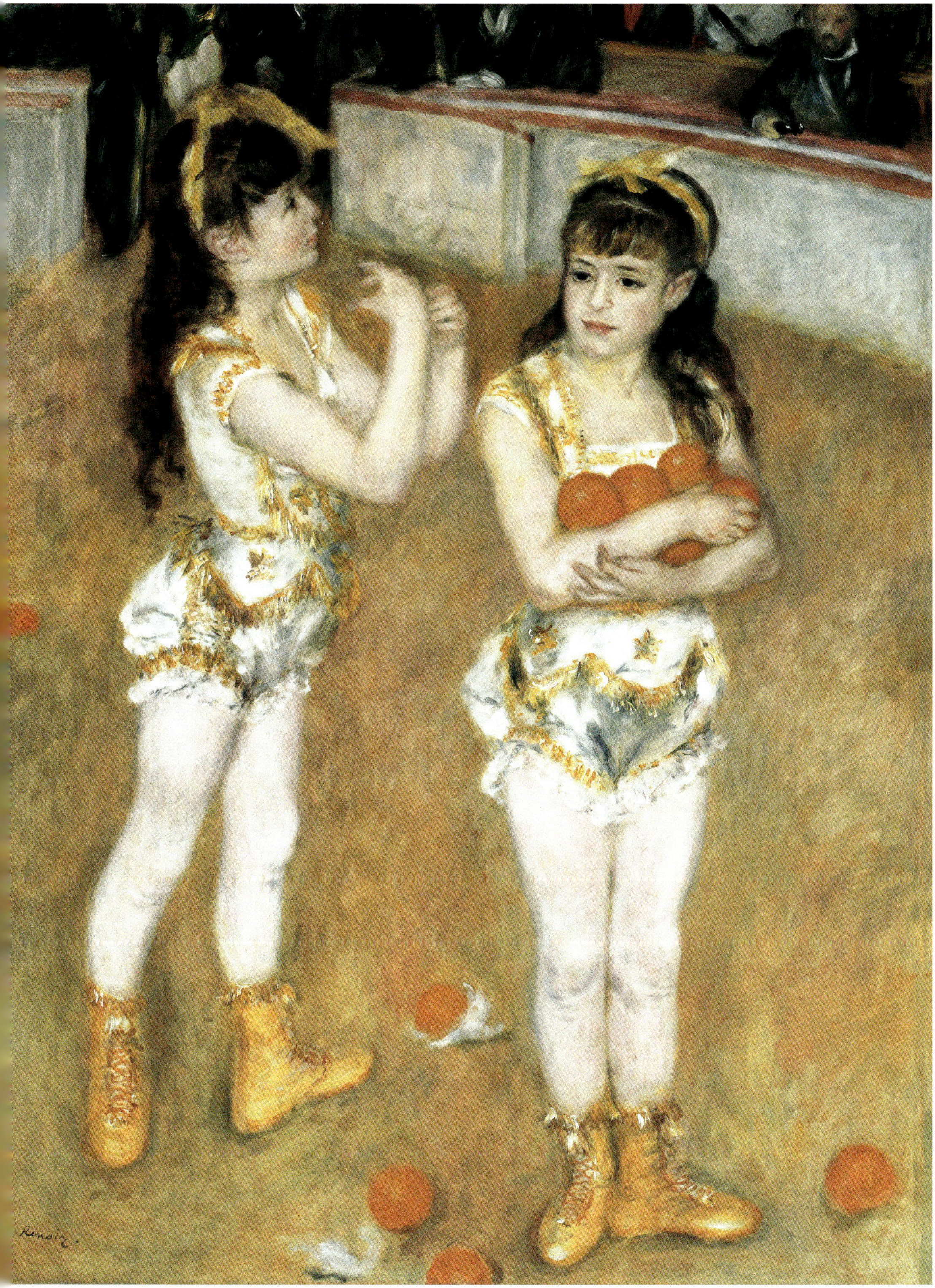
Renoir.

«También el paisaje es de utilidad para un retratista. Al aire libre uno es conducido a poner sobre el lienzo tonos que no puede representar en la luz atenuada del estudio. ¡Pero qué oficio el de paisajista! Se pierde medio día para trabajar una hora. De diez cuadros se acaba uno, pues el tiempo ha cambiado».

PIERRE-AUGUSTE RENOIR

en las manchas de sol y de sombra, especialmente de la mitad izquierda del cuadro. Un cinabrio bello y luminoso está repartido solo en motas escasas sobre toda la pintura, dándole todavía más fulgor.

El análisis formal quedaría desde luego muy incompleto si no nos refiriéramos a la composición física de las figuras, por llamarla de algún modo. La mirada va de la bella rubia vestida de negro de pie en primer término, en medio del cuadro, al joven sentado en la silla amarilla, siguiendo una línea de una fuerza creciente para el observador. Esta línea se hace más patente por la postura de la cabeza de la hermana sentada, postura exactamente paralela. Si se quisiera dibujar y prolongar la línea, casi se obtendría una de las dos diagonales de la superficie del cuadro, hasta la bailarina de azul. Sorprendentemente encontramos muchas líneas paralelas a esta diagonal en la composición de la pintura. Contra esta asociación de la mirada puso el artista una contradicción vivificante, al hacer que el guapo joven del extremo derecho mire con ternura a Jeanne, de pie, quien presta su atención al otro. De esta manera surge un triángulo de imágenes, tan intenso que este grupo de figuras casi se desprende del conjunto. Varias figuras miran desde el cuadro al observador, y con mayor claridad las tres bailarinas que vuelven la vista hacia nosotros. Dos figuras en la mesa, el personaje que fuma en pipa y Estelle, vestida de azul y rosa, miran distraídamente al observador. Y esa feliz mirada soñadora de una joven sonriente en el centro del cuadro, que quisiéramos dirigida a nosotros, es quizá la esencia y el eje de la pintura. En la alegre y despreocupada delicadeza de esa mirada, de ese rostro, de esa imagen, se aúna como en un foco todo el carácter, el contenido entero de la obra. La alegría de ser joven y enamorado, el gusto por la fiesta popular y placentera en armonía con muchos otros jóvenes, el sí a la existencia en el sol, en la música y en el vocerío, el capricho y la ingenuidad del tierno coqueteo, todos los sentimientos de este género los ha expresado Renoir con cada pincelada.

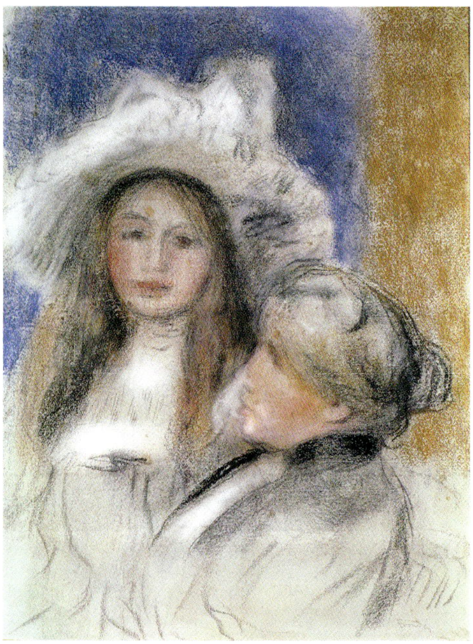

El pintor se basó en una doble tradición, y la elevó en el sentido de la dialéctica que supera y conserva a un tiempo. Con ese cuadro pagó un tributo a los maestros del Rococó francés, a Jean-Antoine Watteau, a Nicolas Lancret y a sus *fêtes galantes*. Allí se encontraban las mismas miradas cordiales y atrayentes, la misma ligereza flotante e intimidad de las posturas y movimientos, los mismos vestidos con listas azules y rosas, una parecida solución para componer las figuras casi como en un juego aparentemente libre. Renoir pertenecía, sin duda, a la época del neobarroco y del neorrococó, y desde que tuvo que decorar tazas de porcelana con escenas del Rococó reverenciaba a los geniales pintores del *ancien régime*. Pero no repitió con un manierismo histórico sus temas y formas, sino que los tradujo a su propio lenguaje.

La segunda tradición que Renoir invocaba es la representación de las diversiones burguesas de

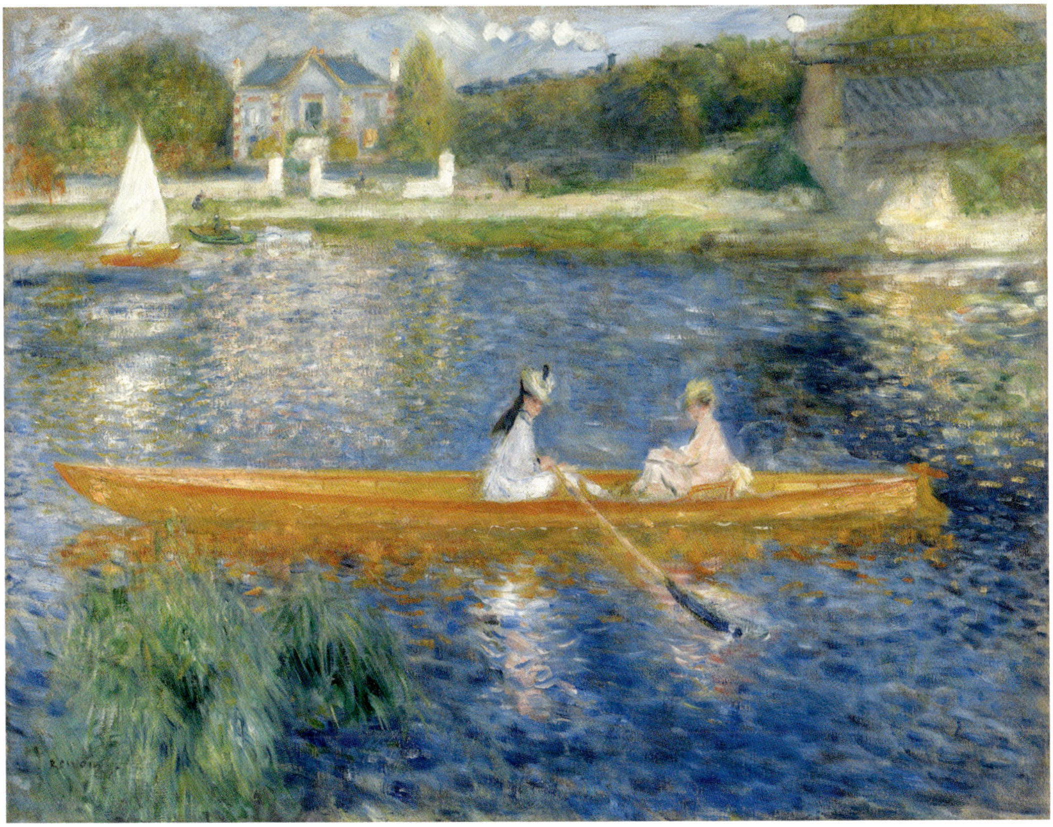

El Sena en Asnières (La yola), 1875
Óleo sobre lienzo, 71 x 92 cm
Londres, The National Gallery

PÁGINA ANTERIOR
Retrato de Berthe Morisot y su hija, 1894
Pastel, 59 x 44,5 cm
Petit Palais, Musée des Beaux-Arts de la Ville de Paris

la gran ciudad en el arte gráfico francés contemporáneo y algo anterior. La ilustración de libros y revistas con cuadros de los ajetreos de vividores, modistillas y bohemios y de la existencia de individuos de la burguesía mediana y pequeña de París había preocupado ya desde hacía varios decenios a dibujantes como Honoré Daumier, Paul Gavarni, Constantin Guys y muchos otros. En materia de arte gráfico de ocasión producido esencialmente para el día con su rápido transcurso y con las facilidades aportadas por los medios de repro ducir litográficamente el dibujo en formato pequeño, estaba ya abierta la parcela temática de la vida cotidiana y de fiestas de la burguesía de la gran ciudad. Las diversiones al aire libre constituían un motivo menos frecuente que, por ejemplo, las representaciones del teatro. Los impresionistas empezaron a pasar estos temas y motivos a la pintura de tamaño grande. Manet había dado el primer paso con su *Concierto en las Tullerías* (The National Gallery, Londres), de 1862. Con *Le Moulin de la Galette* Renoir subió un peldaño más. Manet no había pintado un genuino cuadro de exteriores. Aquí, en cambio, se habían mezclado figuras humanas vistas a tamaño natural, tomadas individualmente en un espacio abierto lleno de luz solar y una atmósfera en movimiento, y justamente valiéndose de un tema de género de la vida de París, en un formato desacostumbradamente grande para tales temas y por ello con pretensiones.

Al final de este período, Renoir pintó otro conjunto de jóvenes amigos, esta vez en la hostería de Alphonse Fournaise en Chatou, junto al Sena, cerca de La Grenouillère, donde tras un recorrido en

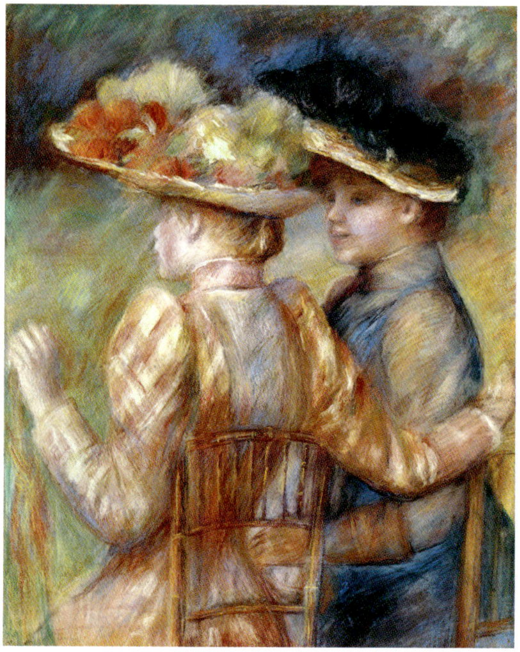

Dos jóvenes o «La conversación», 1895
Pastel, 78 x 64,5 cm
Colección particular

PÁGINA SIGUIENTE
Irène Cahen d'Anvers, 1880
Óleo sobre lienzo, 65 x 54 cm
Zúrich, Fundación Colección E. G. Bührle

PÁGINAS 256/257
El almuerzo de los remeros, 1880/81
Óleo sobre lienzo, 130,2 x 175,6 cm
Washington, D.C., The Phillips Collection

barca se encontraban con las muchachas para *El almuerzo de los remeros* (il. págs. 256/257). El cuadro, grande y cuidadosamente preparado, es como una suma de los esfuerzos de Renoir en torno a esa temática. Representaciones más como esbozo, por ejemplo, *Remeros en Chatou* (il. pág. 246) o *El almuerzo en el restaurante Fournaise* (*Los remeros del almuerzo*; il. pág. 259), surgieron antes. La composición está estrictamente limitada a ambos lados y es mantenida por unas líneas. A pesar de ello, la escena se disgrega en figuras individuales y grupitos más marcadamente que en *Le Moulin de la Galette*. Es más que un juego de palabras cuando se dice que Renoir pinta a las personas en momentos de esparcimiento. Las figuras de tamaño natural están individualizadas de forma más intensa; el colorismo es más exuberante, si bien más heterogéneo. Especialmente en la figura de un hombre que está sentado a horcajadas en una silla, en primer término a la derecha, un retrato de Caillebotte, anuncia ya la estructura pictórica más sólida, plásticamente modeladora, de los años siguientes. Por otro lado, vasos, botellas y fruta sobre la mesa se hacen, por así decirlo, seres vivos mediante una representación particularmente relajada y brillante. Con delicado cariño pintó Renoir a la atractiva joven que tiene un sombrero de flores y un perrito. Era Aline Charigot, que después se convertiría en su esposa.

Entre los numerosos temas de la vida de la gran ciudad en los que los impresionistas mostraron interés y descubrieron una belleza inherente hasta entonces inadvertida, está también el ir y venir de la multitud en calles y plazas, que supieron destacar en sus cuadros. No se puede decir que ese tema gozase de preeminencia para Renoir, pero el pintor creó bellas muestras de los dos tipos fundamentales del aspecto de las calles: tanto el paisaje urbano en su aspecto de impresión de conjunto como la gente vista de cerca en tanto compuesta de transeúntes que corren unos junto a otros desordenadamente.

Esto último intentó plasmar Renoir en las figuras de tamaño natural de su cuadro *Los paraguas* (il. pág. 267). Utilizó tonos suaves de azul, gris y marrón, añadiendo algunos acentos brillantes. Los personajes principales son los niños con sus vistosos sombreros y la modistilla que va a casa de

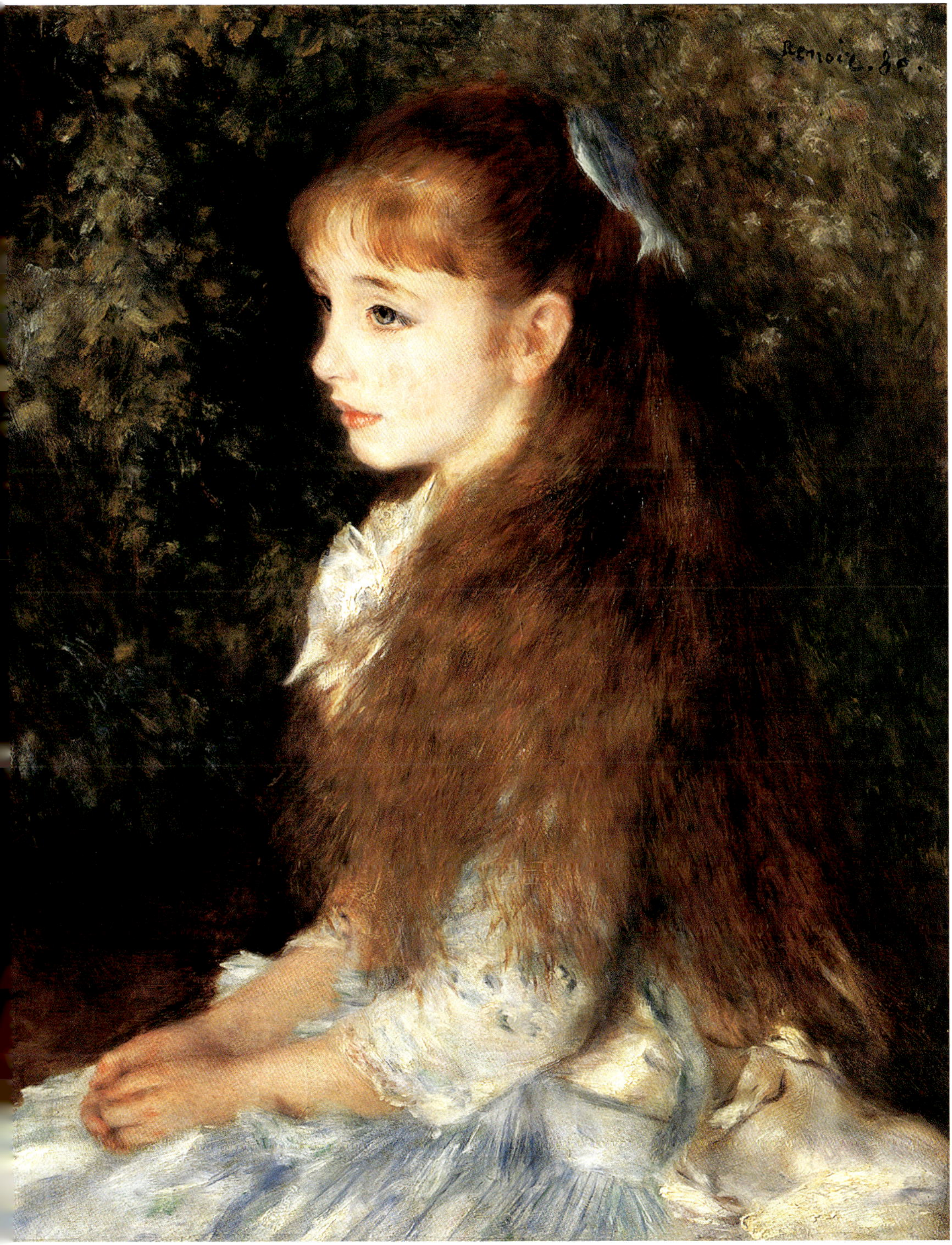

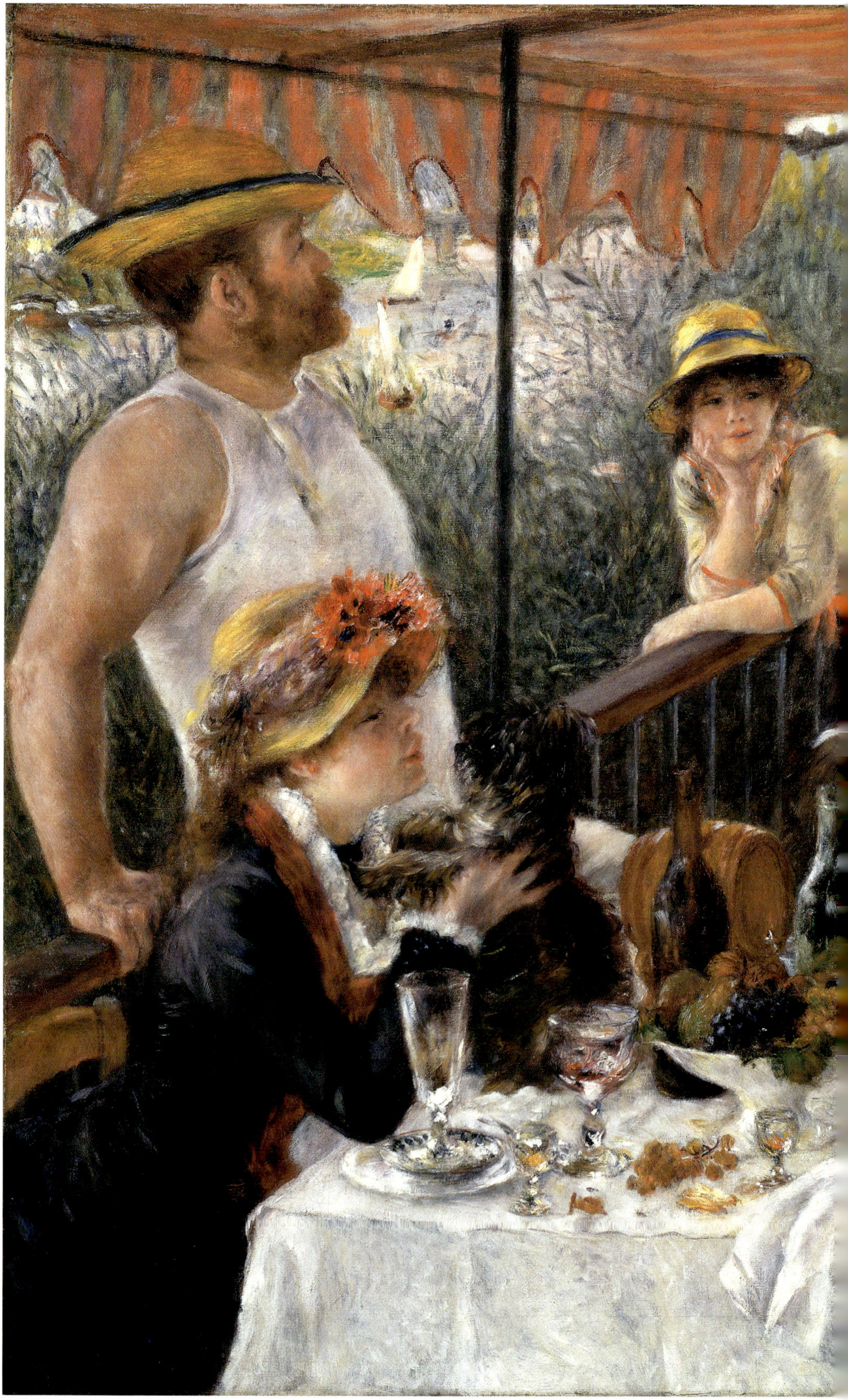

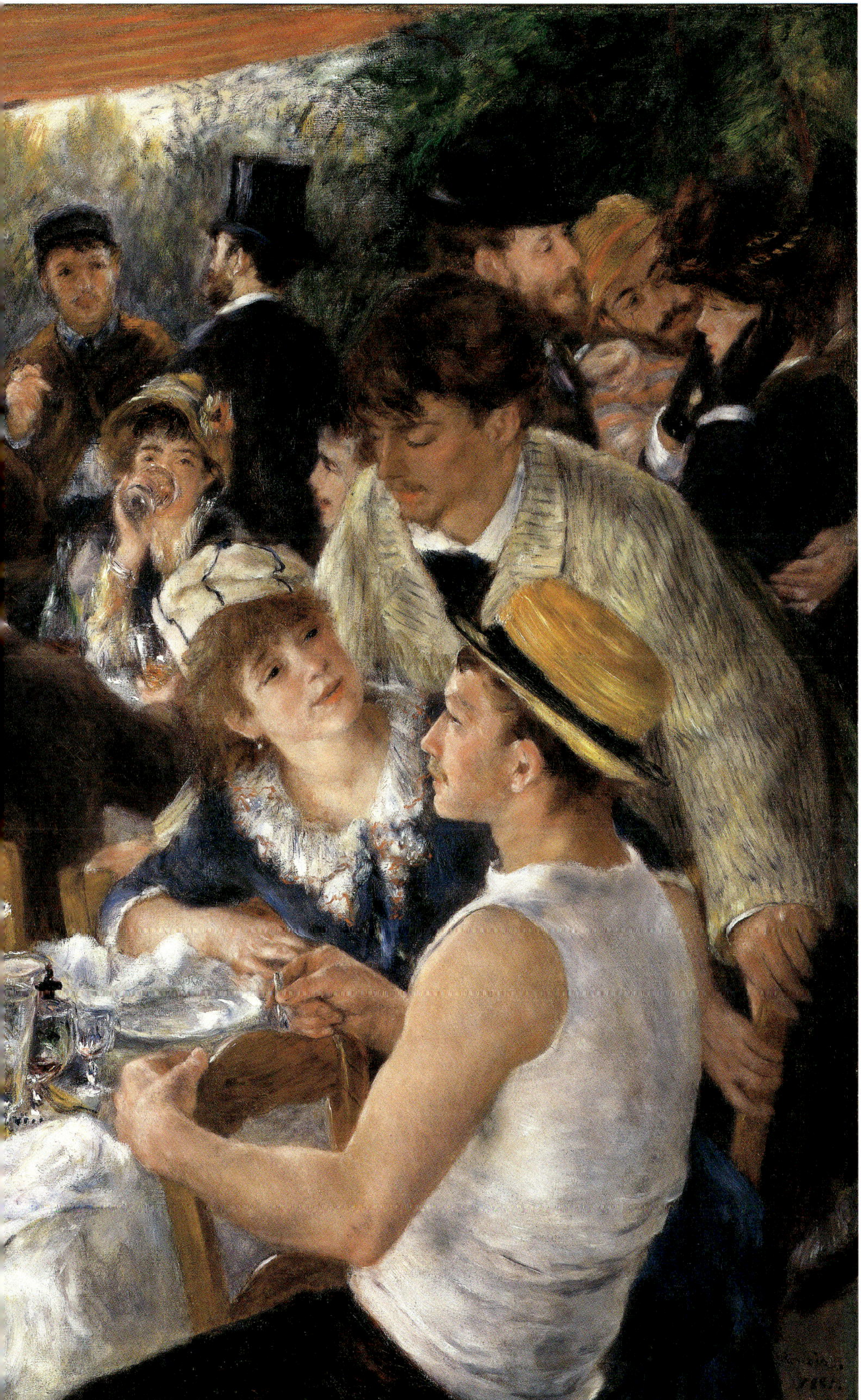

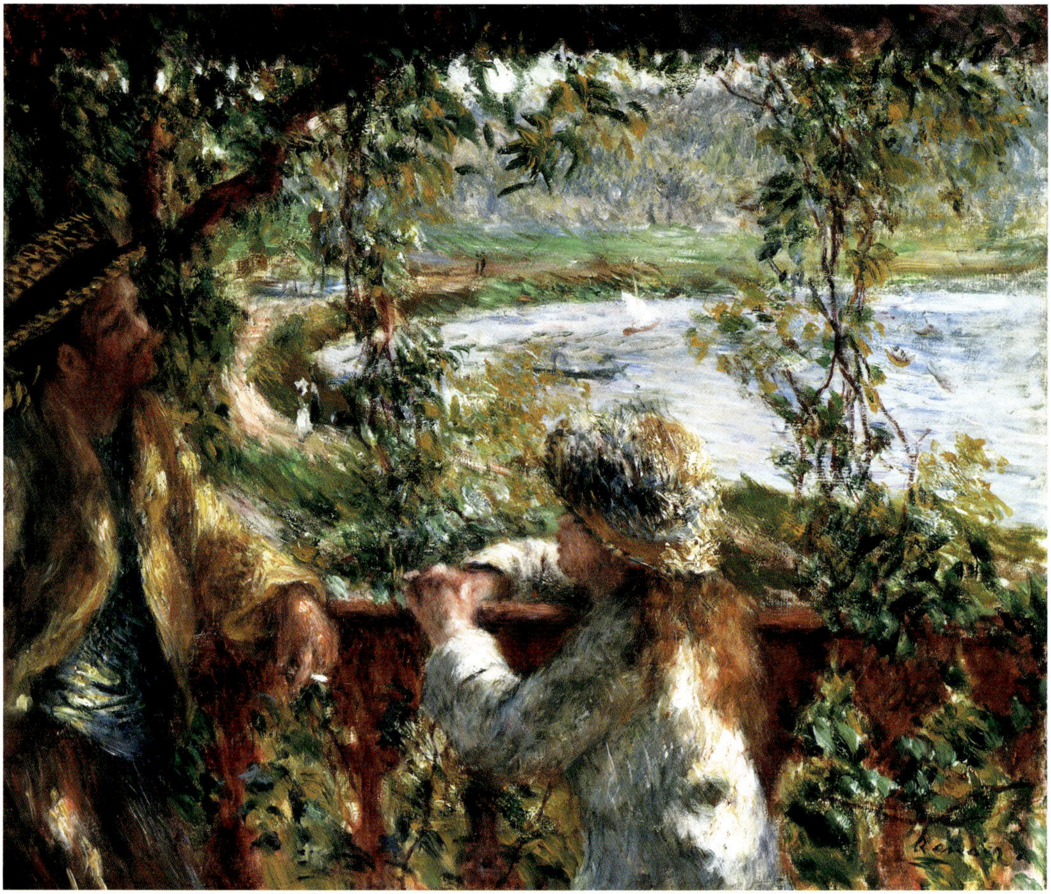

A la orilla del lago, 1879/80
Óleo sobre lienzo, 47,5 x 56,4 cm
The Art Institute of Chicago,
Potter Palmer Collection

una clienta con una sombrerera; modistilla a la que un caballero osa ofrecer un paraguas y compañía. El interés del cuadro reside en las variaciones empleadas con la forma del paraguas, y en la belleza de la postura y de los rostros, especialmente en el caso de la modistilla, que mira a los ojos al observador y que posee el cuerpo y la dignidad de una diosa de la Antigüedad. Pero al cuadro le falta un poco el carácter realmente convincente del momento en que empieza a llover: la prisa de la gente, la humedad chispeante de la atmósfera. Hay en la escena una tranquilidad algo forzada, una autopresentación que acentúa lo formal, subrayado también por la doble mirada hacia el observador. Así que este cuadro refleja más claramente que *Le Moulin de la Galette* o *El almuerzo de los remeros* el aislamiento del hombre. Incluso los dos grupos principales no tienen nada que ver entre sí, y en ellos se repite mediante un paralelismo de posturas de la cabeza y dirección de la mirada la incomunicación humana: la modistilla ignora al caballero y la niña con el aro, a su acompañante.

En la captación de tales motivos se expresa inconscientemente un principio estructural característico de la situación de la sociedad de entonces: la disolución de los contextos. Partiendo de la representación del movimiento agitado, Renoir quería obtener un orden más sólido en el cuadro. Ambos requerimientos entran en conflicto, e incluso la aplicación del color cambió durante la realización de este cuadro, que probablemente se prolongó durante varios años.

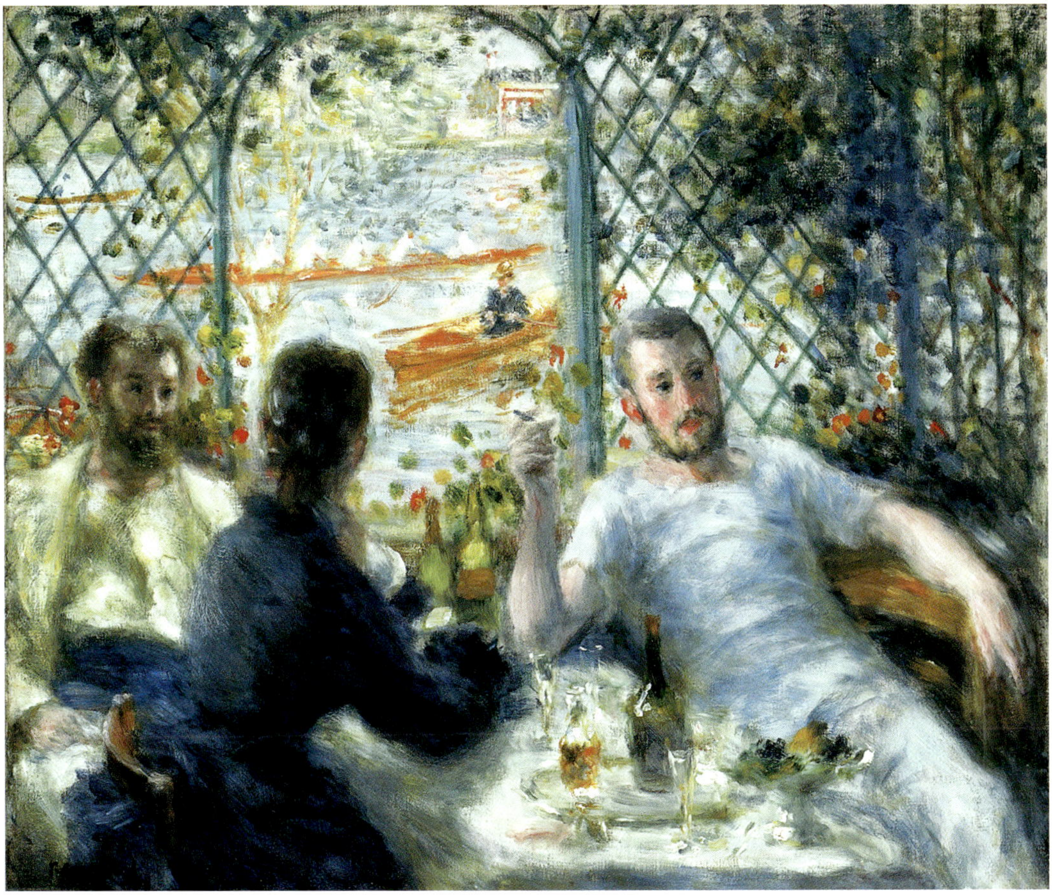

El almuerzo en el restaurante Fournaise (Los remeros del almuerzo), 1875
Óleo sobre lienzo, 55,1 x 65,9 cm
The Art Institute of Chicago,
Potter Palmer Collection

En los años setenta, artísticamente tan fértiles para Renoir, este creó también cierta cantidad de paisajes, entre ellos *Camino en cuesta entre hierba alta* (il. pág. 231), particularmente hermoso y característico. Casi siempre las flores u otros efectos cromáticos juegan un papel de primer orden en composiciones sencillas, diríamos casi aburridas en su construcción plástico-lineal. Aún menos que los demás paisajistas del impresionismo, Renoir pretendía conseguir un espacio pictórico tectónicamente claro y persuasivo; tejía más bien con sus cuadros un tapiz multicolor y emprendió esta vía con los paisajes antes que con los cuadros de figuras. Con tanto cariño y acierto como los demás, logró reflejar el juego del aire soleado sobre hierbas y bosquecillos, el calor y alegría del verano, la riqueza exuberante de colores, todo lo cual gustaba de ver el ojo de los impresionistas en la naturaleza. Pero Renoir no era lo que se dice un paisajista. Siempre fue el plasmador de personas atraídas ante todo por el encanto del cuerpo femenino, y al final mostró sus reservas precisamente contra la pintura al aire libre unida de modo indisoluble con el tema del paisaje: «La naturaleza lleva al artista a la soledad; yo quisiera vivir entre los hombres».

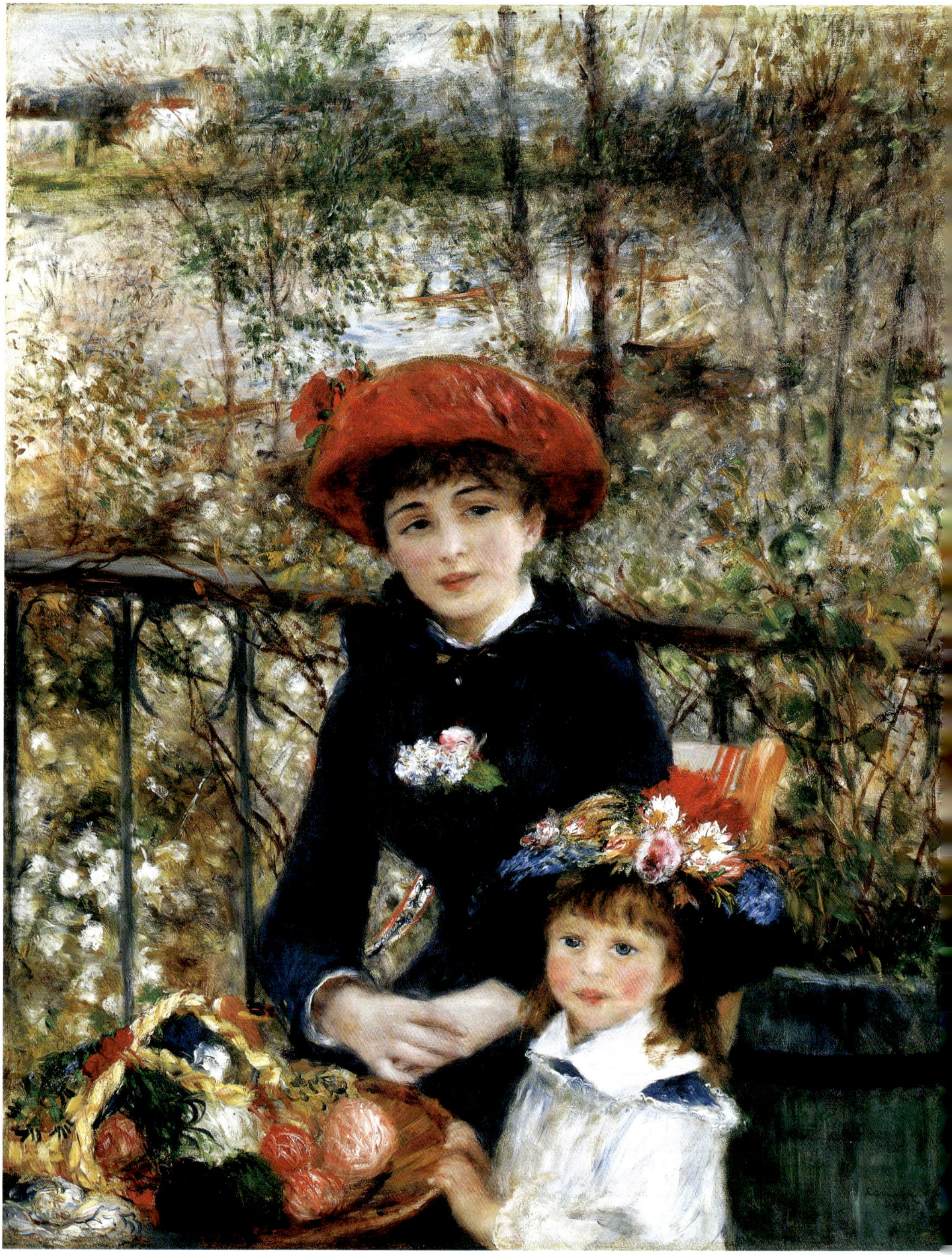

La crisis del impresionismo y el «período seco»
1883-1887

En el transcurso de su visita a Italia en 1881, Renoir quedó profundamente impresionado por las obras de Rafael. «Están llenas de saber y conocimiento. Él no buscaba como yo cosas imposibles. Pero son maravillosas. Prefiero los óleos de Ingres. En cambio, los frescos son magníficos en su grandeza y sencillez», escribió a Durand-Ruel, y «Rafael, que no trabajaba nunca al aire libre, sin embargo ha observado el sol, ya que sus frescos están colmados de él», decía en una carta a *madame* Charpentier. Todo el alcance de estas notas se manifiesta si tenemos en cuenta que Ingres había sido para los pintores franceses de mediados del siglo XIX el compendio del rígido clasicismo, porque se había opuesto airadamente en la Academia a la expresión del temperamento personal, al realismo y especialmente al colorismo de su contemporáneo Delacroix, y que Rafael representaba para Ingres, como para todos los pintores clasicistas desde el siglo XVI, el más alto ideal. ¡Y he aquí esas palabras de Renoir, que acababa de viajar a Argel, con su riqueza de colores, tras las huellas de su querido Delacroix! Pero Renoir no había tomado tampoco antes postura inamovible alguna. Ya cuando se debatía sobre pintura en el café Guerbois, no estaba completamente de acuerdo con sus amigos. «De Ingres no querían saber nada. Yo les dejaba hablar [...] y en silencio disfrutaba del bonito vientre de *La fuente* de Ingres, del cuello y los brazos de *Madame Rivière* (un retrato de Ingres)», contó después al pintor André. Renoir se sentía siempre un experimentador y estaba insatisfecho consigo mismo. «Hacia 1883 yo había agotado el impresionismo y al final había llegado a la conclusión de que no sabía ni pintar ni dibujar», opinaba. El modo impresionista de concebir y representar la pintura le parecía ahora insuficiente.

Renoir trabajó a continuación con un dibujo más cuidado, y sus colores se hicieron más fríos y suaves. Modeló sus figuras con mayor exactitud y dedicó mucha atención al modo de disponerlas en el cuadro. Los años entre 1884 y 1887 se denominan el «período seco» en la producción de Renoir, y la mayoría de los críticos lo juzgaban entonces un camino equivocado. Un contemporáneo, el irlandés George Moore, escribió que Renoir en dos años había destruido por completo su arte, maravilloso, exquisito, en que había trabajado veinte años. Todos (incluyendo al mismo Renoir) vieron una profunda crisis en esta ruptura con el impresionismo. La crisis, no obstante, no fue un asunto individual. Afectó a Monet, a Pissarro y a Degas exactamente como a Renoir, y al final llevó a la disolución del grupo de los impresionistas; en 1886 (sin la participación de Renoir) tuvo lugar la octava y última exposición conjunta.

Se trataba pura y simplemente de la crisis del impresionismo, en la medida en que esta era la fase final del realismo burgués. Los ámbitos

En la terraza, 1881
Óleo sobre lienzo, 100,4 x 80,9 cm
The Art Institute of Chicago,
Mr. and Mrs. Lewis Larned Coburn
Memorial Collection

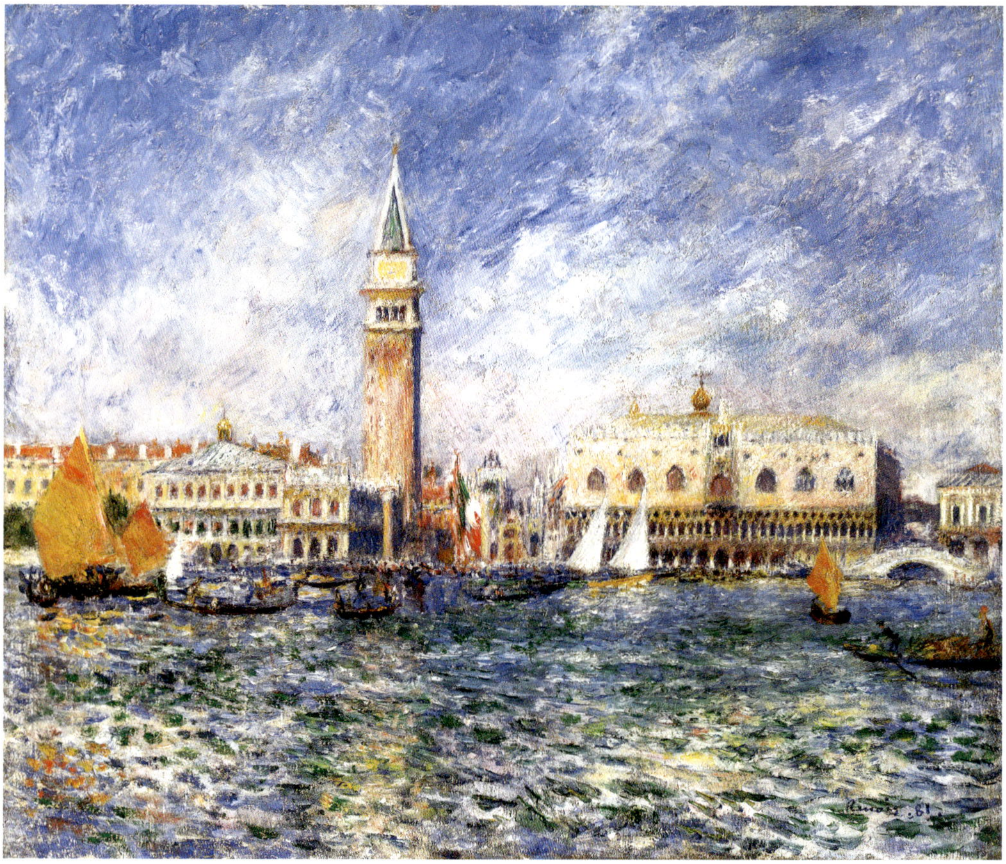

El Palacio Ducal de Venecia, 1881
Óleo sobre lienzo, 54,5 x 65,7 cm
Williamstown, The Clark

de la realidad burguesa reflejados por los impresionistas se mostraban artísticamente agotados y además demasiado estrechos para satisfacer de modo duradero a quienes buscaban la realidad honestamente. El hecho de reducirse a alegres fiestas y a la belleza de la intimidad llevó al mundo de los cuadros impresionistas a una contradicción cada vez más aguda con el conjunto de la realidad social. Los impresionistas se habían abandonado a la observación de la apariencia externa, con notables progresos en su haber. Ver con exactitud y pintar lo visto, ser solamente ojo y mano: tal era el objetivo. «Corot decía: "Cuando pinto, quiero ser un tonto". Yo soy algo de la escuela de Corot», reconoció Renoir; no quería pensar ni juzgar cuando pintaba, como en esa época exigía también el crítico artístico inglés John Ruskin, que gozaba de gran influencia. Pero una pintura irreflexiva de la apariencia, y esto solo en la medida en que fuera «bella», condujo a la superficialidad. La esencia de las cosas y de los hombres que nos rodea no era «bella»: eso lo sabían los pintores. Cuando al pintar excluían su conocimiento, dejaban de ser realistas. Pero si seguían siendo realistas, debían pasar de la descripción del aspecto bello del ser burgués a su crítica. Este camino revolucionario no lo emprendió ninguno de los impresionistas franceses. Renoir lo esquivó. No necesitaba ceder donde se le había combatido: en la fuerza cromática de la luminosidad, en el juego con la luz y las sombras de color, en la forma fresca y en el casi esbozo de la concepción del cuadro. Esto se había ya impuesto. Cedió (probablemente de manera inconsciente) allí donde surge la contradicción fundamental: en tema y contenido.

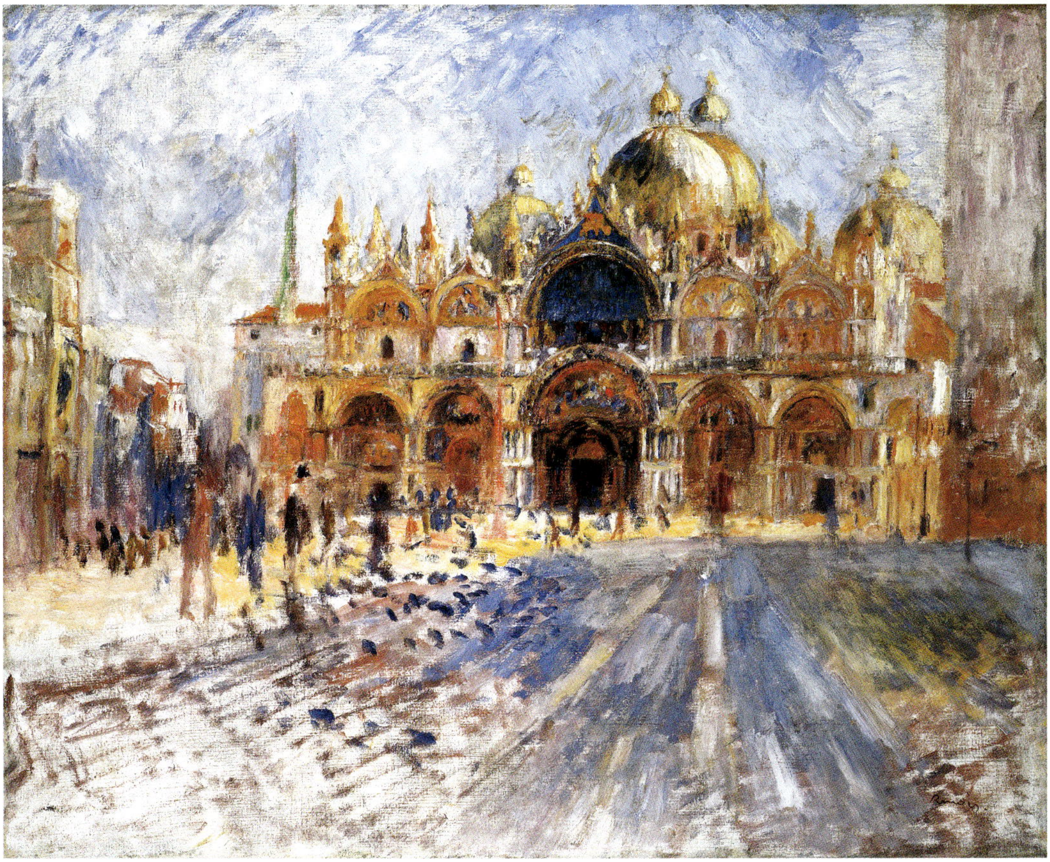

La Plaza de San Marcos de Venecia, 1881
Óleo sobre lienzo, 65,4 x 81,3 cm
The Minneapolis Institute of Arts,
Fondo John R. Van Derlip

A partir de su «período seco» ya no pintó casi ninguna escena de la vida cotidiana de París, si exceptuamos algunos retratos de familia. Las jóvenes que descansan en la hierba, las lavanderas, las vendedoras de manzanas o motivos parecidos, que se podrían incluir en ese apartado, han perdido sensiblemente en concreción de espacio y tiempo. Y representan además un pequeñísimo grupo de cuadros dentro de la masa de sus pinturas del período que sigue. Renoir y sus colegas se concentraron en lo que ya había asomado como tendencia en el conjunto del impresionismo: la expresión de sensaciones puramente subjetivas y el tratamiento subjetivo de los medios formales. Emplearon esos medios tan cuidadosamente seleccionados en objetos socialmente neutrales. En el momento en que consiguió ser reconocido, el impresionismo fue desactivado socialmente mediante tareas de la temática próximas a la realidad, o al revés: por ese cambio de sus temas fue tolerado. Muchos burgueses lo consideraban todavía entonces erróneamente una «encarnación del comunismo, que… defiende a cara descubierta la violencia sin trabas».

En 1885 y 1886 Renoir trabajó en distintas ocasiones en La Roche-Guyon, así como en Wargemont. En los años siguientes pudieron verse cuadros suyos con el grupo de artistas modernos *Les Vingt* en Bruselas y en las exposiciones internacionales de arte organizadas por Georges Petit, un rival de Durand-Ruel en el mercado artístico parisino. Pero no por ello cortó la relación con su viejo promotor. Este presentó al público de Nueva York en 1886, entre otros, 32 cuadros de Renoir y abrió al impresionismo francés el mercado americano, con un éxito del que son testimonio hoy museos

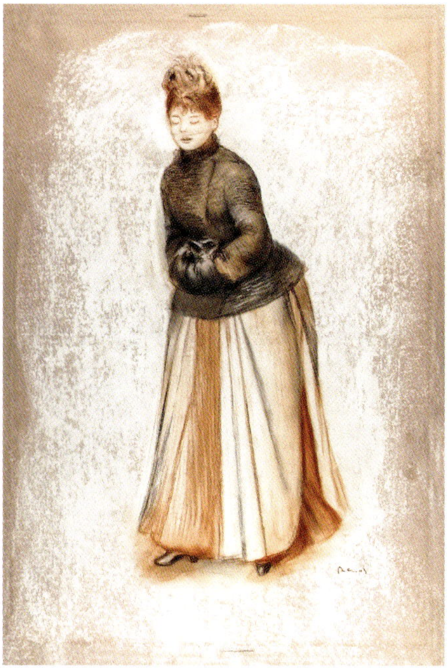

y colecciones privadas de América en ciudades como Washington, Nueva York, Chicago y otras, que poseen ricos fondos en pinturas de Renoir y de sus amigos impresionistas.

El paso a la nueva manera de pintar se realizó poco a poco. Es ya claramente reconocible en los tres cuadros de gran formato correspondientes a 1883 que debían decorar como paneles decorativos una habitación de la casa de Durand-Ruel (il. págs. 270/271). Tres veces representó Renoir a una pareja bailando un vals. En la imagen central, en el restaurante con jardín de Bougival, el hombre del sombrero de paja y con una camisa sin cuello voltea a su amada un tanto torpemente. En la imagen de la izquierda, de una manera algo más delicada y elegante, el pintor Paul Lhote conduce en una segunda tarima de baile al aire libre a la joven Aline Charigot, después señora Renoir, cuya alegre sonrisa domina el cuadro más aún que el intenso colorido de sus prendas. En la imagen de la derecha, en un baile en la ciudad, vemos a la modelo Suzanne Valadon en brazos del pintor Eugène-Pierre Lestringuez. El movimiento de la última pareja es el menos convincente, mientras que en las otras somos arrastrados por el giro y el balanceo de las jóvenes enamoradas, cuyo garbo y belleza constituyen el contenido fundamental de estos cuadros.

En 1886 Renoir pintó repetidamente a quien después sería su esposa con el hijo mayor, Pierre, al pecho (il. pág. 273). La contención en el color responde al intento hecho en esa época por Renoir que se orientaba con más fuerza al dibujo y a la representación plástica. Quería hacer otra vez aprehensibles y sólidos los objetos que se le habían diluido bajo el pincel, de una forma muy parecida a su contemporáneo Cézanne, quien deseaba convertir el impresionismo en un arte tan «duradero» como el de los viejos maestros y para ello modelaba los objetos según sus formas estereométricas básicas, esféricas, cónicas y cilíndricas. Renoir acentuaba todas las redondeces. La mujer joven y el lozano lactante son tan regordetes que parecen compuestos de sectores esféricos. Aunque el rostro de la señora Renoir haya dado pie a ello, es evidente la creciente plasticidad desde *Los remeros* pasando por *Las bailarinas* hasta este momento, plasticidad que será nuevamente abandonada más tarde en favor de una suavidad pictórica.

Antes de 1885 los desnudos no juegan un papel especialmente destacado en la obra de Renoir, aunque, como hemos visto, surgieron algunos ejemplos significativos de este motivo. En la segunda mitad de los ochenta esto cambió. Figuras desnudas al aire libre, a menudo llamadas *Bañistas*, ocuparon un lugar privilegiado en el mundo de los motivos del pintor. En una medida creciente, aparecen los cuadros llenos de una claridad uniforme. Renoir no intentaba ya reflejar el juego de los circulitos de la luz solar y de las motas violetas de sombra sobre una piel que respira y se mueve, como en el *Torso de mujer al sol* de 1875/76 (il. pág. 236). Ahora su propósito es una plasticidad que reposa en sí misma, de formas uniformemente brillantes rodeadas de líneas precisas. La libertad de movimientos y las vistas como al azar establecen aún la conexión con una etapa

ARRIBA
Mujer con manguito, 1860-1919
Pastel, 52,7 x 36,2 cm
Nueva York, The Metropolitan Museum of Art, Colección H. O. Havemeyer

PÁGINA SIGUIENTE
Dos jovencitas, 1881/82
Óleo sobre lienzo, 81,3 x 65,2 cm
Moscú, Museo Pushkin

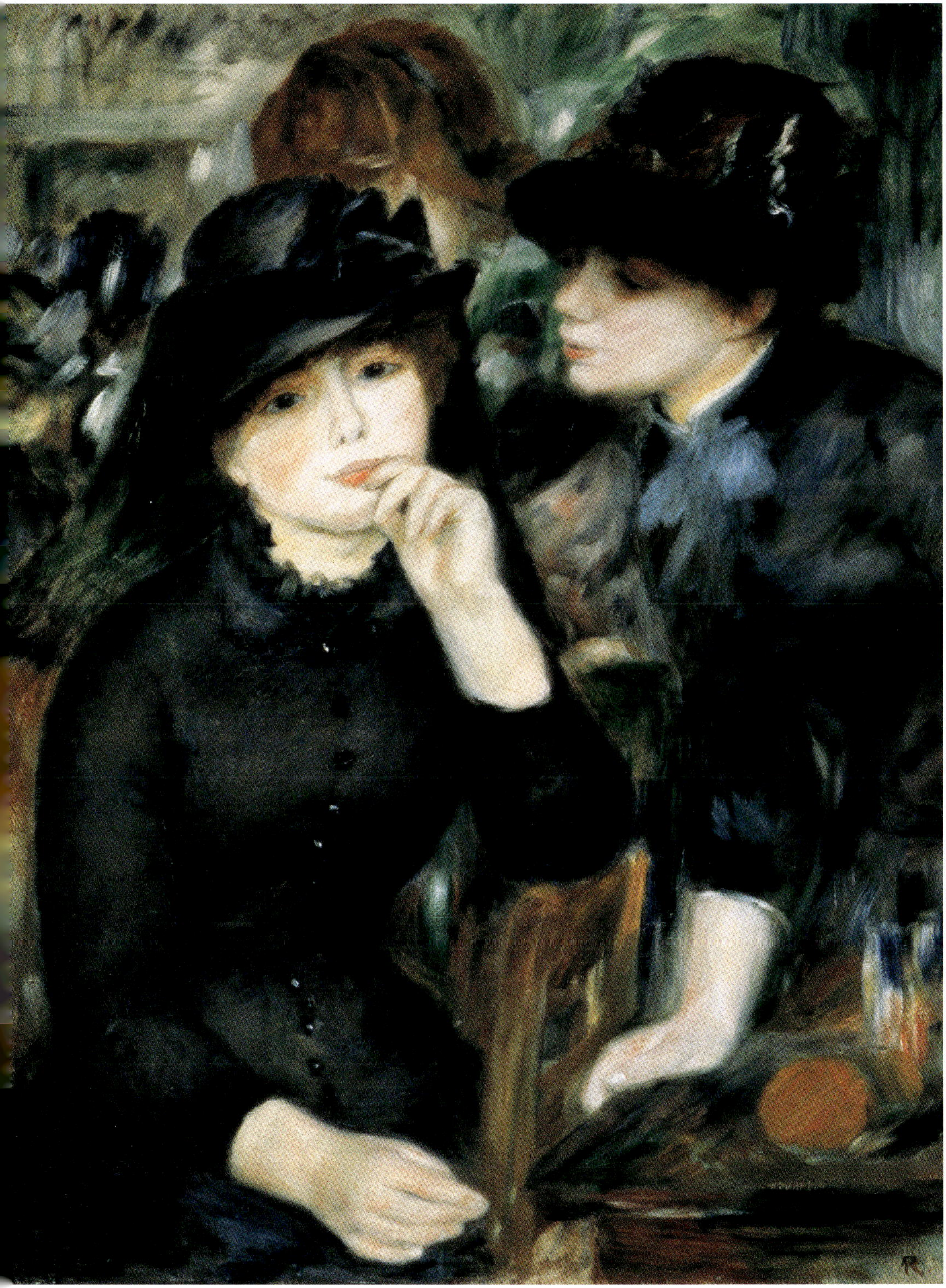

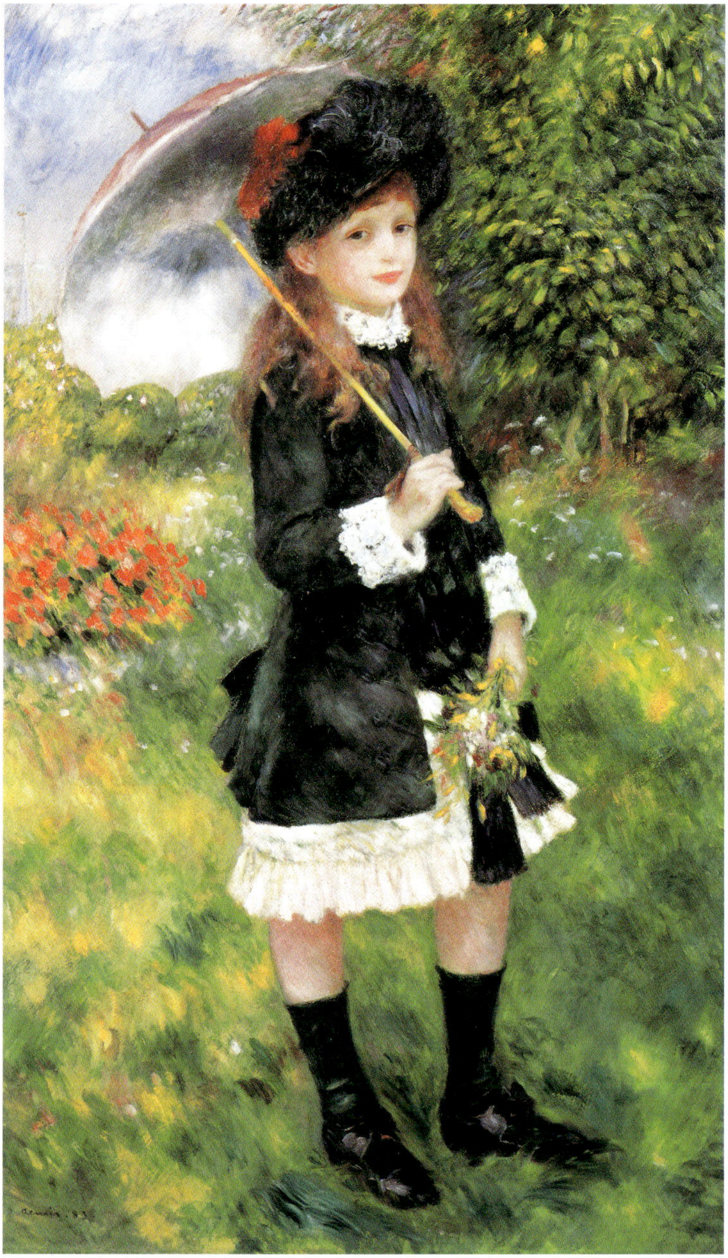

Jovencita con sombrilla (Aline Nunès), 1883
Óleo sobre lienzo, 130 x 79 cm
Colección particular

Los paraguas, hacia 1881-1886
Óleo sobre lienzo, 180,3 x 114,9 cm
Londres, The National Gallery, legado de Sir Hugh Lane

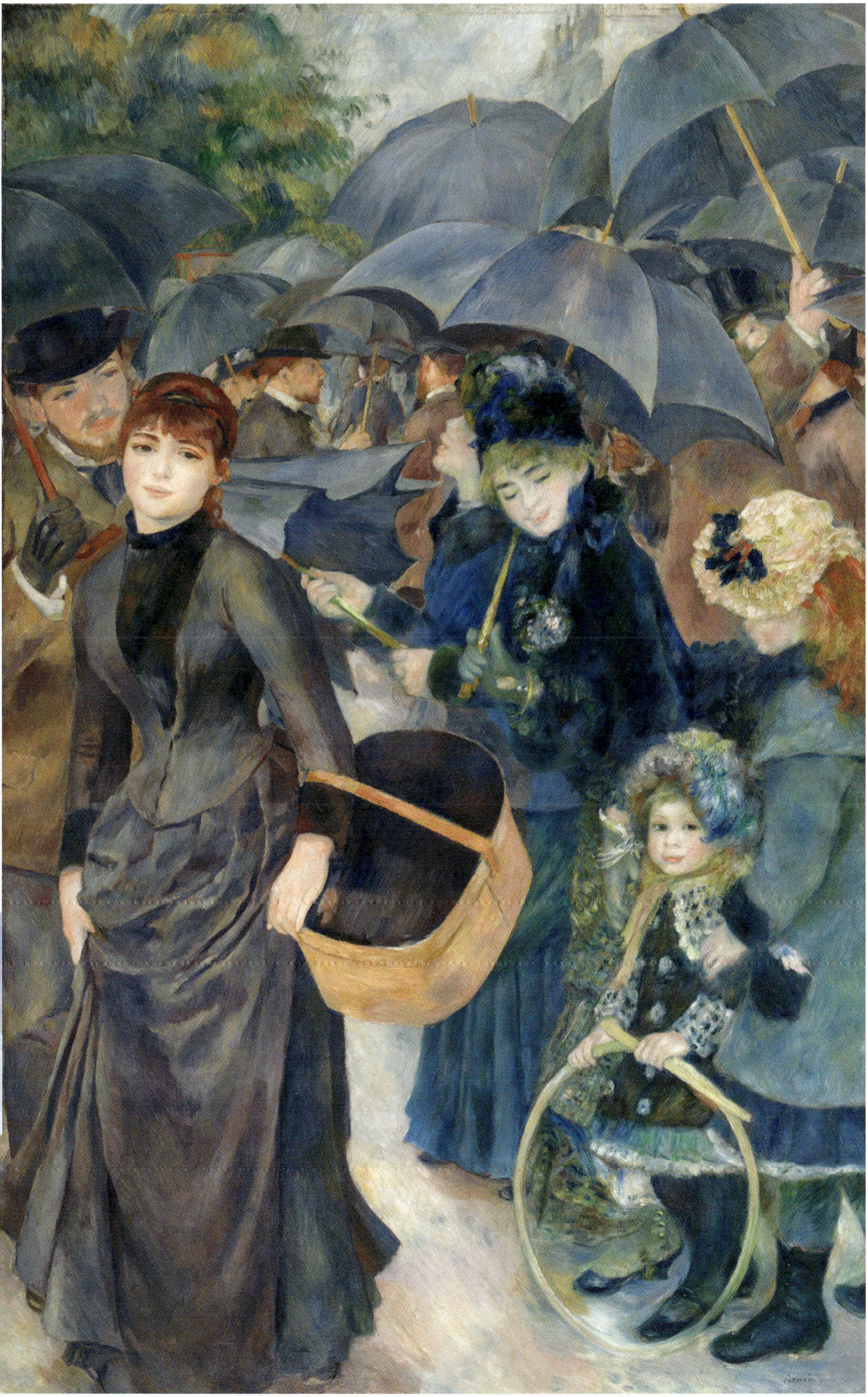

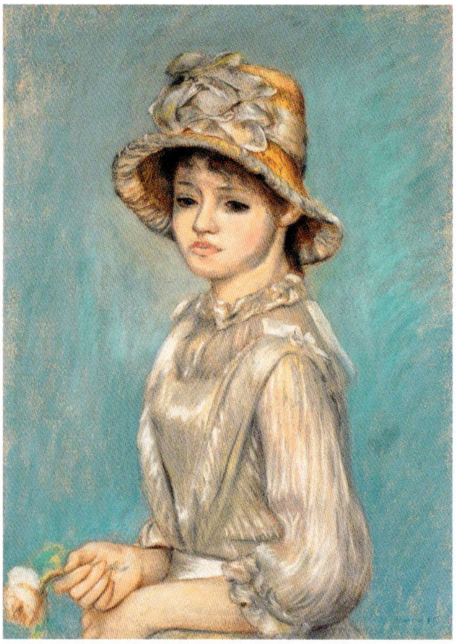

Joven con rosa, 1886
Pastel, 59,7 x 44,2 cm
Colección particular

del impresionismo representado por las pinturas de Renoir medio decenio antes; el dibujo y la manera de pintar revelan que estaba muy familiarizado con el clasicista Ingres.

Renoir luchó por otra concepción de la pintura, buscó y rebuscó nuevos caminos, y todo ello se manifiesta en que nacieron al mismo tiempo cuadros que pese a ser de un colorido algo diferente, que produce una sensación más fría y artificial, conservan en los motivos y, particularmente, en el modo desenvuelto y como bosquejante de la aplicación del color la idea que poseía hasta entonces. Lo dicho vale tanto para los retratos aislados de niños (il. págs. 276 y 280) como para las naturalezas muertas con flores (il. págs. 274 y 285), y también para el pequeño estudio de una escena con unas jóvenes y unos niños que juegan en el parque de los Jardines de Luxemburgo de París (il. pág. 269).

La obra fundamental de este período, en la que Renoir trabajó durante tres años, como en ninguna otra de sus pinturas, antes de exponerla con Georges Petit en 1887, son *Las grandes bañistas* (il. págs. 278/279). Muchachas de robustos y frescos cuerpos se divierten junto a un estanque de un bosque. Ya desde el motivo se trata de una escena de alegría retozona; también el tipo de las muchachas, especialmente el de la jovencita que casi hace el efecto de un chico y quiere mojar a sus amigas, revela el realismo y el colorido de la época de París. Pero las costureras se han convertido en ninfas y su juego está sometido a una composición en relieve y lineal, que contiene detalles maravillosos, pero que no se une a un todo convincente. Los gestos reciben un carácter amanerado, y el revoltijo de las piernas que patalean en el centro del cuadro resulta oscuro. La expresión del rostro de las jóvenes que juegan es especialmente pobre. Una primera sugerencia para este cuadro fue un relieve en plomo, obra de François Girardon, de 1672, en el parque de Versalles. Los bocetos que el artista realizó después revelan una clara incapacidad para hacerse con el orden clásico que pretendía; solo los cuidadosos estudios de movimiento tienen fuerza y vida, como el dibujo de 1884/85 que hoy se halla en el Art Institute de Chicago (il. pág. 277).

Renoir quería apartarse de la apropiación artística de nuevos aspectos fugaces, pero característicos, de la vida contemporánea, que habían proporcionado la sustancia realista de las obras maestras del impresionismo, para dotar al mensaje de sus cuadros de una mayor validez universal, aunque sin dejar por completo el efecto de la impresión fresca y personal. Sin renunciar a los logros artísticos de claridad pictórica, sombras coloristas y captación del movimiento que hay que reconocerle al impresionismo, Renoir procuró aportar al organismo del cuadro más solidez y carácter total cerrado en sí mismo, transformando la turbulencia que afecta por azar a los motivos con la ayuda de principios plásticos del clasicismo. No obstante, las contradicciones así surgidas permanecieron en gran medida sin resolver.

PÁGINA SIGUIENTE
En los Jardines de Luxemburgo, hacia 1883
Óleo sobre lienzo, 64 x 53 cm
Colección particular

PÁGINA 270 IZQUIERDA
El baile en el campo
(Aline Charigot y Paul Lhote), 1883
Óleo sobre lienzo, 180,3 x 90 cm
París, Musée d'Orsay

PÁGINAS 270/271 CENTRO
El baile en Bougival
(Suzanne Valadon y Paul Lhote), hacia 1883
Óleo sobre lienzo, 182 x 98 cm
Boston, Museum of Fine Arts

PÁGINA 271 DERECHA
El baile en la ciudad (Suzanne Valadon y Eugène-Pierre Lestringuez), 1883
Óleo sobre lienzo, 179,7 x 89,1 cm
París, Musée d'Orsay

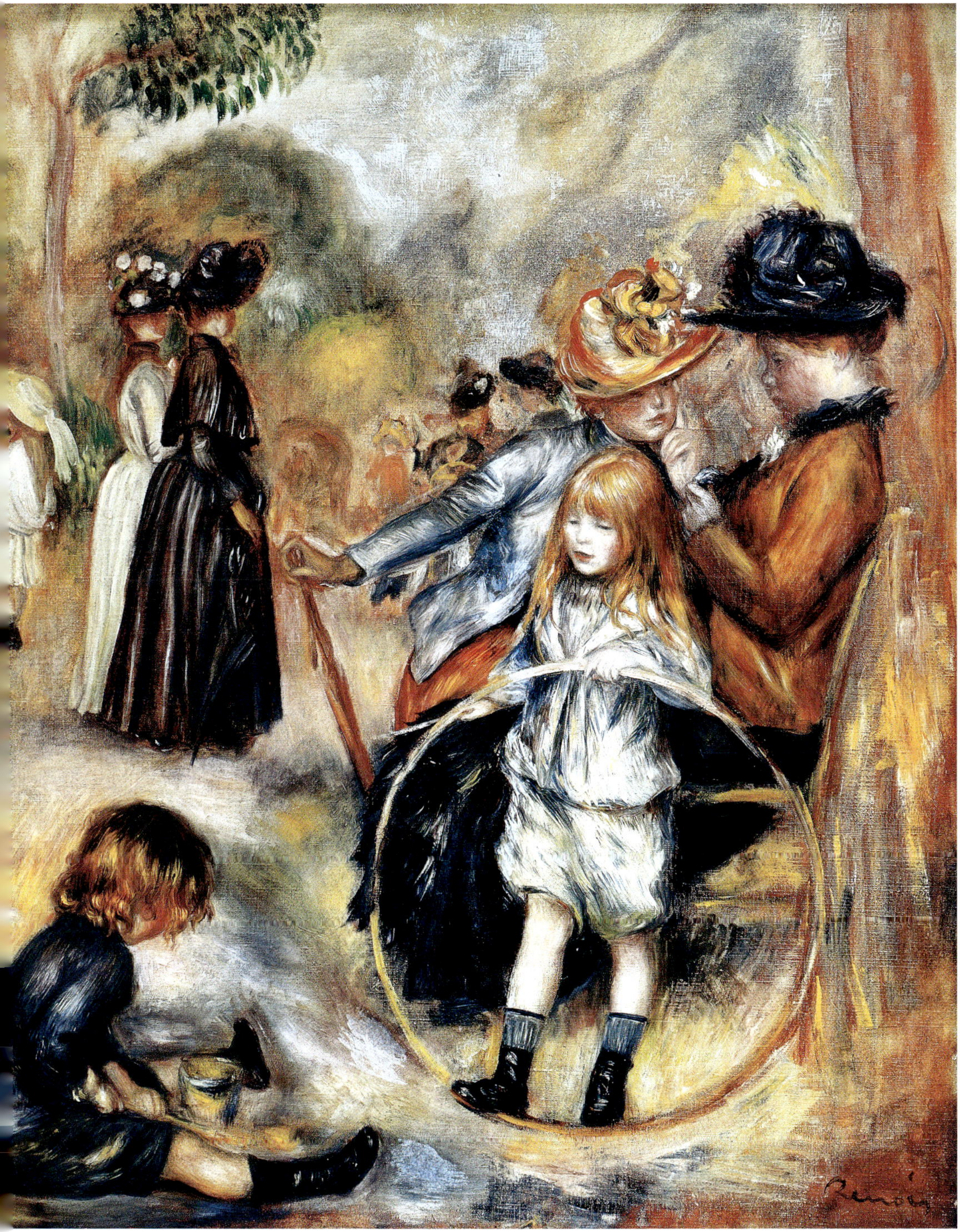

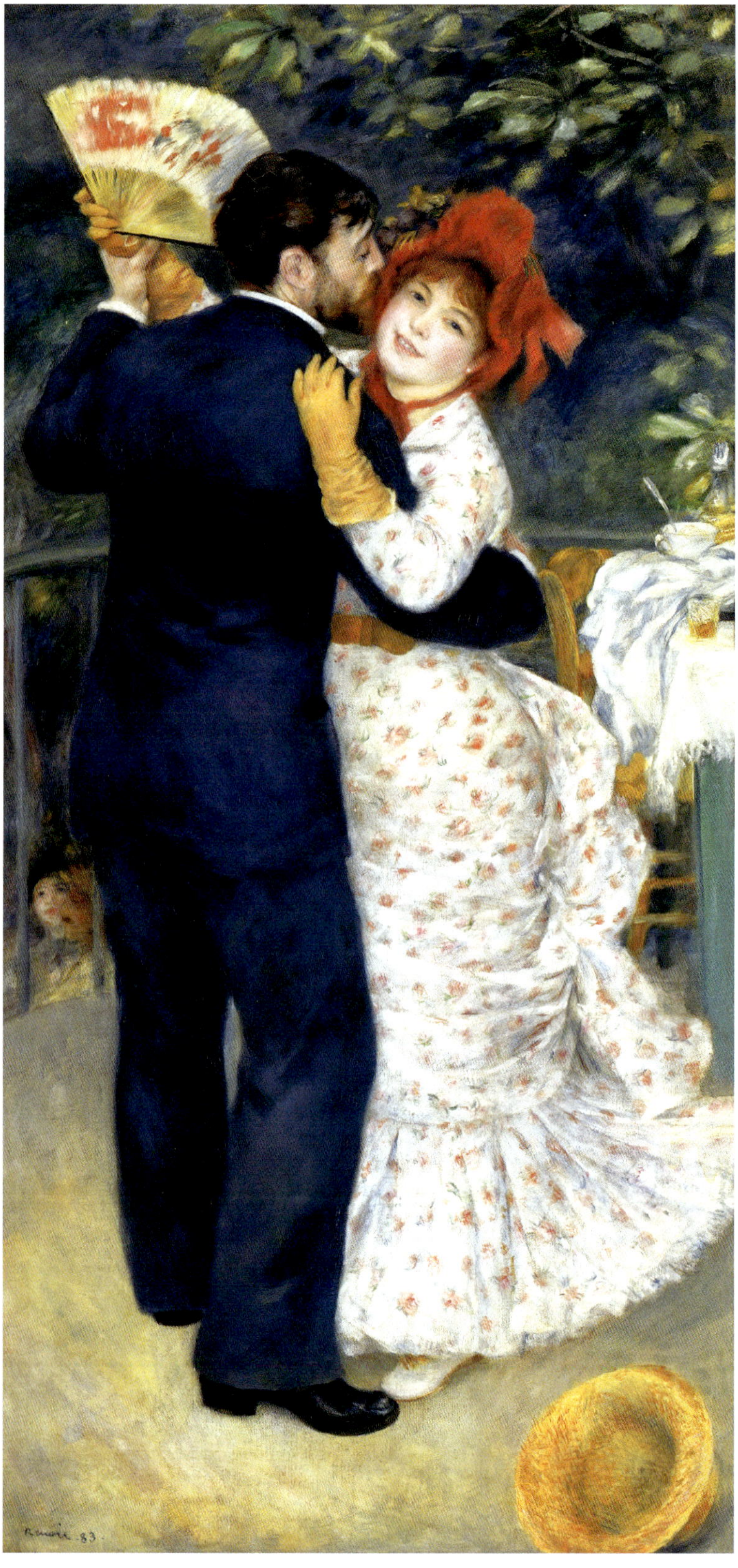

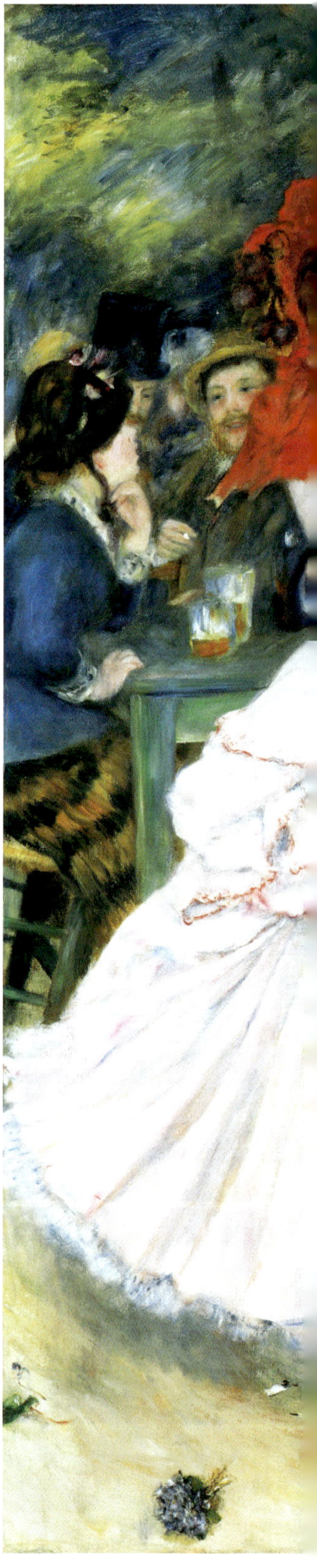

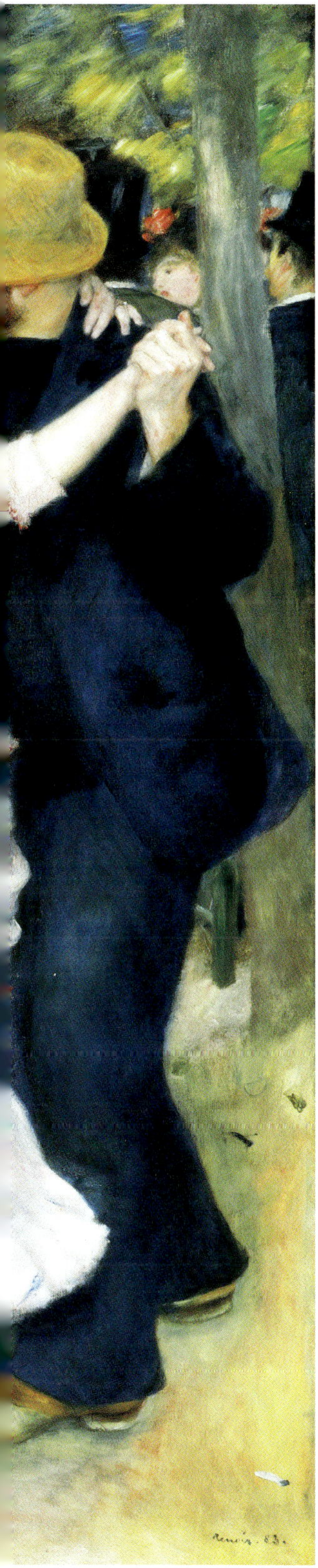
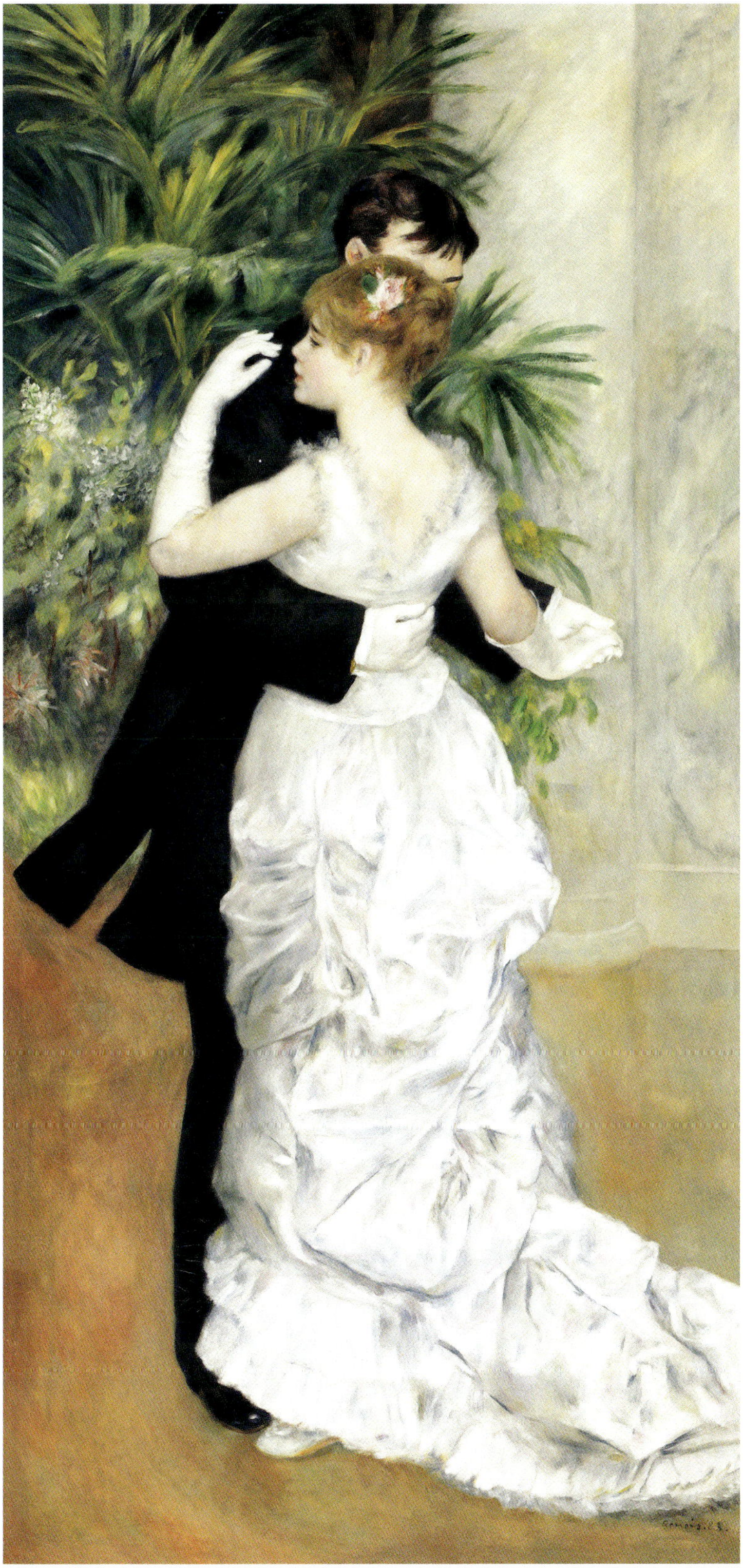

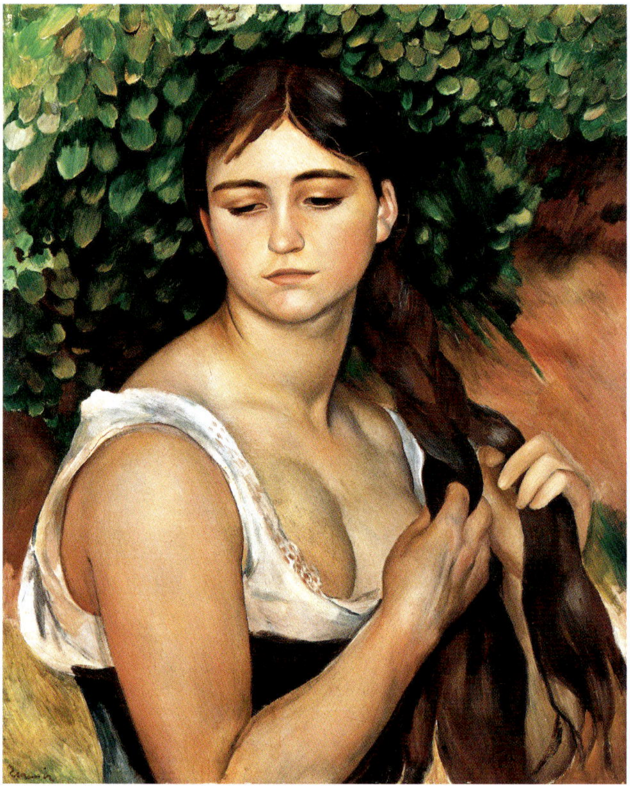

La trenza (Suzanne Valadon), hacia 1886/87
Óleo sobre lienzo, 56 x 47 cm
Baden, Suiza, Museum Langmatt

PÁGINA SIGUIENTE
Madre amamantando (Aline con Pierre), 1886
Óleo sobre lienzo, 74 x 54 cm
Colección particular

Renoir no pudo conseguir su propósito de una manera realmente convincente y productiva, como tampoco todas las demás tendencias neoclásicas que se dieron en la pintura europea de aquella época. Para llegar a una verdad dialéctica más profunda y variada en la representación artística de una realidad complicada y contradictoria, habría hecho falta, no la idealización que estaba asociada a los modelos clásicos con esta dirección, sino una captación más enérgica de las figuras y escenas histórica y socialmente concretas. Esta vía no fue emprendida por Renoir. Se concentró en desarrollar, a partir de criaturas establecidas en un ámbito idílico entre la fantasía y la realidad, un refugio mágicamente bello para la armonía y la felicidad.

El llamado «período seco», en su creación, añadió a la mano de nuestro artista una nota más fuerte de seguridad lineal. Es verdad que muy pronto la unió otra vez a un colorismo floreciente, aún más sensual y de una renovada riqueza, para crear cuadros que se nos aparecen rítmicamente animados y dotados de una acción festivo-decorativa. Renoir empezó a desarrollar este su estilo tardío a lo largo del año 1888.

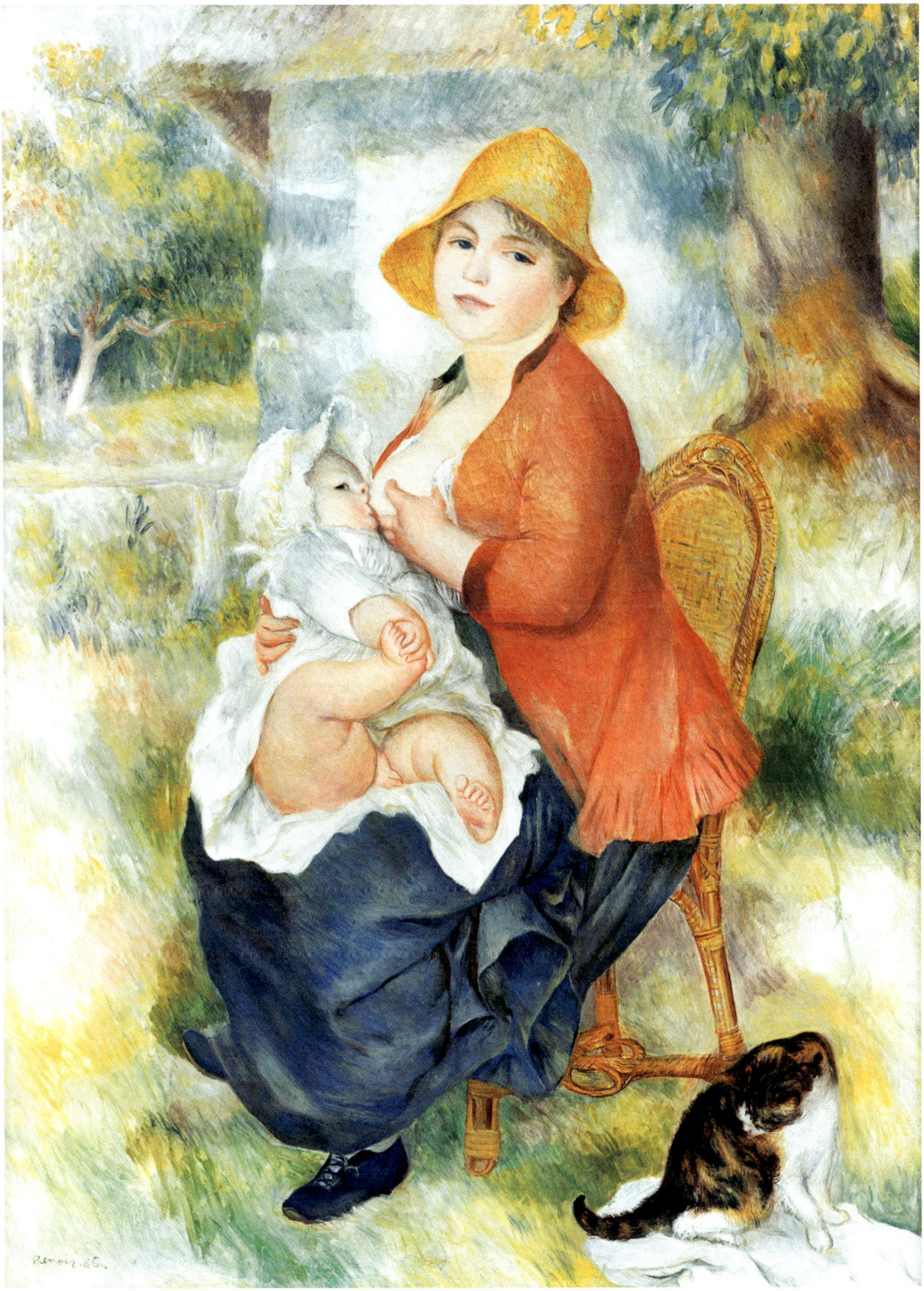

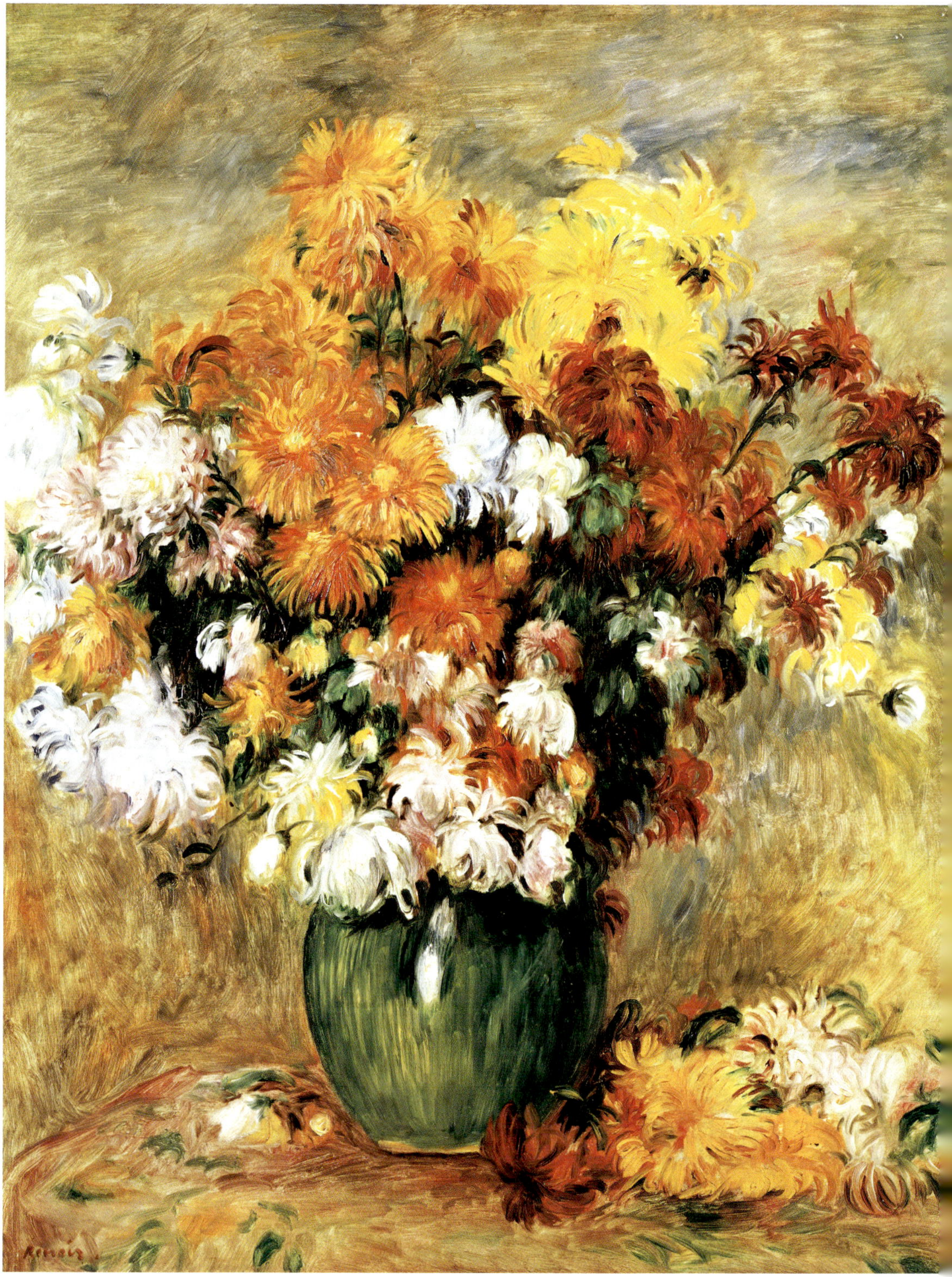

Enfermedad y vejez

1888-1919

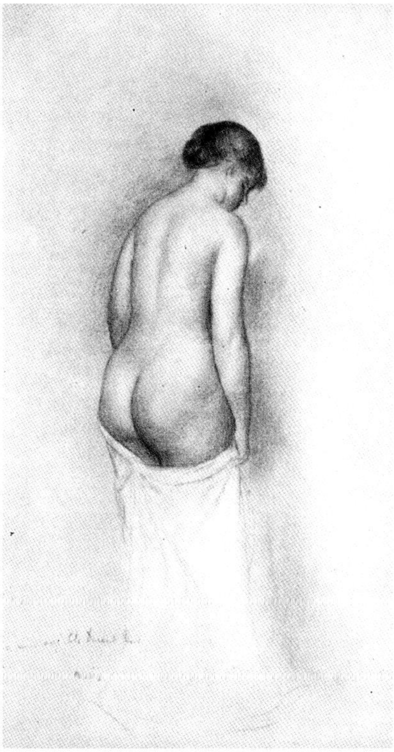

Los tres últimos decenios de la vida de Renoir carecen de dramatismo de puertas afuera, pero están impregnados de un carácter trágico personal. Estuvieron llenos del triunfo tranquilo de su arte, de su reconocimiento general y también de la estimación económica que le dispensó de preocupaciones externas. Sin embargo, estuvieron oscurecidos por la amargura de una grave enfermedad contra la que hubo de luchar duramente y por el destino de todos los artistas que envejecen: el de tener que ver cómo su arte era revisado y superado por la generación que venía empujando.

A finales de los ochenta trabajó varias veces con Cézanne y, después, con la mujer más dotada de la pintura impresionista y que Renoir tanto admiraba, Berthe Morisot, hasta el fallecimiento de esta en 1895. En 1890 volvió a exponer en el Salón, lo que hacía por primera vez desde 1883, y fue también la última. En 1892 viajó con su amigo Gallimard a España y quedó muy impresionado por los tesoros de sus museos. Pero mientras que el familiarizarse con la pintura española, con Diego Velázquez y Francisco de Goya, había ejercido gran influencia en la primera fase del impresionismo, particularmente en Manet, Renoir ya no cambió. Ese año surgió el reconocimiento público. Durand-Ruel organizó una exposición especial con 110 cuadros suyos, y por vez primera el Estado francés compró un cuadro de Renoir para el museo de Luxemburgo: *Yvonne y Christine Lerolle al piano* (il. pág. 288). Pero cuando dos años después el legado de Caillebotte fue a parar al Estado y Renoir fue nombrado albacea, tuvo que pelear pese a todo con gran dureza a fin de que las autoridades artísticas aceptaran al menos la mayor parte de la colección. Aquellos señores miembros de las correspondientes comisiones no querían meter de ninguna manera en un museo estatal demasiados cuadros de una pintura largo tiempo denostada y objeto de burla, pintura respecto de la cual seguían teniendo una posición muy escéptica. Además, la burguesía de París

PÁGINA ANTERIOR
Jarro con crisantemos, hacia 1884
Óleo sobre lienzo, 82 x 66 cm
Ruán, Musée des Beaux-Arts

ARRIBA
Después del baño, 1884
Almagre y carbón, 44,5 x 24,5 cm
Colección particular

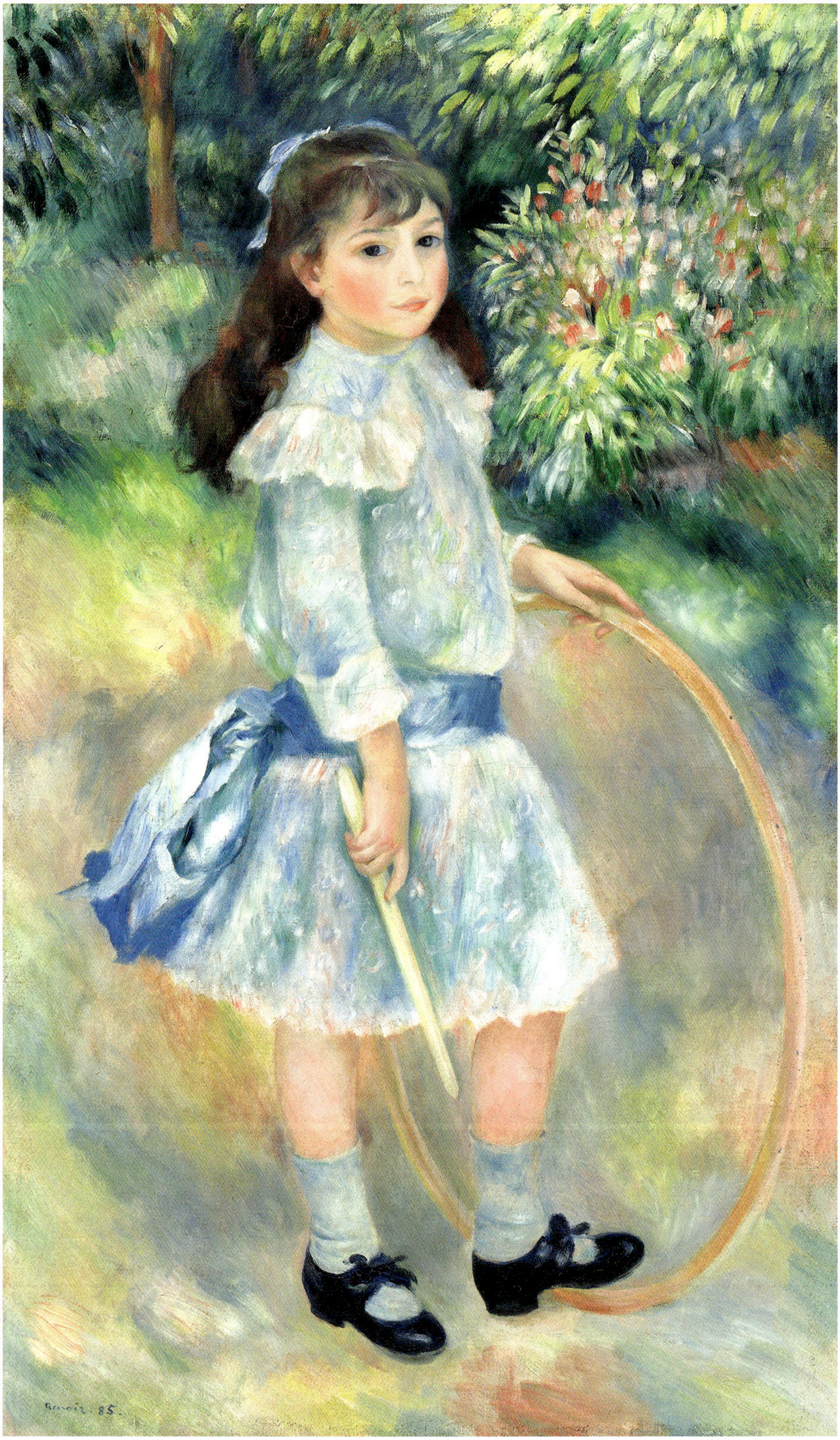

temblaba precisamente entonces ante una ola de atentados anarquistas, y ya era cosa sabida que una porción de los pintores antiacadémicos eran afectos a las ideas anarquistas. Podemos citar al profesor Gérome de la École des Beaux-Arts, quien a la vista de las pinturas impresionistas habló de inmundicia, cuya aceptación demostraba la relajación moral del Estado; y de las 65 pinturas de Caillebotte solo 38 entraron en el museo de Luxemburgo, entre ellas seis, en lugar de ocho, de Renoir. Por esta época el artista pasó varios veranos (1892, 1893, 1895) en la costa bretona de Pont-Aven, uno de los lugares buscados por los pintores. Allí se encontraban por entonces sobre todo los representantes del simbolismo, la nueva tendencia dominante. Entre ellos había representado Paul Gauguin un papel de primera línea, antes de partir en 1891 hacia los Mares del Sur para redescubrir el paraíso que Europa no le podía ofrecer. «¿Para qué?—dijo Renoir cuando lo oyó—. En Batignolles uno puede pintar igual de bien». Pero entretanto también él buscaba un paraíso fuera de su entorno real, en los idílicos paisajes donde hacía que alegres y despreocupadas jóvenes se bañaran y soñaran. Como modelo para esos cuerpos sensuales posó ante él Gabrielle Renard, prima de la señora Renoir, quien en 1893, con 14 años, había entrado de criada poco antes del nacimiento de Jean, el segundo hijo del pintor y que permaneció con Renoir hasta aproximadamente 1919, casándose luego con el pintor americano Conrad Slade. También posaron otras criadas y nodrizas de sus hijos y la cocinera. En verano Renoir residía entonces con frecuencia en Essoyes, el pueblo natal de su mujer, donde en 1898 compró una casa. A finales de ese año tuvo el primer ataque de reuma grave, que le obligó a pasar el invierno en el sur, en la Provenza, y a hacer curas en verano.

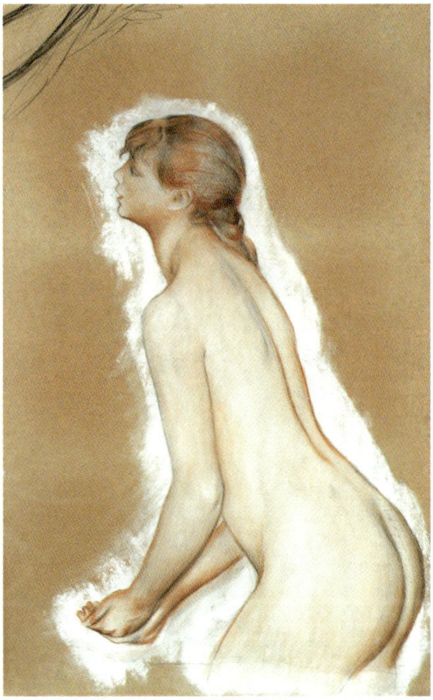

Antes de su enfermedad había estado otra vez en el extranjero. En 1896 visitó Bayreuth; la música de Wagner lo seguía atrayendo, pero el culto a Wagner en la ciudad del festival le decepcionó. Después de esa primera crisis, cuando su estado mejoró transitoriamente, volvió a Alemania. En 1910 aceptó una invitación de la familia Thurneysen para ir a Múnich, pintó retratos y disfrutó con los cuadros de Rubens en la Pinacoteca de aquella ciudad. Su fama había traspasado las fronteras de Francia. No solo presentó sus cuadros en 1896 y 1899 en exposiciones organizadas por Durand-Ruel, en 1904 en el Salón de Otoño y en 1913 en la galería Bernheim de París, sino que también estuvo en la Centennale, la muestra del arte francés del siglo XIX en la exposición universal de París de 1900, participando y recibiendo la cruz de la Legión de Honor. Además, sus cuadros podían verse a principios del siglo XX en Londres y Budapest, Viena y Estocolmo, Dresde y Berlín, y el hombre de negocios de Moscú Sergei Schtschukin mostró con mucho gusto a los interesados sus magníficos Renoirs, que hoy constituyen una de las joyas más preciadas

PÁGINA ANTERIOR
Jovencita con aro (Marie Goujon), 1885
Óleo sobre lienzo, 125,7 x 75,6 cm
Washington, D.C., National Gallery of Art, Chester Dale Collection

ARRIBA
Boceto para Las grandes bañistas, 1884/85
Lápiz rojo, negro y blanco, 98,9 x 63,5 cm
The Art Institute of Chicago, legado de Kate L. Brewster

PÁGINAS 278/279
Las grandes bañistas, 1884-1887
Óleo sobre lienzo, 117,8 x 170,8 cm
Filadelfia, Philadelphia Museum of Art, Mr. and Mrs. Carroll S. Tyson, Jr., Collection

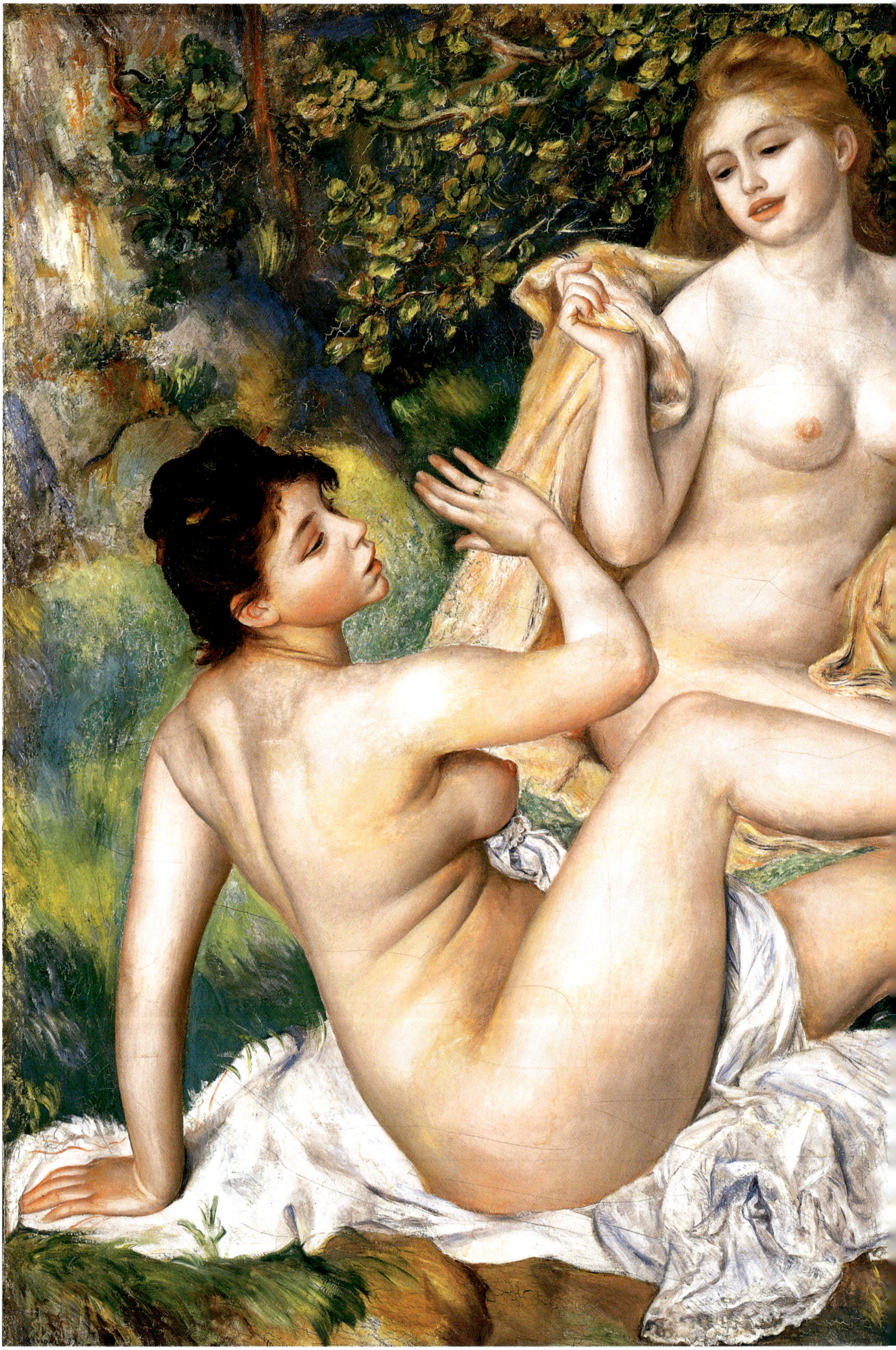

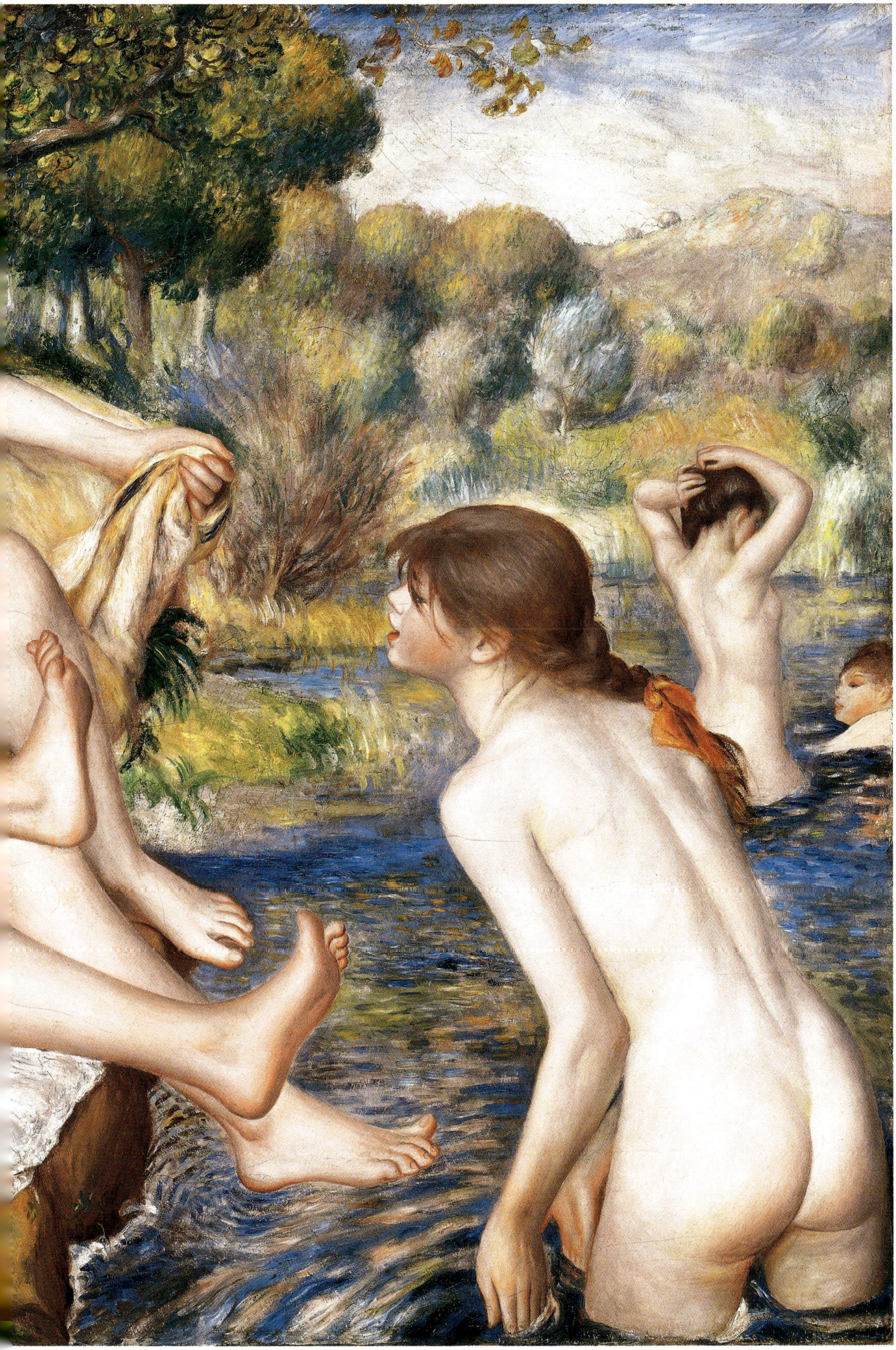

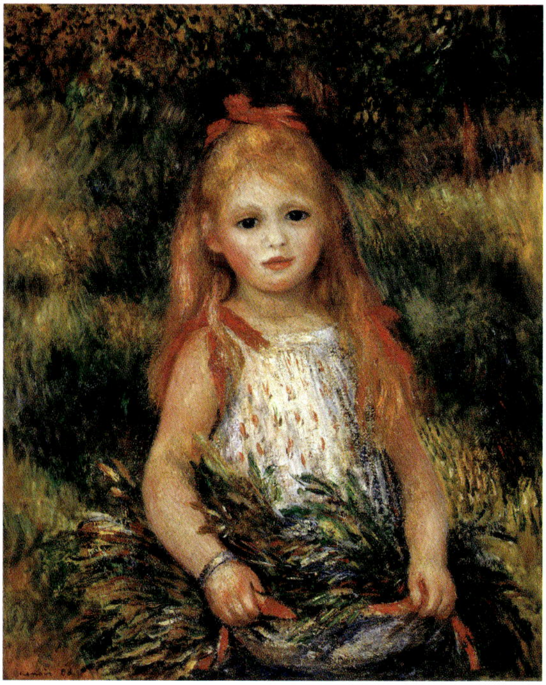

del museo Pushkin de la capital rusa. El pintor residió en 1899 en Magagnosc, cerca de Grasse, y en 1902 en Le Cannet, en las inmediaciones de Cagnes. En 1901 vino al mundo su tercer hijo, Claude, llamado Coco, un modelo encantador de muchos cuadros de estos años (il. pág. 295).

En 1903 los Renoir se trasladaron definitivamente a Cagnes, no lejos de Antibes, en el mismo paisaje cálido de la Costa azul. Allí vivieron primero en el edificio de correos, antes de que el artista se hiciera construir la casa *Les Collettes* en un espeso olivar que se convirtió en el estudio al aire libre de sus últimos años. Los turistas que transitaban lo molestaban cuando pintaba, porque el portero del hotel recomendaba la «visita» al célebre artista. Inoportunos comerciantes convencían a aquel hombre bondadoso para que pintara los retratos de sus mujeres e hijos, a veces para vender acto seguido los cuadros con beneficio, como una acción cuyo valor ha subido. Pero también se encontraban visitantes bien recibidos: los escultores Auguste Rodin y Aristide Maillol, los pintores Albert André y Walter Pach, los cuales, como el marchante Ambroise Vollard, nos dejaron valiosas notas de sus conversaciones con el viejo maestro (que odiaba este apelativo). Él se expresaba llanamente y sin ideas alambicadas. Teorías artísticas afectadas, muchas de las cuales gozaban entonces de gran predicamento, le hacían completamente renuente a cualquier teoría. Pero sobre todo mostraba un respeto hacia la tradición de los grandes maestros y hacia aquella capacidad artesanal que había desaparecido entretanto por la creciente división del trabajo. No aparecía como crítico ni rebelde; se diría que vivía fuera de su época, pero se aseguraba así una pureza y una humanidad que entonces se hacían más raras.

La grave artritis reumática le causó terribles dolores. Los huesos se le encorvaban y la carne se le secaba. En 1907 solo pesaba 48,5 kg y apenas podía ya sentarse. Después de 1910 no pudo ya desplazarse con muletas y quedó postrado en una silla de ruedas. Tenía las manos como garras de pájaro, y con vendas debió evitarse que las uñas de los dedos crecieran dentro de la carne. Le era imposible mantener el pincel; se lo habían de sujetar entre los dedos rígidos. Y así pintaba, sin respiro, día tras día, cuando los ataques no lo obligaban a permanecer en la cama, donde armazones de alambre protegían su cuerpo del contacto con las sábanas. De tiempo en tiempo se encontraba completamente paralizado. Los visitantes se acostumbraron a que el pintor interrumpiese la conversación y resistiese el ramalazo de dolor, para seguir luego, un cuarto de hora más tarde, en el punto donde la había dejado. Se hizo construir un caballete en el que podía enrollar sus lienzos como el tejido que sale en un telar; así podía continuar enfrentándose también con formatos mayores, aun sentado en una silla de ruedas y obligado a mover el brazo solo para pinceladas cortas y enérgicas. «Ya ve usted —decía al

ARRIBA
La pequeña espigadora, 1888
Óleo sobre lienzo, 61,8 x 54 cm
Museu de Arte de São Paulo

PÁGINA SIGUIENTE
Jovencitas en un prado, 1888-1892
Óleo sobre lienzo, 81,3 x 65,4 cm
Nueva York, The Metropolitan Museum of Art, legado de Sam A. Lewisohn

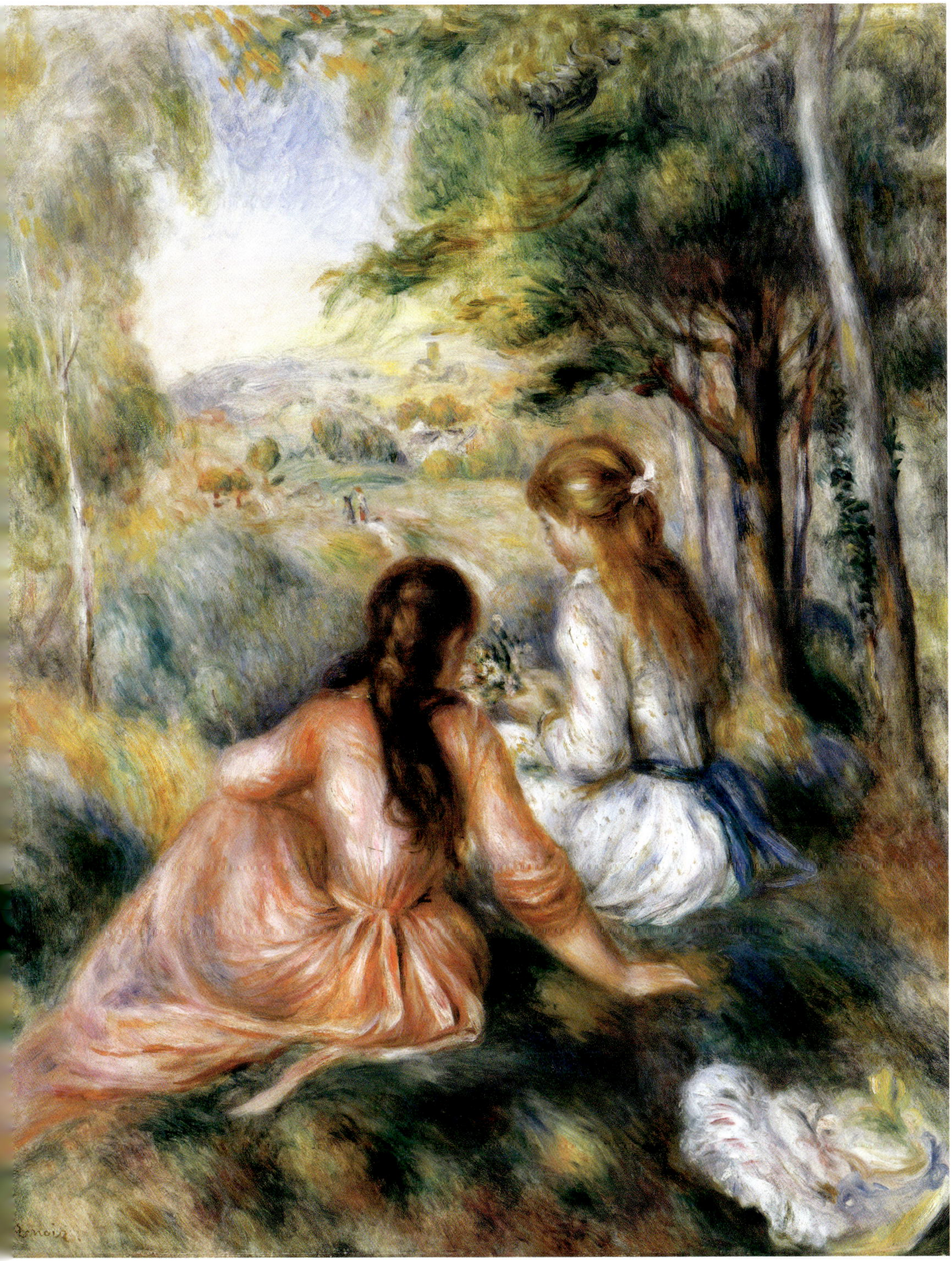

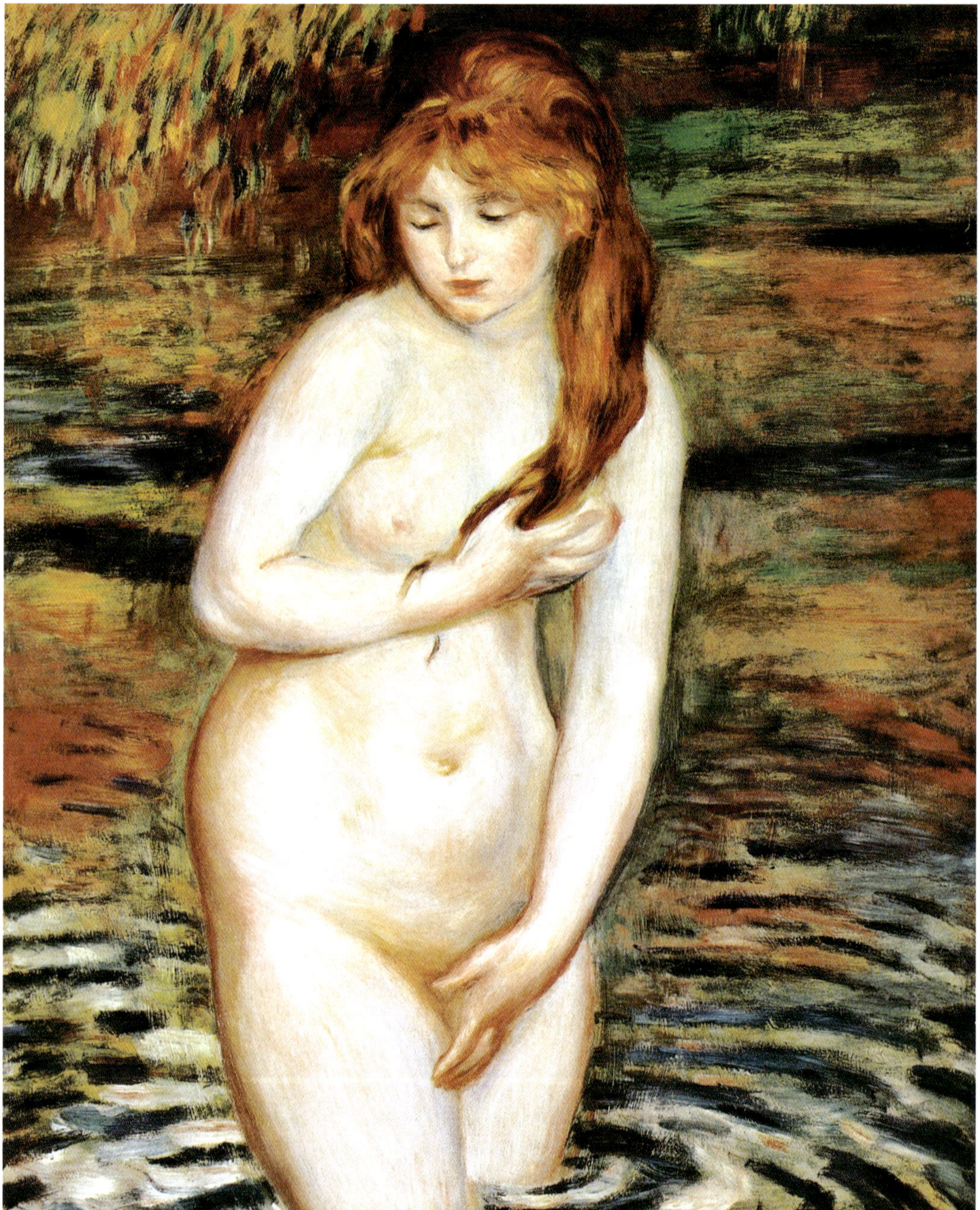

Mujer después del baño, 1888
Óleo sobre lienzo, 81 x 66 cm
Colección particular

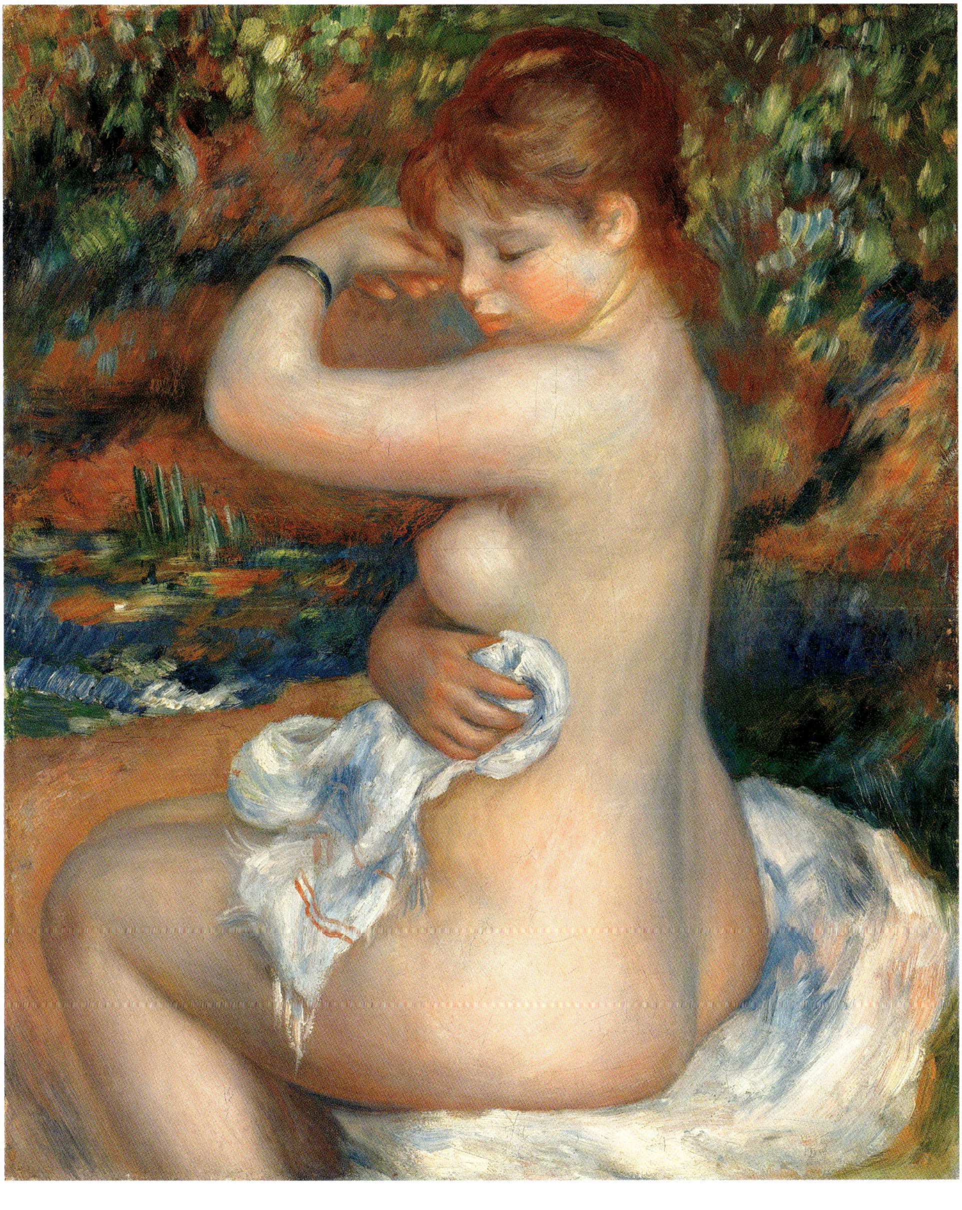

Después del baño, 1888
Óleo sobre lienzo, 65 x 54 cm
Colección particular

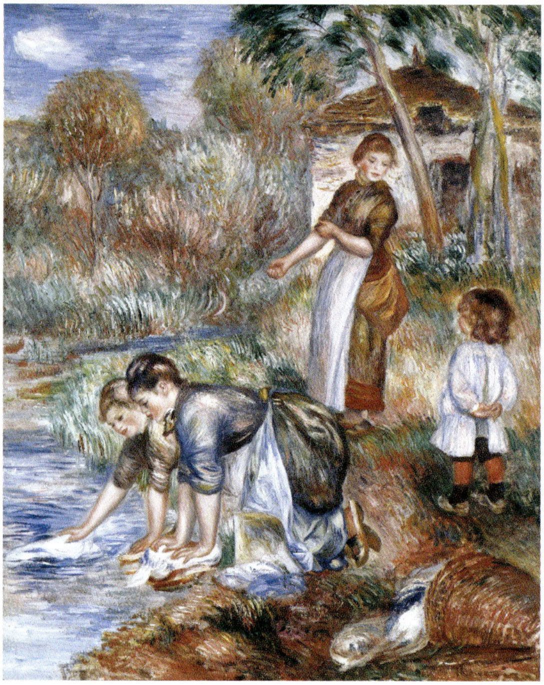

marchante Vollard, quien contemplaba cómo aquellas encorvadas zarpas llevaban el pincel—, ¡no se necesitan manos para pintar!».

En esa época Renoir se hizo también escultor: encontró manos ajenas que moldearan para él la arcilla como él indicaba. El joven español Ricardo Guiñó se reveló como un ayudante sensible; otro que lo reemplazó estaba menos dotado. Disponía las imágenes según unos esbozos de Renoir y luego venía el turno de la elaboración. Renoir tenía la silla de ruedas muy arrimada y dirigía con una varita: «Eso un poco más allá … un poco más … ¡así! ¡Aquí más redondo, más relleno …!». Ambos se habían compenetrado tan bien que se entendían casi exclusivamente con cortos sonidos, con pequeñas exclamaciones, con gruñidos de aprobación o desaprobación de Renoir. Así nacieron esculturas que no fueron nunca tocadas por las manos de Renoir y que sin embargo son sus obras más originales, creaciones de su espíritu y su modelo de la belleza humana.

En efecto, esto es lo que resulta casi inconcebible y sublime de esta obra tardía: que aquel anciano achacoso no dejó nunca que penetrara en su arte la más mínima sombra de la desesperación o del hastío de la vida, la irritación o la envidia hacia los sanos, que los cientos de obras de los últimos años son todos un único himno a la existencia feliz, una única sonrisa arcádica.

Al principio de la Primera Guerra Mundial, que él despreciaba como absurda, sus hijos Jean y Pierre fueron gravemente heridos. Su madre los cuidó, hasta que, anímicamente muy afectada, murió en 1915. En el primer verano de la posguerra Renoir visitó su tumba en Essoyes, y después viajó de nuevo a París. Los cuadros del Louvre habían salido de sus refugios y fueron colgados otra vez. Condujeron al pintor, que contaba 78 años, en la silla de ruedas hasta sus cuadros favoritos de François Boucher, Delacroix y Corot, y *Las bodas de Caná* del Veronés, pintura grande y rebosante de color, junto a la que, de acuerdo con un deseo de Renoir, en un sitio de honor, colgaba su pequeño estudio del retrato de madame Charpentier de 1877. De vuelta a Cagnes, continuó pintando. «Todavía hago progresos», decía pocos días antes de su muerte y, según cuentan, lo último que se escapó de sus labios, el 3 de diciembre de 1919, refiriéndose a los preparativos de una naturaleza muerta que quería pintar, fue esto: «Flores …».

ARRIBA
Las lavanderas, hacia 1888
Óleo sobre lienzo, 56,5 x 47,5 cm
Baltimore Museum of Art,
The Cone Collection

PÁGINA SIGUIENTE
Rosas del musgo, hacia 1890
Óleo sobre lienzo, 35,5 x 27 cm
París, Musée d'Orsay

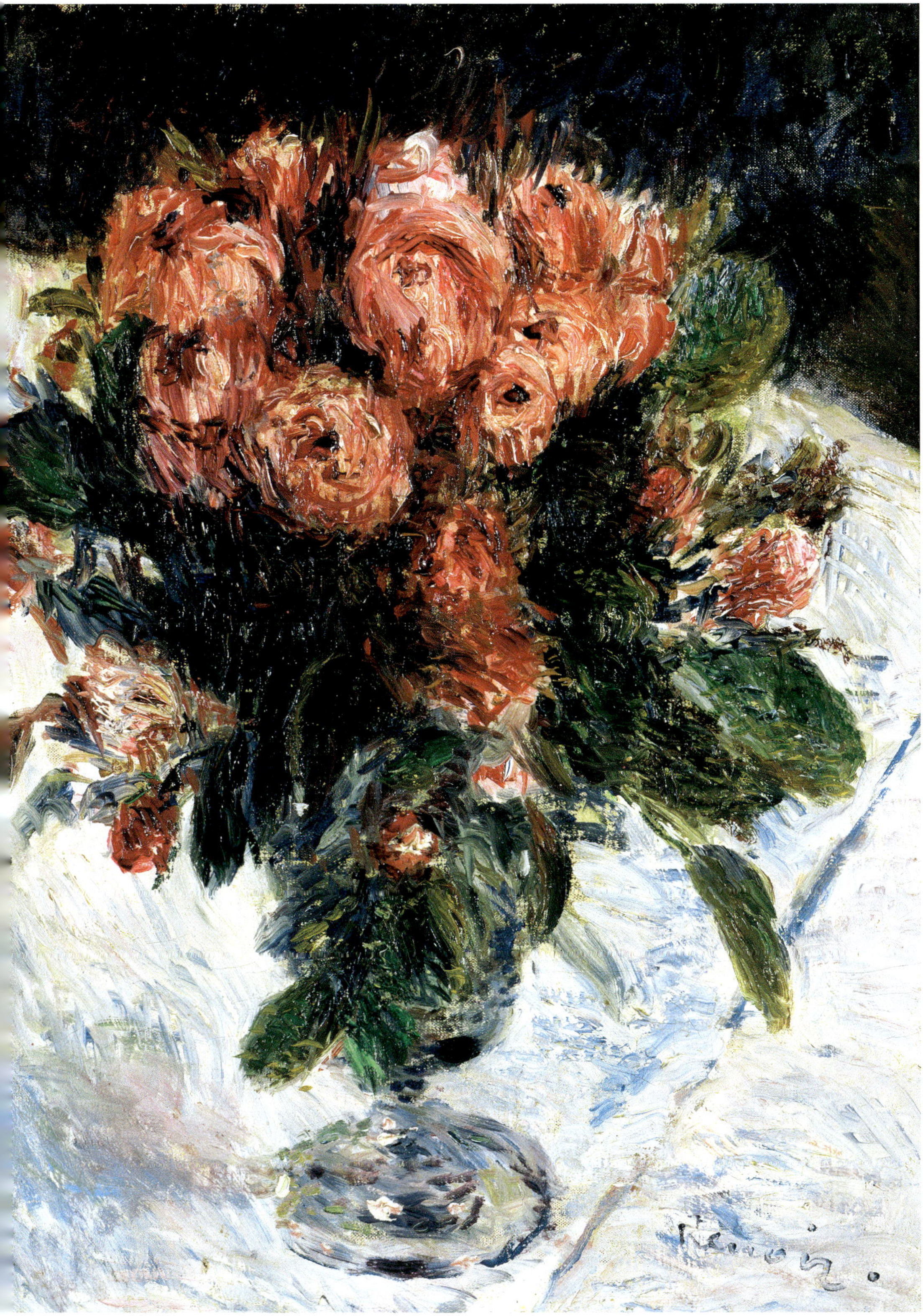

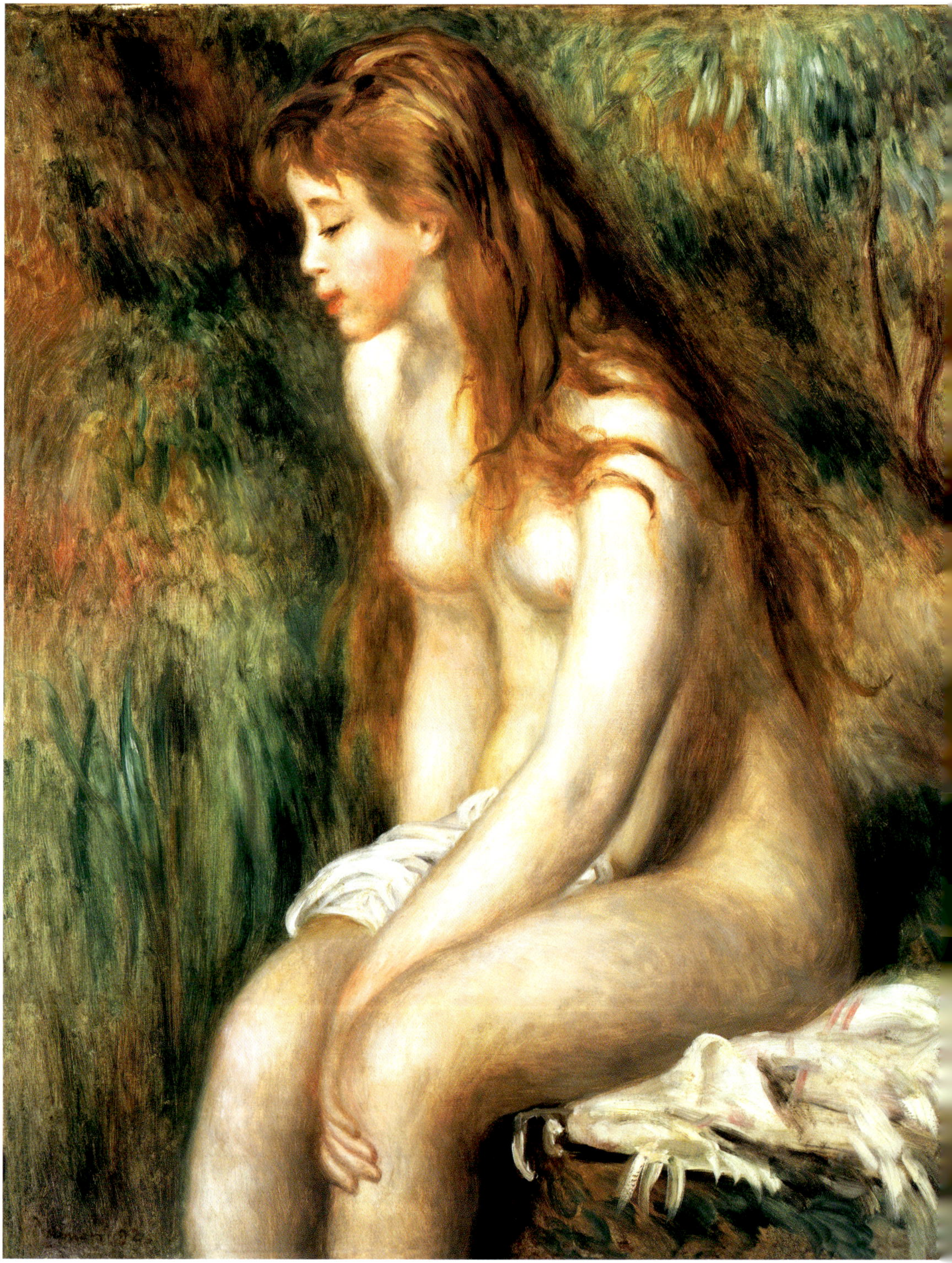

El estilo tardío

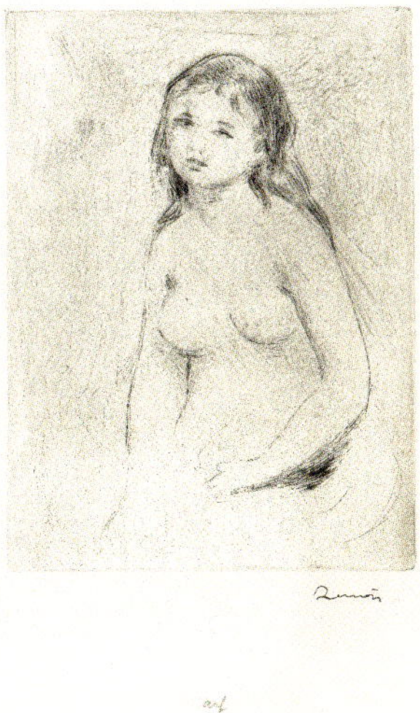

En realidad, un efecto florido lo produce toda la pintura de Renoir de los años que siguieron a la superación de su «período seco», desde 1888. Las vibrantes superficies pictóricas están llenas de un chisporroteo homogéneo de colores fuertes. Ya *Jovencita leyendo*, del museo de Fráncfort, evoca el recuerdo del tratamiento que el mismo tema había experimentado unos años antes (il. pág. 233). El hechizo óptico se ha vuelto aún más rico y sensual, pero el hombre, al que antes Renoir observaba en una situación nueva, envuelto en luz, se sumerge ahora en un mar de flores llenas de color y no se interesa en modo alguno por el individuo sino como portador de colores casi inmaterializados.

La belleza de las pinturas tardías estriba en la borrachera de color que se derrama por el lienzo con unas pinceladas relajadas y en una composición de movimiento curvilíneo, a menudo solo como el polvo delicado de las alas de una mariposa. La clara luz de la Provenza corre por los paisajes de nuestro pintor, haciendo que los colores se desplieguen en fantástica profusión, tanto si se trata de los cubos de las casas blancas, que Cézanne concebía de muy otra manera, como de los retorcimientos nudosos de los olivos, expresivamente dramatizados por Vincent van Gogh. En Renoir todo se convertía en un jardín de cuento de hadas envuelto de alegres armonías en rojo, amarillo, verde y azul, o en un tejido de inextricable esplendor decorativo.

Cuando pintaba a su prójimo en el entorno natural, lo asociaba con este por una semejante textura de color. Seguía teniendo la sensibilidad de los impresionistas hacia el matiz, hacia el atractivo de un movimiento desenvuelto impulsivo, sobre todo el ejecutado por una joven grácil. El cuadro de *Dos jóvenes al piano* (il. pág. 289), que Renoir pintó de varias formas, seduce por la naturaleza de las posturas y también de la mímica de las dos hermanas Lerolle que ensayan una nueva melodía (il. pág. 288). Pero la mímica aquí es lo de menos.

Las jóvenes que están sentadas en un prado y trenzan flores (il. pág. 281) son cifras de un panteísmo romántico que, fluyendo

PÁGINA ANTERIOR
Bañista joven, 1892
Óleo sobre lienzo, 81,3 x 64,8 cm
Nueva York, The Metropolitan Museum of Art, Robert Lehman Collection

ARRIBA
Bañista, 1906
Aguafuerte, 23,7 x 17,5 cm
París, Bibliothèque Nationale

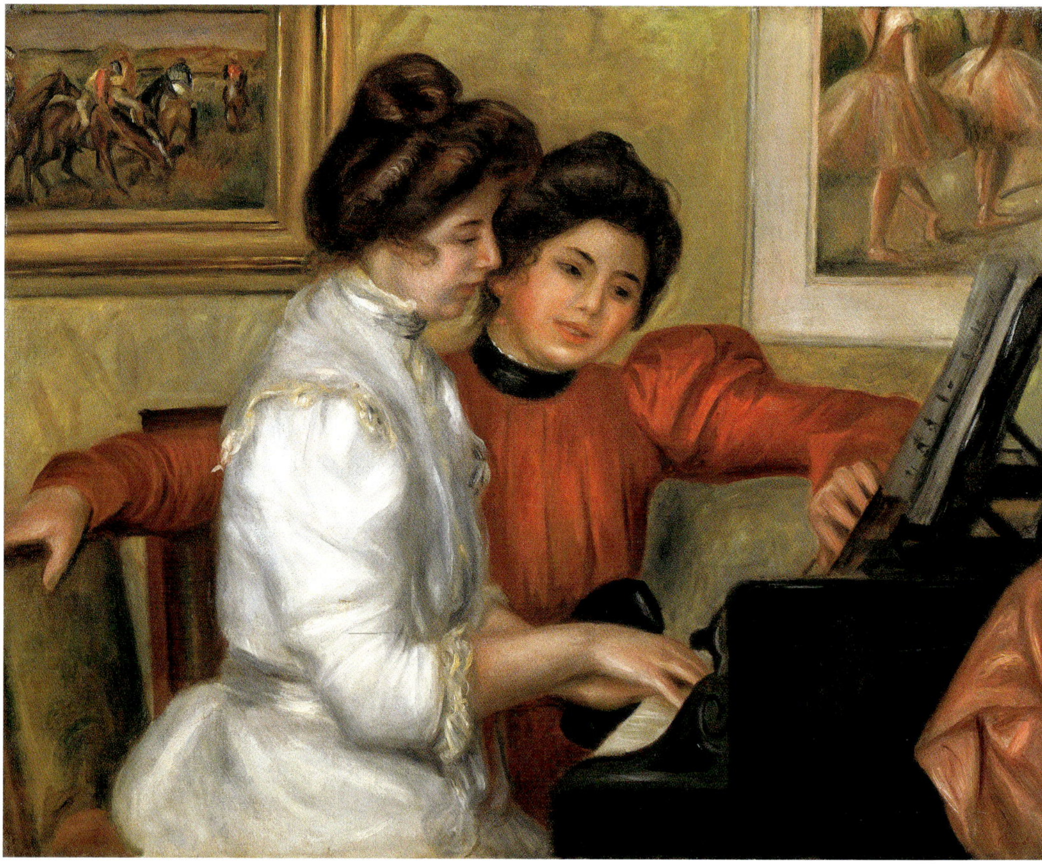

Yvonne y Christine Lerolle al piano, 1897
Óleo sobre lienzo, 73 x 92 cm
París, Musée de l'Orangerie

PÁGINA SIGUIENTE
Dos jóvenes al piano, 1892
Óleo sobre lienzo, 116 x 90 cm
París, Musée d'Orsay

como olas, mezcla hombre y naturaleza serenamente, y apenas ya son personas características de una época determinada, actuando y sintiendo en la naturaleza transida de sol, como había sido el caso en las representaciones de los años setenta y primeros de los ochenta.

La relación del pintor con respecto a los individuos «sencillos», no solo inalterada, sino incluso fijada por la simpatía, se exteriorizó en una serie de cuadros que muestran criadas lavando la ropa en el arroyo (il. pág. 284). La belleza de sus formas y movimientos le parecía connatural; no iba con Renoir la seriedad con que había representado Daumier el pesado trabajo de las lavanderas unos decenios antes.

En los cuadros ya no hay por lo general una composición psíquica, e incluso la composición de las figuras se ha empobrecido en intensidad, puesto que se ha diluido el ritmo de los acentos cromáticos de los objetos, esparciéndose por la superficie del cuadro independientemente de los objetos como una muestra que fuera criatura de la fantasía. Unas motas de luz en la hierba o en las cosas dimanan de los resultados de una más exacta observación de la realidad cromática, que veinte años antes habían horrorizado a los críticos; pero no están aquí ya para reflejar lo más verosímilmente posible la realidad objetiva, sino que se han convertido en juguete de las ensoñaciones cromáticas subjetivas. Recordemos que las obras del último decenio y medio de la producción de Renoir fueron contemporáneas de los expresivos cuadros de los llamados *fauves* del círculo de Henri Matisse (quien visitó a

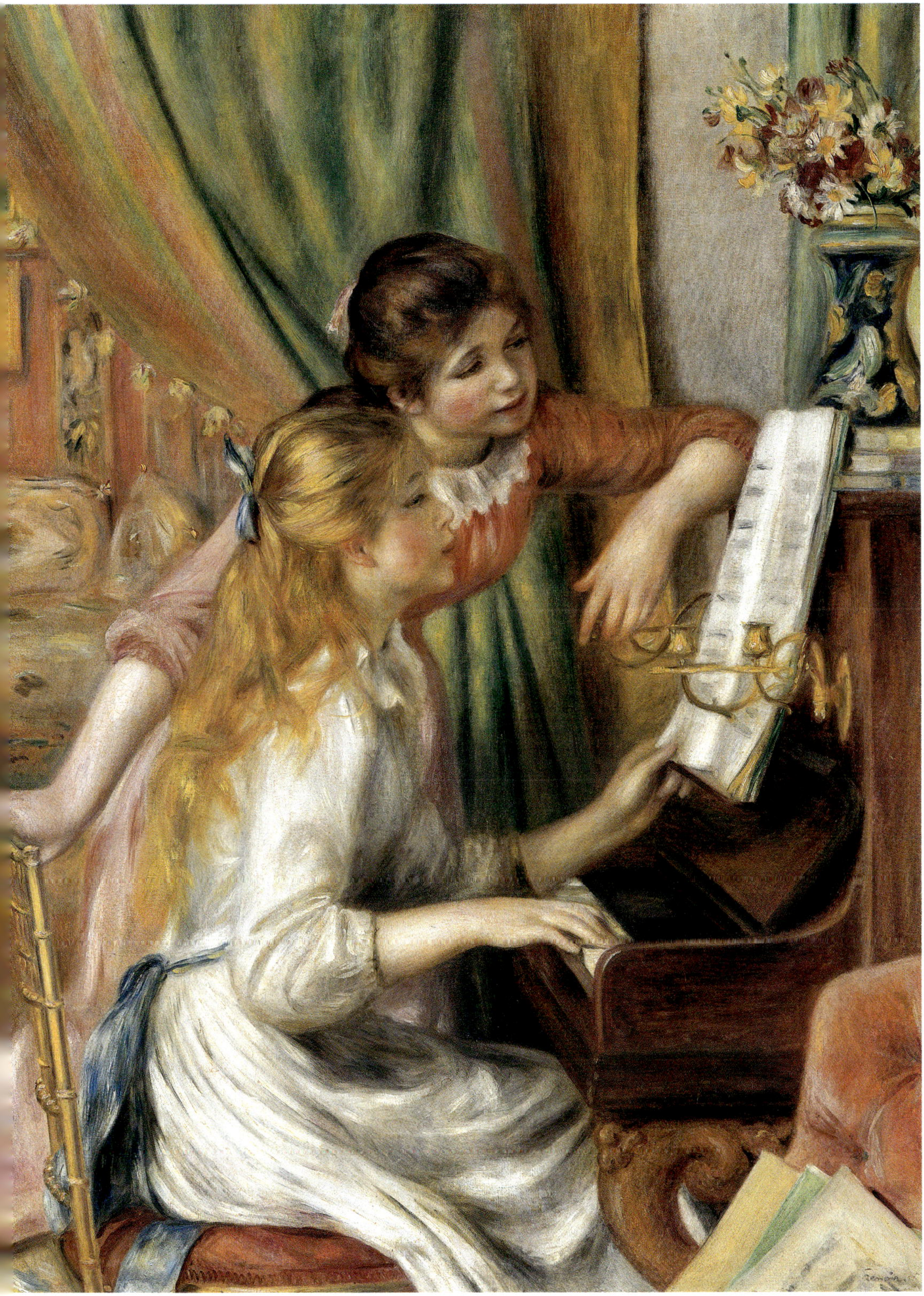

Renoir en Cagnes poco antes de su muerte), del nacimiento del cubismo de Picasso y Georges Braque y de la pintura inconcreta «absoluta» de Wassily Kandinsky.

Los retratos de Renoir perdieron en la época tardía la mayor parte del atractivo psicológico. Algunos defraudan por el vacío de los rostros, si bien en algunos es evidente el esfuerzo emprendido por Renoir muchos años atrás por una individualización conveniente. Los más hermosos son los cuadros que en su embelesamiento de padre pintó de su último hijito Coco (il. pág. 295). Lo describió creciendo bajo los cuidados de la criada Gabrielle, comiendo de la mano de esta, emprendiendo sus primeros garabatos y desplegando todo el encanto seductor de un duendecillo mimado de rizos rubios. El aspecto florido que un niño posee por naturaleza es lo más conseguido.

Junto a ello sobresalen los retratos o estudios de Gabrielle (il. pág. 294). Alguna que otra vez la vemos en su laboriosidad sencilla y rigurosa representada por el pintor con quietud, sobriedad y agradecimiento. Pero por lo general Renoir la transfigura retratándola con flores o alhajas, mediante vestidos vaporosos, abiertos y con una gracia de movimientos que quizá la joven nunca tuvo en la realidad. Más que copiar exactamente sus modelos, Renoir se dejaba inspirar por ellos. Las situaciones de la mujer arreglándose y peinándose, todas las escenas íntimas del aseo son ahora más sencillas que en los primeros tiempos, sin complicados efectos de luz, sin movimientos caprichosos. Montaba en el formato del cuadro gestos universalizados, tranquilos, por así decirlo, eternos sin aquellas interferencias y tensiones que tanto le habían gustado en los años setenta, apartándolos de la banalidad con las fórmulas de encantamiento de sus fantasías cromáticas. Ya no los sentimos como hábitos cotidianos, sino como ritmos libres de canciones líricas. Cierta traza de música, de danza, desde luego solamente de una manera suave y armónica, le vino en sus motivos. En el verano de 1909 hizo que Gabrielle y otra modelo frecuentemente requerida por él posaran con vestidos orientales, que otra vez recuerdan a las argelinas de Delacroix, como bailarinas con pandereta y castañuelas, representaciones que habían de decorar el comedor del coleccionista parisino Maurice Gangnat (il. pág. 293).

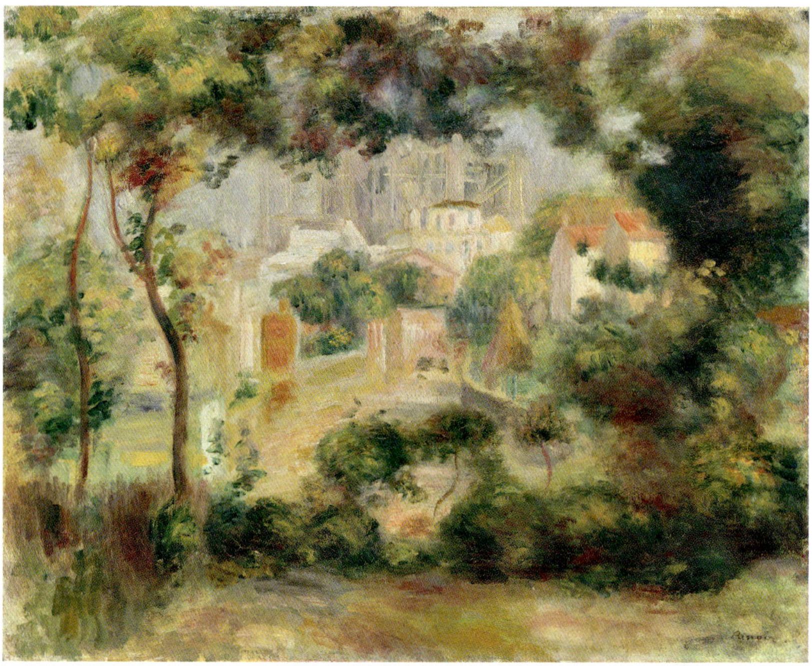

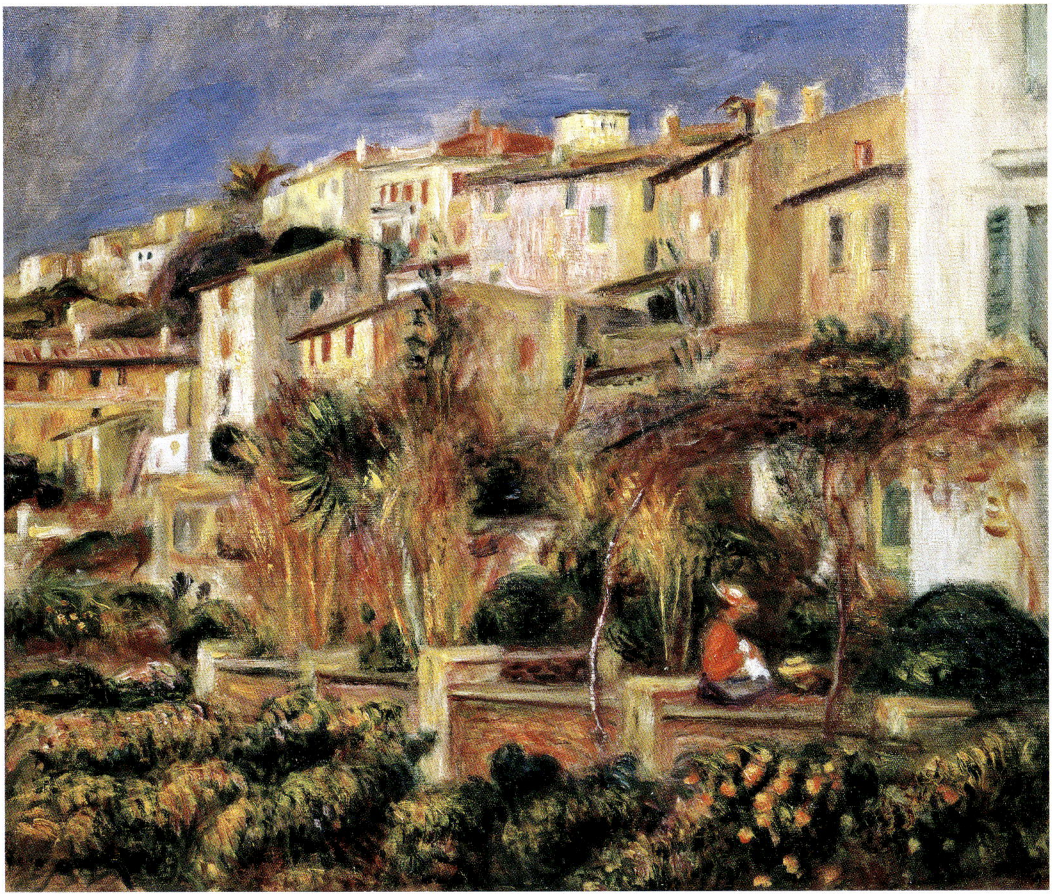

Terraza en Cagnes, 1905
Óleo sobre lienzo, 45,3 x 54,3 cm
Tokio, Bridgestone Museum of Art

PÁGINA ANTERIOR
Vista de las obras de Sacre-Cœur, 1896
Óleo sobre lienzo, 32,6 x 41,2 cm
Múnich, Neue Pinakothek

Los desnudos de muchachas se convirtieron tras los años del «período seco» en el motivo preferido por Renoir. En gran medida, estos desnudos han marcado el concepto de su obra pictórica en la posteridad, después de que el observador se hubiera acostumbrado al colorismo porcelanesco de las obras de los primeros años noventa y el rosa fresa de los últimos trabajos. Se suele olvidar fácilmente que en la producción del período genuinamente impresionista, en los años setenta, los desnudos estuvieron completamente en un segundo plano con respecto a las escenas de la vida burguesa. Pero Renoir abandonó el objetivo realista de estos mismos cuadros, como la mayoría de los pintores franceses contemporáneos, para crear en un ámbito del arte puro, alejado de la contradictoria vida de la sociedad.

Esas jóvenes suyas que se mueven en inocente desnudez, representadas casi todas al aire libre (compárense las il. págs. 282, 283 y 286), no pueden negar, por la estatura y rostro, que son jóvenes francesas con el tipo determinado que el artista prefería para sus modelos. No intentaba revivir las reglas clasicistas de la proporción y construir pseudoantiguas y esbeltas figuras ideales en el sentido de la tradición académica. Para su canon de la belleza era decisivo un cuerpo relleno, redondeado y de anchas caderas. Renoir seguía en inmediato contacto sensitivo con la naturaleza, sin perder pie en la realidad, como muchos pintores contemporáneos. Pero era la suya una

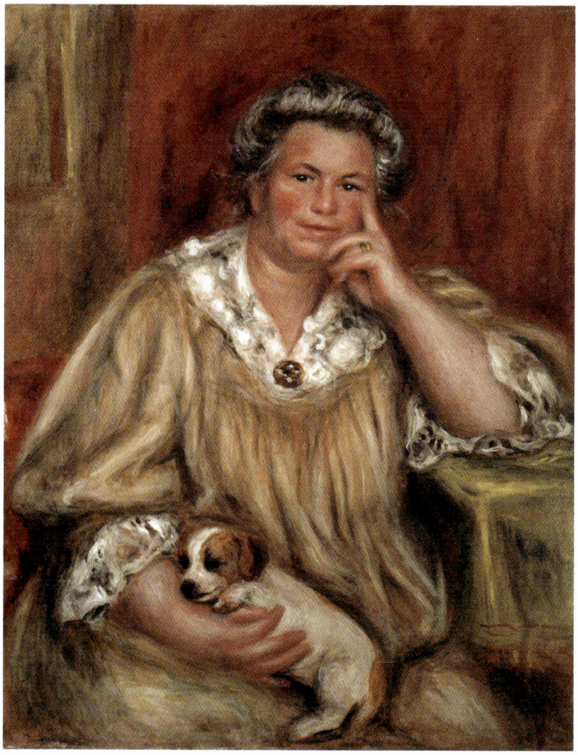

realidad que se reducía a la forma sensiblemente observada del individuo, mejor dicho, del cuerpo. Solo pintaba el cuerpo de las jóvenes.

La joven y la mujer eran para él seres exclusivamente animales, que actuaban por instinto. La concepción de la mujer como un ser por lo general más estúpido e instintivo dominaba en la sociedad de entonces, y la consideración biológica, puramente derivada de las ciencias naturales, sobre la persona humana había triunfado gracias a los filósofos positivistas y a los escritores naturalistas ya al principio del impresionismo. Pero ahora esta animalización se evidenció cada vez con más claridad. Las jóvenes de Renoir tienen tanta «alma» como es expresada por sus cuerpos. No poseen espíritu, intelecto, ni siquiera la conciencia de individuos socialmente actuantes. Eran para el pintor como hermosos animales o como flores y frutas en su espléndida plenitud. Utilizaba a sus criadas al mismo tiempo como modelos, y todo lo que pedía era «que su piel reciba bien la luz». Lo más bello en una mujer le parecía —lo dijo él mismo sin rodeos— el trasero, aunque en otra ocasión expresó su criterio de que si Dios no hubiera creado los senos de la mujer, él no se habría hecho pintor. Alabar y enaltecer esos atractivos corporales constituyó el sentido principal de su producción artística tardía. Lo hacía sin el menor asomo de lascivia, con una —perdonando la paradoja— casta sensibilidad, que tiene en sí misma algo animal, ingenuamente natural.Manifestaba en sus cuadros una relación estética con la desnudez, relación que puede llamarse clásica, porque de hecho aparece cultivada por vez primera en las obras de la antigüedad griega. Su clasicismo, sin embargo, se limitaba a este campo, al intento ansioso de alcanzar la belleza de la persona humana en una Arcadia eterna, inundada de sol.

A veces estaba copiando claramente las conocidas posturas de las representaciones griegas de Venus; en otros casos reflejaba a sus modelos de manera completamente natural, con un carácter la mayoría de las veces algo ensoñador, con sus cuerpos pesados de pechos firmes y pequeños y hombros redondeados, de diminutas cabecitas esféricas, ojos brillantes y bocas de grandes labios. Su tez la pintaba Renoir a comienzos de los noventa de un modo llamado «nacarado» con sombras de un gris plata, y después en tonos de un brillo más cálido.

Justo al final de su vida los desnudos de Renoir toman realmente la dignidad y la grandeza de los antiguos, como, por ejemplo, la *Bañista sentada*, de 1914 (il. pág. 297). Su colorismo (un rojo fresa

ARRIBA
La señora Renoir, hacia 1910
Óleo sobre lienzo, 81,2 x 65 cm
Hartford, Connecticut, Wadsworth Atheneum, The Ella Gallup Sumner and Mary Catlin Sumner Collection Fund

PÁGINA SIGUIENTE IZQUIERDA
Bailarina con pandereta, 1909
Óleo sobre lienzo, 155 x 64,8 cm
Londres, The National Gallery

PÁGINA SIGUIENTE DERECHA
Bailarina con castañuelas, 1909
Óleo sobre lienzo, 155 x 64,8 cm
Londres, The National Gallery

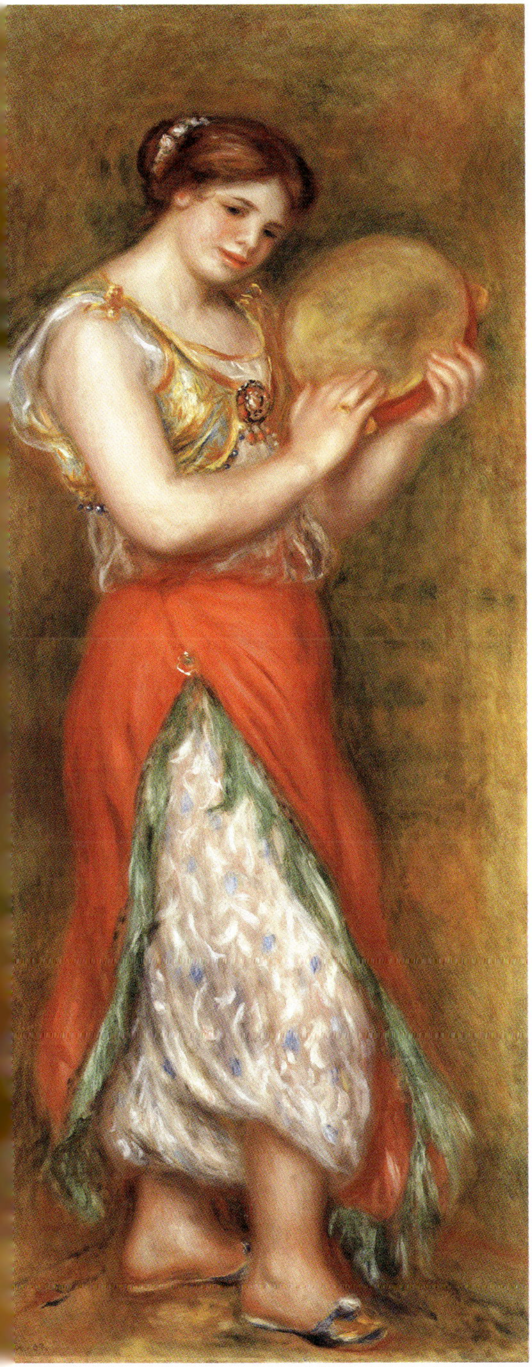
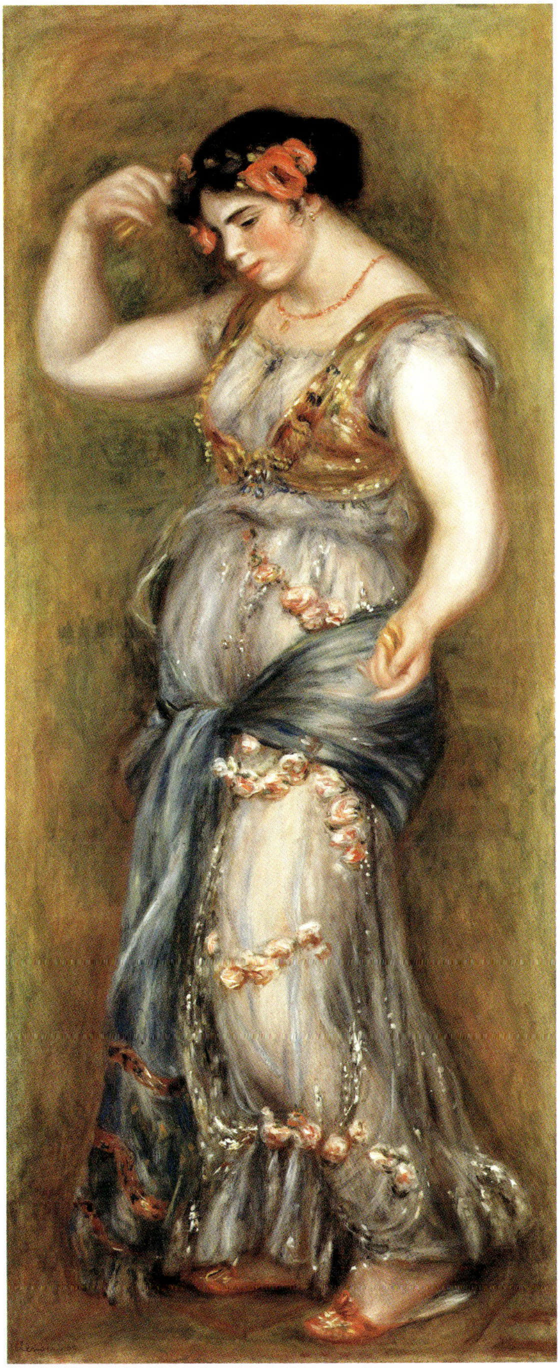

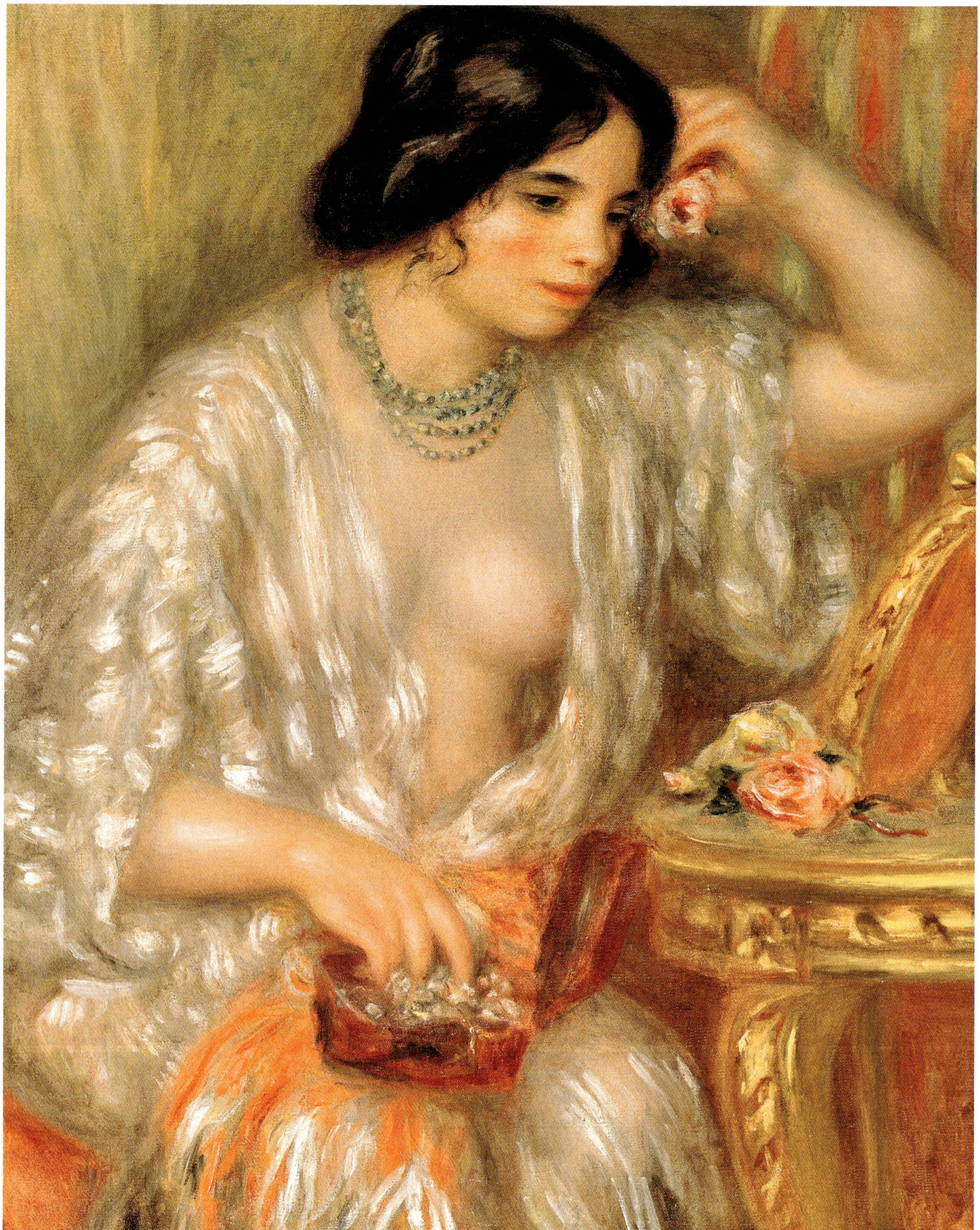

Gabrielle con el joyero, hacia 1910
Óleo sobre lienzo, 82 x 65,5 cm
Colección particular

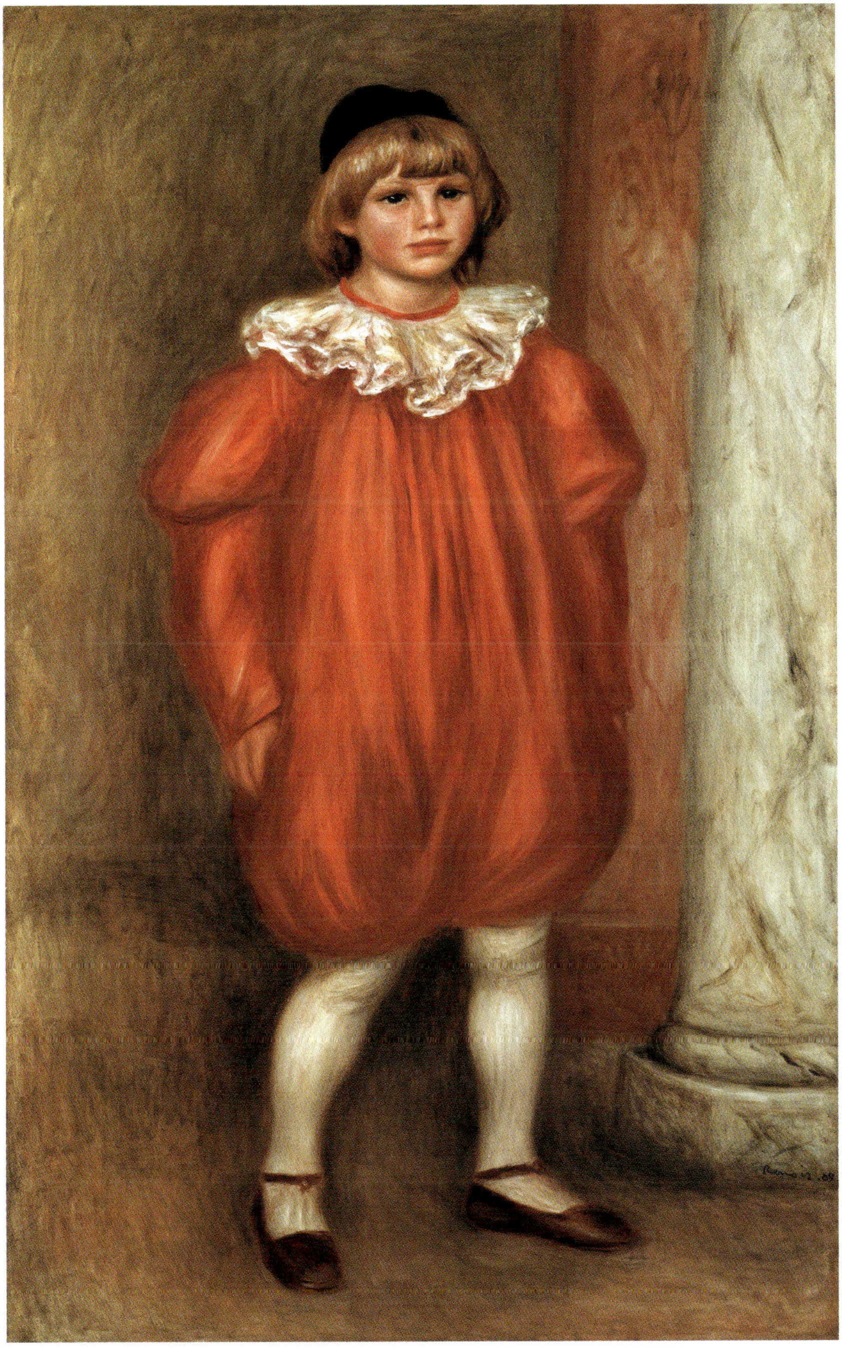

El payaso (Claude Renoir), 1909
Óleo sobre lienzo, 120 x 77 cm
París, Musée de l'Orangerie

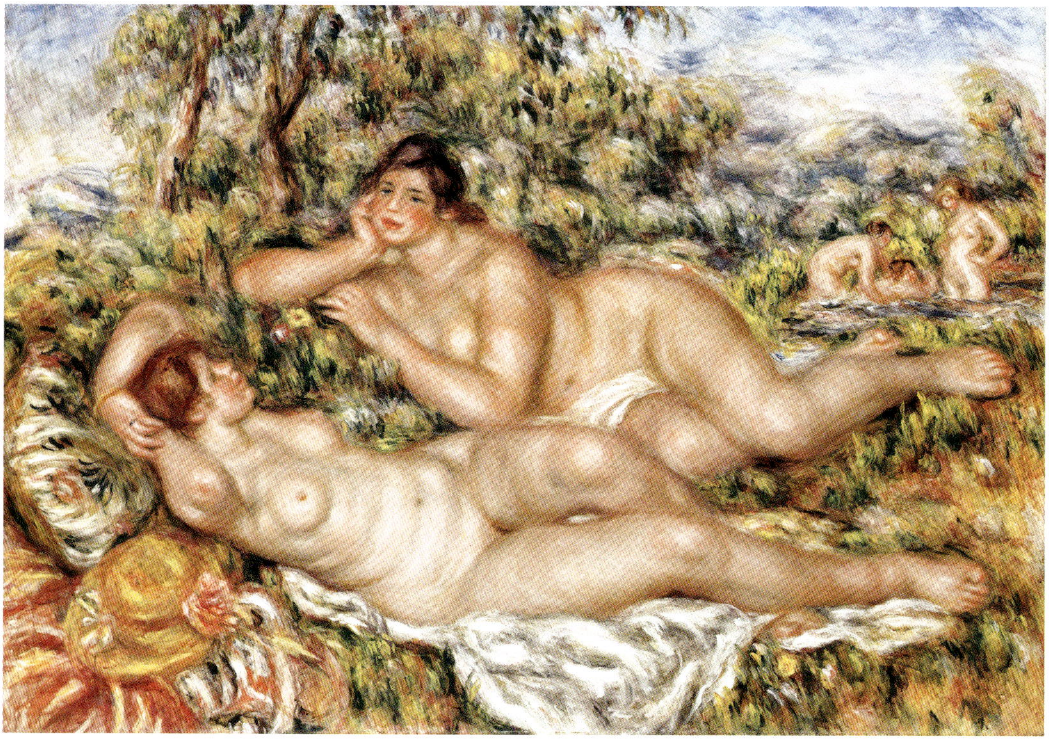

Descanso tras el baño, 1918/19
Óleo sobre lienzo, 110 x 160 cm
París, Musée d'Orsay

PÁGINA SIGUIENTE
Bañista sentada, 1914
Óleo sobre lienzo, 81,1 x 67,2 cm
The Art Institute of Chicago, Mr. and Mrs. Lewis Larned Coburn Endowment

de brillantes tonos lilas, embutido en orgías de verde, amarillo y azul) es a menudo demasiado fuerte; su carne se nos aparece a veces casi intolerablemente fofa y opulenta, como una visión febril del lisiado y esqueléticamente delgado hombre que la pintaba; pero esas imágenes no solo retoman en algunos pocos casos motivos de actitudes de esculturas griegas, sino que tienen el brío natural y la serena autenticidad de sus comedidos movimientos, que las convierten en diosas terrenales. Un maravilloso bronce, modelado para él por Guiñó, la figura de una mujer que camina y sonríe conocedora del poder de su cuerpo, recibió el nombre de *Venus Victrix*: la diosa del amor como vencedora.

Examinado en un sentido más profundo, este nombre puede titular toda su obra. Renoir era un hombre sencillo y bondadoso. No encontraba apego alguno a los hombres que ya en su tiempo querían levantar un mundo tan hermoso y puro como el que él mismo revelaba en todos sus cuadros sobre unos cimientos más sólidos y racionales que el mero culto de la belleza perceptible por los sentidos, y por ello cuestionaban el mundo burgués de nuestro artista. No quería ser un revolucionario. En busca de nuevas y eternas bellezas fue capaz de ver y plasmar siempre solo una parte de la verdad. Pero no mintió nunca, y tampoco sobrevaloró nunca su yo hasta el punto de quedar deformadas las proporciones de la realidad a su alrededor. Su arte no humilló ni ofendió nunca al hombre. Amaba a los hombres, la luz, la naturaleza interminable. En una época en que se extendían en torno a él la angustia existencial, la desazón con el mundo burgués y la desesperación, jamás dejó Renoir de formular en sus cuadros la posibilidad de una vida en felicidad y armonía.

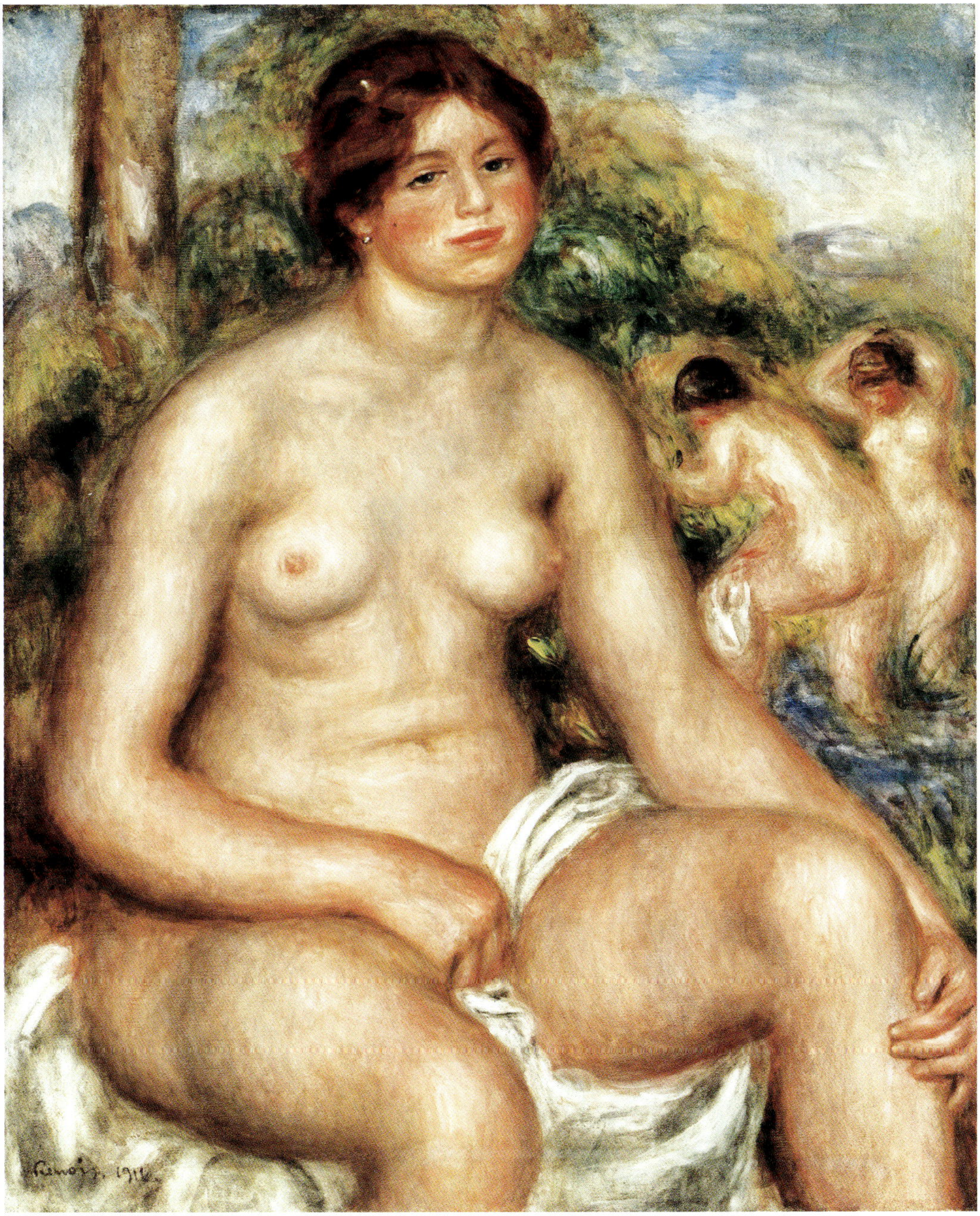

«En el arte, como en la naturaleza, lo que consideramos novedad no es en el fondo sino una continuación más o menos modificada de lo antiguo».

PIERRE-AUGUSTE RENOIR

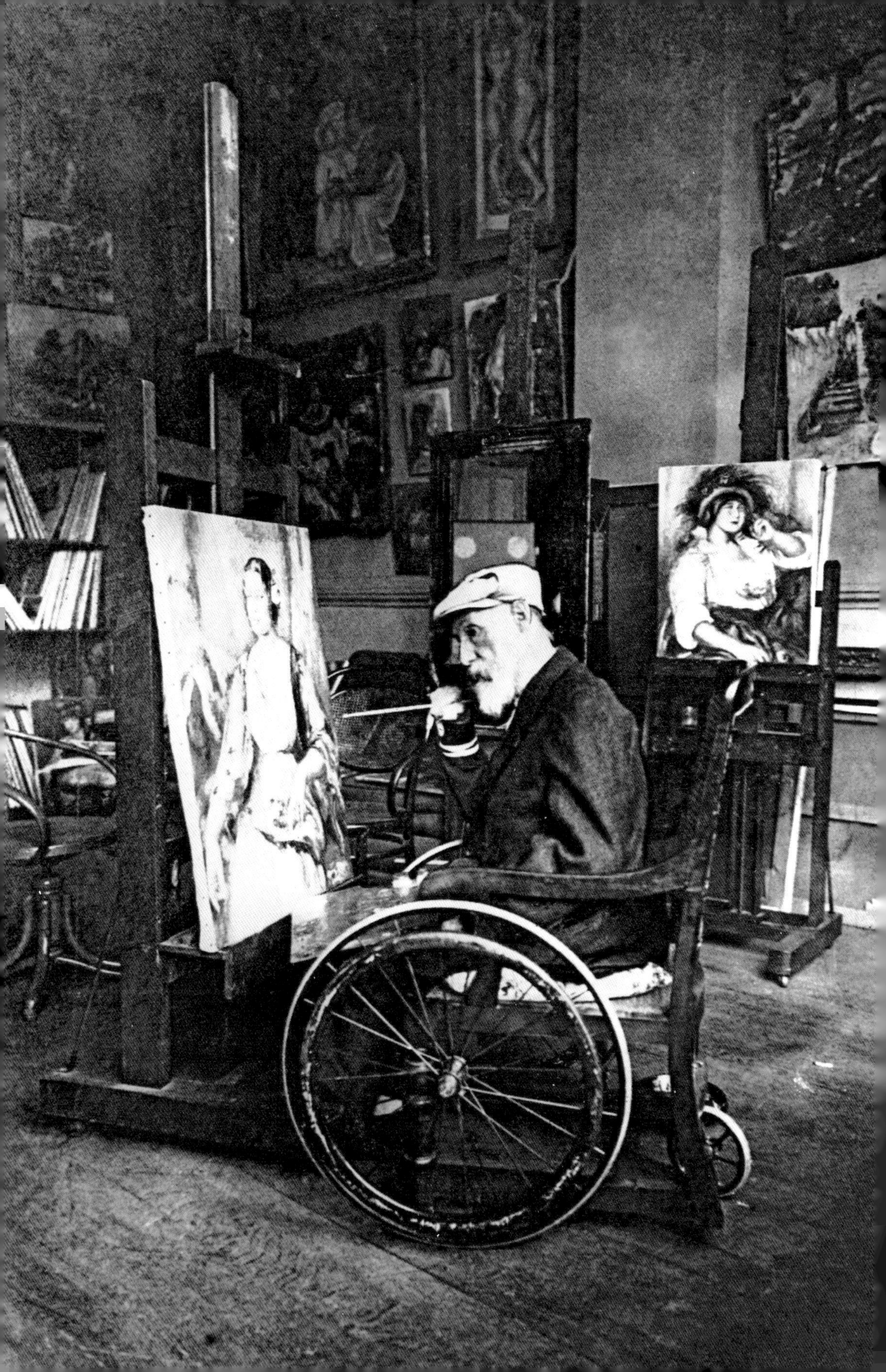

Pierre-Auguste Renoir 1841-1919
Vida y obra

1841 Pierre-Auguste nace en Limoges el 25 de febrero, sexto de los siete hijos del sastre Léonard Renoir (1799-1874) y su mujer Marguerite Merlet (1807-1896).

1844 La familia se traslada a París.

1848-1854 Asiste a una escuela católica.

1849 Nacimiento de su hermano Edmond Victoire.

1854-1858 Aprendizaje como pintor de porcelanas; decora platos y jarras con flores; posteriormente también retratos. Además, por la tarde, sigue cursos de dibujo en una escuela.

1858 Debe dejar la pintura de porcelana tras el hallazgo del grabado mecánico de porcelanas. Decora abanicos y colorea escudos para su hermano Henri, que trabaja como grabador; después también cortinas transparentes para un taller de decoración. Gana mucho, ya que trabaja diez veces más rápido que los demás.

1860 Se le permite el acceso al Louvre como copista; estudia a Rubens, Fragonard y Boucher.

PÁGINA ANTERIOR
Renoir pinta en su estudio, Cagnes-sur-mer, 1914

1862-1864 Estudia en la École des Beaux-Arts y en el taller de Gleyre; allí conoce a Monet, a Sisley y a Bazille.

1863 Comienza a pintar al aire libre con Sisley, Monet y Bazille en el bosque de Fontainebleau. Se encuentra con Pissarro y Cézanne.

1864 Decide trabajar por su cuenta como pintor y alquila un estudio, mientras la familia se muda a Ville-d'Avray. La pintura *Esmeralda, bailando con su cabra* es aceptada en el Salón; la destruye después de la exposición.

1865 Pinta con Sisley, Monet y Pissarro en el bosque de Fontainebleau. Se traslada al estudio de Sisley. Navega por el Sena hasta Le Havre. Se encuentra con Courbet, a quien admira. Conoce en Marlotte a Lise Tréhot, que se convierte en su modelo.

1866 Vive por temporadas en Marlotte y en París. Se traslada al estudio de Bazille, al casarse Sisley. Es rechazado por el Salón, pese a estar recomendado por Corot y Daubigny. Pinta en Marlotte *La hostería de «Mére» Anthony*.

1867 Monet se traslada también a casa de Bazille. *Diana* no es aceptada por el Salón. Protesta con Bazille, Pissarro y Sisley y promueve un *Salon des réfusés*

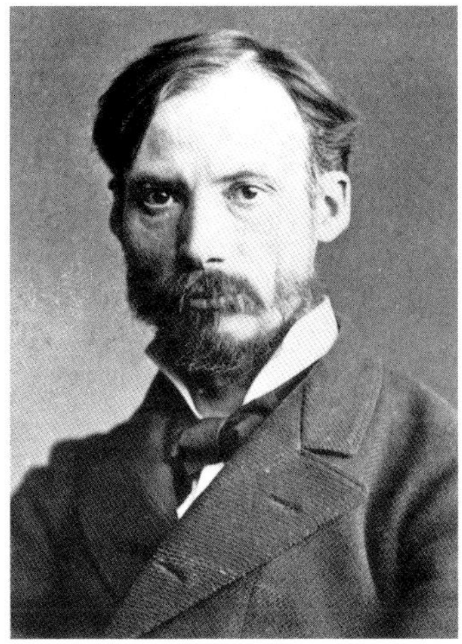

Renoir, hacia 1875

(Salón de los rechazados). Pinta *Lise con sombrilla*.

1868 El príncipe Bibesco le encarga dos pinturas. Pinta *Los novios*. *Lise* es expuesta en el Salón, donde el cuadro no pasa desapercibido. Verano con Lise en casa de los padres. Frecuenta el café Guerbois, donde se encuentra con Manet y Degas.

1869 Expone con Degas, Pissarro y Bazille en el Salón. Los padres se mudan a Voisins-Louveciennes; pasa allí el verano con Lise.
Visita casi diariamente a Monet en Saint-Michel, cerca de Bougival; pinta con él y lo ayuda.
Primeros paisajes «impresionistas»; *La Grenouillère*.

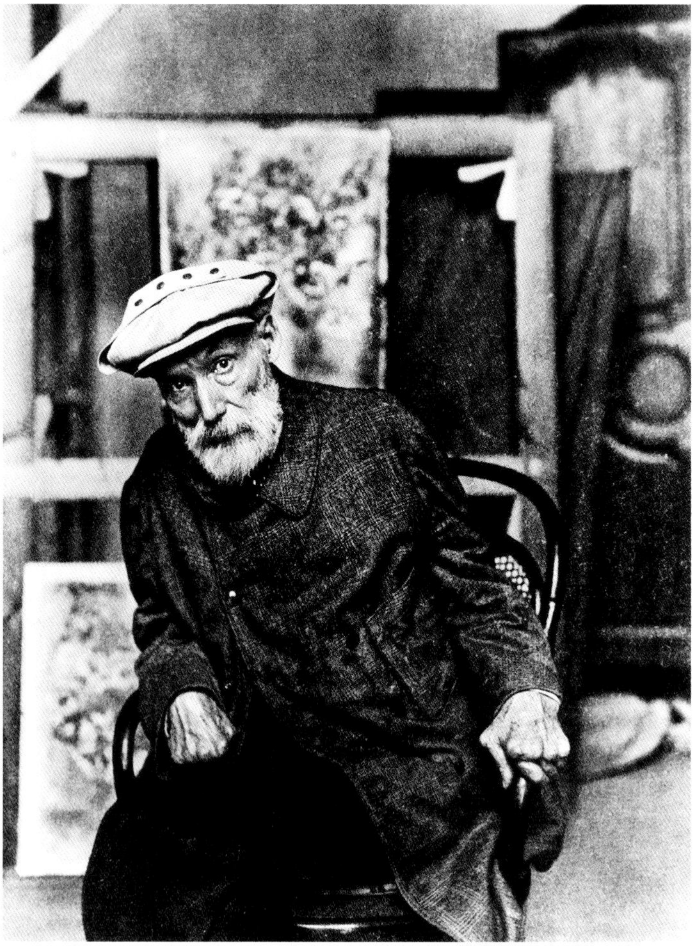

Renoir en su estudio, 1912

1870 Movilizado desde julio hasta marzo del año siguiente en el regimiento de cazadores de Burdeos. Bazille cae en la guerra.

1871 Vuelta a París durante la Comuna. Pinta vistas de la ciudad; después, en casa de sus padres y en Bougival.

1872 El marchante Durand-Ruel le compra dos cuadros. Lise se casa. Firma con Manet, Pissarro y Cézanne un escrito pidiendo al Ministerio de Cultura el «Salón de los rechazados». Durante el período de verano pinta con Monet en Argenteuil.

1873 Encuentro con el escritor Duret en el estudio de Degas; Duret le compra *Lise con sombrilla*. Alquila un estudio más espacioso en Montmartre. Pinta en verano y otoño con Monet en Argenteuil. Fundación de una asociación independiente de artistas, a la que pertenecen entre otros Cézanne, Pissarro y Sisley.

1874 Primera exposición de los «impresionistas» (denominación despectiva del crítico Leroy en el *Charivari*) en el estudio del fotógrafo Nadar; vende tres cuadros, entre ellos *El palco*. Visita a Monet en Argenteuil; allí se encuentra también con Manet y Sisley.

1875 Organiza una subasta de cuadros con Morisot, Sisley y Monet en el Hotel Drouot, en la que se llega a riñas y escenas de indignación; consigue solo 2254 francos por 20 cuadros. Conoce al coleccionista Chocquet, así como a otros acomodados hombres de negocios y banqueros, que compran o encargan cuadros. Pasa el verano en Chatou. Pinta *Torso de mujer al sol*.

1876 Muestra 15 cuadros en la segunda exposición de los impresionistas. Conoce a la familia del editor Charpentier, que le encarga cuadros. Visita al poeta Daudet en Champrosay. Pinta *Le Moulin de la Galette* y *El columpio*.

1877 Expone 22 cuadros con los impresionistas. Organiza con Caillebotte, Pissarro y Sisley la segunda subasta en el Hotel Drouot; consigue 2005 francos por 16 cuadros.

1878 Otra vez representado en el Salón, después de mucho tiempo. Vende en la subasta de Hoschédé tres cuadros por 157 francos. Pinta *La señora Charpentier con sus hijas*.

1879 Al igual que Cézanne y Sisley, no toma parte en la cuarta exposición de los impresionistas. Éxito de *La señora Charpentier* en el Salón. Primera exposición individual en los locales de la revista *La Vie moderne*. Verano en Wargemont (Normandía); pinta señoras y niños en la playa.

1880 Se fractura el brazo derecho y pinta con la mano izquierda. Protesta con Monet por haberse expuesto mal sus cuadros en el Salón. Primera duda sobre su propia pintura. Verano en Wargemont. Con Aline Charigot, después su mujer, en Chatou. El financiero Cahen d'Anvers encarga retratos de sus hijas.

1881 En primavera, viaje con amigos a Argelia. En abril en Chatou; visita de Whistler. Pinta *El almuerzo de los remeros* con los retratos de sus amigos. Otoño-invierno viaje por Italia; entre otras ciudades visita Venecia, Florencia, Roma y Nápoles.

1882 A su vuelta visita a Cézanne en L'Estaque; pinta paisajes y enferma de pulmonía. Durand-Ruel presenta 25 cuadros suyos en la séptima exposición de los impresionistas. En marzo-abril viaja a Argelia para restablecerse. Verano en Wargemont y Dieppe.

1883 Inicio del llamado «período seco». En abril, importante exposición individual organizada por Durand-Ruel, con 70 cuadros. Exposiciones en Londres, Boston, Berlín. Verano en Etrétat, Dieppe, Le Havre, Wargemont, Tréport. Con Aline en las islas del Canal. Termina la serie de los tres cuadros de «Baile». Con Monet en busca de motivos en el Mediterráneo entre Marsella y Génova; visita a Cézanne.

1884 Reside alternativamente en París y Louveciennes al enfermar su madre. Planea una nueva asociación de pintores. Con Aline en Chatou. Viajes a La Rochelle para estudiar los paisajes de Corot.

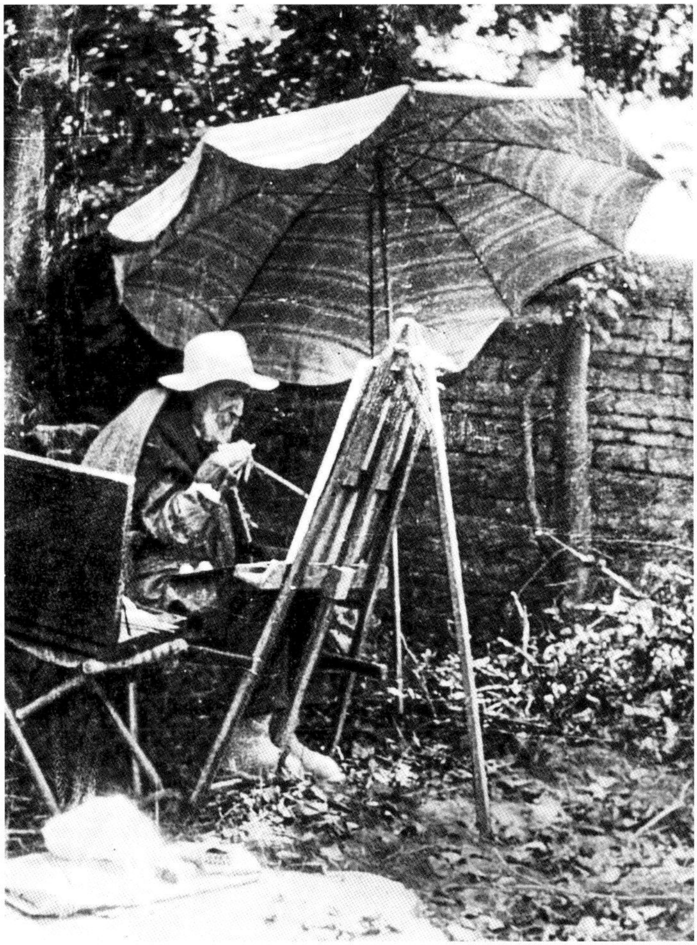

Renoir sostiene el pincel con ambas manos, hacia 1916/17

1885 Nacimiento de su hijo Pierre el 23 de marzo. Vacaciones prolongadas con Aline en La Roche-Guyon; Cézanne los visita. Otoño en Essoyes, la patria de Aline. Pinta con más frecuencia *Bañistas*. Ataques de depresión.

1886 Con 8 cuadros en la exposición de los *Vingt* en Bruselas, con 32 en Nueva York; buenas ventas. Verano con Aline y Pierre en Roche-Guyon, después en Dinard (Bretaña). En octubre destruye todos los cuadros de los dos últimos meses. Durand-Ruel rechaza su nuevo estilo. Diciembre con la familia de Aline en Essoyes.

1887 Termina *Las grandes bañistas*. Amistad con Morisot.

1888 Visita a Cézanne en Aix; parte antes de tiempo a Martigues. Trabaja en el verano en Argenteuil y Bougival. Desde otoño en Essoyes. En diciembre ataque de reuma y parálisis facial.

1889 Debe protegerse del frío; trabaja la mayor parte del tiempo en Essoyes. En verano, con la familia en Montbriant; visita a Cézanne en Aix. Rehúsa participar en la exposición universal de París. Depresiones, dudas acerca de su propio trabajo.

1890 Expone nuevamente con los *Vingt*. Primer aguafuerte. Se casa con Aline, la madre de Pierre, el 14 de abril. Se muda a la rue Girardon, en Montmartre. Julio en Essoyes. Visita a Morisot en Mézy.

1891 Viajes a Toulon, Tamaris-sur-Mer, Lavandou y Nîmes. En verano, en Mézy. Durand-Ruel compra los tres cuadros del *Baile* por 7 500 francos cada uno.

1892 Durand-Ruel presenta la mayor retrospectiva con 110 cuadros; primera compra por parte del Estado francés; desde entonces, libre de apuros económicos. Viaje a España con el editor Gallimard; admira a Tiziano, Velázquez y Goya en El Prado. Con la familia en Bretaña; visita la colonia de artistas de Pont-Aven.

1893 Busca sol y calor en el Mediterráneo. Junio en casa de Gallimard en Deauville. Agosto con la familia en Pont-Aven.

1894 Muerte de Caillebotte; Renoir actúa como albacea; museos sin interés por la importante colección de impresionistas legada por Caillebotte. Gabrielle Renard, prima de Aline, entra como niñera, permaneciendo hasta 1914 y convirtiéndose en la modelo preferida. 15 de septiembre: nacimiento de su hijo Jean, que se convertirá en destacado director de cine. Primeros contactos con el marchante Vollard. La gota lo obliga a andar con bastones; intenta curarse en balnearios.

1895 Huye del frío de París a la Provenza. Regreso para el entierro de Morisot. Verano con la familia y Gabrielle en Bretaña. En invierno, ruptura con Cézanne.

1896 Visita los festivales de Bayreuth; la música de Wagner lo aburre. Visita Dresde. Muerte de su madre el 11 de noviembre con 89 años.

1897 La colección de Caillebotte es aceptada por los museos. Verano en Essoyes; cae de la bicicleta y se fractura el brazo derecho.

1898 Verano en Berneval. Compra casa en Essoyes. Viaje a Holanda; Vermeer lo impresiona más que Rembrandt. Un grave ataque de reuma en diciembre le paraliza el brazo derecho.

1899 Invierno en Cagnes y Niza. Pinta de nuevo al aire libre. Verano en Saint-Cloud y Essoyes; a continuación cura termal en Aix-les-Bains. Riñe con Degas.

1900 Enero en Grasse. Cura antirreumatismo en Aix-les-Bams. Participa en esta ocasión con 11 cuadros en la exposición universal de París. Es nombrado Caballero de la Legión de Honor. Las dolencias reumáticas aumentan; manos y brazos se deforman.

1901 Nueva cura en Aix. Verano en Essoyes; allí nace el 4 de agosto el tercer hijo, Claude, llamado «Coco».

1902 Se traslada con Aline, Jean y Claude a una villa junto a Cagnes. Agranda la casa de Essoyes. La enfermedad se agrava; el ojo izquierdo se debilita, a lo que se añade una bronquitis.

1903 A causa de la enfermedad pasa en adelante el invierno junto al Mediterráneo y el verano en París y Essoyes. Irritado por la falsificación de sus cuadros.

1904 Pinta en el caballete pese a fuertes dolores. Verano con la familia en Bourbonne-les-Bains para tomar aguas. Éxito triunfal en el Salón de otoño (35 cuadros) le anima de nuevo.

1905 Se establece definitivamente en Cagnes por el clima. Expone 59 cuadros en Londres. Aumenta sin cesar el número de sus admiradores. Expone como presidente de honor en el Salón de otoño.

1906 Pinta según modelos, principalmente Gabrielle. Se encuentra con Monet en París.

1907 El Metropolitan Museum de Nueva York compra su cuadro *La señora Charpentier y sus hijas* en subasta por 84 000 francos. Renoir compra en Cagnes la finca *Les Colettes* y construye allí una casa, adonde se traslada en 1908.

1908 Animado por Maillol y Vollard, realiza dos esculturas de cera. Visita de Monet.

1909 Sigue pintando pese a sus padecimientos. Termina en verano en Essoyes las dos *Bailarinas*. Claude posa como payaso.

1910 Se hace construir en Cagnes un caballete portátil, para facilitar su trabajo. Tras una pequeña mejora viaja con la familia a Wessling, junto a Múnich, para pintar a la familia Thurneyssen; ve los cuadros de Rubens en la Pinacoteca. A su regreso, parálisis de las dos piernas.

1911 Atado a una silla de ruedas; para pintar hace que le sujeten el pincel con cintas en la mano entumecida. Es nombrado Oficial de la Legión de Honor. Aparece la monografía de Renoir por Meier-Graefe.

1912 Alquila estudio en Niza. Un nuevo ataque le provoca parálisis también en los brazos; cae en la depresión, al no poder ya pintar. Breve mejora gracias a un médico vienes. Operación. Precios altos en subastas.

1913 Trabaja con Guiñó, discípulo de Maillol, en esculturas. Renoir «dicta» las formas, que Guiñó ejecuta con sus manos sanas.

1914 Visita de Rodin. Pierre y Jean son movilizados y heridos en la guerra; tiempos de adversidad para Aline y Renoir. Gabrielle se casa y deja Cagnes.

1915 Jean de nuevo gravemente herido. Aline muere el 27 de junio en Niza a la edad de 56 años y es enterrada en Essoyes. Renoir hace que lo lleven junto al caballete cada mañana y sigue trabajando. Manda construir un estudio-jardín en Cagnes, para pintar como al aire libre.

1916 Aunque casi no duerme de noche, revive en el trabajo. Se lleva a Guiñó a Essoyes.

1917 La National Gallery de Londres cuelga un cuadro de Renoir. Visita de Vollard en Essoyes. Expone 60 pinturas en Zúrich. Fin del trabajo con Guiñó. Matisse lo visita.

1918 Vollard le envía las 667 reproducciones de su monografía del pintor. Ahora trabaja con el escultor Morel en Essoyes.

1919 Termina con fuertes dolores *Descanso tras el baño*. Nombrado Comandante de la Legión de Honor. En julio con sus hijos en Essoyes. Visita el Louvre, donde expone un cuadro al lado de Veronés; es conducido en la silla de ruedas por las salas «igual que un pontífice de la pintura». Pulmonía y congestión pulmonar. Pinta una naturaleza muerta con manzanas. Muere el 3 de diciembre en Cagnes y es enterrado el 6 de diciembre en Essoyes junto a su esposa.

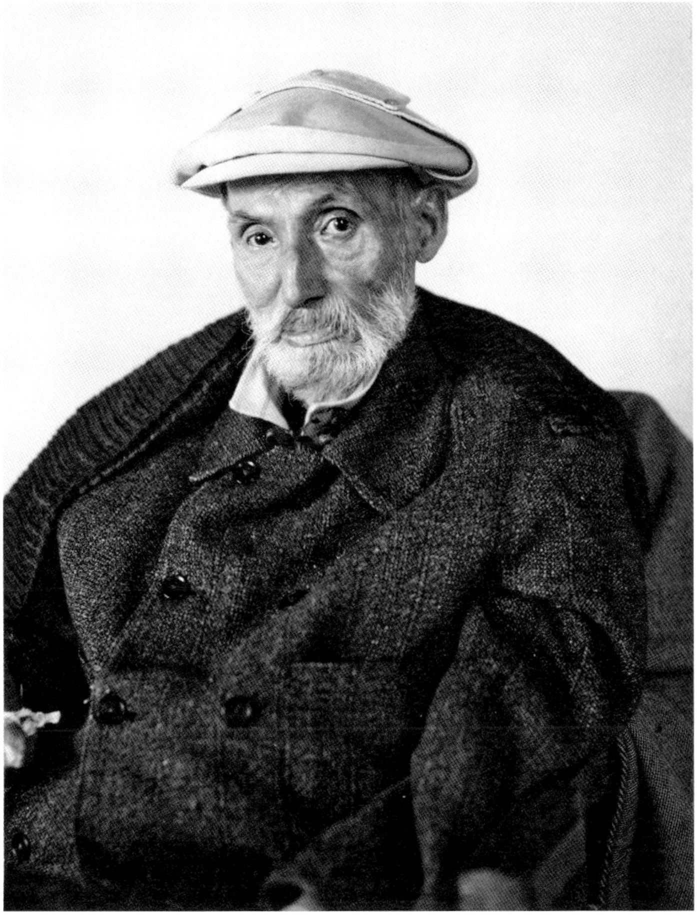

Renoir, 1914
París, Musée Marmottan Monet

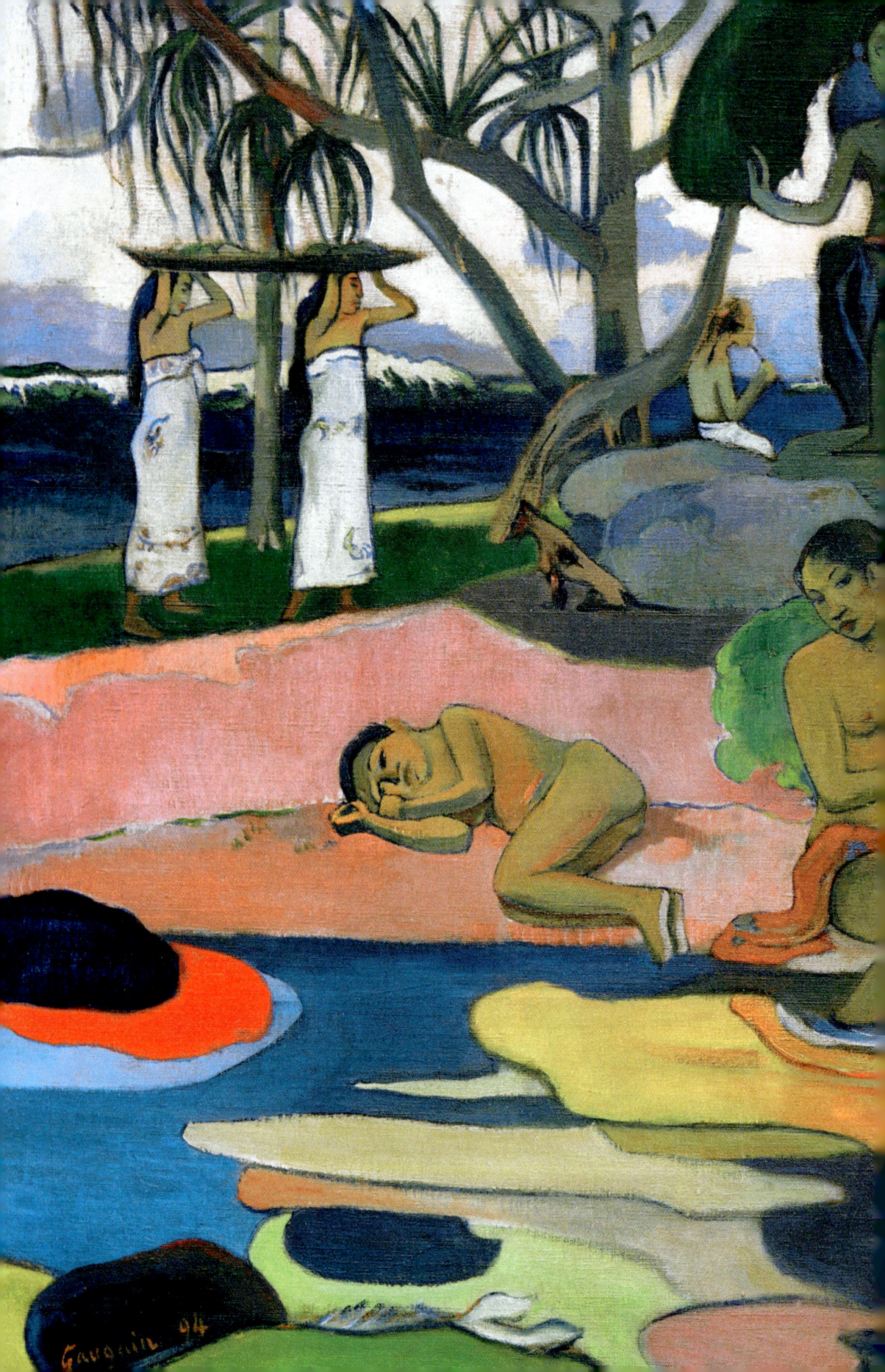
Gauguin 94

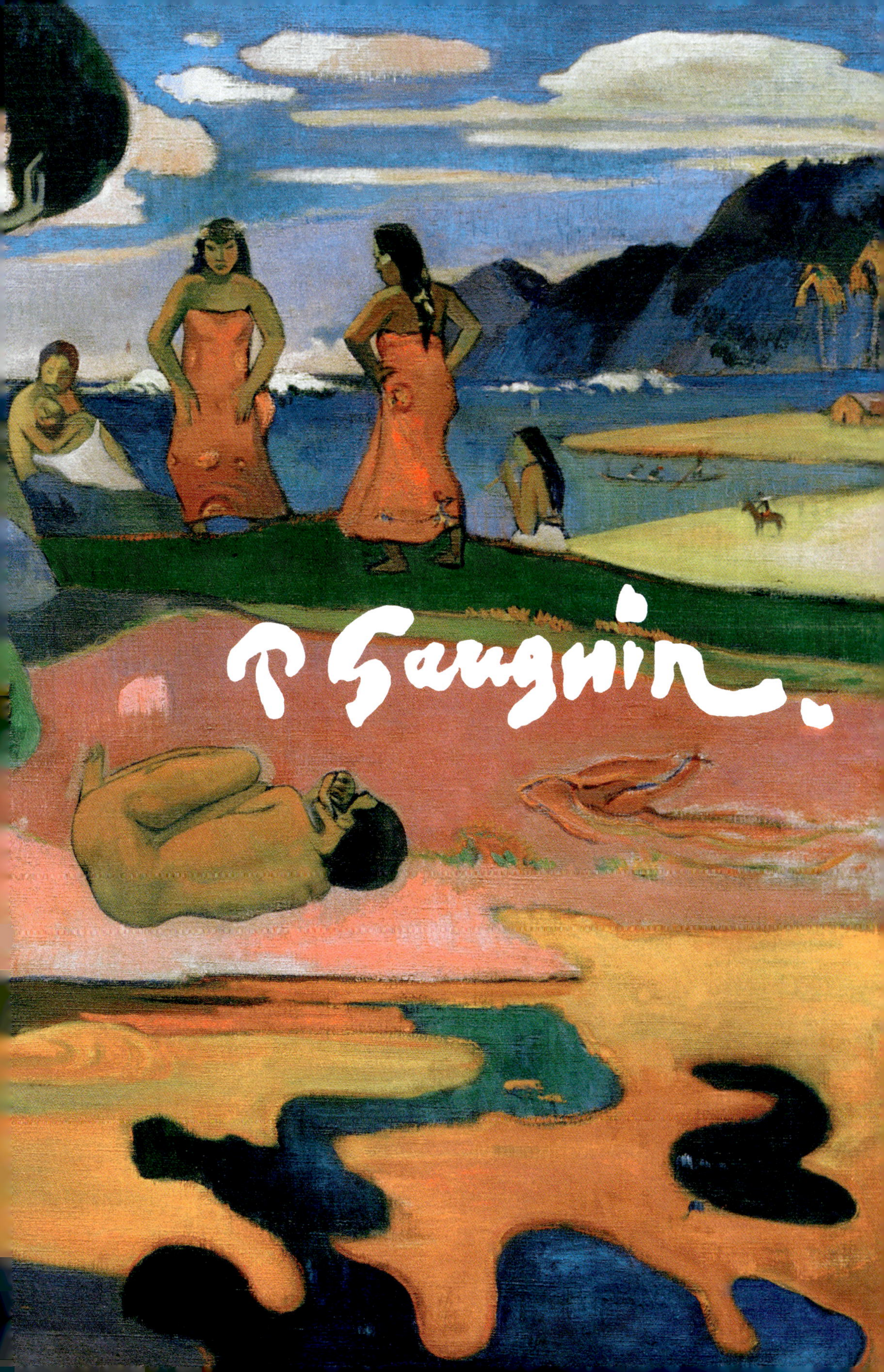
P Gauguin.

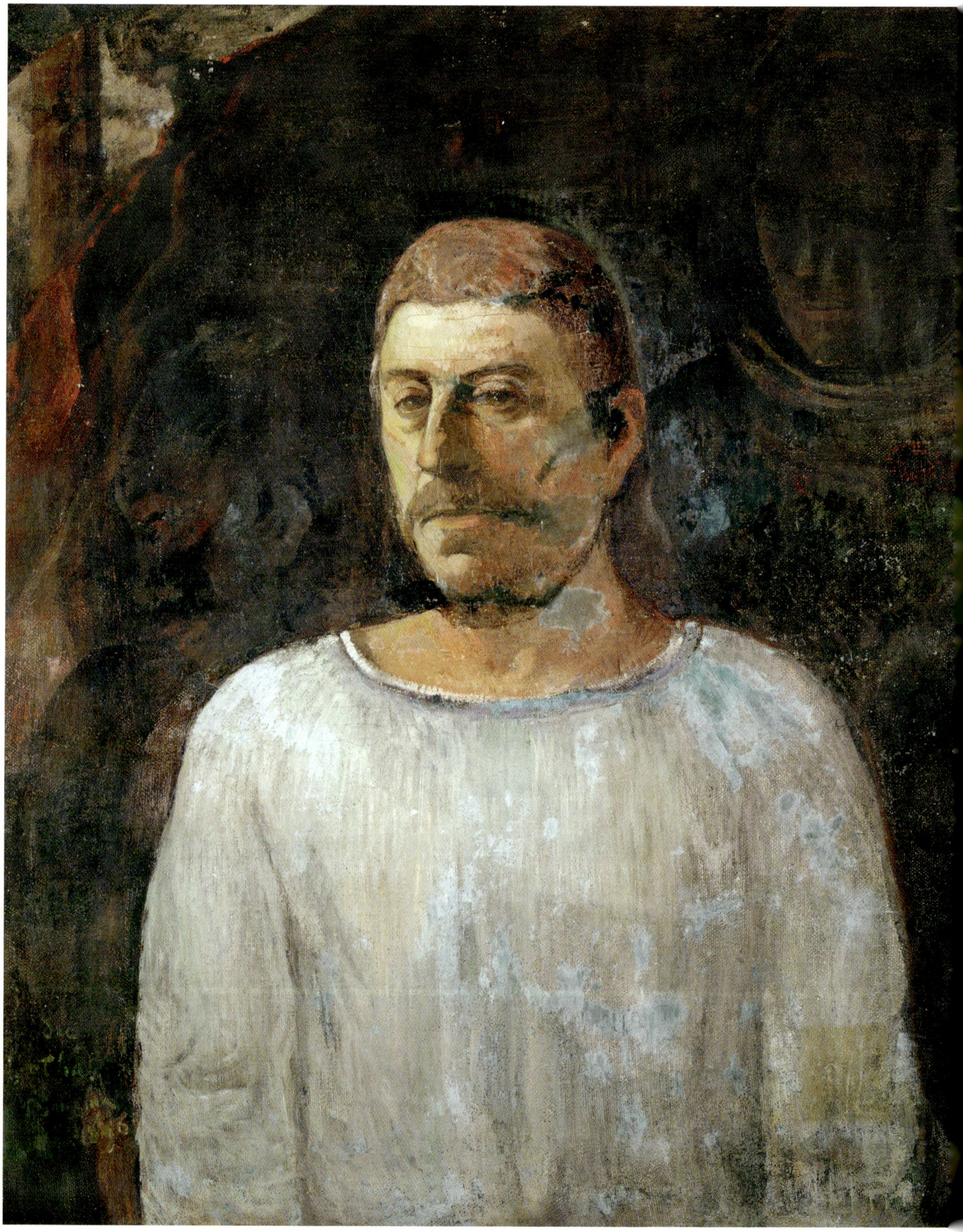

Ingo F. Walther

Paul Gauguin

Cuadros de un inconformista

«El arte es plagio o revolución».

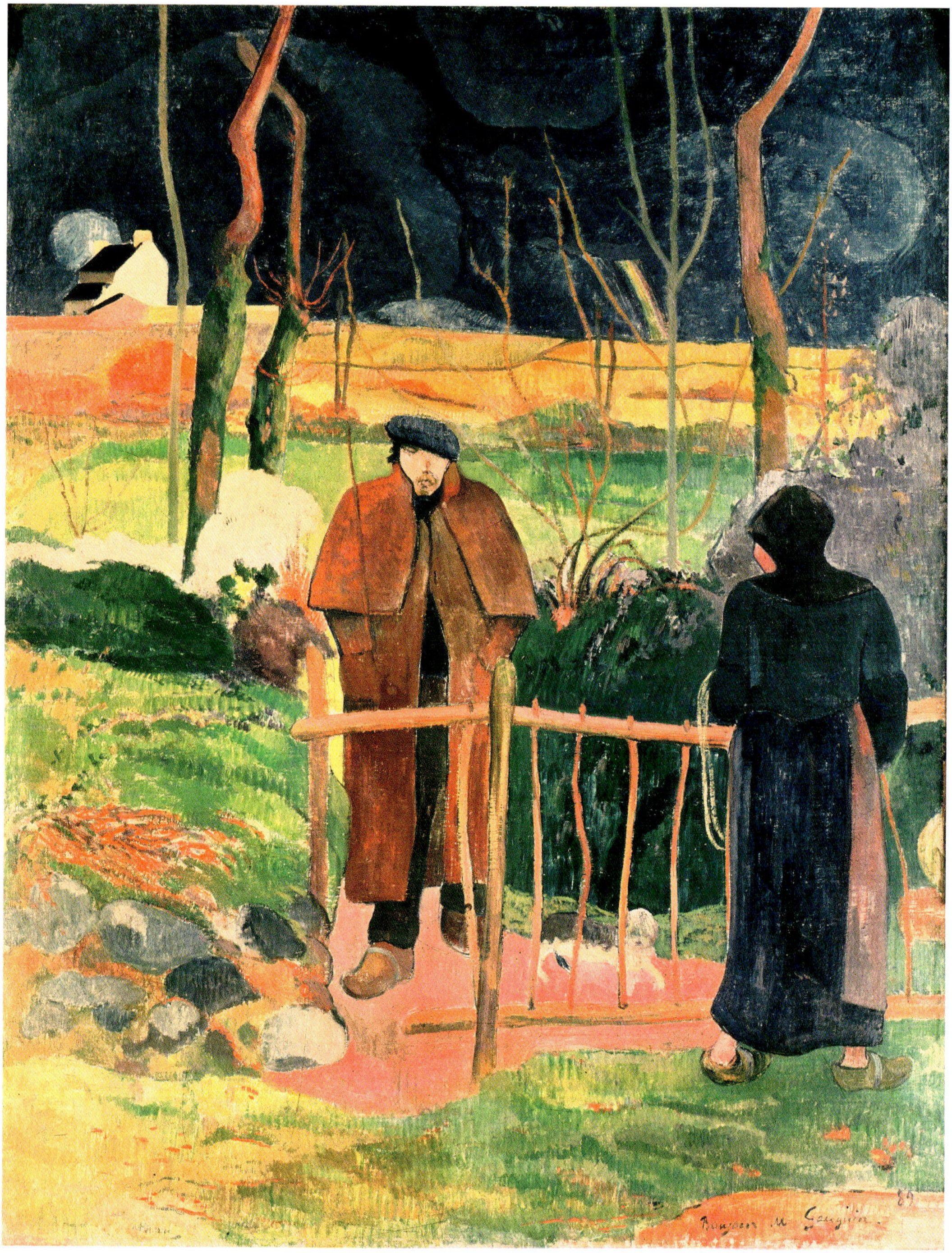

PÁGINAS 304/305
El día de los dioses (detalle), 1894
Óleo sobre lienzo, 68,3 x 91,5 cm
The Art Institute of Chicago, Helen Birch Bartlett Memorial Collection

PÁGINA 306
Autorretrato o ***En el Gólgota***, 1896
Óleo sobre lienzo, 76 x 64 cm
Museo de Arte de São Paulo

ARRIBA
Buenos días, señor Gauguin, 1889
Óleo sobre lienzo, 113 x 92 cm
Praga, Národní Galerie

Contenido

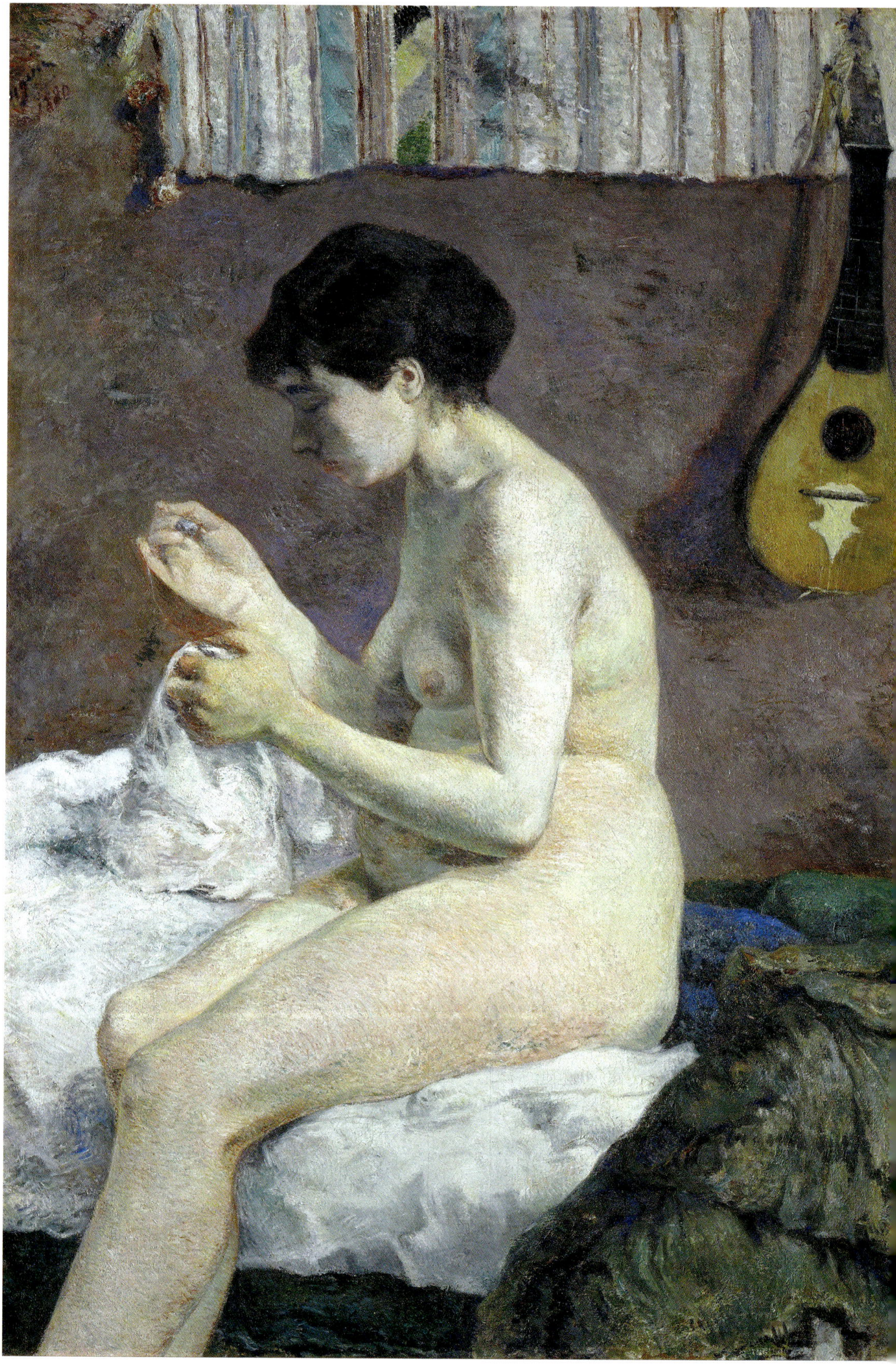

En el círculo de los impresionistas

1848-1887

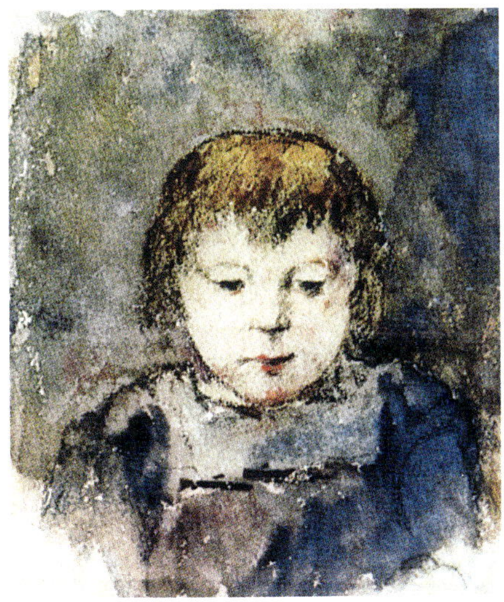

Un peregrino entre dos mundos. Como casi ningún otro artista, Gauguin se expuso al modo de vida que propugnó en su obra. No solo deseaba retratar la naturalidad y la ingenua armonía de una vida salvaje, primitiva, que él invocó a fin de reprocharle sus defectos a una civilización, la suya, que despreciaba: quería llegar a conocerla y, con su propia existencia, dar testimonio de que el exotismo del Pacífico sur era algo más que aquel artificioso encanto que fascinaba a la Europa de su época, bajo el impulso de las exposiciones internacionales y de los reportajes periodísticos. Precisamente por ello, se considera a Gauguin un precursor de las vanguardias; después de todo, fue uno de los primeros en encarnar la fusión de arte y vida, fantasía y orden, que dominó el universo conceptual del siglo XX.

Gauguin descubrió su vena artística relativamente tarde. Después de haberse rodeado de todas las comodidades de una vida burguesa, de tener una esposa, familia y fortuna, rompió con su plácida existencia y, al hacerlo, sintió la satisfacción de verse como el antihéroe que sigue su camino en solitario sin importarle el reconocimiento de los demás. Pero Gauguin se encontraba muy implicado en el mundo que tanto desdeño le suscitaba y, en cuanto inconformista, quería llega a tener tanto éxito como había tenido antes en su calidad de honesto agente de Bolsa. Con el tiempo se fue convirtiendo en un crítico cada vez más furibundo de la civilización que no le hacía caso hasta llegar por fin a oponerse sin vacilación y con violencia a las autoridades coloniales de Oceanía.

Con sus ideales artísticos enraizados en Giotto, Rafael y Jean-Auguste-Dominique Ingres, Gauguin hizo suya la tradición literaria de un Michel de Montaigne o de un Jean-Jacques Rousseau, que, al idealizar a los pueblos colonizados, acusó a su propia civilización de presunción y de delirio de grandeza. En el llamado desde entonces «buen» salvaje se creyó descubrir al hombre superior, por su capacidad de llevar una vida más modesta y en armonía con la naturaleza, de donde se derivaba automáticamente una vida feliz. El propio Gauguin marchó en busca de esta felicidad.

PÁGINA ANTERIOR
Desnudo o Susana cosiendo, 1880
Óleo sobre lienzo, 115 x 80 cm
Copenhague, Ny Carlsberg Glyptotek

ARRIBA
Retrato de la hija, Aline, hacia 1879/80
Acuarela sobre papel, 18,6 x 16,2 cm
Colección particular

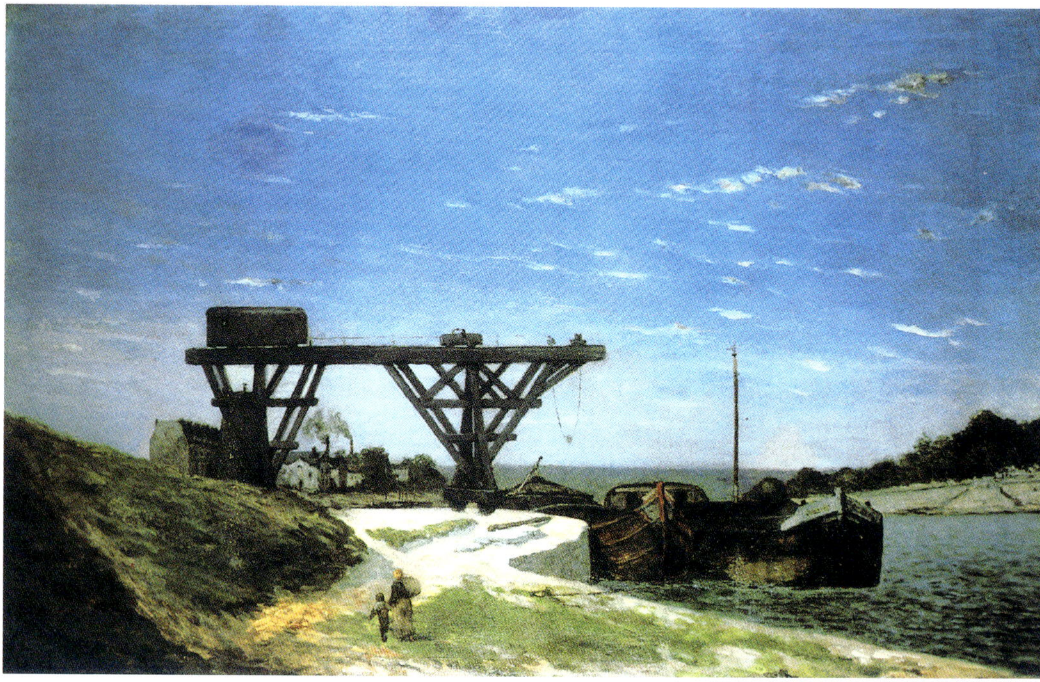

El Sena en París, entre el puente d'Iéna y el puente de Grenelle, 1875
Óleo sobre lienzo, 81 x 116 cm
Colección particular

PÁGINA SIGUIENTE
El escultor Aubé y su hijo, 1882
Pastel sobre papel, 53 x 72 cm
Petit Palais, Musée des Beaux-Arts de la Ville de Paris

Esta aparentemente tan nostálgica fuga del mundo, Gauguin la emprendió, en todo caso, por su propio interés. Los sueños sobre el lejano paraíso los compartía con la totalidad de la alta sociedad de su época; y como fuente de inspiración, y a la vez de ingresos, se había propuesto presentar sus cuadros al maravillado público. Enrollados, empaquetados y fuertemente atados, enviaba sus lienzos de Tahití a Francia. Se suponía que los salones de Europa serían adornados con ellos. Asimismo, le recomendó vehementemente a su hijo que emprendiera una carrera burguesa: le aconsejó que fuera ingeniero, y no que llevara la vida de penurias de un artista. «Es un terrible hombre de negocios, al menos mentalmente», comentó una vez Camille Pissarro sobre Gauguin. Y en el fondo de su alma siguió siéndolo toda su vida. Al igual que para sus coetáneos, también para él la educación era su enemigo, a pesar de sus buenos propósitos; también él había interiorizado las bien intencionadas normas de conducta y las estrechas ideas del orden que determinaron desde un principio su fracaso. Así como las naciones sometían a los pueblos y establecían colonias, así también se buscó él pueblos y colonias para sí mismo y para su arte.

En noviembre de 1873, a la edad de 25 años, Gauguin contrajo matrimonio en París con la joven danesa Mette Sophie Gad. El hombre que como marinero había corrido mundo se casa con una niñera; su anhelo de seguridad y recogimiento y la añoranza de ella por conocer países lejanos fueron los que muy probablemente anudaron este lazo. Y este fue lo suficientemente débil como para que se rompiera, una vez que el padre de familia hiciera el conmovedor descubrimiento de su talento artístico. «Separados sin estar divorciados», así siguió cada uno de ellos en lo sucesivo su propio camino.

Pero antes, el haber hogareño experimentó un vigoroso crecimiento. La esposa se podía permitir generosas adquisiciones: las actividades de Gauguin en la Bolsa rendían lo suficiente. Cinco niños,

Émile, Aline, Clovis, Jean René y Pola, eran el orgullo de la joven pareja. Pronto se abrieron las puertas de la buena sociedad parisina, y Gauguin comenzó, conforme a su posición social, a coleccionar los cuadros de los impresionistas. Finalmente, descubrió la pintura como afición. Junto con su colega pintor, Claude-Émile Schuffenecker, estudia las obras de los viejos maestros en el Louvre; para sus propios modestos trabajos escoge escenas de la vida familiar.

El Sena en París, entre el puente d'Iéna y el puente de Grenelle (il. pág. 312) es uno de los primeros cuadros que se apartan del tema del íntimo idilio familiar. En vez de ello, Gauguin dirige su atención a la apacible atmósfera de la quietud dominical. Toda laboriosidad ha quedado detenida; la grúa que domina el cuadro se alza perdida en la altura. Las chalanas y las casas yacen dormitando bajo el sereno cielo azul. Tampoco las dos figuras del primer plano perturban la calma. Solo con vacilación se acerca Gauguin aquí al impresionismo, la moda en la pintura de su época. La mirada indiferente que esta pone en un mundo animado, siempre en movimiento, Gauguin la sustituye, por así decirlo, por la mirada puesta en la indiferencia. A la disolución de todos los objetos pictóricos en luz titilante, que tanto ama el impresionismo, Gauguin contrapone su amor por el detalle estático. Así, la atmósfera del cuadro permanece fría, y distanciada también la impronta del pintor.

Consecuentemente, no es con los impresionistas que Gauguin exhibe, en 1876, su primer cuadro, sino en el oficialísimo Salón parisino, cuyo conservadurismo disgustaba al grupo de jóvenes artistas que se movían en torno a Édouard Manet y Claude Monet. Tres años más tarde, sin embargo, Gauguin vuelve a encontrarse entre ellos, habiéndole instado enfáticamente Camille Pissarro a

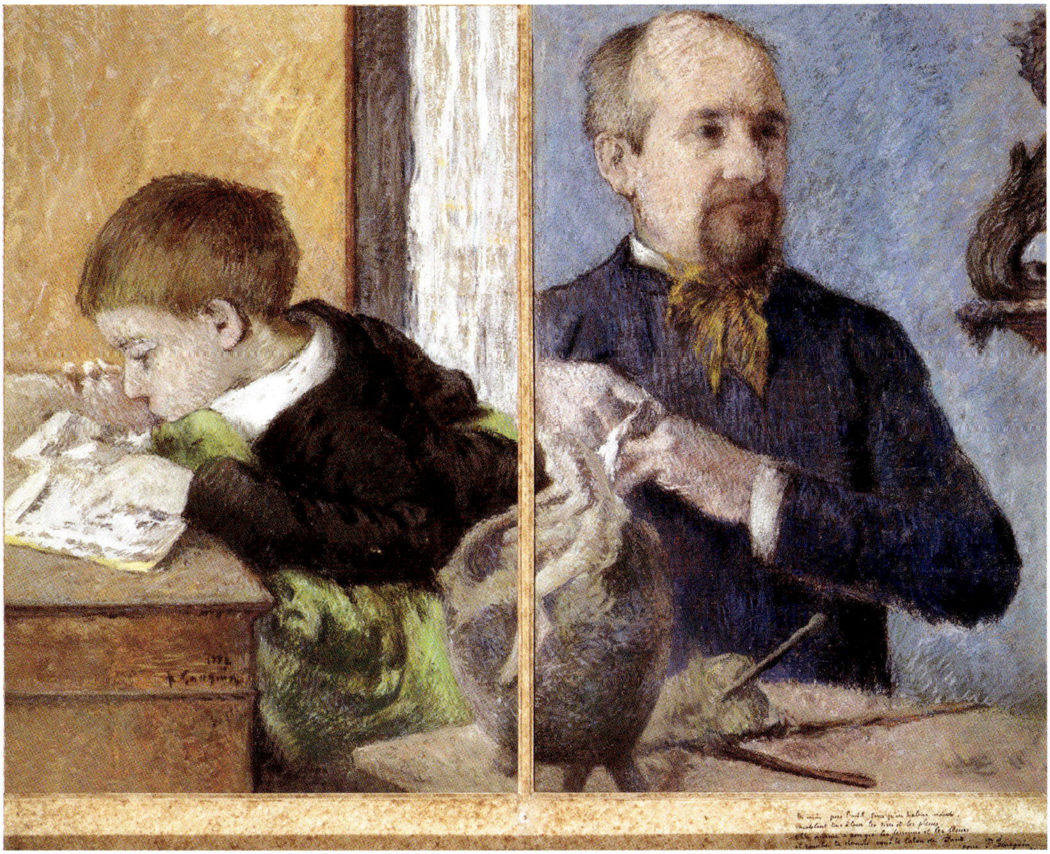

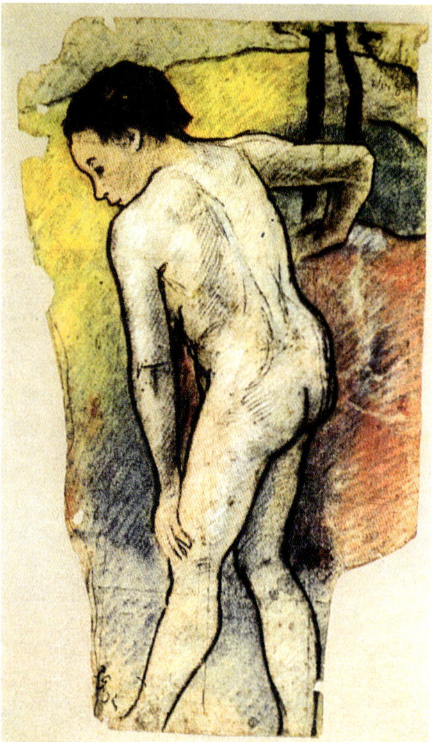

colaborar con el grupo. Aquí se topa con ese rechazo de la tradicional concepción burguesa del arte al que se referirá en el futuro una y otra vez. Por encima del carácter provocador de la nueva escuela, el bróker Gauguin, quien al igual que antes se dedica al oficio con que se gana su sustento, desarrolla su propia vena crítica. Y el éxito le da la razón. En 1880, Gauguin puede participar, aportando siete cuadros, en la exposición anual de los impresionistas.

Enteramente conforme con el espíritu del impresionismo, Gauguin pone el acento, en su *Desnudo* o *Susana cosiendo* (il. pág. 310), en una luminosa impresión de movimiento, que es provocada en el ojo del observador por los finos trazos de color apretadamente colocados uno junto al otro. Al mismo tiempo, un fondo de nervioso colorido se extiende sobre un motivo pictórico que todavía es totalmente estático y que, por ello, no parece haber sido tomado de ninguna manera del repertorio del impresionismo. La serena dignidad de la mujer desnuda que, sin desprender sentimiento alguno de vergüenza, está ocupada en sus labores, es captada por una mirada que anticipa las posteriores escenificaciones pictóricas que hará Gauguin del apacible carisma de los aborígenes. El pintor se ha apropiado de la impronta de los impresionistas. Sin embargo, no comparte su visión del mundo, de la dinámica y del incesante cambio.

La vida doble que llevaba Gauguin, como corredor de Bolsa y artista, encuentra un final repentino en 1882. Sobreviene un crac en la Bolsa, en cuyo transcurso él, al igual que su amigo Schuffenecker, pierde su puesto de trabajo. A partir de entonces puede entregarse de lleno a la vida libre y desenfrenada del dandi; puede ser inconformista a su antojo, tal como una de las caras de su personalidad se lo había exigido siempre. Pero todavía estaba ahí la familia. Tenía que alimentar a cinco hijos, mantener un hogar; cosas que no encajaban tan bien dentro del cuadro del individuo que da la espalda a la vida burguesa y se arroja al abismo en medio del mar de edificios de la metrópoli. Como para demostrar que los artistas también pueden ser buenos padres de familia, pinta, justo ese año, el retrato doble de *El escultor Aubé y su hijo* (il. pág. 313). El chico, que, naturalmente, desea seguir las huellas de su padre y practica con esmero en sus cuadernos de dibujo, y el artista, que se dedica de lleno a su trabajo, ambos confirman la posibilidad de compaginar el entrañable idilio familiar con la creación libre que solo se siente responsable frente a sí misma.

En todo caso, Mette se marchó, sin más ni más, a casa de sus padres en Dinamarca. No podía compartir la euforia de su marido por el arte. Gauguin se veía, ciertamente, ante la necesidad de encontrar una nueva colocación lucrativa; pero la desgana que puso en este empeño y la mala coyuntura económica acabaron por impedirle el éxito. Justo en Copenhague, la ciudad natal de su esposa, hizo sus primeros intentos como representante de una empresa textil francesa. Sin embargo, su viaje al norte no le dejó mucho más

ARRIBA
Bañista bretona, 1886/87
Carbonilla y pastel sobre papel, 57,3 x 34,7 cm
The Art Institute of Chicago, donación de Mrs. Charles B. Goodspeed

PÁGINA SIGUIENTE
Vacas en el abrevadero, 1885
Óleo sobre lienzo, 80 x 64 cm
Milán, Galleria d'Arte Moderna

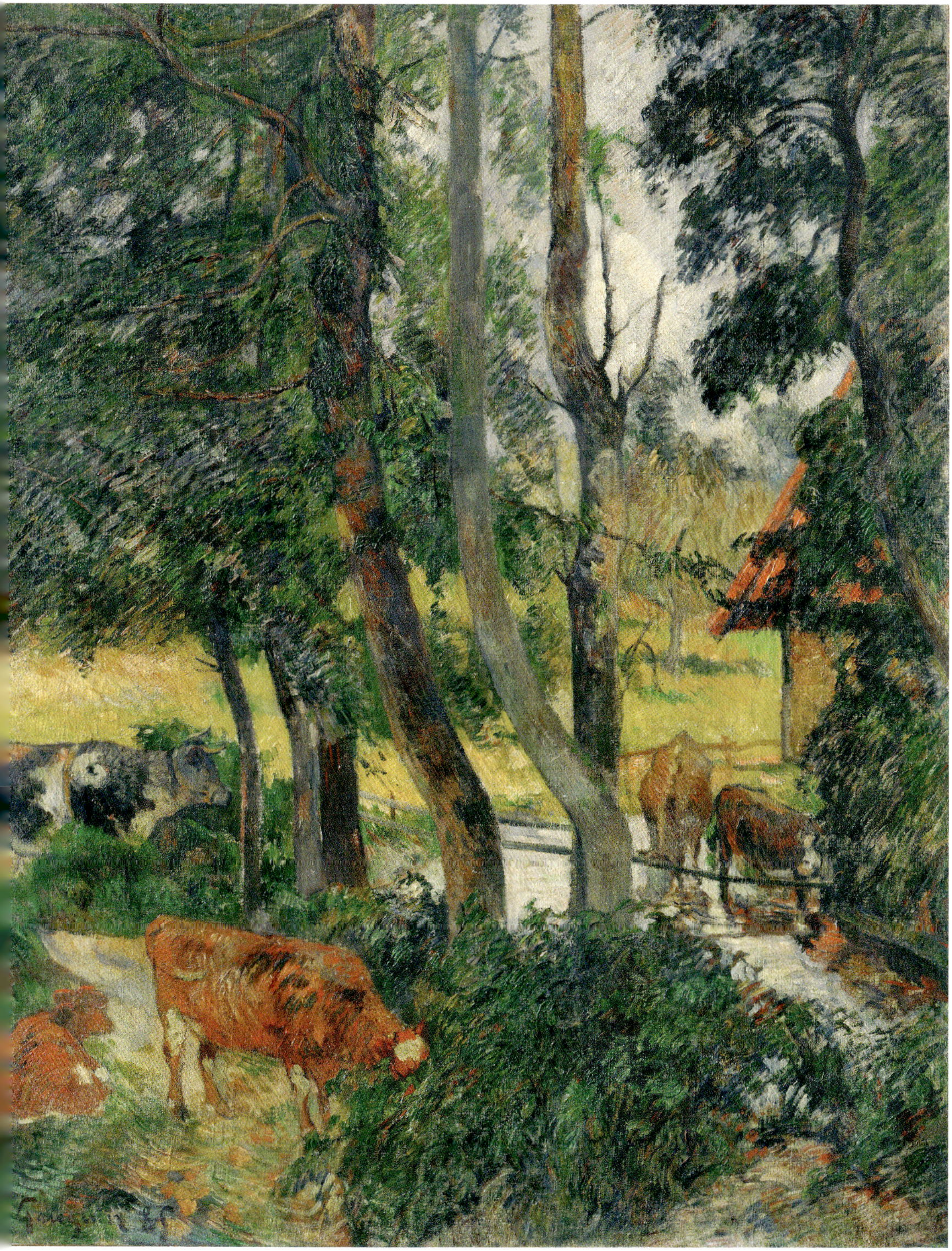

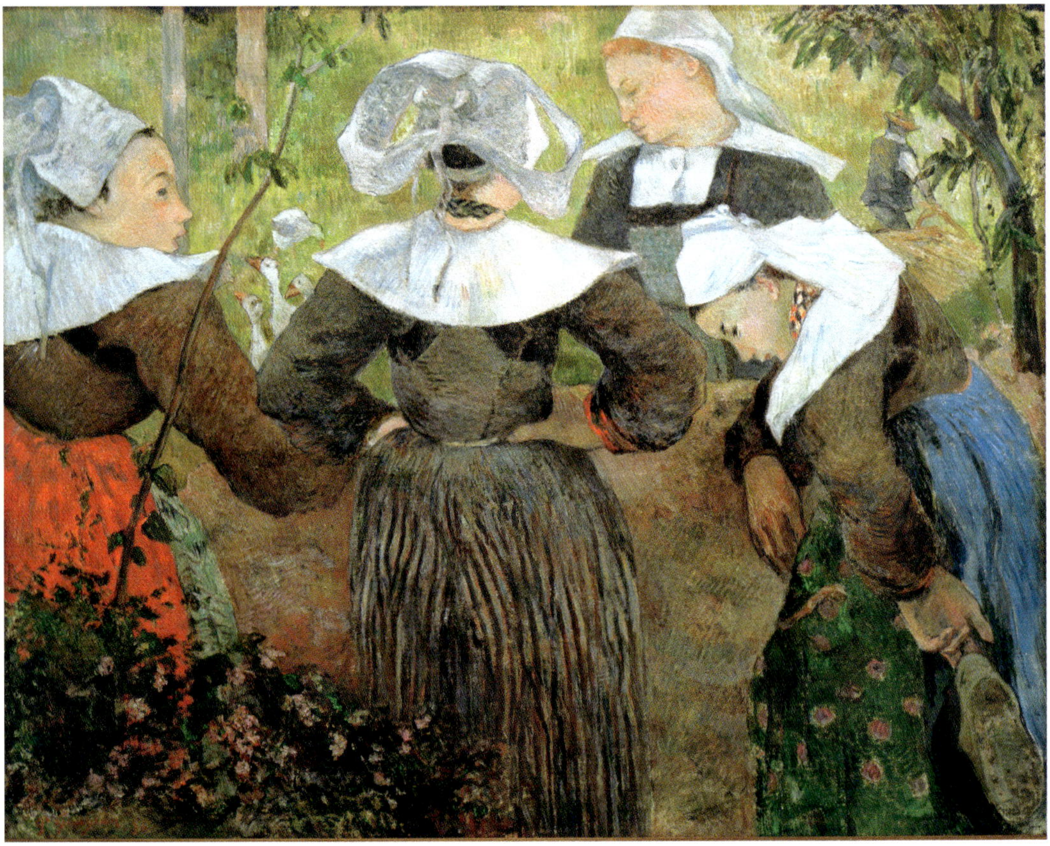

Las campesinas bretonas, 1886
Óleo sobre lienzo, 71,8 x 91,4 cm
Múnich, Neue Pinakothek

que una malograda exposición de sus cuadros. «Odio profundamente Dinamarca, sus habitantes, su clima», escribió, y poco después regresó a París. Sin la familia, claro está, que lo había tachado de oveja negra; solo se llevó a su hijo Clovis, al que de ahora en adelante tendría que mantener con lo que ganara como pintor.

«Al enfermarse el pequeño de viruela, me quedaban justo 20 céntimos en el bolsillo», escribió Gauguin en el frío invierno parisino a su mujer. A través de esas líneas rezuma resignación, pero asimismo el resentimiento del genio que no es reconocido y que hace responsables a los otros de su miseria. No había podido vender ni un solo cuadro. Se ganaba la vida trabajando como fijador de carteles por cinco francos al día. El abandono de su carrera burguesa, que no había sido del todo voluntario pero sí vivamente deseado por él, no tuvo un buen comienzo. La huida a los círculos de los dandis y de los autodenominados artistas le había salido cara. Por ello, planeó entonces, después de su retirada a la subcultura, su retirada al campo.

En el verano de 1886 Gauguin se fue a vivir a Bretaña, a la pequeña aldea de Pont-Aven, a orillas de la costa atlántica, «donde la vida no costaba casi nada». A Clovis, su hijo, lo había mandado a casa de su madre en Dinamarca, quitándoselo en realidad de encima. Entretanto, ya no solo se sentía incapaz de ejercer una profesión burguesa; también parecía que sus obligaciones como padre exigieran demasiado de él. Con mayor brío aún se engolfó entonces en el trabajo. En la pensión de Madame Gloanec se formó pronto un grupo de simpatizantes en torno a él: jóvenes artistas que venían atraídos por la áspera belleza del paisaje y la garantía de poder vivir barato. Al menos, ahora Paul podría contarle

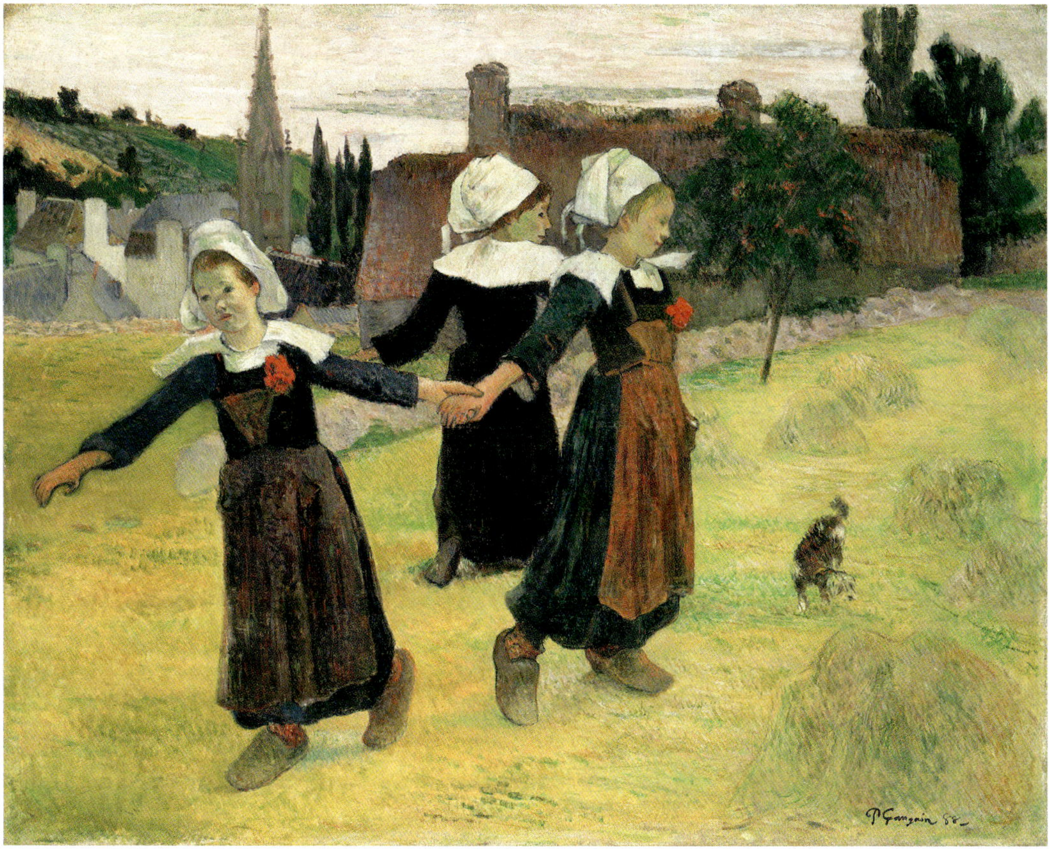

El baile de las niñas bretonas, Pont-Aven, 1888
Óleo sobre lienzo, 73 x 92,7 cm
Washington, D.C., National Gallery of Art, Collection of Mr. and Mrs. Paul Mellon

a su esposa sobre cierto reconocimiento que había ganado como pintor: «Aquí trabajo mucho y con éxito. La gente me tiene en estima como el mejor pintor de todo Pont-Aven. Es cierto que con esto no gano ni un céntimo más; pero, en todo caso, ello me aporta un considerable prestigio y todo el mundo se desvive por escuchar mis consejos». Seguía siendo aún muy pobre, pero ahora empezaba a ganar confianza.

Las campesinas bretonas (il. pág. 316) descansa enteramente en la simple monumentalidad de su motivo. Los trajes regionales y las tradiciones esbozan el interés de Gauguin en la rústica naturalidad de su medio ambiente. Todavía se hace notar la titilante factura del colorido impresionista. Sin embargo, ahora tienen más peso el equilibrio estático, lo reposado, lo ensimismado, como demuestran estas mujeres absortas en su conversación. En lo sucesivo Gauguin centrará su atención en la forma de grandes dimensiones. Su característica más destacada será la línea fija, firme, que la bordea trazando sus contornos. Las tres siluetas de los rostros femeninos se encuentran ya enmarcadas por esta línea.

No menos de 19 obras expuso Gauguin, en este año de 1886, en el Salón de los impresionistas. Y ello a pesar de que su pintura había tomado un camino francamente opuesto: se había prescrito reposo en el momento en que Claude Monet pintaba la irisada variedad de la vida urbana. Por añadidura, Gauguin quedó completamente eclipsado por Georges Seurat, que había presentado su obra monumental *Una tarde de domingo en la isla de la Grande Jatte* (1884-1886). En ella exponía los principios impresionistas sobre una base en cierto modo científica, elaborando teorías de la percepción.

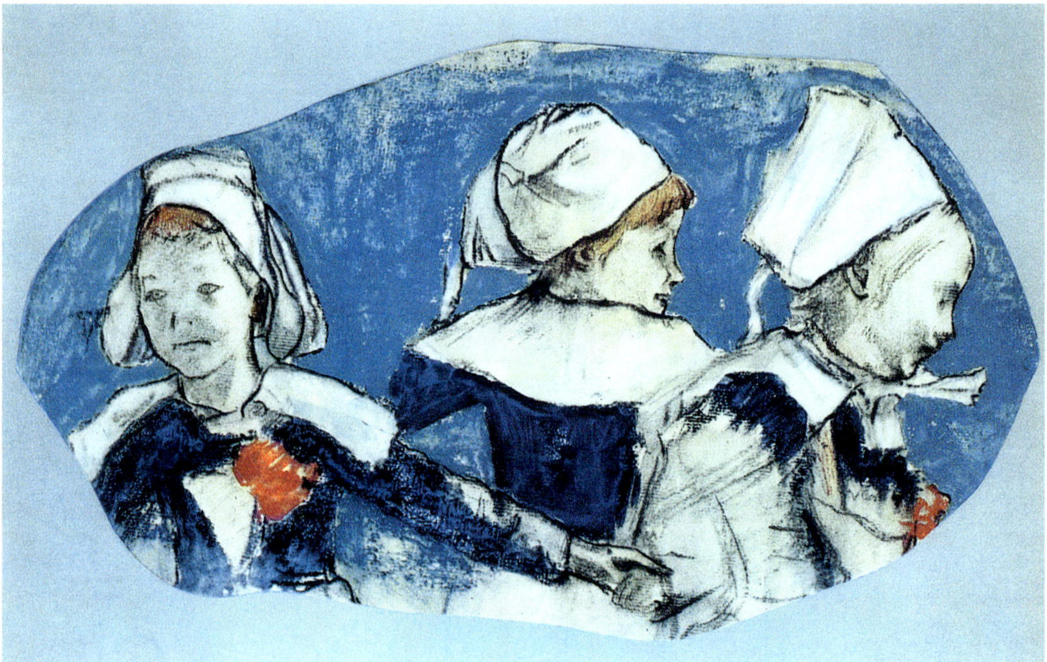

La preocupación por la gran forma intangible unía a Seurat y Gauguin. Sin embargo, mientras el primero la buscaba en los medios refinados de la civilización, Gauguin pretendía encontrarla fuera de ella: entre los primitivos, los salvajes.

Después de las experiencias habidas en Bretaña, Gauguin se propuso emprender su tercera huida, la verdadera, la auténtica, la huida a la virginidad de los trópicos. Estando aún bastante inseguro, decidió empezar por Panamá, donde pensaba que podría encontrar trabajo y comida en las obras del canal. Charles Laval, un amigo pintor de Pont-Aven, le acompañó. Pero, como tantas otras veces, tampoco en América Central llegó a interesarse nadie por la capacidad de trabajo de Gauguin. Desengañados, ambos amigos se trasladaron a la isla antillana de Martinica, colonia francesa en el Caribe.

En Martinica pintó el cuadro *A orillas del río* (il. pág. 319). Con renovada sensibilidad por la luminosidad de los colores, prosigue aquí Gauguin con sus intentos de hacer que la aplicación de la pintura del modo impresionista quede reflejada en la presentación de motivos de estilo más majestuoso. Los contornos vuelven a poner de relieve los objetos más importantes del cuadro: los árboles a lo largo del eje central, los animales, los sombreros, delimitándolos ante el confuso juego de líneas multicolores que todavía domina el lienzo. Sin duda, Gauguin ha logrado desarrollar definitivamente su olfato por los colores, los ha hecho brillar, irradiar, a la vista de una intensidad solar que Bretaña no había podido brindarle.

El amor de Gauguin por los países tropicales, esa pasión, fue una huida de la civilización, pero también fue una búsqueda de la felicidad experimentada en sus años de infancia en Sudamérica. A la edad de un año, Paul, que había nacido en París, llegó a Perú con su familia. Sus padres, que eran republicanos, habían emigrado a la patria del abuelo huyendo ante el retorno de Luis Napoleón. En todo caso, el encanto de lo exótico lo mantuvo fascinado desde su infancia. Es cierto que ya en 1855 la familia regresó a Francia; pero en sus años de juventud Paul volvió a sucumbir a su añoranza de tierras lejanas y se enroló como marinero.

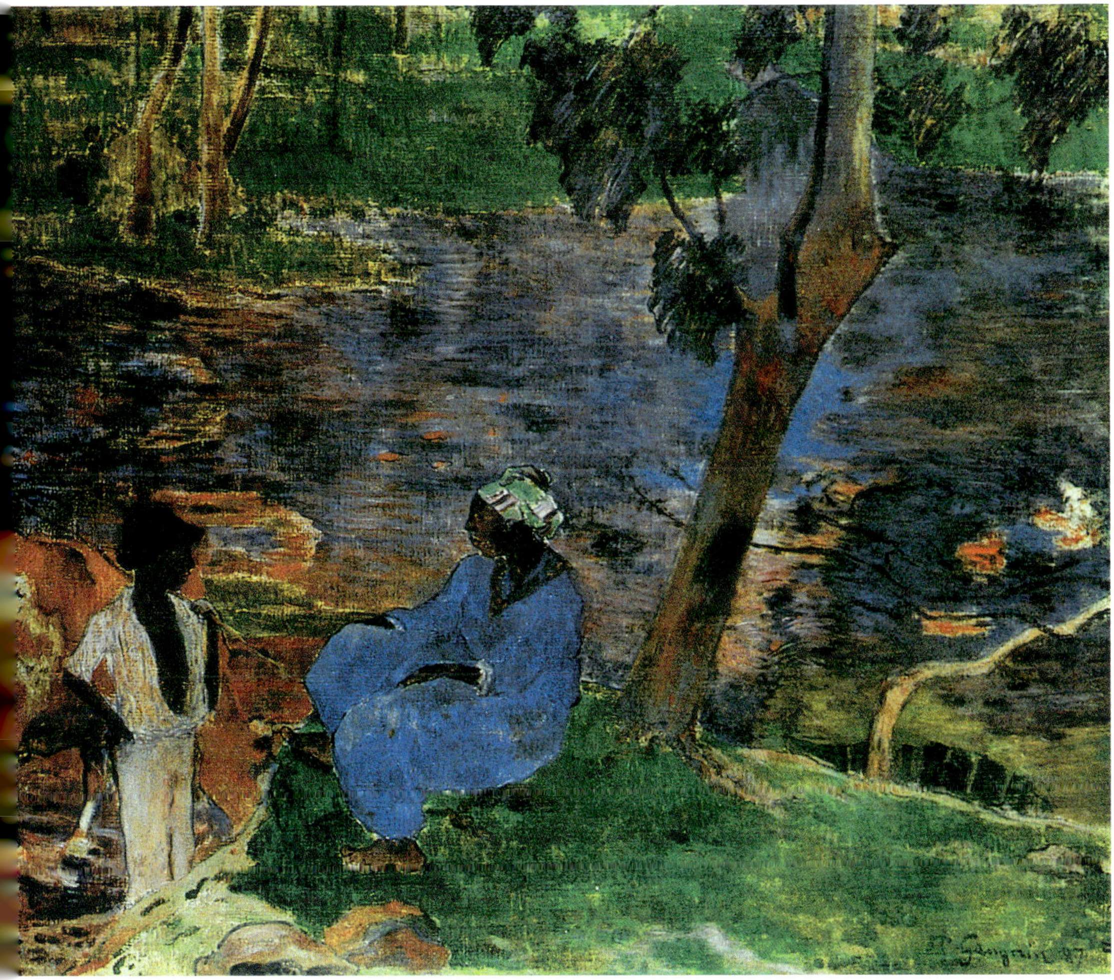

A orillas del río en Martinica, 1887
Óleo sobre lienzo, 54,5 x 65,5 cm
Ámsterdam, Van Gogh Museum,
Fundación Vincent van Gogh

PÁGINA ANTERIOR
Niñas bretonas bailando, 1888
Pastel sobre papel, 24,2 x 41 cm
Ámsterdam, Van Gogh Museum,
Fundación Vincent van Gogh

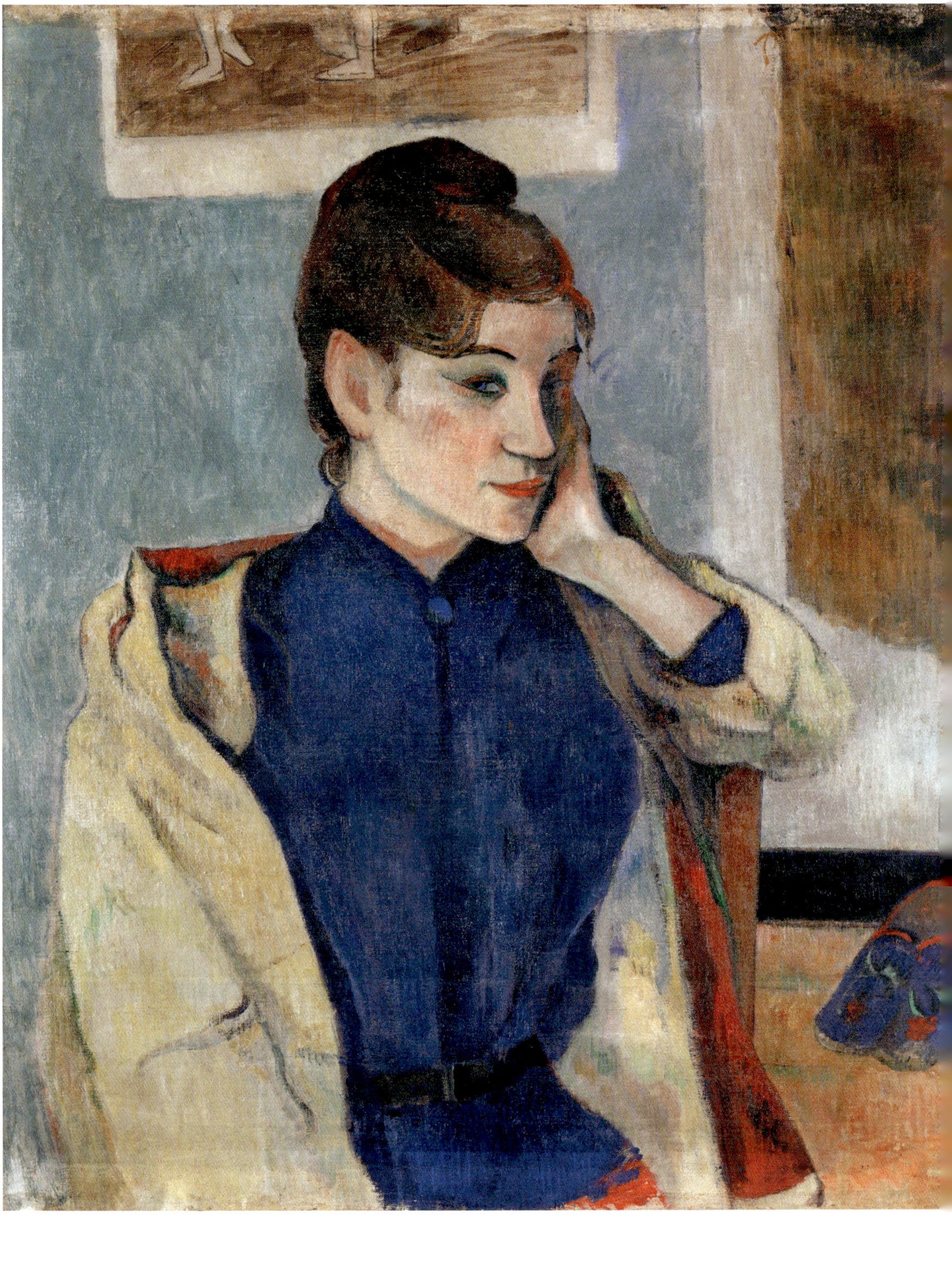

Sugestión y expresión
1888-1891

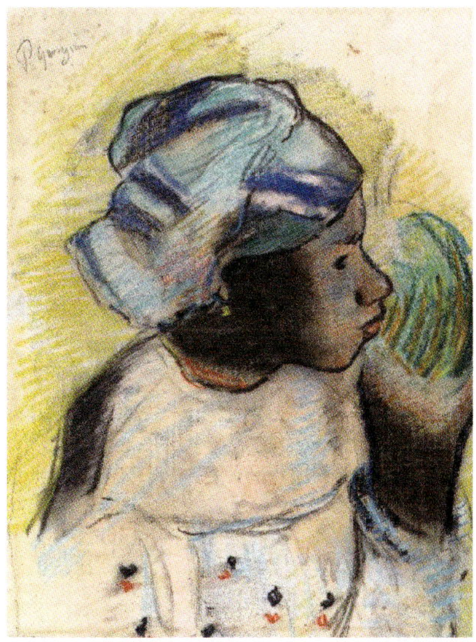

De vuelta en Francia, Gauguin inició aquel año de 1888 que, según sus propias palabras, le había proporcionado los mayores progresos a nivel artístico: «Este año lo he sacrificado todo —la técnica, el color— al estilo». Ahora se libera definitivamente de los vínculos que lo ataban al urbano mundo del impresionismo y descubre en la rústica sencillez de la provincia no solo una fuente inagotable de motivos pictóricos, sino que comienza también a orientar el carácter propio de su pintura hacia la sencilla originalidad del arte popular.

Las exposiciones universales, panoramas del progreso y del entusiasmo optimista por la técnica, habían hecho presente también un antimundo, un mundo de la quietud y de la armonía, que corría el peligro de sucumbir a la dinámica de la industrialización. Este mundo sereno se encontraba en los márgenes de la civilización que había sido determinada por el modo de vida urbano, en los ocultos nichos de las provincias, pero, sobre todo, en la virginidad de los continentes casi desconocidos. La sociedad capitalista, que había llegado a ser rica a través de su incansable afán de trabajo, estaba entusiasmada con la visión, con el encanto de mundos lejanos, aunque estos no debían llegar a inmiscuirse demasiado en la vida cotidiana; el arte era su lugar legítimo. Ahora los cuadros se ponían vestiduras exóticas, se presentaban con motivos vistosos, enigmáticos, sobre los que el público se podía abalanzar ansiosamente. Era una especie de mundo de plástico, enteramente artificial, un grandioso espectáculo, tan alejado del mundo real como lo estaban de París los países tropicales que dicho espectáculo mostraba.

También Gauguin había quedado fascinado por este universo. Pero en su pintura el mundo primitivo había de ser retratado de una forma que le fuera adecuada. La bagatela exótica y el cursi romanticismo campestre no habían de encontrar cabida en sus cuadros. El mundo desconocido, originario, habría de manifestarse por medio de las formas y los motivos creados por él mismo, de manera auténtica y natural. Bien podría este mundo dar la impresión de crudeza y tosquedad; justo la falta de finura y pulimiento era el garante de su autenticidad.

PÁGINA ANTERIOR
Retrato de Madeleine Bernard, 1888
Óleo sobre lienzo, 72 x 58 cm
Musée de Grenoble

ARRIBA
Estudio de una mujer de Martinica, 1887
Pastel sobre papel, 36 x 27 cm
Ámsterdam, Van Gogh Museum, Fundación Vincent van Gogh

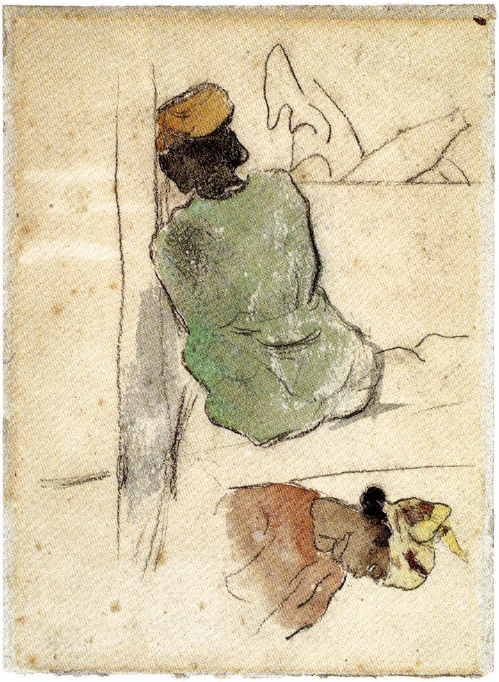

En Bretaña halló Gauguin el elemento primitivo que andaba buscando. Junto con el pintor Émile Bernard desarrolló, en Pont-Aven, su propio lenguaje pictórico: el cloisonismo. Al igual que en la técnica medieval de esmalte (el cloisonné del cual se deriva el término), se separaban las diferentes superficies vítreas por medio de pequeños tabiques de metal, así también contorneaban ambos pintores, de manera rigurosa, francamente dogmática, todas las superficies con una gruesa línea de color. Lo mismo que la superficie pintada a colores, el trazo gráfico que la bordea adquiere un valor intrínseco. Naturalmente, las líneas y planos reproducen todavía la imagen de las cosas reales, insinúan la figura, el objeto en su perceptibilidad. Pero al mismo tiempo extienden, habiendo cobrado autonomía, una especie de diseño abstracto sobre la superficie del lienzo. El cuadro, como unidad de tela y color, de línea y plano, de figuras y ornamentos, ha de remitir, con independencia de su función de reproducir la realidad, a un mundo allende lo manifiesto; del mismo modo en que los antepasados, los celtas, sabían representar a sus dioses en forma de líneas inextricablemente entretejidas unas con otras, en forma de ornamento abstracto, este mundo más profundo, más armónico, no había de ser visible, sino un mundo susceptible de poder ser sentido, asociado, tan solo presentido.

«Quisiera mantenerme apartado, en lo posible, de aquello que transmite la sensación de ilusión en los objetos», así explicó Gauguin esta mirada profunda que penetra bajo la superficie. *Bodegón con tres perros* (il. pág. 323) ofrece una muestra de la estrategia de Gauguin para evitar los efectos ilusorios. Las frutas, las copas y los cachorros, que están bebiendo en una cazuela, constituyen los motivos de esta naturaleza muerta. Empero, así de familiares como son estos objetos pictóricos, así de inesperadamente comienza a tambalearse su estructuración espacial. La superficie de la mesa que adornan se sustrae a su función de mantener las cosas en equilibrio. Una enigmática fuerza parece atraerla hacia el fondo. De esta manera, la disposición en secuencia de los motivos deviene en superposición. No obstante, ello no provoca la menor merma en la estática de las copas, las manzanas y las peras. De firmeza y de franca monumentalidad es la sensación que producen en su estricta espacialidad. Tan naturales parecen los distintos objetos como insólita es su ordenación en el cuadro. Solo con referencia a la superficie del lienzo, liberada de toda relación con una dimensión espacial lógica, adquiere esta ordenación un sentido. Así, los motivos se convierten en parte de un ornamento: las tres copas, que se alternan rítmicamente con el blanco del mantel; los tres perros, que replican la redondez de la cazuela. El bordado de la tela, que representa un adorno, se independiza y actúa como diseño de fondo para un cuadro que, en su conjunto, quiere ser ornamento. La realidad visible pone a disposición las formas, las cuales son elaboradas pictóricamente hasta conseguir que accedan a ajustarse a un armazón abstracto.

Esta inclinación por lo ornamental, Gauguin la adoptó de las xilografías japonesas. El arte del Lejano Oriente no había quedado al margen del entusiasmo general por lo exótico; precisamente la vestimenta y los accesorios japoneses experimentaban un auge imprevisto: había nacido una moda.

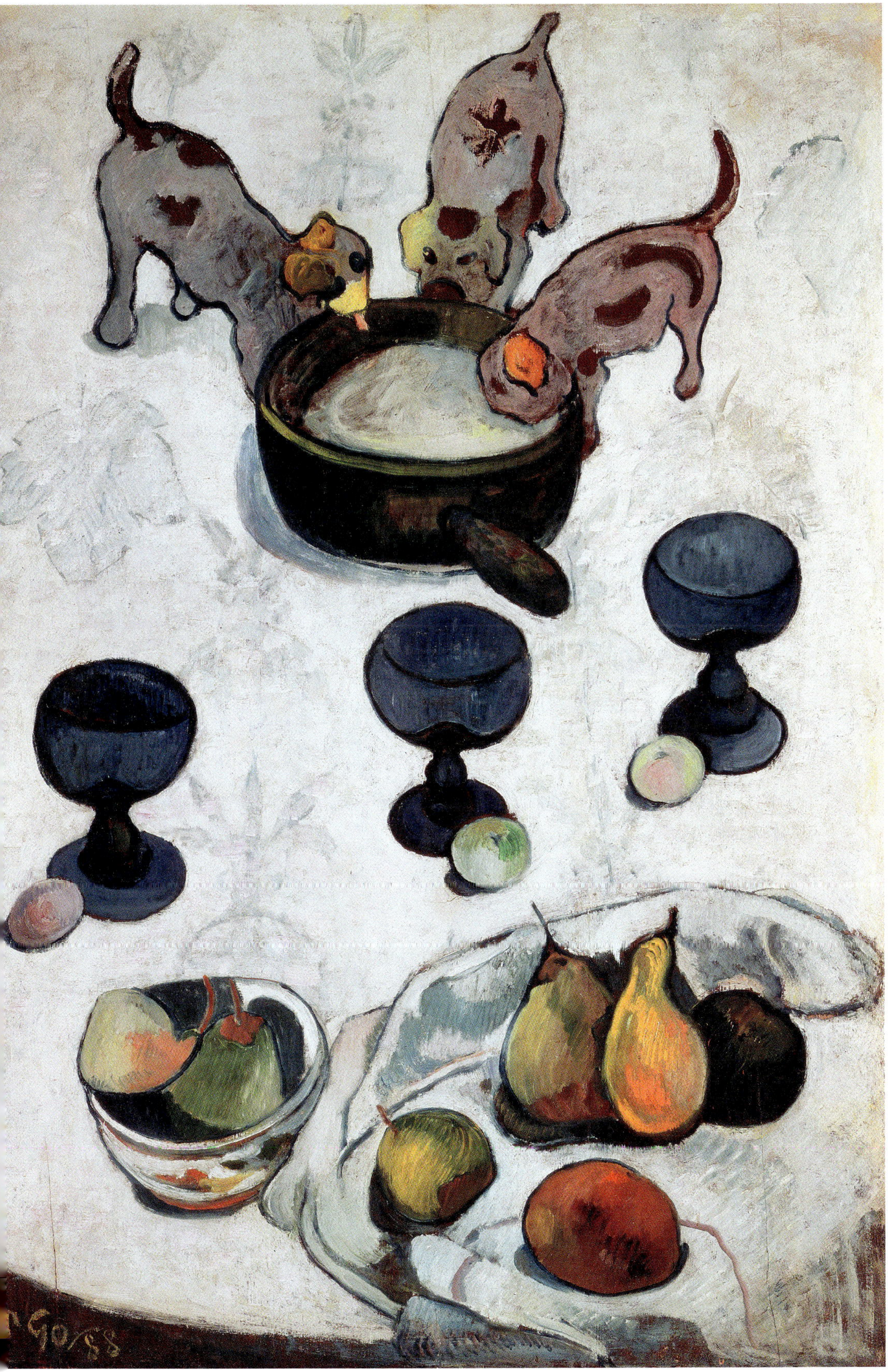

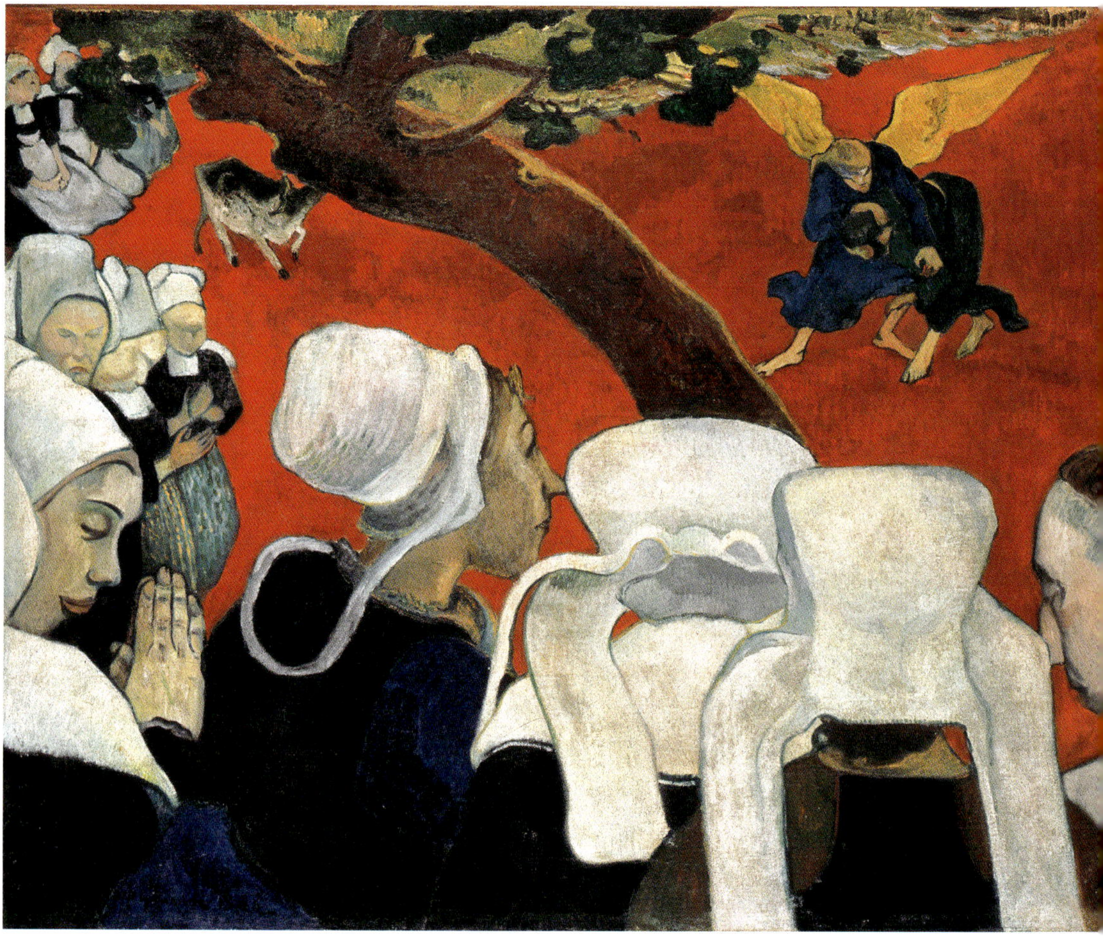

PÁGINA 322
Página del ***Cuaderno de bocetos de Martinica***, 1884-1889
Tiza y acuarela sobre papel verjurado, 20,3 x 26,1 cm
Colección particular

PÁGINA 323
Bodegón con tres perros, 1888
Óleo sobre tabla, 91,8 x 62,6 cm
Nueva York, The Museum of Modern Art, Mrs. Simon Guggenheim Fund

La visión tras el sermón o ***La lucha de Jacob con el ángel***, 1888
Óleo sobre lienzo, 72,2 x 91 cm
Edimburgo, Scottish National Gallery

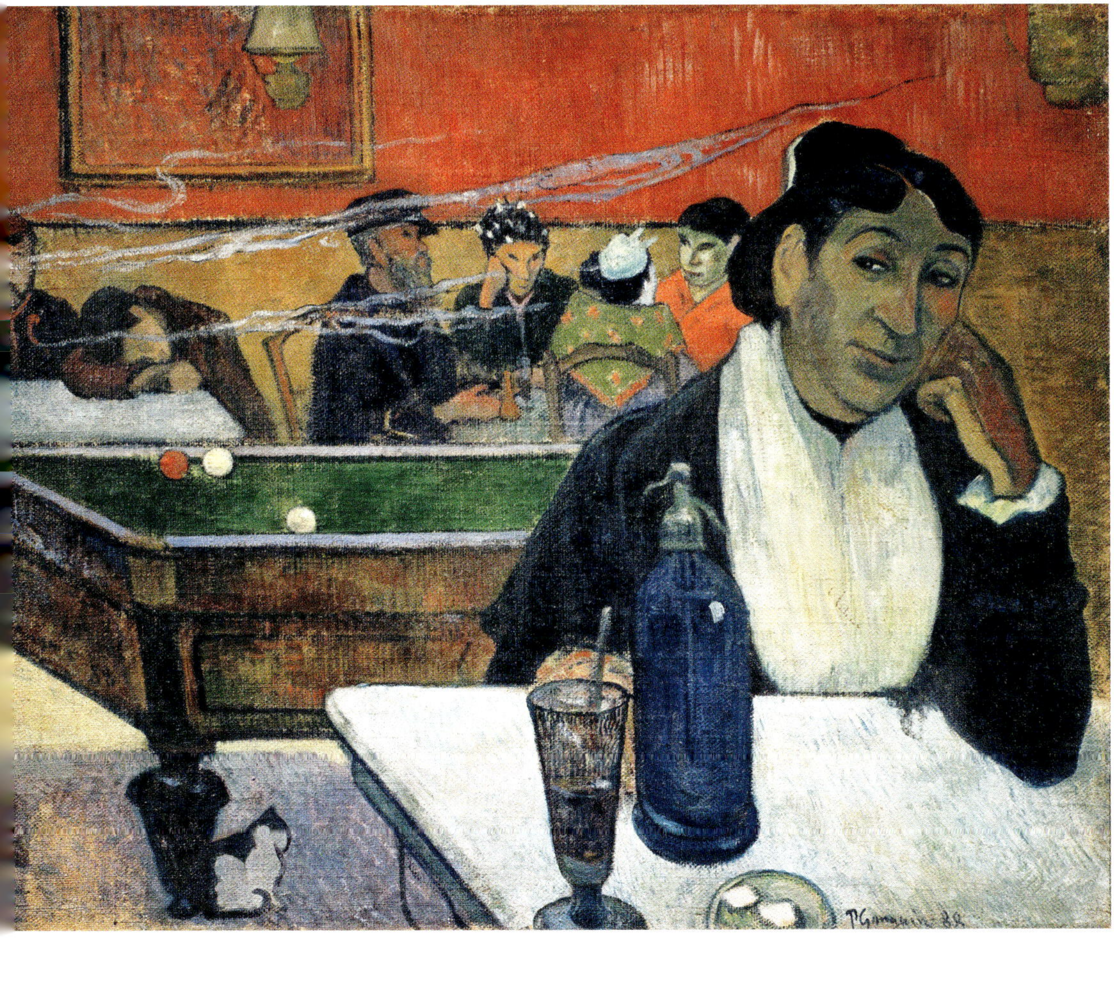

Café nocturno en Arlés
(Madame Ginoux), 1888
Óleo sobre lienzo, 73 x 92 cm
Moscú, Museo Pushkin

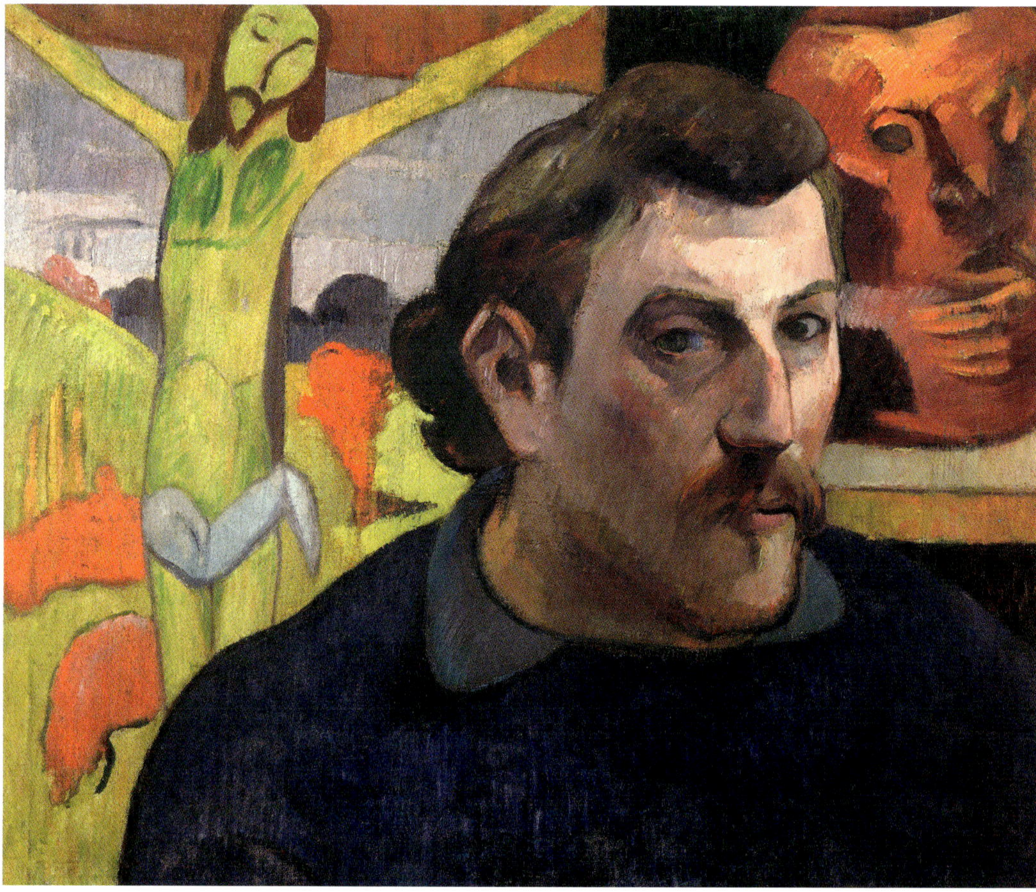

El vástago de esta moda en las artes plásticas recibió pronto el nombre de japonismo. El refinado pulimiento del arte oriental era, pues, totalmente lo contrario de aquella robustez que se estimaba en el arte primitivo. Sin embargo, ambos universos de imágenes eran nuevos y frescos, y se prestaban para emprender una renovación de la expresión artística, renovación que no solo Gauguin tenía en mente.

Con qué soberanía sabía valerse Gauguin del lenguaje gráfico, tanto del oriental como del primitivo, queda demostrado ejemplarmente por el cuadro programático por excelencia de aquella época: *La visión tras el sermón* o *La lucha de Jacob con el ángel* (il. pág. 324). El sin duda más ambicioso de todos los cuadros de Gauguin es, al mismo tiempo, un símbolo tanto de su lucha por alcanzar el reconocimiento como del fracaso de esta lucha. Separados unos de otros por el gigantesco tronco de un árbol, que en perfecta conformidad con el estilo de las xilografías japonesas divide el cuadro diagonalmente, los dos grupos de figuras nos presentan dos acciones opuestas. Las mujeres con vestimenta bretona, cuyos enormes cuerpos casi nos tapan la vista, reflexionan, ensimismadas y devotas, sobre las palabras que acaban de escuchar en el sermón.

En el trasfondo del cuadro, en cambio, tiene lugar una lucha: el ángel, a quien se le resiste con todas sus fuerzas la bíblica figura de Jacob, ha extendido irritado sus alas. Una escena cotidiana (mujeres que salen de una iglesia) se combina con una escena sobrenatural, existente solo en la creencia religiosa. Dos tradiciones gráficas diferentes componen estas escenas: el sereno y tosco lenguaje del arte popular ha dado forma a las macizas figuras del primer plano; la pintura cristiana, en cambio, ha influido en la dramática escena de lucha que se ve en el fondo. Eje de ambas escenas es el árbol, que pone en juego una tercera tradición, la del Lejano Oriente. La ufana evocación de lo sobrenatural se halla a la búsqueda de una expresión artística adecuada. Colores que contrastan fuertemente; una irresistible atracción hacia el plano de fondo, que alterna con una perspectiva de extrema cercanía; planos compactos que tan solo esbozan las figuras: todo ello crea un determinado estado de ánimo, un efecto, que el cuadro comparte con su tema. El cuadro de Gauguin quiere mostrarnos una visión; no obstante, tiene también la ambición de ser él mismo una visión.

A más tardar con este cuadro, Gauguin se convirtió en el mentor de la comunidad de pintores de Pont-Aven. Paul Sérusier formaba parte de ella, además de Charles Laval, Louis Anquetin, Armand Séguin, Jacob Meijer de Haan y, naturalmente, Émile Bernard. Madeleine Bernard, la hermana de Émile y prometida de Laval, era la musa que los inspiraba. Gauguin mantenía con ella una relación de amistad epistolar, que tiene que haber sido bastante intensa, pues, al fin y al cabo, quedó cortada a instancias de los padres de Madeleine. Como recuerdo suyo pudo Gauguin, al menos, obsequiarse con el retrato que había hecho de ella en ese mismo año de 1888, el *Retrato de Madeleine Bernard* (il. pág. 320).

Por las mismas fechas que Gauguin, también Vincent van Gogh había abandonado París. A él le había atraído el sur: Arlés, en Provenza. La atmósfera de luz titilante de la naturaleza iluminada por el sol había sido el motivo de inspiración escogido por Van Gogh para su pintura. De la austera sencillez que Gauguin buscaba en Bretaña, el holandés había tenido suficiente desde su niñez. Además de la huida a la provincia, ambos compartían el plan de fundar una comuna de artistas. Sobre todo a través del trabajo en común con sus colegas, Gauguin había logrado recuperar confianza en sí mismo. Van Gogh, en cambio, había permanecido hasta entonces solo. Su hermano Theo, que era marchante de arte en el parisino Montmartre y que también patrocinaba a Van Gogh, debía ocuparse ahora de que estos dos individuos extravagantes y solitarios pudieran trabajar juntos unos meses. Ya semanas antes Van Gogh se hallaba muy excitado. Renovó su «casa amarilla», la arregló y embelleció, para que

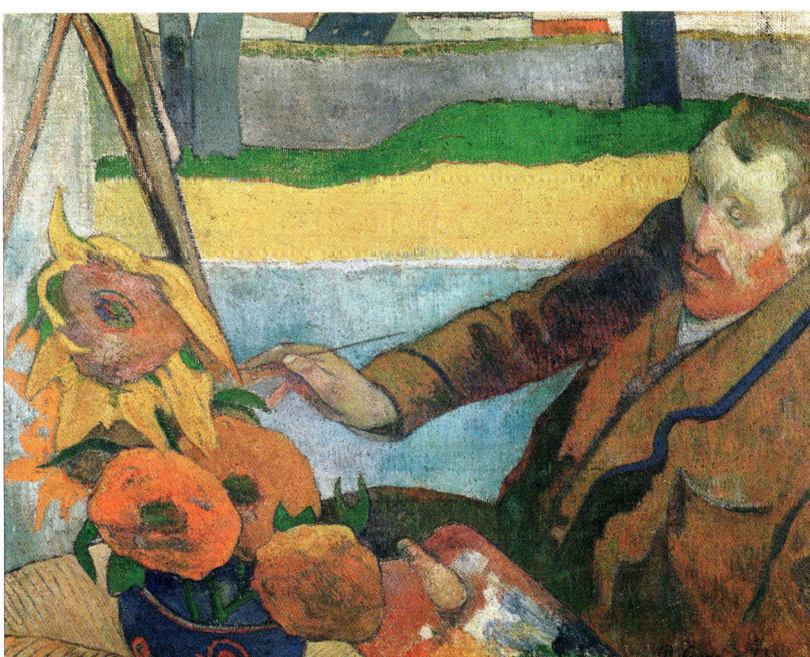

PÁGINA ANTERIOR
Autorretrato con Cristo amarillo, 1890/91
Óleo sobre lienzo, 38 x 46 cm
París, Musée d'Orsay

Vincent van Gogh pintando girasoles, 1888
Óleo sobre lienzo, 73 x 91 cm
Ámsterdam, Van Gogh Museum, Fundación Vincent van Gogh

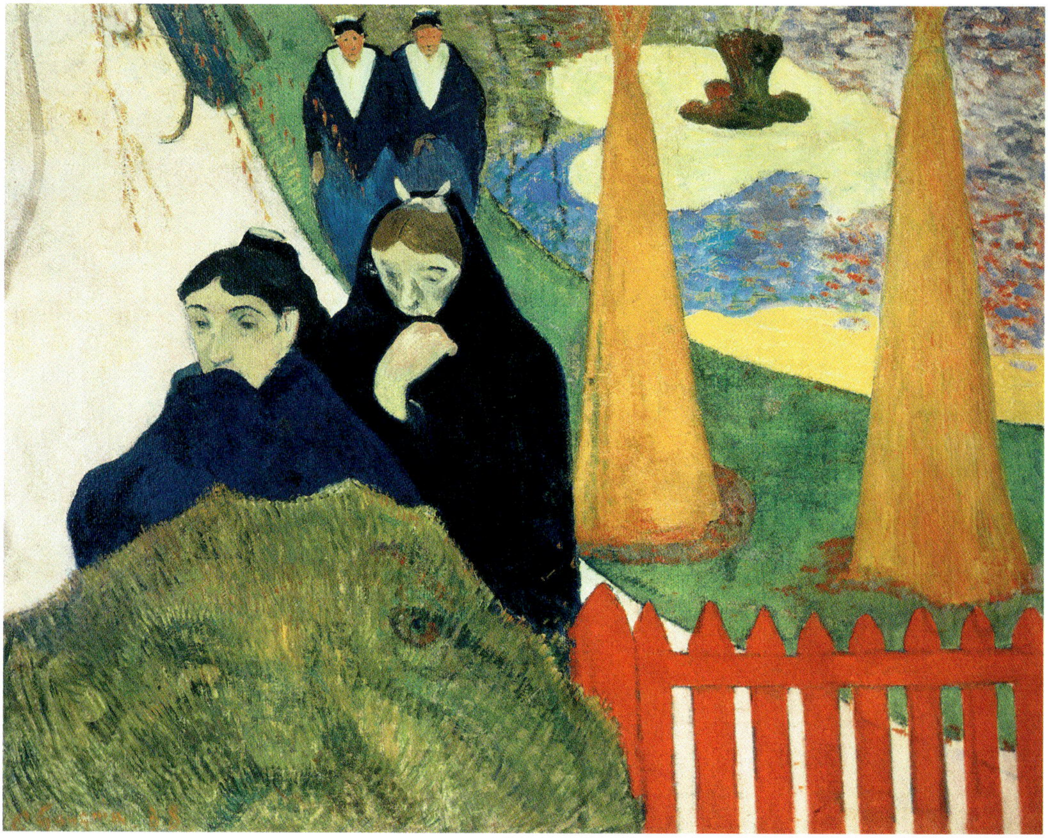

Arlesianas (Mistral), 1888
Óleo sobre lienzo, 73 x 92 cm
The Art Institute of Chicago,
Mr. and Mrs. Lewis Coburn Collection

a Gauguin no le hiciera falta nada. Pero este retrasaba su llegada al sur una y otra vez; barruntaba una treta comercial de su marchante: «Por más que Theo me aprecie, no se lanzaría a pagar mi sustento en el mediodía de Francia solo por mis bellidos ojos. Como frío holandés que es, ha estudiado el terreno y tiene la intención de manejar este asunto sacándole el mayor provecho posible y en exclusividad».

Pero, como siempre, Gauguin se hallaba acosado por las deudas. Habiéndole sacado Theo una vez más de apuros financieros, no le quedó más remedio: el 23 de octubre de 1888 se presentó Gauguin en casa de Van Gogh en Arlés. Dos meses de constantes peleas y discusiones no dejarán respirar a ninguno de los dos de ahora en adelante, mientras se controlan celosamente para ver quién de ellos es el mejor pintor. Van Gogh había tenido en mucha estima a su colega pintor: «Todo cuanto hace tiene un no sé qué suave, conmovedor y asombroso. La gente no le comprende todavía, y él sufre porque no logra vender nada; tal como ocurre con otros auténticos poetas». A pesar de ello, las diferencias se fueron haciendo cada vez más patentes. «Él es un romántico; yo, en cambio, siento más bien inclinación por los primitivos —afirmó Gauguin en tono crítico—; en cuanto a la aplicación de la pintura, él es aficionado al impasto, mientras que yo odio la ejecución desordenada». Gauguin había esperado encontrarse con un alumno diligente que se dejara mangonear en cuestiones de arte. Sin embargo, ya ambos habían recorrido un trecho muy largo en la pintura como para que pudiesen llegar a entenderse a un nivel que no fuera más que superficial.

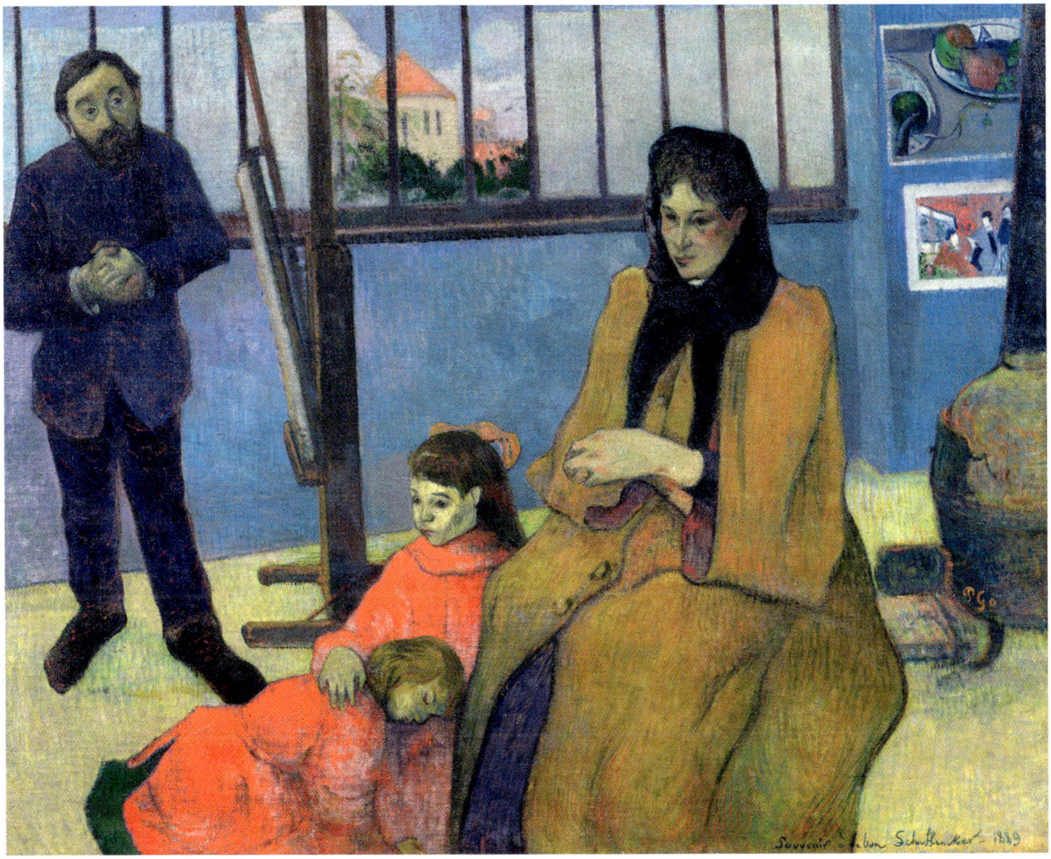

Estudio de Schuffenecker, 1889
Óleo sobre lienzo, 72,7 x 92 cm
París, Musée d'Orsay

El equipo de pintores Van Gogh-Gauguin elige motivos que elaboran compitiendo el uno con el otro. Cada cual se ocupa de los trabajos del otro, con el propósito de medir en ellos su propia calidad. *Café nocturno en Arlés (Madame Ginoux*; il. pág. 325) es una de las interpretaciones de cuadros de Van Gogh que hizo Gauguin. En esta ocasión integró en uno dos de los cuadros del pintor holandés, demostrando así una vez más su talento para la combinación de los motivos más diversos: el *Café nocturno* (1888, New Haven, Yale University Art Gallery) y dos retratos de su propietaria, Madame Ginoux (1888/89, Nueva York, Metropolitan Museum of Art; 1888, París, Musée d'Orsay). La desconsoladora impresión de soledad que los envuelve a todos, impresión que de manera inimitable había podido producir la vista nocturna del local captada por Van Gogh, ha desaparecido en la versión de Gauguin. Los visitantes del local sentados a las mesas en las esquinas, anónimos y ensimismados, en quienes Van Gogh había fijado la atención, pasan a ocupar aquí un segundo plano detrás de la figura destacada de la *madame*. Esta lanza su mirada desde el interior del cuadro, facilitando la toma de contacto y liberando la vista interior del cuadro, del café, de la sofocante sensación de aislamiento en que Van Gogh la había sumergido. El lado oscuro de la vida no era lo que interesaba a Gauguin. Más bien prefería, en tales casos, pintar sus llamadas a la fantasía.

Gauguin había dicho que Van Gogh era un romántico y él, en cambio, un primitivo. Y de hecho, la pintura de Vincent coincidía con la impetuosidad y vehemencia de su manera de ser. Van Gogh era un sentimental de pies a cabeza, marcado por una pasión que cultivaba el arte por amor a la

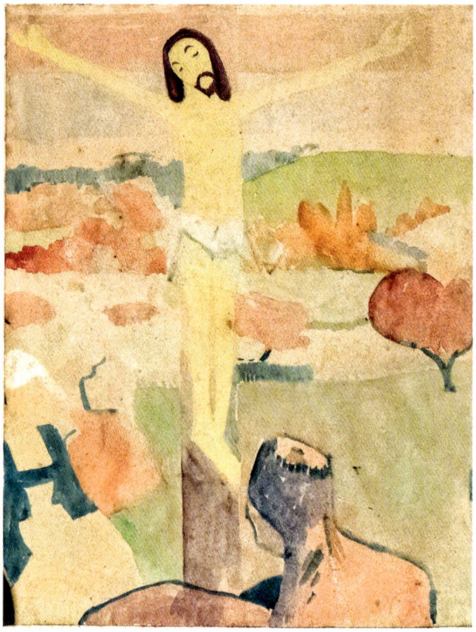

intensidad de la expresión. Ante lo abismal, lo horrendo del ser humano, su voluntad impulsiva no podía detenerse. Gauguin, por el contrario, prefería mantener un interés distanciado frente a lo que constituye esencialmente al hombre. Felicidad y armonía eran sus palabras mágicas. No las encontró en lucha consigo mismo, sino en lo que prometían los mundos exóticos, virginales. Gauguin creó sugestiones, evocaciones persuasivas de otras realidades, realidades que se hallaban fuera de la suya propia. Van Gogh se dedicó a una especie de introspección; pintó cuadros llenos de expresividad que giraban constantemente alrededor de la propia persona y de sus problemas.

Así, fue inevitable que la cosa terminara en un escándalo: «Desde que me propuse irme de Arlés —escribe Gauguin—, él andaba tan raro que yo apenas podía respirar. "Usted se quiere ir", me dijo, y cuando le contesté que sí, arrancó un trozo de periódico, en el que aparecía la frase "El asesino ha huido", y me lo dio». Van Gogh vio destruidos todos sus sueños, todas sus esperanzas de llegar a trabajar junto con sus colegas pintores en una atmósfera relajada, bajo el sol meridional. En varias ocasiones se levantó durante la noche y se introdujo furtivamente en el cuarto de Gauguin para asegurarse de que todavía estaba allí. Únicamente la enfermedad de Vincent retenía a Gauguin en Arlés: «A pesar de algunos desacuerdos, no puedo estar enfadado con un buen tipo que se halla enfermo, que sufre y que pide verme».

El 23 de diciembre, exactamente dos meses después de la llegada de Gauguin, se agravó la amenazadora situación. Paul salió a dar un paseo vespertino; Vincent, suspicaz como siempre, lo siguió. Gauguin, que oía cómo se iban acercando cada vez más los pasos conocidos, se volvió y vio la cara descompuesta del anfitrión. Supuestamente, Van Gogh sostenía en sus manos una navaja de afeitar abierta. En ese mismo instante, dio media vuelta y se fue corriendo a su casa. Gauguin, que se había quedado intranquilo, pasó la noche en un hotel. A la mañana siguiente, justo cuando se disponía a regresar a «la casa amarilla», todo Arlés se hallaba en gran revuelo. Vincent, atormentado por alucinaciones y torturado por un dolor insoportable, se había cortado en su casa la parte inferior de la oreja izquierda, precisamente con aquella navaja de afeitar que Gauguin afirmó haber visto en sus manos. Una vez restañada provisoriamente la hemorragia, Van Gogh envolvió el lóbulo mutilado en un pañuelo y se dirigió al burdel del pueblo con el propósito de dárselo a una prostituta. Como si no hubiera pasado nada, regresó a la casa y se echó a dormir. Así lo encontró la policía, puesta sobre aviso a primeras horas de la mañana. Se lo llevaron al hospital.

Por entonces Gauguin había acabado de pintar el cuadro *Vincent van Gogh pintando girasoles* (il. pág. 327). Con mirada trastornada nos muestra el pintor al pintor, que extiende su mano con torpeza para manejar el pincel. Gauguin procuró captar aquí el maníaco furor de pintar de Van Gogh, su alma agitada, en la que un mecanismo interno, de una manera en cierto modo automática, da los últimos toques al cuadro.

ARRIBA
El Cristo amarillo, 1889
Boceto para el cuadro del mismo nombre
Acuarela sobre papel, 15,2 x 12,1 cm
Nueva York, Chapman Collection

PÁGINA SIGUIENTE
El Cristo amarillo, 1889
Óleo sobre lienzo, 92 x 73 cm
Búfalo, Nueva York, Albright-Knox Art Gallery

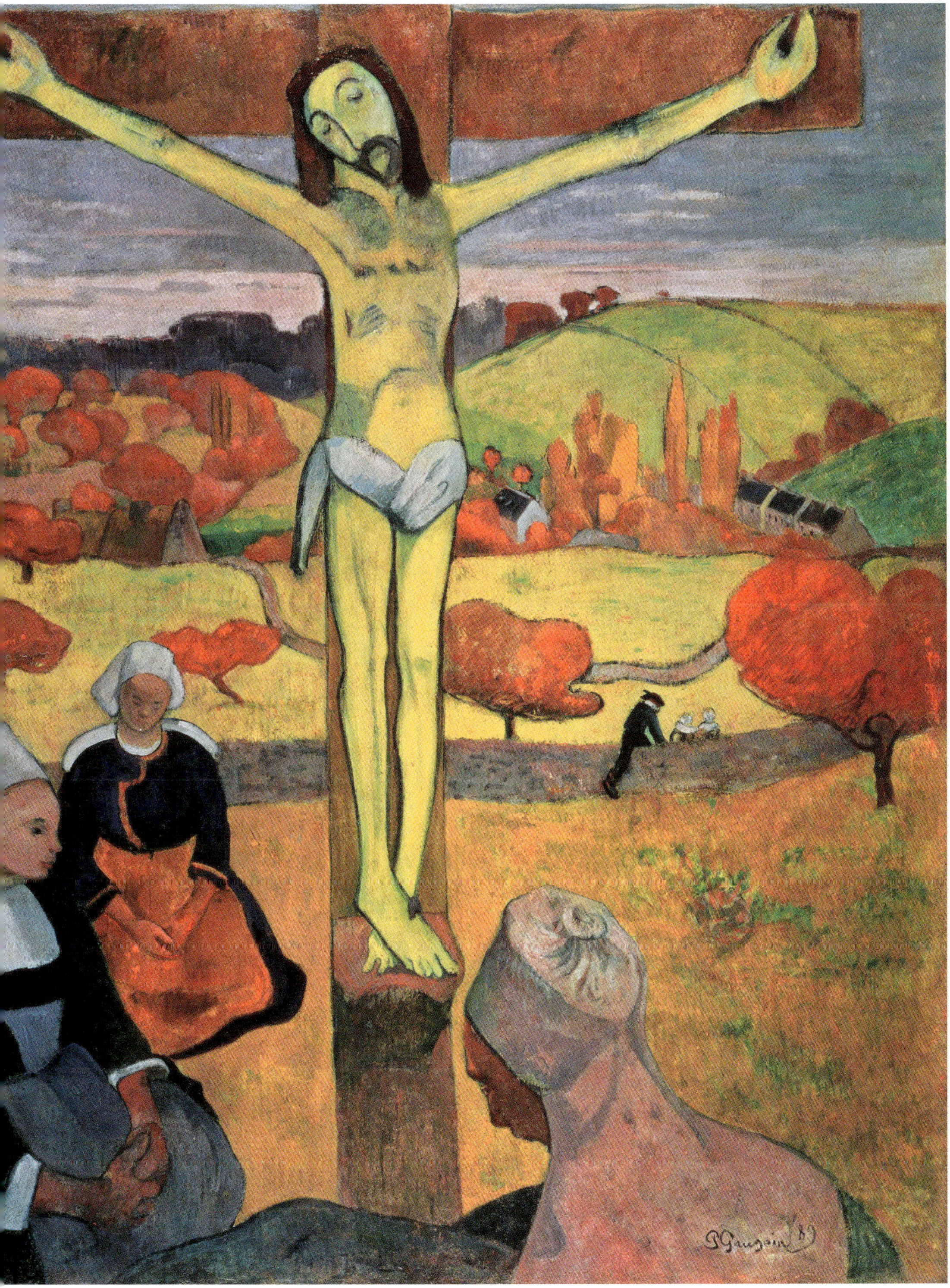

«Ese soy yo verdaderamente —fue el comentario de Van Gogh respecto a su retrato— pero tal como si me hubiera vuelto loco». Y de hecho, la experiencia de la convivencia con Gauguin fue el último motivo desencadenante que llevó al brote de su enfermedad. Los días con Paul fueron los últimos que pudo pasar en libertad. La vida de Van Gogh, que había de durar poco, habría de concluir en la reclusión.

Esa misma mañana Gauguin se marchó de Arlés sin ver de nuevo a su colega. Su partida algo precipitada da la impresión de que se zafó del asunto poco menos que con el rabo entre las piernas. Más tarde, en su libro *Avant et après* (1903), Gauguin se justificará con el cuento de que Vincent le había amenazado con un cuchillo. En todo caso, el episodio no parece haberle resultado del todo inoportuno. Ya nadie lo retenía. Precisamente la experiencia con Van Gogh permite señalar la sofisticación, la voluntaria fanfarronería que había acompañado siempre la carrera artística de Gauguin. En todo momento se mostró capaz de distanciarse. La unidad de arte y vida, que también él se había propuesto como meta, había sido perseguida en todo caso con mayor seriedad por Gauguin. Sus días en Arlés Gauguin los consideró simplemente como asunto despachado, como mala experiencia, como concesión hecha a su marchante, Theo van Gogh.

El nuevo año de 1889 dio comienzo para Gauguin en París. Se había refugiado en casa de su viejo amigo Schuffenecker, en casa de *le bon Schuff*, como afectuosamente le llamaba, quien tras la quiebra de la Bolsa había encontrado colocación como profesor de dibujo. Schuffenecker había subordinado su carrera artística al ejercicio de un trabajo con el que ganarse la vida, y aparentemente había llegado a ser con ello un feliz padre de familia. Es perfectamente lógico que Gauguin, por esta razón, también retratara a su amigo en el estudio rodeado de sus seres queridos: *Estudio de Schuffenecker* (il. pág. 329). En este retrato, la mujer y el niño son los personajes centrales. De manera típica, Gauguin ha colocado a sus figuras muy cerca del primer plano, quedando estas cortadas por el borde inferior del cuadro. Su amigo, en cambio, se mantiene discretamente al margen; está de pie cerca del caballete, como si se dispusiera, a su vez, a retratar al grupo de la madre y los niños. Con mirada curiosa, casi temerosa, observa a su familia. De Gauguin se dice que tuvo un *tête-à-tête* con su anfitriona. El desequilibrio en la presentación, marcado por la mujer fuerte, casi monumental, y el hombre que permanece apocado en el fondo, es al menos inusitado. En el curso de su participación personal en la vida de la familia, Gauguin puso al descubierto, sin mayores consideraciones, la relación existente entre ambos cónyuges.

El piso de Schuffenecker siguió siendo el punto de apoyo de las actividades de Gauguin en los meses siguientes. Desde aquí envió sus cuadros a la exposición de Los XX, un grupo de 20 artistas residentes en Bruselas. Con ocasión de la misma, dejó que se exhibiera sobre todo *La visión tras el sermón* (il. pág. 324) y volvió a llevarse un chasco. Que su obra provocara «la mayor hilaridad», como afirmara el crítico Octave Maus, podría haberse explicado todavía aludiendo a la ignorancia del público. Sin embargo, también desde el punto de vista más eminente, el de un colega que jugó un papel decisivo en el desarrollo artístico de Gauguin, este escuchó tan solo comentarios despectivos. «Le reprocho —escribió Pissarro— que no haya basado su síntesis en nuestra filosofía moderna, que es absolutamente social, antiautoritaria y antimística. Por eso mismo el problema es grave. Es un paso atrás. Gauguin no es un visionario, sino un zorro».

El cuadro de Gauguin *El Cristo amarillo* (il. pág. 331) puede servir de ejemplo para explicar la crítica formulada por Pissarro. Gauguin se esfuerza de nuevo por presentarnos una visión: la aparición de un crucifijo a unas mujeres que se hallan absortas en la oración. El cromatismo extremo que hace resaltar al Crucificado y las copas de los árboles confiere al cuadro mismo el carácter de algo sobrenatural. *El Cristo amarillo* se aparece tanto a las mujeres (en el cuadro) como al espectador (en forma de cuadro). La pintura de Gauguin es «asocial», «autoritaria» y «mística», según la crítica de Pissarro.

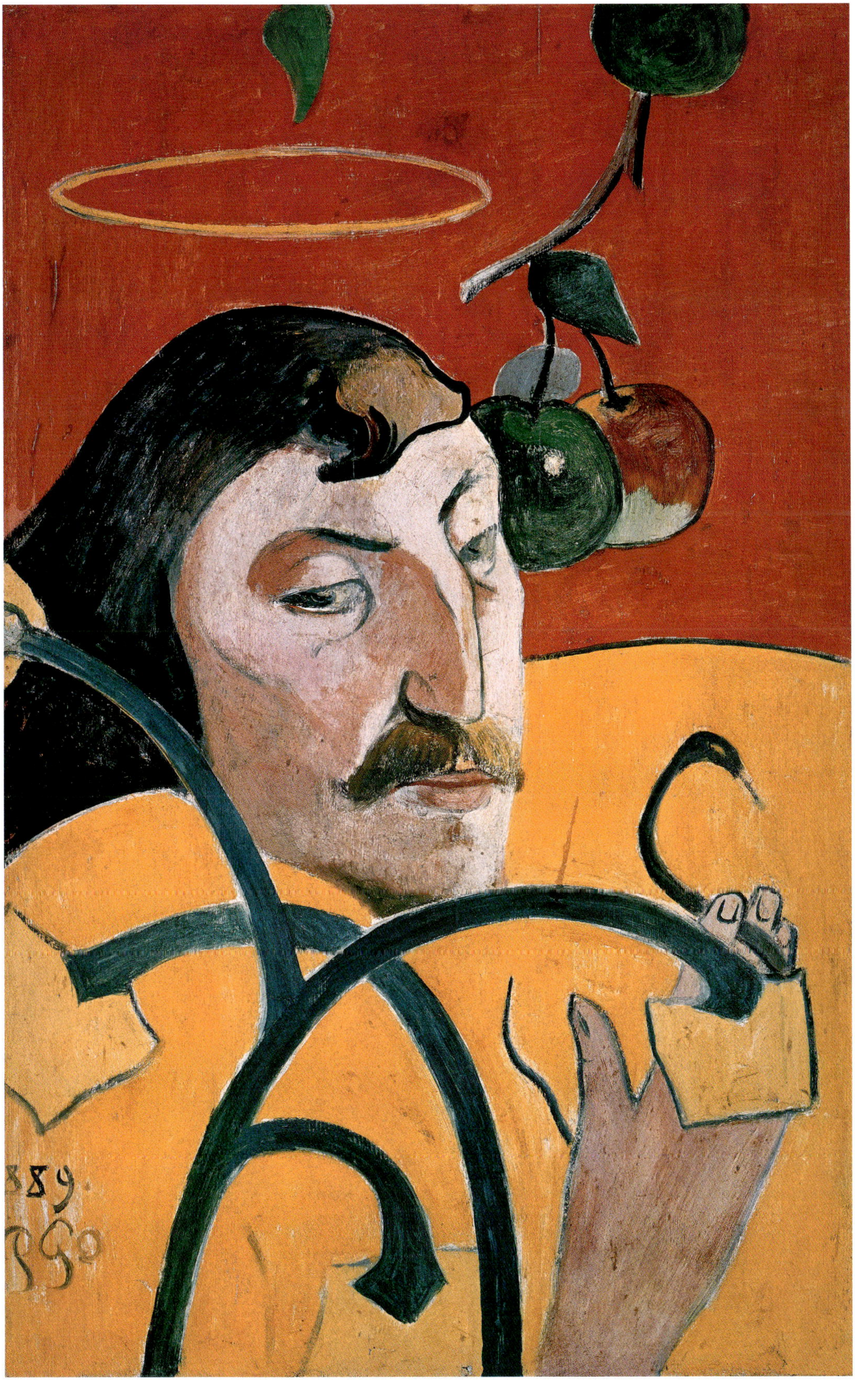

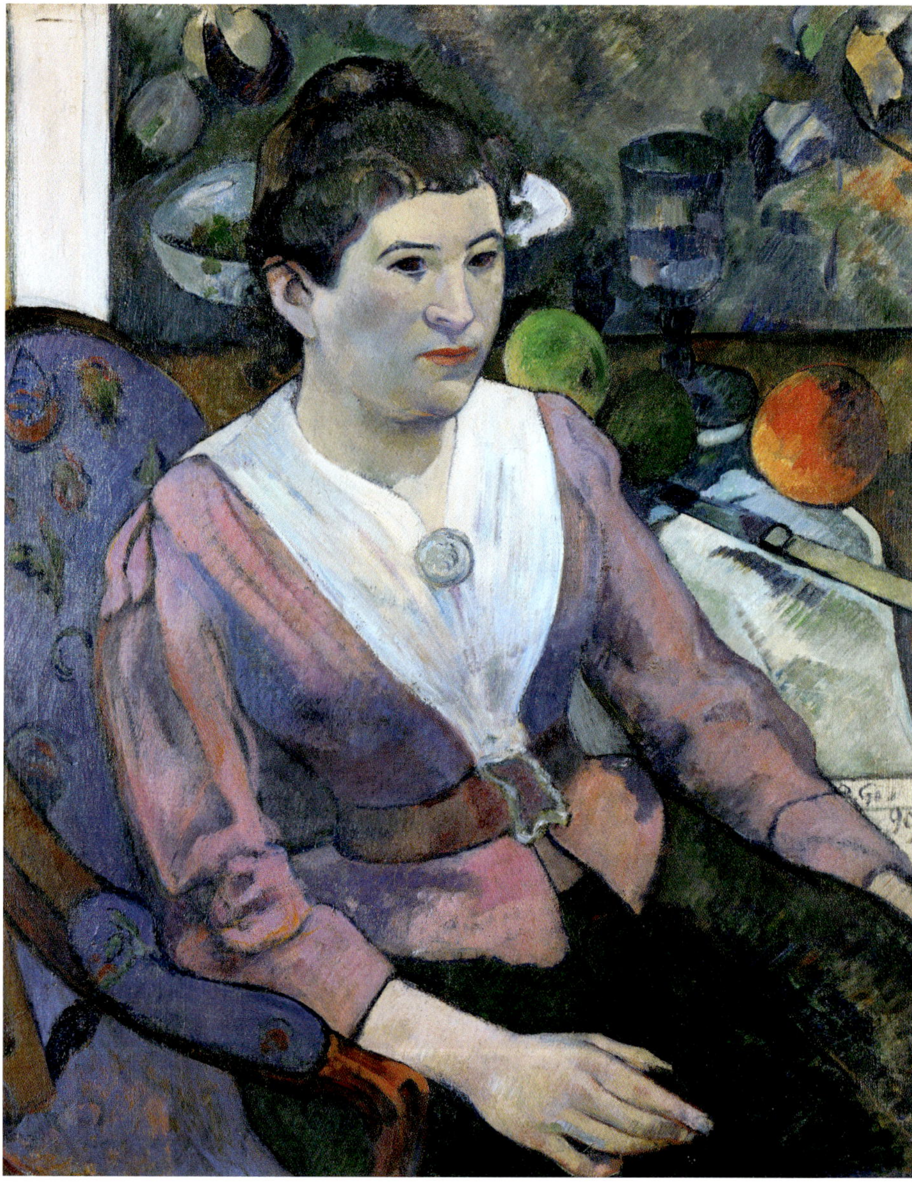

PÁGINA 333
Autorretrato con nimbo, 1889
Óleo sobre tabla, 79,2 x 51,3 cm
Washington, D.C.,
National Gallery of Art,
Chester Dale Collection

Retrato de una mujer ante un bodegón de Cézanne, 1890
Óleo sobre lienzo, 65,3 x 54,9 cm
The Art Institute of Chicago,
Joseph Winterbotham Collection

Ondina, 1889
Óleo sobre lienzo, 92,5 x 72,4 cm
The Cleveland Museum of Art,
donación de Mr. y Mrs. William
Powell Jones

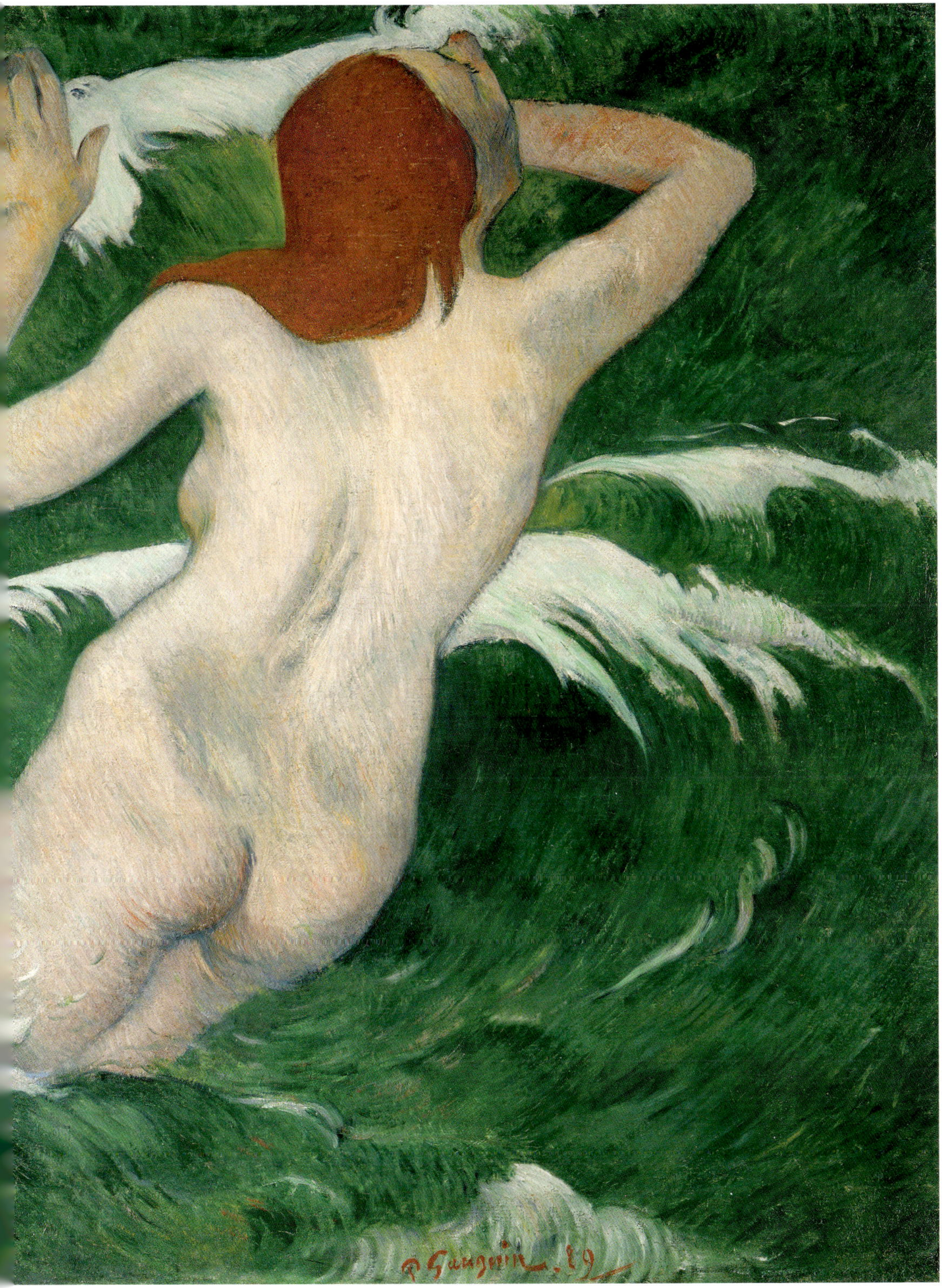
P Gauguin . 89

Y de hecho, Gauguin no presta ninguna atención a la idea del progreso social. Por el contrario, la situación reinante en su país fue un factor decisivo para sus huidas. La pintura de Gauguin procura retraerse al regazo de lo familiar, buscar el refugio de la fe y la tradición, del compromiso personal y la libertad individual. La dinámica, el cambio y el progreso (palabras mágicas del impresionismo, que en este punto no tiene nada que envidiar a la euforia burguesa) no encajan con las evocaciones que hace Gauguin de lo sobrehumano.

El monumental crucifijo ya había ornado el trasfondo de su *Autorretrato con Cristo amarillo* (il. pág. 326). Gauguin había visto esta cruz en la iglesia rural de Trémalo, cerca de Pont-Aven. Tanto en cuanto testimonio de sencilla religiosidad como en su calidad de producto del arte popular, esta se prestaba para ser integrada en el universo figurativo de Gauguin. Y como un elemento de su autorretrato establece, además, un paralelismo entre la creatividad artística y la creación. Por último, la imagen del Dios que muere como hombre también representa al artista como doliente. Puede que en un primer momento la expresión de furibundo egocentrismo que Gauguin ostenta en su retrato no cuadre con las ideas de sufrimiento y piedad. Sin embargo, el arte del pintor también consiste en un constante desempeñar roles. Con la máscara del visionario solitario y doliente, cuya fuerza creativa solo es objeto de desprecio, era como mejor se sentía.

En este sentido, se puede decir que Gauguin adopta una pose en su *Autorretrato con nimbo* (il. pág. 333). La mímica arrogante ha cedido ahora a un sombrío ensimismamiento que nos muestra al pintor como melancólico. La melancolía era considerada desde el Renacimiento como estado de ánimo típico del

El almiar amarillo, 1889
Óleo sobre lienzo, 73 x 92,5 cm
París, Musée d'Orsay

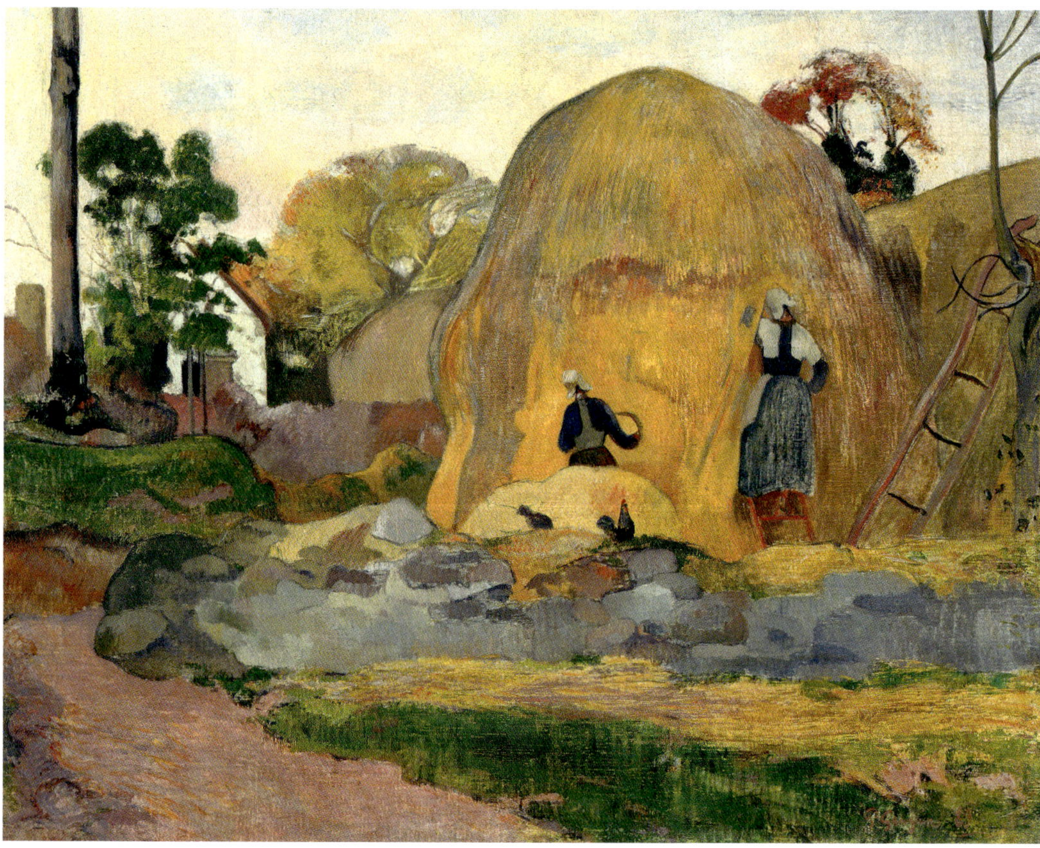

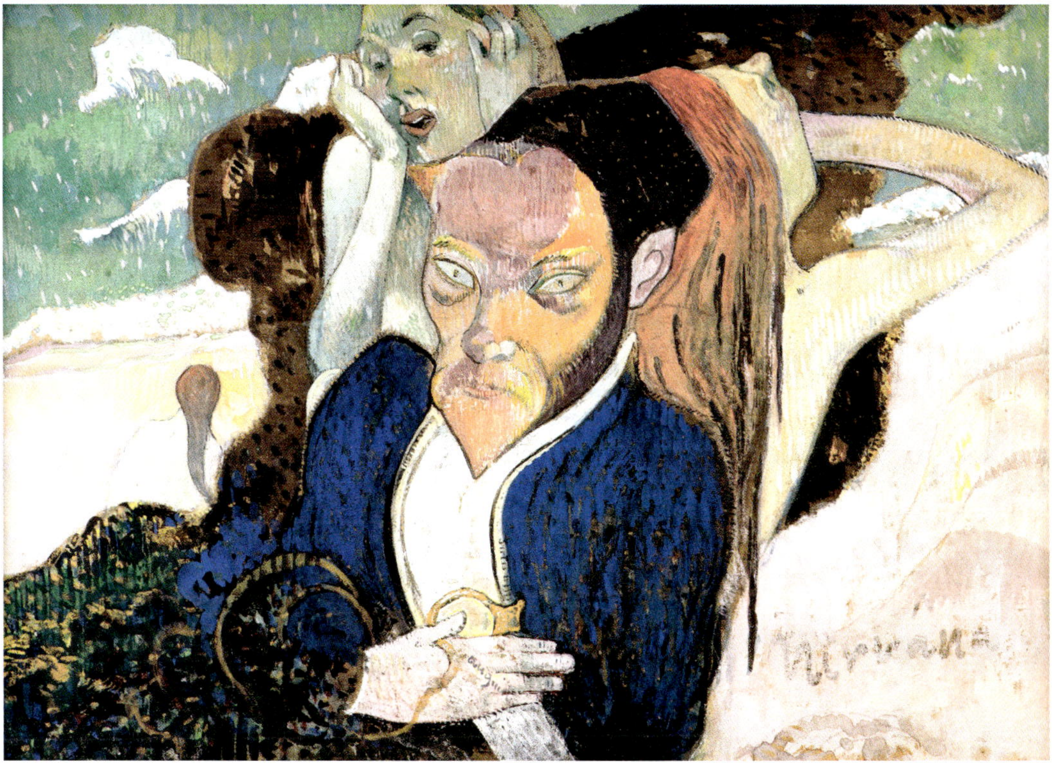

hombre creativo: este no sufre por una razón concreta, sino que se siente afligido por la situación general en que se encuentra el mundo, el cual le obliga a ser abnegado. Esta manera narcisista de ponerse Gauguin en escena podría revestir aquí, involuntariamente, rasgos caricaturescos, si no fuera porque las ondulantes formas puramente ornamentales se abren paso hacia el poderoso centro del cuadro, la cabeza del pintor, que parece estar a punto de desaparecer entre ellas. No hay espacio alguno que entorpezca el libre fluir de las superficies polícromas del fondo. Entre retrato y abstracción median las manzanas, la aureola y la serpiente: tres símbolos de la imaginería cristiana. Las asociaciones que deja entrever con el pecado original y la salvación son las que ante todo otorgan al cuadro de Gauguin ese efecto que mueve a la simpatía. Un gesto de sufrimiento aparentemente claro y un ornamento aparentemente vacío de contenido se unen para configurar una presentación sumamente alusiva del pintor como figura enigmática.

Retrato de Jacob Meijer de Haan (Nirvana), hacia 1889/90
Aguada sobre algodón, 20 x 29 cm
Hartford, Connecticut,
Wadsworth Atheneum

Llegar a ser más ingeniosos, más obstinados, diferentes a todos los demás, era el objetivo declarado por aquel círculo de artistas sin cuya influencia la producción artística de Gauguin entre los años 1888 y 1891 es impensable. Vestidos con ropas llamativas, demostrando su inadaptación, se paseaban por las calles de París los dandis, que solo se sentían a gusto como excéntricos. Dentro de estos círculos, formados en torno a los escritores Stéphane Mallarmé y Paul Verlaine, también Gauguin se sentía como en su casa. Todos los martes por la noche se reunían en casa de Mallarmé, y discutían sobre las últimas modas y sobre la próxima oportunidad de poder causar sensación. En 1886 Jean Moréas había publicado el *Manifiesto simbolista*, y por él esta agrupación de artistas recibió el nombre de simbolistas. El periódico *Mercure de France* era su órgano. Aquí escribía Albert Aurier, el único crítico que llegó a fijarse en Van Gogh en vida del artista. Una idea algo obsesiva de hallarse a la altura de los tiempos

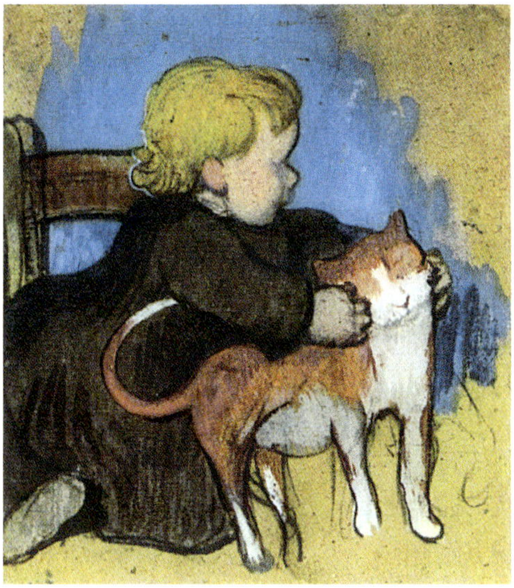

mantenía unidos a estos individualistas empedernidos; se sentían espiritualmente afines, independientemente de sus opiniones respecto a los sucesos cotidianos. El simbolismo «no es más que un concepto tras el que se esconde una sensibilidad vital reprimida», así manifestó una vez Gauguin su protesta contra los esfuerzos de los simbolistas por alcanzar grandiosidad. No obstante, sus pinturas confían en una similar capacidad de compenetración por parte del observador, la cual ha de poder darse independientemente del intercambio de razonamientos teóricos. También sus invocaciones, sus visiones pictóricas de esta época, exigen un público de personas afines desde el punto de vista espiritual, dispuestas a abrirse a las sugestiones de otros mundos, distintos y más profundos: quien no comprendiera a primera vista sus cuadros, no lograría acercarse jamás a ellos.

El ensayo de Émile Aurier *Gauguin o el simbolismo en la pintura* fue el regalo de despedida del grupo. Publicado en marzo de 1891 en el *Mercure de France*, este escrito presenta, basándose precisamente en los trabajos de Gauguin, las características del programa artístico al que se habían consagrado los simbolistas. Cinco cualidades, según afirma el texto, debe tener una obra de arte, cualidades que naturalmente caracterizaban también la pintura de Gauguin: «La obra de arte tiene que ser conceptual, pues su único ideal debe ser la expresión de la idea». «La obra de arte tiene que ser sintética, porque traza sus formas y signos de acuerdo con un tipo general de comprensión». «La obra de arte tiene que ser subjetiva, porque el objeto no es visto nunca como objeto, sino más bien como signo que es percibido por el sujeto». «La obra de arte tiene que ser decorativa, puesto que el arte decorativo, estrictamente hablando, tal como fue concebido por los egipcios, y muy probablemente también por los griegos y los primitivos, no es más que una revelación del arte, la cual es al mismo tiempo subjetiva, sintética, simbólica y conceptual».

Aquí halló Gauguin, pues, la confirmación que necesitaba. De tal suerte que, reforzado teóricamente, pudo entregarse poco después a la experiencia de lo primitivo, de Oceanía. Con un cuadro como *Ondina* (il. pág. 335), Gauguin deseaba expresar su agradecimiento por el himno. Esta mujer, que forma una perfecta unidad con el elemento que su figura encarna y que, de este modo, exhibe con ostentación la innata naturalidad esencial de lo femenino, que tanta importancia tenía para los simbolistas, solo es posible hallarla en la obra de Gauguin durante el período en torno a 1890. La extremadamente rebuscada y forzada igualación de hombre y ola, que se nutre de patrones literarios, tenía que entrar en contradicción con las invocaciones que Gauguin dirigía a la sencillez. El cuadro deviene ilustración de alguna que otra historia leída a medias. Y la lectura de un libro responde, en todo caso, a intereses distintos de los de la mirada que se vuelca sobre la apacibilidad de la vida campesina.

Pero Gauguin no tenía dinero para el viaje, que ahora le parecía cada vez más urgente. Una subasta organizada por todo lo alto en el parisino Hôtel Drouot por los artistas amigos del pintor debía poner remedio a la situación. El apoyo desinteresado de sus colegas se explica por el sentimiento de mala conciencia que entretanto les había

ARRIBA
Mimí con su gato, 1890
Aguada sobre cartón, 17,6 x 16 cm
Colección particular

PÁGINA SIGUIENTE
La belle Angèle, 1889
Óleo sobre lienzo, 92 x 73,2 cm
París, Musée d'Orsay

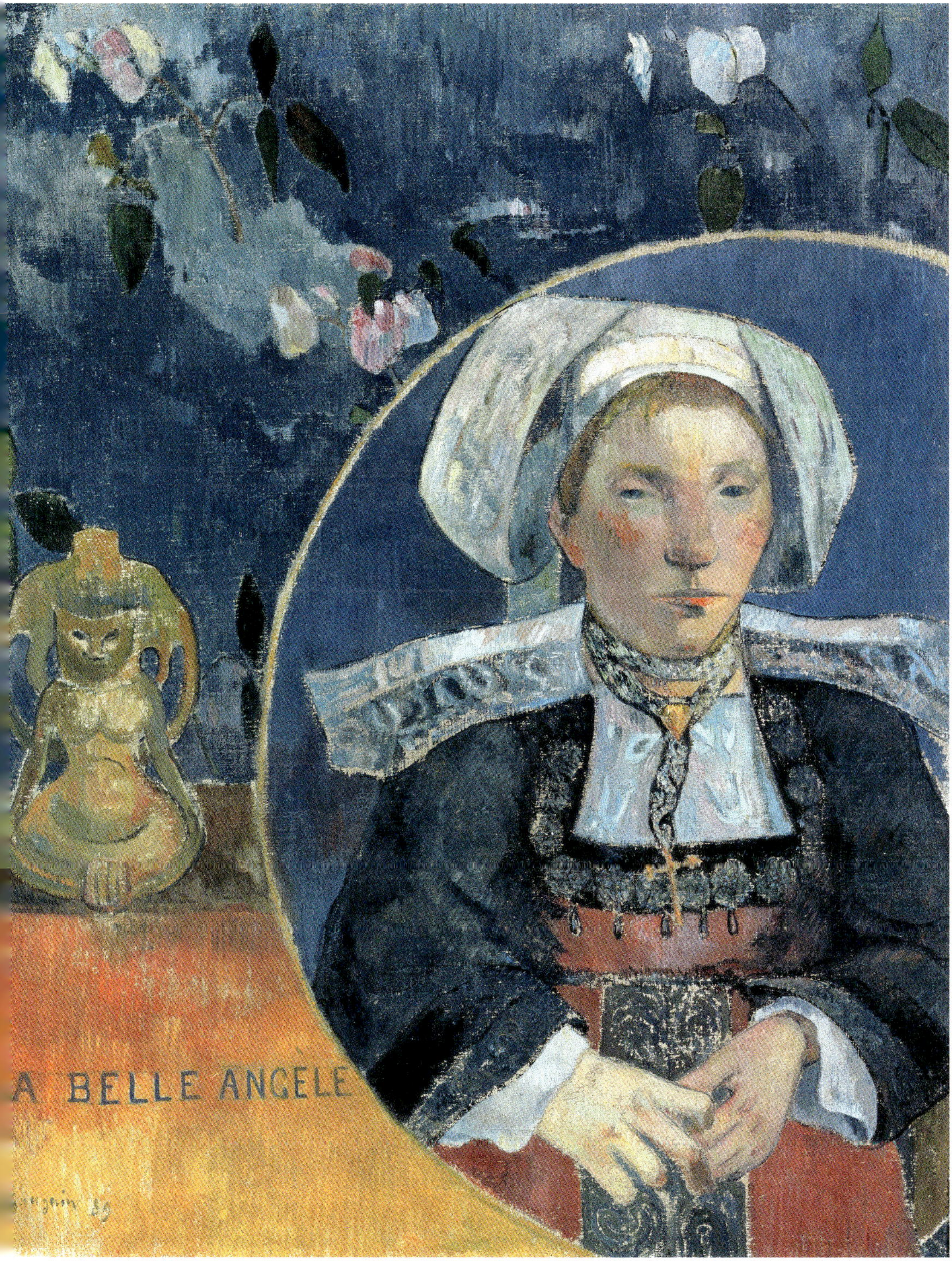
A BELLE ANGELE

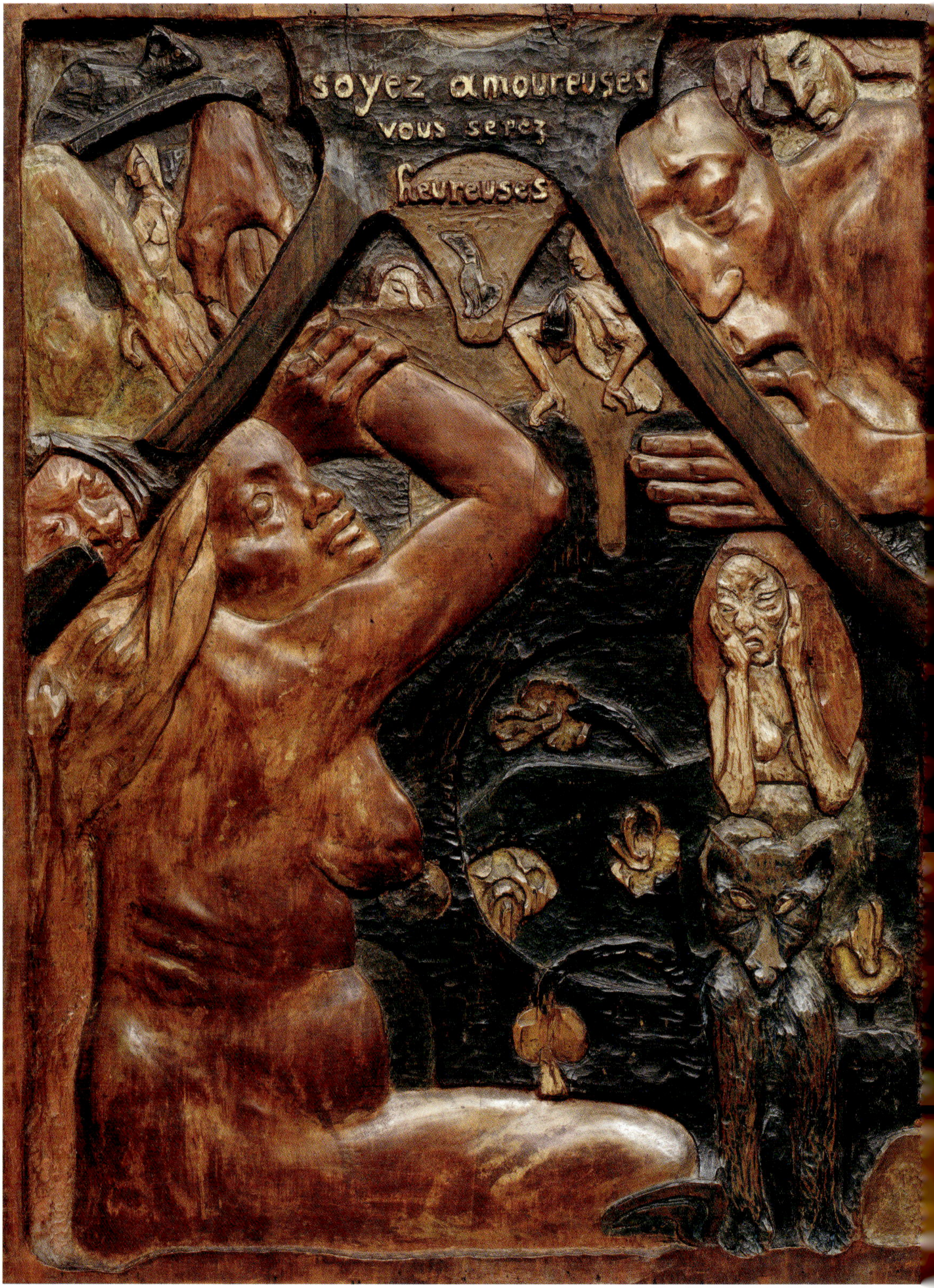
soyez amoureuses
vous serez
heureuses

invadido. Todos habían prometido alguna vez a Gauguin acompañarlo a Tahití; a todos, sin embargo, les había parecido la vida en la jungla de la metrópoli más acogedora que en el apacible tedio de una vida bajo el sol tropical o en chozas indígenas cubiertas con techos de paja. En esta ocasión se sacaron a subasta 30 pinturas de Gauguin. Año y medio antes, en la gran exposición de los impresionistas y los simbolistas, celebrada en el café Volpini, Gauguin no había podido vender ninguna de las 17 obras presentadas por él. Esta vez, no menos de 29 trabajos suyos habrían de encontrar un comprador.

Edgar Degas estaba entre los interesados. Por 450 francos adquirió *La belle Angèle* (il. pág. 339); y tal vez no sin razón, justo este cuadro; al fin y al cabo, en él se ven reducidos a un común denominador todos los adelantos hechos en los tres años anteriores: el rústico semblante de la joven (Angèle Satre) con traje bretón y el ídolo primitivo, colocado a un lado como si fuera un accesorio. Ambos motivos están entretejidos con un telón de fondo recubierto de detalles decorativos; toda espacialidad queda borrada en el juego de planos interpuestos que, en cierto modo, marcan en el lienzo el lugar que corresponde a cada elemento del cuadro.

Fortalecida la confianza en sí mismo por el éxito financiero obtenido en la subasta, Gauguin viajó a Copenhague en marzo de 1891. «Vengo —así le anunció la visita a su esposa— para abrazar a mis hijos, sin que sea tachado por ti y tu familia de persona poco seria». De hecho, parece haber concebido nuevas esperanzas a raíz de este reencuentro. Le escribe tras su regreso: «Te aseguro que en los próximos tres años he de librar una batalla que nos permitirá, a ti y a mí, vivir al abrigo de toda penuria e injusticia [...] Adiós, querida Mette, queridos hijos, recordadme con cariño. Y cuando regrese, nos volveremos a casar». Gauguin iba concibiendo su pintura ostensiblemente como visión, como encargo que él tenía que cumplir y en pro del cual debía renunciar a toda felicidad hogareña.

A la luz de estas ideas, su viaje al Pacífico sur no parece haber sido emprendido con la esperanza de poder llevar una vida dichosa, sino precisamente con el convencimiento de tener que seguir un camino de purificación. Las ideas de Gauguin acerca de su arte, en el que la fe y la devoción habían sido consideradas siempre con profundo respeto, como partes esenciales de la vida, adquieren en estas líneas de despedida dimensiones incluso de carácter religioso.

En el café Voltaire, el antiguo punto de reunión, se organizó un gran bufé de despedida. Mallarmé, que actuaba de presidente, brindó por el regreso del colega. Se bebió, se representó teatro y se leyeron poemas. Gauguin, según se dijo, se mostró muy deprimido; se le vio llorando y con la mirada perdida en la nada. No obstante, el 4 de abril de 1891 se marchó de París en el tren nocturno. Su meta lejana se llamaba Tahití.

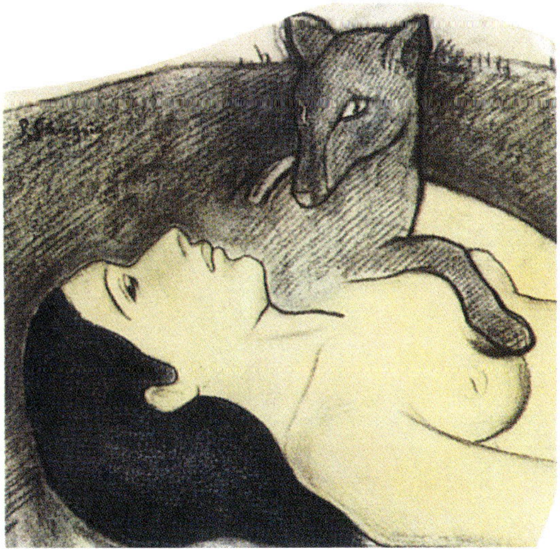

PÁGINA ANTERIOR
«Enamoraos y seréis felices», 1889
«Soyez amoureuses vous serez heureuses»
Relieve en madera pintado, 95 x 72 cm
Boston, Museum of Fine Arts

Muchacha con zorro, hacia 1890/91
Estudio para *Amanecer primaveral*, 1890/91
(Norfolk, Virginia, Chrysler Museum of Art)
Dibujo a tiza sobre papel, 31,3 x 32,5 cm
Chicago, Block Museum

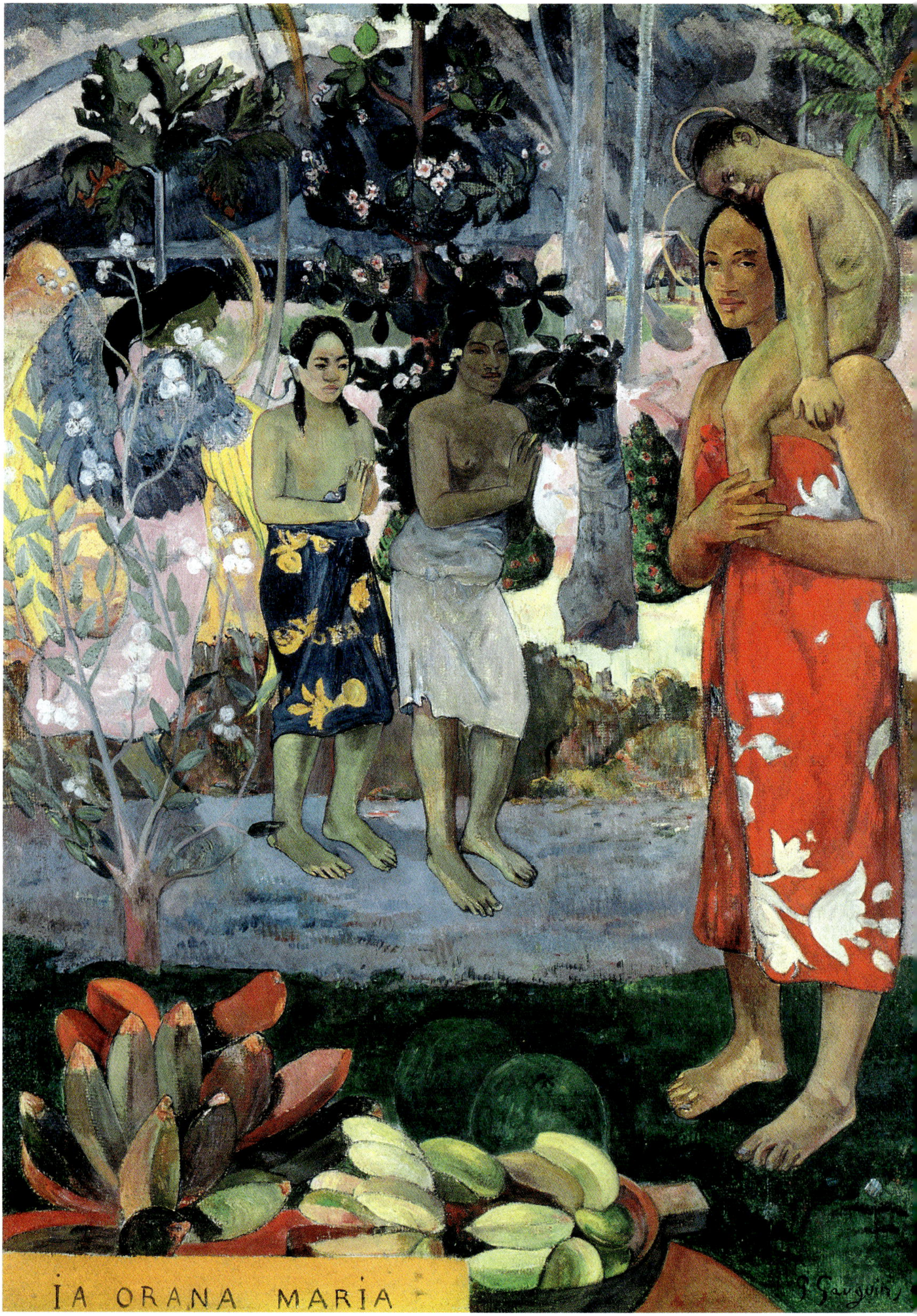
IA ORANA MARIA

El estudio tropical en Tahití

1891-1893

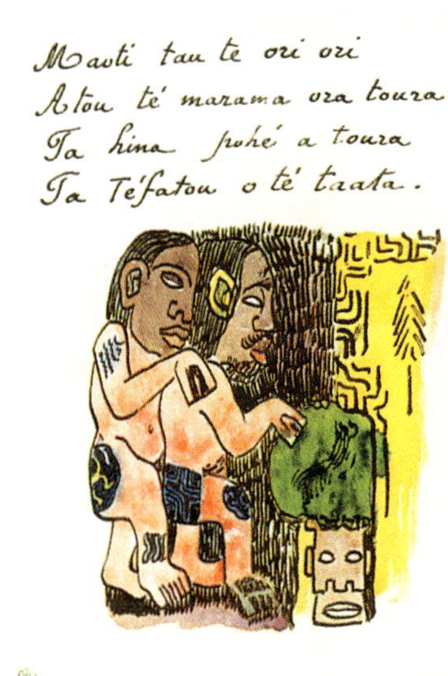

Tahití ya no era del todo el lugar paradisíaco, como podría haber hecho creer el encanto puesto en escena por las exposiciones universales. Esta isla del océano Pacífico, descubierta en 1767, había degenerado ya en colonia; funcionarios y militares franceses se daban aquí, al igual que en su tierra natal, una vida de grandes señores. Y tampoco era tan entusiasta la empresa de Gauguin. Hizo que lo recibieran en el puerto como enviado oficial de Francia; en su bolsillo llevaba una carta de recomendación que sin duda podía hacerle más tolerable el riesgo de exponerse a mundos desconocidos. El gobernador se presentó en persona para dar una pomposa bienvenida al rebelde que con tanta nobleza aparentaba tolerar el desdén del que era objeto por parte de la sociedad. El recibimiento de Gauguin pone al descubierto, sin ambages, el verdadero carácter de su viaje a las islas del Pacífico: fue en calidad de colonizador, no para subyugar políticamente a los nativos, pero sí para tomar de su cultura aquello que él consideraba de provecho para el Viejo Mundo.

«Estamos desperdiciando nuestro tiempo aquí», se lamentaba en el frío París el crítico Charles Morice añorando al aventurero. Pero también se oyó la voz crítica de Paul Signac: «Quien en el norte pinta en negro y en el sur en azul es un bufón», aseguró poniendo en duda desde un principio el rendimiento artístico del viaje. De hecho, la fe en la omnipotencia de la fantasía, que mantenía unidos a los simbolistas, no podía por menos que poner en tela de juicio las pretensiones de Gauguin. Quien poseyese suficiente fantasía e imaginación no necesitaba, según ellos, recorrer casi el mundo entero para lograr dotar a sus cuadros de un nuevo carácter.

Gauguin era consciente de estos peligros. Y con tanta mayor vehemencia se lanzó a la experiencia de lo desconocido. Deseaba, con sinceridad, llegar a conocer a los nativos de la Polinesia y su cultura, que su encuentro con ellos

PÁGINA ANTERIOR
«Dios te salve, María», 1891
«Ia Orana Maria»
Óleo sobre lienzo, 113,7 x 87,6 cm
Nueva York, The Metropolitan Museum of Art, legado de Sam A. Lewisohn

ARRIBA
La pareja divina, el dios Taaroa y una de sus esposas, 1892/93
Acuarela sobre papel, 21,5 x 17 cm
París, Musée du Louvre, Département des Arts graphiques

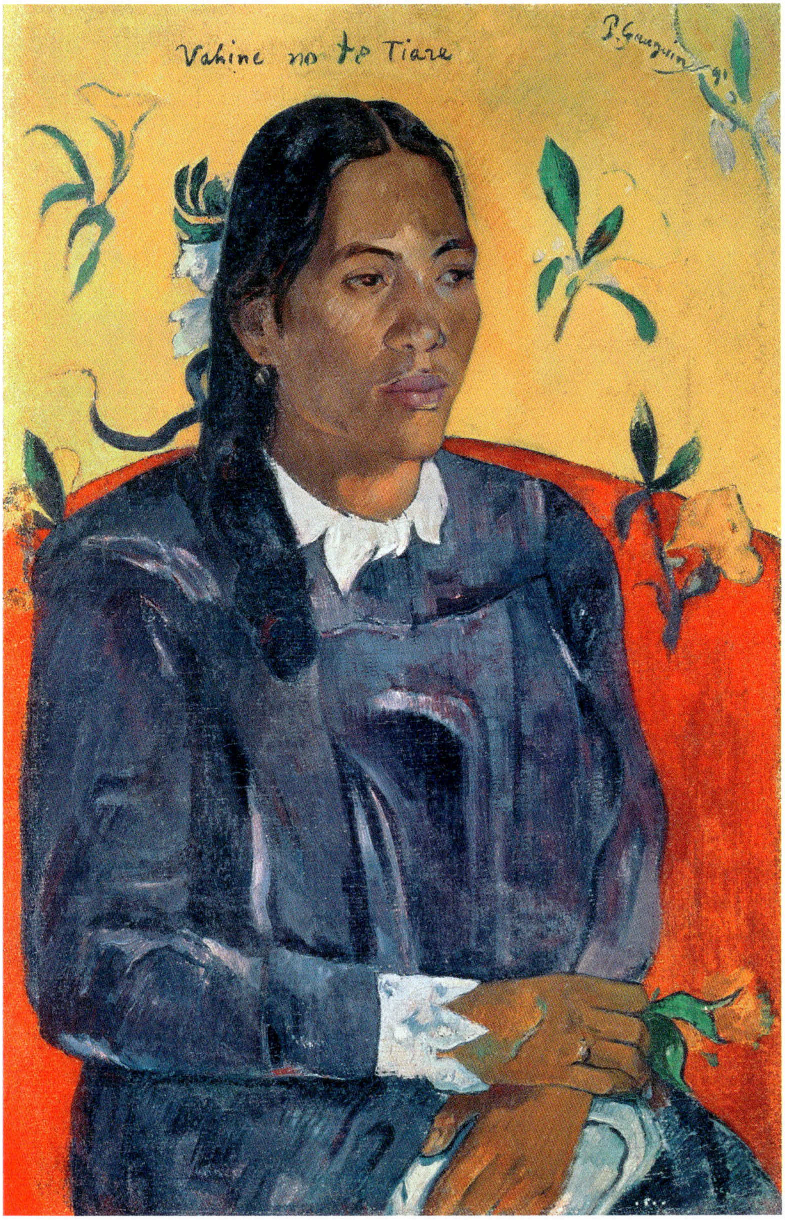

Muchacha con una flor, 1891
«Vahine no te Tiare»
Óleo sobre lienzo, 70 x 46 cm
Copenhague, Ny Carlsberg Glyptotek

La malhumorada, 1891
«Te Faaturuma»
Óleo sobre lienzo, 91,1 x 68,7 cm
Worcester Art Museum

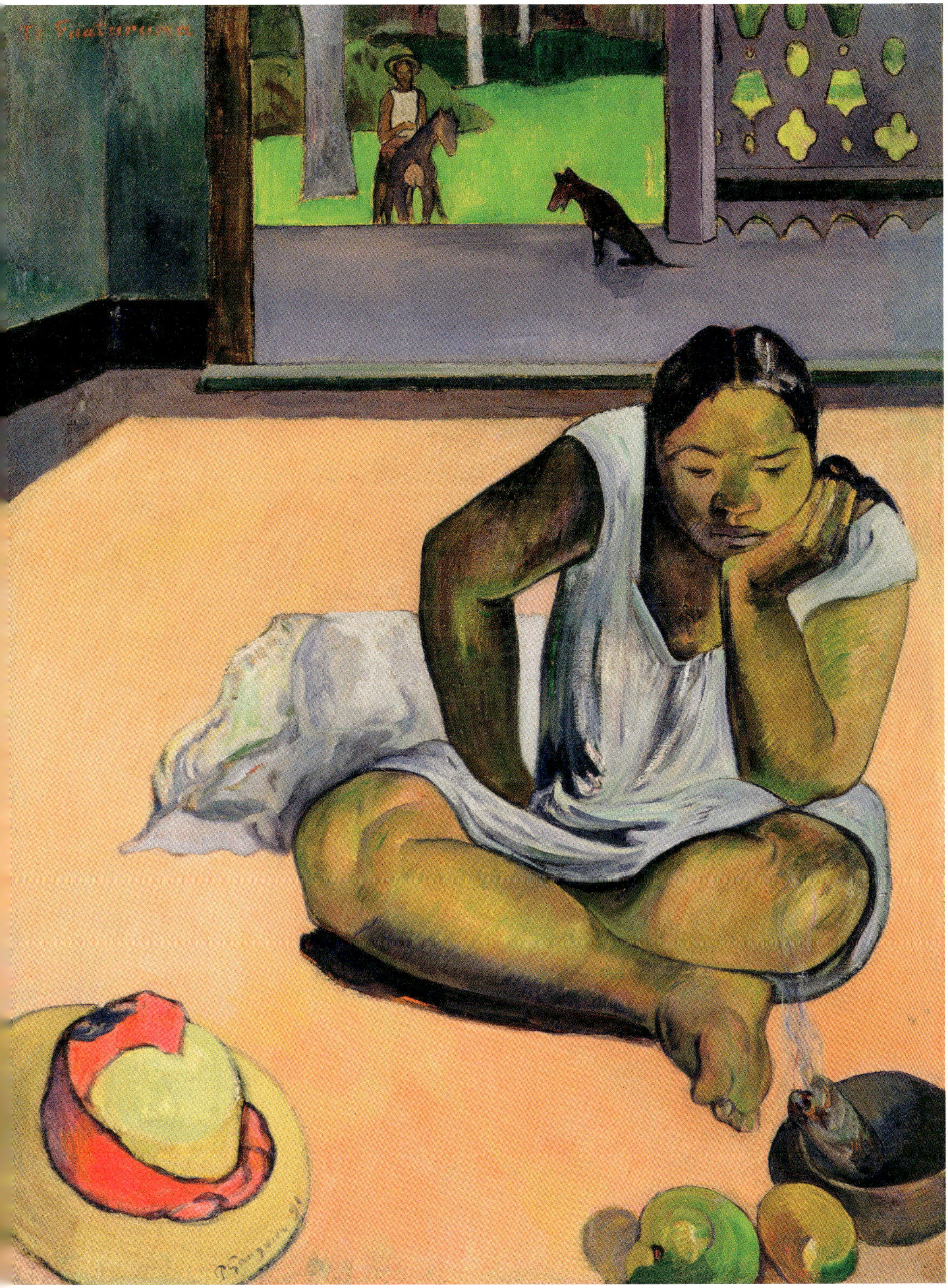

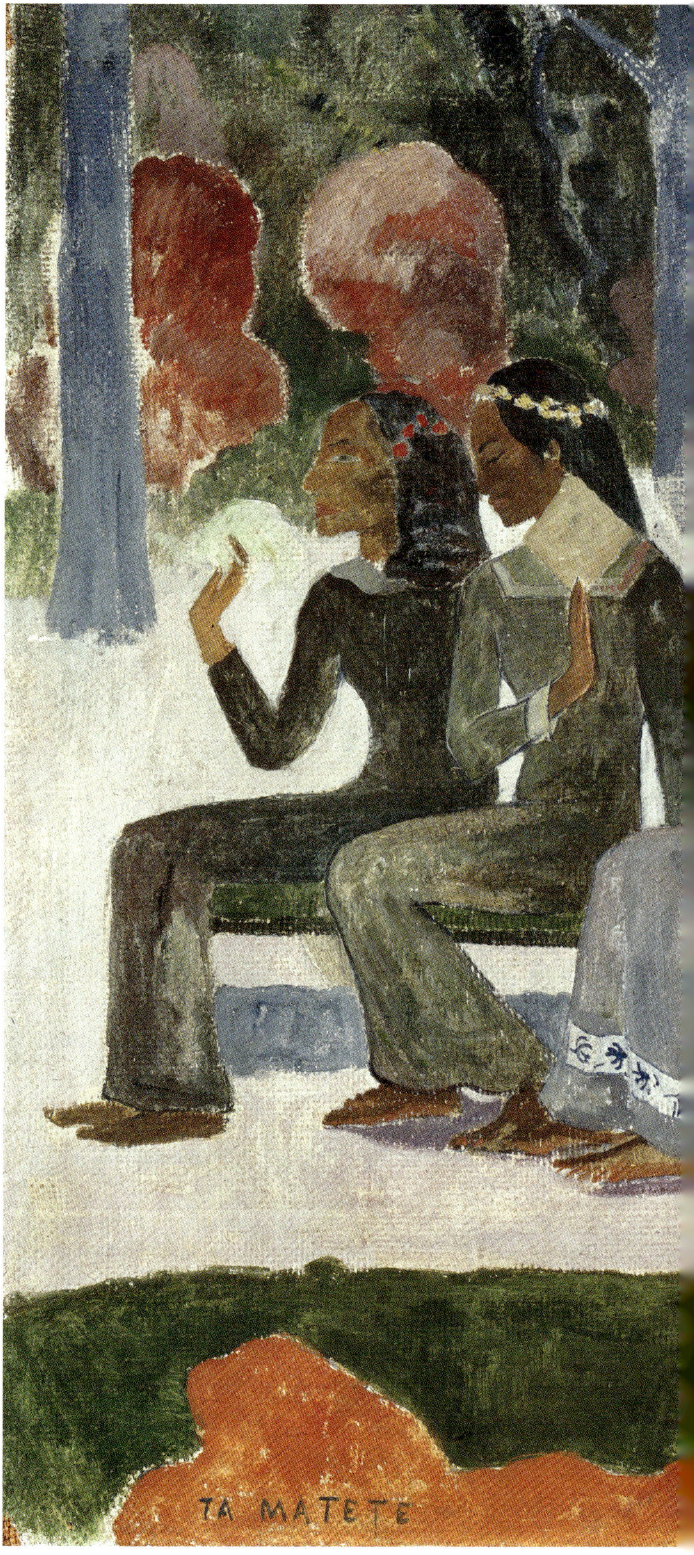

El mercado, 1892
«Ta Matete»
Óleo sobre yute, 73,2 x 91,5 cm
Basilea, Kunstmuseum Basel

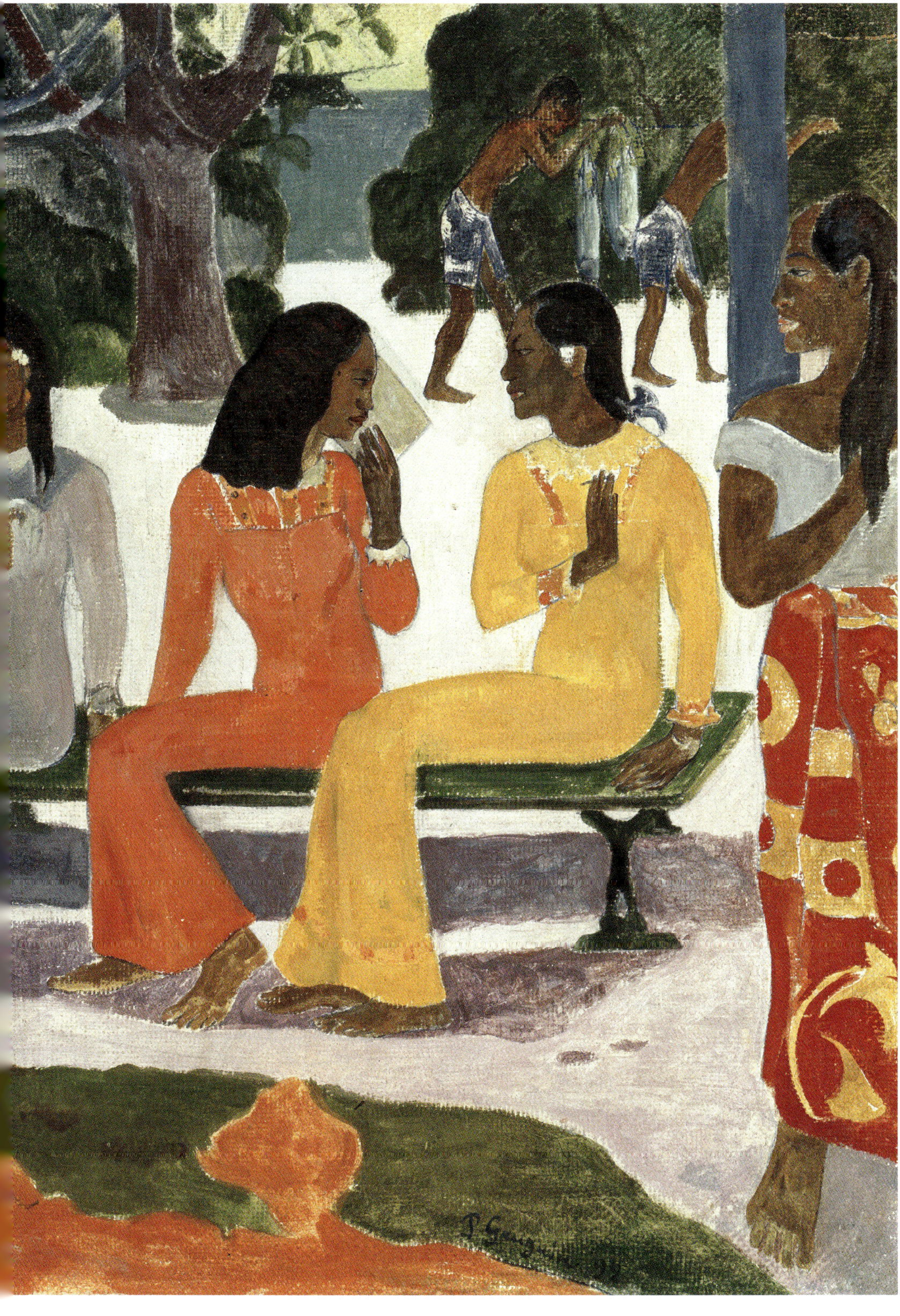

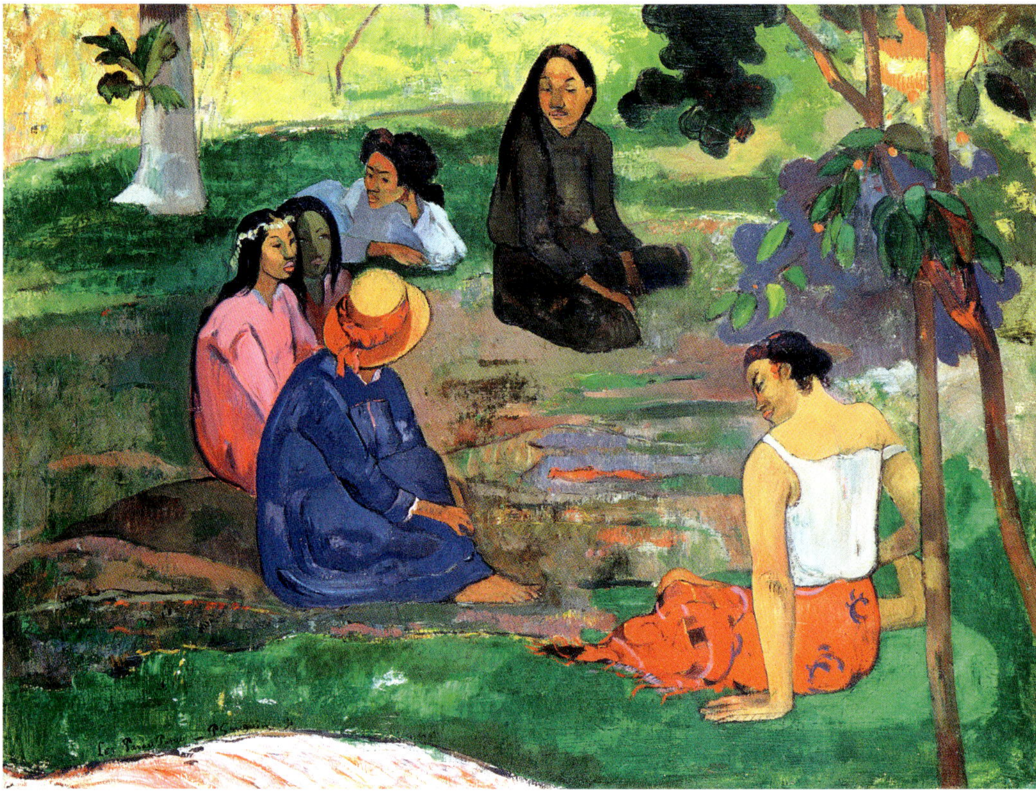

***La charla*, 1891**
«Les Parau Parau»
Óleo sobre lienzo, 70,5 x 90,3 cm
San Petersburgo, Hermitage

se desarrollara con tanta naturalidad como se lo permitieran su formación y educación europea. Las cartas enviadas a su casa demuestran cuán buenas eran sus intenciones: «Era como decadencia y florecimiento, ley y fidelidad, afectación y naturalidad; y sobre la buena exhala la mala su impuro aliento lleno de mentiras y de maldad». De esta manera compara Gauguin a la mujer de un gendarme francés con una hermosura nativa. No tenía nada positivo que decir sobre Occidente; con la misma parcialidad veía él los trópicos a través de la óptica transfigurada de sus expectativas visionarias.

«Ia Orana Maria», escrito con caracteres romanos, salta a la vista en el borde inferior del cuadro (il. pág. 342). «Dios te salve, María» puede ser la traducción de estas palabras, y del mismo modo que la grafía de la frase nos remite a Europa, así también lo hace el tema. Gauguin ha trasladado al Pacífico sur la historia del nacimiento del Hijo de Dios. Al igual que los misioneros europeos, quienes estaban convencidos de la dicha que necesariamente habría de sobrecoger a los pueblos desconocidos ante su llegada, así también antepone el pintor su propia religión al contacto con el mundo extraño. Los personajes que intervienen en esta escena de nacimiento, madre e hijo y las adoradoras que tímidamente se van acercando, son polinesios. Sin embargo, entre los arbustos, casi al acecho, vemos escondido a un ángel con las mismas alas doradas que se pueden apreciar en el cuadro de la contienda con Jacob. Con la diferencia de que aquí el escenario se ha vuelto más colorido y tiene una decoración más exuberante, más variada; no obstante, el principio de combinar fenómenos cotidianos con hechos sobrenaturales, Gauguin lo ha trasladado de Bretaña a la Polinesia. Lo que en las pinturas de Pont-Aven era todavía testimonio de religiosidad popular adquiere ahora, involuntariamente, un trasfondo político. Pues, de hecho, los nativos no han podido escapar al afán evangelizador de la potencia colonial.

Ahora los dioses tribales intentan defenderse del Dios cristiano. «No sé bien cómo se las arregla ella para relacionar a Jesús con Taaroa en su creencia —cuenta Gauguin acerca de su amiga Tehura—; creo que rinde culto a ambos». Él lo interpreta como uno de los numerosos talentos fabulosos de los isleños, como una capacidad intuitiva para fundir cosas dispares. La profunda discrepancia entre religión tradicional y religión forzada escapó a su comprensión. Como él aspiraba a la armonización de los antagonismos, así se imaginaba también que habrían de hacerlo los nativos. Pues Gauguin se había propuesto hacer que su mundo se mirara en el espejo de sus defectos. Y, así, sus cuadros tenían que dar testimonio de un mundo mejor, que en opinión de Gauguin se encontraba en el Pacífico sur. Casi todas sus ilustraciones de la vida cotidiana en Tahití tienen, por ello, un dejo de utopía. Los rostros de lo negativo, que corresponden naturalmente a la vida, Gauguin los borró en gran parte de sus cuadros.

De sus recuerdos de la primera estancia, el pintor dejará constancia más tarde en su libro *Noa Noa*. Recogiendo en el título, a modo de inspiración, el nombre aborigen de la isla, que significa «tierra fragante», Gauguin se entrega en estas páginas al goce de sus impresiones de fantástica belleza y de tranquilidad. Pero *Noa Noa* estaba dirigido también al público europeo. Publicado en forma de serial a partir de 1897, era de suponer que este libro despertara la nostalgia de los lectores burgueses por mundos lejanos. Por esta razón, se hace difícil llegar a saber cuál era el verdadero estado de ánimo de Gauguin en la isla que él consideraba tan paradisíaca.
Su correspondencia y sus cuadros nos presentan un paisaje de ensueño destinado al consumo de los franceses, cuya civilización Gauguin supuestamente tanto despreciaba. Mas la voluntad de hacer arte tiene su origen en esta civilización.

«¿Qué hay de nuevo?», 1892
«Parau Api»
Óleo sobre lienzo, 67 x 92 cm
Dresde, Galerie Neue Meister, Staatliche Kunstsammlungen

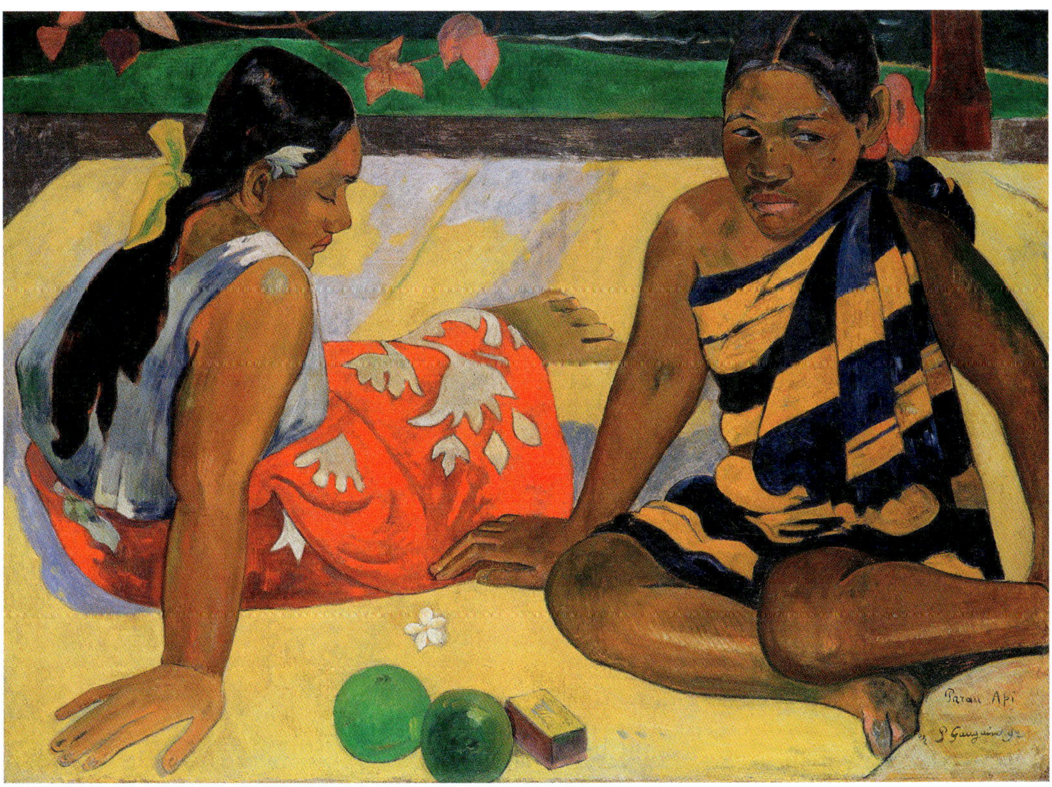

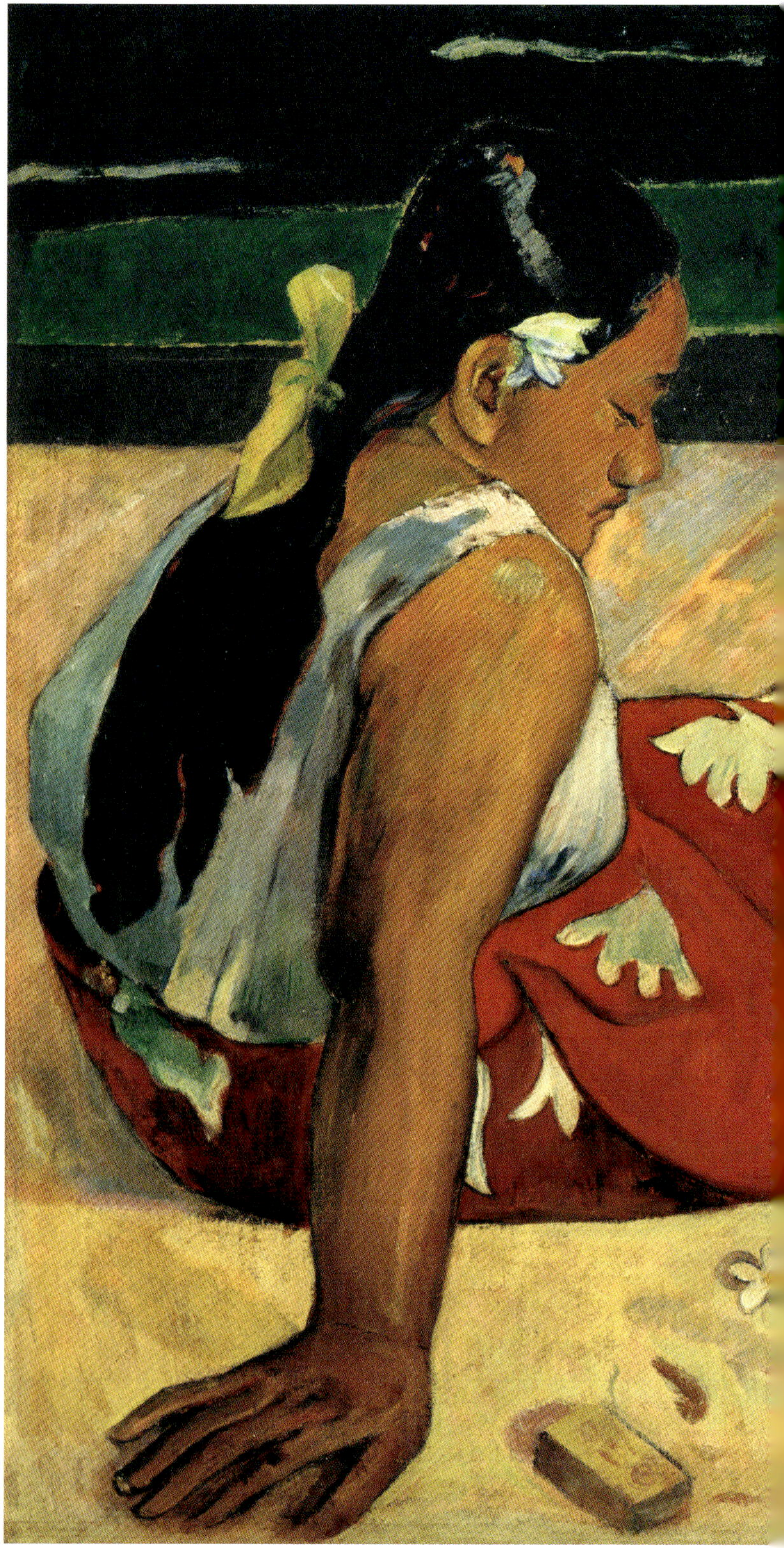

Mujeres de Tahití
(En la playa), 1891
Óleo sobre lienzo, 69 x 91,5 cm
París, Musée d'Orsay

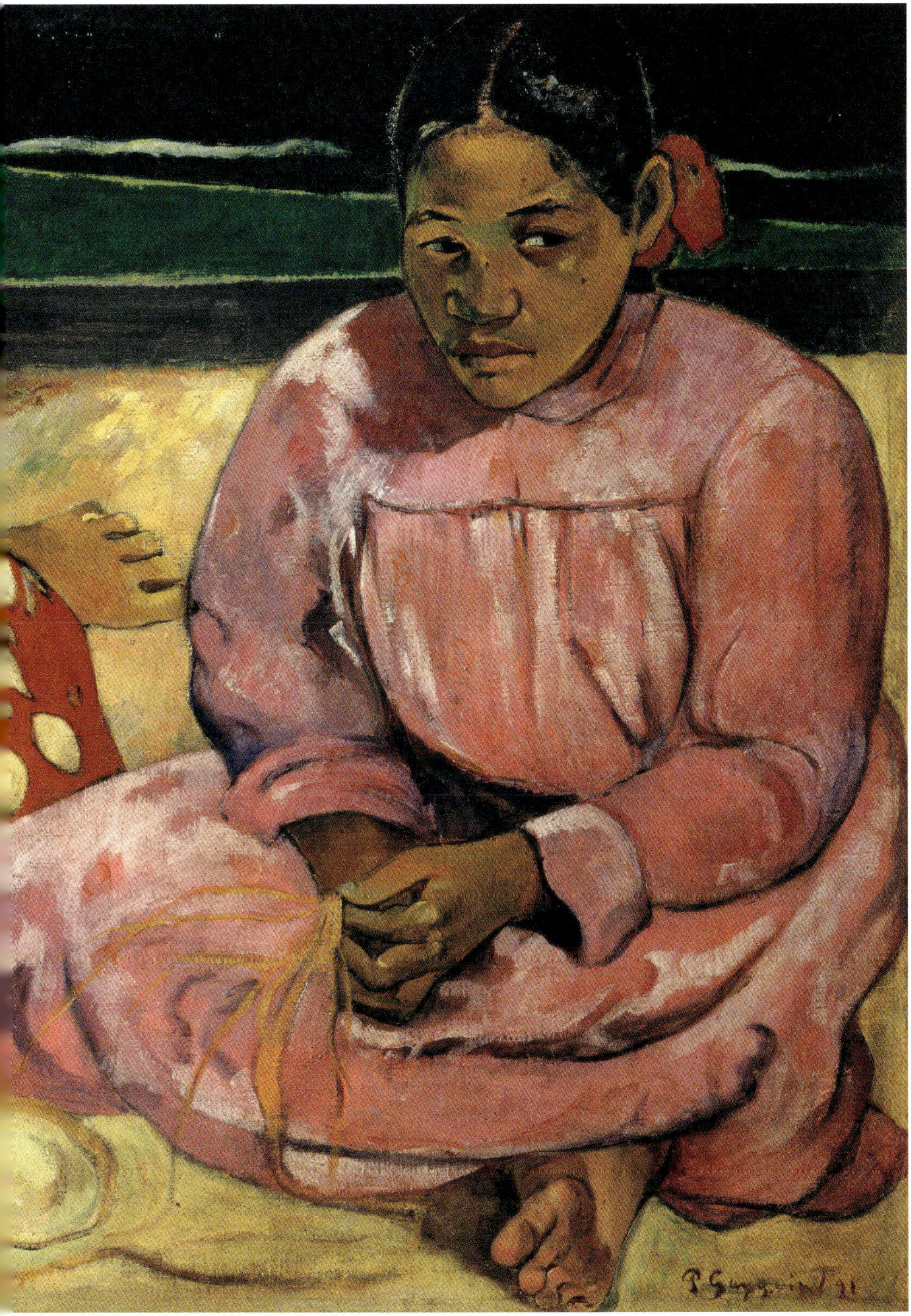

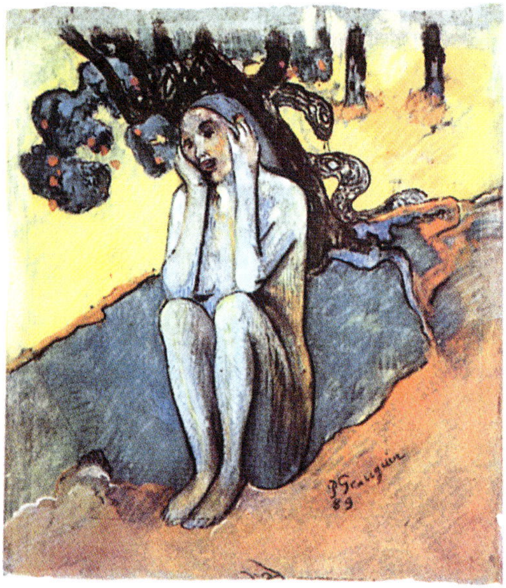

Gauguin se instaló en una cabaña localizada en el distrito selvático de Mataeia, en Papeete, la capital de Tahití. Se llevó consigo a Tehura, una beldad polinesia, como su amante. Y le hablaba con picardía de su mujer, de quien le decía que había traído una fotografía: *Olympia* (1863, París, Musée d'Orsay). El escandaloso desnudo de Édouard Manet, que Gauguin había pegado en la pared a guisa de estampa, representaba a Mette en sus historias. La natural desnudez de la aborigen y la abyecta ambigüedad de la mujer civilizada: tal parece que Gauguin veía realizado su arquetipo de mujer más en el desnudo de Manet que en la sencilla gracia de las lugareñas.

«Al aire libre y sin embargo en la intimidad, junto con los umbrosos árboles y el murmullo de voces femeninas en un gigantesco palacio que ha sido decorado por la misma naturaleza», así describe Gauguin, en *Noa Noa*, el ambiente de su cuadro *La charla* (il. pág. 348). Sentado tranquilamente en derredor, se halla aquí un grupo de nativas enfrascadas en una conversación. Gauguin las ha captado con una mirada que todavía es muy distanciada. El primer plano de su pintura no es artificioso; las personas se acomodan al recatado colorido de su entorno.

Siguiendo este mismo modelo, Gauguin trabaja también en la ejecución de *La malhumorada* (il. pág. 345). Si bien la muchacha tahitiana se muestra ya en una perspectiva cercana mucho más resuelta, su figura no aparece todavía cortada por el formato del lienzo. Con un interés en cierto modo antropológico, se acerca todavía Gauguin a sus objetos, como para someterlos a estudio. El cuadro capta también los alrededores de la cabaña. La transición inmediata de la pequeña casa a la naturaleza, el tallado que adorna la pared del fondo, los objetos que la muchacha ha reunido a su alrededor, todas estas cosas son elementos esenciales de este cuadro, que, como en la mayoría de los casos, no nos delata el nombre de la retratada. En Tahití Gauguin no se preocupa de la individualidad de sus motivos. Sin embargo, al menos los cuadros de la época inicial intentan describir fielmente el medio ambiente que habría de llegar a ser su patria artística.

«Por lo que a mí respecta, en cada país necesito de un período de desarrollo; siempre tengo que estudiar primero a fondo la esencia de las plantas, de los árboles, de la variopinta naturaleza, que es ciertamente tan caprichosa y tan rica en formas y que no se quiere dejar conocer ni entregarse», con estas palabras describe Gauguin sus dificultades para comprender lo nuevo. Durante sus primeros años en Tahití solo produjo unas pocas obras; el ímpetu creativo esperado no llegó a manifestarse. Al contrario, también en la aparentemente tan acogedora y encantadora isla lo aquejaba el malhumor: «Desde hacía algún tiempo estaba de mal humor. Mi trabajo se vio afectado por ello. Es verdad que me hacían falta medios esenciales para el trabajo, me fastidiaba verme impotente ante tareas artísticas que me entusiasmaban; pero sobre todo se trataba de que me faltaban las ganas».

De esta disposición de ánimo resultan pinturas con títulos como *La malhumorada*. La melancolía, como rasgo esencial del

ARRIBA
Eva bretona, 1889
Acuarela y pastel sobre papel, 33,7 x 31,1 cm
San Antonio, McNay Art Museum

PÁGINA SIGUIENTE
Mujer con un mango, 1892
«Vahine no te Vi»
Óleo sobre lienzo, 73 x 45,1 cm
Baltimore Museum of Art,
The Cone Collection

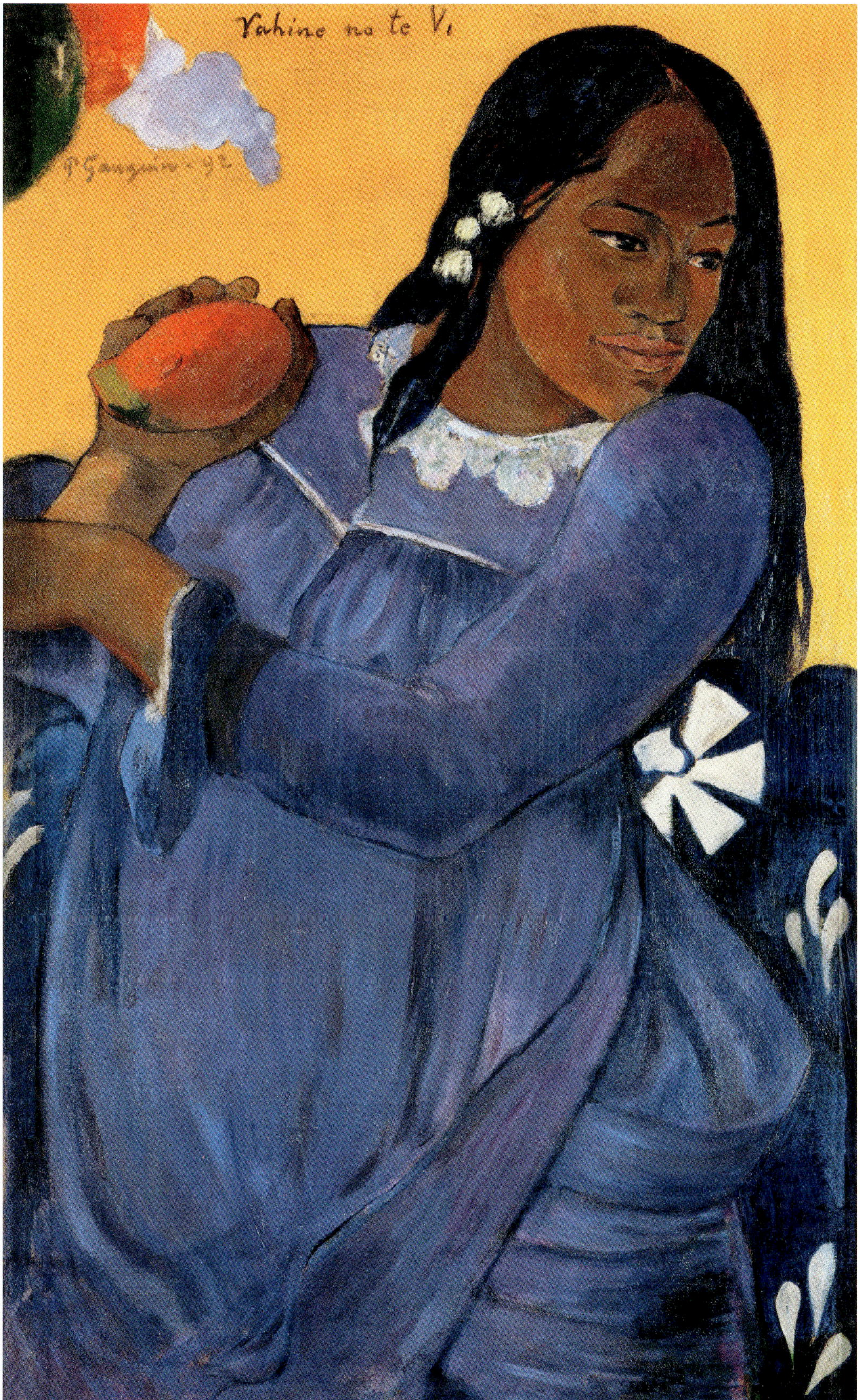
Vahine no te Vi
P Gauguin - 92

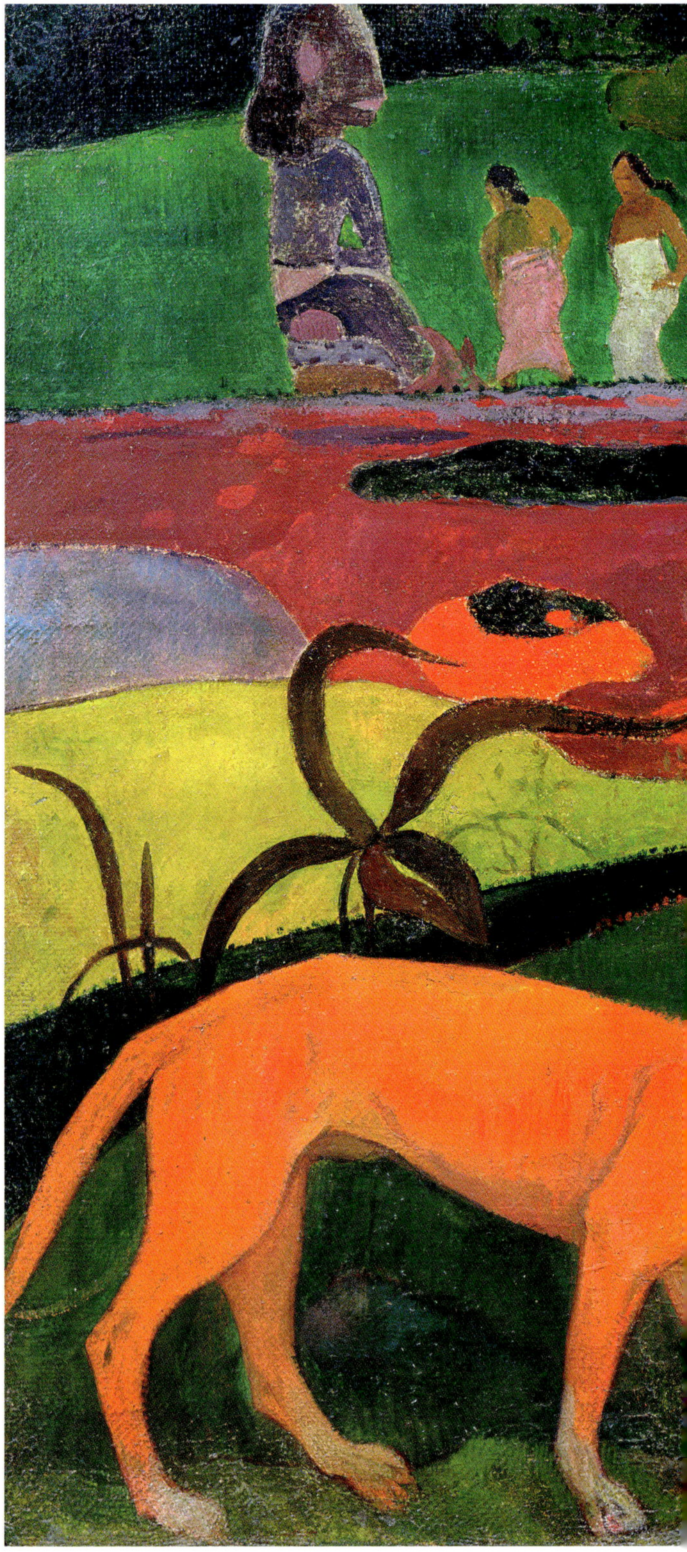

Pasatiempo, 1892
«Arearea»
Óleo sobre lienzo, 74,5 x 93,5 cm
París, Musée d'Orsay

PÁGINA 356
El espíritu de los muertos vigila, 1892
«Manao tupapaú»
Óleo sobre arpillera montado sobre lienzo, 73 x 92 cm
Búfalo, Nueva York, Albright-Knox Art Gallery, A. Conger Goodyear Collection

PÁGINA 357
Cerca del mar, 1892
«Fatata te Miti»
Óleo sobre lienzo, 67,9 x 91,5 cm
Washington, D.C., National Gallery of Art, Chester Dale Collection

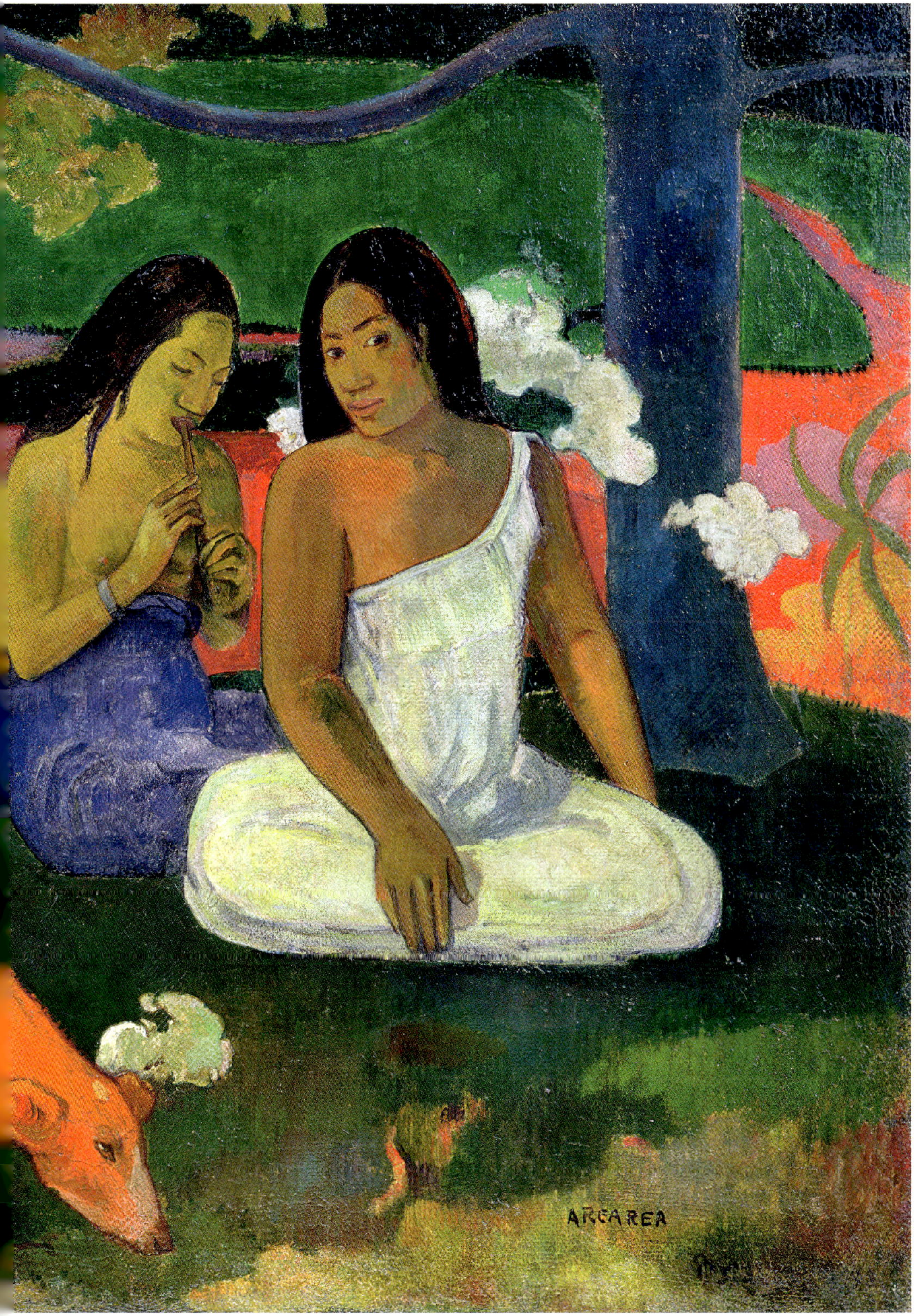
AREAREA

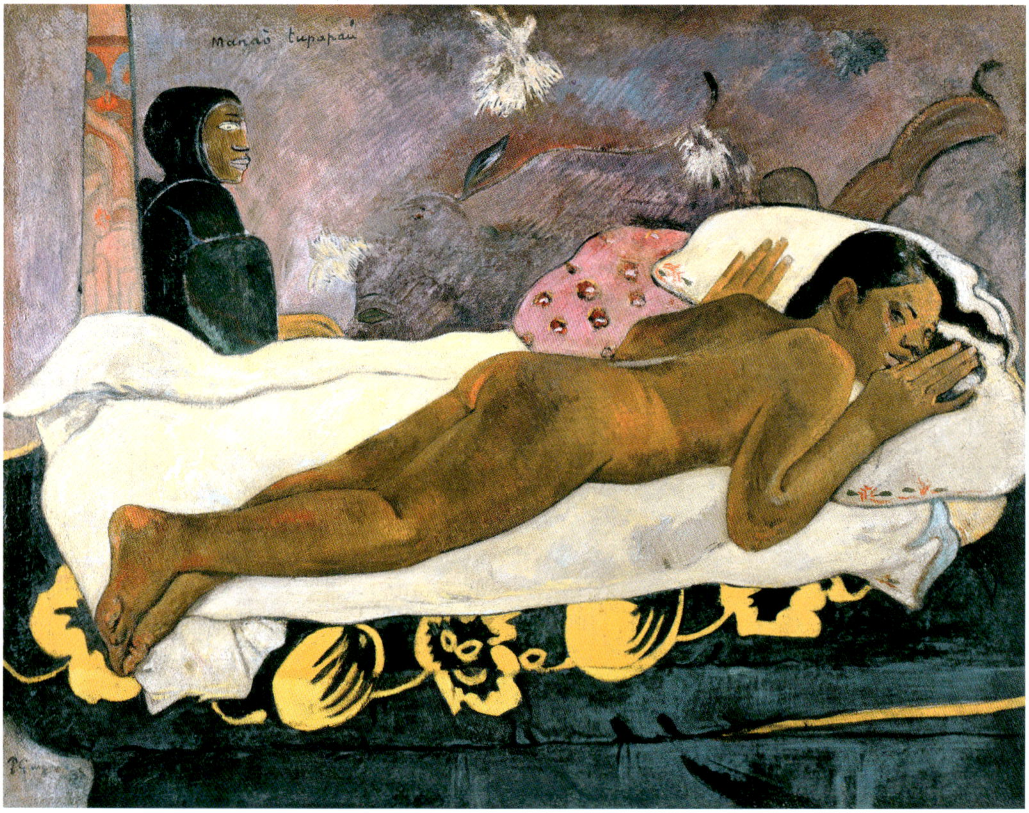

hombre creativo, se había vuelto a apoderar de él. Como la cosa más natural, transfiere Gauguin su propio estado de ánimo a las caras de los habitantes de Tahití. También ellos, ese es su mensaje, tienen fuerzas creativas, y su indolencia es parte constitutiva de un proyecto de vida en el cual el trabajo no constituye el bien supremo. Dormitan bajo el sol, se enfrascan en tranquilas charlas y se entregan a los caprichos del día. La melancolía de Gauguin y la plácida ociosidad de los isleños: los retratos de las beldades nativas van en busca del común denominador de estas dos actitudes incompatibles.

El mejor ejemplo de esta búsqueda de afinidades es *Muchacha con una flor* (il. pág. 344). El mismo fondo que Gauguin había empleado ya en su *Autorretrato con nimbo* (il. pág. 333) orna este cuadro. No obstante, el patrón abstracto se limita esta vez a rematar la parte posterior del cuadro. El rostro de la retratada ya no queda expuesto por completo a la presión ejercida por la exuberancia ornamental de colores y líneas; ahora ella puede mostrarse a tamaño monumental. La joven sostiene en sus manos una flor, símbolo del crecimiento y del desarrollo. Los símbolos de la pasión, en los que en el autorretrato de Gauguin se podían reconocer aún reminiscencias del sufrimiento y de la tribulación, han perdido su sentido ante el apacible carisma de la mujer retratada. El esfuerzo obsesivo de Gauguin por dar cuenta de una multiplicidad de niveles de sentido, de lo cual había hecho gala bastante ostentosamente su autorretrato, cede en esta ocasión el paso al respeto por la natural dignidad de su motivo. Gauguin toma aquí en consideración, con gran sinceridad, la diferencia entre las culturas: el refinamiento, el pulimiento y la civilidad chocan con la sencillez y la naturalidad.

La consideración otorgada por Gauguin a esta contradicción se manifiesta, en el retrato de la *Mujer con un mango* (il. pág. 353), por medio de las formas clásicas del arte pictórico europeo. En este retrato

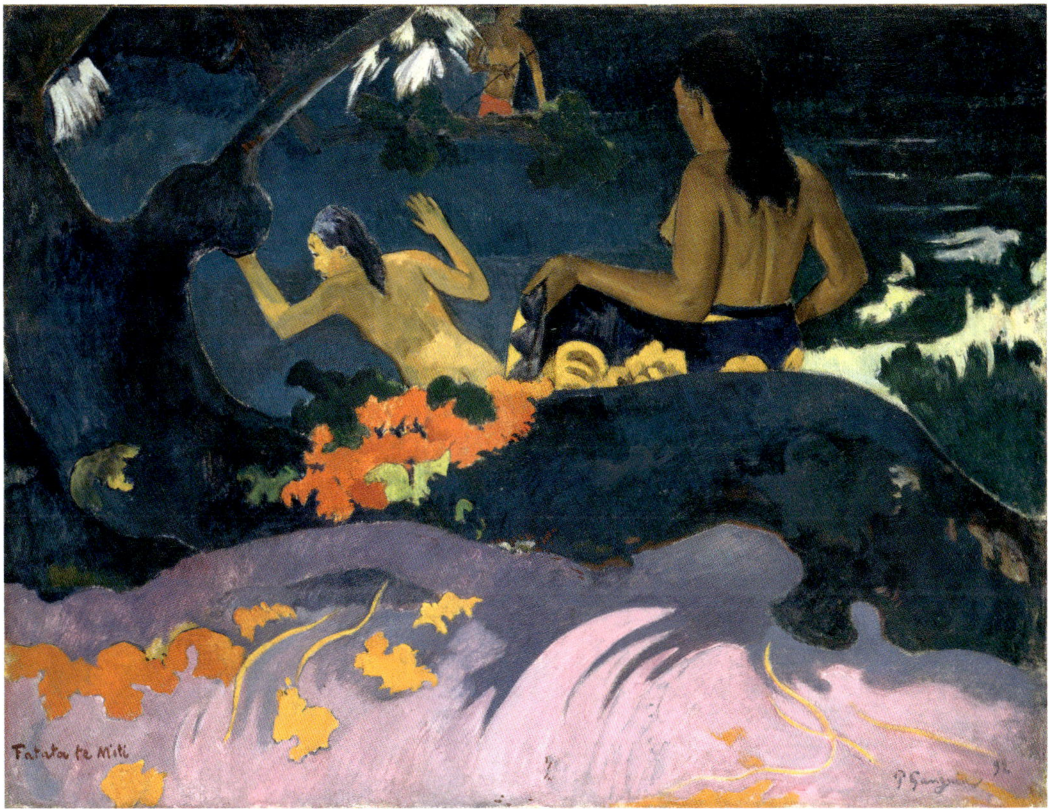

Gauguin ha abandonado, evidentemente, el deseo de hacer suya la forma de expresión de los primitivos. La presencia corpórea de la mujer con el símbolo de la fertilidad en sus manos, que ella muestra cual si fuera un atributo sagrado, se ajusta por completo al sobrio lenguaje pictórico de un Giotto o de un Leonardo da Vinci. Los detalles decorativos están reducidos al mínimo; la figura masiva de la retratada llena el formato del lienzo, sin recurrir a la ayuda de la autorrepresentación pictórica. Bastante raros son los casos en que Gauguin reconoce su proveniencia de la tradición pictórica occidental. Cuando se expone sin reservas al influjo de esta tradición, sus obras pierden toda mala reputación de voluntarismo y adoptan una naturalidad lapidaria cuyo impacto va más allá de las modas en la pintura.

Gauguin no solo se niega a dar a conocer el nombre de sus modelos, sino que a menudo también es imposible determinar el sexo de los mismos. Él los ve con los ojos del europeo, y los individuos de razas exóticas suelen tener un parecido asombroso unos con otros. Sin embargo, esta mirada típica del colonialista va acompañada, en el caso de Gauguin, de aquella predilección por la fusión de los contrarios que estiliza a los nativos convirtiéndolos, en cierto modo, en seres míticos. Muy antigua es la idea del ser andrógino, del hermafroditismo, que Gauguin recoge en la representación pictórica de los habitantes de Tahití. Ya el Génesis bíblico, según el cual Eva fue creada de una costilla de Adán, había hecho uso de este mito. Los simbolistas lo volvieron a desenterrar en la época en que vivía Gauguin. Una vez en su isla paradisíaca, el pintor tiene la oportunidad de observar, en persona, la fusión de los sexos, o al menos de llegar a reproducirla oníricamente. «Con la suave gracia animal de su figura andrógina —escribe Gauguin en *Noa Noa*— iba caminando delante de mí. Me parecía ver encarnado en él, palpitante y vivo, todo el esplendor de la flora que había a mi alrededor. ¿Era acaso

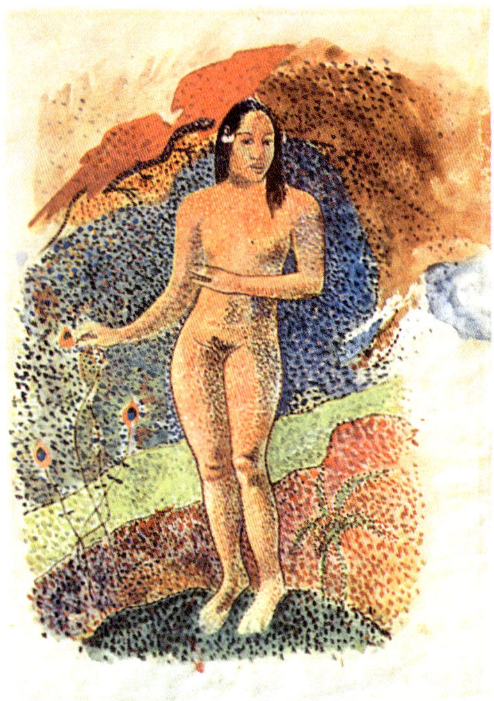

un ser humano el que iba ahí delante de mí? ¿Era el infantil compañero, en quien lo sencillo y complicado de su naturaleza se atraían a un mismo tiempo? ¿No era más bien la selva misma, la selva viva, asexual y seductora?»

Todo fluye en este relato. El hombre y la mujer, el niño y el adulto, el ser humano y la naturaleza se confunden unos con otros al tomar parte en la creación. La separación entre corporalidad y espíritu que tanto agobia al hombre occidental y que no en vano da pie, en la misma época, al surgimiento del psico-análisis, no tiene aquí ningún efecto. Gauguin siente que ha llegado a penetrar en las raíces de lo humano; incansablemente lleva a cabo propaganda en favor de este mundo legendario de primigenia unidad, que solamente él puede percibir desde lejos.

Cerca del mar (il. pág. 357) representa uno de los intentos de hallar una forma de expresión pictórica adecuada para este mundo de leyendas. La unidad del hombre con el elemento queda particularmente simbolizada en los gestos de ambas mujeres. Mientras la figura más cercana al observador se va desvistiendo lentamente frente al mar, descubriendo ante él su regazo, la que está delante de ella permanece inclinada con las manos en alto, en actitud de reverencia. Los gestos de ofrecimiento y adoración describen en cierto modo un procedimiento religioso o ritual de unión, un rito de identificación con la naturaleza. Al procurar que todos los motivos queden absorbidos por la riqueza ornamental de formas y colores, Gauguin intenta, haciendo uso de sus medios pictóricos, imitar a los personajes de su cuadro. La naturaleza y el hombre se han de fundir en el sensual colorido de patrones abstractos.

Sinestesia se llama uno de los recursos empleados para efectuar esta fusión. La relación estrecha de la pintura con la música, la danza o el teatro constituye el eje de este procedimiento; no se trata de agradar solamente a los ojos, sino de activar todos los sentidos en una llamada a equiparar el ritmo de las formas y colores con el del sonido o el movimiento. También este concepto de sinestesia había sido recuperado, por los simbolistas, del olvido en que había caído desde la catalogación de los géneros artísticos en la época del clasicismo. La obra artística en su conjunto, la escenificación embriagadora, había de conmover de nuevo al hombre, y ello en plena conformidad con Edgar Allan Poe, para quien «El mayor elogio que se le puede hacer al poeta es decirle que parece ver con los oídos».

En *Pasatiempo* (il. págs. 354/355) Gauguin se atreve a emprender una de las más ambiciosas aplicaciones de los principios de la sinestesia. Un perro se ha unido en esta ocasión a la pareja, a los dos nativos cuyo sexo es apenas distinguible. La intensidad luminosa de los colores que los configura destaca por igual a las personas y al perro, los acerca unos a otros y les imparte a todos la impresión de una naturalidad animal. Surgen asociaciones con la música, provocadas por la mujer que está tocando la flauta y por las figuras del fondo que ejecutan danzas rituales ante un ídolo. Un ambiente de plácida animación ha de estimular al observador, ponerlo en disposición de sentir en sí mismo, por así decirlo, el embrujo de la naturaleza tal como lo describe el cuadro, así como el encanto de la música tal como queda expresado a través del variopinto juego de formas y colores. De nuevo se presupone un observador congenial. Solo él podrá aportar la compenetración necesaria para comprender las vivencias sonámbulas de Gauguin.

Durante los años que pasó en Tahití, Gauguin amplió en escasa medida su repertorio pictórico. Sus logros en Bretaña, la variación entre representación figurativa y abstracta, el color que ha sido eximido de la función de retratar la realidad, el cambio de la perspectiva extremadamente cercana con la que atrae hacia el fondo del cuadro: todos estos elementos se hallaron también a su disposición en el Pacífico sur. Más que ampliaciones formales, su obra experimenta aquí ampliaciones de carácter temático. El nuevo ambiente, los mitos, la vegetación, formaron la base de las innovaciones de la época introducidas por Gauguin. Una y otra vez vuelve a hablar de las condiciones paradisíacas de las que pretendía ser testigo en la isla. Elíseo, utopías, arcadias y como quiera que se llamen esos mundos mejores, Gauguin los descubrió aquí todos de una sola vez.

La unión de Dios con el hombre también es válida en el Pacífico sur. En la apacible candidez de este mundo la divinidad suprema puede incluso casarse con una mujer mortal a fin de procrear con ella un nuevo pueblo dichoso. Así lo había escuchado Gauguin de boca de Tehura, su amante. El mito encaja bien en sus ideas acerca de la Polinesia, y además, la historia contenía elementos que eran familiares a los oídos del europeo. También Zeus se divertía a veces en compañía de mortales; también el Dios cristiano había venido para designar a un pueblo elegido. El dios Taaroa, así lo contaba Tehura, se había enamorado de Vairaumati; esta había

PÁGINA ANTERIOR
Eva tahitiana, hacia 1892
Acuarela y pastel sobre papel, 40 x 32 cm
Musée de Grenoble

Paisaje tahitiano, 1891
Óleo sobre lienzo, 68 x 92,3 cm
The Minneapolis Institute of Arts,
Julius C. Eliel Memorial Fund

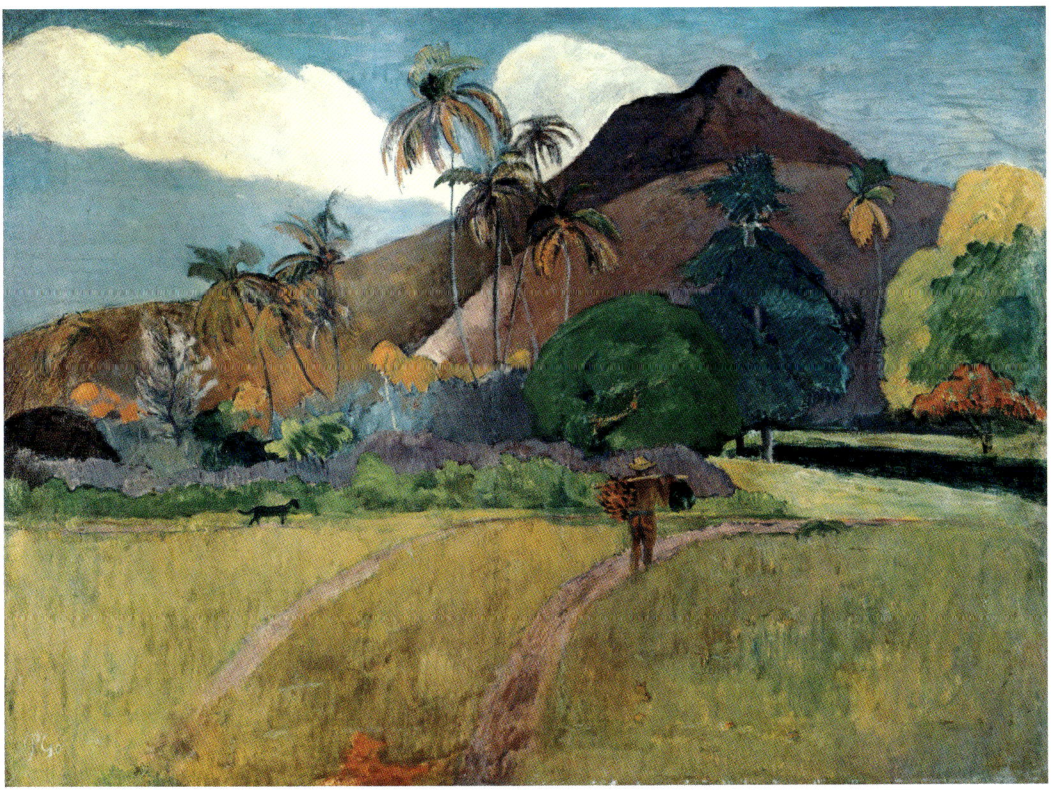

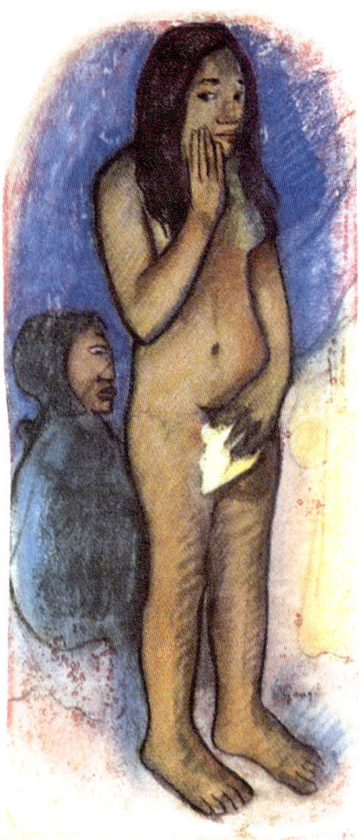

de convertirse en madre de la tribu, para quien estaban abiertas las puertas del Paraíso. «Para recibirlo —así relata Gauguin mismo el mito en *Noa Noa*—, Vairaumati había preparado un banquete con los frutos más deliciosos y un lecho con las telas más finas y exóticas. Divinos en su gracia y en su fuerza, se entregaban al amor en la floresta y en la campiña. Cada mañana el dios subía a la cumbre del Paia, y cada noche bajaba para dormir con ella».

Su nombre es Vairaumati (il. pág. 363) sirve de ilustración a esta historia. La insólita hermosura espera a su amante fumando. Hasta ahora, este solo es perceptible en la figura que los hombres le han dado; en forma de ídolo de piedra domina el fondo del cuadro. Frutos selectos y telas preciosas han sido dispuestos para tributar homenaje al dios. La penetración de lo sobrenatural en lo cotidiano, uno de sus temas preferidos, Gauguin la simboliza aquí no por medio de la contraposición de ambas esferas. La figura de Vairaumati encierra en sí misma, en cierto modo, lo inusitado del suceso en su evocación de relieves sepulcrales del Antiguo Egipto. La sensación de extrañeza que sobrecoge al observador al contemplar obras plásticas egipcias ha sido aprovechada aquí por Gauguin. Los mitos polinesios le recuerdan, por su singularidad, a los jeroglíficos del antiguo pueblo que habitaba a orillas del Nilo.

En el cuadro *El mercado* (il. págs. 346/347), Gauguin vuelve a hacer uso del esquematizado lenguaje ideográfico de Egipto. Pero en este caso la rígida disposición en serie de las cinco figuras produce una impresión bastante fuerte de cosa citada y exenta de motivo. Gauguin no ha sabido establecer ninguna relación adecuada entre la configuración formal de las personas, con sus cambios de perspectivas de frente y de perfil, y el tema del cuadro, una sencilla escena de mercado. Consecuentemente, después de este ensayo no volvió a tomar nada más prestado de la antigua cultura.

El mundo sentimental de los individuos de su entorno no era —esto lo tuvo que aprender Gauguin— aquella mezcla de instinto y superstición que él gustosamente le había atribuido. Poco a poco fue hallando un acceso más profundo a ese mundo, sobre todo a través de la convivencia diaria con su amante Tehura. Una noche en que Gauguin llegó tarde a la cabaña en la que vivían juntos y encendió una cerilla para orientarse mejor, tuvo la oportunidad de conocer muy concretamente la discrepancia existente entre ambas culturas. Tehura confundió la llamarada de la lumbre con la aparición del espíritu de los muertos. El objeto corriente en manos del europeo desató en ella temores elementales. «Solo veo su miedo —recuerda Gauguin al rememorar este episodio—. ¿Qué miedo? Seguramente no el de Susana al ser sorprendida por los ancianos. Tal miedo no existe en Oceanía. El Tupapau, el espíritu de los muertos, está ahí. Los nativos viven en constante temor de él».

El espíritu de los muertos vigila (il. pág. 356) denomina Gauguin, con coherencia, el cuadro en el que elabora artísticamente esta experiencia. Tehura yace desnuda sobre la cama. Pero no se nos presenta aquí en esa pose de pureza animal en que le hubiera gustado verla al ojo lascivo del europeo. Crispada, junta apretadamente las piernas y apoya las manos sobre la almohada, como si fuera a saltar en cualquier momento para salir huyendo, pues una vez más lo

ARRIBA
Estudio para el cuadro La tentación (Eva), hacia 1892
Acuarela y pastel sobre papel, 78,7 x 34,7 cm
Basilea, Kunstmuseum Basel, Kuferstichkabinett

PÁGINA SIGUIENTE
«¿Cuándo te casas?», 1892
«Nafea Faa ipoipo?»
Óleo sobre lienzo, 101,5 x 77,5 cm
Colección particular

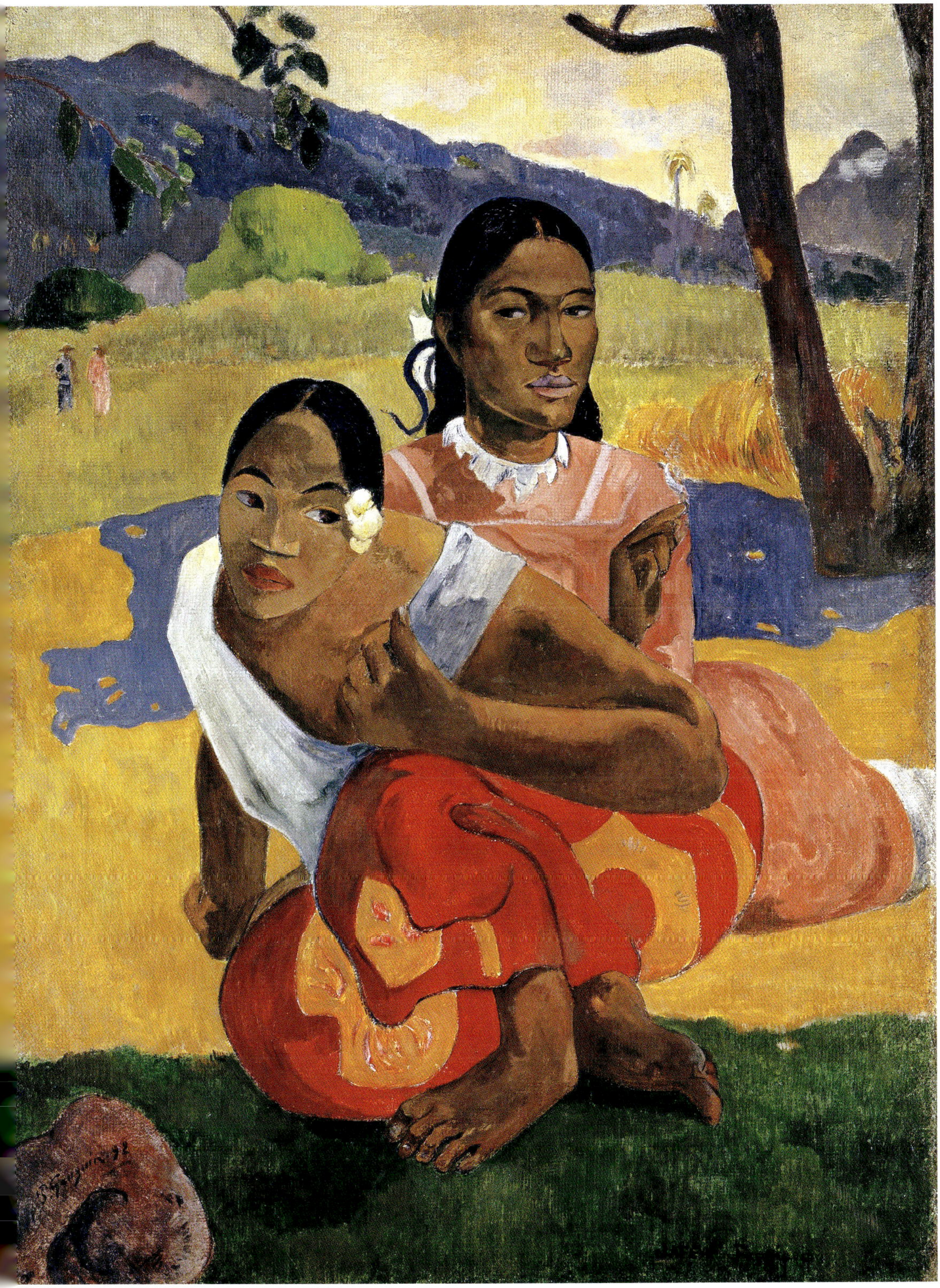

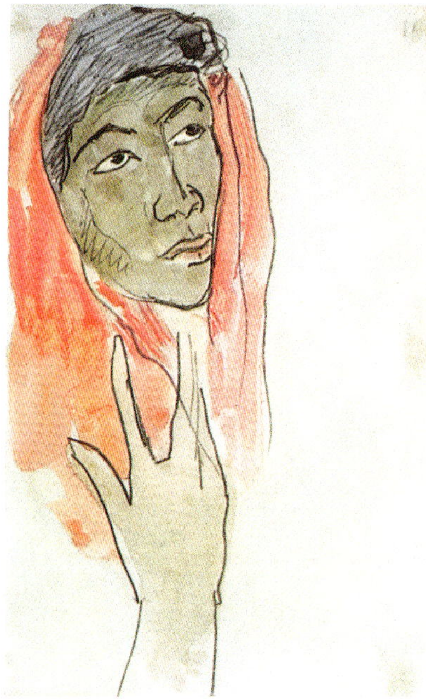

sobrenatural invade la realidad. La atemorizada figura de marcado perfil y el turbio trasfondo que se deshace en la insinuación de centelleantes visiones nos permiten saber que Tupapau, el espíritu de los muertos, anda haciendo de las suyas. Se infiltra satánicamente en el mundo paradisíaco y nos aclara que también en la isla tropical todo lo que tiene vida va a caer en manos de la muerte. La armonía entre hombre y naturaleza, que Gauguin, dado el caso, sabía poner en escena, esa armonía ha quedado aquí, por una vez, por una sola vez, anulada.

No obstante, a la vista de *Paisaje tahitiano* (il. pág. 359) todo esto queda relegado pronto al olvido. De nuevo el panorama está bañado en luminosos colores. La frescura inmediata del contacto con la naturaleza se ha plasmado en la suntuosidad del colorido. Desligado de la realidad, su pureza describe la gozosa sensación de hallarse en un lugar seguro, la unidad armónica que anima por igual al hombre y al paisaje. Su árido y ascético carácter preserva el cuadro de recaer en el puro idilio. El perro y el hombre, que va balanceando sus cargas, se han vuelto pequeñísimos. Tranquilamente van entrando en una naturaleza cuya representación pictórica ha sido depurada de todo elemento accesorio.

Ciertamente este país de las mil maravillas, que todos estos cuadros nos describen, no podía ofrecerle a Gauguin todo lo que él deseaba. El dinero, por ejemplo, no corría por sus arroyos, y justamente del anhelo de llegar a tener dinero no se había liberado el pintor durante la estancia en su paraíso. «Es terrible —se quejaba— cómo me meto en aprietos cada vez que me marcho de París. Pero, tan pronto regreso, encuentro fondos disponibles. En cambio, cuando estoy fuera no recibo nada». A fin de cuentas también había dejado atrás el exiguo éxito obtenido en la exposición y venta celebrada en su país natal. Se propuso entonces reanudar su camino a partir de aquel éxito. Ahora quería lograr abrirse paso definitivamente como pintor con sus cuadros del Pacífico sur.

Tampoco le había ido muy bien en Tahití. Un año antes, unos ataques cardíacos le habían dado mucho que hacer; se había adelgazado mucho, y se sentía cansado. «Si me pongo a pensarlo bien —afirmó en un asomo de autocrítica—, entonces a mi regreso debería abandonar la pintura, que no ha sido capaz de sustentarme». Por otro lado, el orgullo se apoderaba de él, ya que, pese a todo, había aguantado tres años: «¡Ahora estoy bien metido!». La carta de recomendación a lo grande le financió el viaje de regreso. De tal suerte, no solo le dijo adiós a la isla, sino también a la quimera de creer que vivía en el rincón más feliz del mundo. Esta ilusión había dirigido su pincel en muchos de sus cuadros, le había dictado los textos, y en el día de la partida, se volvió a apoderar de él una vez más: «¡Adiós, tierra hospitalaria —así lloraba la pérdida de su isla—, tierra encantadora, patria de la libertad y de la belleza! Sí, los salvajes, esos ignorantes, han enseñado mucho a las viejas sociedades civilizadas, mucho en cuanto a conocimientos y en cuanto al arte de ser dichoso». Y olvidando todas las injusticias sufridas, hace balance: «Dos años más viejo y, no obstante, rejuvenecido en 20 años me marcho de aquí; más salvaje que cuando vine y, sin embargo, más sabio...».

ARRIBA
Cabeza de mujer, hacia 1891/92
Acuarela sobre papel, 17 x 11 cm
Colección particular

PÁGINA SIGUIENTE
Su nombre es Vairaumati, 1892
«Vairaumati têi oa»
Óleo sobre lienzo, 91 x 68 cm
Moscú, Museo Pushkin

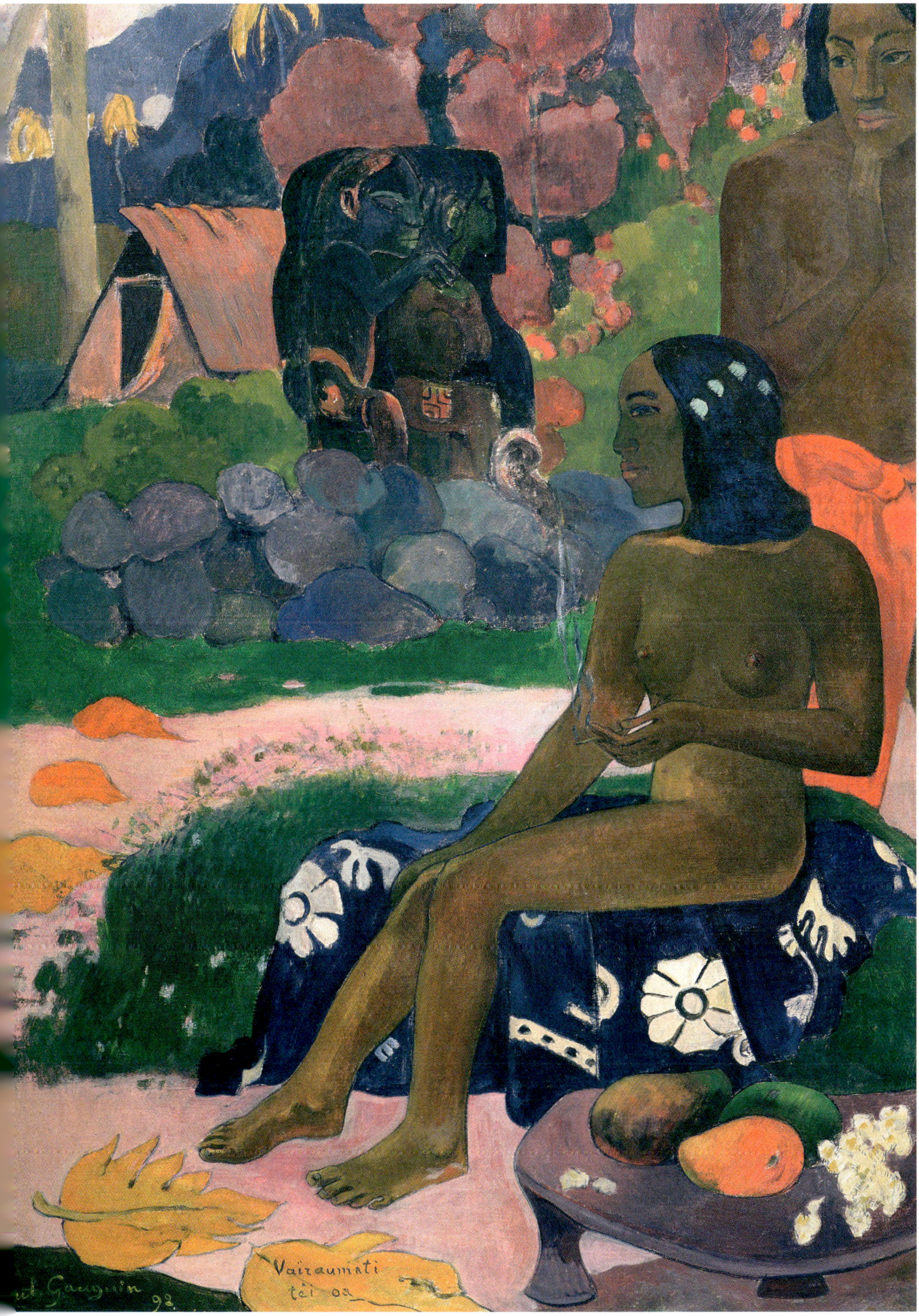
Vaïraumati
tei oa
P. Gauguin 92

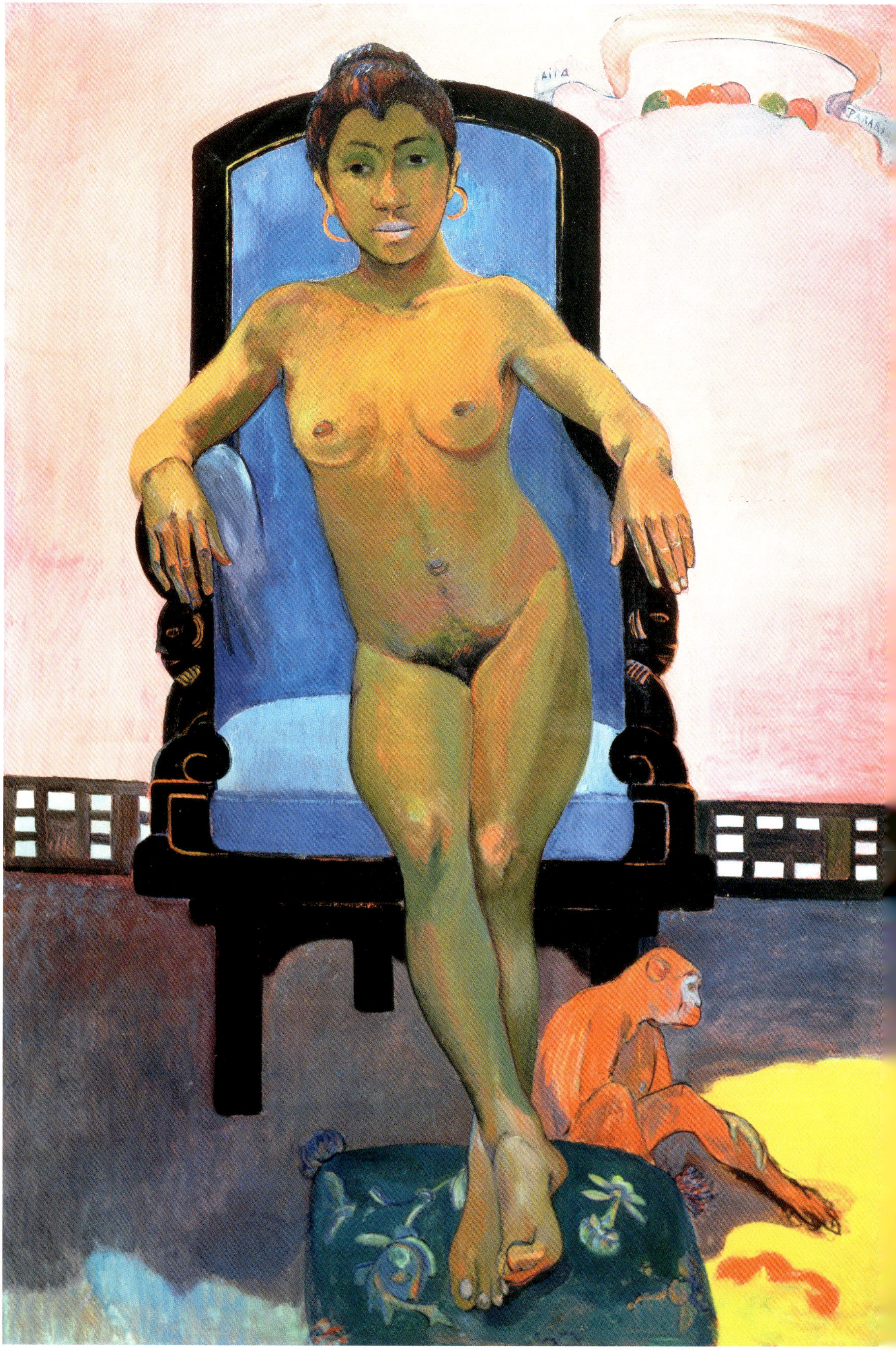
AITA
PARARI

«El pintor moderno más importante»
1893-1895

La modesta fama de Gauguin no se había disipado del todo durante el tiempo en que estuvo ausente de Francia. El crítico de arte Maurice era su agente en el Viejo Mundo, y de hecho había conseguido vender en su país algunas de las telas tahitianas del artista. A principios de 1893 se presentó allí, de nuevo, el creador de estos cuadros, ávido de recibir el producto de la venta de sus trabajos en forma de buenos francos franceses. Pero sus deudores eran tan difíciles de localizar como aquellos cuadros para los que aún no se había hallado un comprador. Sus primeros días en Occidente, Gauguin los pasó reclamando el pago de deudas pendientes.

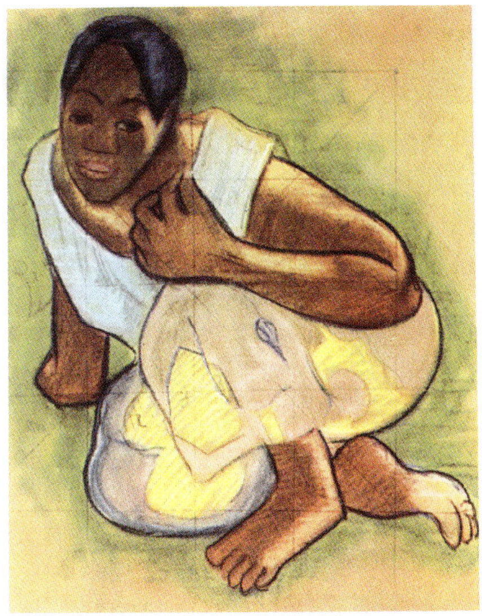

Y, además, ahí estaba también la familia, numerosa y sin padre. Entretanto, Mette había intentado resarcirse por medio de la venta de algunos cuadros de su marido. Ahora, tras el regreso de Gauguin, se sentía con derecho a reclamar su parte, más aún después de que Isidore, el tío de Gauguin, le dejara a su sobrino 15 000 francos en herencia. Este dinero se podía invertir ahora muy bien en la carrera artística, de cuyo éxito el pintor estaba convencido. Las pretensiones de su mujer y de sus hijos habían de ser, por supuesto, pospuestas a esta encumbrada meta. Las discusiones por la herencia contribuyeron en parte a distanciar y enemistar aún más a la pareja. En todo caso, a partir de entonces la familia no brindó más apoyo a Gauguin en la patria.

PÁGINA ANTERIOR
Annah la javanesa o
La pequeña Judith todavía es virgen, 1893
«Aita Tamari vahina Judith te Parari»
Óleo sobre lienzo, 116 x 81 cm
Colección particular

ARRIBA
Muchacha en cuclillas en Tahití, 1892
Estudio para el cuadro
«¿Cuándo te casas?» (il. pág. 361)
Lápiz, carbón y pastel sobre papel, 53,5 x 48 cm
The Art Institute of Chicago, Margaret Day Blake Collection

Tanto más tenía que rendir el arte de ahora en adelante. Gauguin se dedica a preparar una retrospectiva de su obra; la lógica interna de su evolución había de ser finalmente valorada, sobre todo su distanciamiento consecuente de las serenas impresiones de un Monet o de un Pierre Auguste Renoir. De nuevo fue un impresionista quien le prestó ayuda. Degas había podido convencer a su galerista parisino Paul Durand-Ruel, que entretanto se había convertido en el abanderado de la nueva pintura, de que hiciera la presentación del romántico de

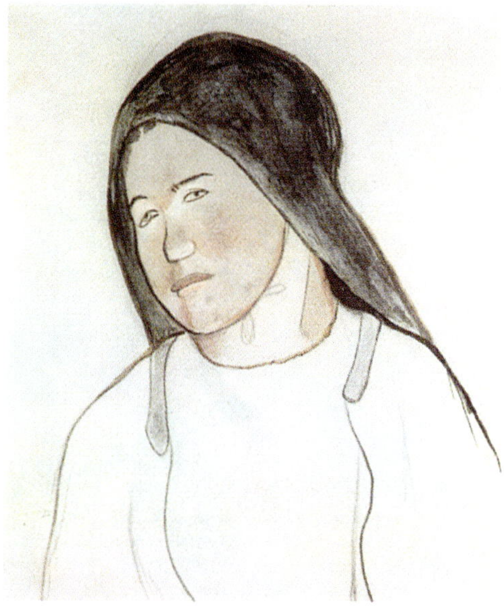

Oceanía en su ciudad. Y Gauguin barruntó que se presentaba aquí su gran oportunidad.

Suficientemente sensible como para percatarse del buen golpe de efecto publicitario que puede tener el comportamiento de un príncipe de las artes en el ánimo de un público indeciso, Gauguin se instaló en un nuevo estudio con ayuda de la herencia que le había dejado su tío Isidore. Pretendía darse a conocer ahora como embajador de los trópicos, alegrar los monótonos días de sus compradores con la dudosa fama de lo exótico. En esta línea, su piso estaba abarrotado de todo lo que de alguna manera parecía primitivo, de arte nativo y popular, de obras propias, de pinturas sobre cristal: una exposición universal en miniatura dentro de su apartamento. Te Faruru (aquí se cultiva el amor) relucía misteriosamente, a guisa de consigna, sobre la puerta del piso. Como años antes en casa de Mallarmé, se suponía que ahora la bohemia artística se daba cita en casa de Gauguin.

Consecuente con su fama, Gauguin se buscó una amante exótica: Annah, la joven de Java que ejecutaba danzas para los señores de la sociedad, acompañada siempre de un monito. El retrato de *Annah la javanesa* (il. pág. 364) se esfuerza por lograr la misma evocación de desnudez natural que se observa en los retratos de las isleñas realizados en Tahití. Esta vez, no obstante, no parece que haya salido tan bien lo de la evidente animalidad del ser humano, pues esta mujer no se ha desnudado porque la inocencia sea para ella como un vestido natural. Ha sido desnudada por la sociedad, por las ávidas miradas de un público masculino. Representa la imagen del encanto exótico que, gracias a su cuerpo, se había formado la gente en París. Su monito no está sentado a sus pies como un acompañante casual, al estilo de los animales del Pacífico sur, sino como atributo que garantiza que se la pueda reconocer. Puede ser que a Gauguin le haya agradado adornarse con la compañía de Annah. La fascinación inmediata por la belleza de las aborígenes, que de manera incomparable nos transmiten algunos de sus cuadros pintados en Tahití, esa fascinación Gauguin no logra transformarla aquí artísticamente. El cuadro da la impresión de ser algo artificioso, tan amanerado como lo era el encanto decorativo de su estudio.

Al clisé del artista como conjurador de mundos mejores, que con tanto gusto cultivó Gauguin en su época parisina, se ajusta muy bien la edición en libro de *Noa Noa*. Está concebido como diario del artista; el visionario dirige su mirada a los trópicos y desdeña la realidad de la que proviene. El hecho de que *Noa Noa* no sea escrupuloso con la verdad no tiene al efecto ninguna importancia. La concordancia interna de lo narrado era lo que interesaba a Gauguin, que su historia correspondiera a su imagen, con la que tanto se podía atraer la atención del público.

La acuarela *Las mensajeras de Oro* (il. pág. 368) describe el estado de ánimo en que se encontraba Gauguin en esa época. Narra los antecedentes de aquel episodio que Gauguin había elaborado en *Su nombre es Vairaumati* (il. pág. 363). Las emisarias del dios Oro, las dos hermanas de la divinidad suprema, anuncian a la doncella que está en cuclillas en el suelo el propósito de Taaroa de casarse con ella. De vuelta en su país natal, Gauguin sigue evocando las imágenes que tuvo ante sus ojos en el Pacífico sur. No se expone a nuevos motivos, sino que aprovecha el repertorio del que se había apropiado años antes. Por supuesto espera poder conquistar con ello el mundo del arte. Sin embargo, la separación de aquel resto de realidad concreta por el que hasta entonces se habían orientado sus universos pictóricos, el alejamiento de los hombres, de la vegetación, del arte popular de su entorno, contribuirá a que Gauguin tan solo se sienta perdido en su patria. Incluso en París, la metrópoli europea del arte, con su inabarcable oferta de temas pictóricos, mantiene Gauguin vivo el recuerdo de los trópicos.

Mientras tanto, había comenzado la exposición en la residencia de Durand-Ruel. Cuarenta y seis telas y dos esculturas hechas por Gauguin procuraron satisfacer, a partir de noviembre de 1893, la nostalgia de los franceses por el encanto del Pacífico sur. Pero el pintor no logró dar con el gusto del público. Muy crudas, demasiado apegadas a lo primitivo, eran las obras, opinó la crítica; se habló de la «frivolidad» con la que él, según se dijo, había conseguido «violentar los elementos más comunes del dibujo». La burla de la prensa culminó en el comentario: «Para divertir a sus niños, mándelos a la exposición Gauguin». El camino del proscrito, del paria, que Gauguin profesara antes de su partida hacia los trópicos y que había perdido de vista en su afán por acomodarse, era el que volvía a salirle al encuentro. Al menos pudo contar con la aprobación de sus colegas y con que intercedieran en su favor. De este modo, Gauguin logró vender por lo menos 11 cuadros. A principios de 1894 volvió a participar en la exposición de Los XX en Bruselas. A diferencia de *La visión tras el sermón* (il. pág. 324), gustó aquí mucho su cuadro *El espíritu de los muertos vigila* (il. pág. 356).

PÁGINA ANTERIOR
Cabeza de una joven campesina bretona, hacia 1889
Lápiz, tiza roja y negra, lavado, sobre papel, 22,4 x 20 cm
Cambridge, Massachusetts, Harvard Art Museums/Fogg Museum, legado de Meta y Paul J. Sachs

Campesinas bretonas, 1894
Óleo sobre lienzo, 66,5 x 92,7 cm
París, Musée d'Orsay

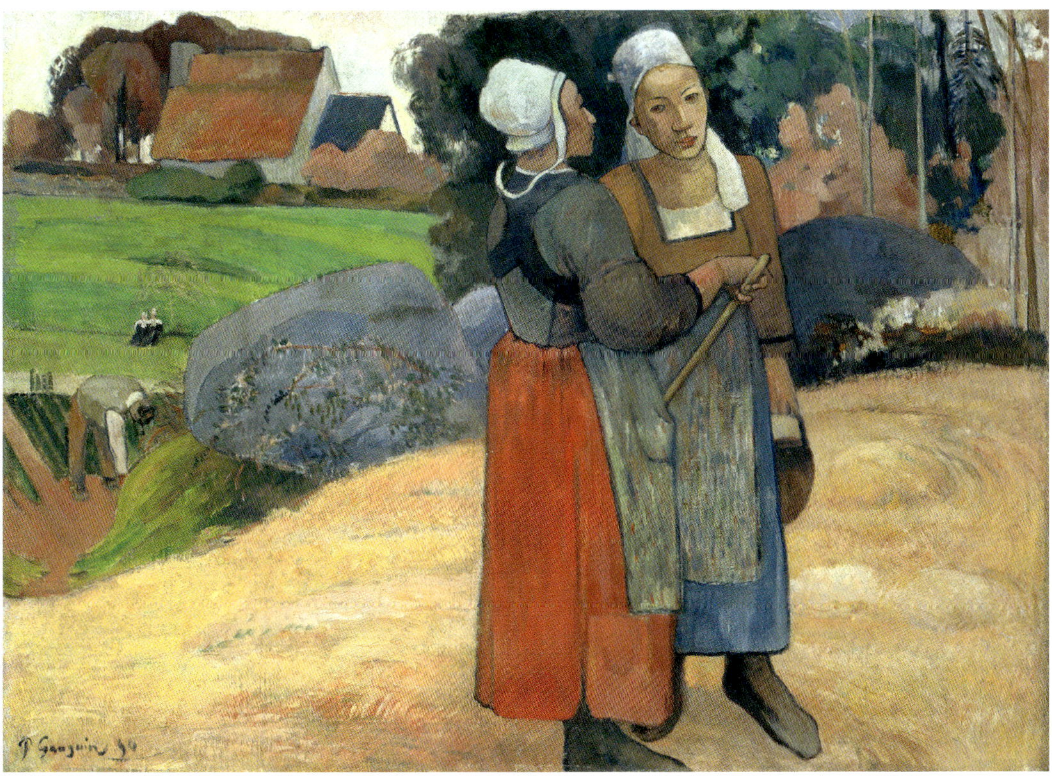

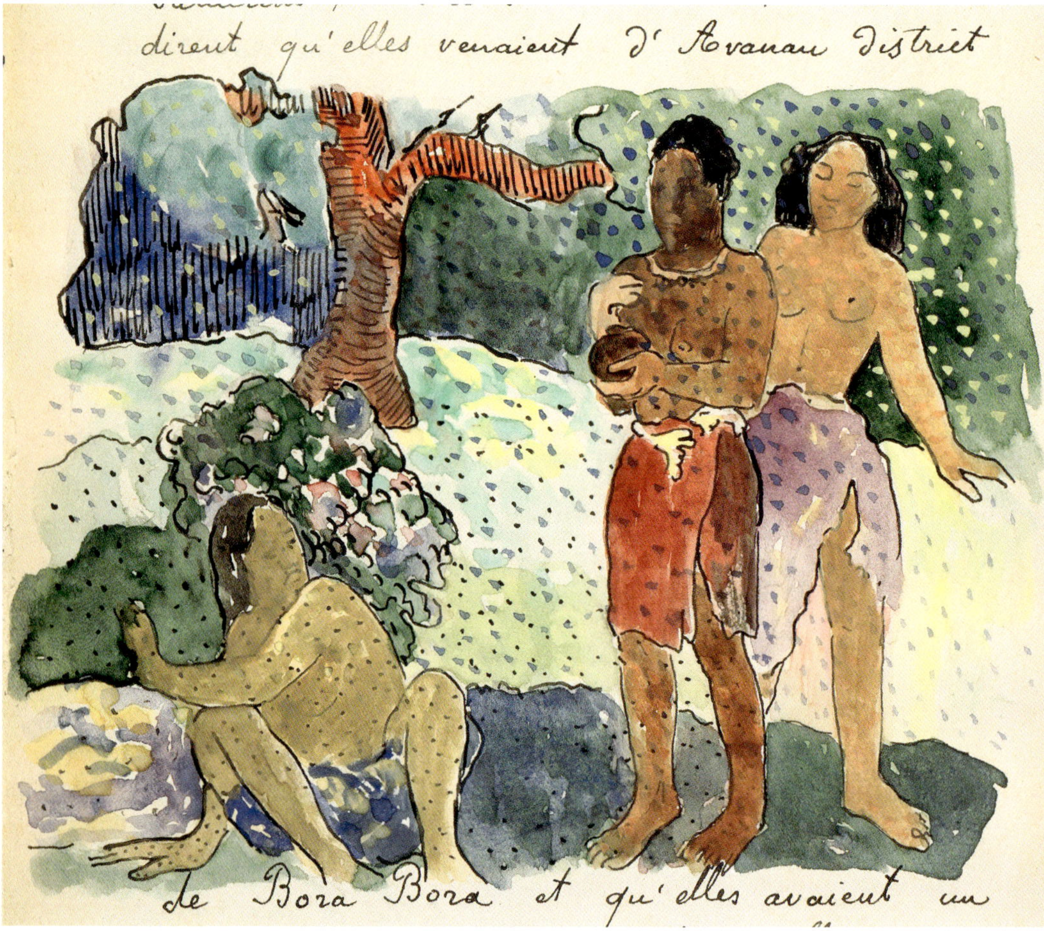

Gauguin se sintió enseguida otra vez en la cumbre, y comunicó entusiasmado a Mette que ahora por fin había sido reconocido como «el pintor moderno más importante».

El afán de Gauguin por alcanzar el éxito tuvo su expresión más clara en su tenaz aferramiento a los motivos del Pacífico sur. Lienzos como *El día de los dioses* (il. pág. 370) o *Dulce ensueño* (il. pág. 371) se regodean todavía en el hechizo del mundo perdido, buscan revivir cariñosamente la mirada que ve en el hombre y en la naturaleza elementos que se confunden formando una sola unidad.

Precisamente su distanciamiento de esta fascinación por los trópicos hace del retrato de *El violoncelista Upaupa Schneklud* (il. pág. 369) uno de los cuadros más logrados del período francés de Gauguin. Aquí el pintor se ha concentrado totalmente en reproducir, con sus propios medios, el sonido de la música en el sentido de la sinestesia, con lo que ya había experimentado en Tahití. Componer música y pintar llegan a igualarse a través de las dos líneas suavemente trazadas que establecen una relación mutua entre el brazo que sostiene el arco y el diseño abstracto del fondo. De esta manera, una insinuación de movimiento se apodera del cuadro; el ímpetu del brazo que produce música encuentra su continuación, en cierto modo, en un ornamento

ARRIBA
Las mensajeras de Oro, 1893
Ilustración para el álbum
Ancien culte mahorie, folio 12
Acuarela sobre papel, 14 x 17 cm
París, Musée du Louvre,
Département des Arts graphiques

PÁGINA SIGUIENTE
El violoncelista Upaupa Schneklud, 1894
Óleo sobre lienzo, 92,7 x 73,3 cm
Baltimore Museum of Art

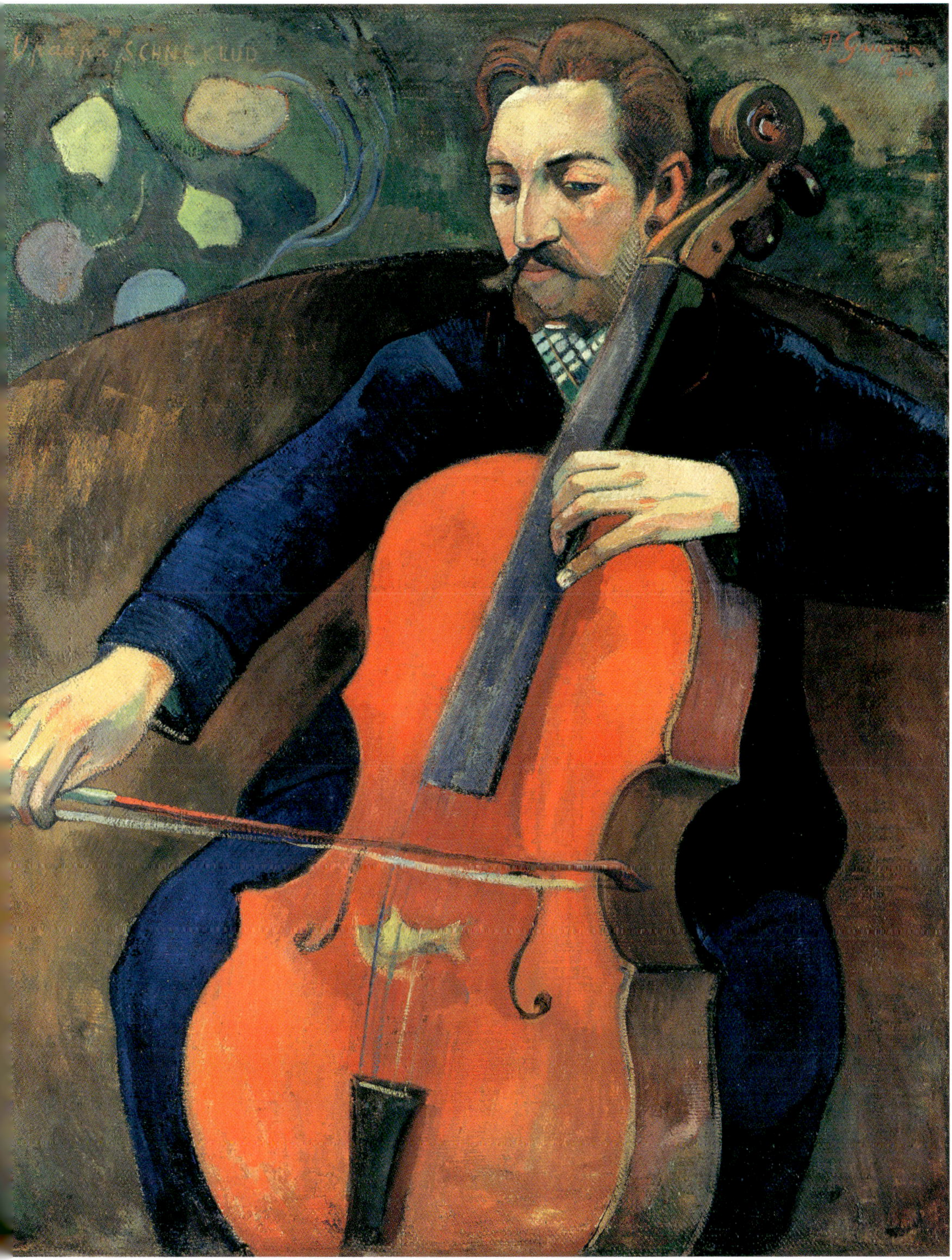

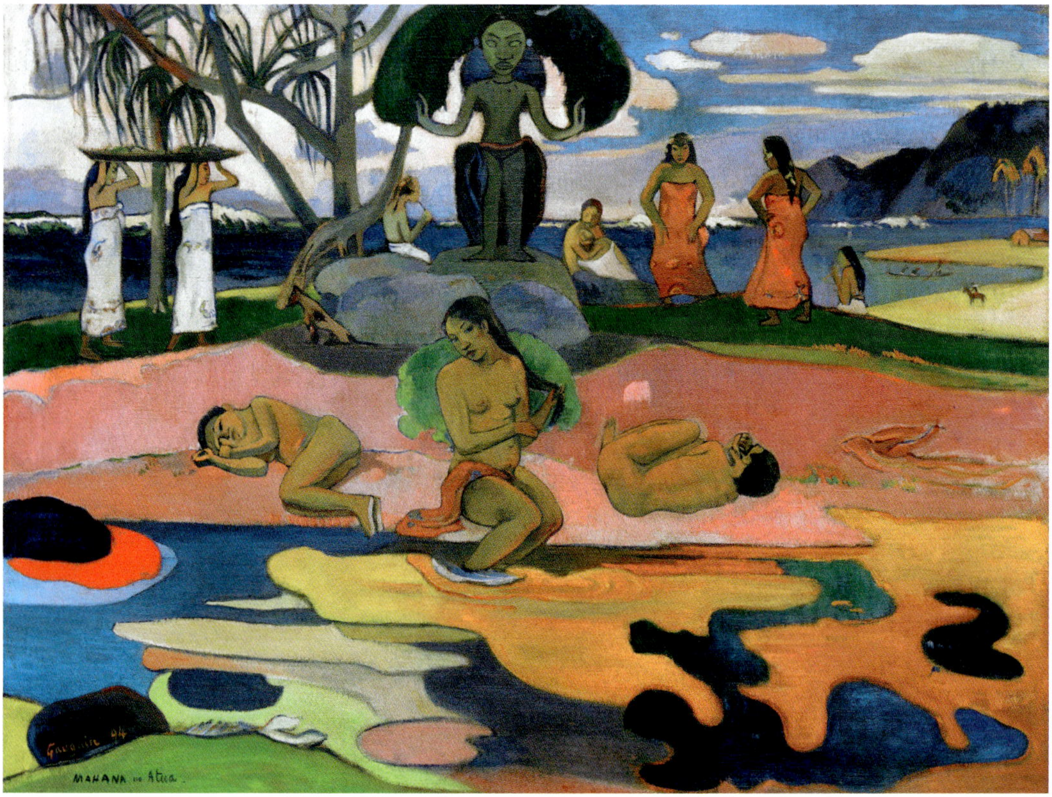

***El día de los dioses*, 1894**
«Mahana no Atua»
Óleo sobre lienzo, 68,3 x 91,5 cm
The Art Institute of Chicago,
Helen Birch Bartlett Memorial Collection

que establece una asociación con la música. En la imagen del artista cuyos sentidos están aún despiertos, cuyos sentimientos aún responden, Gauguin resume sus esperanzas de poder conmover las raíces de su cultura.

La idea de volver a visitar Bretaña era muy consecuente. En la árida región de la costa atlántica podría rememorar sus propias raíces; allí quería refrescar sus pensamientos y recibir de nuevo el reconocimiento de los amigos artistas con los que antaño había trabajado. Pero ahí ya no había nadie; los colegas estaban dispersos, los amigos se habían ido a vivir a otros lugares. Los días en la provincia se convirtieron en una pesadilla. Habrían de dejar una profunda huella que quedó grabada en el ánimo y en el cuerpo de Gauguin como un tatuaje. Durante un paseo a Concarneau se dejó enredar, junto con Annah y un par de amigos, en un altercado con unos chicos. Unos marineros de la región salieron en ayuda de los niños, y en la pelea que a continuación se desató Gauguin se rompió un tobillo. El pie no llegaría a curarse nunca del todo; por el contrario, torturó sus últimos años. Y mientras Gauguin se hizo atender en la clínica, su amante lo abandonó, no sin antes haber vaciado por completo el apartamento de la pareja en París. El proceso por la pelea de Concarneau fue fallado en su contra, al igual que la querella en la que había demandado a sus marchantes y amigos para que le devolvieran sus obras. La civilización y su largo brazo no habrían de volver a desengañarlo: «Nada impedirá que me marche, y esta vez para siempre, por cierto. ¡Qué vida tan tonta, la forma de vida de los europeos!».

Gauguin habría accedido tal vez a una reconciliación si la subasta con la que pretendió financiar su marcha hubiera tenido un buen resultado. Pero la subasta en el parisino Hôtel Drouot fue esta vez

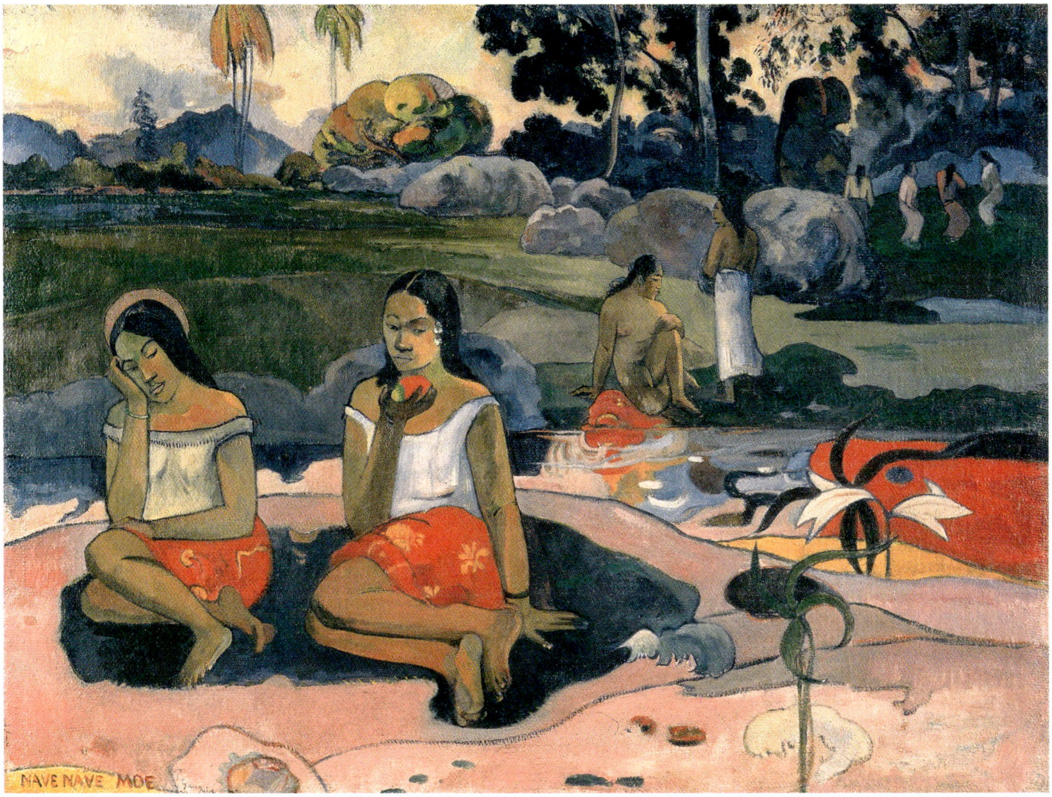

Dulce ensueño, 1894
«Nave Nave Moe»
Óleo sobre lienzo, 73 x 100 cm
San Petersburgo, Hermitage

un desastre; ni un solo cuadro halló comprador. Gauguin se vio obligado a adquirir sus propios cuadros para sostener su precio. También los amigos le habían dado la espalda. Gauguin había pedido a August Strindberg, el dramaturgo, que escribiera un prólogo para el catálogo de la subasta. El sueco se negó haciendo un comentario cargado de reticencias: «Señor Gauguin, le dije en sueños: Usted ha creado una nueva Tierra y un nuevo cielo, pero a mí no me agrada su creación». De esta suerte, el maestro se llegó a sentir definitivamente abandonado. Había regresado a Europa lleno de ilusiones, dispuesto a participar en el juego del encanto de bastidores exóticos que era aquí la moda. Sin embargo, no estuvo en condiciones de jugar ese juego hasta sus últimas consecuencias, tal como el público lo había esperado de él. Le importaba demasiado la verdad de su visión de los trópicos. Nada más lo retenía en Europa. Se marchó lleno de ira.

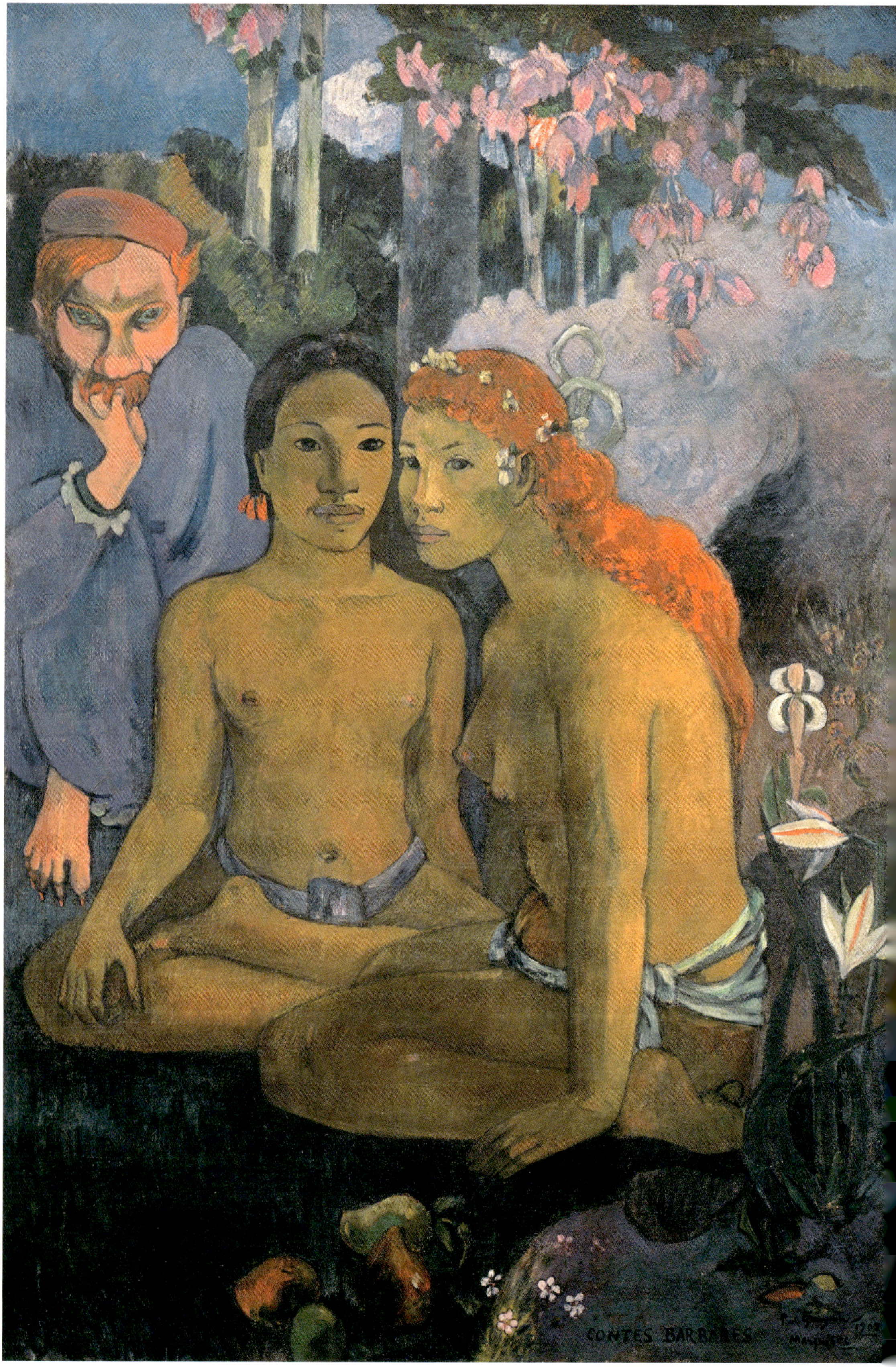
CONTES BARBARES

El legado de los trópicos
1895-1903

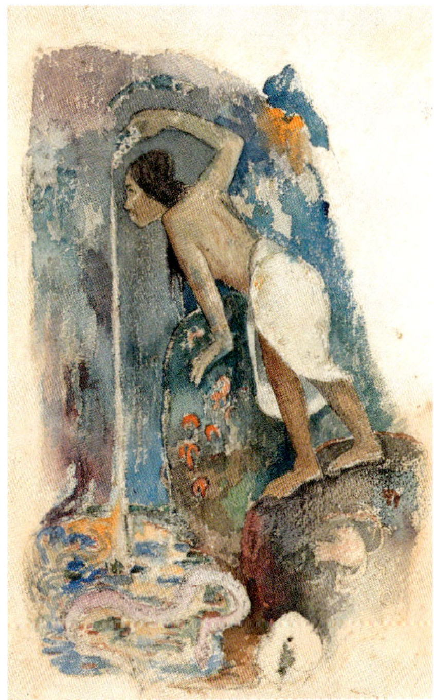

«Paul Gauguin no tiene razón alguna por la que gloriarse de sus compatriotas. Aquellos que hace años se mostraron asombrados de verle escoger Tahití como bello exilio para su trabajo, pleno de serenidad y de sol, deberían buscar los motivos para su nueva partida en la propia ingratitud con la que han tratado a un hombre cuya obra y cuyo nombre pertenecen a lo más preciado de nuestro patrimonio». Con estas palabras el crítico Maurice se daba a sí mismo golpes de pecho, al enterarse de la silenciosa despedida de Gauguin, sin festejo ni bufé, a diferencia de como se había hecho para el primer viaje. Era uno de los pocos que veía con buenos ojos las empresas de Gauguin. De hecho, el pintor tenía que representar para sus colegas una increíble provocación. Todos estaban convencidos de que la vocación de ellos era revolucionar el arte; no obstante, esta revolución había de tener lugar, a ser posible, en el propio París o, al menos, durante las vacaciones estivales en la provincia. Gauguin no podía menos de herirlos en su amor propio, pues la consecuencia con la que él cultivaba su propia existencia de *outsider* los remitía persistente y fatalmente a la propia indolencia. En el fondo de su corazón, apenas habrán derramado una lágrima por su amigo.

«Si usted hubiera sido prudente y previsor, debería llevar ahora una vida agradable y sin preocupaciones», tal era la conclusión a la que había llegado su viejo amigo Schuffenecker, quien se la hizo llegar por carta. Si te hubieras acomodado mejor —esto es lo que le decía en realidad—, el público te lo habría sabido retribuir. Pero Schuffenecker se equivocaba de destinatario al dirigirse a Gauguin con esta crítica, en la que se reflejaba, en primer lugar, el conformismo del artista convertido en funcionario, el conformismo del maestro de dibujo. «Ir a pedirle limosnas al Estado no fue nunca mi intención. Todas mis luchas, que

PÁGINA ANTERIOR
Contes barbares (Leyendas exóticas), 1902
Óleo sobre lienzo, 131,5 x 90,5 cm
Essen, Museum Folkwang

ARRIBA
Aguas misteriosas, 1893/94
«Pape Moe»
Acuarela con lápiz, pluma y tinta sobre papel verjurado, 35,4 x 25,5 cm
The Art Institute of Chicago, Gift of Emily Crane Chadbourne

libré al margen de lo oficial, mi dignidad, que durante toda mi vida me he esforzado al máximo por mantener, pierden a partir de hoy su valor —así increpa Gauguin a sus amigos—; a partir de hoy no seré más que un intrigante fanfarrón. Pero si me hubiera sometido, sí, entonces estaría rodeado de fortuna». Y en otra ocasión, encolerizado, acaba asumiendo el papel de monstruo: «Quiero acabar mi vida aquí, en la absoluta quietud de mi cabaña. Ah sí, soy un gran delincuente. ¿Y qué? Miguel Ángel también lo era, y yo no soy Miguel Ángel». La proverbial *terribilitá*, el volcán interior del héroe renacentista, orna ahora también al francés exiliado en el Pacífico sur.

La concepción de la sociedad como camisa de fuerza es un rasgo fundamental de las vanguardias artísticas. De acuerdo con ella, solo en oposición a las normas e ideales establecidos por el Estado tiene el hombre la posibilidad de llegar a ser creativo. El artista se cubre con el ropaje del culto al genio, reclamando con ello una libertad que él sabe que no puede corresponder a cualquiera. Tiene que dárselas de individuo predestinado, elegido, si pretende justificar su demanda de que se le conceda un mayor margen de libertad social. También Gauguin se vio apremiado a asumir este papel. Cada vez más, sin embargo, se ponía además la máscara del mártir: «¿Qué me ha dejado esto? Una completa derrota, enemigos, y eso es todo, pues la mala suerte me persigue incesantemente desde que vivo; cuanto más avanzo tanto más me hundo».

De esta forma, Gauguin vuelve a equipararse a Jesús en su *Autorretrato* o *En el Gólgota* (il. pág. 306). Sin embargo, esta vez ha desaparecido toda comparación arbitraria con el Dios de la cristiandad. Con un gesto lapidario de acusación, el artista lanza una mirada desde el cuadro. Se ha vuelto suspicaz,

«¿Por qué estás enfadada?», 1896
«No te aha oe riri?»
Óleo sobre lienzo, 95,3 x 130,5 cm
The Art Institute of Chicago,
Mr. and Mrs. Martin A. Ryerson Collection

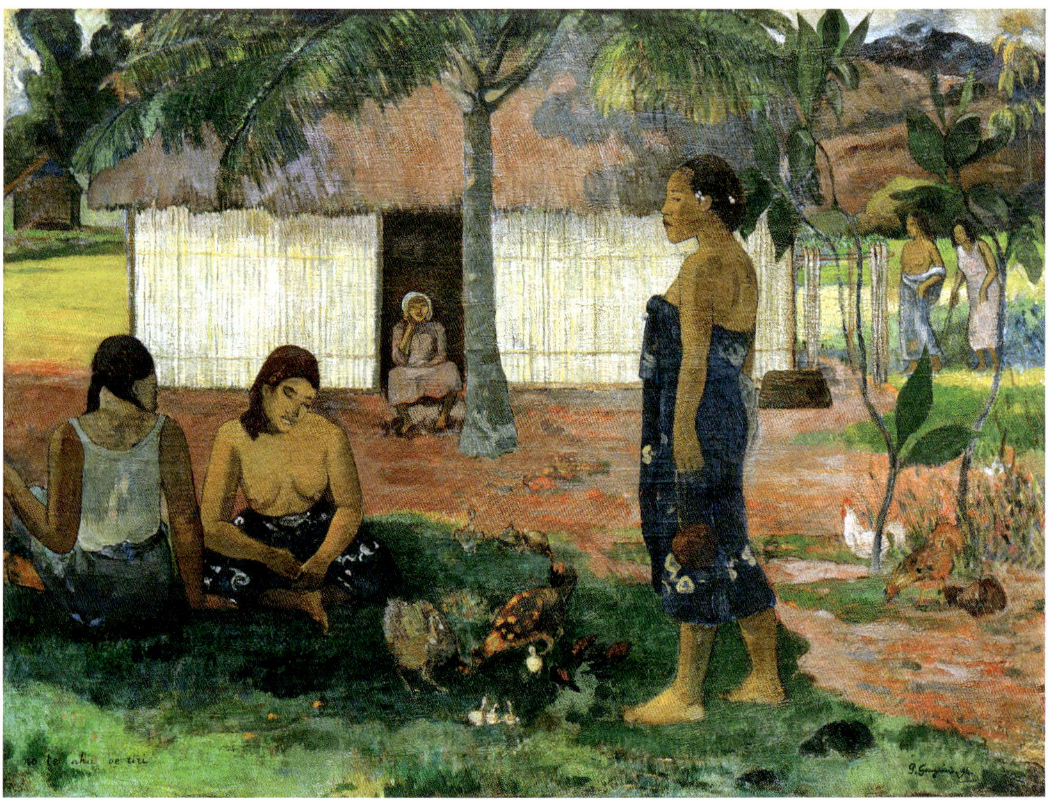

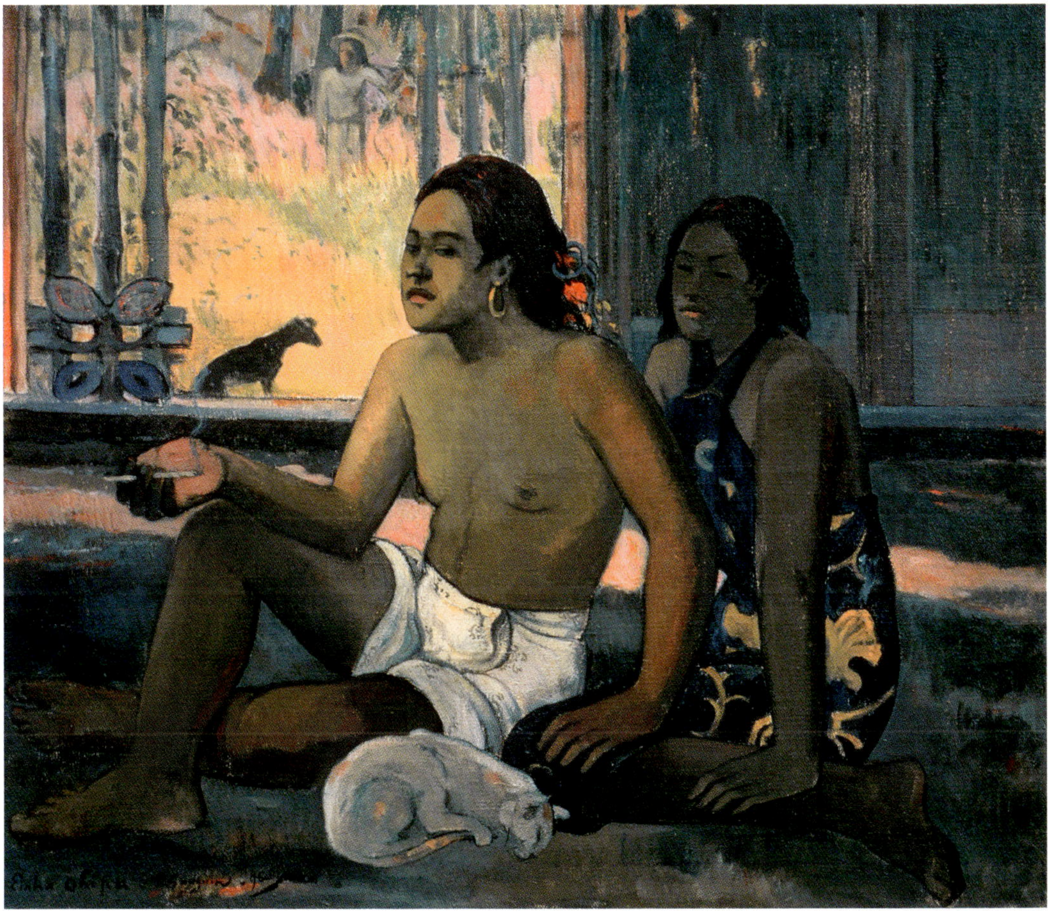

No trabajar, 1896
«Eiaha ohipa»
Óleo sobre lienzo, 65 x 75 cm
Moscú, Museo Pushkin

taciturno y al mismo tiempo conocedor: «Esta terrible sociedad —dirá tres años más tarde—, que permite el triunfo de los mediocres a costa de los grandes y que no obstante tenemos que tolerar, ese es nuestro Calvario». Pero no solo esta imagen antagónica del Viejo Mundo es colocada aquí sobre el tapete. Un sombrío fondo impenetrable envuelve el retrato. Dos figuras espectrales surgen de la oscuridad, acompañantes seguros que vienen del reino de las sombras llamado muerte.

El artista maduro, que asume su proscripción, se hace a sí mismo objeto de discusión en su calidad de hombre igual que otros: sin fuerzas, a la merced del enemigo, desvalido. Gauguin encontró aquí la clave para la representación de la vida *per se*, una clave que había luchado por encontrar durante muchos años. Este sentimiento de la singularidad del artista que está convencido de poseer facultades proféticas, desemboca en el reconocimiento de la fragilidad, sentimiento que el artista comparte con todos, ya sean primitivos o civilizados. En este dilema entre la soledad y la solidaridad, Gauguin comienza a aceptarse a sí mismo: «Riendo subes a tu calvario, las piernas te tiemblan bajo el peso de la cruz; arriba la gente hace rechinar sus dientes, y tú te desquitas sonriendo de nuevo», nos dice Gauguin de manera enigmática en *Avant et après*, las memorias de sus últimos años de vida, escritas entre enero y febrero de 1902.

Menos determinados por la función de servir de adorno a las paredes del Occidente, los cuadros de Gauguin adquieren ahora un mayor vuelo y alcanzan, con mayor frecuencia, una magnitud lapidaria;

pierden entonces, más que antes, esa dudosa forma de obra voluntarista y rebuscada que exhibían aún, a veces de una manera harto ostentosa, las pinturas de su primer período en el Pacífico sur. Gauguin envía, sí, también ahora, sus obras a Europa y deja que le sean entregadas a su agente Daniel de Monfreid, pero ahora se manifiesta, de hecho, aquel desencanto que los continuos fracasos debían haber provocado desde hacía ya tiempo. Con más fuerza se siente Gauguin obligado ahora a seguir los reclamos de una especie de voz interior, de un afán de verdad. Renuncia cada vez más a concertar compromisos estéticos entre la tierna naturalidad de los nativos y las expectativas de su público europeo.

Ahora entra también a hacer comparaciones de los modos de vida; intenta comprender con exactitud cuándo y en qué aspectos se diferencian el mundo civilizado y el primitivo. En *No trabajar* (il. pág. 375) enfrenta, por ejemplo, la ética europea del hombre productivo —una moral de trabajo de la que él mismo no estaba liberado— con la inclinación nativa de vivir sin estar pensando en el día de mañana. Completamente entregados al deleite del tabaco, dos tahitianos se hallan sentados en su cabaña soñando despiertos. No se ve ninguna herramienta cerca, ningún material que atraiga su atención, que los pudiera animar a emprender alguna actividad que exija concentración. Al fondo se acerca una figura que lleva un largo traje blanco y un salacot en la cabeza: no es otro que el propio pintor. En busca de motivos, es decir, de cosas que le estimulen a trabajar, se ha topado con el tema del trabajo. Ahora muestra afectuosamente, en su obra, cómo la gente de su entorno se entrega al ocio, a una indolencia de la que él mismo era incapaz. Pues a él le falta aquella naturalidad, aquella franca animalidad que estas gentes tienen en común con los animales, y aun con todas las criaturas. De este modo, también el gato dormita junto a los hombres, absorto y, al igual que ellos, sin miedo de estar haciendo algo malo.

«Cuando me canso de hacer cuadros figurativos (mi predilección), doy comienzo a un bodegón y lo termino sin usar modelo», escribió Gauguin una vez al príncipe rumano Emanuel Bibesco, uno de sus

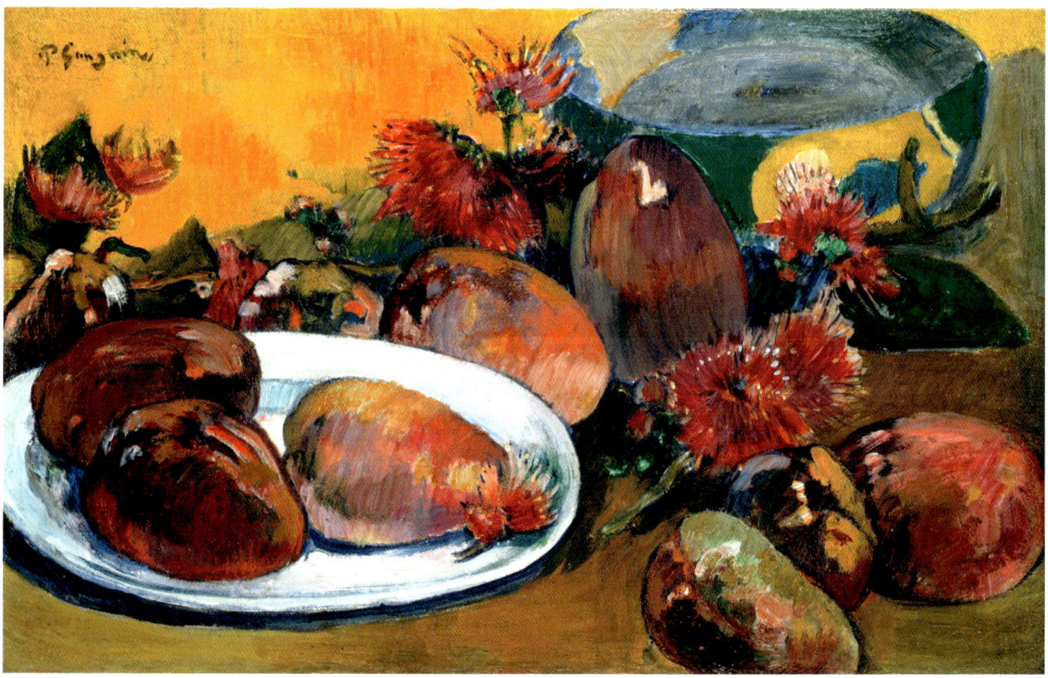

Bodegón con mangos, 1896
Óleo sobre lienzo, 30,2 x 47,4 cm
Colección particular

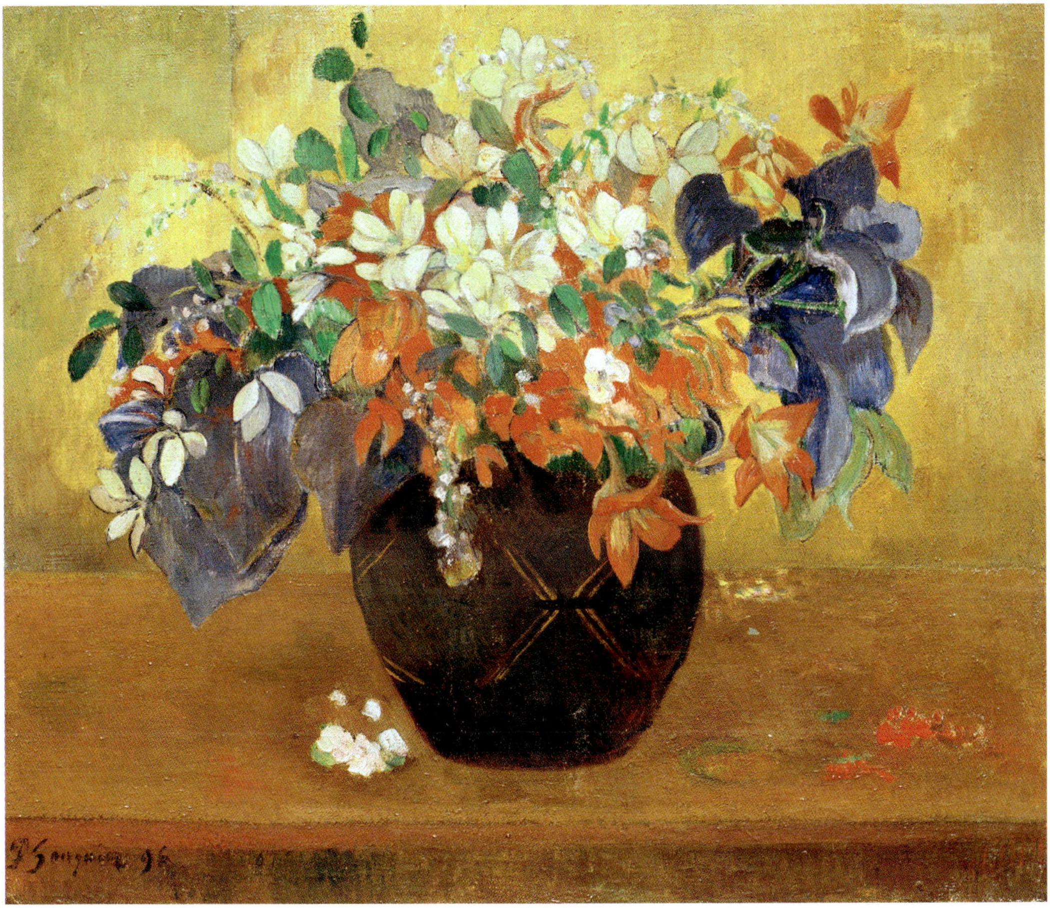

Ramo de flores, 1896
Óleo sobre lienzo, 64 x 74 cm
Londres, The National Gallery

coleccionistas, que de hecho tenía algunos bodegones. Regeneración significa para él, conforme a estas líneas, algo totalmente distinto al no hacer nada. A pesar de todas las confesiones hechas de labios afuera, Gauguin no era, al fin y al cabo, ningún salvaje. *Bodegón con mangos* (il. pág. 375) y *Ramo de flores* (il. pág. 376) son resultado de tales entretenimientos vacacionales sobre los que escribe Gauguin. En ambos casos él se esfuerza por expresar la misma naturalidad, la misma fascinación sensual del objeto pintado; presenta a las flores y a las frutas como si fueran personas. Ya sean seres móviles o inmóviles, los une a todos su naturaleza, su índole de creación.

Al igual que durante su primera estancia, Gauguin abandonó pronto Papeete, la capital de Tahití, para irse a vivir a otra parte. La influencia europea había aumentado aún más; la electricidad era el nuevo logro de la civilización. Gauguin se volvió a construir una cabaña en el interior del país, ligera y frágil, expuesta al viento y a los temporales como las viviendas de los nativos. «En el suelo están extendidas unas esteras y mi vieja alfombra persa. Todo el ambiente está adornado con paños, chucherías y dibujos», le dice a su confidente Monfreid. De Tehura, su antigua amante, tuvo que desistir esta vez: se había casado durante su ausencia. Pero «todas las noches vienen a verme chicas y asaltan mi cama, como poseídas por el demonio», hace saber en su patria, seguramente no sin contar con la envidia de sus paisanos. Su amante se llama ahora Pau'ura y apenas tiene 14 años. Pero la vida amorosa de Gauguin tenía que luchar con reminiscencias de Francia. Poco antes de marcharse de París

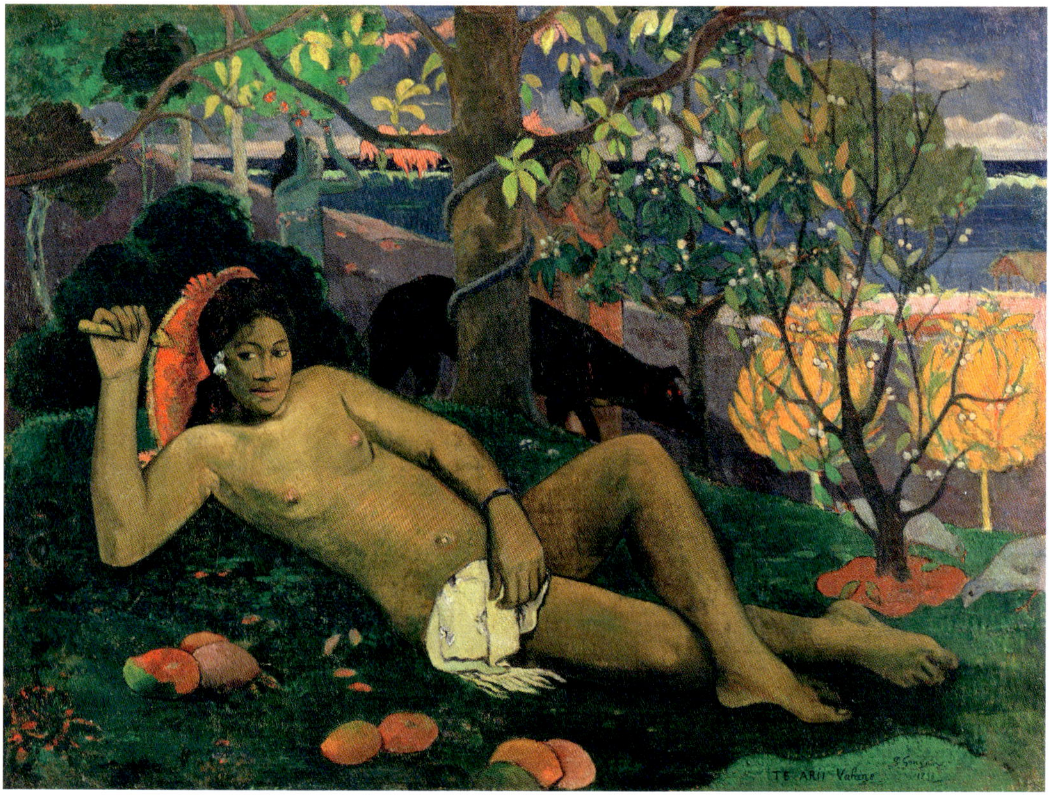

La reina de la belleza, 1896
«Te Arii Vahine»
Óleo sobre lienzo, 97 x 130 cm
Moscú, Museo Pushkin

se había contagiado de sífilis. Tampoco él, que con tanta comprensión se acercaba a los nativos, podía por menos que agraciar a los polinesios con una muestra de la cultura occidental.

Las historias de las muchachas que sucumbían al carisma erótico del artista se prestaban maravillosamente para ser ilustradas con los cuadros de las beldades desnudas que constituyen el motivo principal de la obra tardía de Gauguin. *La reina de la belleza* (il. pág. 378), por ejemplo, presenta a la joven en la pose que era conocida en Europa: está echada sobre el prado, de manera parecida a como yacen sobre sus amplios lechos la *Maja desnuda* de Francisco de Goya (hacia 1800, Madrid, Museo Nacional del Prado) o a la *Olympia* de Manet. Con las piernas cruzadas y cubriendo con una mano su sexo, se nos presenta a la manera de las lascivas diosas del amor de la historia occidental del arte. No obstante, la hermosura de Gauguin no mira al observador del cuadro, y con ello pierde mucho de aquella seductora perversidad que resulta de la ambigüedad del estímulo y la reacción.

«La Eva de su concepción civilizada —escribió Gauguin por aquel entonces a Strindberg— le convierte a usted y nos convierte casi siempre a todos nosotros en misóginos. La antigua Eva, que le infundió miedo a usted en mi estudio, le podría muy bien sonreír algún día con menos amargura». La rígida moral sexual de las postrimerías del siglo XIX solo podía percibir el carisma erótico junto a sensaciones de amenaza y hasta de odio. De nuevo en Tahití, Gauguin se propuso liberarse de esta actitud antinatural hacia el amor y el placer, actitud que no estaba orientada hacia la inmediatez, sino precisamente hacia la discrepancia de los sentimientos. Su Eva había de poder ser acariciada, sin que ello provocara sentimientos de culpa. También esta Eva era producto de las fantasías del varón; no obstante, la idea de su inocencia la hacía aparecer más libremente disponible para el amante, quien podía sentirse aquí todavía como varón.

«Mansos hasta la necedad» son sus amigos y vecinos polinesios, dice Gauguin en *Avant et après*, «absolutamente incapaces de tramar una vileza». Estaba dispuesto de todo corazón a aceptar la inocente ingenuidad de los nativos como expresión de la auténtica existencia humana. La amabilidad con que se le trató aquí fue justo lo contrario del escarnio y el brusco rechazo que había experimentado en Europa. Por consiguiente, era lógico que se sintiera espiritualmente afín a la gente del Pacífico sur. La dignidad natural de todas las criaturas hace que uno se olvide aquí de todas las atrocidades: «Pregúntale a un anciano que esté medio dormido —leemos en *Avant et après*— si acaso le gusta la carne humana, y al punto se despabilará para contestarte, parpadeando e infinitamente tranquilo: "¡Oh, qué bien sabe!"».

El caníbal que consume el cuerpo de su enemigo, y solo el de este, demuestra un comportamiento más moral que el de la sociedad occidental, la cual so capa de humanitarismo encierra a personas de por vida en establecimientos penitenciarios. «Ya no tengo conciencia de los días y de las horas, del bien y del mal». Los términos no cuentan en la apacible isla, que tiene sus propios valores y patrones de conducta, y dado que están fundados en la armonía con la naturaleza, no pueden ser más que buenos.

Las contravenciones propias y bastante francas de Gauguin de las normas occidentales se evidencian, por ejemplo, en los hijos que procreó. Antes de marcharse de París tuvo un hijo ilegítimo, y un año más tarde, tuvo otro en el Pacífico sur. El feliz acontecimiento se reflejó, poco después, en los lienzos que se ocupan del tema de la familia, la procreación y el nacimiento. La

La canoa, 1896
«Te Vaa»
Óleo sobre lienzo, 95,5 x 131,5 cm
San Petersburgo, Hermitage

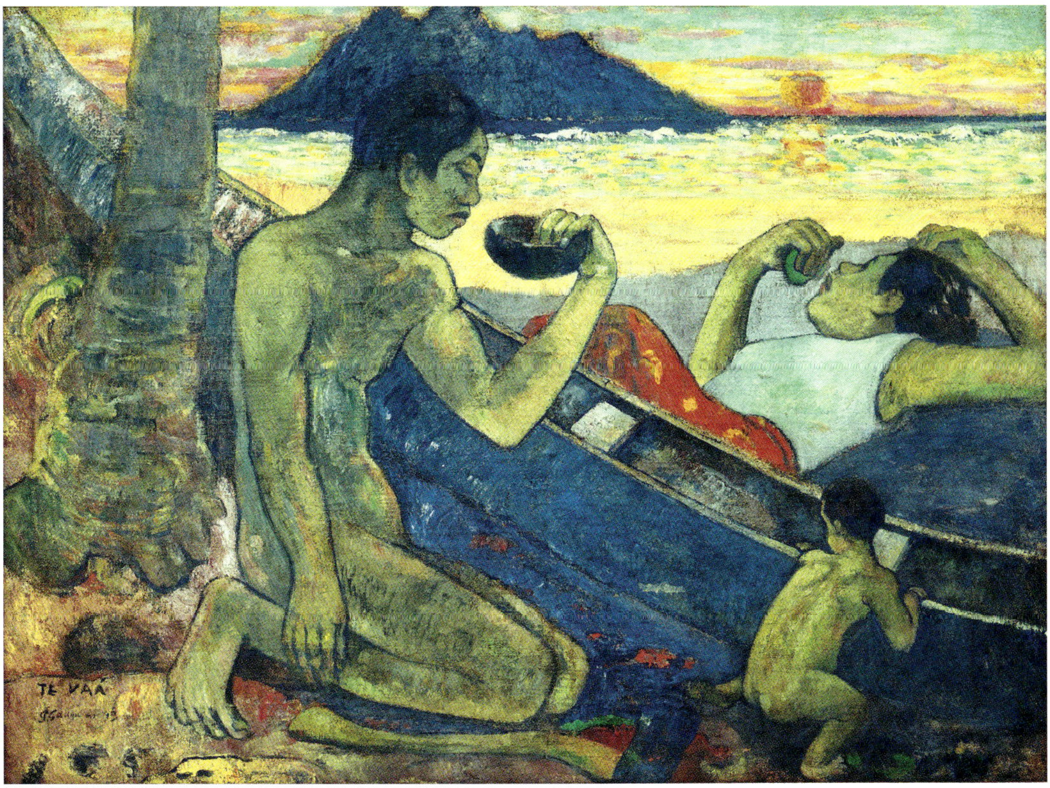

felicidad elemental de la vida familiar es el tema de *La canoa* (il. pág. 379). Tan tranquilamente como estas personas beben de sus cuencos, así de natural es también que el cuenco de su primitivo bote baste para conducirlos a la otra orilla. El hacha a los pies del hombre da a entender que la canoa acaba de ser construida. Todo lo que la familia necesita lo halla en su entorno, que de hecho presenta los rasgos de un país de Jauja, impresión que es armónicamente acentuada por la puesta del sol. Parece como si todas las cosas se ordenaran por su propia cuenta; los semblantes de los nativos, que no muestran otra cosa que satisfacción, dan la impresión de estar relajados y llenos de confianza. El tradicional significado simbólico del bote, el de ser herramienta y medio para la superación de peligros, queda reducido a algo secundario en vista de la gozosa quietud que irradia el cuadro. La familia en su conjunto sirve de sostén a la armonía de lo pintado.

Tomando como modelo el familiar repertorio del arte cristiano, Gauguin describe, en *El nacimiento* (il. pág. 380), la experiencia propia de haber llegado a ser padre. El suceso bíblico ha sido trasladado de nuevo al Pacífico sur. El ambiente lo proporciona una cabaña polinesia con sus vigas ornamentales y su sencillo lecho. Tampoco faltan los animales del establo. Una nativa, probablemente la amante de Gauguin, ha asumido el papel de la Madre de Dios; lleva una aureola al igual que el recién nacido, a quien la nodriza, que se ve en el plano de fondo, está meciendo en sus brazos. El pintor se vuelve a comparar con el Dios cristiano, pero esta vez se ha quitado la máscara del afligido y en su lugar se ha puesto la del creador. La vida que él es capaz de crear —parece querer decirnos Gauguin en esta pintura— no solo se hace efectiva en el tajo de la producción artística. En las postrimerías de su vida, el pintor vuelve a hacer profesión de aquella paternidad con cuya invocación su obra

El nacimiento, 1896
«Te Tamari No Atua»
Óleo sobre arpillera, 96 x 131,1 cm
Múnich, Neue Pinakothek

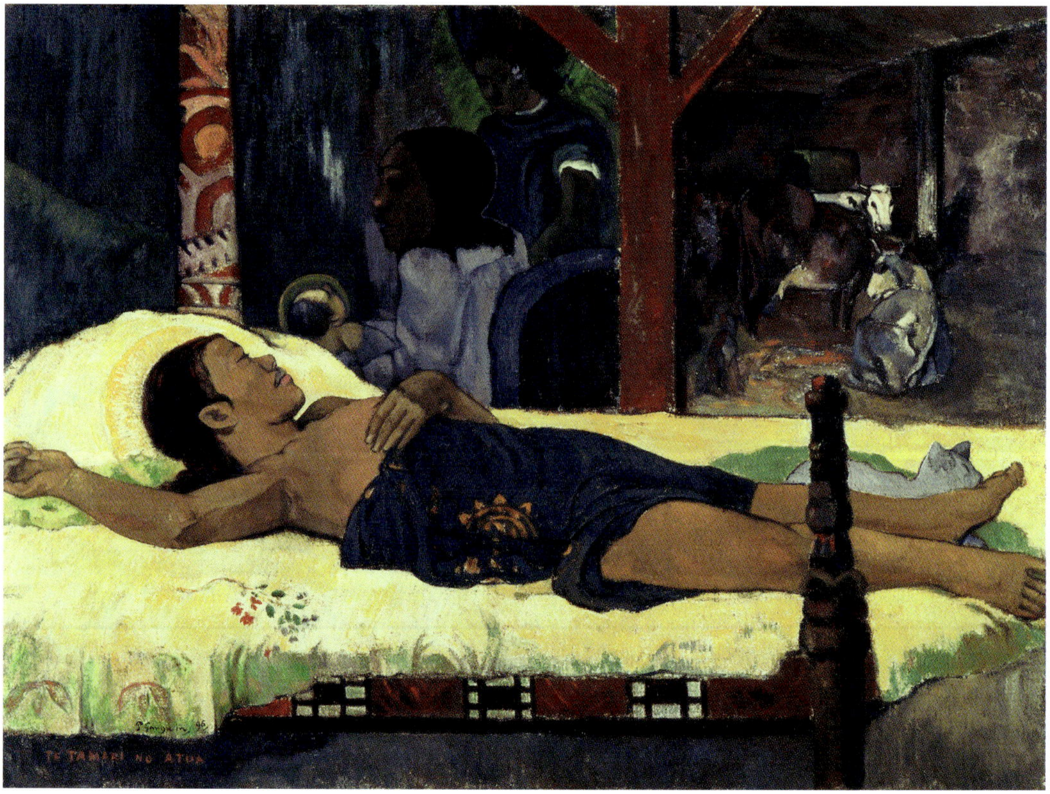

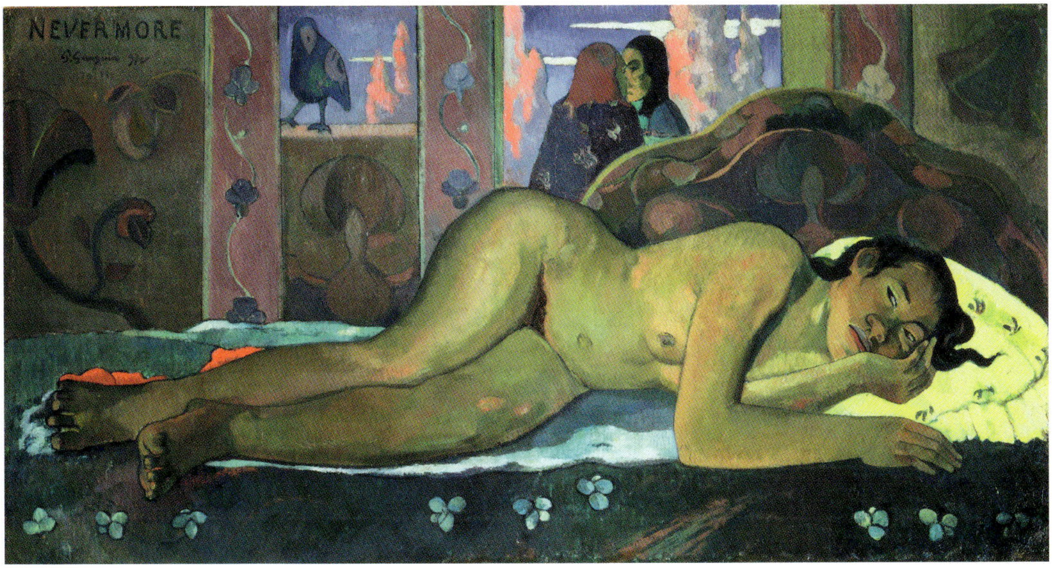

había alcanzado antaño soberanía. Este primer año en Tahití fue uno de los más felices en la vida de Gauguin.

«Nevermore» o
Desnudo de Pau'ura acostada, 1897
«O Taïti»
Óleo sobre lienzo, 60 x 116 cm
Londres, The Courtauld Institute of Arts

Pero la situación empeoró pronto. Las penosas preocupaciones de dinero acosaron de nuevo a Gauguin. Había fracasado el plan de conseguir comprometer, por mediación de unos amigos, a un grupo de protectores a que le pagaran un subsidio anual. En contrapartida, Gauguin habría quedado obligado a ceder una parte de sus pinturas a los coleccionistas. En lugar del favor de una camarilla de mecenas, Gauguin solo llegó a disfrutar de un pago único de doscientos francos, con el cual el ministro francés de las Bellas Artes agració al emigrante. Gauguin los rechazó enfadado considerándolos una limosna. No era su intención llegar a tener dinero por medio de la mendicidad, sino por el merecido reconocimiento de su trabajo artístico. Y no obstante habría podido hacer muy buen uso de esta limosna: «Mi situación precaria se hace cada vez más insoportable —escribe desde el exilio que él mismo había elegido—; a pesar de lo terrible que es, no puedo permitirme regatear mucho. Tengo que deshacerme de mis cuadros al precio que sea». De lo contrario, él lo sabía, la mayoría de ellos resultarían invendibles. Al enviar a Europa su cuadro *La reina de la belleza* (il. pág. 378), lo acompañó de las siguientes líneas desesperadas: «De qué podrá servir enviar este cuadro lejos de aquí, a donde hay otros que no pueden ser vendidos y que solo provocan risas sarcásticas. Este cuadro provocará aún más risas. Estoy, pues, condenado a morir de buena voluntad para no morir de hambre». Nuevamente anduvo considerando adaptar más su obra al gusto del público. Por añadidura, el tobillo fracturado había vuelto a causarle molestias, y la sífilis contribuyó algo más a hacer crecer la herida transformándola en una úlcera purulenta. Gauguin se vio obligado a recluirse por un tiempo en una clínica. No estaba en condiciones de pagar la estancia. Las deudas crecieron.

La nueva melancolía en el ánimo de Gauguin se reflejó de inmediato en su pintura. *Nevermore* o *Desnudo de Pau'ura acostada* (il. pág. 381) se remonta una vez más a la monumental figura yacente; su voluntariosa desnudez ha sido reproducida de la misma manera que antes. Sin embargo, ya de por sí el título del cuadro deja entrever las sombras que se cernían sobre la vida del artista. Tiempo atrás, en el banquete del café Voltaire con ocasión de la despedida de Gauguin, Mallarmé había recitado *El cuervo*, un poema de Poe que acababa de traducir. Un gigantesco cuervo amenazador representa

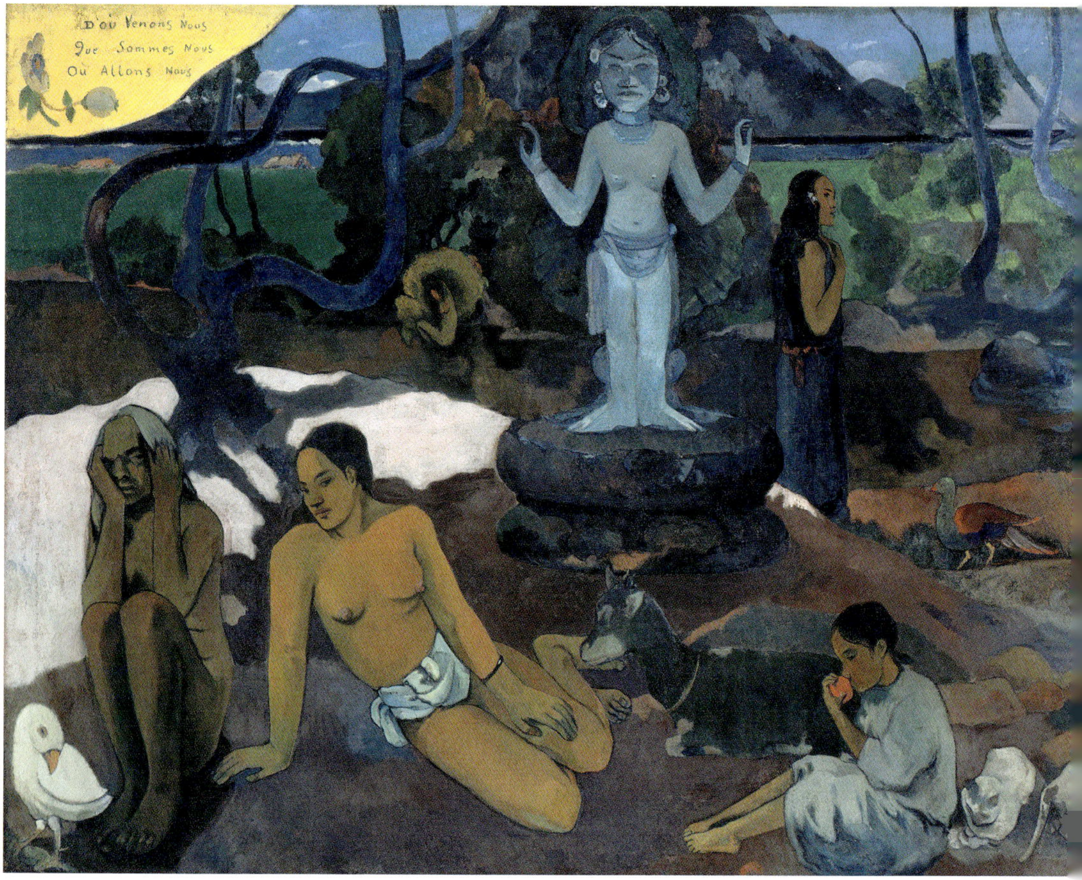

¿De dónde venimos? ¿Quiénes somos? ¿Adónde vamos?, 1897
«D'où venons-nous? Que sommes-nous? Où allons-nous?»
Óleo sobre lienzo, 139,1 x 374,6 cm
Boston, Museum of Fine Arts

en este poema al portador de malas nuevas. También en el cuadro de Gauguin aparece este cuervo adornando el fondo; todavía poco llamativo y con más carácter de ornamento que de aparición real. Pero dos figuras siniestras se acercan a él diciéndose mensajes secretos al oído, palabras que auguran desgracias. Y tampoco a la beldad desnuda del primer plano se la ve tendida a sus anchas, olvidada de sí misma. Parece estar escuchando con atención los ruidos que desde atrás llegan a sus oídos. La sensación de amenaza que se pone de manifiesto aquí es aún difusa. Los peligros solo acechan en el fondo, que está dispuesto a manera de friso sobre una superficie que tiene más la función de representar un tapiz que la de liberar la vista hacia una perspectiva de profundidad espacial. Pero el humor de Gauguin seguirá empeorando.

El pintor tiene que haberse hallado espiritualmente, en Tahití, en un constante estado de excepción. Estaba, al mismo tiempo, lleno de júbilo y sumamente afligido; la euforia y la depresión se sucedían en rápida secuencia. Apenas un año después del entusiasmo vivido por el nacimiento de su hijo, Gauguin volvió a encontrarse en un bache moral absoluto. Los deseos de suicidarse horadaron su alma.

En la primavera de 1897, una carta enviada desde su país le asestó un duro golpe. Aline, su hija, había muerto; justo el vástago en quien Gauguin había puesto sus esperanzas de que uno de sus hijos llegara a tener talento artístico, al igual que él. En la respuesta que envió a Copenhague atribuyó la muerte de su hija a la severidad de su esposa. Lleno de amargura le insinúa: «No quiero decirle que

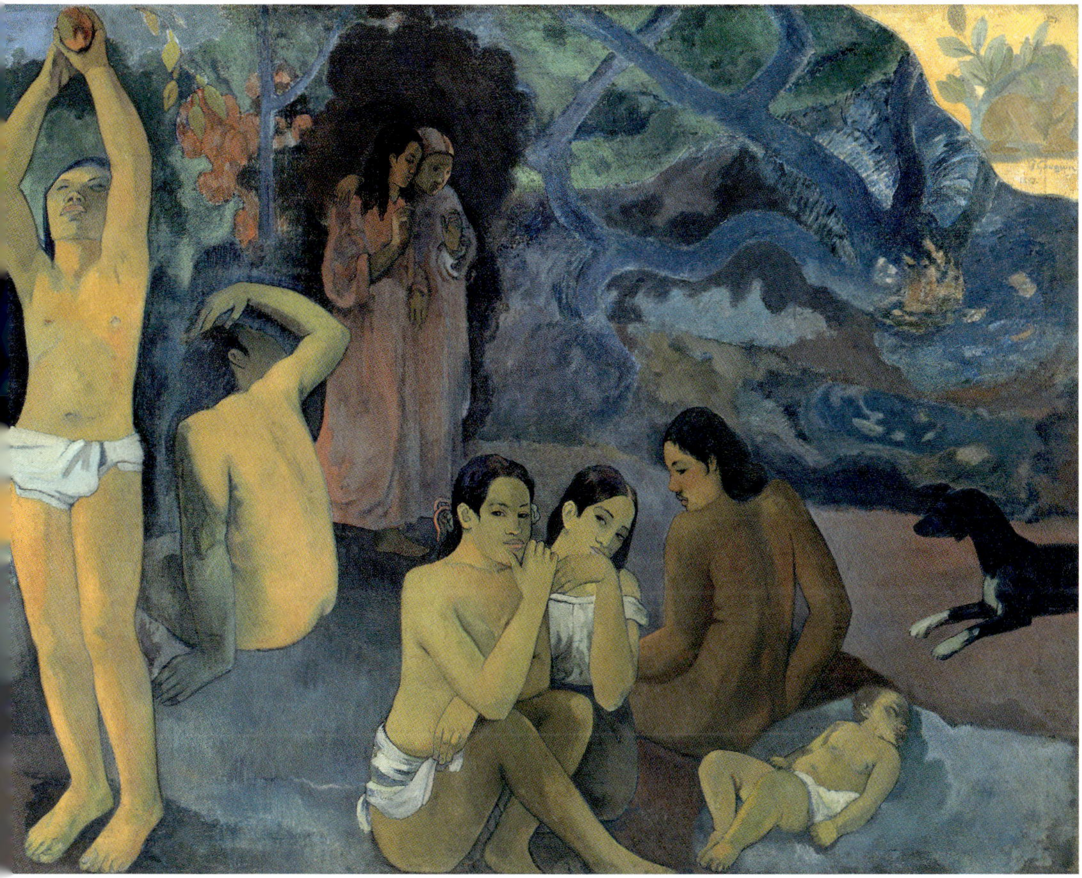

ojalá Dios vele por usted, sino muy prosaicamente: que su conciencia pueda dormir en paz para que no anhele usted la llegada de la muerte como una redención». Desearla como él mismo lo estaba haciendo cada vez más: «He perdido a mi hija; ya no quiero a Dios». Al menos su facultad imaginativa se mantenía intacta todavía. En su mente, su hija, para quien él durante años no había sido un buen padre y ni siquiera había existido, estaba a su lado: «El que su tumba se encuentre cerca de vosotros es mera apariencia. En realidad ella yace aquí, a mi lado». Deseaba enterrarla en el mundo mejor, en aquel mundo que oscilaba continuamente entre la vida en el Pacífico sur y la fantasía del artista.

Gauguin había fijado un plazo al destino. Si las cosas no cambiaban a mejor hasta fines de enero del año siguiente, había decidido quitarse la vida. El año anterior, 1897, una carta de Monfreid, que sobre todo contenía dinero, le había descargado de muchas preocupaciones. Con el ultimátum que él mismo se había dado, Gauguin pretendía forzar una vez más su suerte. En esta ocasión, sin embargo, no se presentó ninguna hada madrina. La pierna lo atormentaba hasta el desmayo; a esto se añadió una oftalmía, y Gauguin temió «no volver a recuperar jamás su salud del todo». Y, además, las eternas preocupaciones por asuntos de dinero. «Sin marchante, sin nadie que sepa cómo hacer para asegurarme el sustento diario, ¿en qué puede parar esto? No veo otra salida que la muerte: ella me liberará de todo».

De esta suerte empieza Gauguin, hacia fines de ese año, a cumplir con su diabólica apuesta. El paraíso, que él nunca se cansó de evocar en sus pinturas, se había convertido en un infierno. Podría ser que en él habitaran hombres mejores, pero él deseaba ahora personalmente poner tierra por

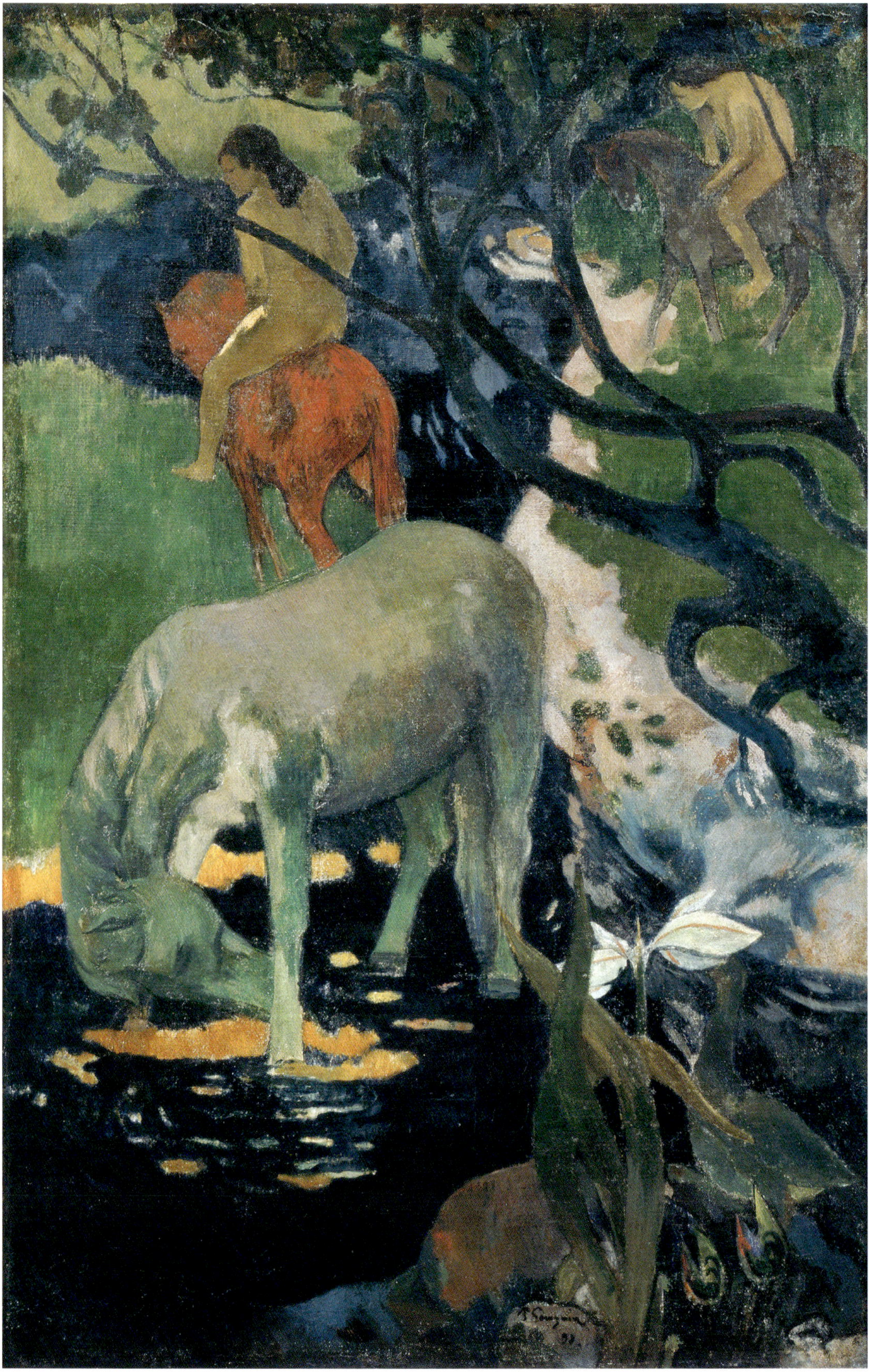

medio, demostrar que no formaba parte de ese mundo, aun cuando se hubiera esforzado incesantemente por lograr ser admitido en la isla de los bienaventurados. «Creo que sobre mí se ha dicho todo lo que se debía y todo lo que no se debía decir. Ahora deseo únicamente el silencio, el silencio y una vez más el silencio. ¡Que me dejen morir en paz y olvidado!»

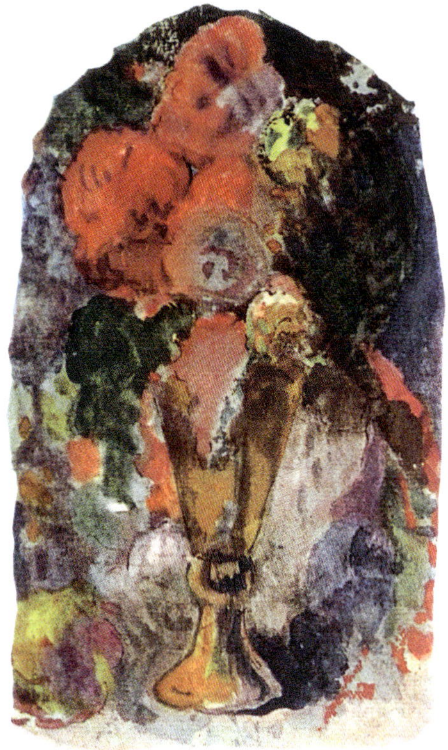

Pero aún no habían abandonado a Gauguin todos los espíritus vitales. Una cosa quería decirle todavía al mundo. Deseaba dejar un legado, mostrarle a toda esa muchedumbre burlona y escarnecedora lo que pronto habría de perder al ausentarse él. Gauguin saca fuerzas de flaqueza para ejecutar su cuadro sobre la humanidad: *¿De dónde venimos? ¿Quiénes somos? ¿Adónde vamos?* (il. págs. 382/383). Casi sin hacer preparativos se lanza al trabajo; ya no tenía nada que perder. Ahora tampoco tenía ningún reparo de arrojarle al mundo —con todo el tosco abultamiento de su pincelada, que la crítica había difamado tildándola de «demasiado primitiva»— un último documento de su vehemencia artística. Escribe: «Antes de morir, he puesto en esta obra toda mi energía, una pasión tal, cargada de dolores padecidos en circunstancias terribles, y una visión tan clara y exenta de correcciones, que lo precoz desaparece y la vida surge de ella floreciente». Decía que esta obra era «comparable al Evangelio»; al final pretendía remontarse de nuevo a aquella identidad con Dios que con tanto gusto había descrito en sus pinturas para poner a prueba la universalidad de sus visiones.

El nacimiento y la muerte abarcan el teatro de actividades humanas que es presentado en este lienzo. Gauguin ha montado aquí un escenario de la vida que reluce en multiplicidad de colores. El recién nacido, que echado sobre el prado ve la luz del primer día, marca el primer límite de esta escena; la apesadumbrada anciana, que con semblante mohíno permanece encerrada en el pasado, marca el otro extremo. Entre ambos prolifera el mundo de los adultos, con sus temores y alegrías. El extraño ídolo que acecha al fondo y los dos caminantes —acaso una pareja de enamorados— sirven de intermediarios, en su función de portadores de impresiones, entre el escenario del hombre y sus bastidores: la naturaleza. De manera ambiciosa en extremo ha dispuesto Gauguin, en su panorama, sus motivos predilectos: la mujer desnuda que reposa con indolencia; las jóvenes soñadoras que están sentadas; la figura religiosa. Más que aclarar o describir las cosas, todas estas figuras establecen asociaciones de sentido. Sin prestar atención a la comprensibilidad, el pintor se propuso interpretar aquí la vida como un gran misterio. La incomprensión del mundo que lo quiso empujar al suicidio se refleja en este énfasis que Gauguin pone en lo impenetrable.

Como un animal herido, se retira Gauguin a las montañas, tras terminar este testamento, para morir allí en paz. Llevaba consigo arsénico, con el que se quería envenenar. Pero el intento de suicidio fracasa. En medio de todo el patetismo de esta acción, Gauguin tomó una cantidad excesiva del veneno, vomitó y la sobredosis no tuvo

PÁGINA ANTERIOR
El caballo blanco, 1898
Óleo sobre lienzo, 140,5 x 92 cm
París, Musée d'Orsay

ARRIBA
Ramo de flores, hacia 1895/96
Acuarela sobre papel, 19,2 x 11,8 cm
París, Musée du Louvre,
Département des Arts graphiques

efecto. De alguna manera tuvo que haber encontrado, inmediatamente después, el camino de regreso a los hombres. Y estos llevaron al enfermo grave al hospital.

Muy lentamente logró recuperarse de nuevo, si bien las circunstancias apenas eran mejores que antes. Para evitar ser expulsado de la isla a causa de sus deudas, se vio obligado a dedicarse a uno de los odiados oficios con los que la gente se gana la vida. Se hizo cargo de trabajos de oficina para sus acreedores. Finalmente, llegaron 1 000 francos enviados por Monfreid. Este había vendido *¿De dónde venimos?...*, el legado pictórico que no hubo de llegar a ser tal. Alguien se había mostrado interesado justo por esta obra, la más cruda y tosca de todas. Gauguin volvió a cobrar nuevos ánimos para seguir viviendo.

Pasados estos meses de crisis extrema, el pintor se mostró relajado durante mucho tiempo, colmado de una tranquilidad realmente dichosa. Como si no hubiera sucedido nada, sus cuadros recogen de nuevo la atmósfera de ensueño de la isla. *El caballo blanco* (il. pág. 384) es un documento de este estado de ánimo. Pintado en la primera fase de la mejoría, este cuadro invoca una vez más la unidad del hombre y la naturaleza, la panacea contra los indecibles estados de desesperación y de angustia vital. La bestia en primer plano, que pasa su cuello sin riendas por el agua, pone de manifiesto aquella frescura de lo animal que impera en las islas. Pero aquí los hombres son amigos de los animales. Por eso se les ve cabalgar sobre ellos en el fondo del cuadro; no fue necesaria una larga y penosa doma, sino el simple hecho del respeto mutuo. La naturaleza no es un instrumento del hombre, sino su compañera. La fusión de ambos en la creación es la fuente de la que fluye la dicha de vivir de todos. Tras su naufragio, Gauguin retoma la búsqueda de esta evidencia.

Y también llegó ayuda de ultramar. Por un precio irrisorio, Monfreid, autorizado para ello por la carta de Gauguin, había vendido todos los cuadros. El comprador fue Ambroise Vollard, el marchante de cuadros a quien más tarde Pablo Picasso levantaría un monumento con su retrato cubista. Antes del fin de siglo, Vollard había tenido fama, por cierto, de sujeto bastante dudoso; demasiado rápido había sido su ascenso, y muy fuertes eran las sospechas de que se ocupaba del arte solo por el interés de hacer negocios. Pues bien, justo Vollard hizo la presentación, en noviembre y diciembre de 1898, de aquellos cuadros de Gauguin que acababa de adquirir a un precio casi de ganga. El pintor se sintió, en un primer momento, muy disgustado por esto. Pero Vollard le tentó con una oferta que él había estado esperando desde hacía ya más de un decenio: Vollard le garantizaba un subsidio de 2 400 francos anuales; además, quería asumir los gastos de material. Por último, también estaba dispuesto a pagarle 200 francos más por cada pintura y 30 francos adicionales por cada dibujo. Claro que Gauguin sabía que su colega Maurice Denis recibía una suma cuatro veces mayor; pero, por otro lado, en Tahití era posible vivir más barato. A partir de ese momento Gauguin pudo llevar una vida bastante libre de preocupaciones financieras. ¿Sería posible que al final se abrieran para él las puertas del soñado paraíso terrenal?

La segura tranquilidad que se había apoderado ahora de Gauguin se fue reflejando cada vez más en los motivos de sus cuadros. La dignidad lapidaria de las *Dos mujeres tahitianas* (il. pág. 387) ha vuelto a adoptar formas clásicas. Se las ve de pie, seguras de sí mismas, ocupando de lleno el primer plano del cuadro y sin mirar al observador, como si estuvieran solas. Toda artificiosidad ha desaparecido de su pose; el pintor no las ha plasmado en el lienzo, como solía hacer, por ejemplo, en sus desnudos, para orientar su postura siguiendo algún prototipo sacado de la historia del arte. Todo gran gesto ha sido evitado; solo las flores color carmín de la fruta solicitan una discreta atención. Por último, la escena está inserta en un fondo que se ha tornado completamente abstracto: la renuncia a recurrir a motivos decorativos

Dos mujeres tahitianas, 1899
Óleo sobre lienzo, 94 x 72,4 cm
Nueva York, The Metropolitan Museum of Art, donación de William Church Osborn

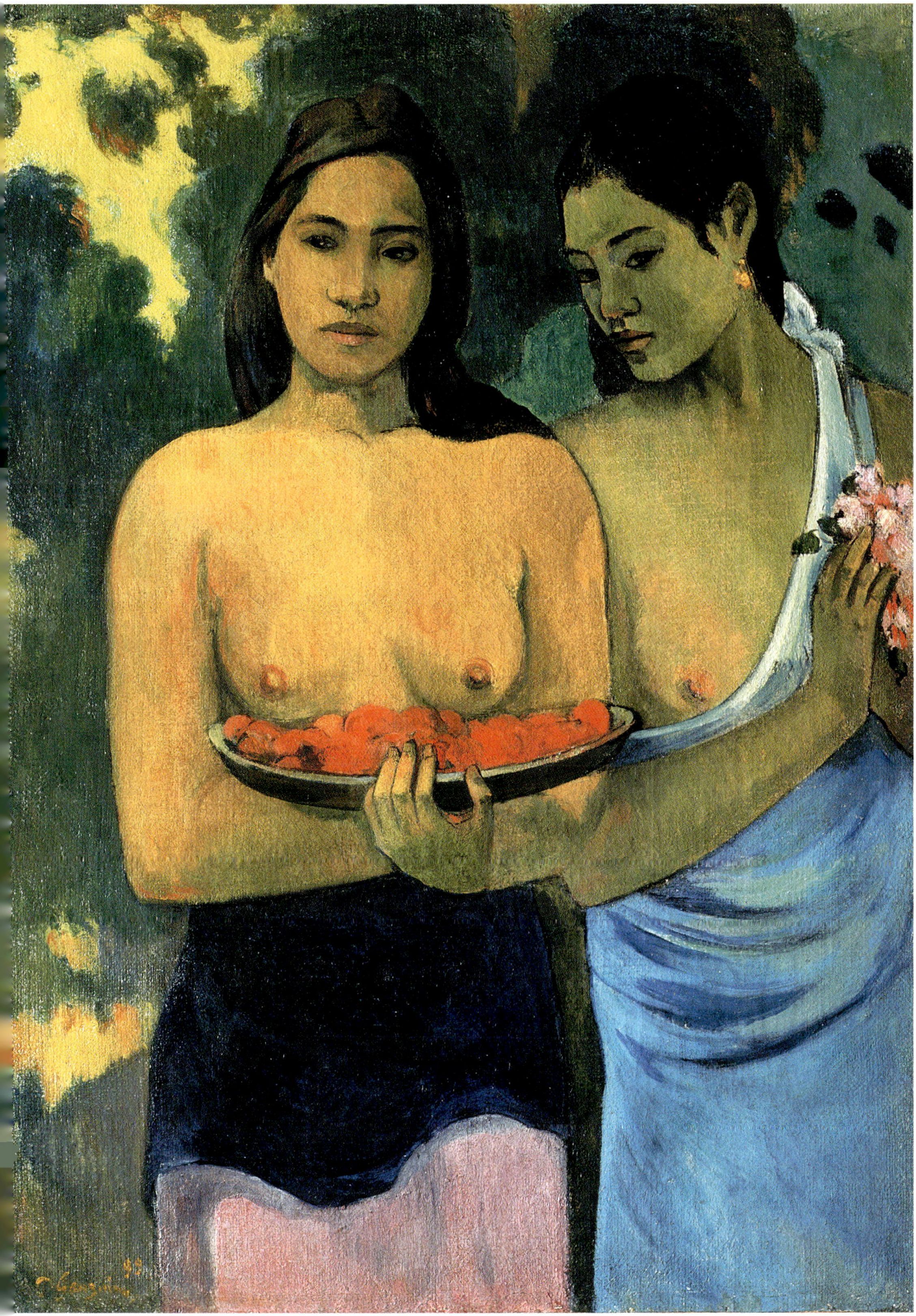

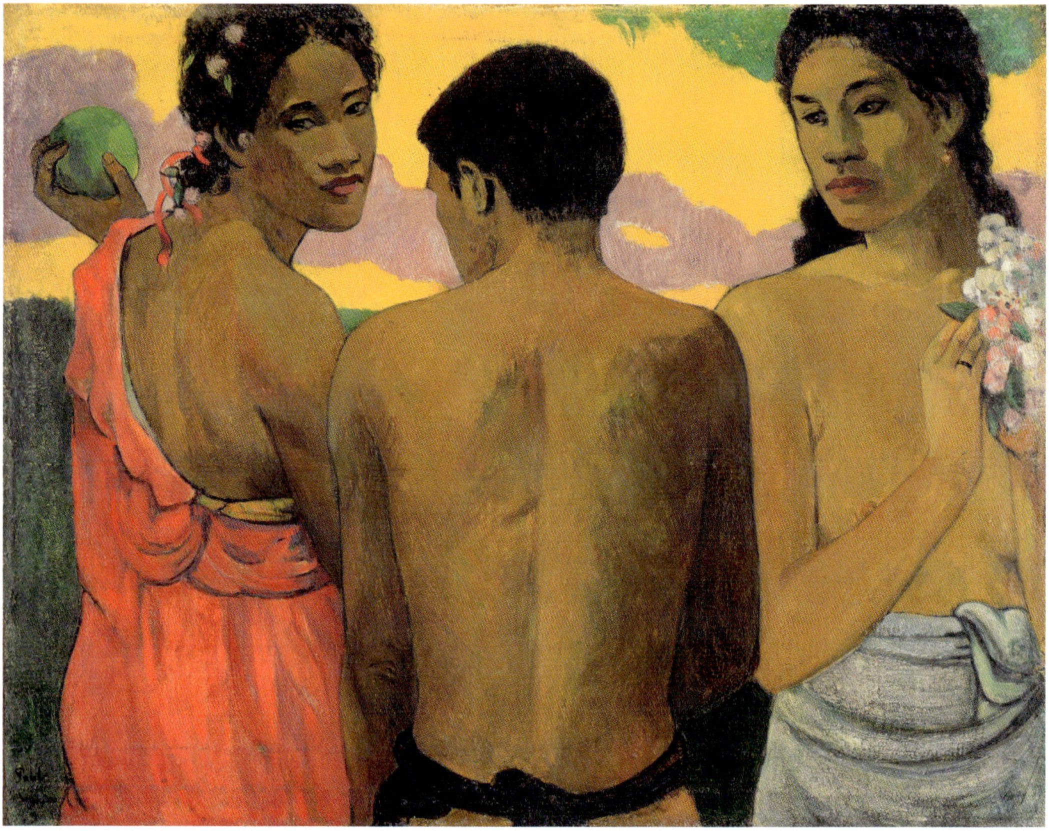

Tres tahitianos, 1899
Óleo sobre lienzo, 73 x 94 cm
Edimburgo, Scottish National Gallery

complementarios contribuye a realzar aún más el, por así decirlo, intemporal carisma de las personas y también el del cuadro que las retrata.

Esta misma impresión de familiaridad y de proximidad sinceramente sentida nos transmite el grupo de nativos de *Tres tahitianos* (il. pág. 388). También ellos están entregados al disfrute de una radiante sencillez que los hace aparecer firmes como estatuas. No están platicando unos con otros; tampoco toman contacto con el observador. De nuevo se erigen lapidariamente frente a un trasfondo abstracto; son monumentos, símbolos de la apacibilidad. La figura de gran tamaño y la superficie de color producen en el cuadro este efecto de dignidad ensimismada. Han sido eliminados todos los detalles que podrían estorbar la intensa plasticidad de las figuras y desviar la atención de su corporeidad hacia el cuerpo concreto del hombre. Las personas de estos cuadros no están captadas en su individualidad. Son ejemplos, símbolos de una vida en paz y en armonía. Gauguin aspiró siempre a poder describir esa vida. Destacar al hombre individual, como lo hace el retrato europeo, no correspondería a la escueta simplicidad de este modo de vida.

En realidad, a Gauguin le hubiera tenido que ir bien en Tahití. Aquí era reconocido; aquí la gente era amable con él; aquí su actividad artística era incluso considerada como algo valioso. Jotefa, su amigo indígena, lo abordó una vez al respecto: «Creo —así recordaba Gauguin esta charla— que Jotefa es la primera persona que me dijo eso; era el lenguaje del salvaje o del niño, pues es necesario ser uno de los dos, ¿no es cierto?, para creer que un artista es una persona útil». Aquí cayeron esas palabras que Gauguin tanto había anhelado escuchar en su patria. Alguien le aseguraba que crear arte era una cosa útil, que era algo importante que concernía a todos. Había tenido que darle la vuelta al mundo para, lejos de todo razonamiento burgués, que solo podía percibir el arte como un pasatiempo barato, verse confirmado a sí mismo. No obstante, Gauguin no parece confiar del todo en la validez de estas palabras; relativiza la afirmación de Jotefa calificándola de opinión de un salvaje o de un niño. Sí, él reconocía a los nativos como los seres humanos mejores, pero daba menos importancia a la opinión de estos que a la de sus coetáneos europeos. Sus salvajes eran nobles de segunda categoría.

Y también el propio sosiego de Gauguin tocó nuevamente a su fin. Se enredó ahora en incontables litigios. Como editor jefe de la revista satírica *Les Guêpes* (*Avispas*) desataba desde 1899 su furia contra el gobierno colonial, denunciaba la incapacidad y la venalidad de este, y pronto se vio agobiado por innumerables demandas por injurias. Sus seguramente bien intencionadas tentativas de solidarizarse con los nativos eran al mismo tiempo explosiones de su carácter impetuoso y brusco. De alguna manera seguía siendo incapaz de vivir en armonía consigo mismo. Financieramente le iba bien, ahora, y también su salud hacía progresos. Por consiguiente, se buscaba él mismo los puntos de roce sin los que, en apariencia, habría quedado de inmediato a merced del aburrimiento. Su publicación no tuvo un gran futuro. También fundó su propio periódico, *Le Sourire* (*La sonrisa*),

Y el oro de sus cuerpos, 1901
«Et l'or de leurs corps»
Óleo sobre lienzo, 67 x 76,5 cm
París, Musée d'Orsay

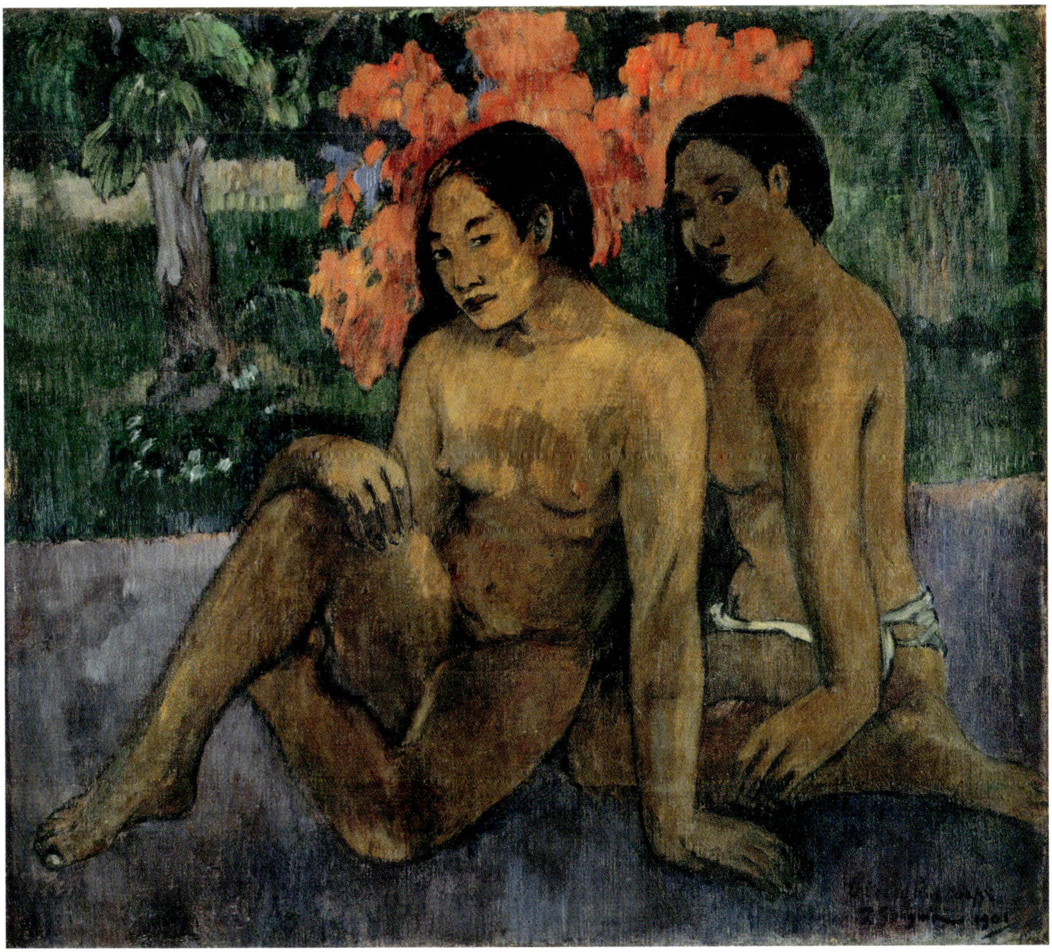

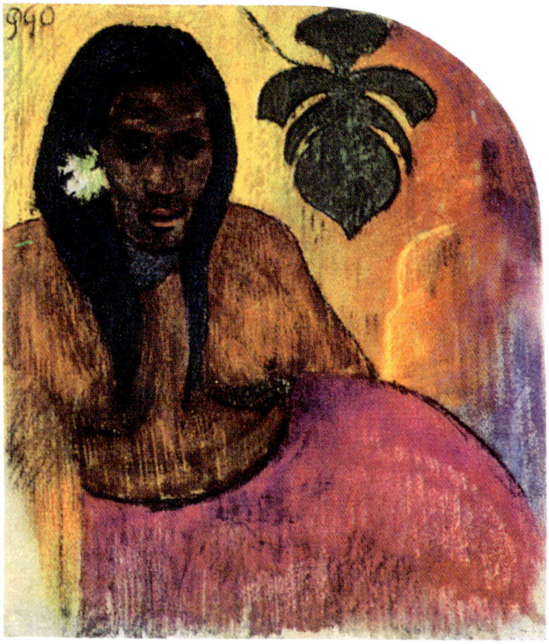

un periódico serio, y continuó increpando a las autoridades coloniales, a la civilización y a todo el mundo.

El aspecto agradable y simpático de la isla, que hasta entonces había escapado a las garras de acero de los colonialistas, Gauguin lo pone en escena en *Idilio en Tahití* (il. pág. 393). Vuelve a aparecer el ya conocido inventario: vegetación, hombres, las chozas humildes, pero todas las cosas han quedado a merced de una nueva dinámica. Cual un torrente de lava, la superficie roja del camino se desparrama sobre el primer plano del cuadro, respaldada en su movimiento por la exuberante proliferación de los troncos. El cuadro estaba pensado como una última muestra de reconocimiento a la isla en la que él había querido realizar su elíseo. La familiaridad, sin embargo, ya no es evidente; a la vista de la fuerza rotatoria de la composición surgen asociaciones de cambio, cambios que forzaron a Gauguin a buscar un nuevo punto de apoyo en los trópicos.

A esto se añadió una razón de actualidad. Rumores de una epidemia en San Francisco hicieron que muchos barcos echaran sus anclas en Tahití; se quería esperar aquí el desarrollo de la situación antes de seguir viaje hacia Norteamérica. De inmediato se dispararon los precios; la inapreciable ventaja que tenía la isla para Gauguin, de poder vivir barato, se acabó. Por otra parte, el pintor consideraba inevitable un cambio de aires, también por lo que se refería a la calidad de sus pinturas: «En Tahití mi fantasía comenzó a perder su ardor; además, el público se acostumbra demasiado a Tahití». De nuevo se sentía lleno de confianza: «Mis cuadros de Bretaña han llegado a ser agua de rosas gracias a los cuadros de Tahití. Tahití llegará a ser agua de colonia, cuando se conozcan mis cuadros de las Marquesas».

El 10 de septiembre de 1901, Gauguin se trasladó a Hiva Da, la principal isla de la colonia francesa de las Marquesas. Las malas lenguas afirman que la razón más importante para este cambio de domicilio fue la abstinencia a la que entre tanto se había visto sometido Gauguin en Tahití. Las nativas habían dejado de sentir simpatías por el eterno descontento con su pierna ulcerosa. En todo caso, en las Marquesas, que quedaban fuera de las rutas marítimas y por eso habían sido mucho menos devastadas por las bendiciones de la civilización, Gauguin volvió a relacionarse pronto con los isleños. Su amante se llamaba ahora Marie-Rose Vaeoho.

«Casa del deleite» puso por nombre a su cabaña, y por ella volvieron a producirse, al poco tiempo, vehementes disputas. Había construido su casita en terrenos de la Iglesia católica, pero a los misioneros nunca los había podido tragar. Poco tiempo después, según se cuenta, dos esculturas talladas por él mismo guarnecían el patio delante de su casa; título de las obras: *Padre Libertino* y *Sor santa Teresa*. Con los nativos Gauguin

ARRIBA
Mujer de Tahití, hacia 1894
Carbón y pastel sobre papel, 54,9 x 49,5 cm
Nueva York, Brooklyn Museum

PÁGINA SIGUIENTE
La llamada, 1902
Óleo sobre lienzo, 131,3 x 89,5 cm
The Cleveland Museum of Art, donación del Hanna Fund

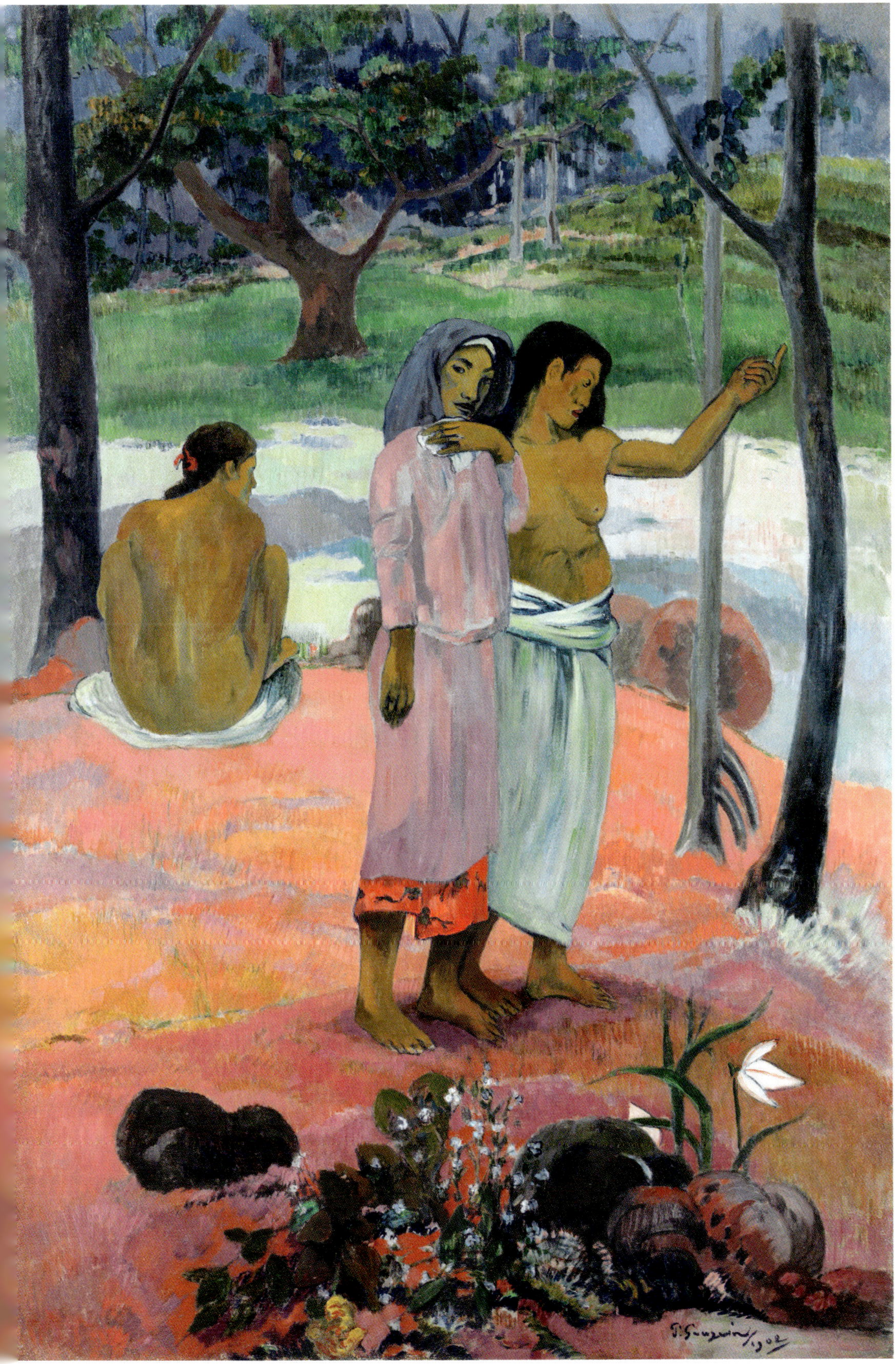

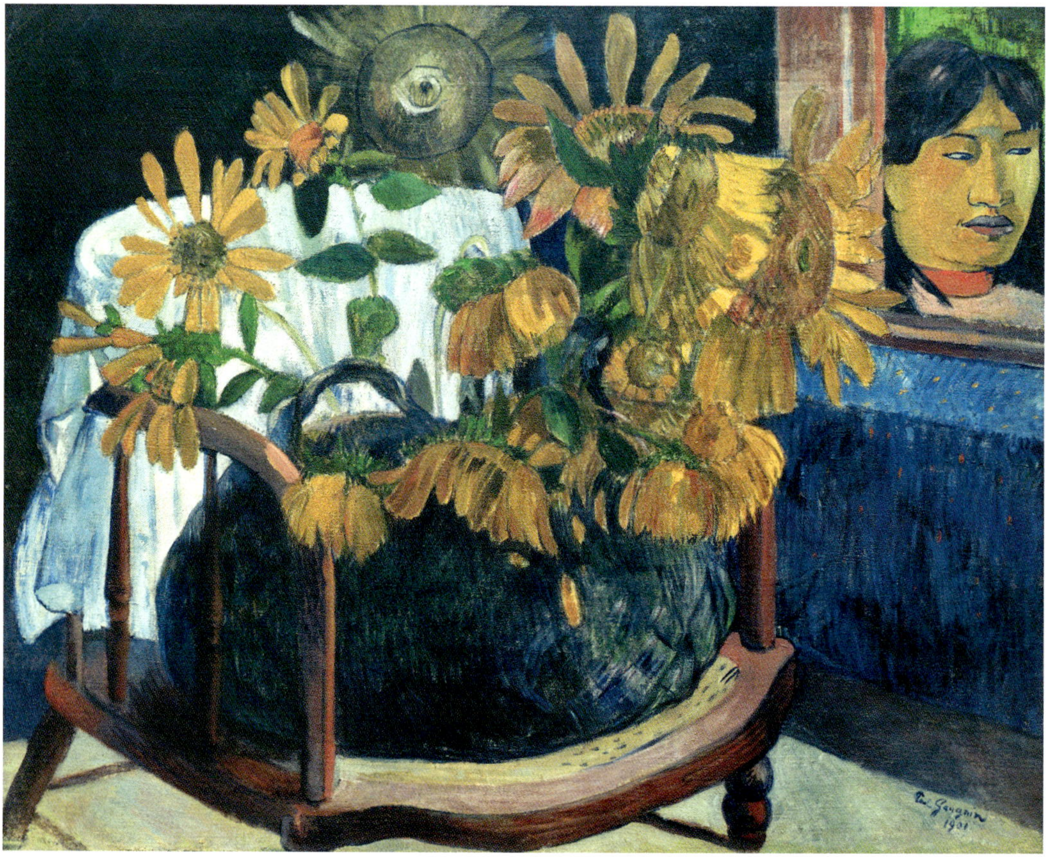

***Girasoles sobre una silla*, 1901**
Óleo sobre lienzo, 73 x 92 cm
San Petersburgo, Hermitage

podía entenderse mejor, como siempre; al cabo de algún tiempo, la gente ya se reunía todas las noches en su casa, bebía y festejaba. La Iglesia veía que iba perdiendo a sus ovejas. El obispo hizo su aparición en escena y prohibió públicamente las visitas al pintor. Y pronto se vio metido en nuevos procesos.

«Tenía el aspecto de un auténtico maorí —así lo describe el pastor Vernier, director de la escuela protestante de la isla—, con el taparrabos de colores de los nativos puesto alrededor de sus caderas, el pecho cubierto con una auténtica camisa tahitiana y los pies casi siempre desnudos; de sombrero llevaba una boina estudiantil de paño verde, con una hebilla de plata en el costado». Así se presentó también ante los tribunales, cuando lo acusaron de fraude fiscal. Gauguin se negó a pagar, asegurando que era un salvaje. Entró en la sala del tribunal cojeando, con muletas; por interrumpir la sesión con gritos impetuosos, lo sacaron de nuevo fuera a la fuerza: Gauguin el anarquista, el bruto, el furi-bundo luchador por la causa de un mundo mejor.

Sus pinturas continuaron siendo reminiscencias de Arcadia. *Joven con abanico* (il. pág. 395), el retrato de Tohotaua, la mujer del hechicero de Hiva Da, se concentra totalmente en la expresión mímica del rostro. Al retrato le ha servido de base una fotografía que fue tomada en casa de Gauguin en 1901. Pero en un proceso de limpieza, de purificación, como quien dice, desaparecen las contingencias de la realidad. Gauguin vuelve a recurrir a la pintura clásica; en efecto, la figura de una mujer salvaje muestra ahora las facciones refinadas, los rasgos particulares de la verdadera civilización. Su cuerpo aparece iluminado desde la parte superior derecha; su rostro, en cambio, es

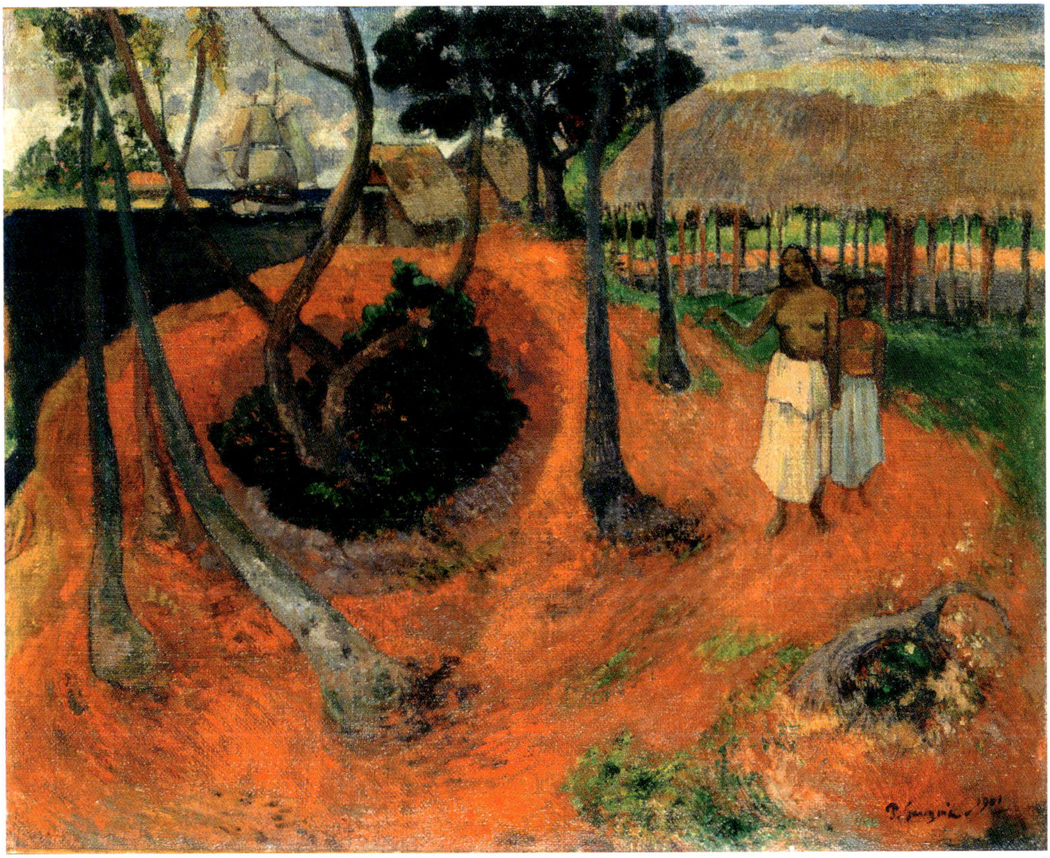

Idilio en Tahití, 1901
Óleo sobre lienzo, 74,5 x 94,5 cm
Zúrich, Fundación Colección E. G. Bührle

alumbrado desde abajo como por un foco; es modelado misteriosamente con los recursos de una escenificación teatral. A pesar de toda su hermosura, las comisuras de sus labios dejan entrever cierta amargura; un toque de nostalgia envuelve sus ojos. Estos indicios de inseguridad se ven reforzados por la manera en que la joven está sentada; la silla, que se supone la está sosteniendo, parece que se vaya a hundir, como si quisiera llevársela consigo al abismo que se abre en el borde inferior del cuadro.

Gauguin dedica dos de sus últimas obras a la equitación, como una metáfora de la relación inmediata entre el hombre y el animal. En el cuadro de *El caballo blanco* (il. pág. 384) esta relación se situaba, discretamente, en la espesura de una vegetación lujuriosa; ahora, en los dos lienzos de *Jinetes en la playa* (il. págs. 396 y 397), puede desarrollarse sobre el escenario abierto de la playa. Las escenas a orillas del mar cobran, respectivamente, un matiz misterioso debido a las figuras perfiladas de los dos jinetes que, dispuestos de forma paralela al plano del cuadro, cierran poco más o menos el paso a los que van cabalgando tranquilamente. El franco deleite sentido por la armonía existente entre hombre y animal adquiere dimensiones de sentido profundo; se fijan límites a la naturalidad de unas criaturas que se están desenvolviendo, límites que apuntan hacia algo que se encuentra más allá. Una leve sensación de desaliento permea la representación; al igual que en *Joven con abanico* se dejan sentir presagios sombríos. El paseo apacible e incitador en la playa no hace más que resaltar estos presagios.

Contes barbares (il. pág. 372) demuestra lo mucho que el cambio de estado de ánimo de Gauguin ha afectado ahora también a los cuadros que antes estaban entregados al goce de la ingenuidad. El motivo estándar de los nativos que reposan tranquilamente viene acompañado ahora de la figura cavilosa de un europeo, del poeta Meyer de Hann, a quien Gauguin había conocido en París. Esta figura se introduce entre la pacífica escena de la pareja y el romanticismo selvático del trasfondo.

Sumido en sus pensamientos, el intelectual observa la primitiva hermosura de ambos. Es imposible, así parece insinuarnos, llegar a comprenderlos del todo, su vida, su mundo. La conciencia de la distancia existente entre él y los hombres que tanto veneraba es la que atestigua Gauguin a través de la figura de su amigo poeta. El deseo de llegar a ser él mismo un salvaje no se ha realizado. Precisamente por esta razón *Contes barbares* constituye el cuadro-legado de Gauguin, mucho más que *¿De dónde venimos?...*, que hace como si fuera posible acabar con todas las diferencias entre las culturas invocando patéticamente la vida. Se esforzaba de todo corazón por conseguir armonizar el amor que sentía por este mundo con los intereses y las ideas de los propios nativos. Era una especie de misionero al revés. Deseaba que ellos lo convirtieran; solo que, al final, siguió estando tan metido en su mundo como aquellos emisarios de la religión que pensaban que lo que era bueno para ellos sería bueno para todos.

Entretanto, se había dictado el fallo judicial por el delito de fraude fiscal; fue condenado a tres meses de cárcel y a una multa de 1 000 francos. «Tengo que presentar recurso en Tahití. ¡El viaje, la estancia y los costes de abogado! ¿Cuánto me va a costar eso? Esto significa mi ruina y el total quebranto de mi salud. Todas estas preocupaciones me van a matar». De hecho, serán la odiada sociedad y sus instituciones quienes lograrán hacer callar a Gauguin. El 8 de mayo de 1903, Gauguin, furibundo enemigo de la Iglesia, manda llamar al pastor. Tras dos ataques, deseaba recibir la última bendición. Poco después, murió. Según relata el pastor, se escucharon enseguida las quejas de los nativos que gritaban: «¡Gauguin ha muerto! ¡Estamos perdidos!». Unos días antes, Gauguin había recibido una carta de Monfreid: «Usted es actualmente el pintor inaudito y legendario que de en medio del océano Pacífico envía sus desconcertantes pero inimitables obras, creaciones de un gran hombre, por así decirlo, que parece haber desaparecido de este mundo. Usted goza de la inmunidad de un muerto ilustre; usted ha pasado a formar parte de la historia del arte». A Gauguin no le fue permitido vivir su triunfo. Quién sabe cómo habría reaccionado; al fin y al cabo, le aclamaba de repente el mundo, el odiado e insoportable mundo del que solo se podía huir. Y sin embargo, justo en Gauguin, en su aversión hacia este mundo, la civilización se reconocía de pronto a sí misma, complicada como ella era.

Joven con abanico**, 1902**
Óleo sobre lienzo, 91,9 x 72,9 cm
Essen, Museum Folkwang

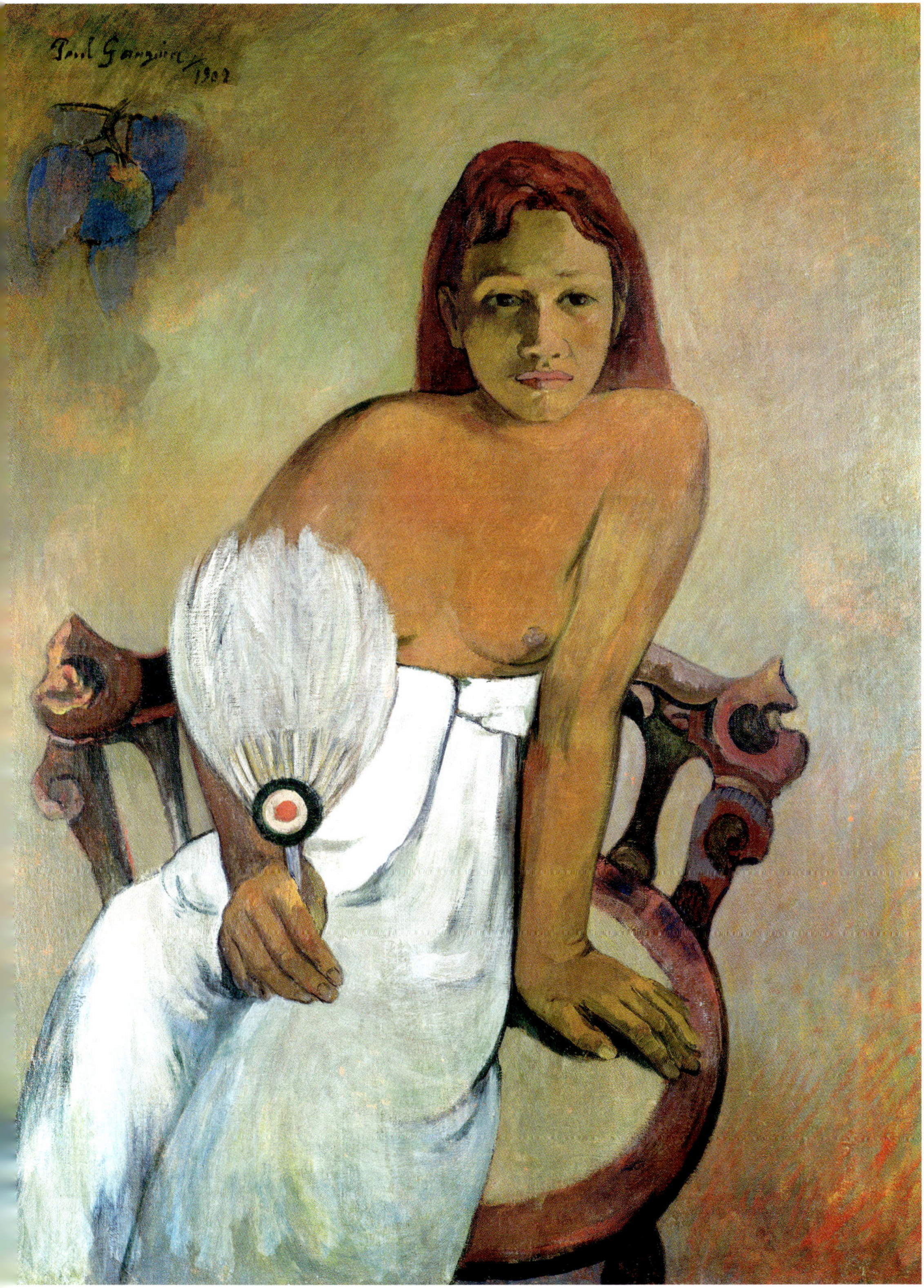
Paul Gauguin
1902

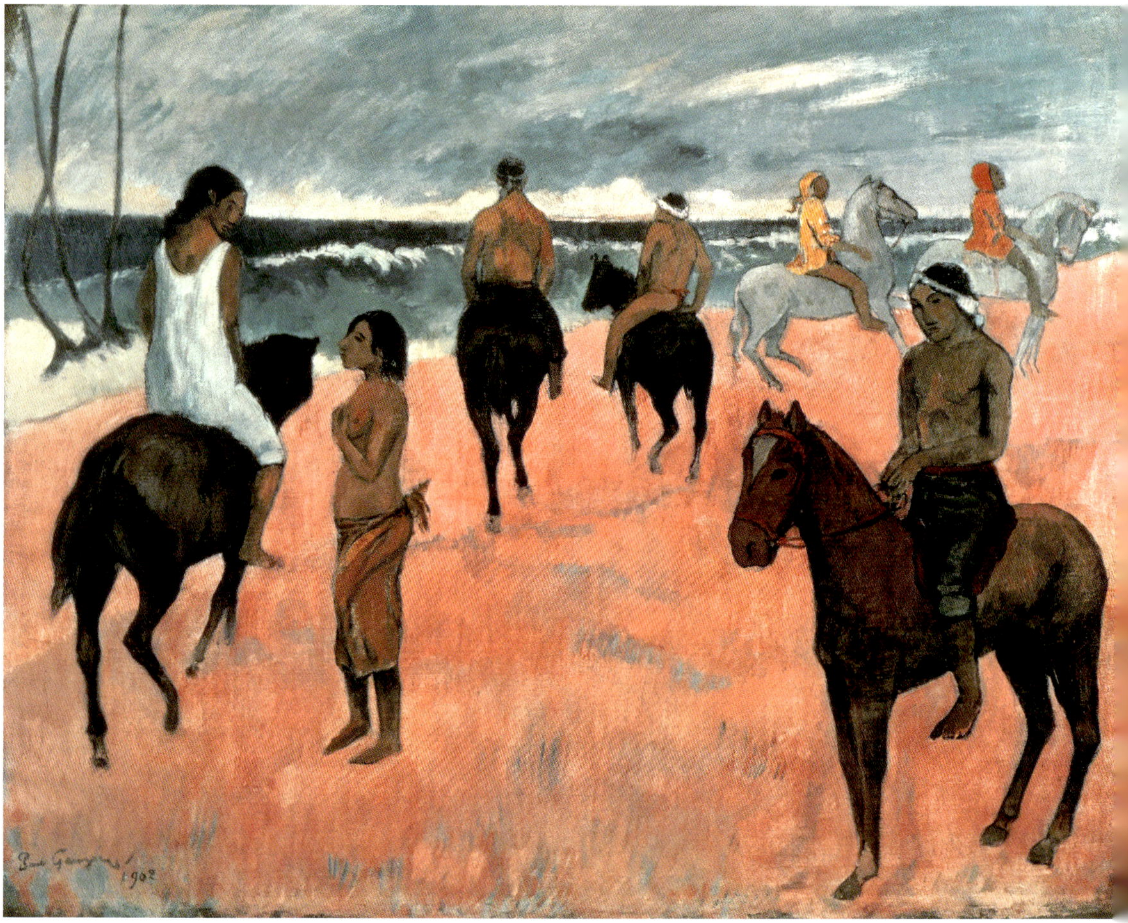

Jinetes en la playa, 1902
Óleo sobre lienzo, 73 x 92 cm
Colección particular

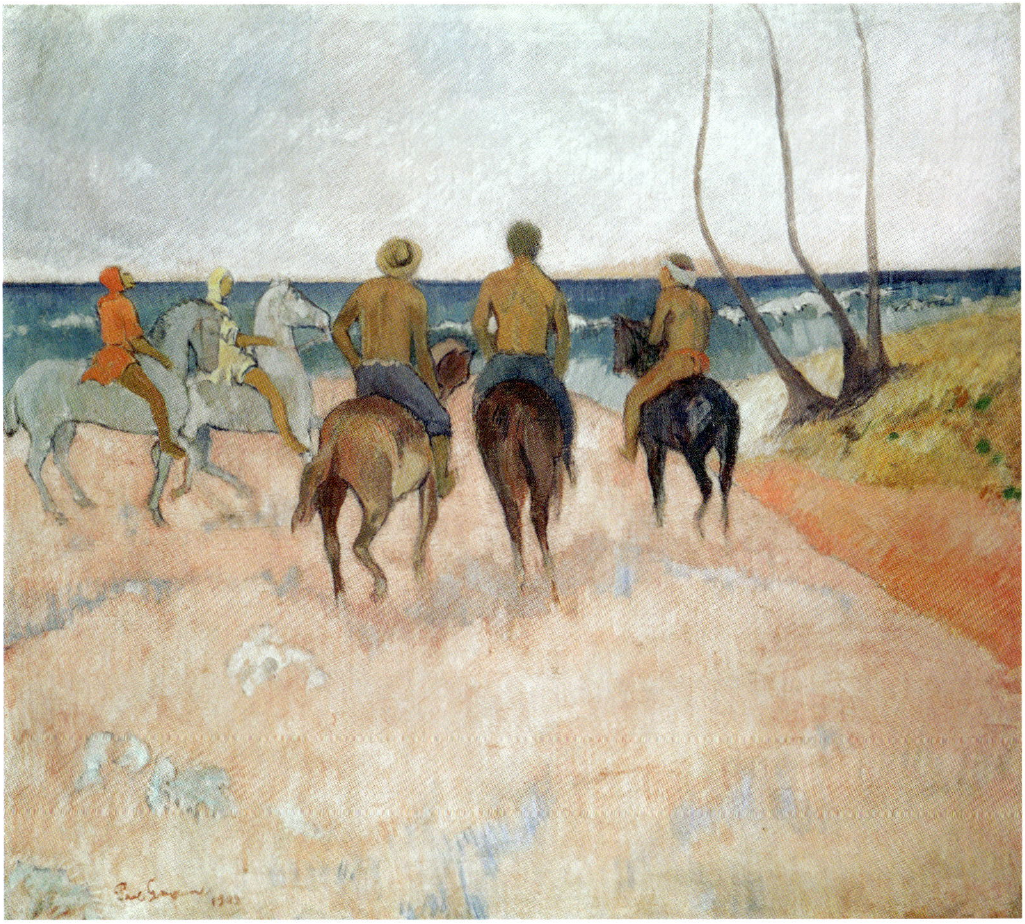

Jinetes en la playa I, 1902
Óleo sobre lienzo, 65,6 x 75,9 cm
Essen, Museum Folkwang

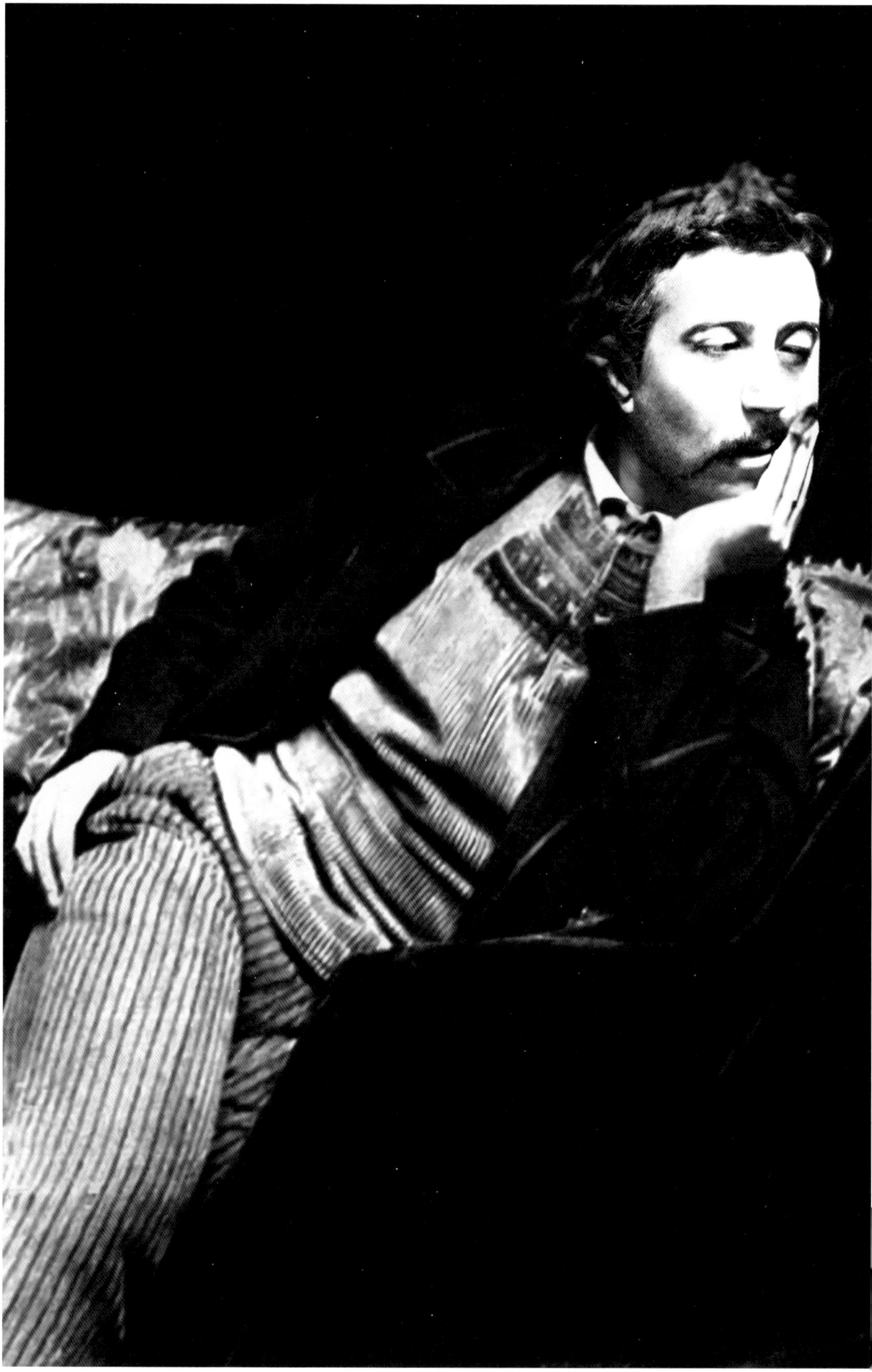

Paul Gauguin 1848-1903

Vida y obra

1848 El 7 de junio nace, en París, Eugene Henri Paul Gauguin, hijo del redactor republicano Clovis Gauguin y de su esposa Aline Marie Chazal.

1849 Tras la victoria de Luis Napoleón, la familia emigra a Perú. El padre muere en el viaje. La madre y los hijos permanecen en Lima con parientes.

1855 Regresa a Orléans, a casa de su tío Isidore.

1859 Paul ingresa en el internado Petit Seminaire en Orléans. Estudia el bachillerato hasta 1865.

1862 Regresa a París.

1865 Paul se enrola como grumete a bordo del *Luzitano*. Viajes entre La Haya y Río de Janeiro.

1866 Viaja alrededor del mundo, como segundo alférez, durante 13 meses a bordo del *Chili*. Muere su madre.

1868 Ingresa en la Marina de Guerra.

PÁGINA ANTERIOR
Paul Gauguin, 1891

ARRIBA IZQUIERDA
Paul Gauguin con su mujer Mette Sophie Gad en Copenhague, 1885

ARRIBA DERECHA
Mette Gauguin y sus cinco hijos, 1888

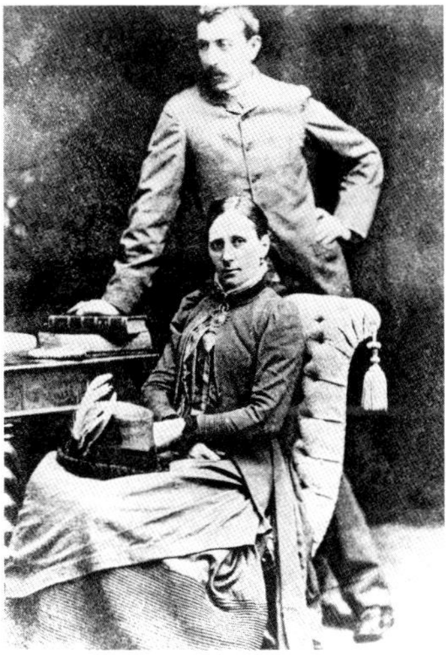

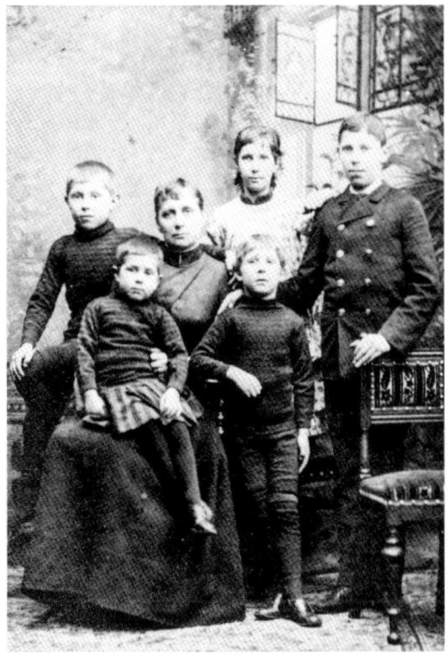

1870/71 Durante la guerra, marinero a bordo de la corbeta *Jerôme Napoléon*. Al finalizar la guerra, agente del corredor de Bolsa Bertin, en París. Conoce a Claude-Émile Schuffenecker. Primer dibujo.

1872 Estudios de pintura y visitas al Louvre junto con Schuffenecker.

1873 El 22 de noviembre, boda con la niñera Mette Sophie Gad.

1874 Visita a Camille Pissarro; conoce a otros impresionistas; colecciona cuadros de estos. Estudios de pintura en la Academia Colarossi. Nacimiento de su hijo Émile.

1876 Nacimiento de su hija Aline. Expone por primera vez en el Salón.

1879 Nacimiento de su hijo Clovis. Pinta durante el verano, junto con Pissarro, en Pontoise. Logra prosperar económica y socialmente a través de operaciones bancarias y especulaciones en Bolsa, y compra más cuadros. Participa en la 4.ª Exposición de los impresionistas.

1880 Alquila un estudio en el barrio de Vaugirard. Participa en exposiciones de los impresionistas y de la Société des Artistes Indépendants.

1881 Pinta junto con Pissarro y Paul Cézanne. Crítica positiva para *Susana cosiendo* (il. pág. 310). Nace su hijo Jean René.

1882 Participa en la 7.ª Exposición de los impresionistas.

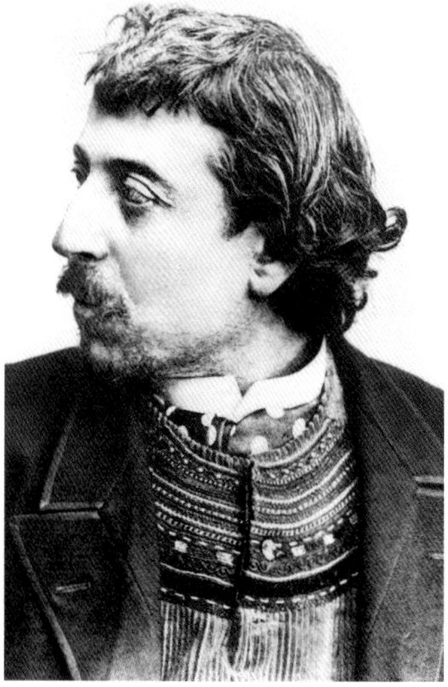

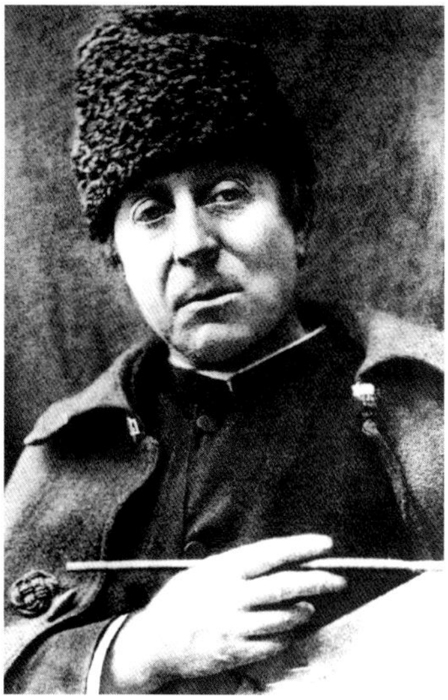

1883 Renuncia a su trabajo en la Bolsa. Se enemista con Cézanne y pinta, durante el verano, en Osny con Pissarro. Nace Pola, su quinto hijo.

1884 Se traslada primero a Ruán, pero en octubre se muda, por razones económicas, a casa de los padres de Mette, en Copenhague. Intenta, sin éxito, trabajar como agente de lonas.

1885 Fracaso de una exposición en Copenhague. Desavenencias con los suegros y regreso a París con Clovis. Mette se queda con los otros niños en Dinamarca.

1886 Trabaja como fijador de carteles. Aloja a Clovis en una pensión y se traslada a Pont-Aven, en Bretaña, donde se encuentra con Émile Bernard. De regreso en París, conoce a Theo y a Vincent van Gogh. Se encuentra con Edgar Degas. Sueña con viajar al trópico.

1887 Mette lo visita en París. Viaja, en abril, con el pintor Charles Laval a Panamá y luego a Martinica. Ambos enferman. De regreso en París, Gauguin se muda a casa de Schuffenecker. Theo van Gogh vende algunos cuadros y cerámicas.

1888 De febrero a octubre, estancia en Pont-Aven con Bernard, Laval y Jacob Meijer de Haan. Se desliga del impresionismo y funda con Bernard el simbolismo sintético. Pinta *La visión tras el sermón* (il. pág. 324). Exposición exclusiva en la galería de Theo van Gogh en Arlés. Tras el conflicto con Vincent, regresa a casa de Schuffenecker en París.

1889 Exhibe 12 cuadros en la exposición de Los XX, en Bruselas. Schuffenecker organiza una exposición en el café Volpini. Viaja nuevamente a Pont-Aven y luego a Le Pouldu. Ejerce influencia sobre jóvenes pintores como Paul Sérusier, Maurice Denis y Pierre Bonnard.

1890 Se queda hasta comienzos de junio en París. Planea su emigración. Nuevamente estancia en Le Pouldu. Amistad con el círculo de los simbolistas en el café Voltaire: Daniel de Monfreid, Odilon Redon, Stéphane Mallarmé. Prepara una subasta de sus cuadros para financiar su emigración.

1891 Vende 30 cuadros, en el Hôtel Drouot, y obtiene 9 860 francos. Pelea con Bernard. Se despide de su familia en Copenhague y de sus amigos en París. El 4 de abril se embarca hacia Tahití, adonde llega el 28 de junio. Inicia su relato autobiográfico *Noa Noa*.

1892 Enferma de gravedad, pero pinta mucho. Envía siete cuadros a París.

1893 Una enfermedad de los ojos, la soledad y la falta de dinero lo obligan a regresar prematuramente a París. La herencia del tío Isidore mejora su situación; alquila un estudio en la Rue Vercingétorix. Vive junto con la javanesa Annah (il. pág. 364).

1894 Visita de despedida a Copenhague. De abril a diciembre, estancia en Bretaña con Annah. Se fractura una pierna en una reyerta con unos marineros.

1895 Segunda subasta en el Hôtel Drouot, pero sin éxito. El 3 de abril se embarca por segunda vez hacia Tahití.

1896 Construye una casa-estudio en Punaania. Pinta, a pesar de la falta de dinero. Enfermedad y depresiones; muchas obras maestras.

1897 Muere Aline. Ruptura definitiva con Mette. Gauguin enferma de muerte; el alcohol y la sífilis han destruido su salud. Aparece *Noa Noa*. Pinta *¿De dónde venimos?*

¿Quiénes somos? ¿Adónde vamos? (il. págs. 382/383).

1898 Intento de suicidio. Estancia en el hospital de Papeete. Entra a trabajar en Paofai, hasta que llega desde París el dinero de Monfreid.

1899 Trabaja para la revista satírica *Les Guêpes (Avispas)* y publica su propia revista *Le Sourire (La sonrisa).* Su amante, Pau'ura, da a luz a su hijo Émile.

1900 El marchante de cuadros parisino Ambroise Vollard firma un contrato con Gauguin y le compra cuadros. La situación financiera mejora, pero tiene que volver a internarse en el hospital. Muere su hijo Clovis.

1901 En el otoño vende su casa en Tahití y se traslada a Atuana, en Dominica, una de las islas Marquesas. Construye sobre terrenos de la misión católica su «Casa del deleite».

1902 Pleitos con la Iglesia y la Administración Colonial de Atuana. Achaques cardíacos y la sífilis despiertan en él el deseo de regresar a su patria. Monfreid lo disuade para no destruir el mito del pintor del Pacífico sur.

1903 El rebelde Gauguin es condenado, alegando razones dudosas, a tres meses de prisión y al pago de una multa por valor de 1 000 francos por el delito de injuria. Para su defensa le faltan energías y dinero. Antes de entrar a cumplir la pena, muere el día 8 de mayo, en su casa en Atuana, a la edad de 54 años.

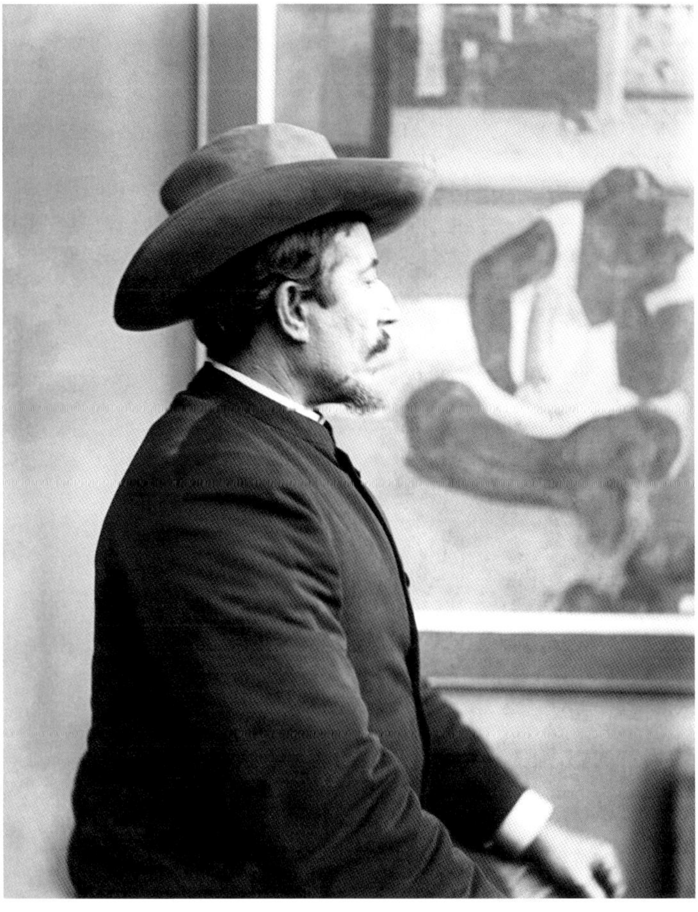

PÁGINA ANTERIOR IZQUIERDA
Paul Gauguin en Copenhague, 1891

PÁGINA ANTERIOR DERECHA
Paul Gauguin con paleta, hacia 1900

Gauguin en París ante su pintura *La malhumorada* (il. pág. 345), 1893

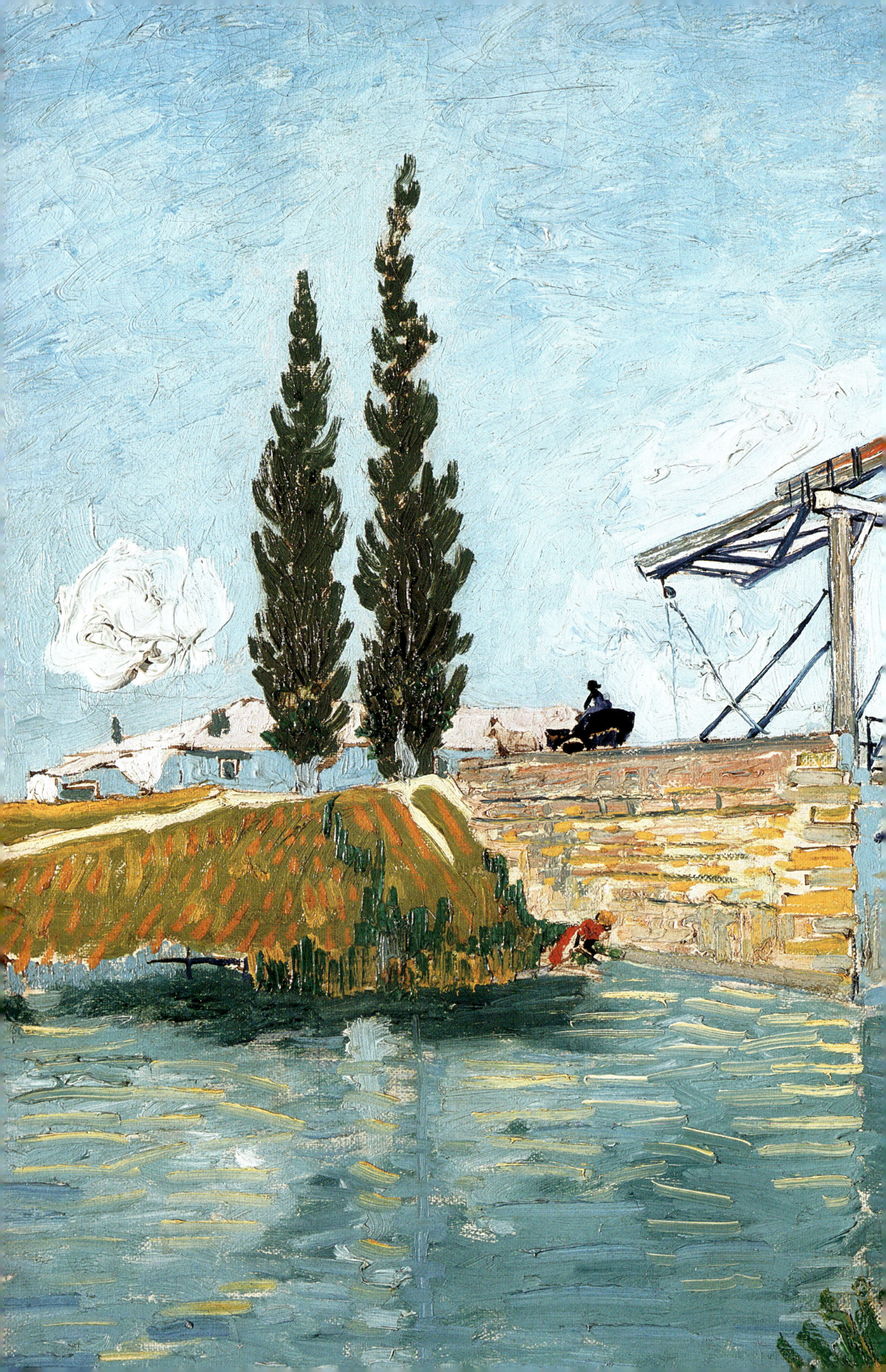

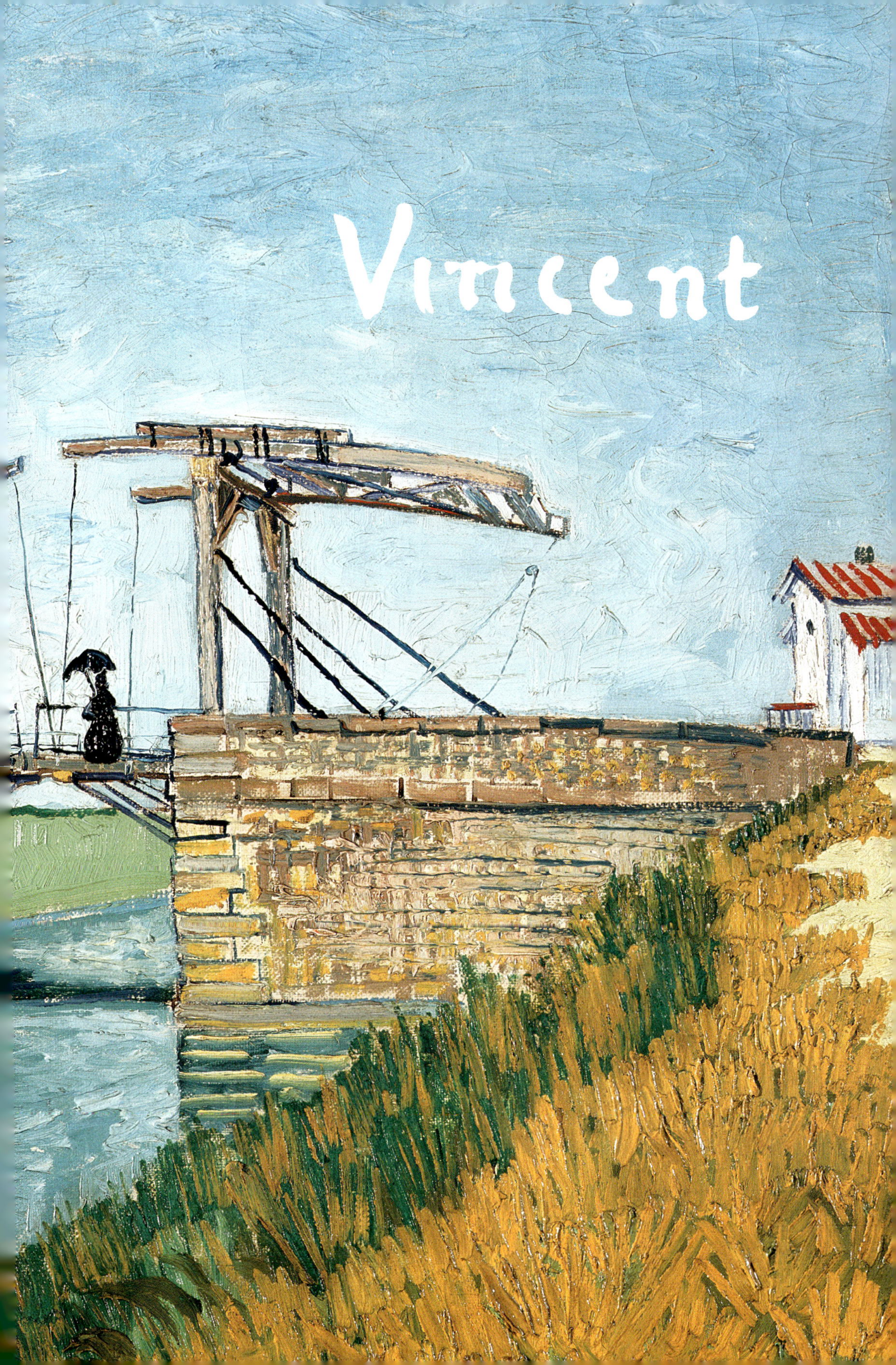
Vincent

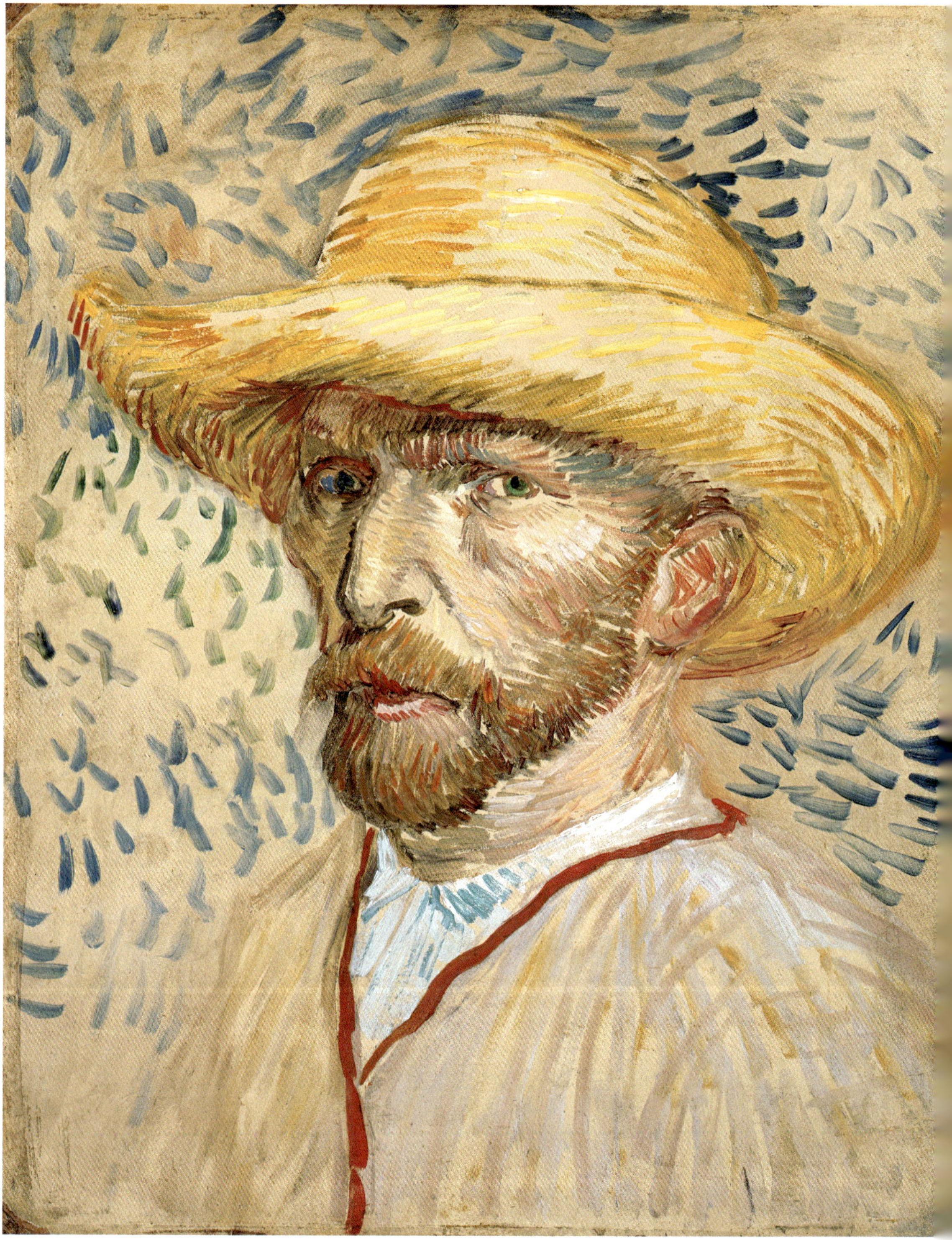

Ingo F. Walther

Vincent van Gogh

Visión y realidad

«Puse el corazón y el alma en mi trabajo,
pero al final he perdido la razón».

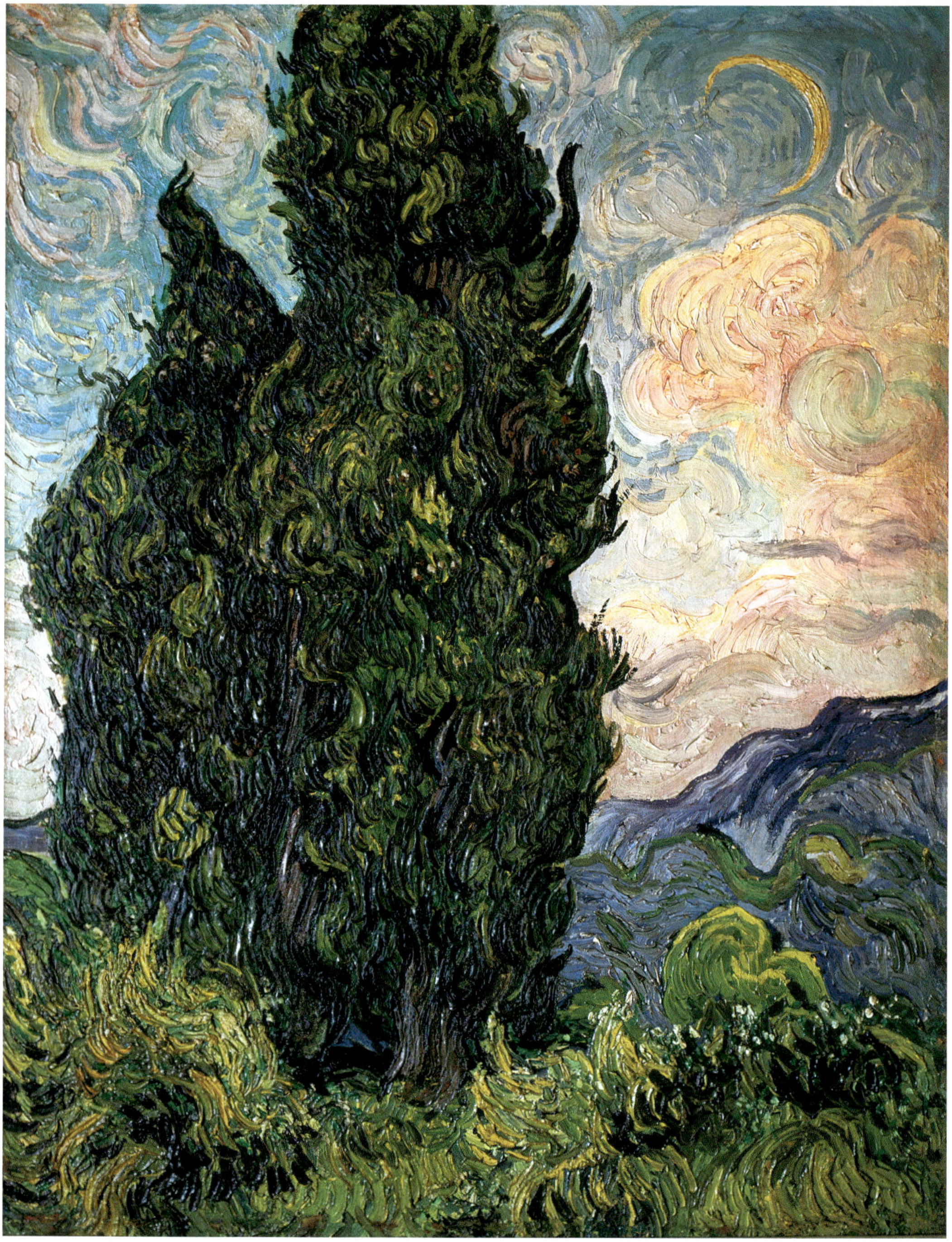

PÁGINAS 402/403
El puente de Langlois en Arles con dama con sombrilla (detalle), 1888
Óleo sobre lienzo, 49,5 x 64,5 cm
Colonia, Wallraf-Richartz-Museum & Fondation Corboud

PÁGINA 404
Autorretrato con sombrero de paja, 1887
Óleo sobre cartón, 40,9 x 32,8 cm
Ámsterdam, Van Gogh Museum, Fundación Vincent van Gogh

ARRIBA
Cipreses, 1889
Óleo sobre lienzo, 93,3 x 74 cm
Nueva York, The Metropolitan Museum of Art

Contenido

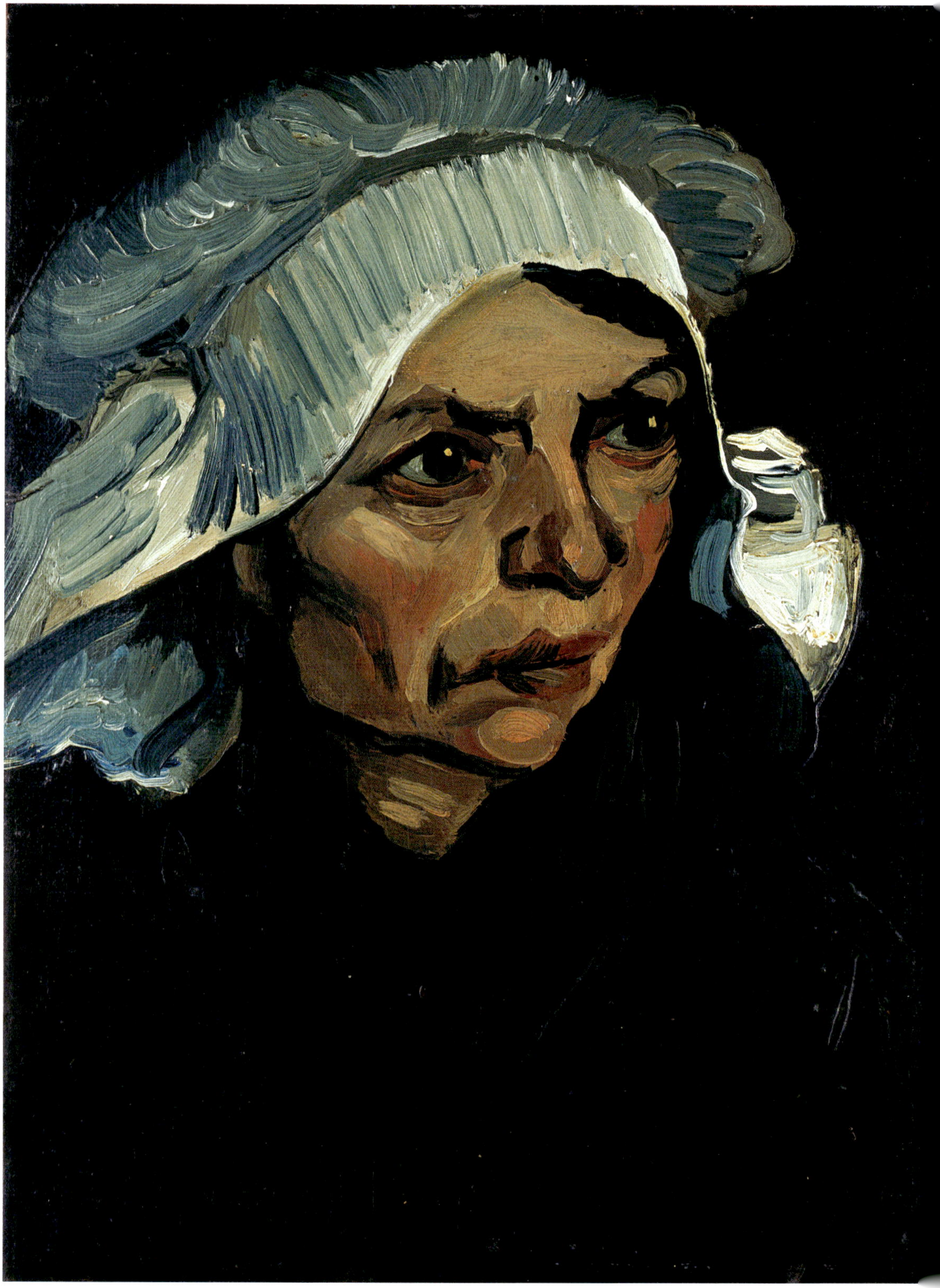

Mitad monje, mitad artista

El inicio en Holanda 1881-1885

Su vida fue un continuo infortunio. Fracasó en todo lo que la sociedad de su época consideraba importante: fue incapaz de fundar una familia, incapaz de ganarse la vida, e incluso, incapaz de entrar en contacto con sus semejantes. Pero como pintor encontró un sistema de introducir un orden, el suyo propio, frente al caos de la realidad. Su arte fue el instrumento regulador en un mundo, contra un mundo, en el que evidentemente no encajaba. A la nebulosidad de su ambiente opuso, basándolo incluso en una teoría, el despiadado rigor del artista; a su carácter anónimo respondió con un patetismo finamente calculado; a su continua corriente se enfrentó con la vitalidad del individualista. No es que quisiera escapar de la realidad, ni tampoco sufrirla en silencio, sino hacerla comprensible, tangible. A través del arte tenía que hacer suyo ese mundo que le era hostil.

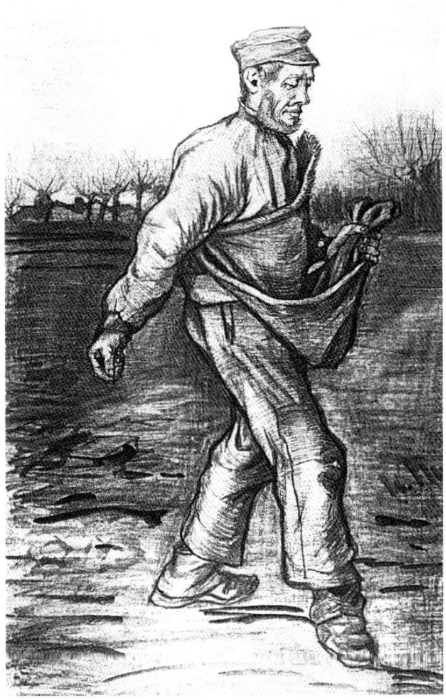

Pero tuvo que esperar a su muerte para que sus méritos le fueran reconocidos. Este mismo público burgués, cuyos principios morales siempre consideró aborrecibles, se acercó a él consagrándole como genio. A medida que el arte se iba estableciendo más y más como el mundo de lo aparentemente bello, él, Vincent, el despreciado, se convertía en el héroe. Hasta en los márgenes de la sociedad, en los cuales el arte se había ubicado desde hacía un siglo, el marginado Van Gogh también se volvió una figura: singular quizás, pero representando, como un ejemplo, ese malestar ante la realidad que de vez en cuando sobrecoge a cualquiera. Al mundo de hoy le gusta jugar con la imagen del artista solitario e incomprendido. Y en ello Van Gogh fue ejemplar. Él es uno de los primeros mártires del arte moderno.

El primer hijo de la familia del pastor protestante Theodorus van Gogh nació muerto. Cuando un año más tarde, y en el mismo día, el 30 de marzo de 1853, su mujer Anna Cornelia van Gogh dio de nuevo a luz un niño presa de miedo y dudas sobre su supervivencia, la familia le puso el mismo nombre que

PÁGINA ANTERIOR
***Cabeza de una campesina con cofla blanca*, 1885**
Óleo sobre lienzo sobre tabla, 41 x 30,5 cm
Zúrich, Fundación Colección E. G. Bührle

ARRIBA
***El sembrador*, 1882**
Lápiz, pincel y tinta china, 61 x 40 cm
Ámsterdam, Fundación P. y N. de Boer.

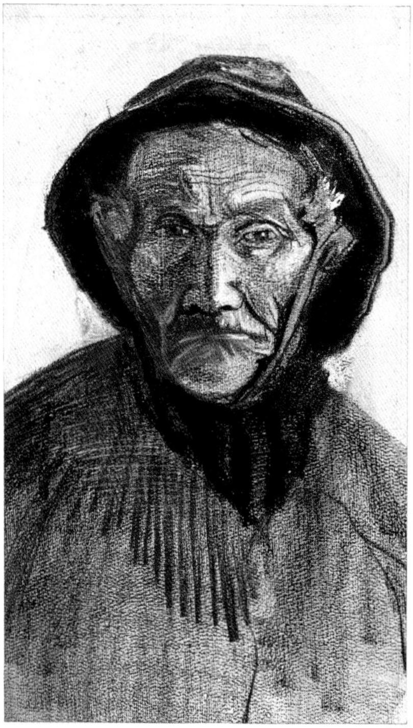

«Durante toda la semana hemos tenido mucho viento, tormenta y lluvia, y he ido varias veces a Scheveningen para contemplar el paisaje. Me he traído de allí dos pequeñas marinas a casa. En una de ellas hay un montón de arena, pero la otra —la tempestad era increíble y el mar llegaba hasta las dunas— he tenido que rasparla dos veces por completo porque estaba totalmente cubierta de una gruesa capa de arena. La tempestad tenía tal fuerza que apenas podía mantenerme en pie y los remolinos de arena casi me nublaban la vista».

VINCENT VAN GOGH

al primero: Vincent Willem van Gogh. Su nacimiento estuvo así ya oscurecido por el dilema de su vida futura. De este modo empezaron y continuaron las experiencias de Vincent: como un fracaso sin fin. La prometedora carrera como comerciante de arte, que tanto en los Países Bajos como en su familia gozaba de una larga tradición, acabó con su despido. Los estudios de teología, empezados inmediatamente después, fueron demasiado para él, y los interrumpió al cabo de un año. Más tarde, intentó colocarse como auxiliar de maestro y predicador seglar, estableciéndose en la cuenca hullera belga de Borinage entre los más pobres de los pobres, y de ello tan solo le quedó la profunda experiencia de su extrema miseria social, pues pronto su escasa paga le fue suprimida. Desde este momento estuvo bajo la completa dependencia económica de su hermano Theo, cuatro años más joven que él, y viviendo hasta su muerte con la angustia continua de que este apoyo fraternal le fuera denegado. Tampoco encontró satisfacciones en su vida sentimental: su mundo no fue el de las mujeres, por las que él, inútilmente, se interesó.

Así, el arte se convirtió para Vincent en su única válvula de escape. De él hizo un medio en el que desarrollaba sus experiencias, emitía sus comentarios y articulaba sus fracasos y sus esperanzas. Todo esto fue acompañado por una extensa correspondencia dirigida, en su mayor parte, a su hermano Theo. Estas cartas muestran claramente cómo su actividad artística iba progresivamente dominando su concepto de la realidad. Por otro lado documentan también el alto nivel teórico con el que trabajaba. Cartas y cuadros forman, dentro de su obra, una paradójica unidad en la que una enternecedora e ingenua falta de comprensión por el mundo que lo rodea va acompañada y completada por una enorme facultad de reflexión.

En 1880 la decisión de Van Gogh de hacerse pintor fue definitiva. A través de su trabajo en las diversas filiales de la galería parisina Goupil & Cie., adquirió un profundo conocimiento de los movimientos artísticos clásicos y contemporáneos, pudiendo ya durante sus estudios, y sobre todo en la estremecedora época como predicador en Borinage, expresar sus problemas con dibujos. Después del fracaso en sus ocupaciones burguesas, y también del rechazo que halló ante sus ambiciones teológicas y sociales, se aferró a lo que, por tener más cerca, conocía ya en teoría y práctica. También le dieron un apoyo adicional su hermano Theo, que trabajaba en Goupil, y su primo Anton Mauve, que era pintor en La Haya. En octubre de 1880 se va a vivir a Bruselas, donde entabla amistad con el pintor Anton van Rappard. Lo primero que hace son dibujos, bocetos de detalles y muchos estudios basándose en los cuadros de Jean François Millet, cuyo realismo algo acaramelado le ofrece temas a los que se siente vinculado: sobre todo el de los campesinos trabajando, cuadros de género de una tonalidad oscura que rezuman melancolía.

Esta ambientación, que parece corresponder a lo que él siente, intenta reflejarla en el dibujo, utilizando como base, cada vez con más frecuencia, papel crudo tipo Ingres con el que puede contraponer al dominio de la línea, típico en el dibujo, ciertos electos pictóricos: perfiles borrosos y fluidez en los tonos. Con ello el paso a la pintura ya no estaba lejos.

El 1 de enero de 1882 Van Gogh se fue a vivir a La Haya, ocupando un estudio financiado por su hermano Theo. Allí aparecen los primeros óleos bajo la dirección de Mauve. Uno de ellos, *Playa de Scheveningen con tempestad* (il. pág. 411), de agosto de 1882, muestra la fuerte influencia de la Escuela de La Haya, a la que pertenecía Mauve. Esta escuela, muy comprometida con la tradición, intenta, especialmente en los paisajes, revivir la Edad de Oro de la pintura barroca holandesa. Adriaen van de Velde fue el especialista barroco de las marinas, y su combinación del paisaje con la representación de personas correteando por la orilla fue en aquel momento para Van Gogh como un canon. «Cuando haga paisajes, siempre habrá alguna figura en ellos», escribió él como si fuera un programa, ajustando así la tradición artística a su propio concepto de la pintura. A pesar de ello el cuadro contiene elementos que, haciendo autónomos el color y la forma —el modo pastoso de extender la pintura, la manera en que parecen resaltar las zonas paralelas del cuadro, y la variación de los colores marrones—, dan ya la idea de una básica tendencia a la abstracción.

PÁGINA ANTERIOR
Cabeza de un viejo pescador con sueste, 1883
Carboncillo y tinta china, 43 x 25 cm
Otterlo, Kröller-Müller Museum

Playa de Scheveningen con tempestad, 1882
Óleo sobre lienzo sobre cartón, 36,4 x 51,9 cm
Amsterdam, Van Gogh Museum, State of the Netherlands, Bequest of A. E. Ribbius Peletier

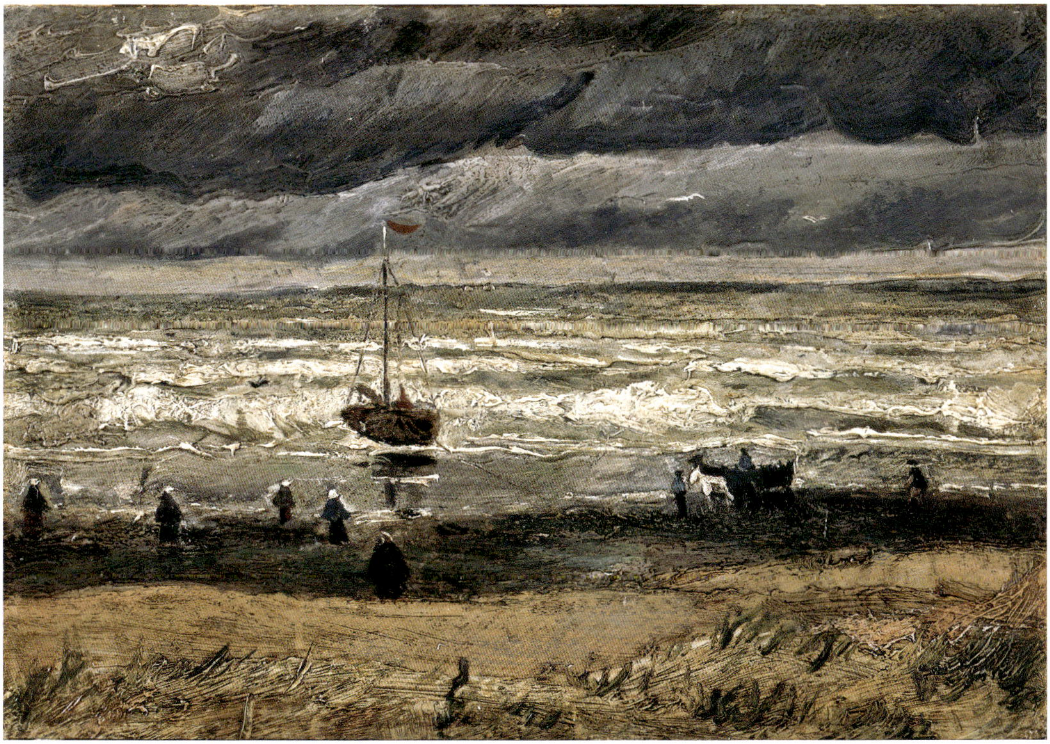

Solo explicable por una consolidada práctica en la contemplación de la pintura y una obsesiva actividad pictórica, el tratamiento de los colores por Van Gogh se encuentra, apenas transcurrido un año de trabajo, a la altura del momento, dado que la cuestión de la tonalidad en la pintura era de gran actualidad. Basándose en observaciones de Eugène Delacroix, se plantea el problema de cómo dominar en la pintura las variaciones de color que presenta un objeto al observarlo desde cierta lejanía o bajo distintas incidencias de la luz. La solución, si bien penosa, consistió en someter el color concreto del objeto, su color local, a favor de una tonalidad uniforme, con variación de matices, que predominara en todo el cuadro. Con ello ya no se hace destacar la individualidad del objeto, sino su apariencia dentro del conjunto que sirve de tema al cuadro. Este separar el color en el cuadro del color concreto del objeto en la realidad fue un paso importante hacia su total autonomía. El color puede ya considerarse también un fenómeno, una pura apariencia, un juego de manchas armonizadas entre sí. Apoyado por la propia tradición —por la progresista aplicación del color de un Rembrandt o un Frans Hals—, Van Gogh dará en su obra nuevas dimensiones a esta autonomía. Pero aún se mueve en los ámbitos de lo convencional. El colorido sigue marcando todavía su pauta pictórica.

En septiembre de 1883 finaliza su estancia en La Haya. Van Gogh se marcha, solo, a la provincia de Drente al noreste de los Países Bajos. Esta marcha fue precedida por la ruptura con Mauve, su mentor artístico. El motivo de la separación no se debió tanto a las abiertas críticas de Mauve por la convivencia de Vincent con la prostituta Clasina Maria Hoornik, a la que llamaba Sien y que fue a la vez amante y modelo, sino más bien a desavenencias fundamentales sobre la pintura. Bajo el punto de vista de Vincent, Mauve era justo una muestra de un concepto académico del arte imbuido de normas, reglas y un riguroso canon estético que, de forma intolerable, descuidaba la

La lotería, 1882
Acuarela, 37,9 x 56,6 cm
Ámsterdam, Van Gogh Museum, Fundación Vincent van Gogh

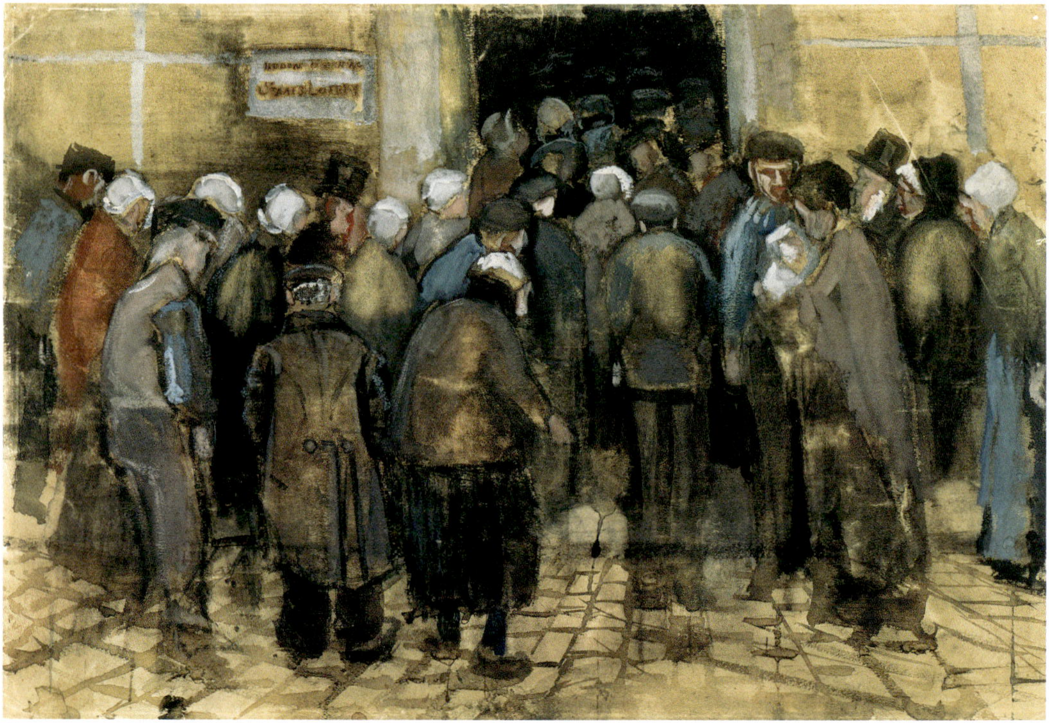

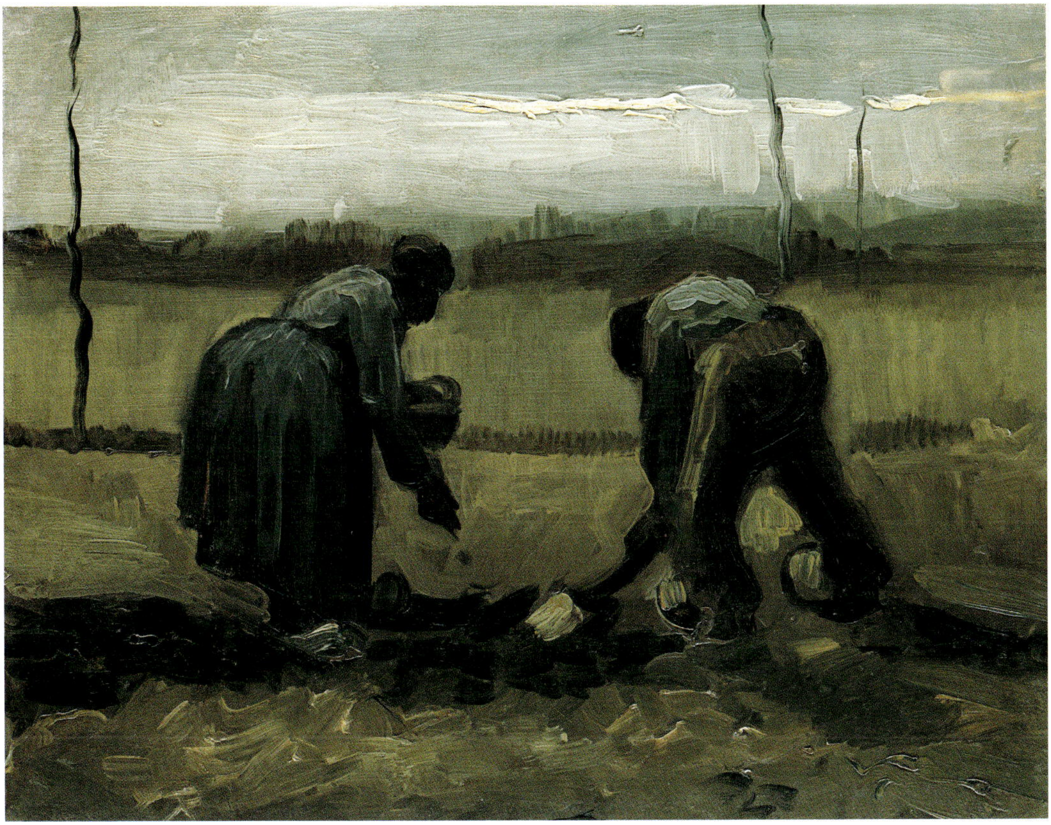

Campesinos sembrando patatas, 1885
Óleo sobre lienzo, 33 x 41 cm
Zúrich, Kunsthaus Zürich

expresión individual y los problemas sociales del momento. Cualquier tipo de autoridad había sido siempre para él como una provocación, y justamente las estrictas opiniones de Mauve sobre la pintura parecían haberle hecho recordar fatalmente la mojigatería calvinista del hogar paterno. Este viejo dilema de amor y odio hacia sus orígenes salió a la superficie y Van Gogh, para escapar de ellos, se refugió en la soledad. Una soledad, sin embargo, que pronto se le hizo insoportable. A los tres meses, cual hijo pródigo, volvió a la casa paterna en Nuenen, donde mientras tanto ya se habían acostumbrado a su vida bohemia e incluso le instalaron un estudio en una vivienda próxima a la parroquia.

Allí pintó en mayo de 1884 el *Tejedor al telar (de frente)* (il. pág. 415). Totalmente abstraído en su trabajo, el tejedor se encuentra sentado ante su telar, mientras que, situado en primer plano, el monumental mecanismo domina la totalidad del cuadro. Da la impresión de ser como un marco de gigantescas dimensiones que, con su enrejado de líneas horizontales y verticales, parece absorber el flaco cuerpo del tejedor, haciéndolo formar parte de su propia máquina. Juntas se destacan también sus oscuras siluetas de la claridad del fondo que nunca podrá llegar a iluminar la escasa luz de la lámpara. En esta representación conjunta del obrero y su instrumento de trabajo queda excluido lo pintoresco y lo anecdótico.

No solo la dureza y el esfuerzo, sino también la dignidad de la vida del trabajador encuentran aquí una diáfana expresión. Este cuadro documenta de una manera penetrante la solidaridad de Van Gogh e, incluso, su identificación con el protagonista. Fue un socialista convencido. Conocía

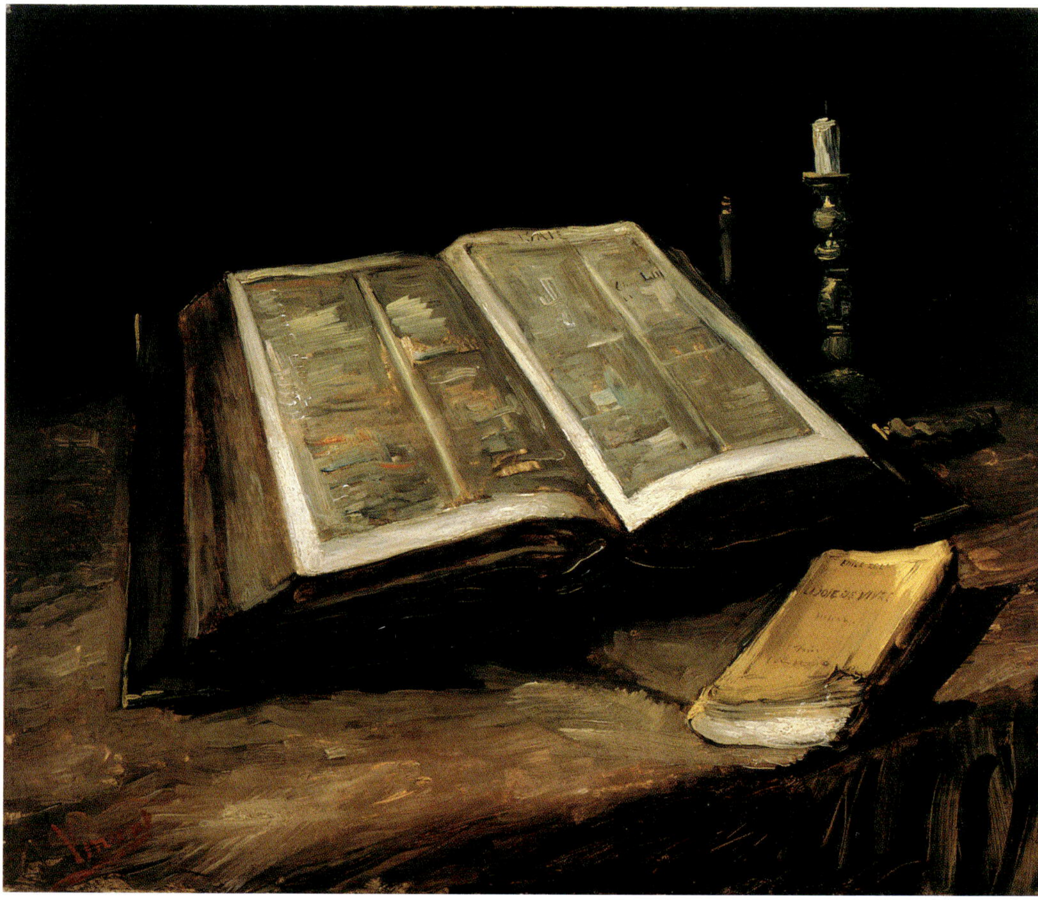

Naturaleza muerta con Biblia, 1885
Óleo sobre lienzo, 65,7 x 78,5 cm
Ámsterdam, Van Gogh Museum,
Fundación Vincent van Gogh

la miseria de los trabajadores por experiencia personal, considerando su propia producción artística como mera artesanía. Campesinos, tejedores y mineros fueron figuras predilectas en su primera etapa artística. Son los representantes del proletariado campesino, en modo alguno son habitantes de la ciudad, a pesar de que Van Gogh los conocía bien de cerca por haber vivido en Londres y París. Sentía, como lo documenta su pintura, una profunda antipatía hacia la industrialización y el mundo de las máquinas que degradan al ser humano convirtiéndolo en mero eslabón de un engranaje. Van Gogh contemplaba el progreso con peculiar pesimismo, sentimiento manifestado también por los ingleses William Morris y John Ruskin, representantes de la utopía socialista. El ideal de una sociedad libre de dominadores se unía aquí a un himno de alabanza por el trabajo artesanal. El obrero libre que realiza un trabajo independiente, como también Van Gogh se consideraba a sí mismo, constituía el tema crucial de su proyección socialista.

Esta manera de entender la vida se diferenciaba del Naturalismo, tan de moda en la época y cuyos representantes, capitaneados por el escritor Émile Zola, se limitaban a exponer la vida mísera de los trabajadores sin tomar partido ni criticarla activamente. El enaltecimiento del obrero, que en el Naturalismo se convirtió en tema artístico, no era suficiente para Van Gogh. A su modo de ver, el trabajador tenía que ser también su propio público. El arte del pueblo y para el pueblo: una máxima que marcó el impulso social de su obra. Cuadros como *La lotería* (il. pág. 412) o *Campesinos*

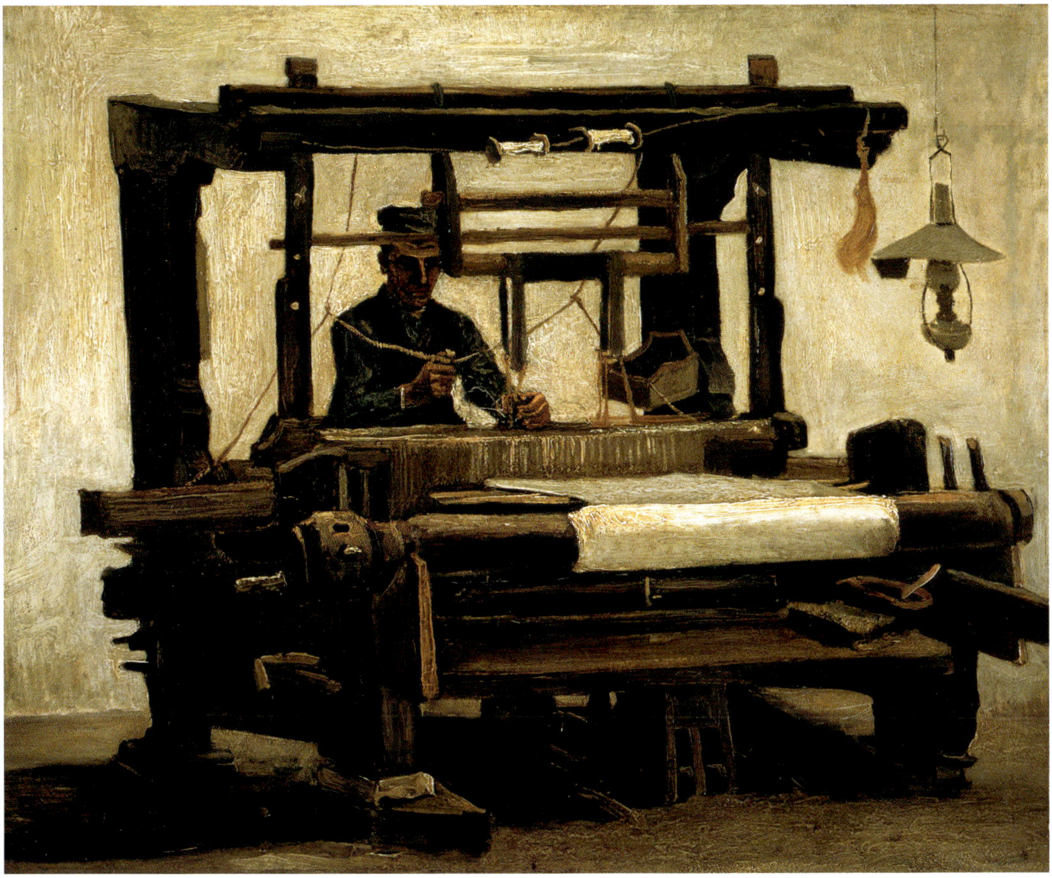

Tejedor al telar (de frente), 1884
Óleo sobre lienzo, 68,3 x 84,2 cm
Otterlo, Kröller-Müller Museum

sembrando patatas (il. pág. 413) son un buen ejemplo de ello. Las figuras centrales de estas obras son seres anónimos del pueblo, labriegos y obreros tan dignos de protagonismo como antes lo fueron los gloriosos héroes de la historia y la mitología.

Una única vez, fueron los campesinos de Van Gogh tema y público al mismo tiempo. Con la ayuda de su hermano hizo imprimir veinte litografías de *Los comedores de patatas* (il. pág. 417) que la gente de los alrededores pudo comprar a un precio asequible. Este cuadro, de abril de 1885, representa un compendio de su primera época. En la frugal comida que comparten las cinco figuras, enjutas y agotadas por el trabajo, se trasluce un ambiente de compañerismo y pobreza. Con toda naturalidad se van ofreciendo patatas y malta; este sentimiento de solidaridad carente de envidia refleja un patetismo casi religioso.

«He puesto mi mayor empeño», escribe Vincent a su hermano Theo, «en que, al contemplar el cuadro, se piense que esa gente bajo la lámpara, que come sus patatas metiendo las manos en el plato, ha trabajado también con esas manos la tierra; mi cuadro exalta, pues, el trabajo manual y el alimento que ellos mismos se han ganado con toda honestidad… Pero el que prefiera ver aldeanos almibarados, allá él con sus pensamientos». Los rostros dan la sensación de resplandecer como impulsados por una fuerza interior propia, lo que acrecienta aún más su dignidad. Sobre el fondo oscuro de tonos tostados surge, por contraste, el efecto luminoso que proporcionan los parcos

«En cuanto al trabajo, tengo entre manos un cuadro de grandes dimensiones sobre un tejedor. Con el telar de frente y la figura —una silueta oscura— recortada contra la pared blanca... Estos telares me van a dar todavía muchos quebraderos de cabeza, pero son unos temas tan hermosos, toda esa vieja madera de encina contra una pared grisácea; estoy plenamente convencido de que es bueno pintarlos».

VINCENT VAN GOGH

toques de amarillo. El cuadro, cuidadosamente planeado, estuvo precedido de numerosos estudios a los que también pertenece la obra *Cabeza de una campesina con cofia blanca* (il. pág. 408), de marzo de 1885. En parte debido a los muchos estudios que cristalizan en el cuadro, se aclara, quizás, lo reprimido de la comunicación entre los cinco personajes: sus miradas inseguras parecen esquivarse. No obstante, este aparente fallo en la composición confiere al cuadro una sensación de paz, de suave melancolía.

«Estarás de acuerdo conmigo en que un trabajo semejante no puede tomarse en serio. Por fortuna eres capaz de mucho más». Con tales palabras Rappard comentaba y criticaba el cuadro de su amigo, poniendo así fin a su amistad con el hipersensible y vulnerable Van Gogh. Rappard hacía alusión a los «defectos» que él, educado en un academicismo visual, descubría en *Los comedores de patatas* (il. pág. 417): brazos excesivamente cortos, rostros abultados y proporciones deficientes. Y sin embargo Van Gogh había desarrollado precisamente en este cuadro algo así como su propio canon de belleza, buscando la inspiración en las gentes de su entorno, seres que, sin ser en efecto bellos, personificaban su concepto de la autenticidad. Este sentido de la estética se basaba en una fuerte aversión hacia las normas estructurales tradicionales, en la solidaridad con los pobres y, posiblemente también, en una carencia real de medios de expresión artística. Van Gogh había logrado sobreponerse a numerosas vicisitudes, se había identificado con su destino artístico, logrando compensar su falta de talento con una tenacidad constante y un trabajo implacable. Así, el arte se había convertido en un medio de expresión personal en el que la belleza y la fealdad eran criterios individuales, sin representar en modo alguno un concepto único y válido para todos. El sentido estético de lo feo, cuyos precursores teóricos habían sido Edmund Burke y Denis Diderot en el siglo XVIII, es algo característico de la obra de Van Gogh a la que las deformaciones y los colores chillones le

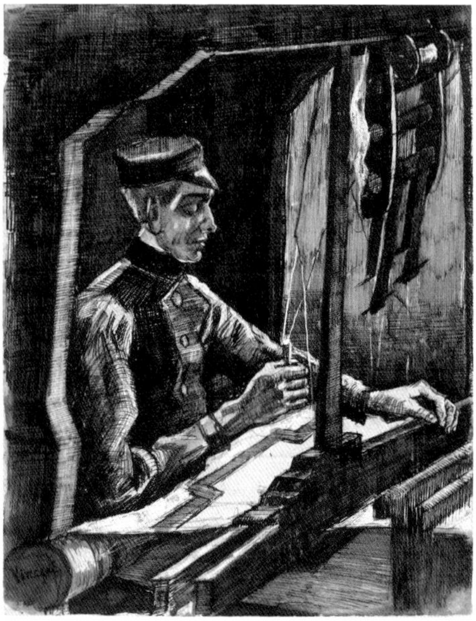

«En medio de ese barullo me sorprendió vivamente el cuadro de unas pobres gentes comiendo en una choza lúgubre bajo la mortecina luz de una lámpara. Lo tituló Los comedores de patatas. *A su manera, era de una fealdad grandiosa y estaba lleno de una vida inquietante».*

EMILE BERTRAND

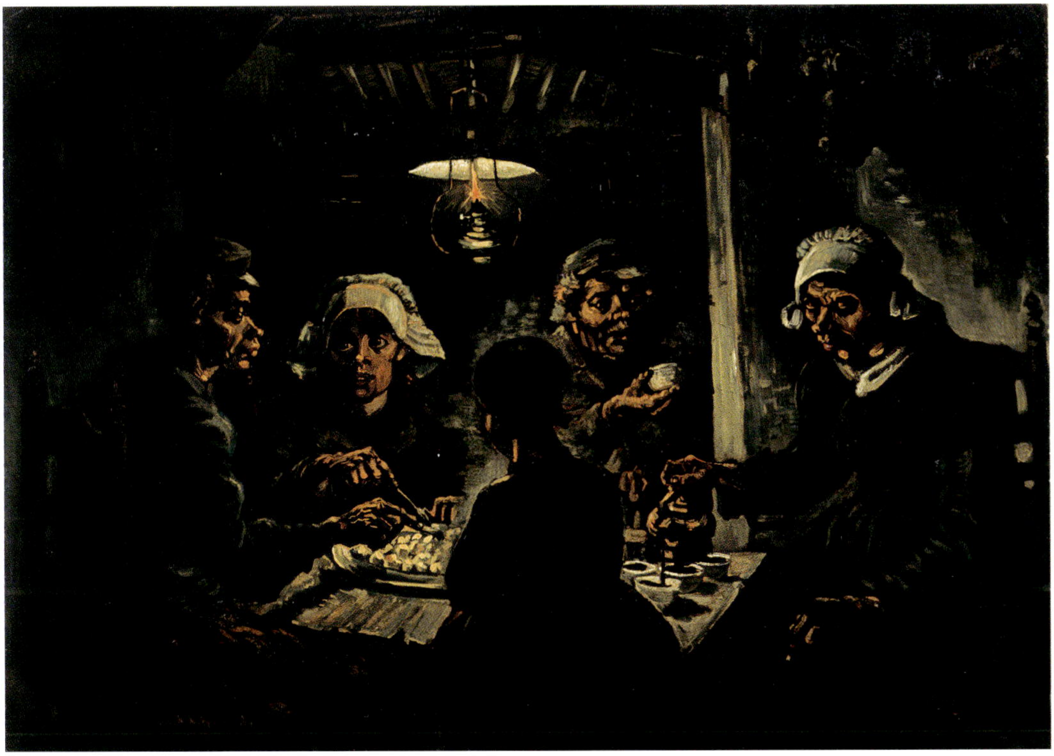

Los comedores de patatas, 1885
Óleo sobre lienzo, 82 x 114 cm
Ámsterdam, Van Gogh Museum,
Fundación Vincent van Gogh

PÁGINA ANTERIOR
Tejedor al telar (perfil derecho), 1884
Pluma, lavado con bistre,
realzado con blanco, 26,3 x 20,6 cm
Ámsterdam, Van Gogh Museum,
Fundación Vincent van Gogh

confieren una calidad especial. La realidad concreta es su medio de expresión, ella le sirve de motor y es la fuente de sus observaciones. Y todo ello tiene un carácter tan personal que las normas comúnmente aceptadas solo significarían su destrucción.

El 26 de marzo de 1885 muere su padre, Theodorus van Gogh. A partir de ese momento la vida de Vincent en Nuenen se hace cada vez más difícil. La gente del lugar tiene miedo de su comportamiento, que pasa de ser reservado a iracundo. Siempre les había tenido afecto, pero a pesar de sentirse uno de ellos no había sabido hacerse comprender. Su marcha a Amberes supondrá también un cambio de temas. Su compromiso social, claramente expresado en sus obras, dará paso a una confrontación artística cada vez más intensa. Se enfrentará a algo diferente, si bien seguirá fiel a su lucha por la autodeterminación y a la rebelión de los sentimientos contra el cálculo.

El cuadro *Naturaleza muerta con Biblia* (il. pág. 414), pintado en octubre de 1885 antes de su partida, marca una ruptura brusca con el pasado. La Biblia, símbolo de la casa paterna y de la educación religiosa, tiene un competidor en el cuadro *La joie de vivre* de Zola, el libro sagrado del Naturalismo y, en opinión del viejo Theodorus, una de las obras más nefastas y peor hechas. La vela, símbolo de lo religioso, coloca ambos libros al mismo nivel, les confiere idéntico significado. No obstante, está apagada. En París, Van Gogh se distanciará de las dos obras. El cristianismo y el socialismo confluirán en una nueva religión, sin ser nunca más un factor determinante en su vida. La nueva y única religión tendrá ahora otro nombre: Arte.

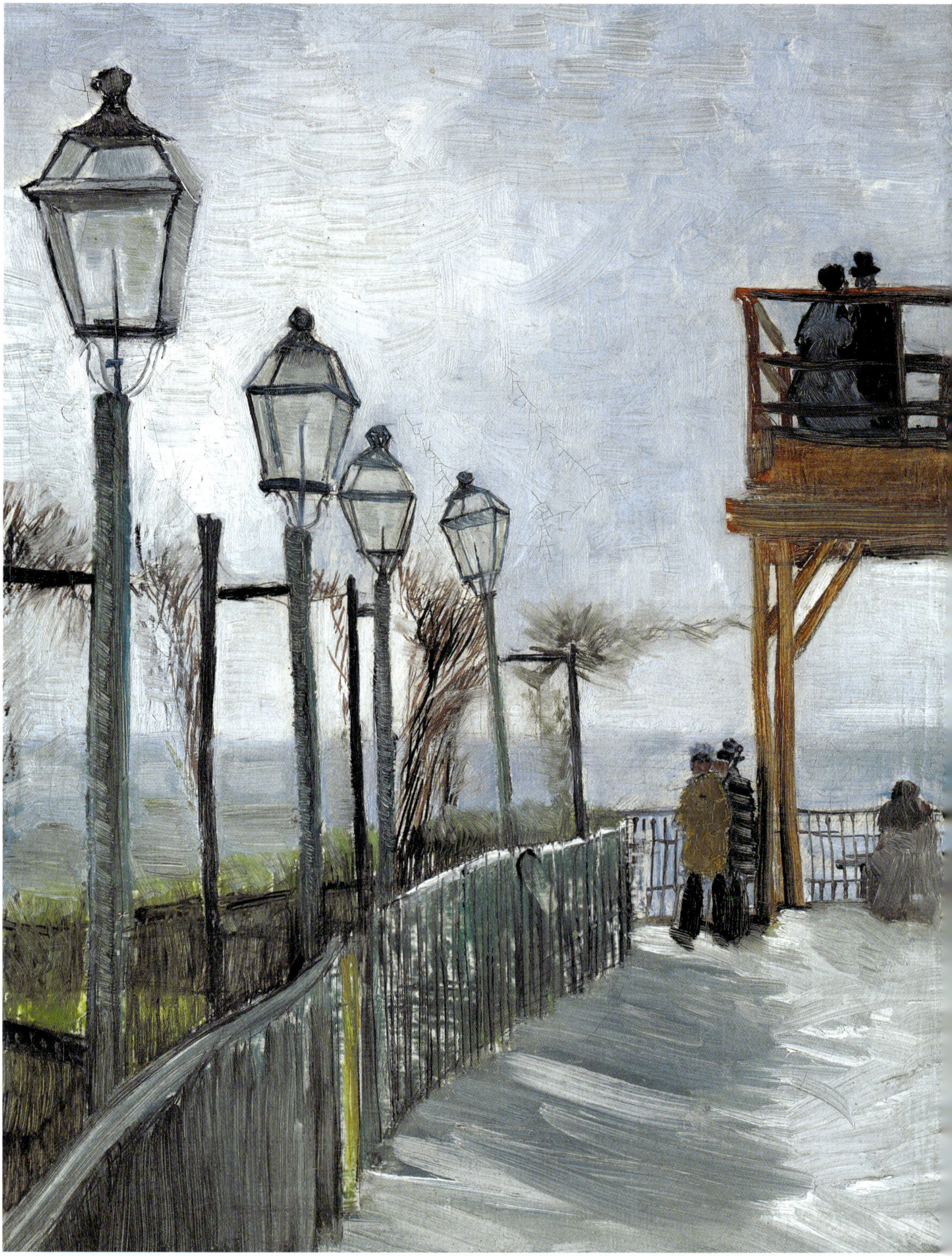

Los años de aprendizaje
Amberes y París 1885-1888

«Prefiero disponer de cien francos al mes y tener la libertad de hacer con ellos lo que quiera, que de doscientos sin esa libertad».
VINCENT VAN GOGH

A finales de noviembre de 1885, con *Los comedores de patatas* en su exiguo equipaje, llega Van Gogh a Amberes. Este puerto internacional belga solo será el escenario de un breve entreacto en el camino de Vincent a la capital del siglo XIX: París. No obstante, esta estancia será decisiva para su obra posterior, pues en Amberes comienza la época de los experimentos. Al abandonar el estricto hogar calvinista y desvincularse de los lazos que, muy a su pesar, le unían con fuerza a un entorno conocido, su ímpetu creador se desborda. Mientras que la primera etapa de su obra estaba impregnada del oscuro y melancólico mundo de los campesinos, en los años siguientes Vincent probará todas las formas artísticas de expresión, lo que para aquel tiempo se podría calificar de poco frecuente, avanzado y vanguardista.

Van Gogh se instala lo mejor que puede en un humilde cuartucho, alquilado gracias a la ayuda de Theo. A precio de ganga compra, en los *bouquinistes* y anticuarios de la zona del puerto, xilografías japonesas con las que cubre las paredes desnudas de su habitación, dando así el primer paso hacia el colorido decorativo que tan persistentemente le fascinaría después. En la Real Academia se dedica a copiar modelos en yeso de esculturas antiguas, si bien, como ya le ocurrió en La Haya, sigue sintiendo aversión por los dogmas de la belleza clásica y por esa reducción del carácter personal a una imitación mecánica. Para él será mucho más importante el descubrimiento de los cuadros de Peter Paul Rubens, el viejo maestro del Barroco que había tenido su estudio en Amberes. Su alegre colorido, las formas robustas y los exuberantes volúmenes, característicos de la pintura barroca de origen católico, se le abren como una alternativa necesaria frente a la retraída y controlada severidad del arte holandés.

Una mañana, a principios de marzo de 1886, Theo recibe una noticia lapidaria: «Estaré a mediodía en el Louvre o, si prefieres, antes». Lo que Vincent había insinuado una y otra vez en sus cartas desde Amberes, coge ahora por sorpresa a su hermano. Se había presentado en París con la idea de irse a vivir a un piso con Theo. Este, bastante contrariado, se da por vencido. Los dos años siguientes estarán colmados de múltiples roces, de escapadas de Vincent y perdones de Theo.

Uno de los primeros cuadros parisinos es *Naturaleza muerta con caballas, limones y tomates* (il. pág. 430), realizado en el verano de 1886, y que representa una clara muestra de las innovaciones de Amberes: el rojo vivo de los tomates, en abierto contraste con el verde de la jarra, y, en especial, el empleo de colores puros, que no cubren todo el cuadro como tono básico, remiten directamente a Rubens. Al mismo tiempo, lo nebuloso del ambiente, el límite borroso entre la mesa y el fondo, las contradicciones creadas por la colocación

Montmartre cerca del molino superior, 1887
Óleo sobre lienzo, montado sobre cartón, 43,6 x 33 cm
The Art Institute of Chicago

«Es pintor y lo será siempre. En su juventud, cuando nos transmite una Holanda oscura. Después, algo mayor, pintando con diferentes técnicas Montmartre y sus jardines. Finalmente, al plasmar el sur y Auvers-sur-Oise con sus pastosos y exaltados colores. No importa que dibuje o no, que se pierda en manchas cromáticas o en alteraciones de la forma: su calidad de pintor permanece siempre irreversible».

EMILE BERNARD, EN: MERCURE DE FRANCE, 1893

consecutiva de mesa, tomates y jarra indican sus conocimientos sobre los grabados japoneses, en los que siempre se manifiesta la preferencia por una ornamental falta de perspectiva frente a la continuidad del espacio representado.

Henri de Toulouse-Lautrec y Émile Bernard fueron probablemente los más dotados y los mejores alumnos del Atelier Cormon, la academia de dibujo y pintura del pintor Fernand Cormon, irrelevante como artista pero gran pedagogo. Durante tres meses Van Gogh acudirá también a este centro donde perderá su afición por los temas sobre campesinos y trabajadores y entablará relaciones con los ya citados Toulouse-Lautrec y Bernard. A través de Theo, que en la entreplanta de la pequeña sucursal de Goupil, de la que era director, expone una selección informal de obras impresionistas, conoce también a Paul Gauguin, a la sazón tan desconocido como él mismo, y al gran maestro del Impresionismo, Camille Pissarro, que ya contaba sesenta años. A todos ellos los considerará amigos suyos, siendo asiduos clientes de los pequeños cafés y los restaurantes baratos de su vecindario, la zona del Boulevard de Clichy en Montmartre. Vincent sueña con ellos en una comunidad de artistas y en una vida de trabajo compartido y recíproco… y precisamente también con ellos fracasarán sus proyectos.

Van Gogh sumerge su impresión del *Montmartre cerca del molino superior* (il. pág. 418), realizado a principios de 1887, en un gris invernal, en el ambiente velado de una niebla que se levanta. La fría atmósfera del invierno, ya cercano, concuerda con los cuadros impresionistas de temática similar. También el aspecto neutro de lo que sucede, los transeúntes apresurados y de aire ausente, la óptica fragmentada del cuadro cruzado por la plataforma desde la que se divisa el paisaje, se hallan plenamente en la tradición de un Claude Monet o un Auguste Renoir.

Ya en octubre de 1886 Van Gogh pintó el *Merendero «La Guinguette» en Montmartre* (il. pág. 421). También aquí nos ofrece una visión típicamente impresionista. El rojo suave de las hojas de los árboles que se van tiñendo de otoño, los bancos casi vacíos en primer plano, la imagen de los cenadores esbozados con parcas pinceladas cristalizan un momento de apacible vida cotidiana, expresan la instantánea de una escena superficial. El que en algunos puntos la aplicación del color sea pastosa y el colorido local de ciertas zonas recónditas contraste con el tono ocre del otoño no cambia en absoluto los hechos. En estos cuadros Van Gogh hace sus experimentos con el Impresionismo.

En sí, cuando Vincent llegó a París en 1886 el Impresionismo había perdido ya actualidad. Edouard Manet, su creador, había muerto y en el octavo Salón de Arte parisino, que justo se celebraba ese año, empezaron a anunciarse ya los neoimpresionistas, mostrando Georges Seurat su famosa obra *Una tarde de domingo en la isla de Grande Jatte* (Chicago, Art Institute). La aparente indiferencia del estilo impresionista, la renuncia a la expresión de un compromiso personal, la conversión, casi mecánica, de lo que se percibe con la vista en un cuadro espontáneo y creado ad hoc, todo ello en suma, no fue entonces criticado solamente por los defensores del pasado eterno, sino también por una joven generación segura de sí misma y que no dudaba en considerarse genial. La palabra mágica de los impresionistas era la luz; la luz como soporte de todo lo plasmado, la luz como elemento primordial de unión y compendio de todas las cosas, la luz también como fuerza vital. Pero el fondo filosófico que sin duda existía no se consideró suficiente. No obstante, ni un solo pintor de la época pudo sustraerse al Impresionismo.

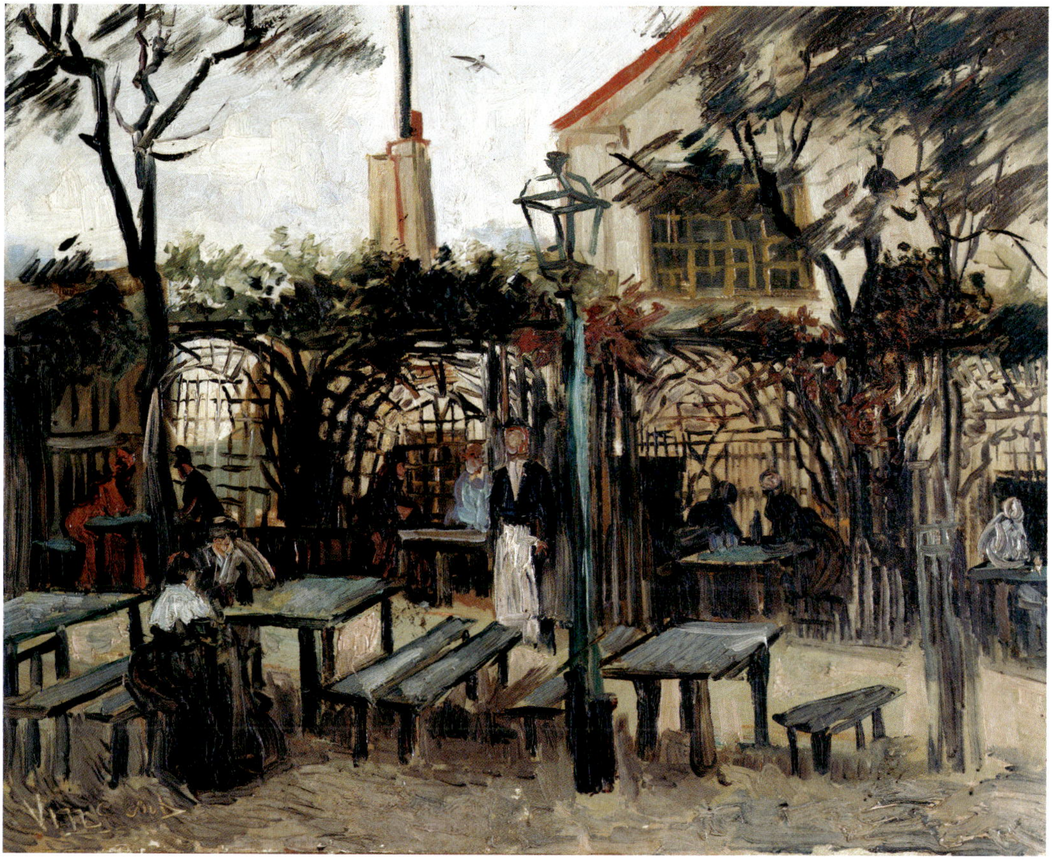

Merendero «La Guinguette» en Montmartre, 1886
Óleo sobre lienzo, 50 x 64,5 cm
París, Musée d'Orsay

«Prefiero mil veces pintar los ojos de la gente que pintar catedrales». Con estas palabras, Van Gogh comentaba la diversidad temática de los impresionistas; una frase que parece una alusión premonitoria a las catedrales de Rouen (1892-1895), de Monet, una serie de cuadros que muestran distintos aspectos de dicho monumento a diferentes horas del día. De este modo Van Gogh nos dice que le gusta más pintar retratos. *Agostina Segatori en el Café du Tambourin*, de febrero de 1887 (il. pág. 423), no representa a una bebedora anónima y desamparada en una taberna cualquiera sino que es una imagen concreta. Se trata de la italiana Agostina Segatori, antigua modelo de pintores como Camille Corot y Edgar Degas y ahora propietaria del café, llevada al lienzo mientras está sentada a una mesa. Vincent había tenido relaciones con ella durante una breve temporada y la había pintado a menudo, incluso desnuda. Su establecimiento se llama «Café du Tambourin» y la superficie de las mesas y las sillas tiene la forma de ese instrumento, una pandereta. El exótico atractivo de lo que se representa, el estrambótico peinado, el vestido folclórico, el abanico sobre la silla y las xilografías japonesas en la pared del fondo, es mucho más determinante para el mensaje transmitido que la atmósfera enrarecida por el humo de un tabernucho cualquiera que tanto había fascinado a Degas en su obra *La bebedora de ajenjo* (París, Musée d'Orsay), y en la que Van Gogh evidentemente se había inspirado. Los grandes ojos melancólicos de la mujer en ese lugar extraño dan al cuadro un ambiente especial y exactamente premeditado, todo lo contrario de la atmósfera anónima que tanto gustaba a los impresionistas.

«… y no me extrañaría mucho que dentro de un tiempo los impresionistas se pusieran a criticar mi manera de trabajar, más bien fecundada por las ideas de Delacroix que por las suyas. Pues en lugar de reproducir con exactitud lo que tengo ante los ojos, prefiero servirme arbitrariamente del color para expresarme con más fuerza».

VINCENT VAN GOGH

Van Gogh llamó irónicamente «peintres du Petit Boulevard» al grupo de pintores con los que vivía, trabajaba y exponía en Montmartre. Todos llevaban una vida muy sencilla; instalados lejos de las grandes avenidas, compensaban la falta de fama con el afán de experimentación. En el restaurante del Boulevard de Clichy, «Du Chalet», expusieron Van Gogh, Toulouse-Lautrec, Bernard y Louis Anquetin en 1887 por primera vez. Cierto es que no vendieron nada, pero la exposición estuvo acompañada de largas discusiones, y al final acabaron por intercambiarse los cuadros. Su idilio artístico en ese ambiente de pobreza tenía el encanto bohemio que unía en París a los artistas del mundo entero. Vivían, conscientes de su genialidad, con la esperanza de que muy pronto iban a revolucionar el mundo del arte.

Solo podían permitirse hacer excursiones por los alrededores. Con Gauguin y Bernard, Van Gogh pasó muchos días en Asnières, un pueblecito a orillas del Sena donde a la gente le gustaba ir a bañarse. Aquí pinta también, en verano de 1887, *El Sena con el Puente de la Grande Jatte* (il. pág. 424). El puente que atraviesa diagonalmente el cuadro fue un motivo frecuente en los impresionistas; a veces queda cortado por el marco, expresando así lo momentáneo de la imagen. Van Gogh es fiel aquí a esa tendencia. La aplicación del color a trazos horizontales, verticales y diagonales, que a primera vista produce una sensación caótica, y la total renuncia a superficies cromáticas delimitadas que acentúan la intensidad de los colores, buscan superar la brillantez atmosférica a favor del dominio de lo intemporal, como sucede en las obras coetáneas del Puntillismo.

La obra incunable de este estilo pictórico es el cuadro de Seurat *Tarde de domingo en la isla de la Grande Jatte*, citado por Van Gogh ya en el título de su cuadro. Seurat y sus amigos, en especial Paul Signac, querían colocar el impresionismo a un nivel, digamos, científico. Desbordantes de teorías sobre las oscilaciones cromáticas, los efectos del volumen y la psicología de la percepción intentaban extraer leyes objetivas procedentes del estilo impresionista, adaptando también sus obras a dichos principios y exigiendo en su arte la misma objetividad que en su programa teórico. Pero, a pesar de toda su inclinación por la teoría artística, para Van Gogh, que conocía bien a Signac, este camino científico iba demasiado lejos. No obstante, el método de descomponer el color en puntos que al contemplarse de lejos forman una superficie aparentemente en constante movimiento estaba muy acorde con su afán de experimentación. Este sistema de fragmentar el color se encuentra incluso en los melancólicos cuadros de su última etapa. En el *Jarrón con margaritas y anémonas* (il. pág. 431), realizado en junio de 1887, se observa al menos la fascinación por ese método de trazos y puntos, sobre todo en la composición del fondo: una superficie centelleante ante la que hasta la abigarrada policromía de las flores tiene un aire casi sobrio.

Ello no impide que también se sirva de otras formas de expresión pictórica, como lo demuestra la obra *Cuatro girasoles marchitos* (il. págs. 428/429), realizada en la misma época. Son cuatro flores marchitas que aparecen enormes en primer plano, pendiendo de tallos resecos cortados hace tiempo. Como si quisieran rebelarse contra la inminente descomposición, extienden sus pequeñas hojas hacia fuera como lenguas de fuego, anticipando la llamarada sublime de los últimos cipreses de Van Gogh. En manos de Vincent, este motivo banal y totalmente corriente adquiere una fuerza de expresión casi existencial;

Agostina Segatori en el Café du Tambourin, 1887
Óleo sobre lienzo, 55,5 x 47 cm
Ámsterdam, Van Gogh Museum, Fundación Vincent van Gogh

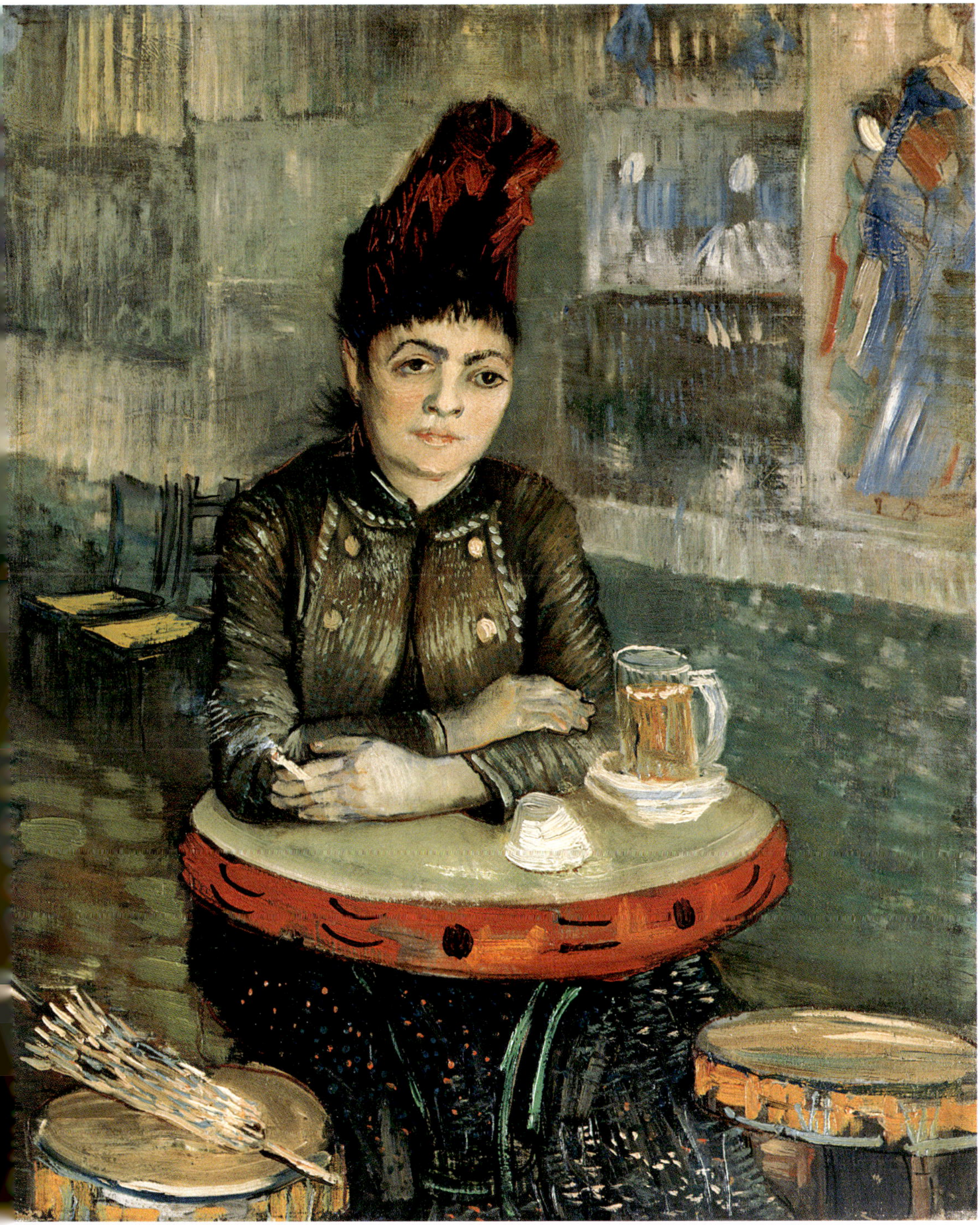

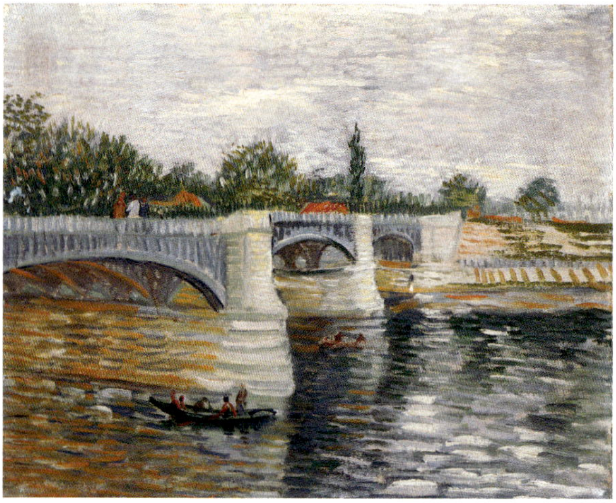

los objetos se convierten en símbolos, son como signos ocultos de una dolencia que habrá que buscar en el propio artista. En primer término, esta visión vitalista de las cosas es también una reacción a la fotografía: «Se pretende lograr un parecido más profundo que el de un fotógrafo», escribe el pintor a su hermana. Pero aún más importante es el efecto decorativo y simbólico del cuadro, libre de cualquier motivo real que pudiera servirle de modelo, que provoca un interés inmediato a la simple vista del mismo. Un efecto que nada tiene en común con el cultivado refinamiento del Impresionismo, sino que exige una participación espontánea, e incluso que cause impresión al espectador; y todo ello es provocado por la vigorosa escenificación de un simple girasol.

El responsable directo es, en primer lugar, el contraste complementario entre el amarillo sucio y el azul vivo del fondo difuso. Van Gogh se había interesado durante mucho tiempo por las teorías de Delacroix relativas al color. Lo más importante que aprendió, junto a la idea de la autonomía cromática, fue la aplicación del contraste complementario. Dicho contraste se produce al contraponer uno de los tres colores básicos —amarillo, rojo o azul— a la mezcla formada por los otros dos. Las combinaciones rojo-verde, amarillo-violeta y azul-naranja refuerzan mutuamente la intensidad de su tono o se neutralizan al mezclarse, convirtiéndose entonces en un gris deslucido. Con este truco, en apariencia tan banal, se podía lograr un efecto cromático realmente fascinante.

Vincent, durante su estancia en París, quiso asimilar todo esto de golpe. Era como si hubiera querido unificar en la pintura, su único instrumento, la multiplicidad de formas de expresión que, más allá del arte, concurrían en el crisol parisino. Esta multiplicidad de medios de expresión se encuentra también en la obra *Naturaleza muerta con botella y limones en un plato* (il. pág. 425), pintada en la primavera de 1887. Las formas duras y compactas de la fruta están circundadas de una base finamente esbozada y trazada con líneas diagonales que atrapan los bordes del plato. El amarillo rojizo de los frutos y el azul verdoso del fondo forman un contraste complementario. Del todo acorde con el espíritu impresionista, los colores y la luz reverberan en la claridad de la botella estriada. El conjunto tiene como trasfondo la decorativa estructura lineal de un papel pintado que, a su vez, nos remite a otro campo importante de expresión artística adoptado por Van Gogh en aquel momento: el «Japonesismo», manifestación de moda, muy extendida en la época, y que no solo se limitó a las artes plásticas.

Ya en 1867 el pabellón japonés había tenido un gran éxito en la Exposición Universal de París. En una nueva tendencia de apertura hacia otras culturas se despertó la admiración por el exotismo de lo lejano y por el evidente alto grado de civilización de la cultura asiática. De repente, las señoras de la alta sociedad empiezan a usar abanicos y a llevar quimonos; compran vajillas de porcelana e introducen biombos en sus viviendas feudales. En los grandes almacenes se establece un departamento dedicado a productos japoneses. Acababa de nacer una

ARRIBA
El Sena con el Puente de la Grande Jatte, 1887
Óleo sobre lienzo, 32 x 40,5 cm
Ámsterdam, Van Gogh Museum, Fundación Vincent van Gogh

PÁGINA SIGUIENTE
Naturaleza muerta con botella y limones en un plato, 1887
Óleo sobre lienzo, 46,5 x 38,5 cm
Ámsterdam, Van Gogh Museum, Fundación Vincent van Gogh

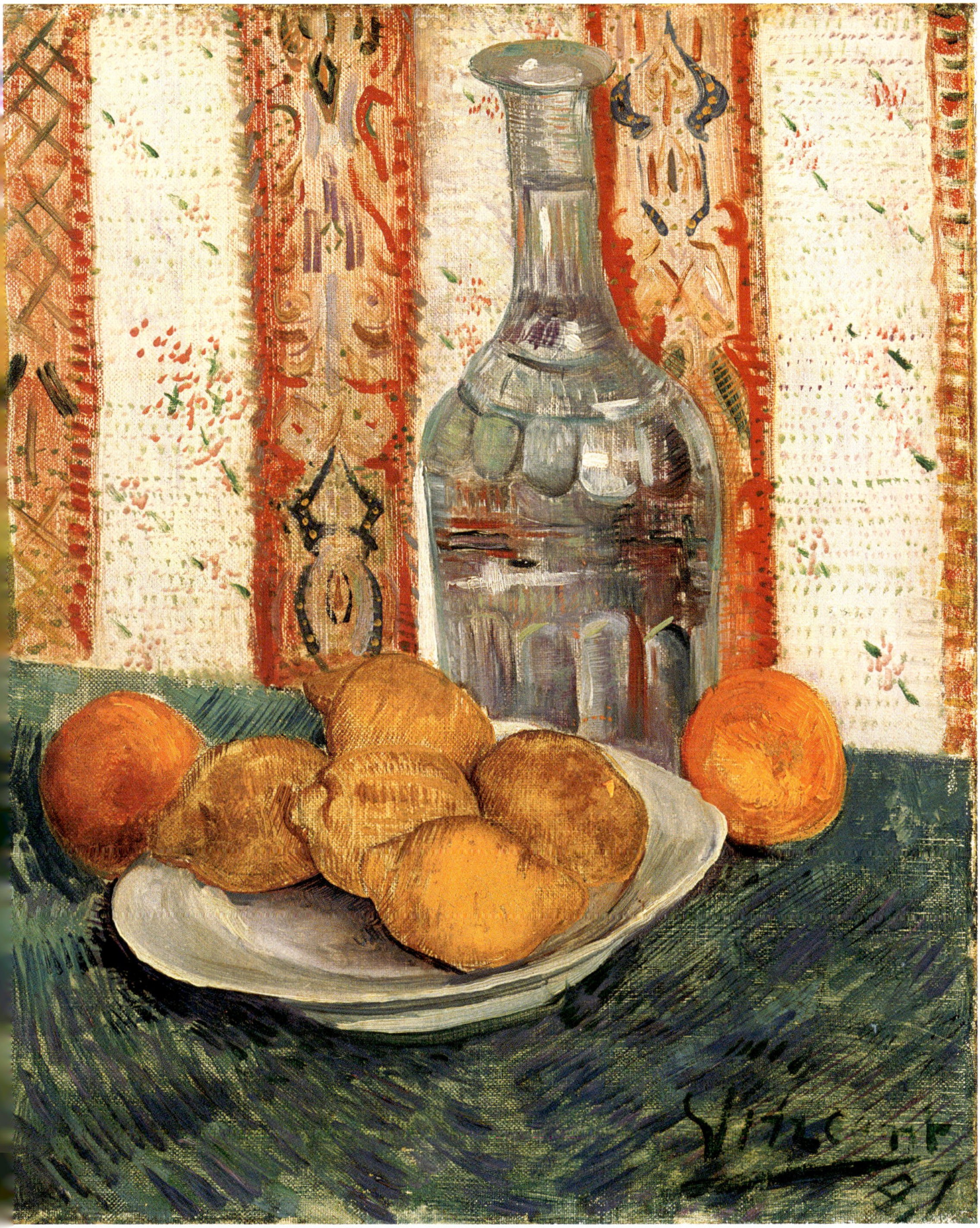

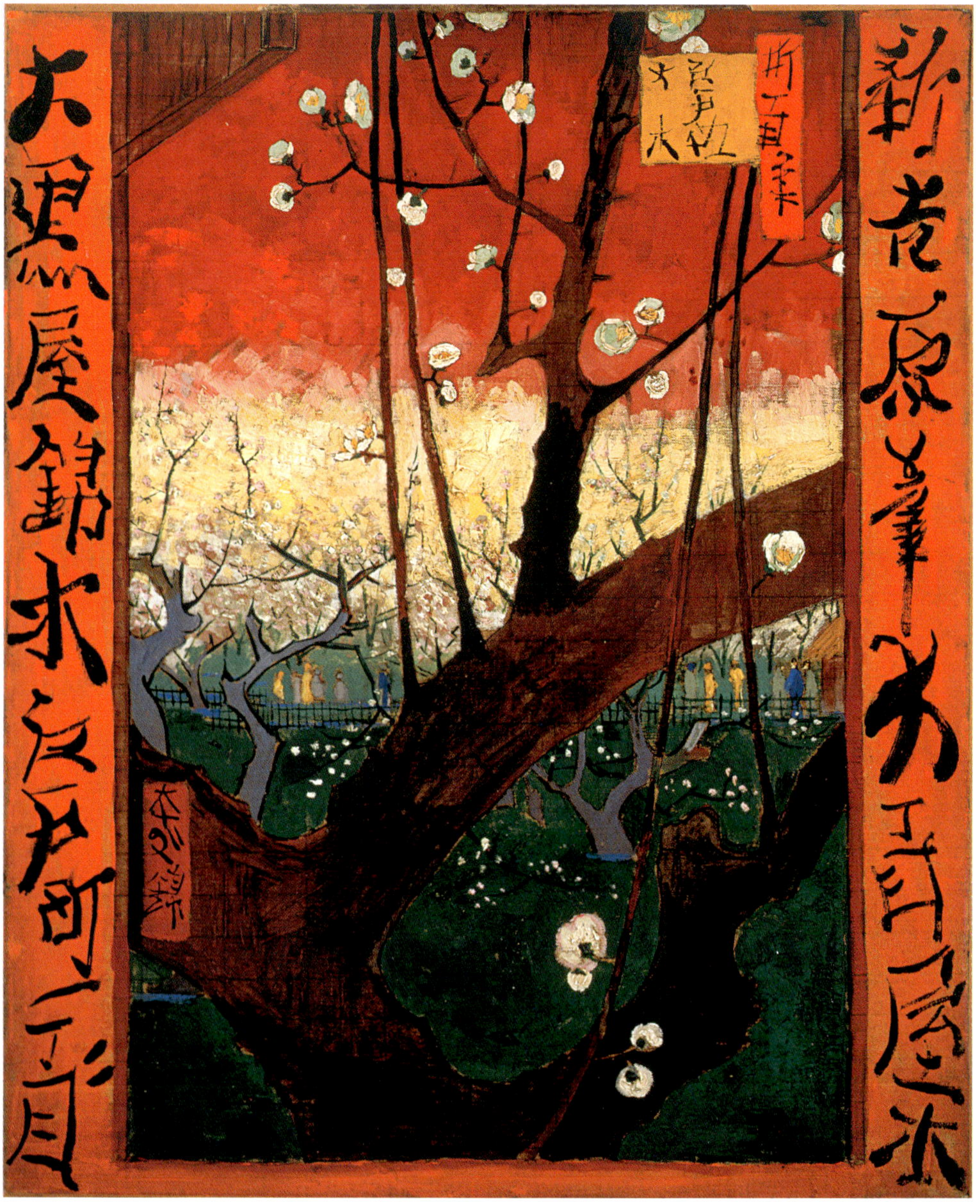

Japonaiserie: Ciruelo en flor (según Hiroshige), 1887
Óleo sobre lienzo, 55,6 x 46,8 cm
Ámsterdam, Van Gogh Museum,
Fundación Vincent van Gogh

Japonaiserie: Puente bajo la lluvia (según Hiroshige), 1887
Óleo sobre lienzo, 73,3 x 53,8 cm
Ámsterdam, Van Gogh Museum,
Fundación Vincent van Gogh

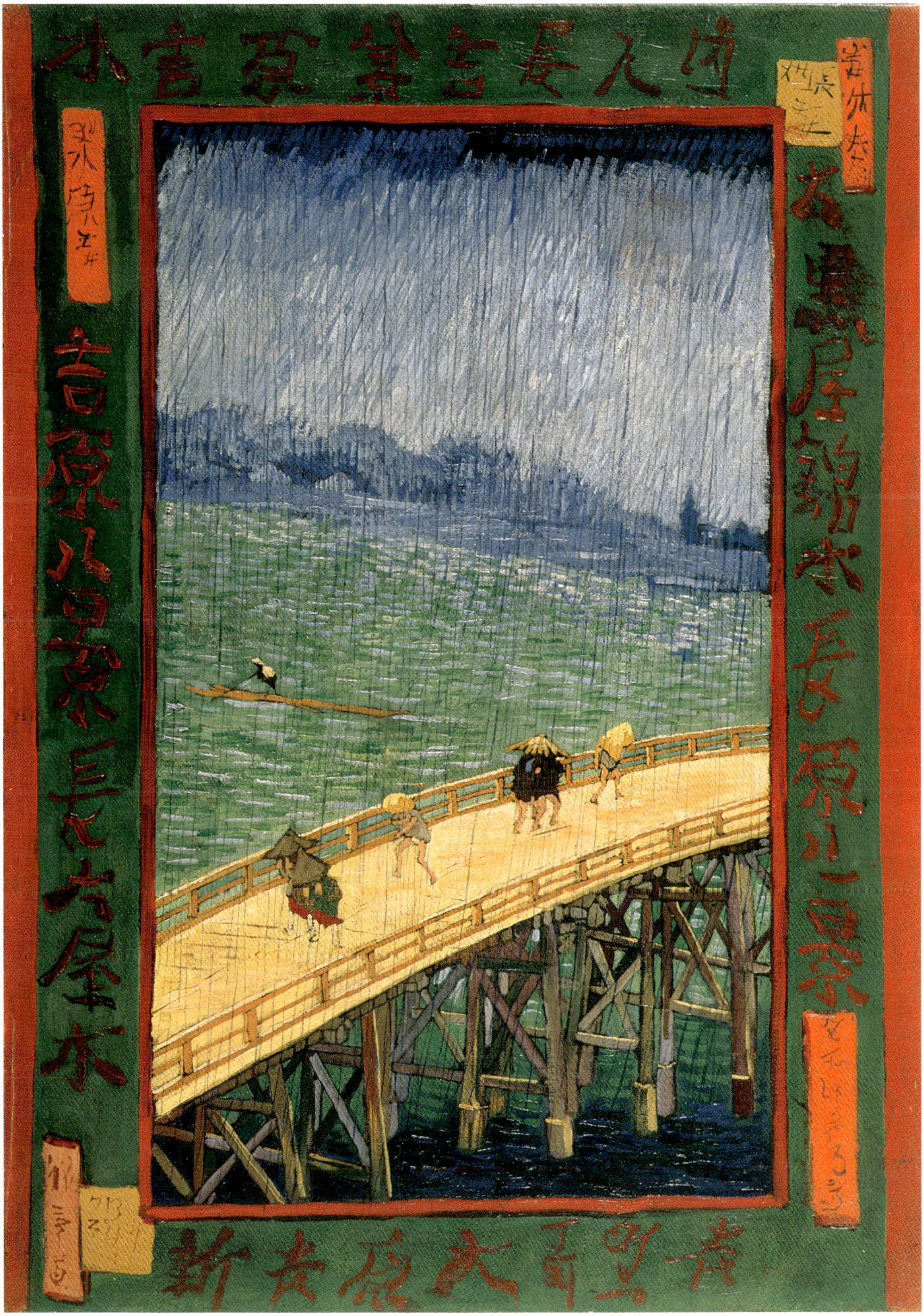

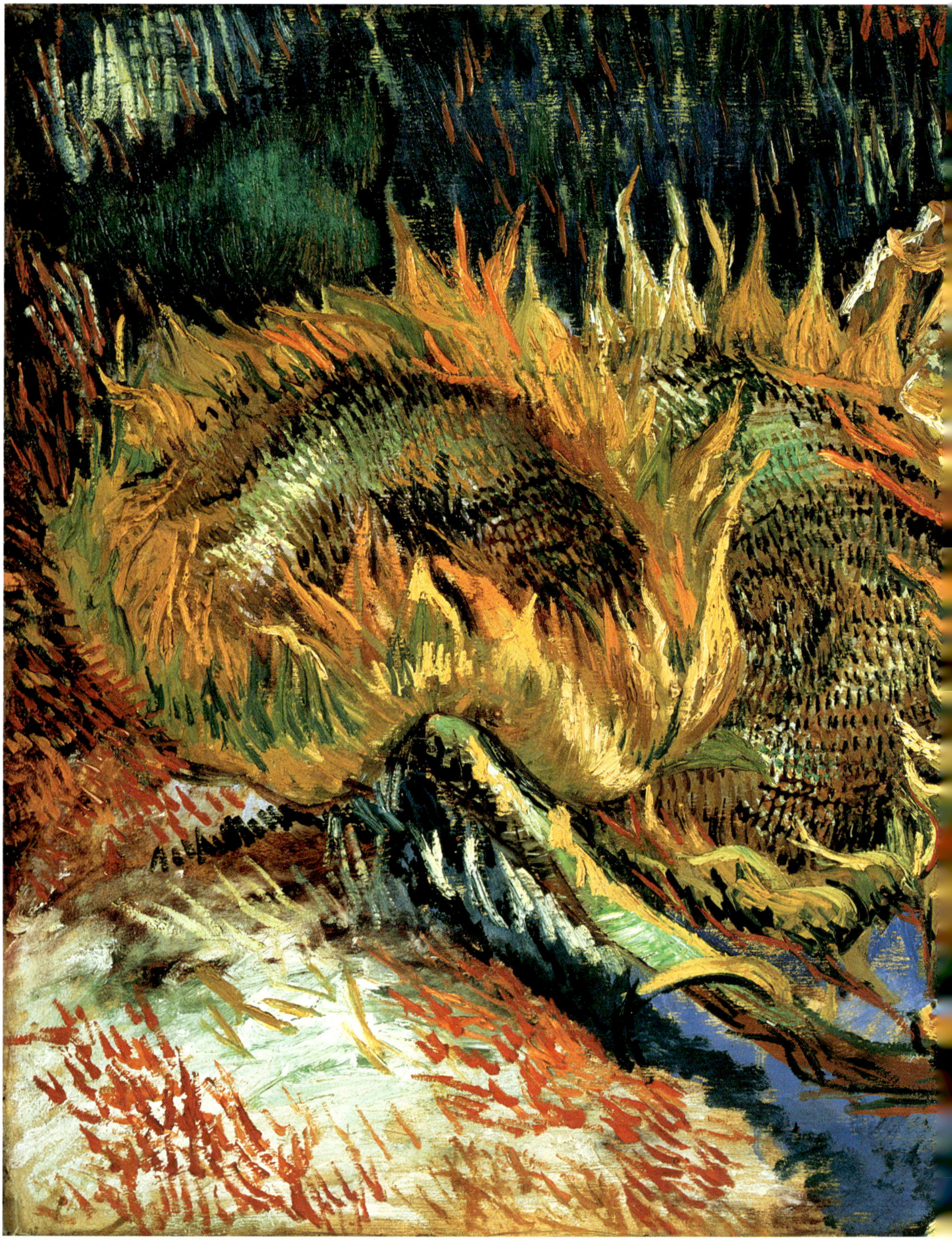

Cuatro girasoles marchitos, 1887
Óleo sobre lienzo, 59,5 x 99,5 cm
Otterlo, Kröller-Müller Museum

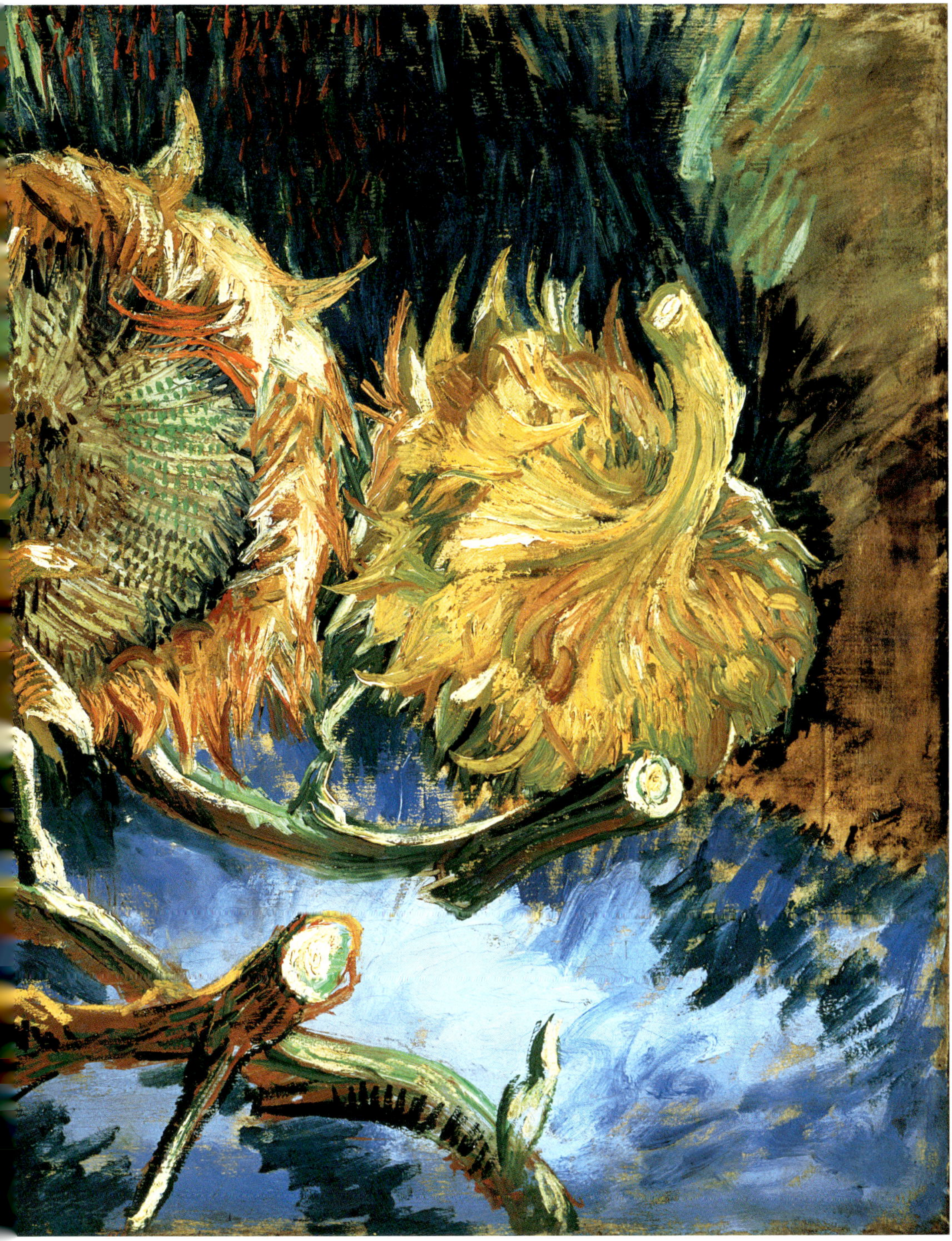

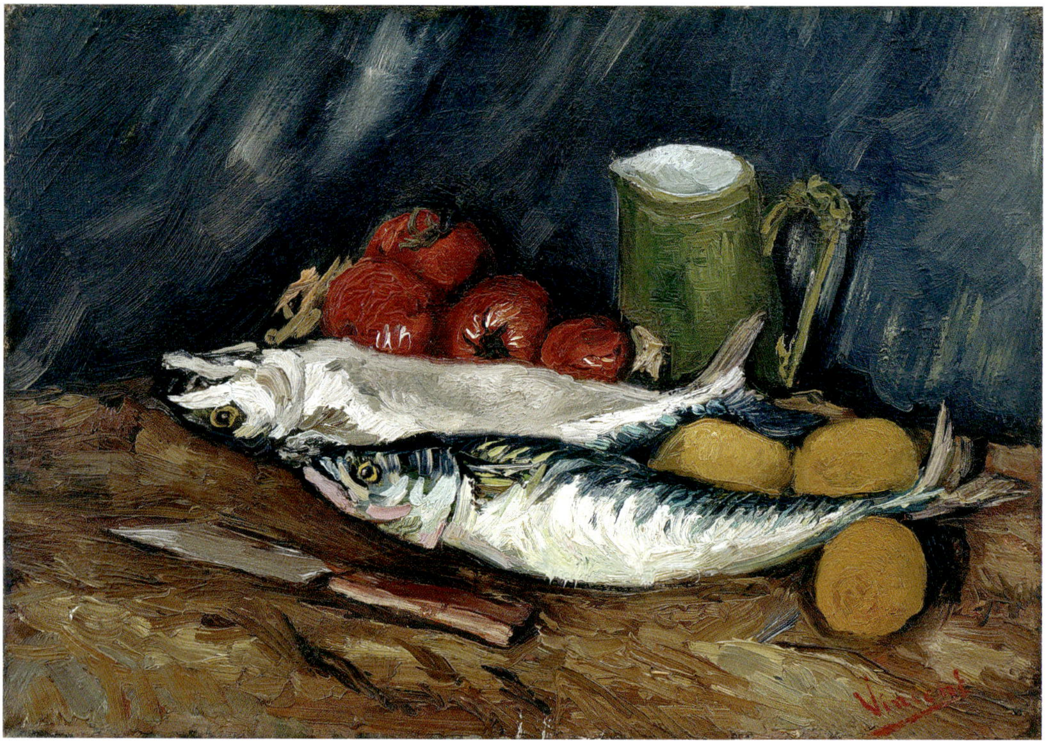

Naturaleza muerta con caballas, limones y tomates (antiguamente atribuido), 1886
Óleo sobre lienzo, 39 x 56,5 cm
Winterthur, Colección Oskar Reinhart «Am Römerholz»

PÁGINA SIGUIENTE
Jarrón con margaritas y anémonas, 1887
Óleo sobre lienzo, 61,5 x 38,5 cm
Otterlo, Kröller-Müller Museum

auténtica moda. La reacción en las artes plásticas no se hizo esperar mucho tiempo. Xilografías procedentes del Japón, reimpresas a bajo precio o cuidadosamente importadas, marcaron de repente el estilo a seguir. Sus contornos delimitados fueron la respuesta adecuada a la dispersión de las formas en el Impresionismo, y su decorativo colorido una reacción a la triste escenificación de la miseria tan propia del Naturalismo.

Se dio el nombre de *japonaiserie* a las reproducciones de xilografías japonesas. De Van Gogh conocemos tres ejemplos de tales imitaciones. Tanto su cuadro *Ciruelo en flor* como el *Puente bajo la lluvia* (il. págs. 426 y 427) están inspirados en obras de Hiroshige, uno de los últimos famosos maestros que casi podría considerarse contemporáneo suyo. Las xilografías japonesas del siglo XIX muestran ya puntos de contacto con el arte occidental, lo que naturalmente propició su adopción. No obstante, y a pesar de su claro intento de imitación, todas las versiones realizadas por Van Gogh están muy lejos del original. Su aplicación del color no alcanza nunca la textura lisa y extendida por zonas de Hiroshige; al contrario, el colorido pastoso de Van Gogh acentúa un sello personal que no puede equipararse al original. Asimismo cambia el formato del cuadro, ensanchando los estrechos márgenes mediante bandas con caracteres japoneses cuyo significado, sin duda alguna, desconocía. En pocas palabras, Van Gogh europeizó los temas que le servían de modelo, los adaptó a su propio lenguaje pictórico hasta conseguir que correspondieran a la tendencia del momento.

Poco antes de finalizar su etapa parisina Vincent pintó tres retratos del anciano Julien Tanguy, llamado por todos «Père» Tanguy y en cuyo comercio Van Gogh compraba los útiles de pintura.

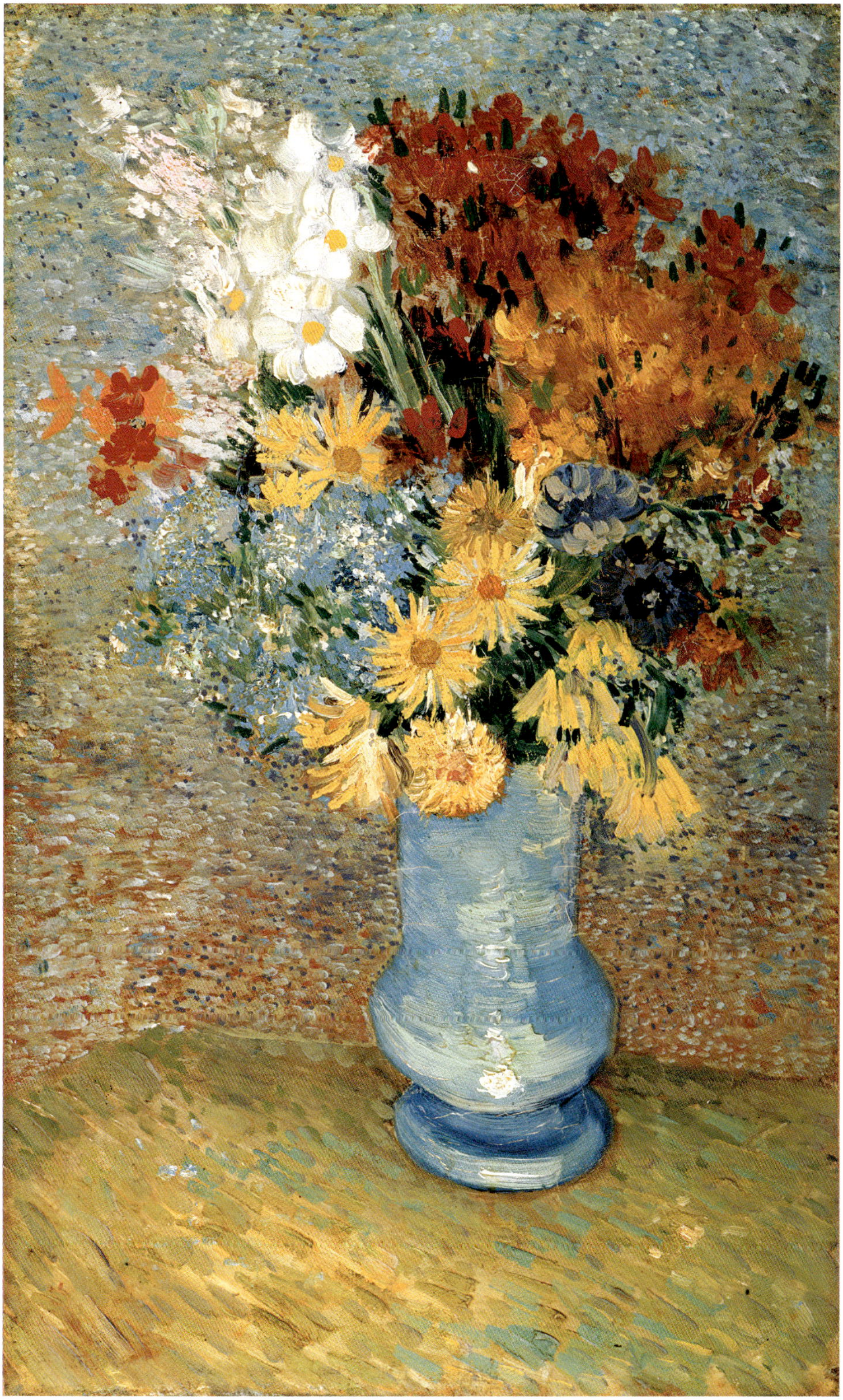

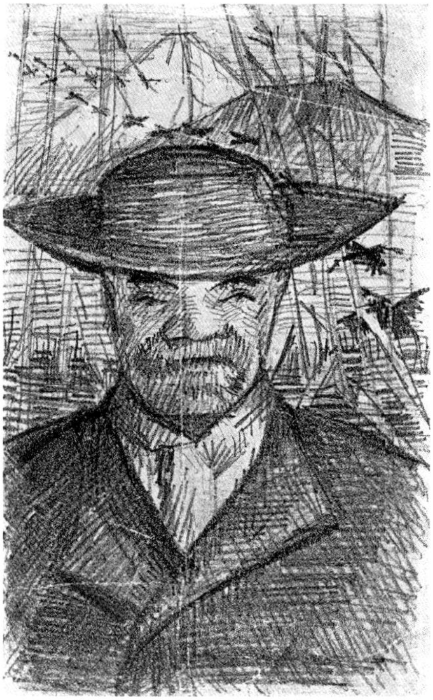

Tanguy había llegado a vivir todavía la gran época en la que se realizaron los ideales socialistas, los días de la insurrección de la Comuna de París, lo que lo llevó al exilio, y por ello fue considerado entre los artistas como «el gran señor» de sus propias utopías. En su tienda compraban a muy bajo precio, o incluso a crédito, los materiales que necesitaban para pintar. En una habitación contigua Tanguy había instalado una pequeña galería, totalmente desapercibida al gran público. Père Tanguy es casi una figura clave del arte moderno; no en vano en su cuarto trasero expusieron sus obras Van Gogh, Seurat, Gauguin y Paul Cézanne, es decir, precisamente los cuatro artistas a los que más tarde se calificará de precursores del siglo XX.

El retrato de Père Tanguy (il. pág. 433) es un compendio perfecto de la época parisina de Van Gogh, tan representativo como lo es *Los comedores de patatas* (il. pág. 417) de la etapa holandesa. Vemos al anciano Tanguy estrictamente de frente, casi simétrico, sentado en primer plano y con un aspecto monumental. Esta imagen simplista contrasta con la complicada estructura del fondo cuya pared está empapelada de estampas japonesas. Todo el conjunto acusa una gran falta de profundidad, de perspectiva; los bailarines japoneses parecen ir a chocar contra la figura en primer término.

Van Gogh será fiel a este principio y lo desarrollará aún más; seguirá un camino libre que le permita representar otras realidades, es decir, su propio mundo interior que tantas otras veces ya se había impuesto con vehemencia. El color y el pincel serán sus medios de expresión decisivos. En los dos años de estancia en París, Vincent asimiló a su modo la claridad del Impresionismo, la descomposición de las superficies hasta formar estructuras gráficas, a la manera puntillista, y el decorativo efecto plano del «Japonesismo », y todo ello en constante confrontación con los otros pintores. Con ellos discutió sobre las teorías cromáticas de Delacroix y perfeccionó la aplicación del contraste complementario, el empleo rígido del negro e incluso la renuncia, cada vez mayor, a los colores locales. Acabó conociendo a fondo todas las teorías; la composición y la aplicación del color pronto dejaron de ser un acto reflexionado, convirtiéndose en un gesto espontáneo ante el lienzo. La etapa parisina fue la más importante para su aprendizaje, y a pesar de rechazar los academicismos, a medida que el arte se convertía en su razón de vivir, asimilaba más conocimientos en aquel entorno enteramente dedicado al cultivo de las artes. De este modo se sentía dispuesto a emprender el camino que, como Cézanne, tantos habían seguido antes que él. Quería irse al sur, donde la naturaleza, tan necesaria para sus estudios, era más agradable, la luz más clara y los colores más intensos. También parecía aconsejable separarse por un tiempo de su hermano, a quien las escapadas de Vincent ya le habían ocasionado problemas con sus superiores. Así pues, y lleno de toda la esperanza que le permitía su carácter, el 20 de febrero de 1888 Vincent van Gogh tomó el tren que lo llevaría a Arles.

ARRIBA
Retrato de Père Tanguy, 1887
Lápiz sobre papel, 21,4 x 13,7 cm
Ámsterdam, Van Gogh Museum, Fundación Vincent van Gogh

PÁGINA SIGUIENTE
Retrato de Père Tanguy, 1887/88
Óleo sobre lienzo, 65 x 51 cm
París, Colección Stavros S. Niarchos

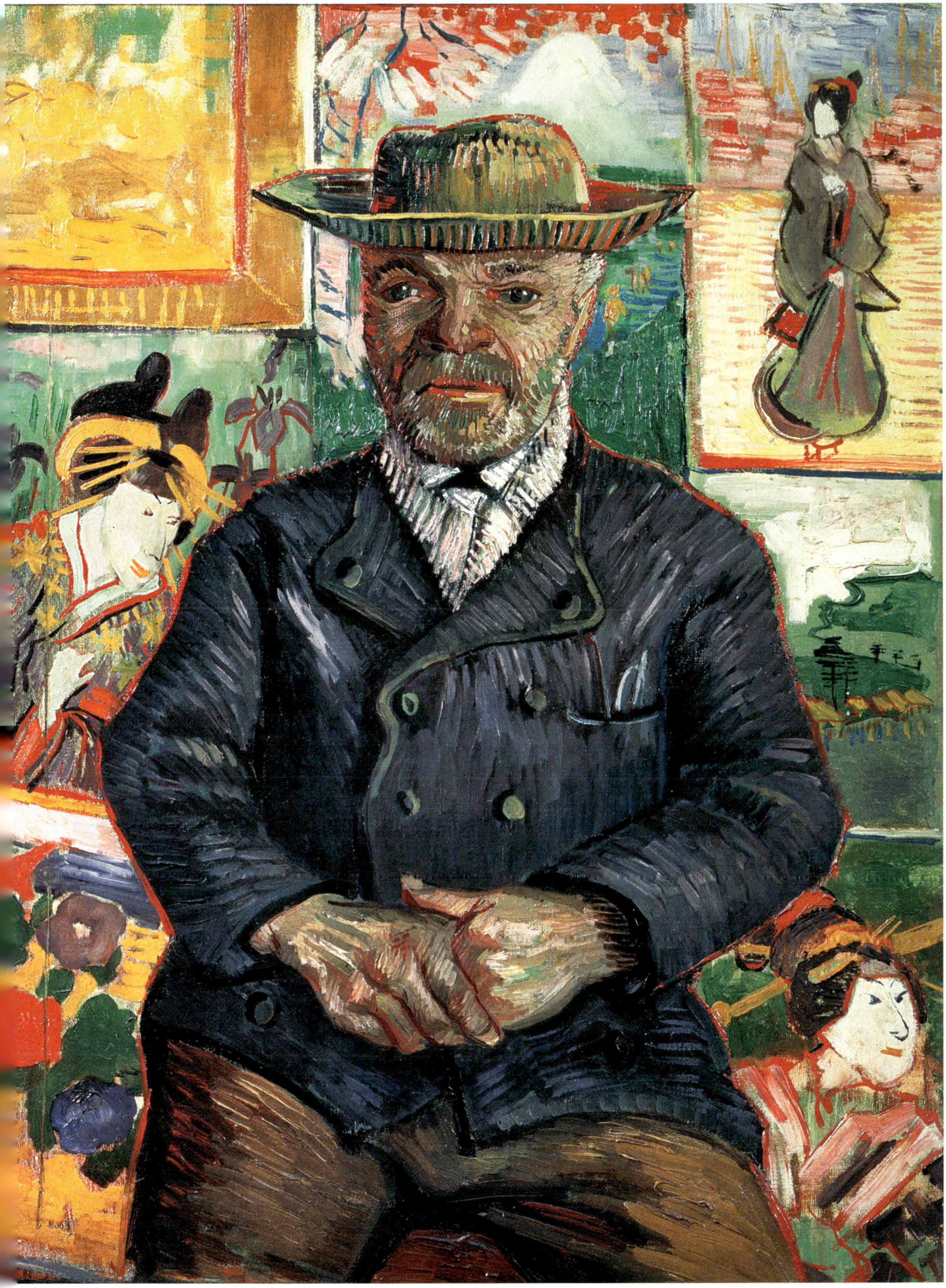

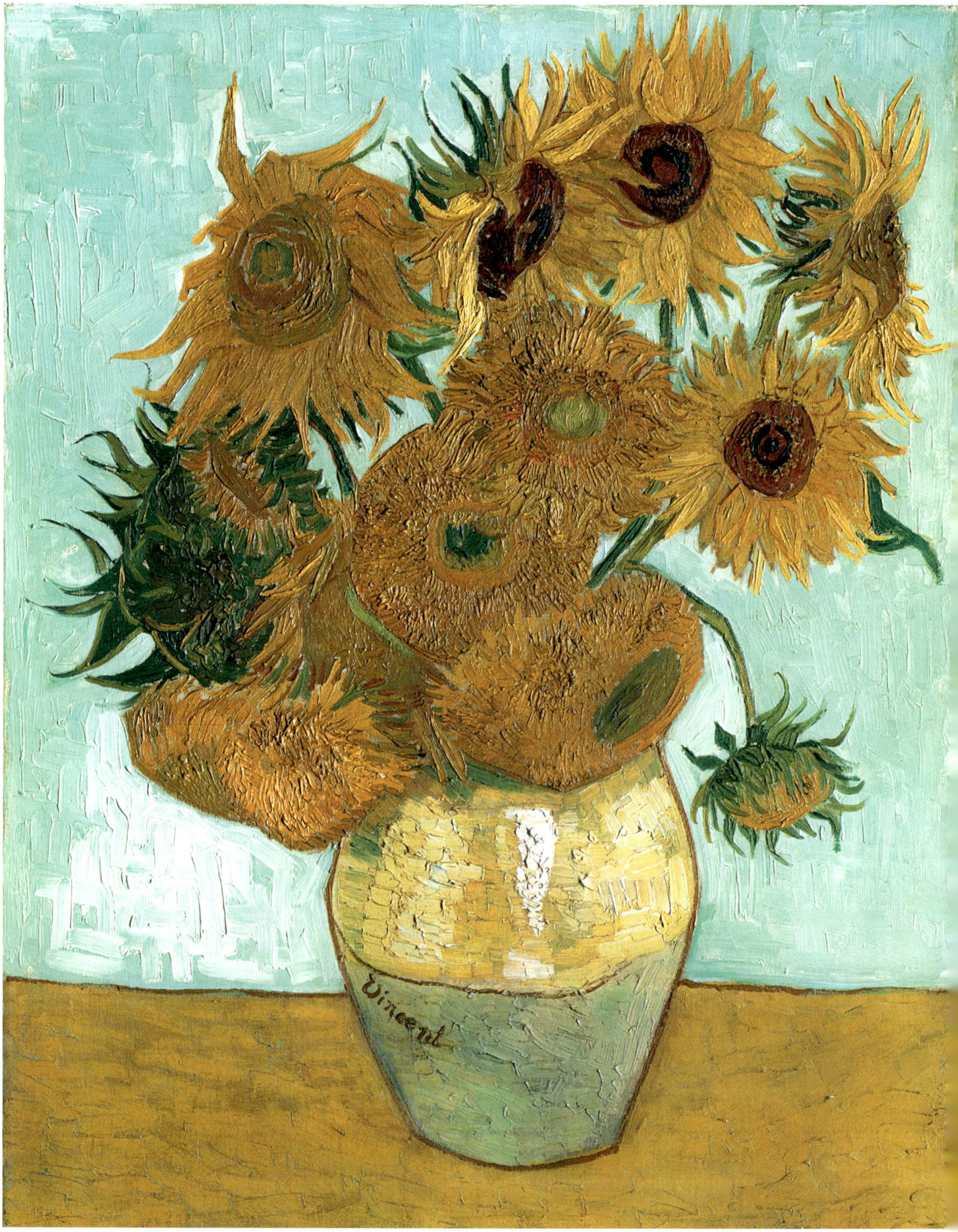
Vincent

La explosión del color

Arles 1888-1889

«Ahora que he visto el mar aquí, experimento de pronto la importancia que tiene permanecer en el sur y sentir que todavía falta llevar el color hasta su último extremo, África no está muy lejana».

VINCENT VAN GOGH

El magnetismo del sur: desde la estancia de Alberto Durero en Italia los pintores nórdicos se habían sentido fuertemente atraídos por el Mediterráneo. No se trataba solo de descubrir la arquitectura y la pintura del Quattrocento o de experimentar la sobrecogedora sensación de pisar una tierra rica en historia; la fascinación por el paisaje meridional con su clima benigno, bañado en la luz radiante de ese sol cálido, atraía en masa a los artistas. Este «turismo artístico» dejó su huella en los cuadros: la gama de colores se hizo más rica, los tonos más claros, los temas más clásicos. Paul Klee expresó la vivencia del sur con una enfática confesión en la que resumía su viaje a Túnez: «He descubierto el color».

Pero ¿por qué escoger precisamente Arles? Degas había pasado una vez un verano allí. Adolphe Monticelli, un pintor de flores pastosas y de alegre colorido al que Van Gogh consideraba una eminencia gris ya desde la época de sus largas discusiones con sus compañeros parisienses, vivía en Marsella, muy cerca de Arles. Zola había nacido en Aix-en-Provence, donde también vivía Cézanne desde hacía mucho tiempo. Además, las mujeres de Arles tenían fama de ser las más hermosas del mundo. Pero, aunque ni el propio Van Gogh da ninguna razón del porqué de su elección, su marcha en febrero significaba una huida de la triste melancolía del invierno parisino.

«Aquí no me hace falta para nada el arte japonés, pues me hago la ilusión de estar en Japón y solo necesito abrir los ojos y absorber lo que hay ante mí», escribió Van Gogh a su hermana poco después de su llegada. Como para confirmar ante sí mismo la exactitud de esa frase escogió para sus primeros cuadros de Arles los temas más típicamente japoneses. El cuadro *Melocotonero en flor* (il. pág. 439), creado en marzo de 1888, era un motivo que se le ofrecía concretamente ante la vista. Lo que Van Gogh expresa con más intensidad no es simplemente la alegría provocada por la inminente primavera que el pequeño árbol anuncia con toda claridad, sino su satisfacción de que esa esperanza de tener el lejano Oriente ante la puerta no haya sido defraudada. Ya no necesita, como en París, servirse de una xilografía de Hiroshige, ahora puede disfrutar personalmente su visión del Japón en un escenario natural. El árbol en flor, protegido del mistral mediterráneo por una valla de madera, nos refleja el optimismo de Van Gogh y es un símbolo de sus propios deseos y proyecciones anímicas.

Por cinco francos al día, lo que en realidad sobrepasa sus posibilidades, Van Gogh alquila una habitación en la buhardilla de un restaurante, pero es tan pequeña que no le sirve de estudio. Como tampoco conoce a nadie que pueda posar para él como modelo, su único tema pictórico serán los alrededores de Arles, árboles, colinas, puentes y cabañas de pescadores. La Camargue, el pantanoso delta

Doce girasoles en un jarrón, 1888
Óleo sobre lienzo, 91 x 72 cm
Múnich, Neue Pinakothek

del Ródano apenas cultivado en el siglo XIX, la llanura de Crau con sus trigales y viñedos, y la playa alrededor de Saintes-Maries-de-la-Mer, lugar de peregrinación, calman la sed de naturaleza que se le había acumulado en los dos años de estancia en la ciudad. Dando largos paseos Vincent quiere también recuperar su endeble salud constantemente maltratada por el alcohol, el abuso del tabaco y una deficiente alimentación.

Quizás porque le recordase a su patria holandesa, se siente fuertemente atraído por el canal al sur de Arles, donde se dedica a hacer estudios del puente y los alrededores. Las dos versiones que pintó de *El puente de Langlois* (il. págs. 436 y 437) datan de marzo y mayo de 1888. La calma apacible del tema, con las grandes extensiones de cielo y agua y la escasez de objetos, cobran fuerza a través de los experimentos que Van Gogh realiza con el color; los objetos del cuadro son simplemente el decorado sobre el cual el colorido se extiende como una segunda piel. La segunda versión es, digamos, la más discreta. Desde los arbustos de la orilla se nos ofrece a la vista un amplio cielo azul y menos agua en su parte inferior. Contemplamos también a contraluz el puente, sobre el que se pueden reconocer, como meras sombras, a las personas que lo cruzan; el colorido es limitado y claro, con abundante mezcla de blanco. Todo ello nos recuerda el Impresionismo al que Van Gogh somete aquí su visión personal. La primera versión es muy distinta. El pintor se halla directamente en la orilla. Todos los objetos del cuadro se destacan con punzante agudeza de un horizonte elevado y parecen estar iluminados por sí mismos, lo que se acentúa por el tono rojizo mezclado en todos los colores.

Van Gogh crea una nueva forma de color en la pintura, dejando atrás de modo admirable a su maestro Delacroix. La autonomía

El puente de Langlois en Arles con dama con sombrilla, 1888
Óleo sobre lienzo, 49,5 x 64,5 cm
Colonia, Wallraf-Richartz-Museum & Fondation Corboud

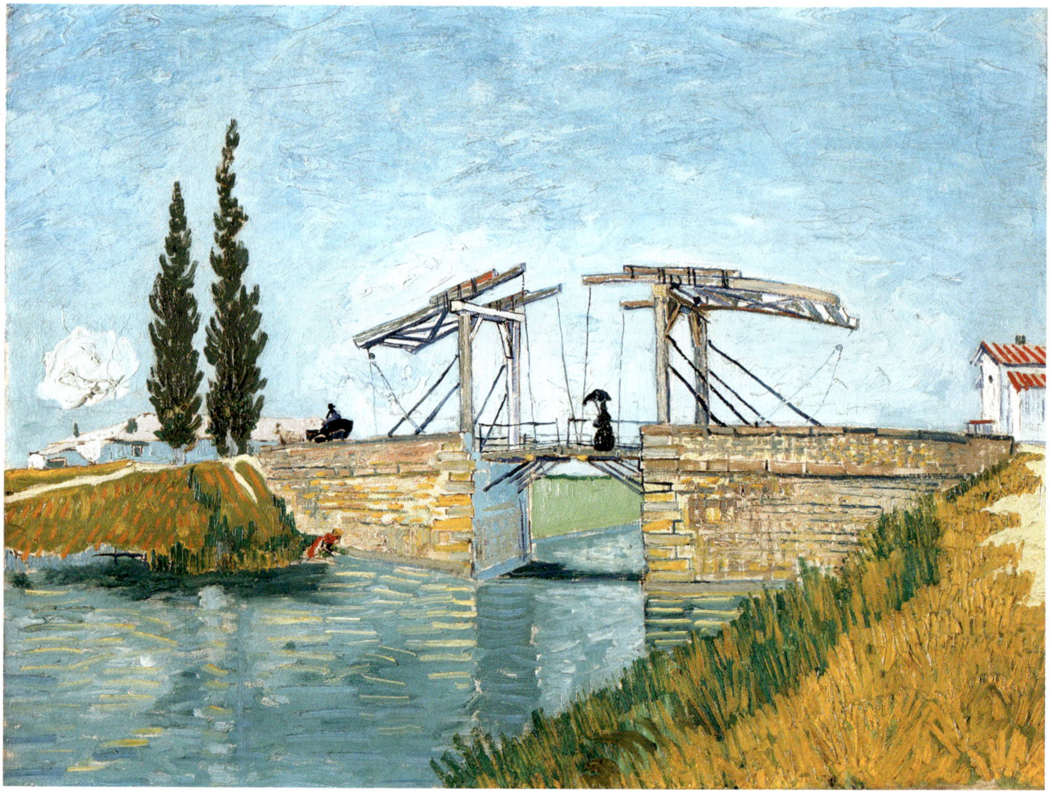

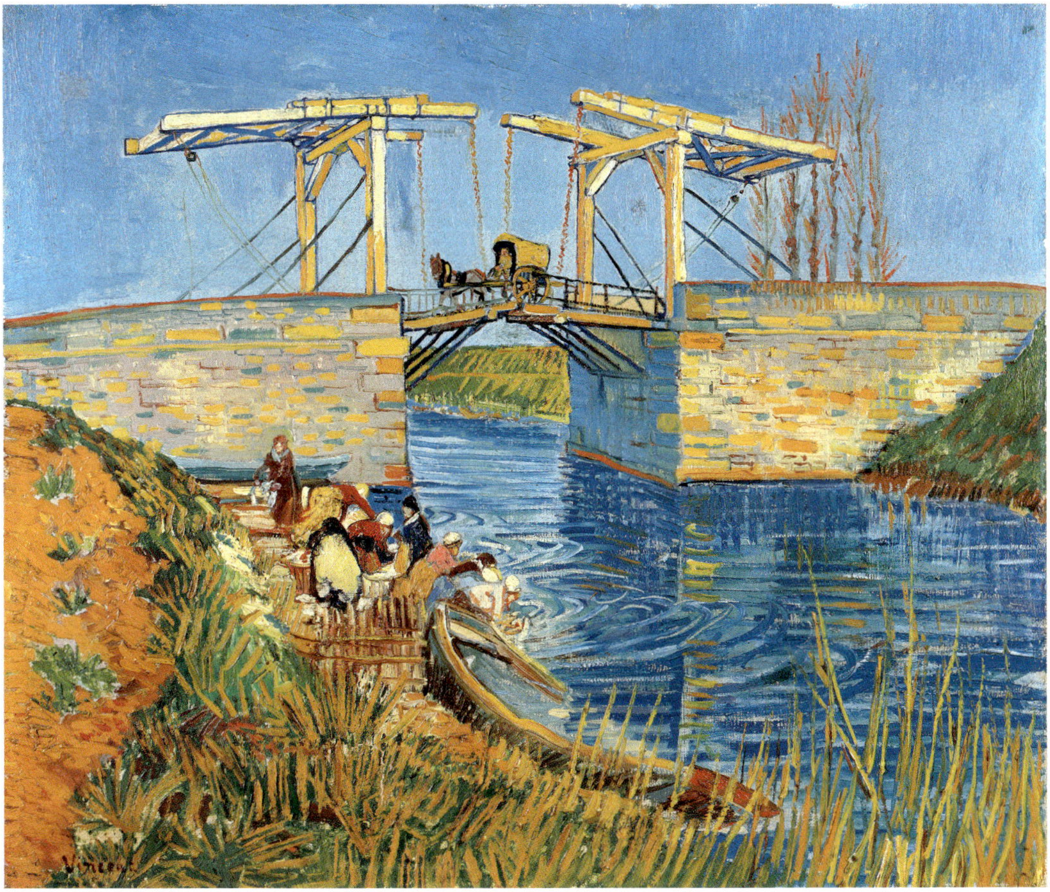

El puente de Langlois en Arles con lavanderas, 1888
Óleo sobre lienzo, 54 x 65 cm
Otterlo, Kröller-Müller Museum

del color y el «tonalismo» se unifican. Aunque, como antes, el colorido sigue basándose en variaciones de un color, en tonos, pero ese color que sirve de pauta ya no está en relación alguna con la realidad. Un amarillo intenso o un rojo fuerte ya no tienen la misión de representar una imagen. El color es ahora el único soporte de la expresión individual y de la idea de la realidad tal y como está concebida en la psique del pintor. Se refrenan la luz y la sombra, los reflejos y el fraccionamiento del color, ya que su origen gráfico hay que buscarlo en la percepción visual y no en la imaginación. Ya no se utiliza un color determinado por el solo hecho de representar la realidad adecuadamente, sino porque refuerza la vehemencia de lo que se quiere transmitir. Ese color ya no puede analizarse objetivamente, es una experiencia puramente subjetiva.

Sin embargo, todavía no hay grandes motivos que justifiquen tal vehemencia de expresión, al contrario. En cuadros como *La llanura «La Crau»* (il. págs. 442/443), de junio de 1888, lo importante es precisamente lo que se representa. Van Gogh ha plasmado aquí un paisaje a la manera tradicional; la intensidad del color es un hecho, sí, pero por otra parte el suave azul del cielo atenúa la tonalidad del fondo justo para conseguir una representación de una imagen real.

Vincent se cambia de domicilio, yéndose a vivir a una habitación barata de un café. Al mismo tiempo alquila una casa, la famosa «casa amarilla», que irá decorando poco a poco. Desde mayo dispone, por lo menos, de un estudio para pintar y tiene también un almacén para guardar los

«Cuando uno goza de buena salud, es preciso poder vivir de un trozo de pan, trabajando toda la jornada y teniendo todavía la fuerza de fumar y beberse una copa; esto es necesario en esas condiciones, y al mismo tiempo, sentir claramente en lo alto las estrellas y el infinito. Entonces la vida puede llegar a ser, a pesar de todo, casi fabulosa. ¡Ay!, el que no crea aquí en el sol es un descreído».
VINCENT VAN GOGH

numerosos cuadros que ha realizado últimamente. Todavía está lleno de optimismo.

Una vez al año el pueblo pesquero de Saintes-Maries-de-la-Mer se convierte en el centro de reunión de los gitanos de Europa. El 24 de mayo acuden en peregrinación a ese lugar en honor a su patrona, Santa Sara, lo que, mitad por curiosidad mitad por miedo, provoca gran alboroto en la localidad. Este hecho despierta también el interés de Van Gogh, y sus excursiones a los alrededores de Arles culminarán con un viaje a la costa mediterránea. En su obra *Barcas de pesca en la playa de Saintes-Maries* (il. pág. 441), realizada a principios de junio de 1888, vuelve a abordar un tema ya tratado en su primera época, si bien en este cuadro de un modo más depurado, más maduro: las escenas de playa. Pero aquí se puede decir que el mar ha retrocedido literalmente hasta el borde; su azul atmosférico, al que la línea del horizonte apenas separa de un cielo casi idéntico, es simplemente el escenario donde están plasmados los objetos con una exactitud gráfica. Con la precisión de un bisturí, la mirada de Van Gogh penetra en la forma que constituye un tema tan banal, en la curva ondulante del casco de las barcas, en las agudas líneas entrecruzadas de los mástiles. Casi con cariño Van Gogh se sirve de las cosas —sean barcas, floreros, sillas o zapatos— para ofrecernos una panorámica de lo visible.

De este modo, la autonomía del color no va acompañada de la autonomía de la forma. La forma de un objeto, su contorno y la constitución de su superficie guardan siempre estrecha relación con la realidad: «Es cierto que le doy la espalda a la naturaleza siempre que transformo un boceto en un cuadro, o al elegir, aumentar o simplificar el color; pero en lo relativo a las formas tengo miedo de desviarme de la realidad, de no ser lo bastante exacto», confiesa el mismo Vincent en una carta al pintor Bernard. Y añade: «Y es que el cuadro entero no es una invención mía, al contrario, lo encuentro ya terminado, pero hay que despojarlo de la naturaleza». Van Gogh no se aproxima a las cosas que desea plasmar en sus cuadros esbozándolas con trazos rápidos, sino presentando sus detalles con toda exactitud. El motivo concreto es, invariablemente, la base y el antídoto de lo que desea reflejar en su pintura, y sobre él, como una lámina, se extiende el color que Van Gogh elige, guiándose exclusivamente por el efecto que quiere conseguir en el cuadro, mientras que la dignidad del objeto permanece siempre inalterable.

Así vivía este excéntrico pelirrojo entre la gente de Arles: parco en palabras, reservado, y en constantes apuros económicos, pues como artista no tenía un trabajo que se pudiera calificar como profesión; y además con un nombre impronunciable, lo que desde muy pronto ya le había llevado a firmar sus trabajos solamente con su nombre de pila. Tardó casi medio año en lograr entablar relaciones con sus semejantes, en encontrar personas de su gusto y, sobre todo, que pudieran servirle de modelo. El retrato significaba para Van Gogh una confrontación artística con la gente, con la amistad y el afecto que sentía por los demás, sentimientos que en la vida tan a menudo le fueron negados. El arte del retrato «me permite desarrollar lo mejor y más profundo de mi alma», nos confiesa él mismo. En este proceso los colores se van convirtiendo en los portadores de la descripción del carácter, independientemente del aspecto concreto del retratado. En cierto modo todos ellos eran, como él, también marginados. Un detalle curioso es que nunca pintara un retrato de su hermano Theo, ni siquiera en su época parisina.

Melocotonero en flor
(Recuerdo de Mauve), 1888
Óleo sobre lienzo, 73 x 60 cm
Otterlo, Kröller-Müller Museum

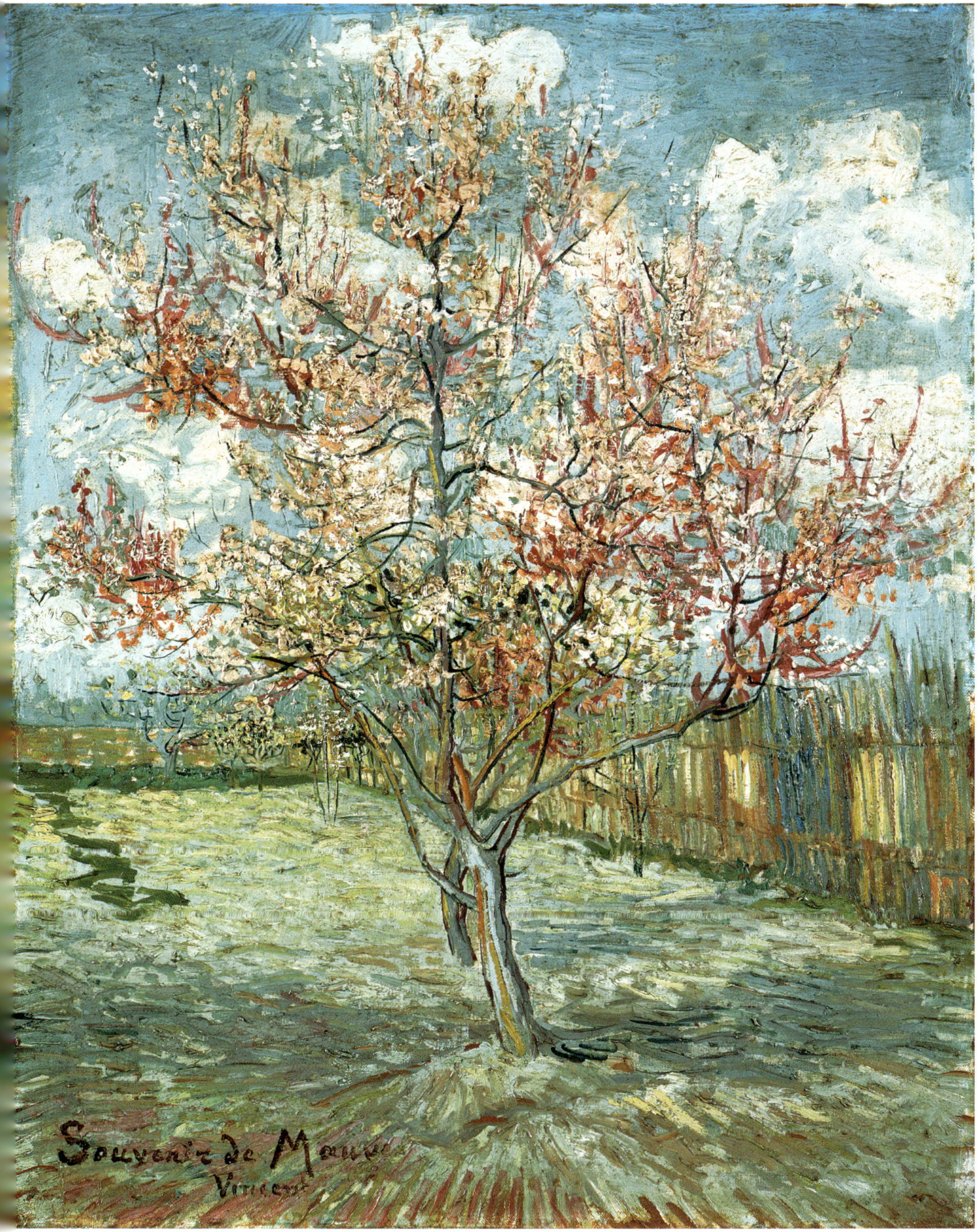
Souvenir de
Vincent

«He pasado una semana en Saintes-Maries. En la lisa playa de arena fondeaban pequeñas barcas verdes, rojas y azules, de formas y colores tan bellos que hacían pensar en flores. Un solo hombre las maneja. Son tan pequeñas que casi nunca van a alta mar. Salen cuando no hace viento y regresan a tierra cuando este sopla con demasiada fuerza».
VINCENT VAN GOGH

El cuadro *El zuavo sentado* (il. pág. 445), que nos muestra a un soldado de infantería de Argelia y data de finales de junio de 1888, es el primer retrato realizado después del de Père Tanguy. «Por fin tengo un modelo», comentó Van Gogh lleno de júbilo a la vista del joven africano que estaba de vacaciones en Arles. Milliet, como se llamaba el retratado, definió más tarde con certeras palabras el carácter de Van Gogh: «Este muchacho, con talento y gusto para dibujar, se volvía anormal en cuanto tocaba un pincel». Como de costumbre, en este caso tampoco fue un retrato realizado por encargo, sino que el aspecto exótico del joven con su extraña indumentaria recordó a Van Gogh a los modelos que había pintado Delacroix y que este había encontrado en Marruecos. La ilusión óptica del espacio y la falta de relieve, en singular contradicción, confieren a la imagen un carácter peculiar. Los rasgos del rostro, que están trazados con exactitud y acusan gran naturalidad, sobresalen con fuerza del decorativo estampado de la vestimenta, contrastando a su vez con la pastosa tonalidad del fondo. Las baldosas del suelo parecen hundirse hacia delante, dando una sensación de inseguridad y de falta de equilibrio en la postura del joven sentado.

Las personas que retrata Van Gogh en esa época, en realidad muy pocas, parecen estar aprisionadas en un corsé que el pintor les impone como queriendo reafirmar su estilo pictórico. Este hecho excluye en sí que dichos retratos se realizaran por encargo y fueran retribuidos. Los rasgos característicos de las figuras representadas se concentran en el rostro, que es lo único que el pintor intenta plasmar con exactitud; la postura, la vestimenta, el empleo del color y la composición son, en cambio, el resultado de querer conseguir un efecto decorativo, lo que no se logra guiándose por la persona que se tiene enfrente, sino por la simple aplicación del color. Van Gogh alardeaba de la rapidez con la que realizaba sus retratos: «Hay que hacer las cosas en caliente», escribe, tomando como ejemplo los trazos apresurados de los caricaturistas, especialmente de Honoré Daumier.

La Mousmé en un sillón (il. pág. 446) y el *Retrato de Joseph Roulin sentado a una mesa* (il. pág. 449) fueron creados consecutivamente en verano de 1888. La Mousmé, en palabras de Van Gogh «una muchacha japonesa, en este caso una jovencita provenzal de 12 o 14 años», y Joseph Roulin, del que dice que tiene «una cabeza como la de Sócrates», están sentados en el mismo sillón que el pintor había instalado en su «casa amarilla». La butaca parece demasiado grande para la niña que se nos presenta endeble y delicada, emergiendo entre el respaldo y los brazos redondeados del sillón; el cartero, en cambio, está erguido y se apoya un poco a la fuerza como intentando sustraerse a la estrechez del mueble. La falda de la niña y el uniforme del hombre no están tratados en realidad como prendas de vestir, sino que son grandes zonas de color con una función meramente ornamental. Por el contrario, las caras están trazadas con gran esmero. La mirada nerviosa y tímida de la chiquilla y el semblante colérico e hinchado del adulto representan con fidelidad la imagen concreta y familiar de los seres del vecindario. En estos retratos individuales Van Gogh se dedica al tema que más lo había fascinado en sus primeras obras: la gente sencilla de los alrededores, plasmada con la mirada de un pintor que se siente solidario con ella y busca su cercanía.

Durante todo el verano estará ocupado con un problema que sus compañeros de oficio habían tratado de solucionar desde hacía siglos: el modo de pintar la noche, la cuestión de cómo poder representar la oscuridad mediante el color. ¿Cómo se podía dar al color, que vive de la luz, una flexibilidad tal que pudiera representar justo lo contrario, es decir, las tinieblas? Un paseo nocturno a

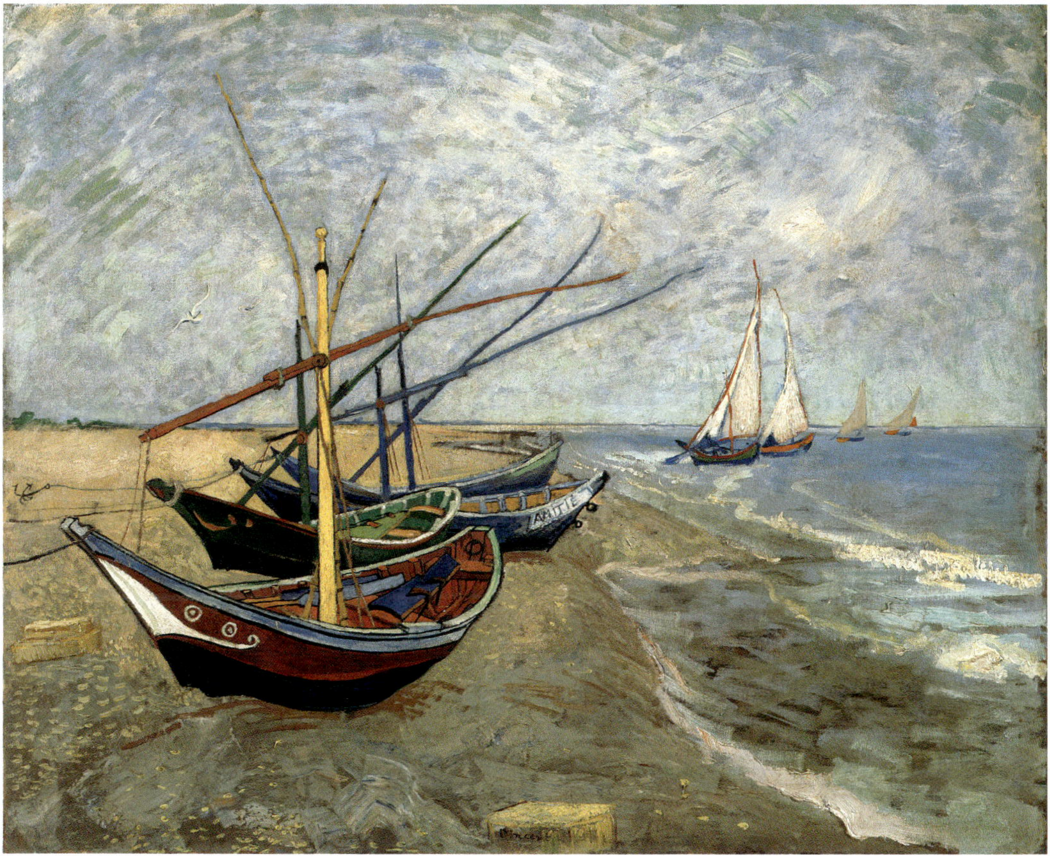

Barcas de pesca en la playa de Saintes-Maries, 1888
Óleo sobre lienzo, 65 x 81,5 cm
Ámsterdam, Van Gogh Museum, Fundación Vincent van Gogh

la orilla del mar parece haber sido una experiencia clave para Vincent. «Me he pasado una noche a orillas del mar, por la playa desierta. No era alegre, pero tampoco triste. Era bello», le escribió después verdaderamente impresionado a su hermano Theo.

En septiembre de 1888 pintó *Café nocturno en Arles* (il. págs. 450/451), entre otras razones para acostumbrarse a trabajar con luz artificial. Durante media semana se dedicó a dormir únicamente de día y por la noche se metía de lleno en la depresiva atmósfera del café para pintarla: borrachos agazapados en sus mesas en completa soledad, un jugador de billar, y en un rincón una pareja furtiva, personajes sin esperanza. «He intentado», dice Van Gogh explicando su cuadro, «expresar con el rojo y el verde las terribles pasiones humanas. La sala es de un rojo sangre y un amarillo apagado, en el medio hay un billar verde y cuatro lámparas amarillo limón con un resplandor anaranjado y verde. Por todas partes hay lucha y antítesis: en los verdes y rojos más diversos, en los personajes de los juerguistas que dormitan, en la sala vacía y triste, en el violeta y el azul». Y en otro pasaje escribe: «He tratado de expresar la idea de que el café es un sitio donde uno puede arruinarse, volverse loco, cometer crímenes». Así nos refleja la atmósfera de este cuadro, uno de los pocos en que el tema representado es el único portador de un sentimiento pesimista de la vida. El café como lugar «donde uno puede arruinarse», emborracharse y perder el último dinero, acompañará al propio Van Gogh en los dos últimos años de su vida hasta su derrumbamiento total.

«Una campiña infinita y llana —contemplada desde lo alto de una colina a vista de pájaro—, viñedos, campos de trigo segados. Todo ello se multiplica hasta el infinito y se extiende como un mar hasta el horizonte, limitado por las colinas de Crau…».

VINCENT VAN GOGH

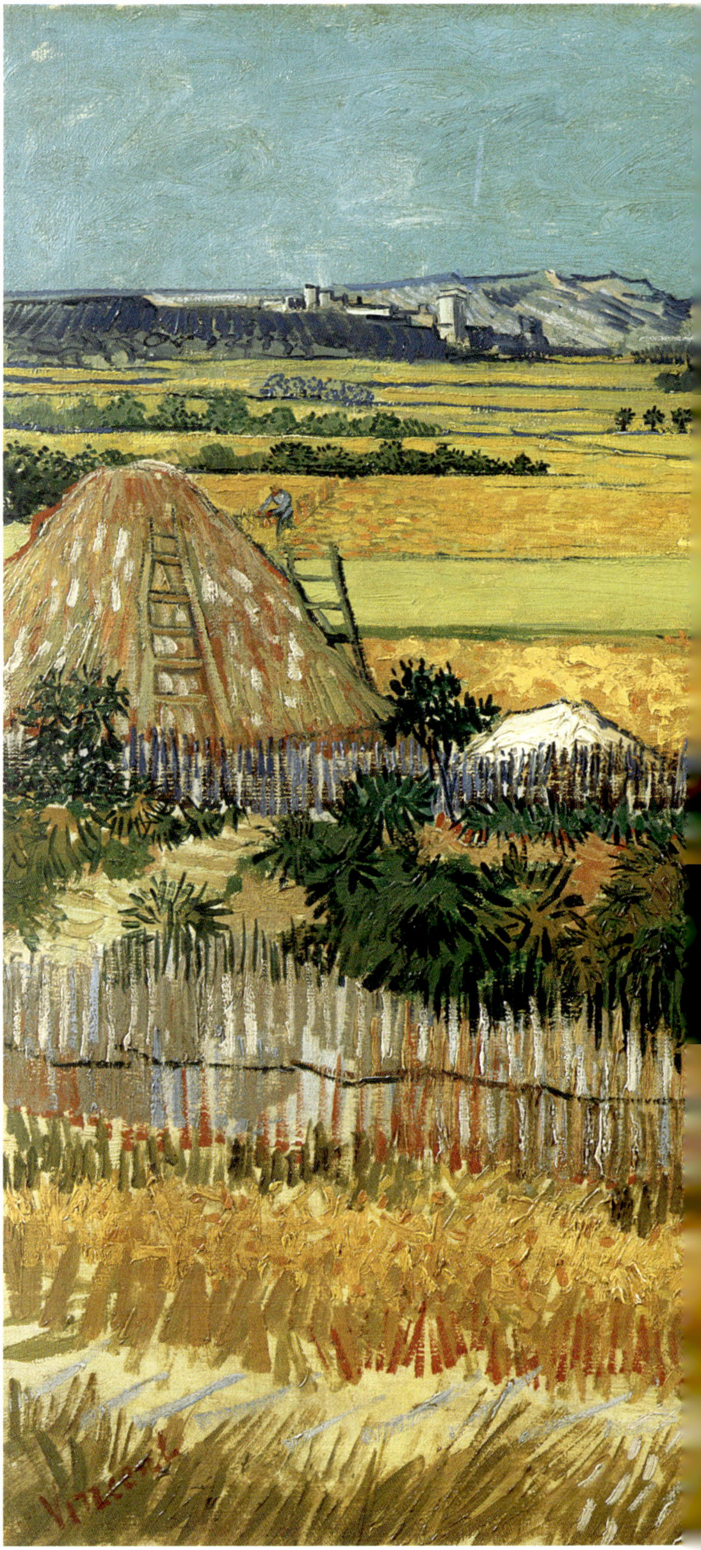

La llanura «La Crau» cerca de Arles con Montmajour al fondo, 1888
Óleo sobre lienzo, 73,4 x 91,8 cm
Ámsterdam, Van Gogh Museum,
Fundación Vincent van Gogh

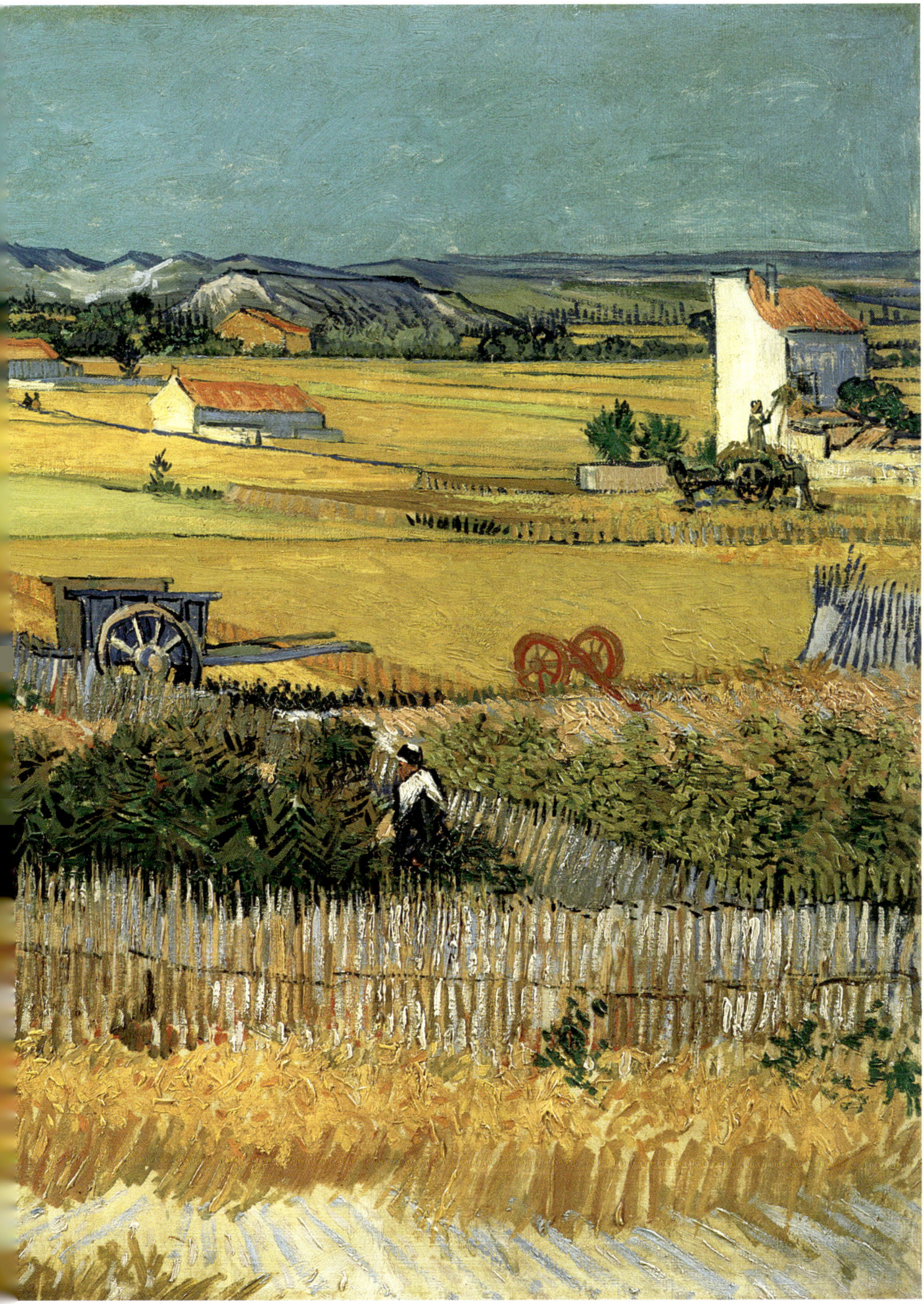

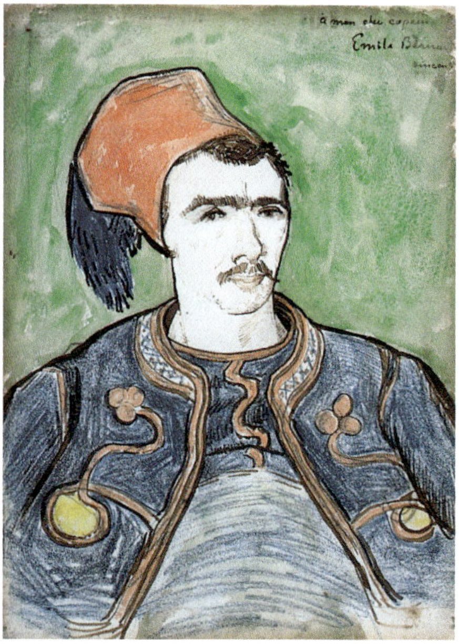

«Por fin tengo un modelo —un zuavo—, es un muchacho de pequeña estatura, con cuello de toro y ojos de tigre; he comenzado con un retrato y vuelvo a empezar desde el principio con otro... el uniforme es del mismo azul que el de las cacerolas esmaltadas, los galones de un rojo anaranjado descolorido, y lleva dos estrellas sobre el pecho; un azul común y muy difícil de reproducir».

VINCENT VAN GOGH

El ambiente nocturno de este cuadro se consigue más por las asociaciones de soledad, sufrimiento y desesperación que por la imagen misma. Solo la aureola amarillenta de las lámparas nos indica que se realizó de noche. No obstante, este «interior de café» no es más que un paso intermedio, un estudio de la pintura nocturna.

Con la obra *Terraza del café de la Place du Forum en Arles por la noche* (il. pág. 453), creada poco después, Van Gogh se atreve por primera vez a pintar al aire libre sin luz natural. La terraza del café, bajo un cielo cuajado de estrellas, está iluminada con claridad, su amarillo rojizo se sitúa en contraste complementario con el azul oscuro de la noche. La claridad acogedora del café resalta también de su ambiente sombrío por el fuerte magnetismo que emana de la profundidad en la mitad negra del cuadro, reconociéndose por las fugitivas líneas, casi paralelas, sobre el dintel de la puerta en primer plano y sobre la pérgola y la fachada de las casas. Las zonas claras iluminadas como por focos, las estrellas del cielo y el contraste complementario, especialmente difícil de lograr con una luz tan escasa, nos muestran la imagen de una escena nocturna como si fuera lo más natural del mundo.

Pintar al aire libre fue una innovación del siglo XIX. Pintar con luz artificial había sido un pasatiempo artístico muy de moda en el barroco. Pintar de noche, al aire libre y además con luz artificial se puede considerar como un invento personalísimo de Van Gogh. Con esta técnica se sitúa en total oposición a la pintura luminosa del Impresionismo ya que el nuevo método acentúa una precisión de la mirada sobre los objetos en penumbra, mientras que la pintura al aire libre valora precisamente su desenvolvimiento en una atmósfera brumosa. «La noche es más activa y más rica en colores que el día», nos dice entusiasmado. Al no poderse reconocer con claridad los objetos se estimula en mayor medida la exactitud y la fantasía cuando se quiere representarlos. La pintura nocturna acompañará a Van Gogh los pocos años que le quedan hasta su muerte y culminará con *La noche estrellada* (il. págs. 474/475).

El cuadro *La casa amarilla* (il. pág. 455), de septiembre de 1888, no lo pintó de noche, pero sí con la misma tonalidad. Al poco tiempo de haber alquilado esta casa, Van Gogh hizo revocar la fachada de amarillo, el color sin duda más importante para él y más cargado de simbología. Durante mucho tiempo estuvo vacía por falta de dinero para amueblarla. Por fin, al enviarle Theo trescientos francos, Vincent

ARRIBA
El zuavo (figura de medio cuerpo), 1888
Acuarela, 31,5 x 23,6 cm
Nueva York, The Metropolitan Museum of Art

PÁGINA SIGUIENTE
El zuavo sentado, 1888
Óleo sobre lienzo, 81 x 65 cm
Colección particular

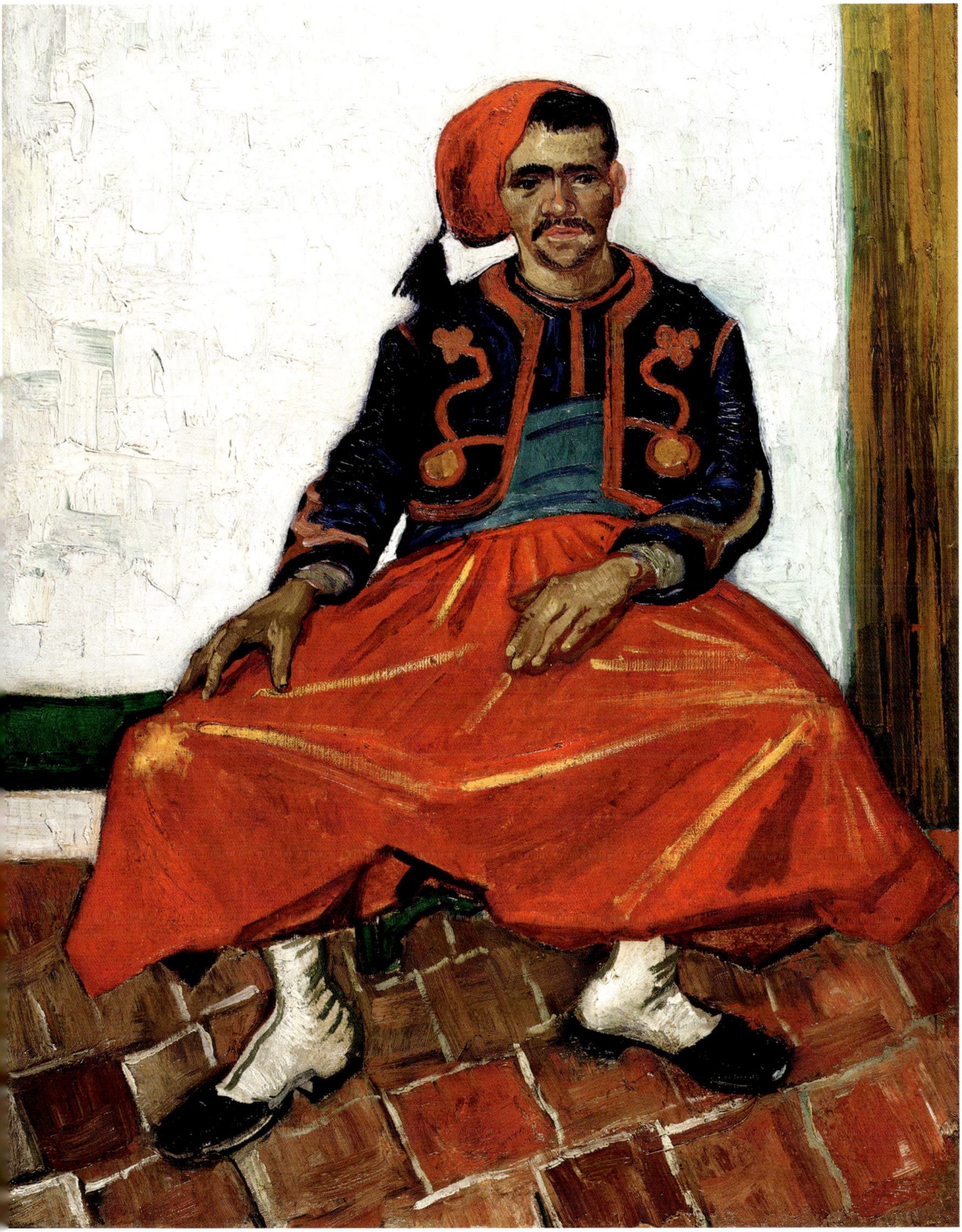

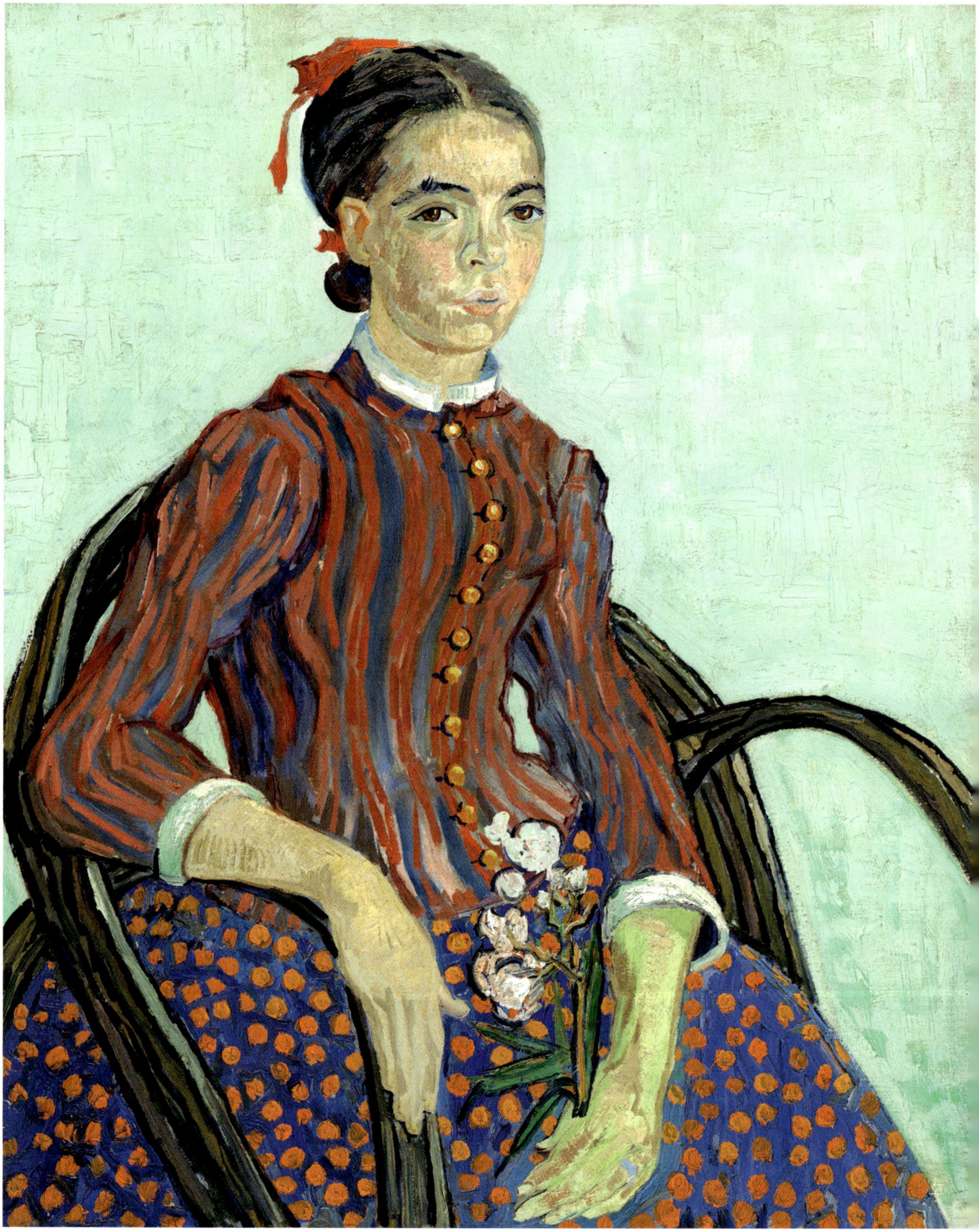

puede permitirse decorarla con modestia y a mediados de septiembre se instala en ella definitivamente. El hecho de considerarse «propietario» y de tener una casa le daba una fuerte sensación de seguridad y libertad, abriéndole, además, la posibilidad de poder fundar aquí la comunidad de artistas con la que soñaba desde hacía tanto tiempo. Embriagado de sentimientos pintó de amarillo todas las casas que figuran en el cuadro, como si todas ellas estuvieran a su disposición. Durante algún tiempo «la casa amarilla» representó todo lo que él consideraba importante y le garantizaba una pequeña felicidad; ella se había convertido, sencillamente, en su símbolo individual.

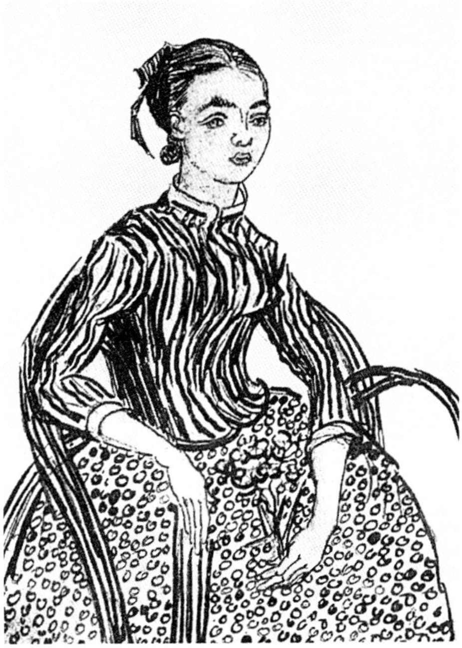

El llamado «Simbolismo» fue una ideología de finales de siglo con la que se relaciona a Van Gogh, sobre todo en la confrontación artística y humana que tuvo con Gauguin. «El objetivo de la pintura y la literatura es reproducir el sentimiento provocado por las cosas con los medios propios de las citadas artes. Lo que se debería expresar no es la imagen sino su carácter», escribió en 1886 Edouard Dujardin, uno de los principales teóricos del Simbolismo, una corriente de moda que se propagaba como una oleada entre los jóvenes artistas bohemios.

En el cuadro *Doce girasoles en un jarrón* (il. pág. 434), realizado en agosto de 1888, Van Gogh busca exactamente esa esencia de lo que se representa. Las flores están trazadas con meticulosa precisión, sin embargo la pastosa aplicación del color, la caótica disposición de las hojas, la fuerza luminosa que surge de su interior ante el fondo azul celeste dotan al cuadro de un significado que va mucho más allá de la simple reproducción de unas flores. Estos girasoles encarnan la imaginación del artista, su identificación con ellos, y son el exponente de esa profunda fuerza expresiva que parecen haberle sugerido. «Una regadera, un rastrillo abandonado en los campos, un perro en el sol, un pobre cementerio, todo puede sostener mi revelación. Cada uno de estos y muchos otros objetos similares a los que el ojo por lo general deja de lado con indiferencia obvia, de repente, en cualquier momento que no está en mi poder despertar, pueden llevarme a un carácter sublime y conmovedor». Así es como Hugo von Hofmannsthal caracterizaba el poder de la imaginación en la *Carta de Lord Chandos.*

También Van Gogh sentía despertar en sí una y otra vez ese deseo de compenetración sensitiva con las cosas cotidianas más banales. La sutil palpitación de la planta en su cuadro *Naturaleza muerta: Jarrón con adelfas y libros* (il. pág. 456) nos indica la misma búsqueda subjetiva de un mundo más allá de las cosas. Sin embargo, el Simbolismo artístico tal como lo veían un Dujardin o un Hofmannsthal representaba también la demostración consciente e intencionada de un genio artístico, la exhibición del poder supremo de la fantasía que aleja al artista de la trivialidad del mundo. Por el contrario, la fuerza imaginativa de Van Gogh provenía de lo más profundo de su ser. Era la expresión de una voluntad vehemente, de un delirio de sentimientos que posteriormente contribuirían también a su perturbación mental.

PÁGINA ANTERIOR
La Mousmé en un sillón, 1888
Óleo sobre lienzo, 73,3 x 60,3 cm
Washington, D.C., National Gallery of Art

ARRIBA
La Mousmé (figura de medio cuerpo), 1888
Pluma y lápiz, 32,5 x 24,5 cm
Moscú, Museo Pushkin

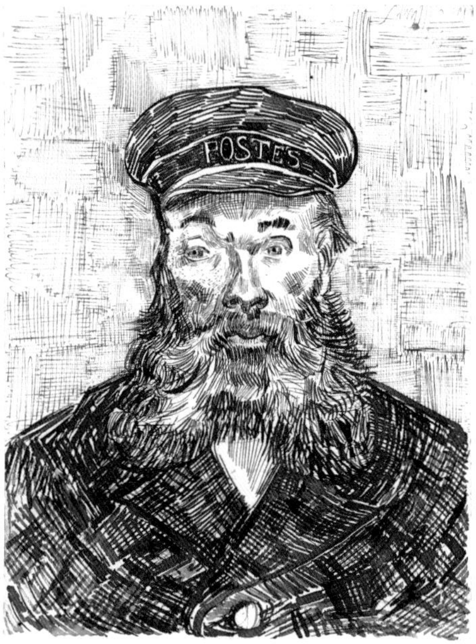

Un medio pictórico del Simbolismo fue el de rodear todos los objetos mediante un contorno que los enmarcase. De este modo se podía expresar la peculiaridad de los objetos que habían desencadenado la fuerza imaginativa del artista, así como también la independencia de dichos objetos, necesaria para convertirlos en símbolos, para estilizarlos en meras referencias a algo situado muy por encima de ellos. Dujardin denominó este estilo pictórico *cloisonnisme,* derivado, por una parte, de la orfebrería medieval y, por otra, de las xilografías japonesas, tan de moda en la época.

El cuadro *L'Arlesienne: Madame Ginoux con libros* (il. pág. 457), de noviembre de 1888, que representa a la dueña del bar de la estación de Arles, es un claro ejemplo de este estilo. El respaldo de la silla, la superficie de la mesa y la figura de la mujer están delimitados por un contorno que hace sobresalir su silueta. En esta estructura gráfica Van Gogh puede aplicar en zonas extensas sus colores que resaltan por el contraste. La representación es totalmente plana, los detalles adquieren vida por la línea de color que los dibuja. Van Gogh nos explica su técnica con las siguientes palabras: «Las zonas delimitadas por un contorno, existentes o no, pero siempre percibidas, las relleno de tonos igualmente simplificados».

El *cloisonnisme* fue la marca distintiva de la «Escuela de Pont-Aven», cuyo mentor fue Gauguin. Con auténtico dogmatismo Gauguin rodeaba las zonas coloreadas de sus cuadros con líneas demarcadoras, lo que le garantizaba la renuncia a imitar la realidad. Van Gogh, en cambio, no era tan estricto. Sus contornos, casi siempre de diferentes colores, surgían si hacía falta, o podían no aparecer, pues el efecto del cuadro era lo que determinaba su aplicación y no un concepto teórico. Gauguin le reprochaba que trabajaba sin la debida exactitud, lo que más tarde constituyó una de las razones de la violenta ruptura entre ambos.

En el cuadro *El puente de Trinquetaille* (il. pág. 460), realizado en octubre de 1888, Van Gogh renuncia casi por completo al color, subordinando el efecto del cuadro al juego contradictorio entre el conjunto de líneas entrecruzadas de la izquierda y las zonas más extensas y apacibles de la derecha. La vista del puente sobre el Ródano, sin mostrar el río, se orienta hacia la primera época holandesa por la parquedad del colorido y en la etapa parisina por el tema elegido. Sin embargo, la extrema distorsión del espacio y la caótica perspectiva son características inequívocas de sus últimas obras. La escalera en primer plano, que se alarga hacia atrás como absorbida por una fuerza profunda hacia el orificio que deja libre el paso inferior, contrasta con el vacilante equilibrio del puente de hierro, que parece derrumbarse de un momento a otro. La expresividad del espacio: así podríamos calificar ese quebradizo estado de calma, ese equilibrio frágil. ¿Fue por lo tanto Van Gogh el primer expresionista? Su forma de tratar el espacio nos permite contestar afirmativamente a esta pregunta.

ARRIBA
Retrato de Joseph Roulin, 1888
Pluma y tinta china, 31,8 x 24,3 cm
Los Ángeles, J. Paul Getty Museum

PÁGINA SIGUIENTE
Retrato de Joseph Roulin sentado a una mesa, 1888
Óleo sobre lienzo, 81,2 x 65,3 cm
Boston, Museum of Fine Arts

PÁGINAS 450/451
Café nocturno en Arles, 1888
Acuarela, 44,4 x 63,2 cm
Berna, Colección H. R. Hahnloser

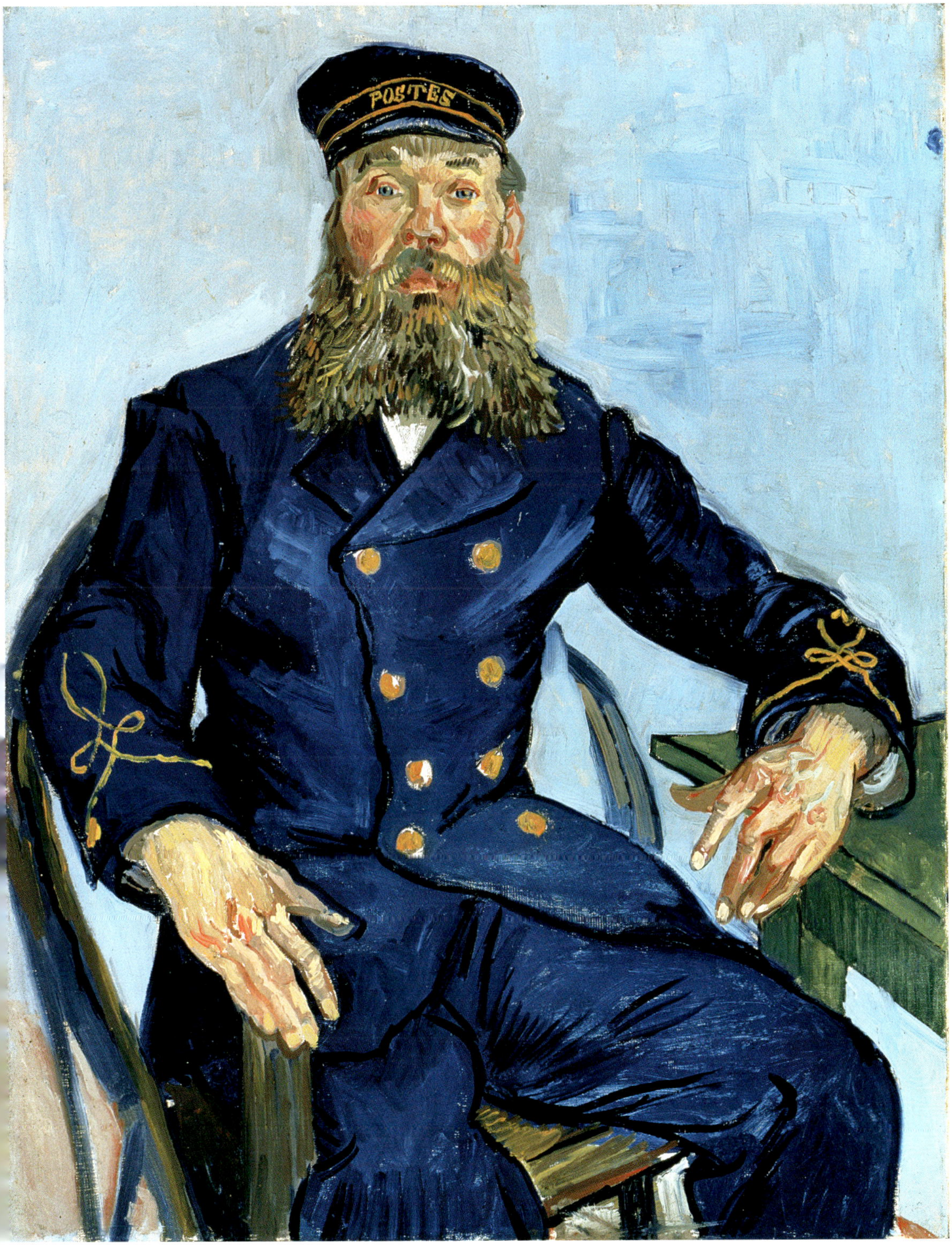
POSTES

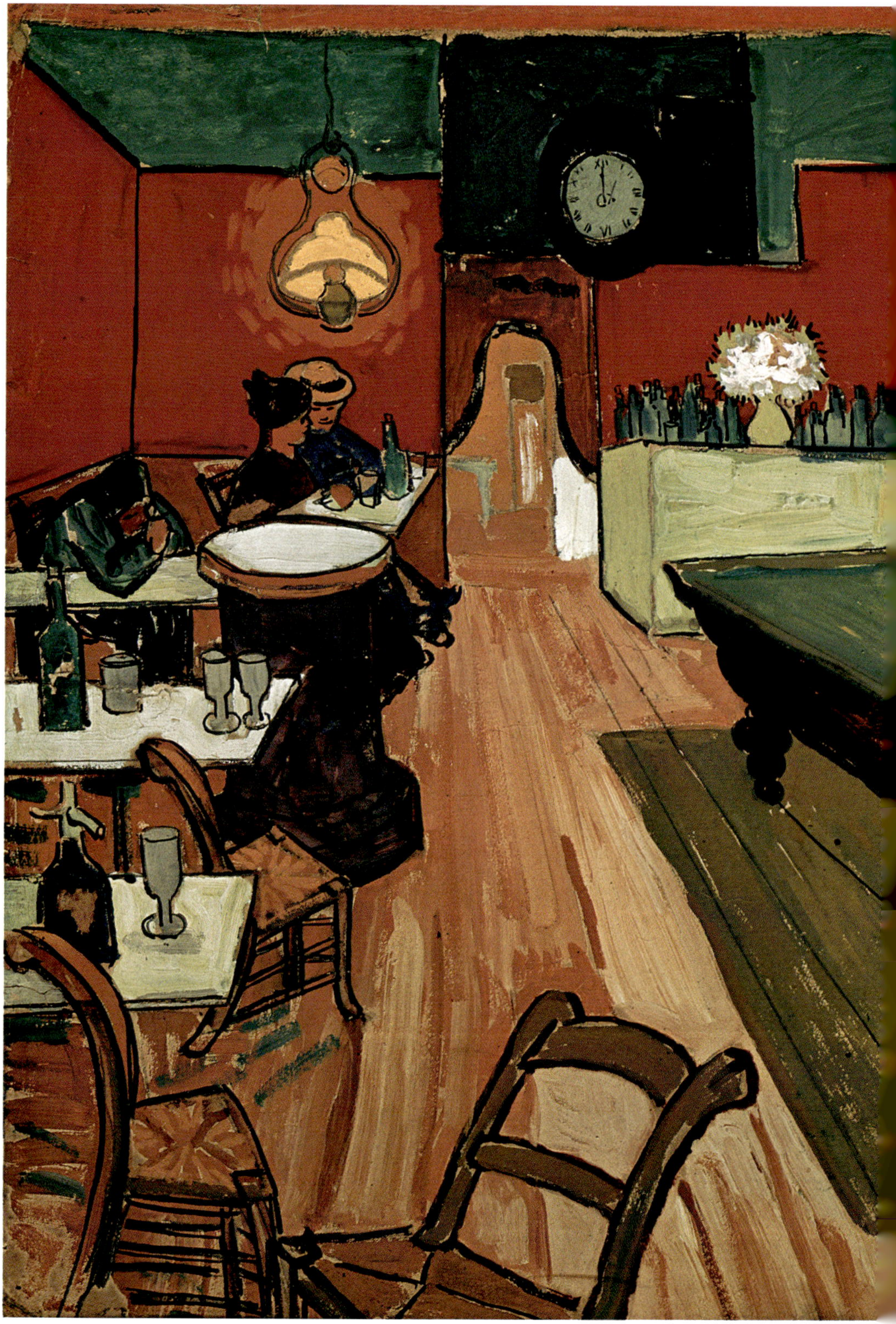

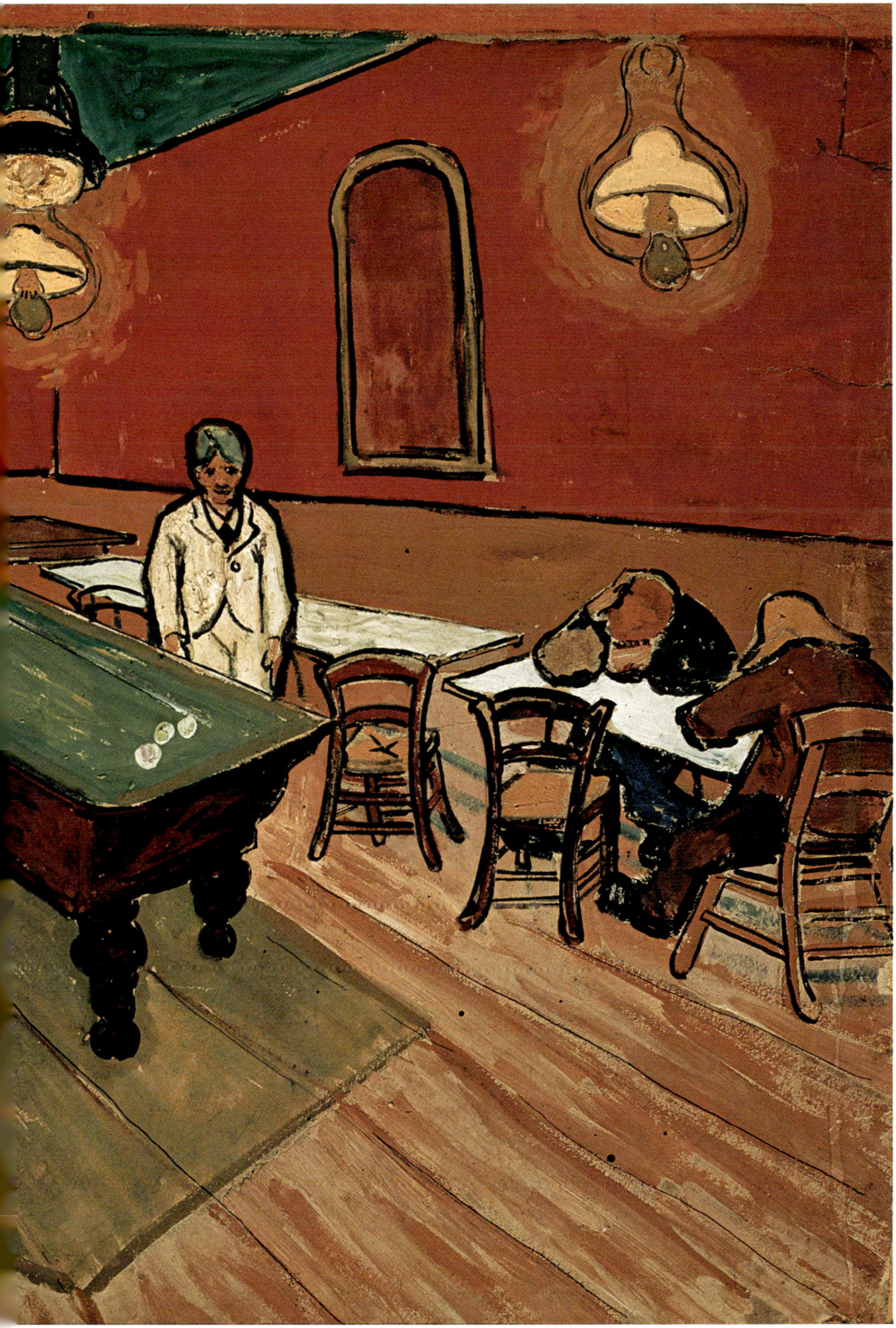

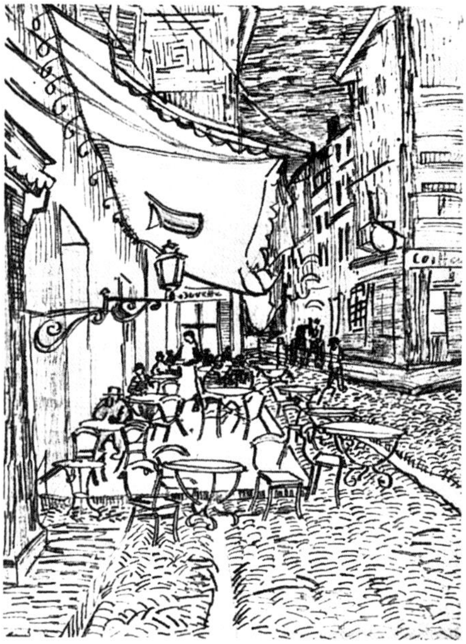

«Un café por la noche visto desde fuera. En la terraza están sentadas pequeñas figuras bebiendo. Un enorme farol amarillo ilumina la terraza, la fachada de la casa, la acera, e incluso extiende su resplandor hasta la calle adoquinada que adquiere una tonalidad rosa-violeta. Las fachadas de las otras casas de la calle, que se alarga bajo el cielo estrellado, son azul oscuras o violetas; ante ellas se encuentra un árbol verde. Aquí tienes un cuadro nocturno sin negro, solo con un bello azul, con violeta y verde; y en este ambiente la plaza iluminada se tiñe de un pálido amarillo azufre y un verde limón».

VINCENT VAN GOGH

También el modo de utilizar el color, portador esencial de su voluntad de expresión, nos lleva a una conclusión semejante. Las dos versiones de *Sembrador* (il. págs. 458 y 459), de junio y noviembre de 1888, no tienen paralelo en cuanto a la intensidad del color ni en cuanto a la audacia y vehemencia de su aplicación. El gigantesco disco pastoso que representa el sol sumerge todo el fondo del cielo en un amarillo intenso. El suelo, en primer plano, responde con un azul neblinoso y un violeta nacarado, dando una exacta inversión de los colores en la realidad. El campo, en sí amarillo, se nos muestra azul; el cielo, de suyo azul, es amarillo. El único efecto determinante es el contraste de los colores.

Sin embargo, estos cuadros no son abstractos en absoluto. Todos ellos toman como base la realidad sobre la que posteriormente se extiende el color como instrumento de expresión del artista. En esto consiste la verdadera expresividad de Van Gogh. Nos presenta un fragmento de la realidad y, al mismo tiempo, su interpretación personal mediante el color y la composición. Y esta interpretación, en contraste con la imagen concreta, es la que revela la vehemencia de su voluntad de expresión y su vigoroso gesto pictórico. Una segunda realidad, artística y puramente subjetiva, se impone a la primera.

«Mientras haya seres humanos que trabajen como personas y hagan las cosas de corazón poniendo su mejor voluntad, no importará lo deficientes que sean como artesanos, pues algo quedará adherido a su obra que no puede pagarse con dinero», había escrito Ruskin poco antes en una apología del trabajo artesanal. También a Van Gogh le parecía muy importante el trabajo manual ante el lienzo, que es lo que, en definitiva, da sentido al conjunto. Él es el primer artista que en su obra pone en práctica la teoría de Ruskin a favor de la expresión individual frente a una ejecución aparentemente perfecta, y del gesto expresivo frente a la belleza academicista; no como la consciente interpretación pictórica de un teórico, sino como una, llamémosle así, combinación congenial, nacida del trato cotidiano con el color y el pincel. Se trataba de un concepto extremadamente ético que subrayaba la dignidad del

ARRIBA
Terraza del café de la Place du Forum en Arles por la noche, 1888
Pluma de caña, 62,8 x 47,1 cm
Dallas Museum of Fine Arts

PÁGINA SIGUIENTE
Terraza del café de la Place du Forum en Arles por la noche, 1888
Óleo sobre lienzo, 81 x 65,5 cm
Otterlo, Kröller-Müller Museum

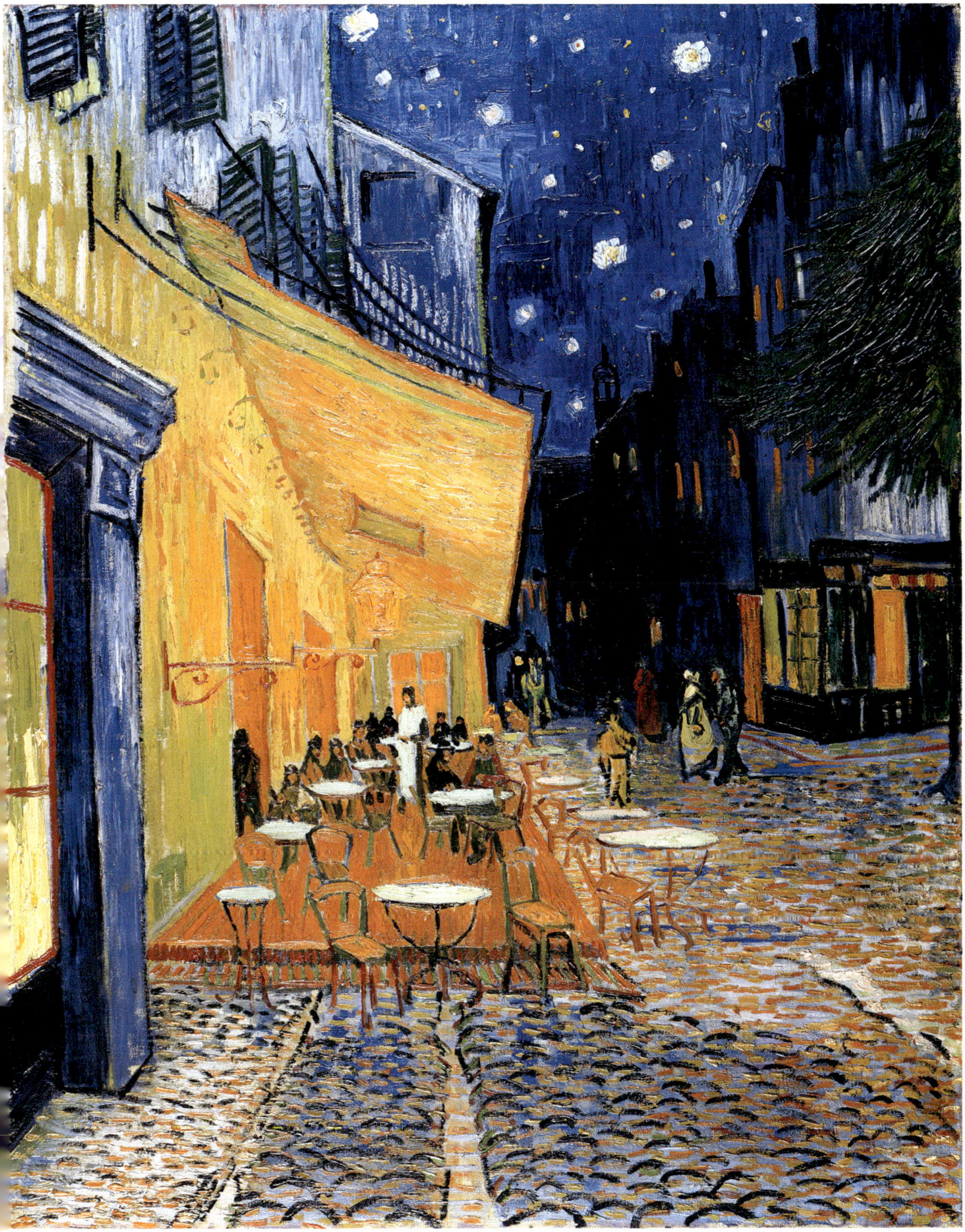

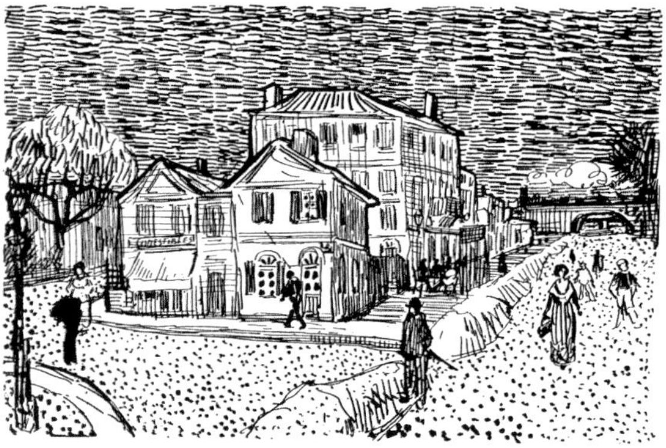

«Mi casa aquí está pintada por fuera de un amarillo manteca y las contraventanas son de un verde fuerte. Está situada a pleno sol, en una plaza donde también hay un parque verde con plátanos, adelfas y acacias. Por dentro todas las paredes están blanqueadas y el suelo es de baldosas rojas. Por encima, el cielo de un azul intenso. En esta casa puedo verdaderamente vivir, respirar, reflexionar y pintar».

VINCENT VAN GOGH

individuo como ente creador y que, tanto en John Ruskin en teoría como en Van Gogh en la práctica, tuvo que luchar con el mismo problema: que la expresión no tiene que significar simultáneamente comunicación, es decir, que hay que luchar no solo por la libertad del gesto artístico, sino también contra la falta de comprensión del público.

En un ambiente de indiferencia que, como una constante en su vida, también en Arles oprimía a Van Gogh, los impulsos positivos eran cada vez más escasos. El repertorio de temas estimulantes como el paisaje y algunos retratos se había agotado hacía ya mucho tiempo. Las discusiones artísticas con otros compañeros, que antes tanto lo habían animado en París, eran imposibles en su enclave provinciano. Y en consecuencia, él, para quien el estímulo del mundo exterior era tan decisivo, cada vez recibía de su entorno menos incentivos para su obra. Con creciente intensidad se aferraba a la única utopía que le dejaba el arte: el viejo ideal de una comunidad de artistas, libre y autónoma. Esta utopía se había concretado desde hacía tiempo en Gauguin. Prácticamente el único tema de sus cartas desde Arles es la fundación con este del «Atelier du Midi» y de ser los precursores de una institución en la que también deberían participar Bernard, Seurat y Signac. Todos los cuadros que pinta Van Gogh desde el verano están marcados por esa ilusión, servirán para adornar «la casa amarilla», su estudio común, y significarán el punto de partida y el inicio de una fructífera confrontación artística. El único que va a venir será Gauguin, empezando entonces la «tragedia de Arles» que para muchos representa el origen del derrumbamiento de Van Gogh. La extravagante aventura con Gauguin comienza.

El prólogo. Gauguin se había marchado de París casi al mismo tiempo que Vincent. Pero no se había retirado al sur, sino a la Bretaña, más barata, con un paisaje más duro y, en opinión de Gauguin, más auténtico. Allí, en el pueblo de Pont-Aven, vivía casi al día, agobiado permanentemente por las deudas y recibiendo de vez en cuando la visita de algunos amigos. Se sentía un genio incomprendido y soñaba, en cierto modo como Van Gogh, con verse rodeado de un círculo de artistas. Pensaba en Bernard y Anquetin, en realidad nunca se le había ocurrido imaginarse a Van Gogh como uno de los integrantes de su grupo artístico. Vislumbraba como meta lejana la colonia francesa de Martinica; allí, en la lejanía del trópico, quería encontrar la plenitud. Lo único que le faltaba era el dinero necesario.

Theo van Gogh era el galerista de Gauguin. A medida que aumentaban las deudas de este, mayor era su dependencia económica de Theo, una situación idéntica a la de su hermano en el lejano Arles. Vincent quería servirse de la miseria de Gauguin para sus propios fines, así que no hacía más que insistir a su hermano para que convenciera a Gauguin de irse a vivir a Arles. En su imaginación, Gauguin ya estaba con él. Sin embargo, este último vacilaba en trasladarse al lugar donde

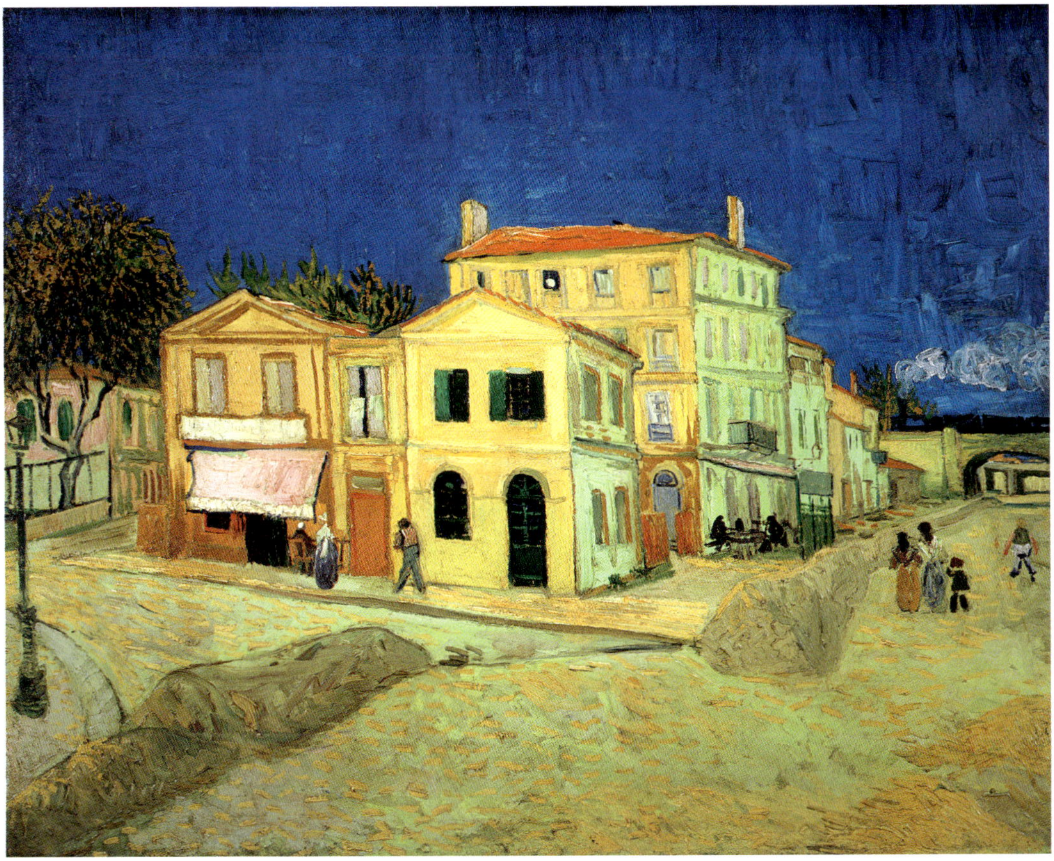

habitaba aquel ser extravagante y que por otro lado también como artista le resultaba sospechoso. Además, tampoco se fiaba mucho de Theo: «Por mucho que me aprecie, no creo que Theo se preste a mantenerme en el Midi solamente por mi cara bonita. Con su carácter frío holandés ha estudiado el terreno y proyecta llevar la cosa lo más lejos posible y en exclusiva», le escribe Gauguin a Bernard en octubre de 1888, presintiendo que en el interés de Theo se ocultaba ante todo una artimaña comercial.

La casa amarilla (La casa de Vincent), 1888
Óleo sobre lienzo, 72 x 91,5 cm
Ámsterdam, Van Gogh Museum, Fundación Vincent van Gogh

PÁGINA ANTERIOR
La casa amarilla (La casa de Vincent), 1888
Pluma y tinta china, 13 x 20,5 cm
Colección particular

El resentimiento de Gauguin acrecentaba aún más la irritación de Vincent, pensando que quizá su humilde domicilio no era lo bastante atractivo para Gauguin. Empezó a comprar muebles, quería lo mejor y lo más cómodo para Gauguin, mientras que él se conformaba con una cama sencilla y la habitación más pequeña. Toda su producción artística se hallaba bajo el signo de la inminente llegada de Gauguin. Se dedicó a pintar una serie de cuadros de girasoles (il. pág. 434). La pintura de amarillo-en-amarillo estaba destinada a decorar «la casa amarilla». Lo decorativo de los cuadros de Van Gogh de esa época se basa también en el hecho banal de que su fin era precisamente esto, la decoración. Tenían que servir para documentar la producción artística estándar de Van Gogh y ser el punto de partida para una competición pictórica con Gauguin, pero sin pretender otra cosa que ser meros elementos decorativos. Van Gogh pone un enorme empeño en que su pintura sea hermosa.

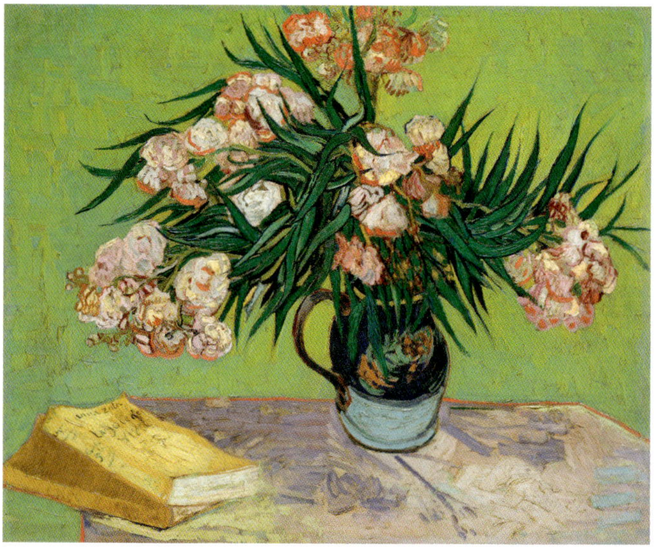

Indudablemente tenía un alto concepto de Gauguin: «Todo lo que hace tiene algo de delicado, de conmovedor, de asombroso. La gente todavía no lo entiende, y él sufre porque no vende nada, al igual que otros poetas auténticos», escribe Vincent a finales de mayo. En su honor tituló la obra que representa una escena del parque municipal de Arles *El jardín del poeta III* (il. pág. 462). Este cuadro estaba destinado a ocupar un lugar preferente en la habitación de Gauguin. Pero este seguía brillando por su ausencia. Una y otra vez posponía el viaje para el que tanto lo apremiaban, se disculpaba por carta y encontraba medios económicos para salir adelante que justificaban sus aplazamientos. Pero por fin, cuando Theo acabó de pagar todas sus deudas, Gauguin llegó a Arles en la mañana del 23 de octubre.

La catástrofe. Van Gogh, sintiendo realizados sus deseos, le cedió con gusto a Gauguin la dirección artística, y eligió para él mismo el papel del alumno que además quiere desmostrar lo mucho que ha aprendido. Trabajaban juntos numerosos temas, comparando sus resultados y discutiendo sobre conceptos artísticos. Frente a la táctica reflexiva y al racionalismo de Gauguin, Van Gogh era demasiado impulsivo, demasiado impaciente y estaba también excesivamente preso en la arbitrariedad de la fantasía. «Él es más romántico, yo en cambio me siento más inclinado a lo primitivo. En la aplicación del color a él le gusta lo casual de la mezcla pastosa, mientras que yo odio la ejecución desordenada», criticaba enojado Gauguin en diciembre de 1888. Durante algún tiempo Van Gogh pareció someterse a la afirmada superioridad de Gauguin, rodeando como un niño obediente con un contorno todas las superficies; y ya no trabajaba guiándose por la naturaleza sino que pasó a la abstracción de una «pintura de memoria». Se dedicó con gran interés a analizar el rumbo artístico de Gauguin, de un modo parecido a como lo había hecho antes en París, y llegó a imitarle con empeño. Pero al final acabó convenciéndose de su propio valor: «En esa época la abstracción me pareció un camino seductor». «¡Pero es un terreno embrujado, querido amigo!», le dice a su hermano Theo intentando justificarse. Indudablemente él no debía seguir el mismo camino que Gauguin.

La colaboración entre ambos no duró mucho tiempo. Gauguin se sentía víctima de las maquinaciones de los dos hermanos y tenía la sospecha de que querían rebajarle en su importancia artística. Van Gogh por su parte estaba defraudado de que su buena voluntad de subordinarse al otro y su disposición de aprender cosas nuevas no le fueran reconocidas en absoluto. Si bien al principio sus diferencias estuvieron relacionadas solamente con temas artísticos, tuvieron muy pronto efectos concretos en el orgullo y la propia identidad de ambos. «Vincent y yo no podemos vivir juntos en paz debido a la incompatibilidad de nuestros caracteres», le dice Gauguin a

ARRIBA
Naturaleza muerta: Jarrón con adelfas y libros, 1888
Óleo sobre lienzo, 60,3 x 73,6 cm
Nueva York, The Metropolitan Museum of Art

PÁGINA SIGUIENTE
L'Arlesienne: Madame Ginoux con libros, 1888
Óleo sobre lienzo, 91,4 x 73,7 cm
Nueva York, The Metropolitan Museum of Art

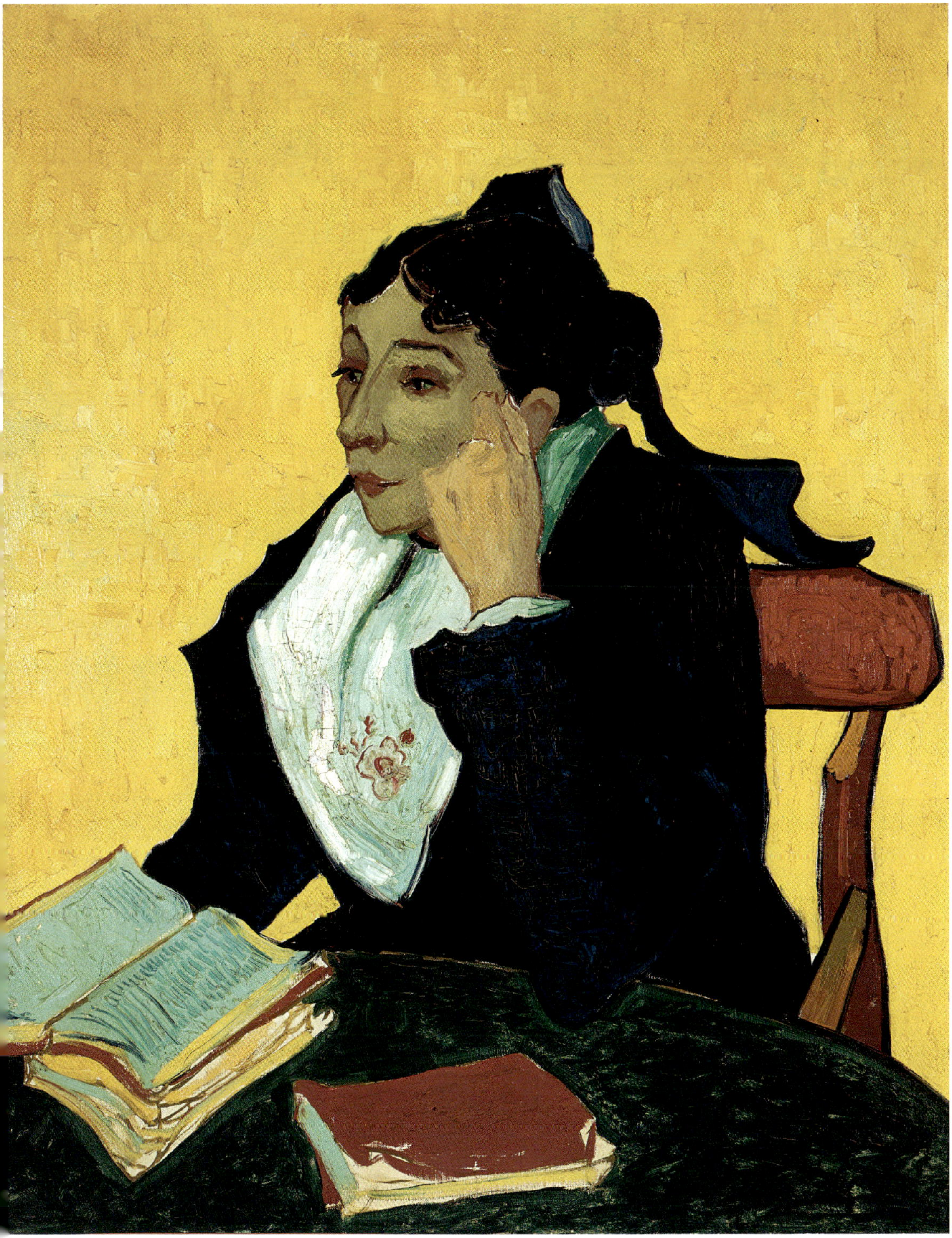

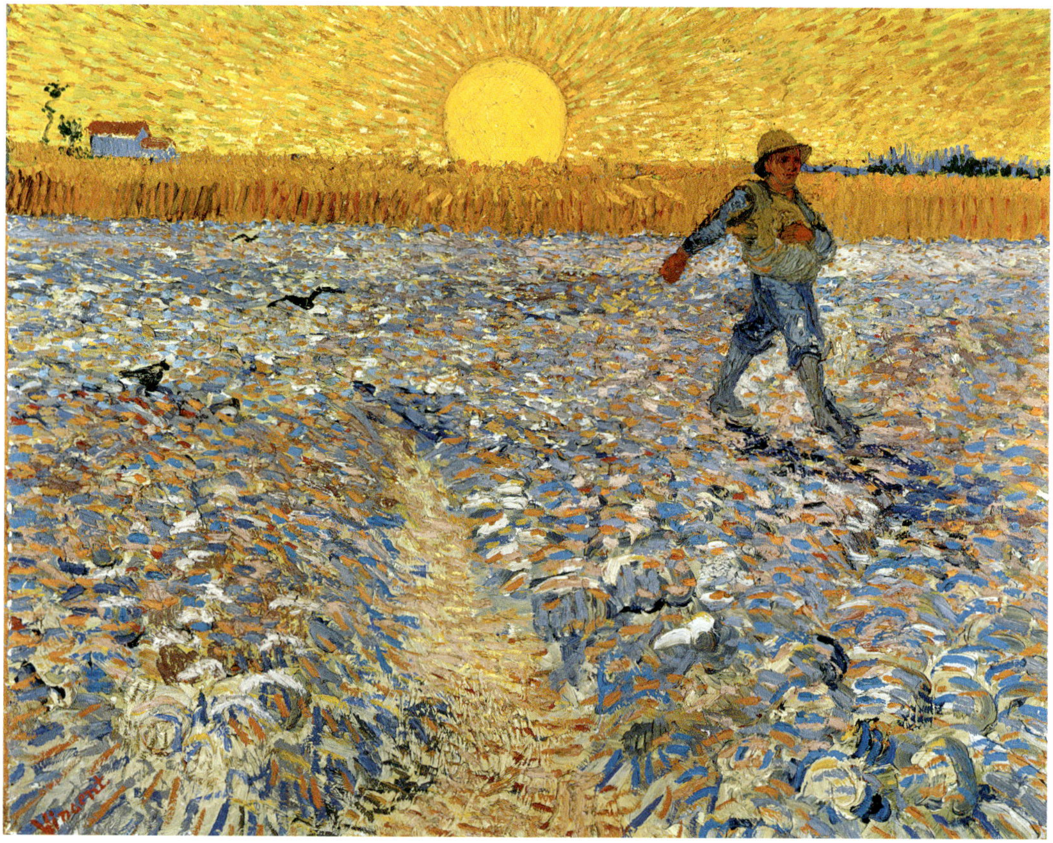

***Sembrador a la puesta del sol*, 1888**
Óleo sobre lienzo, 64 x 80,5 cm
Otterlo, Kröller-Müller Museum

Theo lamentándose, y acto seguido añade con insistencia: «Es necesario que me vaya».

Todos los sueños de Vincent se vinieron abajo, sintiendo desvanecerse para siempre la utopía de la comunidad de artistas que había querido intentar con Gauguin. En diciembre pintó su silla y la de Gauguin (il. pág. 461), como visiones que simbolizan la soledad. Ambas están vacías, metáforas de los dos artistas que ya no están en el lugar en el que en otro tiempo hablaron juntos: la silla de madera de Van Gogh es muy sencilla, sobre ella vemos una pipa y el saquito del tabaco, emblemas de lo sencillo y lo natural. La silla de Gauguin tiene brazos y es más elegante, en ella encontramos unos libros y una vela, indicándonos cultura y ambición. Para pintar su silla Van Gogh empleó el amarillo y el violeta, los colores que en el cuadro de «la casa amarilla» expresaban la claridad del día y la esperanza de entonces. En cambio, en la silla de Gauguin vemos el contraste complementario verde-rojo, los mismos colores del café nocturno, verde y rojo, que nos transmiten la oscuridad y la esperanza perdida. Día y noche están frente a frente, en el interior de los dos artistas y también como alternativa de una vida futura. Gauguin, este parece ser el mensaje, ha llevado la noche a la vida de Van Gogh.

«Desde el momento en que quise marcharme de Arles se puso tan raro que apenas me atrevía a respirar. "Vd. quiere irse", me dijo, y al contestarle que sí arrancó un pedazo del periódico y me lo dio. Allí ponía: "El asesino ha huido"», recordará Gauguin más tarde en una carta. Gauguin asesino, asesino de las esperanzas y del optimismo. Van Gogh parecía ir hundiéndose en una especie de locura. Por la noche se levantaba varias veces y entraba sigilosamente en la habitación de Gauguin para comprobar

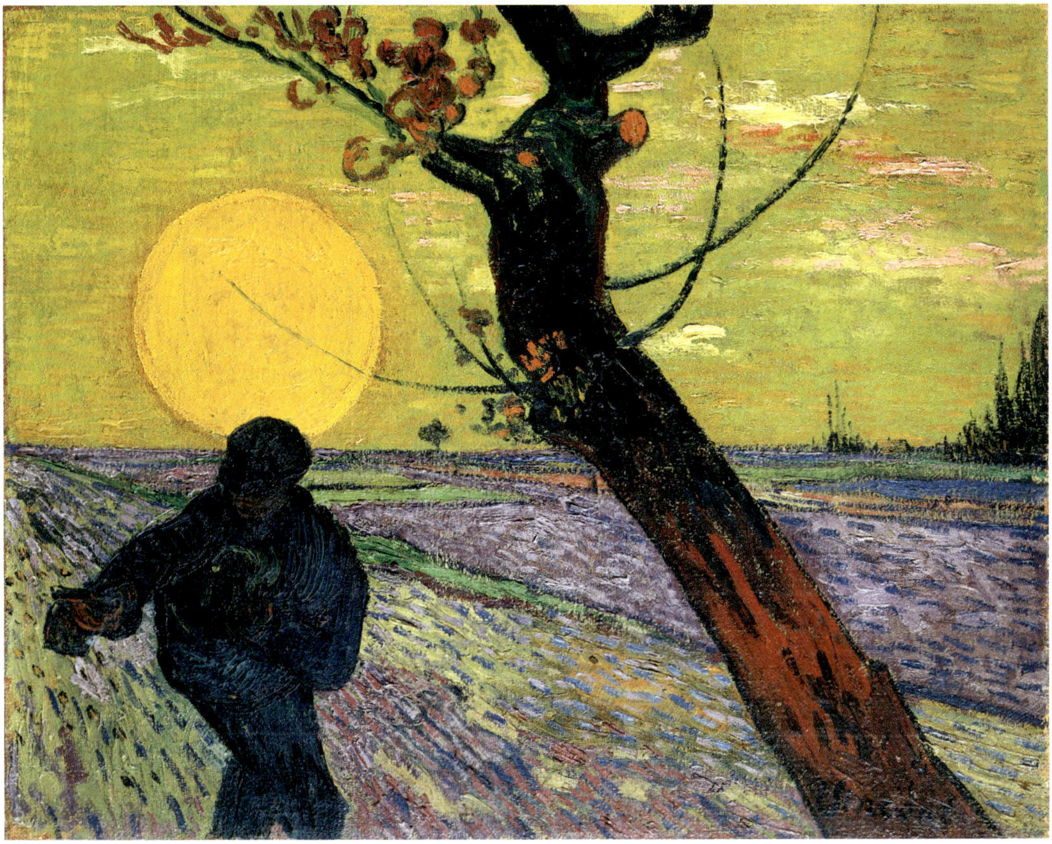

Sembrador a la puesta del sol, 1888
Óleo sobre yute sobre lienzo, 73 x 92 cm
Zúrich, Fundación Colección E. G. Bührle

si este todavía estaba allí. Sin embargo, la enfermedad de Van Gogh mantuvo a Gauguin en Arles. «Pese a algunas diferencias no puedo enfadarme con un buen hombre que está enfermo, sufre y quiere tenerme a su lado». Pero el 23 de diciembre este amenazante estado adquiere proporciones alarmantes. Gauguin sale por la noche a dar un paseo y Van Gogh, desconfiado como siempre, le sigue. Gauguin, que oye aproximarse los conocidos pasos, se vuelve y mira fijamente el rostro descompuesto de Van Gogh. Por lo visto este llevaba en la mano una navaja de afeitar abierta. Gauguin trata de tranquilizar a Vincent con buenas palabras, quien, convencido, da inmediatamente media vuelta y regresa a casa. Gauguin, intranquilo, decide pasar la noche en el hotel. Cuando a la mañana siguiente vuelve a «la casa amarilla», todo Arles está revuelto. Van Gogh, preso de alucinaciones e impulsado por un dolor insoportable, se había cortado una oreja, precisamente con la navaja de afeitar que Gauguin decía haber visto en sus manos. Después de parar la hemorragia a duras penas, Van Gogh envolvió el pedazo de oreja cortada en un pañuelo y se fue con él al burdel de la ciudad, donde se lo entregó a una prostituta. Como si nada hubiese ocurrido, regresó entonces a casa y se acostó. Allí, durmiendo, lo encuentra la policía e inmediatamente ingresa en el hospital municipal.

Mientras tanto, Gauguin aprovecha la ocasión para marcharse sigilosamente. Como para intentar tranquilizar su mala conciencia, relatará después en su autobiografía que Van Gogh lo había amenazado con una navaja. Sin embargo, en una carta que le escribe a Bernard poco después de aquel 23 de diciembre no menciona nada de esto. Probablemente Van Gogh no quiso atacarle aquella noche, sino que más bien buscaba únicamente apaciguar su desconfianza. El episodio en todo caso no le vino mal a Gauguin, pues le sirvió para poder justificar por fin su partida, tan largamente anunciada. El modo en que Gauguin se escabulló del asunto, sin siquiera tomarse la molestia de ver a Vincent, nos lo presenta en una postura muy poco honrosa.

El epílogo. Vincent permanece 14 días en el hospital. Al regresar a su estudio se dedica a pintar el resultado de la catástrofe: su *Autorretrato con la oreja vendada* (il. pág. 463). Toda la parte derecha de la cabeza está cubierta por un ancho vendaje que hace aparecer aún más seria la mirada triste y casi fija del pintor.

Van Gogh se ha envuelto en una gruesa y áspera capa, como queriendo protegerse de un ambiente hostil. La parte izquierda de su cabeza está enmarcada por una xilografía japonesa de alegre colorido, en rudo contraste con la mancha blanca en la zona de la herida. Pero la normalidad de un trabajo sin complicaciones, que nos evoca la xilografía recordando el retrato de Père Tanguy, ya no existe. La aventura con Gauguin había rozado los límites de lo soportable.

Van Gogh ya no es el de antes. La soledad de los años precedentes que había considerado como el precio a pagar por llegar a formar una comunidad de artistas, ya no lo abandonará en el futuro. «Ya no me atrevo a pedirles a otros pintores que vengan aquí después de lo que me ha ocurrido; arriesgarían perder la razón, como me ha pasado a mí», escribe resignado a su hermano en febrero de 1889. Su último año lo vivirá en una soledad en parte voluntaria y en parte forzada.

Cuatro semanas después de haber sido dado de alta Van Gogh tiene que ser recluido de nuevo. Acusa síntomas de manía persecutoria, se imagina que lo quieren envenenar. Una petición de los vecinos de Arles da lugar definitivamente a su ingreso en la clínica. El resentimiento de la gente

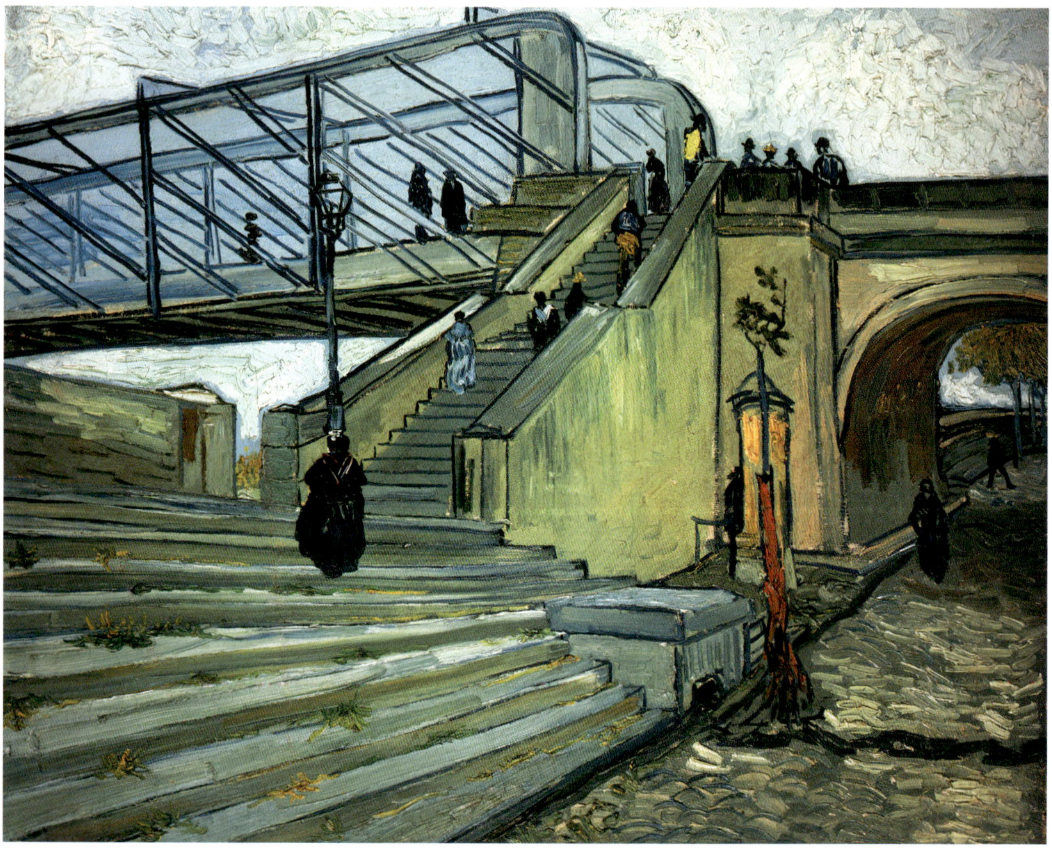

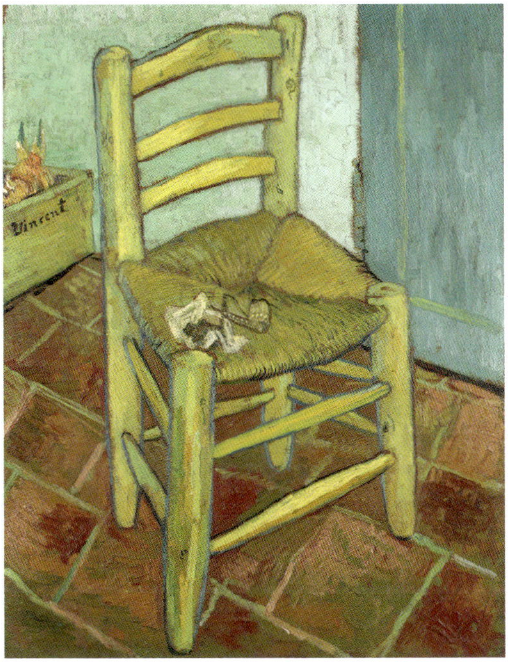

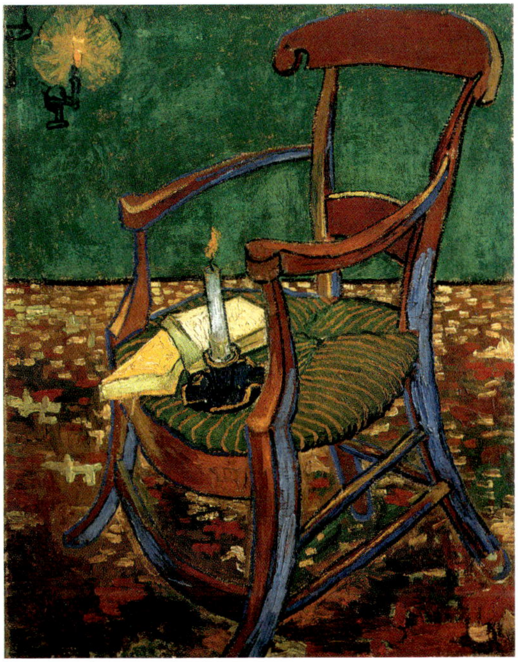

ARRIBA IZQUIERDA
La silla de Vincent con pipa, 1888
Óleo sobre lienzo, 91,8 x 73 cm
Londres, The National Gallery

ARRIBA DERECHA
La silla de Paul Gauguin (La silla vacía), 1888
Óleo sobre lienzo, 90,5 x 72,5 cm
Ámsterdam, Van Gogh Museum, Fundación Vincent van Gogh

PÁGINA ANTERIOR
El puente de Trinquetaille, 1888
Óleo sobre lienzo, 73,5 x 92,5 cm
Colección particular

que Van Gogh, pese a su deseo de ser admirado, atraía hacia sí una y otra vez y que había sido la causa de su marcha de Holanda, haciéndole también tan difícil la estancia en París, lo acabará privando de cualquier tipo de relaciones. Bajo los cuidados de un sacerdote y de su médico permanecerá en el hospital de Arles hasta principios de mayo como paciente y prisionero. Además se siente muy preocupado por la boda de su hermano Theo en París, pues tiene miedo a perder también a la única persona que le quedaba para confiar sus pensamientos.

En su asilo forzoso busca de nuevo una huida en la pintura. Cuadros como *Huerto en flor con vista de Arles* (il. pág. 464) y *Jardín del hospital de Arles* (il. pág. 465), ambos realizados en abril de 1889, no nos transmiten, sin embargo, de una manera concreta su desesperación. Son más evocaciones de la vida cotidiana que documentos de su sufrimiento.

No obstante expresan a su manera estados claustrofóbicos: la estrechez del patio del hospital que, pese al esplendor de las flores, bloquea la vista hacia un horizonte amplio y lejano; los álamos secos que, a modo de rejas, nos tapan la vista de la ciudad, formando una barrera aparentemente insalvable entre la visión del pintor y el objeto de sus anhelos: la ciudad y su libertad.

Van Gogh se conforma muy pronto con su situación. Ya no molestará más a ese mundo que tanto lo atrajo, que paso a paso se había alejado de él y que no había querido considerar su compromiso religioso, político y artístico. Ingresa voluntariamente en el manicomio contra la voluntad de su hermano, a quien prepara con delicadeza: «He intentado acostumbrarme a la idea de empezar de nuevo, pero por ahora es imposible. Tengo miedo de perder la facultad de trabajar, que ya voy recuperando, si hago demasiadas cosas y me cargo sobre los hombros la responsabilidad de tener un estudio. Y por eso deseo estar internado por un tiempo, tanto por mi propia tranquilidad como por la de los demás». El ocho de mayo de 1889 Vincent van Gogh se traslada a Saint-Rémy.

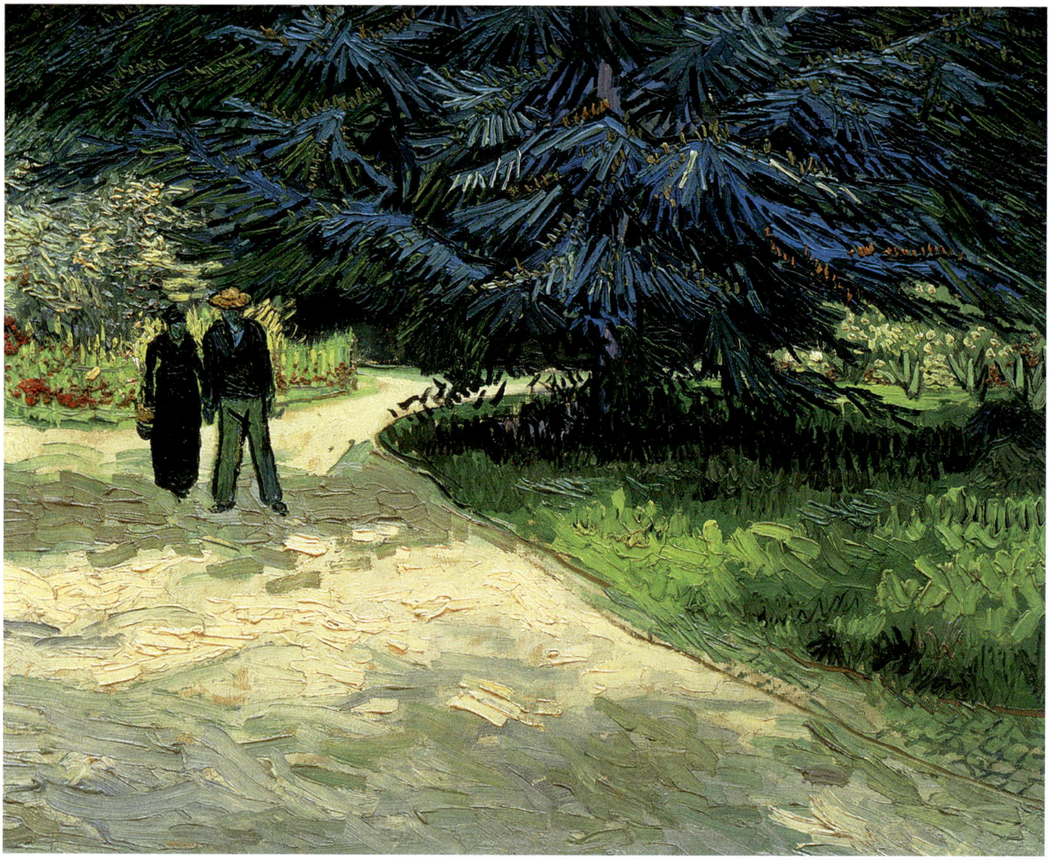

«Tanto en la vida como en la pintura puedo prescindir muy bien de Dios, pero soy sin embargo una persona que sufre y no puedo prescindir de algo superior a mí mismo y que representa toda mi vida, la fuerza creadora... Quisiera pintar a hombres y mujeres con un algo de eternidad, lo que en otro tiempo estaba simbolizado por la aureola de los santos y que nosotros tratamos de representar con la luminosidad y el movimiento oscilante de nuestros colores... Expresar el amor de dos enamorados mediante el enlace de dos colores complementarios, mediante su mezcla y su contraste, mediante la misteriosa vibración de tonos aproximados entre sí. Expresar lo espiritual de una frente a través de la luminosidad de un tono claro sobre un fondo oscuro. La esperanza por medio de una estrella. La pasión de una persona mediante una resplandeciente puesta de sol».

VINCENT VAN GOGH

ARRIBA
Pareja en el parque de Arles: El jardín del poeta III, 1888
Óleo sobre lienzo, 73 x 92 cm
Colección particular

PÁGINA SIGUIENTE
Autorretrato con la oreja vendada, 1889
Óleo sobre lienzo, 60,5 x 50 cm
Londres, The Courtauld Gallery

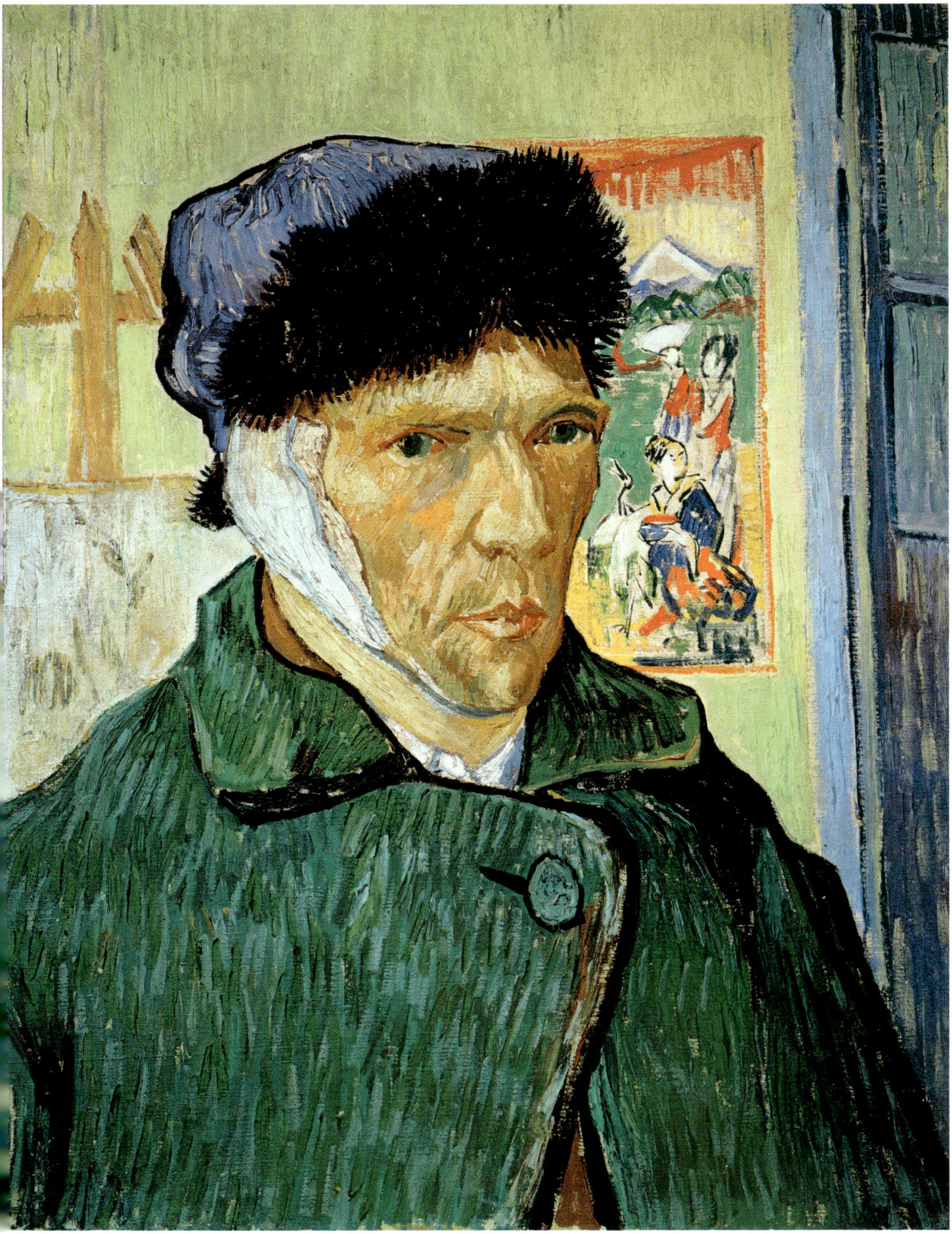

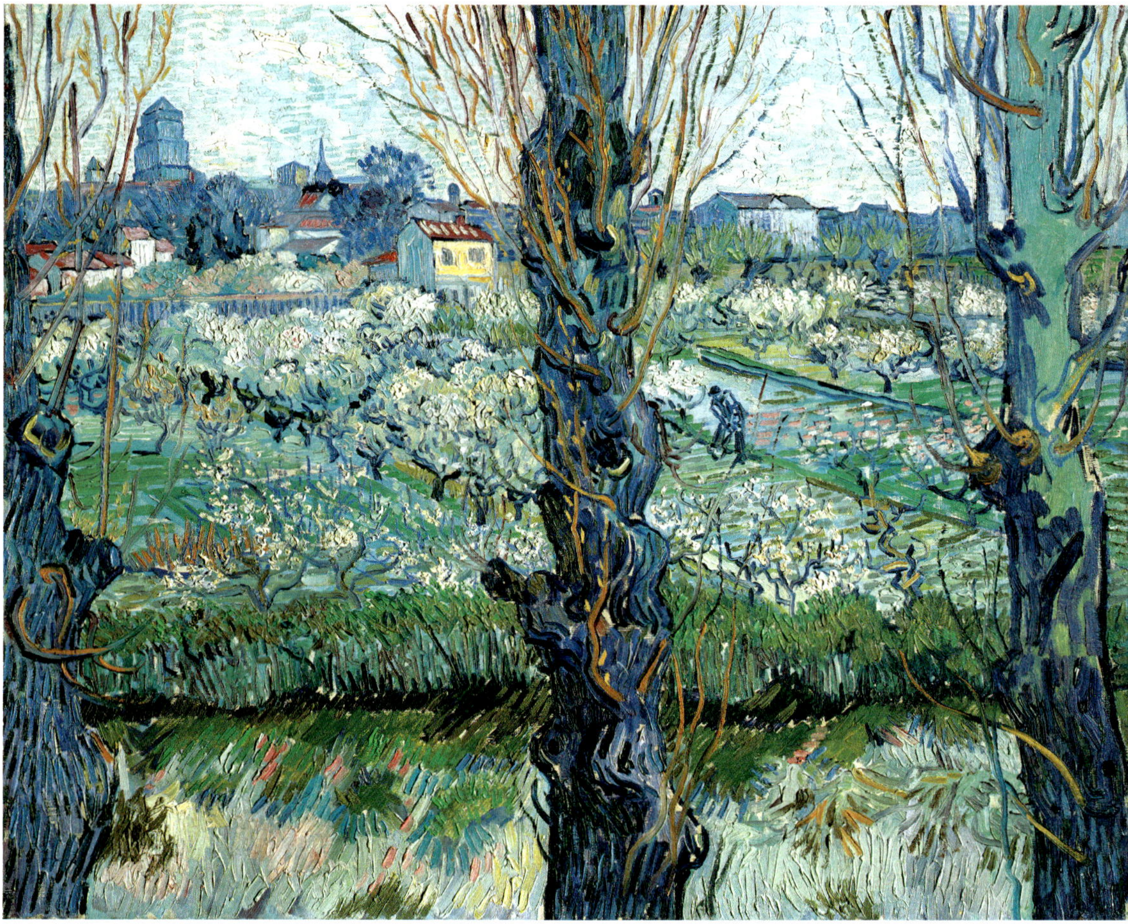

Huerto en flor con vista de Arles, 1889
Óleo sobre lienzo, 72 x 92 cm
Múnich, Neue Pinakothek

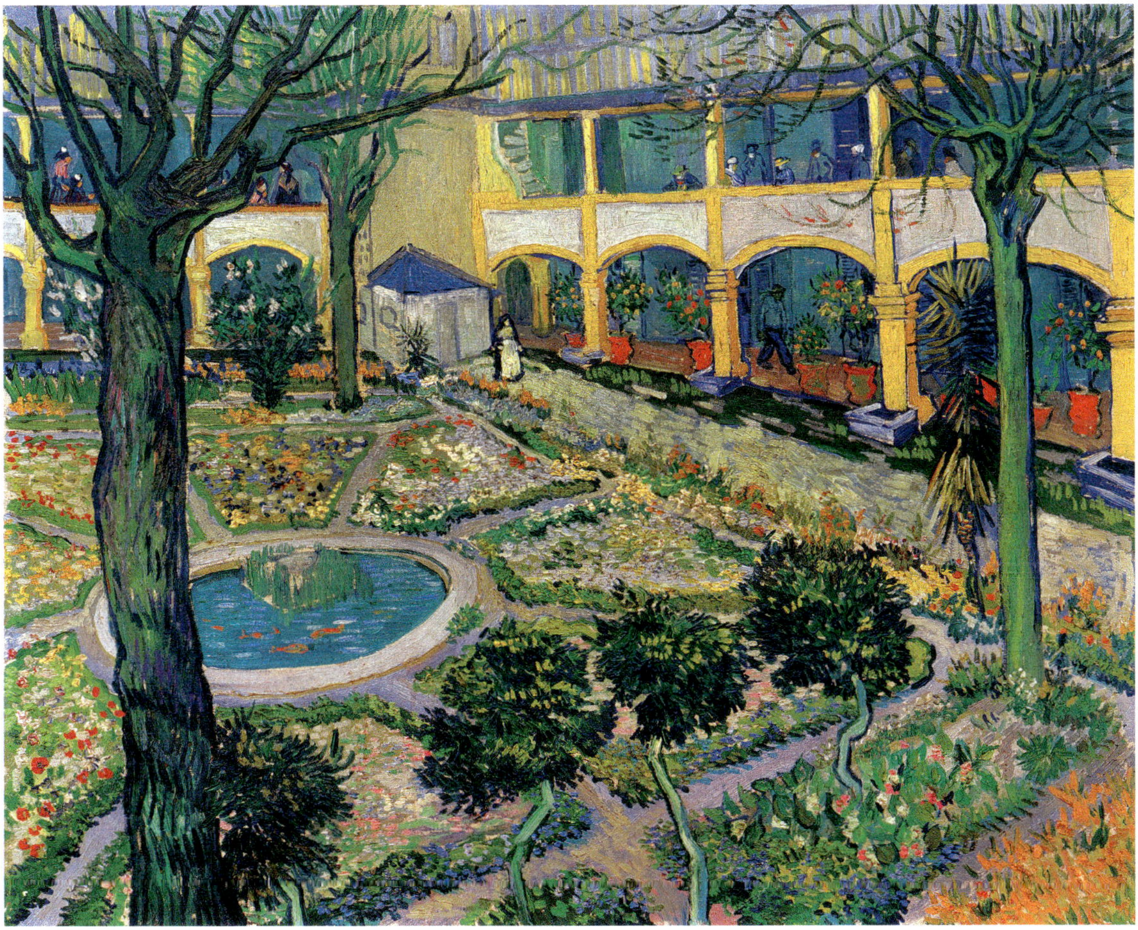

«Está rodeado por un claustro blanqueado, con arcadas como las de los edificios árabes. Delante de estos arcos hay un viejo jardín con un estanque en el centro y ocho macizos de flores, nomeolvides, rosas de Navidad, anémonas, ranúnculos, alhelíes, margaritas, etc. Y bajo el claustro naranjos y adelfas. Es un cuadro lleno de flores y del verdor de la primavera».

VINCENT VAN GOGH

Jardín del hospital de Arles, 1889
Óleo sobre lienzo, 73 x 92 cm
Winterthur, Colección Oskar Reinhart «Am Römerholz»

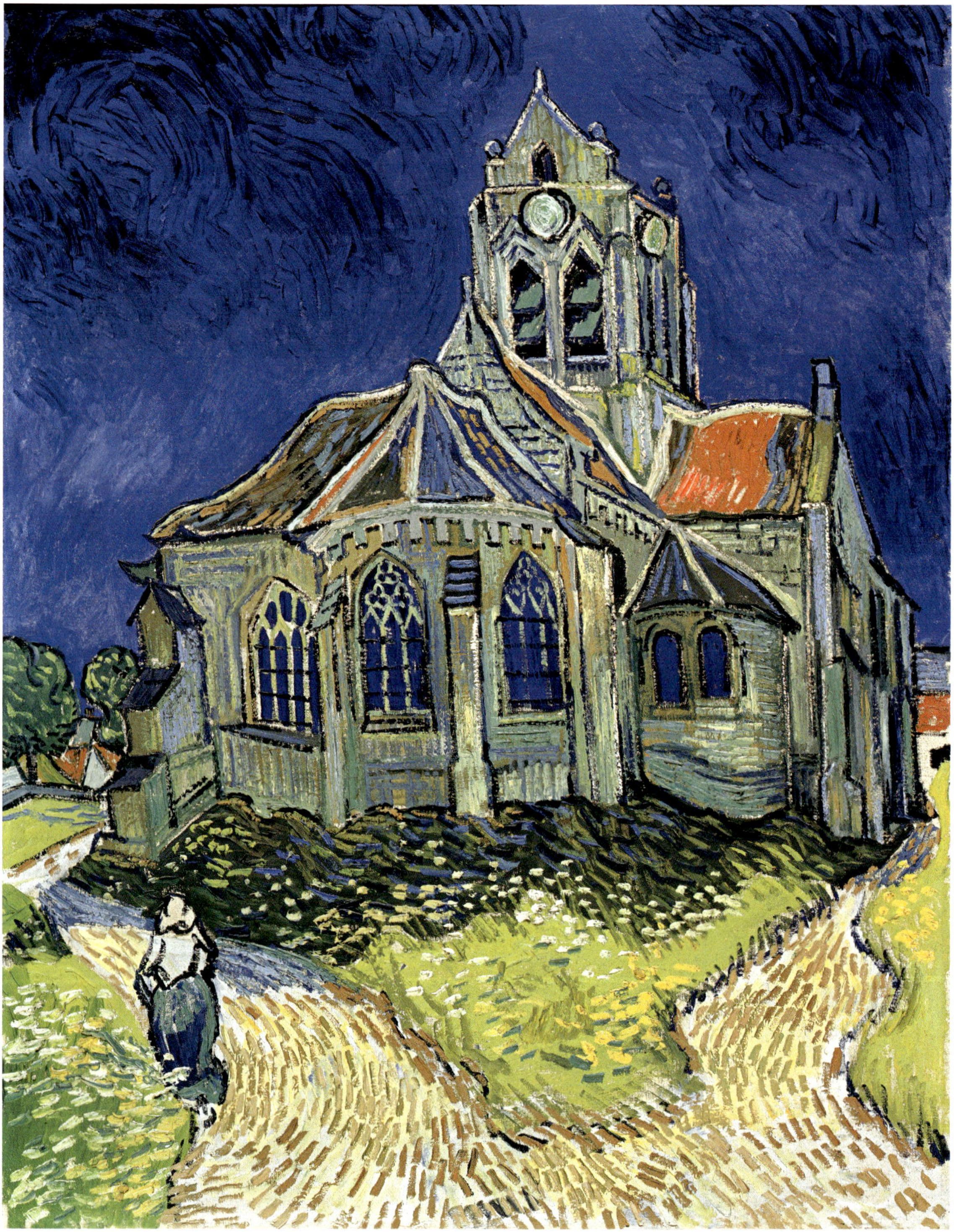

La pintura como razón de vida

Saint-Rémy y Auvers 1889-1890

«Vivir sin quejarse: esa es la única lección que hay que aprender en esta vida», le escribe Vincent van Gogh a su hermano Theo en mayo de 1889, a pesar de que justo a él le hubieran sobrado motivos para estar descontento con su suerte. A los 36 años Vincent ingresa voluntariamente en el sanatorio para enfermos mentales Saint-Paul-de-Mausole, cerca de Saint-Rémy-de-Provence, a 27 kilómetros de Arles. A partir de este momento todas las esperanzas que había puesto en el futuro y los planes proyectados se truncaron para siempre. La enfermedad incurable se manifestaba con frecuencia progresiva y, además, la petición de los vecinos de Arles de que fuera internado lo deprimía profundamente; se sentía expulsado de la sociedad y temía que la inminente boda de Theo le supusiese la pérdida de su querido hermano que con tanto cariño se ocupaba de él. Por si esto fuera poco, su más ardiente deseo, el de formar con otros artistas el «estudio del sur», se había esfumado para siempre con la marcha de Gauguin.

«También he realizado un cuadro grande de la iglesia del pueblo en el que aparece el edificio en tonos violetas, recortándose ante un cielo de un azul profundo, de un color puro; las vidrieras son como manchas de una tonalidad ultramarina, el tejado es violeta con una parte anaranjada. En primer plano, hierba verde con flores silvestres y una tierra rosada e inundada de sol. Se parece mucho a los estudios que hice en Nuenen del viejo campanario y el cementerio, solo que el colorido aquí es más rico y expresivo».

VINCENT VAN GOGH

A pesar de haber roto hacía ya largo tiempo con todo tipo de convenciones, tuvo que luchar duramente hasta llegar a la siguiente conclusión: «Bastará que te diga que me siento decididamente incapaz de recomenzar, de instalar de nuevo un estudio y de quedarme solo aquí, en Arles o en cualquier otra parte… así que, de momento, deseo seguir recluido; tanto para mi propia tranquilidad como para la de los demás». No le quedaba más remedio que conformarse con su situación: «Estoy dispuesto a cargar con el papel de loco, pese a que en modo alguno me veo con fuerzas para aceptar un papel semejante». Se aferraba a su hermano desesperadamente: «Si no contara con tu amistad, sería muy fácil empujarme al suicidio sin remordimientos de conciencia y, cobarde como soy, acabaría por hacerlo».

El manicomio en el que Van Gogh pasó casi un año recluido estaba a unos tres kilómetros de Saint-Rémy, en un lugar solitario rodeado de campos de trigo, viñedos y olivares, temas que se repitieron en muchos de sus cuadros. El interior del pabellón destinado a los hombres, con sus habitaciones de ventanas enrejadas y los desolados pasillos, sin duda lo deprimía profundamente. Los pacientes estaban

La iglesia de Auvers, 1890
Óleo sobre lienzo, 93 x 74,5 cm
París, Musée d'Orsay

abandonados por completo a sus propios recursos, pues el director, el Dr. Peyron, que ni siquiera era especialista en enfermedades mentales, llevaba el sanatorio con una economía rigurosa, limitándose a que los pacientes siguiesen con vida, en lugar de preocuparse por su curación. Tampoco Van Gogh recibía ningún tipo de cuidado, exceptuando dos baños por semana. Sin embargo, su vida era en todos los aspectos mucho más llevadera que la de los otros desgraciados, pues le estaba permitido retirarse para trabajar, pudiendo además leer y salir de la clínica siempre que fuera acompañado por alguien.

Según el diagnóstico, Van Gogh padecía de epilepsia. Periódicamente le sobrevenían ataques de duración indeterminada, precedidos de un estado de aletargamiento y a los que seguía luego un periodo de apatía; en el intervalo se comportaba con absoluta normalidad. Estos ataques le duraban, por lo general, de dos a cuatro semanas. Lo acometían más o menos de repente, y entre uno y otro transcurría, a veces, bastante tiempo. Durante esos desvaríos tendía a la violencia y sufría alucinaciones monstruosas, por lo que cualquier actividad normal, como pintar o escribir, le resultaba imposible. Vincent contemplaba su enfermedad con una enorme lucidez y una asombrosa frialdad, acabando por someterse a lo irremediable: «Lo que me consuela un poco es que comienzo a considerar la locura una enfermedad como cualquier otra y la acepto como tal». En sus cartas procuraba ocultarle a su hermano lo mucho que lo deprimía el trato con los otros enfermos mentales y los paranoicos.

A pesar de todo, la vida monótona y ordenada de la clínica contribuyó en gran parte a restituirle la confianza en sí mismo. Se le permitía, acompañado de un vigilante, pintar al aire libre y en las cercanías del sanatorio. En esta actividad volcaba todas sus esperanzas, pues únicamente el trabajo era capaz de sacarle de sus profundas depresiones. De cualquier modo, los ataques no dejaron la menor huella en su obra, ya que los periodos en que se le manifestaba la enfermedad y los de su actividad artística estaban siempre bastante distanciados.

La pintura se convirtió para Van Gogh en una especie de cordón umbilical que le unía a la vida. Las obras de esa época despiertan con frecuencia una sensación de exagerada intensidad que seguramente no estaba provocada por su enfermedad, a menos que se considere su ansia creadora, que materialmente lo devoraba en los periodos de lucidez mental, como una forma de querer recuperar el tiempo que había perdido durante los ataques. En esos cuadros están reflejados sus esfuerzos por no sucumbir a la resignación; usa el estímulo del trabajo como una especie de profilaxis contra nuevos desvaríos, como una válvula de escape de sus apasionados sentimientos.

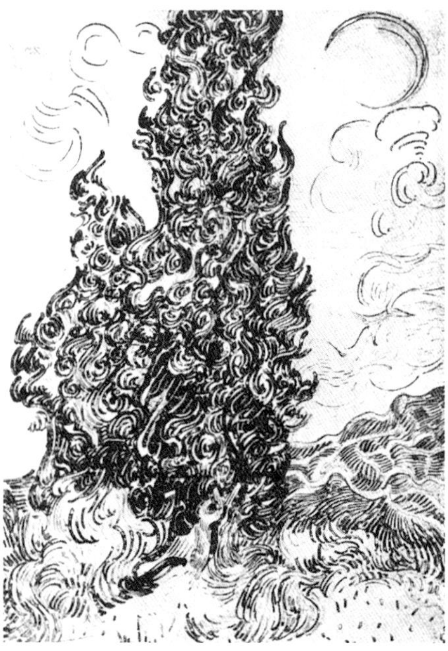

Una de las primeras obras que pintó en Saint-Rémy se titula *Lirios* (il. pág. 469) y es una continuación de los cuadros de flores realizados en Arles. El motivo lo había encontrado en el camino, bordeado de exuberantes lirios cárdenos, que llevaba a la casa de su médico, el Dr. Paul Gachet. Toda la superficie del cuadro está repleta del esplendor y la frescura de la naturaleza. Las flores, de un azul añil, finamente dibujadas, contrastan vivamente con el verde frío de sus hojas lanceoladas, que parecen pequeñas llamas en movimiento y

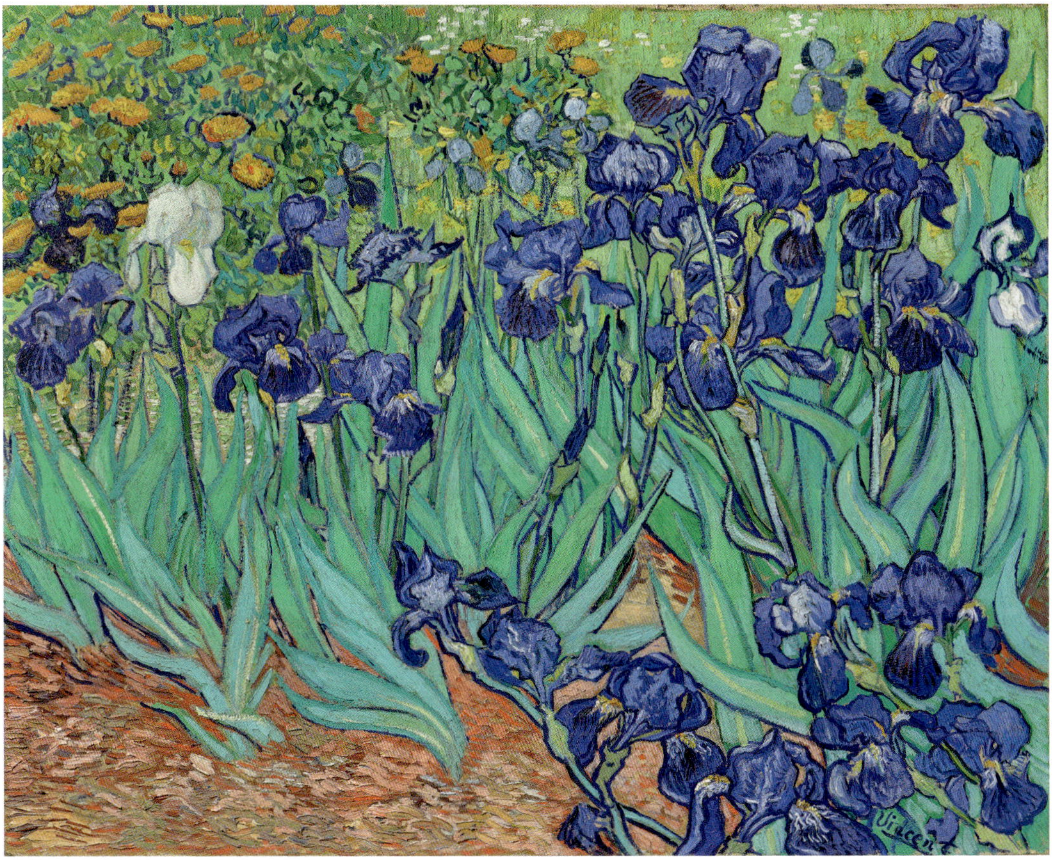

separan las flores como si se tratase de una cinta horizontal en el centro del cuadro. El rojo cálido de la tierra envuelve, abajo, las raíces de las plantas, mientras que en la parte de arriba destaca como fondo el suave verde claro de un prado. En agudo contraste con tal variedad de colores se alza resplandeciente, a la izquierda, un lirio blanco, muy abierto, al que responde, como un eco, otro azul pálido desde el margen de la derecha.

Lirios, 1889
Óleo sobre lienzo, 74,3 x 94,3 cm
Los Ángeles, J. Paul Getty Museum

PÁGINA ANTERIOR
Cipreses, 1889
Lápiz, pluma de caña y tinta china, 61,9 x 47,3 cm
Nueva York, Brooklyn Museum

Esta profusión de flores se mitiga, ofreciéndose a la vista con nitidez gracias a la división del lienzo en distintas zonas de colores que, como la ardiente naturaleza del verano, resplandecen todos ellos desde su interior, creando así una equilibrada armonía. De este modo, la riqueza de colorido y la diversidad de formas no resultan confusas, sino que subrayan la activa vitalidad de la naturaleza. También el encuadre de la imagen, como si el pintor se hubiera inclinado hacia las flores, nos confirma esta impresión. Sin embargo, el fragmento representa, en realidad, un todo. Porque lo que se intenta es plasmar la naturaleza, el principio de lo vital.

El afán primordial de Vincent era acercarse lo más posible a la naturaleza, y esta relación directa y erótica con ella lo acompañaría durante toda su vida: «Lo que hay que escuchar es el lenguaje de la naturaleza, mucho más que el de los pintores». Este deseo de representar lo vivo fue el primer objetivo de su pintura, hecha para ahondar en «las raíces o el origen de las cosas». Van Gogh quería llegar a lo más profundo de la vida hasta sentirla latir.

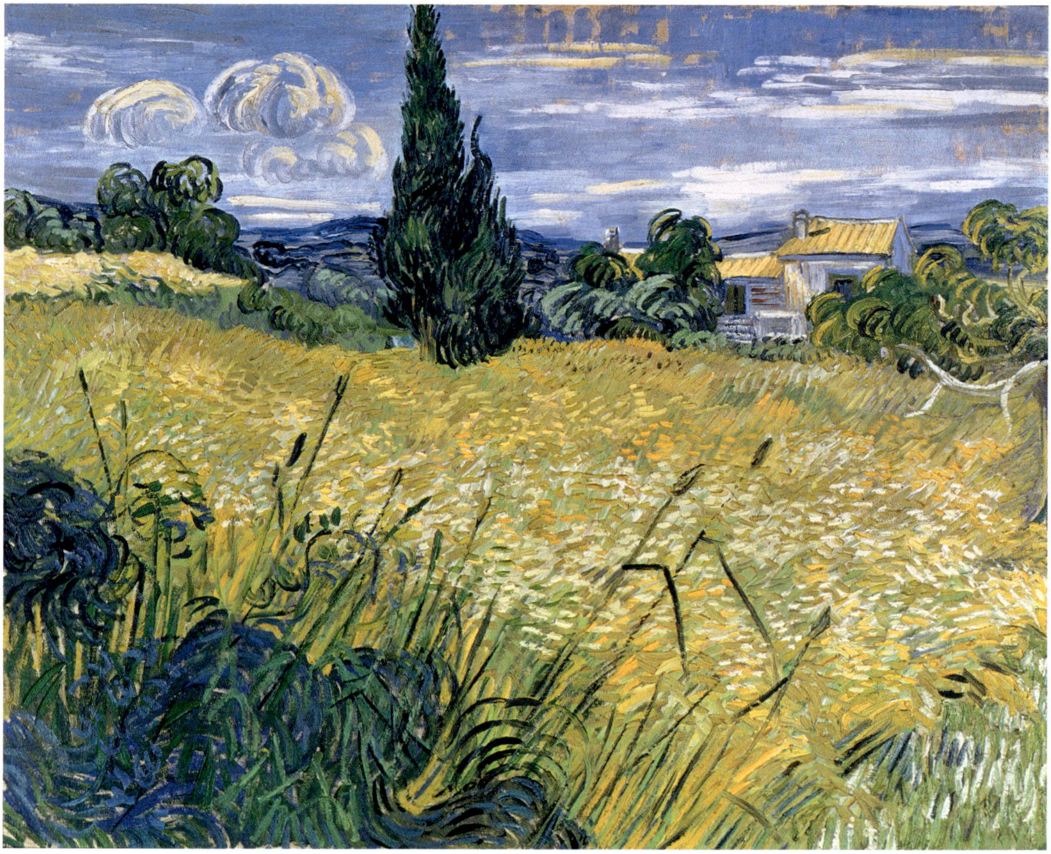

***Trigal verde con ciprés*, 1889**
Óleo sobre lienzo, 73 x 92,5 cm
Praga, Národní Galerie

Como instrumento ideal de representación había descubierto el color y la fuerza interior que este encierra. Lo aplicaba de tal modo que parecía adquirir identidad propia, convirtiéndolo en el recurso idóneo para la expresión visible de este principio vital. Su confrontación con el color no fue para él la simple teoría de una técnica pictórica especial, sino una lucha por conseguir el medio adecuado que le permitiera expresar sus anhelos anímicos. Todo lo que lo rodeaba, lo más normal y corriente, lo consideraba sinónimo de la vida, y eso es lo que quería expresar en su pintura. El color se había convertido en el atributo directo capaz de expresar la vida.

Para Van Gogh siempre fue esencial la veracidad a la hora de representar la vida humana. La única regla que contaba era la realidad misma; la realidad del momento, la actual, no la de un pasado lejano. Pero no se contentaba con copiar simplemente esa realidad, para él era esencial lo que esta ocultaba detrás. Van Gogh descubrió «lo sensato también en lo enigmático», y de esta forma la realidad, en sentido amplio, se convirtió progresivamente en un símbolo, lo que representa un punto de vista religioso. Este carácter religioso de la realidad se percibe claramente en sus obras. En ellas falta por completo la nota acusadora, crítica o caricaturesca. Su postura frente a todo lo que muestra en sus cuadros es la de una persona que ama y que acepta la realidad tal como es. Con su arte quería dirigirse a los seres que vivían el presente y experimentaban las cosas elementales de la vida: la naturaleza, los objetos, las personas, el dolor, la alegría, lo duradero, lo pasajero…

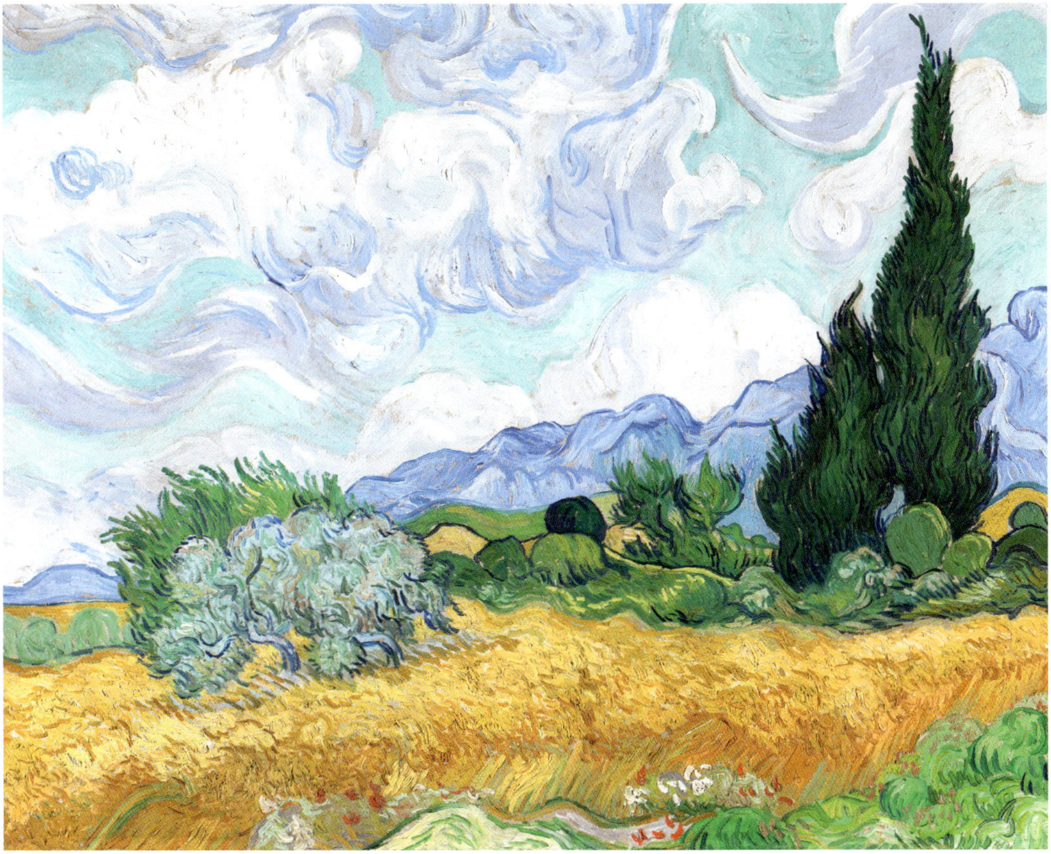

Trigal con cipreses, 1889
Óleo sobre lienzo, 73 x 93,5 cm
Londres, The National Gallery

Aquí se abre paso una nueva ideología que, si bien rechaza el mundo como mero valle de lágrimas, tampoco niega un principio vital más elevado al no abogar únicamente por esta vida terrenal. Su misticismo hacia lo natural, que acaba cristalizándose en su pintura, tiene su origen en el encuentro con las fuerzas primitivas de la naturaleza a la que se ofrece y con la que se identifica plenamente.

Este ofrecimiento total al que nos referimos se percibe también en su obra *Trigal verde con ciprés* (il. pág. 470). La mirada se sumerge en el serpenteante amarillo verdoso de las espigas que empiezan a madurar y fluyen en el centro del cuadro, de izquierda a derecha, como una ancha corriente. El mismo amarillo se aprecia también en los tejados de paja de las casas del fondo, en las nubes y en los matorrales de arriba, a la derecha. Los oscuros tallos de hierba que emergen ante el campo subrayan el movimiento ondulante hacia la derecha. En contraste, se alza hacia el cielo, como una llamarada, un ciprés verdinegro, sólido y erguido: es un rotundo punto de color en medio de todo ese movimiento del cuadro. Zonas de tonalidad verde enmarcan el trigal amarillo, al que, a su vez, se opone el azul pálido del cielo. El blanco de las espigas y de las nubes suaviza este contraste, por lo que, a pesar de todo el movimiento, el cuadro produce una sensación de armonía y de homogeneidad orgánica.

El color sigue siendo aquí muy expresivo, pero ya no es la fuerza dominante (como ocurría en los cuadros de Arles); solo algunas obras —pocas— muestran grandes superficies de color o violentos contrastes de tonalidades complementarias. El énfasis del colorido se ha traspasado a las

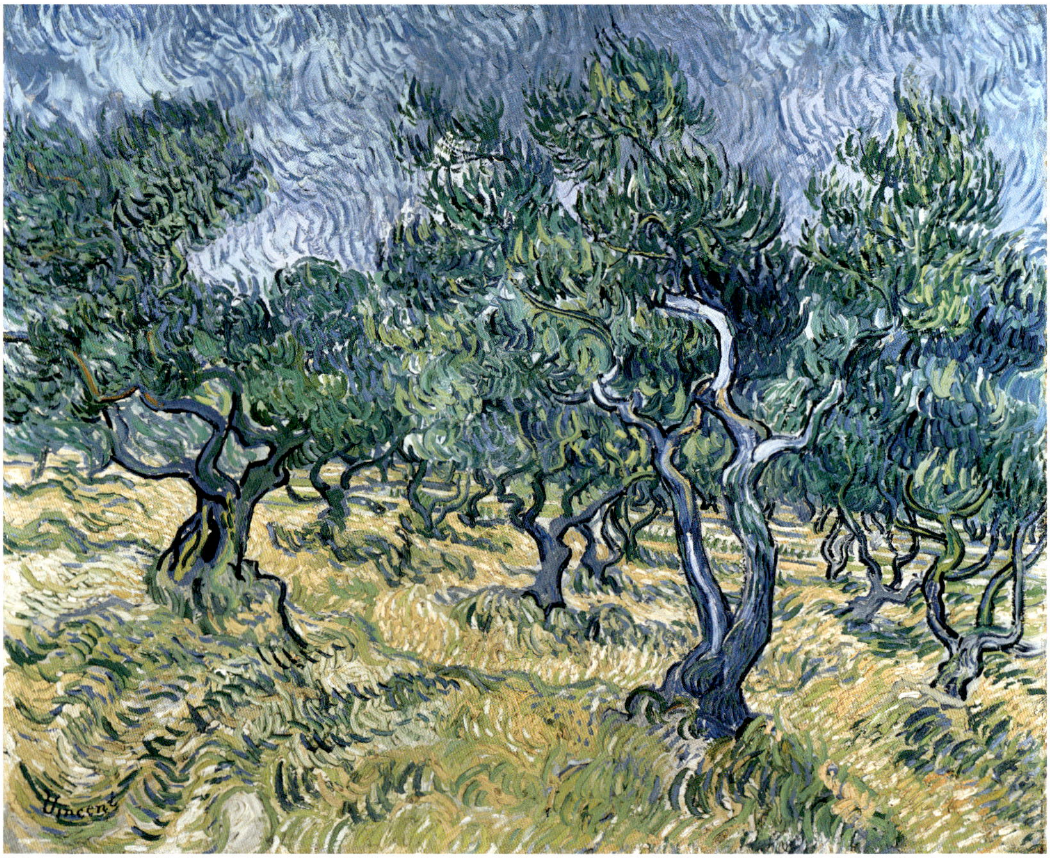

Olivar, 1889
Óleo sobre lienzo, 72,4 x 91,9 cm
Otterlo, Kröller-Müller Museum

PÁGINA SIGUIENTE
Autorretrato, 1889
Óleo sobre lienzo, 65 x 54 cm
París, Musée d'Orsay

formas, o dicho con mayor exactitud, a su movimiento, fenómeno que ya se adivina en este cuadro, y aquí aparece por primera vez un nuevo tema: el ciprés que se convertirá de ahora en adelante en un motivo central. También en la obra *Trigal con cipreses* (il. pág. 471) aparece, pero doble, aunque en este lienzo está situado al margen derecho y se eleva, mucho más oscuro y macizo que el anterior, hacia un cielo cubierto de nubes extrañas, como único acento vertical del cuadro. El trigal, en plena madurez, se intercala en forma de cuña entre las superficies verdes acompañadas de escarpadas montañas azules. Una diagonal en ascenso avanza desde el campo a través de los árboles y llega a las colinas, para seguir desde allí hasta las nubes, cuyas formas convulsivas, en este cuadro apenas esbozadas, dominarán en *La noche estrellada* (il. págs. 474/475) todo el firmamento. Este cuadro podría también titularse *La calma que precede a la tempestad*, pues si bien todavía está impregnado de paz, ya se anuncia en múltiples detalles el movimiento que se avecina (incluido el del pincel).

Estos árboles, perpetuamente verdes, se convierten en el único tema de la obra *Cipreses* (il. pág. 406), en la que ocupan casi toda la mitad izquierda del lienzo. Pintados con inquietas pinceladas se elevan hacia el cielo como verdes lenguas llameantes, sin que ni siquiera el margen del cuadro pueda frenar su impetuoso crecimiento: la copa del ciprés más alto sobrepasa el límite superior de la tela. Plena naturaleza, crecimiento e inquietud, esa indomable energía ¿se trata quizás de un acontecimiento cósmico? Un indicio a favor de esta teoría podría ser la luna creciente que se abre paso en el claro cielo nocturno.

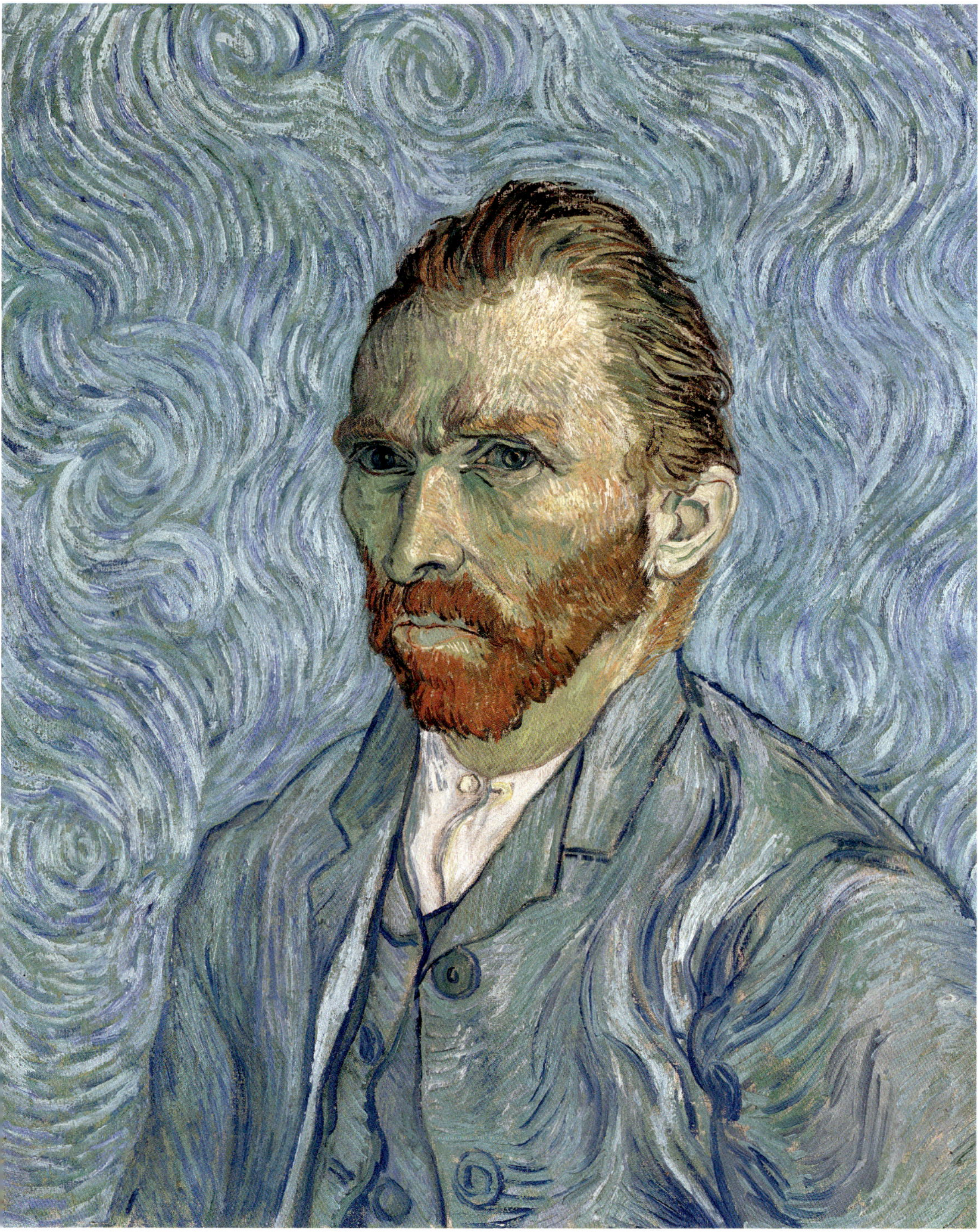

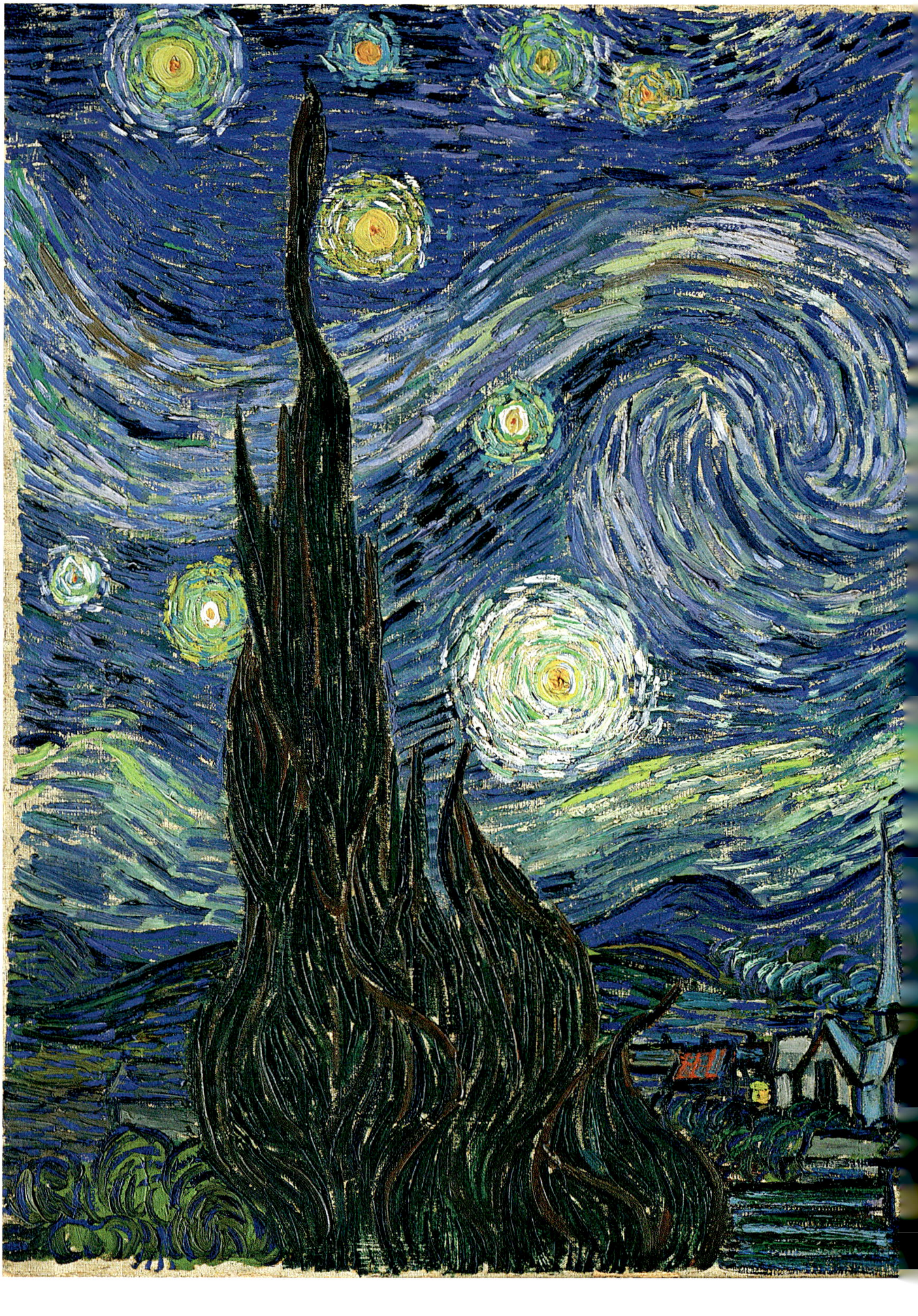

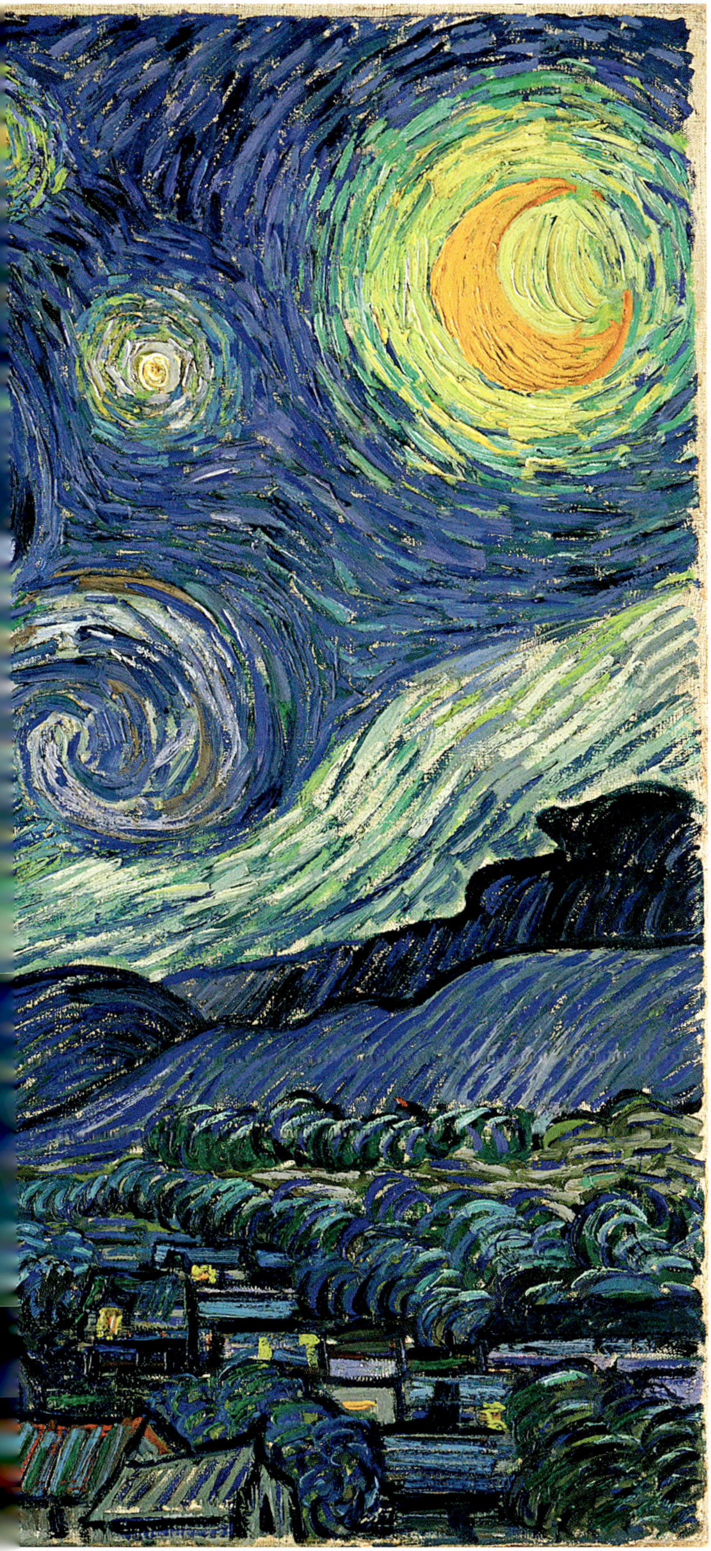

«En mi trabajo arriesgo mi vida y por su causa mi razón se ha hundido a medias…».

VINCENT VAN GOGH

«Y entonces sentí latir por doquiera un corazón, el alma de aquel que había hecho todo eso, quien con aquella visión se daba una respuesta para liberarse del espasmo mortal de una duda terrible, podía sentir y saber, podía entrever y disfrutar el abismo y la cima, lo exterior y lo interior, todo ello en la diezmilésima parte del tiempo en el que yo escribo estas palabras…».

HUGO VON HOFMANNSTHAL,
carta del 26 de mayo de 1901

La noche estrellada (Cipreses y pueblo), 1889
Óleo sobre lienzo, 73,7 x 92,1 cm
Nueva York, The Museum of Modern Art

«Esta vez es simplemente mi dormitorio y lo único que tiene que destacar es el color; la simplificación proporciona a los objetos un mayor estilo, y con ello pretendo transmitir una sensación de tranquilidad, o más exactamente, de sueño. Resumiendo, la vista del cuadro debe apaciguar la cabeza, o mejor dicho, la fantasía».

VINCENT VAN GOGH

En verano de 1889, Van Gogh le escribe a Theo: «Los cipreses me preocupan constantemente. Quisiera hacer con ellos algo como en las telas de los girasoles, porque me sorprende que nadie los haya representado todavía como yo los veo. En cuanto a líneas y proporciones son tan bellos como un obelisco egipcio».

En otoño de 1889, mientras estaba trabajando fuera del sanatorio, el pintor sufre inesperadamente un nuevo ataque aún más grave que los padecidos en Arles. Dominado primero por espantosas alucinaciones y tendencias suicidas que van cediendo poco a poco, cae posteriormente en una profunda depresión, indicando esta recaída el carácter crónico de la enfermedad. Empezó a tener miedo de los otros pacientes, por lo que prefería permanecer encerrado en su habitación. Durante seis semanas no se atrevió a salir del hospital. Finalmente, comenzó a pintar de nuevo, aunque solo en el interior del edificio. En una carta a su hermana confiesa: «Desde que estoy enfermo tengo, incluso al aire libre, una sensación de tremenda soledad, por lo que no me atrevo a salir».

Este hecho también se nota en la elección de los colores. La luminosidad de su paleta deja sitio, progresivamente, a un colorido apagado y a una oscura armonía sin fuertes contrastes. No se trata de un retorno a los tonos de su época holandesa, sino que conserva la variedad cromática descubierta

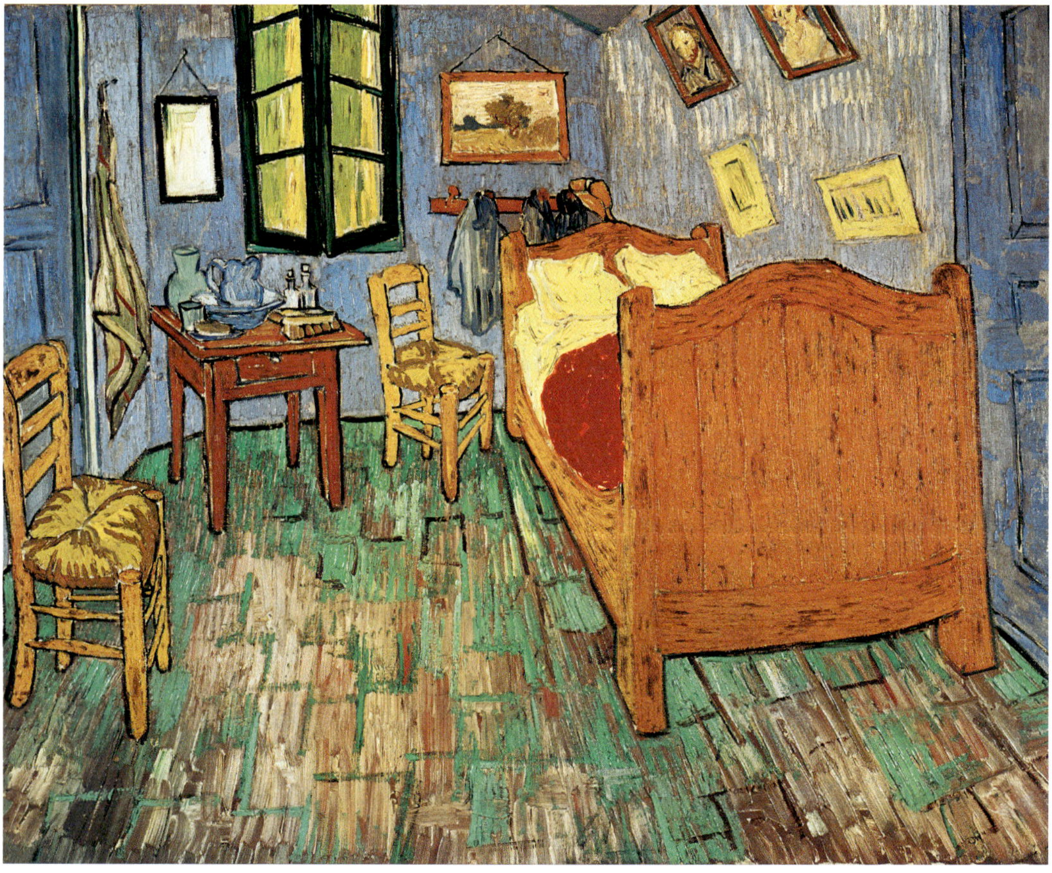

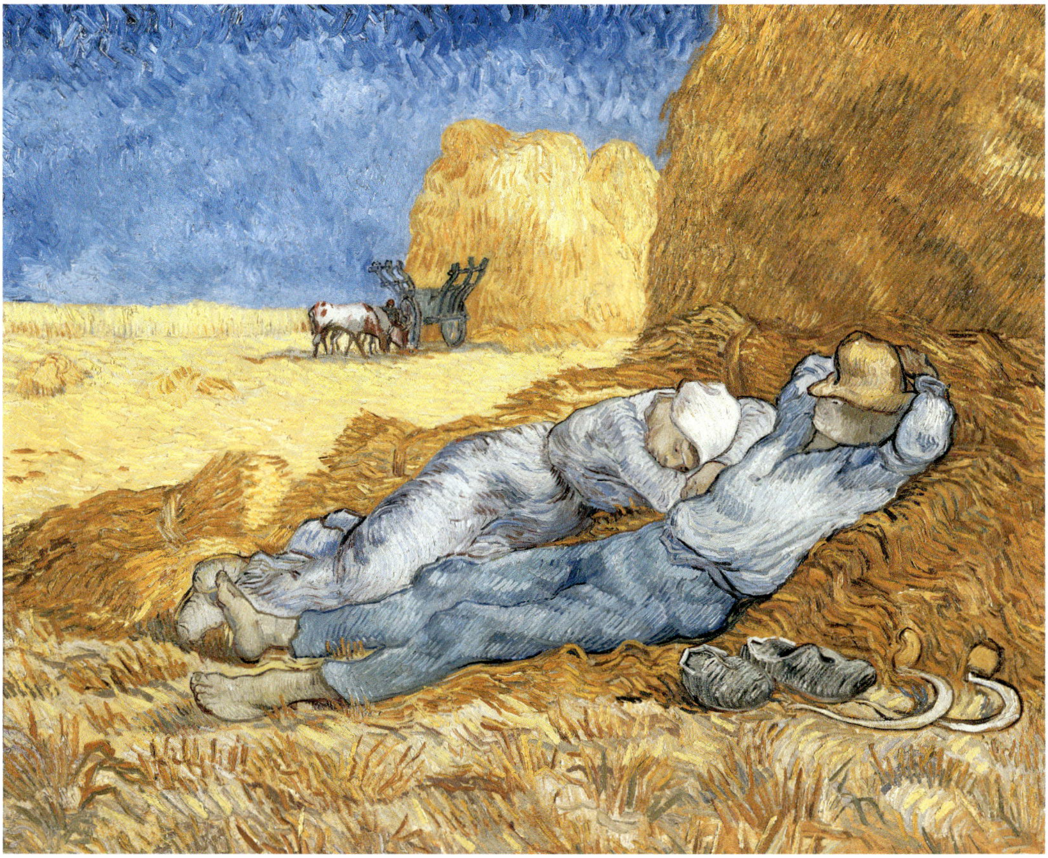

en París y Arles, añadiéndole una serie de matices insólitos que reflejan su estado de ánimo.

La siesta (según Millet), 1890
Óleo sobre lienzo, 73 x 91 cm
París, Musée d'Orsay

PÁGINA ANTERIOR
La habitación de Vincent en Arles, 1889
Óleo sobre lienzo, 73,6 x 92,3 cm
The Art Institute of Chicago

De nuevo elige el árbol como tema pictórico en su obra *Olivar* (il. pág. 472), si bien de modo muy diferente al de los cipreses. Toda la superficie del cuadro está recorrida por un movimiento único. Las pinceladas de la tierra, los árboles y el cielo muestran la misma técnica ondulante, formando una unidad armoniosa. Las tres grandes zonas cromáticas de ocre, verde y azul son discretas y suaves, el contraste moderado. Las fuertes líneas de las ramas se repiten en los dibujos arabescos de la suave superficie del cielo, así como el color azul de este se refleja en las hojas y troncos de los árboles, cuyo verde y gris se encuentra también en la tierra del suelo. Todos los elementos del cuadro están sintonizados en una perfecta armonía. El equilibrio de tonos fríos y cálidos produce también una sensación de sosiego. Toda la escena emana un irrealismo casi onírico. Solo las extrañas siluetas del tronco de los olivos, que parecen retorcerse de dolor, resaltan por un reborde negro. La naturaleza parece estar sacudida por un dolor sordo, un instante de desasosiego impregna el conjunto.

Van Gogh se muestra en Saint-Rémy muy susceptible al movimiento. En los cuadros realizados aquí y, más tarde, en los de Auvers, se pueden distinguir dos formas básicas de líneas: por una parte, las curvas de trazo continuo, retorcidas y ondulantes; por la otra, un complicado entretejido de líneas agudas y quebradas, trazadas a rayas. En ambos elementos se trata de formas dinámicas, cargadas

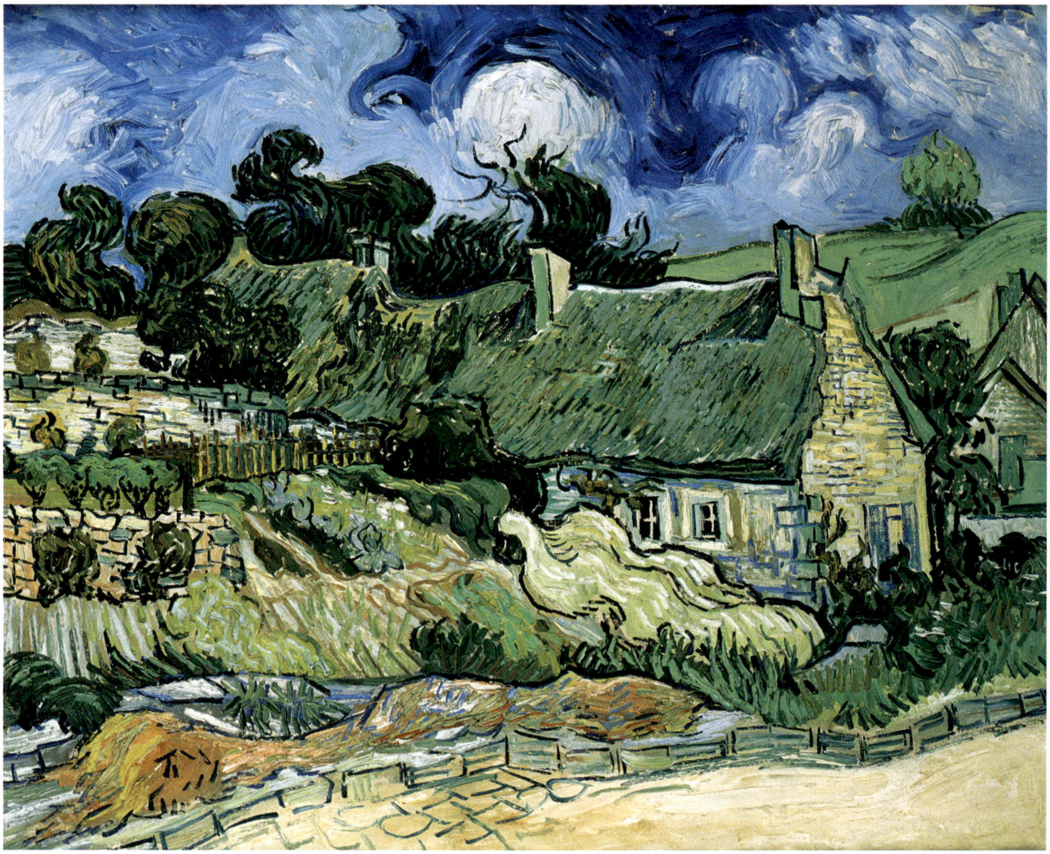

Casas con tejado de paja en Cordeville, 1890
Óleo sobre lienzo, 73 x 92 cm
París, Musée d'Orsay

de energía, y constituyen los componentes esenciales de un estilo pictórico que acusa una intranquilidad profunda y una enorme tensión.

Ambas formas de tratar la línea se conjugan en el cuadro *La noche estrellada* (il. págs. 474/475), una de sus obras más sobresalientes y al mismo tiempo de las más extrañas que pintó nunca. Aquí vuelve a abordar el tema de los cuadros nocturnos de épocas anteriores (París y Arles), pero en un contexto totalmente distinto. Es uno de los pocos trabajos en que renuncia a la observación directa de la naturaleza, creando formas y colores salidos de su fantasía para lograr un ambiente especial. En el cielo se desarrolla un acontecimiento cósmico de enorme dramatismo. Dos gigantescas espirales nebulosas se enroscan una con otra, once estrellas de enormes dimensiones con sus halos de luz atraviesan la noche, una luna irreal de color naranja parece confundirse con el sol, un ancho sendero luminoso —quizá la Vía Láctea— se extiende por el horizonte; el firmamento, de un azul profundo, parece encontrarse en una agitación delirante. La espontaneidad y la fuerza expresiva se ven acrecentadas por el torrente impulsivo y entusiasta de las pinceladas.

Sin embargo, Van Gogh no se rinde pasivamente ante esa excitante visión. Haciendo uso de instrumentos artísticos sigue su propia inspiración, eligiendo para el acontecimiento en la tierra imágenes de contraste que intensifican los efectos perseguidos. La ciudad dormida, en primer plano, está reflejada con trazos rectos y breves, en abierta oposición a las curvas de la parte superior del cuadro; incluso las pequeñas luces amarillas de las casas son, al revés que las estrellas, todas cuadradas

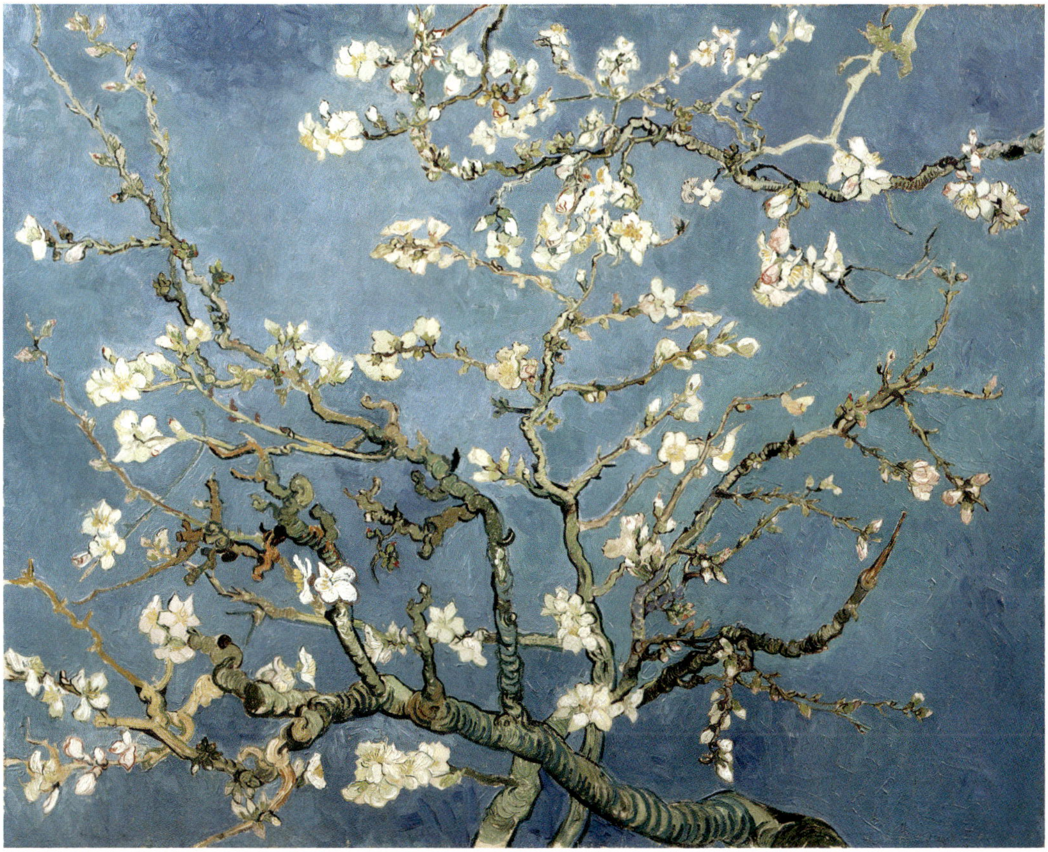

Ramas de almendro en flor, 1890
Óleo sobre lienzo, 73,3 x 92,4 cm
Ámsterdam, Van Gogh Museum, Fundación Vincent van Gogh

o rectangulares. El campanario de la iglesia, puntiagudo y empinado hacia el cielo —en recuerdo del norte— corta el horizonte de la tierra como las llamas de los poderosos cipreses; el punto opuesto, terreno y vertical, a las nebulosas del cielo con sus movimientos circulares, representando el contraste más importante del cuadro. Podría ser interpretado como fuerzas que luchan entre sí: los esfuerzos y anhelos humanos (ese «llegar a tocar las estrellas») frente al poderío sobrenatural y cósmico. Pues lo que en realidad ocurre en el lienzo no es lo que se ve en la tierra, sino en el cielo. En este cuadro, de una visión quizás apocalíptica, Van Gogh ha tratado de dar salida a emociones demasiado poderosas. También hay que verlo como un intento de expresar con imágenes su ansia de infinito en la naturaleza.

Tres meses más tarde, en septiembre de 1889, pintó su último *Autorretrato* (il. pág. 473). De medio cuerpo, casi de frente, el pintor está situado ante un fondo rítmico de espirales en azul, verde y gris en forma de remolinos. El traje sobre la camisa blanca sin cuello es de un color casi idéntico a esta. En aguda contraposición destacan la barba rojiza, la extraordinaria viveza de los rasgos tensos del rostro y los penetrantes ojos oscuros. «Una mirada que lo atraviesa a uno» (Antonin Artaud).

Hacia finales del infortunado año de 1889 la inspiración del pintor parece haber decaído. Por las tardes solía aburrirse soberanamente en la clínica, pese a lo mucho que leía. Como ya no podía pintar al aire libre, se dedicaba a hacer copias o imitaciones de sus propios cuadros. Algunos de estos trabajos los destinó a su madre o a su hermana, por ejemplo, *La habitación de Vincent en*

«Un cielo nocturno con una luna mortecina creciente que apenas se destaca de las oscuras sombras de la tierra, una estrella de un resplandor inusitado, rosa y verde, en un cielo de azul ultramarino por el que se deslizan algunas nubes. Abajo, un camino bordeado de altas cañas amarillas, detrás las bajas Alpilles azuladas, una vieja posada con las ventanas encendidas en un tono naranja y un ciprés altísimo, muy recto y oscuro. Por el camino un carro amarillo tirado por un caballo blanco y dos caminantes rezagados. Muy romántico…, pero me parece que también muy típico de la Provenza».

VINCENT VAN GOGH

Arles (il. pág. 476). Este tema ya lo había pintado poco antes de la llegada de Gauguin a esa ciudad, pero esta primera versión había sido dañada durante el transporte, así que en Saint-Rémy lo repitió de memoria. De las tres versiones que realizó esta es la que tiene los colores más brillantes. Y comentándolo escribió lo siguiente: «Esta vez es simplemente mi dormitorio y lo único que tiene que destacar es el color; la simplificación proporciona a los objetos un mayor estilo, y con ello pretendo transmitir una sensación de tranquilidad, o más exactamente, de sueño».

No obstante, el cuadro no da la idea de calma absoluta que buscaba Van Gogh. Los objetos se encuentran como aislados, sin ninguna relación entre sí. También producen una sensación inquietante el enorme acortamiento de todos los objetos, el suelo en aguda pendiente hacia delante, como si fuera a caerse, la ventana entreabierta, los muebles ladeados en la habitación —la mesa con la palangana y la silla junto a la cama—, y los cuadros que cuelgan torcidos de la pared. La atmósfera ambivalente proporciona al cuadro un extraño estado de tensión: el deseo de un refugio confortable, de un hogar, de proximidad y afecto se contradice con la realidad.

En el invierno de 1889 empezó a pintar cada vez menos paisajes y su trabajo en casa se basaba en su propia obra o en la de otros artistas. Inspirándose en litografías, reproducciones y xilografías —grabados en blanco y negro— que le había enviado Theo de París, transformaba obras de Rembrandt, Delacroix y Millet en cuadros de abundante colorido. Lo que más lo había impresionado siempre era la sencillez monumental de los campesinos de Millet. Por ello, entre el otoño de 1889 y la primavera de 1890 realizó por lo menos 23 cuadros basados en Millet, casi todos de pequeño formato. «Ya verás como te asombras», le escribe en septiembre a su hermano, «del efecto que el color imprime a *La faena agrícola* (de Millet)».

El increíble resultado del colorido aplicado a una copia de Millet tiene su exponente más claro en la obra *La siesta* (il. pág. 477). Casi dos tercios de la superficie del cuadro están ocupados por el naranja, amarillo y dorado del trigo estival, cortado y apilado en haces o montones. En fuerte contraste se contrapone el azul pálido del fragmento de cielo con el que armoniza la vestimenta azul de los campesinos que duermen a la sombra. Echados a lo largo, se protegen del sofocante calor del mediodía, y así, dormidos, parecen formar parte de la naturaleza. La tierra y el cielo, el ser humano y la naturaleza forman una unidad, son miembros de una misma familia.

El cielo, del azul más intenso, claro y luminoso que llegó a pintar nunca, es el que sirve de fondo al cuadro *Ramas de almendro en flor* (il. pág. 479), un regalo a su pequeño ahijado, nacido a finales de 1890, y al que habían puesto de nombre Vincent. De las ramas de almendro, aún rígidas por el invierno, salen las flores de una blancura luminosa, anunciando, como mensajeros de la primavera, el despertar de una nueva vida. En este cuadro Vincent empleó una paciencia y un dominio de sí mismo desacostumbrados en él. Y quizás se había tenido que dominar demasiado, pues durante el trabajo en esta obra, la última realizada en Saint-Rémy, cayó enfermo.

Camino con ciprés bajo el cielo estrellado, 1890
Óleo sobre lienzo, 90,6 x 72 cm
Otterlo, Kröller-Müller Museum

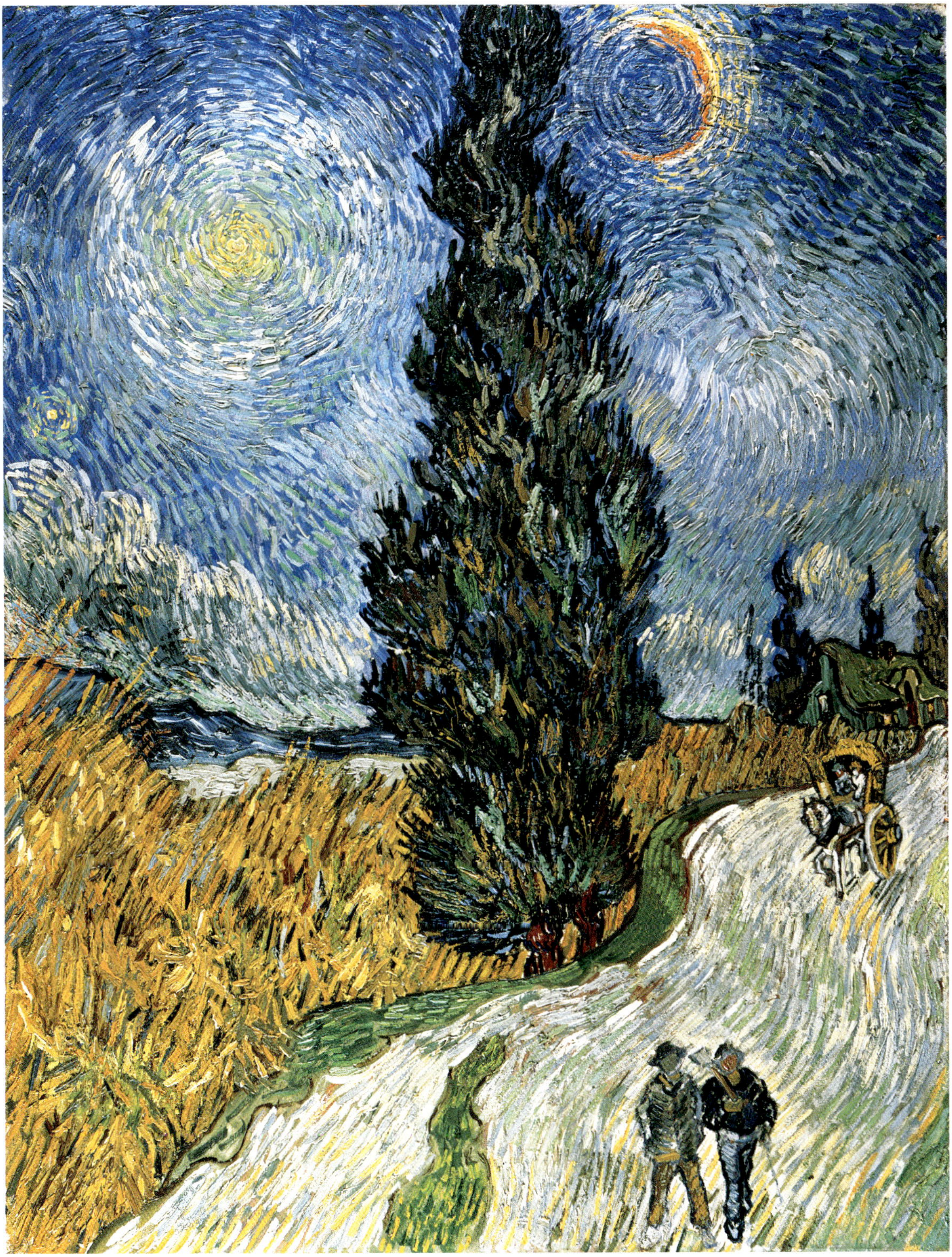

«¿Por qué consideró imprescindible Eugène Delacroix, el colorista más grande de todos, el marcharse al sur e incluso llegar también hasta África? Sin duda porque allí —y no solo en África, sino ya desde Arles— en la misma naturaleza se encuentran los más bellos contrastes de rojo y verde, azul y naranja, azufre y lila».

VINCENT VAN GOGH

Además del nacimiento de su sobrino y tocayo, en enero y febrero de 1890 ocurrieron otras cosas interesantes. Por primera vez apareció en una revista de arte un detallado artículo dedicado a él. En París se inauguró la exposición del grupo de Bruselas «Les XX», en la que se presentaron algunos cuadros suyos; paralelamente estaba en preparación una nueva muestra de los «independientes» que tendría lugar en marzo y contaba también con algunas de sus obras. Finalmente le llegó la noticia de que Anna Boch, hermana del poeta Eugène Boch, había comprado en Bruselas su cuadro *La viña roja* por cuatrocientos francos. Fue una de las poquísimas obras que Vincent vendió en vida, aunque no la única, como se ha pretendido con frecuencia.

Los acontecimientos de las últimas semanas fueron demasiado para él. Sufrió un nuevo ataque que le duró casi dos meses, mucho más tiempo que cualquiera de los anteriores. Otra vez sobrevinieron oscuros días plagados de demencia, angustias mortales y terror, llenos de alucinaciones y accesos de ira. Tardó semanas hasta que se sintió capaz de escribir de nuevo a su hermano. Vincent había decidido abandonar la clínica. Después de una breve estancia en París para ver a Theo y a su familia, se dirigió en mayo de 1890 a Auvers-sur-Oise, cerca de la capital, donde el Dr. Gachet, médico y pintor aficionado, se había ofrecido a cuidarlo en adelante. Alquiló una habitación en la pensión Ravoux, enfrente del pequeño ayuntamiento, y comenzó inmediatamente a pintar de nuevo, haciendo suyos los motivos que le ofrecían el lugar y sus alrededores.

El cuadro *Casas con tejado de paja en Cordeville* (il. pág. 478) es testimonio de un nuevo impulso creador, si bien parece estar pintado con menos esmero que de costumbre. Muchos detalles se hallan vagamente insinuados; formas y contornos abiertos, así como pinceladas sueltas, demuestran un trabajo realizado a gran velocidad. La vieja granja cubierta de paja con la huerta, la valla y el muro, rodeada de matorrales y árboles oscuros, inunda el cuadro de una atmósfera de intranquilidad, a pesar de lo idílico del tema.

Parece como si el pintor estuviera de nuevo dominado por una excitación nerviosa. Los elementos lineales del cuadro se ponen de relieve y se acentúan, marcando la pauta frente al colorido oscuro y terroso. Este fenómeno aparece claramente en el lienzo *Camino con ciprés bajo el cielo estrellado* (il. pág. 481). Las pinceladas, en Van Gogh siempre de enorme fuerza, se convierten aquí en un verdadero torrente, en una avalancha que se desborda por toda la tela. Estas nerviosas pinceladas han llegado aquí al límite, como ocurrió con el color en Arles. Los objetos han perdido su forma estable, sus siluetas se alargan, retorciéndose y serpenteando. Ellas enlazan el objeto que ya no es más que un alud de partículas que siguen el movimiento de los contornos. Sus colores son atenuados y opacos, la energía de las líneas se ha sobrepuesto a la energía del color. Este trazo impetuoso parece formar en el cuadro diferentes centros de fuerza que se compenetran y luchan entre sí, como si fueran campos magnéticos que se atraen y se repelen simultáneamente.

El paisaje real adquiere un carácter casi sobrenatural, a lo que contribuye la disposición central de los oscuros cipreses, elementos dominantes, situados entre el sol y la luna con sus amplios halos de luz. Dos árboles estrechamente unidos se elevan hacia el cielo. La tierra está llena de formas semejantes, con el campo amarillo, el sendero ondulante como un torrente y un horizonte azul de montañas planas al fondo, al que responden hileras de hierba verde al borde del

El buen samaritano (según Delacroix), 1890
Óleo sobre lienzo, 73 x 59,5 cm
Otterlo, Kröller-Müller Museum

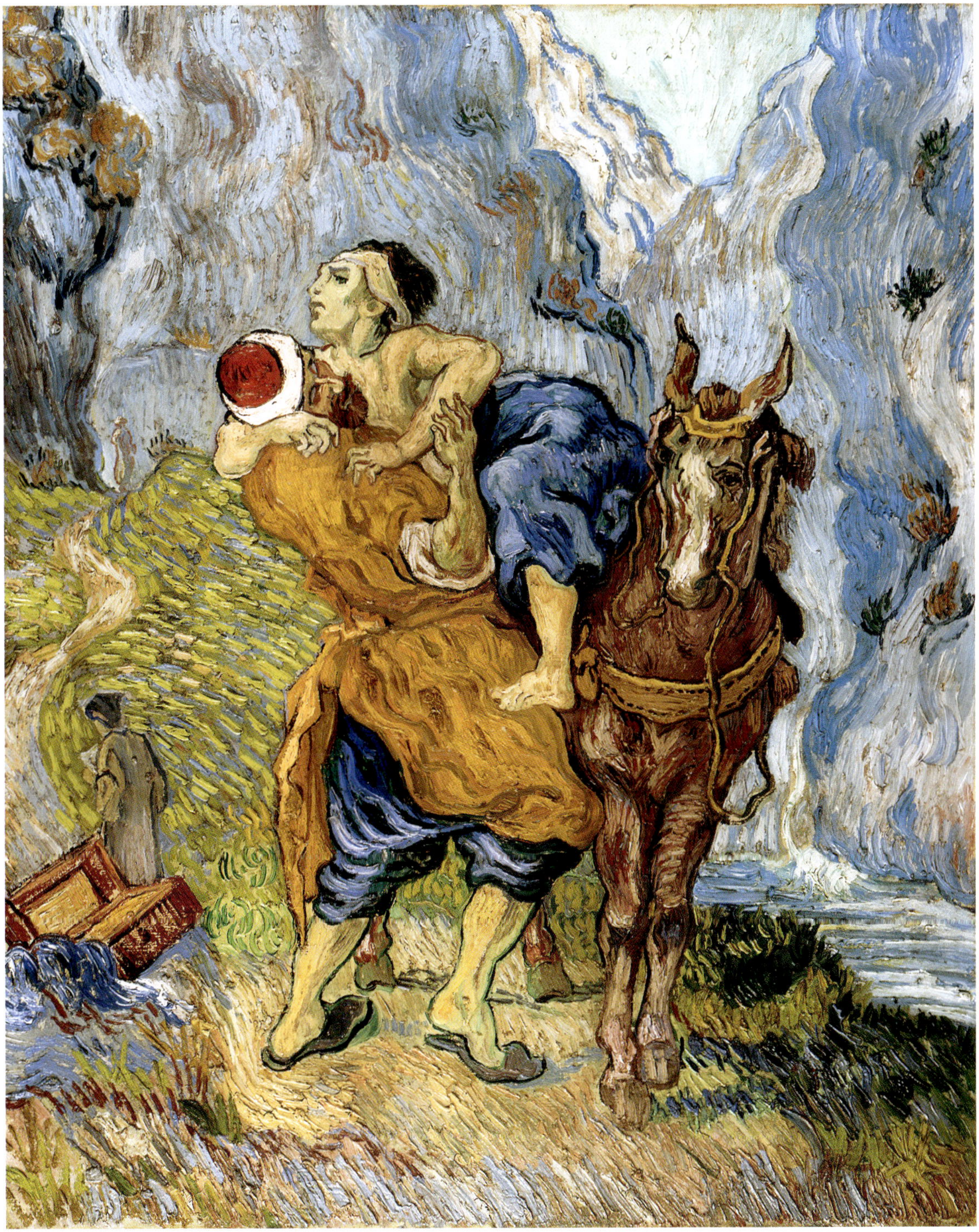

«Quisiera pintar cuadros que dentro de cien años aparezcan como una revelación. Pero no me gustaría conseguirlo con fidelidad fotográfica, sino a través de mi manera apasionada de ver las cosas, con ayuda de nuestros conocimientos y de nuestro gusto actual del color como medio de expresión y de profundización del carácter».
VINCENT VAN GOGH

camino. Todo este movimiento tiene un fuerte contraste en las dos figuras andando por el camino, el caballo tirando de un carro amarillo y la casa iluminada al fondo, a la derecha. En cada sector las pinceladas tienen una configuración especial: concéntricas en el cielo; paralelas, entrelazadas y convergentes en la tierra; como llamaradas que se alzan hacia arriba en los árboles que unen ambos sectores. Todo el cuadro se encuentra en un estado de palpitante inmovilidad.

El trabajo es lo único que le hace olvidar la enfermedad durante aquellas semanas. La pintura no es solo una terapia, es la vida misma. En los setenta días que permaneció en Auvers pintó como un poseso y llegó a crear más de ochenta cuadros, entre los que se encuentran obras maestras como *La iglesia de Auvers* (il. pág. 466). La iglesia, construida con formas fijas y exactamente definidas, produce el efecto de una compacta escultura, representando con la naturaleza una unidad orgánica. El azul cobalto del cielo es un color nocturno, el espacio da una sensación de oscuridad, la luz es irreal. Un cielo oscuro similar, la misma luz y los caminos que se bifurcan en forma de uve en primer plano, sugiriéndonos amplitud, aparecen también posteriormente en la obra *Trigal con cuervos* (il. págs. 490/491).

Ya desde su estancia en Saint-Rémy Van Gogh se había ocupado a menudo de temas religiosos y pintó también algunos motivos bíblicos. Su propia honestidad moral le impedía, sin embargo, crear personajes bíblicos de su fantasía; al no atreverse, prefirió servirse de modelos de antiguos maestros. La elección de los temas nos indica claramente las razones que lo impulsaron a realizar esta pintura religiosa: Cristo muerto en brazos de su madre; la resurrección de Lázaro, cuyo rostro tiene sus propios rasgos; el buen samaritano, todas ellas figuras que sufren y esperan (y pueden esperar) la redención futura.

Tanto la *Piedad* como *El buen samaritano* (il. pág. 483) están basados en obras de Delacroix. Junto con Millet, Delacroix representaba para él el santo patrón de su propia pintura y el fundador de la teoría del color. La sobria riqueza cromática de este cuadro nos recuerda al gran modelo. Los tonos más intensos, los característicos rojos y azules de Delacroix, están dispuestos en un ambiente de matices más neutros, tostados, hábilmente combinados entre sí mediante una graduación de intervalos de calor y frío, oscuridad y claridad. Al ritmo original del dibujo dinámico de Delacroix, Van Gogh le añade una serie de pinceladas paralelas. Las formas arabescas y las curvas retorcidas del modelo se transforman en líneas quebradas; se trata, pues, de una ferviente traducción de la obra antigua al lenguaje pictórico «moderno».

Pero ante todo y aún más que los cuadros religiosos y los paisajes, lo que decididamente fascinaba a Van Gogh era el arte del retrato, el retrato moderno. Sus modelos fueron siempre seres sencillos y poco complicados, personas con las que solía tratar diariamente. Y no las pintaba por su belleza exterior o por tener algún rasgo especial, sino simplemente por su carácter humano.

Joven campesina con sombrero de paja sentada delante de un trigal (il. pág. 485) es un ejemplo típico. Casi de cuerpo entero, una muchacha campesina está sentada con cierta rigidez y algo tímida entre el trigo. Sus mejillas resplandecen con el mismo rojo de las amapolas. El azul puro de su blusa, cubierta de diminutos lunares de un naranja intenso, contrasta con los cálidos tonos de las espigas y del delantal, así como con el amarillo dorado del sombrero y el

Joven campesina con sombrero de paja sentada delante de un trigal, 1890
Óleo sobre lienzo, 92 x 73 cm
Colección particular

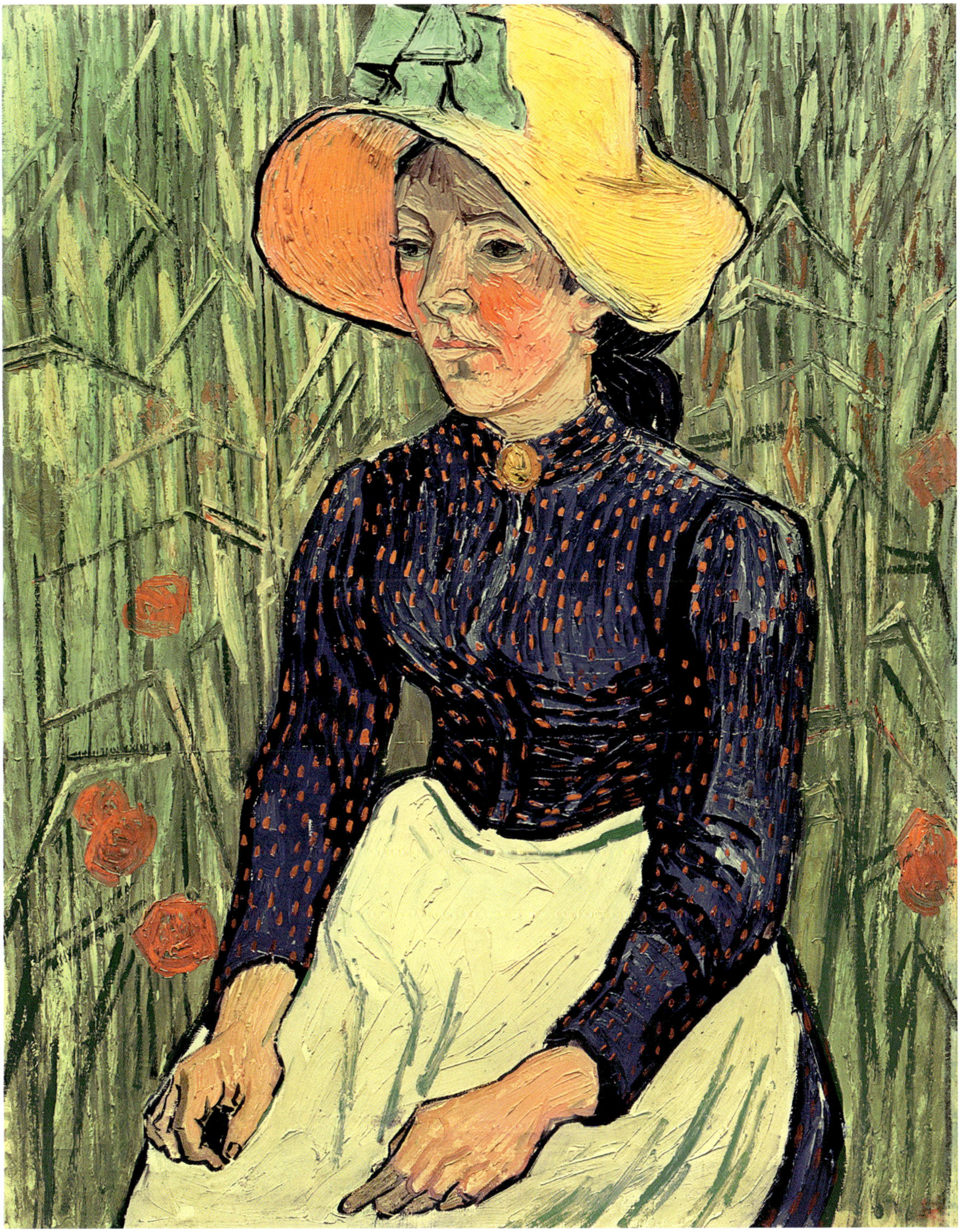

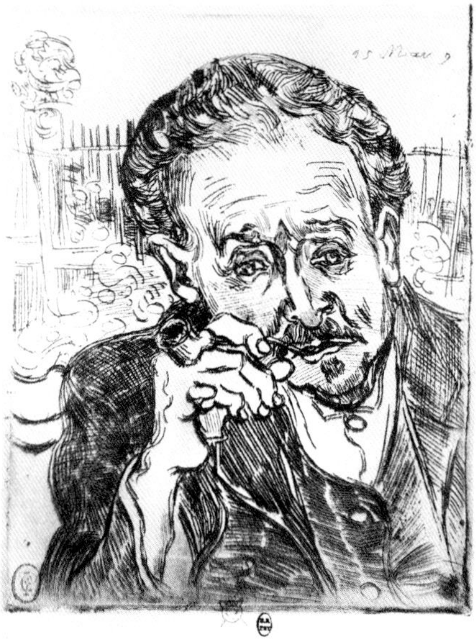

naranja de la sombra. Surgen de nuevo huellas de la fidelidad a lo real y de la rudeza de aquellos cuadros de campesinos que había pintado en su primera época utilizando tonos pardos.

Pese a todo, esta obra no alcanza la importancia del *Retrato del doctor Gachet* (il. pág. 487), considerado como su indiscutible obra maestra de este género. La personalidad peculiar y excéntrica del médico, que se dedicaba también a la pintura y era amigo de algunos impresionistas, le había llamado la atención. Un halo de melancolía, tristeza y resignación se refleja en el rostro de Gachet, marcado por «la desesperada expresión de nuestra época», que traspasa y determina todo el cuadro. Todos los trazos y tonos se adaptan a esta melancólica atmósfera, formando una unidad original. Las líneas siguen esencialmente la abatida inclinación del personaje, que nos revela el estado de ánimo de este ser sensible y desalentado. Las líneas del fondo concuerdan con las de la gorra, el rostro y los hombros. Lleva una chaqueta de un azul ultramarino, lo que hace resaltar la cara, acentuando aún más su palidez. La mirada afligida de sus claros ojos azules, como cubierta por un velo de tristeza, mira perdida hacia el infinito. Un azul matizado de claro a oscuro (en el cielo, las colinas del fondo y el traje) domina todo el cuadro y aparece también en las flores y en las pupilas del médico.

Esta pintura contribuyó en gran parte a fomentar la amistad entre los dos hombres. A Gachet le gustó tanto que le pidió a Van Gogh una segunda versión. El arte se convirtió en el fuerte vínculo de su amistad, y Van Gogh se sentía entusiasmado de poder pintar, por fin, a alguien que comprendía de verdad su trabajo. Después de tan larga soledad había encontrado a una persona con la que podía hablar de sus cuadros.

Pero la suerte de Vincent como pintor nunca duraba mucho. A Theo, su querido hermano, sin cuyo apoyo espiritual y económico no hubiera podido vivir, le iban mal las cosas. Su hijito estaba gravemente enfermo, su mujer agotada por las muchas noches en vela y además tenía violentas discusiones con los propietarios de la galería, que habían perdido la confianza en su criterio artístico. Muy preocupado por su hermano, Vincent fue a París a principios de julio, pues las dificultades de Theo eran también una amenaza para su propia existencia y lo intranquilizaban mucho. Interrumpió su visita antes de lo previsto y le envió una carta a Theo desde Auvers con las siguientes palabras: «Desde mi regreso sigo estando muy triste, y la desgracia que os amenaza me deprime constantemente… Mis pasos se han vuelto inseguros. Temo ser una carga para vosotros, ya que vivo a costa vuestra».

También se enfadó con Gachet, y se lo explicó a Theo: «En mi opinión, no podemos contar para nada con el Dr. Gachet. Me parece que todavía está más enfermo que yo, o por lo menos igual. Pero si un ciego sirve de guía a otro ciego, ¿no se caerán entonces los dos a la fosa?». Estas desavenencias debieron desequilibrarle mucho. En este nuevo ambiente corría el riesgo de quedarse otra vez solo, pero no hacía nada para evitar esa soledad. Al suprimir Gachet sus visitas, el aislamiento en el que trabajaba fue en aumento.

ARRIBA
Retrato del doctor Gachet con pipa, 1890
Aguafuerte, 18 x 15 cm

PÁGINA SIGUIENTE
Retrato del doctor Gachet, 1890
Óleo sobre lienzo, 67 x 56 cm
Colección particular

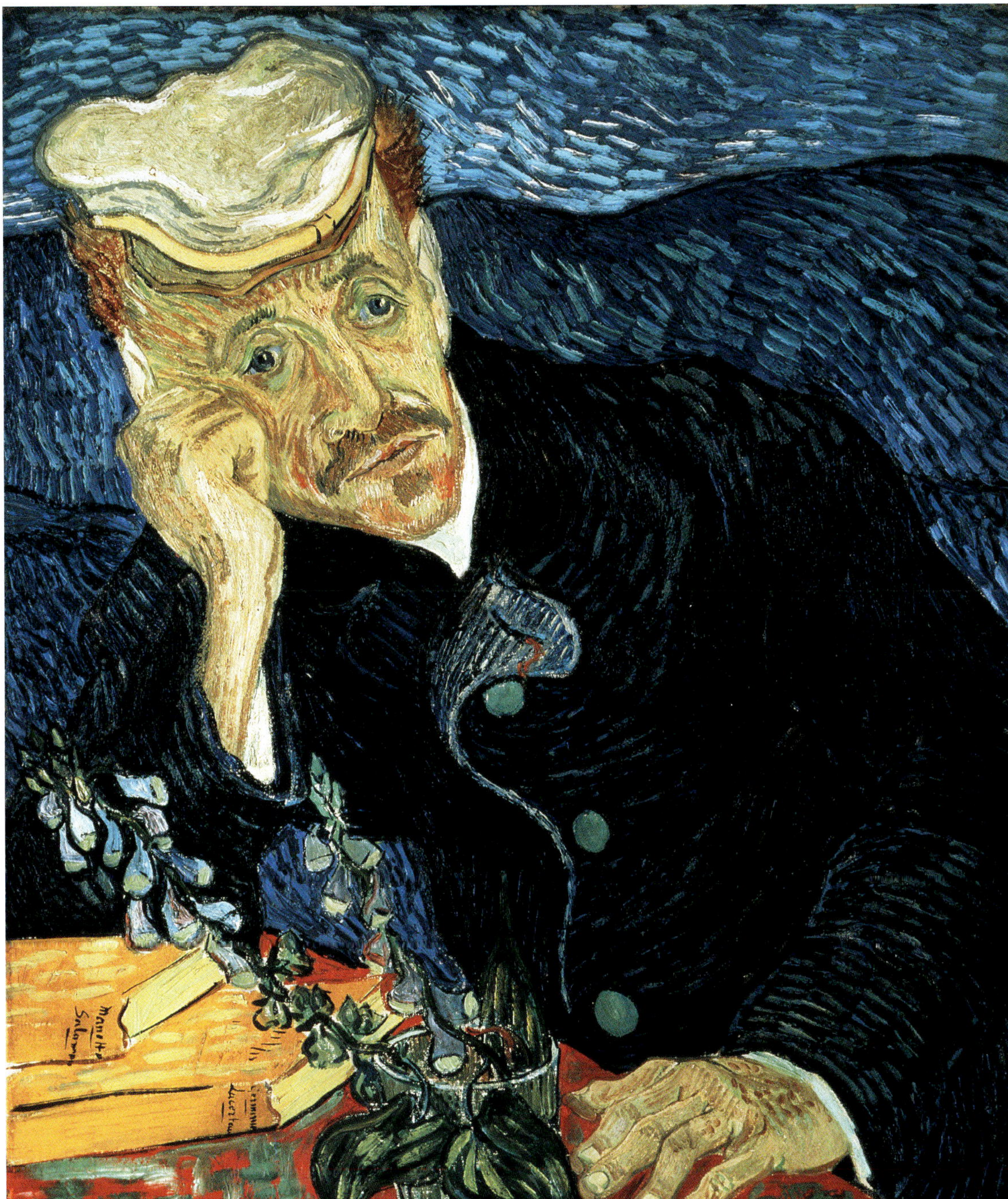

Solo su trabajo lo mantenía vivo. Pintaba hasta el agotamiento, un cuadro y a veces hasta dos al día. Un mes antes de su muerte realizó la obra *Trigal con cuervos* (il. págs. 490/491), que refleja intensamente su estado de ánimo y con el que quiso expresar «tristeza y una extrema soledad». El panorama de un trigal que se abre desde la parte delantera del cuadro en tres caminos diferentes corresponde a un formato excepcionalmente ancho. El espectador se enfrenta a una situación intranquilizante por la confusa línea del horizonte y el rumbo ciego de los caminos que se adentran en el campo o parecen escapar del lienzo. La composición de la perspectiva del campo abierto tiene un sentido inverso, la alineación sale del horizonte, convergiendo en la parte delantera. El espacio representado carece de un centro de perspectiva. El cielo azul y los campos amarillos se repelen con violencia, y por su frontera se acerca volando una bandada de cuervos hacia un vacilante primer plano.

En contraposición a lo turbulento de la pintura, todo el espacio está dominado por una sencillez y amplitud lapidarias. El azul del cielo aparece en un solo plano como una unidad, mientras que el amarillo complementario del trigo está dividido en dos planos, el rojo de los caminos bifurcados en tres y en cinco el verde complementario de las franjas de hierba que bordean los caminos. La gama de colores se limita, así, a casi exclusivamente tres tonos básicos y uno complementario, estableciendo una sensación de control en el cuadro. La línea horizontal dominante está más bien determinada por el estado de ánimo del artista que por el marco o el lienzo mismo. No está ni al servicio del panorama, ni ha sido creada por los objetos, sino que domina el espacio con absoluta supremacía sin que aparezca apenas la línea vertical. En el conjunto del cuadro ya no se puede diferenciar definitivamente lo fragmentario de lo total, ni la proximidad de la lejanía.

Posiblemente debido a esta interpretación —podríamos decir casi con carácter absoluto— del tema de un paisaje que parece reflejar las leyes primitivas del mundo, muchos han considerado esta obra como una de las últimas que realizó. Y aunque llegó a pintar una docena más, entre ellas la titulada *Cabañas con tejado de paja en Chaponval* (il. pág. 488), ninguna logró alcanzar la fuerza y la calidad del *Trigal con cuervos*. Por lo que este cuadro, considerado, y no sin razón, como uno de sus mejores trabajos, representa una especie de testamento pictórico.

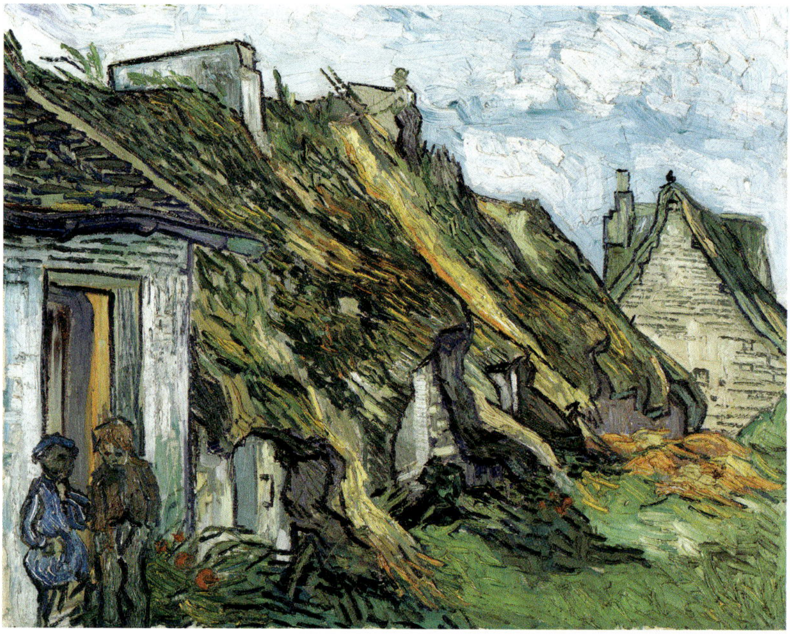

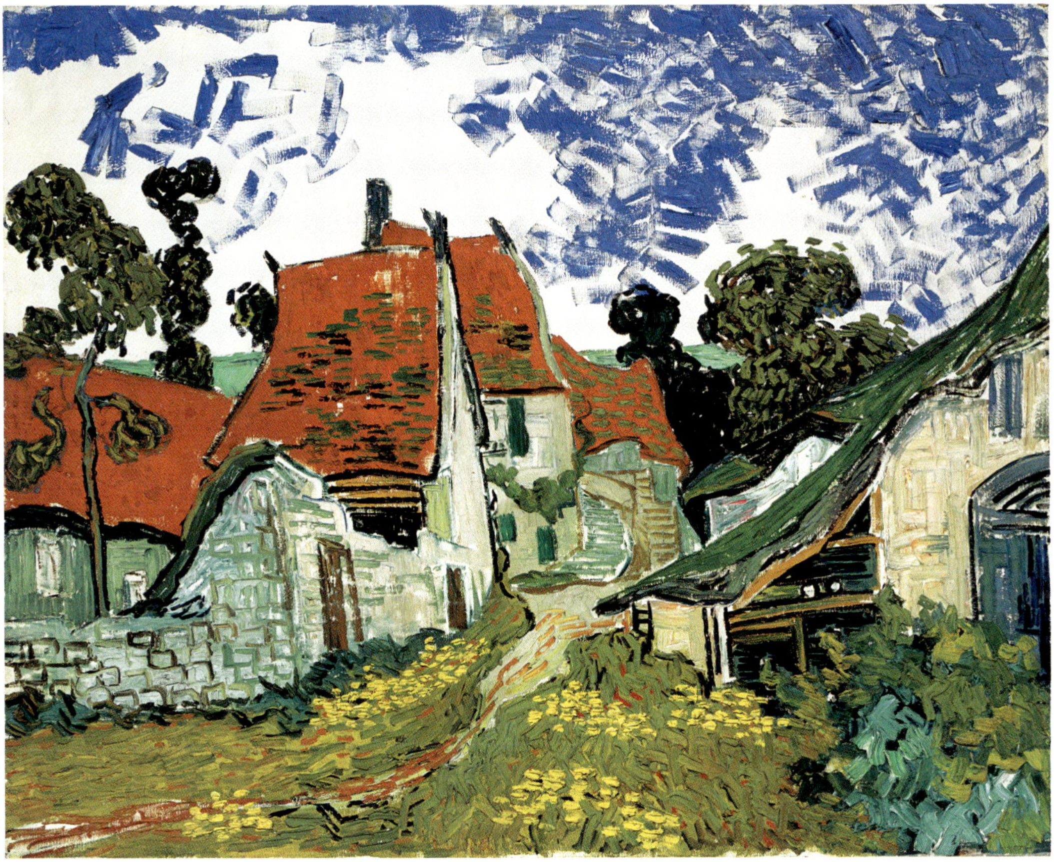

Calle en Auvers, 1890
Óleo sobre lienzo, 73 x 92 cm
Helsinki, Ateneumin Taidemuseo

PÁGINA ANTERIOR
Cabañas con tejado de paja en Chaponval, 1890
Óleo sobre lienzo, 65 x 81 cm
Zúrich, Kunsthaus Zürich

También la última carta que escribió a Theo el 27 de julio de 1890, no terminada, suena como una despedida: «Hay muchas cosas sobre las que quisiera escribirte, pero creo que es inútil… por mi trabajo arriesgo mi vida y mi razón, destruida a medias en este empeño… te vuelvo a decir que siempre te consideraré mucho más que un simple comerciante de objetos de arte…». Sin su hermano del que dependió durante toda su vida, no existiría este arte, ni Van Gogh hubiese llegado a pintar cuadros de tal categoría.

Pero este apoyo decisivo para él se encontraba inmerso en grandes dificultades, y con ello la propia existencia de Vincent peligraba también. La catástrofe parecía inevitable. La rotura de su amistad con Gachet significaba asimismo un adiós irreversible. Todas sus relaciones estaban destruidas, así como la esperanza en el trabajo que hasta entonces había sido su razón de ser. El probable peligro de la locura definitiva se hallaba al acecho detrás de cada nuevo ataque.

En estas circunstancias llegó a una conclusión desoladora: Van Gogh había fracasado en todos los aspectos de su vida. No veía más que una salida. La tarde del 27 de julio de 1890, al oscurecer, se fue al campo y se disparó un tiro en el pecho. A duras penas regresó con paso vacilante a la pensión en que vivía, donde murió dos días después en brazos de su hermano Theo que había acudido rápidamente al oír la noticia.

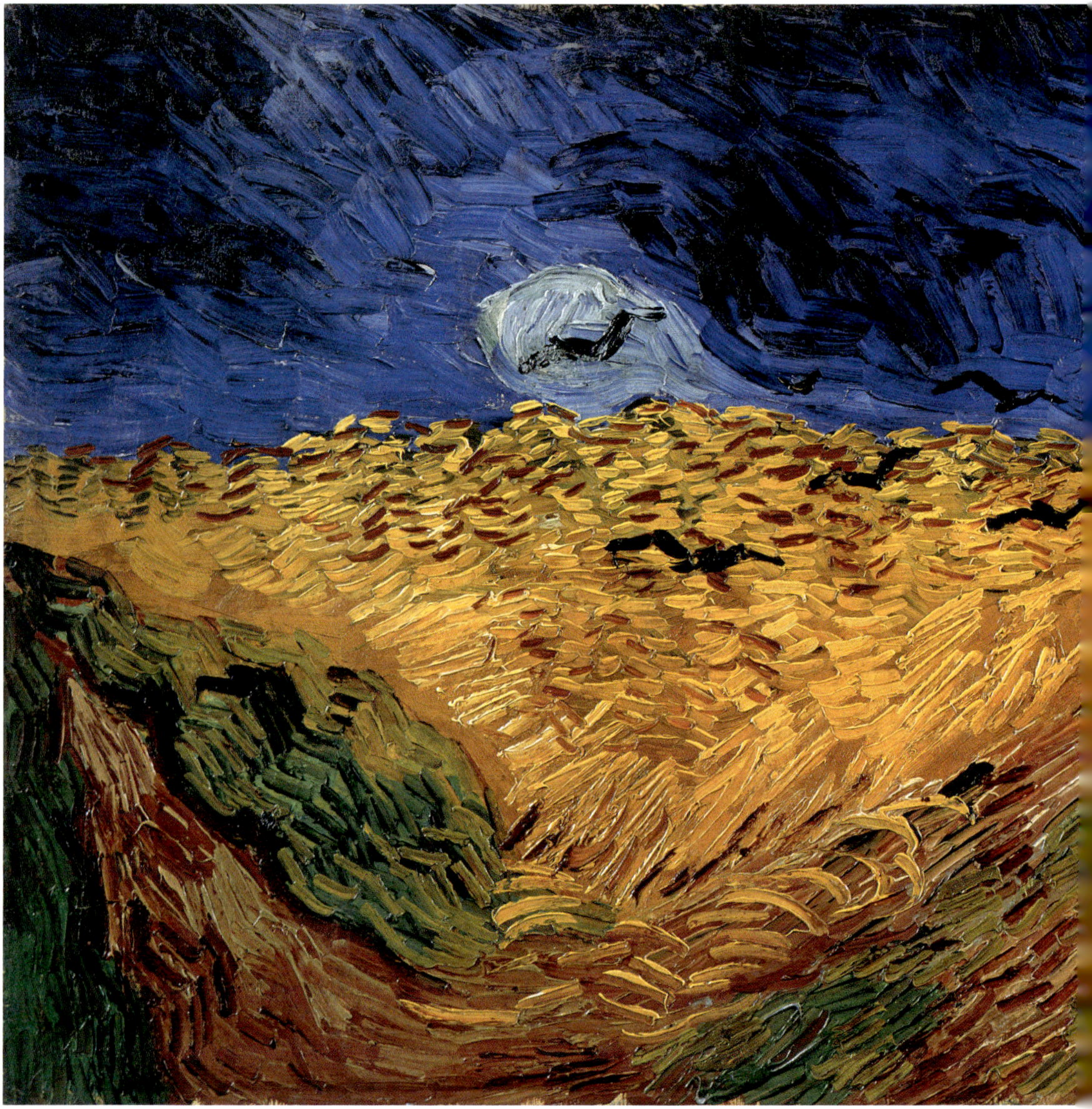

Trigal con cuervos, 1890
Óleo sobre lienzo, 50,5 x 103 cm
Ámsterdam, Van Gogh Museum,
Fundación Vincent van Gogh

Así acabó un artista singular que no puede compararse con ningún otro. Con su arte, en cuya consecución no escatimó esfuerzos y por el que en definitiva arriesgó su existencia, Van Gogh logró una síntesis no alcanzada por casi ningún otro artista de la edad moderna. La vida y el arte fueron para él una unidad inseparable, y con ello convirtió en realidad un antiguo sueño de los artistas: crear arte significó para él nada menos que pintar esa vida; no la simple realidad, sino el principio de lo vital.

Los tres elementos básicos de la pintura —color, línea y composición— no fueron solamente desarrollados por Van Gogh como elementos de estilo artístico, sino que se convirtieron para él en los portadores de un lenguaje artístico de nuevo cuño, y como tales los aplicó: el color, como aliento vital que sirve de savia a los objetos; la línea, como principio del movimiento, como dinamismo

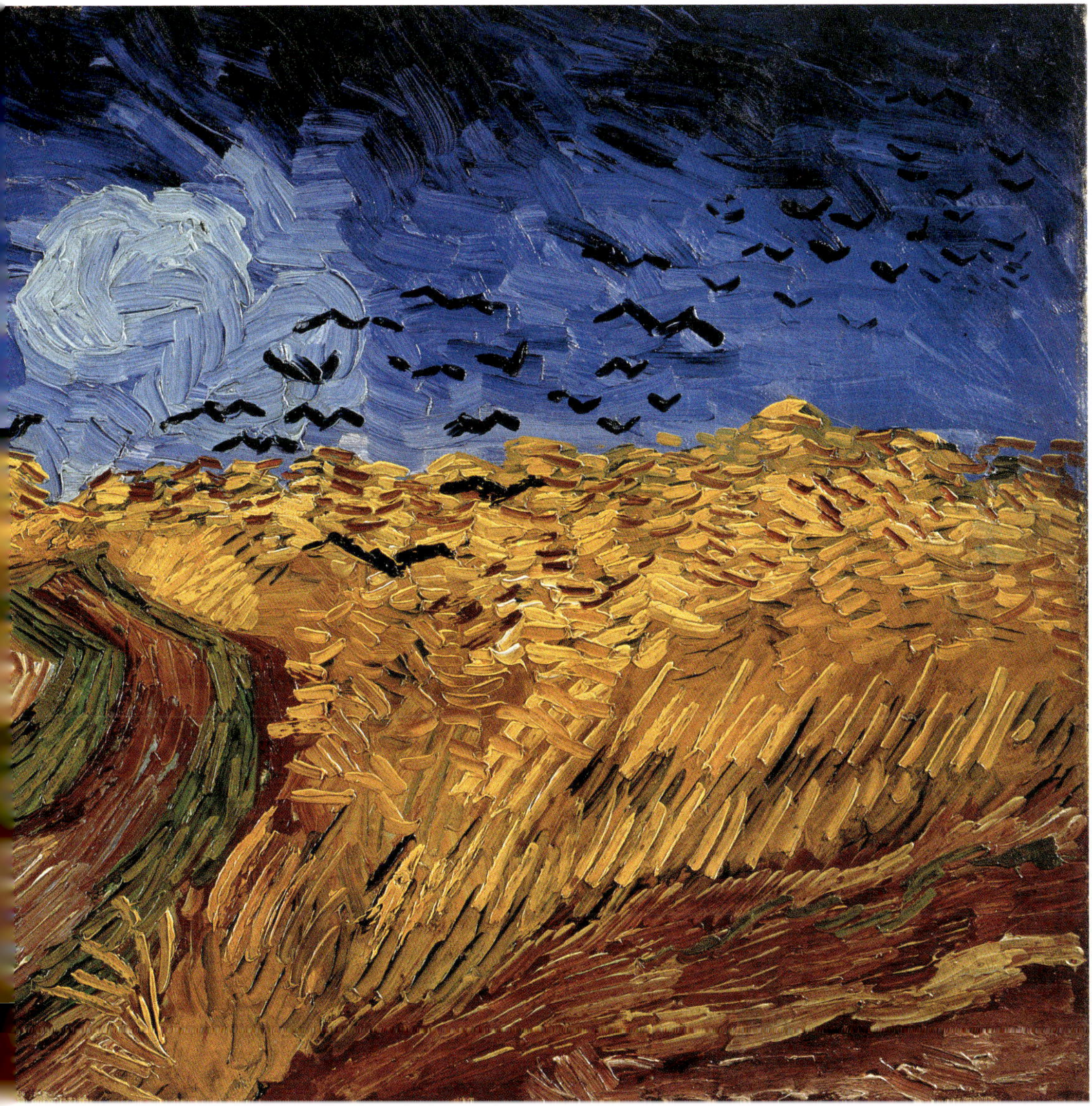

existencial y energía indestructible; la composición, como morada de los sentimientos y de su concepto del mundo. Como pintor y ser humano reflejó en sus cuadros plenitud y soledad, anhelo y desesperación, amor y desasosiego, dedicación y escapismo, armonía e inquietud, proximidad y lejanía, perpetuidad y transitoriedad. Con su arte quiso siempre consolar a los demás, él, que tanto hubiera necesitado consuelo. Amó el mundo y la vida, donde nunca pudo satisfacer el amor que buscaba. Sufrió por un mundo que acabó haciéndole pedazos, y con su arte creó su propio universo, un universo nuevo, lleno de color y de movimiento, que encerraba toda su sabiduría sobre el destino.

«Experimento una increíble claridad en los momentos en que la naturaleza es tan hermosa. Pierdo la conciencia de mí mismo y las imágenes vienen como en un sueño».

VINCENT VAN GOGH

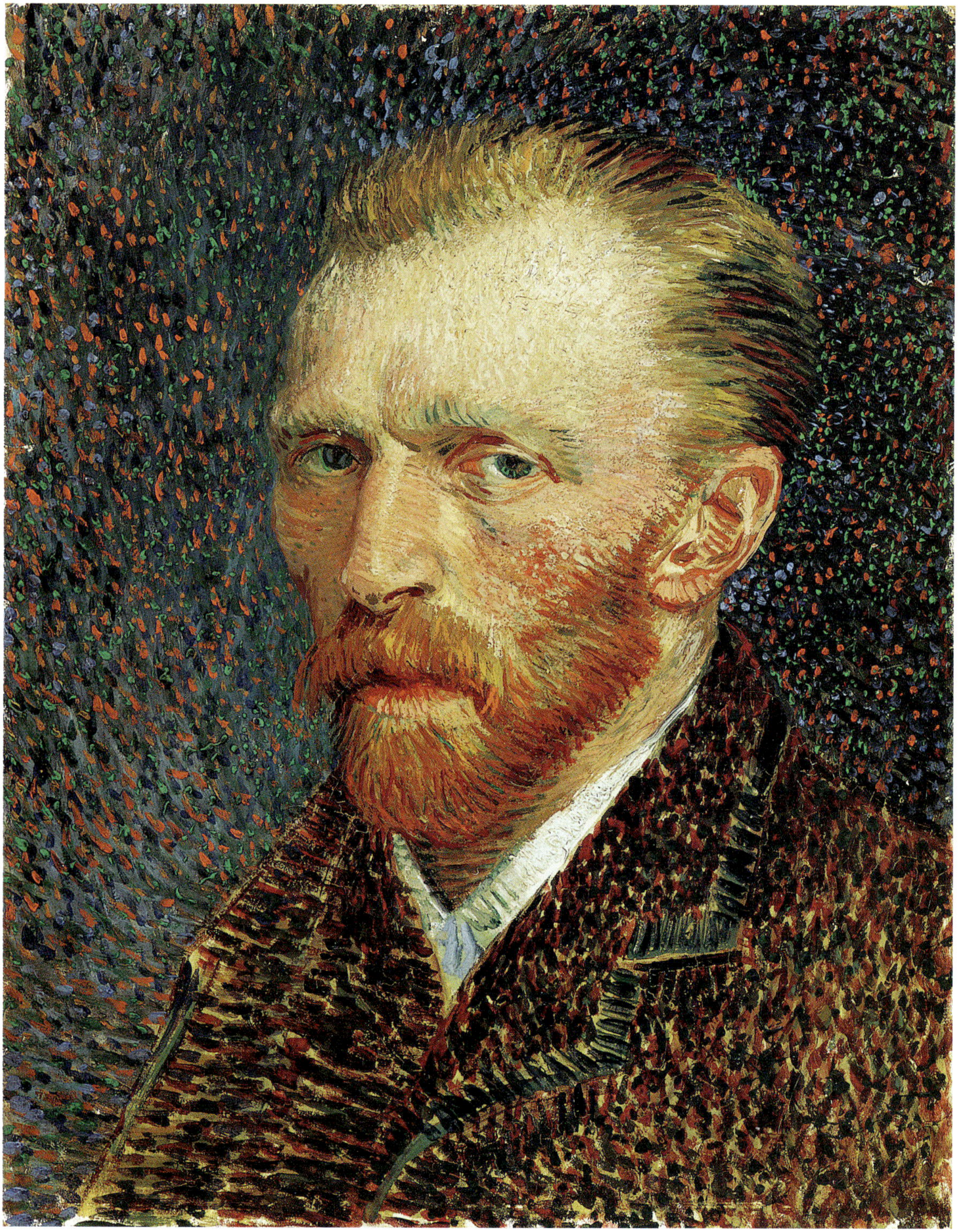

Vincent van Gogh 1853-1890
Vida y obra

1853 Vincent Willem van Gogh nace el 30 de marzo en el pueblo holandés de Groot-Zundert, como primogénito —después de que, exactamente un año antes, naciera muerto un niño del mismo nombre— de los seis hijos de Theodorus van Gogh (1822-1885) y su mujer Anna Cornelia, de soltera Carbentus (1819-1907). El padre es predicador de la parroquia de la Iglesia Reformada Holandesa, la madre hija de un encuadernador de libros de La Haya.

1857 Nace su hermano Theodorus Vincent, llamado Theo.

1861-1864 Va a la escuela del pueblo en Zundert.

1864 Internado privado de Zevenbergen, donde aprende francés, inglés y alemán y estudia diseño.

1866-1868 Internado de Tilburg.

1868 Interrumpe el colegio volviendo a Groot-Zundert.

1869 Va a La Haya para empezar como aprendiz en la sucursal de la galería parisina de arte Goupil & Cie., fundada por su tío Vincent, donde, bajo la dirección de H. G. Tersteeg, vende reproducciones de arte. Lee mucho y visita museos.

PÁGINA ANTERIOR
Autorretrato, 1887
Óleo sobre cartón, 41 x 32,5 cm
The Art Institute of Chicago

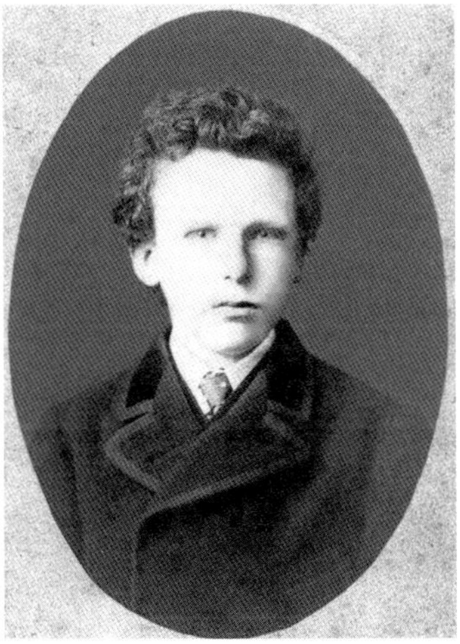

Vincent en el año 1866 a la edad de 13 años.

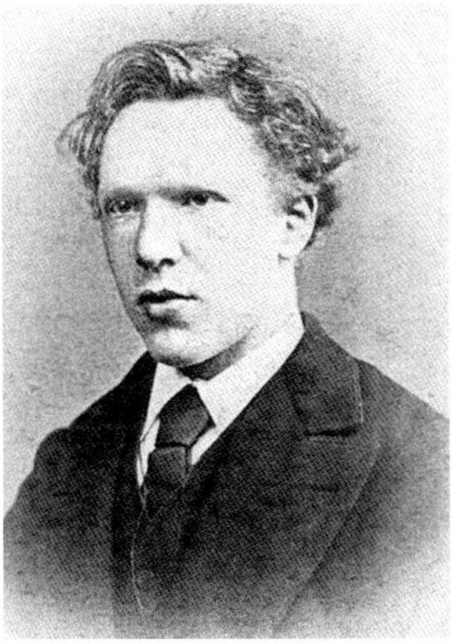

Vincent en el año 1871 durante su época de asistente en la galería Goupil & Cie, en La Haya.

1871 Su padre es nombrado pastor de Helvoirt, adonde se traslada con toda su familia.

1872 Pasa las vacaciones con sus padres y visita después a su hermano Theo en La Haya. Comienza la correspondencia entre ambos.

1873 ENERO: Por iniciativa de su tío se le traslada a la filial de la galería Goupil en Bruselas.
MAYO: Es destinado a la sucursal de Londres, Antes de su partida va a París, que le impresiona mucho, y visita el Louvre.
JUNIO: Trabaja un año en Goupil. Durante algunos paseos hace sus primeros dibujos que más tarde tira. Se enamora de la hija de su patrona. El rechazo de esta le ocasiona una crisis.
NOVIEMBRE: Su hermano Theo se traslada a la filial de Goupil en La Haya.

1874 VERANO: Pasa las vacaciones con sus padres en Helvoirt, a los que, para explicar su estado depresivo, confiesa sus desengaños. A mediados de julio vuelve a Londres con su hermana Anna. Vive aislado y muestra poco interés por su trabajo, leyendo mucho, sobre todo obras religiosas.
OCTUBRE-DICIEMBRE: Su tío le destina provisionalmente a la casa central de Goupil en París, esperando que el cambio de ambiente lo mejore.

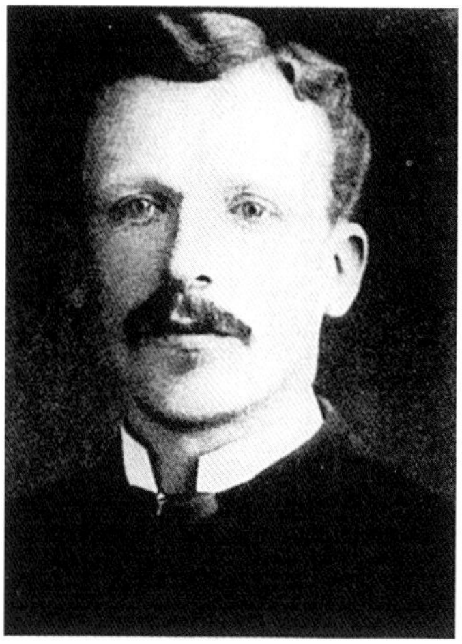

El hermano de Vincent, Theodorus Vincent, llamado Theo (1857-1891). Hacia 1888-1890.

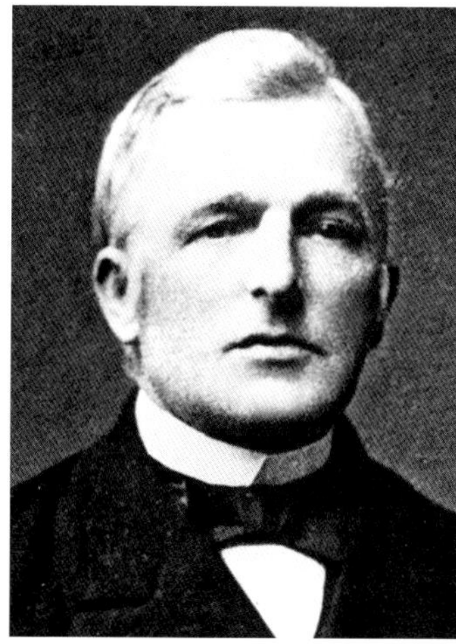

Theodorus van Gogh (1822-1885), padre de Vincent. Theodorus tenia once hermanos. El 1 de abril de 1849 se puso al frente del pastorado en Zundert

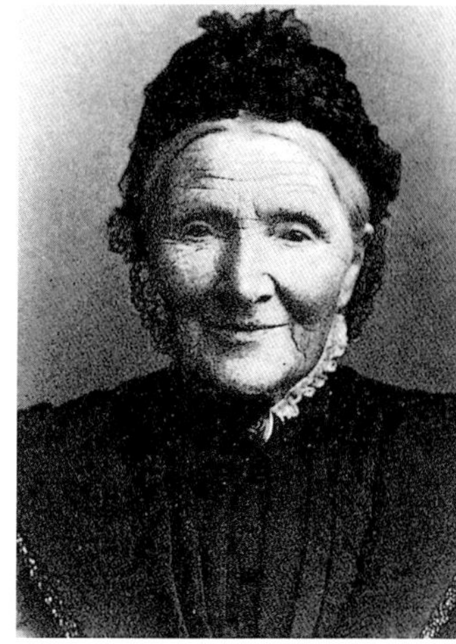

Anna Cornelia van Gogh, nombre de soltera Carbentus (1819-1907), la madre de Vincent.

1875 MAYO: Traslado definitivo adedicarParís. Continúa descuidando el trabajo, lo que irrita a sus compañeros y clientes. Lee todos los días la Biblia; visita museos y galerías, entusiasmándose por Corot y la pintura holandesa del siglo XVII.
OCTUBRE: Theodorus, su padre, es trasladado de Etten a Breda.
DICIEMBRE: Va a pasar las Navidades con sus padres, sin que le hayan concedido vacaciones.

1876 ABRIL: Se despide de Goupil y se va a Ramsgate, cerca de Londres, donde trabaja como maestro auxiliar, recibiendo a cambio solo comida y habitación.
JULIO-DICIEMBRE: Continúa trabajando como maestro auxiliar en Isleworth, un barrio obrero en las afueras de Londres. Más tarde pasa a ser, bajo un párroco metodista, ayudante de predicador y maestro. En noviembre da su primer sermón, decidiendo dedicar su vida a evangelizar a los pobres. Mientras tanto sigue su interés por la pintura, visitando la Galería de Hampton Court. Durante las Navidades va a casa de sus padres en Etten, los cuales, asustados por el estado de su hijo, le impiden su vuelta a Londres.

1877 ENERO-ABRIL: Por recomendación de su tío encuentra un puesto de ayudante en una librería de Dordrecht. Vive muy solo, va a menudo a la iglesia, y traduce pasajes de la Biblia a diferentes idiomas; también dibuja.
MAYO: Convence a su padre de su vocación religiosa. Va a Ámsterdam para prepararse para los exámenes de la Facultad de Teología. Vive en casa de su tío Johannes, director de los astilleros municipales.

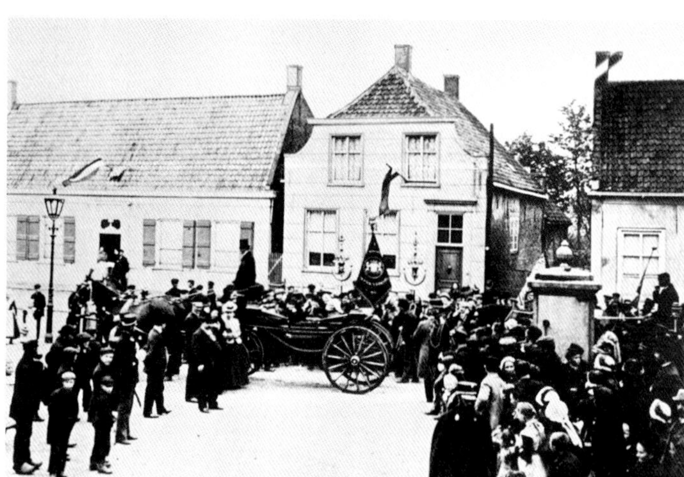

El presbiterio (centro) de Zundert, casa natal de Vincent y Theo van Gogh. Vincent vino al mundo en la pequeña buhardilla donde ondea la bandera.

Toma clases de latín, griego y matemáticas. Lee mucho, va a museos y dibuja. Los estudios le resultan muy difíciles, por lo que acaba interrumpiéndolos.

1878 JULIO: Vuelve a casa y después va con su padre a Bruselas. Quiere hacer allí un curso de tres meses para llegar a ser predicador seglar, teniendo que volver a Etten pues el curso empieza en agosto. AGOSTO-OCTUBRE: Asiste a la escuela evangelista en Laeken, cerca de Bruselas, donde le consideran no apto para la profesión de predicador seglar. Regresa a Etten. DICIEMBRE: Tratando de seguir su vocación va a Borinage, la cuenca carbonífera belga cerca de la frontera francesa. Vive en extrema pobreza, visitando a los enfermos y leyendo la Biblia a los mineros.

1879 ENERO-JULIO: En Wasmes (Borinage) le permiten trabajar como predicador durante seis meses. Vive en una barraca, durmiendo en la paja. Está muy conmovido por las condiciones de vida en que se encuentran los mineros, a los que apoya con todas sus fuerzas. Su empeño molesta a sus superiores, que no le prolongan el contrato con la excusa de su ineptitud retórica. AGOSTO: Vuelve andando a Bruselas para pedir consejo al pastor Pieterson, enseñándole sus croquis sobre los mineros de Borinage. Regresa a Cuesmes en la zona minera, donde, hasta julio de 1880, sigue el camino de su vocación a su modo y sin sueldo. Ayuda a los pobres y a los enfermos, a pesar de que él mismo vive en la más extrema pobreza. Lee mucho — Dickens, Hugo, Shakespeare—, sigue dibujando y su interés por la pintura va aumentando. Pasa unos momentos de crisis muy profundas que marcarán su vida futura. Al ser criticado por su hermano Theo sobre sus actividades, interrumpe durante un tiempo la correspondencia con él.

1880 JULIO: Vuelve a escribir a Theo, que le apoya económicamente. Este trabaja ahora en la galería Goupil de París. Le describe su estado de torturada inseguridad. AGOSTO-SEPTIEMBRE: Dibuja muchas escenas del ambiente de los mineros; Theo le alienta en ello. Copia obras de Millet. OCTUBRE: Va a Bruselas para estudiar dibujo anatómico y de perspectiva en la Academia de Arte. Siente gran admiración por Millet y Daumier. En noviembre conoce al pintor holandés Rappard, con el que entabla amistad. Hasta abril de 1881 permanece en Bruselas.

1881 PRIMAVERA: Encuentro con Theo en Etten para hablar de su futuro artístico. Ya no retorna a Bruselas. Dibuja paisajes. Recibe la visita de Rappard, con quien da largos paseos. VERANO: Se enamora, sin esperanza, de su prima Kate (Kee) Vos-Stricker, que acaba de quedarse viuda y está de visita con su hijo en Etten. Kee vuelve antes de lo previsto a Ámsterdam. Vincent parte para La Haya, donde visita al pintor Mauve, al que admira mucho. OTOÑO: Viaja a Ámsterdam con la intención de casarse con Kee, pero ella ni siquiera lo recibe. Delante de sus padres, para demostrar la intensidad de lo que pretende, pone la mano en la llama de una lámpara. NOVIEMBRE-DICIEMBRE: Visita a Mauve en La Haya, donde pinta allí su primera naturaleza muerta al óleo y algunas acuarelas. Las relaciones con los padres empeoran, ya que todavía insiste en su relación con Kee y defiende ideas religiosas extremistas. En Navidad se pelea con su padre y rechaza su ayuda económica. Abandona Etten.

1882 ENERO: Vincent se traslada a La Haya para vivir cerca de Mauve, que le da clase de pintura y le

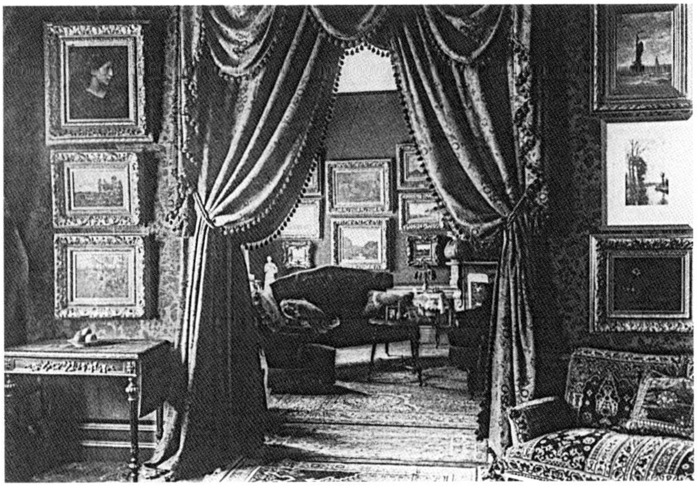

Vista de los locales de venta de la filial de la galería parisina Goupil & Cie en La Haya. Aquí aprendió Vincent el comercio de objetos de arte.

presta dinero. Theo le envía entre cien y doscientos florines al mes. Su relación con Mauve se enfría, pues Vincent se niega a trabajar con modelos de yeso. Conoce a Clasina Maria Hoornik, llamada Sien, una alcohólica que se ganaba la vida como prostituta y modelo. Estaba embarazada, y Vincent la cuida.
MARZO: Rompe con Mauve, pero lo sigue admirando. Las relaciones con los otros pintores están también algo deterioradas. Solo Weissenbruch aprecia sus obras. Dibuja mucho copiando de la naturaleza, y sus modelos, excepto Sien, los encuentra en los barrios pobres. Su tío Cornelis le hace un pedido de veinte dibujos a pluma con vistas de la ciudad; fue su único trabajo por encargo.
JUNIO: Se cura de una gonorrea en el hospital municipal. Recibe visitas de su padre y de Tersteeg. Quiere casarse con Sien, a pesar de la oposición de la familia y de los amigos. Para el parto se la lleva a Leiden, donde busca vivienda para instalarse con su futura familia.
VERANO: Estudia a fondo los problemas del color como preparación a la pintura al óleo. Theo le da dinero para el material que necesita. Pinta principalmente paisajes (il. pág. 411). El padre acepta un puesto de pastor en Neunen y se va allí con toda su familia.
OTOÑO: Permanece en La Haya lo que queda del año hasta el verano de 1883. Pinta paisajes y dibuja del natural. Los internos del asilo de ancianos y Sien con el recién nacido posan para él. Conoce al pintor Weele, con el que, durante la primavera, pinta por las dunas. Se interesa por la litografía. Sigue leyendo mucho, incluso revistas como *Harper's Weekly* y *The Graphic*.

1883 SEPTIEMBRE-NOVIEMBRE: Después de haber vivido un año con Sien, toma, de común acuerdo con Theo, la dolorosa decisión de separarse de ella. Se marcha solo a la provincia de Drente en el norte. Va en barco a Nueva Ámsterdam, por donde da largas caminatas. El paisaje con los oscuros campos de turba le causan una profunda impresión, como les había ocurrido ya antes a Liebermann y a sus amigos Mauve, Rappard y Weele. Pinta y dibuja a los campesinos de los alrededores durante su duro trabajo. Visita el viejo pueblo de Zweeloo en el que Liebermann vivió durante mucho tiempo.
DICIEMBRE: Se va a Nuenen a vivir con sus padres, quedándose allí hasta noviembre de 1885. Durante esta estancia de dos años pinta unos doscientos cuadros, caracterizados por su tonalidad oscura y terrosa. Además de Zola, lee textos de Delacroix y Fromentin sobre la teoría del arte, y está convencido de la estrecha relación entre el color y la música (Wagner); toma lecciones de canto y de piano. Sus padres, pasando por alto su vestimenta excéntrica y su llamativo comportamiento, quieren ayudarlo y le dejan que instale un estudio en el edificio anexo a la casa parroquial.

1884 ENERO: Su madre se rompe una pierna y debe estar echada durante mucho tiempo; Vincent la cuida cariñosamente.
MAYO: Muda su estudio a la casa del sacristán católico. Recibe la visita de Rappard.
AGOSTO: Con Margot Begemann, una vecina, tiene una corta relación a la que se oponen ambas familias. Margot intenta suicidarse.
AGOSTO-SEPTIEMBRE: Pinta seis cuadros, muy decorativos, para el comedor del orfebre Hermans en Eindhoven.
OCTUBRE: Rappard le visita en Nuenen.
OCTUBRE-NOVIEMBRE: Da clases de pintura a algunos aficionados de Eindhoven, pasean juntos, visitan museos.
DICIEMBRE: Pasa el invierno ocupado con estudios de retratos, mientras que, hasta ahora, lo más importante habían sido los campesinos y tejedores trabajando y los paisajes.

1885 El 26 de marzo muere su padre, Theodorus, de un ataque de apoplejía; Vincent se siente muy afectado. Después de una pelea con su hermana Anna, se va a vivir a su estudio en casa del sacristán.
ABRIL-MAYO: Pinta *Los comedores de patatas* (il. pág. 417), la obra principal de su periodo holandés. Envía una litografía sobre este tema a Rappard, y al recibir la crítica de este se acaba su amistad.
SEPTIEMBRE: El párroco católico prohíbe a los habitantes del pueblo que hagan de modelo para Vincent (porque una campesina joven a la que había pintado se quedó embarazada). Pinta naturalezas muertas con patatas y nidos de pájaro.
OCTUBRE: Se va a Ámsterdam con Kerssemakers, su amigo de Eindhoven, y visitan el Rijksmuseum. Rembrandt y Hals le impresionan mucho.
NOVIEMBRE: A finales de mes se traslada a Amberes, donde se queda hasta febrero de 1886. Intenta entablar relaciones con otros artistas y quiere vender cuadros. Visita los museos, y es sobre todo Rubens el que le causa la mayor impresión. Mientras pasea por la ciudad

encuentra xilografías japonesas, y las compra.

1886 ENERO: Se inscribe en la Escuela de Bellas Arles, donde asiste a cursos de pintura y dibujo. Crea problemas debido a su postura negativa frente a los sistemas didácticos academicistas. A pesar de ello participa en los exámenes de admisión para las clases superiores.
FEBRERO: Cae enfermo durante un mes debido a la mala alimentación, al agotamiento físico y al abuso del tabaco. A finales de febrero se muda a París para tomar clases con Cormon.
MARZO: Llega a París y se cita con Theo en el Louvre. Theo, que dirige para Goupil una pequeña galería en el Boulevard Montmartre, lo aloja en su casa. Entretanto la academia de Amberes había rechazado sus trabajos, pasándole otra vez al curso de principiantes.
ABRIL-MAYO: Estudia con Cormon y conoce a Bernard, Rüssel y Toulouse-Lautrec. Theo le presenta a Monet, Renoir, Sisley, Pissarro, Degas, Signac y Seurat. En este ambiente su escala cromática se vuelve más clara, lo que se nota especialmente en sus naturalezas muertas y flores.
MAYO: Su madre se va de Nuenen. Los cuadros que Vincent había dejado los compra un trapero, malvendiéndolos a diez céntimos por pieza y quemando los que no le compran.
JUNIO: Se va a vivir con Theo a la rue Lepic, en Montmartre, donde instala un estudio. Pinta vistas de París al estilo de los puntillistas.
INVIERNO: Se hace amigo de Gauguin, que va a París desde Pont-Aven. Debido al carácter difícil de Vincent la relación con Theo, el cual sufre una enfermedad nerviosa, es cada vez más tirante. Vincent escribe a su hermana diciendo que esta convivencia es «casi inaguantable».

1887 PRIMAVERA: En la tienda de material de pintura de «Père» Tanguy (il. pág. 433) conoce a Bernard. Trabajan juntos pintando a orillas del Sena en Asnières. Discute con Bernard y Gauguin, negándose a considerar el Impresionismo como la cúspide del desarrollo de la pintura. En la Galería Bing compra xilografías japonesas. Va muy a menudo al «Café du Tambourin» en el Boulevard de Clichy, y tiene una corta relación con la propietaria, Agostina Segatori (il. pág. 423), modelo de Corot y Degas. Expone allí junto a Bernard, Gauguin y Toulouse-Lautrec, decorando las paredes con xilografías japonesas. Este grupo se hace llamar «Peintres du Petit Boulevard», para diferenciarse de los «Peintres du Grand Boulevard» (Monet, Sisley, Pissarro, Degas, Seurat) que exponen en la galería de Theo.
VERANO: Pinta varios cuadros con la técnica del puntillismo.

1888 FEBRERO: Vincent abandona París, donde en dos años ha pintado más de 200 cuadros, para irse a Arles. La clara luz meridional y los colores cálidos lo atraen; probablemente Toulose-Lautrec influyó en esta decisión.
MARZO: Sueña en crear una comunidad de artistas, bajo cuya convivencia se solucionarían todas las necesidades materiales. Pinta muchos cuadros con flores y árboles en flor que le hacen recordar los paisajes japoneses. Al enterarse de la muerte de Mauve le dedica un cuadro (il. pág. 439). En el «Salon des Artistes Indépendants» se exponen tres cuadros de Van Gogh.
MAYO: Alquila por 15 francos al mes cuatro habitaciones que forman el ala derecha de «la casa amarilla» (il. pág. 455) en la Place Lamartine.

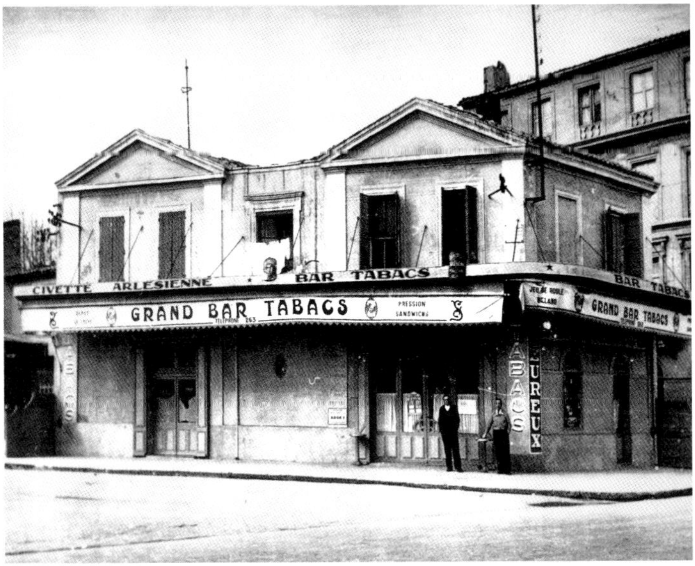

La «casa amarilla» en Arles (il. págs. 454 y 455), cuya parte derecha había alquilado Vincent.

Allí quiere materializar su sueño de la comunidad de artistas. Como la vivienda aún no está acabada, duerme entretanto en el «Café de l'Alcazar» (il. págs. 450/451), que está enfrente, y come en el café de la estación de Madame Ginoux (il. pág. 457). Pinta el famoso *Puente de Langlois* (il. págs. 436 y 437).
JUNIO: Después de una excursión a Saintes-Maries-de-la-Mer hace los cuadros con barcas de pesca (il. pág. 441). Conoce al subteniente zuavo Milliet (il. pág. 444 y 445), al que da clases de dibujo y quien le acompaña en sus paseos.
JULIO: En las muchas excursiones que hace a Montmajour en Arles, pinta numerosos paisajes (il. págs. 442/443). Estimulado por la lectura del libro de Loti *Madame Chrisantheme* realiza el retrato *La Mousmé en un sillón* (il. pág. 446).
AGOSTO: Amistad con el cartero rural Joseph Roulin, del que hace un retrato (il. págs. 448 y 449). Por medio del zuavo Milliet envía a Theo 35 cuadros. Pinta una serie de girasoles (il. pág. 434).
SEPTIEMBRE: Pinta muy a menudo de noche, al aire libre, para lo cual coloca velas en el ala de su sombrero y en el caballete. Conoce al poeta y pintor belga Boch y se hacen amigos. Se va a vivir a «la casa amarilla».
OCTUBRE: Gauguin llega a Arles, después de que Vincent se lo hubiera pedido varias veces.
DICIEMBRE: Visita con Gauguin el museo de Montpellier, donde ven la obra de Courbet *Bonjour, Monsieur Courbet* que más tarde inspiraría un cuadro a Gauguin. Empiezan las discusiones, lo que Vincent llama «tensión exagerada». Después de dos meses de convivencia sus relaciones empeoran. El 23 de diciembre, según el relato de Gauguin, Vincent le ataca con una navaja de afeitar. Gauguin sale corriendo de la casa y pasa la noche en un hotel. Aquella noche Vincent tiene un ataque de enajenación mental, cortándose la parte inferior de la oreja izquierda. La envuelve en un papel de periódico y la lleva al burdel para regalársela a la prostituta Rachel. La policía lo encuentra por la mañana herido en su cama y lo lleva al hospital. Gauguin se marcha a París e informa a Theo sobre el estado de su hermano, el cual sale inmediatamente para Arles. Se supone que su enfermedad ha sido originada por la epilepsia, el alcoholismo y la esquizofrenia.

1889 ENERO: Vincent escribe a su hermano desde el hospital (il. pág. 465) para decirle que ya está mejor, añadiendo incluso unas palabras cordiales para Gauguin. El día 7 vuelve a «la casa amarilla»; escribe a su madre y a su hermana cartas tranquilizadoras, a pesar de que está sufriendo de insomnio. Pinta dos autorretratos con la oreja vendada (il. pág. 463).
FEBRERO: Debido al insomnio y a alucinaciones tiene que volver de cuando en cuando al hospital, pintando, en el entretiempo, en «la casa amarilla».
MARZO: Algunos ciudadanos de Arles logran, a través de una solicitud, que sea internado otra vez en el hospital.
ABRIL: Recibe la visita de Signac, con quien puede volver a su casa, la cual mientras tanto había sido cerrada por la policía. Theo se casa con Johanna Bogner, la hermana de un amigo. Vincent vuelve a pintar, y envía a Theo dos cajas con obras maestras.
MAYO: A pesar de encontrarse ya mejor, entra, a petición propia, en el asilo para alienados mentales de Saint-Paul-de-Mausole en Saint-Rémy-de-Provence. Theo le paga dos habitaciones; una de ellas, con vistas al jardín, será su estudio. Bajo la custodia del enfermero Poulet puede pintar al aire libre, sobre todo paisajes.
JUNIO: A finales de este mes pinta cipreses (il. págs. 406, 470, 471 y 474/475).
JULIO: Tras un viaje a Arles y mientras pinta en el campo sufre un ataque, permaneciendo largo tiempo sin sentido; su memoria se va debilitando.
AGOSTO-NOVIEMBRE: Vuelve a pintar, aunque con varias interrupciones. Hace copias libres sobre temas de Millet y Delacroix. Escribe a Theo para hacerle saber que desearía volver al norte. Envía a Bruselas seis cuadros para la exposición de «Les XX».
DICIEMBRE: Envía a Theo tres paquetes con cuadros. Sufre un nuevo ataque en el cual intenta comerse la pintura de los tubos.

1890 ENERO: Expone en Bruselas. Toulouse-Lautrec desafía a duelo a un pintor que había criticado los cuadros de Vincent. Primera crítica entusiasta en el *Mercure de France*. Escribe a Theo para decirle que nunca se había sentido tan calmado. El día 31 nace el hijo de Theo, que es bautizado con el nombre Vincent Willem, como su tío y padrino.
FEBRERO: Dedica a su sobrino el cuadro *Ramas de almendro en flor* (il. pág. 479). Theo le comunica que Anne Boch de Bruselas ha comprado su tela *La viña roja* por cuatrocientos francos. Poco después sufre, de nuevo, un ataque que lo

obliga a reposar más de un mes. En el «Salon des Artistes Indépendants» expone diez cuadros.
MAYO: Pasada su última crisis visita a Theo y a su familia en París. A su vuelta se establece cerca de París, en Auvers-sur-Oise, viviendo primero en la posada Saint-Aubin y mudándose después al café del matrimonio Ravoux. Theo le había escogido este pueblo porque allí vivía el doctor Gachet (il. pág. 487), pintor aficionado y amigo de los impresionistas, que quería cuidar a Vincent. Gachet admira la pintura de Vincent y pronto se hacen amigos. En Auvers pinta más de ochenta obras.
JUNIO: Pasa un fin de semana con la familia de su hermano. Pinta *La iglesia de Auvers* (il. pág. 466).
JULIO: Va a París a ver a Theo, encontrándose también con Toulouse-Lautrec. Vuelve rápidamente a Auvers, pues Theo se siente agobiado por asuntos de trabajo y su hijo está enfermo. Hace varios cuadros con campos bajo un cielo tormentoso (il. págs. 490/491). El día 23 escribe su última carta. El día 27 por la tarde sale y vuelve al anochecer para encerrarse en su habitación. El matrimonio Ravoux se da cuenta de que sufre fuertes dolores. Vincent confiesa que se acaba de disparar una bala en el pecho. Gachet le pone una venda e informa a Theo. Pasa el día 29 sentado en la cama y fumando pipa. Por la noche muere y, al día siguiente, se le entierra en el cementerio de Auvers. Además de Theo y Gachet, van al entierro algunos amigos de París, entre ellos Bernard y «Père» Tanguy.

1891 Después de la muerte de Vincent empeora la enfermedad de Theo, que muere el 25 de enero en Utrecht. En 1914 su viuda hace exhumar sus cenizas para trasladarlas a Auvers junto a la tumba de Vincent.

Las lápidas de Vincent y Theo van Gogh en el cementerio de Auvers-sur-Oise.

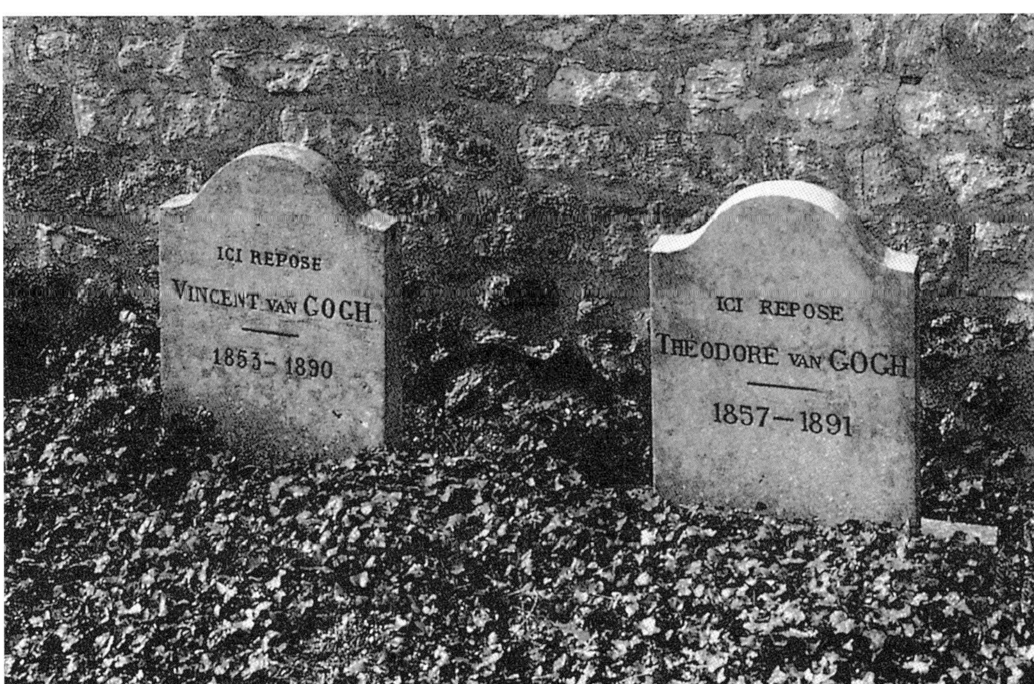

Apéndice

Bibliografía, créditos fotográficos, autores

La editorial agradece a los museos, colecciones, fotógrafos y otras instituciones mencionadas en las leyendas y los créditos por su colaboración en la reproducción de las obras y su apoyo en la realización de este libro. A menos que se indique lo contrario, las reproducciones se basan en material del archivo de la editorial. Cualquier omisión no es intencional y será corregida en futuras ediciones a solicitud de los titulares de derechos de autor.

Degas

Bibliografía

Adhémar, Jean /Cachin, Françoise: *Degas. Eaux-fortes, lithographies, monotypes*, París 1973

Adriani, Götz: *Edgar Degas. Pastelle. Ölskizzen. Zeichnungen*. Colonia 1984

Cabanne, Pierre: *Edgar Degas*. Múnich 1960

Graber, Hans: *Edgar Degas. Nach eigenen und fremden Zeugnissen*. Basilea 1942

Herbert, Robert L.: *Impressionismus: Paris – Gesellschaft und Kunst*. Stuttgart/Zúrich 1989

Lemoisne, Paul André: *Degas et son œuvre*. 4 vol. París 1946-1949

Reff, Theodore: *Degas. The Artist's Mind*. Nueva York 1970

Rewald, John: *Degas Sculpture*. Londres 1957

Schmid, Wilhelm (ed.): *Wege zu Edgar Degas*. Múnich 1988

Sutton, Denys: *Edgar Degas*. Múnich 1986

Valéry, Paul: *Degas, danse, dessin*. París 1938

Las fechas de los cuadros siguen el amplio catálogo *Edgar Degas*, París, Ottawa, Nueva York 1988-1989; Franco Russoli/Fiorella Minervino: *L'opera completa di Degas*, Milán 1970 y *The Notebooks of Edgar Degas* (2 vol.), Oxford 1976.

Créditos fotográficos

akg-images: 6/7, 24, 43
akg-images/De Agostini Picture Library: 101
akg-images/Erich Lessing: 20/21
ARTOTHEK: 55 arriba, 75
ARTOTHEK/Hans Hinz: 37
The Henry Barber Trust, The Barber Institute of Fine Arts, University of Birmingham/ Bridgeman Images: 73
bpk/The Metropolitan Museum of Art: 80
bpk/Staatliche Kunstsammlungen Dresden/Elke Estel/Hans-Peter Klut: 45
The British Museum, Londres: 88
© 2025 Calouste Gulbenkian Museum/Scala, Florencia: 8
© Getty Images: 71
Harvard Art Museums/Fogg Museum, legado de Meta y Paul J. Sachs © President and Fellows of Harvard College: 23
Harvard Art Museums/Fogg Museum/regalo de Herbert N. Straus/Bridgeman Images: 30
Harvard Art Museums/Fogg Museum/legado de la colección de Maurice Wertheim, Class 1906/Bridgeman Images: 62
© Hill-Stead Museum, Farmington: 97
Foto © Imago/Bridgeman Images: 102
© 2025 Kimbell Art Museum, Fort Worth, Texas/Art Resource, NY/Scala, Florencia: 82
The Metropolitan Museum of Art, Nueva York: 4, 18, 25, 38, 52/53, 58, 64, 92
Musée des Beaux-Arts, Tours/ Bridgeman Images: 15
© Musée cantonal des Beaux-Arts de Lausanne: 99
Musée d'Orsay, París/ Bridgeman Images: 55 abajo, 76, 100
© 2025 Museum of Fine Arts, Boston, todos los derechos reservados/Scala, Florencia: 19
Museum of Fine Arts, Houston/ Compra del museo financiada por el fondo de dotación de accesiones de la Fundación Brown/Bridgeman Images: 90
The National Gallery, Londres/ Bridgeman Images: 86/87
The National Gallery, Londres, Picture Library: 72
© 2025 The National Gallery, Londres/Scala, Florencia: 28
National Gallery of Art, Washington, D.C.: 32, 57
© 2025 Foto The Philadelphia Museum of Art/Art Resource, NY/Scala, Florencia: 59

RMN, Grand Palais/foto Martine Beck-Coppola: 34; foto Jean-Gilles Berizzi: 89; foto Gérard Blot: 24; foto Adrien Didierjean: 48; foto Hervé Lewandowski: 12, 36, 42, 49, 56, 60/61, 93, 96
RMN, París: 17, 29, 33, 44, 46, 68, 84, 85
State Hermitage Museum, San Petersburgo/Bridgeman Images: 66/67

El autor
Bernd Growe (1950-1992) trabajó como historiador de arte en la Universidad Justus Liebig de Giessen (Alemania), entre 1979 y 1990.

Monet

Créditos fotográficos
Acquavella Galleries, Nueva York: 162
akg-images: 128, 175
akg-images/Laurent Lecat: 104/105, 147
© The Art Institute of Chicago, todos los derechos reservados: 126, 159, 167 arriba
The Art Institute of Chicago/ Mr. and Mrs. Carter H. Harrison Collection/Bridgeman Images: 111
Artefact/Alamy Stock Photo: 123
Michael Bodycomb: 113
Collection Museum Boijmans Van Beuningen, Róterdam/ Fotografía: Studio Tromp: 156
bpk/The Art Institute of Chicago/ Art Resource, NY: 170 abajo
© bpk/Bayerische Staatsgemälde-sammlungen: 146 arriba
© Fotografía Carjat: 201
Ebbe Carlsson: 182
Christie's Images, Londres: 138 arriba
© 2025 Christie's Images, Londres/ Scala, Florencia: 185 abajo
Fine Art Images – ARTOTHEK: 185 arriba
© GRANGER – Historical Picture Archive/Alamy Stock Photo: 146 abajo
© Harlingue-Viollet: 205
© 2025 Foto Josse/Scala, Florencia: 127
Kunsthaus Zürich, regalo de Emil G. Bührle, 1952: 194/195
Los Angeles County Museum of Art/Bridgeman Images: 191 abajo
Foto Henri Manuel: 196 abajo
© The Metropolitan Museum of Art, Nueva York: 125, 133, 161, 180
Foto © Minneapolis Institute of Art/legado de Putnam Dana McMillan/Bridgeman Images: 199
Musée Marmottan Monet, París/ Bridgeman Images: 4/5, 134/135
Musée d'Orsay, París/ Bridgeman Images: 124, 148
Musée d'Orsay, París © Foto Josse/ Bridgeman Images: 143
© 2025 Museum of Fine Arts, Boston, todos los derechos reservados/Scala, Florencia: 151
Foto © 2025 Museum of Fine Arts, Boston, todos los derechos reservados/Tompkins Collection/ Bridgeman Images: 169
National Museum of Western Art, Tokio/Foto © Fine Art Images/ Bridgeman Images: cubierta, 198
© Colección Philippe Piguet: 181, 204 abajo
PVDE/Bridgeman Images: 204 arriba
RMN, Grand Palais: 196/197 arriba; foto Gérard Blot: 192; foto Hervé Lewandowski: 177; foto Tony Querrec: 110; foto Patrice Schmidt: 154, 168 izquierda, 202
© Foto RMN, París: 114, 117 izquierda, 117 derecha, 120, 131, 141, 152, 164 izquierda, 164 derecha, 168 derecha, 176, 187, 190, 196/197 abajo
© Roger-Viollet, París: 116, 197 abajo
© 2025 Foto Scala, Florencia: 115
Elke Walford: 157
Washington, D.C., Board of Trustees: 138 abajo

El autor
Christoph Heinrich estudió historia del arte, teatro y literatura alemana en Viena y Múnich, y obtuvo un doctorado por su trabajo sobre el concepto cambiante del monumento en el arte contemporáneo. Desde 1994 hasta 2007 estuvo empleado en el Kunsthalle de Hamburgo, donde fue nombrado conservador de la Galerie der Gegenwart en el año 1997. Heinrich es director en el Denver Art Museum, autor de numerosos escritos y ha organizado diversas exposiciones sobre arte del siglo XX y contemporáneo.

Renoir

Créditos fotográficos
akg-images: 226, 242, 272, 273
akg-images/Erich Lessing: 218
The Art Institute of Chicago: 251, 258, 259, 260, 297; Fondo Samuel P. Avery: 238
ARTOTHEK – foto Blauel/ Gnamm: 290; foto Ursula Edelmann: 233; foto Jochen Remmer: 215; foto Peter Willi: 292
Baltimore Museum of Art: 284
bpk/The Metropolitan Museum of Art: 264
Bridgeman Images: 254, 294
Christie's Images/Bridgeman Images: 283
The Clark, Williamstown: 262
The Cleveland Museum of Art: 212
Corbis/Edimédia: 298
The Courtauld Institute of Art, Londres: 228

Fundación Colección E. G. Bührle, Zúrich: 255
Giraudon, París: 269, 274
The Metropolitan Museum of Art, Nueva York: 210, 248/249, 281, 286
The Minneapolis Institute of Arts: 263
Musée Marmottan Monet, París/Bridgeman Images: 303
Musée de la Ville de París, Musée du Petit-Palais/Bridgeman Images: 252
Museo Nacional de Suecia, Estocolmo: 216, 224
Museu de Arte de São Paulo, Assis Chateaubriand, foto Luiz Hossaka: 280
Museu Calouste Gulbenkian, Lisboa: 229
Cortesía del Museum of Fine Arts, Boston, todos los derechos reservados: 270/271 centro
Museum Folkwang, Essen, foto J. Nober: 221
The National Gallery, Londres, Picture Library: 206/207, 235, 253, 267, 293 izquierda, 293 derecha
National Gallery of Art, Washington, D.C. © Board of Trustees: 219, 225, 232, 239, 246, 276
The Norton Simon Art Foundation, Pasadena: 220
Philadelphia Museum of Art, Filadelfia: 278/279
The Phillips Collection, Washington, D.C.: 256/257
Rheinisches Bildarchiv, Colonia: 222
RMN, París – foto J.G. Berizzi: 244; foto C. Jean: 288, 295; foto Hervé Lewandowski: 234, 236, 240/241, 243, 247, 270 izquierda, 271 derecha, 285, 289, 296; foto R.G. Ojeda: 231
Städel Museum, Fráncfort del Meno, propiedad del Städelscher Museums-Verein e.V.: 287
Sterling and Francine Clark Art Institute, Williamstown/Bridgeman Images: 208

El autor

Peter H. Feist (1928-2015) estudió Arte, Historia y Arqueología en Halle (Alemania oriental), donde fue profesor adjunto de 1952 a 1958 y se doctoró en 1958. Trabajó luego en la Universidad Humboldt de Berlín desde 1958 hasta 1981; posteriormente fue director del Instituto de Estética y Arte de la Academia de Ciencias de la República Democrática Alemana (en Berlín Este) desde 1982 hasta 1990. Feist ha publicado numerosos libros de Historia y Teoría del Arte, entre los que se incluyen *Pierre-Auguste Renoir* y, como coautor, *El impresionismo*, ambos de TASCHEN.

Gauguin

Créditos fotográficos

akg-images: 304/305, 306, 316, 320, 333, 334, 335, 337, 346/347, 350/351, 353, 370, 372, 374, 377, 379, 387, 392, 396
akg-images/André Held: 342
akg-images/Laurent Lecat: 326
akg-images/Erich Lessing: 315
Albright Knox Art Gallery, Búfalo/Bridgeman Images: 356; © Foto Josse/Bridgeman Images: 331
© ARCHIVIO GBB/Alamy Stock Foto: 398
© The Art Institute of Chicago: 322, 330; regalo de Emily Crane Chadbourne: 373
The Art Institute of Chicago/Mr. and Mrs. Lewis Larned Coburn Memorial Collection/Bridgeman Images: 328
Baltimore Museum of Art: 369
Bridgeman Images: 364
Fundación Colección E. G. Bührle, Zúrich: 393
The Cleveland Museum of Art: 391
© Christie's Images Ltd. – ARTOTHEK: 376
The Courtauld, Londres (Samuel Courtauld Trust)/Bridgeman Images: 381
© 2025 Foto Fine Art Images/Heritage Images/Scala, Florencia: 1, 361
Galerie Neue Meister © Staatliche Kunstsammlungen Dresde/Bridgeman Images: 349
© Hans Hinz – ARTOTHEK: 325
Musée d'Orsay, París/Bridgeman Images: 329, 354/355
© 2025 Museum of Fine Arts, Boston, todos los derechos reservados/Scala, Florencia : 340
Foto © 2025 Museum of Fine Arts, Boston, todos los derechos reservados/Tompkins Collection/Bridgeman Images: 382/383
Museum Folkwang, Essen/Bridgeman Images: 395, 397
Národní Galerie, Praga © Erich Lessing/Bridgeman Images: 308
National Galleries of Scotland, Edimburgo/Bridgeman Images: 388
Neue Pinakothek, Múnich/Bridgeman Images: 380
Ny Carlsberg Glyptotek, Copenhague/Bridgeman Images: 344
Pushkin Museum, Moscú/Bridgeman Images: 325, 363, 375, 378
PVDE/Bridgeman Images: 400 izquierda
© RMN/Agence Bulloz: 313
© RMN (Musée d'Orsay)/foto Gérard Blot: 384; foto Hervé Lewandowski: 336, 339, 367, 368, 389
State Hermitage Museum, San Petersburgo/Bridgeman Images: 348

Van Gogh Museum, Ámsterdam/ Bridgeman Images: 327
Van Gogh Museum/Vincent van Gogh Foundation, Ámsterdam: 319
© Peter Willi – ARTOTHEK: 323
Worcester Art Museum/ Bridgeman Images: 345

El autor

Ingo F. Walther (1940-2007) estudió Literatura e Historia del Arte en Fráncfort del Meno y Múnich. Escribió y editó numerosos estudios sobre el arte de la Edad Media y de los siglos XIX y XX, entre los cuales se encuentran *Vincent van Gogh*, *Pablo Picasso*, *Arte del siglo XX* y *Codices illustres* publicados por TASCHEN.

Van Gogh

Créditos fotográficos

akg-images: 448, 487, 489, 494 arriba centro, 494 abajo
The Art Institute of Chicago/ Helen Birch Bartlett Memorial Collection/Bridgeman Images: 418
ARTOTHEK, Weilheim; Blauel: 457, 464; Hinz: 434, 450/451
Bibliothèque Nationale, París/ Bridgeman Images: 486
Bridgeman Images: 433, 462, 485
Fundación Colección E. G. Bührle, Zúrich: 408, 459
The Courtauld, Londres (Samuel Courtauld Trust)/ Bridgeman Images: 463
Imagen digital cortesía del Getty's Open Content Program, J. Paul Getty Museum, Los Ángeles: 469
© Peter Horree/Alamy Stock Photo: 497
Collection Kröller-Müller Museum, Otterlo: 410, 415, 428/429, 431, 437, 439, 453, 458, 472, 481, 483
Kunsthaus Zürich, Zúrich: 413, 460
Lefevre Fine Art Ltd., Londres/ Bridgeman Images: 445
The Metropolitan Museum of Art, Nueva York: 456
Musée d'Orsay, París/ Bridgeman Images: 476
Foto © 2025 Museum of Fine Arts, Boston, todos los derechos reservados/regalo de Robert Treat Paine, 2/Bridgeman Images: 449
© 2025 Digital image, The Museum of Modern Art, Nueva York/ Scala, Florencia: 474/475
Museum Oskar Reinhart «Am Römerholz», Winterthur: 430, 465
Národní Galerie, Praga/ Bridgeman Images: 470
Cortesía de la National Gallery of Art, Washington, D.C.: 446
National Gallery of Art, Washington, D.C./ Bridgeman Images: 446
The National Gallery, Londres, Picture Library: 461 izquierda, 471
Rheinisches Bildarchiv, Colonia: 402/403
RMN; foto Gérard Blot: 421, 472; foto C. Jean: 478; foto Hervé Lewandowski: 477
Van Gogh Museum/Vincent van Gogh Foundation, Ámsterdam: 2/3, 411, 412, 414, 416, 417, 423, 424, 425, 426, 432, 441, 442/443, 455, 461 derecha, 479, 490/491

El autor

Ingo F. Walther (1940-2007) estudió Literatura e Historia del Arte en Fráncfort del Meno y Múnich. Escribió y editó numerosos estudios sobre el arte de la Edad Media y de los siglos XIX y XX, entre los cuales se encuentran *Vincent van Gogh*, *Pablo Picasso*, *Arte del siglo XX* y *Codices illustres* publicados por TASCHEN.

Pie de imprenta

CADA LIBRO DE TASCHEN SIEMBRA UNA SEMILLA
Cada año compensamos nuestras emisiones de carbono con créditos de carbono del Instituto Terra, un programa de reforestación de Minas Gerais (Brasil) fundado por Lélia y Sebastião Salgado. Para saber más sobre esta colaboración para la protección del medio ambiente, consulte www.taschen.com/institutoterra.
Inspiración: infinita. Huella de carbono: (casi) cero.

¿Quiere ver más? Visite taschen.com para consultar nuestro actual catálogo, hojear el último número de nuestra revista o suscribirse a nuestra newsletter.

Hohenzollernring 53, D–50672 Köln
www.taschen.com

Traducción al español:
Erique Knörr (Renoir), Maria Ordóñez-Rey (Monet), José García Pelegrín (Degas), Aurora de la Válgoma (Van Gogh), Héctor del Valle (Gauguin)

Printed in Bosnia–Herzegovina
ISBN 978–3–7544–0139–2

CUBIERTA
Claude Monet
Nenúfares (detalle), 1916
Óleo sobre lienzo, 200,5 x 201 cm
Tokio, The National Museum of Western Art, The Matsukata Collection

CUBIERTA POSTERIOR
Paul Gauguin
Cerca del mar (detalle), 1892
«Fatata te Miti»
Óleo sobre lienzo, 67,9 x 91,5 cm
Washington, D.C., National Gallery of Art, Chester Dale Collection

PÁGINA 1
Paul Gauguin
«¿Cuándo te casas?» (detalle), 1892
«Nafea Faa ipoipo?»
Óleo sobre lienzo, 101,5 x 77,5 cm
Colección particular

PÁGINAS 2/3
Vincent van Gogh
Trigal con cuervos (detalle), 1890
Óleo sobre lienzo, 50,5 x 103 cm
Ámsterdam, Van Gogh Museum, Fundación Vincent van Gogh

PÁGINAS 4/5
Claude Monet
Impresión, sol naciente (detalle), 1873
Óleo sobre lienzo, 48 x 63 cm
París, Musée Marmottan Monet